8th Edition

Pressman의

소프트웨어 공학

실무적 접근

Software Engineering: *A Practitioner's Approach*

8th Edition

Pressman의

소프트웨어 공학

실무적 접근

Roger S. Pressman · Bruce R. Maxim 공저

이은석 · 김성철 · 김영곤 · 김정아 · 송재승
이말례 · 이종근 · 조영석 · 진영택 공역

Software Engineering: *A Practitioner's Approach*

Mc Graw Hill Education

SOFTWARE ENGINEERING:
A Practitioner's Approach, Eighth Edition
International Edition 2015

1 2 3 4 5 6 7 8 9 0 MHE-KOREA 20 15

Original: Software Engineering: A practitioner's Approach, 8/e International Edition 2015
By Roger S. Pressman, Bruce R. Maxim
ISBN 978-0-07-802212-8

Korean ISBN 979-11-321-0076-8 93560

Printed in Korea

소프트웨어공학 실무적 접근 〈8판〉

발 행 일 / 2015년 1월 2일 초판발행
저 자 / Roger S. Pressman, Bruce R. Maxim
역 자 / 이은석 · 김성철 · 김영곤 · 김정아 · 송재승
이말례 · 이종근 · 조영석 · 진영택
발 행 처 / 맥그로힐에듀케이션코리아 유한회사
발 행 인 / 신디존스(CINDY JONES)
등록번호 / 제 2013–000122호(2012.12.28)
주 소 / 서울시 마포구 동교로 18길 38, 2–3층
(서교동, 지우빌딩)
전 화 / (02)325–2351

ISBN: 979-11-321-0076-8

판매처 / 홍릉과학출판사 문의 / 02) 999-2274
판매정가 / 37,000원

저자 소개

Roger S. Pressman은 소프트웨어공학 분야에서 국제적으로 잘 알려져 있는 컨설턴트이며 저자이다. 40여년 이상을 소프트웨어 공학자, 관리자, 교수, 컨설턴트, 기업인으로서 활동해 왔다.

Dr. Pressman은 효과적인 소프트웨어공학 실무기술을 정착시키고자 하는 회사들을 돕는 것을 전문으로 하는 컨설팅 회사인 R. S. Pressman & Associates, Inc.의 회장이다. 그는 수년간 소프트웨어공학의 실무적 기술 수준을 향상시키는 일련의 기술과 도구들을 개발해 왔다. 그는 또한 Tesla 모델 S 전기 자동차의 주문형 제품을 전문으로 하는 신생 제조 회사인 Teslaccessories, LLC의 창업자이기도 하다.

Dr. Pressman은 두 권의 소설을 포함한 아홉 권의 책의 저자이며, 많은 기술 및 경영 관련 논문의 저자이기도 하다. 그는 IEEE Software과 The Cutter IT Journal의 편집위원으로 일해 왔으며, IEEE Software의 칼럼 "Manager" 의 편집인이었다.

Dr. Pressman은 다수의 주요 산업계 컨퍼런스에서 기조연설을 하는 잘 알려져 있는 연사이다. 그는 여러 차례 International Conference on Software Engineering과 기타 다른 산업계 회의에서 튜토리얼을 진행해 왔다. 그는 ACM, IEEE, Tau Beta Pi, Phi Kappa Phi, Eta Kappa Nu, Pi Tau Sigma 등의 멤버이기도 하다.

Bruce R. Maxim은 30년 이상 소프트웨어 공학자, 프로젝트 관리자, 교수, 저자, 컨설턴트로 지내왔다. 그의 연구 관심은 소프트웨어공학, 인간컴퓨터상호작용, 게임디자인, 소셜미디어, 인공지능, 컴퓨터과학교육 등이다.

Dr. Maxim은 현재 Computer and Information Science at the University of Michigan-Dearborn 부교수이다. 그는 College of Engineering and Computer Science 내 GAME 랩을 설립했다. 그는 컴퓨터 알고리즘 애니메이션, 게임개발, 공학교육 관련 다수의 논문을 발표하였다. 그는 입문용 컴퓨터과학 교재 베스트셀러의 공동저자이기도 하다. Dr. Maxim은 UM-Dearborn에서의 업무의 일부로 수백개의 산업 기반 소프트웨어 개발 프로젝트를 지도해 왔다.

Dr. Maxim의 전문적 경험은 의과대학의 연구정보시스템 관리, 의대캠퍼스를 위한 교육용 컴퓨팅 지도, 통계 프로그래머로서의 업무 등을 포함한다. Dr. Maxim은 게임개발회사의 CTO로서도 일하였다.

Dr. Maxim은 여러 번의 우수 강의상과 우수 지역 봉사상을 수여하기도 하였다. 그는 Sigma Xi, Upsilon Pi Epsilon, Pi Mu Epsilon, Association of Computing Machinery, IEEE Computer Society, American Society for Engineering Education, Society of Women Engineers, International Game Developers Association의 멤버이다.

저자 서문

컴퓨터 소프트웨어가 성공적일 때—소프트웨어가 그것을 사용하는 사람의 요구에 부응할 때, 긴 시간동안 결함 없이 동작할 때, 변경하기 쉬우면서 심지어 사용하기 쉬울 때—그것은 상황을 더 나은 쪽으로 변화시킬 수도 있고 시키기도 한다. 그러나 소프트웨어가 실패할 때—그 사용자들이 불만족할 때, 에러가 발생하기 쉬울 때, 변경하기 어렵고, 심지어 사용하기 어려울 때—나쁜 상황이 일어날 수도 있고 일어나기도 한다. 우리 모두는 실패한 노력의 그늘에 숨어 있는 나쁜 상황들을 피하면서 상황이 더 나아질 수 있게 하는 소프트웨어를 만들고자 한다. 그렇게 되기 위해서는 소프트웨어를 설계하고, 구축할 때 훈련이 필요하다. 우리는 공학적 접근이 필요하다.

이 책의 제1판이 만들어지고 거의 35년이 되었다. 그 세월 동안, 소프트웨어공학은 소수의 열혈신도에 의해 실천되어 지던 불명확한 아이디어 수준으로부터 논리적인 정통의 공학 분야로 발전해왔다. 오늘날 그것은 심오한 연구와 진지한 검토, 거친 토론의 가치가 있는 분야로 인식되고 있다. 산업계 전반에서 소프트웨어 엔지니어는 선호하는 직업으로서 프로그래머를 대신하고 있다. 소프트웨어 프로세스 모델, 소프트웨어공학 방법론, 소프트웨어 도구들은 여러 산업 부문에서 폭넓게 성공적으로 채택되고 있다.

관리자들과 실무자들은 한결같이 소프트웨어에 더욱 잘 훈련된 접근법의 필요성을 인식하고 있지만, 어떤 방법이 적용되어야 하는가에 대해서는 여전히 논쟁 중이다. 많은 개인들과 회사들은 심지어 오늘날 가장 앞선 기술을 서비스하는 시스템을 개발할 때 조차도 여전히 소프트웨어를 무계획적으로 아무렇게나 개발하곤 한다. 많은 직업인들과 학생들은 요즘의 방법들을 모르고 있다. 결과적으로 우리가 생산하는 소프트웨어의 품질은 나빠지고 나쁜 상황은 일어나게 된다. 더하여 소프트웨어공학적 접근방법의 본질에 대한 논의와 논쟁도 계속되고 있다. 소프트웨어공학의 입지는 그에 반해서 연구 대상이다. 바라보는 시선은 바뀌었고, 발전도 하였으나 분야가 충분히 성숙되기 까지는 많은 할 일이 남아있다.

소프트웨어공학 8판: 실무적 접근은 성숙한 공학 분야로의 가이드로서의 역할을 의도하고 있다. 8판은 앞선 7판과 마찬가지로 학생, 실무직장인 양쪽을 위한 것으로, 업계 전문가들을 위한 가이드로서, 또 학부 고학년이나 대학원 신입생 등 학생들을 대상으로 한 종합적인 소개서로서의 매력을 유지하고 있다.

8판은 단순 업데이트 훨씬 이상의 것이다. 책을 개정하면서 교육학적 흐름을 개선하고,

새롭고 중요한 소프트웨어공학 프로세스 및 실무들을 강조하기 위해 재구성되었다. 더하여 우리는 교재를 위해 많은 사람들이 공유할 수 있는 지원시스템을 더욱 추가하였다. 예를 들어, 책의 내용을 학생, 강사, 실무자들을 위한 리소스의 종합적인 세트를 보완하여 제공한다. 이들 리소스들은 Software Engineering: A Practitioner's Approach를 위해 특별히 만들어진 웹사이트(www.mhhe.com/pressman)에서 제공된다.

The Eighth Edition. 8판의 39개 장(chapter)들은 다섯 개의 파트로 구성된다. 이 구성은 주제들을 더욱 적절히 구분하였고, 한 학기에 책 전체를 끝내기에 시간이 부족한 강사들을 지원한다.

제1부, The Process(프로세스)는 여러 다양한 관점에서의 소프트웨어 프로세스들을 설명하면서, 중요한 프로세스 모델들을 살펴보고, 규범적 프로세스와 애자일 프로세스 간의 철학의 차이를 언급한다. 제2부, Modeling(모델링)은 객체지향기술과 UML 모델링에 중심을 두면서, 분석 및 설계방법에 관해 다룬다. 또한 패턴 기반 설계와 웹과 모바일 응용을 위한 설계도 검토된다. 제3부, Quality Management(품질관리)는 소프트웨어 팀이 소프트웨어 품질을 평가할 수 있게 하고, 소프트웨어 개발시 작업산출물을 검토하고, SQA(Software Quality Assurance: 소프트웨어품질보증) 절차를 수행하고, 효과적인 테스팅 전략 및 전술을 적용하는 개념, 절차, 기술, 방법 등을 다룬다. 또한 정형모델링과 검증 방법도 다룬다. 제4부, Managing Software Projects(소프트웨어 프로젝트 관리)는 소프트웨어 개발 프로젝트를 계획하고, 관리하고, 통제하는 사람들과 관련된 주제를 다룬다. 제5부, Advanced Topics(최신 주제)은 소프트웨어 프로세스 개선과 소프트웨어공학 트렌드에 관해 정리한다. 이전 판에서의 전통을 이어서 책 전체를 통해 일련의 사이드바를 사용하여 (가상의) 소프트웨어 팀의 갖가지 고난을 언급하고, 각 장의 주제와 관련한 방법론이나 도구에 대한 보충 자료를 제공한다.

8판의 다섯개 부의 구성은 강사가 가용 시간과 학생들 수요에 따라 주제들을 묶을 수 있게 한다. 한 학기 과정은 그 다섯개 부의 하나 이상으로 구성할 수 있다. 소프트웨어공학 개론강좌에서는 전체 다섯개 부에서 장들을 개별적으로 선택할 수 있다. 분석과 설계에 중점을 두는 소프트웨어공학 과정에서는 제1부와 2부에서 주제를 선별할 수 있다. 테스팅 지향 소프트웨어공학 과정은 제2부의 간단한 정리와 함께 제1부와 3부의 장들을 선택할 수 있다. "management course(관리자 과정)"은 제1부와 4부에 중점을 두게 된다. 이런 식으로 8판을 구성하면서 우리는 강사들에게 다양한 교육 옵션을 제공하려고 하였다. 모든 경우에 있어서 8판의 내용은 SEPA, 8/e Support System의 아래의 요소들로 보충된다.

Student Resources(학생용 자료) 매우 다양한 학생용 자료는 장별 학습 가이드, 연습 퀴즈, 문제 해답, 그리고 소프트웨어공학 체크리스트, 발전 중인 아주 작은 도구들의 모음, 종합적인 사례연구, 작업산출물 템플릿, 기타 여러 가지 자료를 포함한 다양한 웹기반 자료를 아우르는 대규모의 온라인학습센터를 포함한다. 추가로, 천여 개가 넘는 분류의 웹 참고문헌(Web References)들로 학생들이 소프트웨어공학을 훨씬 자세히 탐구해 볼 수 있게 하고, 500여편의 다운로드 가능한 논문들로 연결된 참고문헌 라이브러리(Reference

Library)는 최신 소프트웨어공학 정보에 대한 깊이 있는 소스를 제공해 준다.

Instructor Resources(강사용 자료) 광범위한 강사용 자료가 8판을 보조하기 위해 만들어졌다. 자료로는 온라인 Instructor's Guide(다운로드 가능한)와 강의보조 자료로 사용 가능한 700페이지 이상의 파워포인트 슬라이드와 문제은행 등을 포함한다. 물론 상기의 학생용 자료들과 아래의 실무자용 자료도 모두 사용 가능하다.

The Instructor's Guide for Software Engineering: A Practitioner's Approach는 여러 형태의 소프트웨어공학 과정을 진행하기 위한 제안과 과정과 연계해 수행할 수 있는 다양한 소프트웨어 프로젝트에 대한 추천, 선택된 문제들에 대한 해답, 유용한 보조 교구를 제공한다.

Professional Resources(전문가용 자료) 산업계 실무자들(학생이나 교수들뿐만 아니라)에게 유용한 자료들로, 소프트웨어공학 문서의 개요와 샘플, 소프트웨어공학 체크리스트, 소프트웨어공학 도구 카탈로그, 웹기반 자원들의 광범위한 모음, 소프트웨어공학 프로세스의 상세한 업무분해를 제공하는 "조정 가능한 프로세스 모델" 등이다.

McGraw-Hill Connect® Computer Science는 온라인 제출, 과제, 평가솔루션을 제공한다. 그것은 당신의 학생들을 성공을 위해 필요한 도구나 자료들과 연결시켜준다. Computer Science와 연결로 당신은 과제나, 퀴즈, 테스트를 온라인으로 전달할 수 있다. 문제와 작업들의 강력한 세트가 제공되며 교재의 학습 성과에 맞춰 조정된다. 강사로서 당신은 기존의 문제를 편집할 수 있고 완전히 새로운 문제를 만들 수도 있다. 성적 리포트를 WebCT나 블랙보드와 같은 Learning Management Systems(LMS)과 쉽게 통합하라. ConnectPlus® **Computer Science**는 학생들에게 Connect **Computer Science**의 모든 이점을 제공한다. 뿐만 아니라 24/7 미디어 리치한 전자책에 대한 온라인 엑세스, 문서와 미디어, 평가의 매끄러운 통합을 가능하게 한다. 더 자세하게는 www.mcgrawhillconnect.com를 방문해 보라.

McGraw-Hill LearnSmart®는 단일 제품으로도 상기의 McGraw-Hill Connect Computer Science의 통합 기능으로도 사용 가능하다. 그것은 학생들이 좀더 빨리, 좀더 효율적으로 배울 수 있게 하고, 성공을 위해 더 많은 지식을 유지할 수 있도록 고안된 적응형 학습시스템이다. LearnSmart는 일련의 적응형 질문들을 통해 과정의 내용에 대한 학생의 지식을 평가한다. 그것은 학생의 이해하지 못하는 개념을 집어내고 개인화된 학습 계획을 수립하게 한다. 이 혁신적인 학업도구는 강사로 하여금 학생들이 달성해야 하는 것을 정확하게 알 수 있게 하는 특성이 있고, 등급별 과제를 위한 평가도구가 내장되어 있다. 데모를 위해 www.mhlearnsmart.com 사이트를 방문해 보라.

지능적이고 적응형 LearnSmart 엔진에 의해 동작하는 **SmartBook™**은 오늘날 사용할 수 있는 최초의 그리고 유일하게 연속적인 적응형 읽기(reading) 체험이다. 학생들이 모르는 것과 아는 것을 구별해 주는 것과 아마도 그들이 잊고 있을지도 모르는 개념을 일깨워 줌으로서, SmartBook은 각각의 학생들을 위해 내용을 개인화한다. 읽기는 더 이상 수동적이고 평면적인 경험은 아니고, 학생들은 중요한 개념을 숙달하고 유지할 수 있고, 수업에 보다 완벽하게 준비할 수 있게 하는 매력적이고 동적인 경험이다. SmartBook은 학생들이 학습할 필요가 있는 특정 주제와 학습 목표를 명확히 하는 강력한 리포트를 포함한다.

Software Engineering: A Practitioner's Approach 8판은 온라인 지원시스템과 연계될 때 교재만으로 얻기 힘든 내용의 깊이와 유연성을 제공한다.

Software Engineering: A Practitioner's Approach의 이번 판에서 Bruce Maxim이 책의 공저자로 나와 합류하게 되었다. Bruce는 풍부한 소프트웨어공학 지식을 이 프로젝트에 제공해 주었고, 이 판의 독자들에게 매우 중요한 새로운 내용과 통찰력을 추가해 주었다.

Acknowledgements UML과 OCL 예제 개발을 도와주었고 이 책에 사용된 사례연구를 개발해 준 University of Ottawa의 Time Lethbridge과, 부록 1의 UML tutorial을 개발해 준 Colby College의 Dale Skrien에게 특별한 감사를 보낸다. 그들의 지원과 코멘트는 매우 귀중한 것이었다. 또한 비디오게임 산업에서의 소프트웨어 개발에 관한 통찰을 제공해준 Treyarch사의 시니어 소프트웨어 엔지니어인 Austin Krauss에 감사한다. 우리는 또한 다음의 8판의 검토자들에게 감사한다. Manuel E. Bermudez, University of Florida; Scott DeLoach, Kansas State University; Alex Liu, Michigan State University; Dean Mathias, Utah State University. 그들의 심도 있는 코멘트와 사려 깊은 비평은 이 책을 더욱 좋게 만드는 데 큰 도움이 되었다.

Special Thanks BRM: 이 책의 8판에서 Roger와 함께 일할 기회를 가지게 되어 감사하게 생각한다. 이 책 작업을 하는 시간동안 아들 Benjamin은 그의 첫 모바일앱을 출시하였고, 딸 Katherine은 그녀의 실내장식 일을 시작했다. 나는 그들이 성인으로 성장해 가는 것을 볼 수 있게 되어 대단히 기쁜 마음이다. 나는 또한 내 여가시간을 이 책을 위한 작업으로 채워나갈 때 나의 아내 Norma가 내게 보여준 열렬한 지원에 대해 큰 감사를 보낸다.

RSP: 이 책이 여러 회를 거쳐 발전해 오면서, 나의 아들들 Mathew와 Michael은 소년에서 남자로 성장하였다. 그들의 성숙함, 성격, 그리고 사회에서의 성공은 나에게 감화를 주었다. 나에게 더 큰 긍지는 없다. 그들은 지금 또 다른 세대로서 그들의 아이들, Maya와 Lily를 두고 있다. 두 소녀는 이미 모바일 컴퓨팅 기기의 귀재들이다. 끝으로, 나의 아내 Barbara에게, 연구실에서 보낸 길고 긴 시간을 참아주고, 여전히 다음 판을 격려해 주는데 대해 사랑과 감사를 보낸다.

Roger S. Pressman
Bruce R. Maxim

역자 소개

이은석	성균관대학교 컴퓨터공학과 교수
김성철	국제대학교 IT 계열 교수
김영곤	한국산업기술대학교 컴퓨터공학과 교수
김정아	카톨릭관동대학교 컴퓨터교육과 교수
송재승	세종대학교 정보보호학과 교수
이말례	전북대학교 컴퓨터공학과 교수
이종근	창원대학교 컴퓨터공학과 교수
조영석	동국대학교 컴퓨터공학과 교수
진영택	한밭대학교 컴퓨터공학과 교수

역자 서문

고부가가치 산업인 소프트웨어의 경쟁력이 곧 국가 경쟁력임을 설명하는 많은 자료들이 낯설지 않게 등장하고 있지만 현장에서 소프트웨어를 개발하는 사람들의 소프트웨어공학적 능력이나 소양은 뜻밖에 높지 않습니다. 그 이유로는, 체계적인 교육을 받을 기회가 많지 않다는 것과 다양한 깊이를 제공하는 참고할 만한 좋은 서적이 많지 않다는 것을 들 수 있습니다. 소프트웨어공학이란 말이 등장하고 이미 50년 가까운 세월이 되어 가지만 정작 우리나라에서 소프트웨어를 개발하기 위해 공학적 접근 방법을 도입하고 실천해 온 역사가 그다지 길지 않음도 추가적인 이유라고 할 수 있으리라 봅니다. 아는 것 이상으로 실천하는 것은 중요합니다. 하지만 그 이전에 제대로 아는 것은 모든 것의 가치를 앞선다고 생각합니다. 이번 Pressman의 소프트웨어공학 8판 번역 작업에 착수하면서 가졌던 작은 설레임을 기억하고 있습니다. 20년 이상 대학에서 또 현업에 있는 사람들을 대상으로 소프트웨어공학 기술을 교육하면서 늘 목말라 하던 좋은 서적에 대한 기대를 이 8판이 상당 부분 충족시켜 주고 있기 때문입니다. 교육현장에서 소프트웨어공학과 직간접적으로 관여하시는 교수님 여러분과의 의기투합도 좋은 원서의 가치를 유지 또는 향상시키는 조건이 되었다 자평합니다. 비교적 짧은 시간에 이루어진 번역작업으로 부족한 부분도 있지만 적절한 보완을 향후의 숙제로 가져갈 생각입니다.

이 책은 다섯 개의 부(Software process, Modeling, Quality management, Managing software projects, Advanced topics)와 39개 장으로 구성되어 있습니다. 원저자의 의도처럼, 본 서를 이용하시는 분(학생, 강사, 실무자 등)은 사용의 목적이나 시간에 따라 그중 일부의 장을 선별하여 이용 가능합니다. 물론, 긴 세월 소프트웨어 공학자로 살아가려고 하는 분들은 시간을 갖고 책 전체를 읽어 보길 권합니다. 이번 8판은 특히 공동 저자로 Bruce R. Maxim이 참여하면서 내용과 구성에서 한층 개선된 모습을 보이고 있습니다. 또한 책의 분량도 늘어나서 역서를 편집하는 과정에서 독자의 편의를 위해 책을 한권으로 묶는 것보다 대학의 학석사 과정에서 사용가능한 정도의 내용을 인쇄본으로, 나머지는 CD에 넣는 방법을 택했습니다. 이로서 가벼워진 책의 무게만큼 많은 국내의 소프트웨어 공학자들에게 친근하게 다가갈 수 있는 좋은 책이 되었으면 하는 바람을 전합니다.

끝으로 이 책이 나오기 까지, 번역에 참가해 주신 교수님들과 맥그로힐 코리아의 담당자분들께서 보여주신 노력과 헌신에 깊은 감사의 말씀을 드립니다.

2014년 12월
대표역자 이은석

차례

PART 1 소프트웨어 프로세스

CHAPTER 03 소프트웨어 프로세스 구조

CHAPTER 04 프로세스 모델

CHAPTER 05 애자일 개발

CHAPTER 06 소프트웨어공학의 인간적인 측면

PART 2 모델링

CHAPTER 07 실무가이드 원칙

CHAPTER 08 요구사항 이해

CHAPTER 14 컴포넌트-수준 설계

CHAPTER 15 사용자 인터페이스

CHAPTER 16 패턴 기반 설계

CHAPTER 17 웹앱 설계

CHAPTER 18 모바일 앱 설계

PART 3 품질 관리

CHAPTER 19 품질 개념

CHAPTER 20 검토 기술

CHAPTER 21 소프트웨어 품질 보증

CHAPTER 22 소프트웨어 테스팅 전략

CHAPTER 23 전통적인 애플리케이션 테스팅

CHAPTER 24 객체지향 응용프로그램 테스팅

CHAPTER 25 웹앱 테스팅

CHAPTER 26 모바일 앱 테스팅

CD 수록

CHAPTER 27 보안성 공학

CHAPTER 28 정형 모델링과 검증

CD 수록

CHAPTER 29 소프트웨어 형상관리

CHAPTER 30 제품 척도

CD 수록

PART 4 소프트웨어 프로젝트 관리

CHAPTER 33 소프트웨어 프로젝트의 산정

CD 수록

CHAPTER 34 프로젝트 스케쥴링

CD 수록

CHAPTER 35 위험 관리

CD 수록

PART 5 고급 주제

CD 수록 CHAPTER 36 유지보수와 재공학

CD 수록 CHAPTER 37 소프트웨어 프로세스 개선

CHAPTER 38 소프트웨어공학의 최신경향

CHAPTER 39 결론

CD 수록

소프트웨어의 본질

1
CHAPTER

젊은 개발자는 세계에서 가장 인기 있는 일인용 슈팅 비디오 게임의 최신 버전을 나에게 보여준 뒤에 웃음을 보이며 나에게 물었다. "당신은 게이머가 아니죠?"

나는 웃으며 "어떻게 알았죠?"라고 대답했다.

그 젊은 남자는 반바지와 티셔츠를 입고 있었으며, 그의 발을 위아래로 피스톤처럼 흔드는 모습은 다른 일반 그의 동료들과 같이 평범하게 보였다.

그는 곧 "만약 당신이 게이머였다면 아마도 훨씬 더 많이 흥분했을 테니까요. 당신은 우리 회사의 차세대 제품을 봤고, 그것은 우리의 고객들에게는 목숨을 걸 정도의 일이니까요. 말장난 하려는 게 아니구요!"라고 말했다.

우리는 지구상에서 가장 성공적인 게임 개발자들이 모여 있는 개발 장소에 앉아 있었다. 수년에 걸쳐, 그가 개발해서 선보인 이전 세대 게임들은 전 세계적으로 5천만 카피 이상 팔려나갔고 수십억 달러의 매출을 기록했다.

"그래서, 언제쯤 이 최신 버전의 게임이 시장에 나오게 되는 건가요?" 나는 물었다.

그는 어깨를 으쓱하며 말했다. "아마도 5개월 정도 더 걸릴 겁니다. 그때까지 해야 할 일들이 많이 있거든요."

그는 약 3만 라인이 넘는 소스 코드로 이루어진 응용프로그램에서 게임 플레이와 인공지능 기능에 대한 책임을 지고 있다.

주요 개념

- 애플리케이션 도메인
- 클라우드 컴퓨팅
- 실패 곡선
- 레거시 소프트웨어
- 모바일 앱
- 프로덕트 라인
- 소프트웨어 정의
- 소프트웨어 및 질문들
- 소프트웨어의 본질
- 착용
- 웹앱

QUICK LOOK

이것은 무엇인가? 컴퓨터 소프트웨어는 소프트웨어 전문가가 개발하고 오랜 기간 지속시키는 프로덕트이다. 그것은 임의의 크기나 구조를 가진 컴퓨터에서 실행되는 프로그램과, 프로그램이 실행되면서 표현하는 내용, 그리고 하드카피나 가상의 형태로 표현되는 정보를 포함한다.

누가 수행하는가? 소프트웨어 엔지니어가 소프트웨어를 개발하고 지속시키고, 산업사회의 누구나 직접 혹은 간접적으로 소프트웨어를 사용한다.

왜 중요한가? 소프트웨어는 우리 생활의 거의 모든 부분에 영향을 미치며, 우리의 상거래, 문화 그리고 매일 매일의 일상적인 행위에 스며들어 있으므로 매우 중요하다.

어떤 단계가 있는가? 고객들이나 이해 관계자들은 컴퓨터 소프트웨어의 필요성을 이야기하고, 엔지니어들은 소프트웨어 상품을 개발하며, 소프트웨어 사용자들은 개발된 소프트웨어를 이용해 특정 문제를 풀거나 특정 요구사항을 처리한다.

작업 산출물은 무엇인가? 소프트웨어공학적인 관점에서 산출물은 하나 또는 하나 이상의 특정 환경에서 동작을 하고 여러 사용자의 필요점들을 제공해주는 컴퓨터 프로그램이다.

작업이 옳게 수행되었다는 것을 어떻게 확인하는가? 만약 당신이 소프트웨어 엔지니어라고 한다면, 이 책의 나머지 부분에서 언급되는 아이디어들을 적용하라. 만약 당신이 소프트웨어 사용자라고 한다면, 당신에게 필요한 것과 주변 환경을 이해하고, 두 가지를 가장 잘 만족시키는 응용프로그램을 선택하도록 하라.

나는 아마도 그가 웃어버리거나 머리를 저을 것을 예상하며 "혹시 당신들 소프트웨어공학과 관련된 어떤 기술들을 사용하나요?"라고 물었다.

그는 잠시 멈춘 뒤 생각했다. 그리고는 곧 머리를 끄덕이며 말했다. "음…. 우리는 소프트웨어공학 기술들을 필요한 곳에 사용했습니다."

"구체적으로 어디에요?" 나는 다시 물었다.

"우리는 종종 크리에이티브들이 우리에게 주는 요구사항들을 번역하는 데 문제를 겪곤 합니다."

"크리에이티브들이요?" 나는 되물었다.

"네. 이야기, 주인공들과 같이 게임을 성공하게 만드는 모든 것을 만드는 사람들이요. 우리는 그들이 주는 것들을 가지고, 게임을 개발하는 데 필요한 기술적인 요구사항들을 만들어야 하거든요."라고 그는 대답했다.

"그럼 요구사항들을 만들고 난 뒤에는요?" 나는 물었다.

그는 어깨를 다시 으쓱하며 말했다. "우리는 이전 버전의 아키텍처를 수정하고 확장해서 새로운 제품을 만들어냅니다. 우리는 요구사항들로부터 코드를 작성하고, 매일 작성되는 코드를 테스트 하고, 그 이외에도 당신의 책에서 언급하고 있는 많은 일들을 합니다."

"내 책을 알고 있나요?" 나는 솔직히 조금 놀라면서 물었다.

"물론이지요. 학교에서 공부했고, 저기에도 많이 있습니다." 그는 말했다.

"나는 이곳에 있는 다른 당신 동료들과도 이야기를 했는데, 그들은 내 책에 포함된 내용들에 대해서 많이 회의적이던데요?" 나는 다시 물었다.

그는 얼굴을 찡그리며, "이것 보세요, 우리는 IT 부서나 항공기 제조 회사가 아니기 때문에 당신이 주장하는 것들을 재정의해야 합니다. 하지만, 고품질의 제품을 만들어야만 한다는 기본적인 사항은 변함이 없습니다. 그리고 이러한 목적을 달성하기 위해서는, 반복적으로 우리가 가지고 있는 소프트웨어공학 기술들을 적용하는 수밖에 없습니다."라고 말했다.

"그럼 당신들의 소프트웨어공학 부분 기술들은 매년 어떻게 변하지요?" 나는 질문했다.

그는 마치 미래를 생각하는 것처럼 잠시 멈추더니, 곧 다음과 같이 말했다. "게임은 확실히 앞으로 더 커지고 복잡하게 진화할 것입니다. 그리고 우리의 개발기간은 점점 경쟁이 심화됨에 따라 줄어들 것입니다. 천천히, 게임들은 우리에게 점점 더 많은 개발 규율들을 적용하도록 강요할 것이고, 만약 우리가 적용을 하지 못한다면, 결국 시장에서 퇴출될 것입니다."

Quote

아이디어와 기술적인 발견은 경제적 성장을 가져오는 추진 엔진이다.

Wall Street Journal

컴퓨터 소프트웨어는 지속적으로 세상에서 가장 중요한 기술이 되고 있고, 의도하지 않은 결과의 법칙(law of unintended consequences)의 주된 사례이다. 60년 전에는 소프트웨어가 사업, 과학 그리고 공학 분야에서 없어서는 안 되는 기술이 될 것이라고 아무도 예측하지 못하였다. 소프트웨어는 새로운 기술의 생성(예를 들어, 유전공학, 나노 기술), 현존하는 기술의 확장(예를 들어, 원거리 통신), 오래된 기술(예를 들어, 인쇄 공업)의 급격한 변화가 가능하도록 해준다. 소프트웨어는 개인용 컴퓨터 혁명의 추진력이 되었다. 소비자들은 그들의 스마트폰을 사용하여 소프트웨어 응용프로그램을 구입할 수 있게 되었다. 소프트웨어는 프로덕트로부터 주문형 소프트웨어 회사가 웹브라우저를 통해 적시에 기능을 전달해주는 서비스로 서서히 진화되었다. 소프트웨어 회사는 산업시대의 회사들보다 점점 확장되고 영향력이 커지게 되었다. 인터넷이라는 거대한 소프트웨어 구동 네트워크가 발전하고 있으며, 도서관 조사에서부터 쇼핑, 정치적 의견, 젊은 성인들의 데이트 습관에 이르기까지 모든 것을 변화시켰다.

소프트웨어가 모든 종류(수송, 의학, 통신, 군대, 산업, 오락, 사무실 기계, … 끝없이 나열할 수도 있다)의 시스템에 내재하리라고는 아무도 예측할 수 없었다. 만일 의도하지 않은 결과의 법칙을 믿는다면 아직도 우리가 예측할 수 없는 많은 효과가 있다.

수백만 개의 컴퓨터 프로그램이 시간이 지날수록 수정되어야 하고, 적응되어야 하고, 기능이 향상되어야 한다는 것을 아무도 예측할 수 없었다. 이러한 "유지보수" 활동에 대한 부담은 새로운 소프트웨어를 개발할 때 필요한 것보다 더 많은 사람과 자원을 필요로 하게 되었다.

소프트웨어의 중요성이 커지면서, 소프트웨어 업계에서는 고품질의 컴퓨터 프로그램을 쉽게, 빨리, 그리고 적은 비용을 들여 개발하고 유지보수할 수 있게 해주는 기술을 계속적으로 발전시켜 왔다. 이들 기술들 중 일부는 특정 애플리케이션 도메인(예를 들어, 웹사이트 설계와 구현)에 목표를 두고 있고, 일부는 기술 도메인(예를 들어, 객체지향(object-oriented) 시스템 또는 관점 지향(aspect-oriented) 프로그래밍)에 초점을 두고 있으며, 또 다른 것들은 포괄적(broad-based)(예를 들어, 리눅스 같은 운영 체제)이다. 그러나 우리는 모든 분야에 대해 잘 할 수 있는 소프트웨어 기술을 개발해야 한다. 앞으로 어떤 한 가지만이 중요해질 가능성은 아주 적다. 사람들은 자신의 직업과 안락함, 안전, 오락, 의사결정, 삶 자체를 컴퓨터 소프트웨어 개발에 바쳤고 이는 바람직한 일이다.

이 책에서는 컴퓨터 소프트웨어를 개발하는 사람들이 사용해야 하는 프레임워크를 제공하고 있다. 프레임워크는 우리가 **소프트웨어공학(software engineering)**이라고 일컫는 프로세스, 방법들, 그리고 일련의 도구들을 포함하고 있다.

1.1 소프트웨어의 본질

오늘날 소프트웨어는 두 가지 역할을 가진다. 프로덕트인 동시에 프로덕트를 전달하는 수단으로서의 역할이다. 프로덕트로서, 소프트웨어는 컴퓨터 하드웨어에 의해 또는 더욱 광범위하게는 지역 컴퓨터가 접근할 수 있는 컴퓨터 네트워크에 의해 구체적인 컴퓨팅 잠재력을 전달한다. 소프트웨어가 이동전화에 내장되어 있든지, 또는 메인프레임 컴퓨터에서 작동되든지 간에 소프트웨어는 정보를 변환시킨다.—단 한 개의 비트처럼 간단하거나, 수십 개의 독립적인 소스에서 얻은 데이터로 만든 멀티미디어 표현처럼 복잡한 데이터를 생산, 관리, 획득, 수정, 표시, 전파시킨다. 프로덕트를 전달하는 수단으로써, 소프트웨어는 컴

KEY POINT
소프트웨어는 프로덕트이며 동시에 프로덕트를 전달하는 수단이다.

퓨터를 제어(운영체제), 정보의 전달(네트워크), 다른 프로그램을 생성하고 제어(소프트웨어 도구와 환경)하는 역할을 한다.

소프트웨어는 현재 가장 중요한 프로덕트인 **정보(information)**를 전달한다. 개인적인 관점에서 더욱 유용하게 사용할 수 있도록 개인적인 데이터(예를 들어, 개인의 금융 거래 내역)를 변환, 경쟁력을 향상시키기 위해 사업관련 정보를 관리, 전 세계적인 정보 네트워크(인터넷)로의 게이트웨이를 제공하고, 다양한 형태의 정보를 획득할 수 있는 수단을 제공한다.

Quote

소프트웨어는 꿈을 심을 수 있는 장소이며, 악몽과도 같은 경험을 얻을 수 있는 곳이다. 대단히 비범한 사람이 요술과도 같은 만병통치약, 늑대인간, 은으로 만든 탄알과 경쟁하는 추상적이고도 신비한 늪과 같은 곳이다.

Brad J. Cox

컴퓨터 소프트웨어의 역할은 지난 50년 간 현저하게 변화하였다. 하드웨어 성능의 획기적 개선, 컴퓨터 구조의 변화, 메모리와 저장용량의 증가와 다양한 입출력 장치는 더욱 정교하고 복잡한 컴퓨터 시스템을 만드는 것을 촉진시켰다. 정교함과 복잡성은 시스템이 성공적일 경우 눈부신 결과를 가져올 수 있지만, 복잡한 시스템을 개발해야 하는 사람에게는 큰 어려움을 줄 수도 있다.

오늘날 산업화된 사회에서는, 거대한 소프트웨어 산업이 경제의 중요한 요소가 되었다. 초창기의 프로그래머 한 명은 복잡한 응용 시스템 개발을 위해 필요한 기술을 담당하는 소프트웨어 전문가들로 이루어진 여러 개의 팀으로 대체되었다. 그러나 아직도 한 명의 프로그래머가 하던 것과 동일한 다음과 같은 질문을 현대적인 컴퓨터 시스템을 개발할 때에도 하고 있다.[1]

- 소프트웨어가 완성되기 위해 왜 그렇게 많은 시간이 필요한가?
- 소프트웨어 개발 비용이 왜 그렇게 많이 드는가?
- 소프트웨어를 고객에게 전달하기 전에 왜 모든 에러를 찾지 못하는가?
- 개발된 프로그램을 유지 보수하는 데 왜 그렇게 많은 시간과 노력을 들여야 하나?
- 소프트웨어를 개발하고 유지 보수할 때 진척 정도를 측정하기가 왜 어려운가?

이와 같은 질문들과 그 외의 또 다른 질문들은 소프트웨어와 소프트웨어가 개발되는 방식에 대해 관심을 표시하는 것이며, 이러한 관심이 소프트웨어공학 기술을 채택하도록 한다.

1.1.1 소프트웨어 정의

오늘날 많은 전문가들과 일반 사람들은 소프트웨어를 이해하고 있다고 생각한다. 그러나 과연 그러한가?

교과서에서는 소프트웨어를 다음과 같이 기술한다.

1 소프트웨어 산업에 관한 아주 훌륭한 에세이집에서, Tom Demarco[DeM95]는 서로 대비되는 내용을 주장하였다. "소프트웨어를 개발하는 데 왜 많은 비용이 드는지를 묻기보다 '소프트웨어 개발비용을 적게 들이기 위해 무엇을 해야 하나'라는 질문을 시작해야 한다. 이 질문에 대한 대답은 소프트웨어 산업분야에서 눈에 띄는 성취를 할 수 있도록 도와줄 것이다."라고 말하였다.

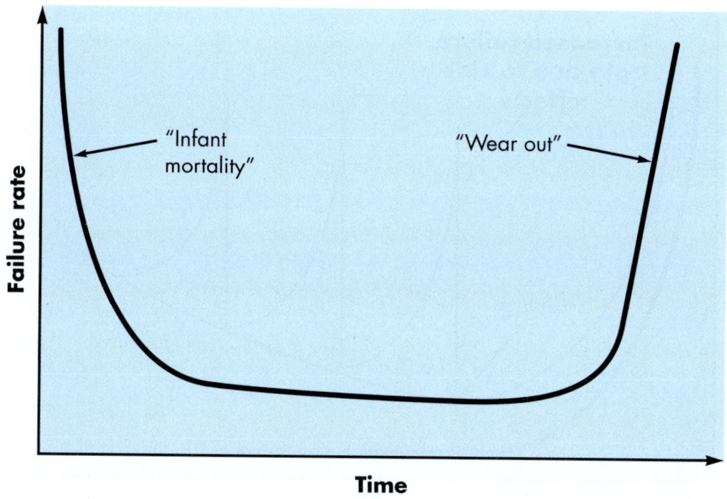

그림 1.1

하드웨어 고장률 곡선

ADVICE

만약 소프트웨어의 품질 저하를 줄이려면, 더 좋은 설계를 해야만 한다. (제12에서 제18장)

> 소프트웨어는 (1) 실행되면서 원하는 기능이나 함수, 성능을 제공해 주는 명령어들 (컴퓨터 프로그램), (2) 프로그램이 데이터를 적절하게 처리할 수 있게 해주는 자료구조, (3) 프로그램의 사용이나 운영을 나타내는 하드카피나 가상 형태의 문서이다.

?

소프트웨어를 어떻게 정의할 수 있는가?

물론 이보다 더 완전한 정의를 내릴 수도 있을 것이다. 그러나 형식적으로 정의하는 것이 당신이 이해하는 것을 개선시킬 수는 없다. 소프트웨어를 이해하기 위해서는 사람들이 만드는 다른 물건들과는 다른, 소프트웨어의 특징들을 조사하는 것이 중요하다. 소프트웨어는 물리적인 시스템 요소가 아니라 논리적인 요소인 것이다. 따라서 소프트웨어는 하드웨어의 특징과는 상당히 다른 특징을 가지고 있다. 즉, 소프트웨어는 마모되지 않는다.

그림 1.1은 시간이 지남에 따른 하드웨어의 고장률을 나타내었다. 종종 "욕조 커브(bathtub curve)"로 불리는 그래프 상의 관계는, 하드웨어에서는 생명주기 초기에 고장률이 높다(이는 설계나 제조과정의 결점 때문에 발생한다)는 것을 나타낸다. 결점이 수정되고 고장률은 일정기간 동안 안정적인 수준(상당히 낮은 수준)으로 떨어진다. 시간이 지남에 따라 하드웨어 부품이 먼지, 진동, 오용, 극단적인 온도, 그 외 다른 환경적 요인을 겪으며 고장률이 점점 다시 올라간다. 간단히 말해서 하드웨어는 마모되기 시작한다.

소프트웨어의 경우는 하드웨어가 환경적 요인에 의해 마모되는 만큼 환경적 요인에 민감하지는 않다. 이론상으로는 소프트웨어에 대한 고장률 곡선은 그림 1.2와 같은 이상적 곡선의 형태를 가진다. 프로그램의 생명주기 초기에는 발견되지 않은 결함으로 인해 높은 고장률을 나타낸다. 결함들이 고쳐지면 그림에서 보는 것처럼 고장률이 일정하게 낮아진다. 이와 같은 "이상적"인 곡선은 소프트웨어의 실제 고장 모델보다는 과도하게 간단히 표현된 것이다. 어쨌든 소프트웨어는 **마모**되지 않고 **악화**되는 것이다.

모순처럼 보이는 이 사실은 그림 1.2의 실제 곡선을 생각해 보면 잘 설명할 수 있다. 생명주기[2] 동안 소프트웨어에는 변경이 이루어진다. 변경이 되면 에러가 유발되기 쉬우며,

2 사실상, 개발이 시작되는 시점부터 첫 번째 버전이 전달되기 한참 전에 서로 다른 이해관계자들이 변경을 요청한다.

그림 1.2

하드웨어 고장률 곡선

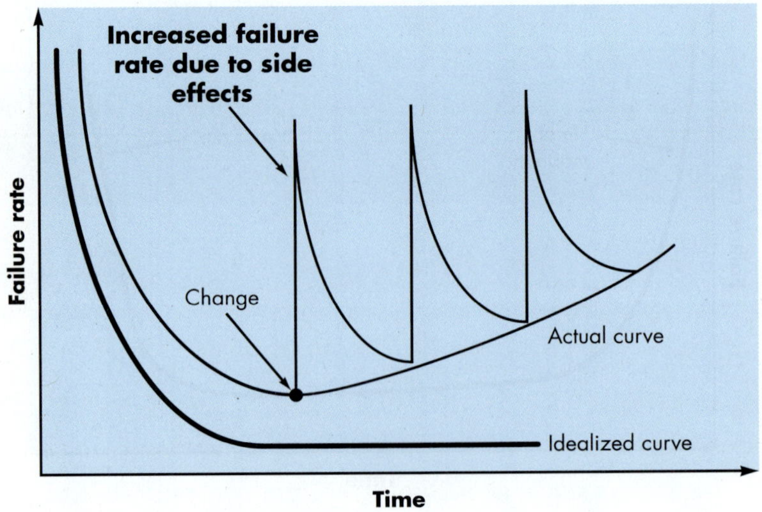

KEY POINT

소프트웨어공학 방법론에서는 그림 1.2의 실제 곡선의 기울기와 뾰족한 정도를 줄이기 위해 노력하고 있다.

"실제 곡선(Actual curve)" (그림 1.2)으로 나타낸 것과 같이 고장률 곡선이 뾰족하게 나타난다. 곡선이 원래의 안정적인 고장률로 돌아가기 전에 또 다른 변경이 요청되면 곡선이 다시 뾰족하게 된다. 최소 고장률 수준이 천천히 올라가기 시작하면서 소프트웨어는 변경으로 인해 저하되는 것이다.

마모되는 것의 또 다른 측면은 하드웨어와 소프트웨어 간의 차이를 설명해 준다. 하드웨어 부품이 닳으면 여분의 것으로 대체되지만 소프트웨어는 여분의 것이 없다. 소프트웨어의 고장은 설계상의 실수 또는 설계 내용이 컴퓨터에서 실행 가능한 코드로 바뀌는 과정의 실수를 나타내는 것이다. 따라서 변경을 요하는 소프트웨어 유지보수 작업은 하드웨어 유지보수보다 상당히 복잡하다.

1.1.2 소프트웨어 애플리케이션 도메인

넓은 범위의 컴퓨터 소프트웨어 일곱 가지 범주는 소프트웨어 엔지니어에게 계속적으로 도전을 할 수 있게 해준다.

WebRef

가장 광범위한 쉐어웨어와 프리웨어 라이브러리는 shareware.cnet.com에서 찾을 수 있다.

시스템 소프트웨어(System software) 다른 프로그램에 서비스를 제공하기 위해 만들어진 프로그램의 집합이다. 어떤 시스템 소프트웨어(예를 들어, 컴파일러, 에디터, 파일 관리 유틸리티)는 복잡하지만 결정적인[3]정보구조를 처리한다. 다른 시스템 소프트웨어(예를 들어, 운영체제 컴포넌트, 드라이버, 네트워크 소프트웨어, 원거리 통신 처리기)는 일반적으로 비결정적인 데이터를 처리한다.

애플리케이션 소프트웨어(Application software) 특수한 업무상의 요구를 해결해 주는 독자적인 프로그램이다. 이 분야의 응용 시스템은 비즈니스 처리 또는 관리/기술 측

3 소프트웨어의 입력, 처리, 출력의 시간과 순서가 예측 가능하면 결정적(determinate)이다. 소프트웨어의 입력, 처리, 출력의 시간과 순서가 사전에 예측 가능하지 않으면 비결정적(indeterminate)이다.

면에서의 의사결정을 쉽게 할 수 있도록 사업상 또는 기술적 데이터를 처리해 준다.

공학/과학용 소프트웨어(Engineering/scientific software) 공학/과학용 소프트웨어는 "수 처리" 알고리즘으로 특징 지워진다. 응용분야는 천문학부터 화산학, 자동차 스트레스 분석부터 우주 왕복선 궤도 역학, 분자 생물학에서부터 자동 제조분야까지 다양하다.

임베디드 소프트웨어(Embedded software) 제품이나 시스템에 내장되어 있으면서 사용자나 시스템 자체를 위한 특징이나 기능을 구현하고 제어하는 데 사용된다. 임베디드 소프트웨어는 제한적이고 내밀한 기능(예를 들어, 전자레인지를 위한 키 패드 제어)을 수행하거나 중요한 기능과 제어 능력을 제공한다. (예를 들어, 연료 제어, 계기판, 브레이크 시스템과 같은 자동차의 디지털 기능)

프로덕트라인 소프트웨어(Product-line software) 많은 고객들이 사용할 수 있는 특수한 기능을 제공하기 위하여 설계되었다. 프로덕트라인 소프트웨어는 제한적이고 개인적인 프로덕트(예를 들어, 재고관리 시스템)나 또는 대규모 고객을 위한 프로덕트에 주안점을 두고 개발할 수 있다.

웹/모바일 애플리케이션(Web/mobile applications) 이러한 네트워크 중심 소프트웨어의 범주에는 다양한 응용 분야가 있을 수 있으며, 브라우저 기반의 앱들과 모바일 기기들에서 동작하는 소프트웨어들을 모두 포함한다.

인공지능 소프트웨어(Artificial intelligence software) 계산이나 직접적인 방법으로는 분석할 수 없는 복잡한 문제를 해결하기 위해 비수치적 알고리즘을 사용한다. 응용분야로는 로보틱스, 전문가 시스템, 패턴인식(영상 및 음성), 인공신경망, 정리증명, 게임이 있다.

Quote

나에게 있어서 컴퓨터란 우리가 가질 수 있는 것 중 가장 놀라운 도구이다. 이는 우리 마음의 자전거와도 같다.

Steve Jobs

전 세계적으로 수백만의 소프트웨어 엔지니어들이 위의 범주 중 하나 이상의 소프트웨어 프로젝트에서 열심히 일하고 있다. 일부, 새로운 시스템이 만들어지고 있지만, 대부분, 기존 애플리케이션이 수정되고, 적용되며, 개선되고 있다. 젊은 소프트웨어 엔지니어에게는 자신이 태어나기 전보다 더 오래된 프로그램을 가지고 작업하는 것이 드문 일이 아니다. 지난 세대의 소프트웨어 종사자들이 위에 언급된 각 범주별로 유산을 남겨두었다. 바램이지만, 지금 세대에 의해 남겨질 유산들은 다음 세대의 소프트웨어 엔지니어들의 부담을 덜어줄 것이다.

1.1.3 레거시 소프트웨어

수십만 개의 컴퓨터 프로그램은 앞 절에서 살펴본 일곱 가지 범주 중 하나의 애플리케이션 도메인에 속한다. 어떤 것들은 개인, 기업, 정부 쪽에 방금 전달된 최신의 소프트웨어이지만 다른 것들은 오래된 것이고 또 어떤 것들은 **상당히** 오래된 소프트웨어이다.

이렇게 오래된 프로그램—**레거시 소프트웨어(Legacy software)**—들은 1960년대부터 지속적으로 주의와 관심의 초점이 되어 왔다. Dayani-Fard와 그의 동료[Day99]들은 레거시 소프트웨어를 다음과 같이 묘사하였다.

> 레거시 소프트웨어 시스템은 … 수십 년 전에 개발되었고, 비즈니스 요구사항과 컴퓨팅 플랫폼의 변화에 맞추기 위해 지속적으로 수정되어 왔다. 이러한 시스템들의 급격한 증가는, 유지보수하는 데 많은 비용이 들며 더 나은 시스템으로 만드는 것이 문제가 될 수 있다는 것을 알게 된 대규모 기관에 두통거리를 가져오고 있다.

Liu와 동료[Liu98]들은 "많은 레거시 시스템은 비즈니스의 중요한 기능을 뒷받침하고 있으며 비즈니스를 위해 '필수불가결' 한 것이다"라고 명시하여 위에서 기술한 내용을 더 확장시켰다. 따라서 레거시 소프트웨어는 수명과 또 사업상 중요도에 따라 특징지을 수 있다.

유감스럽게도, 레거시 소프트웨어에는 종종 추가적인 특징이 있을 수 있는데 그것은 **품질이 낮다**[4]는 것이다. 레거시 시스템은 다음과 같은 문제점을 가지고 있을 수 있다 — 확장 불가능한 설계, 매우 복잡한 코드, 문서화가 제대로 되어 있지 않거나, 아예 안 되어 있는 것, 테스트 케이스와 그 결과가 없는 것, 변경에 대한 기록이 없는 것 등등 상당히 많은 예를 들 수 있다. 그러나 이러한 시스템들이 "사업의 핵심 기능을 지원하며 사업상 꼭 필요한 것이다."라면 어떻게 할 것인가?

?

품질이 좋지 않은 레거시 시스템을 사용해야 할 때 무엇을 해야 하나?

이 질문에 대한 한 가지 적합한 해결책은 레거시 시스템에 중대한 변경을 해야만 할 때까지 **아무것도 하지 않는 것**이다. 만약 레거시 시스템이 사용자의 요구를 만족시키고 믿을 수 있게 작동한다면 이 시스템은 고장난 것이 아니며, 고칠 필요가 없는 것이다. 하지만 시간이 지나면서 레거시 시스템은 다음과 같은 하나 또는 그 이상의 이유로 인해 서서히 진화한다.

?

어떤 종류의 변경이 레거시 시스템에 이루어져야 하나?

- 새로운 컴퓨팅 환경이나 기술이 필요한 경우 소프트웨어가 이를 만족시키기 위해 적응 되어야만 한다.
- 사업상 새로운 요구를 만족시키기 위해 기능이 향상되어야 한다.
- 새로운 시스템이나 데이터베이스와 상호 운용될 수 있도록 소프트웨어가 확장되어야 한다.
- 진화하는 컴퓨팅 환경에서 실행 가능하도록 하기 위해 소프트웨어는 재설계되어야 한다.

ADVICE

모든 소프트웨어 엔지니어는 변화란 자연스러운 것이며, 그것과 맞서면 안 된다는 것을 인식해야 한다.

이런 식으로 점진적인 진화가 이루어지면 레거시 시스템은 나중에 사용 가능하도록 재공학(reengineering)(제36장)되어야 한다. 현대의 소프트웨어공학의 목표는 "진화 개념에 기초를 둔 방법론을 고안하는 것이다. 진화 개념이란 소프트웨어는 계속적으로 변화한다. 예전 소프트웨어로부터 새로운 소프트웨어 시스템이 만들어진다. 그리고 … 모든 소프트웨어는 서로 상호운용 되어야 하고 서로 협력해야 한다는 것과 같은 것이다."[Day99]

4 이 경우에 품질은 현대적인 소프트웨어공학적 사고에 기반하여 결정된다. — 현대적 소프트웨어공학의 어떤 개념과 원칙은 래거시 소프트웨어가 개발될 당시에는 잘 이해될 수 없었던 것이다.

1.2 소프트웨어 본질의 변화

다음에서 설명되는 소프트웨어의 네 가지 범주는 산업계를 지배하며 진화하고 있는데, 이들 범주는 약 10여 년 전 초기 단계에 머물러 있었다.

1.2.1 웹앱

월드 와이드 웹의 초창기(대략 1990년부터 1995년), **웹사이트(websites)**들은 텍스트와 한정된 그래픽을 사용하여 정보를 표현하는 일련의 연결된 하이퍼텍스트 파일 정도로 구성되어 있었다. 시간이 흘러, HTML은 개발 도구(예를 들어, XML, Java)에 의해 확대되어졌고, 이는 웹 공학자들이 정보 컨텐츠와 함께 계산 기능을 제공하는 것을 가능하게 하였다. **웹 기반 시스템과 응용프로그램**[5](이 둘을 합쳐서 **웹앱**로 나타내기로 한다)들이 생겨났다.

오늘날, 웹앱은 컴퓨팅 도구로써 사용자에게 독립적인 기능을 제공할 뿐만이 아니라 기업용 데이터베이스와 비즈니스 응용프로그램들을 통합한 복잡한 형태로도 발전되고 있다.

10여 년 전, 웹앱은 "출판과 소프트웨어 개발 사이, 마케팅과 컴퓨팅 사이, 내부에서의 의사소통과 외부 관계 사이, 예술과 기술 사이를 포함한다."[Pow98]고 언급되었다. 하지만, 오늘날 웹앱들은 1.1.2절에서 논의된 여러 가지의 응용프로그램 범주에서 컴퓨팅의 모든 가능성을 제공하고 있다.

지난 10여 년 동안, 씨멘틱 웹(Semantic Web) 기술들(종종 Web 3.0으로 표현됨)은 웹 연결, 유연한 데이터 표현방식 그리고 외부 접근 APIs 등을 필요로 하는 새로운 기능들을 제공하는 씨멘틱 데이터베이스를 포함하는 정교한 기업 및 사용자 응용프로그램으로 진화해왔다[Hen10]. 정교하고 복잡한 관계형 자료 구조는 이전에는 불가능했던 상이한 정보들에 대한 접근을 가능하게 함으로써, 완전히 새로운 웹앱을 만들 수 있는 길을 열어줄 것이다.

> **Quote**
> 웹은 우리가 어떤 종류의 안정화를 이룰때 까지 완전히 다른 형태로 변화할 것이다.
> Louis Monier

1.2.2 모바일 앱

앱(app)이라는 단어는 모바일 플랫폼(예를 들어, iOS, 안드로이드, 또는 윈도우 모바일)에서 동작하도록 특별히 제작된 소프트웨어를 뜻하도록 진화되어왔다. 대부분의 경우, 모바일 응용프로그램은 모바일 플랫폼에서 제공하는 독특한 상호작용 방법들을 포함하는 사용자 인터페이스, 앱과 연관된 다양한 정보들에 대한 접근을 가능하게 해주는 웹 기반 리소스들과의 상호 운용성, 그리고 모바일 플랫폼에 가장 적합한 방식으로 정보를 모으고, 분석하고, 형태를 만드는 처리능력들을 포함한다. 또한 모바일 앱은 플랫폼 내에 지속적인 저장 능력을 제공한다.

모바일 앱과 모바일 웹 응용프로그램 사이에 존재하는 미묘한 차이점을 인식하는 것

> **?** 웹앱과 모바일 앱의 차이는 무엇인가?

5 이 책에서 웹앱(WebApp)은 소비자가 자동차 임대 비용을 계산하는 것을 도와주는 간단한 웹 페이지에서부터 사업가가 휴가를 가는 사람을 위해 완전한 여행 서비스를 제공해 주는 포괄적인 사이트까지를 포함한다. 이 범주에 들어가는 것으로는 완벽한 웹사이트, 웹사이트 안에서의 특수 기능 그리고 인터넷이나 인트라넷, 익스트라넷에서의 정보처리 애플리케이션 등이 있다.

그림 1.3

클라우드 컴퓨팅의 논리적 구조 [Wik13]

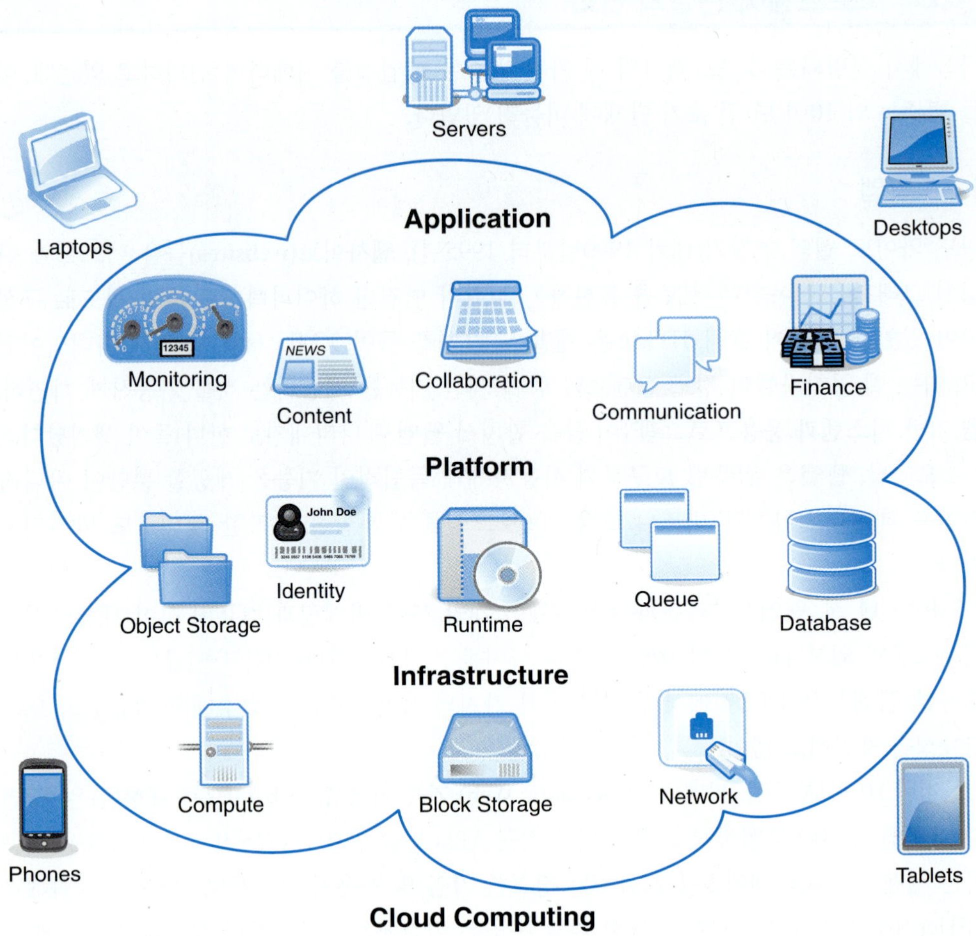

은 중요하다. **모바일 웹 응용프로그램**(WebApp)은 모바일 디바이스로 하여금 모바일 플랫폼의 장단점을 포함하도록 디자인된 브라우저를 통해 웹 기반의 컨텐츠에 대한 접근을 가능하게 해준다. 반면에 **모바일 앱**은 모바일 디바이스의 하드웨어 특징들(예를 들어, 가속기 또는 GPS 위치)에 대한 직접적인 접근이 가능하고, 앞에서 언급한 지역적 처리 및 저장 능력들을 제공한다. 시간이 지남에 따라 모바일 앱과 모바일 앱 응용프로그램 간의 차이는 앞으로 모바일 브라우저들이 점점 정교해지고 다양한 디바이스 정보들을 다룰 수 있게 됨에 따라 흐려질 것이다.

1.2.3 클라우드 컴퓨팅

클라우드 컴퓨팅(Cloud computing)은 모든 사용자들이 장소에 구애 받지 않고 광범위한 범위에서 컴퓨팅 장치를 사용하여 컴퓨팅 자원들을 공유하게 하는 인프라스트럭처 또는 "생태계"를 포함한다. 그림 1.3은 클라우드 컴퓨팅의 전반적인 논리 구조를 보여주고 있다.

그림을 보면, 컴퓨팅 디바이스들은 클라우드의 외부에 위치하며 클라우드 내에 있는 다양한 자원들에 대한 접근을 가진다. 이러한 자원들은 응용프로그램, 플랫폼 그리고 인프라스트럭처까지도 포함한다. 가장 간단한 형태의 경우, 외부 컴퓨팅 기기는 웹 브라우저 또는 아날로그 소프트웨어를 통해 클라우드에 접속한다. 클라우드는 데이터 베이스 또는 다른 데이터 구조에 위치하고 있는 데이터들에 대한 접근을 제공한다. 또한 디바이스들은 컴퓨팅 디바이스에 위치한 앱들을 대신하여 사용될 수 있는 실행 가능한 응용프로그램에 접근할 수도 있다.

클라우드 컴퓨팅의 구현은 프론트앤드(front-end)와 백앤드(back-end) 서비스들을 포함하는 구조의 개발이 필요하다. **프론트앤드**는 클라이언트(사용자) 디바이스와 백앤드 서비스에 대한 접근을 가능하게 해주는 응용 소프트웨어(예를 들어, 브라우저)를 포함한다. **백앤드**는 서버와 관련 컴퓨팅 자원들, 데이터 저장 시스템(예를 들어, 데이터베이스), 서버에 상주하는 응용프로그램, 그리고 관리 서버(클라우드 및 상주 자원들에 접근하는 데 사용되는 일련의 프로토콜에 대한 설정을 조정하고 모니터링하는 미들웨어를 사용)들을 포함한다[Str08].

클라우드 아키텍처는 모든 일반인에 대한 접근에서부터 접근 권한을 가진 사용자들만을 위한 개인 클라우드 아키텍처에 이르기까지 서로 다른 다양한 레벨의 접근을 제공해주기 위해서 분할될 수도 있다.

1.2.4 프로덕트 라인 소프트웨어

카네기 멜론 대학의 소프트웨어공학 연구소(Software Engineering Institute)는 소프트웨어 프로덕트 라인(software product line)을 "특정 시장 분야 또는 임무에 필요하며, 공통으로 관리되는 특징들을 공유하고, 규정된 방식에 따라 핵심 자산들로 부터 개발된 일련의 소프트웨어 집약 시스템"으로 정의했다. [SEI13] 소프트웨어를 생산 라인에 접목시킨 것은 새로운 개념이 아니다. 하지만, 소프트웨어 프로덕트 라인을 개발할 때에 동일한 기본 애플리케이션 및 데이터 구조를 사용하고, 프로덕트 라인들 간에 재사용이 가능한 소프트웨어 컴포넌트들을 이용해서 구현하는 아이디어는 상당한 공학적인 활용도를 제공한다.

소프트웨어 프로덕트 라인은 요구사항(8장), 구조(13장), 디자인 패턴(16장), 재사용 가능한 컴포넌트(14장), 테스트 케이스(22, 23장), 그리고 다른 소프트웨어공학관련 프로덕트들을 포함하는 일련의 자산들을 공유한다. 본질적으로, 소프트웨어 프로덕트 라인은 프로덕트 라인 내의 모든 프로덕트들 사이의 공통점을 활용하여 제작되는 많은 프로덕트들을 개발한 결과로 이루어진다.

1.3 요약

소프트웨어는 컴퓨터 기반 시스템이 발전하는 데 있어서 가장 중요한 요소이고 전 세계적으로 가장 중요한 기술 중의 하나이다. 지난 50년 동안 소프트웨어는 특수한 문제의 해결과 정보 분석 도구에서 시작하여 산업 그 자체가 되도록 발전해왔다. 아직도 시간과 예산 한도 내에서 좋은 품질의 소프트웨어를 개발하는데 많은 어려움을 가지고 있다.

소프트웨어—프로그램, 데이터, 문서—는 다양한 기술과 응용분야를 다룬다. 레거시 소프트웨어는 그것을 유지보수 해야하는 사람들에게 계속적으로 도전을 하도록 한다.

소프트웨어의 본질은 변한다. 웹 기반 시스템과 애플리케이션은 단순히 정보만을 모아 놓은 시스템에서 다양한 기능을 가지고 멀티미디어 컨텐츠를 제공해주는 복잡한 시스템으로 진화하여 왔다. 이러한 웹앱이 고유한 특징과 요구사항을 가지고 있다고 하더라도 그것은 단지 소프트웨어일 뿐이다. 모바일 애플리케이션은 앱들이 다양한 플랫폼으로 이관됨에 따라 새로운 도전을 보여주고 있다. 클라우드 컴퓨팅은 소프트웨어가 전달되는 방식과 존재하는 환경을 바꿀것이다. 프로덕트 라인 소프트웨어는 소프트웨어가 만들어지는 방식에 효율성을 제공해준다.

---

6 각 장의 결론 부분에 제시하는 추가 읽을 거리와 정보 소스 부분에서는 그 장에서 다룬 주요 주제의 이해를 도와주는 문서의 내용이 간략하게 주어져 있다. **www.mhhe.com/pressman**에 *Software Engineering: A Practitioners Approach*를 지원하는 웹 사이트를 개설하였다. 웹 사이트에서 주어진 여러 주제 가운데는 장별 소프트웨어공학 자료와 각 장의 자료를 보완할 수 있는 웹 기반 정보들이 있다. Amazon.com으로 연결되는, 이 절에서 주목한 모든 책에 대한 링크도 주어져 있다.

문제와 생각할 점

1.1 의도하지 않은 결과의 법칙이 컴퓨터 소프트웨어에 어떻게 적용되는지를 보여주는 적어도 다섯 개의 추가 사례를 드시오.

1.2 소프트웨어가 우리 사회에 미치는 영향을 보여주는 예(긍정적 또는 부정적)를 몇 가지 드시오.

1.3 1.1절의 앞부분에 나오는 다섯 가지의 질문에 대한 답을 하고, 동료들과 함께 논의하시오.

1.4 현대의 많은 애플리케이션들은 최종 사용자에게 공개되기 전 그리고 최초 버전이 사용되기 시작한 이후에도 자주 변경이 된다. 변경으로 인하여 발생되는 소프트웨어의 저하를 막으면서 개발할 수 있는 몇 가지 방법을 제안하시오.

1.5 1.1.2절의 일곱 가지 소프트웨어 범주를 고려하자. 각각의 범주에 소프트웨어공학의 동일한 방식이 적용될 수 있는가? 설명하시오.

추가 읽을거리와 정보 소스[6]

컴퓨터 소프트웨어에 관한 책은 사실상 수천 권이 있다. 거의 대부분은 프로그래밍 언어와 소프트웨어 응용시스템에 관해 논의하고 있고 그 중 일부분만 소프트웨어 그 자체에 대해 논의한다. Pressman과 Herron(*Software Shock*, Dorset House, 1991)은 소프트웨어와 소프트웨어를 전문적으로 만드는 방법에 대한 논의를 시작하였다. Negropont의 베스트셀러(*Being Digital*, Alfred A. Knopf, Inc., 1995)에서는 컴퓨팅에 대한 견해와 그것이 21세기에 전반적으로 미친 영향을 제공해 준다. DeMarcro(*Why Does Software Cost So Much?* Dorset House, 1995)는 소프트웨어와 소프트웨어가 개발되는 프로세스에 대한 놀랍고도 통찰력있는 에세이들을 출판하였다. Ray Kurzweil(*How to Create a Mind*, Viking, 2013)은 어떻게 소프트웨어가 조만간 사람의 생각을 모방하고 사람과 기계의 진화에서 특이성을 가지게 될 것인가에 대해 논의하였다.

Keeves(*Catching Digital*, Business Infomedia Online, 2012)는 소프트웨어가 계속 진화함에 따라 어떻게 비즈니스 선도자들이 적응해야 하는지에 대해 논의하였다. Minasi(*The Software Conspiracy: Why Software Componies Put out Faculty Products, How They Can Hurt You, and What You Can Do*, McGraw-Hill, 2000)는 소프트웨어 버그가 제거될 수 있다는 것에 대한 "새로운 괴로움"에 대해 논의하고 버그를 제거하기 위한 방법을 제시하였다. Eubanks(*Digital Dead End: Fighting for Social Justice in the Information Age*, MIT Press, 2011)와 Compaine(*Digital Divide: Facing a Crisis or Creating a Myth*, MIT Press, 2001)은 정보 소스(예를 들어, 웹)에 접근할 수 있는 사람과 그렇지 못하는 사람들 사이의 "격차"가 21세기의 처음 10년을 지나면서 좁혀지고 있다는 것을 주장하였다. Kuniavsky(*Smart Things: Ubiquitous Computing User Experience Design*, Morgan Kaufman, 2010)과 Greenfield(*Everywhere: The Dawning Age of Ubiquitous Computing*, New Riders Publishing, 2008) 그리고 Loke(*Context-Aware Pervasive Systems: Architectures for a New Breed of Applications*, Auerbach, 2006)는 "open-world" 소프트웨어의 개념을 소개하였고 소프트웨어가 실시간으로 일어나는 요구사항

에 적응해야 하는 무선 환경을 예측하였다.

소프트웨어의 본질에 대해 논의한 매우 다양한 정보 소스들은 인터넷에서 손쉽게 구할 수 있다. 소프트웨어 프로세스와 관련된 최신의 월드 와이드 웹 레퍼런스는 SEPA의 웹사이트인 www.mhhe.com/pressman에서 발견할 수 있다.

대부분의 소프트웨어공학 교과서에는 전통적인 프로세스 모델에 대해 자세하게 다룬다. Sommerville(*Software Engineering*, 9th ed., Addison-Wesley, 2010), 그리고 Schach(*Object-Oriented and Classical Software Engineering*, 8th ed., McGraw-Hill, 2010) 그리고 Pfleeger와 Atlee(*Software Engineering: Theory and Practice*, 4th ed., Prentice Hall, 2009)의 책에서 전통적인 패러다임을 고찰하고 강점과 약점에 대해 논의한다. Munch와 그의 동료들(*Software Process Definition and Management*, Springer, 2012)은 프로세스와 상품들에 대한 소프트웨어와 시스템 공학 관점을 제공한다. Glass(*Facts and Fallacies of Software Engineering*, Prentice Hall, 2002)에서는 소프트웨어공학 프로세스에 대한 실용적인 관점을 제공하고 있다. 비록 특별히 프로세스에 전념하는 것은 아니지만, Brooks(*The Mythical Man-Month*, 2nd ed., Addition-Wesley, 1995)에서는 프로세스와 모든 면에서 관련이 있는 예로부터 전해 내려오는 프로젝트의 지혜를 제시하고 있다.

Firesmith와 Henderson-Sellers(*The OPEN Process Framework: An Introduction*, Addison-Wesley, 2001)에서는 "유연하지만, 엄격한 소프트웨어 프로세스"를 만들기 위한 일반적 템플릿을 제공하고, 프로세스 속성과 목표에 대해 논의한다. Madachy(*Software Process Dynamics*, Wiley-IEEE, 2008)에서는 소프트웨어 프로세스의 상호 연관된 기술적, 사회적 요소에 대한 분석이 가능하도록 하는 모델링 기법에 대해 논의하고 있다. Sharpe와 McDermott(*Workflow Modeling: Tools for Process Improvement and Application Development*, 2nd ed., Artech house, 2008)에서는 소프트웨어와 비즈니스 프로세스를 모델링하기 위한 도구를 제시한다.

소프트웨어공학과 소프트웨어 상품들에 있는 상당히 다양한 수의 정보들의 주체들은 인터넷을 통해서 확인할 수 있다. 소프트웨어 프로세스와 관련된 월드 와이드 웹 참고 문헌의 최신 리스트는 SEPA의 웹사이트에서 발견할 수 있다. www.mhhe.com/pressman

소프트웨어공학

2

CHAPTER

주요 개념

프레임워크 액티비티
일반 원리
원칙
문제해결
SafeHome
소프트웨어공학 정의
계층
실습
소프트웨어 미신
소프트웨어 프로세스
보호 활동

21세기의 도전 대상인 소프트웨어 개발을 위해 몇 가지 현실에 대해 알고 있어야 한다.

- 소프트웨어는 우리 삶의 모든 부분에 깊숙이 스며들어 있고, 결과적으로 특정 소프트웨어가 제공하는 기능에 관심을 가지는 사람들이[1] 획기적으로 늘어났다. 소프트웨어에 대한 해결책이 개발되기 전에 문제점을 이해하기 위해 노력해야 한다.
- 개인과 비즈니스 분야 그리고 정부로부터의 정보기술에 대한 요구는 해가 갈수록 점점 복잡해지고 있다. 과거에는 한 사람이 개발하던 컴퓨터 프로그램을 지금은 큰 팀에서 맡아서 개발한다. 예측 가능한 컴퓨팅 환경에서 개발되던 정교한 소프트웨어가 지금은 전자제품으로부터 의료기기, 무기시스템에 이르기까지 내부에 내장된다. 따라서 설계가 중요한 액티비티가 되었다.
- 개인, 기업, 정부는 매일매일 운용과 제어뿐만 아니라 전략 및 전술적인 의사결정을 하는데 점점 더 소프트웨어에 의존하게 되었다. 만약 소프트웨어가 제대로 동작하지 않는다면 사람들과 주요 기업들은 사소한 불편을 겪는 것에서부터 끔찍한 실패를 경험할 수 있다. 따라서 소프트웨어는 높은 품질을 가져야 한다.
- 특정한 애플리케이션 소프트웨어의 가치가 커질수록 그것을 사용하는 사용자 집

QUICK LOOK

이것은 무엇인가? 소프트웨어공학은 전문가들이 고품질의 컴퓨터 소프트웨어를 만들 수 있게 해주는 프로세스, 방법론들 그리고 툴을 포함한다.

누가 수행하는가? 소프트웨어 엔지니어들은 소프트웨어공학 프로세스를 적용한다.

왜 중요한가? 소프트웨어공학은 복잡한 시스템을 기간 내에 고품질을 제공하면서 구축할 수 있게 해주기 때문에 중요하다. 소프트웨어공학은 혼란을 가지고 올 수 있는 활동들을 소프트웨어 엔지니어들이 필요에 맞게 만들 수 있게 해준다.

어떤 단계가 있는가? 다른 성공적인 프로덕트와 마찬가지로 성공적인 소프트웨어는 만들어진 프로덕트를 사용한 사람들의 요구사항을 만족하면서 고품질을 가질 수 있도록 하는 프로세스를 민접하게 적용한다.

작업 산출물은 무엇인가? 소프트웨어 엔지니어 입장에서, 작업 산출물은 일련의 프로그램, 컨텐츠 그리고 다른 소프트웨어 프로그램들이다. 반면에 사용자 입장에서 작업 산출물은 사용자의 세상을 편리하게 만들어줄 수 있는 정보 결과물이다.

작업이 옳게 수행되었다는 것을 어떻게 확인하는가? 이 책의 남은 부분을 읽고, 만들려는 소프트웨어에 적용가능한 아이디어를 선택하고, 실제 소프트웨어 개발에 적용하라.

1 이 책에서는 이후 이런 사람들을 "이해관계자(stakeholders)"라고 부른다.

KEY POINT
해결책을 구하기 전에 문제를 이해하라

KEY POINT
품질과 유지보수성은 설계가 잘 되었을때 얻어지는 결과이다.

단과 소프트웨어의 수명은 점점 늘어날 가능성이 있다. 사용자 집단과 소프트웨어를 사용하는 시간이 늘어나면 소프트웨어의 적용과 확장에 대한 요구도 커지게 된다. 따라서 소프트웨어는 유지보수되어야 한다.

이러한 간단한 현실은 하나의 결론에 도달하게 된다. 모든 형태 그리고 모든 애플리케이션 도메인에 걸친 소프트웨어는 공학적으로 관리되어야 한다. 이러한 사실이 우리를 이 책의 주제인 소프트웨어공학으로 이끌게 되었다.

2.1 엄격한 정의

IEEE[IEEE93a]에서는 다음과 같은 소프트웨어공학을 위한 정의를 개발하였다.

?
소프트웨어공학을 어떻게 정의할 것인가?

> 소프트웨어공학: (1) 소프트웨어에 대한 개발, 운용, 유지보수에 대한 체계적이고 엄격하고 정량적인 접근방법, 다시 말해 소프트웨어에 공학을 적용. (2) (1)과 같은 접근 방법의 연구.

그러나, 하나의 소프트웨어 팀에 적용되는 "체계적이고 엄격하고 정량적인" 접근 방법은 다른 팀에게는 무거운 짐이 될 수 있다. 엄격함이 요구되지만 적응성과 민첩성 또한 필요하다.

소프트웨어공학은 계층적인 기술이다. 그림 2.1을 보면, 공학적 접근 방법(소프트웨어공학 포함)에서는 품질에 대한 조직적 언급이 있어야 한다. 식스 시그마와 같은 전반적인 품질 관리와 또 그와 비슷한 원리[2]에서는 계속적인 프로세스 개선 문화를 촉진한다. 소프트웨어공학에 대한 좀 더 효율적인 접근방식의 개발을 지속적으로 유도하는 것이 바로 이러한 문화이다. 소프트웨어공학을 지지하는 것의 기본원리는 품질에 집중하는 것이다.

KEY POINT
소프트웨어공학은 소프트웨어와 도구를 관리하고 공학적으로 처리하기 위한 포로세스와 방법론으로 이루어진다.

소프트웨어공학의 기본은 프로세스(process) 계층이다. 소프트웨어공학 프로세스는 기술 계층을 묶어 주는 접착제 역할을 하는 것이고, 컴퓨터 소프트웨어를 합리적으로 빨리 개발할 수 있게 해 준다. 프로세스는 소프트웨어공학 기술을 효율적으로 전달하기 위해 구축해야 할 프레임워크를 정의한다. 소프트웨어 프로세스는 소프트웨어 프로젝트의 관리 제어를 위한 기반을 형성하고, 기술적인 방법이 적용되고, 작업 산출물(모델, 문서, 데이터, 보고서, 서식 등)이 만들어지고, 이정표가 수립되고, 품질이 보장되며, 변경이 적절히 관리될 수 있는 상황을 확립한다.

소프트웨어공학 방법(methods)에서는 소프트웨어를 개발하기 위한 실용 기술을 제공한다. 방법은 커뮤니케이션, 요구분석, 설계 모델링, 프로그램 작성, 테스팅 그리고 지원을 포함하는 넓은 범위의 태스크들로 이루어진다. 소프트웨어공학 방법은 각각의 기술 분야를 좌우하고, 모델링 액티비티와 또 다른 설명적 기법을 포함하는 기본적인 원리들에 바탕을 둔다.

WebRef
논쟁(CrossTalk)이란 프로세스와 방법 그리고 도구 관련 실용적인 정보를 제공해 주는 의사록과 같은 것이다.
www.stsc.hill.of.mill

소프트웨어공학 도구(tools)는 프로세스와 방법을 위해 자동적 또는 반자동적 지원을 한다. 하나의 도구에 의해 생성된 정보가 다른 도구에 의해 사용될 수 있도록 도구들이 통합되면 소프트웨어 개발 지원 시스템 — 컴퓨터 자원 소프트웨어공학(computer-aided software engineering) — 이 구축된다.

2 품질관리와 관련 접근방식은 이 책의 3부 전체에 걸쳐서 논의된다.

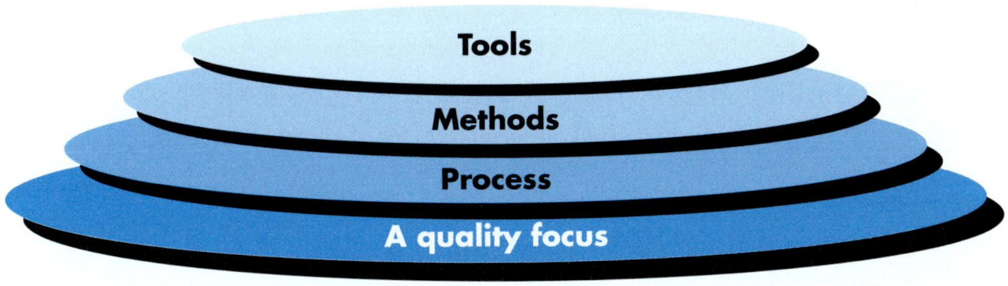

그림 2.1

하드웨어 고장률 곡선

2.2 소프트웨어 프로세스

프로세스란 어떤 작업 산출물(work product)이 만들어질 때 행해지는 액티비티(activity), 액션(action), 태스크(task)들의 모임을 말한다. 액티비티는 넓은 범위의 목표(예를 들어, 이해관계자와의 커뮤니케이션)를 달성하도록 해야 하며, 애플리케이션 도메인, 프로젝트의 크기, 노력의 복잡도, 소프트웨어공학이 적용되는 엄격함의 정도에 상관없이 적용된다. 액션(예를 들어, 구조 설계)은 주된 작업 산출물(예를 들어, 구조 설계 모델)을 만드는 태스크들로 이루어진다. 태스크는 작지만 잘 정의된 명백한 결과를 만들어 내는 목표(예를 들어, 단위 테스트 수행)에 추점을 맞춘다.

? 소프트웨어 프로세스의 요소에는 무엇인가?

Quote

프로세스는 특정 목표에 누가 언제 어떻게 도달하는지를 정의한다.

Ivar Jacobson, Grady Booch, and James Rumbaugh

소프트웨어공학 관점에서, 컴퓨터 소프트웨어를 어떻게 개발할지에 대해 프로세스가 엄격한 처방이 될 수는 없다. 그것보다 프로세스는 소프트웨어 개발 팀이 적절한 작업 액션 및 태스크들을 선택하는 것을 가능하게 해 주는 적응적인 접근 방식이라 할 수 있다. 소프트웨어 개발을 지원하는 사람과 개발이 완료되었을 때 사용하는 사람들을 만족시킬 수 있는 충분한 품질을 가진 소프트웨어를 적절한 시간에 완성하고자 하는 것이 프로세스의 목적이다.

2.2.1 프로세스 프레임워크

프로세스 프레임워크(process framework)는 소프트웨어 프로젝트의 크기나 복잡도에 관계없이 모든 프로젝트에 적용 가능한 프레임워크 액티비티를 찾아내어 소프트웨어공학 프로세스가 완전하게 되도록 하는 기반을 확립한다. 더구나 프로세스 프레임워크는 전체적인 소프트웨어 프로세스에 적용할 수 있는 보호 활동(umbrella activity)들로 이루어진다. 소프트웨어공학을 위한 일반적인 프로세스 프레임워크는 다섯 가지 액티비티로 구성된다.

? 다섯 가지의 일반적인 프로세스 프레임워크 액티비티는 어떤 것인가?

커뮤니케이션(Communication) 기술적 작업을 시작하기 전에 고객(그리고 다른 이해관계자)과 소통하고 협력하는 것이 절대적으로 중요하다.[3] 커뮤니케이션의 목적은 프로젝

3 이해관계자(Stakeholders)는 프로젝트의 성공적인 결과에 개인적으로 관여를 하는 사람 누구나—사업 매니저, 최종 사용자, 소프트웨어 엔지니어, 후원자 등—를 뜻한다. Rob Thomsett은 "이해관계자는 크고 뾰족한 말뚝을 들고 있는 사람이다.… 만약 이해관계자를 감시하지 않으면, 당신은 말뚝으로 짓는 경계가 어디서 끝날지를 알고 있다."라고 농담을 하였다.

트에 대한 이해관계자들의 목표를 이해하고, 소프트웨어의 특징과 기능을 잘 정의할 수 있도록 요구사항을 수집하는 것이다.

계획 수립(Planning) 복잡한 여행도 지도가 있으면 간단하게 나타낼 수 있다. 소프트웨어 프로젝트는 복잡한 여행과도 같아서, 계획 수립 액티비티는 여행팀을 도와주는 "지도"를 생성하는 일과 같다. 지도—소프트웨어 프로젝트 계획이라 불림—는 수행해야 하는 기술적인 태스크, 발생할 수 있는 위험, 요구되는 자원, 작업 산출물, 작업 스케줄 등을 묘사함으로서 소프트웨어공학 작업을 정의한다.

> **Quote**
>
> 신은 쉽게 변하거나 독단적이지 않기 때문에 자연에 대한 간략한 설명이 있어야 한다고 Einstein이 주장하였다. 그러한 믿음이 소프트웨어 엔지니어를 위로해 주지는 않는다. 소프트웨어 엔지니어가 정통해야 할 대부분의 복잡성은 임의의 복잡성이다.
>
> Fred Brooks

모델링(Modeling) 당신이 정원사, 교량 건설자, 항공공학자, 목수, 설계사라면 매일매일 모델을 가지고 작업을 한다. 구조적으로 어떻게 보이는지, 구성요소들이 서로 잘 맞는지 그리고 다른 많은 특성들과 같은 그림을 이해할 수 있도록 "스케치"를 한다. 문제를 더 잘 이해하고 어떻게 해결할 것인가에 대하여 노력을 기울일 때 필요하면 스케치를 더 자세하게 묘사한다. 소프트웨어 엔지니어는 소프트웨어 요구사항과 요구사항을 달성하게 해 주는 설계를 더 잘 이해하기 위하여 모델을 생성함으로써 동일한 작업을 수행한다.

구축(Construction) 이 액티비티는 코드 생성(수작업 또는 자동적으로)과 코드에 있는 에러를 찾아내기 위한 테스팅을 결합한 것이다.

배치(Deployment) 소프트웨어(완전한 실체 또는 부분적으로 완성된 증분(increment))가 고객에게 전달된다. 고객은 프로덕트를 평가하고 평가를 바탕으로 해서 피드백을 제공한다.

이와 같은 다섯 가지의 일반적인 프레임워크 액티비티는 작고 간단한 프로그램 개발, 대규모 앱 애플리케이션 시스템 개발, 크고 복잡한 컴퓨터 기반 시스템을 개발하는 동안 사용될 수 있다. 소프트웨어 프로세스의 자세한 내용은 문제에 따라 상당히 다르지만 프레임워크 액티비티는 동일하다.

많은 소프트웨어 프로젝트에서는 프로젝트가 진행되면서 프레임워크가 반복적으로 적용된다. 커뮤니케이션, 계획 수립, 모델링, 구축, 배치는 여러 번의 프로젝트 반복과정에서 계속해서 반복적으로 적용된다. 각각의 프로젝트 반복과정에서는 소프트웨어의 특징과 기능의 일부분을 이해관계자에게 제공해 주는 소프트웨어 증분(software increment)을 만들어 낸다. 각각의 증분이 만들어지면서 소프트웨어는 점점 완전해진다.

2.2.2 보호 활동

소프트웨어공학 프로세스의 프레임워크 액티비티는 여러 가지 보호 활동에 의해 보완된다. 일반적으로 보호 활동은 소프트웨어 프로젝트를 진행하는 동안 적용되며, 소프트웨어 개발 팀이 진척사항, 품질, 변화, 위험요소를 다루고 제어하는 것을 도와준다. 전형적인 보호 활동에는 다음과 같은 것들이 있다.

소프트웨어 프로젝트 추적과 제어(Software project tracking and control) 소프트웨어 팀이 프로젝트 계획과 비교해서 진행사항을 평가하는 것과, 스케줄을 유지하기 위해 필요한 액션을 하는 것을 가능하게 한다.

리스크 관리(Risk management) 프로젝트 결과와 프로덕트의 품질에 영향을 주는 위험 요소를 평가한다.

소프트웨어 품질 보증(Software quality assurance) 소프트웨어 품질을 보증하기 위해 필요한 액티비티를 정의하고 수행한다.

기술 검토(Technical reviews) 에러가 다음 액티비티로 전파되기 전에 에러를 발견하고 제거하기 위해 소프트웨어공학 작업 산출물을 평가한다.

측정(Measurement) 개발팀이 이해관계자의 요구에 맞는 소프트웨어를 납품하는 것을 도와주는 프로세스와 프로젝트, 프로덕트를 재는 척도를 정의하고 수집한다. 다른 모든 프레임워크와 보호 활동과 같이 사용될 수 있다.

소프트웨어 형상 관리(Software configureation management) 소프트웨어 프로세스 전반에 걸쳐 변경이 미치는 영향을 관리한다.

재사용 관리(Reusability management) 소프트웨어 컴포넌트를 포함하여 프로덕트 재사용을 위한 기준을 정의하고 재사용 가능한 컴포넌트를 얻기 위한 기법을 확립한다.

작업 산출물 준비와 제작(Work product preparation and production) 모델, 문서, 로그, 서식과 리스트 등 작업 산출물을 만들어내는 데 필요한 액티비티들로 이루어진다.

각각의 보호 활동에 대해서는 이 책의 뒷부분에서 자세하게 논의한다.

KEY POINT
보호 활동은 소프트웨어 프로세스 전 과정에 걸쳐 이루어지며, 프로젝트 추적, 관리, 제어에 우선적으로 중점을 둔다.

KEY POINT
소프트웨어 프로세스 적응은 프로젝트의 성공을 위해 필수불가결한 것이다.

2.2.3 프로세스 적응

이 절의 앞부분에서, 소프트웨어공학 프로세스는 소프트웨어 팀이 반드시 따라야 하는 엄격한 처방이 아니라고 언급하였다. 오히려 그것은 민첩해야 하고 (문제, 프로젝트, 팀, 그리고 조직 문화에 대해) 적응할 수 있어야 한다. 그러므로 하나의 프로젝트에 채택된 프로세스는 다른 프로젝트에 채택된 프로세스와는 상당히 다를 수 있다. 차이점에는 다음과 같은 것들이 있다.

- 액티비티, 액션, 태스크의 전반적인 흐름과 그것들 사이의 상호 의존성
- 각 프레임워크 액티비티에서 액션과 태스크가 정의되어 있는 정도
- 작업 산출물이 확인되고 요구되는 정도
- 품질보증 액티비티가 적용되는 방법
- 프로젝트 추적과 제어 액티비티가 적용되는 방법
- 프로세스를 기술할 때 전체적인 상세함과 정확한 정도
- 고객 및 다른 이해관계자가 프로젝트에 연관되는 정도
- 소프트웨어 팀에게 주어지는 자율성의 수준
- 팀의 조직과 역할이 규정된 정도

Quote
똑똑한 요리사가 매번 조금씩 다른 요리를 할 때 한가지 주제는 조리방법이라고 생각한다.
Madame Benoit

이 책의 제1부에서, 소프트웨어 프로세스에 대하여 상세히 다룰 것이다.

2.3 소프트웨어공학 실무

WebRef

소프트웨어공학 실무에 대한 생각을 불러 일으키는 다양한 인용문들은 www.literateprogramming.com에서 찾아볼 수 있다.

이 장의 2.2 절에서, 소프트웨어공학 실무(software engineering practice)를 위해 프레임워크를 확립하는 액티비티들로 구성된 일반적인 소프트웨어 프로세스 모델을 소개하였다. 일반적인 프레임워크 액티비티—**커뮤니케이션, 계획 수립, 모델링, 구축, 배치**—와 보호 활동은 소프트웨어공학 작업을 위한 골격구조를 확립한다. 그러나 실제로 소프트웨어공학 실무가 이에 잘 맞을 것인가? 다음 절에서 프레임워크 액티비티에 적용할 수 있는 일반적 개념과 원칙에 대해 기본적인 이해를 하게 될 것이다.[4]

2.3.1 실무의 핵심

ADVICE

Polya의 방식은 단지 상식에 지나지 않는다고 주장할 수 있다. 맞는 말이다. 그러나 소프트웨어 분야에서는 상식적인 것이 비범한 것으로 되는 일이 자주 있다는 것이 놀랍다.

현대적인 컴퓨터가 생기기 이전에 쓰인 ≪**어떻게 해결할 것인가?**≫라는 고전에서 George Polya[Pol45]는 문제 해결의 핵심, 결과적으로는 소프트웨어공학 실무의 핵심에 대해 간략히 설명하였다.

1. **문제의 이해** (커뮤니케이션과 분석)
2. **해결방안의 계획** (모델링과 소프트웨어 설계)
3. **계획을 실행** (코드 작성)
4. **정확성을 위해 결과 조사** (테스트와 품질 보증)

소프트웨어공학적인 관점에서, 이와 같은 상식적인 단계는 일련의 질문을 생각하게 한다[Pol45].

ADVICE

문제 이해의 가장 중요한 요소는 경청이다.

문제의 이해 문제가 생기면 어떤 경우에는 받아들일 수가 없지만, 우리들 대부분은 오만하게 생각한다. 잠깐 듣고, 그러고 나서 생각한다. 아, 알겠어, 이 문제를 해결하도록 하자. 그러나 유감스러게도 이해한다는 것이 그렇게 쉬운 일은 아니다. 다음의 간단한 몇 개의 질문에 답을 하기 위해 시간을 쓰는 것은 가치 있는 일이다.

- **문제의 해결방안에서 누가 이해관계를 가지나?** 즉, 누가 이해관계자인가?
- **모르는 것이 무엇인가?** 어떤 데이터, 기능, 특징들이 문제 해결을 위해 요구되나?
- **문제가 나누어질 수 있나?** 이해하기 쉬운 좀 더 쉬운 작은 문제로 나누는 것이 가능한가?
- **문제를 그래픽으로 나타낼 수 있나?** 분석 모델이 만들어 질 수 있나?

해결방안의 계획 이제 문제를 이해하였고 (또는 그렇게 생각) 코딩을 시작하는 것을 더 이상 기다릴 수 없다. 그렇게 하기 전에 잠시 속도를 늦추고 설계를 조금 하자.

- **전에 유사한 문제를 본 적이 있나?** 가능한 해결방법 중에 인지할 수 있는 패턴이 있나? 요구되는 데이터, 기능, 특징을 구현해 놓은 소프트웨어가 있는가?

4 이 책의 뒤에서 특정한 소프트웨어공학 방법과 보호 활동을 다룰 때 이 장의 관련된 부분을 다시 보아야 한다.

- **유사한 문제가 해결되었나?** 그렇다면 해결방안의 요소들을 재사용할 수 있나?
- **부분문제가 정의될 수 있는가?** 그렇다면 해결방안은 부분문제에도 명백하게 적용 될 수 있나?
- **효율적으로 구현될 수 있도록 해결방안을 잘 표현할 수 있나?** 설계모델이 만들어질 수 있는가?

계획을 실행 설계는 개발하고자 하는 시스템을 위한 로드 맵 역할을 한다. 생각하지 않았던 우회로가 있을 수 있고, 더 나은 길을 발견할 수도 있지만 "계획"은 길을 잃지 않고 일을 진행할 수 있도록 해준다.

> **Quote**
> 어떤 문제의 해결방안에서도 어느 정도는 발견되는 것이 있다.
> George Polya

- **해결방안이 계획과 잘 맞는가?** 소스코드로 설계모델을 추적할 수 있나?
- 해결방안의 **각 부분들이 입증할 수 있을 정도로 올바른가?** 설계와 코드를 검토했나? 알고리즘에 정확성 검증을 하였나?

결과 조사 해결방안이 완전한지는 확신할 수 없어도 가능한 모든 에러를 발견하기 위해 충분한 테스트를 설계한 것은 확신할 수 있다.

- **해결방안의 각 컴포넌트 부분을 테스트하는 것이 가능한가?** 적당한 테스트 전략이 수행 되었나?
- **해결방안이 요구되는 데이터, 기능, 특징들에 잘 맞는 결과를 만들어내는가?** 소프트웨어가 이해관계자의 요구사항과 비교해서 검증이 되었나?

이 방식의 많은 부분이 상식적이라는 것에 놀라지 말아야 한다. 사실상, 소프트웨어공학을 위한 상식적인 접근 방법이 길을 잃지 않게 해 준다고 하는 것은 이치에 맞는 일이다.

2.3.2 일반적인 원칙

사전에서 원칙(principle)을 "생각 체계에서 필요로 하는 중요한 근원적인 법칙 또는 가정"이라고 정의한다. 이 책에서는 추상화의 여러 수준에서의 원칙을 논의한다. 어떤 것은 소프트웨어공학 전체, 다른 것은 특별한 일반적 프레임워크 액티비티(예를 들어, **커뮤니케이션**), 또 다른 것은 소프트웨어공학 액션(예를 들어, 구조 설계) 또는 기술적인 태스크 (예를 들어, 사용 시나리오 작성)에 촛점을 둔다. 원칙은 수준에 관계없이 소프트웨어공학 실무를 위한 사고방식을 확립하는 것을 도와준다.

David Hooker [Hoo96]는 전반적인 소프트웨어공학 실무에 초점을 맞춘 일곱 가지 원칙을 제안하였다. 그것을 다음과 같이 나타내었다.[5]

> **ADVICE**
> 소프트웨어 프로젝트를 시작하기 전에, 소프트웨어는 비즈니스 목적을 가지고 있고 사용자는 그 안에 있는 가치를 파악하고 있다는 것을 명심하라.

첫 번째 원칙: 이유는 항상 존재한다.

소프트웨어 시스템은 한 가지 이유 때문에 존재한다. 그것을 사용하는 사용자에게 가치를 제공하기 위해서이다. 모든 의사결정은 이 사실을 염두에 두고 이루어져야 한다. 시스

5 저자 [Hoo96]의 하락 하에 복제하였다. Hooker는 이러한 원리들을 위해 **http://c2.com/cgi/wiki?SevenPrinciplesOfSoftwareDevelopment.**에서 패턴을 정의하였다.

템 요구사항을 구체화 하기 전에, 시스템의 한 가지 기능을 인식하기 전에, 하드웨어 플랫폼을 결정하기 전에, "이것이 시스템의 가치를 높여 줄 수 있나?"라는 질문을 해야 한다. 만약 답이 "아니다"이면 그렇게 하면 안 된다. 다른 모든 원칙은 이 원칙을 지지한다.

> **Quote**
>
> 기지 또는 위트의 매력은 간결함에 어떤 위대한 것이 있다는 것을 말한다.
>
> Alexander Pope (1688-1744)

두 번째 원칙: 간단하게 하라!

소프트웨어 설계과정은 아무렇게나 하는 프로세스가 아니다. 설계를 하기 위해 노력할 때 생각해야 할 여러 가지 요소가 있다. 모든 설계는 가능한 간단해야 하지만 그렇다고 너무 간단해도 안 된다. 이렇게 하는 것이 시스템을 더욱 쉽게 이해하고 쉽게 유지보수 할 수 있게 해준다. 간단함이라는 것 때문에 소프트웨어의 특징이나 내부적 특징까지 포기하라는 것은 아니다. 사실상, 더 멋진 설계는 대부분 더 간단하다. 간단함이란 "약식으로 간단히 함"을 의미하는 것이 아니다. 사실은 종종 더 많은 생각을 하고 간단히 하기 위해 여러번 반복해서 작업을 한다. 이렇게 해서 얻을 수 있는 것은 더욱 유지보수 하기 쉽고 에러가 덜 발생하는 소프트웨어이다.

세 번째 원칙: 비전을 유지하라.

소프트웨어 프로젝트의 성공을 위해서는 확실한 비전이 반드시 필요하다. 비전이 없으면 프로젝트는 거의 대부분 "이러지도 저러지도 못하고 망설이다가" 마무리 된다. 개념이 정립되지 않으면, 시스템은 서로 맞지 않는 나사를 결합하는 것처럼, 양립할 수 없는 설계로 누더기가 될 위험이 크다. 소프트웨어 시스템의 구조에 대해 비전을 양보하게 되면, 설계가 잘 된 시스템을 약하게 만들고 마침내 망가뜨리게 되는 것이다. 비전을 가지고 있는 자율적인 설계가는 성공적인 소프트웨어 프로젝트를 보장하는 것을 도와준다.

> **KEY POINT**
>
> 만일 소프트웨어가 가치를 가지고 있으면 소프트웨어가 유용하게 사용되는 동안 변경될 것이다. 이와 같은 이유로 소프트웨어는 유지보수가 가능하게 개발되어야 한다.

네 번째 원칙: 당신이 만들어 내는 것을 다른 사람이 소비할 것이다.

강력한 소프트웨어 시스템이 구축되어 외부와 단절된 상태에서 사용되는 경우는 드물다. 이런 저런 방법으로 다른 사람들이 사용, 유지보수, 문서화를 하거나 그렇지 않으면 당신이 개발한 시스템을 다른 사람들이 이해할 수 있어야 하는 것이다. 따라서 항상 당신이 하는 일을 다른 사람이 이해할 수 있어야 한다는 생각을 가지고 명세화, 설계, 구현하라. 소프트웨어 개발에서 얻는 프로덕트를 사용할 사람들은 잠재적으로 상당히 많다. 사용자를 염두에 두고 명세화하라. 구현을 마음에 두고 설계하라. 시스템을 유지보수하고 확장할 사람들을 고려해서 코딩하라. 당신이 작성한 코드를 다른 사람이 디버그하게 되며 이는 그들이 당신 코드의 사용자가 되는 것이다. 그들이 쉽게 그런 일을 할 수 있도록 하는 것이 시스템의 가치를 올려준다.

다섯 번째 원칙: 미래에 대해 열려 있어라.

수명이 긴 시스템이 더 가치가 있다. 갑작스러운 통보에 의해 명세서가 변경되고 단지 몇달 지난 하드웨어 플랫폼이 쓸모가 없어지는 것과 같은 오늘날의 컴퓨팅 환경에서, 소프트웨어 수명은 몇 해가 아니라 몇 달 단위로 측정된다. 그러나 정말로 "강력한" 소프트웨어 시스템은 더 오래 사용될 수 있어야 하며, 이렇게 되기 위해서는 시스템이 변경을 받아들일 준비가 되어 있어야 한다. 성공적으로 변경을 할 수 있는 시스템은 처음부터 그렇게 설계가 되어 있는 시스템이다. 곤란한 입장에 처하게 되도록 설계를 하면 안 된다. 항상 "이렇게 하면 어떻게 될까?"를 질문해 보고, 특수한 문제가 아니라 일반적인 문제를 해결하는 시스템을 개발함으로써 모든 가능한 해결책을 준비해야 한다.[6] 이렇게 함으로써 전체 시스템을 재사용할 수 있게 된다.

여섯 번째 원칙: 재사용을 위해 미리 계획을 세워라.

재사용은 시간과 노력을 줄여준다.[7] 높은 재사용율은 소프트웨어 시스템 개발에 있어 가장 달성하기 어려운 목표이다. 코드와 설계를 재사용하는 것이 객체지향 기술을 사용할 때의 가장 큰 이점이라고 말하여 왔다. 그러나 투자에 대한 이익이 자동적으로 얻어지는 것은 아니다. 객체지향 (또는 전통적인) 프로그래밍이 제공하는 재사용 가능성을 높이기 위해서는 미리 생각하고 계획을 세우는 것이 필요하다. 시스템 개발의 각 단계를 재사용하기 위한 여러 가지 기법들이 있다. … 재사용을 위해 미리 계획을 세우는 것은 비용을 줄여주고, 재사용 가능한 컴포넌트와 그것들이 통합된 시스템 모두의 가치를 높여준다.

일곱 번째 원칙: 생각하라!

이 마지막 원칙은 가장 빠뜨리기 쉬운 것이다. 액션을 하기 전에 분명히 안전하게 생각하는 것은 항상 좋은 결과를 만들어 준다. 어떤 것에 대해 미리 생각하면 그것을 제대로 할 가능성이 높아지고, 그것을 어떻게 하면 다시 바로 할 수 있는지에 대한 지식을 얻게 된다. 어떤 것에 대해 생각하면서도 잘못하면 그것 또한 가치있는 경험이 되는 것이다. 생각하는 것의 부수적인 효과는 당신이 언제 무엇을 모르는지, 어느 시점에 해결방안을 찾을 수 있는지를 알게 되는 것을 배우는 것이다. 앞의 여섯 가지 원칙을 적용하는 것은 잠재적인 보답이 상당히 큰 집중적인 사고를 필요로 한다.

모든 소프트웨어 엔지니어와 소프트웨어 개발 팀이 Hooker의 일곱 가지 원칙을 따르기만 한다면 복잡한 컴퓨터 기반 시스템을 개발할 때 경험할 수 있는 수많은 어려움을 이겨낼 수 있을 것이다.

2.4 소프트웨어 개발 미신

소프트웨어 개발 미신—소프트웨어와 소프트웨어를 개발하는 데 사용되는 프로세스에 대한 잘못된 믿음—에 대해서는 컴퓨팅의 초창기로 거슬러 올라가서 생각해 볼 수 있다. 미신은 그것들을 서서히 퍼지게 하는 여러 가지 속성들을 가지고 있다. 예를 들어, 그것들을 사실에 대한 논리적인 언급(경우에 따라 진실성 있는 요소를 포함)처럼 보이게 하고, 직관

6 이 충고는 만약 극단적인 경우에 적용하면 위험할 수 있다. "일반적인 문제"를 설계하는 것은 종종 성능상의 타협을 요구하고 특수한 해결방안을 비효율적으로 만들 수 있다.

7 미래의 프로젝트에서 소프트웨어를 재사용하려는 사람들에게는 맞는 말이지만, 재사용 가능한 컴포넌트를 설계하고 개발하는 사람들에게는 재사용이 비용이 많이 들 수 있다. 연구에 따르면, 재사용 가능한 컴포넌트를 설계하고 개발하는 것은 목표 소프트웨어보다 25~200퍼센트 비용이 더 들게 된다. 어떤 경우에는 비용 차이를 정당화 할 수 없는 경우도 있다.

적인 느낌을 가지며, 종종 경험 많은 실무자들에 의해 전파되기도 하였다.

오늘날, 지식을 많이 가지고 있는 대부분의 소프트웨어공학 전문가들은 매니저와 실무자들에게 심각한 문제를 유발하는 미신에 대해서 잘 알고 있다. 오래된 태도와 습관은 고치기가 힘들며, 그렇기 때문에, 소프트웨어에 대한 미신은 계속 남아 있다.

WebRef

소프트웨어 프로젝트 매니저 네트워크는(www.spmn.com 참조) 다른 여러 미신들(이 장에서 논의한 미신 포함)을 떨쳐버리는 데 도움을 줄 것이다.

관리 미신 자제심이 많은 매니저처럼 소프트웨어에 대해 책임감을 가지는 매니저는, 예산을 맞추고 개발기간의 스케줄을 유지하며 품질을 개선시키는 일에 압력을 받는다. 물에 빠진 사람이 지푸라기라도 잡듯이 소프트웨어 매니저는 미신이 (일시적으로라도) 이러한 압박을 줄여준다면 종종 그것을 믿게 된다.

미신: **소프트웨어를 개발하기 위한 표준과 절차로 가득 찬 책이 있다. 그 책은 개발자가 알고 있어야 하는 모든 것을 제공해준다.**

현실: 표준에 대한 책은 있을 수 있지만 그것이 사용되는가? 소프트웨어 실무자들은 그런 책이 있다는 것을 알고 있는가? 그것이 현대 소프트웨어공학을 반영하고 있나? 완전한가? 적용가능한가? 소프트웨어 품질에 목표를 맞추면서 동시에 능률적으로 납품시기를 앞당길 수 있나? 많은 경우에 모든 질문에 대한 답은 "아니다"이다.

미신: **개발 기간이 지연될 때 프로그래머를 더 투입하면 날짜를 맞출 수 있다. (종종 "몽골사람의 무리(Monglian Horde)" 개념이라 불린다.)**

현실: 소프트웨어 개발은 제조업과 같은 기계적인 프로세스에 의해 이루어지는 것이 아니다. Brooks[Bro95]의 말 중에는 "지연되는 프로젝트에 사람을 더 투입하면 프로젝트가 더 지연된다."라는 것이 있다. 처음에는 이 말이 직관적으로 맞지 않는 것처럼 보인다. 그러나 새로운 사람이 투입되면, 작업 중인 사람이 새로운 사람을 교육하는 데 시간을 써야만 하고, 따라서 개발에 투입되는 시간은 줄어들게 된다. 사람들은 계획에 따라 잘 조화된 방법으로만 추가될 수 있다.

미신: **만일 소프트웨어 프로젝트를 타 회사에 외주(outsource)를 주게 되면, 나는 쉴 수 있고 그들이 개발을 끝내도록 할 수 있다.**

현실: 조직이 소프트웨어 프로젝트를 내부적으로 관리, 제어할 수 없으면, 소프트웨어 외주 후에 항상 고군분투 하여야 한다.

고객들의 미신 컴퓨터 소프트웨어를 요구하는 고객은 옆 책상의 동료, 아래 층 기술 그룹, 마케팅/판매부 또는 계약에 의해 소프트웨어를 요구하는 외부 회사일 수 있다. 많은 경우에, 소프트웨어 매니저나 실무자가 잘못 된 정보를 수정하는 일을 거의 하지 않기 때문에 고객들은 미신을 믿는다. 통념은 헛된 기대(고객에 의한)와 함께 궁극적으로는 개발자에 대해 불만을 갖게 한다.

ADVICE

실제 일을 시작하기 전에 무엇을 해야만 하는지에 대해 열심히 이해하라.
모든 상세한 것까지 이해할 수는 없지만, 많이 알고 있을 수록 위험은 적어진다"

미신: **목표에 대해 일반적 기술만으로도 기술해도 프로그램 작성을 시작하는 데 충분하다—상세한 것은 나중에 채워 넣을 수 있다.**

현실: 비록 포괄적이고 안정적인 요구사항을 기술하는 것이 항상 가능하지는 않다고 하더라도 애매모호한 "목표 명세서"는 실패의 원인이 된다. 고객과 개발자 사이의 끊임없는 의사소통을 통해 명확한 요구사항(보통 반복적인 방법으로 얻어짐)을 개발해야 한다.

미신: **소프트웨어 요구사항은 계속적으로 변하지만 소프트웨어는 유연성이 있기 때문에 변화를 쉽게 받아들일 수 있다.**

현실: 소프트웨어 요구사항이 변하는 것은 사실이나, 변경의 영향은 그것이 언제 발생하느냐에 따라 다르다. 요구사항을 변경하는 것이 개발 초기(설계 또는 코딩이 시작되기 전)에 요청되면 영향은 상대적으로 적다.[8] 그러나 시간이 지남에 따라 경비에 영향을 크게 미치게 된다.—필요한 자원은 이미 결정되었고 설계 프레임워크가 이미 만들어졌기 때문에, 변경 요구는 추가 자원과 주요 설계 내용의 수정을 요구하게 되므로 비용의 인상 요인이 된다.

실무자들의 미신 소프트웨어 실무자들이 아직까지 믿고 있는 미신은 60년이 넘는 프로그래밍 문화에 의해 조성된 것이다. 초창기에 프로그래밍은 예술로 여겨졌다. 오래된 방법이나 태도는 쉽게 없어지지 않는다.

미신: **일단 프로그램을 작성하여 그 프로그램이 작동하게 되면 우리 업무는 끝난 것이다.**

현실: "일찍 코딩을 시작하면 끝내는 데 시간이 더 많이 걸릴 것이다."라는 말이 있다. 업계의 데이터는 소프트웨어에 들인 모든 노력의 60~80%는 고객에게 소프트웨어가 처음으로 전달된 후에 사용된다는 것을 보여주고 있다.

ADVICE

소프트웨어공학을 적용할 시간이 없다고 생각할때마다, "지금 하는 것을 다시 적용할 시간이 있나?"를 생각하라.

미신: **프로그램이 "작동" 될 때까지는 품질을 평가할 수 있는 방법이 없다.**

현실: 가장 효과적인 소프트웨어 품질 보증 기법은 프로젝트 착수시점부터 적용될 수 있다.—기술 검토(technical review)라 한다. 소프트웨어 검토(20장에 설명)는 소프트웨어 결함들을 찾아내기 위한 테스트보다 더 효과적인 "품질 필터(quality filter)"이다.

미신: **소프트웨어공학은 많은 불필요한 문서를 생성하게 하여 어쩔 수 없이 일이 느려질 것이다.**

현실: 소프트웨어공학은 문서를 작성하는 것에 대한 것이 아니고, 품질 좋은 소프트웨어를 만드는 것에 대한 것이다. 좋은 품질은 재작업을 줄여주고, 또한 재작업을 적게 하면 납품시간을 앞당겨 준다.

많은 소프트웨어 전문가들은 위에 기술한 미신의 오류를 인식하고 있다. 소프트웨어의 현실을 인식하는 것이 소프트웨어공학의 실질적인 해결방안을 위해 첫 번째 단계로 해야 할 일이다.

8 많은 소프트웨어 엔지니어들이 점증적으로 변경하고, 그렇게 함으로써 변경의 영향과 비용을 관리할 수 있는 "애자일" 방식을 채택하고 있다. 애자일 방법은 5장에서 다룬다.

2.5 어떻게 시작하나?

모든 소프트웨어 프로젝트는 다음과 같은 비즈니스 필요에 의해 급하게 만들어진다—현재의 응용시스템의 결함을 수정할 필요, 비즈니스 환경의 변화에 따라 "레거시 시스템"을 적응 시킬 필요, 현재의 응용시스템의 기능과 특성을 확장시킬 필요, 새로운 프로덕트, 서비스 또는 시스템을 새로 만들 필요이다.

소프트웨어 프로젝트의 초기 단계에서는 단순한 대화를 하는 가운데 비즈니스 필요성이 비공식적으로 종종 언급된다. 사이드 바에서 언급되는 대화가 전형적인 것이다.

SafeHome[9]

프로젝트는 어떻게 시작하나?

장면: 가정이나 상업적으로 사용되는 소비자 제품을 만드는 가상의 회사인 CPI Corporation의 미팅 룸.

등장인물: Mal Golden(프로덕트 개발 중견 매니저), Lisa Perez(마케팅 매니저), Lee Warren(엔지니어링 매니저), Joe Camaller(비즈니스 개발 부사장)

대화

Joe: 오케이, Lee. 당신들이 무엇인가를 개발한다고 들었어요. 포괄적인 만능 무선 박스인가요?

Lee: 그것은 상당히 근사한 거예요. 크기는 조그만 성냥갑만 하고… 우리는 거기에다가 모든 종류의 센서, 디지털 카메라, 그 외 어떤 것이든 부착할 수 있어요. 802.11n 무선 프로토콜을 사용해서, 무선으로 장치의 출력물에 선 없이 접근하는 것이 가능해요. 이것은 완전히 차세대 신제품이 될 겁니다.

Joe: Mal, 동의 하나요?

Mal: 네, 동의합니다. 실제, 올해 매출이 그저 그렇기 때문에, 무언가 새로운 것이 필요해요. Lee와 제가 시장조사를 좀 하고 있고, 대단한 물건들을 생각해 냈습니다.

Joe: 얼마나 대단한 건가요?

Mal(직접적인 언급은 피하며): Lisa, 우리 아이디어를 이야기 해주세요.

Lisa: "주택 관리 프로덕트"라고 하는 완전히 새로운 개념의 제품입니다. 그것을 "SafeHome"이라 명명했습니다. 새로운 무선 인터페이스를 사용하며, 주택 소유자 또는 소규모 비즈니스를 하는 사람에게 컴퓨터로 제어하는 시스템을 제공해 줍니다.—주택 경비, 주택 감시, 전기 기구와 장치 제어 등— 당신이 집으로 운전해서 오고 있는 동안 에어컨을 켤수도 있고, 그런 겁니다.

Lee(중간에 끼어들며): 엔지니어링 팀에서 이 아이디어가 기술적으로 가능한지에 대한 조사를 했습니다, 뭔가를 조금만 들여 만들 수 있는 거예요. 대부분의 하드웨어는 다 만들어져 있고요. 소프트웨어가 문제인데, 우리가 할 수 없는 일은 아닙니다.

Joe: 흥미있군요. 이제 실제적인 것을 물어봐야 겠네요.

Mal: PC가 전 미국 가정의 70%에 보급되어 있습니다. 이 제품의 가격을 잘 매기면 킬러 앱(Killer-App)이 될 수 있어요. 다른 누구도 우리의 무선 박스를 만들 수는 없어요. 이것은 독점적인 것입니다. 우리는 경쟁에서 2년을 건너 뛸 수 있어요. 이익은? 아마도 내년쯤에는 3천만 ~ 4천만 달러는 되겠지요?

Joe(웃으며): 다음 단계로 넘어갑시다. 흥미롭네요.

앞에서 본 것은 제외하고, 대화 중에 소프트웨어가 언급되기는 어렵다. 그럼에도 불구하고 소프트웨어는 SafeHome 생산라인을 만들거나 중단시킬 것이다. SafeHome 소프트웨어가 성공하는 경우에만 엔지니어링 노력도 성과를 거둘것이다. 시장에서는 또 고객의 요구에 맞는 소프트웨어가 내장되어 있는 경우에만 프로덕트를 받아들일 것이다. 이

9 SafeHome 프로젝트는 소프트웨어 프로덕트 구축과 같은 프로젝트 팀 내부의 업무들을 설명하기 위해 이 책의 전체에 걸쳐 사용 된다. 이 회사와 프로젝트, 그리고 구성원은 모두 가상이지만, 상황이나 문제들은 실제로 일어날 수 있는 것들이다.

책의 다음 여러 장에서 SafeHome에 적용되는 소프트웨어공학의 진행과정을 따라갈 것이다.

2.6 요약

소프트웨어공학은 좋은 품질의 복잡한 컴퓨터 기반 시스템이 주어진 시간 안에 빨리 개발될 수 있도록 해주는 프로세스, 방법론, 도구로 이루어진다. 소프트웨어 프로세스는 모든 종류의 소프트웨어 프로젝트에 적용 가능한 5개의 프레임워크 액티비티로 이루어진다.—커뮤니케이션, 계획 수립, 모델링, 구축, 배치. 소프트웨어공학 실무는 핵심 원칙을 따르는 문제 해결 액티비티를 의미한다.

소프트웨어에 관한 지식과 개발에 필요한 기술이 발전하고는 있지만 여러 가지의 소프트웨어 미신은 매니저와 실무자들이 소프트웨어를 개발할 때 어떻게 해야할지를 모르게 만든다. 소프트웨어공학에 대해 더 많이 배우게 되면 왜 이러한 통념들에 대해 사실을 확실하게 말해야 하는지 이해하게 될 것이다.

문제와 생각할 점

2.1 그림 2.1은 "A quality focus"라고 정의된 계층 위로 세 개의 소프트웨어공학 계층을 정의하였다. 이는 통합 품질 관리와 같은 조직의 품질 관련 프로그램을 의미한다. 추가적인 연구 및 조사를 통해서 통합 품질 관리의 주요 원리에 대해 알아보도록 하시오.

2.2 소프트웨어공학이 "웹앱"을 개발할 때도 적용 가능한가? 만약 가능하다면, 웹용 앱의 고유한 특성을 가지도록 하기 위해 소프트웨어공학이 어떻게 수정되어야 하는가?

2.3 소프트웨어가 점점 더 많이 사용되게 되면서, 결함이 있는 프로그램 때문에 사람들에게 생기는 위험이 점점 더 늘어나게 되었다. 컴퓨터 프로그램의 실패가 대단한 피해 (경제적으로 또는 사람에게)를 끼치는 실제적인 시나리오를 개발하시오.

2.4 프로세스 프레임워크를 자신의 표현 방식으로 기술하시오. 프레임워크 액티비티가 모든 프로젝트에 적용 가능하다고 한다면, 크기나 복잡도에 관계없이 모든 프로젝트에 동일한 작업이 적용된다는 의미인가? 설명하시오.

2.5 보호 활동은 소프트웨어 프로세스 전과정에 걸쳐 이루어진다. 프로세스 각 과정에서 모든 보호 활동이 똑같이 적용된다고 생각하는가? 아니면, 하나 또는 그 이상의 프레임워크 액티비티에 집중된다고 생각하는가?

2.6 두개의 미신을 2.4장에 언급된 리스트에 추가하시오. 또한, 각 미신과 연관되는 실제 현실에 대해서도 논하시오.

추가 읽을거리와 정보 소스

소프트웨어공학과 소프트웨어 프로세스의 현재 상태는 *IEEE Software*, *IEEE Computer*,

CrossTalk, 그리고 *IEEE Transactions on Software Engineering*과 같은 간행물을 통해서 가장 잘 파악할 수 있다. *Application Development Trends and Cutter IT Journal*은 종종 소프트웨어 공학 토픽을 포함한 논문을 게재하곤 한다. 이론들은 IEEE와 ACM의 후원을 하는 *Proceeding of the International Conference on Software Engineering*에서 발표가 되며, 좀 더 자세한 내용은 *ACM Tractactions on Software Engineering and Methodology*, *ACM Software Engineering Notes* 그리고 *Annals of Software Engineering*과 같은 저널을 통해서 논의된다. 또한, 수만 개의 웹 페이지가 소프트웨어공학과 소프트웨어 프로세스에 대한 내용을 포함하고 있다.

소프트웨어 프로세스와 소프트웨어공학을 다루는 많은 책들이 최근에 발표되었다. 일부 책들은 소프트웨어 프로세스에 대한 일반적인 내용을 다루고 있고, 어떤 책들은 다른 책들과의 차별성을 가지며 일부 중요한 토픽들에 대해서 다루고 있다. 이 책을 포함하여 많이 읽혀지고 있는 책의 리스트는 다음과 같다:

SWEBOK: *Guide to the Software Engineering Body of Knowledge*,[10] IEEE, 2013, see: http://www.computer.org/portal/web/swebok

Andersson, E., et al., *Software Engineering for Internet Applications*, MIT Press, 2006. Braude, E., and M. Bernstein, Software Engineering: Modern Approaches, 2nd ed., Wiley, 2010.

Christensen, M., and R. Thayer, *A Project Manager's Guide to Software Engineering Best Practices*, IEEE-CS Press (Wiley), 2002.

Glass, R., *Fact and Fallacies of Software Engineering*, Addison-Wesley, 2002.

Hussain, S., *Software Engineering*, I K International Publishing House, 2013.

Jacobson, I., *Object-Oriented Software Engineering: A Use Case Driven Approach*, 2nd ed., Addison-Wesley, 2008.

Jalote, P., *An Integrated Approach to Software Engineering*, 3rd ed., Springer, 2010.

Pfleeger, S., *Software Engineering: Theory and Practice*, 4th ed., Prentice Hall, 2009.

Schach, S., *Object-Oriented and Classical Software Engineering*, 8th ed., McGraw-Hill, 2010.

Sommerville, I., *Software Engineering*, 9th ed., Addison-Wesley, 2010.

Stober, T., and U. Hansmann, *Agile Software Development: Best Practices for Large Development Projects*, Springer, 2009.

Tsui, F., and O. Karam, *Essentials of Software Engineering*, 2nd ed., Jones & Bartlett Publishers, 2009.

Nygard(*Relese It!: Design and Deploy Production-Ready Software*, Pragmatic Bookshelf, 2007), Richardson과 Gwaltney(*Ship it! A Practical Guide to Successful Software Projects*, Pragmatic Bookshelf, 2005), 그리고 Humble과 Farley(*Continuous Delivery: Reliable Software Releases through Build, Test, and Deployment Automation*, Addison-Wesley, 2010)는 배치 활동과 관련된 광범위한 유용한 가이드라인을 제공하고 있다.

10 다음 웹사이트에서 무료로 읽을 수 있다. http://www.computer.org/portal/web/swebok/htmlformat

대부분의 소프트웨어공학과 관련된 표준은 IEEE, ISO 그리고 그들의 표준 기구에 의해서 발간이 되었다. Moor(*The Road Map to Software Engineering: A Standards-Based Guide*, IEEE Computer Society Press [Wileyl, 2006]는 표준과 관련된 서베이와 어떻게 이들 표준이 실제 프로젝트에 적용이 되는지에 대한 유용한 정보를 제공한다.

소프트웨어공학 및 소프트웨어 프로세스와 관련된 수많은 정보 소스들을 인터넷에서 구할 수 있다. 소프트웨어 프로세스와 관련된 월드 와이드 웹 참고문헌의 최신 리스트는 SEPA 웹사이트 www.mhhe.com/pressman에서 찾을 수 있다.

PART

1

소프트웨어 프로세스

제 1부에서는 당신이 소프트웨어공학 실무를 위해 필요한 프레임워크를 제공해주는 프로세스에 대해서 배우게 될 것이다. 다음의 질문들에 대한 답들이 이어지는 챕터들에서 논의된다.

- 소프트웨어 프로세스란 무엇인가?
- 모든 소프트웨어 프로세스에서 나타나는 일반적인 프레임워크 액티비티들은 어떤 것이 있는가?
- 어떻게 프로세스가 모델이 되고, 프로세스 패턴이란 무엇인가?
- 관행적 프로세스 모델은 무엇이며 이들의 장단점은 무엇인가?
- 민첩성(agility)이 현대의 소프트웨어공학 작업에서 주목을 받게 된 이유는 무엇인가?
- 애자일 소프트웨어 개발이 무엇이며, 기존의 프로세스 모델들과는 어떻게 다른가?

이 모든 질문에 답을 할 수 있으면, 여러분은 소프트웨어공학 실무에 적용될 수 있는 다양한 상황들을 더욱 잘 이해할 준비가 되어 있는 것이다.

3
CHAPTER

소프트웨어 프로세스 구조

주요 개념

일반 프로세스 모델
평가
프로세스 흐름
프로세스 개선
프로세스 패턴
태스크 세트

소프트웨어와 소프트웨어공학에 대한 경제학자의 시각을 담은 아주 흥미로운 책에서 Howard Baetjer, Jr.[bae98]는 소프트웨어 프로세스에 대해 다음과 같이 언급하였다.

> 다른 모든 자본과 마찬가지로 소프트웨어는 지식의 표현물이기 때문에, 그리고 지식은 처음에는 분산되어 있고 암묵적이고 보이지 않으며 불완전하기 때문에 소프트웨어 개발과정을 사회적 학습 프로세서라 한다. 프로세스는 소프트웨어로 되는 지식이 합쳐지고, 지식이 소프트웨어에 구체적으로 표현되는 의견교환 과정이다. 또 프로세스는 사용자와 설계자, 사용자와 발전하는 도구, 설계자와 발전하고 있는 도구[기술] 사이의 상호작용을 제공해준다. 도구를 이용하여 상호작용을 하고, 각 단계의 의견교환 과정에서 관계있는 사람들에게서 더 많은 유용한 지식을 이끌어내는 반복적인 프로세스이다.

컴퓨터 소프트웨어를 만드는 과정은 반복적인 학습과정이고, Baetjer가 말한 "소프트웨어 자본"인 그 결과물은 프로세스가 진행되는 동안 모이고 추출되고 조직화된 지식이 구체적으로 표현된 것이다.

그러나 기술적 관점에서 볼 때 소프트웨어 프로세스란 정확하게 무엇인가? 이 책에서는 소프트웨어 프로세스를 좋은 품질의 소프트웨어를 개발하는 데 필요한 액티비티, 액션, 태스트의 프레임워크로 정의한다. "프로세스"는 소프트웨어공학과 동일한가? 그럴수도 있고 아닐 수도 있다. 소프트웨어 프로세스는 소프트웨어공학적으로 개발될 때 채택되는 접

QUICK LOOK

이것은 무엇인가? 시스템이나 프로덕트를 만들 때 예측가능한 단계 – 주어진 시간 안에 좋은 품질의 결과물을 만들어내는 것을 도와주는 절차 (road map) – 를 준수하는 것이 중요하다. 따라서 수행해야 할 절차를 "소프트웨어 프로세스"라 한다.

누가 수행하는가? 소프트웨어 엔지니어와 매니저가 필요에 따라 프로세스를 적절히 변경시키고, 프로세스에 따라 소프트웨어를 개발한다. 또한 소프트웨어를 정의, 개발, 테스트하는 과정 중에 소프트웨어 개발을 요청한 사람들이 어떤 역할을 한다.

왜 중요한가? 제어하지 않고 그냥 두면 혼란을 가져 올 액티비티들을 안정적이고 제어가 가능하고 또 조직적일 수 있도록 해준다. 최신의 소프트웨어공학 방식은 "민첩 (Agile)" 해야 한다. 프로젝트 팀과 만들어야 하는 프로덕트에 적합한 액티비티, 제어, 작업 산출물만 요구해야 한다.

어떤 단계가 있는가? 채택할 프로세스는 개발하고자 하는 소프트웨어에 달려 있다. 항공관제 시스템을 개발할 때 적합한 프로세스와 웹 사이트를 개발할 때 사용하는 프로세스는 완전히 다를 수 있다.

작업 산출물은 무엇인가? 소프트웨어 엔지니어 입장에서, 작업 산출물은 프로세스에 의해 정의되는 활동들과 작업들의 결과물인 프로그램과 문서, 데이터이다.

작업이 옳게 수행되었다는 것을 어떻게 확인하는가? 조직의 소프트웨어 프로세스 "성숙도(maturity)"를 결정해주는 소포트웨어 프로세스 평가 절차는 여러 가지가 있다. 그러나 프로덕트의 품질, 적시성, 오랜 사용 시간 등이 채택한 프로세스의 효율성을 가장 잘 나타내 준다.

근방식이다. 그러나 소프트웨어공학은 프로세서를 지원하는 기술적 방법들과 자동화 도구와 같은 기술적 측면도 포함된다.

더욱 중요한 것은 소프트웨어공학이, 개발하려는 프로덕트와 시장의 요구에 적합하도록 소프트웨어 프로세스를 적용시키는 창조적이고 식견이 있는 사람들에 의해 수행된다는 것이다.

3.1 일반 프로세스 모델

이 책의 2장에서, 프로세스를 어떤 작업 산출물이 만들어질 때 수행되는 액티비티, 액션, 그리고 태스크들의 모임으로 정의하였다. 각각의 액티비티, 액션, 태스크는 프로세스와 관계와 또 서로들 간의 관계를 정의하는 프레임워크나 모델에 포함되어 있다.

소프트웨어 프로세스는 그림 3.1과 같이 도식적으로 나타낼 수 있다. 그림에 의하면 각

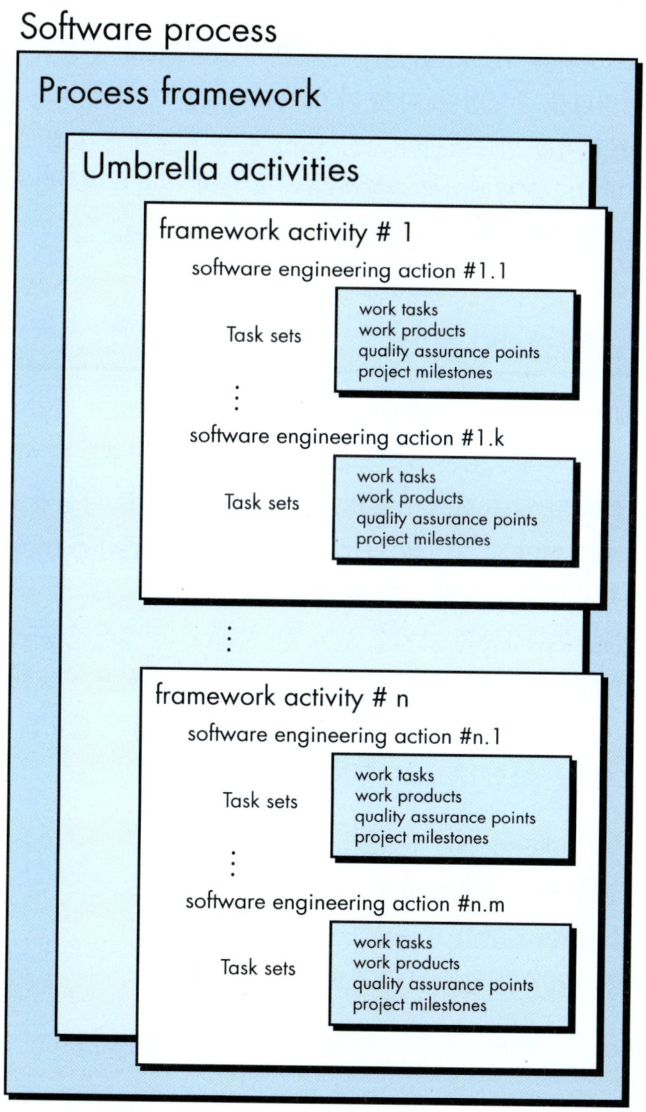

그림 3.1
소프트웨어 프로세스 프레임워크

KEY POINT
소프트웨어 프로세스 내에서의 기술적인 작업의 계층은 액션, 액션으로 이루어진 액티비티로 나타낼 수 있다.

각의 프레임워크 액티비티는 여러 개의 소프트웨어공학 액션으로 이루어진다. 각각의 소프트웨어공학 액션은 태스크 세트로 정의되는데 이는 완성해야 할 작업 태스크, 만들어내야할 작업 산출물, 요구되는 품질보증 측면, 진행과정을 나타내기 위해 사용할 이정표 등으로 이루어진다.

이미 2장에서 논의한 것처럼, 소프트웨어공학을 위한 일반적 프로세스 프레임워크는 다섯가지 프레임워크 액티비티—**커뮤니케이션, 계획수립, 모델링, 구축, 배치**—로 이루어진다. 그리고 일련의 보호활동—프로젝트 추진과 제어, 리스크 관리, 품질 보증, 형상관리, 기술적인 검토, 기타–가 프로세스 동안 이루어진다.

? 프로세스 흐름은 무엇인가?

소프트웨어 프로세스의 한 가지 중요한 측면이 아직 논의되지 않았다는 것을 알아야 한다. 이것은 프로세스 흐름이라고 하는 것으로서, 각각의 프레임워크 액티비티와 프레임워크 액티비티 중의 액션과 태스크들이 순서와 시간적 측면에서 어떻게 구성되는지를 나타내며 그림 3.2에 설명하고 있다.

선형 프로세스 흐름은 커뮤니케이션부터 시작해서 배치까지 다섯 가지 프레임워크 액티비티를 순서대로 수행한다(그림 3.2a). 반복적 프로세스 흐름은 하나 또는 여러 가지 액티비티를 다음 액티비티로 넘어가기 전에 반복한다(그림 3.2b). 진화적 프로세스 흐름은 "순환적으로" 액티비티를 수행한다. 다섯 가지 액티비티를 거치는 순환과정에서는 더 완전한 버전의 소프트웨어를 만들어낸다(그림 3.2c). 병행 프로세스 흐름(그림 3.2d)은 하나 또는 여러 개의 액티비티를 병행해서 수행한다(예를 들어, 소프트웨어의 한 부분을 모델링하는 것과 다른 부분을 구축하는 것을 병행해서 수행할 수 있다).

3.2 프레임워크 액티비티 정의

Quote
만일 프로세스가 옳다면 결과에 대해서는 스스로가 책임을 지게 될 것이다.
Takashi Osada

우리는 이미 2장에서 다섯 가지 프레임워크 액티비티를 기술하고 각각에 대해 기본적인 정의를 내렸지만, 소프트웨어 팀은 소프트웨어 프로세스의 일부분인 이러한 액티비티를 적절히 수행하기 전에 더 많은 정보가 필요할 수 있다. 그러므로 다음과 같은 중요한 질문을 해보아야 한다. 해결해야 할 문제의 특성과 프로젝트를 후원하는 이해관계자가 주어졌을 때, 프레임워크 액티비티를 위해 어떤 액션이 적합한가?

? 프로젝트의 특성이 바뀌면 프레임워크 액티비티는 어떻게 바뀌어야 하나?

간단하고 수월한 요구사항을 가지고 있는 한 사람(멀리 떨어진 곳에 있음)이 요청한 작은 규모의 소프트웨어 프로젝트에서는, 커뮤니케이션 액티비티는 적합한 이해관계자와의 전화통화 또는 이메일 정도로 이루어진다. 따라서 단 한 가지 필요한 액션은 전화통화이고, 이 액션이 포함하는 작업 태스크들은 다음과 같다.

1. 전화로 이해관계자와 연락
2. 요구사항을 논의하고 노트 작성
3. 노트를 정리하여 간단한 요구사항 명세서로 작성
4. 이해관계자에게 이메일을 보내 검토와 승인을 받음

이해관계자가 많고 각각이 서로 다른 상충하는 요구사항을 가지고 있는 상당히 복잡

그림 3.2 프로세스 흐름

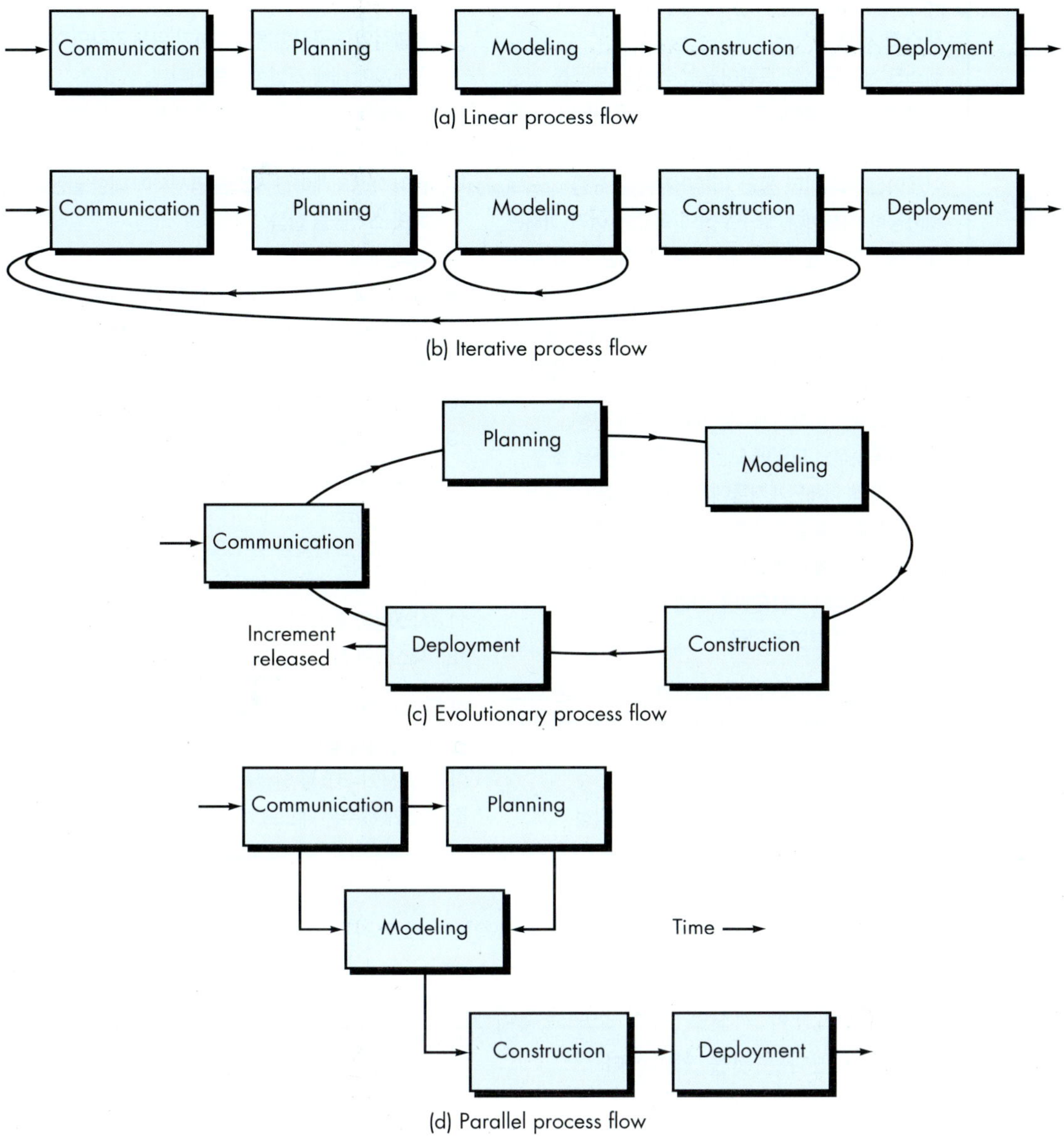

한 프로젝트라면 커뮤니케이션 액티비티는 여섯 가지의 구별되는 액션(개시, 도출, 구현, 협상, 명세, 검증)으로 이루어진다(8장에서 설명). 각각의 소프트웨어공학 액션은 다수의 작업 태스크와 얼마 간의 작업 산출물들을 가지게 된다.

KEY POINT
다른 프로젝트는 서로 다른 태스크 세트를 요구한다. 소프트웨어 팀은 문제와 프로젝트 특성에 따라 태스크 세트를 선택한다.

3.3 태스크 세트 식별

그림 3.1을 다시 보면 각각의 소프트웨어공학 액션(예를 들어, 도출, 커뮤니케이션 액티비티와 관련있는 액션)은 여러 개의 서로 다른 작업 집합—각각은 소프트웨어공학 작업

Info

태스크 세트

태스크 세트는 소프트웨어공학 액션의 목표를 달성하기 위해 수행해야 할 실제 작업을 정의한다. 예를 들어, 도출(흔히 "요구사항 수집"이라고 한다)은 **커뮤니케이션** 액티비티 동안 이루어지는 중요한 소프트웨어공학 액션이다. 요구수집의 목표는 여러 이해관계자들이 개발될 소프트웨어에서 원하는 것이 무엇인지를 이해하는 것이다.

상대적으로 간단한 소규모의 프로젝트에서 요구수집을 위한 태스크 세트는 다음과 같은 것일 수 있다.

1. 프로젝트 이해관계자들의 리스트를 작성
2. 비공식적인 모임에 모든 이해관계자들을 초청
3. 각각의 이해관계자들에게 원하는 소프트웨어의 특성과 기능을 리스트로 작성하도록 함
4. 요구사항에 대해 논의하고 최종 리스트를 작성
5. 요구사항의 우선순위를 정함
6. 불확실한 부분을 언급

더욱 복잡한 대규모의 소프트웨어에서는 다른 태스크 세트가 필요하다. 다음과 같은 작업 태스크들로 이루어질 수 있다.

1. 프로젝트 이해관계자들의 리스트를 작성
2. 종합적인 요구사항을 결정하기 위해 각각의 이해관계자에 대해 개별적으로 인터뷰
3. 이해관계자의 요구를 기초로 해서 소프트웨어 기능과 특성에 대한 초기 리스트 작성
4. 간이 애플리케이션 시스템 명세서에 대한 일련의 회의 스케줄을 잡음
5. 회의 개최
6. 각 회의에서 비공식적인 사용자 시나리오 작성
7. 이해관계자의 피드백을 이용한 사용자 시나리오 정제
8. 이해관계자 요구사항의 수정된 리스트 작성
9. 요구사항의 우선순위를 결정하기 위해 품질 기능 전개 기법(Quality function deployment technique) 사용
10. 점증적으로 납품될 수 있도록 요구사항들을 패키지화
11. 시스템에 주어지는 제약사항 기록
12. 시스템의 정당성을 검증하기 위한 방법 논의

이 두 가지 태스크 세트 모두에서 "요구수집"을 할 수 있지만 깊이와 형식은 상당히 다르다. 소프트웨어 팀의 각 액션의 목표를 달성하고 품질과 민첩성을 유지할 수 있게 해주는 태스크 세트를 선택한다.

태스크, 관련 있는 작업 산출물, 품질 보증 포인트, 프로젝트 이정표들의 모임—으로 나타낼 수 있다. 프로젝트의 요구와 팀의 특성에 가장 잘 맞는 작업 집합을 선택해야 한다. 이것은 소프트웨어공학 액션을 특정 소프트웨어 프로젝트의 요구와 프로젝트 팀의 특성들에 적용시킬 수 있다는 것을 의미한다

3.4 프로세스 패턴

? 프로세스 패턴이 무엇인가?

모든 소프트웨어 팀은 소프트웨어 프로세스를 진행하면서 여러 가지 문제에 봉착한다. 이러한 문제들에 대해 입증된 해결방안이 있어서 팀이 문제를 인식하고 빨리 해결할 수 있다면 상당히 유용할 것이다. 프로세스 패턴[1]은 소프트웨어공학 작업을 수행하는 동안 생기는 프로세스 관련 문제를 묘사하고 문제가 발생하는 환경을 식별하고, 문제에 대한 하나 또는 그 이상의 증명된 해결방안을 제시한다. 좀더 일반적인 말로 나타내면, 프로세스 패턴은 템플릿—소프트웨어 프로세스 관점에서 문제의 해결방안을 묘사하는 일관된 방법—을 제

1 패턴들에 대한 상세 논의는 11장에서 다룬다.

공해 준다 [Amb98]. 패턴을 결합함으로써 소프트웨어 팀은 문제를 해결할 수 있고 프로젝트의 요구에 가장 잘 맞는 프로세스를 구축할 수 있다.

패턴을 추상화[2]의 어떤 수준에서라도 정의될 수 있다. 어떤 경우에는 패턴이 완전한 프로세스 모델(예를 들어, 프로토타이핑)과 관련해서 문제(그리고 해결 방안)를 묘사하는 데 사용된다. 다른 경우에는 패턴은 프레임워크 액티비티(예를 들어, 계획 수립) 또는 프레임워크 액티비티 안의 액션(예를 들어, 프로젝트 추정)과 관련해서 문제(그리고 해결방안)를 묘사하는데 사용될 수 있다.

Ambler[Amb98]는 프로세스 패턴을 기술하기 위한 템플릿을 제안하였다.

> **Quote**
>
> 패턴을 반복하는 것은 어떤 부분(part)을 반복하는 것과는 상당히 다른 것이다. 실제로 패턴들은 동일하기 때문에 서로 다른 부분들은 독특하게 될 것이다.
>
> Christopher Alexander

패턴이름 소프트웨어 프로세스 관점에서 패턴을 묘사하는 의미 있는 이름이 주어진다(예를 들어, 기술검토).

효과 패턴이 필요한 환경과, 문제를 확실하게 하고 해결방안에 영향을 미치는 결과.

유형 패턴의 유형을 명기한다. Ambler[Amb98]는 세 가지 유형을 제안하였다.

> **KEY POINT**
>
> 패턴 탬플릿은 패턴을 묘사하는 일관된 방법을 제공해 준다.

1. 스테이지 패턴–프로세스를 위한 프레임워크 액티비티와 관련된 문제를 정의한다. 프레임워크 액티비티는 다수의 액션과 작업 태스크로 이루어지기 때문에 스테이지 패턴은 다수의 스테이지(프레임워크 액티비티)와 관련된 태스크 패턴(아래를 보라)을 통합한 것이다. 스테이지 패턴의 예로는 **Establishing Communication**을 들 수 있다. 이 패턴은 태스크 패턴 **RequirementsGathering**과 다른 패턴을 통합한 것이다.
2. 태스크 패턴–소프트웨어공학 액션 또는 작업 태스크와 관련된 문제와, 성공적인 소프트웨어공학 실무와 관련된 문제를 정의한다(예를 들어, **Requirements Gathering**은 태스크 패턴이다).
3. 페이즈 패턴–프로세스에서 이루어지는 프레임워크 액티비티 순서를 정의한다. 전체적인 액티비티의 흐름이 반복적인 측면이 있는 경우에도 적용 가능하다. 페이즈 패턴의 예로는 **SpiralModel** 또는 **Prototyping**을 들 수 있다.[3]

초기상황. 패턴이 적용될 조건을 기술한다. 패턴을 시작하기 전, (1) 조직이나 팀과 관련해서 어떤 액티비티가 시작되었나? (2) 프로세스의 시작상태는 무엇인가? (3) 소프트웨어공학이나 프로젝트의 어떤 정보가 이미 존재하고 있나?

예를 들어, **계획 수립** 패턴(스테이지 패턴)은 다음과 같은 것들을 요구한다. (1) 고객과 소프트웨어 엔지니어가 협력해서 커뮤니케이션을 해야 한다. (2) 커뮤니케이션 패턴을 위한 여러 가지의 태스크 패턴들이 성공적으로 완성되었어야 한다. (3) 프로젝트 범위, 기본적인 비즈니스 요구사항, 프로젝트 제약사항들이 알려져 있어야 한다.

> **Quote**
>
> 우리는 소프트웨어 개발자들이 중요한 사실을 놓치고 있다고 생각한다. 대부분의 조직은 그들이 무엇을 하고 있는지 모른다. 그들은 잘 알고 있다고 생각하지만, 사실은 그렇지 않다.
>
> Tom DeMarco

2 패턴들은 많은 소프트웨어공학 활동들에 적용된다. 분석, 디자인 그리고 테스팅 패턴들은 각각 11장, 13장, 15장, 16장 그리고 20장에서 다룬다. 프로젝트 관리 활동을 위한 패턴과 "비패턴"은 이 책의 제4부에서 논의된다.

3 예제 패턴들은 4장에서 논의된다.

문제. 패턴에 의해 해결되어야 하는 특수한 문제

해결 방안. 패턴을 어떻게 성공적으로 구현할 것인지 기술한다. 이 부분에서는 프로세스의 초기상태(패턴이 구현되기 이전에 존재)가 패턴의 초기화의 결과로 어떻게 수정되는지를 기술한다. 패턴의 초기화 이전의 소프트웨어공학 정보 또는 프로젝트 정보가 패턴을 성공적으로 실행한 결과가 어떻게 바뀌는지도 기술한다.

결과 상황. 패턴이 성공적으로 구현되면 생길 조건들을 기술한다. 패턴이 완성되면 (1) 어떤 조직이나 팀 관련 활동들이 시작되어야 하는가? (2) 프로세스의 종료 상태는 무엇인가? (3) 소프트웨어공학이나 프로젝트의 어떤 정보를 얻어야 하는가?

관련 패턴. 이 패턴에 직접적으로 관련있는 모든 프로세스 패턴의 리스트를 제공한다. 이는 계층구조 또는 다이어그램의 형태로 나타낼 수 있다. 예를 들어, 스테이지 패턴 커뮤니케이션은 태스크 패턴: **ProjectTeam**, **CollaborativeGuidelines**, **ScopeIsolation**, **RequirementsGathering**, **Constraint Description**, **ScenarioCreation**을 포함한다.

용도와 예. 패턴이 적용 가능한 특수한 사례를 나타낸다. 예를 들어, 커뮤니케이션은 모든 소프트웨어 프로젝트의 초기 시점에 필수적이며, 소프트웨어 프로젝트를 진행하는 동안 사용하기를 추천하며, 일단 배치 액티비티가 이루어지면 필수적이 된다.

WebRef
프로세스 패턴에 대한 종합적인 자료는 다음 링크에서 찾을 수 있다.
www.ambysoft.com/processPatternsPage.html

프로세스 패턴은 소프트웨어 프로세스와 관련된 문제를 다루는 효과적인 기법을 제공

Info

프로세스 패턴의 예

다음에 요약된 프로세스 패턴은, 이해관계자가 무엇을 해야 하는지에 대해 일반적인 생각은 가지고 있으나, 구체적인 소프트웨어 요구사항에 대해서 잘 모를 때 적용할 수 있는 방식을 기술한다.

패턴 이름. RequirementsUnclear

목적. 이 패턴은 소프트웨어 요구사항을 알아내거나 확실하게 하기 위한 노력으로 이해관계자가 반복적으로 평가할 수 있는 모델(프로토타입)을 작성하는 방식을 기술한다.

타입. 페이즈 패턴

초기 상황. 이 패턴을 시작하기 위해서는 다음 조건이 만족 되어야만 한다. (1) 이해관계자가 식별되어야 한다. (2) 이해관계자와 소프트웨어 개발팀과의 커뮤니케이션 방식이 정해져야 한다. (3) 해결 되야 할 소프트웨어 문제가 이해관계자에 의해 식별되어야 한다. (4) 프로젝트 범위에 대한 초기 이해, 기본적인 비즈니스 요구사항, 프로젝트 제약사항이 정해져야 한다.

문제. 요구사항들이 확실하지 않거나 아직 정해지지 않았지만, 해결해야 할 문제가 있는 것은 확실히 알고 있고, 문제에 대한 소프트웨어적인 해결방안이 마련되어야만 한다. 이해관계자들은 자신들이 원하는 것이 무엇인지 확실히 모르고 있다. 다시 말해, 그들은 소프트웨어의 요구사항을 자세하게 묘사할 수 없다.

해결 방안. 프로토타이핑 프로세스에 대해 기술하고, 4.1.3절에서 설명한다.

결과 상황. 기본적인 요구사항(예를 들어, 상호작용 형식, 계산상의 특징, 처리 기능)을 확실하게 해주는 소프트웨어 프로토타입이 이해관계자들에 의해서 승인된다. 이후, (1) 프로토타입은 여러 번의 점증 과정을 거쳐 산출물이 될 수 있도록 진화하거나, 또는 (2) 프로토타입은 폐기하고 다른 프로세스 패턴을 사용하여 소프트웨어 산출물이 만들어진다.

관련 패턴들. 다음과 같은 패턴들이 이 패턴과 관련이 있다. CustomerCommunication, IterativeDesign, IterativeDevelopment, CustomerAssessment, RequirementExtraction.

용도와 예. 요구사항이 불확실할 때에는 프로토타이핑을 사용할 것을 추천한다.

한다. 패턴들은 추상화의 상위 수준에서 시작하는 계층적인 프로세스 명세서를 개발하는 것을 가능하게 한다(페이즈 패턴). 명세서는 프레임워크 액티비티를 기술하는 여러 개의 스테이지 패턴으로 정교화되고, 각각의 스테이지 패턴을 위한 좀 더 상세한 태스크 패턴의 계층적인 형태로 더욱 정교화 된다. 일단 프로세스 패턴이 개발되면, 변형된 형태의 프로세스를 정의하기 위해 다시 사용될 수 있다. 즉, 프로세스 모델을 위한 빌딩 블록으로써 패턴을 사용하는 소프트웨어 팀에 의해 맞춤 프로세스 모델을 정의할 수 있다.

3.5 프로세스 평가와 개선

소프트웨어 프로세스의 존재 여부가 소프트웨어의 납품이 제때 이루어지는 것을 보장하는 것은 아니다. 소프트웨어 프로세스는 고객의 요구를 만족시켜 주거나, 장기간 품질 특성을 유지하게 하는 기술적 특성을 보여 줄 것이다(제19장). 프로세스 패턴은 소프트웨어공학 실무와 밀접한 관련이 있어야 한다(이 책의 제2부). 또한 프로세스는 성공적인 소프프웨어 공학을 위해 꼭 필요한 일련의 기본적인 프로세스 기준을 만족한다는 것을 확실히 하기 위해 평가될 수 있다.[4]

지나간 수십 년 동안 소프트웨어 프로세스 평가와 개선에 관한 여러 가지 서로 다른 접근 방식이 제안되었다.

KEY POINT

평가(Assessment)에서는 개선하고자 하는 의도를 가지고 소프트웨어 프로세스의 현재 상태를 이해하려고 한다.

Standard CMMI Assessment Method for Process Improvement(SCAMPI) 다섯 단계: 시작, 진단, 수립, 액션, 학습을 통합해 주는 다섯 단계의 프로세스 평가 모델을 제공해 준다. SCAMPI 방법에서는 평가의 근거로 SEI CMMI를 사용한다 [SEI00].

CMM-Based Appraisal for Internal Process Improvement 소프트웨어 조직의 상대적 성숙도를 평가하기 위한 진단기법을 제공해 준다. 평가의 근거로 SEI CMM을 사용한다[Dun01].

SPICE(ISO/IEC15504) 소프트웨어 프로세스 평가를 위한 요구사항들을 정의하는 기준이다. 기준의 목적은 정의되어 있는 소프트웨어 프로세스의 효능에 대해 조직이 객관적인 평가를 개발하는 것을 도와주려는 것이다[ISO08].

ISO 9001:2000 for Software 프로덕트, 시스템 또는 제공하는 서비스의 전반적인 품질을 개선하기를 원하는 조직에 일반적인 기준을 제공한다. 따라서, 기준은 소프트웨어 조직과 회사에 직접적으로 적용 가능하다[Ant06].

Quote

소프트웨어 조직들은 완성된 프로젝트로부터 얻을 수 있는 경험들을 활용하는 능력에 있어서 심각한 단점을 보여주고 있다.

NASA

소프트웨어 평가와 프로세스 개선 방법에 대한 자세한 논의는 37장에서 하기로 한다.

4 SEI의 CMMI [CMM07]은 소프트웨어 프로세스의 특징들과 성공적인 프로세스를 위한 조건들을 상세하고 방대하게 기술하였다.

3.6 요약

소프트웨어공학을 위한 일반적 프로세스 모델은 프레임워크와 보호 활동들, 액션 그리고 업무 작업들로 이루어진다. 여러 가지 프로세스 모델 각각은 서로 다른 프로세스 흐름—프레임워크 액티비티, 액션 그리고 태스크들이 어떻게 순차적으로 조직되는지 묘사—에 의해 기술될 수 있다. 프로세스 패턴들은 소프트웨어 프로세스의 한 부분으로서 만날 수 있는 공통적인 문제들을 해결하는 데 사용될 수 있다.

문제와 생각할 점

3.1 이 장의 소개 부분에서 Baetjers는 언급하였다. "프로세스는 사용자와 설계자, 사용자와 발전하고 있는 도구, 설계자와 발전하고 있는 도구[기술] 사이의 상호 작용을 제공해 준다." 개발하려는 소프트웨어 프로덕트와 관련해서 다섯 가지 질문을 쓰시오. (1) 설계자가 사용자에게 물어봐야 하는 것, (2) 사용자가 설계자에게 물어봐야 하는 것, (3) 사용자가 자기 자신에게 물어봐야 하는 것, (4) 설계자가 자기 자신에게 물어봐야 하는 것(이 경우는 소프트웨어 프로덕트를 개발하기 위해 사용하는 프로세스에 관한 질문 포함).

3.2 앞의 3.1 절에서 설명한 다양한 프로세스 흐름들의 차이점에 대해서 논의하시오. 각각의 일반적인 흐름들에 적용이 가능한 문제점들의 타입을 구분하여 설명하시오.

3.3 커뮤니케이션 액티비티를 위한 활동들을 개발하시오. 하나의 활동을 선택하고 그것을 위한 태스크 집합을 정의하시오.

3.4 소프트웨어가 어떤 기능을 수행해야 하는지에 대해 서로 상충하는 의견을 가진 두 명의 이해관계자를 만났을 때, 커뮤니케이션 활동 동안 일반적인 문제가 발생한다. 다시 말해 이는 서로 다른 요구사항을 가지고 있다는 의미이다. 이와 같은 문제를 다루는 프로세스 패턴(스테이지 패턴)을 이러한 문제점들을 논의하고 효과적인 접근방법을 제안한 3.4절의 템플릿을 사용하여 개발하시오.

추가 읽을거리와 정보 소스

대부분의 소프트웨어공학 교과서에는전통적인 프로세스 모델에 대해 자세하게 다룬다. Sommerville(*Software Engineering*, 9th ed., Addison-Wesley, 2010), 그리고 Schach(*Object-Oriented and Classical Software Engineering*, 8th ed., McGraw-Hill, 2010) 그리고 Pfleeger와 Atlee(*Software Engineering: Theory and Practice*, 4th ed., Prentice Hall, 2009)의 책에서 전통적인 패러다임을 고찰하고 강점과 약점에 대해 논의한다. Munch와 그의 동료들(*Software Process Definition and Management*, Springer, 2012)은 프로세스와 상품들에 대한 소프트웨어와 시스템 공학 관점을 제공한다. Glass(*Facts and Fallacies of Software Engineering*, Prentice Hall, 2002)에서는 소프트웨어공학 프로세스에 대한 실용적인 관점을 제공하고 있다. 비록 특별히 프로세스에 전념하는 것은 아니지만, Brooks(*The Mythical Man-Month*, 2nd ed., Addition-

Wesley. 1995)에서는 프로세스와 모든 면에서 관련이 있는 예로부터 전해 내려오는 프로젝트의 지혜를 제시하고 있다.

Firesmith와 Henderson-Sellers(*The OPEN Process Framework: An Introduction*, Addison-Wesley, 2001)에서는 "유연하지만, 엄격한 소프트웨어 프로세스"를 만들기 위한 일반적 템플릿을 제공하고, 프로세스 속성과 목표에 대해 논의한다. Madachy(*Software Process Dynamics*, Wiley-IEEE, 2008)에서는 소프트웨어 프로세스의 상호 연관된 기술적, 사회적 요소에 대한 분석이 가능하도록 하는 모델링 기법에 대해 논의하고 있다. Sharpe와 McDermott(*Workflow Modeling: Tools for Process Improvement and Application Development*, 2nd ed., Artech house, 2008)에서는 소프트웨어와 비즈니스 프로세스를 모델링하기 위한 도구를 제시한다.

소프트웨어공학과 소프트웨어 상품들에 있는 상당히 다양한 수의 정보들의 주체들은 인터넷을 통해 확인할 수 있다. 소프트웨어 프로세스와 관련된 월드 와이드 웹 참고문헌의 최신 리스트는 SEPA의 웹사이트에서 발견할 수 있다. www.mhhe.com/pressman

4

CHAPTER

프로세스 모델

주요 개념

관점-지향 소프트웨어 개발
컴포넌트-기반 개발
동시 모델
진화적 프로세스 모델
정형 방법론 모델
점증적 프로세스 모델
개인 소프트웨어 프로세스
프로세스 모델링 도구
프로세스 기술
프로토타입
나선형 모델
팀 소프트웨어 프로세스
통합 프로세스
V-모델
폭포수 모델

프로세스 모델은 원래 혼돈스러운 소프트웨어 개발에 질서를 주기 위해 제안되었다. 역사적으로 봤을 때 그러한 모델들은 소프트웨어공학이 어느 정도 유용한 구조를 가지게 해 주고 소프트웨어 팀에게 합리적인 효율적 로드맵을 제공해 준다. 그러나 소프트웨어공학 작업과 그 결과로 얻어지는 프로덕트는 아직도 "혼돈의 가장가리"에 남아 있다.

소프트웨어 세계의 질서와 혼돈 사이의 관계에 관한 흥미 있는 논문에서, Nogueira와 그의 동료는 [Nog00] 다음과 같이 언급하였다.

> 혼돈의 가장자리는 "질서와 혼돈 사이에 있는 자연스러운 상태고, 구조와 놀라움 사이의 대타협이다." [Kau95]라고 정의된다. 혼돈의 가장자리는 불안정하고, 부분적으로는 구조적인 상태로 가시화시킬 수 있다. … 혼돈의 가장자리에서는 혼돈과 절대적인 질서 사이를 계속 왔다 갔다 하므로 불안정하다.
>
> 우리는 질서가 자연의 이상적인 상태라고 생각하는 경향이 있다. 그러나 이는 잘못일 수도 있다. 연구는 … 평형상태를 벗어난 작업이 창조성, 자기 조직적 프로세스, 그리고 좋은 결과를 가져온다는 정리를 지지한다. 절대적인 질서란 변동성이 없다는 것을 의미하는 데, 변동성은 예측할 수 없는 환경에서는 장점이 될 수도 있다. 변화가 생길 수도 변화가 일어나지 않게 확고하지 않은 구조에서 변화가 발생한다. 반면에 너무 혼돈 상황이 심한 경우에는 조화와 일관성이 불가능할 수 있다. 구조가 없다는 것이 항상 무질서를 의미하는 것은 아니다.

QUICK LOOK

이것은 무엇인가? 프로세스 모델은 소프트웨어공학 업무를 진행함에 있어서 특수한 로드맵을 제공한다. 프로세스 모델은 모든 액티비티, 태스크 그리고 업무들의 흐름, 반복 정도, 산출물 그리고 업무 조직들에 대한 정의를 한다.

누가 수행하는가? 소프트웨어 엔지니어와 매니저는 자신들의 필요에 따라 프로세스 모델을 적용하고 이를 따른다. 또한, 소프트웨어를 정의, 개발, 테스트하는 과정 중에 소프트웨어 개발을 요청한 사람들이 어떤 역할을 한다.

왜 중요한가? 제어하지 않고 그냥 두면 혼란을 가져올 액티비티가 안정적이고 제어가능하고, 또 조직적으로 될 수 있도록 한다. 하지만 최신의 소프트웨어공학 방식은 "민첩(Agile)" 해야 한다. 프로젝트 팀과 만들어야 하는 프로덕트에 적합한 액티비티, 제어, 작업 산출물만 요구해야 한다.

어떤 단계가 있는가? 프로세스 모델은 소프트웨어공학 업무를 수행하는 데 필요한 "단계" 들을 제공해 준다.

작업 산출물은 무엇인가? 소프트웨어 엔지니어 입장에서, 작업 산출물은 프로세스에 의해 정의되는 활동들과 작업들의 맞춤형 절차들이다.

작업이 옳게 수행되었다는 것을 어떻게 확인하는가? 조직의 소프트웨어 프로세스 "성숙도(maturity)" 를 결정해 주는 소프트웨어 프로세스 평가 절차는 여러 가지가 있다. 그러나 프로덕트의 품질, 적시성, 오랜 사용 시간 등이 채택한 프로세스의 효율성을 가장 잘 나타내 준다.

이와 같은 논쟁이 포함하는 철학적인 함축은 소프트웨어공학을 위해서는 중요하다. 이번 장에서 논의되는 각각의 프로세스 모델들은 혼돈스러운 상황에 질서를 전달하는 것이 필요한 경우와 일들이 지속적으로 변동할 때 적응이 필요한 경우 사이의 균형을 깨기 위한 시도를 하고 있다.

KEY POINT
프로세스 모델의 목적은 새로운 소프트웨어 제품들을 만들 때 나타나는 혼란을 줄이는 데 있다.

4.1 규범적 프로세스 모델

규범적(Prescriptive) 프로세스 모델[1]은 소프트웨어 개발에 질서와 구조를 주기 위해 노력한다. 액티비티와 태스크들은 프로세스가 진행되면서 정의된 가이드라인에 따라 순차적으로 발생되어진다. 하지만, 규범적 모델이 변경이 자주 발생되는 소프트웨어 세계에 적합한 것인가? 아직도 전통적 프로세스 모델(그리고 이 모델이 의미하는 질서)을 사용하지 않고 덜 구조화된 방법을 사용한다면 소프트웨어에서 조화와 일관성을 얻는 것이 불가능한가?

WebRef
대부분의 규범적 프로세스 모델을 포함한 수상작인 "프로세스 시뮬레이션 게임"은 다음에서 구할 수 있다.
http://www.ics.uci.edu/~emilyo/SimSE/downloads.html

이런 질문에 대해 쉽게 대답할 수는 없지만, 소프트웨어 엔지니어에게는 가능한 대안들이 있다. 다음 절에서는 질서와 프로젝트 일관성이 주된 이슈인 규범적 프로세스 방식에 대해 자세히 살펴본다. 프로세스 요소—프레임워크 액티비티, 소프트웨어공학 액션, 태스크, 작업 산출물, 품질보증 그리고 각 프로젝트의 변경 제어 기법—에 대해 규정을 하므로 '규범적'이라 하였다. 각 프로세스 모델에서는 프로세스 요소들이 상호연관 짓는 방식인 프로세스 흐름을 (업무 흐름이라고도 한다) 규정한다.

모든 소프트웨어 프로세스 모델은 2장과 3장에서 기술한 일반적인 프레임워크 액티비티를 수용할 수 있지만, 각 모델은 프레임워크 액티비티에 대해 서로 다르게 강조를 하고, 각각의 프레임워크 액티비티(추가로 소프트웨어공학 액션과 태스크)가 다르게 이루어지는 프로세스 흐름을 정의한다.

4.1.1 폭포수 모델

커뮤니케이션부터 배치까지 선형으로 알맞게 이루어진 작업 흐름에서 문제에 대한 요구사항이 잘 이해가 되는 시점이 있다. 이러한 상황은 현재 존재하는 시스템에 대해 적응이나 향상이 이루어져야 할 때(예를 들어, 정부의 규제가 변경되어 회계시스템에 대한 적용이 필요할 때) 종종 일어난다. 또한 새로운 개발과정에서도 제한적으로 생길 수도 있지만, 요구사항이 잘 정의되고 합리적으로 안정적일 때에 한해서 이루어진다.

KEY POINT
규범적 프로세스 모델에서는 관행적으로 인정되는 프로세스 요소들의 집합과 예측가능한 프로세스 작업 흐름을 정의한다.

폭포수 모델은 종종 고전적 생명주기라고도 불리는데 완전한 소프트웨어를 목표로 고객의 요구사항 명세에서 시작하여 계획수립, 모델링, 구축, 배치 순으로 소프트웨어를 개발할 때 유용한 체계적이고 순차적인 방식[2]을 제안한다(그림 4.1).

KEY POINT
V-모델은 확인과 검증 액션이 초기 엔지니어링 액션과 어떤 관련이 있는지를 보여준다.

폭포수 모델의 변형을 V-모델이라 한다. 그림 4.2에 나타난 V-모델은 [Buc99] 커뮤니케이션, 모델링, 그리고 초기 구축 액티비티와 관련된 액션에 대한 품질 보증 액션의 관계를

1 규범적 프로세스 모델은 종종 "전통적(traditional)" 프로세스 모델이라고도 한다.

2 비록 Winston Royce [Roy70]가 제안한 원래의 폭포수 모델에서는 "피드백 루프 (feedback loop)"를 위한 규정을 가지고 있지만, 이 모델을 적용하는 대다수 조직에서는 이 모델을 완전히 선형으로 간주한다.

그림 4.1

폭포수 모델

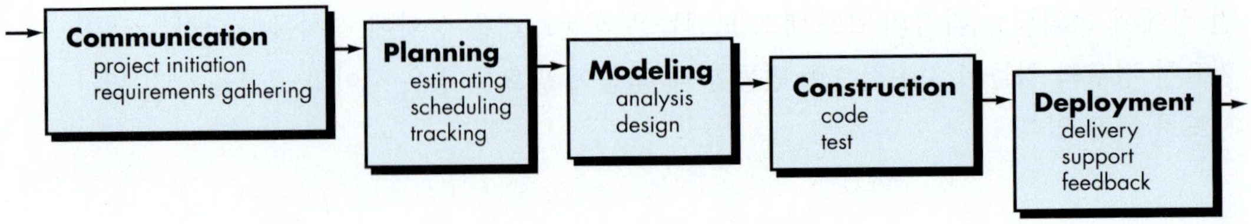

그림 4.2

V-모델

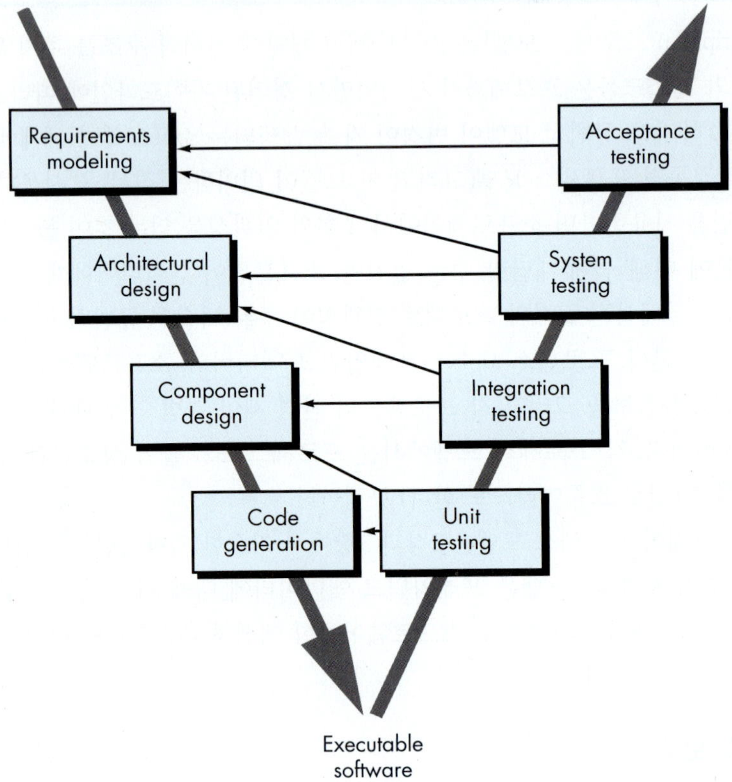

나타낸다. 소프트웨어 팀이 V-모델의 왼쪽 부분과 같이 진행하면, 문제의 기본적인 요구사항은 점차적으로 정교화되어 문제와 해결방안에 대해 "자세하며 기술적으로 표현하게 된다. 일단 코드가 작성되면 팀은 V-모델의 오른쪽 부분을 진행하여, 팀이 왼쪽을 진행하여 생성한 각 모델을 입증하는 일련의 태스트를 수행하게 된다.[3] 실제로, 고전적 생명 주기와 V-모델의 근본적인 차이는 없다. V-모델은 검증과 확인 액션이 초기의 엔지니어링 업무에 어떻게 적용되어야 하는지를 가시화하는 방법을 제공해 준다.

폭포수 모델은 소프트웨어공학에서 가장 오래된 패러다임이다. 그러나 지나간 40년 동안 이 프로세스 모델에 대한 비판이, 열렬한 지지자들까지도 효용성에 대한 의문을 가지게 만들었다[Han95]. 폭포수 모델을 적용할 때 발생하는 문제점에는 다음과 같은 것들이 있다.

3 품질보증 액션에 대한 자세한 논의는 이 책의 제3부에 나와 있다.

1. 실제 프로젝트에서는 모델이 제안하는 순차적인 흐름을 거의 따르지 않는다. 비록 선형모델이 반복과정을 수용할 수 있더라도 그것을 간접적으로 진행하는 것이다. 결과적으로 프로젝트 팀이 일을 진행할 때 변경이 이루어지면 혼란을 야기할 수 있다.
2. 고객이 모든 요구사항을 확실하게 말하기는 어려운 일이다. 그러나 폭포수 모델에서는 이것을 요구하며, 많은 프로젝트에서 초기에 존재하는 자연스러운 불확실성을 수용하는 데 어려움이 있다.
3. 고객이 인내심을 가지고 있어야만 한다. 프로그램의 작동 버전은 프로젝트 기간의 마지막까지 가능하지 않다. 만일 작동되는 프로그램이 검토될 때까지 큰 실수가 발견되지 않으면 피해가 심각할 수 있다.

? 왜 폭포수 모델이 종종 실패를 하는가?

실제 프로젝트에 대한 재미있는 분석에서, Bradac[Bra94]은 고전적 생명주기에서의 선형적 특성은 어떤 프로젝트 팀 멤버들이 종속적인 업무를 끝내기 위해 다른 팀 멤버들을 기다려야만 하는 "정지 상태"를 유발한다는 사실을 알게 되었다. 실제로 기다리는 데 쓰는 시간이 생산적인 업무를 하면서 쓰는 시간보다 더 많을 수 있다! 정지 상태는 선형 순차 프로세스의 초기와 마지막에 더 많이 발생하는 경향이 있다.

Quote

소프트웨어 작업은 자전거 타기에서의 첫 번째 법칙을 자주 따른다. 당신이 어디를 가더라도 그곳은 언덕이고 바람을 마주한다.

Author unknown

오늘날, 소프트웨어 작업은 진행속도가 빠르고, 끝없이 이루어지는 변경(특징, 기능 그리고 정보 컨텐츠)에 영향을 받는다. 폭포수 모델은 종종 그러한 작업에는 적합하지 않다. 그러나 요구사항이 고정되어 있고 작업이 선형의 방식으로 진행된다면 폭포수 모델은 유용한 프로세스 모델이 될 수 있다.

4.1.2 점증적 프로세스 모델

초기 소프트웨어 요구사항의 정의가 상당히 잘 되어 있는 경우는 많이 있지만, 개발 노력의 전반적인 범위에서 볼 때 완전히 선형인 프로세스는 불가능하다. 게다가, 사용자에게 소프트웨어의 제한적인 기능을 빨리 제공해야 할 필요가 있을 수 있고, 그 후에 정교화 시키고 나중에 소프트웨어를 릴리스할 때 그 기능을 확장한다. 이런 경우에는 소프트웨어의 점증적인 생산이 가능하도록 설계된 프로세스 모델을 선택할 수 있다.

점증적 모델은 선형적인 요소와 3장에서 논의한 병행 프로세스 흐름을 결합한 것이다. 그림 4.3을 보면 점증적 모델에서는 시간이 지남에 따라 선형 순차 진행을 적용한다. 선형의 순차 진행은 진화적 프로세스 흐름에 의해 만들어진 점증과 비슷한 방법으로 실행 가능한 소프트웨어의 "점증(increment)"을 만들어낸다[McD93].

KEY POINT

점증적 모델에서는 점증(increment) 또는 증분이라는 일련의 결과물을 만들어낸다. 각 점증이 개발될 때 마다 고객에게 점점 더 많은 기능을 제공해 준다.

문서 생성 기능을 가지고 있고 좀더 정교한 편집과 문서 생성 기능은 두 번째 점증에, 철자와 문법 검사는 세 번째 점증에, 네 번째 점증에는 향상된 페이지 레이아웃 기능을 포함하는 것이다. 점증을 위한 프로세스 흐름은 프로토타입 패러다임을 통합할 수 있다는 것을 주목해야 한다.

ADVICE

도저히 맞추기가 불가능한 시점까지 소프트웨어를 완성하기를 고객이 요구한다. 하나 또는 몇몇의 점증을 먼저 완성하고 소프트웨어 나머지 부분 (추가적인 점증)은 나중에 전달하는 것을 제안하라.

점증적 모델이 사용될 때, 첫 번째 점증은 종종 핵심 프로덕트이다. 즉, 기본적인 요구사항은 다루었으나 여러 가지 부수적인 임무는(어떤 것은 알려져 있고, 어떤것은 알려지지

그림 4.3
점증적 모델

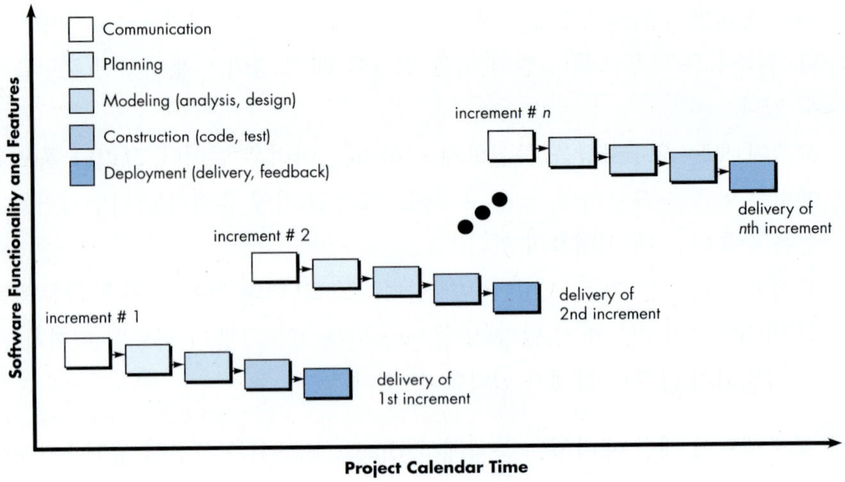

않다) 아직 개발이 되지 않은 상태이다. 핵심 프로덕트는 고객에 의해 사용되고(또는 상세한 평가를 거친다) 사용해 보고 평가한 결과, 다음 점증을 위한 계획을 세운다. 고객의 요구는 더 잘 만족시키고, 추가 특성과 기능을 가진 제품이 될 수 있도록 핵심 프로덕트를 수정하는 계획을 세운다. 각 점증이 완성된 후에 완전한 프로덕트가 만들어질 때까지 이러한 과정이 반복된다.

4.1.3 진화적 프로세스 모델

KEY POINT
진화적 프로세스 모델에서는 각 반복과정을 거치면서 점점 더 완전한 소프트웨어 버전을 만들어낸다.

모든 복잡한 시스템과 마찬가지로 소프트웨어는 시간이 지나면서 진화한다. 개발이 진행될 때 비즈니스와 프로덕트 요구사항이 자주 바뀌어 최종 프로덕트까지 직선 경로를 따르는 것이 비현실적으로 된다. 빠듯한 납품기간은 종합적인 소프트웨어 프로덕트를 완성시키는 것을 불가능하게 만들지만, 경쟁력이 있거나 비즈니스 요구를 만족하는 제한된 버전은 소개되어야만 한다. 핵심 프로덕트 또는 시스템 요구사항에 대해서는 매우 잘 이해하고 있지만 프로덕트의 상세한 부분 또는 시스템 확장에 대해서는 아직 정의가 되어있지 않다. 이와 같은 또는 비슷한 상황에서는 시간이 지남에 따라 진화하는 프로덕트에 알맞은 확실하게 설계된 프로세스 모델이 필요하다.

진화적 모델은 반복적이다. 소프트웨어의 보다 완전한 버전을 차츰차츰 개발해 나가는 것이 가능한 방법이라고 할 수 있다. 아래 문단에 두 가지 일반적인 진화적 프로세스 모델을 나타내었다.

Quote
폐기하는 것을 계획하라. 어쨌든 당신은 그 일을 하게 될 것이다. 당신이 할 수 있는 단 한가지 일은 폐기한 것을 고객에게 팔려고 시도를 할 것인가 하는 것이다.
Frederic P. Brooks

프로토타입 고객은 종종 소프프웨어의 일반적인 목표에 대해서는 분명하게 알고 있지만, 기능이나 특징에 대한 상세한 요구사항에 대해서는 잘 알지 못한다. 또 다른 경우로는, 개발자가 알고리즘의 효율성, 운영체제의 적응성, 또는 인간-기계 상호작용의 형태에 대해 확신하지 못할 수도 있다. 이와 같은 또는 비슷한 상황에서는 프로토타입 패러다임이 가장 좋은 방식이 될 수 있다.

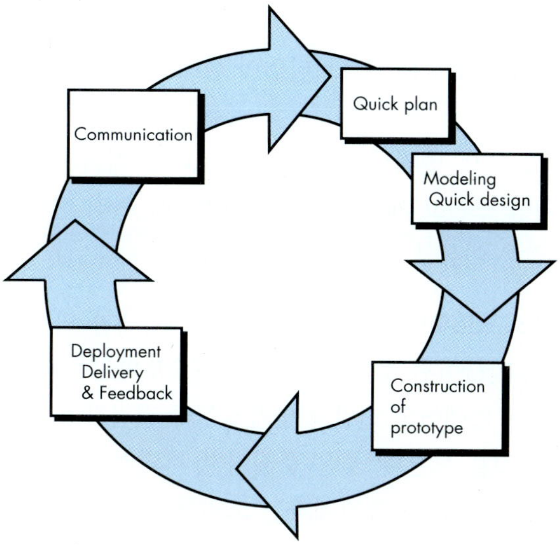

그림 4.4
프로토타입 패러다임

프로토타입이 독립적인 프로세스 모델로 사용될 수도 있지만, 일반적으로는 이 장에서는 기술하는 어떤 다른 프로세스 안에서 구현되는 방법으로 사용된다. 이 방법이 어떻게 적용되는지에 관계없이, 프로토타입 패러다임은 요구사항이 확실하지 않을 때 무엇이 만들어질 것인지는 당신과 이해관계자들이 잘 이해할 수 있도록 도와준다.

프로토타입 패러다임은(그림 4.4) 커뮤니케이션부터 시작한다. 소프트웨어의 전반적인 목표를 정의하기 위해, 어떤 요구사항이 알려져 있는지를 확인하기 위해, 그리고 더 자세하게 정의하는 것이 필수적인 분야를 결정하기 위해 당신은 이해관계자들과 만난다. 프로토타입 반복에 대한 계획을 빨리 세우고, 모델링을 한다 ("빠른 설계"의 형식). 빠른 설계는 최종 사용자가 알 수 있는 소프트웨어의 양상을 나타내는 데 초점을 맞춘다(예를 들어, 휴먼인터페이스 레이아웃 또는 출력 디스플레이 형태). 빠른 설계는 프로토타입의 구축을 유도한다. 프로토타입이 배포되어 이해관계자들에 의해 평가되는데, 이해관계자들은 요구사항을 더 정련시키기 위한 피드백을 제공해준다. 프로토타입은 여러 명의 이해관계자들의 요구를 만족시킬 수 있도록, 그와 동시에 어떤 요구사항들이 만족이 되었는지 당신이 더 잘 이해할 수 있도록 반복적으로 만들어진다.

ADVICE

대충 형식만 갖춘 프로토타입을 프로덕트로 확장시키고 싶은 충동을 억제하도록 하라. 품질은 항상 결과로 나타난다.

이상적으로, 프로토타입은 소프트웨어 요구사항을 확인하기 위한 방법을 제공해준다. 작동하는 프로토타입이 만들어지면, 이미 만들어진 프로그램 일부분을 사용할 수 있게 되거나 작동하는 프로그램이 빨리 생성되도록 하는 도구를 적용할 수 있다.

하지만 프로토 타입이 앞에서 설명한 목적에 도움이 될 때 이것을 가지고 무엇을 할 수 있나? Brooks [Bro95]는 이 질문에 대한 한 가지 답을 제공해 준다.

> 대부분의 프로젝트에서 첫 번째로 만들어진 시스템은 거의 사용할 수가 없다. 너무 느리거나 크기가 너무 크거나 사용하기 어렵거나 아니면 세 경우 다일 수 있다. 다시 개발을 시작해서 점점 나아져야 하고, 다시 설계해서 문제점들을 다 해결한 새로운 버전을 만들어 낼 수밖에 없다.

프로토타입이 "첫 번째로 만들어진 시스템"이 될 수 있다. Brooks가 폐기하라고 한 그것이다. 그러나 이것은 이상적인 관점일 수 있다. 어떤 프로토 타입은 "폐기할 것"으로 만들어 진다고 하더라도, 다른 것들은 프로토타입이 실제 시스템으로 천천히 진화해 가는 형태로 만들어진다.

이해관계자와 소프트웨어 엔지니어 모두 프로토타입 패러다임을 좋아한다. 사용자들은 실제 시스템인 것처럼 느끼고 개발자들은 무엇인가를 빨리 만들어 낼 수 있다. 그러나 프로토타입은 다음과 같은 이유로 문제가 있을 수 있다.

ADVICE

대충 틀만 잡은 프로토타입을 프로덕트로 확장시키고 싶은 마음을 억제하도록 하라. 품질은 항상 결과로 나타난다.

1. 이해관계자는 소프트웨어의 실행버전이 어떤 형태가 되는지를 본다. 프로토타입이 계획성 없이 만들어진 것은 모르고, 또 프로토타입을 작동하게 하려고 급히 서두르다 보면 소프트웨어의 전반적인 품질이나 장기간의 유지보수에 대해서는 생각을 못한다는 것을 모른다. 좋은 품질이 유지되려면 프로덕트를 다시 만들어야 한다는 것을 알게 되면, 이해관계자는 소리를 지르며 프로토타입이 제대로 작동하는 프로덕트가 되도록 "약간의 수정"만 할 것을 요구한다. 소프트웨어 개발 관리가 너무 자주 잘 이루어지지 않는다.

SafeHome

프로세스 모델 선택, 1부

장면: 가정과 상업적인 용도의 소비자 제품을 만드는 가상의 회사인 CPI 주식회사의 미팅 룸

등장인물: Lee Warren(엔지니어링 메니저), Doug Miller(소프트웨어공학 매니저), Jamie Lazar(소프트웨어 팀 멤버), Vinod Raman(소프트웨어 팀 멤버), Ed Robbins(소프트웨어 팀 멤버)

대화

Lee: 요약해 봅시다. 지금까지는 우리가 생각하던 SafeHome 프로덕트에 대해 논의하느라 시간을 보냈어요. 의심할 여지없이 단지 프로덕트를 정의하기 위해 많은 일을 해야 했어요. 이제 이 프로젝트의 소프트웨어 부분을 어떻게 접근해나갈지 생각하기 시작해야 합니다.

Doug: 우리가 지금까지 해 온 방식이 조직적이지 못했다는 것 같군요.

Ed: 잘 모르겠어요, Doug. 우리는 항상 뒤떨어진 프로덕트를 만들었어요.

Doug: 맞아요. 이 프로젝트는 우리가 지금까지 해 오던 다른 프로젝트 보다는 더 크고 복잡한 것 같아요.

Jamie: 그렇게 어려운 것 같지는 않은데요. 그러나 동의해요. 과거 프로젝트에 적용하던 방식은 이 프로젝트에는 맞지 않아요. 특히 시간이 촉박할 때는요.

Doug(웃으며): 우리 방식에 대해서 좀 더 프로가 되고 싶어요. 지난주에 단기강좌에 참석해서 소프트웨어 공학에 대해 많은 것을 배웠어요.… 참 좋았습니다. 우리는 프로세스가 필요해요.

Jamie(찡그리며): 내가 할 일은 논문을 읽는 것이 아니고 컴퓨터 프로그램을 짜는 일입니다.

Doug: 반대를 하기 전에 기회를 주세요. 내가 말하고자 하는 것은 이것입니다. (Doug는 이 장에서 기술하고 있는 프로세스 프레임워크와 지금 다루고 있는 규범적 프로세스 모델에 대해 말하기 시작하였다.)

Doug: 어쨌든 내가 생각하기에 선형모델은 아닌 것 같아요.. 처음부터 모든 요구사항을 다 가지고 있다고 가정해 보세요. 그럴 수가 없죠.

Vinod: 예, 너무 IT-오리엔트 된 것 같긴 하지만… 재고관리 시스템이나 또 그와 비슷한 시스템에는 좋을 것 같지만, SafeHome에는 맞지 않는 것 같아요.

Doug: 동의합니다.

Ed: 프로토타입 방식이 좋아보여요. 우리가 여기서 하려고 하는 것과 매우 비슷해요.

Vinod: 그게 문제예요. 이 방식은 충분한 구조를 제공해 주지 않아서 걱정입니다.

Doug: 걱정하지 마세요. 다른 옵션들이 많이 있어요. 팀과 프로젝트를 위해서 무엇이 가장 좋을지 선택하기 바랍니다.

2. 소프트웨어 엔지니어로서, 프로토타입이 빨리 작동하도록 하기 위해 구현을 할 때 종종 타협을 하게 된다. 사용 가능하고 또 잘안다는 이유로 부적합한 운영체제 또는 프로그래밍 언어가 사용되기도 한다. 단지 가능성을 보여주기 위해 비효율적인 알고리즘이 구현될 수도 있다. 시간이 지나면 그러한 선택에 대해 만족하고 왜 부적합했는지 모든 이유를 잊어버린다. 덜 이상적인 선택이 이제는 시스템의 중요한 부분이 된다.

문제가 발생할 수 있어서 프로토타입은 소프트웨어공학을 위한 효과적인 패러다임이다. 중요한 것은 처음에 게임의 법칙을 정의한다는 것이다. 즉, 모든 이해관계자들은 요구사항을 정의하기 위한 방법으로 프로토타입이 개발된다는 것에 동의하여야 한다. 프로토타입은 폐기되고(적어도 부분적으로라도), 실제 소프트웨어는 품질을 고려해서 개발되어야한다.

나선형 모델 Barry Boehm[Boe88]에 의해 처음 제안된 나선형 모델은 프로토타입의 반복적인 특성과, 폭포수형 모델의 통제적이고 체계적인 특성을 결합한 진화적 프로세스 모델이다. 이 모델은 소프트웨어의 좀더 완전한 버전을 빨리 개발하는 것을 가능하게 해 준다. Boehm[Boe01a]은 다음과 같이 이 모델에 대해 묘사했다:

> 나선형 개발 모델은 리스크-주도형 프로세스 모델을 생성하여, 이는 소프트웨어 집약 시스템에서 다중 이해관계자, 공동 엔지니어링을 유도한다. 이 모델은 두 가지 특성을 가지고 있다. 하나는 리스크는 줄여나가면서 시스템의 정의와 구현 정도를 증가시키는 순환이다. 또다른 하나는 적합하고 상호 만족스러운 해결방안을 이해관계자에게 보장하기 위한 앵커 포인트 이정표이다.

나선형 모델을 사용하면, 소프트웨어는 일련의 진화적 릴리스의 형태로 개발된다. 초반의 반복과정에서 얻는 릴리스는 모델이나 프로토타입 형태이다. 후반의 반복과정에서는 점증적으로 더욱 완전한 버전의 공학적인 프로덕트가 만들어진다.

나선형 모델은 소프트웨어공학 팀에서 정의한 프레임워크 액티비티의 집합으로 나누어진다. 설명을 위해서 앞으로 논의한 규범적 프레임워크 액티비티를 사용한다.[4] 각각의 프레임워크 액티비티는 그림 4.5의 나선형 경로의 한 부분으로 표현된다. 진화 프로세스가 시작되면, 소프트웨어 팀은 중심에서 시작해서 시계방향으로 나선을 빙 돌아서 원형 모양으로 나타낸 액티비티를 수행한다. 각각의 순환이 이루어질 때 리스크를(35장) 고려한다. 앵커 포인트 이정표—나선형의 경로를 따라 도달하는 작업 산출물과 조건과 조합—는 각 진화과정에 표기되어 있다.

나선에 따른 첫 번째 순환에서는 프로덕트 명세가 개발된다. 나선을 따라 다음 패스는 프로토타입과 소프트웨어의 더 발전된 개발을 위해 사용한다. 계획 영역을 따르는 각각의 패스에서는 프로젝트 계획이 조정된다. 비용과 스케줄은 소프트웨어 릴리스 후에 고객으

WebRef
나선형 모델에 대한 유용한 정보는 www.sei.cmu.edu/publications/documents/00.reports/00sr008.html.

4 이 절에서 논의하는 나선형 모델은 Bohem이 제안한 모델의 변종이다. 원래의 나선형 모델에 대한 추가적인 정보를 얻기 위해서는 [Boe88]을 보라. [Boe98]에서는 Boehm의 나선형 모델에 대해 좀더 최근에 논의한 것을 찾을 수 있다.

그림 4.5

전형적인 나선형 모델

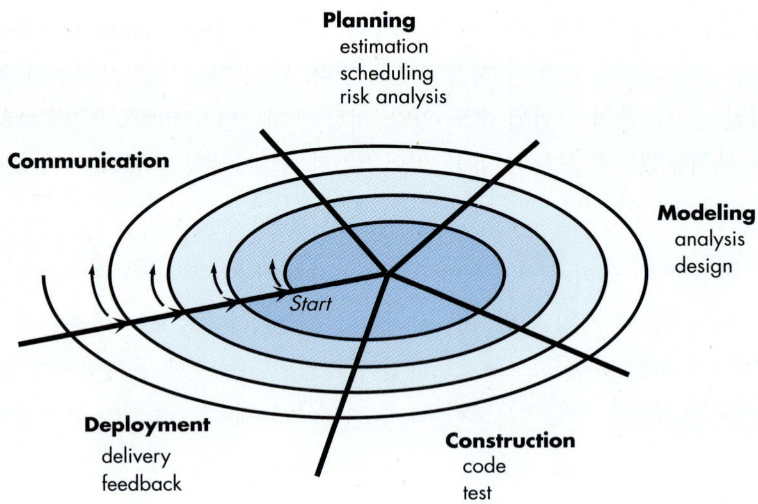

로부터의 피드백에 기반해서 조정된다. 추가적으로, 프로젝트 메니저는 소프트웨어를 완성시키기 위해 필요한 미리 계획했던 반복횟수를 조정한다.

소프트웨어가 릴리스 되면 끝나는 다른 프로세스 모델과는 달리, 나선형 모델은 컴퓨터 소프트웨어의 수명 동안 적용시키기 위해 조정될 수 있다. 따라서 나선을 따르는 첫 번째 순환은 나선의 중심에서 시작해서 개념 개발이 완전히 이루어질 때까지 여러 번의 반복을 계속하는 "개념 개발 프로젝트"를 나타낸다. 만일 개념이 실제 프로덕트로 개발되면, 프로세스는 나선의 바깥쪽으로 진행되고 "새로운 프로덕트 개발 프로젝트"가 시작된다. 새로운 프로덕트는 나선을 따르는 여러 번의 반복과정[5]을 통해 서서히 발전된다. 나중에, 나선 주위를 순환하는 것이 "프로덕트 개선 프로젝트"를 나타내기 위해 사용될 수 있다. 본질적으로 나선은 소프트웨어가 폐기될 때까지 활동하는 상태로 남아 있다. 프로세스가 유휴 상태일 때가 있으며, 언제든지 변화가 시작되면 프로세스는 적당한 시작 포인트에 시작한다(예를 들어, 프로덕트 개선).

ADVICE

만약 당신의 관리부서에서 고정된 예산으로 개발을 요청한다면, 나선형 모델은 문제가 발생할 수 있다. 각 단계가 마무리 될 때마다, 프로젝트 비용을 다시 고려하고 수정해야 한다.

나선형 모델은 대규모 시스템과 소프트웨어 개발을 위한 현실적인 방식이다. 왜냐하면 소프트웨어는 프로세스가 진행되면 진화하고, 개발자와 고객은 더 이해를 잘하게 되고 각 진화의 수준에서 리스크에 대해 반응한다. 나선형 모델은 리스크를 감소시키기 위한 절차로 프로토타입을 사용하지만, 중요한 것은 프로덕트 진화의 어떤 단계에도 프로토타입을 적용하는 것이 가능하다는 것이다. 이 모델은 전통적인 생명주기 모델에서의 체계적인 단계별 방식을 유지하지만, 더욱 현실세계를 잘 반영하는 반복 프레임워크와 통합된다. 나선형 모델에서는 프로덕트의 모든 단계에서 기술적 리스크를 직접적으로 고려하는 것을 요구하고, 만일 적절하게만 적용되면 문제가 되기 전에 리스크를 감소시킬 수 있다.

Quote

나는 단지 여기까지 왔고, 내 일이 되면 나의 길을 간다.

Dave Matthews Band

하지만 다른 패러다임과 마찬가지로 나선형 모델이 만병통치약은 아니다. 진화 방식이 제어 가능하다는 것을 고객들에게 확신시키는 것이 어려울 수 있다(특히 계약 상황에서). 이 모델

5 배치 영역과 커뮤니케이션 영역을 분리하는 축을 따라서 안쪽을 가리키는 화살표는 동일한 나선 경로를 따르는 영역을 반복할 가능성을 나타낸다.

은 리스크 평가에 대한 상당한 전문기술을 요구하며 성공적인 수행을 위해 이 전문기술에 의지한다. 만일 주요 리스크 요소가 노출되고 관리되지 않으면 의심할 여지없이 문제점이 발생한다.

4.1.4 동시 모델

동시 개발 모델은 종종 동시 공학이라 불리고 소프트웨어 팀이 이 장에서 설명한 프로세스 모델의 반복과 동시적인 요소를 잘 나타낼 수 있도록 한다. 예를 들어, 나선형 모델에서 정의된 모델링 액티비티는 프로토타입, 분석, 설계와 같은 소프트웨어공학 액션을 하나 또는 그 이상 실시해서 완성된다.[6]

그림 4.6에서는 동시 모델링방식의 예를 보여주고 있다. 액티비티 — **모델링** — 는 주어진 어떤 시간에 어떤 하나의 상태에 있을 것이다.[7] 마찬가지로, 다른 액티비티, 액션 또는 태스크(예를 들어, 커뮤니케이션 또는 구축)도 비슷한 방법으로 나타낼 수 있다. 모든 소프트웨어공학 액티비티는 동시에 존재하지만 서로 다른 상태에 있다.

예를 들어, 프로젝트 초기에 커뮤니케이션 액티비티(그림에는 나타나 있지 않다)는 첫 번째 반복과정에서 완성되고 **awating changes** 상태에 있다. 모델링 액티비티(초기 커뮤니케이션이 완성되는 동안 **inactive** 상태에 있음)는 **under development** 상태로 바뀐다. 만일 고객이 요구사항이 변경되어야 한다고 하면, 모델링 액티비티는 **under development** 상태에서 **awating changes** 상태로 변한다.

동시 모델링에서는 각 소프트웨어공학 액티비티, 액션 또는 태스크를 위해 어떤 상태에서 다른 상태로 변환시키는 일련의 이벤트를 정의한다. 예를 들어, 설계(모델링 액티비티

KEY POINT

프로젝트 계획은 지속적으로 검토되어야 한다 진행상황은 변화를 고려해서 자주 검토되고 수정되어야 한다.

ADVICE

서로 다른 엔지니어링 팀이 참가한 프로덕트 엔지니어링 프로젝트를 위해서는 동시 모델이 좀더 적합하다.

SafeHome[9]

프로세스 모델 선택, 2부

장면: 가정과 상업적인 용도의 소비자 제품을 만드는 가상의 회사인 CPI 주식회사의 미팅 룸

등장인물: Lee Warren(엔지니어링 메니저), Doug Miller(소프트웨어공학 매니저), Vinod와 Jamie(소프트웨어 팀 멤버)

대화: [Doug가 진화적 프로세스 옵션에 대해 설명한다.]

Jamie: 내가 좋아하는 것을 생각하고 있어요. 점증 방식이 의미가 있다고 생각해요. 그리고 나는 나선형 모델의 흐름을 좋아합니다. 실질적이거든요.

Vinod: 동의합니다. 하나의 점증을 릴리스 하여 고객의 피드백으로부터 배우고, 계획을 다시 세우고 그리고 다음 점증을 릴리스 하지요. 그것은 프로덕트의 특성에 잘 맞아요. 시장에 빨리 내 놓을 수 있고, 각 버전, 즉 점증에 기능을 추가할 수가 있습니다.

Lee: 잠깐 기다리세요. 나선의 둘레를 도는 각 순환마다 우리가 계획을 다시 세운다고 말했나요, Doug? 그렇지는 않아요. 하나의 계획, 하나의 스케줄이 필요하고 우리는 그것을 따르지요.

Doug: 그건 옛날 생각이에요, Lee. 사람들이 말하는 것처럼 현실에 맞게 해야 해요. 우리가 많이 알게 되고 또 변화가 필요하면 계획을 조금 수정하는 것이 낫다고 생각합니다. 그게 더 현실에 맞는 것이지요. 계획이 현실을 반영하지 않는다면 그 취지가 무엇인가요?

Lee(얼굴을 찡그리며): 나도 그렇게 생각을 하지만, 그러나 … 상급 관리자는 안 좋아하지요. … 그들은 고정되어 있는 계획을 원해요. .

Doug(웃으며): 그러면 그들을 재교육 시켜야지요.

6 분석과 설계는 상당한 논의를 필요로 하는 복잡한 태스크이다. 이 책의 Part 2에서는 이들 주제에 대해서 상세하게 다룬다.

7 상태는 동작의 외부적으로 관찰 가능한 모드이다.

그림 4.6

동시 프로세스 모델의 한 요소

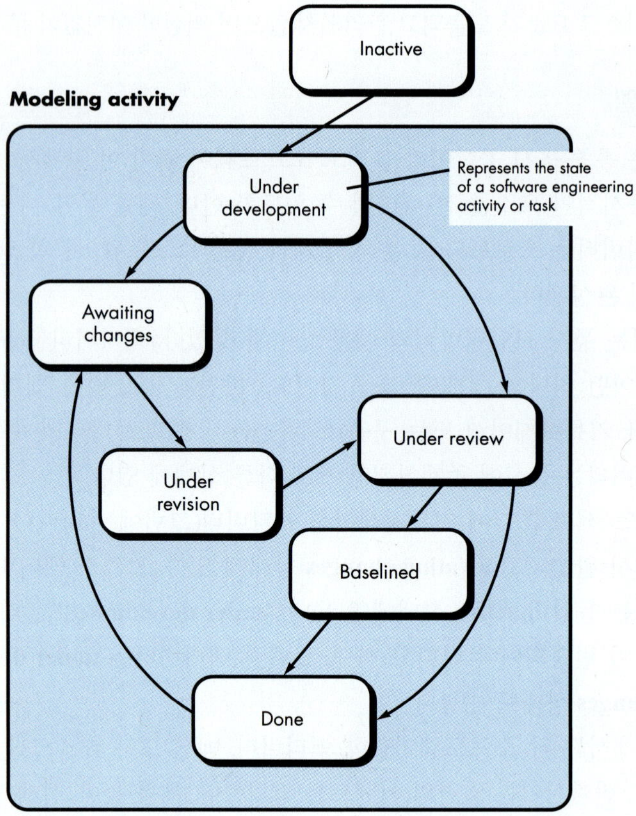

동안 일어나는 주요 소프트웨어공학 액션)의 초기 단계에서는 요구 모델의 모순을 찾아낸다. 이 모델은 요구 분석 액션을 **done** 상태에서 **awating changes** 상태로 변화시키는 분석 모델 정정 이벤트를 생성한다.

동시 모델링은 모든 종류의 소프트웨어 개발에 적용할 수 있으며 프로젝트의 현재 상태를 보여주는 정확한 그림을 제공해 준다. 소프트웨어공학 액티비티, 액션 또는 태스크를 이벤트의 연속으로 한정하기보다는 프로세스 네크워크로 정의한다. 네크워크 상의 각 액티비티, 액션, 태스크는 다른 액티비티, 액션, 태스크와 같이 동시에 존재한다. 프로세스 네트워크 상의 어느 지점에서 생성된 이벤트들은 상태들 사이의 이행을 유발한다.

Quote

조직의 모든 프로세스는 고객을 가지고 있으며, 고객이 없다면 프로세스는 목적을 안 가지고 있는 것이다.

V. Daniel Hunt

4.1.5 진화적 프로세스에 대한 마지막 언급

최근의 컴퓨터 소프트웨어는 지속적으로 변경, 매우 꽉 짜인 시간, 그리고 고객-사용자 만족을 위한 필요성에 의해 특징 지워진다는 것은 이미 언급했다. 많은 경우에 있어서, 출시 시기가 가장 중요한 관리 요구사항이다. 만일 시장 측면을 제외한다면 소프트웨어 프로젝트는 의미가 없게 된다.[8]

8 시장에 처음 나가는 것이 성공을 보장해 주는 것은 아니라는 것을 주목하는 것이 중요하다. 사실상, 매우 성공적인 많은 소프트웨어 프로덕트들은 시장에 두 번째 혹은 세 번째로 나온 것이다(앞서 나온 프로덕트로부터 실수를 배움).

진화적 프로세스 모델은 이러한 이슈들을 다루는 것을 고려하며, 프로세스 모델들의 일반적인 부류로서, 약점도 가지고 있다, 이런 점들에 대해 Nogueira와 그의 동료들이 다음과 같이 정리하였다[Nog00].

> 진화적 프로세스 모델이 의심할 여지없이 좋은 점이 많음에도 불구하고 우려할 점이 조금있다. 첫 번째로는 프로덕트를 구축하기 위해 필요한 불확실한 횟수의 순환 때문에 프로토타입(그리고 다른 정교한 진화적 프로세스들)이 프로젝트 계획에 문제를 야기한다. …
>
> 두 번째는, 진화적 소프트웨어 프로세스가 진화를 최고로 빠른 속도로 설정하는 것은 아니라는 것이다. 만일 진화가 완화과정 없이 너무 빨리 이루어진다면 프로세스는 혼란 상태에 빠지게 될 것이 확실하다. 반면에 속도가 너무 느리다면 프로덕트가 영향을 받을 수 있다. …
>
> 세 번째, 진화적 소프트웨어 프로세스는 높은 품질보다는 유연성과 확장선에 집중해야만 한다는 것이다. 이러한 주장은 이상하게 들릴 것이다.

사실상, 좋은 품질보다도 유연성, 확장성, 개발 속도에 초점을 맞추는 것이 이상하게 들릴 수 있다. 그러나 이 아이디어는 존경받는 소프트웨어 전문가 몇 사람이 제안한 것이다(예를 들어, [You95], [Bac97]).

?
진화적 소프트웨어 프로세스 모델의 가능한 취약점은 무엇인가?

진화적 모델의 목적은 반복적이거나 점증적 방법으로 좋은 품질의 소프트웨어를 개발하고자 하는 것이다.[9] 하지만, 유연성과 확장성, 개발 속도를 강조하기 위해서도 진화적 프로세스를 사용하는 것이 가능하다. 소프트웨어 팀과 매니저가 도전해야 할 사항은 중요한 프로젝트와 프로젝트 파라미터, 그리고 고객의 만족도 사이에서 적당히 균형을 잡는 일이다(소프트웨어 품질의 궁극적인 조종자 역할).

4.2 특수한 프로세스 모델

특수한 프로세스 모델들은 앞 절에서 주어진 하나 또는 여러 개의 전통적인 모델의 특징을 많이 가지고 있다. 하지만 이러한 모델들은 전문적이거나 좁은 범위로 정의된 소프트웨어 공학 방식이 사용될 때 적용되는 경향이 있다.[10]

4.2.1 컴포넌트-기반 개발모델

벤더(vendor)가 개발하여 제품 형태로 시중에 나와있는 상용(Commercial off-the shelf: COTS) 소프트웨어 컴포넌트는 개발하고자 하는 소프트웨어에 컴포넌트가 통합이 잘 되도록 정의가 잘 된 인터페이스와 함께 목표로 하는 기능을 제공해 준다. 컴포넌트-기반 개발 모델(Component-Based Development)은 나선형 모델이 가지고 있는 많은 특징들을 가지고

WebRef
컴포넌트 기반 개발과 관련된 유용한 정보: www.cbd-hq.com

9 여기에서 소프트웨어 품질은 고객의 만족 뿐만이 아니라 이 책의 2부에서 논의하는 다양한 기술적 기준(criteria)을 광범위하게 포함하는 것으로 정의된다.

10 어떤 경우에는 전문적인 프로세스 모델을 특별한 소프트웨어 개발 목표를 달성하기 위한 기법의 모음 또는 "방법론"으로 정의하는 것이 더 나을 수 있다.

있다. 이 방법은 소프트웨어를 개발할 때 반복적 방식을 요구하는 진화적인 특징을 가진다 [Nie92]. 하지만 컴포넌트-기반 개발 모델에서는 미리 만들어 패키지화된 소프트웨어 컴포넌트를 사용하여 응용시스템을 구축한다.

모델링과 구축 액티비티는 후보 컴포넌트를 찾는 작업부터 시작한다. 컴포넌트들은 틀에 박힌 소프트웨어 모듈이나 객체지향 클래스 또는 클래스들의 패키지[11] 형태로 설계될 수 있다. 컴포넌트 생성에 사용하는 기술과 상관없이, 컴포넌트 기반 개발 모델은 다음과 같은 단계(진화적 방식으로 구축된다)를 거친다.

1. 가능한 컴포넌트-기반 프로덕트를 조사하고 논의가 되고 있는 애플리케이션 도메인을 위해서 평가한다.
2. 컴포넌트 통합 이슈를 고려한다.
3. 컴포넌트를 수용할 수 있도록 소프트웨어 구조를 설계한다.
4. 컴포넌트를 구조에 통합한다.
5. 적합한 기능을 확보하기 위해 전체적으로 테스팅을 수행한다.

컴포넌트-기반 개발 모델은 소프트웨어를 재사용할 수 있게 하고, 재사용성은 소프트웨어 엔지니어에게 많은 이점으로 제공한다. 컴포넌트 재사용이 조직 문화의 일부로 자연스럽게 이루어지면 프로젝트 비용을 감소시킬 수 있을 뿐만 아니라 개발 사이클을 단축시킬 수 있다. 컴포넌트-기반 개발에 대해서는 14장에서 다시 더 자세하게 다룬다.

4.2.2 정형 방법론 모델

정형 방법론 모델(Formal Methods Model)은 컴퓨터 소프트웨어에 대한 정형적인 수학적 명세를 유도하는 일련의 액티비티들로 구성된다. 정형 방법론은 엄밀한 수학적 표기법을 적용하여 컴퓨터 시스템을 확실하게 표현하고 개발하고 검증하는 것을 가능하게 해준다. 이와 같은 접근 방법의 하나인 클린룸 소프트웨어공학(cleanroom software engineering [Mil87, Dye92])은 현재 소프트웨어공학 조직 몇 군데에서 적용하고 있다.

정형 방법론(부록 3)을 개발과정 동안 사용하면, 다른 소프트웨어공학 페러다임을 사용할 때 극복하기 힘든 많은 문제들을 해결할 수 있다. 특별한 검토과정을 거치는 것이 아니라, 수학적 분석과정을 적용하여 모호성, 불완전성, 불일치성을 더 쉽게 발견하고 수정할 수 있다. 설계과정 동안 정형 방법론을 사용하면 프로그램 검증의 근거가 되어 이전에는 감지하지 못했던 에러들을 발견하고 수정할 수 있다.

정형 방법론 모델은 비록 많이 사용하는 방식은 아니지만 결점이 없는 소프트웨어를 만들 수 있게 해 준다. 기업환경에서 정형 방법론을 적용하려면 다음과 같은 사항들을 고려하여야 한다.

11 객체지향 개념에 대해서는 부록 2에서 논의되고, 이 책의 Part 2 전체에 걸쳐서 사용된다. 이와 같은 관점에서 보면, 클래스는 데이터와 데이터에 대한 프로시저의 집합으로 이루어져 있다. 또 클래스의 패키지는 목표로 하는 결과를 얻기 위한 관련 있는 클래스들의 집합이다.

- 현재는 정형 방법론을 사용하여 개발하면 시간과 비용이 많이 든다.
- 정형 방법론을 적용하기 위해 필요한 기본지식을 소프트웨어 개발자가 거의 가지고 있지 않기 때문에 많은 훈련과정이 필요하다.
- 정형 방법론 모델은 기술적인 지식이 없는 고객과 의사소통 방법으로 사용하기는 힘들다.

?

만일 정형 방법론이 소프트웨어의 정확성을 잘 나타낼 수 있으면 왜 많이 사용되지 않는가?

이와 같은 사항들을 고려해야 함에도 불구하고, 정형 방법론 방식은 고도의 안전 제일 소프트웨어(예를 들어, 항공전자기기, 의료기구)를 개발해야 하는 소프트웨어 개발자와 소프트웨어 에러로 인해 심각한 경제적 어려움을 겪는 개발자 사이에서 지지를 얻고 있다.

4.2.3 관점-지향 소프트웨어 개발

선택된 소프트웨어 프로세스에 관계없이 복잡한 시스템 개발자는 부분적인 특성과 기능, 정보 컨텐츠들을 항상 개발한다. 이와 같은 부분적 소프트웨어 특성들이 컴포넌트(예를 들어, 객체지향 클래스)로 모델링 된다. 최근의 컴퓨터 기반 시스템들이 더욱 정교하게(그리고 복잡하게) 되면서 어떤 관심사(concerns)—고객이 요구하는 성질 또는 기술적 흥미 분야—가 전체 구조에 퍼지게 된다. 몇몇 관심사들은 시스템의 높은 수준의 특성(예를 들어, 보안, 고장극복)과 관계가 있다. 다른 관심사들은 기능(예를 들어, 사업상의 규칙 적용), 또 다른 것들은 시스템적(예를 들어, 태스크 병행 처리 또는 메모리 관리) 특성에 영향을 미친다.

WebRef

AOP에 대한 정보는 **aosd.net**에서 많이 찾을 수 있다.

다중의 시스템 기능과 특성, 정보를 포함해서 고려했을 때 종종 교차 관심사(crosscutting concerns)라 한다. 관점상의 요구사항(aspectual requirements)에서는 소프트웨어 구조에 영향을 미치는 교차 관심사를 정의한다. 관점-지향 소프트웨어 개발(Aspect-oriented software development, AOSD)은 종종 관점-지향 프로그래밍(aspect-oriented programming, AOP) 또는 관점-지향 컴포넌트 공학(aspect-oriented component engineering, AOCE [Gru02])이라고도 하는데 이는 상대적으로 새로운 소프트웨어공학 패러다임으로서, 관점(aspect)을 정의하고, 명세화, 설계, 그리고 구축하는 프로세스의 방법론적인 접근 방식을 제공해 준다. 여기서 관점이란 "교차 관심사를 표현하기 위한 서브루틴이나 상속 개념 이상의 매커니즘이다." [Elr01]

KEY POINT

AOSD에서는 "관점"을 시스템의 여러 기능과 특성, 정보에 영향을 미치는 고객의 관심을 나타내는 것으로 정의한다.

관점-지향 프로세스는 아직 성숙된 방법이 아니다. 그러나 이 프로세스는 진화와 동시 프로세스 모델 모두의 특성을 채택할 것으로 보인다. 진화적 모델은 관점을 파악하고 구축하는 측면에서 적합하다. 또 동시 모델에서의 병렬성도 아주 중요하다. 왜냐하면 관점은 부분적인 소프트웨어 컴포넌트와는 독립적으로 만들어지며 이러한 컴포넌트들에 직접적인 영향을 미치기 때문이다. 따라서 엔지니어링에 적용되는 소프트웨어 프로세스 액티비티와, 관점들과 컴포넌트들의 구축 사이의 비동기식 커뮤니케이션에 대해 사례를 들어 설명하는 것이 필수적이다.

관점-지향 소프트웨어 개발에 대한 상세한 논의는 이 주제를 전적으로 다루고 있는 책에 넘기기로 하고, 흥미가 있으면 [Ras11], [Saf08], [Cla05], [Fil05], [Jac04], 그리고 [Cra03]을 참고하라.

소프트웨어 도구들

프로세스 관리

목표: 규범적 프로세스 모델의 정의, 실행과 관리에 도움을 주기 위해서.

역할: 프로세스 관리 도구는 소프트웨어 조직 또는 팀이 완전한 소프트웨어 프로세스 모델 (프레임워크 액티비티, 액션, 태스크, QA 체크 포인트, 이정표 그리고 작업 산출물)을 정의하는 것을 가능하게 해 준다. 게다가, 도구는 소프트웨어 엔지니어가 기술적인 작업을 할 때의 로드 맵(road map)과 소프트웨어 프로세스를 추적하고 제어해야 하는 매니저를 위해 템플릿을 제공해 준다.

대표적인 도구들[12]

GDPA, 독일의 Bremen 대학에서 개발한 연구 프로세스 정의 도구 모음(**www.informatik.uni-bremen.de/uniform/gdpa/home.html**)으로, 다양한 프로세스 모델링과 관리 기능을 제공한다.

ALM Studio, Kavair Corporation(**http://www.kavair.com/**)에서 개발한 도구로 프로세스의 정의, 요구사항 관리, 해결방안 제시, 프로젝트 계획 및 추적 등을 모두 망라하고 있다.

ProVision BPMx, OpenText(**http://bps.opentext.com/**)에서 개발한 것으로, 프로세스의 정의와 워크플로우 자동화를 도와주는 많은 도구들 중 대표적인 도구이다.

소프트웨어 프로세스와 관련된 다른 많은 도구들에 대한 유용한 리스트는 **www.computer.org/portal/web/swebok/html/ch10**에서 찾을 수 있다.

4.3 통합 프로세스

통합 프로세스(Unified Process, UP)에 대한 독창적인 책에서, Ivar Jacobson, Grady Booch, James Rumbaugh [Jac99]는 "유스케이스 기반, 구조 중심, 반복적이고 점증적인" 소프트웨어 프로세스를 위한 필요성에 대해 논의하였다.

> 오늘날의 소프트웨어는 점점 커지고 있으며 더욱 복잡한 시스템이 되는 경향이 있다. 그 이유의 어떤 부분은 컴퓨터가 매년 더욱 강력해져서 사용자가 컴퓨터로부터 더욱 더 많은 것을 기대하기 때문이다. 또 이러한 경향은 모든 종류의 정보를 교환하기 위한 인터넷의 사용이 확대된 것에도 영향을 받았다. 하나의 프로덕트 릴리스에서 다음 프로덕트가 나올 때까지 프로덕트가 얼마나 개선될 수 있는지를 알게 되면서 더 정교한 소프트웨어를 위한 우리들의 욕구는 점점 커져갔다. 요구를 더 잘 만족시켜주는 소프트웨어를 필요로 하지만 결국은 소프트웨어를 더욱 복잡하게 만든다. 간단히 말하자면 우리는 더욱더 많은 것을 원한다는 것이다.

어느 측면에서, UP는 전통적인 소프트웨어 프로세스 모델의 가장 좋은 기능과 특성을 이끌어내려는 시도라 볼 수 있지만, 애자일 소프트웨어 개발(5장)의 최상의 원칙들을 구현하는 것으로 특정지을 수 있다. UP는 고객과의 의사 소통과, 시스템을 바라보는 고객의 시각[13]을 묘사하기 위한 합리적인 방법의 중요성을 알고 있다. UP는 소프트웨어 구조의 중요

12 여기에 언급한 도구들은 공식적으로 승인을 받은 것이라기보다는 이 범주에 있는 도구들의 샘플을 제시한 것이다. 대부분의 경우에, 도구의 이름은 각 개발자의 상표를 나타낸다.

13 유스케이스(8장)는 사용자의 시각으로 보는 시스템의 기능과 특성을 묘사하는 텍스트 형태의 설명과 탬플릿이다. 유스케이스는 사용자가 작성하며 좀더 종합적인 요구사항 모델을 위한 기초가 된다.

한 역할을 강조하고, "구조 설계가가 이해가능성, 앞으로의 변경에 대한 믿음, 재사용과 같은 올바른 목표에 집중할 수 있도록 도와준다." [Jac99] UP는 최근의 소프트웨어 개발에서 꼭 필요한 진화적인 특성인 반복적이고 점증적인 프로세스 흐름을 제안한다.

4.3.1 간단한 역사

1990년대 초에 James Rumbaugh [Rum91], Grady Booch [Boo94], Ivar Jacobson [Jac92]는 개별적인 객체지향 분석과 설계 방법에서 가장 좋은 특성들을 합치고, 다른 객체지향 모델링의 전문가들이(예를들어, [Wir90]) 제안한 추가적인 특성을 채택하는 "통합 방법론"에 대해 작업하기 시작하였다. 그 결과는 UML(unified modeling language)로 객체지형 시스템을 모델링하고 개발하는 데 필요한 강력한 표기법을 포함한 것이었다. 1997년까지, UML은 객체지향 소프트웨어 개발을 위한 산업의 사실상의 표준이 되었다.

요구사항과 설계모델을 표현하기 위해 UML은 이 책의 Part 2 전체에서 사용된다. 부록 1에 기본적인 UML 표기법과 모델링 규칙에 익숙하지 않은 사람들을 위한 소개 튜토리얼이 제공된다. UML에 대한 포괄적인 소개는 이 주제를 전적으로 다루고 있는 책으로 넘기기로 한다. 부록 1에 추천하는 책 리스트가 나와 있다.

4.3.2 UP(Unified Process) 단계[14]

3장에서, 다섯 가지의 일반적인 프레임워크 액티비티에 대해 논의하였고, 이들이 소프트웨어 프로세스 모델을 묘사하기 위해 사용될 수 있다고 하였다. UP도 예외가 아니다. 그림 4.7에서는 UP의 "단계"를 보여주며 1장과 이 장의 앞부분에서 논의한 일반적인 액티비티와 관련해 나타내었다.

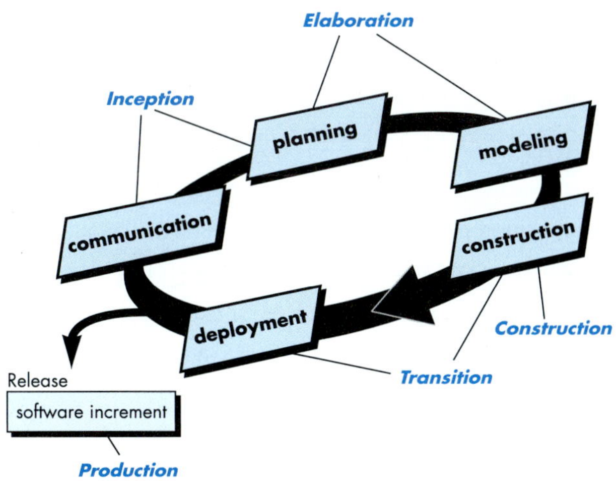

그림 4.7
통합 프로세스(UP)

14 UP는 종종 Rational Corporation(후에 IBM에 의해 흡수)을 따라 Ratioal Unified Process(RUP)라고도 한다. Rational Corporation은 초창기 UP의 개발과 정련을 위해 공헌을 하였으며, 프로세스를 위한 완전한 환경(도구와 기술)을 개발하였다.

KEY POINT

UP의 단계는 이 책에서 정의한 일반적인 프레임워크 액티비티와 그 의미가 비슷하다.

UP의 도입단계(inception phase)는 고객과의 커뮤니케이션과 계획수립 액티비티로 이루어진다. 이해관계자와 협력함으로써 소프트웨어에 대한 비즈니스 요구사항을 확인하고 시스템에 대해서 대충 틀만 잡은 구조를 제안하고 프로젝트의 반복적이고 점증적인 특성을 위한 계획을 개발한다. 어떠한 특징과 기능이 사용자 요구의 중요한 부분인지를 나타내는 예비 유스케이스를(8장) 통해 기본적인 비즈니스 요구사항을 묘사한다. 이 시점에서 구조는 주요 서브시스템과의 기능, 특징을 나타내는 잠정적인 개요 그 이상이 될 수 없다. 그 후에 구조는 시스템의 또 다른 관점을 나타내는 모델들의 집합으로 정교화되고 확장된다. 계획수립 액티비티에서는 자원을 확인하고, 주요 리스크를 평가하고, 스케줄을 정하고, 소프트웨어 점증 개발에 적용되는 단계를 위한 기초를 수립한다.

구체화 단계(elaboration phase)는 계획과 일반적인 프로세스 모델의(그림 4.7) 모델링 액티비티로 이루어진다. 구체화는 도입단계의 일부분으로 개발된 예비 유스케이스를 정교화하고 확장하며, 소프트웨어의 다섯 가지 서로 다른 관점—유스케이스 모델, 분석 모델, 설계 모델, 구현모델, 배치 모델—을 포함할 수 있도록 구조 표현을 확장한다. 어떤 경우에 구체화는, 실행 가능한 시스템의 "첫 번째 컷"을 나타내는 "실행 가능한 아키텍처 기준선" [Arl02]을 만들어 낸다.[15] 아키텍처 기준선은 아키텍처의 실행 가능성을 보여주지만 시스템을 사용하기 위해 필요한 모든 특징과 기능을 제공해 주는 것은 아니다. 게다가 범위, 리스트, 릴리스 날짜가 적당하다는 것을 보증하기 위해 구체화 단계의 정점에서 계획 수립을 주의 깊게 검토한다. 이 시점에 계획 수립에 관해서 종종 수정이 이루어진다.

WebRef

애자일 개발 맥락에서 UP에 대한 흥미있는 논의는 www.ambysoft.com/unifiedprocess/agileUP.html에서 찾을 수 있다.

UP의 구축 단계(construction phase)는 일반적인 소프트웨어 프로세스를 위해 정의된 구축 액티비티와 동일하다. 구축 단계에서는 입력으로 아키텍처 모델을 사용하면서, 각 유스케이스를 사용자를 위한 연산으로 만들어 주는 소프트웨어 컴포넌트를 개발하거나 확보한다. 이를 달성하기 위해서, 구현 단계 동안 시작된 요구 모델과 설계 모델은 소프트웨어 검증의 최종 버전으로 완성된다. 소프트웨어 점증(릴리스)을 위해 필요한 모든 특징과 기능들은 소스코드로 구현된다. 컴포넌트들이 구현됨에 따라, 단위 테스트[16]를 설계하고 수행한다. 추가적으로, 통합 액티비티(컴포넌트 조립과 통합 테스팅)가 수행된다. 다음 UP 단계를 시작하기 전에 수행하는 일련의 인수 테스트를 도출해 내기 위해 유스케이스를 사용한다.

UP의 전이 단계(transition phase)는 일반적인 구축 액티비티의 마지막 단계 외 일반적 배치(인도와 피드백) 액티비티의 처음 부분으로 이루어진다. 소프트웨어는 베타 테스팅을 위해 최종 사용자에게 전달되고, 사용자는 결함과 변경이 필요한 부분을 지적해서 피드백한다. 또한 소프트웨어 팀은 릴리스를 위해 필요한 지원 정보(예를 들어, 사용자 매뉴얼, 고장 수리 안내, 설치 과정)를 생성한다. 전이 단계의 마지막이 되었을 때의 소프트웨어 점증이 사용 가능한 소프트웨어 릴리스가 된다.

UP의 생산 단계(production phase)는 일반적 프로세스의 배치 액티비티와 일치한다. 단

15 아키텍처 기준선은 폐기하는 것이 아니기 때문에 프로토타입이 아니라는 것을 아는 것이 중요하다. 오히려 기준선은 다음 UP 단계 동안 구체화 된다.

16 소프트웨어 테스팅에 대한 (단위 테스트 포함) 심도 있는 논의는 22장에서 26장에 걸쳐 주어져 있다.

계가 진행되는 동안, 소프트웨어 사용을 모니터하고 운영 환경을 지원하고 결점 보고서와 변경 요구를 제출하고 평가한다.

구축, 이전, 산출 단계가 수행되는 것과 동시에 다음 소프트웨어 점증은 이미 시작될 수 있다. 이러한 사실은 다섯 UP 단계가 순차적으로 일어나는 것이 아니라 시차적인 동시성이 있음을 나타낸다.

모든 UP 단계에 걸쳐 소프트웨어공학 작업 흐름이 배포된다. UP의 관점에서 보면 작업 흐름(workflow)은 태스크 집합(3장에 언급)과 동일하다. 즉, 작업 흐름은 중요한 소프트웨어공학 액션을 완수하기 위해 필요한 태스크와 태스크를 성공적으로 수행한 결과인 작업 산출물을 확인한다. 소프트웨어 프로젝트를 위해 UP 작업 흐름에서 확인한 모든 태스크가 수행되는 것은 아니라는 것을 알 필요가 있다. 팀은 요구사항을 만족시키기 위해 프로세스(액션, 태스크, 부분 태스크)를 적용 시킨다.

4.4 개인과 팀 프로세스 모델

가장 좋은 소프트웨어 프로세스는 작업을 수행할 사람과 가까이 있는 것이다. 만약 소프트웨어 프로세스 모델이 법인 또는 조직 수준에서 개발된다면, 소프트웨어공학 작업을 실제로 수행하는 프로젝트 팀의 요구를 만족시키기 위해 상당한 개정을 할 수 있을 경우에만 효과적일 수 있다. 이상적으로는 당신의 요구를 가장 잘 만족시키고 동시에 팀과 조직의 광범위한 요구를 만족시키는 프로세스를 생성하는 것이다. 대안으로, 팀은 조직의 전반적인 필요성과 개개인의 좁은 필요성을 동시에 만족시킬 수 있는 자신만의 프로세스를 스스로 만들수 있다. Watts Humprey([Hum05]와 [Hum00])는 "개인 소프트웨어 프로세스"와 또는 "팀 소프트웨어 프로세스"를 생성하는 것이 가능하다고 주장하였다. 두 가지 프로세스 모두 힘든 작업, 훈련, 조정과정을 요구하기는 하지만 가능한 것이다.[17]

Quote

성공한 사람은 성공하지 못한 사람이 하지 못하는 업무 수행 습관을 가지고 있다.

Dexter Yager

4.4.1 개인 소프트웨어 프로세스

모든 개발자는 컴퓨터 소프트웨어를 개발하기 위해 어떤 프로세스를 사용한다. 프로세스가 위험할 수도 있고 특별할 수도 있다. 매일 바뀔 수도 있다 효율적, 효과적, 성공적이 아닐 수도 있다. 그러나 "프로세스"는 존재하는 것이다. Watts Humphrey[Hum05]는 효과적이지 않는 개인 프로세스를 바꾸기 위해서, 개인은 훈련과 주의 깊은 방편을 각각 요구하는 4 단계를 거쳐야 한다고 하였다. 개인 소프트웨어 프로세스(Personal Software Process, PSP)에서는 개발되는 작업 산출물과 작업 산출물의 품질 모두를 개인적으로 측정하는 것을 강조한다. 또한 PSP에서는 실무자가 프로젝트 계획(예를 들어, 예측과 스케줄링)을 책임지고, 개발하는 모든 소프트웨어 작업 산출물의 품질을 제어할 수 있도록 한다. PSP 모델은 다음과 같은 다섯 가지 프레임워크 액티비티를 정의한다.

WebRef

PSP에 대한 광범위한 자료는 **http://www.sei.cmu.edu/tsp/tools/academic/**에서 찾을 수 있다.

17 애자일 소프트웨어 개발(5장)을 지지하는 사람들도 역시 프로세스가 팀에 가까이 있어야 한다고 주장하는 것을 주시할 필요가 있다. 그들은 이를 얻기 위한 다른 방법을 제안하였다.

계획 수립 이 액티비티에서는 요구사항만 따로 고려해서 소프트웨어의 크기와 자원 예측을 한다. 또한 결함을 예측한다. 모든 척도를 용지나 템플릿에 기록하고, 마지막으로 개발해야 할 태스크를 확인하고 프로젝트 스케줄을 수립한다.

상위레벨 설계 각각의 컴포넌트를 위한 외부 명세가 구축되고, 컴포넌트 설계가 이루어진다. 불확실성이 있을 때에는 프로토타입을 개발한다. 모든 내용이 기록되고 추적된다.

상위레벨 설계 검토 설계상 잘못을 찾아내기 위해 정형 검증방법(부록 3)을 적용한다. 모든 중요한 태스크와 업무결과를 위해 척도를 유지한다.

개발 컴포넌트-수준 설계가 정교화되고 검토된다. 코드가 만들어지고 검토되고 컴파일, 테스트 된다. 모든 중요한 태스크와 작업 결과를 위해 척도를 유지한다.

사후검토 수집한 측정치(measure)와 척도(metric: 통계적으로 분석해야 하는 많은 분량)를 사용하여 프로세스의 효과를 결정한다. 측정치와 척도는 효과를 개선하기 위해 프로세스를 수정할 때 길잡이 역할을 할 수 있어야 한다.

?

PSP 동안 어떤 프레임워크 액티비티가 사용되나?

KEY POINT

PSP는 당신이 행하기 쉬운 에러의 종류를 기록하고 분석해야 할 필요성을 강조한다. 그렇게 함으로써 에러를 제거할 전략을 개발할 수 있게 된다.

PSP는 에러의 조기 발견과 저지르기 쉬운 에러의 종류를 이해할 필요성을 강조한다. 이는 모든 작업 산출물에 수행되는 엄격한 평가 액티비티를 통해 성취할 수 있다.

PSP는 많은 실무자들에게 문화적 충격을 줄 수 있는, 소프트웨어공학에 대한 엄격한 척도 기반 방식을 나타내고 있다. 하지만, PSP가 소프트웨어 엔지니어에게 적절하게 소개된다면[Hum96], 소프트웨어 생산성과 소프트웨어 품질이 눈에 띄게 개선될 수 있다[Fer97]. 그러나 PSP가 소프트웨어 산업에 아직 널리 보급된 것은 아니다. 그 이유는 PSP의 장단점과 관계가 있는 것이 아니라 사람들의 특성과 조직의 타성에 더 많은 관계가 있다. PSP는 지적으로 도전의식을 북돋우며, 항상 가능한 것이 아닌 헌신을 요구한다. 훈련과정은 상대적으로 길며 훈련비용도 많이 든다. 요구되는 측정치의 수준은 많은 소프트웨어 인력들에게는 문화적으로 어려운 것이다.

PSP가 개인 수준에서 효과적인 소프트웨어 프로세스로 사용될 수 있나? 이 질문에 대한 대답은 확실히 "그렇다"이다. 하지만, 만일 PSP를 전체적으로 채택하지는 않더라도 이 방법이 소개하는 개인 프로세스 개선을 위한 개념의 많은 부분에 대해서는 충분히 배울 가치가 있다.

4.4.2 팀 소프트웨어 프로세스

WebRef

PSP와 TSP를 사용하여, 고수준의 성취도를 달성하는 팀을 구성하는 것에 대한 정보는 **www.sei.cmu.edu/tsp/**에서 찾을 수 있다.

많은 산업체급 소프트웨어 프로젝트들은 실무자 팀에 의해 다루어지기 때문에, Watts Hunphrey는 PSP의 소개 부분에서 배운 내용을 확장시킨 팀 소프트웨어 프로세스(Team Software Process, TSP)를 제안하였다. TSP의 목표는 고품질의 소프트웨어를 생산하기 위해 스스로 조직하는 "자체적으로 유도되는" 프로젝트 팀을 생성하는 것이다. Humphrey [Hum98]는 다음과 같은 TSP의 목표를 정의하였다.

- 자신들의 작업에 대해 계획과 추적을 하고, 목표를 설정하고 프로세스와 계획을 가지는 자체적으로 유도되는 팀을 생성한다. 이것은 순수한 소프트웨어 팀일 수

도 있고, 3명에서 20명 정도의 엔지니어로 구성된 통합프로덕트 팀(integrated product teams, IPTs)일 수도 있다.

- 매니저에게 팀을 어떻게 지도하고 자극하며, 팀이 최고의 성취를 유지할 수 있도록 도와줄 것인지를 알려준다.
- CMM[18] 레벨 5 행동을 정상과 기대 상태로 만들어 줌으로써 소프트웨어 프로세스 개선을 촉진한다.
- 많이 성숙된 조직에 개선을 위한 안내를 제공한다.
- 산업체급 팀 기술에 대한 내용을 대학에서 가르치는 것이 용이하도록 해준다.

ADVICE

자기-방향 팀을 만들기 위해, 내부적으로 협력하고 외부적으로 커뮤니케이션을 해야만 한다.

자체적으로 유도되는 팀은 전체적으로 목표를 일관적으로 이해한다. 팀의 구성원의 역할과 책임을 정의한다. 많은 프로젝트 데이터(생산성과 품질에 관한)를 추적한다. 프로젝트에 적합한 팀 프로세스와 프로세스를 구현하기 위한 전략을 확인한다. 팀의 소프트웨어공학 작업에 적용할 수 있는 로컬 표준을 정의한다. 지속적으로 리스크를 평가하고 대응한다. 프로젝트 상태를 추적, 관리하고 보고서를 작성한다.

TSP는 다음의 프레임워크 액티비티, 프로젝트 착수(project launch), 상위레벨 설계(high-level design), 구현(implementation), 통합과 테스트(integration and test), 그리고 사후검토(postmortem)를 정의한다. PSP에서의 대응되는 액티비티와 같이, 이러한 액티비티들은 팀이 계획, 설계, 잘 훈련된 방법으로 소프트웨어를 구축하는 것과 동시에 프로세스와 프로덕트를 양적으로 측정하는 것을 가능하게 한다. 사후검토는 프로세스 개선을 위한 단계가 되도록한다.

KEY POINT

TSP 스크립트는 팀 프로세스 요소와 프로세스 내에서 일어나는 액티비티들을 정의한다.

TSP는 팀구성원이 작업을 수행하는 데 안내를 해주는 다양한 스크립트, 표현 형식 그리고 표준을 사용한다. "스크립트"는 특정한 프로세스 액티비티(즉, 프로젝트 착수, 설계, 구현, 통합, 시스템 테스팅, 사후 검토)와, 팀 프로세스의 일부분인 좀더 상세한 작업 기능(예를 들어, 개발 계획, 요구 개발, 소프트웨어 형상관리, 단위 테스트)을 정의한다.

TSP에서는 가장 좋은 소프트웨어 팀은 자체적으로 유도되는 것이라는 것을 인식한다.[19] 팀 구성원은 프로젝트의 목표를 세우고, 필요에 맞도록 프로세스를 적응시키고, 프로젝트 스케줄을 제어하고, 수집된 척도를 측정하고 분석하여 소프트웨어공학에 대한 팀의 접근방식을 개선하는 작업을 지속적으로 수행한다.

PSP와 같이 TSP는 생산성과 품질에 명확하고 많은 이득을 제공해 주는 소프트웨어공학에 대한 엄격한 접근 방식이다. 팀은 프로세스를 진행하는 것에 대해 확약해야 하고, 훈련을 통해 방식이 적합하게 적용된다는 것을 보증해야 한다.

18 소프트웨어 프로세스의 효과를 재는 측정치인 역량 성숙도 모델(Capability Maturity Model, CMM)은 37장에서 논의된다.

19 5장에서 애자일 소프트웨어 개발의 중요 요소인 "자기 조직(self-organizing)" 팀의 중요성에 대해 논의한다.

4.5 프로세스 기술

앞에서 논의한 하나 또는 여러 개의 프로세스 모델들을 소프트웨어 팀에서 사용하려면 조정이 필요하다. 이를 성취하기 위해서는, 소프트웨어 조직이 현재 프로세스를 분석하고, 작업 태스크를 조직하고, 진척 사항을 제어하고 모니터하고, 기술적인 품질을 관리하는 것을 도와주기 위해 프로세스 기술 도구(process technology tools)가 개발되어야 한다.

프로세스 기술 도구는 3장에서 논의한 프로세스 프레임워크, 태스크 집합, 보호 활동에 대한 자동 모델을 소프트웨어 조직이 생성하도록 해준다. 보통 네트워크 형태로 표현되는 모델은, 전형적인 작업흐름을 결정하고 개발 시간과 비용을 줄여 줄 수 있는 다른 프로세스 구조를 조사하도록 분석된다.

일단 만족스러운 프로세스가 생성되면 다른 프로세스 기술 도구는 프로세스 모델의 일부로 정의된 모든 소프트웨어공학 액티비티, 액션 그리고 태스크의 할당, 모니터, 제어를 위해 사용될 수 있다. 소프트웨어 팀의 각 구성원은 수행해야 할 작업 태스크, 만들어야 할 작업 산출물, 수행해야 할 품질 보증 액티비티의 체크리스트를 개발하기 위해 도구를 사용할 수 있다. 프로세스 기술 도구는 특정한 작업태스크에 적합한 다른 소프트웨어공학 도구를 사용하는 것을 조정하기 위해서도 사용될 수 있다.

소프트웨어 도구들

프로세스 모델링 도구들

목표: 조직이 비즈니스 (또는 소프트웨어) 프로세스를 개선시키기 위해 노력한다면, 먼저 프로세스를 이해해야 한다. 프로세스 모델링 도구(프로세스 기술 또는 프로세스 관리 도구라고도 한다)가 프로세스의 주요 요소를 나타내기 위해 사용되고, 이는 프로세스를 더 잘 이해할 수 있도록 한다. 그러한 도구들은 프로세스에 관련된 사람들이 프로세스의 수행을 위해 요구되는 액션과 작업 태스크를 잘 이해할 수 있도록 도와주는 프로세스 기술(description)의 링크를 제공한다. 프로세스 모델링 도구들은 정의된 프로세스 액티비티를 지원하는 또 다른 도구의 링크를 제공한다.

역학: 이 범주에 속하는 도구들은 팀이 특유의 프로세스 모델의 요소(액션, 태스크, 작업 산출물, QA 포인트)를 정의하도록 하고, 각 프로세스 요소의 내용이나 묘사에 대해 자세히 안내하고, 수행되고 있는 프로세스를 관리한다. 어떤 경우에는 프로세스 기술 도구들이 예측, 스케줄링, 추적 그리고 제어와 같은 표준 프로젝트 관리 태스크를 통합한다.

대표적인 도구들[20]

Igrafx Process Tools-팀이 소프트웨어 프로세스를 상세히 계획, 측정, 모델링하는 것을 가능하게 해 준다. (**http://www.igrafx.com/**)

Adeptia BPM Server-비즈니스 프로세스를 관리, 자동화, 최적화하도록 설계되었다.(**www.adeptia.com**)

ALM Studio Suite-커뮤니케이션과 모델링 액티비티들의 관리에 상당한 중점을 둔 여러 도구들의 모음이다.(**http://www.kavair.com/**)

4.6 프로덕트와 프로세스

만일 프로세스가 취약하면 최종 프로덕트는 의심할 여지없이 문제점을 가지게 된다. 하지

20 여기에 언급한 도구들은 공식적으로 승인을 받은 것이라기보다는 이 범주에 있는 도구들의 샘플을 제시한 것이다. 대부분의 경우에, 도구의 이름은 각 개발자의 상표를 나타낸다.

만 극단적으로 프로세스에만 의지하는 것 또한 위험하다. 수년 전에 쓴 간단한 에세이에서 Margaret Davis[Dav95a]는 프로덕트와 프로세스의 상호성에 대해 다음과 같이 설명하였다.

> 소프트웨어 사회에서는 관심의 초점을 대략 매 10년 마다 프로덕트 이슈에서 프로세스 이슈로 이동시킴으로서 "문제"를 재정의한다. 따라서 구조적 프로그래밍 언어(프로덕트)를 뒤이어 구조적 분석방법(프로세스), 이어서 데이터 캡슐화(프로덕트)를 뒤이어 Software Engineering Insritute의 역량 성숙도 모델(CMM) 소프트웨어 개발(프로세스) [이후 객체지향 방법론, 뒤이어 애자일 소프트웨어 개발]을 기꺼이 받아들이고 있다.
>
> 양극단의 가운데 머무르려고 하는 것이 자연스러운 경향이나, 소프트웨어 사회에서는 바로 전에 시도한 것이 실패하면 새로운 해결책을 위한 시도를 하므로 계속적으로 초점이 이동한다. 이렇게 왔다 갔다 하는 것은 소프트웨어 실무자들이 일을 수행할 때 급격하게 변화해야 하므로 혼란을 가져오게 되어 바람직하지 못하다. 이렇게 초점을 이동하는 것은 "문제"도 해결하지 못하게 되는데, 왜냐하면 프로덕트와 프로세스를 상호성이 아니라 이분법으로 다루는 한 실패할 수 밖에 없기 때문이다.
>
> 이미 과학자 집단에서는 어떤 필적할 수 있는 이론에 의해 관찰상의 모순을 완전하게 설명할 수 없을 때 상호성의 개념을 촉진시킨 전례가 있다. 입자의 파동을 동시에 가지고 있는 것처럼 보이는 빛의 이중적인 특성이 1920년에 Louse de Brogile이 제안한 이후부터 받아들여졌다, 소프트웨어 가공물인 결과와 개발과정은 프로덕트와 프로세스 사이의 근본적인 상호성을 나타내 준다. 단지 프로세스 또는 프로덕트 관점으로만 보면, 완전한 산출물, 정황, 사용, 의미, 가치를 얻거나 이해할 수 없다.
>
> 인간의 모든 액티비티는 하나의 프로세스일 수 있다. 그러나 우리 개개인은 한사람 이상에 의해 사용 혹은 가치가 인정되거나, 계속적으로 사용되거나 생각하지 못한 다른 환경에서 사용되어질 수 있는 표현 또는 사례로 나타내는 액티비티들로부터 자긍심을 얻는다. 즉, 우리는 우리 자신이나 다른 사람들에 의한 우리 제품의 재사용으로부터 만족감을 얻는다.
>
> 따라서 재사용 목표를 소프트웨어 개발에 융합시키는 것은 소프트웨어 실무자들이 작업으로부터 얻은 만족감을 잠재적으로 증가시킬 수 있고, 프로덕트와 프로세스의 상호성을 받아들여야 하는 긴급함을 증대시킨다. 재사용 가능한 산출물을 단지 프로덕트 또는 프로세스로만 생각하는 것은 그것을 사용하는 상황과 방법을 불명확하게 하거나. 프로덕트를 얻고 그것이 다른 소프트웨어 개발 액티비티의 입력으로 사용될 수 있다는 사실을 불분명하게 한다. 하나의 관점만 채택하게 되면 재사용의 기회를 급격하게 줄이게 되고, 작업의 만족도를 증대시키는 기회를 잃게 만든다.

사람들은 최종 프로덕트 뿐만이 아니라 창조적인 과정에서 더 많은 만족감을 얻게 된다. 예술가는 완성된 작품 뿐만 아니라 붓의 터치를 즐긴다. 작가는 완성된 글만이 아니라 적절한 비유를 찾는 것을 즐긴다. 소프트웨어 전문가 역시 최종 프로덕트에서 뿐만이 아니라 프로세스에서도 만족감을 느낀다. 프로덕트와 프로세스의 상호성은 소프트웨어공학이 계속적으로 발전해 나갈 때 창조적인 사람이 계속적으로 개발 업무에 종사할 수 있게 만드는 중요한 요소이다.

4.7 요약

규범적인 프로세스 모델들은 소프트웨어를 개발하는 데 순서와 구조를 줄 수 있도록 하기 위한 노력으로 여러 해 동안 적용되어 왔다. 이 모델들 각각은 약간은 다른 프로세스 흐름을 제안하지만 모두 같은 일반적인 프레임워크 액티비티, 즉 커뮤니케이션, 계획수립, 모델링, 구축, 배치를 수행한다.

폭포수와 V-모델 같은 순차 프로세스 모델은 가장 오래된 소프트웨어공학 패러다임이다. 이 모델들은 많은 경우 소프트웨어 세계의 최근의 실상(예를 들어, 계속되는 변경, 진화 시스템, 꽉 짜인 시간)과 일치하지 않는 선형 프로세스를 제안한다. 이 모델을 요구 사항이 잘 정의되고 안정적인 상황일 때 적용 가능하다.

점증적 프로세스 모델은 특성상 반복적이며 소프트웨어 실행 버전을 상당히 빨리 만들어 낸다. 진화적 프로세스 모델은 대다수의 소프트웨어공학 프로젝트의 반복적, 점증적 특성을 파악하고 변경을 수용할 수 있도록 설계되었다. 프로토타입과 나선형 모델과 같은 진화적 모델은 점증적 작업 산출물(또는 소프트웨어의 작업 버전들)을 빨리 만들어낸다. 이러한 모델들은 개념 개발부터 장기간의 시스템 유지보수까지의 모든 소프트웨어공학 액티비티에 적용시키기 위해 채택될 수 있다.

동시 프로세스 모델은 소프트웨어 팀이 어떤 프로세스 모델의 반복적이고 병행적인 요소를 잘 나타낼 수 있도록 한다. 전문화된 모델은 컴포넌트 재사용과 조립을 강조하는 컴포넌트-기반 모델 소프트웨어 개발과 검증에 수학기반 방식을 사용하는 정형 방법론 전체 시스템 구조에 걸쳐 교차 관심사를 수용하는 관점-지향 모델을 포함한다. UP는 UML 방법과 도구를 위한 프레임워크로 설계된 "유스케이스 기반, 구조 중심, 반복적이고 점증적"인 소프트웨어 프로세스이다.

소프트웨어 프로세스를 위한 개인과 팀 모델이 제안되었다. 두 모델 모두 성공적인 소프트웨어 프로세스를 위한 중요 요소로 측정, 계획, 자체적 유도를 강조한다.

문제와 생각할 점

4.1 폭포수 모델을 따를 수 있는 3개의 소프트웨어 프로젝트 예를 들고, 상세하게 기술하시오.

4.2 프로토타입 모델을 따를 수 있는 3개의 소프트웨어 프로젝트 예를 들고, 상세하게 기술하시오.

4.3 프로토타입이 전달가능한 시스템 또는 프로덕트로 진화하기 위해서는 어떠한 프로세스를 적용하는 것이 필요한가?

4.4 점증적 모델을 따를 수 있는 3개의 소프트웨어 프로젝트의 예를 들고, 상세하게 기술하시오.

4.5 나선형 프로세스 흐름을 진행함에 따라, 개발되거나 유지보수되는 소프트웨어에 대해서 논하시오.

4.6 프로세스 모델을 결합하는 것이 가능한가? 만일 그렇다면 예를 드시오.

4.7 동시 프로세스 모델은 "상태"의 집합을 정의한다. 이러한 상태들이 무엇을 의미하는지

자신의 견해로 설명하고, 동시 프로세스 모델에서 어떻게 활동을 시작하는지 나타내시오.

4.8 품질이 "적합한" 소프트웨어를 개발하는 데 있어 장단점은 무엇인다? 즉, 프로덕트 품질보다 개발속도를 강조하면 어떤 일이 발생하는가?

4.9 컴포넌트-기반의 모델로 수정이 가능한 3개의 소프트웨어 프로젝트 예를 들고, 상세하게 기술하시오.

4.10 소프트웨어 컴포넌트 또는 전체 프로그램이 올바르다고 검증하는 것이 가능한가? 그렇다면, 왜 모든 사람들이 그렇게 하지 않는가?

4.11 UP와 UML은 동일한 것인가?

추가 읽을거리와 정보 소스

2장의 Further Reading 절에서 다루었던 대부분의 소프트웨어공학 책들은 전통적인 프로세스 모델에 대해 자세하게 다룬다.

Cynkovic와 Larsson(*Building Reliable Component-Based Systems*, Addison-Wesley, 2002) 그리고 Heineman과 Council(*Component-Based Software Engineering*, Addison-Wesley, 2001)은 컴포넌트-기반 시스템을 구현하는 데 필요한 프로세스를 기술하고 있다. Jacobson과 Ng (*Aspect-Oriented Software Development with Use Cases*, Addison-Wesley, 2005) 그리고 Filman과 그의 동료들은(*Aspect-Oriented Software Development*, Addison-Wesley, 2004) 관점 지향 프로세스의 유일한 본질에 대해 논의한다. Monin과 Hinchey(*Understanding Formal Methods*, Springer, 2003)는 정형화 방법에 대한 가치 있는 소개를 그리고 Boca와 그의 동료들은 (*Formal Methods*, Springer, 2009) 최신의 기술과 새로운 방향에 대해 논의하고 있다.

Kenett와 Baker(*Software Process Quality: Management and Control*, Marcel Dekker, 1999) 그리고 Chrissis, Konrad와 Shrum(*CMMI for Development: Guidelines for Process Integration and Product Improvement*, 3rd ed., Addison-Wesley, 2011)에 의해 집필된 책들은 어떻게 품질관리와 프로세스 설계가 직접적으로 서로 연결되는지에 대해 고려하였다.

Jacobson, Rumbaugh와 Booch의 UP에 대한 세미나 북 [Jac99], Shuja와 Krebs(*IBM Rational Unified Process Reference and Certification Guide*, IBM Press, 2008), Arlow와 Neustadt (*UML 2 and the Unified Process*, Addison-Wesley, 2005), Kroll과 Kruchten(*The Rational Unified Process Made Easy*, Addison-Wesley, 2003), 그리고 Farve(*UML and the Unified Process*, IRM Press, 2003)에 의해 쓰여진 책들에서는 훌륭한 추가적인 보조자료들이 제공된다. Gibbs(*Project Management with the IBM Rational Unified Process*, IBM Press, 2006)은 UP에서의 프로젝트 관리에 대해서 논의하였다. Dennis, Wixom, 그리고 Tegarden (*Systems Analysis and Design with UML*, 4th ed., Wiley, 2012)은 UP와 관련 있는 프로그래밍 그리고 비즈니스 프로세스 모델링에 대해서 다루었다.

소프트웨어 프로세스 모델에 대한 다양한 많은 정보를 인터넷에서 구할 수 있다. 소프트웨어 프로세스와 관련 있는 월드 와이드 웹 참고문헌의 최신 리스트는 SEPA 웹사이트에서 찾을 수 있다. www.mhhe.com/pressman

5

CHAPTER

애자일 개발

주요 개념

인수 시험
애자일 연합
애자일 프로세스
애자일 통합 프로세스
애자일리티
애자일리티 원칙
변경 비용
동적 시스템 개발 방법(DSDM)
익스트림 프로그래밍(XP)
산업계 XP
페어 프로그래밍
애자일 개발 전략

2001년도에 Kent Beck과 16명의 저명한 소프트웨어 개발자, 작가, 컨설턴트 [Bec01]들 ("애자일 연합"이라 부름)이 "애자일 소프트웨어 개발 선언문"에 서명하였다. 선언문에서 그들은 다음과 같이 언급하였다.

> 우리는 소프트웨어를 개발하면서, 또 다른 사람들이 그 일을 하는 것을 도와주면서, 소프트웨어 개발을 위한 더 좋은 방법을 찾아내고 있다. 이 작업을 통해 다음과 같은 것에 가치를 둔다.
>
> **프로세스와 도구보다 개인과 상호작용에**
>
> **포괄적인 문서보다 작동하는 소프트웨어에**
>
> **계약 협상보다 고객과의 협동에**
>
> **계획을 따르는 것 보다 변경에 대한 대응에**
>
> 즉, 왼쪽 항목도 가치가 있지만, 오른쪽 항목에 더 가치를 많이 둔다.

일반적으로 선언문이라 하면 모습을 드러낸 정략적인 운동—오래 동안 감시받아 오던 것을 비난하고, 혁명적 변화(더 나은 것을 소망하며)를 시사—와 연관이 있다. 어떤 면에서 이 선언문은 애자일 개발이 확실히 무엇인지를 보여준다.

QUICK LOOK

이것은 무엇인가? 애자일 소프트웨어공학은 철학과 개발지침을 결합한 것이다. 철학은 고객 만족과 소프트웨어의 점증적인 빠른 인도, 동기부여가 잘 되어 있는 작은 프로젝트 팀, 비정형적 방법론, 최소의 소프트웨어공학, 전반적인 개발 간소화를 권장한다. 개발지침은 분석과 설계(비록 이러한 액티비티를 무시하는 것은 아니지만) 보다는 인도, 개발자와 고객 사이의 지속적인 활발한 커뮤니케이션에 중점을 둔다.

누가 수행하는가? 소프트웨어 엔지니어와 프로젝트 이해관계자 (매니저, 고객, 사용자)가 애자일 팀 – 자체 조직화와 운명을 제어하는 팀 – 에서 같이 작업한다. 애자일 팀은 팀 내의 사람들과의 커뮤니케이션과 협력을 조성한다.

왜 중요한가? 컴퓨터 기반 시스템과 소프트웨어 프로덕트를 양산하는 최근의 비즈니스 환경은 속도가 빠르고 항상 변화한다. 애자일 소프트웨어공학은 어떤 소프트웨어 부류와 특정 유형의 소프트웨어 프로젝트를 위해서는 전통적인 소프트웨어공학보다 책임 있는 대안을 제공한다. 이 방법은 성공적인 시스템을 빨리 인도한다는 것을 보여주고 있다.

어떤 단계가 있는가? 애자일 개발을 "소프트웨어공학 라이트(software engineering lite)"로 표현하는 것이 가장 적합할 것이다. 기본적인 프레임워크 액티비티 – 커뮤니케이션, 계획 수립, 모델링, 구축, 배치 – 는 그대로이다. 그러나 이 액티비티들은 프로젝트 팀이 구축과 인도(어떤 사람들은 이 작업이 문제에 대한 분석과 해결방안에 대한 설계를 거쳐 이루어진다고 주장한다)를 하도록 하는 최소의 태스크 집합을 조성한다.

작업 산출물은 무엇인가? 고객과 소프트웨어 엔지니어는 같은 관점을 가지고 있다. 단 하나의 가장 소중한 작업 산출물은 작동하는 "소프트웨어 점증(increment)"이며, 이는 적합한 때에 고객에게 인도된다.

작업이 옳게 수행되었다는 것을 어떻게 확인하는가? 프로세스가 작동하고 있고 고객을 만족시키는 인도 가능한 소프트웨어 점증을 만들어내고 있다고 애자일 팀이 동의한다면, 올바르게 수행하고 있는 것이다.

프로젝트 속도
리팩토링
스크럼
스파이크 솔루션
XP 스토리

비록 우리가 여러 해 동안 애자일 개발 지침의 밑바탕 아이디어를 접했다고 하더라도 이 아이디어가 "운동"으로 확고하게 된 것은 20년이 채 되지 않는다. 애자일 방법[1]은 전통적 소프트웨어공학에서 실제로 인지된 약점을 극복하기 위한 노력으로 개발되었다. 애자일 개발은 중요한 이점을 제공해 줄 수 있지만 모든 프로젝트, 모든 사람들, 모든 상황에 적용할 수 있는 것은 아니다. 이 방법은 소프트웨어공학 실무와 대조되는 것은 아니며, 모든 소프트웨어 작업을 위해 최우선시 되는 철학으로 적용할 수 있다.

최근의 경제 상황에서는 컴퓨터-기반 시스템이 (예를 들어, 모바일 앱) 시간에 지남에 따라 어떻게 발전할 것인지를 전망하는 것은 어렵거나 또는 불가능하다. 시장상황이 빠르게 변하고, 최종 사용자가 발전을 필요로 하고, 아무런 경고 없이 새로운 경제적인 위협이 생겨난다. 많은 경우 프로젝트를 시작하기 전에 요구사항을 완전히 정의하는 것은 가능하지 않다. 유동적인 비즈니스 환경에 충분히 대응하기 위해서는 민첩해야만 한다.

KEY POINT

애자일 개발은 문서가 생성되지 않는다는 것을 의미하는 것이 아니고, 개발 프로세스의 뒤에서 참조되어질 수 있는 문서들을 만든다는 것을 의미한다.

유동적이라는 것은 변화를 의미하고 변화는 비용을 필요로 한다. 변화가 제어되지 않거나 잘 다뤄지지 않는 경우에는 특히 그렇다. 애자일 방식에서 가장 주목해야 하는 특성은, 소프트웨어 프로세스 동안의 변화에 대한 비용을 줄일 수 있다는 점이다.

최근의 현실에서 제기되는 도전을 인식한다는 것이, 가치 있는 소프트웨어공학 원칙, 개념, 방법 그리고 도구들을 당신이 다 폐기하라는 것을 의미하는가? 절대적으로 아니다! 다른 공학 원칙과 마찬가지로 소프트웨어공학도 계속해서 발전하고 있다. 민첩성을 요구하는 도전을 충족시키기 위해 소프트웨어공학은 쉽게 적응될 수 있다.

애자일 소프트웨어 개발에 관한 생각을 많이 하게 하는 책에서, Alistair Cockburn [Coc02]은 4장에서 소개한 규범적 프로세스 모델이 주된 결함을 가지고 있다고 하였다. 즉 컴퓨터 소프트웨어를 개발하는 사람들의 취약점을 잊어버리고 있다는 것이다. 소프트웨어 엔지니어는 로봇이 아니다. 그들은 작업 스타일에서 많은 차이를 보일 수 있다. 기술 수준, 창의성, 질서정연함, 일관성, 자연스러움 등에서 상당한 차이가 있다. 어떤 사람들은 문서로 커뮤니케이션을 잘 하고 다른 사람들은 그렇지 않다. 프로세스 모델이 "사람들이 가지고 있는 일반적 약점을 다루는 것"을 규율과 관용을 가지고 잘 할 수 있고, 대부분의 규범적 프로세스 모델이 규율을 선택한다고 하였다. 그는 "사람들은 일관성 있게 액션을 수행하는데 약점을 가지고 있기 때문에 규율이 많은 방법론은 취약하다."고 말하였다.

Quote

민첩성: 1,
그 외 다른 것: 0

Tom DeMarco

만일 프로세스 모델이 작동하기 시작하면, 그 모델은 필요한 규율을 권장하는 현실적인 기법을 제공해야 하거나, 소프트웨어공학 작업을 수행하는 사람들에 대해 "관용"을 보일 수 있어야 한다. 실무에서 관용을 베푸는 것은, 소프트웨어 분야에서 일하는 사람들이 받아들이고 계속 유지하기 쉬운 방법이지만 (Cockburn이 인정하듯이) 생산성 면에서는 떨어진다. 인생에서 다른 모든 것과 마찬가지로, 트레이드 오프를 생각해야만 한다.

1 애자일 방법(agile methods)은 종종 라이트 방법(light methods) 또는 린 방법(lean methods)이라 한다.

5.1 민첩성이란?

소프트웨어공학 작업의 측면에서 민첩성이란 무엇인가? Ivar Jacobson[Jac02a]은 다음과 같이 논의한다.

> 최근의 소프트웨어 프로세스를 묘사할 때 민첩성이 유행어가 되었다. 모든 사람들은 민첩하다. 애자일 팀은 변화에 적합하게 대응할 수 있는 재빠른 팀이다. 소프트웨어 개발에서는 변화에 대해 고려를 많이 해야 한다. 소프트웨어가 만들어지는 동안의 변화, 팀 구성원의 변화, 새로운 기술로 인한 변화, 구축하고 있는 프로덕트나 프로덕트를 생성하는 프로젝트에 영향을 미치는 모든 종류의 변화에 대해 고려한다. 변화를 지원하는 형태는 소프트웨어에서 우리가 하고 있는 모든 것, 소프트웨어에서 가장 중요한 것이기 때문에 받아들이는 어떤 것에 대해 빌트인(built-in) 형태이어야 한다. 애자일 팀은, 팀에서 일하는 개인들에 의해 소프트웨어가 개발되고, 이러한 사람들의 기술, 협력하는 능력이 프로젝트 성공을 위한 핵심이라는 것을 인식하고 있다.

Jacobson의 관점으로 보면, 변화가 만연한다는 것이 민첩성을 향한 주된 추진요인이 된다. 급격한 변화들을 수용하고자 할 때 소프트웨어 엔지니어는 발 빠르게 대처해야 한다.

ADVICE

민첩성이 해결방안을 보장해 준다고 믿는 실수를 저지르지 말라.

그러나 민첩성은 변화에 대한 효과적인 대응 그 이상이며, 이 장의 시작부분에서 주목했던 선언문에서 지지했던 철학을 포함하고 있다. 커뮤니케이션을 (팀 멤버 사이, 기술자와 비즈니스를 하는 사람 사이, 소프트웨어 엔지니어와 그들의 매니저 사이) 보다 쉽게 할 수 있도록 해 주는 팀 구조와 사고방식을 장려한다. 민첩성은 작동하는 소프트웨어를 빨리 인도하는 것을 강조하고, 중간 작업 결과물의 중요성은 강조하지 않는다(항상 좋은 것을 뜻하지는 않는다). 고객을 개발 팀의 멤버로 받아들이고, 다른 많은 소프트웨어 프로젝트에서 계속적으로 개발 팀의 멤버로 받아들이고, 다른 많은 소프트웨어 프로젝트에서 계속적으로 만연해 있는 "우리와 그들"이라는 견해를 없앤다. 불확실한 환경에서의 계획은 한계를 가지고 있다는 것과 프로젝트 계획은 유연해야만 한다는 것을 인식한다.

민첩성은 어떠한 소프트웨어 프로세스에도 적용될 수 있다. 이를 성취하기 위해서는 다음과 같은 것들이 절대적으로 필요하다. 즉, 프로젝트 팀이 태스크를 적응시키고 합리화시키는 것이 가능하도록 프로세스가 설계되어야 하고, 애자일 개발 방식의 유동적인 측면을 이해하는 쪽으로 계획이 수립되어야 하며, 가장 중요한 작업 산출물만 제외하고 모두 폐기하여 내용이 적은 상태로 유지하고 프로젝트 형태와 작업 환경에 맞는 가능한 빠르게 작동하는 소프트웨어를 고객에게 집중적으로 인도하는 전략을 강조한다.

5.2 민첩성과 변경 비용

소프트웨어 개발에 있어서 전통적으로 가지고 있는 지식(수십 년 간의 경험에 의해 지지를 받는)은, 프로젝트가 진행되면서 변경 비용이 비선형 형태로 증가한다(그림 5.1, 짙은 검은색 실선). 소프트웨어 팀이 요구사항을 수집할 때 변경을 수용하는 것은 상대적으로 쉽다(프로젝트의 초기단계). 사용 시나리오가 수정되어야 하고, 함수 리스트를 확장하거나 작성

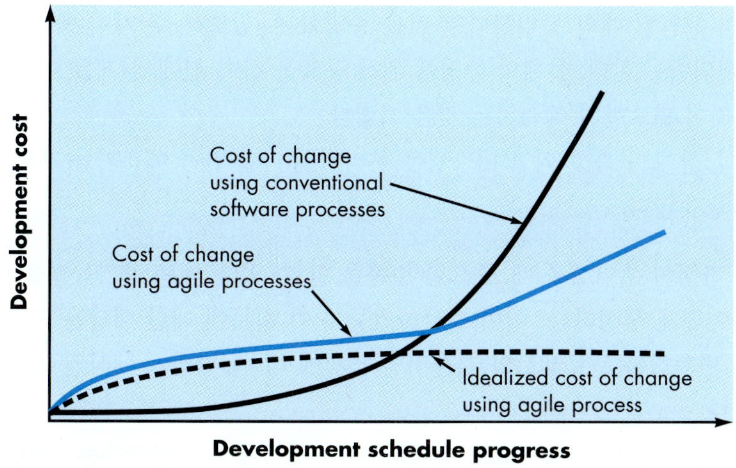

그림 5.1
개발에서의 시간에 따른 변경 비용

한 명세서를 편집할 수 있다. 이러한 작업을 수행하는 데에는 극히 적은 비용이 들며, 필요한 시간도 프로젝트 결과에는 별로 영향을 미치지 않는다. 그러나 프로젝트가 여러 달에 걸쳐 진행되면 어떻게 되나? 팀은 확인 테스팅 중에 (상대적으로 프로젝트의 후반부에 이루어지는 테스팅) 있고, 중요한 이해관계자가 주요 기능상의 변경을 요구하고 있다. 변경은 소프트웨어 구조 설계의 수정, 세 개의 새로운 컴포넌트의 설계와 구현, 다른 다섯 개의 컴포넌트의 수정, 그리고 새로운 테스트 설계 등을 요구한다. 비용은 급속하게 증가하고, 변경할 때 의도하지 않는 부작용이 생기지 않도록 하는 시간과 비용이 적지 않게 든다.

민첩성을 지지하는 사람들은 (예를 들어, [Bec00], [Amb04]) 잘 설계된 애자일 프로세스는 변경 비용 곡선이 "평평"하게 되도록 하고(그림 5.1, 조금 검은색의 실선으로 이루어진 곡선), 소프트웨어 팀이 과도한 비용을 쓰지 않고 또 개발시간에 영향을 받지 않으면서 나중에 변경을 하는 것이 가능하게 해 준다고 주장한다. 애자일 프로세스에서는 소프트웨어를 집중적으로 인도한다. 점증적인 인도가 계속적인 단위 테스팅과 페어 프로그래밍(pair programming: 이 장의 나중에 논의된다)과 같은 다른 애자일 실무와 연관되어 있으면 변경을 하는 데 드는 비용이 적어진다. 비록 변경 비용 곡선을 얼마나 평평하게 해 주는지에 대한 논의가 계속 진행 중이기는 하지만, 변경 비용을 상당히 감소시킬 수 있다는 증거가 있다.

Quote

민첩성은 동적이고, 내용 특성을 가지고 있고, 공격적으로 변경을 받아들이며 성장 지향적이다.

Steven Goldman et al.

KEY POINT

애자일 프로세스는 변경 비용을 감소시켜 준다. 왜냐하면, 소프트웨어가 점증의 형태로 릴리스 되고, 점증 내에서 변경을 보다 잘 제어할 수 있기 때문이다.

5.3 애자일 프로세스란?

애자일 소프트웨어 프로세스는 대다수 소프트웨어 프로젝트에 대해 여러 가지 핵심적인 가정을 [Fow02] 하는 방법에 따라 특정 지을 수 있다.

1. 어떤 소프트웨어 요구사항은 계속 존재하고 어떤 것은 변할 것인지를 사전에 예측하기는 어렵다. 프로젝트가 진행되면서 고객의 우선순위가 어떻게 바뀔지를 예측하는 것도 똑같이 어렵다.

WebRef
애자일 프로세스에 관한 포괄적인 기사들의 모음은 다음 링크에서 찾을 수 있다.
http://www.agilemodeling.com/

2. 많은 유형의 소프트웨어에 있어서, 설계와 구축이 동시에 이루어진다. 즉, 설계 모델이 고안될 때와 동일하다는 것을 증명할 수 있도록 두 가지 액티비티가 동시에 수행되어야 한다. 설계의 증명을 위해 구축을 하기 전에, 설계를 어느 정도 진행하는 것이 필요한지 예측하는 것은 어렵다.
3. 분석, 설계, 구축 그리고 테스팅은 우리가 좋아할 만큼 예측가능(계획 관점에서 볼 때)하지 않다.

세 가지 가정이 주어졌을 때, 중요한 질문을 할 수 있다. 예측 불가능성을 다룰 수 있는 프로세스를 어떻게 생성하나? 이미 언급하였듯이 이 질문에 대한 대답은 프로세스 적응성이다(빠르게 변화하는 프로젝트와 기술적인 조건에 대한). 따라서 애자일 프로세스는 적응 가능해야 한다.

그러나 진전은 없이 지속적으로 적응만 하는 과정에서는 성취하는 것이 적다. 따라서 애자일 프로세스는 점증적으로 적응되어야 한다. 점증적인 적응을 하기 위해서 애자일 팀은 고객의 피드백을 (따라서 적합한 적응이 이루어질 수 있도록) 필요로 한다. 고객의 피드백을 위한 효과적인 촉매제로는 작동하는 프로토타입 또는 작동하는 시스템의 어느 한 부분이 될 수 있다. 따라서 점증적인 개발전략이 도입되어야 한다. 적응과정이 변경(예측 불가능성)과 보조를 맞출 수 있도록 소프트웨어 점증(실행가능한 프로토타입 또는 동작 가능한 시스템의 일부분)은 짧은 시간 안에 인도되어야 한다. 이와 같은 반복적인 방식에서는 고객의 소프트웨어 점증을 정기적으로 평가하는 것을 가능하게 하고, 소프트웨어 팀에게 필요한 피드백을 제공하며, 피드백을 수용할 수 있게 프로세스 적응이 이루어지도록 한다.

5.3.1 애자일리티 원칙

애자일 연합은([Agi03], [Fow01] 참조) 민첩성을 달성하기 원하는 사람들을 위해 12가지 애자일리티 원칙을 정의하였다.

KEY POINT
애자일 프로세스가 비록 변경을 수용한다고 하더라도, 변경의 원인을 조사하는 것 역시 중요하다.

1. 가치 있는 소프트웨어를 조기에 그리고 지속적으로 인도하는 과정을 통해 고객을 만족시키는 것이다.
2. 개발과정의 뒷부분에서 제기되는 변경 요구사항조차도 그것을 반겨라. 애자일 프로세스는 고객이 얻을 수 있는 상당한 이점을 위해 변경을 감당해야 한다.
3. 더 짧은 기간을 선호해서, 작동하는 소프트웨어를 두 주에서 두 달 정도에 걸쳐 자주 인도하라.
4. 프로젝트를 진행하는 과정 동안 비즈니스를 하는 사람과 개발자는 매일 같이 작업 하여야 한다.
5. 동기부여가 된 개인들 주위에서 프로젝트를 진행하라. 그들이 필요로 하는 환경과 지원을 제공하고 그들이 작업을 완성할 수 있도록 신뢰를 보내라.
6. 개발 팀에게, 또 그들 사이에서 정보를 전달하는 가장 효율적이고 효과적인 방법은 얼굴을 서로 마주 보고 하는 대화이다.
7. 작동하는 소프트웨어는 진척사항을 재는 기본적인 척도이다.

ADVICE
작동하는 소프트웨어가 중요하지만, 신뢰성, 사용 용이성, 유지보수성과 같은 여러 가지 품질 특성을 가져야 하는 것을 잊어서는 안 된다.

8. 애자일 프로세스는 지속적인 개발을 촉진한다. 스폰서, 개발자, 사용자는 동일한 속도를 유지할 수 있어야 한다.
9. 기술적인 우수성과 좋은 설계에 지속적으로 주의를 기울이는 것은 민첩성을 향상시켜 준다.
10. 간결함—처리하지 않은 작업의 양을 최대로 해주는 기술—은 꼭 필요하다.
11. 가장 좋은 구조, 요구사항, 설계는 자체적으로 조직하는 팀으로부터 나온다.
12. 팀이 어떻게 하면 좀 더 효율적으로 될 수 있는지 주기적으로 돌아보고, 그에 부응해서 정비를 하고 행동을 조정한다.

모든 애자일 프로세스 모델이(동일한 중요성을) 가지고 이들 12가지 원칙을 적용하는 것은 아니다. 어떤 모델들은 하나 또는 여러 개의 원칙이 가지는 중요성을 무시(또는 적어도 대단하지 않게 생각)한다. 그러나 이러한 원칙들은 이 장의 각 프로세스 모델에서 유지되는 애자일 정신(agile sprit)을 정의하고 있다.

5.3.2 애자일 개발 전략

ADVICE

애자일리티와 소프트웨어공학 중에서 선택할 필요는 없다. 그보다는 애자일한 소프트웨어공학을 정의하라.

좀더 전통적인 소프트웨어공학 프로세스에 반해서, 애자일 소프트웨어 개발의 이점과 응용성에 대해 상당한 논란이 (때때로 공격적인) 있다. Jim Highsmith [Hig02a]는 민첩성을 지지하는 측("애질리스트(agilists)")의 생각을 말할 때 극단적인 측면을 (경박하게) 언급한다. "전통적인 방법론자들은 새로운 것을 시도조차 하지 않으려는 사람들이며, 비즈니스 요구를 만족하는 작동하는 소프트웨어 대신 결함이 없는 문서를 만들어낸다." 대조적으로, 그는 (마찬가지고 경박하게) 전통적인 소프트웨어공학 측의 입장을 다음과 같이 언급하였다. "경량 방법론자들은(lightweight), 음… '애자일' 방법론자들은 장난감 수준의 소프트웨어를 대규모 소프트웨어로 확대하려고 미화시킨 해커들이다."

다른 모든 소프트웨어 기술에 관한 논쟁에서와 마찬가지로, 방법론 논란은 종교 전쟁을 일으킬 정도로 위태롭다. 만일 전쟁이 발발하면, 합리적인 사고는 사라지고 사실이 아닌 믿음이 의사결정을 해야 한다.

아무도 민첩성을 반대하지는 않는다. 실질적인 질문은 다음과 같은 것이다. 민첩성을 얻기 위해 가장 좋은 방법이 무엇인가? 중요한 것은, 고객의 오늘의 요구를 만족하고 오랜 기간 동안 고객의 요구를 만족하도록 확장 가능한 품질 특성을 가지고 있는 소프트웨어를 어떻게 개발하나? 이다.

이러한 질문들에 대한 절대적인 답은 없다. 애자일을 가르키는 학교 내에서도 여러 가지 프로세스 모델들(5.4절 참조)이 제안되어 있으며, 각각은 민첩성 문제에 대해 다른 해결 방식을 가진다. 각 프로세스 모델에는 "아이디어"(애질리스트들이 "작업 태스크"라 부르기 꺼리는)들이 있으며, 이 아이디어들은 전통적 소프트웨어공학과 상당한 차이를 보인다. 아직도 애자일 개념의 많은 부분은 소프트웨어공학의 좋은 개념을 단지 적응만 시킨 것일 뿐이다. 핵심: 두 학파의 좋은 점만 생각하면 얻을 수 있는 것이 많이 있고, 각 방식을 폄하하면 아무것도 얻을 것이 없다.

만일 더 관심이 있어서 다른 중요한 기술적 그리고 책략적 쟁점을 재미있게 요약해 놓은 것을 보려면 [Hig01], [Hig02a], [DeM02]를 참조하라.

5.4 익스트림 프로그래밍

WebRef
XP 프로세스 모듈을 포함하는 "프로세스 시뮬레이션 게임"을 다음 링크에서 찾을 수 있다.
http://www.ics.uci.edu/~emilyo/SimSE/downloads.html

애자일 프로세스에 대해 좀 더 상세히 보여 주기 위하여, 애자일 소프트웨어 개발에서 가장 광범위하게 사용되는 방식인 익스트림 프로그래밍(Extreme Programming, XP)에 대한 개요를 설명한다. 비록 이 아이디어에 대한 초기작업과 XP에 관련된 방법들이 1980년대 후반에 생겼지만, 이 주제와 관련해서 영향력이 큰 작업은 Kent Beck[Bec04a]에 의해 이루어졌다. XP를 개선하고, 특히 애자일 프로세스를 큰 조직에서 사용하는 것을 목표로하는 산업계 XP(Industrial XP, IXP)도 제시되었다.

5.4.1 XP 프로세스

?
XP "스토리"가 무엇인가?

익스트림 프로그래밍은 객체지향 기법(부록 2)을 개발 패러다임으로 사용하고, 네 가지 프레임워크 액티비티(계획 수립, 설계, 코딩, 테스팅) 맥락 안에서 이루어지는 규칙들과 실무들을 포함한다. 그림 5.2에서는 XP 프로세스를 보여주고 있으며, 각 프레임워크 액티비티와 관련 있는 핵심 아이디어와 태스크를 나타내었다. 핵심 XP 액티비티는 다음에 요약되어있다.

계획 수립 계획 수립 액티비티(계획 수립 게임–planning game이라고도 한다)는 듣기부터 시작한다. 듣기는 XP 팀의 기술 멤버가 소프트웨어를 위한 비즈니스 맥락을 이해하는 것과, 요구하는 출력과 주요 특징과 기능에 대한 감각을 얻는 것을 가능하게 해 주는 요구사항 수집 액티비티이다. 듣기는 개발하고자 하는 소프트웨어의 출력, 특징, 기능을 묘사해

그림 5.2
익스트림 프로그래밍 프로세스

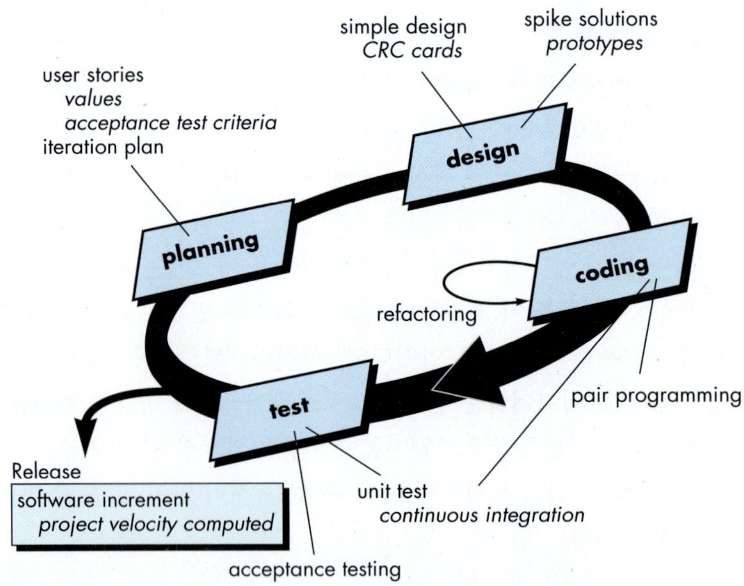

주는 "스토리"(사용자 스토리라고도 한다)를 생성하게 해 준다. 사용자가 각 스토리(8장에 기술된 유스케이스와 비슷)를 인덱스 카드에 작성한다. 고객은 특징 또는 기능에 대한 전반적인 비즈니스 가치를 기반으로 해서 스토리에 가치(즉, 우선순위)를 할당한다.[2] XP 팀의 멤버는 각 스토리를 평가하고 비용(cost)—개발에 필요한 주(week) 단위로 판단—을 할당한다. 만일 스토리가 3주 이상의 개발 기간을 필요로 하는 것으로 예측되면, 고객은 스토리를 더 작은 스토리로 나눠야 하고 가치와 비용을 다시 할당하게 된다. 새로운 스토리를 언제라도 작성할 수 있다는 것을 아는 것이 중요하다.

WebRef
도움이 되는 XP "계획 수립 게임"을 다음 링크에서 찾을 수 있다.
http://csis.pace.edu/~bergin/xp/planninggame.html

XP 팀에 의해 개발될 다음 릴리스(다음 소프트웨어 점증)에 스토리들을 어떻게 그룹으로 나눌지를 결정하기 위해 고객과 개발자는 같이 작업한다. 일단 기본적인 약정(commitment: 포함될 스토리, 인도 날짜, 다른 프로젝트 문제에 대한 합의)이 정해지면, XP 팀은 다음 세 가지 중 한 가지 방식으로 개발될 스토리를 주문한다. (1) 모든 스토리가 즉시 구현될 것이다(몇 주 안에). (2) 가장 높은 가치를 가지고 있는 스토리들이 스케줄 상위에 위치하고 먼저 구현된다. 또는 (3) 가장 리스크가 많은 스토리들이 스케줄 상위에 위치하고 먼저 구현된다.

첫 번째 릴리스(소프트웨어 점증이라고도 한다)가 인도된 후에, XP 팀은 프로젝트 속도를 계산한다. 간단히 말해, 프로젝트 속도(project velocity)는 첫 번째 릴리스 동안 구현된 고객 스토리의 개수이다. 프로젝트 속도는 (1) 다음 릴리스를 위한 인도 날짜와 스케줄을 예측하는 것을 돕기 위해 (2) 개발 프로젝트 전체에 걸친 모든 스토리들에 대해 무리한 약정을 할 것인가를 결정하기 위해 사용될 수 있다. 만일 무리한 약정을 하게 되면, 릴리스의 내용이 수정되거나 최종 인도 날짜가 변경된다.

KEY POINT
프로젝트 속도는 팀 생산성에 대한 측정하기 힘든 척도이다.

개발이 진행되면서, 고객이 스토리를 추가, 현재 있는 스토리의 가치 변경, 스토리 분해 또는 스토리 제거를 할 수 있다. XP 팀은 남아 있는 모든 릴리스를 다시 생각하고 그것에 따라 계획을 수정한다.

ADVICE
XP는 설계를 덜 강조한다. 모든 사람이 이에 동의하지는 않는다. 사실상 설계가 강조되어야 하는 시점이 있다.

설계 XP 설계는 엄격하게 KIS(keep it simple) 원칙을 따른다. 복잡한 표현보다는 항상 간단한 설계를 선호하게 된다. 게다가, 설계는 쓰여 있는 대로의—적게도 아니고 많게도 아닌—스토리를 구현하는 데 있어서 길잡이를 제공해 준다. 추가기능(왜냐하면 나중에 요구가 있을 것이라고 개발자가 가정하기 때문에)에 대한 설계는 하지 않도록 한다.[3]

XP에서는 소프트웨어를 객체지향 맥락으로 생각하기 위한 효율적인 방법으로 CRC 카드(10장 참조)를 사용할 것을 권장한다. CRC(class-responsibility-collaborator) 카드는 지금의 소프트웨어 점증에 적합한 객체지향 클래스를[4] 파악하고 구조화한다. XP 팀은 10장에 기술한 것과 비슷한 프로세스를 사용하여 설계 활동을 한다. CRC 카드는 XP 프로세스의 한 부분으로 만들어진 설계 작업의 유일한 프로덕트이다.

WebRef
리팩토링 기법과 도구에 대한 것은 다음 링크에서 찾을 수 있다.
www.refactoring.com

2 스토리의 가치는 다른 스토리의 존재 여부에 달려있을 수 있다.

3 비록 복잡한 설계 표기와 용어가 간단함을 방해하기는 하겠지만, 이와 같은 설계 가이드라인을 모든 소프트웨어공학 방법이 따라야 한다.

4 객체지향 클래스에 대해서는 부록 2, 10장 그리고 이 책의 2부 전반에 걸쳐서 논의된다.

KEY POINT
리팩토링은 외부 기능이나 행위를 변경시키지 않고 설계(또는 소스 코드)의 내부 구조를 개선시킨다.

만일 스토리 설계의 한 과정에서 어려운 설계 문제를 접하게 되면, XP는 그 부분에 대해 작동하는 프로토타입을 즉각적으로 만들 것을 권장한다. 스파이크 솔루션(spike solution)이라 불리는 설계 프로토타입이 구현되고 평가된다. 이렇게 하는 의도는 실제로 구현이 시작될 때 리스크를 낮춰주고 설계 문제를 포함하고 있는 스토리를 위해 원래 예측한 것을 검증(validate)하기 위해서이다.

앞 절에서 XP는 리팩토링(refactoring)—설계 최적화를 위한 방법이기도 한 구축 기법—을 권장한다는 것을 언급하였다. Fowler[Fow00]는 다음과 같이 리팩토링을 묘사하였다.

> 리팩토링은 코드의 외부 동작은 바꾸지 않고 내부 구조를 개선시켜 소프트웨어 시스템을 변경하는 프로세스이다. 버그 발생 기회를 최소화 시켜주는 코드 정화[내부 설계를 수정/간소화] 방법이다. 핵심적으로 말해, 리팩토링을 수행하게 되면 이미 작성되어 있는 코드의 설계를 개선시키고 있다는 것이다.

XP 설계에서는 사실상 기호를 사용하지 않고, CRC 카드나 스파이크 솔루션 외에 만일 있다면 약간의 작업 산출물을 생성하며, 설계는 구축을 해 나가면서 지속적으로 수정 가능한 일시적인 산출물로 간주된다. 리팩토링의 의도는 "설계를 근본적으로 개선시킬 수 있는" [Fow00] 약간의 설계 변경을 제안함으로써 수정하는 내용을 제어하고자 하는 것이다. 응용시스템의 크기가 커지면서 리팩토링을 위한 노력도 커질 수 있다는 것을 인식해야 한다.

XP의 중심이 되는 개념은 코딩이 시작되기 전과 후 모두에서 설계가 이루어진다는 것이다. 리팩토링은 시스템이 구축되는 동안 지속적으로 설계가 이루어진다는 것을 의미한다. 사실상, 구축 액티비티는 XP 팀에게 설계를 어떻게 개선시킬지에 대한 길잡이를 제공할 것이다.

WebRef
XP에 대한 유용한 정보는 다음 링크에서 찾을 수 있다.
www.xprogramming.com

코딩 스토리가 개발된 후와 예비 설계 작업이 이루어진 후에 팀은 코드를 작성하지 않는다. 대신, 현재 릴리스(소프트웨어 점증)[5]에 포함된 각 스토리를 실행해 볼 일련의 단위 테스트를[6] 개발한다. 일단 단위 테스트가 개발되면, 개발자는 테스트를 통과하기 위해 어떤 것이 구현되어야 하는지 초점을 더 잘 맞출 수 있게 된다. 관련이 없는 것은 더 이상 추가하지 않는다(KIS). 코드가 완성되면 즉시 단위 테스트가 이루어지고, 개발자에게 즉각적인 피드백을 제공하게 된다.

?
페어 프로그래밍이란 무엇인가?

코딩 액티비티를 진행하는 동안의 핵심 개념(XP에서 가장 많이 언급되는 측면 중 하나)은 페어 프로그래밍(pair programming)이다. XP는 스토리에 대한 코드를 작성하기 위해

5 이 방식은 공부를 시작하기 전에 시험문제를 미리 알고 있는 것과 유사하다. 공부할 때 시험에 나올 문제에만 집중함으로써 공부를 쉽게 할 수 있다.

6 22장에서 논의하는 단위 테스팅은 개별적인 소프트웨어 컴포넌트에 초점을 맞춘다. 컴포넌트에 있는 에러를 발견하기 위한 노력으로 컴포넌트의 인터페이스, 데이터 구조, 기능을 실행해 본다.

하나의 컴퓨터 워크스테이션에서 두 사람이 같이 작업할 것을 권장한다. 이 방법은 실시간 문제 해결(두 사람의 머리가 종종 한 사람 보다 낫다)과 실시간 품질보증(코드가 작성되면서 검토된다)을 위한 매커니즘을 제공한다. 이 방법은 또한 개발자가 목전에 닥친 문제에 지속적으로 집중하도록 한다. 실제로는 각 사람이 약간씩 서로 다른 역할을 한다. 예를 들어, 한 사람은 설계의 특정 부분에 대해 상세하게 코딩을 할 것이고, 다른 사람은 코딩 기준(XP에서 요구하는 부분)을 따르는 것과 스토리에 대한 코드가 코드를 검증하기 위해 개발된 단위 테스트를 만족한다는 것을 보장하는 일을 한다.[7]

페어 프로그래머가 작업을 완수하면 개발된 코드는 다른 사람이 작업한 것과 통합된다. 어떤 경우에는 통합 팀에 의해 하루 단위로 통합이 이루어지고, 다른 경우에는 페어 프로그래머가 통합의 책임을 진다. "지속적인 통합" 전략은 호환성과 인터페이스 문제들을 피하는 것을 도와주고, 초기에 에러를 발견하게 해주는 "스모크 테스팅(smoke testing)" 환경(22장)을 제공해 준다.

ADVICE

소프트웨어 팀들은 개인단위로 이루어져있다. 만일 페어 프로그래밍이 효과적이라면 그러한 문화를 변경시키기 위한 일을 해야할 것이다.

테스팅 코딩을 시작하기 전에 단위 테스트를 생성하는 것이 XP 방식의 핵심 요소라는 것을 앞에서 언급하였다. 단위 테스트는 자동적인 수행(따라서 쉽게, 반복적으로 수행될 수 있다)을 가능하게 해 주는 프레임워크를 사용하여 구현되어야 한다. 이렇게 하는 것은 코드가 수정될 때 마다(XP 리팩토링 철학에 따라, 자주) 회귀 테스트 전략(22장)을 쓸 것을 권장한다.

?

XP에서는 단위 테스트가 어떻게 사용되나?

개별적인 단위 테스트가 "전반적인 테스팅 모음" [Wel99]의 형태로 만들어지면 시스템의 통합, 검증 테스팅이 하루 단위 기준으로 이루어질 수 있다. 이렇게 하면, XP 팀에게 진척사항을 지속적으로 보여주고 만일 잘못하고 있을 때 빨리 경고 사인을 보낼 수 있다. Wells[Wel99]는 "몇 시간마다 작은 문제를 고치는 것이 마감 시간 전에 큰 문제들을 고치는 것보다 시간이 적게 든다."고 하였다.

고객 시험(customer test)이라고도 하는 XP의 인수 시험(acceptance test)은 고객에 의해 명시되고, 보여지고, 검토되는 전반적인 시스템 특성과 기능에 초점을 맞춘다. 인수 시험은 소프트웨어 릴리스의 일부분으로 구현되는 사용자 스토리로부터 만들어진다.

KEY POINT

XP 인수 시험은 사용자 스토리로부터 만들어진다.

5.4.2 산업계 XP

Joshua Kerievsky[Ker05]는 산업계 익스트림 프로그래밍(Industrial Extreme Programming, IXP)을 다음과 같이 묘사하였다. "IXP는 XP가 자연스럽게 발전한 것이다. 그것은 XP가 가지고 있는 최소화, 고객 중심, 테스트 구동 정신으로 가득 차 있다. IXP는 더욱 많이 포함되어 있는 관리, 확장된 고객의 역할, 개선된 기술적 실무 측면에서 원래의 XP와 많은 차이가 있다." IXP는 대규모 조직안에서 XP 팀이 중요한 프로젝트를 성공적으로 수행하는 것을 도와주기 위해 고안된 여섯 가지의 새로운 실무과정을 포함한다.

?

IXP를 생성하기 위해서 어떤 새로운 실무과정이 XP에 추가되는가?

7 페어 프로그래밍은 소프트웨어 커뮤니티에서 광범위하게 퍼지게 되었고, The Wall Street Journal[Wal12]은 이 주제를 1면에서 다루었다.

준비 평가 IXP 팀은 모든 프로젝트 커뮤니티 구성원이 (예를 들어, 이해 관계자, 개발자, 매니저) 준비가 되었는지, 적합한 개발 환경이 만들어졌는지, 그리고 연관된 수준의 기술을 이해하고 있는지에 대한 확인을 한다.

프로젝트 커뮤니티 IXP 팀은 프로젝트를 위해 알맞은 사람들이 필요한 기술을 가지고, 훈련이 잘 되어 있는지를 결정한다. "커뮤니티"는 기술자들과 다른 이해관계자들을 포함해야 한다.

프로젝트 차터링 IXP 팀은 프로젝트를 위한 적합한 비즈니스 명분이 있는지와, 프로젝트가 조직의 전반적인 목표와 목적을 발전시킬 것인지를 결정하기 위해 프로젝트 자체를 평가한다.

테스트-주도 관리 IXP 팀은 일련의 측정가능한 "목표"[Ker05]를 설정하고, 이러한 목표에 도달하였는지 여부를 결정하기 위한 메카니즘을 정의한다.

회고 IXP 팀은 소프트웨어 점증이 인도된 후에 특별한 기술적 검토 (20장 참조)를 수행한다. 회고라고 불리는 검토에서는 소프트웨어 점증과 또는 전체적인 소프트웨어 릴리스를 통해 "이슈, 이벤트 그리고 학습한 교훈"[Ker05]을 조사한다.

지속적 학습 IXP 팀은 고품질 프로덕트를 만들 수 있도록 새로운 방법론과 기술을 배울 것을 권장한다.

> **Quote**
>
> 능력이란 당신이 무엇인가를 할 수 있다는 것이다. 동기부여는 당신이 무슨 일을 할 것인지를 결정한다. 태도는 당신이 그 일을 얼마나 잘 할 것인지를 결정한다.
>
> Lou Holtz

앞서 논의한 여섯 가지 새로운 실무 이외에 IXP는 기존의 XP 실무들에 대해 수정을 하고, 대규모 조직을 위한 중요한 프로젝트를 더 잘 다룰 수 있도록 일부 역할과 책임에 대한 재 정의를 하였다. IXP에 대한 더 많은 논의는 **http://industrialxp.org**를 방문하면 알 수 있다.

SafeHome

애자일 소프트웨어 개발을 고려하며.

장면: Doug Miller 사무실

등장인물: Doug Miller(소프트웨어공학 매니저), Jamie Lazar(소프트웨어 팀 멤버), Vinod Raman(소프트웨어 팀 멤버)

대화

(문을 노크하고 Jamie와 Vinod가 Doug의 사무실에 들어온다.)

Jamie: Doug, 잠깐 시간 있어요?

Doug: 그래요, 무슨 일이죠?

Jamie: 어저께 논의했던 프로세스에 대해 생각하고 있어요. … 새로운 SafeHome 프로젝트를 위해 어떤 프로세스를 선택해야 하는지.

Doug: 그리고?

Vinod: 다른 회사 친구에게 이야기 했어요. 그가 익스트림 프로그래밍에 대해 말해줬어요. 그것은 애자일 프로세스 모델입니다. … 들어보셨나요?

Doug: 예, 좀 좋기도 하고, 좀 나쁘기도 하지요.

Jamie: 네, 우리에게는 좋게 들렸어요. 소프트웨어 개발을 빨리 하게 해주고, 품질 점검을 실시간으로 하기 위해 페어 프로그래밍이라고 하는 방법을 사용해요. 제가 생각하기에는 상당히 좋은 방법입니다.

Doug: 그 방법은 상당히 좋은 아이디어들을 가지고 있어요. 예를 들어, 나는 페어 프로그래밍 개념과 이해관계자가 팀의 한 부분이 되어야 한다는 아이디어를 좋아합니다.

Jamie: 그러세요? 마케팅이 우리와 같이 프로젝트 팀에서 일하게 된다는 것을 의미하나요?

Doug (고개를 끄덕이며): 그들이 이해관계자입니다. 안 그래요?

Jamie: 저런… 그들은 매 5분마다 변경할 것을 요구할 텐데요.

Vinod: 꼭 그렇지도 않아요. 친구가 말하기를 XP 프로젝트를 수행하는 동안 변경을 "수용"할 수 있는 방법이 있다고 합니다.

Doug: 그래서 당신들은 우리가 XP를 사용해야 한다는 건가요?

Jamie: 충분히 생각해 볼 만합니다.

Doug: 동의해요. 비록 점증적 모델을 우리의 방식으로 선택한다고 하더라도, 왜 XP가 제공해야 하는 많은 부분을 포함할 수 없는지에 대해서는 근거가 없네요.

Vinod: Doug, "좀 좋기도 하고, 좀 나쁘기도 하지요" 라고 말하기 전에, "나쁜 것"이 무엇인가요?

Doug: 내가 좋지 않게 생각하는 것은 XP가 분석과 설계를 대단치 않게 생각한다는 것이에요. … 코드 작성을 어디에서 액션이 이루어지는가? … 라고 말하는 것과 같아요.

(팀 멤버들이 서로 바라보고 미소 지었다.)

Doug: 그래서 당신들은 XP 방식에 대해 동의합니까?

Jamie(모두에게 말하면서): 코드를 작성하는 것이 우리가 해야 할 일입니다.

Doug (웃으며): 맞아요. 그러나 나는 당신들이 코딩하는데 시간을 조금 덜 쓰고 그 다음에 다시 코딩하고, 무엇을 해야하는지 분석하고 작업의 해결방안을 설계하는 데 시간을 조금 더 쓰는 것을 보기 원해요.

Vinod: 아마 약간의 규범을 가지고 있는 민첩성, 두가지로 그렇게 할 수 있을 것입니다.

Doug: 우리는 할 수 있다고 생각해요, Vinod. 사실 나는 확신합니다.

5.5 그 외 애자일 프로세스 모델

소프트웨어공학의 역사는 더 이상은 쓸모없는 수십 가지의 프로세스에 대한 묘사와 방법론, 모델링 방법과 표기법, 도구, 그리고 기술들로 이루어져 있다. 각각은 악명으로 이름이 높으며, 새롭고 더 나은(그렇다고 알려진) 어떤 것에 의해 빛을 잃었다. 애자일 운동은 수많은 애자일 프로세스 모델—각각은 소프트웨어 개발 커뮤니티에서 받아들여진다고 주장—을 소개하면서 똑같은 역사적 전철을 밟는다.[8]

> **Quote**
> 14살 아이가 옷을 살펴보는 것 처럼 우리 직종 종사자들은 방법론을 조사한다.
> Stephen Hawrysh and Jim Rupredit

앞 절에서 언급한 것처럼, 가장 광범위하게 사용되는 애자일 프로세스 모델은 익스트림 프로그래밍이다. 그러나 다른 많은 애자일 프로세스 모델들이 제안되었으며 산업체에서 사용되고 있다. 이번 장에서는 네 가지 일반적인 애자일 방법에 대한 간략한 개요를 살펴보도록 한다. 스크럼(scrum), 동적 시스템 개발 방법(Dynamic Systems Development Method, DSSM), 애자일 모델링(Agile Modelling), 애자일 통합 프로세스(Agile Unified Process, AUP).

5.5.1 스크럼

스크럼(Scrum, 럭비 경기의 액티비티에서 이름이 유래되었다)[9]은 1990년 대 초기에 Jeff Sutherland와 그의 개발 팀에 의해 고안된 애자일 소프트웨어 개발 방법이다. 최근에 와서 Schwaber와 Beedle[Sch01b]이 스크럼 방법을 더 발전시켰다.

> **WebRef**
> 스크럼에 대한 유용한 정보 및 자료는 다음 링크에서 찾을 수 있다.
> www.controlchaos.com

8 이는 나쁜 것이 아니다. 하나 또는 여러 개의 모델이 사실상의 표준으로 받아들여지기 전에, 소프트웨어 엔지니어의 가슴과 마음을 얻기 위해서 모델들은 다툼을 벌여야 한다. "승자"는 최상의 실무로 발전을 하고, 반면에 "패자"는 사라지거나 또는 승리한 모델에 합병된다.

9 플레이어들이 공 주위로 모이고 팀 동료들이 공을 다운 필드(공격 측이 달려가는 방향)로 보내기 위해 공동 작업(때로는 격렬하게)을 한다.

그림 5.3 스크럼 프로세스 흐름

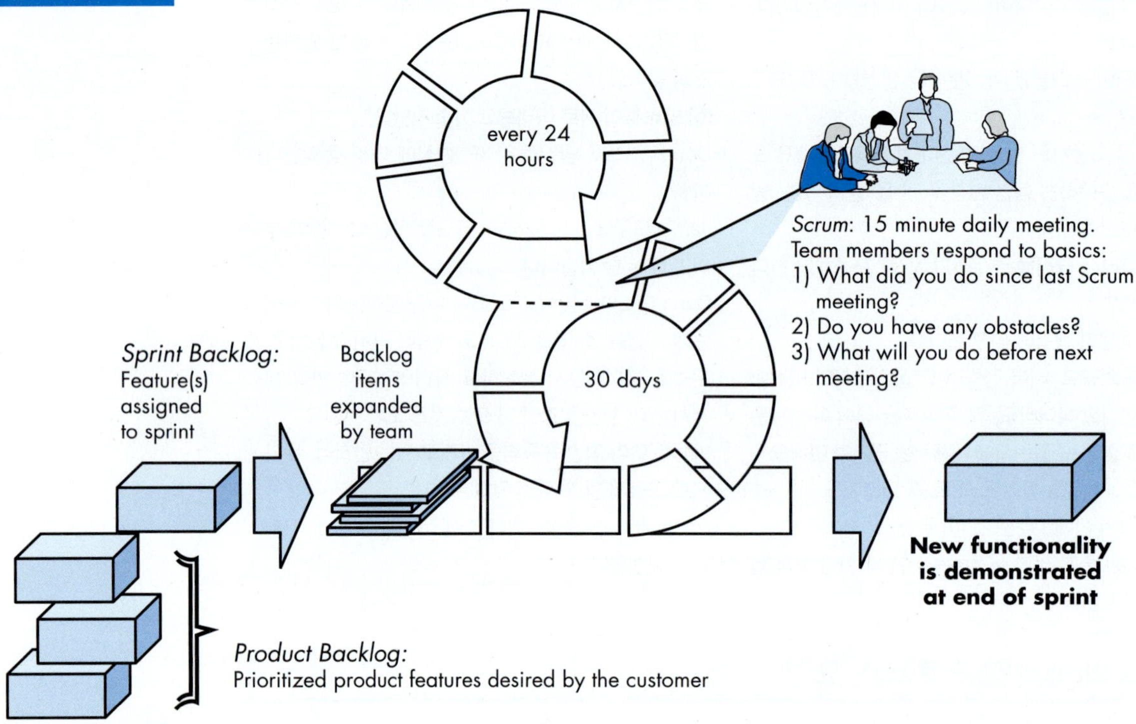

스크럼의 원칙은 애자일 선언문과 일치하며, 프로세스에서 다음의 프레임워크 액티비티(요구사항, 분석, 설계, 변경, 인도를 포함하는 개발 액티비티)를 가이드해 주는 방법으로 사용되고 있다. 각각의 프레임워크 액티비티에서, 작업 태스크는 스프린트(Sprint)라 불리는 프로세스 패턴(다음 단락에서 논의) 안에서 생긴다. 스프린트(각 프레임워크 액티비티를 위해서 요구되는 스프린트의 개수는 프로덕트의 복잡성과 크기에 따라 다르다) 안에서 수행되는 작업은 스크럼 팀에 의해 당면한 문제에 맞춰지고 실시간으로 정의되고 또한 종종 수정된다. 스크럼 프로세스에 대한 전체적인 흐름은 그림 5.3에 주어져 있다.

스크럼은 빠듯한 시간, 요구사항의 변경, 그리고 사업상 위험한 상태를 가지고 있는 프로젝트에 효과적이고 증명된 일련의 소프트웨어 프로세스 패턴을[Noy02] 사용할 것을 강조한다. 각각의 패턴은 일련의 개발 액션을 정의한다.

KEY POINT
스크럼은 프로젝트 우선순위, 구분되어 있는 작업 단위, 커뮤니케이션, 그리고 빈번한 고객 피드백을 강조하는 일련의 프로세스 패턴을 포함하고 있다.

백로그(Backlog)–고객에게 비즈니스 가치를 제공해 주는 프로젝트 요구사항 또는 특징의 우선순위 리스트, 항목들은 언제라도 백로그 리스트에 포함될 수 있다(변경이 어떻게 진행되느냐에 따라). 프로덕트 매니저는 백로그를 평하가고 필요에 따라 우선순위를 갱신한다.

스프린트(Sprints)–미리 정의된 타임박스[10](일반적으로 30일)에 적절한, 백로그에 정의되어 있는 요구사항을 완수하는 데 필요한 작업 단위로 이루어져 있다. 스프린트 동안에는 변경(예를 들어, 백로그 작업 항목)이 되지 않는다. 따라서 스프린트는 팀 멤버가 단기간

10 타임-박스는 어떤 태스크를 완수하기 위해 할당된 시간을 나타내는 프로젝트 관리 용어(이 책의 제4부 참조)이다.

이지만 안정적인 환경에서 작업하도록 한다.

스크럼 미팅(Scrum meeting)–스크럼 팀에 의해 매일 열리는 (일반적으로 15분) 회의이다. 세 개의 주요 질문내용에 대해서 모든 팀 멤버가 묻고 대답한다 [Noy02].

- 지난번 팀 미팅 이후에 무엇을 하였나?
- 어떤 걸림돌이 있나?
- 다음 팀 미팅 때까지 무엇을 완수할 계획인가?

스크럼마스터(Scrummaster)라 불리는 팀 리더는 미팅을 주관하며 각 멤버들의 답변을 을 평가한다. 스크럼 미팅은 팀이 잠재적인 문제를 가능하면 빨리 발견할 수 있도록 도와준다. 또한, 이렇게 매일 하는 미팅은 "지식 사회화"[Bee99]로 이끌게 되며 따라서 자체 조직화 팀 구조를 촉진한다.

데모(Demos)–소프트웨어 점증을 고객에게 인도해서, 고객에게 구현되어 있는 기능이 보여 지고 평가될 수 있도록 한다. 데모에는 계획한 모든 기능이 포함되어있지 않을 수 있지만, 설정된 타입-박스 안에 인도될 수 있는 기능들은 포함되어 있다는 것을 아는 것이 중요하다.

Beedle과 그의 동료들[Bee99]은 이러한 패턴들에 대해 포괄적으로 논의하였다. 거기에서 "스크럼은 눈에 띄는 혼돈의 존재를 가정한다."고 하였다. 스크럼 프로세스 패턴은 소프트웨어 팀이 불확실성을 없애는 것이 불가능한 현실에서 성공적으로 작업할 수 있게 해준다.

5.5.2 동적 시스템 개발 방법

동적 시스템 개발 방법 (Dynamic Systems Development Method, DSDM) [Sta97]은 "통제된 프로젝트 환경에서, 점증적 프로토타이핑을 통해 빠듯한 시간 제약조건 내에 시스템을 개발하고 유지보수하기 위한 프레임워크를 제공"[CCS02] 하자는 애자일 소프트웨어 개발 방식이다. DSDM 철학은 Pareto 법칙—80퍼센트의 애플리케이션 시스템은 완전한(100퍼센트) 애플리케이션 시스템을 인도하기 위해 걸릴 것이라고 생각하는 시간의 20퍼센트 안에서 인도될 수 있다—에서 빌려왔다.

> **WebRef**
> DSDM에 대한 유용한 자료는 다음 링크에서 찾을 수 있다.
> **www.dsdm.org**

DSDM은 각각의 반복 단계가 위의 80퍼센터 룰을 따르는 반복적인 소프트웨어 프로세스이다. 다시 말해 다음 점증으로 넘어가는 것을 가능하게 하기 위해서 각각의 점증에서는 필요한 만큼의 작업만이 요구되어진다. 나머지 상세한 부분은 나중에 더 자세한 비즈니스 요구사항이 알려지거나 또는 변경이 요구되고 수용되었을 때 완성시킬 수 있다.

DSDM 컨소시엄(**www.dsdm.org**)은 이 방법을 "고수하는 사람"의 역할을 집단적으로 갖는 전 세계적 멤버 단체들의 그룹이다. 컨소시엄은 DSDM 생명주기 (DSDM life cycle)이라 불리는 애자일 소프트웨어 프로세스를 정의하였다. DSDM 생명주기는 기본적인 비즈니스 요구사항과 제약조건을 설정하는 타당성 조사(Feasibility study)로부터 시작해서, 기능성 그리고 정보 요구사항을 도출하는 비즈니스 연구(Business study)를 수행한다. DSDM은 이후 세 가지 다른 반복 주기를 정의한다.

KEY POINT
DSDM은 XP와 같은 다른 애자일 방식의 전략을 받아들일 수 있는 프로세스 프레임워크이다.

기능적 모델 반복–고객을 위한 기능을 보여주는 일련의 점증적 프로토타입을 만든다. (노트: 모든 DSDM 프로토타입은 인도 가능한 애플리케이션으로 발전하기 위한 것이다.) 이 반복 주기가 의도하는 것은 사용자가 프로토타입을 사용해 보도록 함으로써 그들로부터 피드백을 이끌어내어 추가적인 요구사항을 수집하고자 하는 것이다.

설계와 구축 반복–기능 모델 반복 동안 만들어진 프로토타입들이 최종 사용자의 운영상의 비지니스 가치를 제공할 수 있도록 만들어졌는지 확인하기 위해 재논의 한다. 어떤 경우에는 기능 모델 반복과 설계와 구축 반복이 동시에 이루어진다.

시행–가장 최근의 소프트웨어 점증("작동하도록" 된 프로토타입)을 운영 환경에 배치한다. (1) 이 점증은 100퍼센트 완전하지 않을 수 있거나, (2) 점증이 배치될 때 변경에 대한 요청이 있을 수 있다는 것을 알아야 한다. 어떤 경우이던지, DSDM 개발 작업은 기능적 모델 반복 액티비티로 되돌아 감으로써 계속 이루어진다.

DSDM은 점증 개발에 필요한 기본 실무(XP)와 함께 확고한 프로세스 모델(DSSM 생명 주기)을 정의하는 결합방식을 제공하기 위해서 XP(3.4절)와 결합될 수 있다.

5.5.3 애자일 모델링

WebRef
애자일 모델링에 관한 포괄적인 정보는 다음 링크에서 찾을 수 있다.
www.agilemodeling.com

대규모 비즈니스에서 소프트웨어 엔지니어가 중요한 시스템을 개발해야 하는 경우가 많이 있다. 그러한 시스템의 범위와 복잡도에 대해 (1) 어떤 것이 만들어질 필요가 있는지를 모든 구성원이 잘 이해할 수 있도록 (2) 문제가 그 문제를 해결해야 하는 사람들 간에 효과적으로 잘 나누어질 수 있도록, 그리고 (3)시스템이 공학적으로 개발될 때 품질을 평가할 수 있도록 모델이 만들어져야만 한다. 하지만 어떤 경우에는, 요구되는 표기법의 양, 제안된 정형화의 수준, 대규모 프로젝트를 위한 모델의 순수한 크기, 변경이 필요할 때 모델을 유지보수하는 어려움 등이 존제한다. 소프트웨어공학 모델링에 대한 애자일 방식이 대안이 될 수 있나?

Scott Ambler [Amb02a]는 "공식 애자일 모델링 사이트"에서 애자일 모델링(Agile modeling, AM)을 다음과 같이 묘사하였다.

> 애자일 모델링(AM)은 소프트웨어-기반 시스템의 효과적인 모델링과 문서화를 위한 실무-기반 방법론이다. 간단히 말하자면, 애자일 모델링은 소프트웨어 개발 프로젝트에 효과적이고 경량적인 방법으로 적용할 수 있는, 소프트웨어를 모델링하기 위한 가치, 원칙 그리고 실무의 모임이다. 애자일 모델은 전통적인 모델들보다 더 효과적이다. 왜냐하면, 그것은 약간 좋은 것이고 완벽할 필요가 없기 때문이다.

애자일 모델링은 애자일 선언과 일치하는 모든 가치를 채택한다. 애자일 모델링 철학은 애자일 팀이 설계한 것을 기각하고, 리팩토링을 하도록 결정하는 용기를 가져야 한다는 것을 인식하고 있다. 팀은 또한 기술자가 모든 해답을 가지고 있는 것은 아니고, 비즈니스 전문가와 다른 이해관계자도 존경받아야 하고 포용되어야 한다는 것을 인식하는 겸손함을 가져야 한다.

비록 AM이 다양한 "핵심"과 "추가" 모델링 원칙들을 제안하고 있지만, AM을 유일한 것으로 만들어주는 원칙들은 다음과 같다[Amb02a].

목적을 가진 모델 AM을 사용하는 개발자는 모델을 생성하기 전에 특정한 목표(예를 들어, 고객에게 정보를 전달, 소프트웨어의 어떤 측면을 더 잘 이해)를 가지고 있어야 한다. 모델을 위한 목표가 정해지면 어느 표기 유형을 사용할 것인지와 요구되는 상세함의 수준이 더 명확해 질 것이다.

다중 모델 사용 소프트웨어를 묘사하기 위해 사용되는 다양한 모델과 표기 방법이 있다. 대부분의 프로젝트에서는 그 중 일부분만 필요하다. AM은 필요한 통찰력을 제공하기 위해서 각 모델이 시스템의 다른 측면을 나타내야 하고, 대상으로 삼은 고객에게 가치를 제공해 주는 모델만 사용 하여야 한다는 것을 제안한다.

가벼운 여정 소프트웨어공학 작업이 진행됨에 따라, 장기적인 가치를 제공하는 모델만을 유지하고, 나머지는 폐기하라. 보관되는 모든 작업 산출물은 변경이 이루어지면 유지보수가 되어야 한다. 이것은 전체 팀의 진행을 늦추게 하는 일이라는 것을 의미한다. Ambler [Amb02a]는 "모델을 유지하려고 결정할 때마다, 당신은 민첩성과 추상적인 방법으로 당신의 팀이 정보를 가질 수 있게 하는 편리함과의 균형을 유지해야 한다(따라서 프로젝트 이해관계자 뿐만이 아니라 팀 내의 커뮤니케이션을 잠재적으로 향상시킨다)."는 것을 언급하였다.

표현보다 컨텐츠가 더 중요 모델링은 대상으로 하는 고객에게 정보를 전달해 주어야 한다. 구문론 상으로는 완전하지만 그다지 유용하지 않은 컨텐츠를 전하는 모델은, 결점이 있는 표기법을 사용하여 고객에게 가치 있는 정보를 제공하지 못하는 모델만큼 가치가 없다.

개발툴과 모델에 대해 알기 소프트웨어를 개발하기 위해 사용하는 각 모델의 강점과 약점을 이해하라.

부분적 적용 모델링 방식은 애자일 팀의 필요에 따라 적응되어야 한다.

소프트웨어공학 사회의 주류에서는 모델의 분석과 설계를 위한 통합 모델링 언어(Unified Modeling Language, UML)을 선호하는 방법으로 채택하였다. 통합 프로세스 (Unified Process, UP)는 UML[11]의 응용을 위한 프레임워크를 제공하기 위해 개발되었다(4장). Scott Ambler [Amb06]는 자신의 애자일 철학을 통합시킨 UP의 간소화 버전을 개발하였다.

> **Quote**
>
> 어느 날 나는 감기약을 사기 위해 약국에 있었습니다. … 쉽지 않았습니다. 벽 전체에 당신이 필요한 약들이 진열되어 있었어요. 음 이것은 빨리 낫게 하지만 이것은 오래 가는 것이고… 현재 또는 미래 중 어느 것이 더 중요한가요?
>
> Jerry Seinfeld

> **ADVICE**
>
> "가벼운 여정"은 소프트웨어공학 작업 모두에서 적합한 철학이다. 더 많이도 아니고, 더 적게도 아닌 가치 … 를 제공하는 단지 그러한 모델을 생성하라.

5.5.4 애자일 통합 프로세스

애자일 통합 프로세스(Agile Unified Process, AUP)는 컴퓨터 기반 소프트웨어 개발을 하기 위하여 "크게는 순차적"과 "작게는 반복적" [Amb06] 철학을 채택하였다. AUP는 전통적인 UP 단계 액티비티—도입(inception), 구체화(elaboration), 구축(construction), 전이(transition)—를 채택함으로써 팀이 소프트웨어 프로젝트를 위해 전체적인 프로세스 흐름을 그려보는 것을 가능하게 해주는 순차적 오버레이(즉, 소프트웨어공학 액티비티의 선형 순서)를 제공한다. 각 액티비티 동안 민첩성을 얻기 위해, 그리고 가능한 한 빨리 최종 사용

11 UML에 대한 간략한 튜토리얼이 부록 1에 나와 있다.

자에게 의미있는 소프트웨어 점증을 인도하기 위해 팀은 반복을 수행한다. 각 AUP 반복에서는 다음과 같은 액티비티에 역점을 둔다[Amb06].

- **모델링** 비즈니스와 문제 영역에 대한 UML 표기를 생성한다. 하지만, 민첩성을 유지하기 위해, 이 모델들은 팀이 작업을 진행할 수 있게 "단지 좋은 정도" [Amb06] 이어야만 한다.
- **구현** 모델은 소스코드로 변환 되어야 한다.
- **테스팅** XP와 같이 에러를 발견하고 소스코드가 요구사항을 만족시킨다는 것을 확실히 하기 위해 팀은 일련의 테스트를 설계하고 실행시킨다.
- **배치** 3장에서 논의했던 일반적 프로세스 모델과 같이, 배치는 소프트웨어 점증의 인도와 최종 사용자부터의 피드백 획득에 초점을 맞춘다.
- **형상과 프로젝트 관리** AUP의 맥락에서 볼 때, 형상 관리(29장)는 변경관리, 리스트관리, 팀이 개발하는[12] 것을 제어한다. 프로젝트 관리는 팀의 진척사항을 추적하고 관리하며 팀 액티비티를 조정한다.
- **환경 관리** 환경 관리는 팀에 가능한 표준, 도구, 다른 지원 기술을 포함하는 프로세스 인프라를 조정한다.

비록 AUP가 UML과 역사적, 기술적 연관을 가지고 있지만, UML 모델링은 이 장에서 설명되어진 어떤 애자일 프로세스 모델들과도 같이 사용되어질 수 있다는 것을 아는 것이 중요하다.

소프트웨어 도구들

애자일 개발

목적: 애자일 개발 도구의 목적은 작동하는 소프트웨어의 신속한 개발을 강조하는 애자일 개발을 하나 또는 여러 가지의 측면에서 돕고자 하는 것이다. 이러한 도구들은 규범적 프로세스 모델 (4장)이 적용될 때에도 사용될 수 있다.

역학: 도구 기술은 다양하다. 일반적으로 애자일 도구 집합은 프로젝트 계획, 유스케이스 개발, 요구사항 수집, 빠른 설계, 코드 생성 그리고 테스팅을 자동적으로 지원해 주는 것을 포함한다.

대표적인도구들: [13]

노트: 애자일 개발은 인기 있는 토픽이기 때문에, 대부분의 소프트웨어 도구 제작자들은 애자일 방식을 지원하는 도구를 판매하려고 한다. 여기서 언급되는 도구들은 애자일 프로젝트를 수행할 때 특히 유용한 특성들을 가지고 있다. *OnTime*, Axosoft(**www.axosoft.com**)가 개발한 것으로 프로세스 내에서 다양한 기술적 액티비티를 지원하기 위해 애자일 프로세스 관리를 제공한다.

Ideogramic UML, Ideogramic(**http://ideogramicuml.software.informer.com/**)에서 애자일 프로세스에서 사용하기 위해 특별히 개발한 UML 도구 모음이다.

TogetherTool Set, Borland(**www.borland.com**)에서 배포하는 것으로, XP와 또 다른 애자일 프로세스의 기술적 액티비티를 지원하는 도구 모음을 제공한다.

---

12 지속적인 작업 산출물은 팀에 의해 만들어져 어느 정도의 시간 동안 보존되는 모델, 문서 또는 테스트 케이스이다. 소프트웨어 점증이 인도되고 나서도 폐기되지 않는다.

5.6 애자일 프로세스 도구

일부 애자일 철학의 지지자들은 자동화된 소프트웨어 도구가 (예를 들어, 설계 도구) 팀의 액티비티를 약간 도와주는 정도로만 되어야 하고 팀의 성공을 위한 중심이 되어서는 안 된다고 주장한다. 하지만, Alistair Cockburn [Coc04]는 도구는 이점을 가질 수 있고, "애자일 팀은 이해를 빨리하게 해 주는 도구를 사용할 것을 강조한다. 도구들 중 어떤 것들은 사용법이 친숙하여 사용하기로 결정한 단계에서부터 시작할 수가 있다. 반면에, 어떤 도구들은 기술적이여서 여러 곳에 있는 팀들이 물리적으로 같은 공간에 있는 것처럼 느끼게 해 준다. 도구들 중 많은 것들은 물리적이어서, 사람들이 작업장에서 도구를 다루는 것을 가능하게 해 준다."고 하였다.

협력과 커뮤니케이션 "도구"들은 일반적으로 기술수준이 낮으며, 애자일 개발자간의 정보와 조화를 제공하는 매커니즘을 ("물리적 근접, 화이트 보드, 포스트 시트, 인덱스 카드 그리고 스티커 메모지" [Coc04] 또는 최근 소셜 네트워킹 기술들) 포함한다. 능동적 커뮤티에이션은 팀 역학(예를 들어, 페어 프로그래밍)을 통해 얻어지며, 반면에 수동적 커뮤니케이션은 "정보 라디에이터"에 (예를 들어, 하나의 점증을 구성하는 서로 다른 컴포넌트들의 전체적인 상태를 나타내는 평범한 패널 디스플레이)에 의해 얻어진다. 프로젝트 관리도구는 간트 차트를 덜 강조하는 대신, 획득 가치 차트(earned value chart)나 "현재 대비 과거 테스트에 대한 그래프 애자일 팀이 일하는 환경을 최적화 시키는 데 사용하는 다른 애자일 도구(예를 들어, 더욱 효율적인 회의 장소), 상호작용을 양성해서 팀 문화를 개선 (예를 들어, 적절히 배치된 팀), 물리적 장치(예를 들어, 전자 화이트보드), 그리고 프로세스 개선 (예를 들어, 페어 프로그래밍이나 타임-박스)"으로 대치한다. [Coc04]

KEY POINT 애자일 프로세스를 지원하는 "도구 모음"은 기술적인 측면보다는 사람 측면에 더 초점을 맞추고 있다.

이런 것들이 사실상 도구인가? 만일 애자일 팀 멤버가 수행하는 작업을 용이하게 하고 최종 프로덕트의 품질을 높일 수 있다면, 그것들은 도구가 될 수 있다.

5.7 요약

최근의 경제 상황에서, 시장 상황이 급변하고, 고객과 최종 사용자의 요구는 진화하며, 새로운 경쟁적인 위협이 아무런 경고 없이 갑자기 생겨난다. 실무자들은 (최근의 비즈니스 요구를 잘 수용할 수 있는, 운용 가능하고 적응력 있는 린 프로세스를 정의하기 위해서) 그들을 애자일한 상태에 있도록 하는 소프트웨어공학 방식을 따라야 한다.

소프트웨어공학을 위한 애자일 철학은 네 가지 핵심 쟁점을 강조한다. 수행하는 작업을 제어하는 자체 조직화 팀의 중요성, 팀 멤버들 간, 실무자와 고객들 간의 커뮤니케이션과 협업, 변경이 기회라는 인식, 그리고 고객을 만족시키는 소프트웨어를 빨리 인도하는 것을 강조하는 것이다. 애자일 프로세스 모델은 이러한 각각의 쟁점들을 잘 다룰 수 있도록 설계되어졌다.

13 여기에 언급된 도구들은 공식적으로 승인을 받은 것이라기 보다는 이 범주에 있는 도구들의 샘플을 제시한 것이다. 대부분의 경우에, 도구의 이름은 각 개발자의 상표를 나타낸다.

익스트림 프로그래밍(XP)은 가장 광범위하게 사용되는 애자일 프로세스이다. 네 가지 프레임워크 액티비티—계획 수립, 설계, 코딩, 테스팅—으로 구성되어 있는 XP는 이해관계자가 묘사하고 우선순위를 매긴 특징과 기능을 가지는 소프트웨어 릴리스를 애자일 팀이 자주 산출할 수 있도록 다수의 혁신적이고 강력한 기술을 제안한다.

다른 애자일 프로세스 모델도 사람들 간의 협동과 팀의 자체 조직화를 강조하지만, 자체적인 프레임워크 액티비티를 정의하며 또 다른 측면을 강조한다. 예를 들어, 스크럼은 빠듯한 시간, 변경되는 요구사항, 비즈니스 중요성을 가진 프로젝트를 위해 효과적이라고 증명된 일련의 소프트웨어 프로세스 패턴을 강조한다. 각각의 프로세스 패턴은 일련의 개발 태스크를 정의하고, 스크럼 팀이 프로젝트의 필요에 적응하는 프로세스를 구축하도록 한다. 동적 시스템 개발 메소드(DSDM)는 타임-박스 스케줄링을 지지하며, 다음 점증으로 넘어가는 것을 쉽게 하기 위해서 단지 하나의 작업이 각 소프트웨어 점증에 필요하다고 제안한다. 애자일 모델링은 (AM) 모델링이 모든 시스템에 필수적이지만 복잡도, 유형, 모델의 크기가 개발하고자 하는 소프트웨어에 맞도록 조정되어야 한다는 것을 제안하였다. 애자일 통합 프로세스(AUP)는 소프트웨어 개발을 위해 "크게는 순차적" 그리고 "작게는 반복적"이라는 철학을 채택하였다.

문제와 생각할 점

5.1 이 장의 시작 부분에 언급된 "애자일 소프트웨어 개발을 위한 선언문"을 다시 읽으시오. 네 가지 "가치" 중 하나 또는 그 이상이 소프트웨어 팀을 곤경에 빠뜨리게 하는 상황을 생각할 수 있나?

5.2 애자일리티(소프트웨어 프로젝트를 위한)를 자신의 표현으로 묘사하시오.

5.3 왜 반복적인 프로세스가 변경을 다루기 용이한가? 이 장에서 논의한 모든 애자일 프로세스는 반복적인가? 프로세스가 단 한번의 반복 과정으로 프로젝트를 완수하는 것이 가능하고, 이경우에도 이를 애자일이라고 할 수 있나? 답을 설명하시오.

5.4 3장에서 언급된 일반적인 프레임워크 액티비티를 사용하여 각 애자일 프로세스를 묘사할 수 있나? 일반적인 액티비티를 각각의 애자일 프로세스를 위한 액티비티와 연관시키는 표를 작성하시오.

5.5 소프트웨어 팀이 보다 더 전략적이 될 수 있도록 도와주는 하나 이상의 "애자일리티 원칙"을 찾아내 보시오.

5.6 5.3.1 절에 언급된 애자일리티 원칙 중 하나를 선택하고, 이 장에서 언급된 각각의 프로세스 모델이 선택한 원칙을 보여주는지 결정하시오. [노트: 이 장에서는 프로세스 모델들에 대한 개략적인 설명만을 제공하고 있기 때문에, 선택한 원칙이 하나 또는 그 이상의 모델에서 언급될 수 있는지를 결정하는 것이 추가적인 연구를 하기 전에는 불가능할 수도 있다.]

5.7 요구사항의 변경은 왜 그렇게 많이 생기는가? 결국, 사람들은 자신이 무엇을 원하는지 모르는 것이 아닌가?

5.8 대부분의 애자일 프로세스 모델은 면대면 커뮤니케이션을 추천한다. 오늘날, 소프트웨어

팀의 멤버와 고객들은 서로 지리적으로 떨어져 있다. 면대면 커뮤니케이션은 지리적 분리를 피해야 한다고 생각하는가? 이 문제를 극복할 수 있는 방법들을 생각해 보시오.

5.9 대부분의 브라우저에서 사용 가능한 "즐겨찾는 장소" 또는 "즐겨찾기"를 묘사하는 XP 사용자 스토리를 쓰시오.

5.10 XP에서 스파이크 솔루션이란 무엇인가?

5.11 리팩토링과 페어 프로그래밍의 XP 개념을 자신의 표현으로 묘사하시오.

5.12 3장에서 주어진 프로세스 패턴 템플릿을 이용하여, 5.5.1절의 스크럼 패턴 중 하나를 위한 프로세스 패턴을 개발하시오.

5.13 애자일 모델링 공식 사이트를 방문하고 AM의 모든 핵심 원칙과 추가 원칙의 완전한 리스트를 작성하시오.

5.14 5.6 절에서 제안된 도구 모음들은 애자일 방법의 소프트한 관점을 제공한다. 커뮤니케이션의 중요성을 고려해서, 애자일 팀의 이해관계자들 간의 커뮤니케이션을 강화하는 데 사용될 수 있는 실제 도구 모음을 제안해 보시오.

추가 읽을거리와 정보 소스

이 장에서 참조한 많은 책에서는 애자일 소프트웨어 개발의 전반적인 철학과 근원적인 원칙에 대해 깊이 고찰하고 있다. 추가로, Pichler(*Agile Project Management with Scrum: Creating Products that Customers Love*, Addison-Wesley, 2010), Highsmith(*Agile Project Management: Creating Innovative Products*, 2nd ed. Addison-Wesley, 2009), Shore와 Chromatic(*The Art of Agile Development*, O'Reilly Media, 2008), Hunt(*Agile Software Construction*, Springer, 2005), 그리고 Carmichael와 Haywood(*Better Software Faster*, Prentice Hall, 2002)는 그들의 책에서이 주제에 대해 유용하게 논의하고 있다. Aguanno(*Managing Agile Projects*, Multi-Media Publications, 2005), 그리고 Larman(*Agile and Iterative Development: A Manager's Guide*, Addison-Wesley, 2003)의 책에서는 관리에 대한 개관을 보여주고, 프로젝트 관리 이슈에 대해 다루고 있다. Highsmith(*Agile Software Development Ecosystems*, Addison-Wesley, 2002)는 애자일 원칙, 프로세스 그리고 실무에 대해 조망하고 있다. Booch와 그의 동료들(*Balancing Agility and Discipline*, Addison-Wesley, 2004)은 자신들의 책에서 민첩성과 규범 사이의 미묘한 평형 관계에 대해 유용하게 논의하였다.

Martin(*Clean Code: A Handbook of Agile Software Craftsmanship*, Prentice Hall, 2009)에는 애자일 소프트웨어공학 환경에서 "클린 코드"를 개발하는 데 필요한 원칙, 패턴, 그리고 실무를 보여주고 있다. Leffingwell(*Agile Software Requirements: Lean Requirements Practices for Teams, Programs, and the Enterprise*, Addison-Wesley, 2011), (*Scaling Software Agility: Best Practices for Large Enterprises*, Addison-Wesley, 2007)은 대규모 프로젝트를 위한 애자일 실무를 확대하기 위한 전략을 논의한다. Lippert과 Rook(*Refactoring in Large Software Projects: Performing Complex Restructurings Successfully*, Wiley, 2006)은 크고 복잡한 시스템에서 리팩토링을 사용하는 것을 논의한다. Stamelos와 Sfetsos(*Agile Software Development Quality*

Assurance, IGI Global, 2007)는 애자일 철학에 따르는 SQA 기법을 논의하고 있다.

지난 십여 년 동안 익스트림 프로그래밍에 대한 수십 권의 책이 쓰여졌다. Beck(*Extreme Programming Explained: Embrace Change*, 2nd ed., Addison-Wesley, 2004)은 이 주제에 대해 완벽하게 다루었다. 게다가 Jeffries와 그의 동료들(*Extreme Programming Installed*, Addison-Wesley, 2000), Succi와 Marchesi(*Extreme Programming Examined*, Addison-Wesley, 2001), Newkirk과 Martin(*Extreme Programming in Practice,* Addison-Wesley, 2001), 그리고 Auer와 그의 동료들(*Extreme Programming Applied: Play to Win*, Addison-Wesley, 2001)은 XP를 어떻게 잘 적용할 수 있는지에 대한 지침과 함께 XP에 대해 세밀하게 논의한 것을 제공하고 있다. McBreen(*Questioning Extreme Programming*, Addison-Wesley, 2003)은 언제, 어디에 적합한지를 정의함으로써, XP에 대해 비판적인 관점을 제시하였다. 페어 프로그래밍에 대해서 깊이 있게 다룬 것으로는 McBreen(*Pair Programming Illuminated,* Addison-Wesley, 2003)이 있다.

Kohut(*Professional Agile Development Process: Real World Development Using SCRUM*, Wrox, 2013), Rubin(*Essential Scrum: A Practical Guide to the Most Popular Agile Process*, Addison-Wesley, 2012), Larman과 Vodde(*Scaling Lean and Agile Development: Thinking and Organizational Tools for Large Scale Scrum*, Addison-Wesley, 2008), 그리고 Schwaber (*The Enterprise and Scrum*, Microsoft Press, 2007)는 중대한 비즈니스 영향력을 가지고 있는 프로젝트를 위해 스크럼을 사용하는 것을 논의하였다. 스크럼에 대한 기본적인 요점들은 Cohn (*Succeeding with Agile*, Addison-Wesley, 2009), 그리고 Schwaber와 Beedle(*Agile Software Development with SCRUM*, Prentice-Hall, 2001)에서 논의되었다. 한편, DSDM을 가치 있게 다룬 것은 DSDM 컨소시움(*DSDM: Business Focused Development*, 2nd ed., Pearson Education, 2003) 그리고 Stapleton(*DSDM: The Method in Practice*, Addison-Wesley, 1997)에서 볼 수 있다.

Ambler와 Lines(*Disciplined Agile Delivery: A Practitioner's Guide to Agile Delivery in the Enterprise*, IBM Press, 2012) 그리고 Poppendieck과 Poppendieck(*Lean Development: An Agile Toolkit for Software Development Managers*, Addison-Wesley, 2003)는 그들의 저서에서 애자일 프로젝트를 다루고 제어하는 가이드라인을 제공한다. Ambler와 Jeffries(*Agile Modeling*, Wiley, 2002)는 AM에 대해서 깊이 있게 논의하고 있다.

애자일 소프트웨어 개발에 관해서 다양하게 많은 정보를 인터넷에서 구할 수 있다. 애자일 프로세스와 관련 있는 월드 와이드 웹 참고문헌의 최신 리스트는 SEPA 웹사이트에서 찾을 수 있다. www.mhhe.com/pressman

소프트웨어공학의 인간적인 측면

6
CHAPTER

IEEE Software에서 진행하는 스페셜 이슈[deS09] 중 하나에서, 초빙 에디터들은 다음과 같은 의견을 개진하였다.

> 소프트웨어공학은 최종 프로덕트 또는 소프트웨어 개발 프로세스를 향상시키기 위한 풍부한 기술, 도구, 그리고 디자인 방법들을 가지고 있다. 이러한 기술적인 향상은 계속해서 새롭고 유망한 결과들을 만들어 낸다. 하지만, 소프트웨어는 부적절한 기술적 방법을 적용한 적합한 기술적 솔루션을 단순히 의미하지는 않는다. 소프트웨어는 사람에 의해 개발되고, 사람에 의해 사용되며, 사람들 사이의 상호작용을 지원한다. 예를 들어, 인간의 특징, 행동 그리고 협력들이 결국 실용적인 소프트웨어 개발의 중심에 위치하고 있다.

이 장에서는 성공적인 소프트웨어 제품을 만들어낼 수 있는 "기술, 도구 그리고 방법"에 대해서 논의할 것이다. 하지만 이에 앞서서, 우리는 유능하고 동기가 부여된 사람 없이는 성공적인 소프트웨어 개발을 할 수 없다는 사실을 이해해야 한다.

주요 개념

애자일 팀
클라우드 컴퓨팅
공동 개발 환경 (CDEs)
글로벌 팀
결속력 있는 팀
심리학
역할
소셜 미디어
팀 속성
팀 구조
팀 독성
특성
XP 팀

QUICK LOOK

이것은 무엇인가? 우리는 모두 최신 프로그래밍 언어, 최고의 새로운 설계 방법, 가장 패셔너블한 애자일 프로세스 또는 이제 갓 릴리스된 소형 소프트웨어 도구들에 사로잡혀 있는 것 같다. 하지만, 결국 컴퓨터 소프트웨어를 제작하는 것은 사람이다. 그리고 이러한 이유로 소프트웨어공학의 인간적 측면은 종종 프로젝트의 성공을 위한 최신 그리고 훌륭한 기술로써 사용된다.

누가 수행하는가? 소프트웨어공학 업무를 수행하는 개개인과 팀들. 어떤 경우에는 한 사람이 대부분의 책임을 가지지만, 대부분의 산업 수준의 소프트웨어 노력들의 경우 팀이 업무를 수행한다.

왜 중요한가? 소프트웨어 팀은 팀의 역동성이 올바를 경우에만 성공한다. 소프트웨어 엔지니어들은 때때로 다른 사람들과 잘 어울리지 못한다는 인식을 가진다. 실제로는, 소프트웨어 엔지니어들에게 제품 생산시 자신의 동료들 그리고 다른 이해관계자들과 잘 어울리는 것은 필수적이다.

어떤 단계가 있는가? 먼저, 성공적인 소프트웨어 엔지니어의 개인 특성에 대해 이해하고, 그들을 따라하려고 애써야 한다. 다음으로, 소프트웨어공학 업무의 복잡한 심리학에 대해 인식함으로써, 심각한 위험 없이 프로젝트에서 갈길을 찾아낸다. 그 뒤에는 산업 현장에서 팀 기반의 소프트웨어 공학이 일반적이기 때문에, 프로젝트 팀의 구조와 역동성에 대해 이해를 해야만 한다. 마지막으로, 소셜 미디어, 클라우드, 그리고 다른 여러 협력 도구들의 영향에 대해서 인정해야만 한다.

작업 산출물은 무엇인가? 사람, 프로세스 그리고 최종 산출물에 대한 더 나은 통찰력.

작업이 옳게 수행되었다는 것을 어떻게 확인하는가? 성공적인 소프트웨어 엔지니어들이 어떻게 그들의 작업을 수행하는지에 대해 관찰하고, 접근 방식을 그들의 장점에 맞추어 조율한다.

6.1 소프트웨어 개발자의 특징

Quote

대부분의 좋은 프로그래머들은 프로그램을 하는데 이는 그들이 봉급을 받거나 과찬 때문이 아니라, 프로그램 하는 것이 재미있기 때문이다.

Linux Torvalds

?

효과적인 소프트웨어 엔지니어들의 개인적인 특징들은 무엇인가?

당신은 소프트웨어 개발자가 되고 싶은가요? 당연히, 당신은 관련 기술들을 연마하고, 문제를 이해하기 위해 필요한 능력을 배우고 적용해야 하며, 효과적인 솔루션을 디자인하고, 소프트웨어를 만들어 내고, 가능한 한 고품질의 소프트웨어를 개발하기 위해 테스트를 실행해야 한다. 당신은 소프트웨어의 변화를 관리하고, 이해관계자들과 대화해야 하며, 적절한 상황에 따라 적합한 도구들을 사용할 줄 알아야 한다. 이러한 모든 것들은 이 책의 뒤에서 상세히 배우게 될 것이다.

그 이외에도 당신을 더욱 효율적인 소프트웨어 엔지니어로 만들어 줄 인간적인 측면 같은 중요한 요소들도 존재한다. Erdogmus [Erd09]는 개개인의 소프트웨어 엔지니어가 고도로 전문적인 행동들을 보일 때 나타나는 일곱 가지의 특성을 도출해냈다.

효과적인 소프트웨어 엔지니어는 개개인의 책임감(individual responsibility)을 가지고 있다. 이는 약속한 것들을 상대방, 이해관계자 그리고 관리자에게 정확히 전달하는 것을 암시한다. 이들은 어떤 일을 성공적으로 완수하기 위해 다른 무엇보다 더 중요한 노력이 요구될 경우, 필요한 일을 적절히 수행한다.

효과적인 소프트웨어 엔지니어는 팀의 다른 멤버들이 필요로 하는 것, 이해 관계자들이 기존의 문제점들을 해결하기 위해 요청한 소프트웨어 솔루션, 메니저들이 이러한 솔루션을 제공하기 위해 전반적으로 프로젝트를 관리하는 데 필요한 것들을 날카롭게 인식하는(acute awareness) 능력을 가지고 있다. 이들은 사람들이 일하는 주변 환경을 관찰하고, 자신들의 행동을 주변 환경과 다른 동료들에게 적응시킨다.

소프트웨어 팀의 구성원들은 어떠한 역할들을 수행하는가? 효과적인 소프트웨어 엔지니어는 잔인하리만치 정직(brutally honest)하다. 만약 이들이 결함이 있는 디자인을 보게 될 경우, 이들은 해당 결함을 건설적이면서도 정직하게 지적한다. 만약 일정, 기능, 성능 또는 다른 제품 또는 프로젝트의 특성에 대해서 왜곡된 사실을 요청 받는다면, 이들은 당연히 솔직하고 현실적인 방법을 택한다.

효과적인 소프트웨어 엔지니어는 곤란한 상황에서도 회복력(resilience under pressure)을 보여준다. 이 책의 서두에서도 언급했듯이 소프트웨어공학은 항상 혼돈의 가장자리에 위치한다. 곤란한 상황(그리고 혼돈)은 다양한 형태로 다가온다. 예를 들어, 요구사항과 우선순위의 변경, 상대방이나 이해관계자들로부터의 요구, 그리고 비현실적이고 고압적인 메니저들. 하지만, 효과적인 소프트웨어 엔지니어는 이러한 곤란한 상황들을 잘 관리할 수 있고, 결국 그들의 성능은 전혀 영향을 받지 않는다.

효과적인 소프트웨어 엔지니어는 고도의 공명정대성(heightened sense of fairness)을 가진다. 이들은 기꺼히 동료들을 상호 신뢰한다. 이들은 언제나 이해관계의 충돌을 피하고, 다른 동료들의 일을 방해하지 않는다.

효과적인 소프트웨어 엔지니어는 상세한 주의력(attention to detail)을 보인다. 이는 완벽을 위한 강박 증세를 의미하지 않으며, 이들이 참여하는 제품 또는 프로젝트에 적용 가능한 폭 넓은 기준들(예를 들어, 성능, 비용, 품질)에 대해 매일매일 상세하게 기술적으로 고려를 해서 신중하게 결정을 한다는 것을 의미한다.

마지막으로, 효과적인 소프트웨어 엔지니어는 실용적(Pragmatic)이다. 이들은 소프트웨어공학이 독단적인 법칙들을 준수해야만 하는 종교가 아니라 현재 상황에 따라 다양하게 적용될 수 있는 학문이라는 것을 인지하고 있다.

6.2 소프트웨어 개발자의 심리

소프트웨어공학의 심리학을 다룬 세미나 논문에서, Bill Curtis와 Diane Walz[Cur90]은 소프트웨어 개발을 위한 계층적 행동 모델을 제안했다(그림 6.1 참조). 개인별 수준(individual level)에서의 소프트웨어공학 심리학은 해결되야 하는 문제들을 파악, 문제점 해결을 위한 기술, 그리고 모델의 외부 계층에 의해 설정된 여러 제약사항들을 고려한 해결책을 완성하기 위한 동기들에 중점을 둔다. 팀 수준(team level)과 프로젝트 수준(project level)에서는 집단 역학(group dynamics)이 주요 지배 요인이 된다. 여기서, 팀의 구조 및 사회적 요인들이 성공을 좌우한다. 그룹의 소통, 협력 그리고 조직화는 개개인 팀 멤버의 기술들 만큼이나 중요한 요소이다. 외부 계층에서, 조직 행동은 회사의 활동과 사업 환경에 대한 대응에 대한 통제를 한다.

팀 수준에서 Sawyer와 그의 동료들은[Saw08], 팀은 종종 멤버들 간의 소통을 감소시키고, 결과적으로 팀의 효율성을 저해하는 인공적인 경계를 설정하곤 한다고 밝혔다. 그들은 소프트웨어 팀 구성원들이 효율적으로 팀의 경계들을 넘나들 수 있도록 해주는 일련의 "여러 역할을 포함하는 경계" 개념을 제안했다. 다음의 역할들은 명시적으로 할당되거나 자연적으로 진화될 수 있다.

- 대사 – 이해관계자들로부터 의견을 얻고, 외부 관계자들과의 시간과 자원에 대한

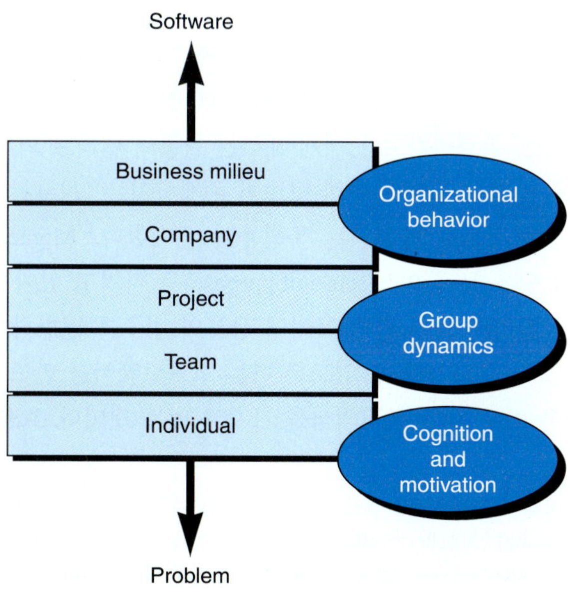

그림 6.1
소프트웨어공학을 위한 계층 행위 모델([Cur90]에서 발췌)

협상을 목적으로 팀을 대표한다.

- 스카우트 – 조직의 정보를 수집하기 위해 팀의 경계를 넘나든다. "스카우팅 활동은 외부시장에 대한 검사, 새로운 기술 검색, 팀 외부에서의 관련 활동 식별 그리고 잠재적 경쟁자의 비밀 수집 등을 포함한다." [Saw08]
- 보호자 – 팀의 작업 산출물과 다른 여러 정보물에 대한 접근을 막는다.
- 감시 – 이해관계자들이나 다른 여러 사람이 팀에 보내는 정보의 흐름에 대한 제어를 한다.
- 조정자 – 팀과 조직 내의 수평적인 소통(예를 들어, 조직 내의 전문가 집단과 특정 설계 문제에 대한 논의)에 중점을 둔다.

6.3 소프트웨어 팀

Tom Demarco와 Tim Lister[DeM98]은 그들의 고전인 Peopleware에서 소프트웨어 팀의 화합에 대해서 다음과 같이 이야기 했다.

> 우리는 팀(team)이라는 단어를 비즈니스 세계에서 상당히 막연하게 같이 일하기 위해서 그룹지어진 사람들을 나타낼 때 사용한다. 하지만 많은 경우에서 이들 그룹들이 팀으로 보이지 않는다. 이들은 성공에 대한 공통의 정의를 가지고 있지도 않고, 식별 가능한 팀 정신도 가지고 있지 않다. 팀에 정말로 필요한 현상은 "결속력(jell)"이다.
>
> 결속력 있는 팀이란 강한 유대관계로, 전체(whole)가 부분의 합(sum of the parts) 보다 위대한 사람들의 집합이다.
>
> 팀이 일단 결속되면, 성공의 가능성은 상당히 증가한다. 결속이 잘 된 팀은 물러섬이 없으며, 성공을 위한 강한 조직이 된다. 이러한 조직은 기존의 방법으로 관리할 필요성이 없고, 동기 자체도 필요없어지며, 스스로 탄력을 받아서 움직이게 된다.

? "결속력" 있는 팀이란 무엇인가?

DeMarco와 Lister는 결속력이 있는 팀은 일반적인 팀에 비해 월등히 생산적이고 동기부여가 잘 되어있다고 주장한다. 결속력 있는 팀의 멤버들은 공통의 목표, 공통의 문화 그리고 많은 경우에 그들을 특별하다고 느끼게 해주는 일종의 엘리트 의식을 서로 공유한다.

결속력 있는 팀을 만들기 위한 간단한 방법이 존재하지는 않는다. 하지만 효율적인 소프트웨어 팀들에서 일반적으로 발견되는 특성들이 존재한다.[1] Miguel Carrasco[Car08]는 효율적인 소프트웨어 팀은 목적 의식(sense of purpose)을 가지고 있어야 한다고 제안했다. 예를 들어, 만약 모든 팀 멤버들이 팀의 목적이 상품의 범주를 변형하여 궁극적으로 자신들의 회사를 산업 선도자로 도약할 수 있도록 하는 소프트웨어를 만드는 것이라는 사실에 동의를 한다면, 이들은 아주 강한 목적의식을 가지고 있는 것이다. 효율적인 팀은 또한 모

1 Bruce Tuckman은 성공적인 팀들은 생산적인 팀이 되기 위한 여정에서 네가지 단계를[형성(Forming), 혼란(Storming) 응집(Norming) 수행(Performing)] 거친다는 것을 관찰하였다. (**http://www.realsoftwaredevelopment.com/7-key-attributes-of-high-performance-software-development-teams/**)

든 팀 멤버들이 자신의 능력과 기여도가 의미가 있다고 느끼게 해주는 소속감(sense of involvement)을 심어줄 수 있어야만 한다.

효율적인 팀은 신뢰감(sense of trust)을 멤버들 간에 가질 수 있도록 조성해야 한다. 소프트웨어 엔지니어들은 팀 동료들의 능력과 숙련도 그리고 자신들의 메니저에 대한 신뢰를 가져야 한다. 또한 팀은 지속적으로 소프트웨어공학을 적용시키고 진행하고 있는 일들에 대한 개선점을 찾는 노력을 함으로써 개선의식(sense of improvement)을 복돋어야 한다.

KEY POINT
효과적인 소프트웨어 팀은 다양하며, 목적의식, 소속감, 신뢰감 그리고 개선의식을 가지는 사람들에 의해 구성된다.

가장 효율적인 소프트웨어 팀들의 경우 각종 상이한 능력들을 잘 조합시키는 관점에서 다양성을 가진다. 이러한 환경에서는 고도로 숙련된 기술자들은 이해관계자들의 요구를 더 잘 이해하지만 기술적 지식이 조금 부족한 팀 구성원에 의해 보완될 수 있다.

하지만 모든 팀들이 결속력이 높고, 효율적인 것은 아니다. Jackman[Jac98]은 사실 상당수의 팀들이 "팀 독성(team toxicity)"으로 고통받고 있다고 이야기 한다. 그녀는 "유독성 팀 환경을 조성할 가능성"을 높이는 다섯 가지의 요소에 대해 정의했다. (1) 너무 격정적인 업무 환경, (2) 팀 구성원들 간의 분열을 조장하는 고도의 불만감, (3) "분열이 되거나 잘 조종이 되지 않은" 소프트웨어 프로세스, (4) 불확실하게 정의된 소프트웨어 팀의 역할들, 그리고 마지막으로 (5) "지속적인 실패 경험."

?
팀들이 결속력을 가지는 데 실패하는 이유는 무엇인가?

격정적인 업무 환경을 피하기 위해서, 팀은 업무를 수행하기 위해 필요한 모든 정보에 대한 접근권을 가져야 한다. 중요한 목표와 목적의 경우, 일단 결정이 되면, 정말로 필요한 경우를 제외하고는 변경이 되어서는 안 된다. 가능한 많은 결정권을 부여함으로써 소프트웨어 팀은 불만감을 해결할 수 있다. 부적합한 프로세스(예를 들어, 불필요하거나 부담스러운 작업 태스크 또는 형편없이 선택한 산출물들)는 제작될 산출물, 작업을 수행하는 사람들에 대한 이해 그리고 팀으로 하여금 프로세스 모델을 선택하게 함으로써 피할 수 있다. 팀은 자체적으로 책임성(accountability)을 위한 방법론을 (기술검토[2]는 이를 수행하기 위한 가장 좋은 방법 중의 하나임) 수립하고, 팀의 구성원이 실패 했을 때의 일련의 시정방법들에 대해 정의해 놓아야만 한다. 그리고 마지막으로, 실패 환경을 피하기 위한 중요한 포인트는 피드백과 문제 해결을 위한 팀 기반의 기술들을 수립하는 것이다.

Jackman에 의해 기술된 다섯 가지 독소에 추가적으로, 소프트웨어 팀은 종종 팀 구성원들의 서로 다른 인간적 특성에 의해 어려움을 겪는다. 어떤 팀 구성원은 외향적이고 또 다른 구성원들은 내성적이다. 어떤 사람들은 직관적으로 정보 수집을 하고, 이질적인 사실들로부터 넓은 개념을 추출해낸다. 다른 사람들은 정보를 연속적으로 처리하고, 제공된 데이터로부터 상세한 내용을 수집하고 분류한다. 어떤 팀 구성원들은 논리적이고 정돈된 논의가 제공되어야만 의사결정을 편히 수행한다. 반면에 다른 구성원들은 직관적으로 "느낌"에 기반하여 의사결정을 즐겨한다. 어떤 실무자들은 그들이 프로젝트의 어떤 요소들을 마무리 할 수 있게 해주는 조직화된 작업들에 대한 상세 일정을 원한다. 다른 실무자들은 해결되지 않은 현안들도 크게 문제되지 않는 더욱 자연스러운 환경을 선호한다. 어떤 사람들은 이정표보다 훨씬 앞서 일을 마무리 하기 위해 열심히 일함으로써, 마감일로 인한

Quote
모든 그룹이 팀은 아니며, 모든 팀이 효과적인 것은 아니다.
Glenn Parker

2 기술검토에 대한 자세한 사항은 20장에서 논의된다.

스트레스를 피하는 반면에, 다른 사람들은 마지막 데드라인을 맞추기 위해 재촉함으로써 에너지를 얻는다. 인간의 차이점을 인식하는 것은, 이 절에서 설명한 다른 가이드라인과 더불어, 결속력이 높은 팀을 만들어낼 수 있는 높은 가능성을 제공한다.

6.4 소프트웨어 팀의 구조

"최고"의 소프트웨어 팀 구조는 조직의 관리 스타일, 팀을 이루는 조직원의 수와 그들의 기술 수준 그리고 전체적 문제의 난이도에 따라서 달라진다. Mantei[Man81]은 소프트웨어공학 팀의 구조를 계획할 때 고려해야만 하는 프로젝트의 요소를 다음과 같이 묘사하였다. (1) 해결해야 할 문제의 난이도, (2) 최종 결과 프로그램의 "크기"(프로그램 코드 라인 또는 기능 포인트)[3], (3) 팀의 존속 기간(팀의 수명), (4) 문제의 모듈화 가능 정도, (5) 요구되는 시스템의 안정성과 품질, (6) 인도 날짜의 엄격함, 그리고 (7) 프로젝트를 위해 필요한 사교성(커뮤니케이션)의 정도.

Constantine[Con93]은 소프트웨어공학 팀을 위한 다음의 네 가지 "조직 패러다임"을 제안하였다.

?
소프트웨어 팀의 구조가 선택되어졌을 때, 어떠한 요소들이 고려되어야 하나?

?
소프트웨어 팀의 구조를 정의할 때 어떠한 생각을 하는가?

1. **폐쇄형 패러다임**은 전통적인 권한계층 구조에 따라 팀을 구성한다. 이러한 구조를 따르는 팀은 과거에 만들어왔던 것과 비슷한 소프트웨어를 생산할 때에는 무리없이 잘 동작하지만, 혁신을 필요로 할 때에는 그렇지 않다.
2. **임의의 패러다임**은 팀을 느슨하게 구상하며, 구성원의 개인 주도성에 의존한다. 혁신 또는 기술적 돌파구가 필요할 때, 임의의 패러다임을 따르는 팀들은 뛰어날 것이다. 하지만, 이러한 팀은 "질서 있는 수행"이 요구되는 상황에서는 쉽지 않을 것이다.
3. **개방형 패러다임**은 폐쇄형 패러다임과 관련된 어느 정도의 통제를 달성하는 방식으로 팀을 구성하지만, 또 한편으로는 임의의 패러다임을 사용했을 때 발생하는 혁신을 추구한다. 업무는 개방형 패러다임의 트레이드마크인 높은 의사소통과 합의 기반의 결정 방식에 따라 협력적으로 이루어진다. 개방형 패러다임 팀 구조는 복잡한 문제의 솔루션에 적합하기는 하나 다른 팀 구조처럼 효과적이지는 않을 수도 있다.
4. **동기식 패러다임**은 문제의 자연적인 구분에 의존하며, 구성원들 간의 작은 커뮤니케이션을 가지고, 문제의 작은 부분에 대해서 임무를 수행할 수 있도록 팀의 조직원들을 구성한다.

Quote

만약 점진적으로 나아지기를 바란다면 경쟁하라. 만약 기하급수적으로 나아지기를 바란다면 협력하라.

Author unknown

역사적인 설명에 의하면, 가장 초기의 소프트웨어 팀 조직은 책임 프로그래머 팀(chief programmer team)이라고 불리던 폐쇄형 패러다임 형태였다고 한다. 이러한 팀 조직은 Harlan Mills에 의해서 제안되었고, Baker[Bak72]에 의해 묘사되었다. 팀의 핵심은

3 코드 라인(Line of Code, LOC)과 기능 포인트는 컴퓨터 프로그램의 크기를 측정하는 데 사용이 되며, 이 책의 33장에서 논의된다.

팀의 모든 기술적 액티비티에 대한 계획, 조정, 그리고 리뷰를 수행하는 수석 공학자(chief programmer, 책임 프로그래머), 분석과 개발 액티비티를 수행하는 기술 직원(technical staff–일반적으로 2~5명으로 구성), 수석 공학자를 지원하고 프로젝트의 지속성을 유지하며 수석 공학자를 대체 할 수 있는 보조 공학자(backup engineer), 로 구성이 된다. 수석 공학자는 한 명 또는 그 이상의 전문가(예를 들어, 전기통신 공학 전문가, 데이터베이스 설계자), 지원팀(예를 들어, 기술적 작가, 사무직 직원), 그리고 소프트웨어 사서의 지원을 받는다.

책임 프로그래머 팀 구조와는 대조되는 방법으로, Constantine의 임의의 패러다임 [Con93]은 일하는 방식이 혁신적인 무정부상태(innovative anarchy)로 명명되기 좋은 창의적인 개개인으로 구성된 소프트웨어 팀을 제안한다. 비록 소프트웨어 업무에 대한 자유로운 사고 방식의 접근이 매력적이긴 하지만, 창조적인 에너지를 고성능의 팀에 채널링 하는 것이 소프트웨어공학 조직의 중심 목표가 되어야만 한다.

SafeHome

팀의 구조

장면: SafeHome 소프트웨어 프로젝트를 시작 하기 전 Doug Miller의 사무실

등장인물: Doug Miller(SafeHome 소프트웨어공학 팀의 매니저), Vinod Raman(소프트웨어공학 팀 멤버), Jamie Laer 그리고 다른 멤버들.

대화

Doug: 모두들 마케팅 팀이 준비한 SafeHome에 대한 사전 정보를 볼 기회가 있었나요?

Vinod(그의 팀 동료를 보고 고개를 끄덕이며): 네, 하지만 우리는 많은 질문들을 가지고 있습니다.

Doug: 질문들에 대해서는 잠시 기다리도록 하세요. 나는 일단 먼저 팀의 구조를 어떻게 하고, 누가 무엇에 대해 책임을 질지 등에 대한 이야기를 나누고 싶어요.

Jamie: 저는 애자일 철학에 푹 빠져 있어요, Doug. 나는 우리가 자기 조직화 팀(self-organizing team)이 되어야 한다고 생각해요.

Vinod: 나도 동의해요. 주어진 촉박한 시간과 불확실성, 그리고 우리가 모두 능숙하다는 사실 (웃으며)을 봤을 때 그것이 올바른 방향이라고 봅니다.

Doug: 나도 좋습니다. 하지만 당신들은 무엇을 해야하는지 알고 있어요.

Jamie(무언가를 낭송하듯이 말하고 웃으며): 우리는 누가 무엇을 언제 할지에 대한 전술적 결정을 하지만, 결국 산출물을 제때 만들어 내는 것은 우리의 책임이지요.

Vinod: 그리고, 품질도 고려해서요.

Doug: 네 맞습니다. 하지만 제약사항이 있다는 것을 기억하세요. 마케팅 팀에서는 생산되어야만 하는 소프트웨어 점증을 정의합니다, 물론 우리와 협의해서요.

Jamie: 그리고는요?

6.5 애자일 팀

지난 10여 년간, 애자일 소프트웨어 개발(5장)은 소프트웨어 프로젝트의 작업을 방해해왔던 수많은 문제점들의 해결책으로 제안되어왔다. 다시 보자면, 애자일 철학은 고객의 만족도와 소프트웨어의 초기 점증적 인도, 소규모의 의욕적인 프로젝트 팀, 비정형적 방법, 최소한의 소프트웨어공학 업무 생산물, 그리고 전반적으로 단순한 개발을 권장한다.

6.5.1 일반적인 애자일 팀

소규모의, 고도로 의욕적인 프로젝트 팀(애자일 팀으로 불린다)은 이전 장에서 논의된 성

KEY POINT

애자일 팀은 기술적 결정와 계획에 자율성을 가지는 자기 조직화 팀이다.

공적인 소프트웨어 프로젝트 팀의 많은 요소들을 적용하고, 문제를 만들어내는 많은 독소들을 회피한다. 하지만, 애자일 철학은 그룹의 협력과 연결된 개개인(팀의 구성원)의 역량을 팀의 중대한 성공의 요소로 본다. Cockburn과 Highsmith[Coc01a]은 자신들의 책에서 다음을 언급하였다.

> 만약 프로젝트 구성원의 능력이 충분하다면, 어떠한 프로세스를 사용하더라도 그들에게 할당된 프로젝트를 수행할 수 있다. 하지만 만약 능력이 불충분하다면, 어떠한 프로세스도 그들의 불충분을 바로 잡아줄 수가 없다—이는 "인간이 프로세스를 지배한다."라는 말로 표현될 수 있다. 하지만 사용자 또는 경영진의 지원 부족은 프로젝트를 죽일 수 있다. 이는 "정치가 사람을 지배한다."의 경우이다. 불충분한 지원은 심지어 능력이 충분한 사람들이 임무를 완수하는 것을 방해할 수 있다.

Quote

공동 소유권은 산출물들이, 팀을 구성하는 개개인이 아닌, [애자일] 팀에서 기인되었다는 아이디어의 구체화에 지나지 않는다.

Jim Highsmith

각 팀 구성원의 능력을 효과적으로 이용하고, 소프트웨어 프로젝트를 진행하며 구성원들 간의 협력을 발전시키기 위해, 애자일 팀은 자기 조직화(self-organizing)를 한다. 자기 조직화 팀은 하나의 팀 구조를 따를 필요가 없고, 대신 6.2장에서 논의한 Constantine의 임의의, 개방형, 그리고 동기식 패러다임을 사용한다.

많은 애자일 프로세스 모델(예를 들어, 스크럼)은 프로젝트의 성공을 위해 필요한 프로젝트 관리와 기술적 결정을 위해 애자일 팀에게 상당한 자율성을 부여한다. 계획 수립은 최소한으로 유지를 하고, 오직 비즈니스 요구사항과 조직의 표준만을 제약사항으로 고려하면서, 애자일 팀은 스스로의 접근방식(예를 들어, 프로세스, 방법론, 도구)을 선택할 수가 있다. 프로젝트가 진행되면서, 애자일 팀은 특정 시점에서 프로젝트에 가장 도움이 될 수 있는 개개인의 능력에 중점을 둘 수 있도록 자기 조직화를 수행한다. 이를 위하여, 애자일 팀은 당일에 이루어야만 하는 일을 수행하기 위해 필요한 조정 및 동기화를 위해 일일 미팅을 수행할 수도 있을 것이다.

애자일 팀은 이러한 미팅들을 수행하며 얻은 정보들에 기반하여, 점증적 작업을 수행하는데 필요한 방식으로 팀을 적응시킨다. 매일 매일 계속적으로 수행되는 자기 조직화와 협동은 애자일 팀을 완벽한 소프트웨어 점증 방향으로 이동시킨다.

6.5.2 XP 팀

Beck[Bec04a]는 익스트림 프로그래밍(extreme programming, XP)의 일부분으로 수행되는 모든 작업들의 기초를 이루는 다섯 가지의 가치—커뮤니케이션, 단순성, 피드백, 용기 그리고 존중—를 정의하였다. 각각의 가치들은 특정 XP 액티비티, 작업 그리고 태스크를 위한 추진요인으로 사용된다.

ADVICE

가능할 때마다, 간결성을 유지하라. 하지만, 지속적인 "리팩토링"은 상당한 시간과 리소스를 흡수할 수 있다는 것을 인식하라.

애자일 팀과 다른 이해관계자들 간의 효율적인 커뮤니케이션을 달성하기 위해(예를 들어, 소프트웨어에서 요구되는 특징 및 기능을 설정하기 위한), XP는 고객과 개발자 간의 폐쇄적이고 비공식적인 협력, 중요한 개념에 대한 대화를 위한 효율적인 메타포(metaphor)[4]

4 XP 개념에서, 메타포(metaphor)는 "고객, 프로그래머, 그리고 매니저 모두가 시스템이 어떻게 동작하는지에 대해서 말할 수 있는 이야기"를 말한다 [Bec04a].

의 설정, 지속적인 피드백, 그리고 의사소통 수단으로써 사용되는 방대한 문서의 지양을 강조한다.

간결성(simplicity)을 이루기 위해, 애자일 팀은 미래의 요구사항보다는 즉각적으로 필요한 요구사항에 대해서만 설계를 한다. 이는 소스 코드로 손쉽게 구현이 가능한 단순한 설계를 만들기 위함이다. 만약 설계가 향상되어야 할 경우에는 추후에 리팩토링이 적용(refactored)[5] 될 수 있다.

피드백(feedback)은 세 가지 소스(구현된 소프트웨어, 고객, 그리고 다른 소프트웨어 팀 구성원)로부터 얻어진다. 효율적인 테스팅 전략을 설계하고 만들어 냄으로써(22장~26장 참조), 소프트웨어(테스트 결과를 통해)는 애자일 팀에 피드백을 제공한다. 애자일 팀은 단위 테스트(unit test)를 주요 테스팅 전략으로 사용한다. 각각의 클라스가 개발될 때, 애자일 팀은 클라스의 명시된 기능들을 시험해 볼 수 있는 단위 테스트를 개발한다. 각각의 점증된 소프트웨어가 고객에게 전달이 될 때, 해당 점증에 의해 구현된 유스케이스(use cases) 또는 사용자 스토리(user stories)가 (9장 참조) 인수 테스트를 수행하는 데 사용된다. 마지막으로, 반복 계획의 일환으로 새로운 요구사항이 도출이 되었을 때, 애자일 팀은 비용과 일정에 영향을 주는 내용에 대한 신속한 피드백을 고객에게 제공한다.

Beck[Bec04a]는 특정 XP 실무를 엄격하게 고집하는 것에는 용기(courage)가 요구되어진다고 주장한다. 좀 더 적합한 용어는 아마도 규율(discipline)일 것이다. 예를 들어, 프로젝트를 수행함에 있어서, 미래의 요구사항을 도출해야 하는 엄청난 압력이 종종 발생한다. 대부분의 소프트웨어 팀은 이러한 압력에 굴복하고, "미래를 위한 설계"는 장기간으로 봤을 때 시간과 노력을 절약하게 해준다고 주장한다. XP 팀은, 미래의 요구사항은 급격하게 변화하기 때문에 설계 및 구현되어진 코드에 상당한 재작업을 초래할 수도 있다는 사실을 인식하고, 현재에 대해 설계할 수 있는 엄격한 규율(용기)를 가져야만 한다.

위에서 언급된 각각의 가치들을 따르며, XP 팀은 구성원들 사이, 다른 이해관계자들과 팀원들 간, 그리고 간접적으로는 소프트웨에 자체에 대한 존중(respect)을 심어준다. XP 팀이 성공적인 소프트웨어 점증 인도를 마칠때 마다, XP 프로세스에 대한 존중심 역시 늘어간다.

> **Quote**
>
> XP는 '어떻게 작은 규모를 유지하면서도 훌륭한 소프트웨어를 만들 수 있을까?'에 대한 답이다.
>
> Anonymous

6.6 소셜 미디어의 영향

이메일, 문자 메시지 그리고 비디오 컨퍼런스들은 소프트웨어공학 업무에 있어서 유비쿼터스 액티비티가 되었다. 하지만 이러한 통신 메카니즘은 면대면 커뮤니케이션 방식에 대한 현대의 대체제 또는 보충적인 역할 이상을 제공해주지는 않는다. 소셜 미디어의 경우는 다르다.

5 리팩토링은 소프트웨어 엔지니어로 하여금 외부 기능 또는 동작들에 대한 변화 없이 설계(또는 소스 코드)의 내부 구조를 개선할 수 있게 해준다. 본질적으로, 리팩토링은 효율성, 가독성 또는 설계 또는 설계를 구현한 코드의 성능을 향상시키는 데 사용된다.

Begel [Beg10]과 그의 동료들은 그들이 저술할때, 소프트웨어공학에서 소셜 미디어와 관련 애플리케이션의 증가에 대해서 다음과 같이 언급하였다.

> 소프트웨어 개발을 둘러싸고 있는 소셜 프로세스들은 … 비슷한 목적과 상호보완 능력을 가지고 있는 개개인을 발견하고 연결하는 것, 팀의 선호도와 팀 구성원들의 커뮤니케이션을 조율하는 것, 전체 소프트웨어 생명 주기 동안 협력하고 협동하는 것, 그리고 그들의 상품들에 대한 성공을 시장에 홍보하는 것 같은 공학자들의 능력에 달려있다.

어떤 점에서는, 이러한 "연결(connection)"이 면대면 커뮤니케이션 만큼이나 중요할 수 있다. 소셜 미디어의 가치는 팀의 규모가 증가함에 따라 같이 커지며, 팀이 지형학적으로 넓게 흩어져 있을 때에 더욱 확대된다.

첫째, 소셜 네트워크는 소프트웨어 프로젝트를 위해서 정의된다. 이 네트워크를 이용해서, 소프트웨어 팀은 팀 구성원들, 이해관계자들, 기술자들, 전문가들, 그리고 네트워크에 참여할 것을 초대받거나 (만약 네트워크가 비공개일 경우) 관심 있어하는 (만약 네트워크가 공개일 경우) 다른 여러 사업가들의 집합된 경험을 끌어올 수가 있다. 소프트웨어 팀은 이러한 일을 이슈, 질문 또는 문제가 발생할 때마다 할 수 있다. 다양한 형식의 소셜 미디어가 존재하며, 각각은 소프트웨어공학 업무에서 특정 위치를 차지하고 있다.

블로그(blog)는 시스템의 중요한 측면을 묘사하거나 아직 개발되지 않은 시스템의 특정 기능이나 특징에 대한 생각을 알리는 일련의 짧은 글들을 게시하는데 사용될 수 있다. 또한, "소프트웨어 회사들은 종종 기술적 정보와 생각들을 자신들의 직원들 그리고 아주 유익하게 내부 및 외부의 고객들과 공유하는데 블로그를 사용한다"는 것에 주목하는 것이 중요하다[Beg10].

> **Quote**
> 만약 컨텐츠가 왕이라면, 대화는 왕비이다.
> Hohm Munsell

마이크로 블로그(Microblogs, 예를 들어 Twitter)는 소프트웨어공학 네트워크의 구성원이 그들에게 등록한 구독자들(followers)에게 짧은 메시지들을 게시할 수 있게 해준다. 메시지들은 즉각적이고 모든 모바일 플랫폼에서 읽을 수 있기 때문에, 정보의 확산은 거의 실시간에 가깝다. 이는 소프트웨어 팀들에게 만약 이슈가 발생했을 때 즉흥적인 미팅에 대한 소집, 문제가 발생했을 때 특화된 도움에 대한 요청, 또는 프로젝트의 특정 관점에 대한 이해관계자들과의 정보공유 등을 가능하게 해준다.

특정 온라인 포럼(Targeted on-line forum)은 참가자들이 질문, 생각, 케이스 스터디 또는 다른 여러 관련된 정보들을 게시할 수 있게 해준다. 게시된 기술적인 질문들에 대해서는 종종 수분 내에 여러 개의 답변(answers)들이 제공된다.

소셜 네트워킹 사이트(Social networking sites, 예를 들어, Facebook, LinkedIn)은 소프트웨어 개발자들 그리고 연관된 기술들 간에 선별적인 연결을 맺을 수 있게 해준다. 이는 소셜 네트워킹 사이트의 친구들이 해결해야만 하는 문제에 대한 해답 또는 애플리케이션 도메인에 대한 지식 및 전문성을 가진 친구의 친구에 대해서 알 수 있게 해준다. 소셜 네트워킹 패러다임 위에 만들어진 특화된 사설 네트워크들은 조직 내에서 사용될 수 있다.

대부분의 소셜 미디어들은 비슷한 관심을 가지는 사용자들 간에 "커뮤니티(communities)"

를 형성할 수 있게 해준다. 예를 들어 실시간 임베디드 시스템에 전문성을 가지는 소프트웨어 엔지니어들의 커뮤니티는 동일한 분야에서 일하는 개개인 또는 팀에게 그들의 업무를 향상시켜줄 수 있는 연결을 만드는 유용한 길을 제공해 줄 수 있을 것이다. 커뮤니티가 커짐에 따라, 참여자들은 기술의 동향, 애플리케이션 시나리오, 새로운 도구들, 그리고 다른 소프트웨어공학 지식들에 대해서 논의한다. 마지막으로, 소셜 북마킹 사이트(Social bookmarking sites, 예를 들어, Delicious, Stumble, CiteULike, 등)는 소프트웨어 엔지니어 또는 팀들로 하여금 생각이 비슷한 구성원으로 이루어진 소셜 미디어 커뮤니티에게 관심이 있을 만한 웹 기반의 자료들을 추천할 수 있게 해준다.

소셜 미디어를 소프트웨어공학 업무에 사용할 때, 사생활과 안전 이슈들이 간과되지 않도록 하는 것은 매우 중요하다. 소프트웨어 엔지니어들에 의해 수행되는 대부분의 업무들은 고용회사에 소유권이 있는 것들이며, 공개시에 매우 해로운 것들이다. 이러한 이유로 인하여, 소셜 미디어의 분명한 장점들은 통제되지 않는 내부 정보의 공개에 대해서 진중하게 고려되어야 한다.

6.7 클라우드를 이용한 소프트웨어공학

클라우드 컴퓨팅(Cloud computing)은 모든 소프트웨어공학 산출물, 인공물, 그리고 프로젝트 관련 정보들에 대한 접근 방법을 제공해준다. 클라우드 컴퓨팅은 모든 곳에서 동작하고, 많은 소프트웨어 프로젝트에 제약을 주었던 디바이스 의존성을 제거했다. 소프트웨어 팀의 구성원들은 플랫폼이 독립적이면서, 낮은 위험도를 가지고 새로운 소프트웨어 도구를 사용할 수 있고, 이들 도구들에 대한 피드백을 제공할 수 있다. 클라우드 컴퓨팅은 베타 소프트웨어의 테스팅과 배포에 대한 새로운 방식을 제공한다. 이는 또한 컨텐츠와 구성 관리에 대한 향상된 접근방식에 대한 가능성을 제공한다(29장).

> **Quote**
> 그들은 그것을 더이상 인터넷이라고 부르지 않고, 클라우드 컴퓨팅이라고 부른다. 나는 더이상 이름에 연연하지 않는다. 당신이 그것을 부르고 싶은 대로 불러라.
>
> Larry Ellison

클라우드 컴퓨팅이 앞에서 언급한 일들을 수행할 수 있기 때문에, 클라우드 컴퓨팅은 소프트웨어 엔지니어들이 팀들을 조직하는 방식, 그들의 업무를 수행하는 방법, 그들이 의사 소통하고 연결하는 방식, 소프트웨어 프로젝트를 관리하는 방식에 영향을 줄 수 있는 가능성을 가지고 있다. 소프트웨어 팀의 한 멤버가 만들어낸 소프트웨어공학 정보가 다른 사용자들이 사용하는 플랫폼 또는 위치에 구애받지 않고, 모든 팀 구성원들에게 즉각 이용 가능하게 될 수 있다.

본질적으로, 클라우드 컴퓨팅은 정보의 분산 속도와 넓이를 급격하게 증가시킨다. 이는 소프트웨어공학을 역동성 있게 변화시키고, 소프트웨어공학의 인간적 측면에 지대한 영향을 줄 수 있다.

> **ADVICE**
> 클라우드는 소프트웨어공학 정보들을 위한 파워풀한 저장소이지만, 29장에서 논의된 변경 제어를 고려해야 한다는 사실을 명심하라.

하지만 소프트웨어공학 환경에서의 클라우드 컴퓨팅은 위험이 없지는 않다[The13]. 클라우드는 수많은 서버에 흩어져 있으며, 구조와 서비스들은 종종 소프트웨어 팀의 제어 밖에 위치한다. 결과적으로, 클라우드 컴퓨팅에는 신뢰성과 보안 리스크를 보이는 여러 결함 지점이 존재한다. 클라우드에 의해 제공되는 서비스가 증가함에 따라, 소프트웨어 개발 환경의 복잡도도 상대적으로 같이 증가한다. 이 각각의 서비스들이 다른 서비스들(아마도 다른 제조업체들에 의해 제공되어질 수 있는)과 잘 동작하는가? 이는 클라우드 서비스들간의 상호 운용성 문제를 보여준다. 마지막으로, 만약 클라우드가 개발 환경이 될 경우, 서비스들은 성능과 사용성을 강조하게 된다. 이러한 속성들은 때때로 보안, 개인정보보호, 그리고 신뢰성과 충돌한다.

하지만, 인간적인 측면에서 볼 때, 클라우드는 소프트웨어 엔지니어들에게 위험보다는 더 많은 장점을 제공한다. Dana Gardner[Gar09]는 클라우드 컴퓨팅의 장점을 다음과 같이 요약했다(경고와 함께).

> 소프트웨어 개발의 소셜 또는 협력적인 측면과 관련이 있는 것들은 모두 클라우드에 적합하다. 프로젝트 관리, 일정, 업무 리스트, 요구사항, 그리고 결함 관리들은 프로젝트를 동시에 이루어지게 하고 모든 팀 구성원들이 동일한 이해를 할 수 있게 해주도록 하는 커뮤니케이션이 필수적인 그룹 기능의 핵심이기 때문에 모두 클라우드에 적합하다. 물론, 커다란 주의사항이 존재한다 -만약 소프트웨어 회사가 제품의 내부에 들어가는 임베디드 소프트웨어를 설계한다면, 클라우드는 좋은 후보 기술이 아니다(애플이 차기 버전의 iPhone을 위한 프로젝트 계획을 가지고 있다고 상상해보라).

Gardner가 언급했듯이, 클라우드의 주요 장점 중 하나는 "소프트웨어 개발의 소셜 및 협력 관점"을 향상시켜 줄 수 있다는 데 있다. 다음 장에서는 협력 도구에 대해서 조금 더 알아보도록 한다.

6.8 협력 도구

Fillipo Lanubile과 그의 동료들은 [Lan10] 지난 세기의 소프트웨어 개발 환경(software development environments, SDEs)이 오늘날 공동 개발 환경(collaborative development environment, CDE)으로 변화되었다고 말한다.[6] 그들은 다음과 같이 진술한다.

> 도구들은 팀 구성원들 간의 협력, 소통, 자동화, 그리고 전체 개발 프로세스를 조종하기 위해 필수적이다. 원거리로 인한 조정의 어려움과 제어 문제, 커뮤니케이션에 있어서의 직접 혹은 간접적인 부정적 효과 등으로 인해, 적합한 도구 지원은 특히 글로벌 소프트웨에 공학에서 필요하다.

CDE에서 사용되는 많은 도구들은 이 책의 제2부~4부에서 논의된 소프트웨어공학 액티비티들을 도와주는 데 사용되는 도구들과 다르지 않다. 하지만 CDE의 가치는 협력 작업을 증진시킬 수 있게 특별히 설계된 서비스들의 집합을 제공한다는 데 있다[Fok10]. 이러한 서비스들은 다음을 포함한다.

? 협력 개발 환경에서 발견할 수 있는 일반적인 서비스들은 무엇이 있는가?

- 프로젝트 팀이 오직 공인된 개개인들에게만 접근 권한을 줌으로써 보안과 개인정

6 공동 개발 환경(collaborative development environment, CDE)는 Grady Booch [Boo02]에 의해 처음 사용되었다.

보보호를 강화하는 방식으로 여러 정보와 작업 산출물들을 저장할 수 있도록 해주는 명칭공간(namespace).

- 미팅과 다른 여러 프로젝트 이벤트들을 조정하기 위한 일정표(calendar)
- 팀 구성원들이 일관된 관점과 구조를 가질 수 있게 해주는 업무 산출물을 만들수 있게 해주는 탬플릿(template).
- 각 팀 구성원의 양적인 관점에서의 기여도를 추적하는 척도 지원(metrics support).
- 팀 간의 커뮤니케이션을 추적하고, 해결되어야 할 이슈 또는 문제를 암시하는 패턴을 분리시키는 커뮤니케이션 분석(communication analysis)
- 작업 산출물과 다른 프로젝트 아티팩트들을 "특정 변화를 초래하는 것은 무엇인가, 변경이 상의되어야 하는 특정 아티팩트에 대해 누가 논의하였는가?, 어떻게 팀 멤버의 작업이 다른 사람의 작업에 영향을 끼치는가?"와 같은 질문에 대한 답을 제공하는 방식으로 체계화하는 아티팩트-클러스터링(artifact-clustering)[Fok10].

소프트웨어 도구들

공동 개발 환경

목적: 소프트웨어 개발이 글로벌하게 됨에 따라, 소프트웨어 팀은 개발 도구 이상이 필요하게 되었다. 소프트웨어 팀들은 구성원들이 지역적으로 그리고 먼 거리에 걸쳐서 협력을 할 수 있도록 해주는 서비스 집합이 필요하다.

역학: 이 범주에 있는 도구들과 서비스들은 공동 작업을 할 수 있도록 해주는 기술을 설정할 수 있도록 해준다. CDE는 6.6절에서 설명된 많은 또는 모든 서비스들을 구현할 것이다. 동시에 CDE는 이 책에서 논의된 일반적인 소프트웨어공학 도구들이 제공하는 프로세스 관리(4장)에 대한 접근도 제공한다.

대표 도구들:[7]

GForge-프로젝트와 코드 관리 기능 모두를 포함하는 협력 환경(http://gforge.com/gf/)

OneDesk-개발자들과 이해관계자들을 위한 프로젝트 작업장을 만들고 관리할 수 있는 협력 환경을 제공(www.onedesk.com)

Rational Team Concert-상세한 협력 생명주기 관리 시스템(http://www-01.ibm.com/software/rational/ products/rtc/)

6.9 글로벌 개발팀

소프트웨어 도메인에서, 세계화는 단순히 상품들과 서비스들을 국경선 넘어로 전달하는 것 이상을 의미한다. 과거 수십 년 동안, 점점 더 많은 수의 주요 소프트웨어 제작품들이 종종 여러 나라에 위치한 소프트웨어 개발 팀들에 의해 만들어져왔다. 이러한 글로벌 소프트웨어 개발(global software development, GSD) 팀들은 일반적인 소프트웨어 팀들의 많은 특징들(6.4절)을 포함해서, 조정, 협력, 커뮤니케이션, 그리고 특화된 의사 결정과 같은 다른 특별한 도전들을 가진다. 조정, 협력, 그리고 커뮤니케이션을 위한 여러 방법들에 대해서는 이 장의 앞부분에서 다루었다. 모든 소프트웨어 팀들에 있어서 의사 결정은 다음의 네 가지 요소에 의해 복잡해진다[Gar10].

Quote

점점 더, 어떤 회사에서든, 매니저들은 서로 다른 문화를 다룬다. 회사는 글로벌로 나아가지만, 팀들은 나뉘고 지구의 여러 곳으로 흩어진다.

Carlos Ghosn, Nissan

7 이곳에 언급된 도구들은 공식적으로 승인을 받은 것이라기 보다는, 이 범주에 있는 도구들의 샘플을 제시한 것이다. 대부분의 경우에, 도구의 이름은 각 개발자의 상표를 나타낸다.

그림 6.2

GSD 팀에 영향을 주는 요소들([Cas06]에서 발췌)

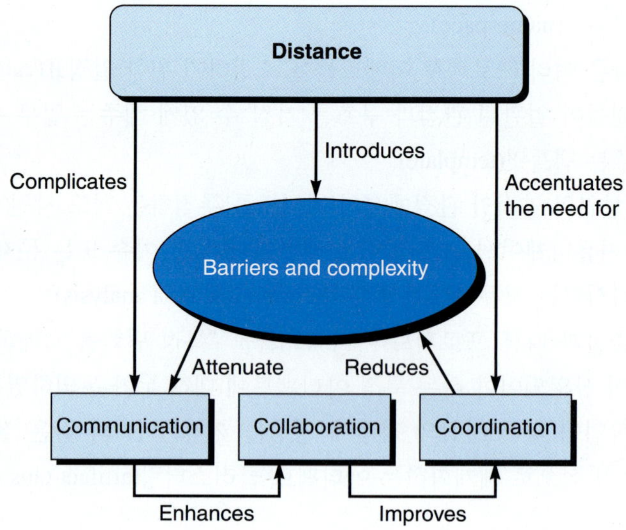

- 문제의 복잡성.
- 결정과 연관된 불확실성과 위험.
- 의도하지 않은 결과의 법칙(다시말해, 업무와 관련된 결정이 다른 프로젝트의 목표에 의도하지 않은 영향을 준다).
- 진행 방법에 대한 서로 다른 결론을 도출해내는, 문제에 대한 서로 다른 시각.

GSD 팀에게, 조정, 협력, 그리고 커뮤니케이션과 연관된 도전들은 의사 결정에 지대한 영향을 준다. 그림 6.2는 GSD 팀이 마주하는 거리와 관련된 도전에 대한 영향을 설명하고 있다. 거리는 커뮤니케이션을 복잡하게 하면서, 동시에 조정에 대한 필요성을 강조한다. 또한, 거리는 문화적 차이에 의해 유도되는 복잡성과 장벽을 소개한다. 장벽과 복잡도는 커뮤니케이션을 약화 시킨다(다시 말해, 신호 대 잡음 비율을 감소시킨다). 이러한 역동성에 내재되어 있는 문제들은 프로젝트를 불안정하게 만드는 요인이 될 수 있다.

비록 그림 6.2에서 암시된 관계들을 모두 한꺼번에 해결할 방책이 있지는 않지만, 효율적인 CDEs (6.6절)의 사용은 거리의 영향을 줄이는 데 도움을 줄 수 있을 것이다.

6.10 요약

성공적인 소프트웨어 엔지니어는 기술적인 능력이 있어야만 한다. 하지만 추가적으로, 소프트웨어 엔지니어는 자신의 약속에 대한 책임을 지고, 동료들의 요구에 대한 인식, 프로젝트와 산출물에 대한 정직한 평가, 압력에 대한 회복력, 동료들에 대한 공정한 대우, 그리고 세부 사항에 대한 주의를 표시해야만 한다.

소프트웨어공학의 심리학은 개인의 인식과 동기부여, 소프트웨어 팀의 그룹 역동성, 그리고 회사의 조직적인 행동들을 포함한다. 커뮤니케이션과 협력을 향상시키기 위하여, 소프트웨어 팀의 구성원들은 여러 경계에 걸치는 역할을 가져야 한다.

성공적인 (“결속력 강한”) 소프트웨어 팀은 일반적인 팀들에 비해 더 생산적이고 동기부여가 잘 되어 있다. 소프트웨어 팀은 효율적이기 위하여 목적의식, 소속감, 신뢰감, 그리고 개선의식을 가져야만 한다. 추가로, 소프트웨어 팀은 격정적이고 불만스러운 작업 환경, 부적절한 소프트웨어 프로세스, 소프트웨어 팀의 불명확한 역할 정의, 그리고 지속적인 실패 경험에 의해 특징짓는 “유독성”을 회피해야만 한다.

수많은 소프트웨어 팀의 구조가 존재한다. 어떤 팀은 계층적으로 조직된 반면, 다른 팀들은 개인의 주도성에 기반한 느슨한 구조를 선호한다. 애자일 팀들은 애자일 철학을 지지하며, 일반적인 소프트웨어 팀들에 비해 더 자율성을 가진다. 애자일 팀들은 커뮤니케이션, 간결성, 피드백, 용기 그리고 존중을 강조한다.

소셜 미디어는 많은 소프트웨어 프로젝트의 컴포넌트가 되고 있다. 블로그, 마이크로블로그, 포럼, 그리고 소셜 네트워킹 능력들은 좀더 효과적으로 커뮤니케이션과 조정을 하는 소프트웨어공학 커뮤니티를 형성하는 데 도움을 준다.

클라우드 컴퓨팅은 소프트웨어 엔지니어들이 자신들의 팀을 체계화 하는 방식, 일하는 방식, 커뮤니케이트 하고 연결하는 방식, 그리고 소프트웨어 프로젝트를 관리하는 방식에 영향을 줄 수 있는 가능성을 가지고 있다. 클라우드 컴퓨팅이 소프트웨어 개발의 소셜 및 협력 측을 증진 시키는 상황에서, 클라우드의 장점들은 위험요소들보다 더 비중이 있다.

공동 개발 환경은 소프트웨어 팀을 위한 커뮤니케이션과 협력을 증진 시켜주는 다양한 서비스들을 포함한다. 그러한 환경들은 특히 지역적인 분리가 성공적인 소프트웨어공학에 장애가 되는 글로벌 소프트웨어 개발에 유용하다.

문제와 생각할 점

6.1 우수한 소프트웨어 개발자들에 대한 개인적인 관찰에 기반해서, 그들 사이에서 공통으로 나타나는 세 가지 성격적 특성을 나열하시오.

6.2 어떻게 “잔인할 정도로 정직” 하면서도, 여전히 (타인에 의해) 모욕적이거나 공격적으로 인식되지 않을 수 있는가?

6.3 어떻게 소프트웨어 팀은 다른 사람과 커뮤니케이션하는 능력을 감소시키는 “인공 경계”를 구성하는가?

6.4 6.2 절에 설명 된 각각의 “여러 역할을 포함하는 경계”에 대한 간단한 시나리오를 작성하시오.

6.5 6.3 절에서 목적 의식, 소속감, 신뢰감, 그리고 개선의식들이 효과적인 소프트웨어 팀의 필수 속성이라는 것을 알았다. 소프트웨어 팀이 결성될 때 누가 이러한 속성을 팀에 주입시키는 책임을 가지는가?

6.6 6.4 절에서 배운 네 가지 조직 패러다임 중 어떤 것이 (a) 주요 보험 회사의 IT 부서에 대해 (b) 주요 방위 계약자에서의 소프트웨어공학 그룹에 대해 (c) 컴퓨터 게임을 만드는 소프트웨어 그룹에 대해 (d) 주요 소프트웨어 회사에 대해 가장 효율적인 것인가? 각 경우에 대해 패러다임을 선택한 이유를 설명하시오.

6.7 만약 기존의 소프트웨어 팀과 애자일 팀을 다르게 만들어 주는 애자일 팀의 속성 하나를 선택해야 한다면 어떤 것을 선택하겠는가?

6.8 6.6절에 설명된 소프트웨어공학 작업을 위한 소셜 미디어의 여러 형태 중 가장 효과적일 것으로 생각되는 것을 선택하고 이유를 밝히시오.

6.9 SafeHome 팀 멤버들이 그들의 소프트웨어 프로젝트의 일부로써 하나 또는 그 이상의 소셜 미디어 형태를 사용하게 되는 시나리오를 작성하시오.

6.10 현재, 컴퓨팅의 세계에서 클라우드는 과대 선전되고 있는 개념 중의 하나이다. 클라우드가 어떻게 소프트웨어공학 조직에 가치를 추가할 수 있는지에 대해 소프트웨어공학 업무를 증진시키기 위해 설계된 특정 서비스에 대한 참조와 함께 설명하시오.

6.11 6.8절의 사이드바에서 언급된 CDE 도구들 중 하나에 대해서 추가적인 연구를 수행하고 해당 툴의 기능에 대한 간단한 프리젠테이션을 준비하시오.

6.12 6.2를 참조하고, 왜 거리가 커뮤니케이션을 복잡하게 하는가? 왜 거리가 조정에 대한 필요성을 증가시키는가? 왜 거리에 의해 여러 장벽과 복잡도가 소개되는지에 대해 설명하시오.

추가 읽을거리와 정보 소스

비록 많은 책들이 소프트웨어공학의 인간 측면에 대해서 언급하고 있지만, 두 가지 책을 고전으로 부를 수 있다. Jerry Weinberg(*The Psychology of Computer Programming*, Silver Anniversary Edition, Dorset House, 1998)는 처음으로 컴퓨터 소프트웨어를 제작하는 사람들의 심리를 고려하였다. Tom DeMarco와 Tim Lister(*Peopleware: Productive Projects and Teams*, 2nd ed., Dorset House, 1999)는 소프트웨어 개발에서 주요 도전은 기술이 아니라 인간이라고 주장하였다.

소프트웨어공학의 인간 측면에 대한 유용한 통찰력은 Mantle와 Lichty(*Managing the Unmanageable: Rules, Tools, and Insights for Managing Software People and Teams*, Addison-Wesley, 2012), Fowler(*The Passionate Programmer*, Pragmatic Bookshelf, 2009), McConnell (*Code Complete*, 2nd ed., Microsoft Press, 2004), Brooks(*The Mythical Man-Month*, 2nd ed., Addison-Wesley, 1999), 그리고 Hunt와 Thomas(*The Pragmatic Programmer*, Addison-Wesley, 1999)에 의해 제공되었다. Tomayko와 Hazzan(*Human Aspects of Software Engineering*, Charles River Media, 2004)는 XP에 대한 강조와 함께 소프트웨어공학의 심리학과 사회학에 대해서 언급하였다.

애자일 개발의 인간적 측면은 Rasmussen(*The Agile Samurai*, Pragmatic Bookshelf, 2010)와 Davies(*Agile Coaching*, Pragmatic Bookshelf, 2010)에 의해 언급되어졌다. 애자일 팀들의 중요한 측면들이 Adkins(*Coaching Agile Teams*, Addison-Wesley, 2010)와 Derby, Larsen, and Schwaber(*Agile Retrospectives: Making Good Teams Great*, Pragmatic Bookshelf, 2006)에 의해 고려되었다.

문제해결은 인간 고유의 액티비티이고, 이는 Adair(*Decision Making and Problem Solving Strategies*, Kogan Page, 2010), Roam(*Unfolding the Napkin*, Portfolio Trade, 2009), 그리고

Wananabe(*Problem Solving 101*, Portfolio Hardcover, 2009)의 책들에서 언급되었다.

소프트웨어 팀 내에서 협력을 용이하게 하기 위한 가이드라인은 Tabaka(*Collaboration Explained*, Addison-Wesley, 2006)에 의해 소개되었다. Rosen(*The Culture of Collaboration*, Red Ape Publishing, 2009), Hansen(*Collaboration*, Harvard Business School Press, 2009), 그리고 Sawyer(*Group Genius: The Creative Power of Collaboration*, Basic Books, 2007)는 기술 팀에서 협력을 증진시키기 위한 실제적인 가이드라인과 전략에 대해 소개하였다.

인간의 혁신을 발전시키는 것은 Gray, Brown과 Macanufo(*Game Storming*, O-Reilly Media, 2010), Duggan(*Strategic Intuition*, Columbia University Press, 2007), 그리고 Hohmann (*Innovation Games*, Addison-Wesley, 2006)에 의해 저술된 책들의 주제이다.

글로벌 소프트웨어 개발에 대한 전체적인 견해는 Ebert(*Global Software and IT: A Guide to Distributed Development, Projects, and Outsourcing*, Wiley-IEEE Computer Society Press, 2011)의해 설명되었다. Mite와 그의 동료들은(*Agility Across Time and Space: Implementing Agile Methods in Global Software Projects*, Springer, 2010) 글로벌 개발에서 애자일 팀을 사용하는 것에 대한 책을 출판하였다.

소프트웨어공학의 인간 관점을 논의한 다양하고 많은 정보를 인터넷에서 구할 수 있다. 소프트웨어 프로세스와 관련 있는 월드 와이드 웹 참고 문헌의 최신 리스트는 SEPA 웹사이트 www.mhhe.com/pressman에서 찾을 수 있다.

PART 2

모델링

제2부 소프트웨어공학: 실무적 접근에서는 고품질 요구사항과 설계 모델을 만드는 데 사용되는 원칙, 개념, 기법에 대해 배우게 될 것이다.

아래의 질문들이 이후의 장들을 통해 다루어진다.

- 어떤 개념과 원칙이 소프트웨어공학 실무를 인도하는가?
- 요구 공학은 무엇이며, 좋은 요구사항 분석을 이끌기 위한 기본 개념은 무엇인가?
- 요구사항 모델은 어떻게 만들어지며 그것의 요소는 무엇인가?
- 좋은 설계의 요소란 무엇인가?
- 아키텍처 설계가 모든 다른 설계 과정을 위한 프레임워크를 어떻게 수립하며 어떤 모델이 사용되는가?
- 어떻게 고품질의 소프트웨어 컴포넌트를 설계하는가?
- 사용자 인터페이스가 설계됨에 따라 어떤 개념, 모델, 기법이 적용되는가?
- 패턴 기반 설계란 무엇인가?
- 웹앱을 설계함에 있어 어떤 특화된 전략과 기법이 사용되는가?
- 모바일 앱을 설계함에 있어 어떤 특화된 전략과 기법이 사용되는가?

이러한 질문에 답변이 가능하다면 소프트웨어공학 실무에 적용하기 위하여 준비하는 것이 수월해질 것이다.

7
CHAPTER

실무가이드 원칙

주요 개념

코딩 원칙
커뮤니케이션 원칙
핵심 원칙
배치 원칙
설계 모델링 원칙
생활 모델링 원칙
모델링 원칙
계획 원칙
실무
프로세스
요구사항 모델링 원칙
테스팅 원칙

소프트웨어 엔지니어의 생활과 생각을 연구한 한 저서에서 Ellen Ullman[Ull97]은 강요당하는 실무자의 생각을 연관 지어 삶의 일부를 묘사한다.

> 나는 지금 몇 시인지 모르겠다. 사무실에는 시계도 없으며 전자레인지의 붉은 LED 화면만 깜빡이며 12:00를 나타내고 있다. Joel과 나는 며칠 동안 프로그래밍만 하고 있다. 우리는 버그, 고집스런 데몬 같은 버그에 시달리고 있다. 그래서인지 붉은 LED 주기에 맞춰 나가는 우리 뇌의 판독처럼 기한 없는 붉은색 LED 주기가 맞게 느껴진다.
>
> 우리가 무슨 일을 하고 있는 거지? 세부 내용들이 지금 나를 지나쳐 간다. 우리는 가난하고 병든 사람들을 돕거나 분산 데이터베이스 프로토콜의 비트를 인증하는 낮은 단계의 일상으로 설정할 수도 있다. 나는 이후 다른 부분에 신경 써야 함에도 신경 쓰지 않는다. 후에 어쩌면 컴퓨터가 가득한 이 방에서 탈출하더라도 나는 누구를 위해 어떤 목적으로 소프트웨어를 만드는지에 신경을 쓸 것이다. 그러나 지금은 아니다. 나는 현실과 그 사용이 더 이상 중요하지 않은 단계를 지났다. 나는 소프트웨어 엔지니어다.

소프트웨어공학 실무의 부정적인 면은 확실하지만, 투영해보면 이 책의 많은 독자들은 이를 관련지을 수 있을 것이다.

QUICK LOOK

이것은 무엇인가? 소프트웨어공학 실무는 소프트웨어를 계획하고 개발할 때 반드시 고려하는 원칙, 개념, 기법, 도구들의 광범위한 모음이다. 실무를 가이드 하는 원칙은 소프트웨어공학이 진행되는 기조가 된다.

누가 수행하는가? 실무자(소프트웨어 엔지니어)들과 그들의 관리자들이 다양한 소프트웨어공학 작업을 진행한다.

왜 중요한가? 소프트웨어 프로세서는 컴퓨터 기반 시스템이나 제품의 제작에 관련된 사람들에게 로드맵을 제공하고 성공적인 방향으로 이끈다. 실무는 길을 따라갈 때 필요한 상세정보를 제공한다. 다리, 장애물, 분기점이 어디 있는지를 말해준다. 그것은 당신이 어떻게 운전할지, 어디서 감속할지, 어디서 가속할지를 알려준다. 소프트웨어공학의 문맥에서 실무는 소프트웨어가 생각에서 실제로 발전함에 따라 당신이 매일매일 하는 것이다.

어떤 단계가 있는가? 실무의 세 가지 요소는 선택된 프로세스 모델과 관계없이 적용된다. 원칙, 개념, 기법이다. 실무의 네 번째 요소인 도구는 기법의 적용을 지원하는 것이다.

작업 산출물은 무엇인가? 실무는 선택된 프로세스에 의해 정의된 모든 작업들을 생산해내는 기술적인 활동을 포함한다.

작업이 옳게 수행되었다는 것을 어떻게 확인하는가? 먼저 현재 작업(예를 들어 설계)에 맞는 원칙에 대한 확실한 이해가 있어야 한다. 그리고 작업에 필요한 적절한 기법을 선택한 것을 확신하고, 어떻게 기법을 적용하는지를 이해하며, 작업에 그것들이 적절하게 필요한 경우 자동화된 도구를 사용하고, 생산된 작업의 질을 보장할 수 있는 기법의 필요에 대해 확실하게 해야 한다.

컴퓨터 소프트웨어를 만드는 사람들은 예술이나 기술 혹은 규칙[1]이라고 할 수 있는 소프트웨어공학을 실행한다. 하지만 무엇이 소프트웨어공학 실무인가? 일반적인 의미로 실무란 소프트웨어 엔지니어들이 일상에서 부르는 개념, 원칙, 기법, 도구의 집합을 말한다. 실무는 관리자들이 소프트웨어 프로젝트를 관리하고 소프트웨어 엔지니어들이 컴퓨터 프로그램을 개발하도록 허용하고, 소프트웨어 프로세스 모델이 업무를 처리하기 위한 필요 기술 및 관리방법과 연관시킨다. 실무는 무계획적인 목적이 불분명한 접근을 좀더 효율적이며, 성공적인 무언가로 변환시킨다.

이 책의 뒷부분에서는 소프트웨어공학 실무의 다양한 측면을 다룰 것이다. 이 장에서는 소프트웨어공학 실무를 가이드 하는 일반적인 원칙 및 개념에 초점을 맞춘다.

7.1 소프트웨어공학 지식

IEEE Software에서 발표된 사설에서, Steve McConnell[McC99]는 다음과 같은 논평을 했다.

> 많은 소프트웨어 종사자는 소프트웨어공학의 지식을 Java, Perl, html, C++, Linux, Windows NT 등 특정한 기술에 대한 지식으로 생각한다. 상세한 특정 기술의 지식은 컴퓨터 프로그래밍을 실행함에 있어서 필요하다. 만약 누군가가 C++로 프로그램을 작성하라고 업무를 할당하면, 당신은 프로그램을 작성할 수 있도록 C++에 대하여 알고 있어야 할 것이다.
>
> 당신은 사람들이 소프트웨어 개발 지식 주기가 3년 반감기(半減期)라고 얘기하는 것을 자주 들을 것이다. 오늘 당신이 알아야 할 지식의 절반이 3년 이내에 쓸모없어질 것을 의미한다. 기술 관련 지식의 영역에서, 이 말은 아마 맞는 말일 것이다. 그러나 소프트웨어 개발 기술의 다른 종류—개인적으로 "소프트웨어공학의 원칙"을 생각하는 종류—3년 반감기를 가지지 않는다. 소프트웨어공학 원칙은 자신의 경력을 통해 전문 프로그래머를 제공할 가능성이 있다.

McConnell은 소프트웨어공학 지식(2000년경)의 중심부는 그가 추정했던 "안정적인 코어"로 발전하였으며, "지식의 75%는 복잡한 시스템을 개발하는데 필요"하다고 주장하였다. 그러나 무엇이 안정적인 코어 내에 존재하는가?

근래 몇 년간 새로운 운영체제의 종류인 iOS 또는 Android 그리고 개발 언어의 종류인 Java, Python, C#이 발전되는 것을 보았을 것이다.

그러나 McConnell이 표현하듯이, 주요 원칙—소프트웨어 엔지니어들이 하는 업무를 가이드 하는 기본적인 아이디어—은 소프트웨어공학 모델, 방법론, 그리고 도구로 적용되고 평가될 수 있는 토대를 제공한다.

7.2 핵심 원칙

소프트웨어공학은 유효한 소프트웨어 프로세스와 효과적인 소프트웨어공학 방법론의 실행을 돕는 핵심 원칙들에 의하여 가이드 된다. 프로세스 단계에서는, 핵심원칙은 소프트웨

1 어떤 저자들은 위 용어들 중 하나만을 주장하기도 한다. 실제로 소프트웨어공학은 위 세 가지 용어 모두 해당된다.

Quote

이론적으로는 이론과 실제 사이에 차이가 없다. 그러나 실제는 다르다.

Jan van de Snepscheut

어 팀이 프레임워크와 포괄적인 활동, 프로세스 흐름을 조정하며 소프트웨어공학 작업 산출물을 생산함에 따라 팀을 가이드 하고 철학적인 토대를 수립한다. 실무 단계에서의 핵심 원칙은 문제를 분석하고 솔루션을 테스트하며, 이를 수립 및 테스트하고 최종적으로 사용자 커뮤니티에 그 소프트웨어를 배포하는 동안 당신의 가이드 역할을 해주는 것처럼 가치와 규칙의 집합체를 만든다.

제2장에서는 (1) 최종 사용자에게 가치를 제공, (2) 단순하게 유지, (3) 비전을 유지(프로젝트와 산출물), (4) 생산한 것을 다른 사람들이 사용한다는 사실(그리고 반드시 이해한다), (5) 미래에 대한 설계, (6) 재사용을 위한 미래 계획, 마지막으로 (7) 생각하라! 소프트웨어공학 프로세스와 실행에 걸친 일반적인 이론들을 증명하였다. 이러한 일반적인 이론들이 중요함에도 불구하고 이 이론들은 너무 높은 레벨의 추상적 개념으로 간주되기 때문에 일상적인 소프트웨어공학 실행으로 변형시키기 어려울 때가 있다. 앞으로 소개할 소단원에서는 프로세스와 실무를 가이드 하는 주요 이론들에 대해서 좀 더 상세히 알아보고자 한다.

7.2.1 프로세스를 가이드 하는 원칙들

이 책의 제1부에서는 소프트웨어 프로세스의 중요성에 대해 논의하였고 소프트웨어공학 업무를 위해 제안되었던 다양하고 많은 프로세스 모델들을 표현하였다.

모델이 직선적인지 반복적인지, 관례적인지 애자일 한지, 관계없이 모든 프로세스 모델에 적용 가능한 일반적인 프로세스 프레임워크를 사용하여 특정지을 수 있다. 다음의 주요 원칙은 프레임워크뿐 아니라 확대하여 모든 소프트웨어 프로세스에 적용할 수 있다.

ADVICE

모든 프로젝트 및 모든 팀은 유일하다. 그것은 당신이 가장 필요에 맞게 프로세스를 적용해야 한다는 것을 의미한다.

원칙 1. 애자일 하라. 당신이 선택하는 프로세스 모델이 관례적인지 애자일 한지 관계없이, 애자일 개발의 기본적인 개념으로 접근한다. 당신이 하는 업무의 모든 측면은 경제적인 행동을 강조해야 한다.—기술적인 접근을 가능한 한 단순하게 하고, 개발하는 작업 산출물을 가능한 한 간결하게 유지하며, 언제든지 가능하면 부분적으로 결정을 내려라.

원칙 2. 모든 단계에서 품질에 초점을 두어라. 모든 프로세서 활동, 행위, 그리고 작업을 에 대한 출구 조건은 산출되었던 작업 산출물의 품질에 초점을 맞춰야 한다.

원칙 3. 적응할 준비를 하라. 프로세스는 종교적인 경험이 아니며, 교리가 있을 곳이 없다. 필요하다면 문제, 인력, 그리고 프로젝트 그 자체에 노출되어 있는 제약조건에 맞추어서 접근해야 한다.

Quote

사실 무엇을 하는 것이 옳은지는 항상 알고 있다. 어려운 것은 그것을 하는 것이다.

General H. Norman Schwarzkopf

원칙 4. 효율적인 팀을 꾸려라. 소프트웨어공학 프로세스와 실무가 중요하지만 핵심은 인력이다. 상호 신뢰와 존경이 있는 자체조직화 팀을 구축하라.[2]

원칙 5. 의사소통과 조정을 위하여 메커니즘을 설립하라. 프로젝트가 실패하는 이유는 중요한 정보가 소실되거나 혹은 이해 관계자들이 성공적인 최종 생성물을 만들어내기 위하여 노력을 모으는 데 실패하기 때문이다. 이러한 것들이 경영 이슈이며 반드시 유

2 효과적인 소프트웨어 팀의 특성은 제6장에서 논의되었다.

념해야 한다.

원칙6. 변경을 관리하라. 접근법은 공식적이거나 비공식적일 수 있고, 메커니즘은 변경이 요청되고, 평가되며, 승인되고 수립되는 방법을 관리하기 위하여 반드시 수립되어야 한다.

원칙7. 리스크를 평가하라. 소프트웨어가 개발되는 과정에서 많은 것들이 잘못될 수 있다. 긴급 대책을 수립 하는 것은 필수적이다. 이러한 긴급 대책의 일부분은 보안공학 작업(제27장)을 위하여 기본적으로 구성된다.

원칙 8. 다른 사람을 위하여 가치를 제공하는 산출물을 생성해라. 오직 다른 프로세스 활동, 행위, 또는 작업을 위하여 가치를 제공하는 산출물을 생성해라. 소프트웨어공학 실무의 단계에서 생산되는 모든 산출물은 다른 사람에게 전달될 것이다. 요구된 기능 및 특징의 목록은 설계를 개발할 사람에게 전달될 것이고, 설계는 코드를 생성하는 사람에 따라 전달될 것이다. 산출물에는 모호함 또는 누락 없이 필요한 정보를 포함하여야 한다.

이 책의 제4부는 프로젝트와 프로세스 관리 문제에 초점을 맞추고 있으며, 이러한 원칙을 좀 더 상세하고 다양한 측면에서 고려한다.

7.2.2 실무를 가이드 하는 원칙들

소프트웨어공학 실무가 갖는 하나의 최우선의 목표는 모든 이해 관계자의 요구사항을 만족시키는 기능과 특징을 포함한 고품질의 운용소프트웨어를 적기에 제공하여야 한다. 이러한 목표를 달성하기 위해, 기술적인 작업을 가이드 하는 핵심 원칙을 채택해야 한다. 이러한 원칙들은 분석 및 설계 방법, 구축 기술(예를 들어, 프로그래밍 언어, 자동화 된 도구), 검증과 확인방법론에 무관하게 적용시킬 수 있는 장점을 가지고 있다.

원칙 1. 분할하여 공략하라. 좀 더 기술적인 방식으로 명시된 분석과 설계는 언제나 관심사의 분리가(SoCs) 강조되어야 한다. 큰 문제는 만일 작은 요소들(관심사)로 나뉠 수 있다면 해결하기가 좀 더 쉽다. 이상적으로, 각 관점은 개발될 수 있고 어떠한 경우에는 다른 관심사와 독립적으로 검증될 수 있고 명료한 기능성으로 제공된다.

원칙 2. 추상화의 사용을 이해하라. 핵심적으로, 추상화는 의사소통하는 단계에서 사용되는 과정으로 시스템의 복잡한 요소를 단순화 시키는 것이다. 추상화된 스프레드시트를 사용하는 경우, 현재 스프레드시트가 가지고 있는 컨텐츠의 일반적인 구조와 적용할 수 있는 전형적인 기능을 이해하고 있다고 가정한다. 소프트웨어공학 실무에서는, 의사소통 하기 위해서 전달되는 의미나 암시적인 의미는 많은 다른 수준의 레벨의 추상화를 사용해야 한다.

분석 및 설계 작업에서, 소프트웨어 팀은 일반적으로 높은 레벨의 추상화(예를 들어, 스프레드시트) 모델에서 천천히 낮은 레벨의 추상화(예를 들어, Column 또는 SUM 기능)를 정제한다.

Joel Spolsky[Spo02]는 "모든 사소하지 않은 추상화들은, 어느 정도 유출된다." 추상화의 목적은 상세한 의사소통 요구를 제거하는 것이다. 그러나 때때로, 해결하기 어려운 결과들은 상세한 유출을 통하여 제기되었다. 상세한 것에 대한 이해가 없으면, 문제의 원인을 쉽게 진단할 수 없다.

원칙 3. 일관성을 유지하라. 요구사항 모델을 만들거나, 소프트웨어 설계를 개발, 소스 코드를 생성하거나, 시험 사례를 생성할 경우, 일관성 원칙은 익숙한 문맥이 소프트웨어 사용을 용이하게 할 수 있다고 제시되었다. 한 예로써, 웹앱을 위한 사용자 인터페이스의 설계를 고려해보자. 메뉴 옵션의 일관된 배치, 색상 체계의 사용 인식 아이콘의 일관된 사용은 인터페이스를 인간공학적인 개념으로 도움을 준다.

원칙 4. 정보의 전송에 초점을 맞춰라. 소프트프웨어는 정보 전송이다. 데이터베이스부터 최종 사용자까지, 레거시 시스템으로부터 웹앱까지, 최종 사용자부터 그래픽 사용자 인터페이스(GUI), 운영시스템부터 애플리케이션까지, 하나의 소프트웨어 컴포넌트로부터 다른 소프트웨어 컴포넌트까지 리스트는 거의 끝이 없다. 모든 경우에서, 정보는 인터페이스를 통해 흐르며, 그 결과로 에러, 누락 또는 모호성의 가능성이 있다. 이러한 원칙이 암시하는 것은 분석, 설계, 구축 및 인터페이스의 테스트에 특별한 주의를 하여야 한다.

원칙 5. 효율적인 모듈성을 갖는 소프트웨어를 만들어라. 관심사의 분리(원칙 1)는 소프트웨어에 대한 철학을 정의한다. 모듈성은 철학을 실현하기 위한 메커니즘을 제공한다. 어떠한 복잡한 시스템도 모듈(컴포넌트)로 분할될 수 있지만, 좋은 소프트웨어공학 실무는 그 이상의 것을 요구한다. 모듈성은 효율적이어야 한다. 즉, 각 모듈은 배타적으로 시스템의 잘 제안된 관점에 초점을 맞추어야 한다.—시스템은 기능 내에서 응집력이 있어야 하며 나타난 내용 속에서 제약되어야 한다. 부가적으로, 비교적 간단한 방법에서 상호 연결되어야 한다.—각 모듈은 다른 모듈, 데이터 소스, 다른 환경 관점에서 낮은 결합도를 가져야 한다.

원칙 6. 패턴을 찾아라. Brad APPLETON[APP00]은 다음과 같이 제안한다.

ADVICE

소프트웨어 엔지니어의 미래 세대를 위하여 지식과 경험을 가지기 위해서는 패턴(제16장)을 사용해라.

> 소프트웨어 커뮤니티 내에서 패턴의 목표는 소프트웨어 개발자에게 반복적인 문제를 해결하기 위해서 소프트웨어 개발의 전반을 통해서 도움을 주기 위한 문헌 체계를 만드는 것이다. 패턴들은 이러한 문제점들 및 솔루션들에 대하여 통찰력과 경험을 소통하기 위한 공동 언어를 만들 수 있도록 돕는다. 공식적으로 이러한 솔루션들과 그들의 관계는 사용자들의 요구를 충족시켜 주고 좋은 구조를 이해시켜 주는 지식 체계를 잡아주는 체계를 제공한다.

디자인 패턴의 사용은 좀더 넓은 시스템 공학과 시스템 통합 문제에 복잡한 시스템의 구성 요소를 독립적으로 발전할 수 있도록 한다.

ADVICE

문제를 수많은 다른 관점으로 실행함으로써 편협한 시야를 피하라. 당신은 숨겨진 다른 방법을 해봄으로써 양상을 발견해라.

원칙 7. 가능하면 문제와 그 솔루션을 다양한 관점에서 나타내라. 한 문제와 그것의 해결책이 다른 관점들로부터 평가될 때, 더 훌륭한 통찰력을 기대할 수 있으며 에러와 누락 등을 발견할 수 있다. 예를 들어, 요구사항 모델은 시나리오 지향의 관점, 클래스 지향의 관점 또는 동작 관점으로 표현할 수 있다(제9장부터 제11장까지). 각각은 문제와 문제 자체의 요구사항에 대한 다른 관점을 제공한다.

원칙 8. 소프트웨어를 유지할 누군가를 기억하라. 장기적으로, 소프트웨어는 발견된 결함을 수정하고 환경 변화에 따라 적용되고, 이해관계자들이 요구한 더 많은 사항에 대해서 향상된다. 이러한 유지 보수를 위한 활동들은 확고한 소프트웨어공학 실무가 소프트웨어 프로세스를 통해서 적용된다면 활용될 수 있다.

이러한 원칙들은 높은 품질의 소프트웨어를 구축하기 위해 필요한 전부는 아니지만, 이 책에서 논의된 모든 소프트웨어공학 메소드를 위한 기반을 구축할 기초를 수립한다.

7.3 각 프레임워크 활동을 가이드 하는 원칙들

이 절에서 각각의 일반적인 프레임워크 활동의 성공에 대해서 비중 있는 영향을 갖는 원칙들을 소프트웨어 프로세스의 일부분처럼 정의한다. 많은 경우에, 각 프레임워크 활동을 설명하는 원칙들은 7.2절에서 제시된 원칙들을 개선한 것이다. 이 원칙들은 추상화의 낮은 수준에서 기술된 단순한 핵심 원칙들이다.

7.3.1 의사소통 원칙들

고객들의 요구사항이 분석되거나 모델화 혹은 명세화 되기 전에, 그 요구사항들은 의사소통 활동을 통해 수집되어야 한다. 고객은 컴퓨터 기반 솔루션에서 수긍할 수 있는 문제를 가지고 있다. 당신은 고객의 도움 요청에 응답한다. 커뮤니케이션이 시작된 것이다. 그러나 의사소통부터 이해하는 길은 종종 많은 장애물이 있다.

효율적인 의사소통(기술 동료사이, 고객과 다른 이해 관계자, 프로젝트 관리자)은 당신이 직면할 가장 어려운 작업 중 하나이다. 이 문맥에서는, 의사소통 원칙들을 고객과의 의사소통에 적용하여 설명해보고자 한다. 그러나 많은 원칙들은 소프트웨어 프로젝트에 발생하는 의사소통의 모든 형태는 동일하게 적용된다.

ADVICE

의사소통을 하기 전에 다른 사람들의 중요한 견해를 이해해야 하며 그들의 요구사항에 관하여 조금 알아야 하고 그때 귀 기울여야 한다.

원칙 1. 경청하라. 화자의 단어에 집중해라. 화자의 말에 대해서 응답하려는 준비보다 오히려 화자의 말에 집중해라. 만약 무언가가 명확하지 않다면 방해가 되지 않는 범위에서 명확하게 요구해라. 이야기하는 중에는 당신의 말이나 행동(예를 들면, 눈동자를 굴리거나 머리를 흔들거나)에 있어 절대로 논쟁을 하지 마라.

원칙 2. 의사소통 이전에 준비하여라. 다른 사람들과 만나기 전에 문제를 이해하는 시간을 가져라. 필요한 경우, 비즈니스 도메인의 전문 용어를 이해할 수 있도록 조사를 해라. 만약 당신이 미팅을 주관하는 책임이 있는 경우에는, 미팅 사전에 의제를 준비해라.

원칙 3. 누군가는 활동을 활성화하여야 한다. 모든 의사소통 회의는 대화를 생산적인 방향으로 이끌기 위하여, (2) 발생하는 갈등을 중재하고, (3) 다른 원칙들에 잘 따르도록 하기 위해서 반드시 리더가 필요하다.

Quote

분명한 질문과 분명한 답은 대부분의 당혹스러운 문제를 해결하는 지름길이다.

Mark Twain

원칙 4. 얼굴을 대면하는 의사소통이 최고이다. 의사소통은 관련 정보의 또 다른 표현이 존재할 때 더 좋은 활동이다. 예를 들어, 참석자들은 토의를 강조하기 위해서 그림을 그리거나 간략한 문서를 만들 수 있다.

원칙 5. 의사 결정을 메모하거나 문서화하라. 의사 결정에는 합의가 안 될 때가 있다. 의사소통에 참여하는 누군가는 "기록자"의 역할을 수행하며 모든 중요한 점들과 결정들을 작성해야 한다.

원칙 6. 협력을 유지하라. 협력과 합의는 팀의 구성원들의 제품과 시스템의 기능과 특징을 표현하기 위하여 지식이 수집될 때 발생한다. 각각의 작은 협력은 팀 구성원 사이의 믿음을 구축하는 역할을 하고 팀을 위한 공동의 목적을 생산하기 위해 제공된다.

원칙 7. 초점을 유지하라: 토의를 모듈화하라. 커뮤니케이션에 참여하는 사람들이 많을수록 논의할 하나의 주제에서 벗어날 가능성이 커진다. 중재자는 결정이 된 주제만을 두고 토의 모듈을 유지해야 한다(원칙 9 참고).

원칙 8. 뭔가 불분명한 점이 있으면 도식화를 하라. 구두 의사소통은 어느 정도 좋은 편이다. 말로써 의사소통이 실패했을 경우 스케치 및 도식화는 명확성을 종종 제공할 수 있다.

원칙 9. (a) 무엇인가에 동의한다면 계속하라. (b) 만약 무엇인가에 동의하지 못한다 해도 계속하라. (c) 만약 특징이나 기능이 불분명하고, 당장 명확화 되지 못하더라도 계속하라. 의사소통도, 일반 소프트웨어공학 활동처럼 시간이 소요된다. 오히려 끝없는 반복보다도, 참석자들은 많은 주제들에 대해 논의가 필요하다는 것을 인식하고 있어야 하며(원칙 2 참고), "계속 진행하라"는 것은 때때로 의사소통을 신속하게 달성할 수 있는 가장 좋은 방법이다.

> ?
> 만약에 어떤 프로젝트와 연관된 문제로 고객에게 동의를 구할 수 없다면 어떻게 될까?

원칙 10. 협상은 경쟁 또는 게임이 아니다. 양쪽 당사자가 모두 이기는 것이 최선이다. 당신과 다른 이해 관계자들은 기능과 특징, 우선순위 및 제품 인수일 등에 대해 협상해야 하는 많은 경우가 있다. 팀이 잘 협력한 경우, 모든 당사자들은 공동의 목표를 가지고 있다. 그러나 협상은 모든 당사자들로부터 더 많은 타협을 필요로 할 것이다.

Info

고객 및 최종 사용자의 차이점

소프트웨어 엔지니어들은 다른 많은 이해 관계자들과 의사소통을 하지만, 고객 및 최종 사용자들은 다음과 같은 기술적인 작업에서 가장 중대한 영향을 끼친다. 어떤 경우에는 고객과 최종 사용자가 동일하기도 하지만 많은 프로젝트에 있어서는 고객과 최종 사용자는 다르고, 다른 회사 조직에서 다른 관리자 밑에서 일을 한다.

고객은 사람 또는 그룹으로서 (1) 최초로 소프트웨어 구축을 요청, (2) 소프트웨어에 대한 전체적인 비즈니스 목표 정의, (3) 제품 기본 요구사항을 제공 (4) 프로젝트에 대한 자금을 조정한다. 제품 또는 시스템의 비즈니스에서 고객은 종종 마케팅 부서이다. 정보 기술(IT) 환경에서, 고객은 비즈니스 컴포넌트 또는 부서라고 할 수 있다.

최종 사용자는 사람 또는 그룹으로서 (1) 비즈니스 목적을 달성하기 위하여 구축된 소프트웨어를 실제로 사용 (2) 비즈니스 목적을 달성할 수 있도록 운용 세부사항을 정의한다.

SafeHome

의사소통의 실수

장면: 소프트웨어 공학팀 작업 공간

등장인물: Jamie Lazar, Vinod Raman, Ed Robbins(소프트웨어 팀 멤버)

대화

Ed: 너 SafeHome 프로젝트에 대해 들어본 적 있니?

Vinod: 다음 주에 킥오프 미팅이 잡혀 있잖아.

Jamie: 난 이미 약간의 조사를 해보았는데 잘 진행되진 않았어.

Ed: 무슨 뜻이야?

Jamie: 나는 Lisa Perez에게 전화를 했어. Lisa가 이 일에 있어 마케팅의 책임자 격이잖아.

Vinod: 그리고?

Jamie: 난 그녀가 SafeHome의 특징과 기능이나 그런 것들에 대해 이야기해 주기를 바랐는데, 대신에 그녀는 보안시스템 및 감시시스템에 대해 질문하기 시작했어. 난 그 분야의 전문가가 아니야.

Vinod: 무슨 말이니? (jamie는 어깨를 으쓱하다)

Vinod: 그 마케팅은 우리가 컨설턴트들로서 행동하는 것을 필요로 하고, 그리고 우리는 킥 오프 미팅 전에 이 제품 분야에 대해 과제를 수행하는 것이 더 좋아. Doug는 우리가 고객과 "협력"하기를 원했고, 그리고 우리는 어떻게 그렇게 할 수 있을지 배우는 것이 좋아.

Ed: 아마 그녀의 사무실에 들렀더라면 더 좋았을 것 같아. 이런 종류의 일은 전화 통화로는 좋지 않아.

Jamie: 맞는 생각이야. 우리는 같이 행동을 하거나 빠른 의사소통을 계속 해야 해.

Vinod: 난 Doug가 "요구 공학"에 관한 책을 읽는 것을 보았어. 난 그 책이 좋은 의사소통에 관한 몇 가지 원칙들을 제시할 거야. 난 Doug에게 그 책 빌리러 갈 거야.

Jamie: 좋은 생각이야…. 그러면 네가 우리들을 가르쳐 줄 수 있겠다.

Vinod (웃으며): 좋아.

7.3.2 계획 수립의 원칙들

의사소통 활동은 전반적인 목표와 목적(당연히, 주제는 시간이 지남에 따라 변경된다)을 정의를 하는 데 도와준다. 그러나 이러한 목표와 목적을 이해한다고 해서 목표를 도달하는 계획을 정의한 것과는 같지 않다. 계획 활동은 소프트웨어 팀에게 전략적인 목표와 전술적인 목적을 향하는 로드맵을 정의해주는 관리와 기술 실무의 집합으로 포함한다.

시도해 볼 수 있긴 하지만, 어떻게 정확히 소프트웨어 프로젝트가 진화하는지 예측하는 것은 불가능하다. 예측하지 못한 기술적 문제를 어떻게 직면할지, 중요한 정보가 프로젝트 후반기까지 해결하지 못하고 남을지, 어떠한 오해가 발생되는지, 또는 비즈니스 이슈가 어떻게 변할 것인지를 결정하는 것은 쉬운 일이 아니다. 그럼에도 불구하고, 좋은 소프트웨어 팀은 그들만의 접근법 계획을 세워야만 한다.

많은 다른 계획 철학이 있다.[3] "미니멀리스트"는 변경은 상세한 계획을 위해서 필요성을 배제한다고 주장한다. "전통주의자"는 효율적인 로드맵을 제공하고, 계획을 더 상세함을 제공하고, 팀의 역할을 잃어버리는 것을 줄여준다고 주장한다. "애자일리스트"는 빠른 "계획 게임"이 필요로 하지만, 그러나 로드맵이 소프트웨어가 시작시점에서 "실제 작업"에 나타난다고 주장한다.

무엇을 할 것인가? 많은 프로젝트에서는 과도한 계획은 시간을 소비할 수 있으며, 결과가 없을 수 있지만(너무 많은 변경에 대하여), 그러나 과소한 계획은 혼란을 초래할 수 있다.

Quote

전쟁을 준비함에 있어 계획은 항상 유용하지 않으나, 그러나 계획은 필수적이다.

General Dwight D. Eisenhower

WebRef

계획과 프로젝트 관리 정보에 대한 가장 좋은 참고 사이트는 www.4pm.com/repository.htm.이다.

3 소프트웨어 프로젝트 계획과 관리에 관한 자세한 논의는 이 책의 제4부에서 다룰 것이다.

일상의 대부분 것처럼, 적절하게 진행된 계획은 팀에 대하여 유용한 지침서를 제공하기에 충분하다. 어떤 계획이 엄격히 진행되는지와 무관하게 아래의 원칙들은 언제나 적용된다.

원칙 1. 프로젝트의 범위를 이해하라. 어떻게 진행되는지 알 수 없다면 로드맵을 사용하는 것은 불가능하다. 범위는 소프트웨어 팀이 가야 할 목적지를 제공한다.

원칙 2. 이해 관계자가 계획 활동에 관여하게 하라. 이해관계자는 우선순위를 정의하고 프로젝트의 제한조건을 설정한다. 이러한 현실에 맞추기 위해서 소프트웨어 엔지니어들은 인수 순서, 시간 계획, 다른 프로젝트와 관련된 이슈에 대하여 종종 협상해야 한다.

원칙 3. 계획은 언제나 반복적이라는 것을 인식하라. 프로젝트 계획은 돌에 새겨진 것이 절대 아니다. 작업이 수행됨에 따라 시작되면서 많은 것들이 수정될 수 있다. 결론적으로 계획은 변경에 따라 조정되어야 한다. 부가적으로, 반복적이며 점증적인 프로세스 모델들은 사용자로부터 피드백에 근거하여 각각의 소프트웨어 점증의 인계 후 재 계획을 지시한다.

원칙 4. 자신이 알고 있는 무엇인가에 근거하여 추정하라. 추정의 목적은 팀이 현재 이해한 작업을 수행한 근거로 노력, 비용, 작업 기간, 현재 수행된 작업의 지표로 제공된다. 만약, 정보가 모호하거나 신뢰할 수 없다면 추정 역시 신뢰할 수 없을 것이다.

원칙 5. 계획을 정의할 때 위험도 고려하라. 만일 많은 영향을 미치거나 높은 확률의 위험이 파악된다면, 비상 계획이 필요하다. 부가적으로, 프로젝트 계획(스케줄을 포함한)은 이러한 위험(risk)들 하나 이상이 발생될 가능성이 있다면 적절하게 조정되어야 한다. 이러한 조짐에 따라 프로젝트 예산은 손실되거나 조정되어야 된다.

원칙 6. 현실을 직시하라. 사람들이 매일 100% 일하지는 않는다. 사람들 간 의사소통에는 항상 잡음이 삽입된다. 누락과 애매성은 피할 수 없는 현실이다. 변경은 발생할 것이다. 심지어 최고의 소프트웨어 엔지니어들도 실수를 한다. 이런저런 실제 상황들이 프로젝트 계획이 수행되는 것처럼 고려되어야 한다.

원칙 7. 계획을 정의하는 것처럼 세분화를 조정하라. 세분화는 프로젝트 개발이 진행됨에 따라 도입되는 상세 레벨과 같이 나타낸다. 상위 세분화 계획은 비교적 짧은 시간이 모여서 계획된 중요한 업무 작업을 제공한다(그래서 추적과 제어가 빈번하게 발생한다). 하위 세분화 계획은 장시간의 기간 동안 계획된 넓은 업무 작업을 제공한다. 일반적으로, 세분화는 프로젝트 시간이 현재부터 이동하는 것과 같이 상위 레벨부터 하위 레벨로 이동한다. 다음 몇 주 또는 몇 달 지나서 프로젝트는 중요한 세부사항이 계획될 수 있다. 수개월 동안 발생하지 않은 활동은 높은 세분화가 요구된다(너무 많은 변경 발생).

원칙 8. 어떻게 품질을 보장하려 하는지 정의하라. 계획은 소프트웨어 팀이 품질을 어떻게 보장하려 하는지 파악해야 된다. 만일 기술 검토[4]가 이뤄진다면, 스케줄에 포함되어야 한다. 페어 프로그래밍(제5장)이 구축되는 동안 사용된다면, 계획 내에 명백히 정

> **Quote**
>
> 성공은 천재성이라기보다는 오히려 일관된 일반 상식 기능이다.
>
> An Wang

> **KEY POINT**
>
> 세분화란 용어는 어떤 계획의 요소가 표현되거나 실행되는 상세함을 정의한다.

4 기술 검토는 제20장에서 논의된다.

의되어야 한다.

원칙 9. 어떻게 변경을 수용하려 하는지 기술하라. 비록 가장 좋은 계획이라 하더라도 제어할 수 없는 변경에 의해 제어하지 못한다. 변화가 소프트웨어 작업이 진행되는 것처럼 어떻게 변경되는지 감지해야 한다. 예를 들면, 언제든지 고객 요구사항을 변경할 수 있는가? 만일 변경이 요청된다면 팀은 즉각적으로 의무적으로 수행해주어야 하는가? 변경에 의한 영향과 비용은 어떻게 추정되는가?

원칙 10. 자주 계획을 추적하고 요구에 맞게 조정하라. 소프트웨어 프로젝트들은 하루에 한 번씩 스케줄이 뒤쳐질 수가 있다. 그러므로 계획된 작업과 실제 실행된 작업이 맞지 않는 상황이면 문제 영역을 찾아서 매일 경과를 추적하는 것은 타당하다. 미 실행된 상황이 되었을 시 상황에 맞게 조정된다.

또한, 가장 효율적으로 하기 위해서는 소프트웨어 팀 모두가 계획 활동에 참여해야 한다. 그리고 참석된 모든 구성원들은 계획을 확인하여야 한다.

7.3.3 모델링 원칙들

우리는 실제 구축되는 개체의 더 좋은 이해를 얻기 위하여 모델을 만든다. 개체가 물리적인 대상(예: 빌딩, 비행기, 기계)일 경우, 좀 더 작은 범위의 동일한 형식과 형태인 모델을 만들 수 있다. 그러나 생성해야 하는 개체가 소프트웨어라면 모델은 반드시 다른 형태가 되어야 한다. 모델은 소프트웨어의 변환하는 정보, 변환 가능한 구조와 기능, 사용자가 원하는 특징, 그리고 변하는 것처럼 시스템의 동작을 표현해 줄 수 있는 능력이 있어야 한다. 모델은 추상화의 다른 수준에서 이러한 목적을 달성해야 한다.—먼저 고객의 관점으로부터 소프트웨어를 묘사하고, 다음으로 소프트웨어를 좀 더 기술적인 수준에서 표현해야 한다.

소프트웨어공학 작업에 있어 두 가지의 모델을 만들 수 있다. 요구사항 모델과 설계 모델이다. 요구사항 모델(또는 분석 모델)은 소프트웨어를 묘사에 의해서 고객 요구사항을 세 가지 다른 도메인으로 표현한다. 정보 도메인, 기능적 도메인, 동작적 도메인에 해당한다. 설계 모델은 실무자들이 효과적으로 구축하는 것을 도와주는 소프트웨어의 특성을 표현한다. 구조, 사용자 인터페이스, 컴포넌트 수준의 세부사항이다.

KEY POINT
분석 모델은 고객의 요구사항을 나타낸다. 설계 모델은 소프트웨어 구조에 대하여 구체적인 명세서를 제공한다.

Scott Ambler와 Ron Jeffries[Amb02b]은 그들의 애자일 모델링(제5장) 책에서 모델링 행위와 작업을 수행하는 소프트웨어 엔지니어들에게 적절한 애자일 모델링 원칙[5]을 정의했다.

원칙 1. 소프트웨어 팀의 기본 목표는 모델을 만드는 것이 아닌 소프트웨어를 만드는 것이다. 신속성은 가능한 한 가장 빠른 시간 내에 고객에게 소프트웨어를 제공하는 것을 의미한다. 신속성을 발생시킬 수 있는 모델은 만들 가치가 있고, 프로세스가 지연되거나 새로운 관점을 조금밖에 제공하지 못하는 모델은 피해야만 한다.

5 이 절에서 정의된 원칙은 이 책의 목적에 따라 간략하고 변형시켰다.

원칙 2. 가볍게 이동하고, 필요 이상으로 모델을 만들지 마라. 모델은 변경이 발생할 때마다 항상 최신의 상태로 유지해야 한다. 더욱 더 중요한 것은, 새로운 모델은 시간이 필요하고, 그렇지 않으면 구축(코딩, 테스트)에 시간이 소요된다. 그러므로 소프트웨어를 쉽고 빠르게 구축할 수 있는 있는 모델을 만들어라.

ADVICE

모든 모델의 목적은 정보를 통신하는 것이다. 이러한 목적을 수행하기 위해서는 일관된 형식을 사용한다. 당신은 모델을 설명할 수가 없다고 가정을 하라. 자기 자신에 따라 주장하여야 한다.

원칙 3. 문제나 소프트웨어를 묘사할 가장 단순한 모델을 만드는 데 매진하라. 소프트웨어를 과도하게 만들지 마라[Amb02b]. 모델을 단순하게 유지함으로써 그 결과로 생성된 소프트웨어 역시 단순해 질 것이다. 그 결과는 통합이 용이하고, 테스트가 용이하고, 유지보수 하기 쉬운(변화에 대해서) 소프트웨어이다. 부가적으로, 단순한 모델은 소프트웨어 팀에 많은 구성원들에게 이해하고 비판하기 쉽게 해주고, 그 결과 최종 산출물을 최적화하는 데 피드백을 제공하는 형태이다.

원칙 4. 변화를 잘 수용하는 방법으로 모델을 구축하라. 모델이 변할 것이라고 가정하고, 이러한 가정을 대충하면 안 된다. 예를 들어, 요구사항은 변경될 것이라고 가정하고 있기 때문에, 요구사항 모델은 대수롭지 않게 여겨지는 경향이 있다. 왜 그런가? 왜냐하면 모델은 어쨌든 간에 변할 것임을 알기 때문이다. 이러한 태도를 가진 문제는 합리적으로 완성된 요구사항 모델 없이, 변함없이 중요한 기능과 특성을 빈번하게 놓친 채로 설계를 할 것이기 때문이다.

원칙 5. 만들어진 각각의 모델에 대해 명백한 목적을 명시할 수 있게 하라. 모델을 만들 때마다, 왜 그렇게 하는지에 대해 자신에게 질문을 던져라. 만일 모델이 존재하는 확고한 정당성이 증명되지 않는다면, 모델을 만드는 것에 시간을 허비하지 마라.

원칙 6. 개발한 모델을 즉시 시스템에 적용하라. 응용 시스템에 대해서 모델 표기법이나 규칙을 적용하는 것이 필요할 것이다. 예를 들면, 비디오 게임 응용 시스템은 자동차 엔진을 제어하는 실시간과 임베디드 소프트웨어와는 다른 모델링 기술을 필요로 할 것이다.

원칙 7. 유용한 모델을 만들도록 노력해라. 그러나 완벽한 모델을 만드는 것은 잊어라. 요구사항과 설계 모델을 만들 경우, 소프트웨어 엔지니어는 수확 체감 지점에 도달된다. 즉 절대적으로 완벽하고 내부적으로 일관성 있는 모델을 만드는 데 들이는 노력이 이러한 특성들이 주는 장점만큼의 가치가 없다. 조잡하다거나 저품질인 모델을 제안할 것인가? 대답은 아니다. 그러나 모델링은 추후 소프트웨어공학 단계를 주시하면서 수행되어야 한다. "완벽한" 모델을 만들기 위해 끊임없이 반복하는 것은 신속성에 대한 요구를 지원하지 않는다.

원칙 8. 모델의 구문에 독단적이지 마라. 만일 성공적으로 의사소통이 만족된다면, 표현은 다음이다. 비록 소프트웨어 팀원들이 모델링하는 동안 표기법이 일치화하도록 시도해야 하지만, 모델의 가장 중요한 특징은 다음 단계의 소프트웨어공학 작업을 수행할 수 있도록 정보를 전달해주는 것이다. 만일 모델이 이렇게 성공적이었다면, 부정확한 구문은 허용될 수 있다.

원칙 9. 비록 서류상 문제가 없어 보이지만, 만일 당신의 직감으로 모델이 맞지 않는다면 당신은 아마 걱정될 것이다. 만일 당신이 숙련된 소프트웨어 엔지니어라면, 당신의 직감을 믿어라. 소프트웨어 작업은 많은 교훈을 가르친다—그들 중 몇몇은 잠재적인 수준이다. 만일 무언가가 당신에게 설계모델이 실패가 확정적이라고 말한다면(비록 당신 명확히 증명할 수 없더라도), 당신은 모델을 검토하거나 다른 모델을 개발하는 추가적인 시간을 사용하는 것이 당연하다.

원칙 10. 당신이 할 수 있는 한 피드백을 받아라. 모든 모델은 소프트웨어 팀의 구성원에 의해 검토되어야 한다. 이러한 검토의 의도는 모델링 실수를 수정하는 데 사용될 수 있고, 오해를 수정하고, 무심코 생략된 특징이나 기능을 추가하는 피드백을 제공하는 것이다.

요구사항 모델링 원칙 지난 30년 동안, 수많은 요구사항 모델링 방법론들이 개발되어왔다. 연구자들은 요구사항 분석 문제와 그들의 원인을 확인하고, 그리고 이를 극복하기 위해서 다양한 모델링 표기법과 대응되는 경험적인 지식들을 개발했다. 각 분석 방법은 유일한 관점을 가지고 있다. 그러나 모든 분석 방법은 동작 원칙들에 관련되어 있다.

원칙 1. 문제의 정보 도메인은 반드시 표현되고 이해되어야 한다. 정보 도메인은, 시스템에 입력되는 데이터(최종 사용자, 다른 시스템, 또는 외부 장치로부터), 시스템에 출력되는 데이터(사용자 인터페이스, 네트워크 인터페이스, 보고서, 그래픽 및 다른 수단을 통해서), 지속적으로 데이터 객체를 수집하고 조직하는 데이터 저장소(즉, 데이터는 영구적으로 유지보수된다)를 포함한다.

> **Quote**
>
> 어떠한 설계 상황에서 공학자의 첫 번째 문제는 무엇이 실제적인 문제점인지를 발견하는 것이다.
>
> Author unknown

원칙 2. 소프트웨어가 수행하는 기능은 반드시 정의되어야 한다. 소프트웨어의 기능은 최종 사용자에게 직접적인 혜택을 제공하고 또한 사용자에게 보이는 이러한 특징에 대한 내부지원을 제공한다. 일부 기능은 시스템에 입력된 데이터를 변환한다. 다른 경우, 내부 소프트웨어 처리나 외부 시스템 요소를 포함하는 제어의 어떤 단계에서 영향을 준다. 기능은 추상화의 많은 단계, 반드시 포함되어야 할 목적의 일반적인 기술로부터 처리 요소의 상세한 명세까지의 범위를 기술할 수 있다.

> **KEY POINT**
>
> 분석 모델은 소프트웨어의 세 가지 특성 초점: 처리되는 정보, 전달되는 기능, 나타나는 동작

원칙 3. 소프트웨어의 동작은(외부 사건의 결과로) 반드시 표현되어야 한다. 컴퓨터 소프트웨어의 동작은 외부 환경과의 상호작용에 의해 발생된다. 입력은 최종 사용자에 의해 제공되고, 제어 데이터는 외부 시스템과 특별한 방식으로 동작되는 소프트웨어가 발생하는 네트워크 전반에 걸쳐 수집된 모니터링 데이터에 의해 제공된다.

원칙 4. 정보, 기능 및 동작을 묘사하는 모델은 단계화된(또는 계층적인) 방식에서 상세하게 드러난 방법으로 반드시 분할해야 한다. 요구사항 모델링은 소프트웨어공학 문제 해결책의 첫 번째 단계이다. 그것은 당신에게 문제를 좀더 잘 이해할 수 있도록 하며 그리고 해결(설계)에 대한 기본을 제공한다. 복잡한 문제는 전체를 해결하기가 어렵다. 이러한 이유로, 당신은 분할 정복 전략을 사용할 것이다. 크고 복잡한 문제는 각 하위 문제가 비교적 이해하기 쉬울 때까지 하위 문제로 분할한다. 이러한 개념은 분할 또는 관심의 분리라고 하고, 이것은 요구사항 모델링에서 핵심 전략이다.

원칙 5. 분석 작업은 필수적인 정보로부터 구현 세부 사항을 향해 전달되어야 한다. 분석 모델링은 최종 사용자의 관점으로부터 문제를 기술하는 것으로 시작한다. 문제의

"본질"은 해결책이 어떠한 방법으로 구현되는가를 고려하지 않고 기술되어야 한다. 예를 들어, 비디오 게임은 플레이어가 위험한 미로에서 어떤 방향으로 주인공이 이동하며 진행하는지를 "지시하는" 것이 요구된다. 그것이, 문제의 본질이다. 구현 세부 사항(일반적으로 설계 모델의 부분으로서 기술되는)의 본질을 어떻게 구현하는가를 나타낸다. 비디오 게임에 대해서는, 음성 입력이 사용되었을 것이다. 대안으로는, 키보드 명령이 입력될 수 있고, 게임 패드 조이스틱(또는 마우스)은 특정한 방향으로 지시될 것이고, 동작 감지 장치는 공기 중의 흐름과 직접적으로 사용되는 플레이어의 몸동작을 읽을 것이다.

이러한 원칙을 적용하는 것에 의해, 소프트웨어 엔지니어는 체계적으로 문제에 접근한다. 그러나 이러한 원칙들이 실질적으로 어떻게 적용될 것인가? 이 질문에 제8장부터 제11장을 통해 답을 줄 것이다.

Quote

디자인이 현명하고 적절하다는 것을 먼저 봐라. 그것을 확인하고, 단호하게 추구하라. 효과적으로 해결하려는 목적에 대해서 앞서 가는 것을 물리치지 마라.

William Shakespeare

WebRef

설계 미학의 토의와 함께 디자인 프로세스에 대한 통찰력 있는 지적은 아래 링크에서 찾아볼 수 있다. http://www.gobookee.net/search.php?q=aabyan+design+aesthetics.

디자인 모델링 원칙 소프트웨어 설계 모델은 집을 짓기 위한 건축가의 계획과 동일하다. 이는 표현하기 위한 전체적인 것들을 나타내는 것에 의해 시작되며(예: 집의 3차원 렌더링), 각각의 구축에 대한 상세한 가이드를 증명하기 위해서 천천히 정제하면 된다(예: 배관 배치). 유사하게 소프트웨어를 만들기 위한 설계 모델은 시스템의 다양한 다른 뷰를 제공한다.

소프트웨어 설계의 다양한 요소를 추출하기 위하여 방법론이 부족한 것은 아니다. 어떤 방법론은 프로그램 구조와 궁극적으로 처리되는 컴포넌트를 기술하는 구조를 허용하는 데이터 기반이다. 다른 방법론은 패턴 기반, 구조적인 양식과 처리 패턴을 개발하기 위한 문제 도메인(요구공학 모델)에 관한 정보를 사용한다. 여전히 다른 방법론인 객체 중심, 데이터 구조와 객체를 조작하는 메소드 생성을 위한 드라이버로서 문제 도메인 객체를 사용한다. 하지만 디자인 원칙을 포함하는 모든 집합은 사용되는 메소드에 무관하게 적용할 수 있다.

원칙 1. 설계는 요구사항 모델에 대해 추적할 수 있어야 한다. 요구사항 모델은 문제에 정보 도메인, 사용자의 가시적인 기능, 시스템 동작, 그리고 그들의 서비스가 제공되는 방법론을 가진 집합으로 된 사업 객체들의 패키지인 요구사항 클래스를 기술한다. 설계 모델은 이러한 정보를 가지고 구조, 중요한 기능을 수행하는 서브시스템의 집합 , 그리고 요구사항 클래스를 실행시키는 컴포넌트로 변환한다. 설계 모델의 컴포넌트는 요구사항 모델을 추적하여야 한다.

원칙 2. 언제나 시스템 아키텍처를 구축하는 것을 고려하라. 소프트웨어 아키텍처(제13장)는 구축하고자 하는 시스템의 골격이다. 아키텍처는 인터페이스, 데이터 구조, 프로그램 제어 흐름 동작, 테스트 실행 방법, 궁극적인 시스템의 유지보수, 그리고 그 이상에 영향을 준다. 이러한 이유 모두에 대하여, 설계는 구조적인 고려로 시작해야 된다. 단지 아키텍처가 확정 된 이후에 컴포넌트 수준의 문제가 고려되어야 한다.

원칙 3. 데이터의 설계는 기능 처리의 설계와 같이 중요하다. 데이터 설계는 구조 설계의 필수적인 요소이다. 데이터 객체가 설계 단계에서 데이터 객체를 실현시키는 방법은 운에 맡기면 안 된다. 잘 구조화 된 데이터 설계는 프로그램 흐름을 단순하게 하는데 도움을 주고, 소프트 컴포넌트의 설계와 구현을 쉽게 해주고, 처리 전반에 대해서 더욱 더 효율적으로 해준다.

원칙 4. 인터페이스(내부 및 외부)는 주의 깊게 설계되어야 한다. 시스템의 컴포넌트 사이에 흐르는 데이터 이동 방식은 처리 효율성, 에러 전파, 그리고 설계의 단순성에 많은 관련을 가진다. 잘 설계된 인터페이스는 통합을 쉽게 하고 컴포넌트 기능을 검사하는 시험자를 지원한다.

원칙 5. 사용자 인터페이스 설계는 최종사용자의 요구에 전환되어야 한다. 그러나 모든 경우에서, 사용자 인터페이스 설계는 사용 용이성을 강조해야 한다. 사용자 인터페이스는 소프트웨어의 가시적으로 나타난다. 내부 기능들이 아무리 정교하다 할지라도, 데이터 구조가 포괄적이라 할지라도, 아키텍처가 잘 설계 되었다 할지라도, 허접한 인터페이스는 종종 소프트웨어가 "형편없다"라는 인식을 초래한다.

원칙 6. 컴포넌트 수준 설계는 기능적으로 독립되어야 한다. 기능적 독립은 소프트웨어 컴포넌트의 "일관성"의 척도이다. 컴포넌트에 의해 제공되는 기능성은 응집되어야 한다. 즉, 유일하게 하나의 기능이거나 하위 기능으로 초점을 맞춰야 한다.[6]

원칙 7. 컴포넌트는 외부환경에 대하여 상호간 느슨한 결합을 가져야 한다. 결합도는 다양한 방법으로 실행된다. 컴포넌트 인터페이스, 메시지, 전역 데이터를 통하여, 결합도의 수준이 증가됨에 따라, 에러 전파가 증가될 가능성이 있고 또한 전반적으로 소프트웨어의 유지보수성이 감소된다. 그러므로 컴포넌트 결합도는 타당한 만큼 낮게 유지되어야 한다.

원칙 8. 설계 표현(모델)은 쉽게 이해할 수 있어야 한다. 설계의 목적은 코드를 생성하는 실무자, 소프트웨어 시험자, 또한 향후에 소프트웨어를 유지보수 할 다른 사람에게 정보를 의사소통 하는 것이다. 만일 설계가 이해하기 어렵다면, 설계는 효율적인 의사소통 매체로써 제공하지 못할 것이다.

원칙 9. 설계는 반복적으로 개발되어야 한다. 반복할 때마다, 설계자는 단순성을 더욱 더 노력해야 한다. 모든 창의적인 활동과 마찬가지로, 설계는 반복적으로 발생한다. 첫 활동은 설계를 정교화 하거나 에러를 수정하는 것이고, 그 다음 반복은 설계를 가능한 단순하게 만드는 데 매진해야 한다.

원칙 10. 설계 모델의 제작은 애자일 접근법을 배제하지 마라. 애자일 소프트웨어 개발의(제5장)어떤 지지자들은 코드는 단지 요구되는 설계보고서라고 주장한다. 지금까지도 설계 모델의 목적은 시스템을 유지보수하고 진화시켜야만 되는 다른 사람들에게 도움을 준다. 이것은 지극히 코드 세분화의 높은 수준의 목적과 최신 멀티스레드 실시간 환경에 있는 다른 모듈과 상호작용을 이해하기가 어렵다.

비록 즉시 처리된 코드 보고서는 유용할 수 있지만, 그러나 종종 코드와 코드 보고서를 일치화 시키는 것은 어렵다. 설계모델은 추상화 단계에서 불필요한 기술 상세화가 제거되

> **Quote**
>
> 차이점은 작지 않다. – 차이점은 살리에르와 모차르트 사이의 차이점과 비슷하다. 수많은 연구에서 최고의 설계자는 최소의 노력으로 더 빠르고, 더 작고, 더 단순하고, 더 명료한 구조를 만들어냈다.
>
> Frederick P. Brooks

---

6 응집도의 추가적 논의는 제12장에서 다룬다.

어 만들어지고 응용소프트웨어 개념과 요구사항이 밀접한 결합이 되었기 때문에 장점을 제공한다.

상호보완적 설계 정보는 대안적으로 거부된 구조설계의 명세서를 포함하는 근거있는 설계를 포함할 수 있다. 이러한 정보는 코드 전체를 통하여 보고자하는 사람들에게 도와주는데 필요할 것이다. 부가적으로, 세밀한 설계결정이 요구될 때 유지보수 일관성에 도움을 준다. 그리고 구조적인 명세의 타입은 또한 다양한 시스템 이해 당사자에게 디자인 팀과 팀원과 함께 의사소통에 도움을 줄 수 있다.

비교적 작은 시스템을 제외하면 프로토타입이 될 수 있고 빠르게 실험적으로 될 수 있고, 단지 소스코드만 사용한 상위레벨 설계를 하는 것은 현명하지 않다. 애자일 설계 문서는 설계와 개발을 함께 보조를 맞춰야 한다. 낭비를 줄이기 위하여 이러한 문서에 투입된 노력은 설계의 안정성에 대하여 비례해야 한다. 초기 단계 설계에서 명세서는 이해당사자와 의사소통하기 위해서 충분해야 한다. 설계를 더욱더 안정하기 위해서는, 명세서는 더욱더 풍부해야 한다. 이러한 접근법은 일반적인 애자일 방법에서 평가할 수 있는 실행 모델을 수행하는 설계 모델링 도구를 사용하는 것이다.

이러한 설계 원칙들이 적절하게 적용될 때, 당신은 내 · 외적인 품질 요소 양쪽을 만족하는 설계를 만들 수 있다[Mye78]. 외부 품질 요소는 사용자에 의해서 손쉽게 관찰될 수 있는 소프트웨어의 특징(예: 속도, 신뢰성, 정확성, 유용성)을 가지고 있다. 내적 품질 요소는 소프트웨어 엔지니어에게 중요하다. 그들은 기술적인 관점에서 높은 품질의 설계를 이끈다. 내적 품질 요소를 달성하기 위해, 설계자는 반드시 기본 설계 개념을 이해해야 한다(제12장).

리빙 모델링 원칙 Breu[Bre10]는 리빙 모델은 관리를 포함한 모델 기반 개발방법[7]과 서비스 중심 시스템의 동작을 결합하는 개념으로 기술했다.[8] 리빙 모델은 시스템 컴포넌트 사이에 상호 의존성을 표현하는 적절한 모델기반 추상화를 제공에 의해서 모든 프로젝트 이해 당사자들 사이에 협력을 지원한다. 리빙 모델 환경을 구축하기 위하여 중요한 8개의 원칙이 있다.

원칙 1. 이해관계자 중심 모델은 특정 이해관계자와의 작업을 목표로 한다.
이 뜻은 이해관계자가 추상화 수준에서 모델의 동작을 허용하며 적절하게, 그리고 낮은 수준에서는 그들을 은닉한다. 예를 들어, CIO는 시험자가 요구사항 수준에서 시험 사례를 정형화 할 경우에 사업 처리 과정에 관심을 가진다.

원칙 2. 모델과 코드는 강하게 결합되어야 한다. 만일 동작 가능한 시스템이 주 목표일 경우, 동작 시스템이 반영되지 않는 어떠한 모델도 소용없다. 이러한 의미는 코드와 모델이 일관된 상태가 필요로 하다는 것이다. 도구는 모델과 코드가 연결하는 것을 지원하는 데 사용될 수 있다.

7 모델 기반 개발(또한 모델 지향 공학)은 응용소프트웨어 도메인의 특별한 양상을 묘사하는 도메인 모델을 만들었다.

8 서비스 지향 시스템은 네트워크 인프라 구조를 통해서 접근 가능한 서비스의 형태를 가진 기능의 패키지이다.

원칙 3. 양방향 정보는 모델과 코드 사이에 설정되어야 한다. 모델, 코드, 그리고 동작 가능한 시스템내의 변경은 발생할 때마다 전파되어야 한다. 전통적으로, 코드 수준에서 변경된 사항은 운용 시스템에 반영되어야 된다. 그러한 코드들은 모델 내에 반영되어 변경시키는 것도 중요한 것이다.

원칙 4. 일반적인 시스템 뷰가 작성되어야 한다. 시스템 메타 모델은 IT 관리 계층에서는 사업처리 과정 그리고 정보 객체, 시스템 동작 계층에서는 동작중인 서비스와 물리적인 노드, 소프트웨어공학 계층에서는 요구사항 뷰를 정의한다. 시스템 메타 모델의 연관성은 사업 처리과정과 사업 객체로부터 기술적인 계층까지의 종속성을 기술한다.

원칙 5. 모델의 정보는 반드시 시스템의 변경에 대하여 지속적인 추적을 허용해야 한다. 시스템 모델은 추상화의 모든 수준에서 시스템의 현재 상태를 기술한다. 시스템 진화는 시스템 모델 스냅 샷의 연속성처럼 기술되고 문서화될 것이다.

원칙 6. 모델의 모든 단계에서 정보의 일관성은 반드시 검증되어야 한다. 모델 제약 조건 검사, 그리고 상태정보 검색은 이해당사자들의 결정을 하는데 도움을 주기 위하여 요구되는 두 개의 중요한 서비스 이다. 예를 들어, 요구사항 수준에서 각각의 서비스를 보이거나 검사할 필요가 있는 소프트웨어 아키텍처는 구조 수준에서 대응된 서비스를 가진다.

원칙 7. 각 모델 요소는 이해관계자의 권리와 책임을 부여한다. 각 이해당사자는 모델 요소의 식별된 부분에 대한 책임이 있다. 각 모델의 부분은 이해관계자 도메인이다. 이는 각 모델 구성 요소가 각각의 이해당사자가 컴포넌트를 수행하는 동작을 표현하는 정보를 접근한다.

원칙 8. 다양한 모델 요소의 상태는 표현되어야 한다. 계산의 상태가 수행 중에 핵심 변수에 할당되는 값에 의해 정의된 것처럼, 각각의 모델 요소의 상태는 그 자체 속성에 할당된 값에 의해서 정의된다.

> **Quote**
>
> 오랫동안 나는 다른 사람의 나쁜 코드를 은밀히 훔쳐보는 소프트웨어 훔쳐보기를 해왔다. 가끔 나는 일관성 있는 형식으로, 조잡하게 만들어진 인터페이스가 아니고, 개발된 진짜 보석을 찾았고, 그래서 각 컴포넌트는 쉽게 변경이 가능하다.
>
> David Parnas

7.3.4 구축 원칙들

구축 활동은 많은 코딩과 고객과 최종 사용자들에게 인수할 준비가 된 운영 가능한 소프트웨어를 테스트하는 테스트 작업을 포함한다. 현대 소프트웨어공학 작업에서 코딩은

(1) 프로그래밍 언어 소스 코드(예: 자바)의 직접 생성

(2) 앞으로 생성될 컴포넌트를 표현하는 것처럼 중간 설계에 사용될 소스코드의 자동 생성(예: 엔터프라이즈 아키텍처).[9]

(3) 4세대 프로그래밍 언어를 이용하여 실행 가능한 코드를 자동 생성(예: Visual C#).

컴포넌트 수준에서, 테스팅의 초기 초점은 종종 단위 테스트라고 부른다. 테스팅의 다른 수준은 다음과 같다.

---

9 엔터프라이즈 아키텍처는 Sparx 시스템(http://www.sparxsystems.com/products/ea/index.html]에 의해 생성된 도구이다.

(1) 통합 테스트: 시스템이 구축됨에 따라 실행

(2) 유효성 테스트: 완벽한 시스템을 위하여 요구사항들이 충족되는지 여부를 평가 (또는 소프트웨어의 점증)

(3) 검수 테스트: 고객에 의해 모든 요구되는 특징과 기능을 테스트하기 위한 실행

다음의 집합의 기본적인 원칙과 개념은 코딩과 테스트에서 적용 가능하다.

코딩 원칙 코딩 테스팅을 가이드 하는 원칙들은 프로그래밍 형식, 프로그래밍 언어, 그리고 프로그래밍 방법론과 밀접하게 연관되어 있다. 그러나 많은 기본 원칙들이 기술할 수 있다.

ADVICE

잘못된 문제를 푸는 품격 있는 프로그램을 개발하는 것을 피하라. 처음 준비된 원칙에 특별한 주의를 해라.

사전 원칙들: 당신은 한 줄의 코드를 작성하기 전에 명심하라.

- 당신이 해결하려고 하는 문제로 이해하라.
- 기본적인 설계 원칙과 개념을 이해하라.
- 구축하려는 소프트웨어의 요구를 충족하고 운용될 환경에 부합하는 프로그래밍 언어를 선택하라.
- 작업하기 쉽게 만들어 주는 도구를 제공하는 프로그래밍 환경을 선택하라.
- 일단 당신의 코드가 완성된 컴포넌트를 적용할 많은 단위 테스트를 만들어라.

코딩 원칙들: 당신은 코딩을 시작하게 되면 명심하라.

- 구조적인 프로그래밍[Boh00]이 실무에 따르도록 당신의 알고리즘을 제한하라.
- 페어 프로그래밍 방식의 사용을 고려하라.
- 설계 요구사항을 충족할 데이터 구조를 선택하라.
- 소프트웨어 구조를 이해하고 그것과 일관되게 인터페이스들을 만들어라.
- 조건부 로직을 가능한 한 단순하게 유지하라.
- 테스트하기 쉽게 중첩 루프를 만들어라.
- 의미 있는 변수 이름들을 선택하고, 다른 로컬 코딩 기준을 따르라.
- 자기 문서화 되는 코드를 작성하라.
- 이해를 돕는 시각적 레이아웃을 만들어라(예: 들여쓰기와 빈 줄들).

유효성 원칙들: 당신은 첫 번째 코딩을 완료한 후 명심하라.

- 적절한 시점에 코드 워크스루를 실행하라.
- 단위 테스트들을 수행하고 발견한 오류들을 수정하라.
- 코드를 재구축하라.

WebRef

코딩 표준에 대한 다양한 링크는 http://www.literateprogramming.com/links.html.에서 찾을 수 있다.

프로그래밍(코딩), 원칙들, 개념들에 관해 쓰여진 많은 책들이 쓰여진 것보다도 소프트웨어 프로세스에서 어떤 다른 주제보다 더 가이드 된다. 초기 작업이 포함된 주제에 관한 책들은 programming style[Ker78], programming software construction[McC04], programming pearls[Ben99], the art of programming[Knu98], pragmatic programming issues[Hun99] 등 많은 다른 주제들을 포함한다. 이러한 원칙과 개념에 대한 포괄적인 논의는 책의 범위 밖이다. 만일 당신이 좀 더 흥미를 가질 경우, 참고문헌 중 하나 또는 그 이상

을 언급하여 조사해라.

테스트 원칙 소프트웨어 테스팅에 대한 고전 도서에서, Glen Myers[Mye79]는 테스트 목표를 잘 지원하는 많은 규칙을 주장했다 :

?

소프트웨어 시험의 목적은 무엇인가?

- 테스트는 오류를 발견 할 목적을 갖고 프로그램을 실행하는 프로세스다.
- 좋은 테스트 사례는 아직 발견되지 않은 오류를 찾아 낼 확률을 높인다.
- 성공적인 테스트는 아직 발견되지 않은 오류를 찾아내는 것이다.

이러한 목표들은 어떤 소프트웨어 개발자들의 견해에서 극적인 변경을 의미한다. 성공적인 테스트가 오류를 발견하지 않는다는 일반적인 고정관념과 반대로 생각하라. 당신의 목표는 최소의 시간과 노력으로 다른 클래스의 오류들을 시스템적으로 발견하는 테스트를 설계하는 것이다.

ADVICE

넓은 소프트웨어 설계의 문맥에서, 소프트웨어 구조에 초점을 맞춤으로써 "크게" 시작하여, 나중에 컴포넌트에 다시 초점을 맞추어 "작게" 할 것을 기억하라. 시험을 위해, 우리는 단순하게 초점과 테스트 할 방법을 바꿔라.

만약 테스트가 성공적으로 수행된다면(앞서 기술한 목표에 따라), 소프트웨어 오류들을 발견할 것이다. 부가적인 이점으로, 테스트는 동작적인 요구사항과 성능 요구사항을 충족하는 명세서에 따라 작업에 나타나는 소프트웨어 기능을 테스트로 보여준다. 부가적으로, 테스트 수행에 의해 수집된 데이터는 소프트웨어의 신뢰성의 좋은 지표와 소프트웨어 품질 전체의 지표의 일부를 제공한다. 그러나 테스트는 오류와 결함이 없다는 것을 보여줄 수는 없다. 테스트는 단지 소프트웨어의 오류와 결함이 존재한다는 것을 보여줄 수 있다. 테스트가 수행될 때 이와 같은(비관적이기 보다는) 주장을 명심을 유지하는 것이 중요하다.

Davis[Dav95b] 는 많은 테스트 원칙[10]들을 제안하였고, 본 책에서 사용하기 위해 용도에 맞게 적응되었다. 추가적으로, Everett과 Meyer[Eve09]는 부가적인 원칙들을 제안하였다.

원칙 1. 모든 테스트는 고객 요구사항에 추적해야 한다.[11] 소프트웨어 테스트의 목적은 오류를 발견하는 것이다. 가장 심각한 결함들(고객의 관점에서)이 요구사항 충족시키는 프로그램을 실패하는 원인이다.

원칙 2. 테스트는 테스팅이 시작되기 전에 계획되어야 한다. 테스트 계획(제22장)은 요구사항 모델이 완료되자마자 시작될 수 있다. 테스트 사례의 자세한 정의는 설계 모델이 확정되자마자 시작할 수 있다. 그러므로 모든 테스트는 모든 코드가 생성되기 전에 계획되고 설계될 수 있다.

원칙 3. 파레토 법칙을 소프트웨어 테스트에 적용시켜라. 이 문맥에서 파레토 법칙은 테스트할 동안에 발견되지 않는 모든 오류의 80%는 모든 프로그램 컴포넌트의 20%에 거의 추정된다. 물론 문제는 의심스러운 컴포넌트를 분리하고 철저하게 테스트해야 한다.

원칙 4. 테스팅은 "작은 것"에서 시작하여 "큰 것"으로 진행해야 한다. 처음 계획되고 실행된 테스트는 일반적으로 개별 컴포넌트에 초점을 맞춰라. 테스트처리 과정에서,

10 Davis의 시험의 원칙의 단지 작은 부분만 기록되었다. 더 많은 정보는 [Dav95b]를 보라.

11 이 원칙은 기능 시험을 언급하고, 즉 시험은 요구사항에 초점을 두었다. 구조적인 시험(구조적 또는 논리적인 세부사항에 초점을 둔 시험)은 직접적으로 특정 요구사항을 다루지는 않는다.

초점을 테스트처리 과정에서 컴포넌트의 통합된 클러스터에서 오류를 발견하는 것에서 궁극적으로 전체 시스템으로 초점을 변경해라.

원칙 5. 완전한 테스팅은 불가능하다. 비록 조정된 크기의 프로그램에 대한 수많은 경로조합은 유난히 크다. 이러한 이유에 따라 테스트하는 동안에 경로의 모든 조합을 수행하는 것은 불가능 하다. 그러나 적당하게 크기의 프로그램의 논리를 고려하면 컴포넌트 수준설계의 모든 조건이 테스트될 수 있다.

원칙 6. 예상되는 결함 점도와 상응하는 테스팅 노력을 시스템의 각 모듈에 적용시켜라. 이러한 것들은 보통 최신의 모듈이거나 개발자에 의해 최소한으로 이해된다.

원칙 7. 정적인 테스팅 기술은 높은 결과를 얻을 수 있다. 소프트웨어 결함의 85% 이상은 소프트웨어 문서(요구사항, 명세서, 코드 검토서, 사용자 설명서)에 기인한다 [Jon91]. 이 문서들은 테스팅 시스템 문서에서 가치가 있을 것이다.

원칙 8. 결함을 추적하고 테스팅을 통해서 발견된 결함에서 패턴을 찾아라. 발견된 전체 결함은 소프트웨어 품질의 좋은 지표이다. 발견된 결함의 형태는 소프트웨어 안정성의 좋은 척도가 될 수 있다. 시간이 경과하고 발견된 결함의 패턴은 예상되는 많은 결함을 예측할 수 있다.

원칙 9. 소프트웨어가 정상적으로 동작하는 것을 증명하는 테스트사례를 포함해라. 소프트웨어 컴포넌트가 유지보수고 적응됨에 따라, 예상치 못한 상호작용은 다른 컴포넌트에서 예상치 못한 노력을 야기할 수 있다. 많은 소프트웨어 제품이 변환된 시스템 동작을 체크할 준비가 된 수많은 회귀 테스트사례(제22장)를 가지는 것은 중요한 것이다.

7.3.5 배치 원칙들

이 책의 제1부에서 언급하였듯이, 배치 활동은 세 가지 활동을 포함한다: 인수, 지원, 그리고 피드백. 현대 소프트웨어 프로세스 모델들이 현실적으로 진화적이고 증분적이기 때문에 배치는 한 번에 일어나는 것은 아니고, 소프트웨어가 완성을 향하여 많이 발생한다. 각각의 인수 사이클은 고객과 최종 사용자에게 운용적인 소프트웨어의 증분을 제공하고 사용 가능한 기능과 특징을 제공한다. 각각의 지원 사이클은 현재까지의 배치 사이클 동안에 도입된 모든 기능들과 특징들에 대한 문서화와 사람의 지원을 제공한다. 각각의 피드백 사이클이 소프트웨어 팀에게 모든 기능, 특징, 다음 증분에 대한 접근에 대한 수정의 중요한 결과를 가이드 하는 것을 제공한다.

소프트웨어 증분의 배포는 어떠한 소프트웨어 프로젝트를 위해서도 매우 중요한 이정표를 나타낸다. 많은 핵심 원칙들은 인계가 증가함에 따라 팀에게 준비하는 것을 허용해야 한다.

ADVICE

당신의 고객이 시스템 증분을 인수받기 전에 기대가 무엇인가에 대해서 예측할지 알아야 한다. 그렇지 않으면 당신은 고객에게 당신이 전달하는 것 이상을 기대하게 할 것이다.

원칙 1. 소프트웨어에 대한 고객의 기대는 반드시 관리되어야 한다. 너무 자주, 고객은 팀이 인계하기로 약속했던 것보다 더 많은 것을 기대하고, 그리고 즉각적으로 실망하기도 한다. 피드백에서 이러한 결과로 비생산적이고 팀의 사기를 떨어뜨린다. MANAGING EXPECTATIONS의 저자인 Naomi Karten[Kar94]는 언급한다: “기대

관리에 대한 출발점은 무엇을 그리고 어떻게 의사소통할지에 관해 면밀해지는 것이다." 그녀는 소프트웨어 엔지니어가 반드시 고객에게 대립되는 메시지를 보내는 것에 주의해야 한다고 제안한다(예: 당신이 주어진 기간 내 합리적으로 배포할 수 이상을 약속하는 것이나 어떤 소프트웨어 증분을 위해 약속된 것 이상으로 더 많이 제공하게 되면 추후에는 약속한 것에 못 미치게 제공할 수 있는 것)

원칙 2. 완성된 배포 패키지는 조합되고 테스트되어야 한다. 모든 실행 가능한 소프트웨어, 지원 데이터 파일들, 지원 문서 및 기타 관련된 정보들은 조합되고 실제 사용자들에 의해 철저히 베타 테스트되어야 한다. 모든 설치 스크립트 및 다른 운용 특징들은 가능한 모든 컴퓨팅 환경설정에 철저히 실행되어야 한다(즉, 하드웨어, 운영체제, 주변장치, 네트워크 배치).

원칙 3. 지원 체제는 반드시 소프트웨어가 배포되기 전에 확립되어야 한다. 최종 사용자는 질문이나 문제가 생겼을 경우, 응답 및 정확한 정보를 기대한다. 만약, 지원이 임시방편이거나, 더 나쁘거나, 더 지원이 없다면, 고객은 즉시 불만을 표할 것이다. 지원은 계획되어야 하고, 지원 요소들은 준비되어야 하며, 적절한 기록 유지 메커니즘이 구축되어진다면 소프트웨어 팀은 요청된 지원 종류의 단정적인 평가를 실행할 수 있다.

원칙 4. 적합한 교육적 자료는 반드시 최종 사용자에게 제공되어야 한다. 소프트웨어 팀은 소프트웨어 자체가 제공하는 것 이상을 인계된다. 적합한 훈련 자료는(요구하면) 개발되어야 한다; 문제 해결 가이드라인이 제공되어야 하고, 필요할 경우, "이러한 소프트웨어 증분의 무엇이 다른가"에 대한 설명이 제공되어야 된다.[12]

원칙 5. 결함이 있는 소프트웨어는 먼저 수정된 뒤 배포되어야 한다. 시간이 촉박한 상황에 놓여진 경우, 일부 소프트웨어 조직들은 고객에게 해당 버그들은 "다음 배포 때 수정될 것입니다."고 알려주고 저수준의 품질 증분을 인계한다. 이것은 실수이다. 소프트웨어 사업의 격언이 있다. "고객은 당신이 몇일 늦게 고수준의 품질 제품을 제공했다는 것은 잊겠지만, 그러나 그들은 저수준의 품질 제품에서 기인한 문제점들은 절대 잊지 않을 것이다. 그 소프트웨어는 매일 그것들을 상기시킨다."

배포된 소프트웨어는 최종 사용자를 위한 이점을 제공하고, 또한 소프트웨어 팀에 대해서 유용한 피드백을 제공한다. 증분이 사용됨에 따라, 최종 사용자들은 특징들 및 기능들, 사용의 용이성, 신뢰성, 보안 문제, 그리고 적절한 다른 특성들에 대한 의견을 제시하도록 장려되어야 한다.

7.4 작업 사례

Iskold[Isk08]는 소프트웨어의 품질은 소프트웨어 회사들 사이에서 경쟁력있는 차이가 될 것 이라고 기술했다. 제6장에서 배운 것처럼, 소프트웨어 개발자의 인간적인 양상은 다른

12 의사소통 활동 동안, 소프트웨어 팀의 사용자가 원하는 지원 요소가 어떤 형태인지를 결정해야 한다.

> **Quote**
>
> 이상적인 공학자는 합성자이다…. 그는 과학자가 아니며, 그는 수학자도 아니고, 그는 사회학자나 작가도 아니지만; 그러나 그는 공학적인 문제해결에 하는데서 이런 분야 모든 것에 지식과 기술을 사용할 수 있다.
>
> N. W. Dougherty

기술 영역만큼 중요하다. 이러한 이유로 성공적인 소프트웨어 엔지니어 간에 공유하는 특성과 작업 습관을 조사하는 것은 흥미로운 일이다. 그중에서도 더 중요한 것은 설계와 코드를 지속적으로 재구축 하는것을 원하고, 검증된 설계 패턴을 적극적으로 사용, 가능하면 재사용 가능한 컴포넌트의 획득, 유용성에 초점을 두고, 유지보수 가능한 응용 소프트웨어 개발, 응용 소프트웨어에 대해 가장 적합한 프로그래밍 언어를 적용, 그리고 증명된 설계와 시험 실무를 사용하여 소프트웨어를 구축하는 것이다.

기본적인 특성과 작업 습관을 넘어, Iskold[Isk08]는 프로그래밍 언어와 특정 기술을 초월한 10가지 개념을 제안했다. 이러한 개념의 일부는 소프트웨어 프로세스에서 소프트웨어공학의 역할을 알아볼 필요가 있는 사전 지식을 형성한다.

1. **인터페이스** 단순하고, 친숙한 인터페이스는 복잡하거나 유일한 인터페이스보다 오류발생이 쉬운 것을 줄일 수 있다.
2. **관례와 기본 양식** 명명 규칙과 소프트웨어 기본 양식은 수많은 개발자와 최종사용자들과 의사소통하기에 좋은 방법이다.
3. **계층화** 계층화는 데이터와 프로그래밍 추상화의 핵심이다. 그것은 설계 개념과 구현 세부 사항의 분할을 허용함과 동시에 소프트웨어 설계의 복잡성을 감소시킨다.
4. **알고리즘의 복잡성** 소프트웨어 엔지니어는 라이브러리 루틴들 사이에서 선택하는 경우에도 알고리즘의 간결성과 성능 특징에 대하여 반드시 인식해야 한다. 간단하게 쓰고 읽기 쉬운 코드는 애플리케이션의 시간과 공간 효율성을 보장해주는 종종 좋은 방법이다.
5. **해싱** 해싱 기법은 자료를 효율적으로 저장하고 검색하는 데 있어 중요하다. 또한 해싱 기법은 클라우드 데이터베이스에 있는 컴퓨터에 균등하게 데이터를 할당하는 수단으로 중요할 수 있다.
6. **캐싱** 소프트웨어 엔지니어는 컴퓨터 메모리와 보조저장장치가 아닌 것과의 사이에서 저장된 데이터의 부분집합을 빠르게 조회하는 것을 도와주는 관계에 대해 상관관계를 인식할 필요가 있다. 스래싱은 상호 의존적인 데이터가 메모리에 동시에 들어있지 않을 때 발생할 수 있다. 응용 소프트웨어는 새로운 자료가 메모리 내로 들어갈 때, 느려질 수 있다(예: 실시간 비디오게임의 장면이 편집되어 실행될 때).
7. **동시성** 멀티프로세서 컴퓨터와 멀티 스레드 프로그래밍 환경의 광범위한 가용성은 소프트웨어의 기술적 도전을 만든다.
8. **클라우드 컴퓨팅** 클라우드 컴퓨팅은 모든 종류의 컴퓨팅 플랫폼에 강력하고 손쉽게 접근할 수 있는 웹서비스와 데이터를 제공한다.
9. **보안성** 시스템 자산의 비밀성과 무결성을 보호하는 모든 컴퓨팅 전문가들의 관심사이다.
10. **관계형 데이터베이스** 관계형 데이터베이스는 정보 저장과 검색의 초석이다. 데이터의 중복을 어떻게 최소화하고 검색 속도를 어떻게 최대화하는지를 아는 것이 중요하다.

많은 경우에 소수의 훌륭한 공학자들이 '영리하게' 하는 작업이 많은 다수의 그룹이 작업하는 것보다 생산적일 수 있다. 좋은 소프트웨어 엔지니어는 어떤 원칙과 방법과 도구가 사용되는지, 언제 그것들을 사용하는지, 그리고 왜 그것들이 필요한지에 대해 반드시 알아야 한다.

7.5 요약

소프트웨어공학 실무는 소프트웨어 엔지니어들이 소프트웨어 프로세스 전반에 걸쳐 적용되는 원칙, 개념, 방법 그리고, 도구들을 포함한다. 모든 소프트웨어공학 프로젝트는 다르다. 그러나, 많은 일반적인 원칙은 프로젝트 나 제품의 전체 프로세스에 관계없이 각 프레임 워크 활동의 실무에 대해서 전반적인 과정에 적용된다.

많은 핵심적인 원칙들은 의미 있는 소프트웨어 프로세스의 응용 시스템과 효율적인 소프트웨어공학방법론의 적용에 도움을 준다. 프로세스 수준에서, 핵심 원칙들이 소프트웨어 과정을 통하여 활동하는 것처럼 소프트웨어 팀을 가이드 하는 철학적인 기초를 설립해준다. 실행 수준에서 핵심 원칙들은 당신이 문제를 분석하는 것, 문제를 설계하는 것, 해결책을 구현하고 시험하는 것, 그리고 궁극적으로 사용자 회사에 소프트웨어를 설치하는 것처럼 가이드라인을 제공하는 가치와 원칙을 수집해준다.

의사소통 원리 원칙들은 개발자와 고객 사이에 토의 과정처럼 잡음을 줄이고 대역폭을 증가하는 요구에 초점을 맞춰야 한다. 양 당사자가 모두 발생할 수 있는 가장 좋은 의사소통을 위해 협력해야 한다.

계획의 원칙은 시스템 또는 제품을 완성하는 과정에 가장 적합한 지침을 구성하기 위한 일련의 가이드를 제공한다. 계획은 오로지 하나의 소프트웨어 증분을 위해 설계될 수 있거나, 전체 프로젝트에 의해 정의될 수도 있다. 그럼에도 불구하고, 무엇을 해야 하고, 누가해야 하고, 작업이 언제 완료될 것인가를 고려해야 한다.

모델링은 점진적으로 소프트웨어가 상세히 되도록 표현하는 분석과 설계를 모두 포함한다. 모델의 목적은 해야 할 작업의 이해를 확고하고 소프트웨어를 개발할 기술자에게 기술적인 가이드를 제공하는 것이다. 모델링의 원리 원칙들은 소프트웨어의 표현하는 데 사용되는 방법론과 표기법에 대한 기초로 제공된다.

컴포넌트를 위한 소스코드가 생성되고 시험되기 위한 코딩과 테스팅 주기를 포함한다. 코딩 원칙들은 코드가 쓰기 전, 코드가 생성되는 동안에, 그리고 완성 된 후에 발생하는 일반적인 활동을 정의한다. 비록 많은 시험 원칙이 있지만, 단지 하나만 지배적이다: 테스팅은 에러를 발견하기 위한 목적으로 프로그램을 실행하는 프로세스이다.

배포는 각 소프트웨어의 증가가 고객에게 표현될 때 발생되고 그리고 인계, 지원, 및 피드백을 포함한다. 인계의 핵심 원칙은 고객의 기대의 관리, 그리고 소프트웨어에 대한 적절한 지원 정보를 제공하는 것을 고려되어야 한다. 피드백은 비즈니스 가치를 가지는 변경을 제안하도록 고객에게 허용하고, 그리고 개발자에게 다음 반복적인 소프트웨어공학 주기에 대한 입력을 제공한다.

문제와 생각할 점

7.1 품질에 대한 초점은 자원과 시간을 요구하고 있는데, 계속해서 애자일과 품질에 초점을 유지하는 것이 가능한가?

7.2 프로세스를 안내하는 8개의 핵심 원칙 중(7.2.1절에서 설명한), 당신은 무엇이 제일 중요한 대목이라고 생각하는가?

7.3 자신만의 언어로 관심사의 분리 개념을 설명해보라.

7.4 중요한 의사소통의 원칙은 "당신이 소통하기 전에 준비하라."라고 기술되었다. 당신이 실행하는 초기 작업에서 이러한 준비를 어떻게 나타낼 것인가? 어떤 작업 제품이 초기 준비의 결과물처럼 나타날 수 있는가?

7.5 의사소통 활동과 "용이성"에 대한 몇 가지 연구를 해라. (참고 문헌을 제공하거나 다른 사람들을 사용하여) 그리고 용이성에 대한 유일한 집중 할 수 있는 많은 가이드라인을 준비해라.

7.6 애자일 의사소통과 기존의 소프트웨어공학 의사소통의 차이점은 무엇인가? 어떠한 유사성이 있는가?

7.7 "다음 단계 진행"이 필요한 이유는 무엇인가?

7.8 의사소통 활동을 위한 "협상"에 대한 몇 가지 연구를 하고 단지 협상에만 초점을 둘 수 있는 많은 가이드라인을 준비하라.

7.9 프로젝트 스케줄에 있는 문구 중 세분화의 의미가 무엇인지 설명하라.

7.10 소프트웨어공학 작업에서 모델이 왜 중요한가? 그것들은 언제나 필요한 것인가? 그들의 질문에 대한 당신의 대답에 적정한 사유가 있는가?

7.11 요구사항 모델링과정에서 고려되는 세 가지 "도메인"은 무엇인가?

7.12 7.3.4절 에서 코딩하기 위하여 기술 된 부가적인 하나의 원칙을 추가하자.

7.13 성공적인 테스트란 무엇인가?

7.14 아래 설명에 동의하거나 반대하라: "왜 우리가 다수 증분을 고객에게 인계한 후, 초기 증분단계에서 품질에 관하여 관심을 갖아야 하는지" 당신의 답을 설명하라.

7.15 피드백이 소프트웨어 팀에게 왜 중요한가?

추가 읽을거리와 정보 소스

고객 의사소통은 소프트웨어공학에서 핵심적으로 중요한 활동이며, 아직도 몇몇 실무자들은 이를 읽는데 많은 시간을 소비한다. Withall(*Software Requirements Patterns*, Microsoft Press, 2007)은 의사소통 문제를 다루는 다양한 유용한 패턴을 제공한다. van Lamsweerde (*Requirement Engineering: From System Goals to UML Models to Software Specifi cations*, Wiley, 2009)와 Sutliff(*User-Centered Requirements Engineering*, Springer, 2002)은 의사소통에 관련된 문제에 대하여 비중 있게 초점을 맞추고 있다.

Karten에 의한 도서(*Changing How You Manage and Communicate Change*, IT Governace Publishing, 2009), Weigers(*Software Requirements*, 2nd ed., Microsoft Press, 2003), Pardee(*To

Satisfy and Delight Your Customer, Dorset House, 1996)와 Karten[Kar94]의 저서들은 효율적인 고객 상호 작용을 위한 방법에 많은 통찰력을 제공한다. 비록 그들의 저서는 소프트웨어에 초점을 두고 있지는 않지만, Hooks and Farry (*Customer-Centered Products*, American Management Association, 2000) 고객 의사소통을 위한 유용한 일반적인 가이드라인을 제시한다. Young(*Project Requirements: A Guide to Best Practices*, Management Concepts, 2006 and *Effective Requirements Practices*, Addison-Wesley, 2001)은 고객들과 요구사항을 협력적으로 개발하는 개발자들과의 "합동팀"을 강조한다. Hull, Jackson, and Dick(*Requirements Engineering*, Springer, 3rd ed., 2010)와 Somerville and Kotonya(*Requirements Engineering: Processes and Techniques*, Wiley, 1998) "도출" 개념과 기술 그리고 다른 요구사항 공학의 원칙을 설명했다.

커뮤니케이션의 개념과 원칙의 기획은 많은 프로젝트 관리 도서에 고려되었다. 유용한 프로젝트 관리 제품은 books by Juli(*Leadership Principles for Project Success*, CRC Press, 2012), West and his colleagues(*Project Management for IT Related Projects*, British Informatics Society, 2012), Wysocki(*Effective Project Management: Agile, Adaptive, Extreme*, 5th ed., Wiley, 2009), Hughes(*Software Project Management*, 5th ed., McGraw-Hill, 2009), Bechtold(*Essentials of Software Project Management*, 2nd ed., Management Concepts, 2007), Leach(*Lean Project Management: Eight Principles for Success*, BookSurge Publishing, 2006), Stellman and Greene(*Applied Software Project Management*, O' Reilly Media, 2005).

Davis[Dav95b]는 소프트웨어공학 원칙의 우수한 수집을 편집했다. 부가적으로, 사실상 소프트웨어공학에 관한 모든 도서는 분석, 설계 및 테스트에 대한 개념과 원칙에 유용한 논의가 포함되었다. 그중 가장 널리 사용되는 것들은 아래와 같이 제공된다(이 책뿐만 아니라!).

Abran, A., and J. Moore, *SWEBOK: Guide to the Software Engineering Body of Knowledge*, IEEE, 2002.[13]

Pfleeger, S., *Software Engineering: Theory and Practice*, 4th ed., Prentice Hall, 2009.

Schach, S., *Object-Oriented and Classical Software Engineering*, McGraw-Hill, 8th ed., 2010.

Sommerville, I., *Software Engineering*, 9th ed., Addison-Wesley, 2010.

또한 이러한 책들은 모델링과 구축 원칙에 대해서 상세히 논의된다.

많은 도서에서 고려된 모델링 원칙은 요구사항 분석 및 또는 소프트웨어 설계를 위하여 노력하였다.

Books by Lieberman(*The Art of Software Modeling*, Auerbach, 2007), Rosenberg and Stephens(*Use Case Driven Object Modeling with UML: Theory and Practice*, Apress, 2007), Roques(*UML in Practice*, Wiley, 2004), Penker and Eriksson(*Business Modeling with UML: Business Patterns at Work*, Wiley, 2001) 위의 저서들은 모델링 원칙과 방법론에 대해 논의한다.

13 http://www.computer.org/portal/web/swebok/v3guide에서 무료로 이용 가능하다.

Norman's(*The Design of Everyday Things*, Basic Books, 2002) 설계 작업을 수행하고자 하는 모든 소프트웨어 엔지니어에 대하여 읽어져야만 한다.

Winograd와 그의 동료들(*Bringing Design to Software*, Addison-Wesley, 1996) 소프트웨어 설계에 대해 실무적인 문제들을 표현하는 에세이의 우수한 수집을 발간했다. Constantine와 Lockwood(*Software for Use*, Addison-Wesley, 1999) "사용자 중심의 설계"와 관련된 개념을 나타내었다. Tognazzini(*Tog on Software Design*, Addison-Wesley, 1995)는 설계의 성질에 대한 가치 있는 철학적 논의를 표현했다. Stahl과 그의 동료들은(*Model-Driven Software Development: Technology, Engineering*, Wiley, 2006) 모델기반 개발 원칙에 대해서 논의했다. 여덟 개의 기본 설계 원칙을 고려하고 재구축에 대한 50가지의 규칙을 확인했다.

수백 권의 도서는 구축 활동의 한 개 또는 그 이상을 다루었다. Kernighan과 Plauger[Ker78]는 프로그래밍 양식에 대한 고전적인 서적을 썼으며, McConnell[McC04]은 실무적인 소프트웨어 구축을 위한 실용적인 가이드라인을 제시했다. Bentley[Ben99]는 넓고 다양한 프로그래밍 Pearl을 제시했다. Knuth[Knu98]은 프로그래밍의 예술에 대한 고전적인 세 권의 시리즈를 작성하였고, Hunt[Hun99]는 실용적인 프로그래밍 가이드라인을 제시했다.

Myers 그리고 그의 동료들은(*The Art of Software Testing*, 3rd ed., Wiley, 2011) 그의 고전 책에서 중요한 것을 교정하였고, 많은 중요한 시험 원칙을 논의했다. Books by *How Google Tests Software*, Addison-Wesley, 2012), Perry(*Effective Methods for Software Testing*, 3rd ed., Wiley, 2006), Whittaker(*How to Break Software*, Addison-Wesley, 2002), Kaner과 그의 동료들(*Lessons Learned in Software Testing*, Wiley, 2001), Marick(*The Craft of Software Testing*, Prentice-Hall, 1997)의 저서 각각은 중요한 시험 개념과 원칙들을 나타내고 실용적인 지침서를 제시했다.

소프트웨어공학 실무에 관한 광범위하고 다양한 정보 소스는 인터넷에서 사용 가능하다. 소프트웨어공학실무에 대한 관련된 월드 와이드 웹 참고용의 최신 목록은 SEPA 웹 사이트 www.mhhe.com/pressman에서 찾을 수 있다.

요구사항 이해

8

CHAPTER

문제의 요구사항을 이해하는 것은 소프트웨어 공학자가 직면한 가장 어려운 일 중 하나이다. 이 일에 대해서 우선적으로 생각할 때, 요구사항을 이해하고 명확하게 개발하는 것은 어렵게 보이지 않는다. 결국에, 고객은 무엇을 요구할지를 알고 있지 않은가? 최종 사용자는 이점을 제공하는 특징과 기능을 올바르게 이해하지 않는가? 놀랍게도, 많은 경우에 이러한 질문의 대답은 "아니다"이다. 비록 고객과 최종 사용자들이 그들의 요구가 분명하다 할지라도, 이러한 요구는 프로젝트를 통해서 변경될 것이다.

효율적인 요구사항 실무에 대해 Ralph Young[You01]의 책 서문에 다음과 같이 썼다.

> 이것은 당신의 최악의 악몽이다. 고객이 당신의 사무실에 들어가 자리에 앉아 당신을 곧바로 쳐다보고 말한다. "나는 당신이 내가 말한 것을 이해한다고 생각하는 것을 알지만, 그러나 당신이 이해하지 못하는 것은 내가 말한 무엇이 내가 의미한 무엇이 아니라는 것이에요." 늘, 이러한 일은 기한 약속이 정해진 후에, 프로젝트의 후반에 발생하고, 명성도 돈도 위태롭다.

주요 개념

- 분석 패턴
- 협력
- 정교화
- 추출
- 개시
- 협상
- 협상 품질기능
- 품질 기능 전개
- 요구공학
- 요구사항 수집
- 요구사항 관리
- 모니터링
- 명세서

QUICK LOOK

이것은 무엇인가? 당신이 어떤 기술적인 작업을 시작하기 전에, 어떠한 공학 작업에 대한 일련의 요구사항을 만드는 것은 좋은 생각이다. 이러한 작업은 소프트웨어의 사업 영향이 무엇이 될 것인가, 고객이 원하는 것이 무엇인가, 최종 사용자가 소프트웨어와 어떻게 상호작용 하는지에 관한 이해로 이어진다.

누가 수행하는가? 소프트웨어 엔지니어들(때때로, 시스템 엔지니어나 IT 세상에서 "분석가"로 언급되는)과 다른 프로젝트 이해 관계자(매니저들, 고객들, 최종 사용자들), 요구사항 공학에서 모든 참가자

왜 중요한가? 이상한 문제를 풀기 위해서 격조있는 컴퓨터 프로그램을 설계하고 구축하는 것은 사람들의 요구사항을 제공하는 것은 아니다. 이것이 당신이 컴퓨터 기반의 시스템을 설계와 구축을 시작하기 전에 고객이 무엇을 원하는 가를 이해하는 중요한 이유이다.

어떤 단계가 있는가? 요구사항 공학은 개시와 함께 시작한다(해결해야 할 문제의 본질과 범위를 정의하는 작업). 이것은 도출을 향해 움직인다(요구되는 것이 무엇인가를 정의하는 이해 관계자를 도와주는 작업). 그러고 난 후 정교화(기본 요구사항이 재정의 되고 수정되는 곳). 이해 관계자들이 문제를 정의할 때, 협상은 발생한다(우선순위가 무엇인지, 무엇이 필수적인지, 언제 요구되는지). 최종적으로, 문제가 명확해지고 그리고 그때 당신이 문제를 이해하는 것과 이해 관계자들이 문제를 이해하는 것이 일치되는지를 보장하기 위해서 그때 검토되고 검사된다.

작업 산출물은 무엇인가? 요구사항 공학의 목적은 모든 구성원들에게 문제의 이해를 서면으로 제공하는 것이다. 이것은 작업 많은 작업 산출물을 통하여 얻을 수 있다. 사용 시나리오들, 기능과 특징 리스트들, 요구사항 모델들, 또는 명세서.

작업이 옳게 수행되었다는 것을 어떻게 확인하는가? 요구사항 공학 작업 산출물은 당신이 얻은 것이 그들이 진정으로 원하는 것인지를 보장하기 위해 이해 관계자와 함께 검토하는 것이다.(경고의 말: 비록 모든 사람들이 동의하더라도 요구사항은 변화할 것이고, 그리고 요구사항은 프로젝트를 전적으로 계속 변화할 것이다.)

몇 년 이상 동안 시스템과 소프트웨어 비즈니스 사업을 작업해온 우리 모두는 이러한 악몽 속에 살아왔고, 그리고 아직, 우리들 중 몇몇은 악몽이 사라지게 하기 위해 배우고 있다. 우리는 우리가 획득한 정보를 이해하는 데 힘들게 한다. 우리는 종종 요구사항을 체계적이지 않는 방법으로 기록하고, 그리고 우리는 우리가 기록한 것을 검증하기 위해서 매우 작은 시간을 사용한다. 우리는 변경을 제어하기 위한 메커니즘을 확립하기보다는 우리를 제어하기 위한 변경을 허용한다. 요컨대 우리는 시스템이나 소프트웨어를 위해 확고한 기반을 설립하는 데 실패한다. 이러한 문제 각각은 도전적이다. 그들이 결합될 때, 가장 숙련된 관리자와 실무자들조차도 그 관점은 매우 위압적이다. 그러나 해결책은 존재한다.

우리가 이 장에서 논의할 기술들은 단지 정의된 도전에 대해 진정한 "해결책"은 아니라고 주장하기에 타당하다. 그러나 그들은 이러한 도전들을 해결하기 위한 확고한 접근을 제공한다.

8.1 요구공학

> **Quote**
>
> 소프트웨어 시스템을 구축하는 가장 힘든 부분은 무엇을 구축할 것인가를 결정하는 것이다. 만약 결정이 잘못됐다면 결과 시스템에 그렇게 손상을 주는 작업은 없다. 나중에 바로잡기 위해서는 어떠한 다른 부분보다도 더 어렵다.
>
> Fred Brooks

> **KEY POINT**
>
> 요구공학은 설계와 구축을 위한 확고한 기초를 세우는 것이다. 요구공학이 없다면, 결과물인 소프트웨어가 고객의 요구와 일치 안 될 가능성이 높다.

컴퓨터 소프트웨어 설계와 실행은 도전적이고, 창의적이며, 분명히 재미있다. 사실, 소프트웨어를 구축하는 것은 흥미진진하기 때문에 많은 소프트웨어 개발자들은 요구가 무엇인지를 명확하게 이해하기 전에 바로 뛰어들기를 원한다. 그들은 구축해감에 따라 상황이 명백하다고 주장하고, 프로젝트 이해 관계자들은 소프트웨어의 초기 반복 시험 직후에 필요를 이해할 수 있고, 이러한 것은 너무나 빨리 변화하기 때문에 상세한 요구사항을 이해하기 위한 노력에 시간이 낭비되고, 결론은 작업프로그램을 생산하는 것이고, 그리고 다른 모든 것은 부수적이다. 이러한 주장들을 매혹적이게 만드는 것은 진실의 구성요소를 포함하는 것이다.[1] 그러나 각 주장이 결함이 있고 소프트웨어 프로젝트를 실패로 이끌 수 있다..

요구사항의 이해를 이끌어내는 작업과 기술들의 광범위한 것을 요구공학이라고 부른다. 소프트웨어 프로세스 관점으로부터, 요구공학은 의사소통 하는 동안 그리고 지속적인 모델링 활동을 시작하는 중요한 소프트웨어공학 활동이다. 이것은 프로세스, 프로젝트, 제품의 요구, 그리고 사람들이 하는 작업에 적응되어야 한다.

요구공학은 설계와 구축 사이에 연결다리를 만든다. 하지만 이 다리의 근원지는 어디인가? 어떤 사람은 프로젝트 이해 관계자들(매니저, 고객, 최종 사용자들)의 기초에서, 사업 요구가 정의되고, 사용자 시나리오가 기술되고, 기능과 특징이 묘사되고, 그리고 프로젝트 제한조건이 정의되는 곳에서 시작된다고 주장한다. 다른 사람들은 좀 더 큰 시스템 도메인을 하나의 구성요소로 보는 소프트웨어로 좀 더 넓은 시스템 정의와 함께 시작한다고 주장하였다. 그러나 시작점과 상관없이, 다리를 건너는 여행은 당신에게 소프트웨어 작업을 수행하는 문맥의 조사를 허용해주는, 프로젝트를 훨씬 더 높은 곳으로 이동하게 한다. 설계와 구축이 반드시 다뤄지는 특정 요구사항들, 작업이 수행되는 순서를 가이드 하는 우선순위

1 이것은 작은 프로젝트들(한달 이내)과 더 작고, 상대적으로 단순한 소프트웨어에 대한 노력에 대하여 진정한 사실이다. 소프트웨어가 크기가 커지고 복잡해짐에 따라 이러한 주장은 무너지기 시작한다.

들; 그리고 최종 설계에서 중요한 영향을 가질수 있는 정보, 기능, 행위.

지난 십 년 동안, 요구사항 공학 프로세스에 영향을 주는 많은 기술 변경이 있어 왔다 [Wev11]. 유비쿼터스 컴퓨팅은 컴퓨터 기술이 오늘날 많은 객체 속으로 통합되도록 해주었다. 이러한 객체들이 상호 연결됨에 따라 그들이 개인정보 보호정책과 보안성에 대한 문제점을 수반한 사용자 프로필을 더 완벽하게 만들 수 있게 하였다.

전자 시장에서 응용 소프트웨어의 폭넓은 가용성은 이해 관계자들의 요구사항을 더욱 더 다양하게 이끌어낼 것이다. 이해 관계자들은 제품을 고객 요구에 수정할 수 있고, 한정된 요구사항들은 단지 모든 최종 사용자의 작은 부분에 대해 적용된다. 제품 개발 주기가 짧아질수록, 그들은 요구공학을 간소화하기 위한 압력을 받고 그래서 제품은 시장에 더욱 빠르게 출시한다. 그러나 근본적인 문제는 동일하고, 시기적절하고, 정확하고, 안정적인 이해 관계자들의 입력이 남아있다.

> **ADVICE**
> 요구사항 작업 동안 약간의 설계 작업을 하길 기대하고 설계 작업 동안에 약간의 요구사항 작업도 기대하라.

요구사항 공학은 7가지의 뚜렷한 작업들을 포함한다. 도입, 추출, 정교화, 협상, 명세화, 확인, 그리고 관리. 이러한 작업 중 일부는 병렬적으로 발생하고 모두는 프로젝트의 요구에 대해 적응되는 것을 주장하는 것은 중요하다.

도입 어떻게 소프트웨어 프로젝트가 시작되는가? 새로운 컴퓨터 기반 시스템 또는 결과물에 대해 촉매가 되는 유일한 이벤트가 있거나, 또는 시간에 따라 요구가 진화될 것인가? 이러한 질문들에 대해 확실한 답은 없다. 어떤 경우, 일상적인 대화는 주요 소프트웨어공학에 투입되는 노력을 촉진하기 위해 필요로 하는 전부이다. 그러나 일반적으로, 대부분의 프로젝트는 사업 요구가 정의되거나 잠재적인 새로운 시장이거나 서비스가 발견될 때 시작된다. 사업 커뮤니티(예: 사업 관리자들, 마케팅 인원들, 제품 관리자들)로부터 이해 관계자는 아이디어를 위한 사업 사례를 정의하고, 시장의 폭과 깊이를 정의하려고 시도하고, 대략적인 타당성 분석을 하고, 프로젝트 범위의 작업기술서를 정의한다. 이러한 정보의 모두는 변경에 대한 주제이나, 그러나 소프트웨어공학 조직[2]과 함께 토의를 촉진하기에 충분하다.[2] 프로젝트 도입[3]에서, 솔루션을 원하는 사람, 해결책을 원하는 솔루션의 본질, 그리고 다른 이해 관계자와 소프트웨어 팀 간의 사전의 의사소통과 협력의 효율성에 대한 문제의 기본 이해를 확립한다.

> **Quote**
> 주요 소프트웨어의 재해들의 근원은 일반적으로 소프트웨어 프로젝트의 시작 첫 3개월에서 나타난다.
>
> Caper Jones

도출 이것은 충분히 단순해 보인다. 고객, 사용자들, 그리고 다른 이들에게 시스템 또는 제품의 목표가 무엇인지, 무엇이 달성되려 하는지, 시스템 또는 프로덕트가 비즈니스 요구에 어떻게 적합한지, 그리고 시스템 또는 프로덕트가 어떻게 매일매일 사용될 수 있을지에 대해 질문해라. 그러나 간단하지 않다. 이건 매우 어렵다.

도출의 가장 중요한 부분은 사업 목표를 수립하는 것이다[Cle10]. 당신의 일은 이해 관계자들의 관심을 끌고, 고취시키고, 솔직하게 목표를 공유하는 것이다. 일단 목표가 정해졌

2 만일, 컴퓨터 기반 시스템이 개발되려면, 시스템 공학 프로세스의 문맥에 대해 토의가 시작된다. 그보다 시스템 공학 의 상세한 토의를 원한다면, 이 책에 나와 있는 웹사이트를 방문하라: www.mhhe.com/pressman

3 통합 프로세스(UP: 제4장)는 이 장에서 논의될 도입, 추출, 그리고 정교화 작업들을 포함하는 더욱 포괄적인 "도입 단계"를 정의하는 것을 기억하라.

다면, 우선순위결정 메커니즘이 수립되어야 하고, 그리고 잠재적인 구조(이해 관계자들의 목표를 충족시킬)에 대한 끈거적인 설계가 만들어질 것이다.

Info

목표지향 요구공학

목표는 시스템이나 제품이 반드시 달성해야 할 장기적인 목적이다. 목표는 기능적이거나 혹은 비기능적인 것(예: 의존성, 보안성, 사용성 등등)에 대해 다뤄질 것이다. 목표는 종종 이해 관계자들에게 요구사항을 이해시키는 데 좋은 방법이고, 일단 구축되면, 이해 관계자들 사이의 갈등을 처리하는 데 사용될 수 있다.

객체 모델(제10장과 제11장)들과 요구사항들은 목표로부터 체계적으로 파생될 수 있다. 목표간 연결성을 보여주는 목표 그래프는 저수준의 기술적인 구체화를 위한 고수준의 전략적 관점사이의 추적성의 어떤 정도를 제공할 수 있다. 목표는 정확하게 명세화 되어야 하고, 그리고 요구사항 구체화, 검증/확인, 갈등 관리, 협상, 설명, 그리고 진화를 위한 기본으로 제공된다.

요구사항에서 발견되는 갈등은 종종 그들 자신의 목표를 나타내는 갈등의 결과들이다. 갈등 해결은 이해 관계자들이 원하는 서로 상호간에 일치하는 일련의 상호간의 합의된 목표를 협상하는 것에 의해 해결된다. 목표와 요구공학에 대한 더욱 완벽한 토의는 Lamsweerde의 저서에서 확인할 수 있다[LaM01b].

? 고객의 요구가 무엇인지를 분명하게 이해하기가 왜 어려운가?

Christel과 Kang[Cri92]은 도출이 발생됨에 의해 직면하는 많은 문제들을 정의한다. 문제의 범위는 시스템의 경계가 불명확하거나 또는 고객과 사용자들이 불필요한 기술 상세성을 기술하였을 때 발생하는 문제의 범위는 시스템 목적 전체를 명확하게 하기보다 혼란을 일으킬 것이다. 이해의 문제는 고객과 사용자들은 무엇이 필요한지, 그리고 그들의 컴퓨팅 환경의 성능과 한계에 대해 대충 이해하고, 문제 도메인에 대해 충분히 이해하지 못하고, 요구사항을 의사소통하는 데 어려움이 있고, "명백한" 믿을 수 있는 정보가 생략되고, 고객과 사용자들의 요구사항이 충돌이 일어나게 명세하고, 애매하고 시험할 수 없는 요구사항을 명세할 때 직면한다. 변경의 문제는 요구사항이 시간에 따라 변화될 때 발생한다. 이러한 문제들을 극복하기 위해, 당신은 반드시 조직적인 방법으로 요구사항 수집활동을 해야 한다.

ADVICE 구체화는 좋은 것이나, 당신은 종료될 때 안다. 핵심은 설계를 위한 확고한 기반이 수립되는 방법에서 문제를 기술하는 것이다. 만약 이러한 점을 극복하기 위해서는, 당신은 설계를 해야 한다.

구체화 도입과 추출하는 과정에서 고객으로부터 얻은 정보는 구체화하는 동안 확장되고 정제된다. 이러한 작업은 소프트웨어 기능, 행위, 그리고 정보의 다양한 양상들을 정의하는 요구사항 모델(제9장부터 제11장)을 정제하는 개발에 초점을 둔다.

구체화는 최종 사용자들(그리고 다른 액터)이 시스템과 어떻게 상호작용 할지 기술하는 사용자 시나리오의 생성과 정제에 의해 추진된다. 각 사용자 시나리오는 분석 클래스(최종 사용자들에게 보이는 사업 도메인 개체들)들로 분해된다. 각 분석 클래스의 속성들은 정의되고, 각 클래스에 의해 요구된 서비스[4]들이 정의된다. 클래스 간의 관계와 협력은 정의되고, 다양한 보조 다이어그램이 만들어진다.

4 서비스는 클래스에 의해 캡슐화된 데이터를 처리한다. 오퍼레이션과 메소드라는 용어는 또한 사용된다. 만약에 당신이 객체지향 개념들에 익숙하지 않다면, 기본 개요는 부록 2에 나타나 있다.

협상 제한된 사업 자원이 주어질 때, 고객과 사용자들에 대해 달성하는 것 이상으로 요구하는 것은 일반적이지 않은 것이 아니다. 또한 다른 고객이나 사용자들에게 상충하는 요구사항을 제안하는 것, 그들의 버전이 "우리의 특정 요구에 필수적"이라고 주장하는 것 역시 비교적으로 흔한 일이다.

협상 프로세스를 통하여 이러한 충돌을 절충해야 한다. 고객들, 사용자들, 그리고 다른 이해 관계자들은 요구사항의 우선순위를 정하고, 그 우선순위에 따라 충돌에 대해 논의하도록 요청받는다. 요구사항의 우선순위를 정하고, 그 요구사항의 비용과 위험도를 평가하며, 내적인 마찰을 다루는 반복적인 접근을 사용하는 것으로, 요구사항은 제거되고, 합쳐지거나 수정되어서 각 당사자들이 어느 정도의 만족을 얻는다.

ADVICE

효율적인 협상은 승자와 패자가 없어야 한다. 양쪽 모두 수용할 수 있는 확고한 "거래"이기 때문에, 양쪽 모두 이긴다.

명세화 컴퓨터 기반 시스템들(그리고 소프트웨어)의 문맥에서, 명세화의 용어는 사람들마다 다른 것이라고 의미한다. 명세서는 쓰여진 문서, 일련의 그래피컬 모델들, 정형화된 수학적인 모델, 사용 시나리오들의 집합, 프로토타입일 수도 있고, 이러한 모든 것의 조합이 될 수도 있다.

일부는 "표준 템플릿"[Som97]이 개발되어야 하고, 그리고 명세서를 위해 사용되어야 한다고 제안하고, 일관성이 있고 더욱 더 이해할 수 있는 방법으로 요구사항이 이어져야 한다고 주장한다. 그러나 때때로 명세서가 만들어지는 시점에 때로는 유연함이 필요하다. 큰 시스템들을 위해, 자연언어 서술과 그래피컬 모델이 혼합되 쓰여진 문서가 최고의 접근이 될 것이다. 그러나 좀더 잘 이해된 기술 환경 내에 있는 더 작은 제품 또는 시스템들을 위한 사용 시나리오들이 전부 요구될 수도 있다.

KEY POINT

명세서의 절차와 형식은 만들어지는 소프트웨어 구축의 복잡성에 따라 변한다.

Info

소프트웨어 요구사항 명세서 템플릿

소프트웨어 요구사항 명세서(SRS: Software Requirements Specification)는 프로젝트가 시작하기 전에 개발될 소프트웨어의 모든 양상이 상세하게 기술될 때 생성되는 작업 결과물이다. 정형적인 SRS가 항상 작성되는 것이 아니라고 주장하는 것은 중요하다. 사실, SRS에 들인 노력이 다른 소프트웨어공학 활동들보다 더 많이 노력이 투입된다는 많은 사례들이 있다. 그러나 소프트웨어가 제 3자에 의해 개발될 때, 명세서의 부족으로 심각한 사업 이슈들을 만들 때, 또는 시스템이 매우 복잡하거나 비즈니스상 매우 중대할 때 SRS는 정당화될 수 있다.

Process Impact Inc의 Karl Wiegers[Wie03]는 완벽한 SRS를 만들어야 하는 이들을 위한 가이드라인의 역할이 가능한 훌륭한 템플릿을 개발했다(**www.processimpact.com/process_assets/srs_template.doc**에서 확인할 수 있다). 주제의 개요는 다음과 같다.

목차
변경 이력
1. 소개
   1.1 목적
   1.2 문서 규약
   1.3 의도된 청중과 읽을거리
   1.4 프로젝트 범위
   1.5 참고문헌
2. 전반적인 기술
   2.1 프로덕트 관점
   2.2 프로덕트 특징들
   2.3 사용자 클래스들과 특성들
   2.4 운영 환경
   2.5 설계 및 구현 제약사항
   2.6 사용자 문서
   2.7 가정과 의존 관계
3. 시스템 특징
   3.1 시스템 특징 1

3.2 시스템 특징 2(등등)
4. **외부 인터페이스 요구사항**
4.1 사용자 인터페이스
4.2 하드웨어 인터페이스
4.3 소프트웨어 인터페이스
4.4 의사소통 인터페이스
5. **다른 비기능적 요구사항**
5.1 성능 요구사항
5.2 안전 요구사항
5.3 보안 요구사항
5.4 소프트웨어 품질 속성
6. **기타 요구사항**
부록 A: 용어정의
부록 B: 분석 모델
부록 C: 이슈 목록

각 SRS 주제의 자세한 기술서는 앞에서 언급한 URL에서 SRS 템플릿을 다운로드 할 수 있다.

ADVICE

요구사항 확인하는 동안 핵심 관심사는 일관성이다. 요구사항이 일관성 있게 기술하는 것을 유지되도록 하려면 분석 모델을 사용하라.

확인 요구공학의 결과로 생성된 작업 산출물은 확인 단계 동안 품질에 대해 평가된다. 요구사항 확인은 모든 소프트웨어 요구사항이 모호하지 않게 표현하는 것을 보장하기 위해 명세서[5]를 조사한다; 불일치, 생략, 감지하고 수정될 수 있는 오류, 그리고 프로세스, 프로젝트, 그리고 제품에 대해 구축된 표준에 대해 일치하는 작업 결과물.

주요 요구사항 확인 메커니즘은 기술 검토이다(20장). 요구사항을 확인하는 검토 팀은 소프트웨어 공학자들, 고객들, 사용자들, 그리고 내용이나 해석, 명확화가 요구될 수 있는 영역, 정보의 누락, 비일관성(큰 제품이나 시스템들이 엔지니어링될 때 생기는 중요한 문제), 상충하는 요구사항 또는 비현실적(달성 불가능한) 요구사항에서 오류를 찾기 위하여 명세서를 조사하는 다른 이해 관계자들을 포함한다.

요구사항 확인 중 발생하는 문제들 중 몇몇을 소개하기 위해서는 두 가지 외형적으로 무해한 요구사항을 고려해야 한다.

- 소프트웨어는 사용자 친화적이어야 한다.
- 권한이 없는 데이터베이스 침범에 적중할 확률은 0.0001보다 작아야만 한다.

첫 번째 요구사항은 개발자들이 테스트하거나 평가하기에 너무 모호하다. "사용자 친화적"이라고 정확히 무엇을 의미하는가? 이를 검증하기 위해, 이를 어떠한 방법에서 정량화하거나 품질화되어야 한다.

두 번째 요구사항은 정량적인 요소(0.0001보다 낮은)를 지니고 있지만, 그러나 침범 테스팅은 어렵고 시간이 걸린다. 이 보안의 레벨은 응용 소프트웨어에 대해 보장하는가? 보안성(예: 비밀번호 보호, 특별한 핸드셰이킹)에 연결되어있는 다른 상호보완적인 요구사항들은 기술된 정량적인 요구사항들과 교체될 수 있는가?

Glinz[Gli09]는 품질 요구사항은 최상의 가치를 전달하는 방법으로 표현될 필요가 있다고 기술하였다. 이는 이해 관계자들의 품질 요구사항을 만족시키지 못하거나 최소의 비용으로 위험을 완화시키려 하는 시스템 인계 위험(제35장)을 평가하는 것을 의미한다.

5 명세서의 본질은 각 프로젝트에 따라 다를 것이라는 점을 기억하라. 어떤 경우에서, "명세서"가 사용자 시나리오들과 그 외 약간의 것들과의 모음이다. 다른 경우에는 명세서가 시나리오들, 모델들, 그리고 작성된 기술서들을 담은 문서일 수도 있다.

품질 요구사항이 더욱 중대할수록, 정량화된 기간에서 더 크게 기술할 필요가 있는 것이다. 덜 중요한 품질 요구사항은 일반적인 기간에서 서술된다. 어떤 경우에서, 일반적인 품질의 요구사항은 질적인 기술(사용자 투표 또는 체크 리스트)을 사용하여 확인된다. 다른 상황에서, 품질 요구사항은 정량적이고 질적인 평가의 조합을 사용하여 확인할 수 있다.

Info

요구사항 확인 체크리스트

일련의 체크리스트의 질문에 대해 각각의 요구사항을 조사하는 것은 종종 유용하다. 여기 질문이 될 만한 작은 주제들을 소개한다.

- 요구사항이 명확하게 표현되어 있는가? 틀린 해석이 될 가능성이 있는가?
- 요구사항의 소스(예: 사람, 규정, 문서)가 정의되었는가? 요구사항의 최종 기술이 원본 소스에 의하거나 반하여 조사되었는가?
- 요구사항이 정량적인 조건에 한계가 있는가?
- 다른 요구사항이 이 요구사항과 어떠한 연관되어 있는가? 상호참조 행렬 또는 다른 매커니즘을 통하여 명백하게 언급되었는가?
- 요구사항이 시스템 도메인 제약을 위반하는가?
- 요구사항이 시험 가능한가? 만약 그렇다면, 우리는 요구사항을 수행하기 위해 시험(때로는 확인 기준이라 불리는)을 기술할 수 있는가?
- 요구사항이 만들어진 어떠한 시스템 모델을 추적할 수 있는가? 요구사항이 전체적인 시스템/프로덕트 목적에 대해 추적할 수 있는가?
- 명세서가 보다 기술적인 작업 산출물로의 쉽게 이해되고, 쉽게 참조되고, 쉽게 번역되는 쪽으로 이끌 수 있도록 구조적인가?
- 명세서를 위한 색인이 만들어졌는가?
- 성능, 행위, 그리고 운영 가능한 특성과 연관되어 있는 요구사항이 명확하게 기술되었는가? 어떤 요구사항이 명시적으로 나타나는가?

요구사항 관리 컴퓨터 기반 시스템을 위한 요구사항의 변경과, 요구사항을 변경하기를 희망하는 것은 시스템의 생명 주기를 통하여 지속된다. 요구사항 관리는 프로젝트가 진행[6]됨에 따라 어떠한 시점에 프로젝트 팀의 정의, 팀 제어, 요구사항 추적, 요구사항 변경에 대해 도움을 주는 일련의 활동이다. 이러한 활동들의 대부분은 제29장에서 논의될 소프트웨어 형상관리(SCM: Software Configuration Management)과 동일하다.

소프트웨어 도구들

요구공학

목적: 요구공학 도구는 요구사항 수집, 요구사항 모델링, 요구사항 관리, 그리고 요구사항 확인을 지원한다.

역학: 도구 기법은 다양하다. 일반적으로, 요구공학 도구는 시스템의 정보, 기능적, 그리고 행위적 양상들을 기술하는 다양한 시각적인(예를 들어, UML) 모델들을 구축한다. 이러한 모델들은 소프트웨어 프로세스의 모든 다른 활동들을 위한 기본을 형성한다.

대표적인 도구[7]:

상당히 폭넓은(그리고 최신의) 요구사항 공학 도구의 목록을 작성한 것은 Volvere Requriements resources 사이트(**www.volere.co.uk/tools.htm**)에서 찾을 수 있다. 요구사항 모델링 도구는 제9장과 제10장에서 논의된다. 다음에 언급하는 도구는 요구사항 관리에 집중

---

6 정형적인 요구사항 관리는 수백 가지의 구별 가능한 요구사항을 포함하는 오직 큰 프로젝트에서만 시작된다. 작은 프로젝트에서는, 이러한 요구사항 공학 기능은 훨씬 덜 정형적이다.

7 여기에 언급한 도구들은 공식적으로 승인을 받은 것이라기보다는 이 범주에 있는 도구들의 예시를 제시한 것이다. 대부분의 경우, 도구의 이름은 각 개발자의 상표를 나타낸다.

되어 있다.

*EasyRM*은 Cybernetic Intelligence GmbH에서 개발되었다. (**http://www.visuresolutions.com/visurere quirements-software**) Visure Requirements는 유연하고 완벽한 요구공학 생명주기 해결책, 요구사항 캡처, 분석, 명세, 확인과 검증, 관리, 재사용을지원한다.

*Rational RequisitePro*는 Rational Software에서 개발되었다. (**www-03.ibm.com/software/products/us/en/reqpro**) 사용자가 요구사항 데이터베이스를 구축하고, 요구사항들 간의 연관 관계를 나타내고, 요구사항을 정리, 우선순위 그리고 추적한다.

더 많은 요구사항 관리 도구는 앞서 언급한 Volvere 사이트와 **www.jiludwig.com/Requirements_Management_Tools.html**에서 찾을 수 있다.

8.2 초기 구축

이상적인 환경에서, 이해 관계자들과 소프트웨어 공학자들이 같은 팀[8]에서 함께 일한다[8]. 이러한 경우에서, 요구공학은 팀 내에 잘 아는 동료들과 함께 의미 있는 대화를 하는 것은 단순한 문제이다. 그러나 현실은 종종 꽤 다르다.

고객 또는 최종 사용자들은 다른 도시 다른 나라에 있을 수도 있고, 요구하는 것이 무엇인가에 대해 단지 모호한 생각을 가질 수도 있고, 구축하려는 시스템에 관한 의견 충돌을 가질수도 있고, 제한된 기술 지식을 가지고 있을 수도, 요구공학자와 상호 작용할 수 있는 제한된 시간을 가질 수도 있다. 이러한 것의 어느 것도 바람직하지 않지만, 그러나 모든 것은 상당히 일반적이고, 그리고 당신은 종종 이러한 상황에 직면한 제한 조건에서 작업이 강요당한다.

이 절의 다음에서, 우리는 요구공학의 이해를 위한 기초 작업을 수립하기 위하여 단계에 대해서 논의한다—성공적인 해결책을 향해 진행하는 방향에서 시작되는 프로젝트를 얻기 위해서.

8.2.1 이해 관계자 식별

KEY POINT
소프트웨어는 프로덕트이며 동시에 프로덕트를 전달하는 수단이다.

Sommerville과 Sawyer[Som97]은 이해 관계자를 "개발하려고 하는 시스템의 직접 또는 간접적인 방법으로 혜택을 받는 누군가"라고 정의한다. 우리는 이미 용의자를 식별 하였다. 사업 운용 관리자들, 제품 관리자들, 마케팅 관계자들, 내 외부 고객들, 최종 사용자들, 컨설턴트들, 제품 공학자들, 소프트웨어 공학자들, 지원 및 유지보수 공학자들, 그리고 다른 사람들이다. 각 이해 관계자는 시스템에 대해 다른 관점을 가지고 있고, 시스템이 성공적으로 개발될 때 다른 혜택들을 받고, 만약 개발에 소요되는 노력이 실패할 때 다른 위험에 처한다.

도입에서, 요구사항이 도출됨에 따라 공헌해 줄 사람들의 목록이 작성 되어야 한다(8.3절). 초기 목록은 모든 이해 관계자가 요청하기 때문에 접촉할 이해 관계자로서 많아질 것이다. 즉, "내가 얘기해야 한다고 생각하는 사람이 그밖에 누구입니까?"

8.2.2 다중 관점인식

많은 다른 이해 관계자들이 존재하기 때문에, 시스템의 요구사항은 많은 다른 관점에서부

8 이러한 접근은 애자일 소프트웨어 개발 철학을 채택하는 프로젝트들에게 강력히 추천된다.

터 조사될 것이다. 예를 들면, 마케팅 그룹은 잠재 시장을 흥분을 시킬 기능들과 특징들에 관심이 있으므로, 새로운 시스템을 팔기 쉽게 마케팅 한다. 사업 관리자들은 제한된 예산에서 구축할 수 있고, 그리고 정의된 시장 창구에서 만날 준비를 할 수 있는 특징에 흥미를 가진다. 최종 사용자들은 그들에게 친숙하고 배우기 쉽고 사용하기 쉬운 특징을 원할 것이다. 소프트웨어 공학자들은 비 기술적인 이해 관계자는 보이지는 않지만 그러나 더욱더 시장에서 잘 팔리는 기능과 특징을 지원하는 기반 구조를 지원하는 기능에 관심을 가질 것이다. 지원 공학자들은 소프트웨어 유지보수성에 초점을 둘 것이다.

이러한 각각의 관계자(그리고 다른 사람들)는 요구공학 프로세스에 정보를 제공할 것이다. 다중 관점들로부터 정보가 수집됨에 따라 최근에 생긴 요구사항은 일관적이지 않을 수 도 있고 또는 다른 요구사항과 충돌이 일어날 수도 있다. 당신은 모든 이해 관계자들의 정보(불일치하고 충돌하는 요구사항까지 포함하여)를 의사 결정자들이 시스템에 대한 일련의 요구사항이 내부적으로 일관성을 유지하도록 선택할 수 있는 방식으로 분류해야만 한다.

사용자를 만족할 수 있는 소프트웨어의 요구사항을 도출하는데 어렵게 만드는 여러 것들이 있다. 불명확한 프로젝트 목표, 이해 관계자의 다른 우선순위, 이해 당사자들이 다르게 해석하는 의미, 검사하기 어렵게 만드는 방법을 기술하는 요구사항[Ale11]. 효율적인 요구공학의 목표는 이러한 문제를 제거하거나 최소한으로 줄이는 것이다.

> **Quote**
>
> 사무실에 세 명의 이해 관계자들을 두고 그들이 원하는 시스템이 어떤 종류인지를 질문하라. 당신은 4개 이상의 다른 의견을 얻게 될 것이다.
>
> Author unknown

8.2.3 협업을 위한 작업

만약 다섯 명의 이해 관계자가 하나의 소프트웨어 프로젝트에 관여한다면, 당신은 요구사항의 적절한 집합에 대하여 다섯 개(그 이상)의 다른 의견들을 가질 것이다. 앞 장을 통하여, 우리는 고객(다른 이해 관계자)은 성공적인 시스템이 만들어 지려면 그들 스스로(사소한 영역싸움을 피하기 위해)와 소프트웨어공학 실무자들 사이에 협업을 해야 한다고 언급했다. 그러나 어떻게 이러한 협업을 달성할 수 있는가?

요구사항 공학자의 업무는 공통 영역(모든 이해 관계자들이 동의하는 요구사항)과 충돌하거나 비 일관적인 영역(한 이해 관계자에 의해 요구되나 다른 이해 관계자의 요구와는 마찰하는 요구사항)을 식별하는 것이다. 물론, 도전이 필요한 카테고리는 후자이다.

> **Info**
>
> **"우선순위 관점" 사용**
>
> 상충하는 요구사항의 해결과 동시에 모든 요구사항의 상대적인 중요도를 좀 더 좋게 이해하기 위한 하나의 방법은 우선순위 관점에 기반 한 "투표" 전략을 이용하는 것이다. 모든 이해 관계자들이 많은 요구사항에 "투입된" 몇몇의 우선순위 관점을 제공받는다. 요구사항의 목록이 제공되면, 각각의 이해 관계자는 하나 이상의 우선순위 관점을 사용하여 각자(그나 그녀의 관점으로부터)의 상대적인 중요성을 나타낸다. 투입된 관점은 재사용될 수 없다. 일단 이해 관계자의 우선순위 관점이 소진되면, 그 사람에 의하여 취해진 요구사항에 대한 더 이상 행동할 수 없다. 모든 이해 관계자들에 의해 각 요구사항에 사용된 전체적인 관점은 각 요구사항의 전체적인 중요성의 지표를 제공한다.

협업은 요구사항이 위원회에서 결정된다는 것이 필요한 의미는 아니다. 많은 경우에서, 이해 관계자들은 그들의 요구사항에 대한 그들의 관점을 협력하고, 그러나 강력한 "프로젝트 챔피언"(사업 관리자 또는 고급기술자)은 어떤 요구사항이 목표를 달성하는지에 대한 최종 결정을 할 수도 있다.

8.2.4 첫 번째 질문

Quote

답변 모두를 아는 것보다 질문이 무엇인지를 아는 것이 더 낫다.

James Thurber

프로젝트의 도입에서 요구된 질문은 "자유로운 문맥"이어야 한다[Gau89]. 자유로운 문맥의 첫 조합은 고객과 다른 이해 관계자들, 그리고 총체적인 프로젝트 목적과 혜택에 초점을 맞춘다. 예를 들면, 아래와 같은 질문을 할 수 있다.

- 이 작업을 위한 요청 배후는 누구인가?
- 솔루션을 사용할 사람은 누구인가?
- 성공적인 솔루션의 경제적인 혜택은 무엇인가?
- 당신이 원하는 해결책에 대해서 다른 소스가 있는가?

이러한 질문은 구축될 소프트웨어에 관심을 가지는 모든 이해 관계자들을 식별하는 데 도움을 준다. 부가적으로, 질문은 성공적인 구현의 측정 가능한 혜택과 소프트웨어 개발을 수정 가능한 대안을 식별하며, 가능한 대안들에 주목할 만한 혜택을 준다.

다음 질문들은 당신이 문제를 좀 더 쉽게 이해할 수 있게 해주고 고객이 해결책에 관하여 그들의 견해를 말할 수 있도록 허용해준다.

?

어떤 질문이 문제의 사전 이해를 얻는데 도움이 될 것인가?

- 당신은 성공적인 해결책에 의해 만들어진 "좋은" 결과물을 어떻게 특정 짓겠는가?
- 이 해결책이 다루는 문제는 무엇인가?
- 당신은 나에게 솔루션이 사용될 사업 환경을 보여줄 수 있는가(또는 설명할 수 있는가)?
- 특정 성능 이슈와 제한조건 해결책이 접근하는 방법에 영향을 주겠는가?

질문들의 최종 조합은 의사소통 활동 그 자체의 효과에 초점을 둔다. Gause와 Weinberg[Gau98]는 이러한 질문들을 "메타 질문들"이라고 말했고 다음의 (대략적인) 목록을 제안했다.

- 당신은 이러한 질문에 대답할 수 있는 올바른 사람인가? 당신의 대답은 "공식적"인가?
- 나의 질문들이 당신이 가진 문제와 관련성이 있는가?
- 내가 너무 많은 질문들을 하는가?
- 다른 누군가가 부가적인 정보를 제공할 수 있는가?
- 나는 당신에게 다른 무엇을 요구해야만 하는가?

Quote

질문하는 사람은 5분간 바보다. 질문하지 않는 사람은 영원한 바보다.

중국속담

의사소통 초기단계에서 "분위기를 부드럽게" 하는 데 도움이 되는 이러한 질문들(그리고 다른 질문들)은 성공적인 도출에 가장 필수적이다. 그러나 질문하고 답하는 회의 형식은 압도적으로 성공적이었던 접근법은 아니다. 사실, Q&A 세션은 첫 번째 대면만을 위해 사용되어야 하고 그리고 후에는 문제 해결, 협상의 요소를 결합한 요구사항 추출 형식에 의해 대체되어야 한다. 이러한 종류의 접근은 8.3절에서 다룬다.

8.2.5 비기능적 요구사항

비기능적 요구사항(NFR: nonfunctional requirement)은 품질 속성, 성능 속성, 보안 속성 또는 시스템에 대한 일반 제약조건으로 기술될 수 있다. 이들은 종종 이해 관계자들에게 명확하게 표현하기 쉽지 않다. Chung[Chu09]은 소프트웨어 기능에 대해서 소프트웨어의 기능성에 대해서 일반적인 강조가 있고, 아직도 소프트웨어가 필수적으로 비 기능적 특징 없이 유용하지 않고 사용할 수 없다는 것을 제안했다.

8.3.2절에서, 우리는 품질 기능 전개(QFD: quality function deployment)라고 불리는 기술을 논의할 것이다. 말하지 않는 고객 요구나 목표를 시스템 요구사항으로 변환하려는 시도이다. 비기능적 요구사항은 종종 소프트웨어 요구사항 명세와 분리되어 나열된다.

QFD에 대해서 부가적으로, 비기능적 요구사항을 식별하기 위한 소프트웨어 팀과 다른 이해 관계자들을 도와줄 수 있는 두 단계의 접근법에서 정의가 가능하다. 첫 번째 단계 동안에, 일련의 소프트웨어공학 가이드라인이 실행할 시스템을 위해 작성된다. 이들은 최고실무를 위한 가이드라인을 포함하고, 또한 구조적 형식(제13장)을 제시하고 그리고 설계 패턴(제16장)의 사용한다. NFRs의 리스트(예: 유용성, 시험성, 보안성 또는 유지 보수성의 요구사항)는 그때 개발된다. 단순한 테이블은 컬럼 라벨처럼 NFR 그리고 로우 라벨처럼 소프트웨어공학 가이드라인을 작성한다. 관계 매트릭스는 각각 가이드라인을 다른 모든것과 비교하고 가이드라인의 각 쌍들이 상호보완적, 중복성, 모순되는, 또는 독립적인지 아닌지 평가하기 위해 팀에게 도움을 준다.

팀은 각각의 일련의 의사 결정 규칙[Hne11]을 사용하여 수행하거나 거부하기 위한 가이드라인을 수립하는 비기능적인 요구사항의 동질성 조합 생성에 의해 비기능 요소에 대해서 우선순위를 매긴다.

8.2.6 추적성

추적성(traceability)은 소프트웨어공학 작업 제품(요구사항과 시험사례) 사이를 연결하는 문서로 기록된다고 언급하는 소프트웨어공학 용어이다. 추적 행렬은 요구사항 공학자들이 요구사항과 다른 소프트웨어공학 작업 결과물 사이에 관계를 표현하는 것을 허용한다. 추적 행렬의 열은 요구사항 이름을 사용하여 명기되었고 그리고 행은 소프트웨어공학 작업 제품(설계요소 또는 테스트 케이스)의 이름을 갖고 명기할 수 있다.

추적 행렬은 공학 개발활동의 다양성을 지원할 수 있다. 그들은 개발자들에게 프로젝트를 하나의 프로젝트 단계에서 또 다른 단계로 이동하는 것처럼, 사용된 프로세스 모델과 상관없이 지속성을 제공한다. 추적 행렬은 모든 요구사항이 발생되는 공학 작업 제품을 보장하기 위하여 종종 사용된다.

요구사항의 수와 작업 결과물의 수가 증가함에 따라, 추적 행렬의 최신화를 유지하기 위하여 어려움이 증가된다. 그럼에도 불구하고 영향과 제품 요구사항의 영향과 진화를 추적하기 위한 어떠한 수단을 만들어 내는 것은 중요하다[Got11].

8.3 요구사항 추출

요구사항 추출(요구사항 수집이라고도 한다)은 문제해결, 구체화, 협상, 그리고 명세서의 요소를 결합한다. 협력을 권장하기 위하여 요구사항 수집을 하기 위한 팀 지향 접근, 식별하기 위한 이해 관계자와 공동 작업, 해결책을 위한 요소 제안, 다른 접근에 따른 협상, 그리고 요구사항의 일련의 해결을 위한 기본적으로 기술한다[Zah90].[9]

8.3.1 협업 요구사항 수집

협업 요구사항 수집을 위한 많은 다른 접근이 제안되어왔다. 각각은 어느 정도 다른 시나리오를 만들었고, 그러나 모든 것들은 아래의 기본 가이드라인에 대하여 어느 정도 변경을 지원한다.

? 공동 요구사항 수집 회의를 수행하기 위한 기본 가이드라인은 무엇입니까?

- 회의(현실 또는 가상)는 소프트웨어 공학자와 다른 이해 관계자들이 참석하여 실시한다.
- 참여와 준비를 위한 규칙은 수립된다.
- 의제는 공식적으로는 정형적인 충분한 내용이 제안되고 그러나 비정형적으로는 아이디어의 자유로운 흐름을 위한 권장하도록 제안된다.
- "조정자"(고객, 개발자, 또는 다른 쪽)는 그 회의를 제어한다.
- "정의 메커니즘"(작업 시트, 플립 차트, 또는 벽 스티커나 전자 게시판, 대화방, 또는 가상 포럼)이 사용된다.

WebRef
공동 응용 프로그램 개발 (JAD)는 요구사항 수집을 위한 대중적인 기술이다. 이에 대한 좋은 설명은 **www.carolla.com/WP-jad.htm**에서 찾을 수 있다.

목표는 문제를 식별하고, 해결책의 구성요소들을 제안하고, 다른 접근법에 대해 협상하고, 그리고 해결책의 요구사항들을 사전에 정하는 것을 기술하는 것이다.

한, 두 페이지의 "제품 요구사항"은 도입 단계에서 생성된다(8.2절). 회의 장소, 시간, 그리고 날짜는 선택된다. 조정자의 선택, 그리고 소프트웨어 팀과 다른 이해 관계자 조직들의 참석자들은 참여하기 위하여 초대된다. 제품 요구사항은 회의일 전에 모든 참석자들에게 배포된다.

한 예제[10]로, SafeHome 프로젝트에 관련된 마케팅 부서에 의해 쓰여진 제품 요구사항으로부터의 인용이 고려된다. 이 부서는 SafeHome 부분에 있는 홈 보안 기능에 관해 다음과 같이 서술한다.

9 이러한 접근법은 때때로 유용성 응용 소프트웨어 명세서 기술이라고 부른다(FAST, Facilitated Application Specification Technique).

10 이러한 예(확장성과 변경성)는 다음 장들의 많은 소프트웨어공학 기법을 증명하기 위하여 사용된다. 시험함에 따라, 당신 자신의 요구사항 수집 회의와 이를 위해 일련의 목록을 개발하는 것을 가지고 구축하는 것은 매우 가치 있는 것이다.

> 우리 조사는 홈 관리 시스템 시장이 연 40%의 성장을 하고 있다는 것을 보여 준다. 우리가 시장으로부터 가져온 첫 번째 SafeHome 기능은 홈 보안 기능이어야만 한다. 대부분의 사람들은 "알람 시스템"에 친숙하고, 그래서 이는 쉽게 팔릴 것이다.
>
> 홈 보안 기능은 불법칩입, 화재, 홍수, 일산화탄소 수준과 같은 예상치 못한 "상황"의 다양성에 반하여 보호할 것이다. 그것은 각 상황을 감지하기 위해 우리의 무선 센서를 사용할 것이고, 집주인에 의해 프로그램 될 수 있고, 그리고 상황이 감지 됐을 때 자동적으로 감시 회사에 전화할 수 있다.

실제로, 다른 것들이 요구사항 수집 회의와 훨씬 많은 정보들이 이용 가능한 동안 이러한 서술에 기여 할 것이다. 그러나 심지어 부가적인 정보가 있더라도, 모호성이 있게 되고, 생략이 존재할 것 같고, 오류가 발생할 수 있다. 지금은, 선행의 "기능 기술서"는 충분할 것이다.

ADVICE

만일 시스템 또는 제품이 많은 사용자에게 서비스가 제공된다면, 요구사항이 사용자의 하나의 단면을 표현하는 것으로부터 추출하는 것은 절대적으로 확신한다. 만일 단지 한 사용자가 모든 요구사항을 정의한다면 인수 위험은 높다.

회의 며칠 전에 제품 요구사항을 검토하는 동안, 각 참석자들은 시스템을 둘러싼 환경의 일부, 시스템에 의해 생성되는 다른 객체들, 그리고 그 자체 기능을 수행하기 위해 시스템에 의해 사용되는 객체들에게 객체들의 목록을 생성하라고 요청한다. 부가적으로, 각 참석자는 객체들을 조작하거나 상호작용하는 다른 서비스들(프로세스 또는 기능들)의 목록을 생성하라고 요청한다. 결론적으로, 제약조건의 목록(예: 비용, 크기, 사업 규칙)과 성능 기준(예: 속도, 정확도)이 또한 개발된다. 참석자들에게 목록들은 철저하다고 예상하는 것이 아니고 시스템에 대한 각각의 사람들의 인식을 반영하는 것이라고 알려진다.

SafeHome에 대해 기술된 객체들은 제어 패널, 연기 감지기, 창문과 문 센서들, 동작 감지기, 경보, 이벤트(센서가 활성된), 디스플레이, PC, 전화번호, 전화 호출 등과 같은 것들을 포함할 수 있다. 서비스들의 목록은 시스템 구성, 경보 설정, 센서 감시, 전화 다이얼링, 제어 패널 프로그래밍, 그리고 디스플레이 읽기(객체에 대해서 동작하는 서비스를 주의)를 포함할 수 있다. 비슷한 방식으로, 각 참석자가 제한조건들의 목록(예: 시스템은 센서가 동작되지 않을 때 반드시 인식되어야 하고, 사용자 친화적이어야 하고, 표준 전화선에 직접적으로 인터페이스 되어야 한다)과 그리고 성능 규격(예: 센서 이벤트는 반드시 1초 이내에 인식돼야만 하고, 그리고 이벤트 우선순위 방식이 구현되어야만 한다)을 개발할 것이다.

Quote

사실은 무시되기 때문에 존재가 중단된 것은 아니다.

Aldous Huxley

객체들의 목록은 큰 종이의 시트를 사용하여 방의 벽에 고정될 수 있고, 접착식 시트 혹은 게시판에 쓰여진 것을 고정시킨다. 대안적으로, 그 목록들은 내부 웹사이트에 있는 그룹 포럼에 기재되었을 수도 있고, 또는 회의 이전에 검토를 위하여 소셜 네트워킹 환경에서 기재할 수 있다. 이상적으로, 각 목록화된 엔트리는 분리되어 조작이 가능해야만 하고, 그래서 그 목록은 결합할 수 있고, 엔트리는 삭제될 수 있고, 그리고 추가 목록들을 만들 수 있다. 이 단계에서 비평과 논쟁은 엄격하게 금지되었다.

ADVICE

고객 아이디어가 "너무 고가"이고 "비실용적"이라고 비난하는 압력을 피해라. 여기에 있는 아이디어는 모두가 받아들일 수 있는 목록을 협상하는 것이다. 이것을 하기 위해서 당신은 열린 마음자세를 유지해야 한다.

개별적인 목록이 하나의 주제 영역에 표현된 후, 그룹은 중복 엔트리를 제거, 토의 도중에서 발생되는 새로운 아이디어를 추가, 그러나 모든 것을 삭제하지 않고 조합하여 생성한다. 모든 주제 영역에 대해서 결합된 목록이 생성된 후에, 토의—조정자에 의해서 조화된—조합된다. 조합된 목록은 개발된 제품과 시스템을 적당히 반영하여 단축, 연장, 그리고 재 기술 되야 한다. 목적은 구축될 시스템에 대한 객체들, 서비스들, 제한조건들, 성능의 합의목록을 만드는 것이다.

많은 경우에, 목록에 묘사된 객체와 서비스는 더 많은 설명이 요구될 것이다. 이것을 성취하기 위해, 이해 관계자는 목록에 있는 엔트리 또는 객체나 서비스를 포함하는 유스케이스를 생성에 대한 미니명세서를 생성한다. 예를 들면, SafeHome 오브젝트인 제어 패널에 대한 미니스펙은

> 제어 패널은 약 230×130 mm 크기의 벽에 장착된 유닛이다. 제어 패널은 센서와 PC에 대해 무선 연결을 가지고 있다. 사용자 상호작용은 12개의 키를 통한 키패드를 통해서 발생된다. 75×75 mm 컬러 디스플레이는 사용자 피드백을 제공한다. 소프트웨어는 상호작용을 하는 프롬프트, 반응, 유사한 기능을 제공한다.

미니스펙은 토의하기 위하여 모든 이해 관계자들에게 제공된다. 추가, 삭제, 좀 더 정교하게 만들어진다. 어떤 경우에는, 미니스펙의 개발은 원래 목록에 추가될 새로운 객체, 서비스, 제약 조건, 또는 성능 요구사항을 발견 할 수 있다. 모든 토의 중에, 팀은 회의 도중에 해결 할 수 없는 문제를 제기될 것이다. 문제 목록은 이러한 아이디어들이 나중에 동작되기 위하여 유지 보수된다.

SafeHome

요구사항 수집 회의 수행

장면: 회의실. 첫 번째 요구사항 수집회의가 진행 중에 있다.

등장인물: Jamie Lazar(소프트웨어 팀 멤버), Vinod Raman(소프트웨어 팀 멤버), Ed Robbins(소프트웨어 팀 멤버), Doug Miller(소프트웨어공학 관리자), 세 명의 마케팅 직원, 제품공학 대표자, 그리고 조정자

대화

조정자(화이트보드를 가리키며): 그래서 홈 보안 기능을 위한 현재 객체 서비스의 현재 목록입니다.

마케팅 담당자: 그것이 우리 관점으로부터 설명입니다.

Vinod: 그들이 인터넷을 경유하여 접근할 수 있는 원하는 모든 SafeHome 기능을 누구도 언급하지 않았습니다. 그것은 홈 보안 기능을 포함 하는 것인가? 포함하지 않을 것입니까?

마케팅 담당자: 포함할 거야. 물론…. 우리는 기능과 적절할 객체를 추가해야만 할 것입니다.

조정자: 또한 어떤 제약조건을 추가할 것인가?

Jamie: 그건 해야 합니다. 기술적이고 합법적으로.

생산 담당자: 무슨 의미인가?

Jamie: 우리는 외부인이 해킹할 수 없는, 해제, 강탈 또는 더 나쁜 경우를 보장할 수 있는 더 좋은 시스템을 만들 것이다. 우리 담당에서 중대한 일입이다.

Doug: 매우 사실입니다.

마케팅: 그러나 우리는 여전히 침입으로부터 외부인을 확실하게 막는 것이 필요합니다.

Ed: 그것은 수행하는 것보다 말하는 것이 쉽습니다. 그리고….

조정자 (말을 끊으면서): 나는 지금 이 문제를 논의 하고 싶지 않다. 조치항목을 기록하고 진행합시다. (Doug, 미팅에 대한 기록자로서, 적절한 노트를 만든다.)

조정자: 나는 여기에 고려할 만한 것들이 여전히 더 많이 있다고 느낍니다.

(그룹은 홈 보안 기능의 상세한 것을 제 정의 하고 확장하면서 다음 20분을 사용한다.)

많은 이해 관계자들의 관심은(예: 정확성, 데이터 접근성, 보안성) 비기능 시스템 요구사항을 위한 기본적인 것이다(8.2절). 이해 관계자들이 이런 관심을 뚜렷하게 말함으로써, 소프트웨어 공학자들은 개발될 시스템의 문맥에서 고려해야만 한다. 반드시 답변[Lag10] 되어야 할 질문은 다음과 같다.

- 우리는 시스템을 구축할 수 있을까?
- 이러한 개발 과정이 우리가 시장에서 우리의 경쟁자들과 경쟁할 수 있을까?
- 제안된 시스템을 만들고 유지보수 할 적정한 자원이 존재하는가?
- 시스템 성능은 우리 고객의 요구를 충족하는가?

이것들과 다른 질문들의 대답은 시간이 지남에 따라 진화할 것이다.

8.3.2 품질 기능 전개

품질 기능 전개(QFD: Quality function deployment)은 소프트웨어에 대한 고객의 요구를 기술적인 요구사항으로 변환하는 품질 관리 기술이다. QFD "소프트웨어공학 과정으로부터 고객의 만족을 극대화 하는 것에 집중한다."[Zul92]. 이것을 달성하기 위해서, QFD는 고객에게 가치 있는 것이 무엇이고 그리고 공학과정을 통해서 이러한 가치들을 언제 발전시킬지를 이해하는 것을 강조한다.

KEY POINT
QFD는 고객 만족을 극대화하는 방식으로 요구사항을 정의한다.

QFD의 문맥에서, 일반적인 요구사항은 고객과 회의 동안에 제품 또는 시스템에 대해 기술하는 목적과 목표를 인식하는 것이다. 만약 이런 요구사항들이 있다면, 고객은 만족된다. 예상 요구사항들이 제품 또는, 시스템에 내포 되어있고, 아마도 너무 기본적이어서 고객은 그들을 명확하게 기술하지 않는다. 그들이 기록하지 않은 것은 중요한 불만을 야기 시킬 수 있다. 흥미로운 요구사항은 고객의 예상을 뛰어 넘고, 요구사항을 기록했을 때 대단히 만족하는 것이 증명된다.

ADVICE
모든 사람이 흥미로운 요구사항을 구축하기를 원하지만, 그러나 조심해야 한다. 그것은 "요구사항이 변경"을 어떻게 시작하는 것이다. 다른 한편으로, 흥미로운 요구사항은 획기적으로 발전된 제품으로 이어진다.

비록 QFD 개념이 소프트웨어 전반에 걸쳐 적용할 수 있다면[Par96a]; 구체적인 QFD 기술은 요구사항 추출 활동에 적용 가능하다. QFD는 요구사항 수집 활동을 위한 원시 데이터로써 고객 인터뷰와 관찰, 설문조사, 그리고 이력 데이터(예: 문제 보고서)의 시험을 사용한다. 이러한 데이터들은 테이블 요구사항으로 변환된다.—고객 요청 테이블로 불린다. 그것은 고객과 다른 이해 관계자들과 함께 검토된다. 다양한 다이어그램, 행렬, 그리고 평가 방법은 예상 요구사항들을 추출하기 위해, 그리고 흥미로운 요구사항을 도출하기 하기 위해 사용된다[Aka04].

WebRef
QFD의 유용한 정보는 WWW.qfdi.org.에서 얻을 수 있다.

8.3.3 사용 시나리오

요구사항을 수집함에 따라, 시스템 기능과 특징의, 전반적인 비전은 구체화되기 시작한다. 하지만 이러한 기능들과 특징이 최종 사용자들의 다른 클래스를 어떻게 사용하는지를 이해할 때까지 더 기술적인 소프트웨어공학 활동으로 이동하는 것은 어렵다. 이것을 달성하기 위해서는, 개발자들과 사용자는 만들어진 시스템에 대하여 사용 쓰레드를 식별하는 일련의 시나리오를 생성할 수 있다. 시나리오는, 종종 유스케이스[Jac92]라고 불리우고, 어떻게 시스템이 사용될 수 있는지에 대해서 기술서를 제공한다. 유스케이스 8.4절에서 더욱더 상세하게 논의될 것이다.

SafeHome

예비 사용자 시나리오 개발

장면: 회의실,

첫 번째 요구사항 수집 회의를 진행하고 있다.

등장인물: Jamie Lazar(소프트웨어 팀 멤버), Vinod Raman(소프트웨어 팀 멤버), Ed Robbins(소프트웨어 팀 멤버), Doug Miller(소프트웨어 엔지니어링 관리자), 세 명의 마케팅 부서 멤버, 제품 공학 대표, 그리고 조정자

대화

조정자: 우리는 인터넷을 경유하여 접근 가능한 SafeHome 기능에 접근을 위한 보안에 대하여 이야기해 왔습니다. 저는 몇 가지를 시도 하고 싶습니다. 홈 보안 기능에 접근에 대한 사용 시나리오를 만들어 봅시다.

Jamie: 어떻게?

조정자: 우리는 2가지 다른 방법으로 만들 수 있고, 하지만 지금, 저는 진심으로 비공식적으로 일들을 계속 하고 싶습니다. 당신은 그 시스템에 접근할 어떠한 구상을 가지고 있는지 말씀해 주세요. (마케팅 부서 사람을 가리키며)

마케팅 부서 사람: 음…. 물론, 이것은 제가 집에서 멀리 떨어져 있고 또 누군가 집에 들여야 한다면, 비밀번호를 몰랐던 가정부 또는 수리공에게 말 할 종류의 일입니다.

조정자(웃으면서): 그것이 당신이 그렇게 해야 할 이유에요. 그것을 실제적으로 어떻게 실현할지 말해주세요.

마케팅 부서 사람: 음…. 첫 번째 내가 필요한 것은 개인 컴퓨터에요. SafeHome의 모든 사용자를 위해 우리가 유지 보수해야 할 웹사이트에 로그온 합니다. 저는 나의 사용자 ID를 제공하고, 그리고 ….

Vinod(말을 자르며): 웹 페이지는 안전하기 위해서, 우리가 안전을 보장 하기 위해 암호화 돼야 할 것이고, 그리고….

조정자(말을 자르며): 그것은 좋은 정보에요, Vinod, 하지만 그것은 기술적인 문제에요. 최종 사용자가 이 기능을 어떻게 사용할지에 대한 문제에 초점을 맞추자. 그렇게 할까요?

Vinod: 네. 그러시죠.

마케팅 부서 사람: 그래서 제가 말했듯이, 나는 웹사이트에 로그인하고 그리고 나의 사용자 아이디와 2단계의 패스워드를 제공할 것이다.

Jamie: 만약에 패스워드를 잃어버리면 어떻게 하죠?

조정자(말을 자르며): 좋은 지적이에요, Jamie, 하지만 지금은 언급하지 맙시다. 그 안건을 적은 다음 예외 처리라고 이름을 붙입시다. 저는 다른 것들도 있을 것이라 고 확신해요.

마케팅 부서 사람: 패스워드를 입력 후에, SafeHome 기능들을 대표하는 화면이 나타날 것입니다. 나는 홈 보안 기능을 선택할 거예요. 그 시스템은 내가 누구인지 확인하기 위해 나의 주소, 전화번호 또는 다른 것 들을 요청할 거예요. 내가 수행 할 수 있는 기능들의 목록을 따라 보안 시스템 제어 패널의 사진을 보여줄 것입니다. 시스템 장착, 시스템 해제, 하나 또는 그 이상의 센서들 해제. 나는 그 시스템이 내가 보안 영역들 또는 다른 그 외 것들을 재구성을 허가할 것이라는 것을 알지만 확실치는 않아요.

(마케팅 부서 사람이 계속 이야기함에 따라, Doug는 많은 메모를 하였다. 이것들이 첫 번째 비정규적인 이용시나리오의 기반을 형성한다. 대안으로, 마케팅 부서 사람은 시나리오를 적으라고 요청하였고, 그러나 이것은 회의 밖에서 이루어질 것이다.)

8.3.4 제품 추출 작업

? 요구사항 수집의 결과로 어떤 정보가 생산되는가?

요구사항 도출의 결과로 생산된 작업제품은 만들어질 시스템과 제품의 크기에 따라 다양하다. 대부분의 시스템에 대해서, 작업결과물은 다음을 포함한다. (1) 요구와 실행 가능성의 기술, (2) 시스템 또는 제품을 위한 범위의 제한된 기술, (3) 요구사항 추출에 참여하는 고객, 사용자들, 그리고 다른 이해 관계자들의 목록, (4) 시스템의 기술적인 환경의 기술, (5) 요구사항 목록(기능에 의해 바람직하게 만들어진)과 각각에 적용되는 도메인 제약조건의 목록, (6) 다른 운용조건 하에 시스템 또는 제품의 사용의 통찰성을 제공하는 일련의 사용 시나리오, (7) 요구사항을 좀 더 좋게 정의하기 위해 개발되는 어떤 프로토타입이다. 이러한 작업 제품의 각각은 요구사항 추출에 참여하는 모든 사람들에게 검토된다.

8.3.5 애자일 요구사항 추출

애자일 프로세스의 문맥에서, 요구사항은 사용자 이야기를 만드는 모든 이해 관계자들에게 묻는 것에 의해 추출된다. 각 사용자 이야기는 사용자의 관점으로부터 작성된 단순한 시스템 요구사항을 기술한다. 사용자 이야기는 작은 노트 카드에 기록될 수 있으며, 개발자가 다음 제품 증분에 대해 구현하기 위한 요구사항의 일부분을 선택하고 관리를 쉽게 해준다. 제안자는 개발자가 자신의 의제보다 요구사항을 선택하는 이해 관계자와의 의사소통에 그들의 초점을 이동해주는 것을 허용하는 사용자 고유의 언어로 작성된 노트 카드를 사용하여 지지한다[Mai10a].

KEY POINT
사용자 이야기는 애자일 프로세스 모델의 고객으로부터 추출된 요구사항을 문서화하는 방법이다.

비록 요구사항 추출에 애자일 접근법은 많은 소프트웨어 팀에게 매력적이나, 비평가들은 전반적인 사업 목표와 비기능 요구사항의 고려가 종종 부족하다고 주장한다. 어떤 경우, 재작업은 성능 및 보안 문제를 수용하는 것이 필요하다. 부가적으로, 사용자 이야기는 시간이 진행됨에 따라 시스템 진화에 대한 충분한 기반을 제공하지 못할 수도 있다.

8.3.6 서비스 지향 기법

서비스 지향 개발은 서비스의 집합으로 시스템을 생각한다. 서비스는 "하나의 기능을 가능한 간단하게 제공, 예를 들면, 일련의 난수들을 제공하거나, 웹 서비스 API와 같은 복잡한 요소의 집합일 수 있는, 요청/응답 기반의 매커니즘"일 수 있다[Mic12].

?
서비스 지향 모델의 문맥에 있는 서비스는 어떤 것인가?

서비스-지향 개발의 요구사항 추출은 응용 소프트웨어에 의해 생성된 서비스의 정의에 초점을 맞춘다. 비유하자면, 당신이 좋은 호텔을 방문할 때 제공되는 서비스를 고려한다. 안내원이 손님을 환영한다. 그들의 차를 대리 주차한다. 데스크 직원이 손님이 온 것을 확인한다. 벨보이는 가방을 관리한다. 호텔 안내원은 손님과 같이 호실 배치를 지원한다. 이러한 손님과 호텔 종업원 간의 접촉이나 접점은 호텔 방문과 제공하는 서비스의 표현을 향상시키기 위해 설계되었다.

대부분의 서비스 설계 기법은 있어 고객 이해, 창조적으로 생각, 해결책을 빨리 확립하는 것을 강조한다[Mai10b]. 이 목표를 성취하기 위해서, 요구사항 추출은 민속학적 연구,[11] 혁신적인 워크샵, 초기의 저정밀도 프로토타입들을 포함할 수 있다. 요구사항을 추출하기 위한 기술은 또한 브랜드와 이해 관계자의 통찰력에 대한 정보를 반드시 획득해야 한다. 부가적으로 브랜드가 고객에 의해 어떻게 사용되는지에 대해 연구해야 하고, 분석가들은 새로운 사용자 경험의 원하는 품질에 관한 기술 문서를 찾기 위한 전략이 필요하다. 사용자 이야기는 이 시점에서 도움이 된다.

KEY POINT
서비스 지향 기법을 위한 요구사항 추출은 응용 소프트웨어에 의해 생성된 서비스를 정제한다. 접점은 서비스를 받기 위해 시스템과 상호 작용하기 위한 사용자의 기회를 나타낸다.

접점에 대한 요구사항은 전체 서비스 요구사항의 달성을 나타내는 방법으로 특징지어야 한다. 이것은 각각의 요구사항이 특정 서비스에 대해 추적 가능해야 한다는 것을 제안한다.

11 제안된 소프트웨어 제품이 사용되는 환경에서 사용자 행위를 연구하는 것.

8.4 유스케이스 개발

KEY POINT
유스케이스는 액터의 관점으로부터 정의된다. 액터는 소프트웨어와의 상호작용하는 것처럼 사람이나 동작하는 장치의 역할을 한다.

효율적으로 유스케이스를 어떻게 작성하는 것인지를 논의한 책에서, Alistair Cockburn [Coc01b]은 "유스케이스는 계약서를 획득한다…. 시스템이 이해 관계자 중 한 명의 요청에 응답하는 것처럼 다양한 조건 하에 시스템 행위를 기술한다."라고 주장한다. 본질적으로, 유스케이스는 최종 사용자(가능한 역할 중 하나를 수행하는)가 어떻게 일련의 특정 상황에서 시스템과 상호작용하는 대한 형식화된 이야기로 말한다. 그 이야기는 서술적인 텍스트, 또는 작업이나 상호작용의 개요, 혹은 형식 기반의 기술서, 또는 도식화된 표현일 수도 있다. 이러한 양식과 상관없이, 유스케이스는 최종 사용자의 관점에서 소프트웨어나 시스템을 묘사한다.

유스케이스를 작성하는 첫 단계는 이야기에 포함시킬 수 있는 액터의 집합을 정의하는 것이다. 액터는 기술되는 기능과 행위의 문맥 내 시스템이나 제품을 사용하는 다양한 사람들(또는 장치들)이다. 액터는 시스템이 동작하는 것처럼 활동하는 사람들(또는 장치들)의 역할을 표현한다. 좀 더 정형적으로 정의한다면, 액터는 시스템 자체의 외부적인 시스템이나 제품과 의사소통한다. 모든 액터는 시스템을 사용할 때 하나 이상의 목표를 가진다.

WebRef
유스케이스에 관한 우수한 논문은 아래의 링크에서 다운로드할 수 있다.
www.ibm.com/developerworks/webservices/library/codesign7.html

액터와 최종 사용자가 반드시 같을 필요는 없다는 것을 주장하는 것은 중요하다. 전형적인 사용자는 시스템을 사용할 때 많은 다양한 역할을 할 수 있고, 액터는 유스케이스의 문맥에서 하나의 역할을 하는 외부 엔티티(종종, 그러나 항상은 아닌, 사람들)의 클래스를 표현한다. 예로서, 많은 로봇과 수치 제어 기계를 포함하는 제조 셀을 위한 제어 컴퓨터와 상호작용하는 기계 운용자(사용자)를 고려한다. 요구사항을 주의 깊게 검토한 후, 제어 컴퓨터를 위한 소프트웨어는 상호작용을 위해 네 가지의 다른 모드(역할)를 요구한다. 프로그래밍 모드, 시험 모드, 모니터링 모드, 고장해결 모드. 그러므로 4개의 액터가 정의될 수 있다: 프로그래머, 시험자, 감시자, 해결자. 어떤 경우에서 기계 운용자는 이러한 역할 모두를 수행할 수 있다. 다시 말해서, 다른 사람들은 각 액터의 역할을 수행할 것이다.

요구사항 추출이 진화적 활동이기 때문에, 모든 액터는 첫 번째 반복하는 동안 식별할 수는 없다. 첫 번째 반복에서 주요 액터[Jac92]가 식별되는 것이 가능하고, 시스템에 대해 더 많이 이해될수록 부수적 액터가 식별할 수 있다. 주요 액터는 요청된 시스템 기능을 성취하고 시스템으로부터 의도된 이점을 얻기 위해 상호작용한다. 액터들은 소프트웨어와 함께 직접적으로 빈번하게 작업한다. 부수적 액터는 주요 액터가 자신의 작업을 수행할 수 있도록 시스템을 지원한다. 일단 액터가 식별되면, 유스케이스가 개발될 수 있다.

?
효율적인 유스케이스를 개발하기 위해서 내가 알 필요가 있는 경우 무엇을 해야 하는가?

Jacobson[Jac92]은 유스케이스에 답변[12]될 수 있는 많은 질문들을 제안했다.

- 주요 액터와 부수적 액터는 누구인가?
- 액터의 목적은 무엇인가?
- 이야기를 시작하기 전 있어야 하는 사전조건은 무엇인가?

12 JacobSon은 유스케이스 내용의 더 완벽한 관점을 제공하기 위하여 확장되었다.

- 액터에 의해 수행되어야 할 주요 작업이나 기능은 무엇인가?
- 이야기가 기술되는 것에 의해 고려해야 하는 예외사항은 무엇인가?
- 액터의 상호작용이 가능함에 어떠한 변화가 있는가?
- 액터가 획득하고, 생산하고, 변경하는 시스템 정보는 무엇인가?
- 액터가 외부환경의 변경에 대해서 시스템에게 알려줄 것인가?
- 액터가 시스템으로부터 바라는 정보는 무엇인가?
- 액터는 예상치 못한 변경에 대해 알려 줄 것인가?

기본적인 SafeHome 요구사항을 되짚어보면, 4개의 액터를 정의한다. **집주인**(사용자), **설정관리자**(집주인과 비슷한 사람, 그러나 다른 역할을 함), **센서**(시스템에 부착된 장치), **감시와 반응 서브시스템**(SafeHome 홈 보안 기능을 감시하는 중앙장치). 이러한 예시의 목적에 대해서 우리는 단지 집주인 액터만 고려한다. 집주인 액터는 경보제어 패널이나 PC를 사용하여 많은 다양한 방법으로 홈 보안기능과 상호작용한다. **집주인**은 (1) 다른 모든 상호작용을 허용하기 위해 암호를 입력, (2) 보안 영역의 상태에 대해 조회, (3) 센서의 상태에 관한 조회, (4) 긴급상황 시 비상 버튼을 누름, 그리고 (5) 보안 시스템의 활성화 또는 비활성화.

집주인이 사용하는 제어 패널의 상황을 고려하면, 시스템 활동에 대한 기본적인 유스케이스는 아래와 같다.[13]

1. 집주인은 시스템 입력을 위한 준비가 되어있는 지의 여부를 확인하기 위해 SafeHome 제어 패널(그림 8.1)을 관찰한다. 만일 시스템이 준비되지 않은 경우에는, not ready라는 메시지가 LCD 화면에 표시되고, 집주인은 물리적으로 창이나 문을 닫아야만 하고, not ready라는 메시지가 사라지도록 해야 한다. [nor ready라는 메시지는 센서가 열려 있음을 의미한다. 즉, 문이나 창이 열려 있다는 것이다.]
2. 집주인은 4자리 패스워드를 키 입력하기 위하여 키패드를 사용한다. 패스워드는 시스템에 저장된 유효한 패스워드와 비교한다. 패스워드가 틀리다면, 제어 패널이 한 번 울릴 것이고, 추가적 입력 자체가 리셋될 것이다. 만약 패스워드가 정당하다면, 제어 패널은 추가 조치를 위해 대기한다.
3. 집주인은 시스템을 활성화하기 위해 선택하고 stay 또는 away로 누른다(그림 8.1 참조). stay는 외곽 센서들만(내부 감지 센서들은 비활성화 된다.) 활성화, away는 모든 센서들을 활성화 한다.
4. 활성화가 발생될 때, 집주인에 의해 적색 램프가 관찰될 수 있다.

기본 유스케이스는 액터와 시스템 간의 상호작용을 기술하는 상위 수준의 이야기를 표현한다.

많은 경우에서, 유스케이스들은 상호작용에 관한 훨씬 많은 세부사항을 제공하기 위해 더 정교하게 한다. 예를 들면, Cockburn[Coc01b]은 유스케이스들의 상세화된 기술에 대한

ADVICE

유스케이스는 흔히 약식으로기술된다. 하지만 여기서 소개하는 템플릿을 사용하면 중요한 문제들을 모두 다루게 된다.

13 이 유스케이스는 시스템이 인터넷을 통해 접근되는 환경과 다르다는 것을 주의하라. 이러한 경우에, PC 또는 모바일 장치가 사용될 때 제공되는 GUI(Graphic User Interface)가 아니고, 제어 패널을 통해서 상호작용이 발생한다.

그림 8.1

SAFEHOME 컨트롤 패널

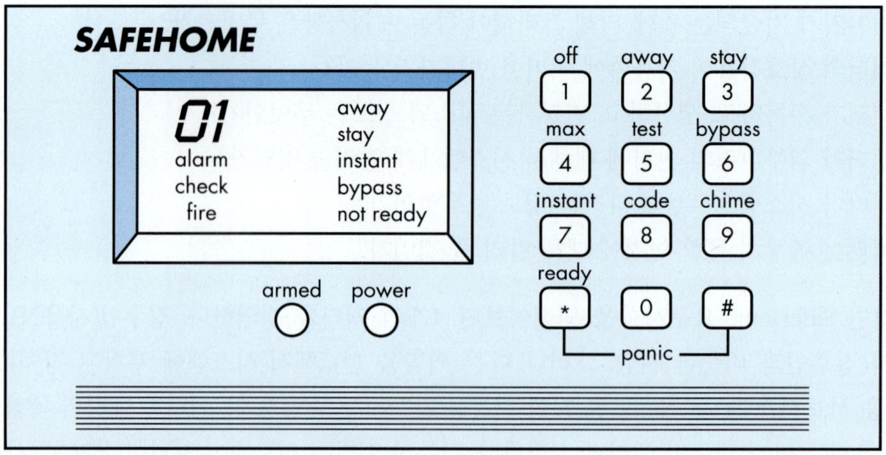

다음과 같은 템플릿을 제안한다.

유스케이스: 모니터링 시작

주요 액터: 집주인

문맥의 목표: 집주인이 집을 떠나거나 내부에 남아 있을 때 센서를 감시하기 위한 시스템을 설정하는 것이다.

사전조건: 시스템은 패스워드, 그리고 다양한 센서들을 인식할 수 있도록 프로그램되어 있어야 한다.

트리거: 집주인은 시스템 "설정"하기 위해 결정한다는 것은, 즉 알람 기능을 켜기로 결정하는 것이다.

시나리오:

1. 집주인: 제어 패널 관찰
2. 집주인: 패스워드 입력
3. 집주인: "stay"이거나 "away"를 선택
4. 집주인: SafeHome이 설정되었다는 것을 표시하는 경고등을 관찰

예외처리:

1. 제어 패널이 "not ready" 상태: 집주인은 어느 문이 열려있는지 확인하기 위해 모든 센서들을 체크한다; 열려있는 문을 닫는다.
2. 패스워드 오류 (제어 패널이 한 번 울림): 집주인은 정확한 패스워드를 재입력한다.
3. 패스워드 미인식: 모니터링 및 응답 서브시스템은 패스워드를 재프로그래밍하기 위하여 접촉되어야만 한다.
4. "stay" 선택: 제어 패널이 두 번 울리고 "stay" 등이 켜진다. 외곽 센서들만 활성화된다.
5. "away" 선택: 제어 패널이 세 번 울리고 "away" 등이 켜진다. 모든 센서가 활성화된다.

우선순위: 기본적, 반드시 구현되어야 한다.

가능한 경우: 첫 번째 증분

사용 주파수: 하루에 여러 번

액터에 대한 채널: 제어 패널 인터페이스를 통하여

부수적 액터들: 지원 기술자, 센서들

부수적인 액터에 대한 채널들:

지원 기술자: 전화선

센서: 하드웨어에 내장되어있고 라디오 주파수 인터페이스

알려진 문제 :

1. 패스워드를 사용하지 않거나 단축된 패스워드만으로 시스템을 활성화 할 수 있는 방안이 있는가?
2. 제어 패널이 부가적인 텍스트 메시지들을 디스플레이해야 하는가?
3. 집주인이 첫 번째 키를 누른 이후 얼마만큼의 시간 내에 패스워드를 입력해야 하는가?
4. 시스템이 실제로 활동하기 전에 이를 비활성화시킬 수 있는 방법이 있는가?

다른 **집주인** 상호작용을 위한 유스케이스는 유사한 방법으로 개발될 수 있다. 각 유스케이스는 신중하게 검토하는 것이 중요하다. 상호작용의 어떤 요소들이 모호하다면, 유스케이스의 검토는 문제를 나타나게 할 가능성이 있다.

SafeHome

상위 수준의 유스케이스 다이어그램 개발

장면: 회의실, 요구사항 수집 회의가 계속해서 진행 중

등장인물: Jamie Lazar(소프트웨어 팀원), Vinod Raman(소프트웨어 팀원), Ed Robbins(소프트웨어 팀원), Doug Miller(소프트웨어공학 관리자), 마케팅 인원 3명, 제품 공학 대표, 그리고 조정자

대화

조정자: 우리는 SafeHome 홈 보안 기능에 관하여 토의하는 데 상당한 시간을 보냈습니다. 휴식하는 동안 저는 이 기능들의 일부 중요한 시나리오들을 요약하기 위하여 유스케이스 다이어그램을 그렸습니다. (모든 참가자들이 그림 8.2를 본다.)

Jamie: 나는 UML 표기법[14]을 막 배우기 시작했습니다. 그래서 타원이 안에 있는 큰 박스로 홈 보안 기능이 표현된다는 것입니까? 그리고 타원은 우리가 텍스트 안에 작성된 유스케이스들을 표현한 겁니까?

조정자: 그렇습니다. 그리고 막대기 모양은 액터를 나타냅니다.—유스케이스에 묘사되는 시스템과 상호작용하는 사람들 또는 사물들 말이에요. 아, 나는 사람이 아닌 액터를 표현하기 위해 라벨을 붙인 사각형을 사용합니다. 이러한 경우에는, 센서입니다.

Doug: UML에서 그것이 표기법입니까?

조정자: 표기법은 문제가 아닙니다. 중요한 점은 정보를 의사소통하는 것입니다. 나는 오해의 소지가 될 수 있는 장치를 표현하기 위해 사람과 같은 막대기 모양의 사용을 보여줍니다. 그래서 나는 어느 정도 주위에 적응되고 있습니다. 난 그것이 문제를 일으킬 것이라고 생각하지 않습니다.

Vinod: 좋습니다. 그래서 우리는 유스케이스를 각 타원에 대해서 기술했습니다. 내가 읽어봤던 좀 더 상세한 템플릿 기반 기술들을 우리가 개발할 필요가 있을까요?

조정자: 아마도, 우리는 다른 SafeHome 기능들을 고려할 수 있을 때까지 기다릴 수 있습니다.

마케팅 담당자: 잠깐, 나는 이 다이어그램을 보고 있었는데 갑자기 우리가 뭔가 놓쳤다는 것을 깨달았습니다.

조정자: 오, 정말입니까? 우리가 무엇을 놓쳤는지 말해주세요. (회의는 계속 된다.)

14 표기법이 익숙하지 않은 사람들을 위한 간략한 UML 튜토리얼은 부록 1에 설명되어 있다.

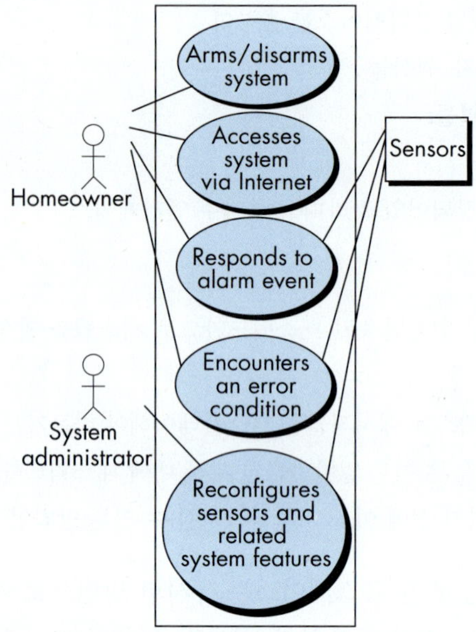

그림 8.2

SAFEHOME 홈 보안기능에 대한 유스케이스 UML 다이어그램

소프트웨어 도구들

유스케이스 개발

목적: 명확성과 일관성 있는 평가를 하기 위한 자동화된 템플릿과 메카니즘을 제공하는 것으로 유스케이스의 개발을 돕는다.

역학: 도구 메카니즘은 다양하다. 일반적으로, 유스케이스 도구들은 효과적인 유스케이스들의 제작에 대한 빈칸을 채우는 형식의 템플릿을 제공한다. 대부분의 유스케이스 기능성은 일련의 폭 넓게 요구공학 기능들이 내장되어 있다.

대표적인 도구[15]**:** UML 기반 분석 모델링 도구의 대부분은 텍스트와 유스케이스 개발 및 모델링을 위해서 지원하는 그래픽 모두를 제공한다.

Objects by Design

www.objectsbydesign.com/tools/umltools_byCompany.html은 이러한 유형의 도구에 대해 종합적인 링크를 제공한다.

8.5 분석 모델 개발[16]

분석 모델의 목적은 컴퓨터 기반 시스템에서 요구되는 기술적 기반 시스템을 위한 요구되는 정보, 기능, 행위 도메인을 기술서를 제공하는 것이다. 모델은 당신이 시스템이 구축될 시스템에 대하여 더 많이 배우는 것처럼, 그리고 다른 이해 관계자들이 진정으로 요구하는 것이 어떤 것인가를 더 많이 이해하는 것처럼 역동적으로 변경이 된다. 이러한 이유로, 분석 모델은 어떤 주어진 시간에서의 요구사항 스냅 샷이다. 당신은 그것이 변경 될 것이라는 것을 예상해야만 한다.

15 여기서 언급한 도구들은 공식적 승인을 받았다기보다는, 이러한 범주 안에 있는 도구들의 예시를 제공한 것이다. 대부분의 경우에서, 도구의 이름은 각 개발자의 상표이다.

16 이 책 전반에서, 우리는 분석모델과 요구사항 모델이란 용어를 같은뜻으로 사용한다. 정보적, 기능적 표현과 행위 도메인 모두는 문제의 요구사항을 기술한다.

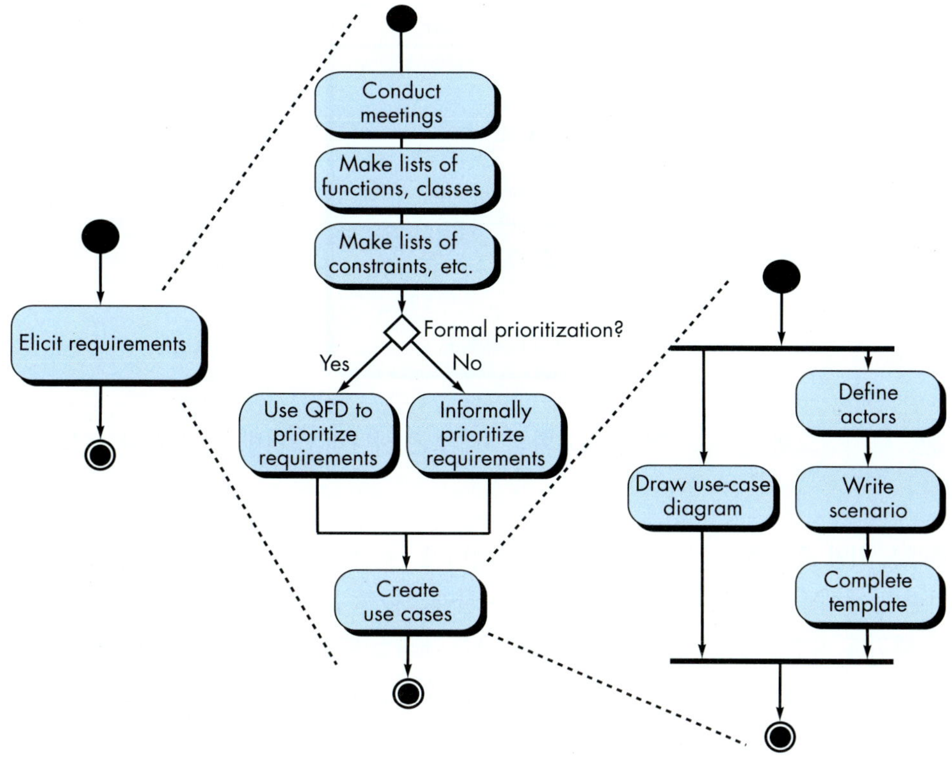

그림 8.3

요구사항 도출을 위한 UML 활동 다이어그램

분석 모델이 진화함에 따라, 어떤 요소들은 비교적 안정적으로 되고, 그에 따른 설계를 위하여 확고한 토대를 제공할 수 있다. 그러나 모델의 다른 요소들이 더 가변적이고, 이해관계자들이 시스템에 대한 요구사항을 아직도 충분히 이해하지 못했다는 것을 나타내는 것이다. 구축하기 위해 사용된 분석 모델과 방법론은 제9장에서 제11장까지 상세하게 제시한다. 우리는 아래 절에서 간략한 개요를 제시한다.

8.5.1 분석 모델의 요소들

컴퓨터 기반 시스템에 대한 요구사항을 보는 많은 다른 방법이 있다. 어떤 소프트웨어 사람은 표현(예: 유스케이스)의 하나의 모드를 선택하는 최선이고, 그리고 모든 다른 모두의 배타적으로 적용한다고 주장한다. 다른 실무자들은 분석 모델을 서술하는 표현의 다른 모드의 많은 사용에 대해서 가치가 있다고 믿는다. 표현의 다른 모드들은 다른 관점으로부터 요구사항을 고려하는 데 강요한다. 누락, 불일치, 그리고 모호성이 밝혀질 확률이 높은 접근법. 일반적인 요소는 대부분 분석모델에 공통적이다.

> **ADVICE** 이해 관계자를 포함해서 얻는 것은 언제나 좋은 아이디어이다. 소프트웨어가 어떻게사용할 것인가를 기술하는 유스케이스를 각각의 이해 관계자가 쓰는 것은 가장 최고의 방법 중에 하나이다.

시나리오 기반의 요소들 시스템은 사용자 관점에서 시나리오 기반 접근법을 사용하여 설명된다. 예를 들면, 기본 유스케이스(8.4절)과 해당 유스케이스 다이어그램(그림 8.2)이 더욱 정교한 형식기반의 유스케이스를 통해 진화한다. 요구사항모델의 시나리오 기반 요소는 종종 개발되는 모델의 첫 부분이다. 이와 같이, 그것은 다른 모델링 요소의 생성을 위한 입력처럼 제공된다. 그림 8.3은 유스케이스를 사용하여 요구사항 도출과 표현을 위한 UML

> **ADVICE** 클래스를 분리하는 한 가지 방법은 유스케이스 스크립트에 서술된 명사를 찾아내는 것이다. 적어도 명사의 몇 개는 후보 클래스가 될 것이다. 더 자세한 사항은 제12장에서 다룬다.

그림 8.4
Sensor 클래스 다이어그램

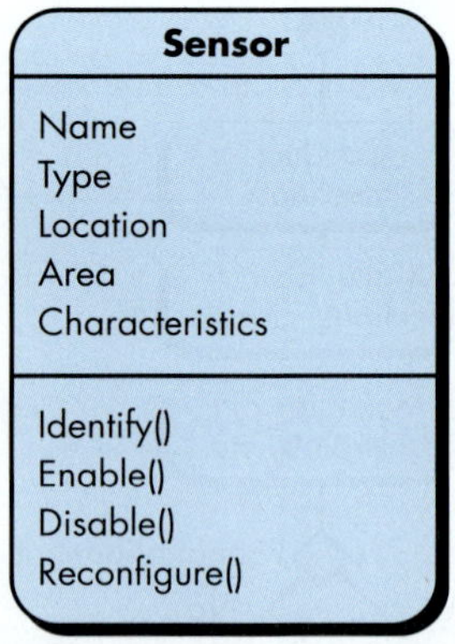

활동 다이어그램[17]을 묘사한다. 정교화의 3레벨은 시나리오 기반 표현에 최고점으로 표시된다.

클래스 기반 요소들 각 사용 시나리오는 액터가 시스템에 상호작용하는 것처럼 조작되는 일련의 객체를 포함한다. 이러한 객체들은 클래스들로 분류된다–유사한 속성들과 공통적인 행위를 가진 것들의 집합. 예를 들면, UML클래스 다이어그램은 SafeHome 보안기능을 위한 센서 클래스를 묘사하기 위하여 사용될 수 있다(그림 8.4). 센서의 속성(예: 이름, 타입)과 이러한 속성들을 수정하는 데에 적용될 수 있는 오퍼레이션(예를 들어, 식별, 가능성)의 다이어그램 목록을 주의해라. 클래스 다이어그램뿐 아니라, 다른 분석 모델링 요소들은 클래스들이 다른 클래스와 협력하는 방식과 클래스들 간 관계 및 상호작용을 묘사한다. 이러한 내용은 제10장에서 더 상세히 논의된다.

KEY POINT
상태는 외부적으로는 관찰 가능한 행위모드이다. 외부적인 자극이 상태의 전이를 일으킨다.

행위적 요소들 컴퓨터 기반 시스템의 행위는 선택된 설계와 적용된 구현 접근법에 중요한 영향을 미칠 수 있다. 그러므로, 요구사항 모델은 행위를 묘사하는 모델링 요소들을 반드시 제공해야만 한다.

상태 다이어그램은 시스템의 상태 변화를 야기 시키는 이벤트와 그 자체의 상태를 묘사에 의해 시스템의 행위를 표현하기 위한 하나의 방법이다. 상태는 행위의 모든 관찰가능한 모두이다. 부가하여, 상태 다이어그램은 특정 이벤트의 결과물로서 취해진 어떠한 행위(예: 프로세스 활성화)를 나타낸다.

상태 다이어그램의 사용을 실제로 보여주기 위해서, 사용자의 입력을 받기 위하여 담당하는 SafeHome 제어 패널에 내장된 소프트웨어를 고려하여야 한다. 단순한 UML 상태 다이어그램은 그림 8.5에 나타나있다.

전체적으로 시스템의 행위적 표현뿐만 아니라, 각각의 클래스들의 행위 또한 모델화 될 수 있다. 행위적 모델링에 대한 더 많은 논의는 제11장에서 논의된다.

17 간략한 UML 튜토리얼은 표기법에 친근하지 않는 사람을 위하여 참조 1에 제시되어있다.

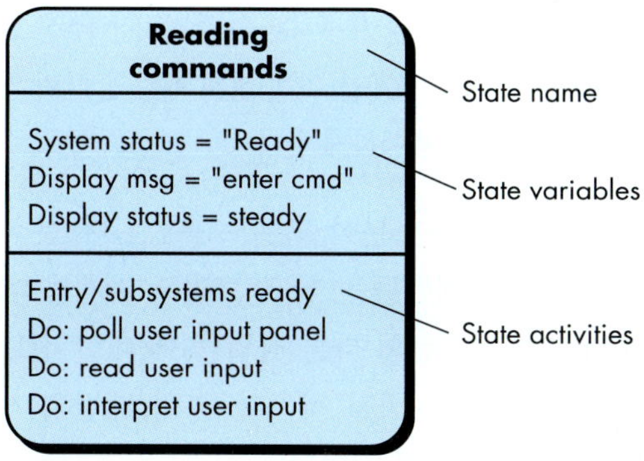

그림 8.5
UML 상태 다이어그램 표기법

SafeHome

예비 행위 모델링

장면: 회의실 안. 요구사항 미팅이 계속된다.

등장인물: Jamie Lazar(소프트웨어 팀원), Vinod Raman(소프트웨어 팀원), Ed Robbins(소프트웨어 팀원), Doug Miller(소프트웨어공학 관리자), 3명의 마케팅 담당자, 제품 공학 대표, 그리고 조정자.

대화

조정자: 우리는 SafeHome 보안 기능성에 대한 이야기를 막 마쳤습니다. 그러나 진행하기 전에 저는 기능의 행위에 대해 토론하고 싶습니다.

마케팅 인원: 저는 당신 행동의 의미가 무엇인지 이해가 안 됩니다.

Ed(미소 지으며): 그것은 제품이 오작동 할 때 당신이 제품에게 "타임아웃"이라고 하는 것입니다.

조정자: 정확치 않습니다. 제가 설명 드리죠. (조정자는 요구사항 수집 팀에게 행위적 모델링의 기본을 설명한다.)

마케팅 인원: 이것은 약간 기술적입니다. 나는 여기에서 도와줄 수 있다는 것을 확신할 수 없습니다.

조정자: 물론 할 수 있습니다. 당신은 사용자의 관점에서 관찰할 수 있는 행위는 무엇입니까?

마케팅 인원: 음, 시스템은 센서들을 모니터링 할 것입니다. 그 시스템은 집주인으로부터 명령을 읽을 것입니다. 그 시스템은 자신의 상태를 나타낼 것입니다.

조정자: 보세요. 당신은 할 수 있어요.

Jamie: 그것은 또한 PC로부터 어떠한 입력이 존재하는지 결정하기 위하여 PC를 조사할 것입니다. 예를 들면, 인터넷 기반 접근 또는 형상 정보 말입니다.

Vinod: 네, 사실, 시스템 구성은 그 자체의 상태입니다.

Doug: 너희들은 잘 알고 있네요. 조금만 더 생각해 봅시다. 이러한 것들을 다이어그램 할 수 있는 방법이 있습니까?

조정자: 네. 있습니다만, 다음 미팅 때까지 연기합시다.

8.5.2 분석 패턴

적지 않은 소프트웨어 프로젝트들의 요구공학을 수행해 본 모든 사람들은 특정 응용 소프트웨어 도메인에서 모든 프로젝트에 걸쳐서 특정 문제들이 재 발생 한다는 것을 알아채기 시작할 것이다.[18] 이러한 분석 패턴[Fow97]은 많은 응용 소프트웨어를 모델링 할 때에 재사용될 수 있는 응용 소프트웨어 도메인 내에서 해결책(예: 클래스, 기능, 행위)을 제안한다.

Geyer-Schulz와 Hagsler[Gey01]은 분석 패턴의 사용과 연관될 수 있는 두 가지 장점을 제안한다.

ADVICE

만약 당신이 고객에게 요구사항에 대해 더욱더 빠르게 해결책과 당신의 팀이 입증된 방법론을 제공받기를 원한다면, 분석 패턴을 사용하라.

18 어떤 경우에 문제는 애플리케이션 도메인의 무한하게 재발생 된다. 예를 들면, 특징이나 기능은 고려 중인 응용 소프트웨어 도메인에 일반적으로 관계없이 사용자 인터페이스 문제를 해결하기 위하여 사용된다.

첫째, 분석 패턴은 사례들뿐 아니라 장점과 제한사항도 함께 기술하는 재사용가능한 분석모델들을 제공에 의해 구체적인 문제의 주된 요구사항을 수집하는 추상 분석 모델들의 개발 속도를 빠르게 한다. 둘째, 분석 패턴은 공통 문제를 위해 설계 패턴과 신뢰 가능한 해결책을 제안에 의해 분석 모델의 설계 모델로 변환을 용이하게 한다.

분석 패턴은 패턴 이름을 참조하여 분석 모델로 통합된다. 분석 패턴은 또한 저장소에 저장되기 때문에 요구공학자들은 패턴들을 찾고 그리고 재사용하기 위해 탐색 편의성을 사용할 수 있다. 분석 패턴(그리고 패턴의 다른 타입들)에 대한 정보는 제16장에서 더 자세히 토의될 표준 양식[Gey01][19]에서 논의될 것이다. 분석 패턴의 사례들과 이러한 주제에 관한 더 많은 토의는 제11장에서 논의될 것이다.

8.5.3 애자일 요구공학

애자일 요구공학의 목적은 대규모의 분석 작업을 생산 작업하는 것보다는 이해 관계자로부터 소프트웨어 팀에게 아이디어를 전송하는 것이다. 많은 상황에서 요구사항은 사전정의가 아니라 제품 개발 시작이 매번 반복되는 것처럼 나타나는 것이다. 애자일 팀이 제품의 중대한 특징의 고수준의 이해를 얻어짐에 따라 관련되어 다음 제품 증분이 정제하기 위하여 스토리(제5장)를 사용한다. 애자일 프로세스는 초기 정의 및 우선순위가 높은 제품 특징을 구현하는 것을 장려한다. 이것은 초기 생성 및 작업 프로토타입의 테스팅을 허용한다.

애자일 요구공학은 소프트웨어 프로젝트에서 공통적으로 중요한 문제를 접근한다. 높은 요구사항 휘발성, 개발기술의 부족한 지식, 그리고 고객은 작업 프로토타입을 보기 전까지는 그들의 비전을 명확히 설명할 수 없다. 애자일 프로세스는 요구공학과 설계활동 사이에 들어간다.

8.5.4 자가 적응 시스템에 대한 요구사항

?

자기적응 시스템의 특징은 무엇인가?

자가 적응 시스템[20]은, 그들 스스로 재구성할 수 있고, 그들의 기능을 확장하고, 그들 스스로 방어하고, 실패로부터 복구하고, 그들의 사용자로부터 그들의 매우 복잡성의 대부분 숨어 있는 모든 것들을 수행할 수 있다[Qur09]. 적응 요구사항 문서의 다양성은 자가 적응 시스템에 대하여 필요하다. 이것의 의미는 요구사항이 같은 시간동안에 소프트웨어 제품의 기능적, 품질적 양상 모두를 기술하는 가변성 또는 유연성의 개념을 포함해야 한다. 가변성은 타이밍 불확실성, 사용자 프로파일의 차이(예: 시스템 관리자 대 최종 사용자), 문제 도메인(예: 상업적 또는 교육적)에 기반한 행위변경, 시스템 예산을 활용하는 사전 정의된 행위를 포함할 수 있다.

적응 요구사항 도출은 더욱더 전통적인 시스템의 요구공학에 대하여 사용되는 같은 질문에 초점을 맞추고 있다. 그러나, 중요한 가변성은 이러한 질문 각각에 대하여 대답할 때 나타날 수 있다. 대답이 변화가 더 많고, 더욱더 복잡한 시스템은 요구사항을 적응할 필요가 있을 것이다.

19 패턴 양식의 다양성은 문헌에서 제안되어 왔다. 만일 당신이 관심이 있다면 많은 소스들 중에서[Fow97], [Gam95], [Yac03], [Bus07]를 보라.

20 자기적응 시스템의 예제로는 "위치 인지" 애플리케이션(app)은 상주하는 모바일 플랫폼의 위치에 대하여 그 자체 행위를 조정하는 것이다.

8.6 협상 요구사항

이상적인 요구공학 문맥에서 도입, 추출, 그리고 구체화 작업을 그 다음의 소프트웨어공학 활동에 이르기 위하여 충분히 상세하게 고객 요구사항을 결정한다. 불행하게도, 이러한 경우는 매우 드물게 발생한다. 실제에서는 당신은 한명 이상의 이해 관계자와 협상을 들어갈수도 있다. 많은 경우에서, 이해 관계자들은 비용과 시장성에 대비하여 기능성, 성능, 그리고 다음 제품 또는 시스템 특성의 균형을 맞출 것을 요청 받는다. 이러한 협상의 목적은 소프트웨어 팀에 맡겨진 현실 세계의 제한조건(예: 시간, 인력, 예산)을 반영하는 동시에 이해 관계자의 요구를 충족하는 프로젝트 계획을 개발하는 것이다.

최고의 협상은 "모두에게 유리한(win-win)"[21] 결과를 얻으려고 노력한다. 즉, 이해 관계자들은 그들의 요구사항 대다수를 만족하는 시스템과 제품을 얻음으로써 이기고, 당신(개발팀의 구성원으로써)은 현실적이고 달성 가능한 예산과 개발마감시간에 대하여 작업 하는 것을 이긴다고 한다.

Boehm[Boe98]은 각 소프트웨어 프로세스 반복적인 시작점에서 일련의 협상 활동을 정의했다. 한 고객의 의사소통 활동보다 아래와 같은 활동들이 정의된다.

1. 시스템 또는 하위시스템의 핵심 이해 관계자들 식별
2. 이해 관계자들의 "이기는 조건들"의 결정
3. 모든 문제에 대해서 일련의 win-win 조건으로 이해 관계자들을 조화시키기 위해 이해 관계자들의 이기는 조건의 협상.

이러한 초기 단계를 달성하는 win-win 결과의 성공적인 완료는, 후속 소프트웨어공학 활동으로 진행하기 위한 핵심 기준이 된다.

Quote

타협은 모든 사람이 가장 큰 조각을 갖는다고 믿는 방법으로 케익을 나누는 예술이다.

Ludwig Erhard

WebRef

소프트웨어 요구사항을 위한 협상에 관련된 간단한 논문은 아래 링크에서 받아볼 수 있다.
www.alexander-egyed.com/publications/Software_Requirments_Negotiation-Some_Lessons_Learned.html.

Info

협상의 예술

어떻게 효과적으로 협상하는지 학습하는 것은 당신의 개인적 그리고 기술적 삶 전반에 걸쳐 유용하게 제공될 것이다. 아래 가이드라인을 충분히 고려하기 바란다.

1. 협상이 경쟁이 아님을 인식하라. 성공하기 위해서는 양쪽 모두가 이겼거나 또는 무언가를 달성했다는 것을 느껴야 한다. 양쪽 모두 타협해야 할 것이다.
2. 전략을 준비하라. 당신이 무엇을 달성하고 싶은지 결정하고, 상대가 무엇을 달성하고 싶은지, 그리고 당신이 이 두 가지를 모두 어떻게 달성할 것인지.
3. 적극적으로 경청하라. 상대방이 말하는 동안에 당신의 응답을 하려고 애쓰지 마라. 그들의 말에 귀 기울여라. 당신의 입장을 좀더 잘 협상할 수 있도록 돕는 지식을 얻을 수 있을 것으로 예상된다.
4. 상대의 관심사에 초점을 맞춰라. 만일 당신이 갈등을 피하고 싶다면 너무 강한 입장을 고수하지 마라.
5. 개인적으로 되지 마라. 해결해야 할 문제에 집중하라.
6. 창조적이 되어라. 만일 교착상태에 빠졌다면 상자 밖에서 생각하는 것을 겁내지 마라.
7. 상당한 노력을 기울일 준비를 해라. 일단 동의가 이루어졌다면, 쓸데없는 말을 하지마라; 그것에 노력을 하고 진행하라.

21 수십 권의 책에서 협상기술을 논하였다(예: [Fis11], [Lew09], [Rai06]). 협상은 당신이 배워야 할 더욱더 중요한 기술 중에 하나이다. 하나를 읽어라.

Fricker[Fri10]와 그의 동료들은 요구명세서의 전통적인 핸드오프를 소프트웨어 팀과 함께 핸드셰이킹이라 불리는 양방향 의사소통 프로세스로 교체하는 것을 제안했다. 핸드셰이킹에서 소프트웨어팀은 요구사항에 대한 해결책, 그들이 영향을 설명, 그들의 의도를 고객 대표자들에게 의사소통하는 것을 제안하였다. 고객 대표자들은 제안된 해결책, 누락된 특징에 집중 맞추고 새로운 요구사항의 해명을 구하는 것을 검토한다. 요구사항은 만일 고객이 제안된 해결책을 받아들인다면 적합한지를 결정한다.

핸드셰이킹은 상세한 요구사항이 소프트웨어 팀에게 위임되는 것을 허용한다. 팀은 고객으로부터 요구사항(예: 제품 사용자를 유도하기 위해 도메인 전문가가 필요)을 끌어낼 필요가 있고, 그렇게함으로써 제품 인수에 도움이 된다. 핸드셰이킹은 식별, 분석 및 변화의 선택과 win-win 협상 촉진을 향상시키는 경향이 있다.

SafeHome

협상의 시작

장면: Lisa Perez's 사무실. 첫 번째 요구사항 수집회의 이후.

등장인물: Doug Miller(소프트웨어공학 관리자), Lisa Perez(마케팅 관리자)

대화

Lisa: 그래서 나는 첫 미팅이 실제적으로 잘되었다고 들었어요.

Doug: 실제로 그렇다. 당신은 좋은 사람을 회의에 보냈어요. 그들이 실제적으로 공헌했지요.

Lisa(미소 지으며): 그들은 열심히 했고 그리고 그것은 "프로펠러 머리 활동"은 아니라고 나에게 말했어요.

Doug(웃으면서): 나는 다음번에 방문할 때는 컴퓨터에 열광하는 면모를 벗을 거예요. Lisa. 나는 당신의 관리자가 말하는 그 날짜까지 우리가 홈 보안 시스템에 대한 기능적인 모든 문제를 얻는 것에 대한 문제가 있을 것이라고 생각해요. 이것은 쉽고, 알고 있고, 그러나 나는 이미 약간의 개발 계획을 대충 해왔고….

Lisa(찡그리며): 우리는 그 날짜에 맞춰야 해요. Doug 당신이 얘기하는 것은 어떤 기능성이죠?

Doug: 나는 우리가 최종 마감일까지 완전한 홈 보안 기능을 확보할 수 있다고 생각하지만, 그러나 우리는 두 번째 출시 때까지 인터넷 접근을 지연해야 해요.

Lisa: Doug, 인터넷 접근은 SafeHome에서 "놀라는 것"을 일으키는 것이다. 우리는 주위에 있는 모든 것에 대해서 완전한 마케팅을 할 거예요. 우리는 이렇게 해야만 해요!

Doug: 나도 당신의 상황을 이해해요. 나도 진심으로 이해해요. 문제는 당신의 인터넷 접근을 위해서는 우리는 충분한 웹사이트 작동에 보안을 갖춰야 된다는 것이죠. 그것은 시간과 인력이 필요해요. 우리는 또한 첫 출시에 많은 부가적인 기능을 생성해야 해요.… 나는 우리가 가진 자원을 가지고 이것을 할 수 있다고 생각할 수 없어요.

Lisa(여전히 찡그리면서): 그러나 당신은 이것을 완성하기 위해서 생각을 해야 해요. 이것은 홈 보안 기능과 대해 다른 기능 또한 핵심이고, 다음 출시까지 그것을 기다릴 수 있어요. 나는 그것에 대해서 동의해요.

Lisa와 Doug는 교착상태에 있는 것처럼 보이고, 그리고 그렇지만 이 문제에 대해서 해결책을 협상해야만 한다. 그들은 여기에서 양쪽 다 "이길" 수 있을까? 조정자의 역할을 수행하는, 당신은 무엇을 제안할 것인가?

8.7 요구사항 모니터링

오늘날, 점증적 개발은 일반적이다. 이것은 유스케이스의 진화, 각각의 소프트웨어 증분에 대해 개발된 시험사례, 그리고 프로젝트를 걸쳐서 발생된 소스코드의 지속적인 통합을 의미한다. 요구사항 모니터링은 점증적 개발이 사용될 때 매우 유용할 수 있다. 이것은 다섯 개의 작업을 포함한다. (1) 오류를 밝히고 오류의 원인을 결정하는 분산 디버깅, (2) 소프트웨어가 명세서와 일치하는지를 결정하는 실행시간 확인, (3) 진화하는 소프트웨어가 사용자의 목표를 충족하는지를 평가하는 실행시간 검사, (4) 시스템이 사업 목표를 만족하는지 평가하는 사업 활동 모니터링, 그리고 (5) 시스템이 진화됨에 따라 이해 관계자들에게 정보를 제공하기 위한 진화 그리고 통합설계.

점증적 개발은 점증적 확인을 위한 요구를 암시한다. 요구사항 모니터링은 사용 중인 시스템에 대하여 사용자의 목표를 분석하기 위하여 지속적인 확인을 요구한다. 예를 들면, 모니터링 시스템은 지속적으로 사용자의 만족도를 평가하고, 점진적으로 개선을 가이드하기 위해 피드백을 사용한다[Rob 10].

8.8 요구사항 검증

요구사항 모델의 각 요소가 생성됨에 따라, 모델은 비일관성, 누락, 그리고 모호성에 대하여 조사를 받는다. 모델에 의해 표현되는 요구사항들은 이해 관계자들에 의해 우선순위가 정해지고 소프트웨어가 점증됨에 따라 구현될 요구사항 패키지들 내에서 그룹화 된다. 요구사항 모델의 검토를 위해서는 다음 질문을 한다.

- 각 요구사항이 시스템 또는 제품을 위하여 전반적인 목표에 일치하는가?
- 모든 요구사항이 적절한 추상화 레벨에서 명세 되었는가? 즉, 일부 요구사항 들이 이 단계에서 부적절한 기술적인 상세화의 레벨을 제공하는가?
- 요구사항이 진정으로 필요하거나 또는 시스템의 목적에 필수적이지 않을 수도 있는 추가적인 특징을 표현하는가?
- 각 요구사항이 경계가 정해져 있고 명확한가?
- 각 요구사항은 속성을 갖고 있는가? 즉, 소스(일반적으로, 특정 개인)는 각 요구사항에 대해서 잘 알려져 있는가?
- 요구사항 중 어떤 요구사항이 다른 요구사항과 충돌 되는가?
- 각 요구사항이 시스템 또는 제품을 저장할 기술적 환경에서 달성 가능한가?
- 각 요구사항은 일단 구현되면, 시험 가능한가?
- 요구사항 모델은 구축될 시스템의 정보, 기능, 그리고 행위를 적절히 반영하는가?
- 요구사항 모델이 시스템에 대한 보다 상세한 정보를 점진적으로 노출하는 방식으로 "분할" 되었는가?
- 요구사항 패턴이 요구사항 모델을 단순화 하는 데에 사용되었는가? 모든 패턴이 적절히 검증되었는가? 모든 패턴이 고객 요구사항과 일치하는가?

?
내가 요구사항을 검토할 때 나는 어떤 질문을 해야만 하는가?

이러한 질문과 다른 질문들은 요구사항 모델이 이해 관계자의 요구를 정확히 반영하고 설계를 위해서 확고한 기초를 제공한다는 것을 보장하기 위해서 질문과 답변을 해야만 한다.

8.9 공통적 실수 피하기

Buschmann[Bus10]은 소프트웨어 팀이 요구공학을 수행하는 것처럼 반드시 피해야 할 세 가지 관련된 실수를 설명한다. 그는 그것들을 특징들, 유연성들, 그리고 성능성들이라고 부른다.

특징들은 전체 시스템의 품질에 대한 거래 기능 범위의 실행을 묘사한다. 이것들은 어떤 조직에서 최종 제품의 전체 품질에 가능한 빠른 시간에 출시하는 기능의 분량이 동일하기 위한 경향이 있다. 이것은 더 좋은 생각을 하는 사업 이해 관계자들에 의해 부분적으로 시행된다. 이것들은 또한 소프트웨어 개발자들에게 품질에 대한 생각 없이 기능을 빠르고 쉽게 구현하기를 원하는 경향이 있다. 현실은 소프트웨어 프로젝트 실패의 가장 일반적인 원인 중 하나는 작동품질의 부족-기능적으로 놓치지 않는 것. 이 함정을 피하려면, 당신은 시스템이 필요로 하는 핵심 기능에 관하여 그리고 모든 필요로 하는 품질 속성 모두가 나타나는 각 출시된 기능을 보증하기 위해 토의(다른 이해 관계자들과의)를 초기에 시작해야 한다.

유연성들은 소프트웨어 공학자가 적응성과 구성시설을 가진 제품의 과부하 때 발생한다. 지나치게 유연한 시스템 구성 및 빈약한 운용 성능을 구조화하고 보여주는 것은 어렵다. 이것은 형편없이 정의된 시스템 범위의 증상이 될 수 있다. 그러나 근본원인은, 불확실성에 대해 숨겨진 것처럼 유연성을 사용한 개발자들일 것이다. 오히려 초기에 설계의 어려운 결정을 내리기보다는, 계획되지 않은 특징의 추가되는 것을 허용하는 "hooks"설계를 제공한다. 그 결과는 불필요한 복잡성, 더 어려운 시험, 관리하기에 더욱더 도전적인 "유연한" 시스템이다.

성능성들은 유지 보수성, 안정성, 또는 보안성과 같은 품질 속성의 비용에서 시스템 성능에 지나치게 집중 될 때 발생한다. 시스템 성능 특성은 비 기능적 소프트웨어 요구사항의 평가의 일부로서 결정되어야 한다. 성능은 제품에 대한 비즈니스 요구에 부합되어야 하며 다른 시스템의 특성과 호환되어야 한다.

8.10 요약

요구공학 작업들은 설계와 구축에 대한 확고한 기초를 수립하기 위하여 수행되었다. 요구공학은 일반적 소프트웨어 프로세스를 위하여 정의된 의사소통 및 모델링 활동 동안에 발생한다. 일곱 가지의 명확한 요구공학 기능들—도입, 추출, 구체화, 협상, 명세서, 확인, 그리고 관리—소프트웨어 팀원들에 의해 수행된다.

프로젝트 도입단계에서 이해 관계자들은 기본적인 문제 요구사항을 수립하고, 무엇보다도 중요한 프로젝트 제한조건을 정의하고, 시스템이 목적을 충족하기 위하여 표시되어지는 주요한 특징과 기능들을 제시한다. 이러한 정보는 추출단계에서 정제되고 확장된다. 요구사항 수립 활동은 조정 미팅, QFD, 그리고 사용 시나리오의 개발을 사용하여 수립된다.

구체화는 모델에서 요구사항이 좀더 확장된 것이다. 시나리오 기반, 활동기반, 클래스 기반, 행위, 그리고 흐름 지향요소의 조합이다.

모델은 분석 패턴, 다른 응용 소프트웨어를 걸쳐서 재 발생되는 것처럼 보이는 문제 도메인의 특징이 참조될 것이다.

요구사항이 정의되고, 그리고 요구사항 모델이 만들어짐에 따라, 소프트웨어 팀과 다른 프로젝트 이해 관계자들은 우선순위, 가용성, 각 요구사항의 적절한 비용에 대해 협상을 한다. 이러한 협상의 목적은 현실적인 프로젝트 계획을 개발하기 위해서다. 부가적으로, 전반적으로, 각 요구사항과 요구사항 모델은, 올바른 시스템이 생성될 것이라는 것을 보증하기 위하여 고객 요구에 대하여 검증된다.

문제와 생각할 점

8.1 많은 소프트웨어 개발자들이 요구공학에 충분한 관심을 갖지 않는 이유는 무엇인가? 당신이 요구공학을 건너 뛸 수 있는 상황이 한 번이라도 있었는가?

8.2 당신에게 너무 바빠서 만날 수 없다고 말하는 고객으로부터 요구사항을 도출해야 하는 책임이 주어졌다. 당신은 무엇을 해야만 하는가?

8.3 요구사항이 서너 명의 다른 고객들로부터 추출되어야만 할 때 발생하는 문제점들에 대해 논의하라.

8.4 왜 우리는 요구사항 모델이 현재 시스템의 스냅 샷을 표현한다고 말하는가?

8.5 당신이(굉장히 훌륭한 영업사원이므로) 개발자로서 가진 당신의 모든 요구에 고객이 동의하게 설득되었다고 가정하라. 그것이 당신을 최고의 협상가로 만들어 주는가? 이유는 무엇인가?

8.6 도입 단계에서 이해 관계자들에게 질문해야만 하는 적어도 세 개의 부가적인 "문맥에 무관한 질문"을 개발해라.

8.7 요구공학 "kit"를 개발하라. kit는 요구사항 수집 회의를 수행하기 위한 일련의 가이드라인 그리고, 요구사항 정의에 도움을 주는 어떤 목록과 어떤 다른 아이템을 생성하는 조정하기 위해 사용되는 자료를 포함해야 한다.

8.8 당신의 강사는 클래스를 4명 또는 6명의 그룹으로 나눌 것이다. 그룹의 반은 마케팅 부서의 역할을 수행하고 나머지 반은 소프트웨어공학의 역할을 할 것이다. 당신의 임무는 이 장에서 기술된 SafeHome 보안 기능에 대한 위한 요구사항을 정의하는 것이다. 이 장에서 제시한 가이드라인을 사용하여 요구사항 수집 회의를 수행하라.

8.9 다음 활동들 중 한 가지를 위한 완전한 유스케이스를 개발하라.

a. ATM에서 예금 출금

b. 레스토랑에서 식사를 위한 신용카드 사용

c. 온라인 중개 이용 계정을 이용하여 주식 구입

d. 온라인 서점을 이용하여 도서 검색(특별한 주제에 대해)

e. 당신의 강사에 의해 기술된 활동

8.10 유스케이스에서 "예외처리"를 표현한 것은 무엇인가?

8.11 문제 8.9에서 활동 목록의 하나에 대하여 사용자 스토리를 작성하라.

8.12 문제 8.9에서 생성된 유스케이스를 고려하여 응용 소프트웨어에 대한 비 기능 요구사항을 작성하라.

8.13 분석 패턴이 무엇인지를 당신 자신의 언어로 설명하라.

8.14 8.5.2절에서 양식을 사용하여 아래의 응용 도메인에 대하여 하나 이상의 분석 패턴을 제안하라.

a. 회계 소프트웨어

b. 이메일 소프트웨어

c. 인터넷 브라우저

d. 워드 프로세싱 소프트웨어

e. 웹사이트 생성 소프트웨어

f. 당신의 강사에 의해 기술된 응용 소프트웨어 도메인

8.15 요구사항 공학 활동 동안에 협상의 문구에서 win-win은 무엇을 의미하는가?

8.16 요구사항 확인에서 오류를 발견했을 때 어떤 일이 발생하는가? 오류를 수정하는 데 포함되는 사람은 누구인가?

8.17 포괄적인 요구사항 모니터링 프로그램을 구성하는 5개의 작업은 무엇인가?

추가 읽을거리와 정보 소스

요구공학이 모든 복잡한 컴퓨터시스템을 성공적으로 구축하기 위한 중심이기 때문에 많은 서적에서 폭넓게 논의된다. Chemuturi는 (*Requirements Engineering and Management for Software Development Projects*, Springer, 2013)에서 요구공학의 중요한 양상을 제시했다. Pohl과 Rupp는 (*Requirements Engineering Fundamentals*, Rocky Nook, 2011)에서 기본원칙과 개념을 제시했고, 그리고 Pohl는 (*Requirements Engineering*, Springer, 2010)에서 전반적인 요구공학 프로세스의 좀더 상세한 관점을 제공했다. Young은 (*The Requirements Engineering Handbook*, Artech House Publishers, 2003)에서 요구공학 작업의 깊은 토의를 제공했다.

Beaty와 Chen(*Visual Models for Software Products Best Practices*, Microsoft Press, 2012) Robertson(*Mastering the Requirements Process: Getting Requirements Right*, 3rd ed., Addison-Wesley, 2012), Hull와 그녀의 동료(*Requirements Engineering*, 3rd ed., Springer-Verlag, 2010), Bray(*An Introduction to Requirements Engineering*, Addison-Wesley, 2002), Arlow (*Requirements Engineering*, Addison-Wesley, 2001), Gilb(*Requirements Engineering*, Addison-Wesley, 2000), Graham(*Requirements Engineering and Rapid Development*, Addison-Wesley, 1999), 그리고 Sommerville와 Kotonya(*Requirement Engineering: Processes and Techniques*, Wiley, 1998)의 어느 정도 많은 책들은 주제에 관해서 헌신하였다. Wiegers(*More About Software Requirements*, Microsoft Press, 2010)는 요구공학 수집과 관리를 위한 많은 실무적인 기술을 제공했다.

요구공학의 패턴 기반의 관점이 Withall(*Software Requirement Patterns*, Microsoft Press,

2007)에 의해 기술되었다. Ploesch(*Contracts, Scenarios and Prototypes*, Springer-Verlag, 2004)은 소프트웨어의 요구사항을 개발하기 위하여 향상된 기술을 토의했다. Windle and Abreo (*Software Requirements Using the Unified Process*, Prentice Hall, 2002)는 통합된 프로세스와 UML 표기법의 문맥에서 소프트웨어공학을 토의했다. Alexander and Steven(*Writing Better Requirements*, Addison-Wesley, 2002)는 명확한 요구사항을 쓰기 위하여 간략한 일련의 가이드라인을 제시하고, 시나리오와 최종 결과물을 검토하는 것처럼 그들을 제시했다.

유스케이스 모델링은 종종 분석 모델의 모든 다른 양상의 생성을 위한 추진 요인이다. 오랫동안 이 주제에 대해서 Rosenberg와 Stephens(*Use Case Driven Object Modeling with UML: Theory and Practice*, Apress, 2007)에 의해 논의되었으며, Denny(*Succeeding with Use Cases: Working Smart to Deliver Quality*, Addison-Wesley, 2005), Alexander와 Maiden(eds.), (*Scenarios, Stories, Use Cases: Through the Systems Development Life-Cycle*, Wiley,2004), Leffingwell와 그의 동료들(*Managing Software Requirements: A Use Case Approach*, 2nd ed., Addison-Wesley, 2003)는 요구사항의 최고 사례들의 유용한 수집을 제시한다.

애자일 요구사항의 토의는 Adzic의 책에서 찾을 수 있다. (*Specification by Example: How Successful Teams Deliver the Right Software*, Manning Publications, 2011), Leffi ngwell(*Agile Requirements: Lean Requirements for Teams, Programs, and Enterprises*, Addison-Wesley, 2011), Cockburn(*Agile Software Development: The Cooperative Game*, 2nd ed., Addison-Wesley, 2006)와 Cohn(*User Stories Applied: For Agile Software Development*, Addison-Wesley, 2004).

요구공학에 대한 정보 소스의 넓은 다양성은 인터넷에서 찾을 수 있다. 요구공학과 분석에 관련된 최신화된 월드 와이드 웹 참고용 목록은 SEPA 웹사이트 www.mhhe.com/pressman에서 찾을 수 있다.

9
CHAPTER

요구사항 모델링: 시나리오 기반 방법론

주요 개념

활동 다이어그램
도메인 분석
정형적인 유스케이스
요구사항 분석
요구사항 모델링
시나리오 기반 모델링
스윔레인 다이어그램
UM
유스케이스
예외 유스케이스

기술적인 수준에서, 소프트웨어공학은 구축하고자 하는 소프트웨어에 대하여 요구사항 명세서와 설계 표현으로 이어지는 일련의 모델링 작업으로 시작하였다. 요구사항 모델[1]은—실제 일련의 모델—시스템의 첫 기술 표현이다. 요구사항 모델링 방법론에 관한 중대한 책에서, Tom DeMarco[Dem79]은 그 프로세스에 대해 아래와 같이 기술한다.

> 인지된 문제와 분석 단계의 실패를 돌이켜보며, 분석단계의 목표를 위해 아래와 같은 추가사항이 있어야 함을 제안한다. 분석 결과물은 반드시 유지보수성이 높아야 한다. 이는 특히 목적 문서에 적용 된다(소프트웨어 요구사항 명세서). 크기의 문제는 효과적인 분할 기법을 사용하여 다뤄야 한다. 구시대의 명세서는 이제 필요가 없게 되었으며, 그래픽은 언제든 가능할 때 사용되어야 한다. 또한, 논리적[필수적] 고려사항과 물리적[구현] 고려사항을 구분해야 한다. 최소한 명세서 이전에 분할하려고 하는 요구사항을 분할하도록 돕고 문서화하는 어떤 것이 필요하다.

QUICK LOOK

이것은 무엇인가? 문자언어는 의사소통을 위한 좋은 수단이지만, 반드시 컴퓨터 소프트웨어를 위한 요구사항을 나타내는 최고의 방법인 것은 아니다. 요구사항 모델링은, 요구사항을 상대적으로 이해하기 쉬운 방법으로 묘사하기 위해서, 또 더 중요한 것은, 요구사항의 정확성, 완전성, 일관성에 대한 검토를 쉽게 하기 위해 텍스트와 다이어그램 형태의 조합을 사용한다.

누가 수행하는가? 소프트웨어 공학자(종종 분석가로도 불리는)는 고객으로부터 도출된 요구사항을 사용하여 모델을 만든다.

왜 중요한가? 소프트웨어 요구사항을 검증하기 위하여, 많은 다양한 관점에서 조사하는 것이 필요하다. 이 장에서는 시나리오 기반 관점에서 요구사항 모델링을 고려하고 그리고 UML은 어떻게 시나리오를 보완하여 사용되는지를 고려한다. 제10장과 제11장에서는 요구사항 모델의 다른 "관점"을 배울 것이다. 많은 다른 관점들을 검토하는 것으로, 오류가 발견되고, 비일관성이 나타나고, 빠진 부분이 도출될 확률이 높아진다.

어떤 단계가 있는가? 시나리오 기반 모델링은 사용자의 관점에서 시스템을 표현한다. 시나리오 기반 모델을 만드는 것에 따라, 사용자가 소프트웨어와 어떻게 상호작용하는지, 이해 관계자가 시스템에 요구하는 주요 기능과 특징을 찾는지를 더 잘 이해할 수 있게 된다.

작업 산출물은 무엇인가? 시나리오 기반 모델링은 유스케이스라 불리는 텍스트 지향적 표현을 만든다. 유스케이스는 실제 세계에 비정형적이거나 혹은 더 구조화되거나 그리고 정형적인 방식으로 특정 상호작용을 기술한다. 유스케이스는 상호작용의 좀 더 절차적인 과정을 거쳐 많은 다른 UML 다이어그램으로 보완될 수 있다.

작업이 옳게 수행되었다는 것을 어떻게 확인하는가? 요구사항 모델링 결과물은 반드시 정확성, 완전성, 일관성에 대하여 검토되어야 한다. 결과물은 반드시 모든 이해 관계자들의 요구를 반영해야하며 설계가 수행될 수 있는 기초를 수립해야한다.

1 이 책의 초기 버전에서 요구 모델이라기보다는 분석 모델 용어가 사용되었다. 이 버전에서, 우리는 해결하기 위한 문제의 다양한 양상을 정의하는 모델링 활동을 표현하기 위한 두 문구 모두를 사용한다. 분석은 요구사항이 도출될 때 일어나는 행동이다.

인터페이스를 추적하고 평가하는 어떤 수단, 서사적인 텍스트보다 나은, 로직과 정책을 서술하는 새로운 도구 등.

비록 DeMarco는 30여 년 전에 분석 모델링의 속성에 대하여 기술하였지만, 그의 주장은 아직도 현대의 요구사항 모델링 방법론과 표기법에 적용한다.

9.1 요구사항 분석

요구사항 분석은 소프트웨어의 운영 특성의 상세한 명세서를 야기하고, 다른 시스템 요소와 소프트웨어 인터페이스를 표현하며, 소프트웨어가 충족하야 하는 제약사항을 설정한다. 요구사항 분석은 요구공학의 부분인 개시, 추출, 협상 동안에 만들어진 기본 요구사항에 대해 정교하게 해준다(제8장).

Quote

요구사항의 어떤 하나의 관점만으로는 복잡한 시스템이 원하는 동작을 이해하거나 기술하는 데에는 불충분하다.

Alan M. Davis

요구사항 모델링의 활동 은 한 개 이상의 아래와 같은 모델 형태를 나타낸다.

- 다양한 시스템 "액터"의 관점에서의 요구사항의 시나리오 기반 모델
- 객체지향 클래스(속성과 연산)를 나타내는 클래스 지향 모델과 시스템 요구사항을 달성하기 위하여 클래스 협력 방식
- 소프트웨어가 외부 "이벤트"의 결과처럼 어떻게 동작하는지 기술하는 동작 모델과 패턴 기반 모델
- 문제 상황에 대하여 정보 도메인을 기술하는 데이터 모델
- 기능적 요소 표현하는 흐름 지향 모델과 어떻게 그들이 시스템을 통해 이동할때 어떻게 데이터를 변환하는지에 대한 방법

이러한 모델들은 아키텍처, 인터페이스, 구성요소 수준의 설계로 변환할 수 있는 정보를 소프트웨어 설계자에게 제공한다. 마지막으로 요구사항 모델(그리고 소프트웨어 요구사항 명세서)은 일단 소프트웨어가 구축되었을 때 개발자와 고객이 품질을 평가하는 수단을 제공한다.

KEY POINT

분석 모델과 요구사항 명세서는 일단 소프트웨어가 생성되면 품질을 평가하는 수단으로서 제공된다.

이 장에서는 시나리오 기반의 모델링(소프트웨어공학 커뮤니티에 걸쳐 점점 인기가 증가하는 기술)에 초점을 맞춘다. 제10장과 제11장에서는 클래스 기반 모델과 동작 모델을 고려한다. 지난 10년 동안, 흐름과 데이터 모델링은 일반적으로 사용이 줄어들고, 반면에 동작 접근법과 패턴 기반의 기술로 보완한 시나리오와 클래스 기반 방법은 인기가 상승하였다.[2]

9.1.1 전반적인 목표와 철학

분석 모델링 하는 동안에, 주요 초점은 어떻게가 아닌 무엇에 맞춰져 있다. 어떤 사용자의

2 흐름 지향 모델링과 데이터 모델링의 설명은 이 책에서는 생략되어 있다. 그러나 이러한 좀 더 오래된 요구사항 모델링 방법들의 방대한 정보는 웹상에서 찾을 수 있다. 만일 관심이 있다면 "구조 분석(structured analysis)" 구문 검색을 사용하라.

상호작용이 특정한 상황에서 발생하는지, 어떤 객체들이 시스템을 조작하는지, 어떤 기능이 시스템에서 반드시 수행해야 하는지, 어떤 동작을 시스템이 보여줘야 하는지, 어떤 인터페이스가 정의해야 하는지, 어떤 제약조건이 적용되는지이다.[3]

Quote

요구사항은 구조도 아니다. 요구사항은 설계도 아니고, 또한 사용자 인터페이스도 아니다. 요구사항은 필요이다.

Andrew Hunt and David Thomas

제8장에서 요구사항의 완전한 명세서는 이러한 단계에서 가능하지 않을 수 있다는 것을 언급하였다. 고객은 시스템의 특정 측면을 위하여 무엇이 요구되는지 정확하게 확신이 없을 것이다. 개발자는 특정한 접근법이 제대로 기능과 성능을 달성한다고 확신이 없을 것이다. 이러한 현실은 요구사항 분석 및 모델링에 대해 반복적 접근법을 지지를 완화시킨다. 분석가는 반드시, 알려진 것과 소프트웨어의 증가하는 설계에 대해 기본처럼 사용해야 한다.[4]

KEY POINT

분석 모델은 고객이 원하는 어떤 것을 묘사해야 하고, 설계의 기본을 수립하며, 확인을 위한 목표를 수립해야 한다.

요구사항 모델은 세가지 주요 목표를 반드시 달성해야 한다. (1) 고객 요구사항이 무엇인지를 기술, (2) 소프트웨어 설계 생성을 위한 기본 수립, (3) 일단 소프트웨어가 구축될 때 검증할 수 있는 일련의 요구사항 정의이다. 분석 모델은 소프트웨어, 하드웨어, 데이터, 사람, 다른 시스템 요소들을 적용함에 의해 달성되는 것처럼 전체 시스템 또는 사업 기능성을 기술하는 시스템 수준의 기술서와 소프트웨어의 응용 소프트웨어의 구조, 사용자 인터페이스, 구성요소 수준 구조를 기술하는 소프트웨어 설계(제12장부터 제18장) 사이의 간극을 메워준다. 이 관계는 그림 9.1에 나타내었다.

요구사항 모델의 모든 요소가 설계 모델의 일부분으로 유래하였다는 것을 주장하는 것이 중요하다. 이러한 두 가지 중요한 모델링 활동 사이의 분석과 설계 작업의 명확한 구분은 언제나 가능한 것은 아니다. 어떤 설계는 분석의 일부처럼 변함없이 발생하고, 어떤 분석은 설계 도중에 실행될 것 있다.

9.1.2 분석 경험 법칙

Arlow와 Neustadt[Arl02]는 분석 모델을 만들 때 따르는 중요한 어느 정도의 가치 있는 경험 법칙을 제안한다.

그림 9.1

시스템 기술서와 설계 모델 사이의 연결을 하는 요구사항 모델

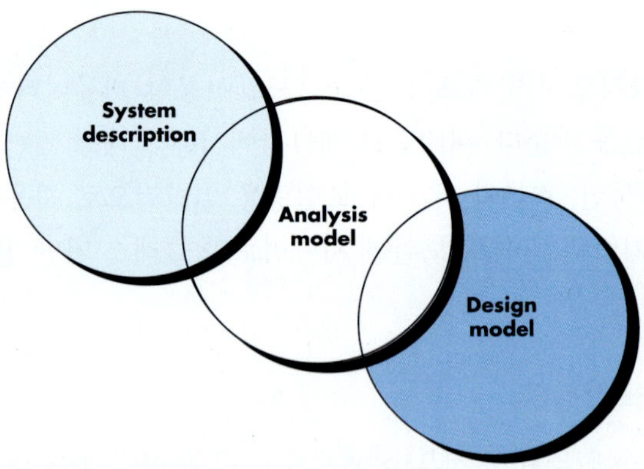

3 고객들이 기술적으로 정교해짐에 따라 무엇에 관한 명세서뿐만 아니라 어떻게에 관한 명세서에 대한 경향이 있다는 것을 주의해야 한다. 하지만 주요 초점은 여전히 무엇이어야 한다.

4 그 대신에, 소프트웨어 팀은 시스템에 대한 요구사항을 좀 더 이해하기 위한 노력으로 프로토타입을 만드는 것을 선택할 것이다.

- 모델은 문제나 사업 도메인 내에서 보일 수 있는 요구사항에 초점을 맞춰야 한다. 추상화의 단계는 상대적으로 높아야 한다. 시스템이 어떻게 동작할지에 대해 설명하려고 시도하는 "세부사항에 얽매이지 마라."
- 요구사항 모델의 각 요소는 소프트웨어 요구사항의 전반적인 이해를 추가해야 하고 그리고 정보 도메인, 기능, 시스템의 동작에 대한 통찰력을 제공한다.
- 설계까지 인프라스트럭처와 다른 비기능적 모델의 고려를 지연하라. 다시 말해서, 데이터베이스는 필요할 수 있으며, 데이터베이스가 시행되는 데 필요한 클래스, 데이터베이스에 접근하고자 할 때 요구되는 기능, 데이터베이스가 사용되어짐에 따라 나타나는 동작들은 문제 도메인 분석이 완성된 이후 고려되어야 한다.
- 시스템에 걸쳐 결합도를 최소화하라. 클래스와 기능간의 관계를 표현하는 것은 중요하다. 그러나 만일 "상호연결도"의 수준이 매우 높다면, 그것을 낮추기 위한 노력을 해야만 한다.
- 요구사항 모델이 모든 이해 관계자에게 가치를 제공하는지 확실히 하라. 각 당사자는 모델을 위한 자신들의 사용법을 가지고 있다. 예를 들면, 사업 이해 관계자는 요구사항을 검증하기 위해 모델을 사용해야 한다; 설계자는 설계의 기본으로서 모델을 사용 해야한다. QA(Quality Assurance) 담당자는 인수 시험 계획에 있어 도움을 주기 위해 모델을 사용해야 한다.
- 모델을 가능한 단순하게 유지하라. 새로운 정보를 추가하지 않는 한 부가적인 다이어그램을 추가하지 마라. 단순한 목록이 가능할 때 복잡한 표기형식을 사용하지 마라.

?

요구사항 분석 작업을 할 때 도움을 줄 수 있는 어떤 기본 지침서가 있는가?

Quote

공격당할 만한 문제는 반격하여 그들의 가치를 증명하라.

Piet Hein

9.1.3 도메인 분석

요구 공학의(제8장) 논의에서, 분석 패턴은 종종 특정 사업 도메인 내에서의 여러 응용 소프트웨어에서 재발생 한다고 언급했다. 만일 이러한 패턴들이일반적인 문제를 해결하기 위하여 인식하고 적용하는 방식으로 정의되고 분류된다면, 분석모델의 작성은 촉진된다. 더 중요하게, 설계 패턴 및 실행 가능한 소프트웨어 구성 요소들을 적용할 가능성은 급격히 증가한다. 이것은 시장에 출시하는 데 소요되는 시간 향상 및 개발 비용을 절감시킬 수 있다.

하지만, 분석 패턴과 클래스들이 우선 어떻게 인식될 수 있겠는가? 그들을 누가 정의하고, 그들을 누가 분류하며, 다음의 프로젝트에 사용할 수 있도록 그들을 누가 준비할 것인가? 이러한 질문에 대한 대답은 도메인 분석에 있다. Firesmith는[Fir93]은 아래와 같은 방법으로 도메인 분석을 기술하였다.

> 소프트웨어 도메인 분석은 일반적으로 해당 응용 소프트웨어 도메인 내의 다수의 프로젝 트에 재 사용을 위한 특정 응용 소프트웨어 도메인으로부터 공통 요구사항의 식별, 분석, 및 명세서이다. (객체지향 도메인 분석이다.) 공통 객체, 클래스, 서브 어셈블리 및 프레임워크의 관점에서 특정 응용 소프트웨어 도메인 내의 식별, 분석, 공동의 명세서, 재사용 가능성.

WebRef

도메인 분석을 위한 많은 유용한 자원들과 많은 다른 주제들은 아래의 링크에서 찾아 볼 수 있다. http:// www.sei.cmu.edu/

KEY POINT

도메인 분석은 특정 응용 소프트웨어 보다는, 응용 소프트웨어에 속하는 도메인이다. 그 목적은 도메인 내에 있는 모든 응용 소프트웨어에 적용 가능한 일반적인 문제 해결 요소를 식별하는 것이다.

그림 9.2 도메인 분석을 위한 입력 및 출력

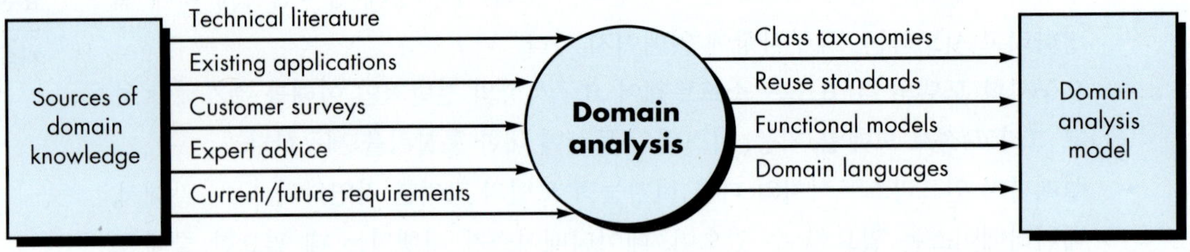

"특정 응용 소프트웨어 도메인"은 항공 전자 공학에서 은행 업무까지, 멀티미디어 비디오 게임에서 의료기기에 내장된 소프트웨어까지 다양할 수 있다. 도메인 분석의 목표는 간단하다. 재사용될 것이므로 광범위하게 적용 가능한 분석 클래스 및 또는 분석 패턴들을 발견하거나 창조하는 것이다.[5]

이 책에서 앞에서 소개된 용어를 사용하면, 도메인 분석은 소프트웨어 프로세스를 위한 우산 활동으로 간주될 수도 있다. 이로써, 도메인 분석은 어느 한 개의 소프트웨어 프로젝트에 연결되어 있지 않은 진행 중인 소프트웨어공학 활동이다. 한편으로는, 도메인 분석가의 역할은 중공업 제조 환경에서의 도구를 만드는 마스터의 역할과 유사하다. 도구를 만드는 사람의 작업은 반드시 같은 작업은 아니지만 유사한 작업을 하는 많은 사람들에게 사용될 수 있는 도구들을 설계 및 구현하는 것이다. 도메인 분석가[6]의 역할은 반드시 같은 응용 소프트웨어는 아니지만 유사한 작업을 하는 많은 사람들에게 사용될 수 있는 설계 패턴들, 분석 클래스들, 관련된 정보를 발견 및 정의하는 것이다.

그림 9.2[Arn89]는 도메인 분석 프로세스의 핵심 입력과 출력을 나타낸다. 도메인 지식의 근원은 도메인에 걸쳐 재사용 될 수 있는 객체를 식별하기 위한 시도로 조사된다.

SafeHome

도메인 분석

장소: 마케팅과 미팅 이후, Doug Miller의 사무실

등장인물: Doug Miller(소프트웨어공학 관리자), Vinod Raman(소프트웨어 팀원)

대화

Doug: 나는 특별한 프로젝트를 위해 Vinod 당신이 필요합니다. 나는 당신을 요구사항 수집 미팅의 데려가려고 합니다.

Vinod(인상을 찌푸리며): 안 됐네요. 그 포맷은 정말 될 것 같은데…. 나는 무언가 얻으려던 참이었습니다. 무슨 일이죠?

Doug: Jamie와 Ed가 당신을 위해 도움을 줄 것입니

5 도메인 분석의 상호보완적인 면은 "도메인을 모델링 하는 것을 포함하므로, 그래서 소프트웨어 공학자 및 기타 이해 관계자들이 그것에 대해 더 잘 배울 수 있다. 모든 도메인 클래스들이 반드시 재사용 가능한 클래스들의 개발 결과를 낼 필요는 없다."[Let03a]

6 도메인 분석가가 작업을 진행한다고 해서, 소프트웨어 공학자가 애플리케이션 도메인을 이해할 필요가 없다고 가정하지 마라. 소프트웨어 팀의 모든 구성원은 소프트웨어가 배치되어야 할 곳의 도메인에 대해 어느 정도 이해를 해야만 한다.

다. 어쨌든, 마케팅은 첫 SafeHome 출시에서 우리가 홈 보안 기능과 더불어 인터넷의 역량을 전달한다고 주장합니다. 하지만, 이것으로 스트레스를 많이 받습니다. 불충분한 시간적 여유와 인력, 그래서 PC 인터페이스와 웹 인터페이스 양쪽 문제들을 한 번에 해결해야 합니다.

Vinod(혼란스러워 하며): 저는 계획이 정해진 것을 알지 몰랐습니다. 심지어 요구사항 수집도 끝나지 않았습니다.

Doug(힘없는 미소를 지으며): 저도 압니다. 하지만 일정이 너무나 짧기 때문에 마케팅과 지금 당장 전략수립을 시작하기로 결정했습니다. 어쨌든, 우리는 모든 요구사항 수집 미팅으로부터 정보를 다 수집하여 임시계획이 수립되면 재방문할 것입니다.

Vinod: 좋아, 무슨 일이죠? 당신은 제가 어떻게 하길 바랍니까?

Doug: 당신은 "도메인 분석"이 무엇인지 압니까?

Vinod: 어느 정도. 당신이 생성하는 응용 소프트웨어와 같은 종류의 일을 처리하는 응용 소프트웨어에서 비슷한 패턴들을 찾는 것입니다. 가능하다면, 당신은 패턴들을 훔쳐 와서 당신의 작업에 재사용 할 수 있습니다.

Doug: 제가 훔친다는 단어가 마음에 들진 않지만, 기본적으로 당신은 올바르게 이해하고 있습니다. 제가 당신에게 원하는 무엇은 SafeHome과 같은 제어 시스템들을 위한 존재하는 사용자 인터페이스 찾기를 시작하는 것입니다. 저는 당신이 집에 있는 PC기반 인터페이스와 인터넷을 통해 접근할 수 있는 브라우저 기반 인터페이스 양쪽 모두에 공통적으로 할 수 있는 패턴 및 분석 클래스의 집합을 제안하기를 원합니다.

Vinod: 우리는 그들을 같게 함으로써 시간을 절약할 수 있는데, 왜 그렇게 하지 않습니까?

Doug: 아, 당신처럼 생각하는 사람들과 함께라니 좋군요. 그것이 문제입니다. 마케팅에 대한 주장처럼, 양쪽의 인터페이스가 거의 동일하고, 같은 코드로 구현된다면 등등, 우리는 시간과 노력을 절약할 수 있습니다.

Vinod: 그래서 당신은 무엇을 원합니까? 클래스들, 분석 패턴들, 설계 패턴들?

Doug: 그들 모두를. 지금 이 시점에서 정형적인 것은 아무것도 없습니다. 저는 내부 분석과 설계 작업을 우선적으로 시작하기를 원합니다.

Vinod: 저는 우리의 클래스 라이브러리에 가서 뭐가 있는지 봐야겠습니다. 그리고 제가 몇 개월 전에 읽었던 책에서 본 패턴 템플릿을 사용하려 합니다.

Doug: 좋습니다. 이제 일을 시작하죠.

9.1.4 요구사항 모델링 접근 방법

요구사항 모델링의 한 관점으로 데이터와 구분된 객체처럼 데이터를 변환하는 프로세스를 고려하는 구조적인 분석이라고 부른다. 데이터 객체들은 그들의 속성과 관계를 정의하는 방법으로 모델이 된다. 데이터 객체를 조작하는 프로세스들은 시스템 전반을 통해서 흐르는 데이터 객체로서 어떻게 변환되는지를 보여주는 방법에서 모델이 된다.

분석 모델링에 대한 두 번째 접근 방식은, 클래스 정의와 효율적인 고객 요구사항의 서로 상호 협력하는 방식에 초점을 두는, 객체지향 분석이라고 부른다. UML과(제4장) 통합된 프로세스(Unified Process)는 대부분 객체지향적이다.

이 책의 버전에서, 우리는 UML을 사용한 모델링처럼 객체지향 분석의 요소를 강조하기 위해 선택했다. 우리의 목표는 소프트웨어 요구사항의 최선의 모델과 소프트웨어 설계에 가장 효과적인 연결을 가지고 이해 관계자들에게 제공할 수 있는 표현의 조합을 제안하는 것이다.

요구사항 모델(그림 9.3)의 각 요소는 다른 관점에서의 문제를 제시한다. 시나리오 기반 요소들은 사용자가 시스템과 어떻게 상호작용을 하고 주고받는지와 소프트웨어가 사용에

> **Quote**
>
> 분석은 불만스러운 일이고, 복잡한 대인관계로 가득 차고, 그리고 어렵다. 한마디로 말해서, 대단히 흥미로운 것이다. 일단 당신이 푹 빠져들고, 시스템 구축에 대하여 이전에 쉽고 즐거운 것은 두 번 다시는 당신을 만족시키지 못할 것이다.
>
> Tom DeMarco

그림 9.3

분석 모델의 구성요소들

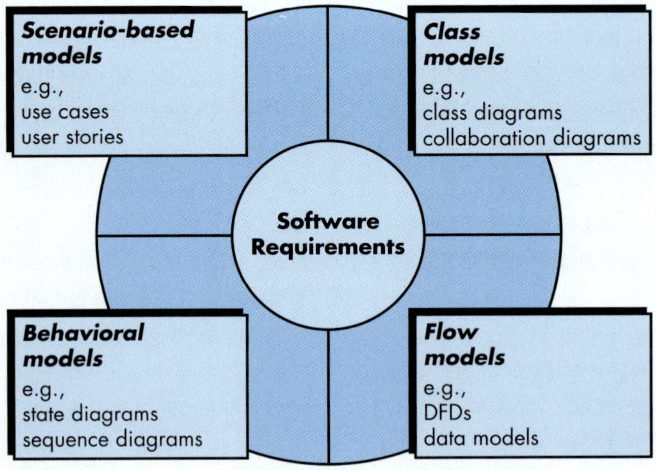

따라 발생하는 활동들의 특정 절차를 제시한다. 클래스 기반의 요소들은 시스템에 조작하는 객체, 조작에 영향을 줄 객체들의 적용될 연산, 객체들 간의 관계 (일부 계층), 그리고 정의된 클래스들 사이에 발생하는 협력을 모델링한다. 동작 요소들은 외부 이벤트가 시스템의 상태 또는 클래스 이것과 시스템에 상주하는 클래스를 어떻게 변화시키는가를 제시한다. 마지막으로, 흐름 지향 요소들은 정보 변화처럼 시스템을 표시하고, 다양한 시스템 기능을 통해서 흐르는 것처럼 데이터 객체가 어떻게 변화하는지를 제시한다.

분석 모델링은 이러한 모델링 요소의 하나 이상을 유도하기 위하여 이어진다. 그러나 각 요소의 구체적인 내용(예: 요소 및 모델을 구축하는 데 사용되는 다이어그램)은 프로젝트마다 다를 수 있다. 우리가 이 책에서 여러 번 언급한 것처럼, 소프트웨어 팀은 단순하게 유지하기 위한 작업을 해야 한다. 단지 모델에 가치를 증가하는 이러한 모델링 요소가 사용되어야만 한다.

?

어떠한 다른 관점이 요구사항 모델을 묘사하는 데 사용할 수 있는가?

9.2 시나리오 기반 모델링

비록 컴퓨터 기반 시스템이나 제품의 성공이 다양한 방법으로 측정되었더라도, 사용자의 만족도는 그 목록을 최상위에 두어야한다. 만약 당신이 최종 사용자가 시스템과 어떻게 상호작용하기를 원하는지를 이해한다면, 당신의 소프트웨어 팀은 요구사항들을 적절히 특징적인 요구사항에 대해서 더 좋게 할 수 있고 의미 있는 분석 그리고 설계 모델을 만들 수 있을 것이다. 이런 이유로, UML[7]로 요구사항 모델링은 유스케이스, 활동 다이어그램, 스윔레인 다이어그램과 같은 시나리오를 만드는 것으로부터 시작된다.

9.2.1 초기 유스케이스 제작

Alistair Cockburn은 "동작에 대한 계약"처럼 유스케이스를 특징지었다[Coc01b]. 제8장에

7 UML은 이 책의 전체를 걸쳐서 모델링 표기법으로 사용될 것이다. 부록 1은 기본 UML 표기법에 익숙하지 않는 독자들에게 대한 위한 간략한 튜토리얼을 제공한다.

서 논의된 것처럼, "계약"은 액터[8]가 어떠한 목표를 도달하기 위해 컴퓨터 기반 시스템을 사용하는 방법을 정의한다. 본질적으로, 유스케이스는 정보의 제작자 그리고 고객과 시스템 그 자체 사이에서 발생하는 상호작용을 추출한다. 이 절에서, 우리는 분석 모델링 활동[9] 처럼 유스케이스가 어떻게 개발되는지를 조사한다.

제8장에서, 우리는 유스케이스가 정의된 액터의 관점으로부터 간단한 언어로서 특정 사용 시나리오를 표현하는데 사용된다고 제시했다. 그러나 어떻게 알고 있는가 (1) 무엇을 써야 할지, (2) 얼마나 많이 써야 할지, (3) 당신의 기술서를 얼마나 상세하게 할지, (4) 기술서를 어떻게 구조적으로 할지, 만일 유스케이스가 요구사항 모델링 도구로서 가치를 제공한다면 이러한 질문들은 반드시 답변을 해야만 한다.

Quote

[유스케이스]는 무엇이 시스템(액터) 밖에 존재하는지, 무엇이 시스템(유스케이스)에 의해 수행될 것인지에 대한 정의를 단순하게 도와준다.

Ivar Jacobson

무엇을 써야 할지? 첫 두 요구공학 작업—도입 그리고 추출—유스케이스를 작성하기 시작할 때 필요한 정보를 제공해준다. 요구사항 수집 회의, 품질기능배치(QFD) 그리고 다른 요구사항 공학 메커니즘이 이해 관계자를 식별하고, 문제에 영역을 정의하고, 전반적인 운영 목표를 상세히 하고, 작업 우선순위를 수립하고, 알려진 모든 기능적 요구사항의 개요를 작성하고, 시스템에 의해 조작되는 것(객체)을 묘사한다. 일련의 유스케이스 개발을 시작하기 위해서는, 기능과 활동 목록은 특정 액터에 의해서 수행된다. 당신은 요구된 시스템 기능의 목록으로부터 이해 관계자들과 대화를 통해서, 그리고 요구사항 모델링의 한 부분에서 개발된 활동 다이어그램(9.3.1절) 평가로 이러한 것들을 얻을 수 있다.

ADVICE

특정 상황에서, 유스케이스는 탁월한 요구공학 메커니즘이 된다. 하지만 유스케이스는 이것이 적합한 경우 다른 모델링 방법을 버려야 함을 의미하는 것은 아니다.

SafeHome

다른 초기 사용자 시나리오 개발

장면: 두 번째 요구사항 수집 회의가 있는 회의실

등장인물: Jamie Lazar(소프트웨어 팀원), Ed Robbins(소프트웨어 팀원), Doug Miler(소프트웨어 공학 관리자), 세 명의 마케팅 부서의 팀원, 제품공학 공학 대표, 조정자

대화

조정자: SafeHome 감시 기능에 대해 논의할 시간입니다. 감시 기능에 접근하기 위한 사용자 시나리오를 개발합시다.

Jamie: 여기서 액터의 역할은 누가 수행합니까?

조정자: 저는 Meredith(마케팅 부서원)씨가 그 기능에 대해 작업해온 것으로 알고 있습니다. Meredith씨가 그 역할을 해보시겠어요?

Meredith: 당신은 우리가 저번에 했을 때와 같은 방식을 하길 바라시는 거죠?

조정자: 예. 같은 방식으로요.

Meredith: 음, 분명히 감시의 이유는 집주인이 없을 때 괜찮은지 확인하고, 이를 비디오로 저장하여 기록하고 재생하는 일과 같은 일들을 하도록 하는 것이네요…. 정리하는 것입니다.

Ed: 우리는 비디오 저장을 위하여 압축을 사용하나요?

조정자: Ed, 좋은 질문입니다만, 구현에 대한 문제는 잠시 뒤로 미루도록 하죠. Meredith씨?

Meredith: 예. 기본적으로 감시 기능에서는 두 부분이 있습니다. 첫 번째 설정은 시스템을 평면도를 배치하는 것을 포함, 우리는 집주인이 이것을 할 수 있도록 도와주는 도구를 가지고 있어야 합니다. 그리고 두 번째 설정은 실제 감시 기능 그 자체입니다. 레이아웃이 구성 액티비티의 한 부분으로서, 저는 감시 기능에 초점을 맞추도록 하겠습니다.

8 액터는 특별한 사람이 아니고, 혹은 특별한 문맥에서 수행하는 사람(또는 기계)의 역할이다. 액터는 "시스템 서비스의 하나를 전달해주기 위한" 시스템을 호출한다[Coc01b].

9 유스케이스는 사용자 인터페이스에 대한 분석 모델링에 특별히 중요한 부분이다. 인터페이스 분석과 설계는 제15장에서 더 자세히 논의된다.

조정자(웃으며): 제가 하려던 말이 바로 그 말입니다.

Meredith: 음…. 저는 PC나 인터넷을 통해 감시 기능의 접근권한을 얻고 싶습니다. 제 생각에는 인터넷 접근이 더 빈번하게 사용될 것 같아요. 어쨌든 저는 PC에 카메라 뷰를 보여주기를 원하고 그리고 특정 카메라를 위해서 제어 상하좌우와 줌 기능을 원합니다. 저는 집의 평면으로부터 선택을 통해 카메라를 명세화 합니다. 저는 선택적으로 카메라의 결과물을 녹화하고 그 결과물을 재생하기를 원합니다. 저는 또한 특정 패스워드를 가지고 하나 이상의 카메라 접근을 막고 싶습니다. 저는 또한 작은 화면을 통해 모든 카메라들의 화면을 보고 원하는 하나를 골라 확대할 수 있는 옵션을 원합니다.

Jamie: 이런 것들을 미리보기라고 합니다.

Meredith: 좋습니다. 그러면 저는 모든 카메라들의 미리보기를 원합니다. 저는 또한, 모든 다른 모든 SafeHome 인터페이스를 같이 보고 느낄 수 있는 감시 기능에 대한 인터페이스를 원합니다. 저는 그것이 직관적으로 되어 있어 사용하기 위해 설명서를 읽을 필요가 없으면 합니다.

조정자: 잘했습니다. 이제부터 보다 더 구체적으로 이 기능에 대해 알아봅시다.

사이드 바에서 토의된 SafeHome 홈 감시 기능(서브시스템)은 **집주인** 액터에 의해 수행된 아래의 기능(단축된 목록)으로 정의된다.

- 보여줄 카메라를 선택함.
- 모든 카메라로부터 미리보기를 요청함.
- PC 화면에 카메라 화면을 보여줌.
- 특정 카메라의 제어 상하좌우와 줌 기능을 제어함.
- 카메라 출력물의 선택적 녹화.
- 카메라 결과물을 재생함.
- 인터넷을 통해 카메라 감시에 접근함.

이해 관계자(집주인 역할을 하는 사람)들과 대화가 더 많이 진척됨에 따라, 요구사항 수집 팀은 제시된 각 기능에 대한 유스케이스를 개발한다. 일반적으로, 유스케이스는 맨 처음에는 비정형적으로 서술된 형태로 작성된다. 만일 더욱 더 정형화가 요구된다면, 유스케이스가 제8장에서 제안된 것과 유사한 구조적인 형식을 사용하여 작성되고 그리고 사이드 바처럼 이 절의 후반부에서 재생된다.

설명하기 위해서는, 인터넷을 통해서 카메라 감시에 접근하기 위한 기능을 고려—카메라 뷰 디스플레이(**ACS-DCV**). **집주인** 액터의 역할을 맡고 있는 이해 관계자는 아래 같은 서술을 작성하게 될 것이다.

유스케이스: 인터넷을 통한 카메라 감시 접근 - 카메라 뷰 디스플레이(ACS-DCV)

액터: 집주인

만일 내가 원격지에 있는 경우, 나는 SafeHome 제품 웹사이트에 로그온 하기 위해서는 적절한 브라우저 소프트웨어를 가진 어떠한 PC를 사용할 수 있다. 나는 사용자 ID를 입력하고 2단계의 패스워드를 입력하여 본인인증을 한다. 설치된 SafeHome 시스템을 통해 모든 기능에 접근한다. 특정 카메라 뷰에 접근하기 위해서 나는 디스플레이 된 주요 기능 버튼들 중 "감시"를 선택한다. 그다음 "카메라 선택"을 하면 그때 집의 평면도가 디스플레이 된다. 그 뒤 관심 있는 카메라를 선택한다. 대안적으로 나의 뷰잉 선택에 따라 "모든 카메라"를 선택해서 동시에 전체 카메라로부터 미리보기 스냅 샷을 볼 수 있다. 일단 내가 카메라를 선택 했을 때, 나는 "뷰"를 선택하면 1초당 한 화면의 뷰가 카메라 ID에 의해 인식된 뷰잉 윈도우에 나타난다. 만약 카메라를 바꾸고자 한다면, "카메라 지정"을 선택하면 기존의 뷰 윈도우가 사라지고, 집의 평면도가 다시 나타난다. 그러면 관심 있는 카메라를 선택한다. 새로운 뷰 윈도우가 나타난다.

서술적인 유스케이스의 변형은 사용자의 활동들이 정렬된 순서로 상호작용을 보여준다. 각각의 활동은 평서문처럼 나타난다. **ACS-DCV** 기능을 재탐색하고, 작성될 것이다:

카메라 뷰 기능을 다시 논의하게 되면서 아래를 작성하게 된다:

유스케이스: 인터넷 카메라 뷰를 통해서 카메라 감시 접근(ACS-DCV)

액터: 집주인

1. 집주인이 SafeHome 제품 웹사이트에 로그온한다.
2. 집주인이 사용자 ID를 입력한다.
3. 집주인이 패스워드 두 개를 입력한다(적어도 8자 이상이여야 한다).
4. 시스템의 모든 주요 기능 버튼을 보여준다.
5. 집주인이 주요 기능 버튼 중 "감시"를 선택한다.
6. 집주인이 "카메라 선택"을 선택한다.
7. 시스템이 집 평면도를 보여준다.
8. 집주인이 평면도에서 카메라 아이콘을 선택한다.
9. 집주인이 "뷰" 버튼을 선택한다.
10. 시스템이 카메라 ID에 의해 식별된 뷰잉 윈도를 보여준다.
11. 시스템이 1초당 1프레임씩 뷰잉 윈도우의 비디오 출력이 디스플레이 된다.

Quote

유스케이스는 많은 곳에 [소프트웨어] 프로세스에 사용될 수 있다. 우리의 관심사는 반복적이며 위험을 일으키는 프로세스이다.

Geri Schneider and Jason Winters

순차적인 표현은 다른 어떠한 대안적인 상호작용(서술하는 방식은 보다 더 자유롭고 몇개의 대안을 나타냈었다)을 고려하지 않았다는 것을 주장하는 것은 중요하다. 이러한 유형의 유스케이스는 종종 초기 시나리오로 나타내기도 한다.[Sch98a]

9.2.2 초기 유스케이스 정제

대안적인 상호작용의 기술은 유스케이스에 의해 기술되는 기능의 완벽한 이해를 위해서 필수적이다. 그러므로 초기 시나리오의 각 단계는 아래의 질문들을 함으로써 평가된다 [Sch98a].

- 액터가 이 시점에서 어떤 다른 활동들을 받아들일 수 있는가?
- 액터가 이 시점에서 특정 오류 조건을 접할 가능성이 있는가? 만약 그렇다면, 그것을 무엇이라고 할 수 있겠는가?
- 액터가 이 시점에서 다른 동작을 접할 가능성이 있는가(예: 액터의 제어를 벗어난 다른 이벤트를 유발하는 동작)? 만약 그렇다면, 그것을 무엇이라고 할 수 있겠는가?

?

유스케이스를 개발함에 있어 활동의 대안 과정을 어떻게 조사하는가?

이러한 질문들에 대한 답변은 원래 유스케이스의 일부인 대안적인 동작를 표현하는 일련의 부가적인 시나리오들을 생성을 야기한다. 예를 들면, 이전에 존재한 초기 시나리오의 6단계와 7단계를 고려하라.

6. 집주인이 "카메라 선택"을 선택한다.
7. 시스템이 집 평면도를 보여준다.

액터가 이 시점에서 어떤 다른 활동들을 수용할 수 있는가? 여기에 대한 답은 '그렇다' 이다. 자유로운 서술하는 방식을 참고하여, 액터는 모든 카메라의 미리보기 스냅 샷을 동시에 보기 위해 선택할 수도 있다. 이러한 이유로, 부가적인 시나리오의 하나는 "모든 카메라들의 미리보기 스냅 샷 출력"이 될 수도 있다.

액터가 이 시점에서 어떤 오류 조건을 접할 가능성이 있는가? 이러한 많은 오류 조건은 컴퓨터 기반 시스템이 동작하는 것처럼 발생할 수 있다. 이러한 문맥에서, 6단계나 7단계에서 기술되었던 활동의 직접적인 결과와 같은 오류 조건들만 고려한다. 질문에 대한 답을 다시하자면 "그렇다"이다. 카메라 아이콘이 있는 평면도는 설정되지 않았을 수도 있다. 이러한 이유로, "카메라 선택"은 오류 조건 결과를 이끌어낸다: "해당 집의 평면도를 설정하지 않았다."[10] 이러한 오류 조건은 부가적인 시나리오가 된다.

액터가 이 시점에서 다른 동작을 접할 가능성이 있는가? 질문에 대한 답을 다시하자면 "그렇다"이다. 6단계와 7단계가 발생됨에 따라, 시스템은 알람 조건을 접할 수도 있다. 이것은 시스템에 특정 알람 통보(종류, 장소, 시스템 행동)로 디스플레이할 것이고, 액터에게 알람의 고유 기능과 관련된 많은 옵션을 제공할 것이다. 왜냐하면, 이러한 부가적인 시나리오가 가상적으로 모든 상호작용에 대해서 언제든지 발생되기 때문에, 이것은 **ACS-DCV** 유스케이스의 일부가 되는 것은 아니다. 오히려, 유스케이스의 분리—**알람 조건에 직면**—가 요구됨에 따라 다른 유스케이스들로부터 개발되고 참조될 것이다.

?

유스케이스를 개발할 때 가능한 행동방안들을 어떻게 검토할 것인가?

앞 절에서 묘사된 상황 각각은 유스케이스 예외 처리처럼 특징되어진다. 예외 처리는 시스템이 어느정도 다른 동작이 존재하여 야기되는 상황(실패한 조건, 혹은 액터에 의해 대안적인 선택)을 기술한다.

Cockburn[Coc01b]은 각각의 유스케이스에 대한 일련의 예외 처리를 타당성있게 완벽하게 도출하기 위해서 "브레인스토밍" 세션을 권장한다. 이 장의 앞부분에서 제시된 세 개의 일반적인 질문에 부하여, 아래 문제들도 조사되어야만 한다.

- 유스케이스 중 "검증 기능"이 발생하는 경우가 있는가? 이것은 확인 기능이 내포되고 그리고 잠재적인 오류 조건이 발생됨을 암시한다.
- 지원 기능(혹은 액터)이 적절하게 대응하는데 실패하는 경우가 있는가? 예를 들면, 사용자의 액션이 반응을 기다리지만 응답하는 기능의 시간지연이 있는 경우이다.
- 조잡한 시스템 성능이 예상치 못하거나 부적절한 사용자 액션을 야기하는가? 예를

10 이러한 경우에서, 다른 액터인 시스템 관리자는 평면도를 설정하고, 모든 카메라를 설치하고 초기화(예: 장비 ID를 지정)하고, 각각의 카메라가 시스템과 평면도를 통해 확실하게 접근이 가능한지를 시험해야 한다.

들면, 웹 기반 인터페이스가 너무 늦게 응답하면, 결국엔 사용자는 진행 버튼을 여러 번 누른다. 이렇게 선택은 부당하게 쌓이고 그리고 궁극적으로 오류 조건을 생성한다.

이러한 질문과 답변의 결과로서 개발된 추가적인 목록은 다음의 기준을 사용하여 "합리화"되어야 한다. 예외 처리는 소프트웨어가 기술된 조건을 감지할 수 있고 그리고 감지된 조건을 처리하는 유스케이스 내에서 언급되어야 한다. 어떤 경우에서, 예외 처리가 다른 유스케이스 개발을 촉진시킬 것이다.

9.2.3 정형적인 유스케이스 작성

9.2.1절에 나왔던 비정형화된 유스케이스는 어떤 경우에 요구사항 모델링을 나타내기에 충분하다. 그러나 유스케이스가 중요한 활동 또는 상당수의 예외 처리를 지닌 복잡한 일련의 단계를 기술하는 것이 포함될 경우, 더욱 더 정형화된 접근법이 요구되어질 것이다.

사이드 바에 보여진 **ACS-DCV** 유스케이스는 정형적인 유스케이스에 대한 전형적인 윤곽에 따른다. 문맥의 목표는 유스케이스의 전체적인 범위를 식별하는 것이다. 사전 조건은 유스케이스가 시작되기 전에 알려진 사실이 무엇인지를 기술한다. 트리거는 "유스케이스를 시작하게 하는" 이벤트나 조건을 식별한다[Coc01b]. 액터에 의해 요구된 특정 활동과 적절한 시스템의 반응을 나열한다. 예외 처리는 초기의 유스케이스가 정제되는 것처럼(9.2.2절) 알려진 상황들을 식별한다. 추가적인 설명은 포함될 수도, 포함되지 않을 수도 있고 그리고 합리적으로 설명이 필요 없다.

SafeHome

감시를 위한 유스케이스 형식

유스케이스: 인터넷을 통한 카메라 감시 접근 - 카메라 뷰 디스플레이(ACS-DCV)

최신 버전: 2, 최종 수정일자: V.Raman에 의해 1월 14일

주요 액터: 집주인

문맥의 목적: 인터넷을 통해 원격으로, 집 전체에 설치된 카메라의 출력을 볼 수 있어야 함.

사전 조건: 시스템은 충분히 설정되어야 한다; 적절한 사용자 ID와 패스워드를 얻을수 있어야 한다.

트리거: 집주인은 집을 비웠을 때 집 내부를 보기로 결정한다.

시나리오:

1. 집주인이 SafeHome제품 웹사이트에 로그인 한다.
2. 집주인이 사용자 ID를 입력한다.
3. 집주인이 패스워드 두 개를 입력한다(각 패스워드는 적어도 8글자 이상).
4. 시스템의 모든 주요 기능 버튼을 디스플레이한다.
5. 집주인이 주요 기능 버튼중 "감시"를 선택한다.
6. 집주인이 "카메라 선택"을 선택한다.
7. 시스템이 집 평면도를 디스플레이한다.
8. 집주인이 평면도에서 카메라 아이콘을 선택한다.
9. 집주인이 "뷰" 버튼을 선택한다.
10. 시스템이 카메라 ID에 의해 검증된 뷰잉 윈도를 디스플레이한다.
11. 시스템이 1초당 1프레임씩 뷰잉 윈도우의 비디오 결과물을 디스플레이한다.

예외 처리 :

1. ID나 패스워드가 틀렸거나 인식하지 못하는 경우-"Validate ID and passwords" 유스케이스를 확인하라.
2. 감시 기능이 시스템에 설정되어 있지 않는 경우-시스템은 적절한 오류 메시지를 디스플레이한다. "Configure surveillance function" 유스케이스를 확인하라.
3. 집주인이 "모든 카메라를 위한 미리보기 스냅 샷 출력"을 선택하는 경우—View thumbnail

snapshots for all cameras 유스케이스를 확인하라.

4. 평면도를 이용할 수 없거나 설정되지 않은 경우-적절한 오류 메시지가 디스플레이되고 그리고 "Configure floor plan" 유스케이스를 확인하라.
5. 알람 조건에 직면했을 경우–"alarm condition encountered" 유스케이스를 확인하라.

우선순위: 기본 기능 이후 실행되는 우선순위의 조정

사용 가능한 때: 세 번째 증분

사용 빈도: 자주

액터에 대한 채널: PC기반의 브라우저를 경유하고 그리고 인터넷 연결

부가적인 액터들: 시스템 관리자 카메라

부가적인 액터들에 대한 채널 :

1. 시스템 관리자: PC 기반 시스템
2. 카메라: 무선 연결

현안:

1. 어떤 메커니즘이 직원들의 SafeHome 제품 기능을 무단 사용하는 것을 보호하는가?
2. 보안기능이 충분한가? 이러한 특징을 해킹하는 것이 개인정보의 주요 침해로 표현된다.
3. 카메라 뷰를 위해서 요구된 대역폭이 주어질시, 인터넷을 통한 시스템 반응이 가능한가?
4. 높은 대역폭의 연결이 사용될 때 높은 초당 프레임 비율로 비디오를 제공하기 위한 능력을 개발할 것인가?

그림 9.4

SafeHome 시스템에 대한 초기 유스케이스 다이어그램

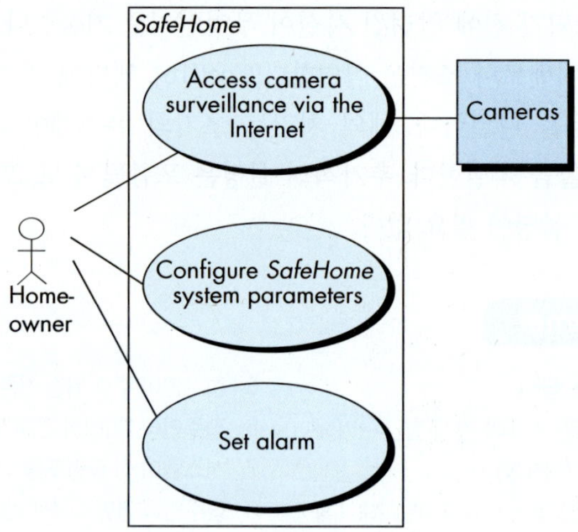

WebRef

유스케이스 작성은 언제 끝나는가? 이 주제에 대한 의미 있는 토의를 위해서는 **ootips.org/use-cases-done.html**을 확인하라.

많은 경우에서, 사용 시나리오의 그래피컬 표현을 만들 필요는 없다. 그러나 도식화된 표현은 특히 시나리오가 복잡한 경우 이해를 도와줄 수 있다. 이 책의 초기에서 언급한 것과 같이, UML은 도식화된 능력인 유스케이스를 제공한다. 그림 9.4는 SafeHome 제품의 초기 유스케이스 다이어그램을 묘사한다. 각 유스케이스는 타원으로 표현된다. 본 절에서는 **ACS-DCV** 유스케이스만 논의된다.

모든 모델링 표기법에는 제한이 있으며, 유스케이스 또한 예외는 없다. 작성된 기술서의 어떤 다른 양식과 같이, 유스케이스는 단지 작가와 마찬가지이다. 만일 기술서가 불명확하다면, 유스케이스는 왜곡되거나 모호해질 수 있다. 기능적 및 행위적 요구사항에 초점을 맞추어진 유스케이스는 일반적으로 비기능적 요구사항에는 부적당하다. 요구사항 모델이 중대한 상세성과 정확해야만 하는 상황(예: 안전하고 중대한 시스템)에 대해서 유스케이스로는 충분하지 않을 수도 있다.

그러나 시나리오 기반 모델링은 소프트웨어 공학자로서 직면할 모든 주요한 대부분의

상황에서 적합하다. 만일 적합하게 개발된다면, 유스케이스는 모델링 도구로서 많은 이득을 제공할 것이다.

9.3 유스케이스를 지원하는 UML 모델들

텍스트 기반의 모델에서 많은 요구사항 모델링 상황들이 있다—비록 유스케이스가 간단할지라도-명백하고 간결한 방법으로 정보를 전달할 수 없다. 이러한 경우 UML 그래피컬 모델의 폭넓은 선택을 할 수 있다.

9.3.1 활동 다이어그램 개발

UML 활동 다이어그램은 특정 시나리오 내에서 상호작용의 흐름의 그래피컬적 표현으로 제공함으로써 유스케이스를 지원한다. 플로우차트와 유사하게, 활동 다이어그램은 특정 시스템 기능을 나타내기 위해 모서리가 둥근 사각형, 시스템을 통한 흐름을 나타내기 위하여 화살표, 분기 결정(다이아몬드로부터 나가는 각 화살표는 표시되어야 한다)을 나타내기 위하여

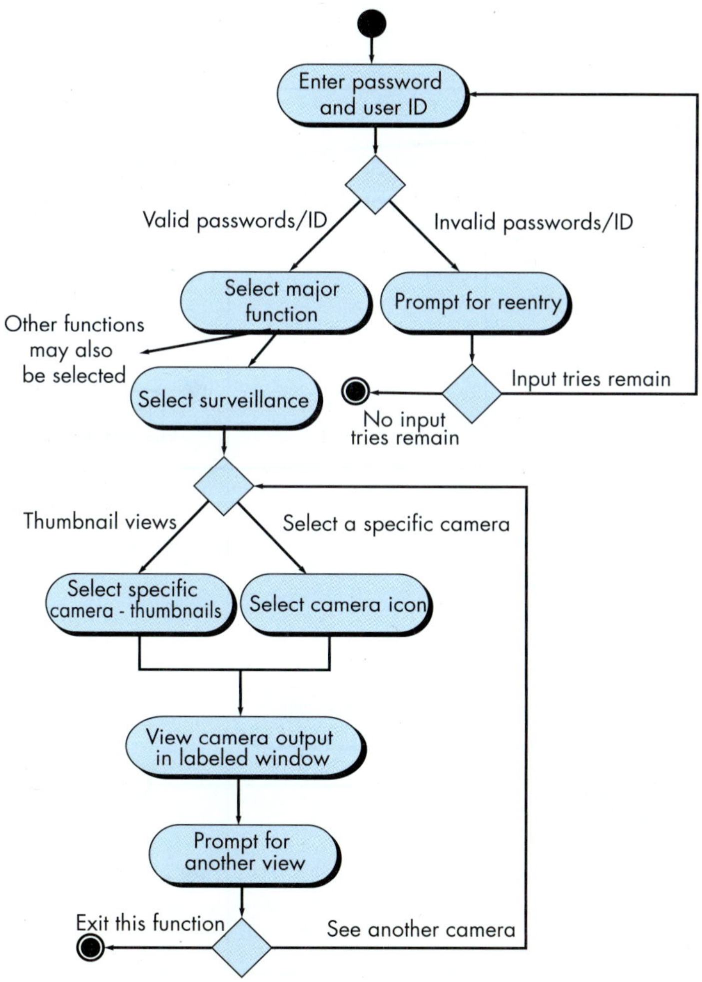

그림 9.5

인터넷을 통한-디스플레이 카메라 뷰 기능 디스플레이-카메라 감시 접근을 위한 활동 다이어그램

결정 다이아몬드형, 병렬적인 활동들의 발생을 표시하는 고정된 수평선을 사용한다. ACS-DCV 유스케이스를 위한 활동 다이어그램은 그림 9.5에 보여진다. 활동 다이어그램은 유스케이스를 통해 직접 언급된 것이 아닌 (그러나 암시된) 부가적인 상세를 추가해야한다는 것을 상기해야 한다. 예를 들면, 사용자는 사용자 ID 및 패스워드 입력을 제한된 횟수에 한해서 시도 할 수 있다. 이는 "재입력에 대한 프롬프트"라는 결정 다이아몬드로 표현된다.

9.3.2 스윔레인 다이어그램

KEY POINT
UML의 스윔레인 다이어그램은 액션과 의사결정의 흐름을 나타내고, 각 액터가 수행하는 것을 나타낸다.

UML의 스윔레인 다이어그램은 활동 다이어그램의 유용한 변형이며 유스케이스에 의해 기술된 활동들의 흐름을 나타내는 것을 허용하고 그리고 동시에 액터(특정 유스케이스에 포함된 다수의 액터들이 있는 경우) 또는 분석 클래스(제10장)를 나타내고 활동 사각형에 의해 묘사된 활동에 대한 책임을 가진다. 책임은 수영장에 있는 레인과 같이 다이어그램을

그림 9.6 인터넷을 통한–디스플레이 카메라 뷰 기능 디스플레이–카메라 감시 접근을 위한 스윔레인 다이어그램

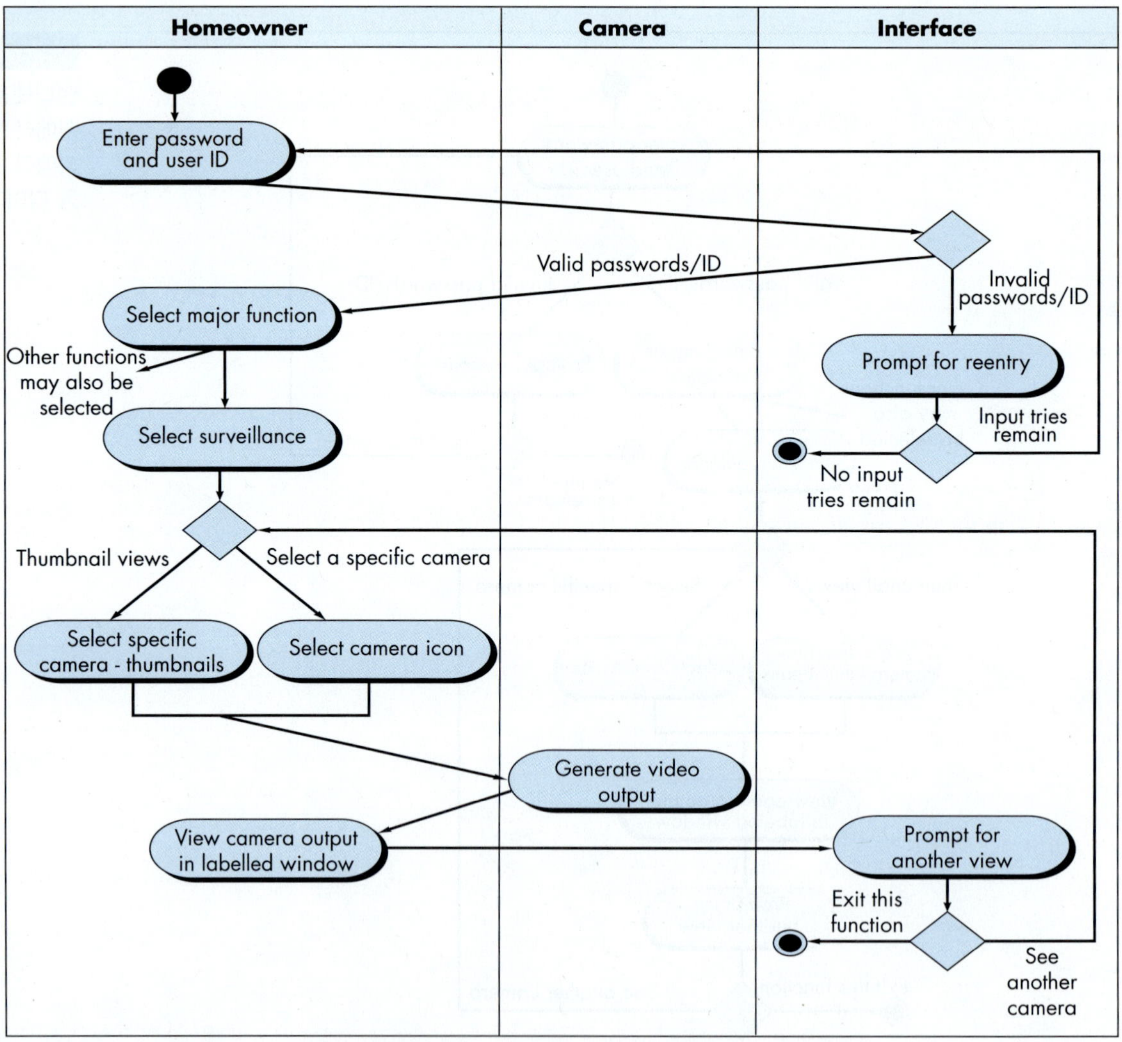

수직적으로 분할하고 평행적인 세그먼트들처럼 표현된다.

세 가지의 분석 클래스—**집주인**, **카메라**, 그리고 **인터페이스**—는 그림 9.5에서 표현된 활동 다이어그램의 문맥에서 직간접적인 책임을 갖는다. 그림 9.6를 참조하면, 특정 분석 클래스와 관련된 활동은 해당 클래스에 대해 스윔레인의 안에 포함된다. 예를 들면, 인터페이스 클래스가 집 주인에 의해 보이는 것처럼, 사용자 인터페이스를 나타낸다. 활동 다이어그램은 인터페이스의 책임이 있는 두 개의 프롬프트를 제시한다." 다른 뷰에 대한 프롬프트", "재입력에 대한 프롬프트" 이러한 프롬프트들과 이에 연관된 결정은 **인터페이스** 스윔레인에 속한다. 그러나 화살표는 집주인이 활동이 발생되는 스윔레인 뒤에서부터 **집주인** 스윔레인으로 이어진다.

유스케이스는, 활동 다이어그램과 스윔레인 다이어그램과 함께 절차 중심 개념이다. 이는 다양한 액터들이 시스템의 요구사항을 충족하기 위해 특정 기능(다른 절차 단계)을 호출하는 방식을 나타낸다. 그러나 요구사항의 절차적인 뷰는 제10장과 제11장에서 시스템의 단지 단일 범위만 나타내고, 요구사항 모델링의 다른 범위는 조사될 것이다.

Quote

좋은 모델은 당신의 생각을 가이드하고, 나쁜 모델은 이를 왜곡시킨다.

Brian Marick

9.4 요약

요구사항 모델링의 목적은 고객이 요구하는 표현의 다양성에 대하여 생성하고, 소프트웨어 설계의 생성을 위한 기본을 수립하고, 그리고 일단 소프트웨어가 구축되었을 때 유효성을 검사하도록 일련의 요구사항들을 정의하는 것이다. 요구사항 모델은 전체적인 시스템과 사업 기능성을 묘사하는 시스템 수준의 기술서와 소프트웨어의 응용 소프트웨어 아키텍처, 사용자 인터페이스, 구성요소 수준의 구조를 기술하는 소프트웨어 설계 간의 차이를 연결한다.

시나리오 기반 모델들은 사용자 관점에서 소프트웨어 요구사항을 묘사한다. 유스케이스-액터와 소프트웨어 사이에서 상호작용을 묘사하거나 양식기반 기술서- 주요 모델링 요소이다. 요구사항들의 추출동안 도출된, 유스케이스는 특정 기능이나 상호작용에 대하여 핵심 단계를 정의한다. 유스케이스 형식과 세부사항들의 정도는 다양하지만, 그러나 최종 결과물은 다른 모든 분석 모델링 활동에 필요한 입력을 제공한다. 시나리오는 종종 활동 다이어그램의 사용으로 기술될 수 있다-특정 시나리오 내에서 프로세싱 흐름을 묘사하는 플로우차트와 같은 그래피컬 표현. 스윔레인 다이어그램은 프로세싱 흐름이 다양한 액터나 클래스들에게 어떻게 할당되는지를 설명한다.

문제와 생각할 점

9.1 요구사항 모델이 생성된 이후 즉각적으로 코딩을 시작하는 것이 가능한가? 당신의 답을 설명하고 그리고 대조되는 것을 주장하라.

9.2 분석 경험 법칙은 모델이 "문제나 사업 도메인 내에서 보이는 요구사항들에 초점을 맞춰야 한다."는 것이다. 이러한 도메인에서 보이지 않는 요구사항들의 유형들은 무엇인가? 몇

개의 예시를 제시하라.

9.3 도메인 분석의 목적은 무엇인가? 요구사항 패턴들의 개념과 어떻게 관련되어 있는가?

9.4 그림 9.3에 보이는 모든 4가지 요소의 개발 없이 효과적인 분석 모델을 개발하는 것이 가능한가? 설명하라.

9.5 대도시의 공공사업부서는 웹 기반 구덩이 탐지 및 복구 시스템(PHTRS, "pothole tracking and repair system")을 개발하기로 결정했다. 기술서는 아래와 같다.

> 시민들은 웹사이트에 로그인하여 구덩이의 위치와 심각성에 대해 알릴 수 있다. 구덩이들이 알려지면 "공공사업부서 복구 시스템"에 기록되고, 식별 번호가 할당되고, 도로 주소, 크기(1부터 10의 범위로), 위치(중간부, 커브길 등), 구역(도로 주소로부터 결정된), 그리고 복구 우선순위(구덩이의 크기로부터 결정된)에 의해 저장된다. 작업 순서 데이터는 각 구덩이와 연관되어 있고, 그리고 구덩이의 위치, 크기, 복구 팀의 식별번호, 복구 팀의 인원수, 배정된 장비, 복구에 소비된 시간, 구멍 상태(작업 중, 복구된 상태, 임시 복구, 미복구), 사용된 충진 재료의 양, 그리고 복구 비용(시간 소모량, 투입 인원수, 사용된 재료와 장비로부터 계산된)을 포함한다. 최종적으로, 피해 파일은 구덩이로 인해 보고된 피해와 그리고 시민의 이름, 주소, 전화번호, 피해 유형, 그리고 피해 금액을 포함하여 생성된다. PHTRS는 온라인 시스템이다. 모든 질문들은 대화식으로 진행하여야 한다.

PHTRS 시스템을 위한 UML 유스케이스 다이어그램을 그려라. 당신은 사용자가 시스템과 상호작용하는 방법에 관하여 많은 가정을 해야할 것이다.

9.6 문제 9.5에 기술된 PHTRS의 다양한 액터들의 역할을 묘사하는 두세 가지의 유스케이스를 작성하라.

9.7 PHTRS의 하나의 양상에 대하여 활동 다이어그램을 개발하라.

9.8 PHTRS의 하나 이상의 양상에 대하여 스윔레인 다이어그램을 개발하라.

추가 읽을거리와 정보 소스

유스케이스는 모든 요구사항 모델링 접근법에 대한 기초로써 제공 할 수 있다. 주제는 Gomaa (*Software Modeling: UML, Use Case, Patterns, and Architecture*, Cambridge University Press, 2011)에 의해 상세히 논의된다. Rosenberg 그리고 Stephens(*Use Case Driven Object Modeling with UML: Theory and Practice*, Apress, 2007), Denny(*Succeeding with Use Cases: Working Smart to Deliver Quality*, Addison-Wesley, 2005), Alexander 그리고 Maiden(Eds.) (*Scenarios, Stories, Use Cases: Through the Systems Development Life-Cycle,* Wiley, 2004), Bittner 그리고 Spence(*Use Case Modeling*, Addison-Wesley, 2002), Cockburn[Coc01b], 그리고 다른 참조는 제8장에서 제시되었다.

분석과 디자인 모두 적용 가능한 UML 모델링 기술은 Dennis 그리고 그의 동료에 의해 논의되었고(*Systems Analysis and Design with UML Version 2.0*, 4th ed.,Wiley, 2012), O'Docherty(*Object-Oriented Analysis and Design: Understanding System Development with*

UML 2.0, Wiley, 2005), Arlow 그리고 Neustadt(*UML 2 and the Unified Process*, 2nd ed., Addison-Wesley, 2005), Roques(*UML in Practice*, Wiley, 2004), Larman(*Applying UML 그리고 Patterns,* 2nd ed., Prentice Hall, 2001), and Rosenberg 그리고 Scott(*Use Case Driven Object Modeling with UML*, Addison-Wesley, 1999)에 의해 논의되었다.

요구사항에 대한 일부 책들은 Robertson과 Robertson(*Mastering the Requirements Process: Getting Requirements Right*, 3rd ed., Addison-Wesley, 2012), Hull, Jackson, 그리고 Dick(*Requirements Engineering*, 3rd ed., Springer, 2010), Alexander와 Beus-Dukic(*Discovering Requirements: How to Specify Products and Services*, Wiley, 2009)에 포함되어 있다. 요구사항 모델링에 대한 정보 소스의 넓은 다양성은 인터넷에서 찾을 수 있다.

분석 모델링에 관련된 최신화된 월드 와이드 웹 참고용 목록은 SEPA 웹사이트 www.mhhe.com/pressman에서 찾을 수 있다.

10

CHAPTER

요구사항 모델링: 클래스 기반 방법론

주요 개념

분석 클래스
분석 패키지
연관
속성
협력
CRC 모델링
의존
문법 구문 분석
작업
책임

1990년대 초에 요구사항 모델링을 위한 클래스 기반의 방법론이 처음 도입되었을 때, 그들은 종종 객체지향 분석으로 분류되었다. 비록 많은 다른 클래스 기반의 방법과 표기법이 도입되지만, COAD와 Yourdon[Coa91]은 이들 모두에 대해 하나의 일반적인 특징을 언급했다.

> [객체지향 방법의 모두] 우리가 유치원에서 처음으로 배웠던 개념을 기반으로 한다. 객체들 그리고 속성, 전체 그리고 부분, 클래스 그리고 멤버들

요구사항 모델링을 위한 클래스 기반의 방법론은 비 기술적인 이해 관계자들에 의해 이해할 수 있는 응용 소프트웨어의 표현을 생성하기 위해 일반적인 개념을 사용한다. 요구 모델이 정제되고 확장됨에 따라, 소프트웨어 설계를 구축에서 소프트웨어 공학자에 의해 사용될 수 있는 명세서 속으로 진화된다.

클래스 기반의 모델링은 시스템이 조작되는 객체, 조작의 영향에 대해 객체를 적응하는 운용들(또한 방법론이나 서비스라 부른다), 객체사이의 관계(일부 계층), 정의된 클래스 사이에 발생하는 협력이 포함된다. 클래스 기반 모델의 컴포넌트는 클래스와 객체, 속성, 오퍼레이션, 클래스의 책임 협력자 (CRC) 모델, 협력 다이어그램, 그리고 패키지를 포함한다.

QUICK LOOK

이것은 무엇인가? 소프트웨어 문제는 거의 언제나 객체에게 시스템 내에서 각각을 나타내는 일련의 상호작용 되는 객체에 관해서 특징될 수 있다. 각 객체는 객체의 클래스의 구성원이 된다. 각 객체는 그 자체 상태에 의해 기술된다. 객체를 기술하는 데이터 속성. 이러한 모든 것들은 클래스 기반의 요구사항 모델링 방법론을 사용하여 표현될 수 있다.

누가 수행하는가? 소프트웨어 공학자(때로는 분석가라고 불림)는 고객으로부터 요구사항 추출을 사용하여 클래스 기반 모델을 생성한다.

왜 중요한가? 클래스 기반 요구 모델은 응용 소프트웨어나 시스템에서 고객의 관점으로부터 추출된 객체를 사용한다. 모델은 고객에게 동일한 시스템의 뷰라고 묘사한다. 그러므로 가능한 초기에 유용한 피드백의 결과로써, 고객에 의해 쉽게 평가될 수 있다. 이후에, 모델이 정제됨에 따라 소프트웨어 설계에 대한 기초가 된다.

어떤 단계가 있는가? 클래스 기반 모델링은 객체들, 속성들, 관계들을 정의한다. 일련의 간단한 경험적 방법은 문제 기술서로부터 객체와 클래스들을 추출하고, 그리고 텍스트 기반 그리고 또는 도식적인 형태로 표현되기 위하여 개발할 수 있다. 일단 초기 모델이 생성되면, 자신의 명확성, 완전성, 그리고 일관성을 평가하기 위해 정제되고 분석된다.

작업 산출물은 무엇인가? 다수의 텍스트 기반 및 도식화 된 형태는 요구사항 모델을 위하여 선택될 것이다. 이러한 표현의 각각은 하나 이상의 모델 구성 요소의 관점을 제공한다.

작업이 옳게 수행되었다는 것을 어떻게 확인하는가? 요구사항 모델링 작업 제품들은 정확성, 완전성, 일관성에 대해서 검토되어야 한다. 그들은 모든 이해관계자의 요구를 반영해야 하고, 그리고 구축될 수 있는 설계로부터 기초를 수립해야 한다.

다음 절에서 식별 및 표현에 도움이 될 수 있는 비정형적인 일련의 가이드라인을 제시한다.

10.1 분석 클래스 식별

만일 당신이 방을 둘러본다면, 거기에는 쉽게 식별되고, 구분되며, 정의되는(속성과 오퍼레이션의 관점에서) 일련의 물리적 객체가 있다. 그러나 당신이 응용 소프트웨어의 문제 공간을 "둘러볼" 때, 클래스들(그리고 객체)은 이해하기가 좀 더 어려울 것이다.

Quote

실질적인 어려운 문제는 우선적으로 객체(클래스)가 어떻게 올바른지를 찾는 것이다.

Carl Argila

우리는 요구사항 모델(제9장)의 부분처럼 개발된 사용 시나리오를 시험과 구축될 시스템을 위해 개발하였던 유스케이스의 "문법적인 구문 분석"을 수행하는 것에 의해 클래스를 식별을 시작할 수 있다. 클래스는 각 명사나 명사구에 밑줄을 긋고 그리고 그것을 간단한 표에 기입하는 것에 의해 결정된다. 동의어는 기입해야만 한다. 만일 클래스(명사)가 솔루션을 구현에 요구된다면, 그것은 솔루션 공간의 부분이며, 다른 방법으로, 만일 클래스가 단지 솔루션을 표현하는 데만 필요하다면, 이것은 문제 공간의 부분이다.

그러나 모든 명사들이 고립되어 있다면 무엇을 찾아야만 하는가? 분석 클래스는 아래의 방법들 중 한 가지로 지재한다.

?

분석 클래스를 해결 공간의 컴포넌트처럼 그들 스스로를 어떻게 나타낼 것인가?

- 컴퓨터 기반의 시스템에 의해 사용되는 정보를 생산하거나 소비하는 외부 엔티티(예: 다른 시스템, 장치, 사람)
- 문제를 위한 정보 도메인의 일부인 사물(예: 디스플레이, 문자, 신호)
- 시스템 수행의 문맥 내에서 일어나는 발생이나 이벤트(예: 물질 고유의 성질 변환이나 일련의 로봇 이동의 동작의 완성)
- 시스템과 상호작용하는 사람에 의해 수행하는 역할(예: 관리자, 공학자, 영업사원)
- 응용 소프트웨어와 관련된 조직적인 단위(예: 부서, 그룹, 팀)
- 문제의 문맥과 시스템에 대한 전반적인 기능을 수립하는 장소(예: 제조 현장이나 하역장)
- 객체들의 클래스나 객체의 관련된 클래스를 정의하는 구조(예: 센서, 사륜 자동차, 컴퓨터)

이러한 분류는 문헌에서 제안된 많은 것들 중 하나에 불과하다.[1] 예를 들면, Budd [Bud96]는 데이터, 데이터 관리자, 뷰 또는 관찰자 클래스, 도우미 클래스를 포함하는 클래스 분류를 제안한다.

이것은 어떤 클래스나 객체가 없다는 것을 주장하는 것은 또한 중요한다. 일반적으로, 클래스는 "명령 절차 명칭(imperative procedural name)"을 가지면 안 된다는 것이다 [Cas89]. 만일 의료 영상 시스템의 소프트웨어 개발자가 **InvertImage** 또는 **ImageInversion**이라 이름의 객체를 정의한다면, 감지하기 힘든 실수를 만드는 것이 된다. 또한, 소프트웨어

1 다른 중요한 분류인 엔티티, 경계, 제어 클래스의 정의는 10.5절에서 논의된다.

에서 얻어진 **영상(image)**은 당연히 클래스가 될 수 있다(정보 도메인의 일부가 된 것이다). 영상의 도치는 객체에 적용된 동작이다. 반전이 **영상** 객체에 대한 동작처럼 정의될 수 있긴 하지만, 그것은 "영상 반전"을 암시하는 분리된 클래스처럼 정의되지는 않을 것이다. Cashman[Cas89]이 주장한 것처럼, "객체지향의 의도는 데이터와 데이터의 연산을 캡슐화하지만, 여전히 분리된 상태로 유지하는 것이다."

모델링의 초기 단계에 있는 동안 분석 클래스가 어떻게 정의 되는지를 설명하기 위해서는, SafeHome 보안 기능을 위한 프로세싱 서술을 위한 문법 구문 분석(명사는 굵게, 동사는 밑줄로)[2]을 고려해야 한다.

> SafeHome 보안 기능은 집주인이 보안 시스템에 **연결**된 모든 센서를 **설치**되고 **모니터링** 할 때 설정하는 것, 그리고 인터넷, PC, 제어패널을 통해 집주인이 **상호작용**하는 것을 허용한다.
>
> 설치되는 동안에, SafeHome PC는 시스템을 **프로그램**하고 설정하기 위해 사용된다. 각 센서는 번호와 타입이 할당되며, 관리자 패스워드는 통해 보안시스템을 **설정/해제**할 수 있도록 프로그램되며, 전화번호는 센서 이벤트가 발생되었을 때 **전화를 걸기** 위한 입력 값이다.
>
> 센서 이벤트가 **인지**되었을 때, 소프트웨어는 시스템에 부착된 가청경보를 **발동**한다. 집주인이 시스템 설정 활동에 **지정된** 지연시간 이후에는, 소프트웨어는 모니터링 서비스에 전화번호를 다이어링하고, 위치 정보를 **제공**하고, **찾아낸** 이벤트 성격을 **보고**한다. 전화번호는 전화가 연결될 때까지 20초마다 **연결을 시도**한다.
>
> 집주인은 통틀어 인터페이스라 부르는 제어패널, PC, 웹 브라우저를 통하여 보안 정보를 받는다. 인터페이스는 유도 메시지와 시스템 상태 정보를 제어피널, PC, 웹 브라우저 창에 **디스플레이**한다. 집주인의 상호작용은 다음과 같은 형태를 취한다.

ADVICE

문법적인 구문 분석만으로 극히 간단하지 않지만, 당신이 데이터 객체와 그들의 동작 변환을 정의하는데 어려움을 겪고 있다면, 이것은 당신에게 훌륭한 도약을 제공할 것이다.

명사만을 추출하고, 우리는 많은 잠재적 클래스들의 제안할 수 있다.

잠재적인 클래스	일반적인 분류
집주인	역할 혹은 외부 엔티티
센서	외부 엔티티
제어판	외부 엔티티
설치	발생
시스템 (일명 보안시스템)	사물
번호, 타입	객체는 아님, 센서의 속성
관리자 패스워드	사물
전화 번호	사물
센서 이벤트	발생
소리 알람	외부 엔티티
모니터링 서비스	조직적인 단위 혹은 외부 엔티티

2 프로세싱 서술은 유스케이스와 형태가 유사하나 목적에 있어 어느 정도 차이가 있다. 프로세싱 서술은 개발되어야 할 기능의 전반적인 기술서를 제공한다. 이것은 하나의 액터의 관점에서 쓰여진 시나리오가 아니다. 그러나 문법 구문 분석이 요구사항 수집(추출)의 일부로서 개발된 모든 유스케이스에 대해 사용될 수 있다.

리스트는 프로세싱 서술 내의 모든 명사들이 고려될 때까지 지속될 것이다. 리스트 내의 각 엔트리를 "잠재적" 개체라 한 점을 주목해라. 최종 결정이 되기 전까지는 반드시 각 엔트리에 대해 더 많이 고려해야 된다.

Coad와 Yourdon[Coa91]은 분석 모델 내 포함하기 위하여 각 잠재적 클래스를 고려하는 것처럼 사용되어야만 하는 6가지 선택 특성을 제안한다.

사실은 잠재적인 클래스가 분석 클래스가 되어야 하는지, 아닌지를 어떻게 결정하는가?

1. **보유 정보** 잠재적 클래스는 분석 시 그것에 대한 정보가 저장되어야만 시스템의 기능이 제대로 작동할 수 있기 때문에 유용할 것이다.
2. **필요한 서비스** 잠재적 클래스는 어떠한 방법에서 그 속성 값을 변경할 수 있는 일련의 식별 가능한 연산을 가져야 한다.
3. **다중 속성** 요구사항 분석동안에, 초점은 "주요" 정보에 맞춰야 한다. 사실, 단일 속성을 가진 클래스는 설계 동안에 유용하고, 분석 활동 동안에 다른 클래스의 속성처럼 표현하는 것이 아마 더 나을 것이다.
4. **일반 속성** 일련의 속성들은 잠재적 클래스를 위해 정의할 수 있으며, 그리고 이러한 속성들은 클래스의 모든 경우에 적용된다.
5. **일반 연산** 일련의 연산은 잠재적 클래스를 위해 정의할 수 있으며, 그리고 이러한 연산들은 클래스의 모든 경우에 적용된다.
6. **필수 요구사항들** 문제 공간에서 나타나고, 그리고 시스템을 위한 모든 솔루션의 동작에 필수적인 정보를 생산하거나 소비하는 외부 엔티티들은 거의 항상 요구 모델의 클래스처럼 정의된다.

Quote

클래스들은 서로 경쟁한다. 어떤 것은 승리하고 어떤 것은 제거된다.

Mao Zedong

요구사항 모델에 포함하기 위한 적당한 클래스로 고려하기 위해서, 잠재적 개체는 이런 특성들을 모두(거의 모든) 만족해야 한다. 분석 모델의 잠재적 클래스들을 포함하기 위한 판단은 다소 주관적이고 , 그리고 추후 평가는 객체가 폐기되거나 복원할 수 있는 원인이 된다. 그러나 클래스 기반 모델링의 첫 단계는 클래스 정의이고, 판단(비록 주관적이더라도)은 반드시 이뤄져야 한다. 이러한 마음으로, 잠재적 SafeHome 클래스의 목록에 선택 특성을 적용해야 한다.

잠재적인 클래스	적용할 수 있는 선택 특징 번호
집주인	거절: 6번이 적용되어도 1번, 2번은 실패
센서	승인: 모두 적용
제어판	승인: 모두 적용
설치	거절됨
시스템(일명 보안시스템)	승인: 모두 적용
번호, 타입	거절: 센서의 속성으로, 3번 실패
관리자 패스워드	거절: 3번 실패
전화 번호	거절: 3번 실패
센서 이벤트	승인: 모두 적용
가청 경보	승인: 2번, 3번, 4번, 5번, 6번 적용
모니터링 서비스	거절: 6번이 적용되어도 1번, 2번은 실패

(1) 앞선 목록이 모두 포함된 것은 아니고, 부가적인 클래스들은 모델을 완성하기 위해 추가되어야 하며, (2) 거절된 잠재적 클래스의 일부가 받아들여진 클래스의 속성이 될 것이고(예: 번호와 형태는 **센서**의 속성들, 관리자 패스워드 그리고 전화번호는 **시스템**의 속성이 될 수 있다), (3) 문제에 대한 다른 기술은 서로 다른 "승인과 거절"의 의사결정을 하는 원인이 될 것이다(예: 만약 각 집주인이 개인 암호를 가졌거나 또는 성문에 의해 인식이 가능하다면, **집주인** 클래스는 특성 1번과 2번을 만족될 것이고 그리고 수용되었을 것이다).

10.2 속성 지정

KEY POINT

속성은 문제의 문맥 내 클래스를 충분히 정의하는 데이터 객체의 집합이다.

속성은 분석 모델에 포함되는 선택된 클래스를 기술한다. 본질적으로, 클래스를 정의하는 속성은 문제 공간의 문맥에서 클래스가 무엇을 의미하는지 명확히 하는 것이다. 예를 들면, 만일 프로 야구 선수를 위한 야구 기록을 추적하는 시스템을 만들고자 한다면, **Player** 클래스의 속성들은 프로 야구 연금 시스템의 문맥에 사용되던 같은 이름의 속성과는 꽤 많이 다를 것이다. 전자에서의 속성들은 이름, 포지션, 타율, 수비율, 연차, 출장 횟수가 관련이 있다. 후자에서의 이런 속성들은 몇몇은 의미가 있지만, 그러나 다른 것은 평균 급여, 최대 신용도, 선택된 연금 계획 옵션, 주소등과 같이 속성에 의해 대체(증가된)할 수 있다.

분석 클래스를 위한 속성의 의미 있는 집합을 개발하기 위해서, 각각의 유스케이스를 연구해야 하고, 클래스에 합리적이게 "속하는" "사물들"을 선택해야 한다. 부가하여, 아래 질문에 대하여 각 클래스에 대해 답변이 되어야만 한다. "지금 문제의 문맥에서 이러한 클래스에 대해 어떤 데이터 항목을 충분히 정의하는가?"

설명하면, SafeHome을 정의된 **시스템** 클래스를 고려해야 한다. 집주인은 센서 정보, 알람 응답 정보, 정보의 활성화 & 비활성화, 정보 식별 등등을 반영하기 위하여 보안 기능을 설정할 수 있다. 이러한 복합적인 데이터 항목들을 아래와 같은 양식으로 나타낼 수 있다.

식별 정보 = 시스템 ID + 전화번호 검증 + 시스템 상태

그림 10.1

시스템 클래스를 위한 클래스 다이어그램

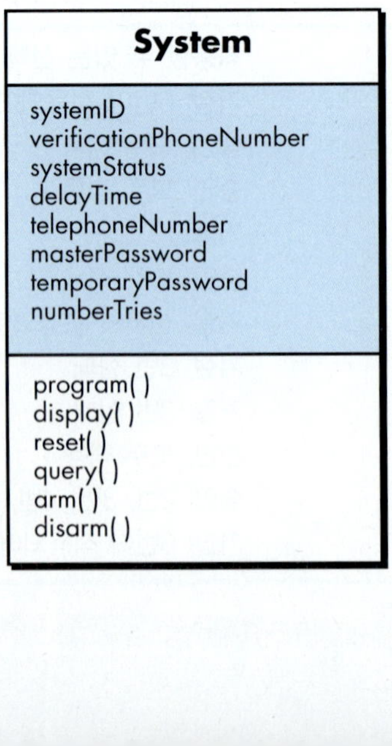

경보 응답 정보 = 지연 시간 + 전화번호

활성화 / 비활성화 정보 = 관리자 패스워드 + 시도 횟수 + 임시 패스워드

등호 우측의 각 데이터 항목의 각각은 더욱더 기초적인 단계로 정의될 수 있지만, 우리의 목적에 대하여, **시스템** 클래스를 위한 속성의 합리적인 목록를 구성한다(그림 10.1의 음영 부분).

센서는 전반적인 SafeHome 시스템의 부분이고, 그리고 아직도 그림 10.1의 데이터 항목들이나 속성들로서 목록화되지 않았다. **센서**는 이미 클래스로 정의되었으며, 다중 **센서** 객체는 **시스템** 클래스와 관련될 것이다. 일반적으로, 한 개 이상의 항목이 클래스와 연관된다면 하나의 속성으로 정의되는 것을 피하여야 한다.

10.3 연산 정의

연산은 객체의 동작을 정의한다. 비록 연산의 다른 유형 존재하더라도, 일반적으로 4개의 큰 분류로 나뉜다. (1) 어떤 방식에서 데이터를 조작하는 연산(예: 추가, 삭제, 재구성, 선택), (2) 계산을 수행하는 연산, (3) 객체의 상태에 관하여 조사하는 연산, (4) 제어 이벤트의 발생에 대한 객체를 모니터링 하는 연산. 이러한 기능은 속성 그리고/또는 연관성을 연산하는 것에 의해 수행된다. 그러므로, 연산은 클래스 속성과 연관성의 본질적인 "지식"을 가져야만 한다.

ADVICE

분석 클래스를 위한 연산을 정의하고자 할 때, 구현을 위해 요구되는 동작들보다 문제 지향동작에 초점을 맞춰라.

분석 클래스를 위한 일련의 연산을 도출하는 첫 번째 반복으로, 다시 프로세싱 서술(또는 유스케이스)을 연구하고 그리고 합리적으로 클래스에 속하는 연산들을 선택할 수 있다. 이것을 수행하려면, 문법 구문 분석이 다시 연구되고, 그리고 동사는 분리되었다. 이들의 몇몇 동사는 타당한 연산이고 그리고 특정 클래스에 쉽게 연결할 수 있다. 예를 들면, 이 장의 앞에서 제시된 SafeHome 프로세싱 서술에서, "센서에는 번호와 형태가 할당된다." 또는 "관리자 패스워드는 시스템의 활성화 그리고 비활성화를 위해 프로그램 된다."는 것을 알 수 있다. 이러한 문구는 아래와 같은 많은 것을 나타낸다.

- 할당( ) 연산은 **Sensor** 클래스와 관련된다.
- 프로그램( ) 연산은 **System** 클래스에 적용될 것이다.
- 활성화( ), 비활성화( ) 연산은 **System** 클래스에 적용된다.

보다 많은 조사에 의하면, program( ) 연산은 시스템을 설정하는 데 요구되는 더 많은 특정 하위 연산들로 나뉠 것이다. 예를 들면, program( )은 전화번호를 지정하고, 시스템의 특성(예: 센서 테이블 생성, 경보 특성 입력)을 구성하며, 패스워드를 입력하는 것을 암시한다. 그러나 지금, program( )을 하나의 연산으로 명시한다.

문법 구문 분석에 추가하여, 객체 사이에서 발생하는 의사소통을 고려하는 것을 통해 다른 연산 속으로 추가적인 통찰력을 얻을 수 있다. 객체들은 다른 객체에 메시지를 전송함으로서 의사소통한다. 연산의 명세서를 계속 하기 전에, 이 문제에 대해 좀 더 상세히 조사하여야 한다.

SafeHome

클래스 모델

장면: 분석 모델링이 시작된, Ed의 사무실

등장인물: Jamie, Vinod, Ed - SafeHome(소프트웨어공학 팀의 팀원들)

대화

[Ed는 ACS-DCV(이 장 앞의 사이드 바에서 언급했던)를 위한 유스케이스 양식에서 클래스를 추출하기 위해 노력해 왔으며 그리고 그의 동료들에게 추출된 클래스를 표현하였다.]

Ed: 그래서 집주인이 카메라를 선택하고자 할 때, 그와 그 여자는 FloorPlan 클래스를 정의하였습니다. 다이어그램은 여기 있습니다. (그림 10.2를 본다.)

Jamie: 그래서 FloorPlan은 벽, 문, 창문, 카메라와 함께하는 객체입니다. 표시된 선들이 의미하는 것이 맞는 것이죠?

Ed: 예. 그것들은 "연관성"이라고 불립니다. 제가 보여드린 연관성에서 하나의 클래스는 다른 클래스와 연관되어 있습니다. [연관성은 10.5절에서 논의될 것이다.]

Vinod: 그래서 실제 평면도는 벽으로 만들어져있고 그리고 벽 내부에 위치한 카메라와 센서를 포함하고 있습니다. 평면도가 그 객체들을 어디에 둘지를 어떻게 알 수 있는 건가요?

Ed: 평면도는 모르지만, 다른 클래스들은 알고 있습니다. 벽을 만들기 위해 사용된 WallSegment 아래의 속성들을 보세요. 벽 부분은 시작과 끝 좌표를 가졌으며, 그리고 draw( ) 연산은 나머지 부분입니다.

Jamie: 그리고 창문과 문에서도 마찬가지입니다. 카메라가 다소 추가적인 속성을 가진 것처럼 보입니다.

Ed: 예: 저는 디스플레이 상하좌우 기능과 줌 기능에 대한 정보를 제공하기 위해 그것들이 필요합니다.

Vinod: 질문이 있습니다. 왜 카메라는 ID를 지니고 있지만 다른 것들은 지니고 있지 않습니까? 저는 당신이 nextWall이라 불리는 속성을 가지고 있는 것을 알고 있습니다. WallSegment가 무엇이 다음 벽이 될 것인지를 어떻게 알 수 있습니까?

Ed: 좋은 질문입니다만, 그러나 그들이 말하기를, 그것이 설계 결정이기 때문에 저는 가능한 그것을 지연시키려고….

Jamie: 잠시만요. 저는 당신이 이미 이해했을 거라고 확신합니다.

Ed (멋쩍게 웃으며): 사실, 우리가 설계할 때, 제가 리스트 구조 모델을 사용할 것입니다. 만일 당신이 분석과 설계를 분리시키는 것을 확신한다면, 저는 여기에서 상세 수준을 의심할 수 있습니다.

Jamie: 저에게는 꽤 좋아 보이지만, 그러나 질문이 몇 개 더 있습니다. (Jamie는 사소한 수정 결과에 대해 질문을 한다.)

Vinod: 당신은 각 객체를 위한 CRC 카드를 가지고 있나요? 만약 그렇다면, 빠진 것이 없는지 확실하게 만들기 위해 그들을 통해서 역할극을 해야만 합니다.

Ed: 저는 그것을 어떻게 해야 할지 확신이 없습니다.

Vinod: 그것은 어렵지 않고 그리고 실제로 성과를 얻을 수 있습니다. 제가 보여드리죠.

10.4 클래스 책임 - 협력자 모델링

Quote

CRC 카드의 목적 중 하나는, 초기 실패, 종종 실패, 그리고 값싸게 실패하는 것이다. 이것은 많은 양의 소스 코드의 재구성하는 것보다 카드 다발을 파기하여 훨씬 저렴하다.

C. Horstmann

CRC(Class-responsibility-collaborator)모델링[Wir90]은 시스템 또는 제품 요구사항과 관련된 클래스들을 식별 그리고 구성하기 위한 단순한 수단으로 제공한다. [Amb95]은 CRC 모델링을 다음으로 방법으로 묘사한다.

> CRC 모델은 실제로 클래스들을 표현하는 표준 색인 카드의 모음이다. 카드들은 세 개의 부분으로 나뉜다. 카드의 제일 상단에 클래스 이름을 쓴다. 카드의 중간 부분에는 왼쪽에는 클래스의 책임들 그리고 오른쪽에는 협력자를 나열한다.

실제로는, CRC 모델은 실제적 또는 가상적 인덱스카드들을 활용할 수도 있다. 목적은 클래스들의 조직화된 표현 개발을 위해서이다. 책임은 클래스와 관련된 속성과 연산들이

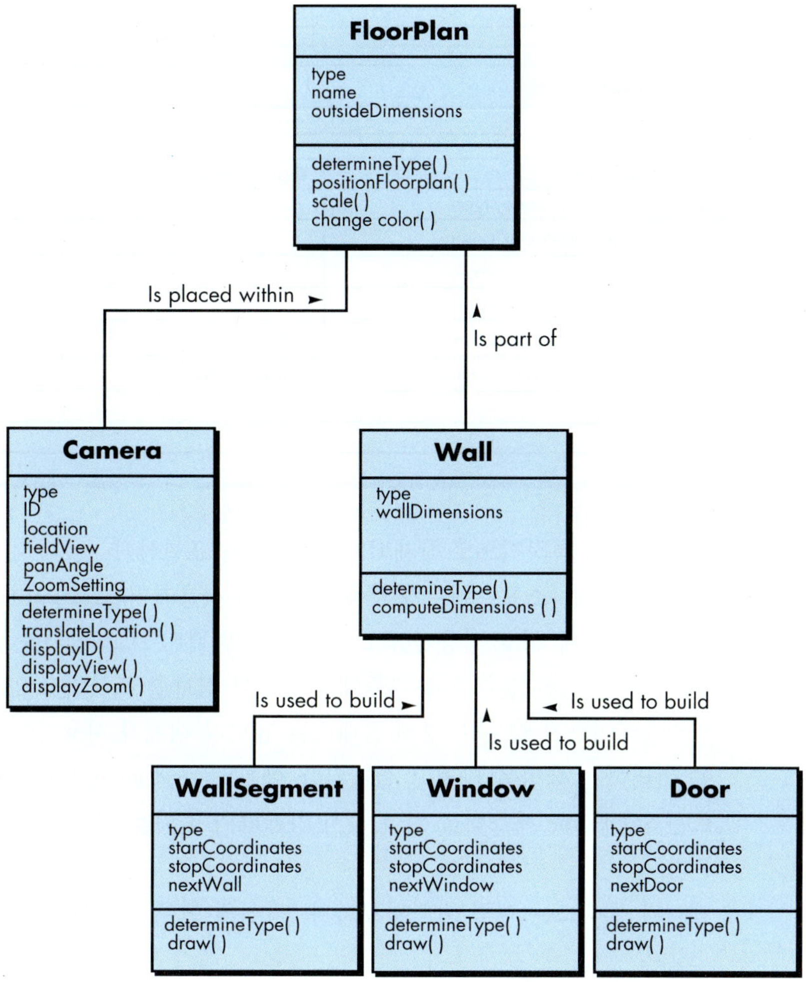

그림 10.2

평면도를 위한 클래스 다이어그램

다. 단순하게 기술하면, 책임은 "알거나 행하는 클래스의 모든 것"이다[Amb95]. 협력자는 책임을 완수하는데 필요한 정보를 가진 클래스를 제공하도록 요구 받는 클래스들이다. 일반적으로, 협력은 정보에 대한 요청이거나 어떤 행동에 대한 요청을 암시한다.

FloorPlan 클래스에 대한 단순한 CRC 인덱스카드는 그림 10.3에 그려져 있다. CRC 카드에 보여준 책임의 목록은 임시이고 그리고 추가 또는 수정에 대하여 예비 그리고 대상이다. **Wall**과 **Camera** 클래스는 책임 옆에 기록되고, 그리고 이것들의 협력을 필요로 할 것이다.

WebRef

이러한 클래스 형태의 우수한 논의는 아래의 링크에서 찾아볼 수 있다.
http:// www.oracle.com/technetwork/developer-tools/jdev/gettingstarted withumlclassmodeling-130316.pdf

클래스. 클래스들과 객체를 인식하기 위한 기본 가이드라인은 이 장의 앞쪽에서 제시하였다. 10.1절에서 언급된 클래스 형태의 분류체계는 다음과 같은 범주를 고려함으로써 확장 될 수 있다.

- 엔티티 클래스는 모델 또는 사업 클래스라고 불리며, 문제의 기술로부터 직접적으로 추출된다. (예: 평면도, 센서). 이러한 클래스들은 일반적으로 데이터베이스에 저장 될 수 있는 사물들과, 응용 소프트웨어 동안 전반을 통하여 지속되는 것

그림 10.3

CRC 모델 인덱스카드

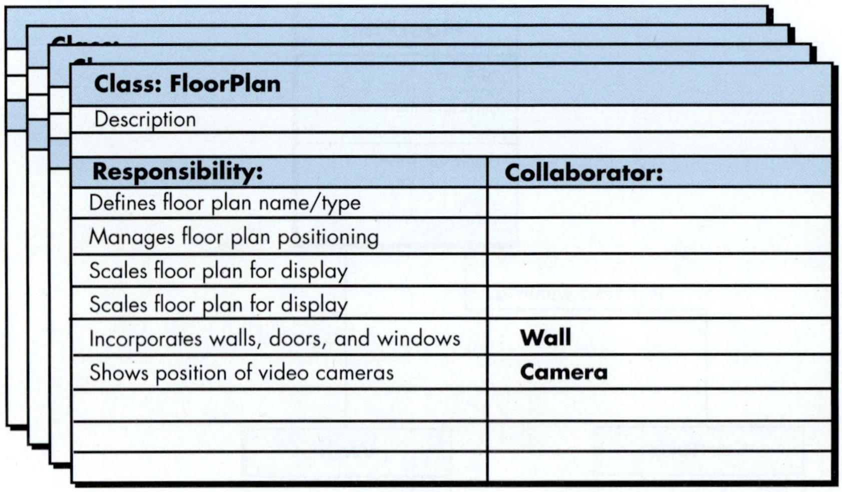

(클래스들이 특정적으로 삭제되지 않는 한)을 표현한다.

- 경계 클래스는 소프트웨어가 사용됨에 따라 사용자가 보고 그리고 상호 작용하는 인터페이스(예: 상호 작용가능 스크린 또는 출력된 보고서들)를 생성하는 데 사용된다. 엔티티 객체들은 사용자들에게 중요한 정보를 포함하고 있지만, 자체적으로 디스플레이하지 않는다. 경계 클래스는 엔티티 객체가 사용자에게 표현되는 방식을 관리하는 책임을 가지고 설계된다. 예를 들면, CameraWindow라는 경계 클래스는 SafeHome 시스템을 위한 감시 카메라의 출력을 디스플레이 하는 책임을 갖는다.
- 제어기 클래스는 시작부터 완료까지 "작업의 단위"를 관리한다. 즉, 제어기 클래스들은
  (1) 엔티티 객체들의 생성 및 업데이트
  (2) 엔티티 객체들로부터 얻어진 정보에 따른 경계 객체들의 사례화
  (3) 일련의 객체들 사이의 복잡한 의사소통
  (4) 객체들 간의 또는 사용자와 응용 소프트웨어 사이에서 의사소통되는 데이터를 검증 관리할 수 있도록 설계할 수 있다. 일반적으로, 제어기 클래스들은 활동을 설계를 시작하기 전까지는 고려되지 않는다.

> **Quote**
>
> 개체는 과학적으로 세 가지 주요 분류로 구분될 수 있다. 작동하지 않는 것, 고장난 것들, 분실하는 것들이다.
>
> Russell Baker

> **?**
>
> 클래스에 책임을 할당하기 위해 적용되는 가이드라인은 무엇인가?

책임성 책임을 식별하기 위한 기본 가이드라인(속성과 연산)는 10.2와 10.3절에 표현되어 있다. Wirfs-Brock과 그녀의 동료들은[Wir90] 클래스들에 대한 책임을 할당하기 위한 다섯 가지 지침들을 제안한다.

1. **시스템 지능은 문제의 요구를 가장 잘 다루기 위해 클래스들을 통하여 분산되어야 한다.** 모든 응용 소프트웨어는 지능의 어느 정도를 포함한다. 즉, 시스템이 무엇을 알고 있고, 그리고 시스템이 무엇을 할 수 있는 것이다. 이러한 지능은 많은 다른 방법들로 클래스들을 통하여 분산될 수 있다. "Dumb" 클래스들은 (책임이

거의 없는 클래스들) 일부 "Smart" 클래스들(책임이 큰 클래스들)에 대해서 조력자의 역할을 하기 위하여 모델링할 수 있다. 비록 이러한 접근법이 시스템 제어 흐름을 간단하게 만들지만, 몇 가지 단점을 가지고 있다. 몇 개의 클래스 내의 모든 지능을 집중시키고, 더욱더 변경을 어렵게 만들며, 더 많은 클래스들을 요구하는 경향이 있고, 이러한 이유로 많은 개발 노력이 필요하게 된다.

만일 시스템 지능이 응용 소프트웨어의 클래스들에 걸쳐 균등하게 분배되어 있는 경우, 각 객체는 알고 있고, 그리고 단지 몇몇 사물들(물론 일반적으로 초점을 맞추거나)에서 수행하고, 시스템의 응집도[3]는 증가된다. 이것은 소프트웨어의 유지보수성의 증가하고 변경으로 인한 부작용의 영향을 줄인다.

시스템 지능이 적절하게 분배되었는지의 결정하기 위해서, 각 CRC 모델 인덱스 카드에 기록된 책임은 어떤 클래스가 엄청나게 긴 목록을 가졌는지를 결정하기 위해서 평가되어야 한다. 이것은 지능의 집중도[4]를 나타낸다. 부가적으로, 각 클래스에 대한 책임은 추상화의 동일한 레벨을 나타내야 한다. 예를 들면, **CheckingAccount**라는 집합 클래스에 대한 연산목록들 중에서 검토자는 두 가지 책임을 제시한다. balance-the-account와 check-off-cleared-checks이다. 첫 번째 연산(책임) 은 타당한 복잡한 수학적, 논리적 절차를 암시한다. 두 번째는 단순한 사무적 활동이다. 이러한 두 연산은 추상화의 동일한 레벨이 아니므로, check-off-cleared-checks는 집합 클래스인 **CheckingAccount**에 의해 포함되는 클래스인 **CheckEntry**의 책임을 가져야 한다.

2. **각각의 책임은 가능한 일반적으로 기술되어야 한다.** 이러한 지침은 일반적인 책임(속성과 연산 모두)을 클래스 계층(그들은 일반적이기 때문에, 모든 서브 클래스에 적용될 것이다)에서 상위에 위치시켜야 한다는 것을 암시한다.
3. **정보와 관련된 동작은 동일한 클래스 안에 있어야 한다.** 이것은 캡슐화라는 객체지향 원칙을 달성한다. 데이터와 데이터를 조작하는 프로세스는 응집 단위로 패키지 되어야만 한다.
4. **하나의 사물에 대한 정보는 단일 클래스로 국한시켜야 하고, 다중 클래스에 의해 분산되지 않아야 한다.** 단일 클래스는 특별한 형태의 정보를 저장하거나 조작하기 위하여 책임을 져야만 한다. 일반적으로, 이러한 책임은 많은 클래스들 간에 공유되어서는 안 된다. 만일 정보가 분산되었다면, 유지보수가 어렵고, 시험하기엔 더더욱 어렵다.
5. **책임은 적절한 경우에 관련된 클래스들 간에 공유되어야 한다.** 관련된 객체들의 다양성은 동시에 같은 동작을 모두 나타내야만 하는 많은 경우가 있다. 예를 들면, 다음 클래스를 디스플레이해야만 하는 비디오 게임을 고려해보자. **Player**,

3 응집도는 제12장에서 논의될 설계 개념이다.

4 이런 경우, 더욱 더 효과적으로 지능을 분산하기 위하여 클래스를 다중 클래스 또는 완벽한 서브 시스템으로 분리할 필요가 있을 것이다.

PlayerBody, **PlayerArms**, **PlayerLegs**, **PlayerHead**. 이러한 클래스들의 각각은 그것 자체의 속성(예: 위치, 방향, 색상, 속도)을 가지며, 이것들은 모두는 사용자가 조이스틱을 조작하는 것처럼 업데이트 또는 디스플레이 되어야만 한다. update 그리고 display 책임은 반드시 제시된 객체의 각각에 대하여 공유되어야만 한다. 또한, **Player**는 무엇이 언제 변경되고, update는 언제 필요한지를 알고 있다. 이것은 새로운 위치와 방향을 얻기 위해 다른 객체들과 협력해야 하지만, 그러나 각각의 객체는 자신의 디스플레이를 제어한다.

협업 클래스들은 다음의 두 가지 방법 중 하나로 자신의 책임을 다 한다. (1) 클래스는 자신의 고유한 속성을 조작하는 자신의 고유한 연산을 사용할 수 있고, 그렇게 함으로써 자신의 특정 책임을 이행, 또는 (2) 클래스는 다른 클래스들과 협업을 할 수 있다. Wirfs-Brock과 그의 동료들은[Wir90] 다음과 같은 방식으로 협력을 정의한다.

> 협력은 클라이언트의 책임을 이행하기 위해 클라이언트로부터 서버에 요청을 나타낸다. 협력은 클라이언트와 서버 사이의 계약의 전형이다. … 우리는 객체가 다른 객체와 협력한다고 말하는 것은 책임을 이행하는 것이고 다른 객체에 어떤 메시지를 보낼 필요가 있는 것이다. 하나의 협력은 한 방향으로 흐르며 클라이언트로부터 서버로 요청을 나타내는 것이다. 클라이언트의 관점으로부터는, 이런 협력의 각각은 서버에 의해 구현되는 특정 책임과 연관된다.

협업은 클래스가 각각의 책임을 자체적으로 이행할 수 있는지를 결정에 의해 식별된다. 만일 그것을 할 수 없다면, 그때는 다른 클래스와 상호작용을 필요로 한다. 그러므로 협업이다. 예를 들어, SafeHome 보안 기능을 고려해보자. 활성화 과정의 부분으로써, **ControlPanel** 객체는 모든 센서가 열려 있는지 여부를 결정해야만 한다. determine-sensor-status( ) 라고 명명된 책임이 정의된다. 만일 센서가 열려 있을 경우에, **ControlPanel**은 상태 속성을 "준비되지 않은 상태"로 설정해야 한다. 센서 정보는 각각의 **Sensor** 객체로부터 획득 될 수 있다. 그러므로 determine-sensor-status( ) 의 책임은 **ControlPanel**이 **Sensor**와 공동으로 작업한다면 단지 이행될 수 있다.

협력자들의 식별을 돕기 위해서, 클래스들 사이에 세 가지 다른 일반적인 관계들을 조사할 수 있다[Wir90]. (1) 부분 관계, (2) 지식 관계, (3) 의존 관계, 이 세 가지 일반적인 관계는 아래의 문장에서 간략하게 고려된다. 집합 클래스의 일부분인 모든 클래스들은 부분 관계를 통하여 집합 클래스에 연결된다. 앞서 언급한 비디오 게임을 위해 정의된 클래스를 고려하면, **PlayerBody**의 클래스는 **PlayerArms**, **PlayerLegs** 그리고 **PlayerHead**와 같은 **Player**의 부분이다. UML에서, 이러한 관계는 그림 10.4에 보여준 집합으로 표현된다.

하나의 클래스가 다른 클래스로부터 정보를 획득해야만 할 때, 지식 관계가 수립된다. 앞서 언급한 determine-sensor-status( ) 책임은 부분 관계의 한 예이다. 두 개의 클래스가 의존을 가지는 것을 암시하는 의존 관계는 지식 또는 부분에 의해서 달성되지 않는다.

예를 들면, **PlayerHead**는 **PlayerBody**(비디오 게임은 특히 격렬한 경우를 제외)에 항상 연결되어야만 하고, 하지만 각 개체는 다른 직접적인 지식 없이 존재할 수 있다.

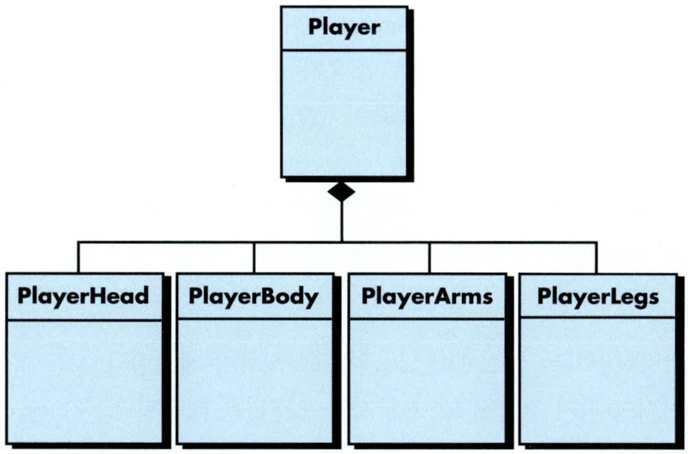

그림 10.4
복합 집합 클래스

중간 위치라고 부르는 **PlayerHead** 객체의 속성은 **PlayerBody**의 중간 위치로부터 결정된다. 이러한 정보는 **PlayerBody**으로부터 얻어진 제3의 객체, **Player**를 통하여 획득이 된다. 이런 이유로, **PlayerHead**는 **PlayerBody**에 의존된다.

모든 경우에서, 협력자 클래스 이름은 협력에 생성된 책임에 대해 CRC 모델 인덱스카드 옆에 기재된다. 그러므로 인덱스카드는 책임과 이행하여야 할 책임을 가능하게 하려면 그에 대응하는(그림 10.3) 협력 목록을 포함해야 한다.

완전한 CRC 모델이 개발되었을 때, 이해 관계자들은 [Amb95] 아래 접근방식을 사용하여 모델을 검토할 수 있다.

1. 검토(CRC 모델) 의 모든 참석자들은 CRC 모델 인덱스카드의 일부를 부여 받는다. 협력하는 카드들은 분리 되어야만 한다. (즉, 검토자들도, 두 개의 협력카드를 가지면 안 된다).
2. 모든 유스케이스 시나리오들은 (및 대응하는 유스케이스 다이어그램들) 범주 속으로 정리되어야 한다.
3. 검토 지도자는 계획적으로 유스케이스를 읽는다. 검토 지도자가 명명한 객체에 접근함에 따라, 대응하는 클래스의 인덱스카드를 소지한 사람에게 토큰을 건네주었다. 예를 들면, SafeHome에 대한 유스케이스는 다음과 같은 서술을 포함한다.

> 집주인은 시스템이 입력을 위한 준비가 되었음을 판단하기 위해 SafeHome 제어 패널을 관찰한다. 만약, 시스템이 준비되어 있지 않은 경우, 집주인은 물리적으로 창문/문을 닫아야만 하며, 지표가 표현이 된다. [준비되지 않았다는 지표는 센서가 열려있음을 의미한다. 즉, 창문/문이 열려 있다는 것이다.]

검토 지도자가 "제어 패널"에 접근 시, 유스케이스 서술에서, 토큰은 **ControlPanel** 인덱스카드를 가진 사람에게 전달된다. "센서가 열려 있음을 암시한다."라는 구문은 이러한 암시(이것을 수행하는 determine-sensor-status( ) 책임)를 검증할 수 있는 책임을 포함하는 인덱스카드를 요구하는 것이다. 인덱스카드에 대한 책임의 다음은 협력자 **Sensor**이다. 토큰은 **Sensor** 객체로 그때 전달된다.

4. 토큰이 전달될 때, 클래스의 카드 소유자는 카드에 적힌 책임을 묘사하기 위해 요청된다. 그 그룹은 책임의 하나(또는 그 이상)이 유스케이스 요구사항을 만족하는지를 결정한다.
5. 인덱스카드에 기록된 책임과 협력이 유스케이스에 수용할수 없다면, 카드에 수정을 해야 한다.이것은 새로운 클래스의 정의(및 대응하는 CRC의 색인 카드) 또는 새로운 그리고 개정된 책임의 명세서 또는 기존 카드의 협력을 포함한다.

이러한 작업방식절차는 유스케이스가 완료될 때까지 계속된다. 모든 유스케이스(또는 유스케이스 다이어그램)가 검토될 때, 요구사항 모델링은 계속된다.

SafeHome

CRC 모델들

장면: 요구사항 모델링이 시작된 Ed의 사무실

등장인물: Vinod, Ed(SafeHome 소프트웨어공학 팀의 멤버들)

대화

[Vinod는 Ed에게 예를 보여주고, CRC 카드들을 어떻게 개발하는지 보여주기로 결정하였다.]

Vinod: 당신은 감시에 대한 작업을 하는 동안에 그리고 Jamie는 보안 작업에 전념해왔고, 저는 홈 관리 기능에 작업을 해왔습니다.

Ed: 그것의 상태는 어떻습니까? 마케팅 부서에서 계속 마음이 바뀌어서요.

Vinod: 여기에 전체 기능에 대한, 첫 번째 사용 사례입니다. 저희가 좀 정제하긴 했지만, 이 유스케이스는 당신에게 전체적인 뷰를 제공할 것입니다.

Use Case: SafeHome 홈 관리 기능

서술: 우리는 무선 인터페이스 제어기를 가지고 있는 전자장치들을 제어하기 위하여 PC 또는 인터넷 연결을 통해 홈 관리 인터페이스를 사용하기를 원합니다. 시스템은 나에게 특정한 등을 켜고 끄고, 무선 인터페이스에 대해 연결된 가전제품을 제어하고, 나의 전열기 그리고 냉/난방 시스템은 내가 정의한 온도에 따라 설정을 허용해 주어야 합니다. 이렇게 하기 위하여, 집의 평면도에서 기기를 선택하기를 원합니다. 각 기기는 평면도에서 식별되어야 합니다. 부가적인 특징으로는, 모든 시청각 장치들을 제어하고 싶습니다. 오디오, 텔레비전, DVD, 디지털 레코더 등등. 하나의 선택과 함께, 저는 다양한 상황에 대하여 집 전체를 설정할 수 있기를 원합니다. 하나의 선택은 집에 있는 것, 두 번째는 부재 중, 세 번째는 하룻밤 여행, 네 번째는 장기 여행입니다, 이러한 모든 상황들은 모든 기기에 적용될 설정을 가질 것입니다. 하룻밤 여행 및 장기 여행 상태에서 시스템에 랜덤한(누군가가 집에 있는 것같이 보이게 하기 위해) 간격으로 전등을 끄고 켤 수 할 수 있어야 하고, 그리고 전열기 그리고 냉/난방 시스템을 제어합니다. 저는 적당한 패스워드 보호와 인터넷을 통해 이러한 설정을 기각 할 수 있어야 합니다.

Ed: 하드웨어 쪽 사람들은 무선 인터페이스에 대해 모든 것을 생각해냈습니까?

Vinod (웃으면서): 그들은 현재 진행하는 것들에 대하여 아무 문제없다고 합니다. 어쨌든, 저는 홈 관리를 위한 다수의 클래스들을 도출하였고, 그리고 우리는 하나의 사례로서 사용할 수 있습니다. Home-ManagementInterface 클래스를 사용합시다.

Ed: 좋아요. 그래서 책임은 무엇입니까. 그 클래스의 속성들과 연산들이며, 협력은 그 책임을 암시하는 클래스들입니다.

Vinod: 저는 당신이 CRC를 이해하지 못했다고 생각했습니다.

Ed: 약간은 그렇지도 모르겠지만, 일단 진행합시다.

Vinod: 이것이 HomeManagementInterface를 위한 클래스 정의입니다.

속성

옵션 패널 - 사용자들에게 기능을 선택하게 하는 버튼 정보를 포함

상황 패널 - 상황을 선택하게 하는 버튼 정보를 포함
평면도 - 감시 객체와 동일하지만, 이것은 장치들을 디스플레이
장치 아이콘 - 조명, 가전 제품, HVAC 등을 표현하는 아이콘의 정보
장치 패널 - 가전제품 또는 장치 패널의 시뮬레이션; 제어 허용
연산:
displayControl( ), selectControl( ), displaySituation( ), select situation( ), accessFloorplan( ), selectDeviceIcon( ), displayDevicePanel( ), accessDevicePanel( ), . . .
클래스: HomeManagementInterface

책임	협업자
displayControl( )	OptionPanel (클래스)
selectControl( )	OptionPanel (클래스)
displaySituation( )	SituationPanel (클래스)
selectSituation( )	SituationPanel (클래스)
accessFloorplan( )	FloorPlan(클래스)

Ed: 그래서 accessFloorplan( )에 대한 연산이 적용될 때, 저희가 감시를 위해 개발된 것과 같이 FloorPlan 객체와 협력해야 합니다. 잠시만요, 나는 이것의 기술서를 가지고 있어요. (그들은 그림 10.2을 본다.)

Vinod: 맞습니다. 그리고 만일 저희가 전체 클래스 모델을 검토하기를 원했다면, 저희는 이러한 인덱스카드 시작하였고, 그 때 협력자 인덱스카드로 이동되고, 그리고 그들로부터 협력자의 협력자들 등등 까지말입니다.

Ed: 누락 또는 오류를 찾을 수 있는 좋은 방법입니다.

Vinod: 그렇습니다.

10.5 연관과 의존 관계

많은 경우에, 두 개의 분석 클래스들은 어느 정도 서로 연관되어 있다. UML에서 이러한 관계를 연관관계라고 부른다. 그림 10.2으로 되돌아가, **FloorPlan** 클래스는 **FloorPlan**과 다른 두 개의 클래스인 **Camera**와 **Wall** 사이에 일련의 연관관계를 식별하여 정의한다. **Wall** 클래스는 벽을 구축하도록 허용되는 **WallSegment**, **Window**, 그리고 **Door**인 세 개의 클래스와 연관되어 있다.

KEY POINT
연관 관계는 클래스 사이의 관계를 정의한다. 다중성은 하나의 클래스가 많은 다른 클래스와 얼마나 많이 관련되어 있는지를 정의한다.

어떤 경우에는, 다수의 연관관계는 다중성이라고 나타나는 것에 의해 정의된다. 그림 10.2을 보면, **Wall** 객체는 하나 이상의 **WallSegment** 객체로부터 구축된다. 부가하여, **Wall** 개체는 0 또는 그 이상의 **Window** 객체들 그리고 0 또는 그 이상의 **Door** 객체들을 포함할 것이다. 이러한 다중성의 제한 조건은 그림 10.5에 이용되고, "0 또는 그 이상"은 1..*을 사용하여 표현되고 그리고 "0 또는 그 이상"은 0..*로 사용하여 표현된다. UML에서, 별표(*)의 범위에 대해 무제한 상한선을 나타낸다.[5]

많은 경우에서 클라이언트-서버 관계는 두 분석 클래스들 사이에 존재한다. 그러한 경우에서, 클라이언트 클래스는 어느 정도 서버 클래스에 의존되고, 그리고 의존 관계가 수립된다. 의존 관계는 스테레오 타입에 의해 정의된다. 의미가 어느 고객에 의해 정의된 특별

?
스테레오 타입이 무엇인가?

5 다른 다중성 관계들, 즉 1:1, 1:N, N:N, 하나는 하위제한, 상위제한을 가진 정해진 영역, 그리고 다른 하나는 연관관계의 부분처럼 표시될 수 있다.

그림 10.5

다중성

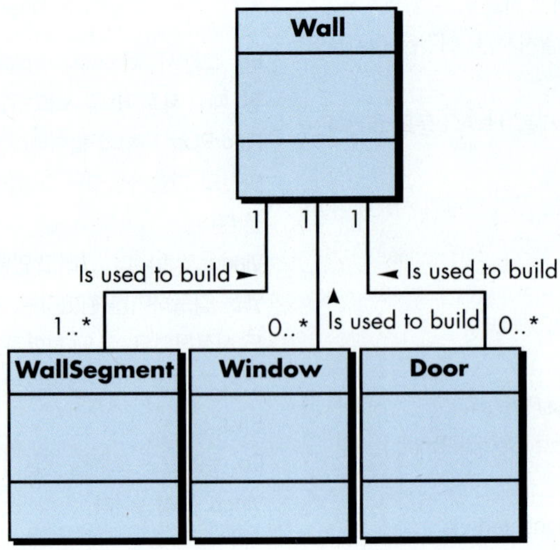

그림 10.6

의존성

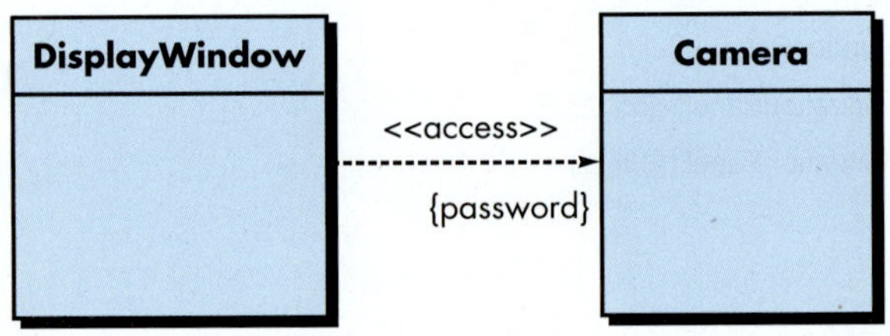

한 모델링 요소를 정의하도록 하는 UML의 "확장 메커니즘"[Arl02]이다. UML에서는 스테레오 타입이 두 개의 꺾쇠괄호로 표현된다(예: <<stereotype>>).

SafeHome 감시 시스템 내의 단순한 의존 관계로 나타내기 위해서, **Camera** 객체는 (이 경우, 서버 클래스) **DisplayWindow** 객체(이 경우에는, 클라이언트 클래스)에 비디오 이미지를 제공한다. 이들 두 객체들 사이의 관계는 단순 연관관계는 아니지만, 그러나 의존 연관관계는 존재한다. 감시를 위해 쓰여진 유스케이스 경우에(보여지진 않지만), 특정 카메라의 위치를 보기 위해서는 특별한 패스워드가 제공되어야 한다고 배웠다. 이를 달성하기 위한 하나의 방법은 **Camera**가 패스워드를 요청하고 그리고 비디오 디스플레이가 출력하기 위해서 **DisplayWindow**에 허가를 해줘야 한다. 이것은 특별한 패스워드에 의해 제어된 카메라 출력의 사용을 암시하는 <<access>>는 그림 10.6에서 보여준 것처럼 표시될 수 있다.

10.6 분석 패키지

KEY POINT

패키지는 관련된 클래스의 집합을 조립하여 사용된다.

분석 모델링의 중요한 부분은 범주화이다. 즉, 분석 모델의 다양한 요소들(예를 들어, 유스케이스 & 분석 클래스)은 그룹화처럼 그들을 패키지화하는 방법으로 범주에 넣는다. 분석 패키지라고 불리운다. 그것은 주어진 대표이름이다.

분석 패키지의 사용을 설명하기 위해, 앞서 소개한 비디오 게임을 고려해보자. 비디오

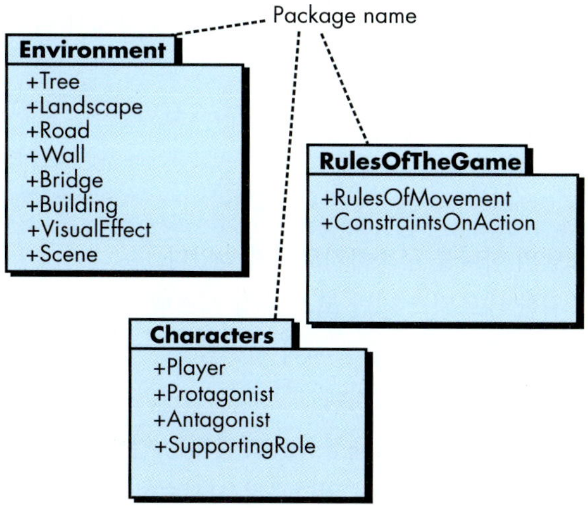

그림 10.7
패키지

게임을 위한 분석 모델이 개발됨에 따라, 많은 클래스들이 도출된다. 게임 환경에 어느 정도 초점을 둔다(게임이 실행되는 것처럼 사용자에게 보이는 시각적인 장면). **Tree**, **Landscape**, **Road**, **Wall**, **Bridge**, **Building**, 그리고 **VisualEffect**와 같은 클래스들은 이러한 범주 안에 속할 수 있다. 그 외의 다른 것들은 그들의 물리적인 특징, 활동 그리고 제한조건을 묘사하는 게임속의 캐릭터에 초점을 맞춘다. **Player**(앞서 기술된), **Protagonist**, **Antagonist**, 그리고 **SupportingRoles** 같은 클래스들이 여기에서 정의되었다. 여전히 게임의 법칙을 묘사하는 다른 것들, 즉 플레이어가 환경을 통하여 어떻게 헤쳐 나가는지, **RulesOfMovement** 그리고 **ConstraintsOnAction**과 같은 클래스들이 여기서는 후보이다. 다른 많은 카테고리들이 존재할 것이다. 이러한 클래스들은 그림 10.7에서 보여준 것처럼 분석 클래스들처럼 표현된다.

각 패키지의 분석 클래스 이름 앞에 플러스 기호는 클래스가 공개적으로 가시성을 가지고 다른 패키지로부터 접근 가능하다는 것을 나타낸다. 비록 그들이 그림엔 보여주지 않았지만, 다른 심벌이 패키지 안에 있는 컴포넌트를 앞서 표현할 수 있다. 마이너스 부호는 하나의 컴포넌트가 모든 다른 패키지로부터 감추어져 있음을 나타내고, # 부호는 주어진 패키지 내에 포함되어 있는 패키지들만 접근 가능하다는 것을 표현한다.

10.7 요약

클래스 기반의 모델링은 분석 클래스를 식별하기 위하여 유스케이스와 쓰여진 응용 소프트웨어 기술서로부터 유추된다. 문법 구문 분석은 텍스트 기반의 서술로부터 후보클래스들, 속성들 및 연산을 추출하기 위하여 사용될 것 이다. 클래스의 정의를 위한 기준이 정의되어 있다.

일련의 클래스 책임 협력자 인덱스카드들은 클래스 사이의 관계를 정의하기 위하여 사용될 수 있다. 부가하여, UML 모델링의 표기법의 다양성은 클래스 사이의 구조화, 관계,

연관관계, 집합관계, 복합관계 그리고 의존 관계를 정의하는 데 적용할 수 있다. 분석 패키지는 대형 시스템에 대해 더욱더 관리하기 쉽게 만드는 방식에서 클래스를 범주화 그리고 그룹화하는 데 사용된다.

문제와 생각할 점

10.1 당신의 아래 시스템의 하나를 구축하기로 요청받았다.

a. 당신의 대학을 위한 네트워크 기반 코스 수강 시스템

b. 컴퓨터 상점을 위한 웹 기반의 주문 처리 시스템

c. 중소기업에 대한 간단한 송장 시스템

d. 전기 레인지 또는 전자레인지에 내장하여 개발되는 인터넷 기반의 요리책

당신에게 관심 가는 시스템을 선택하여 처리과정을 서술하라. 그리고 문법 구문 분석 기술을 사용하여 후보 객체와 클래스를 식별하라.

10.2 문제 10.1에서, 식별된 클래스 내에서 사용된 일련의 연산을 개발하라.

10.3 문제 9.5에 제시된 PHTRS 시스템을 대해 클래스 모델을 개발하라.

10.4 10.4절의 사이드 바에서 비정형적으로 기술된 SafeHome 관리 시스템에 대한 양식 기반 유스케이스를 작성하라.

10.5 문제 10.1의 한 부분으로 선택했던 제품 & 시스템에 대한 완전한 일련의 CRC 모델의 인덱스카드를 개발하라.

10.6 동료들과 CRC 인덱스카드들을 검토하라. 얼마나 많은 부가적인 클래스들, 책임들, 협력자들이 검토의 결과로써 추가되었는가?

10.7 분석 패키지가 무엇인지 그리고 그것이 어떻게 사용되었는지?

추가 읽을거리와 정보 소스

일반 클래스 기반 개념은 Weisfeld(*The Object-Oriented Thought Process*, 4th ed., Addison-Wesley, 2013)에서 논의되었다. 클래스 모델링 방법은 Bennet와 Farmer(*Object-Oriented Systems Analysis and Design Using UML*, McGraw-Hill, 2010), Ashrafi and Ashrafi(*Object-Oriented Systems Analysis and Design*, Prentice Hall, 2008), Booch(*Object-Oriented Analysis and Design with Applications*, 3rd ed., Addison-Wesley, 2007), George and his colleagues(*Object-Oriented Systems Analysis and Design*, 2nd ed., Prentice Hall, 2006), O' Docherty(*Object-Oriented Analysis and Design*, Wiley, 2005), Satzinger et al.(*Object-Oriented Analysis and Design with the Unified Process*, Course Technology, 2004), Stumpf and Teague(*Object-Oriented Systems Analysis and Design with UML*, Prentice Hall, 2004)의 책에서 논의되었다.

분석과 설계 양쪽 모두에 적용될 수 있는 UML 모델링 기술들은 Dennis와 그의 동료들에 의해 논의되었다. Dennis and his colleagues(*Systems Analysis and Design with UML Version 2.0*, Wiley, 4th ed., 2012), Ramnath and Dathan(*Object-Oriented Analysis and Design*, Springer,

2011), Bennett and Farmer(*Object-Oriented Systems Analysis and Design Using UML*, McGraw-Hill, 4th ed., 2010). Larman(*Applying UML and Patterns: An Introduction to Object-Oriented Analysis and Design and Iterative Development*, Dohrling Kindersley, 2008), Rosenberg and Stephens(*Use Case Driven Object Modeling with UML Theory and Practice*, Apress, 2007), 그리고 Arlow and Neustadt(*UML 2 and the Unifi ed Process*, 2nd ed., Addison-Wesley, 2005) 모두는 UML 문맥에서의 분석 클래스를 정의를 다루었다.

요구사항 모델링에 대한 클래스 기반 방법론에 대한 넓고 다양한 정보 소스는 인터넷에서 쉽게 구할 수 있다. 분석 모델링에 관련된 월드 와이드 웹 참고용의 최신 목록은 SEPA 웹사이트 www.mhhe.com/pressman에서 찾을 수 있다.

11
CHAPTER

요구사항 모델링: 동작, 패턴 그리고 웹 응용 소프트웨어

주요 개념

분석 패턴
동작 모델
형상 모델
컨텐츠 모델
이벤트들
기능 모델
상호작용 모델
탐색 모델
순서 다이어그램
상태 다이어그램
상태 표현들

제9장과 제10장에서 시나리오 기반 및 클래스 기반 모델의 논의 이후 "이러한 요구사항 모델링의 표현이면 충분할까?"라는 질문은 타당하다.

단지 타당한 답은, "모델링에 의존" 한다는 것이다.

소프트웨어의 어떤 유형에 대해서, 유스케이스는 요구되는 유일한 요구사항 모델링 표현일 것이다. 다른 타입에 대해서는, 객체지향 접근법은 선택되고 그리고 클래스 기반 모델은 개발될 것이다. 그러나 다른 상황에서는, 복잡한 응용 소프트웨어 요구사항은 외부 이벤트의 결과처럼 어떻게 행동하는지를 시험이 요구될 것이다; 기존 도메인 지식이 현재 문제에 적용 할 수 있는지, 웹 기반 또는 모바일 시스템과 응용 소프트웨어의 경우, 컨텐츠와 기능성은 어떻게 사용 목표를 달성하기 위해 응용 소프트웨어의 성공적인 탐색에 대한 능력을 최종 사용자에게 제공하기 위하여 혼합되는지이다.

11.1 동작 모델 생성

이전 장에서 논의한 모델링 표기법은 요구사항 모델의 정적인 컴포넌트를 표현한다. 현재 시스템 또는 제품의 동적인 동작에 대해 바꿀 시간이다. 이것을 수행하기 위해, 시스템의

QUICK LOOK

이것은 무엇인가? 이 장에서는 요구사항의 여러 관점에 관하여 배운다(동작모델, 패턴, 그리고 웹앱을 개발할 때 고려해야 하는 특별한 요구분석 등). 이러한 모델링의 각각의 표현들은 제9장 및 제10장에서 논의된 시나리오 기반 그리고 클래스 기반 모델을 보완한다.

누가 사용하는가? 소프트웨어 공학자(때때로 분석가라고 부른다)는 다양한 이해 관계자들로부터 도출된 요구사항을 사용하여 모델을 구축한다.

왜 중요한가? 소프트웨어 요구사항에 관한 당신의 이해는 여러 요구사항 모델링 관점에 비례하여 증가한다. 비록 당신이 시간, 자원, 그리고 제9장에서부터 제11장까지 제시된 모든 표현을 개발하기 위하여 욕구가 없다하더라도 문제를 찾는 다른 방법을 제공하는 각각의 다른 모델링 접근법을 인식하여야 한다. 결과적으로, 당신(그리고 다른 이해 관계자)은 구현해야 하는 것을 올바르게 기술했는가에 대해 더 좋은 평가를 할 수 있을 것이다.

어떤 단계가 있는가? 동작 모델링은 시스템 상태와 그것의 클래스 그리고 이러한 상태에서의 이벤트의 영향을 기술한다. 패턴 기반 모델링은 요구 분석을 용이하게 하기 위해 기존의 도메인 지식을 사용한다. 웹앱 요구사항 모델은 컨텐츠, 상호작용, 기능 그리고 구성 관련된 요구사항의 표현에 대해 특별히 적응될 수 있다.

작업 산출물은 무엇인가? 다양한 텍스트 기반 및 도식화 된 형태가 요구사항 모델로 선택 된다. 이러한 표현의 각각은 모델 요소의 하나 이상의 뷰를 제공한다.

작업이 옳게 수행되었다는 것을 어떻게 확인하는가? 요구사항 모델링 작업 제품은 정확성, 완전성 그리고 일관성을 검토해야만 한다. 그들은 모든 이해 관계자로부터의 요구사항을 반영하고 그리고 설계가 수행 가능하도록 기초를 수립해야 한다.

특정 이벤트와 시간의 기능처럼 시스템의 동작를 표현한다.

동작 모델은 소프트웨어가 외부 사건 또는 자극에 대해 어떻게 반응하는가를 나타낸다. 모델을 생성하기 위하여 당신은 아래 단계를 수행해야만 한다. (1) 시스템 내부의 상호작용의 순서를 충분히 이해하기 위해 모든 유스케이스를 평가, (2) 상호작용 순서를 일으키는 이벤트를 식별하고, 그리고 이러한 이벤트가 어떠한 방식으로 특정 객체와 연관되었는지를 이해, (3) 각 유스케이스에 대한 순서 생성, (4) 시스템을 위한 상태 다이어그램 구축, (5) 정확성과 일관성을 검증하기 위해 동작 모델 검토. 이런 단계의 각각은 아래 절에서 논의된다.

? 어떤 외부 이벤트에 대해서 소프트웨어의 반응에 대해 모델을 어떻게 할 것인가?

11.2 유스케이스를 통한 이벤트 식별

제9장에서, 유스케이스는 액터와 시스템을 내포한 활동의 순서를 표현한다고 배웠다. 일반적으로, 이벤트는 시스템과 액터가 정보를 교류할 때마다 발생한다. 이벤트는 교류되는 정보가 아니고, 오히려 정보가 교류되었다는 사실이다.

유스케이스는 정보가 교류되는 시점에서 조사된다. 이를 설명하기 위해, SafeHome 보안 기능의 일부를 유스케이스로 재고해보자.

> 집주인은 4자리 수 패스워드를 키패드를 사용하여 입력한다. 패스워드는 시스템에 저장된 유효한 패스워드와 비교한다. 만약 패스워드가 부정확하다면 제어 패널은 한 번 오류음을 내고 그리고 부가 입력에 대해서 그 자체가 리셋 된다. 패스워드가 정확하다면 제어 패널은 다음 행동을 기다린다.

유스케이스 시나리오의 밑줄 친 곳이 이벤트를 표시한다. 액터는 각 이벤트에 대해 식별되어야 한다. 교류되는 정보는 기록되어야만 하고, 그리고 어떤 조건이나 제약사항은 목록화 되어야만 한다. 전형적인 이벤트의 예시로, 밑줄 친 유스케이스 구문, "4자리 수 패스워드를 키패드를 사용하여 입력한다"를 고려해보자.

요구사항 모델의 문맥에서 **Homeowner** 객체[1]는 **ControlPanel** 객체에 이벤트를 전송한다. 이벤트는 패스워드 입력이라 불린다. 전달된 정보가 패스워드로 구성된 4자리 수이지만, 이것이 동작 모델의 필수적인 부분은 아니다. 어떤 이벤트는 유스케이스의 제어 흐름에 명확한 영향은 미치지 않지만, 반면에 다른 이벤트는 제어 흐름에 직접적인 영향을 주지는 않는다. 예를 들면, 암호 입력 이벤트는 유스케이스의 제어 흐름에 명백하게 변화를 주지는 않지만, 그러나 패스워드 비교 이벤트("패스워드는 시스템에 저장된 유효한 패스워드와 비교된다."의 상호작용으로부터 유추된)의 결과는 SafeHome 소프트웨어의 정보와 제어 흐름에 명확한 영향을 미친다.

일단 모든 이벤트가 식별되면, 이벤트는 포함된 객체에 대해서 할당된다. 객체는 이벤트 생성(예: **Homeowner**는 패스워드 입력 이벤트를 생성한다) 혹은 다른 곳에서 발생한 이벤트를 인식(예: **ControlPanel** 패스워드 비교 이벤트의 이진수 결과를 인식한다)에 대한 책임을 가질 수 있다.

1 이러한 예에서, 우리는 SafeHome과 상호작용하는 각 사용자는 패스워드를 인식하고 그러므로 적합한 객체라고 가정한다.

11.3 상태 표현

KEY POINT
시스템은 특정 외부 관찰 가능한 동작을 표현하는 상태를 가진다; 하나의 클래스는 자체의 기능을 수행하는 시스템처럼 그 자체의 동작을 표현하는 상태를 가진다.

동작 모델링의 문맥에서, 상태의 두 가지 다른 특징을 고려하여야만 한다. (1) 시스템이 그 자체의 기능을 수행하는 것처럼 각 클래스의 상태, (2) 시스템이 그 자체의 기능을 수행하는 것처럼 외부로부터 관찰되는 시스템의 상태이다.

클래스의 상태는 수동적이고 능동적인 특징 모두를 가진다[Cha93]. 수동적 상태는 간단히 모든 객체 속성의 최근 상태이다. 예를 들면. **Player** 클래스(제10장에서 논의되었던 비디오 게임 응용 소프트웨어에서)의 수동적 상태는 게임(예: 남아있는 마법의 소원을 지정하는 속성)과 관련된 **Player**의 다른 특징뿐만 아니라 **Player**의 현재 위치와 방향설정 속성을 포함한다.

객체의 능동적인 상태는 객체가 지속적으로 변화와 처리를 겪는 것처럼 객체의 현재 상태를 나타낸다. **Player** 클래스는 아래와 같은 활동 상태를 가질 수 있다: 이동 중, 휴식 중, 부상 중, 회복 중, 함정에 빠진 상태, 분실상태 등등. 이벤트(때때로 트리거라고 부른다)는 하나의 활동 상태에서 다른 상태로 전환을 하는 객체의 강요에 의해서 발생하여야만 한다.

두 개의 다른 동작적 표현은 아래의 단락에서 논의된다. 첫 번째 것은 하나의 개별적인 클래스가 외부 이벤트에 기반하여 상태를 바꿀 것인지를 나타내고, 두 번째 것은 시간의 기능처럼 소프트웨어의 동작을 보여준다.

분석 클래스를 위한 상태 다이어그램 동작 모델의 한 컴포넌트는 각 클래스를 위한 활동 상태와 활동 상태들 사이의 변화를 야기하는 이벤트(트리거)를 나타낸 UML 상태 다이어그램[2]이다. 그림 11.1은 SafeHome 보안 기능의 **ControlPanel**를 위한 상태 다이어그램을 설명한다.

그림 11.1의 각 화살표는 객체의 한 활동 상태로부터 다른 상태로 변하는 것을 표현한다. 각 화살표의 라벨은 변형을 유발시키는 이벤트를 나타낸다. 비록 활동 상태 모델이 객체의 "일대기"에 대한 유용한 이해를 제공하고, 객체의 동작에 대해 더 깊은 이해를 제공하기 위한 부가적인 정보를 기술하는 것은 가능하다. 변형을 일으키는 원인인 이벤트의 부가적인 명세는 가드와 행동을 기술할 수 있다[Cha93]. 가드는 변형이 일어나기 위한 명령을 반드시 만족해야 하는 불 방식의 조건이다. 예를 들면, 그림 11.1의 "읽기" 상태로부터 "비교" 상태로의 변형을 위한 가드는 유스케이스 시험에 의해 결정될 수 있다.

if (패스워드 입력 = 4자리 숫자) then 저장된 패스워드와 비교

일반적으로, 변형을 위한 가드는 하나 이상의 객체의 속성의 값에 보통 의존한다. 다시 말해서, 가드는 객체의 수동적 상태에 의존한다.

활동은 상태변화와 동시에 발생하고 또는 그 결과로써 인해 일어날 수 있으며 그리고 일반적으로 객체의 하나 이상의 연산(책임)을 포함한다. 예를 들면, 패스워드 입력된 이벤트(그림 11.1)에 연결된 활동은 validatePassword( )이라는 연산으로 **password** 객체에 접근하고 그리고 입력된 패스워드가 유효한지 한 글자씩 비교를 수행한다.

2 만일 UML에 익숙하지 않는다면, 이러한 중요한 모델링 표기법에 대한 간략한 소개는 부록 1에 표현하였다.

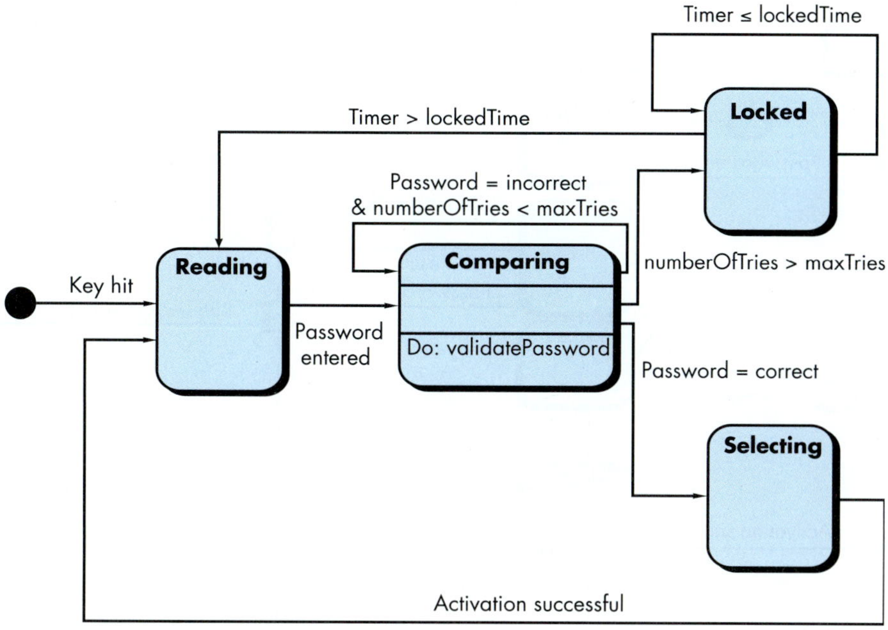

그림 11.1
ControlPanel 클래스를 위한 상태 다이어그램

순서 다이어그램 동작적 표현법의 두 번째 형태는 UML의 순서 다이어그램이라고 불리는, 이벤트가 객체로부터 다른 객체로까지 전달이 어떻게 야기되는지를 표현한다. 일단 이벤트가 유스케이스의 시험에 의하여 식별되었다면, 이벤트를 확인하게 되면, 모델러는 순서 다이어그램을 생성한다.(이벤트가 시간의 기능에 따라 하나의 객체로부터 다른 객체로 어떻게 흐름을 야기하는지를 표현) 본질적으로, 순서 다이어그램은 유스케이스의 속기버전이다. 순서 다이어그램은 주요 클래스와 어떤 클래스에서 다른 클래스로 흐르기 위한 동작을 야기하는 이벤트로 나타낸다.

KEY POINT
관련된 클래스를 정의하지 않고 행위를 나타내는 상태다이어그램과 달리, 순서다이어그램은 클래스가 하나의 상태에서 다른 상태로 어떻게 이동하는가를 설명함으로써 행위를 나타낸다.

그림 11.2는 SafeHome 보안 기능에 대한 순서 다이어그램의 일부를 나타낸 것이다. 화살의 각각은 이벤트(유스케이스로부터 유추된)를 표시하고, 그리고 이벤트채널이 SafeHome 객체들 사이에서 어떻게 동작을 하는지를 나타낸다. 시간은 수직(아래쪽)적으로 측정되며, 폭이 좁은 수직 사각형은 활성화를 처리하는데 드는 시간을 표현한다. 상태는 수직 시간 선을 따라 보여질 것이다.

첫 이벤트인, 시스템 준비는, 외부 환경으로부터 유추되고 그리고 **Homeowner** 객체의 동작이 전달된다. 집 주인은 패스워드를 입력한다. 요청 조회 이벤트가 **System**에 전달되고, 요청 조회 이벤트의 간단한 데이터베이스의 패스워드를 찾고 결과(발견 또는 미발견)를 **ControlPanel**(지금 비교상태에 있는)에 반환한다. 유효한 패스워드는 **System**에 대해 패스워드=일치 이벤트의 결과가 되고, 활성요청 이벤트인 **Sensors**는 활성화 시킨다.

궁극적으로, 제어는 활성화 성공 이벤트로 집주인에게 다시 전달된다. 일단 완벽한 순서 다이어그램이 개발된다면, 시스템 객체 사이에 전달을 야기하는 모든 이벤트는 일련의 입력 이벤트와 출력 이벤트로 수집된다. 이러한 정보는 시스템을 구축하기 위한 효율적인 설계의 생성에 유용하다.

그림 11.2 SafeHome 보안 기능의 순서 다이어그램(부분적인)

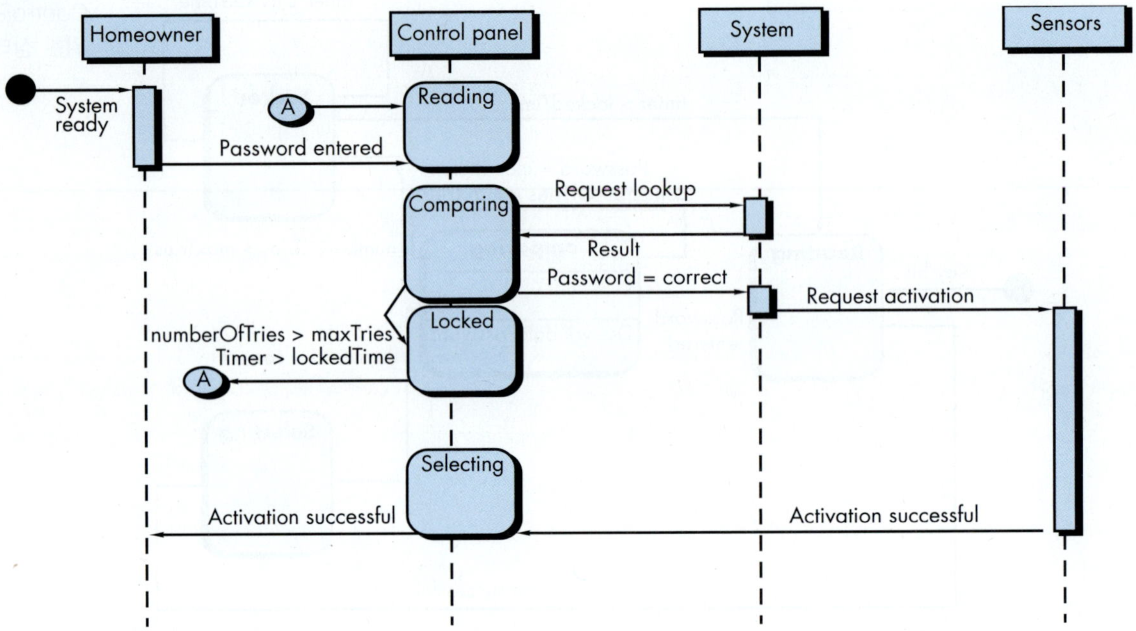

소프트웨어 도구들

UML의 일반적인 분석 모델링

목적: 분석 모델링 도구는 UML 표기법을 사용하여 시나리오 기반 모델, 클래스 기반 모델, 동작 모델을 개발 할 수 있는 능력을 제공한다.

역학: 이러한 범주의 도구는 분석 모델(도구는 또한 설계 모델도 지원함)을 구축하는 데 필요한 UML 다이어그램의 모든 범위를 지원한다. 게다가 다이어그램을 작성함에 있어, 이러한 범주의 도구는 (1) 모든 UML 다이어그램을 위한 일관성과 정확성 검사를 수행, (2) 설계와 코드 생성을 위한 관련성을 제공, (3) 복잡한 시스템을 위한 큰 규모의 UML 모델의 관리와 평가를 가능하게 하는 데이터베이스구축이다.

표현 도구:[3]

아래의 도구는 분석 모델링을 위해 요구되는 모든 범위의 UML 다이어그램을 지원한다.

*ArgoUML*은 **argouml.tigris.org**에서 다운로드 가능한 오픈소스 도구이다.

Sparx Systems에서 개발한 *Enterprise Architect* (**www.sparxsystems.com.au**)

Sybase에서 개발한 *PowerDesigner*(**www.sybase.com**)

IBM(Rational)에서 개발한 *Rational Rose*(**http://www-01.ibm.com/software/rational/**)

Popkin Software에서 개발한 *Rational System Architect*. 현재는 IBM이 소유하고 있다. (**http://www-01.ibm.com/software/awdtools/systemarchitect/**)

Pragsoft Corporation에서 개발한 *UML Studio* (**www.pragsoft.com**)

Microsoft에서 개발한 *Visio*(**http://office.microsoft.com/en-gb/visio/**)

Visual Object Modelers에서 개발한 *Visual UML* (**www.visualuml.com**)

---

3 여기에 언급된 도구들은 보증을 받았다기보다는, 이러한 범주에 속하는 도구들의 예시들을 제시한 것이다. 대부분의 경우에, 도구 이름은 그들 각각의 개발자의 상표를 붙인 것이다.

11.4 요구사항 모델링을 위한 패턴

소프트웨어의 패턴은 새로운 문제에 직면했을 경우, 도메인 지식을 재적용하기 위해 허용되는 방법인 도메인 지식들을 획득하기 위한 과정이다. 어떤 경우에, 도메인 지식은 같은 응용 소프트웨어 도메인 내의 새로운 문제에 적용된다. 다른 경우에, 패턴에 의해 획득된 도메인 지식은 완전히 다른 응용 소프트웨어 도메인에 유추에 의해 적용될 수 있다.

분석 패턴을 처음 만든 제작자는 패턴을 "만드는 것"이 아니라, 오히려 요구 공학 작업을 수행하는 동안 발견한다고 한다. 일단 패턴이 발견되면, 패턴이 적용가능한 일반적인 문제, 기술된 해결책, 실제로 패턴을 사용할 때 가정과 제약사항, 그리고 패턴을 사용하기 위한 동기와 원동력과 같은 패턴에 대한 종종 다른 어떤 정보, 패턴의 장점과 단점의 토의, 실제 응용 소프트웨어의 패턴이 사용되는 몇몇 알려진 예제에 대한 참조를 명시에 의해 문서로 기록된다[Dev01].

제8장에서, 분석 패턴의 개념에 대해 소개하였고, 그리고 이러한 패턴은 도메인의 응용 소프트웨어를 위한 요구사항 모델링을 수행하는 경우 재사용할 수 있는 응용 소프트웨어 도메인 내의 무엇(예: 클래스, 기능, 동작)을 나타낸다.[4] 분석 패턴은 소프트웨어 팀의 구성원들이 검색 기능으로 검색과 재사용 할 수 있게 하기 위하여 저장소에 저장된다. 일단 적절한 패턴이 선택된다면, 패턴 이름을 참조하여 요구사항 모델 속에 통합한다.

11.4.1 분석 패턴 발견

요구사항 모델은 매우 다양한 요소들로 구성된다: 시나리오 기반(유스케이스), 클래스 기반(객체와 클래스), 동작(이벤트와 상태). 이러한 요소들의 각각은 다른 관점에서 문제를 표현하며, 각 요소들은 한 응용 소프트웨어 도메인에 전반적을 통하여, 또는 다른 응용 소프트웨어 도메인을 통하여 유추함으로써 발생 가능한 패턴을 발견할 수 있는 기회를 제공한다.

요구사항 모델의 기술함에 있어 가장 기본적인 요소는 유스케이스이다. 이러한 논의의 문맥에서, 일관된 일련의 유스케이스는 하나 이상의 분석 패턴을 발견하기 위한 기본을 제공할 것이다. 의미 분석 패턴(**SAP: semantic analysis pattern**)는 "기본적이며 일반적인 응용 소프트웨어를 함께 기술하는 일관된 유스케이스의 작은 집합을 표현하는 패턴이다." [Fer00]

자동차를 위한 리얼 뷰 카메라 및 근접 센서 감시기를 제어하기 위해 요구되는 소프트웨어의 아래의 초기의 유스케이스를 고려해보자.

유스케이스: 후방 모션 감시기

기술서: 자동차의 기어를 후진기어에 놓을 경우에, 제어 소프트웨어는 후방 카메라로부터 계기판 화면에 비디오 화면을 보낸다. 제어 소프트웨어는 거리와 방향 라인을 계기판 화면에 겹쳐서 띄워 차량 운전자가 후진하면서 차량을 움직임 방향을 유지할 수 있도록 한다. 제어 소프트웨어

4 소프트웨어 설계를 하는 동안의 패턴의 사용에 대한 깊은 논의는 제16장에서 다룬다.

는 또한 자동차 후방 10피트 이내 물체가 있는지를 확인하는 근접센서를 두어 모니터링 한다. 만일 근접 센서는 자동차 후방 X 피트 이내 물체가 있다면 자동차에 자동적으로 브레이크를 걸 것이며, X는 자동차의 속도에 기반으로 결정된다.

이러한 유스케이스는 요구사항 수집과 모델링을 하는 동안 정제되고 상세화(일관된 일련의 유스케이스로)되어야 하는 다양한 기능성을 내포한다. 얼마나 많이 상세화 되었는지에 상관없이, 유스케이스는 간결하며, 널리 적용 가능한 SAP(실제 시스템에서 센서와 작동장치를 모니터링하고 제어하는 소프트웨어)이다. 이러한 경우에서, "센서"는 근접 및 비디오정보에 관하여 정보를 제공한다. "작동장치"는 자동차의 브레이크 시스템이다(물체가 자동차 가까이 있을 때 동작되는). 좀더 일반적인 경우에서, 넓게 적용될 수 있는 패턴이 발견된다.

많은 다양한 응용 소프트웨어 도메인의 소프트웨어는 센서를 감시하고 실제 작동장치를 제어하는 것이 요구된다. 이러한 기능에 대한 일반적인 요구사항을 기술하는 분석 패턴은 널리 사용될 수 있다. **Actuator-Sensor** 센서라는 패턴은, SafeHome에 대한 요구사항 모델의 일부로 적용될 수 있으며, 11.4.2절에서 논의된다.

SafeHome

분석 패턴의 발견

장면: 팀 회의 중인 회의실

참석자: Jamie Lazar(소프트웨어 팀원), Ed Robbins(소프트웨어 팀원), Doug Miller(소프트웨어공학 관리자)

대화

Doug: SafeHome 프로젝트를 위한 센서 네트워크의 요구사항 모델링이 어떻게 진행되고 있습니까?

Jamie: 센서 작업은 저한테 조금 새롭지만, 그러나 충분히 감당할 수 있습니다.

Doug: 저희가 도움을 드릴 수 있는 것이 있나요?

Jamie: 이전에 만들었던 시스템과 비슷하다면 어느 정도 쉬울 것 같습니다.

Doug: 사실 그렇죠.

Ed: 저는 이러한 요구사항을 모델링하는 데 도움을 주는 분석패턴을 찾을 수 있는 상황이라 생각했습니다.

Doug: 만일 우리가 올바른 패턴을 찾는다면, 쓸데없는 시간을 소비하는 것을 피할 수 있겠네요.

Jamie: 좋은 생각이에요. 언제 시작할까요?

Ed: 저희는 다수의 분석과 설계 패턴을 지닌 저장소에 접근할 수 있습니다. 단지 우리가 원하는 것과 일치하는 목적을 가진 패턴을 검색하는 것이 필요합니다.

Doug: 그렇게 하면 될 것 같네요. Jamie는 어떻게 생각하나요?

Jamie: 만일 Ed씨가 시작을 도울 수 있다면, 오늘부터 처리할 수 있겠네요.

11.4.2 요구사항 패턴 예시: 작동장치 센서[5]

SafeHome 보안 기능의 요구사항들 중 하나는 경고 보안 센서 기능이다. (예: 침입 센서, 화재, 연기 또는 일산화탄소 센서, 누수 센서). SafeHome에 대한 인터넷 기반의 확장은 거주지 내의 보안 카메라의 이동(예. 팬, 줌)을 제어하는 기능이 요구된다. 암시—SafeHome 소프트웨어가 반드시 다양한 센서와 "작동장치"(예: 카메라 제어 과정)—를 관리해야 함을 의미한다.

5 이 절은 저자의 승인 하에[Kon02]를 적용하였다.

Konrad와 Cheng[Kon02]는 SafeHome 소프트웨어 내 요구사항 모델링을 위한 유용한 가이드를 제공하는 **Actuator-Sensor**라는 요구사항 패턴을 제안하였다. 자동차 응용 소프트웨어를 위해 처음으로 개발된 **Actuator-Sensor** 패턴의 축약 버전은 아래와 같다.

패턴명 **Actuator-Sensor**

목적 임베디드 시스템의 다양한 종류의 센서와 작동장치를 명시.

동기 임베디드 시스템은 대부분 다양한 종류의 센서와 작동장치를 가지고 있다. 이러한 센서와 작동장치는 제어 유닛과 모두다 직접 또는 간접적으로 연결되어 있다. 비록 많은 센서와 작동장치가 꽤 다르게 보임에도 불구하고, 그들의 동작은 패턴으로 구조화하기에 충분할 만큼 유사하다. 패턴은 속성과 연산을 포함한 시스템을 위해, 센서와 작동장치가 어떻게 기술되었는지를 보여준다. **Actuator-Sensor** 패턴은 **PassiveSensors**를 위해 pull 메카니즘(정보의 명시적 요청)과 **ActiveSensors**를 push 메커니즘(정보의 전송)을 사용한다.

제한조건

- 각 수동적 센서는 반드시 센서의 입력값과 센서값을 나타내는 속성을 읽어 들이는 어떤 기법이 있어야 한다.
- 각 능동적 센서는 반드시 센서의 값이 변했을 때 갱신된 메시지를 전송하는 능력이 있어야 한다.
- 각 능동적 센서는 기능불량을 찾기 위해, 특정 기간 이내에 발생된 상태메시지인 살아있음을 알리는 신호를 보내야 한다.
- 각 작동장치는 **ComputerComponent**에 의해 결정된 적절한 응답을 알리는 어떤 기법이 있어야만 한다.
- 각 센서와 작동장치는 자신의 작동하는 동작 상태를 확인하기 위하여 구현된 기능이 있어야만 한다.
- 각 센서와 작동장치는 송/수신된 값에 의해 유효성을 시험할 수 있어야 하며 그리고 만일 그 값이 명세서를 벗어나있다면 운용 상태를 설정할 수 있어야 한다.

적용 가능성 다중 센서와 작동장치가 존재하는 모든 시스템에 유용하다.

구조 **Actuator-Sensor** 패턴을 위한 UML 클래스 다이어그램은 그림 11.3에 보여준다. **Actuator**, **PassiveSensor**, 그리고 **ActiveSensor**는 추상 클래스이며 그리고 이탤릭체로 표시하였다. 이러한 패턴에는 센서와 작동장치의 4가지 다른 형태의 유형이 있다. **Boolean**, **Integer** 그리고 **Real** 클래스는 센서와 작동장치의 가장 일반적인 형태로 표현된다. 복잡한 클래스들은 레이더 장치와 같은 기본 데이터 형식에 관해서 쉽게 표현할 수 없는 값을 사용하는 센서와 작동장치이다. 이러한 장치들이 동작 상태를 질의하는 것처럼 기본적인 기능을 가지고 있어야 함에도 불구하고 이러한 장치들은 여전히 추상 클래스로부터 인터페이스를 상속해야만 한다.

그림 11.3

Actuator–Sensor 패턴의 UML 클래스 다이어그램

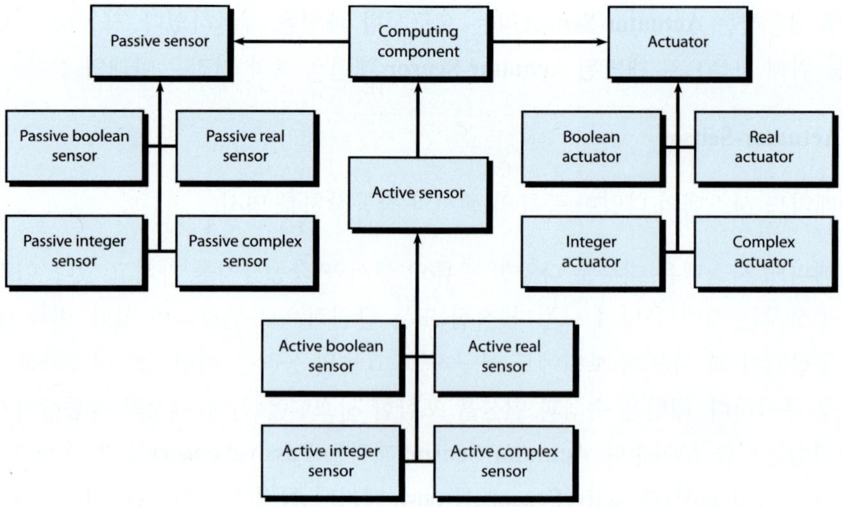

그림 11.4

Actuator–Sensor 패턴의 UML 순서 다이어그램

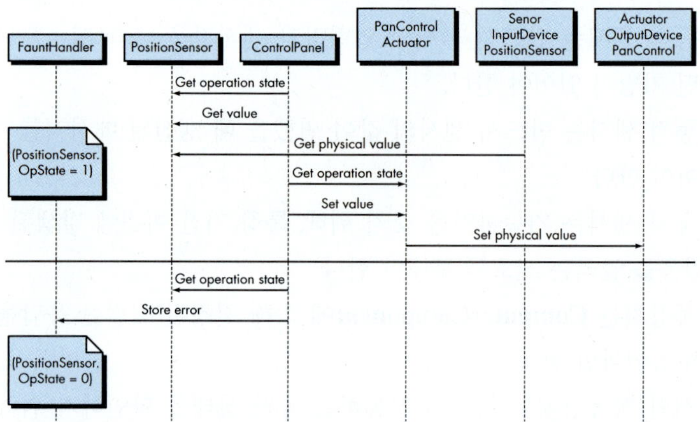

동작 그림 11.4는 보안 카메라의 위치(예: 상하좌우, 줌)를 제어하는 SafeHome 기능에 적용 가능한 것처럼 **Actuator-Sensor** 패턴의 예시로 UML 순서 다이어그램을 나타낸다. 여기에서, **ControlPanel**[6]은 값을 읽거나 또는 설정하기 전에 진단을 목적으로 동작 상태를 확인하기 위해 센서(능동 위치 센서)와 작동장치(상하좌우 제어)를 질의한다. **Set Physical Value** 그리고 **Get Physical Value** 메시지는 객체 사이의 메시지가 아니다. 대신에, 메시지는 시스템의 물리적 장치, 그리고 그들의 소프트웨어의 대응 사이의 상호작용을 기술한다. 다이어그램의 좀더 낮은 부분에서, 수평선 아래에, **PositionSensor**는 동작상태가 0임을 보여준다. 그러면 **ComputingComponent**는 위치 센서가 실패에 대해서 이러한 오류가 시스템에 어떤 영향을 미치는지, 요구되는 동작이 무엇인지 판단하기 위해 **FaultHandler**에게 오류 코드를 보낸다. 이것은 센서로부터 데이터를 획득하고 그리고 작동장치에 대해 필요한 응답을 처리한다.

6 원래 패턴은 일반적인 구문인 컴퓨팅 컴포넌트를 사용한다.

참여대상 패턴 설명의 이 부분은 "요구사항 패턴에 포함되는 클래스/객체를 항목화 한다." [Kon02] 그리고 각 클래스/객체(그림 11.3)의 책임을 설명한다. 축약 목록은 아래와 같다:

- **PassiveSensor abstract(수동센서 추상화)**: 수동센서를 위한 인터페이스 정의
- **PassiveBooleanSensor(수동부울형센서)**: 수동부울형 센서 정의
- **PassiveIntegerSensor(수동정수형센서)**: 수동정수형 센서 정의
- **PassiveRealSensor(수동실수형센서)**: 수동실수형 센서 정의
- **ActiveSensor abstract(능동센서 추상화)**: 능동센서를 위한 인터페이스 정의
- **ActiveBooleanSensor(능동부울형센서)**: 능동부울형 센서 정의
- **ActiveIntegerSensor(능동정수형센서)**: 능동정수형 센서 정의
- **ActiveRealSensor(능동실수형센서)**: 능동실수형 센서 정의
- **Actuator abstract(작동장치 추상화)**: 작동장치를 위한 인터페이스 정의
- **BooleanActuator(부울형작동장치)**: 부울형 작동장치 정의
- **IntegerActuator(정수형작동장치)**: 정수형 작동장치 정의
- **RealActuator(실수형작동장치)**: 실수형 작동장치 정의
- **ComputingComponent(컴퓨팅컴포넌트)**: 제어기의 중심 부분; 센서로부터 데이터를 획득하고 그리고 작동장치가 요구하는 응답을 처리.
- **ActiveComplexSensor(능동복합센서)**: 복합 활동 센서는 추상 **ActiveSensors** 클래스의 기본 기능성을 가지지만, 그러나 부가적으로, 더욱더 정교화, 기법과 속성에 대해 기술이 필요하다.
- **PassiveComplexSensor(수동복합센서)**: 복합 활동 센서는 추상 **PassiveSensor** 클래스의 기본 기능성을 가지지만, 그러나 부가적으로, 더욱더 정교화, 기법과 속성에 대해 기술이 필요하다.
- **ComplexActuator(복합작동장치)**: 복합 활동 센서는 추상 **Actuator** 클래스의 기본 기능성을 가지지만, 그러나 부가적으로, 더욱더 정교화, 기법과 속성에 대해 기술이 필요하다.

협력 이 부문에서는 객체와 클래스가 어떻게 서로서로 상호작용하는지, 그리고 각각은 그 자체의 책임을 어떻게 이행하는지에 대해서 기술한다.

- **ComputingComponent**가 **PassiveSensor** 값을 갱신할 필요가 있는 경우에, 센서에 적절한 메시지를 전송에 의하여 값을 요청하는 질의를 한다.
- **ActiveSensors**는 질의하지 않는다. 그것들은 **ComputingComponent**의 값을 설정하기 위한 적절한 기법을 사용하여 컴퓨팅 장치에 센서 값의 전송을 시작한다. 그것들은 시스템 클럭 타임(system clock' s time)으로 그들의 타임스탬프를 갱신하기 위해 특정 기간 동안 적어도 한 번은 살아있음을 알리는 신호를 전송한다.
- **ComputingComponent**가 작동장치의 값을 설정할 필요가 있을 경우, 작동장치로 값을 전송한다.

- **ComputingComponent**는 적절한 기법을 사용하여 센서와 작동장치의 운용 상태를 질의하고 설정할 수 있다. 만일 운용 상태가 0으로 발견된다면, 좀더 정교한 복원 과정이나 백업 장치를 가동하는 것과 같은 오류 메시지를 처리하기 위한 기법을 포함하는 **FaultHandler** 클래스에 전송한다. 만일 복원이 필요치 않는다면, 시스템은 센서에 대해 가장 마지막에 사용된 값이나 또는 기본 값을 단지 사용할 수 있다.
- **ActiveSensors**는 값 변경이 있는 경우 메시지를 수신하고자 하는 컴포넌트의 주소나 주소 범위를 제공하거나 제거하는 기법을 제공한다.

결과

1. 센서와 작동장치 클래스는 공통 인터페이스를 가진다.
2. 클래스 속성은 단지 메시지를 통해서만 접근될 수 있으며, 그리고 클래스는 메시지 수락여부를 결정한다. 예를 들면, 만일 작동장치의 값이 최댓값보다 높게 설정되면, 작동장치 클래스는 메시지를 수락하지 않거나, 기준 최댓값을 사용할 수도 있다.
3. 작동장치와 센서를 위한 인터페이스의 통일성으로 인하여 시스템의 복잡도는 잠재적으로 감소한다.

요구사항 패턴 기술서는 또한 다른 관련된 요구사항과 설계패턴에 대한 참조를 제공할 수도 있다.

11.5 웹 그리고 모바일 응용 소프트웨어를 위한 요구사항 모델링[7]

웹 및 모바일 응용 소프트웨어의 개발자들은 요구사항 분석의 아이디어가 제기될 경우 종종 회의적이다. "결국", 그들이 주장하는 것은, "개발 프로세스는 민첩해야만 하고, 분석은 시간이 걸린다. 지금 우리가 응용 소프트웨어를 설계와 개발해야할 필요가 있는 경우에 분석은 일을 더디게 할 뿐이다."

요구사항 분석은 시간이 걸릴 수 있지만, 그러나 잘못된 문제를 해결하는 데에는 더 많은 시간을 소요시킨다. 모든 웹 응용 소프트웨어 및 모바일 개발자에 대한 질문은 간단하다—당신은 문제 그리고 제품의 요구사항에 대해서 이해했다고 확신할 수 있는가? 만일 대답이 명백하게 "예"라면, 요구사항 모델링을 생략할 수도 있겠지만, 그러나 만일 대답이 "아니오"라면, 요구사항 모델링은 수행되어야만 한다.

11.5.1 얼마만큼의 분석이 충분하는가?

웹과 모바일 응용 소프트웨어에 대한 요구사항 모델링이 강조 되는 정도는 다음의 크기 관련 요인에 의존한다. (1) 응용 소프트웨어 증분의 크기와 복잡성, (2) 이해 관계자의 수(분석은 다른 소스로부터 오는 모순된 요구사항을 식별하는 데 도움이 될 수 있다), (3) 응용 소

7 이 절의 일부는 Pressman과 Lowe[Pre08] 승인 하에 적응되었다.

프트웨어 개발 팀의 규모, (4) 팀의 구성원이 이전에 함께 작업을 했던 정도(분석은 프로젝트에 대한 공통적 이해를 개발하는 데 도움이 될 수 있다), (5) 응용 소프트웨어의 성공에 직접적으로 의존되는 조직의 성공 정도.

이전의 관점의 반대는 프로젝트의 규모가 작아질수록, 이해 관계자의 수가 줄어들수록, 개발팀의 응집도가 높아지고, 응용 소프트웨어가 다소 중요하지 않다면, 좀더 가벼운 분석 접근을 적용하는 것은 타당할 수 있다.

비록 설계를 시작하기 전에 문제 또는 제품요구사항을 분석하는 것은 좋은 생각이지만, 모든 분석이 반드시 모든 설계에 선행한다는 것은 합당하지 않다. 실제로, 응용 소프트웨어의 특정 부분의 설계는 응용 소프트웨어의 단지 그 부분에만 영향을 주는 그런 요구사항의 분석을 단지 필요로 한다. SafeHome의 예시로, 당신은 전자 상거래 기능에 대한 기능적 요구사항을 분석하지 않고, 전체 웹사이트의 미학적 면(화면 배치, 색 구성표 등)의 유효한 설계를 할 수 있다. 당신은 배포될 증분에 대한 설계 작업에 단지 관련된 문제의 부분에서만 분석할 필요가 있다.[8]

11.5.2 요구사항 모델링의 입력

웹 또는 모바일 응용 소프트웨어를 개발할 때 제5장에서 논의된 일반 소프트웨어 개발 과정을 애자일 버전으로 적용 할 수 있다. 이해 관계자와 사용자의 범주, 사업 상황, 정보적이고 실용적인 목표 정의, 일반적인 제품의 요구사항, 그리고 사용자 시나리오를 포함하는 과정—요구사항의 모델링에 입력되는 정보—이러한 정보는 자연어 기술서, 대략적인 개요, 스케치, 기타 비정형적인 기술서 형태로 표현된다.

이러한 정보를 가진 분석은 정형적으로 정의된 표현 스키마를 사용하여 구조화되고, 그리고 출력처럼 더욱더 엄격한 모델을 생성한다. 요구사항 모델은 문제의 실제 구조의 상세한 지표를 제공하고, 그리고 해결책의 형태로 통찰력을 제공한다.

SafeHome ACS-DCV(감시 카메라) 기능은 제9장에서 소개되었다. 이 기능이 소개되었을 때, 이 기능은 비교적 명확하게 보이고 유스케이스의 일부분처럼 어느 정도 상세하게 묘사되었다(9.2.1절). 그러나 유스케이스의 재검토는 누락된, 모호한, 불분명한 정보들을 발견해낼 수 있었다.

이러한 누락 정보의 어떤 양상은 설계 동안에 자연스럽게 나타난다. 사례는 기능 버튼의 특정 배치, 버튼의 미적 모양과 느낌, 스냅 사진의 크기, 카메라 뷰의 위치와 가정 평면도, 또는 심지어 패스워드의 최소 그리고 최대 길이와 같은 세부사항까지도 포함할 것이다. 이러한 양상의 일부는 설계 결정(버튼의 배치)이고 그리고 다른 것은 초기 설계 작업에 근본적으로 영향을 주지 않는 요구사항(패스워드의 길이와 같은)이다.

그러나 일부 누락된 정보는 전체적인 설계 그 자체에 실제로 영향을 미치며, 요구사항을 제대로 이해하는데도 더 많은 관련이 있다. 예를 들면

8 응용 소프트웨어의 한 부분의 설계가 응용 소프트웨어의 다른 부분에 걸쳐 영향을 미칠 것이라는 상황에서, 분석 범위는 확대되어야만 한다.

Q1: 출력 비디오 해상도는 SafeHome 카메라에 의해 무엇이 제공되는가?

Q2: 만일 경보 조건이 카메라가 감시되는 동안에 발생했다면 무슨 일이 일어나는가?

Q3: 시스템은 어떻게 카메라의 상하좌우 및 확대를 조절할 수 있는가?

Q4: 카메라 뷰와 함께 제공되어야 하는 정보에는 무엇인가?
(예를 들면, 장소?, 시간/날짜? 가장 최근의 접근?)

유스케이스의 초기 개발 단계에서, 이러한 질문들이 식별되거나 고려되지 않았다면, 질문의 답은 설계의 서로 다른 양상의 상당한 영향을 미칠 수 있다.

그러므로, 의사소통 활동이 문제를 이해하는데 좋은 기반을 제공하지만, 요구분석은 부가적인 해석을 제공에 의해서 이러한 이해를 재 정제해주는 것은 합당한 결론을 내리는 것이다. 문제 구조가 요구사항 모델의 일부처럼 기술됨에 따라, 질문은 변함없이 생긴다. 이러한 질문은 틈새를 채운다—또는 어떤 경우에는, 처음으로 틈새를 발견하는 것을 실제적으로 도움을 준다.

요약하면, 의사소통 활동하는 동안에 수집된 정보는 요구사항 모델에 입력된다.—비공식적 전자우편주소에서부터 포괄적인 사용 시나리오 그리고 제품 명세서를 간략하게 포함한 상세한 프로젝트까지의 모든 것.

11.5.3 요구사항 모델링 출력

요구사항 분석은 응용 소프트웨어 컨텐츠와 기능을 표현하고 평가하기 위한 훈련된 절차를 제공하고, 사용자와 대면하는 상호작용의 모드, 그리고 환경과 기반시설은 웹 응용 소프트웨어 또는 모바일 앱에 존재한다.

이러한 특성은 응용 소프트웨어 요구사항의 조직화된 방법으로 분석될 수 있는 일련의 모델로 표현될 수 있다. 특정 모델이 응용 소프트웨어의 큰 특성에 의존된다면, 다섯 가지의 중요 클래스 모델을 나눌 수 있다.

- **컨텐츠 모델** 응용 소프트웨어에 의해 제공되는 컨텐츠의 전체적인 범위를 확인한다. 컨텐츠는 문서, 그래픽, 이미지, 비디오 및 오디오 데이터를 포함한다.
- **상호작용 모델** 사용자가 애플리케이션과 상호작용하는 방식 기술 한다.
- **기능 모델** 컨텐츠를 조작하기 위해 적용될 운용을 정의하고, 그리고 컨텐츠에게 무관하지만 최종 사용자에게 필요한 다른 처리 기능을 기술한다.
- **탐색 모델** 애플리케이션에 대한 전반적인 탐색 전략에 대해 정의한다.
- **구성 모델** 애플리케이션에 존재하는 환경 및 기초구조를 기술한다.

공학 팀의 팀원들과 다른 이해 관계자들 사이에서 쉽게 의사소통과 평가를 하기 위한 목적과 구조를 허용하는 표현 스키마(종종 "언어"라고 부른다)를 사용하여 이러한 모델을 개발할 수 있다. 결과로서, 주요 문제의 목록(예: 오류, 생략, 불일치, 개선 또는 수정을 위한 제안, 해명 시점)은 인식됨에 따라 행동을 할 수 있게 된다.

11.5.4 컨텐츠 모델

컨텐츠 모델은 응용 소프트웨어의 컨텐츠 요구사항에 대해 중요한 뷰를 제공하는 구조적인 요소가 포함된다. 이러한 구조적인 요소는 컨텐츠 객체와 모든 분석 클래스를 포함한다—사용자가 브라우저 또는 모바일 장치를 통하여 애플리케이션과 상호작용하는 것처럼 생성되고 조작되는 사용자—가시적인 엔티티.[9]

컨텐츠는 애플리케이션의 구현하기, 애플리케이션을 구축하는 동안 또는 애플리케이션을 오랫동안 동작된 후 운용되기 이전에 개발할 수 있다. 모든 경우에, 전체적인 응용 소프트웨어 구조에 탐색 참조를 통해 통합된다. Content 객체는 제품을 문자로 기술, 뉴스 사건을 기술하는 기사, 검색된 데이터의 그래피컬 표현(예: 시간의 기능으로서 주가), 스포츠 경기에서 얻어진 활동사진 , 토의 포럼의 사용자 응답, 회사 로고의 활동적인 표현, 연설의 짧은 비디오, 프레젠테이션 슬라이드의 수집을 위한 음성 더빙 등이 있다. 컨텐츠 개체는 별도로 파일에 저장되거나, 웹페이지에 저장되거나 화면에 실행되면서 데이터베이스로부터 얻을 수 있다. 컨텐츠 객체는 분리된 파일로서 저장될 수 있고 데이터베이스로부터 역동적으로 얻어질 수 있다. 그들은 웹페이지 속으로 직접적으로 내장될 수 있고, 그리고 모바일 장치의 화면에 디스플레이 될 수 있다. 다시 말해서, 컨텐츠 객체는 최종 사용자에게 표현되는 응집된 정보의 어떠한 항목이다.

컨텐츠 객체는 컨텐츠의 직간접적인 참조로부터 시나리오 기술서 검토에 의해 유스케이스로부터 직접 결정될 수 있다. 예를 들면, 웹 응용 소프트웨어는 **www.safehomeassured.com**에 만들어진 SafeHome을 지원한다. Purchasing Select SafeHome Components 유스케이스는, SafeHome 컴포넌트를 구입하기에 요구되는 시나리오를 묘사하고 그리고 문구를 포함한다.

> 나는 각 제품 컴포넌트에 대한 설명 및 가격 정보를 얻을 수 있다.

컨텐츠 모델은 컨텐츠 객체인 Component를 기술할 수 있어야 한다. 많은 경우에서, 각 객체의 간략한 기술서를 결합한 컨텐츠의 간단한 목록은, 설계 및 구현되어야만 하는 컨텐츠를 위한 요구사항을 정의하기에 충분하다. 그러나 어떤 경우에는, 컨텐츠 모델은 컨텐츠 객체와 그리고/또는 웹 응용 소프트웨어에 의해 유지되는 컨텐츠 간의 계층화 사이의 관계를 그리피컬로 표현해주는 풍부한 분석으로부터 혜택을 가질 것이다.

예를 들면, 그림 11.5에서 보여준 **www.safehomeassured.com**의 컴포넌트를 위해 생성된 데이터 트리[Sri01]를 고려하였다. 트리는 컴포넌트를 기술하는데 사용되는 정보의 계층 구조를 표현한다. 단순 또는 복합한 데이터 항목들(하나 이상의 데이터 값)은 음영이 없는 사각형처럼 표현되었다. 컨텐츠 객체는 음영이 있는 사각형처럼 표현된다. 그림에서 기술서는 다섯 개의 컨텐츠 객체(음영이 있는 사각형)로 정의되었다. 어떤 경우에, 이러한 객체의 하나 이상은 데이터 트리의 확장으로서 좀 더 정제화 되려고 한다.

데이터 트리는 다중 컨텐츠 객체, 그리고 데이터 항목들로 구성되어 있는 특정 컨텐츠

9 분석 클래스는 제10장에서 논의되었다.

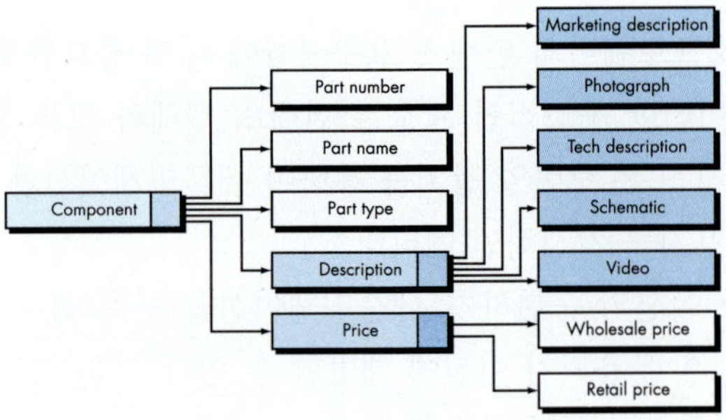

그림 11.5
www.safehomeassured.com 컴포넌트에 대한 데이터 트리

에 대해서 생성할 수 있다. 데이터 트리는 컨텐츠 객체 간의 계층화 관계를 정의하기 위해 설계가 시작되기 전에 누락 그리고 불일치되는 것은 없는지 발견될 수 있도록 컨텐츠를 재검토하기 위한 수단을 제공하기 위한 노력으로 개발되어 왔다. 부가하여, 데이터 트리는 컨텐츠 설계를 위한 기초로서 제공된다.

11.5.5 웹 그리고 모바일 앱을 위한 상호작용 모델

웹과 모바일 앱의 대부분은 최종 사용자와 응용 소프트웨어의 기능성, 컨텐츠 그리고 동작 사이에서 "대화"가 가능하다. 이러한 대화는 아래의 구성 요소들 중 하나 이상으로 구성될 수 있는 상호작용모델을 사용하여 기술 할 수 있다. (1) 유스케이스, (2) 순서, 다이어그램, (3) 상태 다이어그램[10] 그리고/또는 (4) 사용자 인터페이스 프로토타입.

많은 경우에서, 일련의 유스케이스[11]는 분석단계에서의 상호작용을 묘사하는 데 충분하다(더 자세한 정제와 상세는 설계 동안에 도입된다). 그러나 상호작용의 결과가 복잡하고 다중 분석 클래스 또는 많은 작업이 포함될 경우, 좀더 정밀한 도식적인 형태를 사용하여 서술하는 것이 때때로 가치가 있다.

사용자 인터페이스의 배치는, 제공하는 컨텐츠, 구현하는 상호작용 절차와 전체적인 미적 관점에서의 애플리케이션은 사용자 만족도와 관련이 있으며, 애플리케이션의 전반적인 성공 여부가 달려 있다. 비록 사용자 인터페이스 프로토타입의 생성은 설계 작업이라고 주장할 수 있지만, 분석 모델을 생성하는 동안 수행해보는 것도 좋은 생각이다. 사용자 인터페이스의 실질적인 표현이 일찍 검토되면 될수록, 최종 사용자들이 무엇을 원하는지를 얻을 확률이 더 높아진다. 사용자 인터페이스 설계는 제15장에서 자세히 논의할 것이다.

웹 그리고 모바일 앱 구축 도구는 많고, 비교적 값싸고, 기능적으로 우수하기 때문에, 그러한 도구를 사용하여 인터페이스 프로토타입을 생성하는 것이 최고이다. 프로토타입은 주요 탐색 링크를 수행하고 그것이 구축되었을 때와 같이 많은 방법으로 전체 화면 배치를 표현한다. 예를 들면, 만일 다섯 가지의 주요 시스템 기능이 최종 사용자에게 제공 된다면, 프로토타입은 애플리케이션에 처음 접속 시 사용자가 볼 수 있도록 표현해야한다. 그래피컬 링크를 제공할 것인지? 탐색 메뉴는 어디에서 디스플레이 할 것인지? 사용자가 봐야 할

10 순서 다이어그램과 상태 다이어그램은 UML 표기법을 사용하여 모델링 한다.

11 유스케이스는 제9장에서 자세히 논의되었다.

다른 정보는 무엇인지? 이와 같은 질문은 프로토타입에 의해 답변이 되어야만 한다.

11.5.6 기능 모델

많은 웹 응용 소프트웨어 종종 사용자 웹 응용 소프트웨어에 대한 상호작용의 중요한 목표인 컨텐츠(그것을 사용하거나 생성하거나 둘 중하나)와 직접적으로 관련할 수 있는, 계산적인 그리고 조작하는 기능들은 광범위하게 배포한다. 모바일 앱은 제안된 일련의 계산적이고 조작 가능한 기능에 더욱더 초점을 맞추거나 그리고 제공하는 경향이 있다. 기능성의 정도에도 불구하고, 기능 요구사항은 분석되어야만 하고, 그리고 필요한 경우에 모델화된다.

기능 모델은 절차적 추상화의 다른 수준을 각각 표현하는 두 가지 애플리케이션 처리 요소를 강조한다.

(1) 최종 사용자에게 애플리케이션에 의해 배포되는, 사용자 관찰가능한 기능성
(2) 클래스와 관련된 동작을 구현하는 분석 클래스 내에 포함 되어 있는 연산

사용자가 관찰 가능한 기능성은 사용자에 의해 직접적으로 시작되는 모든 처리 기능을 포함한다. 예를 들면, 재무적인 모바일 앱은 재무 기능(예: 융자금 지불의 계산)을 다양하게 구현할 수 있다. 이러한 기능은 실질적으로 분석 클래스 내의 연산을 사용하여 구현될 수 있지만, 그러나 최종 사용자의 관점으로부터 기능(좀 더 정확하게, 기능에 의해 제공되는 데이터)은 가시적인 결과이다.

하위 수준의 절차적 추상화에서 요구사항 모델은 분석 클래스 연산에 의해 수행되어야 하는 처리를 기술한다. 이러한 연산은 클래스 속성을 조작하고, 동작을 수행하기 위해 다른 것들과 협력하는 클래스로서 포함된다.

절차적 추상화의 수준에 관계없이, UML 활동 다이어그램은 처리 절차를 상세하게 표현하기 위해 사용될 수 있다. 분석 단계에서, 활동 다이어그램은 기능이 상대적으로 복잡한 곳에서 단지 사용되어야만 한다. 웹앱과 모바일 앱의 상당한 복잡성은 기능성을 제공하는 것이 아니라 오히려 접근할 수 있는 정보의 본질과 조작 할 수 있는 방법에서 발생된다.

www.safehomeassured.com을 위한 상대적으로 복잡한 기능의 예시는, *Get recommendations for sensor layout for my space*로 명명된 유스케이스에 의해서 처리된다. 공간에 대한 배치를 이미 개발한 사용자는 모니터링 되고, 이러한 유스케이스에서 배치에 따른 센서의 위치 및 권장 사항을 요청한다. **www.safehomeassured.com**은 센서의 권장된 위치에 부가적인 정보를 가진 배치도의 도식화 표현에 대해 응답한다. 상호작용은 꽤 단순하고, 컨텐츠는 다소 복잡하지만, 그러나 기본 기능은 매우 복잡하다고 볼 수 있다. 시스템은 센서의 최적의 집합을 결정하기 위해서 평면도의 비교적 복잡한 분석을 수행해야만 한다. 이것은 방의 치수, 문과 창문의 위치를 검사하고, 이들을 센서 성능과 명세서를 조화시켜야 한다. 쉽지 않은 작업은 없다! 일련의 활동 다이어그램은 이러한 유스케이스를 위한 처리과정을 나타내는 데 사용될 수가 있다.

두 번째 예는, Control cameras 유스케이스이다. 이 유스케이스에서, 상호작용은 비교적

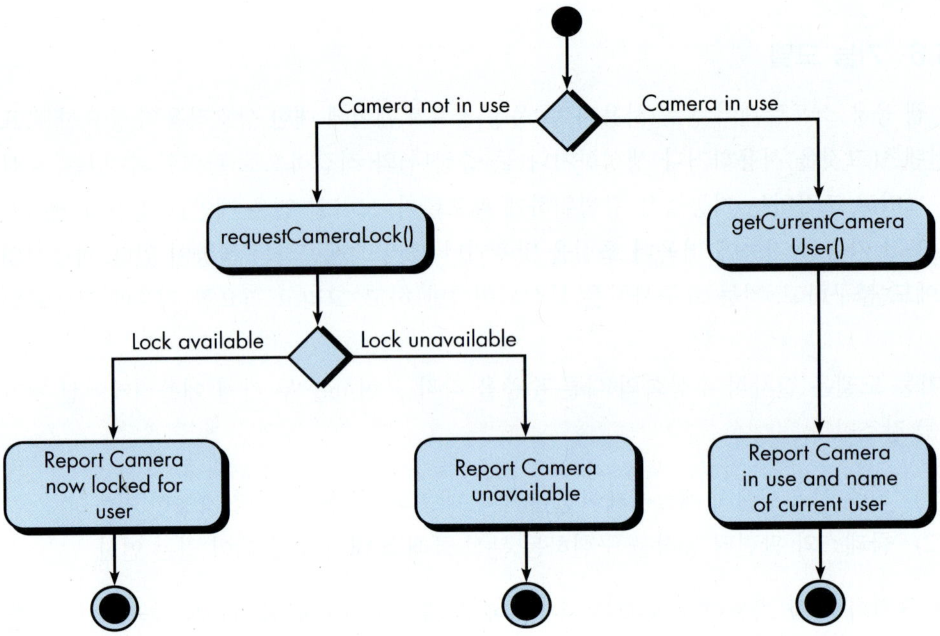

그림 11.6
takeControlOf-Camera( ) 연산을 위한 활동 다이어그램

간단하지만, 그러나 "간단한" 연산이 원거리에 배치되어 있으며 인터넷을 통해 접근 가능한 장치와 복잡한 의사소통을 필요로 한다는 주어진 복잡한 기능에 대해 내재 되어 있을 수 있다. 좀 더 가능한 복잡한 문제는 다중 승인 된 사람들이 동시에 하나의 센서를 감지하거나 또는 제어하려고 할 때 제어의 협상이 관련된다.

그림 11.6은 Control cameras 유스케이스 내에서 사용된 **Camera** 분석 클래스의 일부인, takeControlOfCamera( ) 연산을 위한 활동 다이어그램을 묘사한다. 절차 흐름에 따라 호출되는 두 개의 부가적인 연산: 이러한 사용자들에 대해서 카메라를 잠그려고 하는 requestCameraLock( ), 현재 카메라를 제어 중인 사용자의 이름을 검색하는 getCurrentCameraUser( ). 구축의 상세성은 이러한 연산이 어떻게 유발되고 그리고 이러한 연산에 대한 상세한 인터페이스는 웹앱 설계 시작 할 때까지 고려하지 않는다.

SafeHome 웹 응용 소프트웨어의 기능 확장은 스마트 폰 또는 태블릿으로부터 SafeHome에 대한 접근을 제공하는 모바일 앱의 개발을 발생시킬 수 있다. SafeHome 모바일 앱에 대한 컨텐츠 그리고 기능적인 요구사항은 웹 응용 소프트웨어에 의해 제공되는 것 중의 일부와 유사할 수도 있지만, 그러나 특정 인터페이스 그리고 보안 기능사항은 수립되어야만 한다.

11.5.7 웹앱을 위한 구성 모델

몇몇 경우에서, 구성 모델은 서버 측면과 클라이언트 측면의 속성 목록에 지나지 않는다. 그러나 더욱더 복잡한 애플리케이션에 대해, 구성 복잡성의 다양성(예: 다중 서버 사이의 부하 분산, 캐싱 구조, 원격 데이터베이스, 다양한 객체를 제공하는 다중 서버)은 분석과 설계에 영향을 줄 수 있다. UML 배치 다이어그램은 구성이 복잡한 구성 구조가 고려되어야만 하는 상황에서 사용될 수가 있다.

www.safehomeassured.com의 공개 컨텐츠와 기능성에 대한 모든 주요 웹 클라이언트(즉, 시장점유율이 1% 이상인)를 통해서 접근 가능하게 기술해야 한다. 역으로, 좀 더 복잡한 제어와 모니터링 기능(**HomeOwner** 사용자만 단지 접근 가능한)을 좀 더 작은 일련의 클라이언트에 대해 제한을 받아들일 수 있다. 모바일 앱에 대해, 구현은 모바일 운용 환경의 세 개의 선두주자에게만 제한된다. **www.safehomeassured.com**에 대한 구성 모델은 기존에 있는 데이터베이스와 모니터링 응용 소프트웨어를 상호 운용할 수 있는지에 대해 또한 명시해야 할 것이다.

11.5.8 탐색 모델링

스마트폰 플랫폼에 위치한 대부분의 모바일 응용 소프트웨어에서, 탐색은 일반적으로 비교적 간단한 버튼 목록과 아이콘 기반의 메뉴로 제한된다. 부가하여, 탐색의 깊이(즉, 단계의 수는 하이퍼미디어 계층 속으로)는 비교적 낮다. 이러한 이유로 탐색 모델링은 비교적 쉽다.

웹앱과 태블릿 기반 모바일 응용 소프트웨어의 증가하는 추세에 대하여, 탐색 모델링은 좀 더 복잡해지고 그리고 종종 각 사용자가 하나의 웹앱 요소(예를 들면 컨텐츠 객체)로부터 어떻게 탐색하는지를 고려한다. 탐색의 절차는 설계의 일부로서 정의된다. 이 단계에서, 전반적인 탐색 요구사항에 초점을 맞춰야만 하며, 아래와 같은 질문이 고려되어야 한다.

- 확실한 컴포넌트는 다른 것보다 더 쉽게 도달(보다 작은 탐색 단계)하는가? 표현에 대한 우선순위는 무엇인가?
- 그들의 방향으로 탐색하기 위해 강요된 사용자들에게 확실한 컴포넌트가 강조되어야 하는가?
- 탐색 오류들은 어떻게 처리되는가?
- 컴포넌트의 관련된 그룹의 탐색이 특정 컴포넌트에 대해 탐색하는 것보다 우선순위가 높이 주어져야 하는가?
- 탐색이 링크, 검색 기반 접근, 또는 다른 어떤 방법을 통하여 수행되어야만 하는가?
- 특정 컴포넌트가 이전 탐색 행동의 문맥에 기반하여 사용자에게 표현되어야 하는가?
- 탐색 기록이 사용자에 대하여 유지되어야 하는가?
- 전체적인 탐색 지도나 메뉴(하나의 "이전" 링크에 대해 반대되거나 또는 직접적인 지점)가 사용자 상호작용의 모든 지점에서 가능한가?
- 탐색 설계는 가장 일반적이라 예측되는 사용자의 행위나 웹앱에 의해 정의된 요소의 중요성을 감지하는가?
- 사용자가 웹앱을 향후에 신속하게 사용하기 위해 이전 탐색 "저장"이 가능한가?
- 각 사용자 범주에 대해 최적의 탐색이 설계되어야 하는가?
- 웹앱의 외부로의 연결이 어떻게 처리하는가? 현재 브라우저 창을 덮어쓸 것인가? 새 브라우저 창을 열 것인가? 프레임을 분리할 것인가?

이러한 그리고 많은 다른 질문들이 탐색 분석의 일환으로써 질문되고 답변된다.

당신과 다른 이해관계자들은 또한 탐색을 위한 전반적인 요구사항을 결정해야만 한다. 예를 들면, 웹앱 구조의 전반적인 개요를 사용자에게 제공하는, 사이트 맵을 제공하는가? 사용자가 가장 중요한 요소(컨텐츠 객체와 기능)를 강조하는 "가이드라인"을 가질 수 있는가? 사용자는 그러한 요소의 정의된 속성에 기반한 컨텐츠 객체나 기능에 접근할 수 있는가(예: 사용자는 특정 건물의 모든 사진들을 접근하기를 원하거나 또는 무게의 계산을 허용하는 모든 기능에도 접근하기를 원하는가)?

11.6 요약

요구사항 분석 동안에 동작 모델링은 소프트웨어의 동적인 동작을 나타낸다. 동작 모델은 분석 클래스와 시스템의 전반적인 상태를 표현하기 위해 시나리오 기반 또는 클래스 기반의 요소로부터 입력을 사용한다. 이를 달성하기 위해, 상태가 식별되었고, 클래스가 하나의 상태에서 다른 상태로 전이를 일으키는 이벤트로 정의되며, 전이에 따라 행동으로 바뀐다. 상태 다이어그램과 순서 다이어그램은 동작 모델링에 대해 사용되는 표기법이다.

분석 패턴이 소프트웨어 공학자가 기존의 도메인 지식을 사용하여 요구사항 모델의 생성이 용이하도록 해준다. 분석 패턴은 일관된 유스케이스의 집합에 의하여 기술될 수 있는 특정 소프트웨어의 특징이나 기능을 기술한다. 이것은 패턴의 의도, 그 사용에 대한 동기, 사용을 제한하는 제한조건, 다양한 문제 도메인의 적용성, 패턴의 전반적인 구조, 그리고 이러한 동작과 협력 그리고 다른 추가 정보를 기술한다.

모바일 응용 소프트웨어 그리고 웹앱에 대한 요구사항 모델은 전부가 아니어도, 이 책에서 논의된 모델링 요소의 대부분을 사용할 수가 있다. 그러나 이러한 컴포넌트들은 컨텐츠, 상호작용, 기능, 탐색, 그리고 상주하는 모바일 앱과 또는 웹앱을 다룬다.

문제와 생각할 점

11.1 동작 모델을 표현 할 수 있는 "상태"의 두 가지 유형이 있다. 이것은 무엇인가?

11.2 순서 다이어그램과 상태 다이어그램은 어떻게 다른가? 그들은 어떻게 유사한가?

11.3 현대 휴대 전화기에 대한 세 가지 요구 패턴을 제안하고 각각의 기술서에 대해서 간략하게 작성하라. 이러한 패턴은 다른 장치를 위하여 사용할 수 있는가? 예를 들어 제공하라.

11.4 당신이 문제 11.3에서 개발된 패턴 중 하나를 선택하고, 11.4.2절에서 표현된 컨텐츠와 형태가 완벽한 패턴 기술서를 타당하게 개발하라.

11.5 **www.safehomeassured.com**을 위해 얼마나 많은 분석 모델링이 필요하다고 생각하는가? 모델 형태의 각각이 11.5.3절에 요구하여 기술될 수 있는가?

11.6 웹앱에 대한 상호작용 모델의 목적은 무엇인가?

11.7 웹앱 기능 모델은 설계 시까지 지연되어야 한다고 주장하였다. 이러한 주장에 찬성과 반대를 표현하라.

11.8 구성 모델의 목적은 무엇인가?

11.9 탐색 모델이 상호작용 모델과 어떤 차이점이 있는가?

추가 읽을거리와 정보

동작 모델링은 시스템 동작의 중요한 동적 관점으로 표현된다. Samek(*Practical UML Statecharts in C/C++: Event Driven rogramming for Embedded Systems*, CRC Press, 2008), Wagner 그리고 그의 동료들(*Modeling Software with Finite State Machines: A Practical pproach*, Auerbach, 2006), Boerger 그리고 Staerk(*Abstract State Machines*, Springer, 2003)의 책들은 상태 다이어그램과 다른 동작 표현의 토의를 통하여 표현한다. Gomes 그리고 Fernandez (*Behavioral Modeling for Embedded Systems and Technologies*, Information Science Reference, 2009)는 임베디드 시스템을 위한 동작 모델링 기술을 해결하는 논문집을 편집했다.

소프트웨어 패턴에 관하여 쓰여진 대부분의 책들은 소프트웨어 설계에 초점을 두고 있다. 하지만, Vaughn(*Implementing Domain-Driven Design*, Addison-Wesley, 2013), Whithall(*Software Requirement Patterns*, Microsoft Press, 2007), Evans(*Domain-Driven Design*, Addison-Wesley, 2003) 그리고 Fowler([Fow03] and [Fow97])는 분석 패턴을 구체적으로 다루고 있다.

웹앱에 대한 분석 모델링의 자세한 내용은 Pressman and Lowe[Pre08]에서 다루고 있다. Rossi 그리고 그의 동료들에 의한 책(*Web Engineering: Modeling and Implementing Web Applications*, Springer, 2010) 그리고 Neil(*Mobile Design Pattern Gallery: UI Patterns*, O' Reilly, 2012)은 애플리케이션 개발의 패턴에 대해 설명을 한다. Murugesan and Desphande에 의해 편집된 논문집 (*Web Engineering: Managing Diversity and Complexity of Web Application Development*, Springer, 2001)은 웹앱 요구사항의 다양한 측면에 대해 다루고 있다. 또한, 매해 발행되는 Proceeding of the International Conference on Web Engineering은 요구사항 모델링 문제에 대해 다루고 있다.

요구사항 모델링에 대한 넓고 다양한 정보 소스는 인터넷에서 쉽게 구할 수 있다. 분석 모델링에 관련된 월드 와이드 웹 참고용의 최신 목록은 SEPA 웹사이트 www.mhhe.com/pressman에서 찾을 수 있다.

12

CHAPTER

설계 개념

주요 개념

추상화
아키텍처
관점
응집도
데이터 설계
설계 프로세스
기능적 독립성
좋은 설계
정보 은닉
모듈화
객체지향 설계
패턴
품질 속성
품질 가이드라인
리팩토링

소프트웨어 설계는 고품질 시스템 또는 제품을 개발하기 위한 원칙, 개념 및 활동이다. 설계 원칙은 설계작업을 수행할 때 가장 고려해야 할 철학을 확립한다. 설계 작업을 수행하기 전에 설계 개념을 이해해야 하고, 설계 활동을 통해 다양한 산출물들을 만들어내며, 이는 다음 단계인 구축활동에 대한 가이드라인 역할을 한다.

설계는 성공적인 소프트웨어공학의 핵심이다. 1990년대 초에 Lotus 1-2-3 창시자인 Mitch Kapor는 Dr. Dobbs Journal에서 다음과 같이 "소프트웨어 설계 성명서"를 제시했다.

> 설계란 무엇인가? 이것은 당신이 두 가지 세상, 즉 기술로 이루어진 세상과 인간과 인간의 목적으로 이루어진 세상 모두에 발을 딛고, 두 세상을 함께 연결하려는 지점이다.
>
> 로마 건축 비평가인 비트루비우스(Vitruvius)는 잘 설계한 건물은 견고함, 편리함 및 즐거움을 주는 건물이라고 하였다. 좋은 소프트웨어도 동일하다고 말할 수 있다. 견고함이란 프로그램은 기능을 방해하는 결함을 갖지 않아야 한다는 의미이다. 편리함이란 프로그램은 의도한 목적을 적절하게 수행해야 한다는 의미이다. 즐거움이란 프로그램을 사용하는 경험은 즐거워야 한다는 것이다. 이점을 언급하면서 소프트웨어 설계이론을 시작하고자 한다.

설계의 목표는 견고함, 편리함 및 즐거움을 줄 수 있는 모델 또는 표현을 만들어내는 것이

QUICK LOOK

이것은 무엇인가? 설계는 거의 모든 엔지니어가 하려는 것이다. 이것은 창의성이 지배하는 활동으로, 즉 시스템 구성을 위해 이해당사자 요구사항, 사업적 필요성 및 기술적 고려사항을 모두 통합하는 활동이다. 설계는 소프트웨어의 표현(representation)이나 모델을 생성하기는 하지만, 요구사항 모델(필요한 데이터, 기능 및 행동 기술에 중점을 둔 모델)과는 달리, 설계 모델은 시스템을 구현하는 데 필요한 소프트웨어 아키텍처, 데이터 구조, 인터페이스 및 컴포넌트를 제공한다..

누가 수행하는가? 소프트웨어 엔지니어가 설계작업을 수행한다.

왜 중요한가? 설계는 구축하는 시스템이나 제품에 대한 모델을 만들어 낸다. 이 모델은 코드 생성, 시험 실시 및 최종사용자가 관여하기 이전에 모델의 품질을 평가하여 개선할 수 있게 한다. 설계는 소프트웨어 품질을 확립하는 지점이다.

어떤 단계가 있는가? 설계는 여러 다양한 방법으로 소프트웨어를 표현한다. 먼저, 시스템 또는 제품의 아키텍처를 표현해야 한다. 그리고, 최종사용자, 그 밖의 시스템 및 장치와 자체적인 컴포넌트들을 연결하는 인터페이스 모델로 소프트웨어를 구축한다. 끝으로, 시스템을 구성하는 데 필요한 소프트웨어 컴포넌트 모델을 구축한다. 각 관점은 서로 다른 작업을 의미하지만 모두 소프트웨어 설계작업을 이루는 기본설계 개념을 따른다.

작업 산출물은 무엇인가? 아키텍처, 인터페이스, 컴포넌트-수준 및 배포 표현을 포괄하는 설계 모델이 소프트웨어 설계 중에 만들어내는 주요 작업 산출물이다.

작업이 옳게 수행되었다는 것을 어떻게 확인하는가? 설계 모델의 오류, 불일치 또는 빠진 부분이 있는지 여부, 더 좋은 대안이 존재하는지 여부, 설정한 제약, 일정 및 비용 안에서 모델을 구현할 수 있는지 여부를 판단해야 하고, 소프트웨어 팀이 평가를 실시한다.

다. 이를 달성하려면 다양성과 수렴성을 실천해야 한다. "다양성은 교과서 및 우리가 알고 있는 모든 대안 목록, 설계 원재료인 컴포넌트, 컴포넌트 해결안 및 지식을 획득하는 것"이라고 Belady[Bel81]가 정의했다. 이러한 다양한 정보를 모은 다음 요구공학 및 분석모델이 정의한 요구사항을 만족하는 요소들을 선별하고 선택해야 한다(제8~11장). 이를 수행하고 나면 대안들을 고려하거나 배제하면서 "하나의 특정한 컴포넌트들로 구성한 특정 부분들을모아 최종 제품을 생성"한다[Bel81].

관점 분리
소프트웨어 설계
단계적 정련

유사한 대상을 만들었던 경험, 모델 진화 방법을 알려주는 원칙 또는 경험적 지식, 품질 판정을 가능케 하는 기준, 최종 설계 표현을 만들어가는 반복과정으로부터 얻은 직관과 판단을 결합하여 다양성과 수렴성이 만들어진다.

새로운 방법, 좀더 나은 분석 및 광범위하게 이해해가면서 소프트웨어 설계는 계속 변한다.[1] 전통적인 공학설계 원칙이 그렇듯, 대부분의 설계 방법론이 유연성 및 정량적 특징을 충분히 정의하고 있지 못하다. 그럼에도, 우리는 소프트웨어 설계를 위한 방법론을 확보하고 있고 설계 품질에 대한 기준을 활용할 수 있으며 소프트웨어 설계에 사용할 수 있는 기호(notation)들을 갖고 있다. 이 장에서, 모든 소프트웨어 설계에 적용할 수 있는 기본 개념과 원칙, 설계 모델의 요소, 설계 프로세스에 미치는 패턴의 영향을 알아본다. 제12~18장에서 우리는 아키텍처, 인터페이스 및 컴포넌트 수준 설계뿐만 아니라 패턴 기반 및 웹 중심 설계 접근법에 적용되는 다양한 소프트웨어 설계 방법을 제시한다.

Quote

소프트웨어 공학에서 가장 놀라운 일은 분석을 설계로, 설계를 코드로 바꾸는 것이다.

Richard Dué

12.1 소프트웨어공학 맥락 안에서의 설계

소프트웨어 설계는 소프트웨어공학의 기술적 핵심에 자리잡고 있으며, 사용하는 소프트웨어 프로세스 모델에 상관없이 수행한다. 소프트웨어 요구사항으로 개발을 시작하여 모델을 만든다면, 모델링 활동의 가장 마지막에 이루어지는 소프트웨어공학적 행위가 소프트웨어 설계이며 구축단계(코드 생성 및 시험)를 준비한다.

소프트웨어 설계는 항상 데이터를 고려하는 것으로 시작해야 하며, 이것이 다른 설계 요소들의 기반이다. 그러고 나서 아키텍처를 도출해야 한다. 그 다음에 다른 설계작업을 수행해야 한다.

설계명세를 완성하기 위해 필요한 네 가지 설계모델을 생성하는데 필요한 정보를 요구사항 모델의 각 요소(제9~11장)가 제공한다. 소프트웨어 설계과정의 정보 흐름을 그림 12.1에 표현하였다. 설계 작업의 입력은 시나리오 기반, 클래스 기반 및 행동 요소를 명세한 요구사항 모델이다. 다음 장에서 논의할 설계 개념 및 설계 방법을 사용하여, 데이터/클래스 설계, 아키텍처 설계, 인터페이스 설계 및 컴포넌트 설계를 산출한다.

ADVICE

소프트웨어 설계는 데이터를 고려하는 것으로 시작해야한다. 다른 모든 요소의 기반이 데이터다. 기초를 이룬다음 아키텍처를 만들어가야 한다. 이런 다음에야 다른 설계 작업을 수행할 수 있다.

클래스 모델(제10장)을 소프트웨어 구축에 필요한 설계 클래스 실현과 필수 데이터 구조인 데이터/클래스 설계로 변형한다. CRC 다이어그램에 정의한 객체 및 관계와 클래스 속성 및 그 밖의 기호가 설명해주는 상세 정보는 데이터 설계 활동을 위한 기반이다. 소프

1 소프트웨어 설계 철학에 관심이 있다면,Philippe Kruchen' s가 다룬 포스트 모던 설계에 관심이 있을 것이다 [Kru05].

그림 12.1 요구사항 모델을 설계 모델로 변환하는 과정

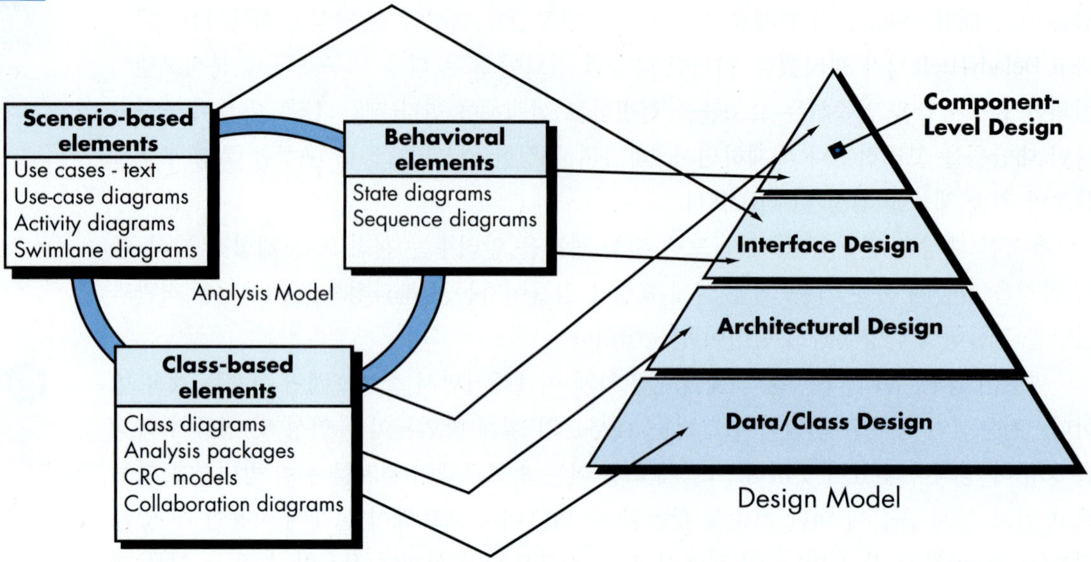

트웨어 아키텍처 설계와 연계하여 일부 클래스 설계 활동을 수행한다. 보다 상세한 클래스 설계는 각 소프트웨어 컴포넌트를 설계할 때 이루어진다.

아키텍처 설계는 소프트웨어의 주요 요소들 사이의 관계, 시스템에 정의된 요구사항을 달성하는데 사용될 수 있는 아키텍처 스타일 및 패턴(제13장)과 아키텍처가 구현될 수 있는 방법에 영향을 주는 제약조건을 정의한다[Sha96]. 아키텍처 설계 표현, 즉 컴퓨터 기반 시스템의 프레임워크를 요구사항 모델로부터 도출한다.

인터페이스 설계는 소프트웨어를 포함하는 시스템 및 이를 사용하는 사람과 소프트웨어가 상호작용하는 방법을 기술한다. 인터페이스는 정보의 흐름(예: 데이터 및/또는 제어)과 특정한 행동 유형을 의미한다. 그러므로, 사용 시나리오와 행동 모델은 인터페이스 설계에 필요한 많은 정보를 제공한다.

> **Quote**
>
> 소프트웨어를 설계하는 두 가지 방법이 있다. 한 가지는 단순하게 만드는 것으로 어떤 의존성도 정의하지 않는다. 다른 방법은 복잡하게 만드는 것으로 의존관계가 명확하지 않는 것이다. 첫번째는 엄청 어려운 방법이다.
>
> G. A. R. Hoare

컴포넌트 수준 설계는 소프트웨어 아키텍처의 구조적 요소를 소프트웨어 컴포넌트의 절차적 기술로 변환한다. 클래스 기반 모델과 행동 모델로부터 얻은 정보는 컴포넌트 설계의 기반이 된다.

소프트웨어 구축의 성공뿐만 아니라 소프트웨어가 유지보수 용이성에 영향을 주는 중요한 의사결정이 설계 중에 이루어진다. 왜 설계가 그렇게 중요한가?

소프트웨어 설계의 중요성은 품질이라는 하나의 단어로 설명할 수 있다. 소프트웨어 공학에서 품질을 발전시키는 핵심 활동이 설계이다. 설계는 품질을 평가할 수 있는 소프트웨어 표현을 만들어내는 단계이기 때문이다. 이해당사자의 요구사항을 소프트웨어 제품이나 시스템으로 정확하게 변환할 수 있는 유일한 방법이 설계이다. 소프트웨어 설계는 소프트웨어공학 및 소프트웨어 지원활동을 위한 기반이다. 설계가 없으면 불안전한 시스템을 구축할 위험이 생긴다. 즉, 작은 변화도 전체를 망가뜨리고, 시험을 할 수 없고, 소프트웨어 개발의 마지막 단계가 되어서야 품질을 평가할 수 있을지도 모른다. 소프트웨어

개발의 마지막 단계는 완료까지 남은 시간이 얼마 없는 시점이고 이미 많은 비용을 투입한 시점이다.

SafeHome

설계 대 코딩

장면: Jamie의 방, 팀이 요구사항을 설계로 변환할 준비를 한다.

등장인물: Jamie, Vinod 및 Ed는 모두 SafeHome 소프트웨어 엔지니어링 팀의 구성원들이다.

대화

Jamie: 있잖아, Doug[팀 매니저]가 설계에 사로잡혀 있어. 나는 솔직이 말하면, 내가 정말로 좋아하는 것은 코딩이야. 나한테 C++이나 Java를 주면 내가 행복하지.

Ed: 아니… 네가 설계를 좋아한다고?

Jamie: 내말을 듣지 않는군?코딩을 좋아한다고.

Vinod: 내 생각은 Ed가 의미하는 건 네가 코딩을 진심으로 좋아하지는 않는다는 거야. 넌 설계하고 그것을 코드로 표현하기를 좋아하잖아. 코드는 네가 설계를 표현하는 데 사용하는 언어야.

Jamie: 그런데 뭐가 문제야?

Vinod: 추상화 수준.

Jamie: 흥?

Ed: 프로그래밍 언어는 데이터 구조와 알고리즘과 같이 내용을 표현하기에 좋지만 아키텍처나 컴포넌트 간 공동작업 등등을 표현하기에는 그렇게 좋지 않아.

Vinod: 그리고, 맛이 간 아키텍처는 최고 코드를 망칠 수도 있지.

Jamie (잠시 생각하고): 그러면, 네가 말하는 게 내가 아키텍처를 코드로 표현할 수 없다는 거야…. 그건 사실이 아니야.

Vinod: 넌 분명히 아키텍처를 코드안에 표현할 수 있지만 대부분의 프로그램언어의 경우 코드를 읽어서 큰 수준의 그림을 빨리 발견하기는 어려워.

Ed: 그리고, 우리가 코딩을 시작하기 전에 바라는 바이기도 해.

Jamie: 좋아, 아마 설계와 코딩은 다르겠지만 나는 여전히 코딩이 더 좋아.

12.2 설계 프로세스

소프트웨어 설계는 반복적인 프로세스이며 이를 통하여 요구사항을 소프트웨어 구축을 위한 "청사진"으로 변환시킨다. 처음에, 청사진은 소프트웨어의 전체적인 모습을 표현한다. 즉, 설계는 상위수준의 추상화를 표현한다. 구체적인 시스템 목적, 상세한 자료와 기능적 요구사항 및 행동적 요구사항으로 직접 추적 가능하도록 상위 수준의 추상화를 표현한다. 반복적으로 설계가 이루어지면서 점진적 정교화를 통해 낮은 수준의 설계 표현으로 이어진다. 여전히 요구사항까지 추적될 수 있지만 추적성은 좀 미약하다.

12.2.1 소프트웨어 품질 가이드라인 및 속성

설계 프로세스 전체에 걸쳐, 제20장에서 논의할 기술적 검토를 통해 진화하는 설계의 품질을 평가한다. McGlaughlin[McG91]은 좋은 설계인지를 평가하기 위한 가이드라인으로 세 가지 특성을 제시한다.

> **Quote**
> 동작할 현명한 코드 조각을 만드는 일과 장기적으로 지속가능한 업무를 지원할 무엇인가를 설계하는 것은 다른 이야기이다.
> C. Ferguson

- 설계는 요구사항 모델에 포함된 명시적인 모든 요구사항을 구현해야 하고 이해당사자가 원하는 암시적인 모든 요구사항을 수용해야 한다.
- 설계는 코드를 생성하는 사람과 소프트웨어를 시험하는 사람과, 향후 소프트웨어

지원을 담당할 사람이 읽기 쉽고 이해하기 쉬어야 한다.

- 설계는 소프트웨어의 전반적 그림을 제공해야 하고, 구현 관점에서 데이터, 기능 및 행동 영역을 다뤄야 한다.

이러한 특성 각각은 설계 프로세스의 실질적 목표이다. 이들 목표를 어떻게 달성해야 하는가?

품질 가이드라인 설계 표현의 품질을 평가하기 위하여 소프트웨어 팀원은 좋은 설계에 대한 기술적 기준을 수립해야 한다. 소프트웨어 품질기준의 역할을 하는 설계 개념을 12.3절에서 논의한다. 여기서는 다음 가이드라인들을 알아보자.

? 무엇이 좋은 설계가 갖는 특징인가?

1. 설계는 다음 3가지 특성을 만족하는 아키텍처를 만들어내야 한다: (1) 잘 알려진 아키텍처 스타일 또는 패턴을 사용하여 생성해야 한다. (2) 좋은 설계특성(이 장의 나중에 논의됨)을 보이는 컴포넌트들로 구성해야 한다. (3) 구현과 시험이 가능하도록 혁신적인 방법으로 구현해야 한다.[2]
2. 설계는 모듈화되어야 한다. 즉, 소프트웨어는 요소나 하부시스템으로 논리적 분할이 되어야 한다.
3. 설계는 데이터, 아키텍처, 인터페이스 및 컴포넌트 등을 구분하여 표현해야 한다.
4. 설계는 자료구조를 만들어 내야 하는데, 이 자료구조는 구현할 클래스에 적절해야 하고 잘 알려진 데이터 패턴으로부터 도출한 것이여야 한다
5. 설계는 독립적인 기능적 특성을 갖는 컴포넌트를 도출해야 한다.
6. 설계는 컴포넌트와 외부 환경간의 연결 복잡성을 줄이는 인터페이스를 도출해야 한다.
7. 소프트웨어 요구사항 분석 중 얻은 정보로부터 결정한 설계 기법을 반복적으로 적용하여 설계해야 한다.
8. 설계는 그 의미를 효과적으로 전달하는 기호를 사용하여 표현해야 한다.

Quote

설계는 보이는 것 뿐만 아니라 느껴지는 것이기도 하다. 어떻게 동작하는지가 설계이다.

Steve Jobs

이러한 설계 가이드라인은 우연히 달성되지 않는다. 이것은 기초적인 설계 원칙, 체계적인 방법론 및 철저한 검토를 통하여 달성된다.

Quote

품질은 크리스마스 트리 위에 올릴 장식용 빤작이 처럼, 어떤 주제나 사물에 부착시킬 수 있는 대상이 아니다.

Rober Pirsing

품질 속성 Hewlett-Packard[Gra87]는 FURPS(functionality, usability, reliability, performance, and supportability, 기능성, 사용성, 신뢰성, 성능 및 지원성)라는 약어로 표현한 소프트웨어 품질 속성을 개발하였다. FURPS 품질 속성은 소프트웨어 설계의 목표를 나타낸다.

- 기능성은 프로그램의 특징 및 기능으로 평가하는데, 일반적으로는 시스템이 제공하는 기능과 보안으로 평가한다.
- 사용성은 인적 요소(제6장 및 제15장), 전체적인 심미성, 일관성 및 문서화를 평가하여 가늠한다.

2 규모가 작은 시스템은 순차적으로 설계를 진행하기도 한다.

Info

설계품질 평가-기술적 검토회

소프트웨어 팀이 소프트웨어를 구현하기 전에 품질[3]을 평가할 수 있게 해주고 오류, 누락 또는 불일치 발생시 시정이 용이하고 저렴하기 때문에 설계는 중요하다. 하지만, 설계 중에 품질을 어떻게 평가할 것인가? 시험할 실행가능 소프트웨어가 없기 때문에 시험할 수 없다. 어떻게 하나?

설계 중 품질은 일련의 기술적 검토(TR)을 실시하여 평가한다. TR은 제20장[4]에서 상세히 논의하지만 이 시점에 기법의 개요를 파악할 필요가 있다. 기술적 검토회는 소프트웨어 팀원들이 실시하는 미팅이다. 보통 검토대상 설계 정보의 범위에 따라서 2, 3 또는 4명이 참여한다. 각 인원은 하나의 역할을 수행한다. 검토회 리더는 회의를 계획하고 안건을 정하고 회의를 진행한다. 기록원은 누락된 것이 없도록 기록한다. 설계자는 작업 산출물(예: 소프트웨어 컴포넌트 설계)을 검토 받는 사람이다. 회의 전에 검토 팀의 각 인원은 설계작업 산출물 사본을 제공받고 이를 읽고 오류, 누락 또는 모호성을 찾아야 한다. 모든 문제점을 지적하여 구현 시작 전에 이를 시정할 수 있게 하는 것이 회의의 목적이다. TR은 보통 60분 내지 90분간 지속된다. 검토 팀은 설계작업 산출물을 최종설계 모델의 일부로서 승인하기 전에 설계자가 추가 조치를 수행해야 하는지를 결정하고 검토회를 마무리한다.

- 신뢰성은 장애 빈도 및 심각도, 출력 결과의 정확성, 평균장애시간(MTTF), 장애로부터 복구하는 능력 및 프로그램의 예측 가능성을 측정하여 평가한다.
- 성능은 처리속도, 응답시간, 자원 소비, 처리능력 및 효율성을 사용하여 측정한다.
- 지원성은 확장성, 적응성 및 사용성을 결합하여 결정한다. 이들 3가지 속성은 보다 일반적인 용어로 보수성이라고 표현한다. 이에 덧붙혀서 시험가능성, 호환성, 구성 용이성(소프트웨어 컴포넌트를 조직하고 제어하는 능력, 제29장), 시스템 설치가 가능한 용이성, 문제 식별의 용이성들도 해당한다.

ADVICE

소프트웨어 설계자들은 해결한 문제에 중점을 두는 경향이 있다. 그래서 FURPS 속성이 문제에 존재한다는 것을 잊는 경우가 있다. 반드시 기억해야할 것이다

소프트웨어 설계를 개발할 때 소프트웨어 품질 속성 모두에 동등하게 가중치를 두는 것은 아니다. 어떤 응용분야는 보안성에 주안점을 두고 기능성을 강조할 수 있다. 또 다른 설계에서는 처리속도에 주안점을 두고 성능을 요구할 수 있다. 다른 설계에서는 신뢰성에 중점을 둘 수 있다. 무엇이 어떤 가중치를 가져야 한다는 것이 중요하기 보다는, 설계가 완료되고 구축이 시작되었을 때 품질 속성을 결정해서는 안 되고 설계를 시작할 때 고려해야 한다는 것을 명심해야 한다.

12.2.2 소프트웨어 설계의 진화

소프트웨어 설계의 진화는 계속되는 프로세스로 60년에 걸쳐 설계 방법의 발전이 이루어져 왔다. 초기 설계작업은 모듈화 프로그램 개발의 기준[Den73]과 하향식 "구조적" 방법으로 소프트웨어 구조를 정교화하는 방법([Wir71], [Dah72], [Mil72])에 중점을 두었다. 새로운 설계 접근법(예: [Jac92], [Gam95])은 객체지향적 접근법을 제안했다. 최근에는 소프트웨어 아키텍처[Kru06]와 낮은 수준의 추상화를 구현하는 데 필요한 설계 패턴이 중요해

Quote

추가할 것이 없을 때가 설계 완전성을 확보한 것이 아니고, 제거할 것이 없을 때임을 설계자들은 알아야 한다.

Antonine de St-Expurey

3 30장에서 다룰 품질 요소는 검토 팀이 품질을 평가하는 과정을 도와준다.

4 이 시점에서 20장을 미리 공부하는 것도 고려해볼만 하다. 기술적 검토는 설계 프로세스의 핵심적 요소이고 설계 품질을 얻기 위한 중요한 기법이다.

지고 있다(예: [Hol06], [Sha05]). 관점지향적 방법(예: [Cla05], [Jac04]), 모델주도형 개발 [Sch06] 및 시험 주도형 개발[Ast04]이 점차 중요해지고 있는데, 이들 효과적인 모듈화와 아키텍처 구조에 필요한 기법들을 강조한다.

언급한 설계 기법들 다수가 업계 전체에 걸쳐 적용되고 있다, 제9~11장에 제시한 분석 방법처럼, 각 소프트웨어 설계 방법은 설계 품질을 특정 짓는 독특한 관점을 제시할 뿐 아니라 독특한 경험적 기법과 기호들을 제안한다. 그럼에도 이들 설계 방법들은 여러 가지 많은 공통 특성들을 갖고 있다. (1) 요구사항 모델을 설계 표현으로 변환하는 메커니즘, (2) 기능적 컴포넌트 및 그 인터페이스를 표현하는 표기법, (3) 정교화와 분할을 위한 경험적 기법, (4) 품질평가 가이드라인이다.

> ? 모든 설계 기법에 공통적인 특성들은 무엇일까?

사용할 설계방법과 상관없이 기본 개념을 데이터, 아키텍처, 인터페이스 및 컴포넌트 수준 설계에 적용할 수 있다. 다음 단락들에서 기본 개념들을 다룰 것이다.

작업군

설계를 위한 일반 작업들

1. 정보 도메인 모델을 조사하고 데이터 객체 및 그 속성에 대해 적절한 데이터 구조를 설계한다.
2. 분석 모델을 사용하여 소프트웨어에 적절한 아키텍처 스타일(패턴)을 선정한다.
3. 분석 모델을 설계 하부시스템으로 분할하고 분석 모델 요소를 아키텍처를 구성하는 하부시스템에 할당한다.
   - 각 하부시스템은 기능적으로 응집성을 갖도록 한다.
   - 하부시스템 인터페이스를 설계한다.
   - 분석 클래스 또는 기능을 각 하부시스템에 할당한다.
4. 설계 클래스 또는 컴포넌트들을 생성한다.
   - 분석 클래스 설명을 설계 클래스로 변환한다.
   - 설계 기준에 대해 각 설계 클래스를 점검한다.
   - 상속 이슈를 고려한다.
   - 각 설계 클래스와 관련 있는 메소드와 메시지를 정의한다.
   - 설계 클래스 또는 하부시스템에 대한 설계 패턴을 평가하고 선택한다.
   - 설계 클래스를 검토하고 필요 시 수정한다.
5. 외부 시스템 또는 장치와의 필요한 인터페이스를 설계한다.
6. 사용자 인터페이스를 설계한다.
   - 작업 분석 결과를 검토한다.
   - 사용자 시나리오를 비탕으로 실행순서를 지정한다.
   - 인터페이스의 행동모델을 생성한다.
   - 인터페이스 객체, 제어 메커니즘을 정의한다.
   - 인터페이스 설계를 검토하고 필요 시 수정한다.
7. 컴포넌트 수준 설계를 수행한다.
   - 상대적으로 낮은 추상화 수준에서 모든 알고리즘을 명세한다.
   - 각 컴포넌트의 인터페이스를 정제한다.
   - 컴포넌트 수준 데이터 구조를 정의한다.
   - 각 컴포넌트를 검토하고 다루어지지 않은 모든 오류를 시정한다.
8. 배치 모델을 개발한다.

12.3 설계 개념

본질적 소프트웨어 설계 개념들이 소프트웨어공학의 역사와 함께 발전하였다. 개념들 마다 관심 분야는 조금씩 달라졌지만 각 개념들은 현재에도 의미가 있다. 하나하나의 설계 개념은 소프트웨어 설계자에게 좀더 정교한 설계방법을 적용할 수 있는 토대를 제공한다. 하나하나의 설계 개념은 소프트웨어를 개별 컴포넌트로 분할하고 소프트웨어의 개념적 표현으로부터 데이터 구조 내용을 분리해 내는 기준을 정하게 도와준다. 또한 소프트웨어 설계의 품질을 정의하는 단일 기준을 수립하는 데 도움을 준다.

M. A. Jackson[Jac75]이 말하길: "[소프트웨어 엔지니어]에 대한 지혜의 시작은 프로그램을 동작시키는 것과 올바르게 동작시키는 것의 차이를 인식하는 것이다." 지금부터 "올바르게 동작하게 하기" 위해 필요한 소프트웨어 설계 개념을 다룰 것이다.

12.3.1 추상화

어떤 문제에 대한 모듈형 해결책 고려할 때 여러 수준의 추상화를 고려할 수 있다. 최고 추상화 수준에서 해결책은 문제가 속한 영역의 언어를 사용하여 개요수준의 설명이 이루어질 것이다. 낮은 수준의 추상화에서는 보다 상세한 설명이 제공된다. 이 수준에서는 문제가 속한 영역에서 사용하는 용어와 구현 관점의 용어를 혼합하여 해결안을 설명한다. 마지막으로, 최저 수준 추상화에서는 구현에 직접 사용할 수준의 방법으로 해결안을 설명한다.

상이한 수준의 추상화를 개발해 가는 과정에서 절차적 추상화와 데이터 추상화 모두 만들어야 한다. 절차적 추상화는 구체적이고 제한적인 기능을 갖는 일련의 명령문을 의미한다. 절차적 추상화에서 사용하는 이름은 수행할 기능들을 암시하지만 구체적인 내용을 표현하지는 않는다. 문에 대해서 열다라고 정의하는 것이 절차적 추상화의 예일 수 있다. 즉, 열다는 내부적으로 여러 절차적 단계(예: 도어로 걸어간다, 도달하여 손잡이를 잡는다, 손잡이를 돌리고 도어를 당긴다, 움직이는 도어로부터 물러선다 등)를 포함한다.[5]

데이터 추상화는 데이터 객체를 설명하는 데이터 집합에 이름을 부여하는 것이다. 열다를 절차적 추상화의 예로 들었다면, **문**을 데이터 추상화의 예로 정의할 수 있다. 문이라는 데이터 추상화는 **문**이 갖고 있는 속성들(예: 문 종류, 회전 방향, 개방 방식, 무게, 치수)을 포괄한 것이다. 절차적 추상화인 열다는 데이터 추상화인 **문**이 정의한 속성들의 값을 사용한다.

> **Quote**
> 추상화는 우리 인간이 복잡도를 다루는 아주 기본적인 방법중 하나이다.
> Grady booch

> **ADVICE**
> 설계자라면 문제가 다루는 절차적 및 데이터 추상화 모두를 만들어내기 위해 노력해야 한다. 문제가 속한 전체 영역에서의 추상화를 다룰 수 있다면 더 바람직하다.

12.3.2 아키텍처

소프트웨어 아키텍처는 "소프트웨어의 전체적인 구조와 해당 구조가 시스템에 대한 개념적 무결성을 제공하는 방법"이다. [Sha95a]. 가장 단순한 정의의 아키텍처는 프로그램 컴포넌트의 구조, 컴포넌트들이 상호작용하는 방법 및 컴포넌트들이 사용하는 데이터 구조이다. 그러나, 넓은 의미에서는, 주요한 시스템 요소와 그들 간의 상호작용을 표현하는 것을 컴포넌트라고 정의할 수도 있다.

소프트웨어 설계의 한 가지 목표는 시스템의 아키텍처 해석을 도출하는 것이다 이 해석은 보다 상세한 설계활동이 수행되는 프레임워크 역할을 한다. 아키텍처 패턴들은 소프트웨어 엔지니어가 설계수준 개념을 재사용할 수 있게 해준다.

Shaw와 Garlan[Sha95a]은 아키텍처 설계의 일부로 지정되어야 하는 일단의 속성을 다음

> **WebRef**
> 소프트웨어 아키텍처에 대해서 심도 있는 논의는 www.sei.cmu.edu/ata/ata_init.html를 참조할 것.

> **Quote**
> 소프트웨어 아키텍처는 품질, 일정, 비용 측면에서 투자 회수율을 높혀주는 산출물이다.
> Len Bass 외

5 "절차적 추상화란, 여러 연산들을 하나의 함수로 바꾸는 것이기도 하다." 문을 자동문으로 바꾸고 센서를 부탁하는 경우라면 open한 수는 완전히 다른 연산들로 바뀔 것이다.

과 같이 기술하였다. 구조적 속성은 "시스템 컴포넌트(예: 모듈, 객체, 필터)와 컴포넌트를 묶는 방법과 상호작용하는 방법"을 정의한다. 추가 기능적 속성은 "설계 아키텍처가 성능, 용량, 신뢰성, 보안, 적응성 및 그 밖의 시스템 특성에 대한 요구사항을 달성하는 방법"을 다룬다. 관련 시스템 계열은 "유사한 시스템 계열의 설계 시 공통적으로 직면하는 반복적인 패턴을 이용한다."

이러한 속성의 명세를 고려하면, 아키텍처 설계는 여러 다양한 모델들을 이용하여 표현해야 한다[Gar95]. 구조적 모델은 프로그램 컴포넌트의 조직화된 집합으로 아키텍처를 표현한다. 프레임워크 모델은 유사한 유형의 응용분야에서 나타나는 반복적인 아키텍처 설계 프레임워크(패턴)를 식별하여 설계 추상화의 수준을 향상시킨다. 동적 모델은 프로그램 아키텍처의 행동 관점을 언급하며, 구조 또는 시스템 구성이 외부 이벤트의 함수에 따라 어떻게 변해가는 지를 나타낸다. 프로세스 모델은 시스템이 수용해야 하는 업무 또는 기술 프로세스의 설계에 중점을 둔다. 마지막으로, 기능적 모델은 시스템의 기능적 계층을 표현하는 데 사용될 수 있다.

> **Quote**
>
> 우리 환경에서 반복해서 일어나는 문제가 있기 때문에, 각 패턴은 문제에 적용할 수 있는 핵심 해결방법을 설명한다. 패턴을 사용하면 같은 일을 두 번하지 않으면서 수천만 번 반복해서 해결방법을 적용할 수 있다.
>
> Christopher Alexander

이러한 모델들을 표현하기 위하여 많은 수의 상이한 아키텍처 기술언어(ADL: Architecture Description Language)가 개발되고 있다[Sha95b]. 여러 ADL가 있지만, 시스템 컴포넌트와 이것들이 서로 연결되는 방법을 기술하는 메커니즘을 대부분 제공한다.

설계시 아키텍처의 역할에 관한 일부 논쟁이 있다는 점을 유념해야 한다. 일부 연구자들은 소프트웨어 아키텍처의 도출이 설계로부터 분리되어야 하고 요구사항 엔지니어링 행위와 좀더 전통적인 설계 행위 사이에서 이루어져야 한다고 주장한다. 다른 연구자들은 아키텍처의 도출이 설계 프로세스의 일부분이라고 확신한다. 소프트웨어 아키텍처의 특성과 설계에서 그 역할은 제13장에서 다룰 것이다.

12.3.3 패턴

Brad Appleton은 다음과 같은 방법으로 설계 패턴을 정의한다. "패턴은 관점들이 상충하는 가운데 특정한 문맥 안에서 반복적인 문제로 입증된 해결방법의 본질을 만들어내기 위해 통찰로 얻어진 이름이다."[App00] 달리 설명하자면, 패턴을 적용하고 사용하는 방법에 영향을 줄 수 있는 "세력"이 있고 특정한 상황에 있는 설계문제를 해결할 설계 구조를 제시하는 것이 설계 패턴이다.

각 설계 패턴의 의도는 설계자가 다음을 결정할 수 있도록 패턴을 기술한다. (1) 패턴이 현재 작업에 적용될 수 있는지 여부, (2) 패턴이 재사용될 수 있는지(그래서, 설계시간을 절약할 수 있는지) 여부와 (3) 패턴이 유사하지만 기능적으로나 구조적으로 상이한 패턴을 개발하는데 가이드라인 역할을 할 수 있는지 설계 패턴은 제16장에서 다룰 것이다.

12.3.4 관점 분리

관점 분리는 각각 독립적으로 해결 및/또는 최적화될 수 있는 조각으로 세분화하는 것이 복잡한 문제를 보다 쉽게 다룰 수 있다는 설계개념이다[Dij82]. 관점은 소프트웨어에 대한 요구사항 모델의 일부로서 명시되는 특징 또는 행동이다. 관점을 작고 더 다루기 쉬운 조각으로 분리함으로써 문제 해결에 필요한 노력과 시간이 줄어든다.

합쳐진 두 가지 문제에 대한 인식하는 복잡도가, 쪼개어 개별 문제로 인식할 때의 복잡도보다 크다. 이것은 분할정복 전략, 즉, 복잡한 문제를 다루기 쉬운 조각으로 분할할 때 복잡한 문제를 해결하기 쉽다는 전략에 나온 것으로 소프트웨어 모듈화과 관련하여 중요한 의미를 갖는다.

관점의 분리는 그 밖의 관련 설계 개념에서 좀더 명확하게 이해할 수 있다(모듈화, 관점, 기능적 독립성 및 정제) 각 관련 개념들을 알아보자.

12.3.5 모듈화

모듈화는 관점분리의 가장 흔한 표현이다. 소프트웨어는 컴포넌트 또는 모듈로 분할하는데, 이들을 통합하면 요구사항을 만족시킬 수 있다.

"모듈화는 프로그램을 관리할 수 있는 단위로 만들어주는 소프트웨어 특성"이라고 설명한다. [Mye78]. 소프트웨어 엔지니어는 거대한 소프트웨어(즉, 단일 모듈로 구성된 대형 프로그램)를 쉽게 파악할 수 없다. 제어경로 개수, 참조의 범위, 변수의 개수 및 전체적인 복잡성은 이해를 거의 불가능하게 만든다. 쉽게 이해하고 결과적으로 소프트웨어 구축에 필요한 비용을 절감하기를 바란다면, 설계를 많은 모듈로 구분하는 것이 일반적이다.

관점의 분리에 관한 논의를 다시 생각해보면, 소프트웨어를 무한하게 세분화하는 경우에 이를 개발하는데 필요한 노력은 매우 작아진다는 결론을 내릴 수 있다. 단지, 다른 이유들이 발생하기 때문에 이런 결론을 내리는 것이 불가능하기도 하다. 그림 12.2를 참조하면 모듈 총수가 증가함에 따라서 개별 소프트웨어 모듈을 개발하는 노력(비용)은 감소한다. 동일한 요구사항을 고려하면 모듈이 많아질수록 각 모듈의 크기는 줄어든다. 그러나, 모듈 개수가 증가할수록 모듈을 통합하는데 관련된 노력(비용)은 증가한다. 그림 12.2에 있는 총 비용 또는 노력 곡선을 통해 이러한 특성을 알 수 있다. 최소 개발비를 유발하는 모듈 개수(M)가 있지만, M값을 예측할 만큼의 정교함을 갖고 있지 않다.

그림 12.2에 있는 곡선은 모듈화를 고려할 때 활용할 유용한 정성적 가이드라인을 제공한다. 모듈화해야 하지만 M 값에 도달했는지를 판단할 때 주의가 필요하다. 과한 모듈화 또는 부족한 모듈화는 피해야 한다. 하지만, M 값에 도달했는지 어떻게 아는가? 소프트웨어를

? 주어진 시스템에서 모듈의 개수는 몇 개여야 맞는가?

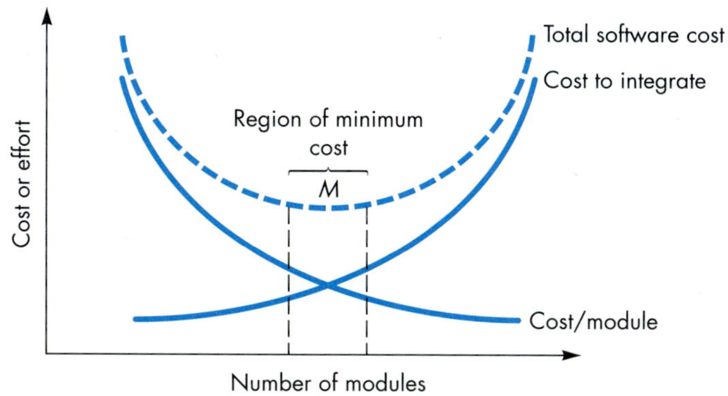

그림 12.2
모듈화 및 소프트웨어 비용

어느 정도 모듈로 만들어야 하는가? 이 질문에 답변하려면 이 장의 나중에 다룰 기타 설계 개념을 이해해야 한다.

개발을 용이하게 계획할 수 있고, 소프트웨어 증분(increment)(다른 장에서는 점증이라 표현하기도 함)을 정의하고 증분별로 인도할 수 있고, 변경사항을 좀더 쉽게 수용할 수 있고, 시험 및 디버깅을 보다 효율적으로 실시할 수 있고, 유지보수를 심각한 부작용 없이 오랫동안 수행할 수 있도록 모듈화 해야 한다.

12.3.6 정보 은닉

KEY POINT

정보 은닉은 모듈 인터페이스 넘어에 있는 자료구조의 절차적 처리에 대한 상세한 정보를 숨기려는의도를 갖고 있다. 상세함에 대한 지식은 모듈 사용자가 알 필요 없는 것이다

모듈화의 개념을 생각하면 이런 근본적 질문이 떠오른다. "가장 좋은 모듈들을 얻으려면 어떻게 소프트웨어 해결안을 분할해야 할까?" "(각각) 다른 모든 것들로부터 숨기는 설계 결정을 만족하는 것이" 모듈이라고 정보 은닉의 원칙[Par72]로 정의하고 있다. 달리 말하면, 모듈은 모듈에 포함된 정보(알고리즘 및 데이터)가 해당 정보를 다른 모듈은 접근할 수 없도록 설계해야 함을 의미한다.

은닉은, 소프트웨어 기능을 완성하기 위해 필요한 정보만을 교류하도록 모듈을 독립적으로 만드는 것이 가장 효과적인 모듈화임을 의미한다. 소프트웨어를 구성하는 절차적(또는 정보제공) 개체를 정의하는 데 추상화 개념이 필요하다. 모듈 안에 정의한 절차적 논리와 모듈이 사용하는 지역 데이터 구조를 접근하는 데 제약을 정의하고 이를 반영하는 것이 은닉이다. [Ros75].

모듈형 시스템에 대한 설계기준으로서 정보 은닉을 적용하면 테스트 기간 중과 향후 이루어질 소프트웨어 유지보수 중에 수정이 발생할 때 큰 이점을 얻을 수 있다. 대부분의 데이터와 절차적 처리가 소프트웨어의 다른 부분으로부터 은닉되어 있기 때문에 변경 중 발생할 수 있는 오류가 다른 위치로 파급될 가능성이 적기 때문이다.

12.3.7 기능적 독립성

기능적 독립성의 개념은 관점의 분리, 모듈화, 추상화 및 정보 은닉의 개념으로부터 얻어지는 결과물이다. Wirth[Wir71]와 Parnas[Par72]는 정제 기법이 모듈 독립성을 강화 하는 방법이라고 시사하였고, Stevens, Myers 및 Constantine[Ste74]이 이 개념을 확고하게 하였다.

단일 기능을 수행하게 하고, 다른 모듈과의 상호작용을 최대한 줄여 모듈을 개발하면 기능적 독립성은 얻을 수 있다. 즉, 각 모듈은 최하위 특정 요구사항 몇 개만을 구현하고, 다른 모듈에게는 단순히 인터페이스만 제공하도록 해야 한다.

?

독립적인 모듈을 만들려고 왜 노력해야 하는가?

독립성이 왜 중요한지가 궁금할 수 있다. 모듈화가 잘된 소프트웨어 즉, 독립적인 모듈을 가진 소프트웨어는 함수 구분이 쉽고 함수 간 인터페이스가 단수하기 때문에 개발이 쉽다. (개발이 팀에 의하여 수행될 때의 서로간의 영향을 고려해보자). 또 독립적 모듈로 개발하면, 이후 설계 또는 코드 수정이 발생해도 그 파급 범위가 제한적이고, 오류 발생시도 파급효과도 줄고, 모듈의 재사용이 가능하기 때문에 소프트웨어를 유지하기(및 시험)가 용이하다. 요약자면 기능적 독립성은 좋은 설계의 핵심이고 설계는 소프트웨어 품질의 핵심이다.

독립성을 평가하는 두 가지 정성적 기준으로는 응집도와 결합도가 있다. 응집도는 모듈이 갖는 단일 기능 수행 여부에 대한 지표이고 결합도는 모듈 간에 존재하는 상호의존성에 대한 지표이다.

KEY POINT
응집도는 모듈이 한 가지 일에만 집중하는 정도를 정성적으로 보여주는 것이다.

응집도는 12.3.6절에 기술된 정보 은닉 개념을 확장한 개념으로, 응집도가 높은 모듈은 단일 기능을 수행하고 프로그램의 다른 부분에 있는 컴포넌트들과의 상호작용은 거의 필요하지 않는다. (이상적으로) 응집도가 좋은 모듈은 하나의 작업만 수행해야 한다. 항상 높은 응집도(단일 기능)를 추구해야 하지만, 여러 기능을 수행하는 소프트웨어 컴포넌트를 만들어야 할 때도 있다. 그러나, 기능이 여러 개가 마구 정신 없이 뒤 섞인 컴포넌트(관련 없는 기능을 여러 개 수행하는 모듈)는 좋은 설계를 얻기 위해서는 피해야 한다.

결합도는 소프트웨어 구조를 구성하는 모듈 사이에 발생하는 상호의존에 대한 지표이다. 모듈 사이의 인터페이스 복잡성, 모듈에 대한 입력 또는 참조가 이루어지는 지점 및 인터페이스에 걸쳐서 전달하는 데이터에 의해 결합도가 생긴다. 가능한 가장 낮은 결합도를 위해 노력해야 한다. 모듈 사이의 결합도가 낮을수록 이해하기 쉽고 한 모듈에서 오류가 발생해도 시스템 전체로 파급되는 효과가 줄어드는 소프트웨어를 만들 수 있다[Ste74].

KEY POINT
결합도는 모듈이 다른 모듈 및 외부 세계와 어느 정도 연결성을 갖는지를 정성적으로 보여주는 것이다.

12.3.8 정제

단계적 정제는 본래 Niklaus Wirth가 제안한 하향식 설계전략이다[Wir71]. 절차적 처리의 상세함을 지속적으로 정제하는 과정이 응용 프로그램 개발 과정이다. 프로그래밍 언어로 표현할 문장을 도출할 때까지 기능의 거대한 내용을 분할해 가다보면 계층구조가 만들어진다.

ADVICE
정제 과정을 거치지 않고 바로 상세수준으로 넘어가려는 경향이 있다. "이렇게 하면 오류, 빠뜨림을 만들어 내고 검토하기 어려운 설계를 만들어 낸다." 단계별 정제를 거칠 것.

정제는 정련의 프로세스이다. 상위 추상화에서 정의한 기능 설명문(또는 정보의 설명)으로 부터 시작한다. 설명문은 기능이나 정보를 개념적으로 기술하지만, 기능의 내부 동작이나 정보의 내부 구조를 제공하지 않는다. 초기 설명문을 정련하면서 이어지는 정제 과정에 더 많은 상세함을 만들어한다.

추상화와 정제는 보완적인 개념들이다. 추상화는 절차와 데이터를 내부적으로 명세하게하고,외부요소는 구체적 내용을 알 필요 없게 해준다. 설계가 진행되면서 하위 내용을 드러내는 것이 정제이다. 이 두 개념은 모두 설계가 진행됨에 따라서 완전한 설계모델을 생성하도록 해준다.

12.3.9 관점

요구사항을 분석하면 여러 "관점"이 드러난다. 이러한 관점은 "요구사항, 유스케이스, 특징(features) 데이터 구조, 서비스 품질 문제, 가변성, 지적재산권의 범위, 공동작업, 패턴 및 계약등을 포함한다."[AOS07] 이상적으로 생각하면, 각 관점이 독립적으로 고려될 수 있도록 각 관점(요구사항) 분리를 허용하는 방법으로 요구사항 모델을 구성할 수 있다. 그러나, 실제로 한 관점이 전체 시스템에 걸쳐 있기 때문에 쉽게 분리할 수 없다.

Quote
소프트웨어 설계 책을 읽을 때는 설계에 대한 책이 아니라고 생각하면서 주기적으로 읽어보는 노력없이는 마술 원칙을 다룬 설계 책을 읽어가기 어렵다.
Bruce Tognazzini

설계를 시작하면, 요구사항을 모듈 설계 표현으로 정제한다. 두 요구사항 A와 B를 생각해보자. 요구사항 A는 "A를 고려하지 않으면 B가 충족될 수 없도록 소프트웨어를 분해[정제]한 경우"를 요구사항 A가 B에 개입(crosscut)한다고 한다[Ros04].

KEY POINT
횡단관심사는(crosscntting concerm) 여러 요구사항들을 수용하는 시스템에서 보이는 특징이다.

예를 들어, **www.safehomeassured.com** WebApp에서 두 요구사항을 생각해보자. 요구사항 *A*는 제9장에서 논의한 ACS-DCV 사용 사례이다. 설계 정제를 통해 등록된 사용자가 공간 전체에 걸쳐 배치된 카메라로부터 영상에 접근하도록 해주는 모듈에 중점을 두었다. 요구사항 *B*는 등록된 사용자는 **www.safehomeassured.com**을 사용하기 전에 인증받아야 한다는 일반적 보안 요구사항이다. 이 요구사항은 등록된 SafeHome 사용자가 사용할 수 있는 모든 기능에 반영되어야 한다. 정제한 설계 *A**는 요구사항 *A*에 대한 설계 표현이고 *B**는 요구사항 *B*에 대한 설계 표현이다. *A**와 *B**를 관점에 대한 표현이라고 하면, *B**는 *A**에 개입한다.

관점은 교차하는 관심들을 표현한 것이다. 등록된 사용자는 **www.safehome-assured.com**을 사용하기 전에 인증 받아야 한다는 요구사항의 설계 표현 *B**는 SafeHome WebApp의 한 관점이다. 설계에서 관점들을 제대로 수용할 수 있고 모듈화가 이루어지도록 관점을 식별하는 것이 중요하다. 이상적인 맥락에서, 관점은 많은 컴포넌트에 걸쳐 "분산되거나" "뒤얽힌" 소프트웨어 조각으로 분리하기 보다는 별도 모듈(컴포넌트)로 구현한다[Ban06a]. 이를 달성하려면, 관점, 또는 관점이 개입하는 다른 모든 관점을 아울러서 구현할 수 있는 모듈을 정의하는 메커니즘을 설계 아키텍처가 지원해야 한다.

12.3.10 리팩토링

WebRef
www.refactoring.com.에 리팩토링 관련 훌륭한 자료들이 많다

WebRef
리팩토링 관련 다양한 패턴은 http://c2.com/cgi/wiki?RefactoringPatterns.에서 볼 수 있다.

많은 애자일 방법(제5장)이 제안한 중요한 설계활동인, 리팩토링은 기능이나 행위를 변경하지 않고 컴포넌트의 설계(또는 코드)를 단순화하는 재구성 기법이다. Fowler[Fow00]는 리팩토링을 다음과 같은 방법으로 정의한다: "리팩토링은 코드[설계]의 외부 행위를 변경하지 않고 내부 구조를 개선하는 방법으로 소프트웨어 시스템을 변화시키는 프로세스이다."

소프트웨어를 리팩토링하면, 설계가 중복성을 갖고 있는지, 사용하지 않은 설계 요소가 있는지, 비효율적이거나 불필요한 알고리즘이 있는지, 잘못 구성했거나 부적절한 데이터 구조가 있는지, 또는 그 밖에 개선을 통해 좋은 설계가 될 수 있는지를 검사한다. 예를 들면, 첫번째 설계 반복(iteration)에 설계한 컴포넌트의 응집도는 낮을 수 있다. (즉, 서로 약한 관련성을 보이는 3개의 기능을 수행하는 함수). 좀더 고민하면 이 컴포넌트를 각각 높은 응집도를 갖는 별도 컴포넌트 3개로 바꿀 수 있다. 그러면 통합과 시험이 쉽고, 유지관리도 쉬운 소프트웨어를 얻을 수 있다

리팩토링의 의도는 외부 행위를 변경하지 않는 방법으로 코드를 수정하는 것이지만 우발적인 부작용이 발생할 수 있고 발생한다. 그러므로 변경사항을 자동으로 분석하고 "행위 변경을 검출하는데 적절한 일단의 시험을 생성할 수 있는" 리팩토링 도구[Soa10]를 사용해야 한다.

12.3.11 객체지향 설계 개념

객체지향(OO) 패러다임은 현대 소프트웨어공학에서 많이 사용하는 개념이다. 클래스 및 객체, 상속, 메시지 및 다형성과 같은 객체지향 설계 개념에 생소할 수 있는 독자들을 위해 부록 2에 상세한 개념을 설명해 두었다.

SafeHome

설계 개념

장면: Jamie의 방, 설계 모델링을 시작한다.

등장인물: Jamie, Vinod 및 Ed는 모두 SafeHome 소프트웨어 엔지니어링 팀의 구성원들이다. 또한, Shakira는 팀의 새로운 구성원이다.

대화

[4명의 팀원 모두 [현지 컴퓨터공학 교수가 제의한 "기본설계 개념 적용"이라는 제목의 아침 세미나로부터 방금 돌아왔다.

Vinod: 세미나로부터 무엇을 얻었어?

Ed: 대부분 알고 있던 것들이지만 다시 듣는 것이 나쁘다고 생각하지는 않아.

Jamie: 내가 컴퓨터공학과 학부생이었을 때 정보 은닉이 그들이 말하는 것처럼 중요한 이유를 정말로 이해한 적이 없어.

Vinod: 그 이유는… 기준선 … 프로그램에서 오류 파급을 감소시키는 기법이야. 실제로 기능적 독립성도 동일한 것을 달성해.

Shakira: 난 컴퓨터공학 졸업생이 아니었기 때문에 강사가 언급한 많은 내용들이 나한테 새로웠어. 난 좋은 코드를 신속하게 작성할 수 있어. 난 이것이 왜 그렇게 중요한지 모르겠어.

Jamie: 내가 너의 작업을 보아 왔는데, Shak, 넌 정보 은익을 자연스럽게 많이 지켜왔고…, 그게 바로 네 설계와 코드가 작동하는 이유야.

Shakira (웃으면서): 그래, 난 항상 코드를 분할하고 하나에 집중시키고 인터페이스를 간단하고 제한적으로 유지하고 가능할 때마다 코드를 재사용해….

Ed: 모듈화, 기능적 독립성, 은닉, 패턴…, 알았어.

Jamie: 난 여전이 내가 한 맨 처음 프로그래밍 과정을 기억해 …, 그들은 우리에게 코드를 반복적으로 정제하는 것을 가르쳤어.

Vinod: 설계에도 동일한 것이 적용될 수 있어, 알겠지만.

Jamie: 전에 듣지 못한 유일한 개념은 "관점"과 "리팩토링"이야.

Shakira: 그것은 극단적인 프로그램에 사용된다고 말했다고 생각해.

Ed: 그래. 그것은 정제와 전체적으로 다른 것이 아니고, 설계나 코드가 완료된 후에 하는 것일 뿐이야. 내게 묻는다면 소프트웨어를 통과하는 최적화 같은 것.

Jamie: SafeHome 설계로 돌아가보자. 난 우리가 이러한 개념들을 SafeHome 설계 모델을 개발할 때 우리의 재검토 점검표에 넣어야 한다고 생각해.

Vinod: 난 동의해. 그러나 중요한 만큼 설계를 개발할 때 모두가 이를 생각하도록 약속하자.

12.3.12 설계 클래스

> ? 설계자가 만드는 클래스 종류는 어떤것들이 있을까?

분석 모델은 여러 개의 분석 클래스를 정의한다(제10장). 이들 클래스 각각은 사용자가 문제를 이해하는 관점에 따라 문제영역의 일부 요소를 기술한다. 분석 클래스의 추상화 수준은 상대적으로 높다.

설계 모델이 진화하면서 분석 클래스를 정제하여 클래스 구현에 필요한 상세 정보를 제공하는 설계 클래스와 비즈니스 해결방법을 지원하는 솔루션을 지원하는 소프트웨어 기반 구조를 구혈한 설계 클래스를 정의한다. 서로 다른 설계 아키텍처를 표현하는 5가지 종류의 설계 클래스가 있다[Amb01]. 사용자 인터페이스 클래스는 인간-컴퓨터 상호작용(HCI)에 필요하고 HCI를 구현하는 모든 추상화를 은유적으로 정의한다. 업무 분야 클래스는 하나 이상의 분석 클래스가 정의한 업무영역의 일부 요소를 구현하는 데 필요한 속성과 서비스(방법)을 정의한다. 프로세스 클래스는 업무영역 클래스를 처리하는 데 필요한 하위 업무 추상화를 구현한다. 저장(persistent) 클래스는 소프트웨어 실행 이후에도 지속하는 데이터 저장소(예: 데이터베이스)를 나타낸다. 시스템 클래스는 컴퓨팅 환경 내에서 및 외부 세계와 동작하고 교류하기 위해 필요한 소프트웨어 관리 및 제어 기능을 구현한다.

아키텍처를 수립하면 분석 클래스(제10장)가 설계 표현으로 변환되면서 추상화 수준은 낮아진다. 분석 클래스는 업무영역의 전문용어를 사용하여 데이터 객체(및 이에 적용되는 관련 서비스)를 설명하고, 설계 클래스는 구현을 위한 가이드라인으로 보다 기술적인 내용으로 표현한다.

Arlow와 Neustadt[Arl02]는 각 설계 클래스가 좋은 모습인지를 확인하기 위해 검토가 필요하다고 제안한다. 그들은 좋은 모습의 설계 클래스가 갖는 4가지 특성을 다음과 같이 정의한다.

? 무엇이 잘 정의한 설계 클래스인가?

완전 및 충분 설계 클래스는 클래스를 정의하는데 필요한 속성과 메소드를 모두 포함해야 한다(클래스 이름 해석에 필요한 지식을 바탕으로). 예를 들면, 영상편집 소프트웨어에 정의된 클래스 Scene은 영상을 생성하는데 필요한 속성과 메소드를 포함해야 완전한 것이다. 충분성은 설계 클래스가 더도 덜도 말고 클래스의 의도를 달성하는데 필요한 충분한 메소드만을 포함한다는 것을 의미한다.

원초적 설계 클래스에 정의한 메소드는 하나의 서비스만 달성하는데 집중해야 한다. 특정 서비스를 제공하는 메소드가 있다면, 동일한 서비스를 제공하는 다른 메소드가 있어서는 안된다. 예를 들면, 영상편집 소프트웨어를 위한 클래스 **VideoClip**은 클립의 시작점과 끝점을 나타내는 속성으로 **start point**와 **end point**를 가진다면, (시스템에 탑재한 원시 영상은 더 긴 시간일 수도 있다) setStart- Point( )와 setEndPoint() 메소드는 클립에 대한 시작점과 끝점을 설정하는 유일한 방법이어야 한다.

높은 응집도 응집도가 높은 설계 클래스는 크기는 작지만 집중된 책임을 갖고 이러한 책임을 구현하는 속성과 메소드는 한가지 목적만 갖는다. 예를 들면, 클래스 **VideoClip**은 비디오 클립 편집을 위한 몇개의 메소드를 정의할 텐데, 각 메소드가 비디오 클립에 관련된 속성만을 처리하도록 구현해야 응집도를 유지할 수 있다

낮은 결합도 설계 모델 안에서는 있는 여러 설계 클래스는 서로 협업할 필요가 있다. 그러나, 협업은 최소로 유지되어야 한다. 설계클래스들을 강하게 연결하는 경우(모든 설계 클래스가 다른 모든 설계 클래스들과 협업한다), 시스템은 구현, 시험, 및 시간에 따른 유지관리가 어렵다. 일반적으로 하부시스템 내에서 설계 클래스는 다른 설계 클래스에 대해서 제한적으로만 알아야 한다. 이 제한은 디미터의 법칙(Law of Demeter)이라고 하며[Lie03], 하나의 메소드는 이웃 클래스에 있는 메소드를 통해서면 메시지를 전송해야 한다는 점을 시사한다.[6]

SafeHome[9]

분석 클래스를 설계 클래스로 정제

장면: Ed의 방, 설계 모델링을 시작한다.

등장인물: Vinod, Ed(SafeHome 소프트웨어 엔지니어링 팀의 구성원)

대화

[Ed는 **FloorPlan** 클래스를 작업하고(10.3절의 보조

6 Demeter 법칙을 편안하게 설명하자면 "모든 요소는 친구랑만 이야기 해야하고 다른 낯선이들과는 대화해서 안된다."

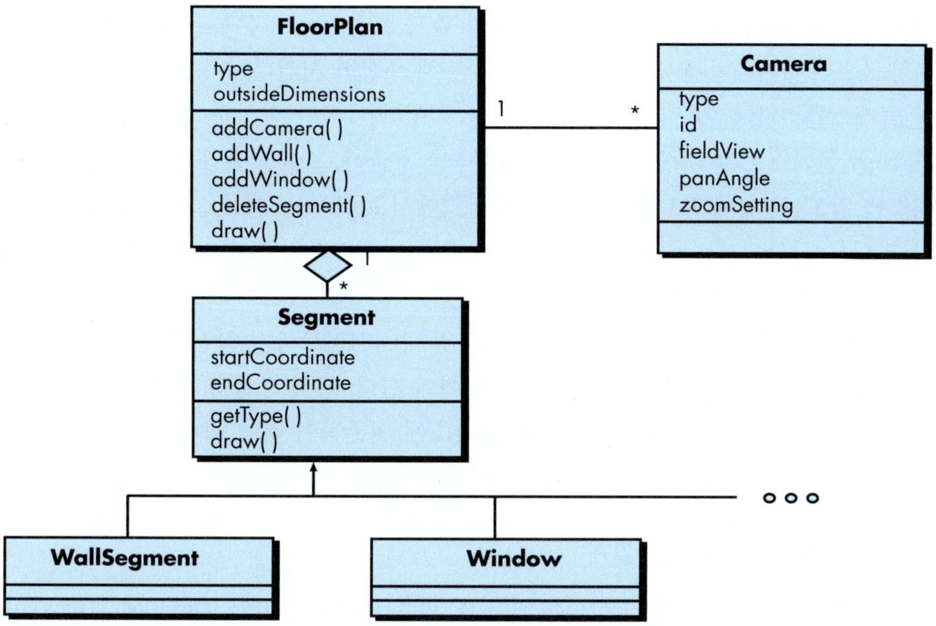

그림 12.3

FloorPlan 설계 클래스와 복합 합성 관계를 갖는 클래스들

논의 내용 및 그림 10.2 참조) 설계 모델로 정제하고 있다.]

Ed: 그래, **FloorPlan** 클래스를 기억하고 있지, 맞아? 이것은 감시 및 집 관리 기능의 일부로 사용되는데.

Vinod (고개를 끄덕인다): 그래, 난 우리가 이것을 집 관리를 위한 우리의 **CRC** 논의의 일부로 사용한 것을 기억하고 있어.

Ed: 우리가 그랬지. 어쨌든, 난 설계를 위해 그것을 정제하고 있어. 우리가 실제로 **FloorPlan** 클래스를 구현할 방법을 보여주고 싶어. 내 생각은 이것을 일단의 연결리스트[특정한 데이터 구조]로 구현하는 거야. 그래서, 난 분석 클래스 **FloorPlan**(그림 10.2)을 정제했는데, 실제로는 일종의 단순화 작업이었어

Vinod: 분석 클래스는 문제영역에 있는 개념만을 보여주었고, 실제로 컴퓨터 화면에 보이는 것만 최종 사용자에게 전달했지. 맞아?

Ed: 그래, 그러나, **FloorPlan** 설계 클래스에 구현에 해당하는 몇 가지를 추가했어. 난 **FloorPlan**이 조각들의 집합이기 때문에, **Segment** 클래스가 필요하다고 생각했고, **Segment** 들은 다시 창, 문, 벽 등등으로 이루어진다고 생각해, 또 바닥에는 여러 카메라가 있기 때문에, **Camera** 클래스가 **FloorPlan** 클래스와 협업해야 하지

Vinod: 저런, 새로운 **FloorPlan** 설계 클래스 그림 좀 볼까?

[Ed는 Vinod에게 그림 12.3의 도면을 보여준다.]

Vinod: 좋아, 네가 무엇을 하려는지 알았어. 이렇게 하면 목록에 항목을 추가하거나 삭제하는것을 쉽게 해주기 때문에 **FloorPlan**을 쉽게 수정할 수 있을 꺼야.

Ed (고개를 끄덕인다): 그래, 난 그럴거라고 생각해.

Vinod: 나도 그래.

12.3.13 의존성 역전

예전에 만든 소프트웨어 아키텍처 구조는 계층적이다. 아키텍처 상부에서 “제어” 컴포넌트는 하위 “작업자” 컴포넌트가 제공하는 응집력 있는 작업 수행에 의존적이다. 3개의 컴포넌트를 가진 간단한 프로그램을 생각해보자. 이 프로그램의 목적은 키보드 입력을 읽어서 그 결과를 프린터에 인쇄하는 것이다. 제어 모듈 C는 키입력 판독 모듈, R과 프린터에 쓰는 모듈 W와 협동한다.

?
무엇이 의존성 역전 원칙인가?

*C*는 *R*과 *W*에 의존적이기 때문에 프로그램 간의 결합성이 발생한다. 이런 의존성을 제거하려면 제어모듈 *S*가 "작업자" 모듈 **R**과 **W**를 호출하는 부분을 추상화 해야 한다. 객체지향 소프트웨어공학에서의 추상클래스를 통해 추상화 시킨다(추상 클래스, **R***과 **W***). 추상 클래스를 이용하여 읽기와 쓰기 기능을 수행하는 어떤 작업자 클래스도 호출할 수 있다. **copy** 클래스 **C**는 추상 클래스, **R***과 **W***를 호출하고, 추상 클래스는 적절한 작업자-클래스를 알고 있다(예: **R*** 클래스는 어떤 환경에서 **keyboard** 클래스 안의 read() 작업일 수 있고, 다른 상황에서는 **sensor** 클래스 안에 있는 read() 작업일 수 있다). 이렇게 하면 설계 결합도를 줄이고 시험성을 개선할 수 있다.

앞 단락에서 언급한 예를 의존성 역전 원칙[Obj10]로 일반화시킬 수 있다: 상위 모듈(클래스)은 하위 모듈에 [직접] 의존하지 말아야 한다. 상위 모듈과 하위 모듈 모두 추상화를 만족해야 한다. 추상 클래스가 상세 클래스에 의존적인 것이 아니라, 상세 클래스가 추상화 클래스를 사용하여 의존적이어야 한다.

12.3.14 테스트를 위한 설계

소프트웨어 설계가 먼저인지 아니면 테스트 유형 설계가 먼저인지 여부에 관한 닭이 먼저냐 달걀이 먼저냐 하는 지속적인 논쟁이 있다. Rebecca Wirfs-Brock[Wir09]는 다음과 같이 이야기 하고 있다.

Quote

이른 테스트, 이른 실패, 이른 조정

Tom Peters

> 테스트 주도 개발(TDD)의 옹호자들은 코드를 구현하기 전에 시험을 먼저 작성한다. 그들은 "빨리 시험하고, 빨리 실패하고, 빨리 조정한다"는 톰 피터의 신조를 가슴에 새긴다. 시험은 그들이 속사포와 같이 "시험 코드를 작성하고, 시험에서 실패하면, 통과할 만한 코드를 작성해서 다음 시험에 합격하는" 주기를 반복하면서 설계를 이끌어 간다.

설계를 먼저 한다면, 설계(와 코드)는 봉합선(seams)와 함께 개발해야 한다. 상세설계 시 "실행 소프트웨어의 상태를 탐지하는 시험 코드를 삽입"한 지점 또는 "실 운영 환경과 분리하여 테스팅 환경을 통제하면서 시험을 진행할 수 있는 환경에서 코드를 분리한 지점"을 봉합선이라고 부른다[Wir09].

"시험 훅(test hook)"라고도 하는 봉합선은 컴포넌트 수준에서 잘 설계해야한다. 설계자는 컴포넌트를 실행하기 위해 실시하는 시험을 신중하게 생각해야 한다. Wirfs-Brock는 다음과 같이 말했다. "시험 코드가 실행 시스템을 면밀하게 살피고 통제할 수 있는 설계로 바꿔 나갈 수 있게 적절한 테스트를 유도해야 한다."

12.4 설계 모델

설계 모델은 그림 12.4에 표현한 것 처럼 2개의 차원으로 설명할 수 있다. 프로세스 차원은 소프트웨어 프로세스의 일부로서 설계를 수행하면서 설계 모델이 진화함을 보여준다. 추상화 차원은 분석모델의 각 요소를 설계 산출물로 변환하고, 반복적 정제를 거쳐 상세해짐을 보인다. 그림에서의 점선은 분석과 설계 모델 사이의 경계를 나타낸다. 어떤 경우는 분

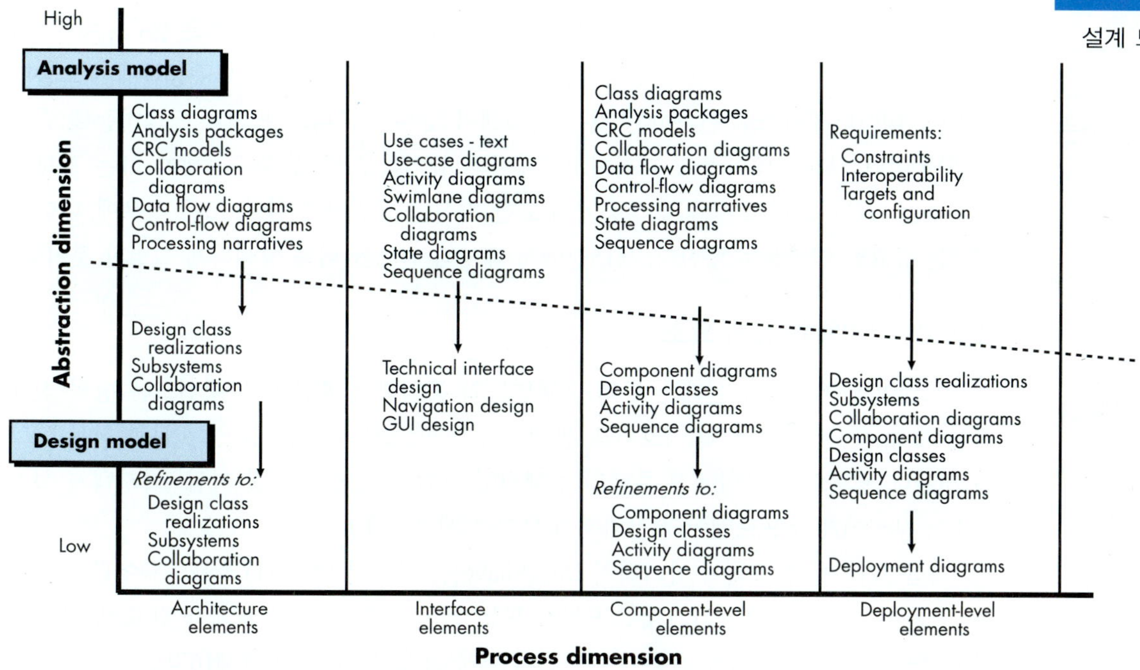

그림 12.4

설계 모델의 차원

석과 설계 모델 사이에 분명한 구별이 가능하지만, 어떤 경우는 설계 작업으로 분석 모델이 서서히 녹아 들면서 분명한 구분이 어렵기도 하다.

분석모델에서 사용한 것과 동일한 UML 다이어그램[7]으로 설계 모델을 표현한다. 차이점은 이러한 다이어그램들이 설계로 정제한 것이고 상세화 했다는 점이다. 보다 구현에 가까운 상세한 내용을 제공하고, 아키텍처 구조 및 스타일, 아키텍처를 구성하는 컴포넌트와 컴포넌트들과 외부세계 사이의 인터페이스를 모두 강조한다.

수평축을 따라서 표시한 모델들을 순서대로 개발하는 것은 아니다. 대부분의 경우에 기초아키텍처 설계가 단계를 설정하고 이후 인터페이스 설계와 컴포넌트 수준의 설계를 동시에 진행한다. 설계를 충분히 진행한 후에야 배치 모델을 작성한다. 설계 진행 중 언제나 설계 패턴(제16장)을 적용할 수 있다. 이러한 패턴들은, 이미 동일한 문제를 해결한 경험을 우리 문제에 적용하게 해준다.

KEY POINT

설계 모델은 데이터, 아키텍처, 컴포넌트, 인터페이스의 4가지 주요 요소를 갖는다.

Quote

설계가 필요한지 적합한지에 대한 의문을 갖는 것은 핵심을 벗어난 것이다. 설계는 절대적이다. 좋은 설계의 반대는 나쁜 설계이지 설계를 전혀 하지 않는 것이 아니다.

douglas martin

12.4.1 데이터 설계 요소

데이터 설계(간혹 데이터 아키텍팅이라고 함)는 상위 추상화 수준(데이터의 고객/사용자 관점)에서 표현해야 하는 데이터 및/또는 정보의 모델을 생성한다. 이 데이터 모델을 정제하여 컴퓨터 기반 시스템이 처리할 구현에 가까운 표현을 만들어낸다. 많은 소프트웨어 응용프로그램에서 데이터의 아키텍처는 데이터를 처리해야 하는 소프트웨어 아키텍처에 강력한 영향을 준다.

7 부록 1에 UML 개념과 기호를 튜토리얼로 정리해두었다.

KEY POINT
아키텍처(애플리케이션) 수준에서 데이터 설계는 파일이나 데이터 베이스에 집중한다. 컴포넌트 수준에서는 자료구조를 고려해서 지역 데이터 객체를 구현하도록 한다

데이터의 구조는 늘 소프트웨어의 중요한 부분을 차지했다. 프로그램 컴포넌트 수준에서 데이터 구조와 이를 조작하는데 필요한 관련 알고리즘을 설계하는 것은 높은 수준의 품질을 만족하는 응용프로그램을 생성하는데 필수적이다. 데이터 모델(요구공학에서 도출한 결과)을 데이터베이스로 전환하는 것은 시스템이 갖는 비즈니스 목적을 달성하는데 중요한 활동이다. 데이터베이스에 저장하고 "데이터 웨어하우스"로 재구성해야 하는 정보를 수집하는 것은비즈니스 자체의 성공에 중요한 지식을 발견하게 한다. 모든 경우에, 데이터 설계는 중요한 역할을 수행한다. 제13장에서 데이터 설계를 더욱 상세하게 설명할 것이다.

12.4.2 아키텍처 설계 요소

Quote
"제도대에서는 지우개를 사용할 수 있고, 건축장에서는 대형 망치를 사용할 수도 있다."
Frank Lloyd Wright

소프트웨어용 아키텍처 설계는 주택의 평면도와 동일한 산출물이다. 평면도는 방의 전체적인 배치; 그 크기, 모양 및 상호간의 관계와 방 안팎으로 이동할 수 있는 문과 창문을 그린 것이다. 평면도가 우리에게 주택의 전체적인 모습을 제공하는 것 처럼 아키텍처 설계 요소는 우리에게 소프트웨어의 전체적인 모습을 제공한다.

다음 3가지를 참조하여 아키텍처 모델[Sha96]을 만들어 낸다. (1) 소프트웨어를 구축하는 응용분야에 관한 정보, (2) 유스케이스 또는 분석 클래스, 해결 과제가 갖고 있는 관련성 및 협업, 그리고 (3) 사용 가능한 아키텍처 스타일(제13장) 및 패턴(제16장).

요구사항 모델에 정의한 분석 패키지로부터 아키텍처 설계 요소를 도출하고, 상호연결성을 갖는 하위시스템으로 표현한다. 각 하부 시스템도 고유한 아키텍처를 가질 수 있다(예: 그래픽 사용자 인터페이스는 사용자 인터페이스용으로 미리 정의한 아키텍처 스타일을 따를 수있다). 아키텍처 모델의 특정 요소를 도출하는 기법은 제13장에서 제시한다.

12.4.3 인터페이스 설계 요소

Quote
좋은 설계 보다는 나쁜 설계에 더 익숙하다. 나쁜 설계에 살고 있따 보니 나쁜 설계를 더 선호하도록 조건화되어 있다. 새로운 것은 위협이고 오래된 것이 안정감을 준다.
Paul Rand

소프트웨어용 인터페이스 설계는 주택의 문, 창문 및 외부 유틸리티에 대한 일단의 상세도면(및 명세서)과 유사하다. 본질적으로 문, 창문 및 외부 유틸리티에 대한 상세한 그림은 대상이 주택과 방 안팎으로 어떻게 흐르는지를 우리에게 알려준다. 소프트웨어에 대한 인터페이스 설계 요소는 시스템 안팎으로의 정보 흐름을 표현하는 것으로 아키텍처의 일부로 정의한 컴포넌트들 사이에 어떤 교류가 있는지를 보여준다.

인터페이스 설계에는 3가지 중요한 요소가 있다. (1) 사용자 인터페이스(UI), (2) 다른 시스템, 장치 또는 다른 정보 생산자 또는 사용자에 대한 외부 인터페이스, 그리고 (3) 다양한 설계 컴포넌트들 사이의 내부 인터페이스. 인터페이스 설계 요소는 소프트웨어가 외부와 교류하게 하고 소프트웨어 아키텍처를 구성하는 컴포넌트들 사이의 내부 교류와 협업을 가능케 한다.

KEY POINT
인터페이스 설계를 구성하는 3가지 요소는 사용자 인터페이스, 애플리케이션 외부에 존재하는 시스템과의 인터페이스, 애플리케이션 내에 존재하는 컴포넌트간의 인터페이스이다.

UI 설계(점차 사용성 설계라고 함)는 주요한 소프트웨어공학 행위이고 제15장에서 자세하게 알아볼 것이다. 사용성 설계는 심미적 요소(예: 배치도, 색깔, 그래픽, 상호작용 메커니즘), 인체공학적 요소(예: 정보 배치 및 위치, 은유, UI 탐색) 및 기술적 요소(예: UI 패턴, 재사용가능 컴포넌트)를 통합한다. 일반적으로, UI는 전체적인 응용프로그램 아키텍처를 구성하는 특별한 하부 시스템이다.

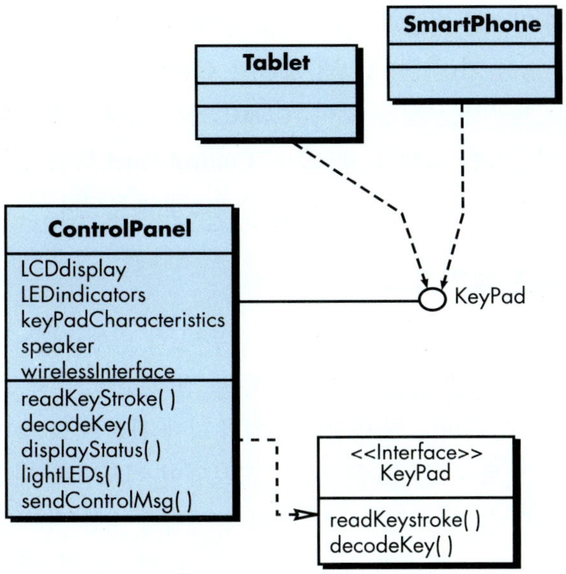

그림 12.5
ControlPanel 클래스에 대한 인터페이스 표현

외부 인터페이스의 설계를 위해서는 정보를 주고받는 대상에 대한 정보가 필요하다. 요구공학 활동 중에(제8장) 이들 정보를 수집해야 하고 인터페이스 설계를 시작하면 이 정보를 검증해야 한다.[8] 오류검사와 적절한 보안 기능을 외부 인터페이스 설계와 통합해야 한다.

컴포넌트 수준 설계(제14장)와 내부 인터페이스 설계를 긴밀하게 조정해야 한다. 연산자와 여러 클래스에서 정의한 연산자들 사이의 교류와 협업을 위한 메시징으로 분석 클래스를 설계 표현으로 바꾼다. 필수 정보 전달과 요청받은 연산자의 특정 기능을 만족하도록 각 메시지를 설계해야 한다.

Quote

다시 일로 복귀해서 더 명확한 판단을 위해 멀리 떠나 약간의 휴식을 취하시오. 거리를 두면 일이 더 작아지고 조화와 비율이 부족하다는 것을 한눈에 더 잘 알아볼 수 있을 것입니다.

Leonardo DaVinci

일부 경우에, 클래스와 동일한 방법으로 인터페이스를 모형화한다. UML에서 인터페이스를 다음과 같이 정의한다[OMG03a]: "내부 구조를 명세하지 않고, 클래스, 컴포넌트 또는 그 밖의 분류자(하부시스템 포함)가 외부에서 보여줄[공개] 연산자 대한 명세자(specifier)가 인터페이스이다." 더욱 간단하게 말하면, 인터페이스는 클래스의 행위를 설명하고 클래스가 제공하는 연산에 접근하는 방식을 제공하는 오퍼레이션들의 집합이다.

예를 들면, SafeHome 보안 기능은 집주인이 보안 기능의 특정한 관점을 제어하도록 하는 제어판을 활용한다. 시스템의 고급 버전에서는 제어판 기능을 모바일 플랫폼(예: 스마트폰 또는 타블렛)을 이용하여 구현할 수 있다.

ControlPanel 클래스(그림 12.5)는 키패드에 관련된 행동을 제공하므로, 연산자 readKeyStroke () 및 decodeKey ()를 구현해야 한다. 이러한 연산자를 다른 클래스(이 경우에는, Tablet 및 SmartPhone)에 제공해야 하는 경우라면 그림 12.5와 같이 인터페이스를 정의하는 것이 유용하다. KeyPad라는 명칭의 인터페이스는 <<인터페이스>> 스트레오타입

8 인터페이스 특징은 시간에 따라 변할 수 있다. 그러므로 설계자들은 인터페이스 명세가 정확하고 명확한지 확인해야 한다.

WebRef
UI 관련 가치있는 정보들을 www.useit.com에서 찾을 수 있다.

Quote
사람들이 완전히 단순해 보이는 무엇인가를 설계할때 범하는 일반적 실수는 완전히 단순한 것이 갖고 있는 독창성을 간과하는 것이다.

Douglas Adams

또는 클래스에 선으로 연결되고 라벨이 붙은 작은 원으로 표시한다. 이 인터페이스는 키패드 행동을 완성하는데 필요한 속성과 연산자 세트없이 정의된다.

끝이 개방된 삼각형을 가진 점선(그림 12.5)은 **ControlPanel** 클래스가 행위의 일부로서 **KeyPad** 연산자를 제공하는 것을 보여준. UML에서 이것은 실체화(realization)이라고 부른다. 즉, **KeyPad** 연산자를 실체화 함으로써 **ControlPanel** 행위 부분을 구현한다. 이러한 연산자는 해당 인터페이스에 접근하는 다른 클래스에 제공된다.

12.4.4 컴포넌트 수준 설계 요소

소프트웨어에 대한 컴포넌트 수준 설계는 주택 내부의 각 방에 대한 상세도(및 명세서)와 동일하다. 이러한 도면은 각 방 내부의 배선 및 배관, 전기 소켓 및 벽 스위치, 수도꼭지, 싱크대, 샤워기, 욕조, 배수구, 캐비닛 및 벽장의 위치와 방에 관련된 그 밖의 내용을 표현한다.

소프트웨어의 컴포넌트 수준 설계는 각 소프트웨어 컴포넌트 내부를 아주 상세하게 기술한다. 컴포넌트 수준 설계는 모든 내부 데이터 객체에 대한 자료 구조를 정의하고 컴포넌트 안에서 발생하는 모든 처리와 컴포넌트 연산자(행위)에 접근을 허용하는 인터페이스에 대한 알고리즘 내용을 정의한다.

Quote
복잡한 것이 복잡한 것이 아니다. 설계를 만들고 있을 뿐이다.

Charles Eames

객체지향 소프트웨어공학에서의 컴포넌트는 그림 12.6과 같은 UML 다이어그램으로 표현된다. 이 그림에서 **SensorManagement**라는 컴포넌트(the SafeHome 보안 기능의 일부)를 표현하였다. 점선 화살표는 이 컴포넌트를 **Sensor**라는 클래스와 연결시키고 있다. **SensorManagement** 컴포넌트는 SafeHome 센서의 감시, 구성 등 SafeHome 센서와 관련된 모든 기능을 수행한다. 컴포넌트 다이어그램에 대한 상세한 논의는 제14장에서 할 것이다.

컴포넌트의 설계 내용은 서로 다른 다양한 추상화 수준으로 만들 수 있다. UML 활동도를 사용하여 처리 논리를 표현할 수 있다. 컴포넌트에 대한 상세한 절차적 흐름은 의사코드(pseudocode)(제14장에서 기술되는 프로그래밍 언어와 같은 표현) 또는 그 밖의 일부 도식적 형태(예: 흐름도 또는 박스 도표)를 사용하여 표현할 수 있다. 알고리즘 구조는 구조적 프로그래밍을 규칙(즉, 일단의 제한된 절차적 구성)을 따른다. 처리할 데이터 객체의 성질을 바탕으로 데이터 구조를 선택하고, 구현에 사용하는 의사코드 또는 프로그래밍 언어를 사용하여 모형화한다.

12.4.5 배치 수준 설계 요소

배치 수준 설계 요소는 소프트웨어 기능성과 하부 시스템을 소프트웨어를 지원하는 물리적 전산 환경 안에서 어떻게 할당할지를 나타낸다. 예를 들면, 가정용 PC, SafeHome 제어

그림 12.6
UML 컴포넌트 다이어그램

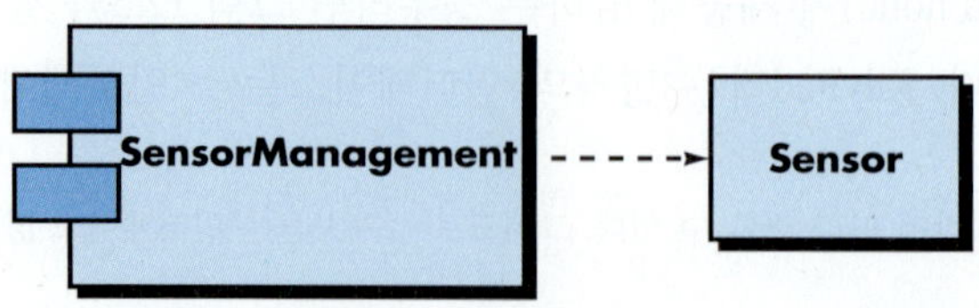

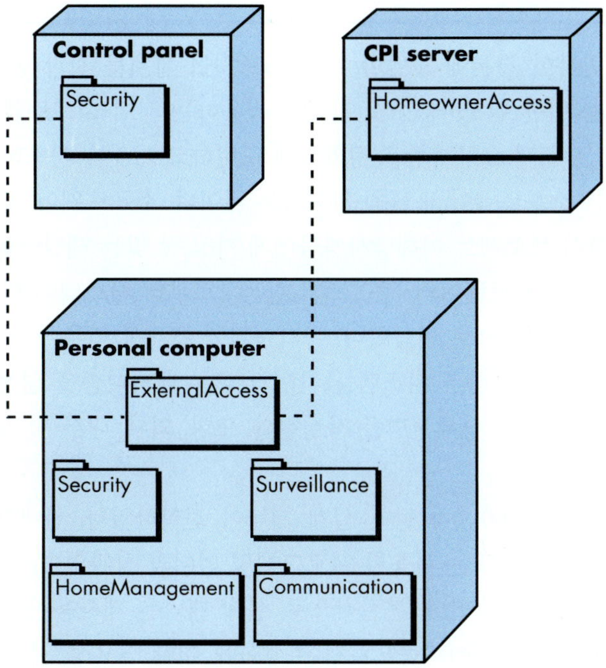

그림 12.7
UML 배치다이어그램

판 및 CPI 회사에 위치한 서버(시스템에 대한 인터넷 기반 접근 제공)의 3가지 주요 전산환경 안에서 작동하도록 SafeHome 제품의 요소를 구성한다. 또한, 모바일 플랫폼으로 제한적인 기능성을 제공할 수 있다.

설계 중에 UML 배치다이어그램을 개발하고 그림 12.7와 같이 정제한다. 이 그림에는 3가지 전산환경을 표현하고 있다. (실제로는 센서, 카메라 및 모바일 플랫폼이 제공하는 기능을 포함하여 더 많이 있다) 각 전산요소 안에 수용된 하부시스템(기능성)이 표시된다. 예를 들면, 개인용 컴퓨터는 보안, 감시, 가사관리 및 통신 기능을 구현하는 하부시스템을 수용하고 있다. 또한, 외부 접근 하부시스템은 외부 소스로부터 SafeHome 시스템에 접근하는 모든 시도를 관리하도록 설계하였다. 구현하는 컴포넌트를 나타내도록 각 하부시스템을 상세화한다.

KEY POINT
배치다이어그램은 기술서 형태로 시작한다. 여기서 배치환경을 일반적 용어로 설명하고 나중에 인스턴스 형태를 이용하여 구성 요소를 보다 명확하게 설명한다

그림 12.7에 서술자 형식을 보여주고 있다. 배치다이어그램이 전산환경을 보여주지만 구성 내용을 명백하게 나타내지는 않는다는 것을 의미한다. 예를 들면, "개인용컴퓨터"를 상세하게 식별하지는 않는다. 이것은 Mac, Windows-기반 PC, Linux-박스 또는 관련 운영체제를 가진 모바일 플랫폼일 수 있다. 설계의 최종 단계 동안 또는 구축 시작시 인스턴스 형식으로 배치다이어그램을 다시 한번 고려해야 한다. 각 배치 인스턴스(특정한 명칭의 하드웨어 구성)를 식별한다.

12.5 요약

요구공학을 최초 반복이 결론에 도달할 때 소프트웨어 설계를 시작 한다. 고품질 시스템 또는 제품의 개발을 위한 원칙, 개념 및 활동을 적용하는 것이 소프트웨어 설계의 목적이다. 설계 목표는 모든 고객 요구사항을 정확하게 구현하고 이것을 사용하는 사람들에게 즐거움을 가져다 주는 소프트웨어 모델을 생성하는 것이다. 소프트웨어 설계자들은 많은 설계 대안들을 선별하여 프로젝트 이해당사자들에게 가장 잘 맞는 해결안을 찾아야한다.

설계 프로세스는 소프트웨어의 "큰 그림" 관점으로부터 시스템 구현에 필요한 내용을 정의하는 보다 상세한 관점으로 이동한다. 아키텍처에 초점을 맞추어 설계 공정을 시작한다. 하부시스템을 정의하고, 하부 시스템들 사이의 교류 메커니즘을 설정하고, 컴포넌트들을 식별하며, 각 컴포넌트의 상세설명을 작성한다. 또한, 외부, 내부 및 사용자 인터페이스를 설계한된다.

소프트웨어공학 연구 60년에 걸쳐 설계 개념이 진화하였다. 선택한 소프트웨어공학 프로세스, 적용할 설계방법 또는 사용할 프로그래밍 언어와 상관없이, 표현해야 하는 컴퓨터 소프트웨어의 속성을 기술한다. 본질적으로, 설계 개념은 재사용이 가능한 소프트웨어 컴포넌트를 생성하기 위한 메커니즘으로서 추상화에 대한 필요성, 시스템의 전체적 구조를 잘 이해하는 방법으로서 아키텍처의 중요성, 이미 검증이 끝난, 패턴 기반 소프트웨어를 설계의 장점, 관점 분리의 가치와 소프트웨어를 보다 이해하기 쉽고, 시험하기 쉬우며 유지관리가 쉽게 만드는 방법으로서 효과적인 모듈화, 오류 발생시 부작용의 파급범위를 축소시키기 위한 메커니즘으로서 정보 은닉, 효과적인 모듈을 구축하는 기준으로서 기능적 독립성의 영향, 설계 메커니즘으로서 정제의 사용, 시스템 요구사항에 걸쳐진 관점을 고려하기, 설계 최적화를 위한 리팩토링의 적용, 객체지향 클래스와 관련한 특성들 중요성, 추상화를 사용하여 컴포넌트 사이의 결합성을 감소시켜야 할 필요성, 그리고 시험을 위한 설계의 중요성을 강조한다.

설계 모델은 4가지 상이한 요소들을 포괄한다. 이들 요소 각각을 개발함에 따라서 설계의 보다 완전한 모습이 만들어진다. 아키텍처 요소는 적용분야로부터 도출되는 정보, 요구사항 모델, 사용 가능한 패턴과 스타일을 바탕으로, 소프트웨어를 구성하는 하부 시스템 및 컴포넌트의 구조적 표현을 만들어 낸다. 컴포넌트 수준 요소는 아키텍처를 구성하는 모듈(컴포넌트) 각각을 정의한다. 마지막으로, 개발 수준 설계 요소는 아키텍처, 그 컴포넌트 및 인터페이스를 물리적 구성에 할당한다.

문제와 생각할 점

12.1 프로그램을 "작성할" 때 소프트웨어를 설계하는가? 소프트웨어 설계를 코딩과 다르게 만드는 것은 무엇인가?

12.2 소프트웨어 설계가 프로그램이 아닌 경우(그리고 그것이 아닌 경우), 소프트웨어 설계는 무엇인가?

12.3 소프트웨어 설계 품질을 어떻게 가늠하는가?

12.4 설계를 위해 제시된 작업 세트를 조사한다. 작업 세트 안에서 품질이 평가되는 곳은 어디인가? 이것은 어떻게 달성되는가? 12.2.1절에서 논의된 품질 속성은 어떻게 달성되는가?

12.5 3가지 데이터 추상화와 이를 조작하는데 사용될 수 있는 절차적 추상화의 예를 들어라.

12.6 소프트웨어 아키텍처를 창의적인 말로 기술하라.

12.7 일상적인 사안의 범주(예: 소비자 전자기기, 자동차, 가전제품)에서 직면하는 설계 패턴을 제시하라. 패턴을 요약하여 기술하라.

12.8 관점 분리를 창의적인 말로 기술하라. "분할정복" 전략이 적절하지 않을 수 있는 경우가 있는가? 그러한 경우는 모듈화에 대한 주장에 어떻게 영향을 줄 수 있는가?

12.9 모듈화 설계가 단일 소프트웨어로 구현되어야 하는 것은 언제인가? 이것을 어떻게 달성할 수 있는가? 단일 소프트웨어 구현에 유일한 정당성이 성능인가?

12.10 효과적인 모듈화의 속성으로서 정보의 개념과 모듈 독립성의 개념 사이의 관계를 논하라.

12.11 결합성과 소프트웨어 이식성의 개념은 어떻게 관련되는가? 사례를 제공하여 논의를 뒷받침하라.

12.12 "단계적 정제 접근법"을 적용하여 다음 프로그램 중 하나 또는 그 이상에 대한 절차적 추상화의 3가지 상이한 수준을 개발하라. (1) 수치적 금전을 가정하여 금액을 보통 점검에 필요한 단어로 인쇄하는 점검 작성자를 개발한다. (2) 초월방정식의 제곱근을 반복적으로 해결한다. (3) 운영체제에 대하여 간단한 작업 스케줄링 알고리즘을 개발한다.

12.13 이동식 휴대용 통신장치에서 충분한 내비게이션 기능을 구현하는 데(GPS) 필요한 소프트웨어를 고찰한다. 존재하는 2~3가지 가로지르는 관점을 기술한다. 3개 중 1개를 관점으로 표시하는 방법을 논하라.

12.14 "리팩토링"은 전체 설계를 반복적으로 수정하는 것을 의미하는가? 아니라면 그것은 무엇을 의미하는가?

12.15 독립성 역전 원칙이 무엇인지 창의적인 말로 논하라.

12.16 시험을 위한 설계가 중요한 이유는 무엇인가?

12.17 설계모델의 4가지 요소 각각을 간략하게 기술하라.

추가 읽을거리와 정보 소스

Donald Norman 쓴 책 세 권(*Emotional Design: We Love (or Hate) Everyday Things*, Basic Books, 2005), (*The Design of Everyday Things*, Doubleday, 1990), 그리고 (*The Psychology of Everyday Things*, HarperCollins, 1988)은 설계 분야에서의 고전으로, 인간이 사용할 무엇인가를 설계하려고 한다면 반드시 읽어야 하는 책이다. Adams이 쓴 (*Conceptual Blockbusting, 4th ed.*, Addison-Wesley, 2001)은 사고 방법을 확장하고 싶다면 필수적으로 읽어야 하는 책이다. Polya가 쓴 (*How to Solve It, 2nd ed.*, Princeton University Press, 1988)은 복잡한 문제를 만났을 때 소프트웨어 설계자가 사용할 일반적 문제 해결 프로세스를 알려준다.

Hanington 및 Martin이 쓴 (*Universal Methods of Design: 100 Ways to Research Complex Problems, Develop Innovative Ideas, and Design Effective Solutions*, Rockport, 2012)과 Hanington 및 Martin이 쓴 (*Universal Principles of Design: 125 Ways to Enhance Usability, Infl uence Perception, Increase Appeal, Make Better Design Decisions, and Teach through Design, 2nd ed.*, Rockport, 2010)은 일반적 설계 원칙을 다루고 있다.

Winograd et al.이 쓴 (*Bringing Design to Software*, Addison-Wesley, 1996)에서는 소프트웨어 설계에서 해야할 일과 하지 말아야 할 일과 이유를 다루고 있다. Wixon 및 Ramsey가 편집한 (*Field Methods Casebook for Software Design*, Wiley,1996)은 연구 기법을 제안하고 있는데, 사용자가 시스템으로 자신의 일 하는 방법을 이해한 후 사용자 니즈를 만족시킬 소프트웨어를 설계하도록 제안한다. Holtzblatt(*Rapid Contextual Design: A How-to Guide to Key Techniques for User-Center Design*, Morgan Kaufman, 2004)와 Beyer 및 Holtzblatt(*Contextual Design: A Customer-Centered Approach to Systems Designs*, Academic Press, 1997)는 소프트웨어 설계에 대한 다른 시각을 제시하였다. 즉, 고객/사용자를 소프트웨어 설계 과정에 참여시키라는 것이다. Bain이 쓴 (*Emergent Design*, Addison-Wesley, 2008)에서는 효과적 설계를 위해 패턴, 리팩토링과 테스트 주도 개발을 연결하였다.

Otero가 쓴 (*Software Engineering Design: Theory and Practice*, Auerbach, 2012), Venit 및 Drake가 쓴 (*Prelude to Programming: Concepts and Design*, 5th ed., Addison-Wesley, 2010), Fox가 쓴 (*Introduction to Software Engineering Design*, Addison-Wesley, 2006), Zhu(*Software Design Methodology*, Butterworth-Heinemann, 2005) 책에서는 소프트웨어공학 맥락에서 설계를 이해할 수 있도록 해준다. McConnell은 (*Code Complete, 2nd ed.*,Microsoft Press, 2004) 에서 고품질의 소프트웨어 설계를 위한 실용적 측면을 다루고 있다. Robertson는 (*Simple Program Design, 5th ed.*, Course Technology,2006)에서 주제를 연구함으로써 소프트웨어 설계를 수행하는 것이 유용하다고 제안하였다. Budgen는 (*Software Design, 2nd ed.*, Addison-Wesley, 2004)에서 유명한 설계 기법을 소개하고 이들을 비교하고 대조하였다. Fowler와 그의 동료가 쓴 (*Refactoring: Improving the Design of Existing Code*, Addison-Wesley, 1999) 는 소프트웨어 설계를 점진적으로 최적화 하는 기법을 다루었다. Rosenberg과 Stevens(*Use Case Driven Object Modeling with UML*, Apress, 2007)는 유스케이스 기반의 객체지향 설계 방법을 다루었다.

Freeman와 Wasserman가 편집한 (*Software Design Techniques, 4th ed.*, IEEE, 1983) 책은 소프트웨어 설계 역사를 의미있게 정리하였다. 최신 소프트웨어 설계 기법의 기반을 제공한 고전적 논문들을 재구성하였다. 기술적 관점과 관리적 관점에서 다룰 수 있는 소프트웨어 설계 품질 척도는 Card와 Glass가 쓴 (*Measuring Software Design Quality*, Prentice Hall, 1990). 책에서 다루고 있다.

소프트웨어 설계에 대한 다양한 자료를 인터넷에서 찾을 수 있다. 소프트웨어 설계와 설계 공학에 대한 최신 웹사이트 목록을 www.mhhe.com/pressma에서 찾을 수 있다.

아키텍처 설계

13
CHAPTER

설계는 정보 요구사항으로부터 추출한 데이터 및 프로그램 구조, 인터페이스 특성과 절차적 내용의 표현들 모두를 종합하는 여러 단계로 이루어진다. Freeman은 다음과 같이 설명하고 있다. [Fre80]

> 설계는 구조적 본질이 되는 중요한 의사결정을 내리는 것과 관련된 활동이다. 설계는 프로그래밍과 정보 표현 및 처리 순서에 대한 추상화 관점을 공유하지만, 그 상세 정도에서는 꽤 다르다. 설계는 응집력 있고 잘 계획한 프로그램들을 만들어가는 것으로 좀 더 고차원적 수준에서 상호 관련성에 중점을 두며, 낮은 수준에서는 논리적 운영방식에 초점을 둔다

제12장에서 설명한 것처럼 설계는 정보 구동형이다. 분석 모델의 3개 영역 각각을 고려하여 소프트웨어 설계 기법을 도출한다. 데이터, 기능 및 행위 도메인을 지침 삼아 소프트웨어 설계를 만들어간다

이 장에서 설계 모델의 데이터 및 아키텍처 수준의 "응집력있고 잘 계획된 표현"을 생성하는 데 필요한 방법을 알아보자. 아키텍처 설계 도출을 위한 체계적인 접근법, 즉, 소프트웨어가 구축되는 기초 청사진을 제공하는 방법을 알아보는 것이 이 장의 목적이다.

주요 개념

기민성 및 아키텍처
원형
아키텍처 의사결정
아키텍처 기술 언어
아키텍처 표현
아키텍처 설계
아키텍처 장리
아키텍처 패턴
아키텍처 스타일
아키텍처
아키텍처 적합성 검사
아키텍처 정제하기

QUICK LOOK

이것은 무엇인가? 아키텍처 설계는 컴퓨터 기반 시스템을 구축하는데 필요한 데이터의 구조와 프로그램 컴포넌트를 나타낸다. 이것은 시스템이 취하는 아키텍처 스타일, 시스템을 구성하는 컴포넌트의 구조 및 속성과 시스템의 모든 아키텍처 컴포넌트 사이에서 발생하는 상호관계를 고려한다.

누가 수행하는가? 소프트웨어 엔지니어는 데이터와 아키텍처를 모두 설계할 수 있지만 대규모의 복잡한 시스템이 구축되어야 할 경우에 작업은 전문가들에게 할당된다. 데이터베이스 또는 데이터 웨어하우스 설계자는 시스템에 대한 데이터 아키텍처를 생성한다. "시스템 아키텍트"는 소프트웨어 요구사항 분석으로부터 도출되는 요구사항으로부터 적절한 아키텍처 스타일을 선택한다.

중요한가? 청사진 없이 집을 건축하려고 시도하지는 않을 것이다. 그렇지 않은가? 또한, 집에 대한 배관 배치도를 스케치하여 청사진 작성을 시작하지는 않을 것이다. 상세한 부분을 신경쓰기 전에 집 자체의 큰 그림을 주목할 필요가 있다. 그것이 바로 아키텍처 설계가 하는 일이다. 아키텍처는 큰 그림을 제공하고 그것을 정확히 이해하도록 해준다.

어떤 단계가 있는가? 아키텍처 설계는 데이터 설계로 시작해서 시스템의 아키텍처 구조를 표현하는 여러 개의 표현들을 만들어간다. 고객 요구사항과 품질 속성에 가장 적합한 구조를 도출할 수 있도록 대안 아키텍처 스타일 또는 패턴을 분석한다. 대안을 선정하고 나면 아키텍처 설계 방법을 사용하여 아키텍처를 정교화한다.

작업 산출물은 무엇인가? 아키텍처 설계 중에 데이터 아키텍처 및 프로그램 구조를 포괄하는 아키텍처 모델을 생성한다. 또한, 컴포넌트 속성과 관계(상호작용)을 기술한다.

작업이 옳게 수행되었다는 것을 어떻게 확인하는가? 각 단계에서 소프트웨어 설계 작업 산출물은 명확성, 정확성, 완전성과 요구사항 및 상호간의 일관성에 대해 검토를 받는다.

13.1 소프트웨어 아키텍처

아키텍처와 관련한 대표적 책을 쓴 Shaw와 Garlan[Sha96]은 소프트웨어 아키텍처를 다음과 같이 정의하고 있다.

> 최초 프로그램이 모듈로 분할된 이래로, 소프트웨어 시스템은 아키텍처를 갖고 있고, 프로그래머들은 모듈들과 전역 속성 사이에서 상호작용을 책임져야 한다. 역사적으로, 아키텍처는 암묵적으로 있어 왔는데, 이미 구현한 기존 시스템에도 숨겨진 아키텍처가 있다. 유능한 소프트웨어 개발자들은 하나 이상의 아키텍처 패턴을 채택하여 시스템 구성을 위한 전략으로 도입하지만, 패턴을 비공식적으로 사용하기 때문에 만들어진 시스템에서 이들 아키텍처 패턴을 명시적으로 만들지는 못하였다.

오늘날, 효과적인 소프트웨어 아키텍처, 아키텍처를 명확하게 표현하는 것과 설계는 소프트웨어공학의 중요한 주제가 되었다.

13.1.1 아키텍처는 무엇인가?

Quote

시스템 아키텍처는 형태와 구조를 설명해주는 프레임워크로 이해를 증진시킨다. 아키텍처 컴포넌트들을 설명하고 이들이 어떻게 서로 잘 맞춰질지 설명한다.

Jerrold Grochow

건물의 아키텍처를 고려할 때 상이한 많은 속성들을 생각할 수 있다. 가장 단순한 수준에서는 물리적 구조물의 전체적인 모양을 생각한다. 그러나, 실제로 아키텍처는 그 이상이다. 아키텍처는 건물의 다양한 컴포넌트들을 통합하여 응집력 있는 하나를 형성하는 방법이다. 건물을 환경에 부합시키고 주변의 다른 건물과 조화롭게 만들어주는 방법이다. 건물이 갖는 목적을 충족시키고 소유자의 필요성을 만족시키는 방법이다. 구조물의 심미적 느낌, 즉, 건물의 시각적 영향이고, 질감, 색깔 및 재료가 결합하여 외벽과 내부 "생활 환경"을 형성하는 방법이다. 사소한 세부사항인 조명기구 설계, 바닥재 종류, 벽 부착물 배치 등을 정의하고 있어, 포함 시킬 목록은 거의 끝이 없다. 마지막으로, 아키텍처는 예술이다.

아키텍처는 또한 특별한 것이다. "크고 작은 수천 건의 의사결정"이다[Tyr05]. 이러한 의사결정의 일부는 설계 초기에 이루어지고 설계 중 이루어지는 다른 모든 행위에 중대한 영향을 미칠 수 있다. 아키텍처 스타일 구현이 어려울 정도의 과도한 제약적 요소는 배제하도록 어떤 요소들의 결정은 나중으로 미룰 수도 있다.

KEY POINT

소프트웨어 아키텍처는 시스템 구조를 모델로 표현하고 데이터와 절차적 컴포넌트들이 어떻게 협력하는지를 모델로 표현한 것이다

소프트웨어 아키텍처는 어떻게 정의할 수 있을까? Bass, Clements 및 Kazman[Bas03]는 다음과 같이 정의하고 있다.

> 프로그램 또는 전산 시스템의 소프트웨어 아키텍처는 소프트웨어 컴포넌트, 이들 컴포넌트의 외부적으로 보이는 속성 및 이들 사이의 관계로 이루어진 시스템의 구조이다.

아키텍처는 운용 소프트웨어가 아니다. 그보다, 다음을 가능케 하는 표현이다. (1) 기술한 요구사항을 충족시키는 데 있어서 설계의 효과성을 분석한다. (2) 설계변경이 여전히 상대적으로 용이한 단계에서 아키텍처 대안을 고려한다. (3) 소프트웨어 구축에 관련된 위험성을 감소시킨다.

이런 정의는 아키텍처 표현에서 "소프트웨어 컴포넌트"의 역할을 강조한다. 아키텍처

설계 문맥에서, 소프트웨어 컴포넌트는 프로그램 모듈 또는 객체지향 클래스 만큼 단순한 것일 수 있지만 클라이언트 및 서버 네트워크 구성을 가능케 하는 데이터베이스와 "미들웨어"를 포함할 정도로 커질 수도 있다. 컴포넌트의 속성은 컴포넌트가 다른 컴포넌트들과 상호작용하는 방법을 이해하는 데 필요한 특성이다. 아키텍처 수준에서, 내부 속성(예: 알고리즘의 내용)을 명세하지는 않는다. 컴포넌트들 사이의 관계는 하나의 모듈이 다른 모듈을 호출하는 관계처럼 간단할 수도 있고 데이터베이스 접근 프로토콜과 같이 복잡할 수도 있다. 소프트웨어 공학자들(예: [Kaz03])은 소프트웨어 아키텍처를 만들어 내는 것(우리가 "아키텍처 설계"라고 부르는 것)과 소프트웨어 설계를 만들어 내는 것과 구별하기도 한다. 과거 판본을 검토한 사람 중에 다음과 같은 지적을 한 경우가 있다.

> 아키텍처와 설계라는 용어 사이에는 분명한 차이가 있다. 객체가 클래스의 인스턴스인 것처럼 설계는 아키텍처의 인스턴스이다. 예를 들어, 클라이언트-서버 아키텍처를 생각해보자. Java 플랫폼(Java EE) 또는 Microsoft 플랫폼(.NET framework)을 사용하는 아키텍처를 이용하지만, 다양한 방법으로 네트워크 중심 소프트웨어 시스템을 설계할 수 있다. 그러므로, 하나의 아키텍처가 있지만 그 아키텍처를 바탕으로 많은 설계들이 생성될 수 있다. 따라서 "아키텍처"와 "설계"를 서로 혼합하면 안 된다.

우리는 소프트웨어 설계가 특정 소프트웨어 아키텍처의 인스턴스라는 것을 동의하지만, 아키텍처의 일부로 정의된 요소와 구조는 모든 설계의 근본이다. 설계는 아키텍처의 고찰로 시작한다.

Quote

둘러서 아키텍처와 결혼하지 않으면 게으름을 후회할 것이다.

Barry Boehm

13.1.2 왜 아키텍처가 중요한가?

소프트웨어 아키텍처 전문 서적에서, Bass와 그의 동료들[Bas03]은 소프트웨어 아키텍처가 중요한 세 가지 주요한 이유를 식별하였다.

- 소프트웨어 아키텍처는 모든 이해당사자들 사이의 소통을 용이하게 하는 표현을 제공한다.
- 아키텍처는 이어지는 모든 소프트웨어 엔지니어링 작업에 중대한 영향을 미치는 초기 설계를 강조한다.
- 아키텍처는 "시스템을 어떻게 구성하고 그 컴포넌트들이 함께 어떻게 작동하는지에 관한 모델을 쉽게 이해할 수 있도록 제공한다."[Bas03]

아키텍처 설계 모델 및 그 안에 포함된 아키텍처 패턴을 변환시킬 수 있다. 다시 말하면, 소프트웨어 공학자들이 아키텍처 기술 하는데 필요한 추상적 표현으로 만들어 두었기 때문에, 아키텍처 장르, 스타일 및 패턴(13.2절 ~ 13.6절)을 다른 시스템의 설계에 적용할 수 있는 것이다.

WebRef

http://www.ewita.com/links/softwareArchitectureLinks.htm은 소프트웨어 아키텍처 사이트 링크를 모아둔 곳이다.

KEY POINT

아키텍처는 시스템에 대한 게슈탈트(Gestalt) 관점을 제공해서 소프트웨어 엔지니어가 전체를 조사할 수 있게 한다.

13.1.3 아키텍처 기술

우리들 각각은 아키텍처라는 단어를 사용할 때 각자의 이미지를 이용한다. 서로 다른 이해

관계자들은 서로 다른 관점을 갖고 있기 때문에, 서로 다른 관점으로 아키텍처를 본다는 것을 의미한다. 이것은 아키텍처 기술이 실제로는 시스템에 대한 상이한 관점을 반영하는 작업 산출물이라는 것을 의미한다.

Smolander, Rossi 및 Purao[Smo08]는 동일한 아키텍처라 하더라도 다양한 비유가 존재한다고 지적하였다. 즉, 이해당사자들이 소프트웨어 아키텍처라는 용어를 이해하는 데 관점별로 사용하는 비유가 다른 것이다. 청사진 비유는 시스템을 구현하기 위해 프로그램을 작성하는 이해당사자들에게 가장 친숙한 것 같다. 개발자들 관점에서는 아키텍처 기술을 아키텍트들로부터 설계자들과 시스템 컴포넌트를 만들어야 하는 소프트웨어 엔지니어들에게 분명한 정보를 전달하는 수단으로서 간주한다. 언어 비유는 아키텍처를 이해당사자 집단에 걸친 소통의 촉진자로 본다. 이 관점은 높은 고객 초점을 가진 이해당사자들(예: 관리자 또는 마케팅 전문가)이 선호하는 용어이다. 그래서 아키텍처 기술은 간략하고 이해하기 쉬울 필요가 있다. 특히 시스템 경계를 결정할 때 협상의 기준을 형성하기 때문이다.

결정 비유는 아키텍처를 비용, 사용성, 보수성 및 성능과 같은 속성들 사이의 균형 맞추기를 포함하는 결정의 산물로 나타낸다. 이러한 속성은 각각 시스템 설계에 중대한 영향을 미칠 수 있다. 이해당사자(예: 프로젝트 관리자)는 아키텍처 결정을 프로젝트 자원과 과업 할당을 위한 기준으로 본다. 이러한 결정은 소프트웨어 팀의 작업 순서와 구조에 영향을 줄 수 있다. 문헌 비유는 과거에 구축된 아키텍처 솔루션을 문서화하는 데 사용된다. 이 관점에서 아키텍처는 설계자와 소프트웨어 유지보수 요원 사이의 지식 전달과 산출물 구축과 지원한다. 아키텍처가 컴포넌트와 설계를 재사용하는데 관심이 있는 이해당사자들을 지원하는 것이 된다.

소프트웨어 기반 시스템의 아키텍처를 설명하려면 이런 다양한 비유적 설명을 모두 통합해야 한다. Tyree와 Akerman[Tyr05]은 이렇게 지적하였다.

> 개발자들은 설계 진행방법에 관한 분명하고 결정적인 지침을 원한다. 고객들은 발생해야 하는 환경적 변화와 아키텍처가 그들의 업무 필요성을 충족시킨다는 확신에 대한 분명한 이해를 원한다. 다른 아키텍트들은 아키텍처의 주요 측면에 대한 분명하고 두드러진 이해를 원한다.

이러한 "바램들" 각각은 상이한 관점을 사용하여 표현된 상이한 비유에 반영된다.

IEEE 컴퓨터학회는 다음과 같은 목적으로 IEEE-Std-1471-2000, 소프트웨어 중심 시스템의 아키텍처 기술을 위한 권고 사례 [IEE00]를 제안하였다. (1) 소프트웨어 아키텍처 설계에 사용할 수 있다. 개념적 프레임워크와 용어를 제정한다, (2) 아키텍처 기술을 표현하기 위한 상세 설명을 제공한다, 그리고 (3) 건전한 아키텍처 설계 사례를 장려한다. 아키텍처 기술(AD: Architeture Description)은 다수의 관점을 나타내며, 여기서 각 관점은 "관련된 일단의[이해당사자] 관점에서 본 전체 시스템의 표현"이다.

13.1.4 아키텍처 결정

아키텍처 기술의 일부로 개발된 각 뷰는 특정한 이해당사자 관점을 다룬다. 각 뷰(및 전체적으로 아키텍처 기술)를 개발하기 위하여 시스템 아키텍트는 다양한 대안들을 고찰하고

Info

아키텍처 결정 기술서 양식

제안된 아키텍처 기술을 이해하려는 이해당사자들이 나중에 재검토하도록 각 주요한 아키텍처 결정을 문서화해야 한다. 여기서 제시한 서식은 Tyree와 Ackerman [Tyr05]가 제안한 서식을 줄여서 만든 것이다.

설계 문제: 다뤄야 하는 아키텍처 설계를 기술한다.

해결책: 설계문제를 다루기 위해 선택한 접근법을 기술한다.

범주: 문제와 해결책이 다루는 설계 범주를 지정한다 (예: 데이터 설계, 내용 구조, 컴포넌트 구조, 통합, 설명).

가정사항: 결정을 구체화하는 데 도움을 준 가정사항을 나타낸다.

제한사항: 결정을 구체화하는 데 도움을 준 환경적 제한사항(예: 기술 표준, 가용한 패턴, 프로젝트 관련 문제)을 명시한다.

대안: 고려한 아키텍처 설계 대안들과 배제한 이유를 간략히 기술한다.

주장: 다른 대안 중에서 이 해결책을 선택한 이유를 기술한다.

의미: 결정을 내리는 설계 결과를 나타낸다. 해결책이 다른 아키텍처 설계 문제에 어떻게 영향을 줄 것인가? 해결책이 어떤 방법으로든지 설계를 제한할 것인가?

관련 결정: 이 결정에 관련된 다른 결정은 무엇인가?

관련 우려: 이 결정에 관련된 다른 요구사항은 무엇인가?

작업 산출물: 이 결결을 반영해야 할 아키텍처 기술을 표시한다

유의사항: 결정을 내리는 데 사용된 팀 유의사항 또는 그 밖의 문서를 인용한다.

궁극적으로 관점을 가장 잘 충족시키는 구체적인 아키텍처 특징을 결정한다. 그러므로, 아키텍처 결정은 그 자체로 아키텍처의 한 뷰로 간주될 수 있다. 시스템 구조와 이해당사자 관점에 부응하기 위한 나름의 통찰력이 결정을 내린 이유가 된다.

시스템 아키텍트는 책에서 제시한 산출물 양식에 따라 각 주요한 결정을 문서화해야 한다. 이렇게 함으로써 작업에 대한 논리적 근거를 제공하고 설계 수정이 필요한 경우에 유용할 수 있는 이력을 만들어 두는 것이다.

혁신적인 제품을 만들려고 준비할 때, 소프트웨어 엔지니어는 올바르게 일해 보려고 서두르고, 무엇인가를 만들고, 작동하지 않으면 고치고, 작동하도록 개선하는 과정을 반복하는 것이 소프트웨어 엔지니어들이라고 Grady Booch[Boo11a]가 말했다. 이렇게 몇 번 한 다음에야 아키텍처가 정의되어야 하고 아키텍처 선정과 관련된 결정이 분명하게 명시되어야 한다는 점을 인식하기 시작한다. 새로운 산출물을 구축하기 전에 올바른 선택을 예측하는 것이 가능하지 않을 수 있다. 그러나 혁신자가 현장에서 프로토타입을 시험을 반복한 후에 아키텍처 결정이 의미 있다는 것을 발견하면 이러한 유형의 제품에 지배적 설계[1]가 나타나기 시작한다. 작동한 것과 작동하지 않은 것을 문서화하지 않으면 소프트웨어 엔지니어는 이전에 생성된 아키텍처를 혁신할 시점과 사용할 시점을 결정하기 어렵다.

13.2 아키텍처 장르

아키텍처 설계의 기본 원칙을 모든 유형의 아키텍처에 적용할 수 있지만, 아키텍처 장르는

1 지배적 설계(dominant design)란 일정기간 성공적으로 개조되고 시장에서 활용을 거친 후 산업 표준이 될 수 있는 혁신적 소프트웨어 아키텍처 또는 프로세스를 의미한다.

KEY POINT
서로 다른 아키텍처 스타일을 특정 장르에 적용할 수 있다. (애플리케이션 영역이라고 부르기도 한다.)

구축할 구조에 적용할 수 있는 특정 아키텍처 접근법을 의미한다. 아키텍처 설계, 장르는 전체 소프트웨어 영역 안에서 특정한 분류를 의미한다. 각 분류 안에서 수많은 세부 분류들이 있을 수 있다. 예를 들면, 건물이라는 분류 안에서 주택, 콘도, 아파트 건물, 사무용 건물, 산업용 건물, 창고 등의 다양한 분류가 있을 수 있다. 각 일반 스타일 안에 좀더 구체적인 스타일이 적용될 수 있다(13.3절). 각 스타일은 예측가능한 패턴을 사용하여 기술할 수 있는 구조를 갖는다.

소프트웨어 아키텍처 편람[Boo08]에서, Grady Booch는 인공지능, 통신, 장치, 재무, 게임, 산업, 법률, 의료, 군사, 운영체제, 운송 및 유틸리티를 포함하는 소프트웨어 기반 시스템으로 구분하여 아키텍처 장르를 제시하였다

13.3 아키텍처 스타일

Quote
모든 예술가의 마음에는 아키텍처의 패턴이나 유형이 있기 마련이다.
G. K. Chesterton

"콜로니얼 중앙홀"이라는 문구를 사용하여 건축자가 주택을 기술할 때 미국의 주택에 익숙한 대부분의 사람들은 주택이 보이는 일반적인 이미지와 평면도의 모습을 상상할 수 있다. 건축자는 주택을 다른 스타일(예: A-프레임, 반지하식 미니 2층, 목조 단층집)로부터 구별하는 설명 방법으로 아키텍처 스타일을 사용하고 있다. 그러나, 더 중요한 것은 아키텍처 스타일이 건설을 위한 틀이라는 점이다. 주택에 대한 좀더 상세한 내용을 정의해야, 최종 치수등을 명시해야 하고, 특화된 성질을 가미해야 하고, 건축자재를 결정해야 하지만, "콜로니얼 중앙홀"이라는 양식이 건축자의 공사에 기본 지침을 제공한다.

컴퓨터 기반 시스템을 위해 구축되는 소프트웨어도 많은 아키텍처 스타일 중 하나를 보여준다. 각 스타일은 다음과 같이 시스템을 분류하여 기술한다. (1) 시스템이 필요로 하는 기능을 수행하는 컴포넌트 집합(예: 데이터베이스, 계산 모듈), (2) 컴포넌트들 중에서 "통신, 협조 및 협력"을 가능케 하는 커넥터 집합, (3) 컴포넌트를 통합하여 시스템을 형성할 수 있는 방법을 정의하는 제한사항, 그리고 (4) 설계자가 시스템 구성 부분의 알려진 속성을 분석하여 시스템의 전체적인 속성을 이해하도록 해주는 의미론적 모델[Bas03]이다.

?
무엇이 아키텍처 스타일인가?

아키텍처 스타일은 전체 시스템의 설계에서 이루어지는 변환의 과정이다. 그 의도는 시스템의 모든 요소에 대한 구조를 수립하는 것이다. 기존 아키텍처를 리엔지니어링하는 경우(제36장)에 컴포넌트에 새로운 기능을 부여하는 것을 포함하여 소프트웨어 구조의 근본적 변경을 만들어 낸다.[Bos00]

WebRef
속성 기반 아키텍처(ABAS: Attribute-based Architecture Styles)는 소프트웨어 아키텍처에 필요한 블록을 만들때 사용할 수 있다. 관련 정보는 www.sei.cmu.edu/architecture/abas.html에서 얻을 수 있다.

아키텍처 스타일과 마찬가지로 아키텍처 패턴은 아키텍처 설계를 변환하는 것이다. 단, 패턴은 몇 가지 근본적인 방법에서 스타일과 다르다. (1) 패턴의 범위는 덜 광범위하여 전체적으로 아키텍처보다는 아키텍처의 특정 측면에 초점을 둔다. (2) 패턴은 아키텍처에 규칙을 제시하여, 인프라 수준에서 기능성의 일부 측면을 다루는 방법을 소프트웨어가 어떻게 다루어야 하는지를 설명한다(예: 동시성)[Bos00]. (3) 아키텍처 패턴(13.3.2절)은 아키텍처 상황 안에서 특정한 동작 측면을 다루는 경향이 있다(예: 실시간 응용프로그램이 동기화 또는 인터럽트를 취급하는 방법). 패턴은 시스템의 전체 구조를 형성하는데 아키텍처 스타일과 연계하여 사용될 수 있다.

13.3.1 아키텍처 스타일의 간략한 분류법

60년에 걸쳐 수많은 컴퓨터 기반 시스템을 만들었지만 아키텍처 스타일은 몇 개 되지 않는다.

> **Quote**
>
> 패턴과 스타일을 사용하는 것은 엔지니어링 원칙 어디에나 스며들어 있는 것이다.
>
> Mary Shaw and David Garlan

데이터 중심 아키텍처 데이터 저장소(예: 파일 또는 데이터베이스)가 이 아키텍처의 중심을 차지하고, 다른 컴포넌트들은 데이터를 갱신, 추가, 삭제 또는 달리 수정하기 위해 저장소를 접근한다. 그림 13.1은 전형적인 데이터 중심 스타일을 보여주고 있다. 클라이언트 소프트웨어가 중앙 저장소에 접근한다. 일부 경우에 데이터 저장소는 수동적인데, 데이터에 대한 변경 또는 다른 클라이언트 소프트웨어의 행위와 상관없이 클라이언트 소프트웨어가 데이터에 접근할 수 있다. 이 접근법을 변형하면 저장소를 "칠판"형태로 전환시키는데, 이렇게 되면 관심 있는 데이터에 변경이 일어나면 클라이언트 소프트웨어에게 알려주는 방식으로 동작한다.

데이터 중심 아키텍처는 통합성(Integratability)를 강하게 한다.[Bas03] 즉, 기존 컴포넌트를 변경할 수 있고, 다른 클라이언트에 관한 고려없이 새 클라이언트 컴포넌트를 아키텍처에 추가할 수 있다(클라이언트 컴포넌트는 독립적으로 작동하기 때문에). 또한, 칠판 메커니즘을 사용하여 클라이언트 사이에 데이터를 전달할 수 있다(즉, 칠판 컴포넌트는 클라이언트 사이에서 정보 전달을 조정하는 역할을 한다). 클라이언트 컴포넌트는 프로세스를 독립적으로 수행한다.

데이터 흐름 아키텍처 이 아키텍처는 데이터가 일련의 계산 또는 조작 컴포넌트를 통하여 출력 데이터로 바뀔 때 적용한다. 파이프 앤 필터 패턴(그림 13.2)은 컴포넌트를 필터라고 정의하고, 컴포넌트들 간에 데이터를 전송하는 파이프를 정의한다. 특정 형태의 데이터를 입력받고 특정 형태를 만족하는 데이터를 만들어 내도록 필터를 설계해야 하고, 흐름의 방향에 연결시킨 컴포넌트에는 독립적이어야 한다. 또 필터는 인접 필터들에 대한 작업 지식

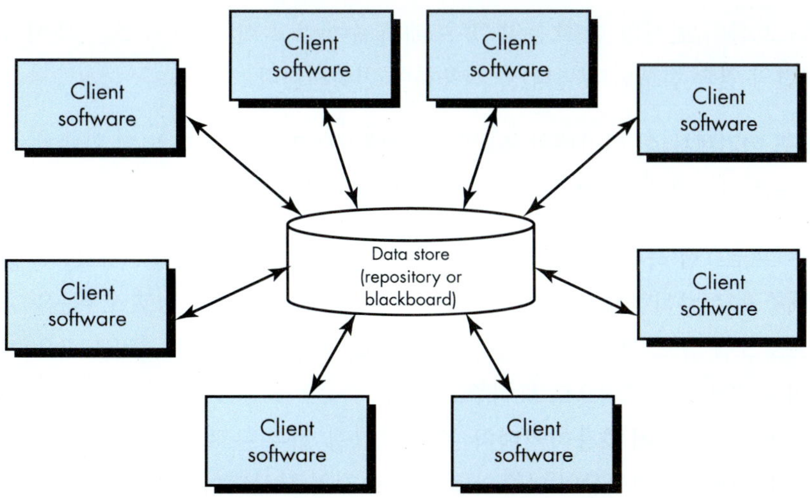

그림 13.1
데이터 중심 아키텍처

그림 13.2

데이터 흐름 아키텍처

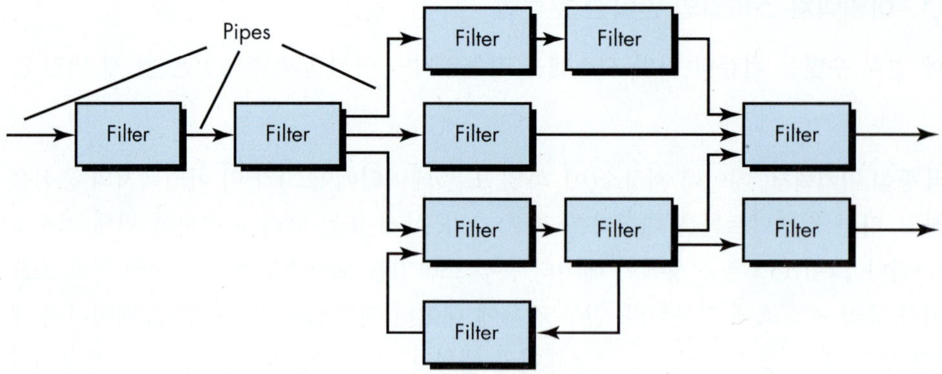

Pipes and filters

그림 13.3

주 프로그램/하부 프로그램

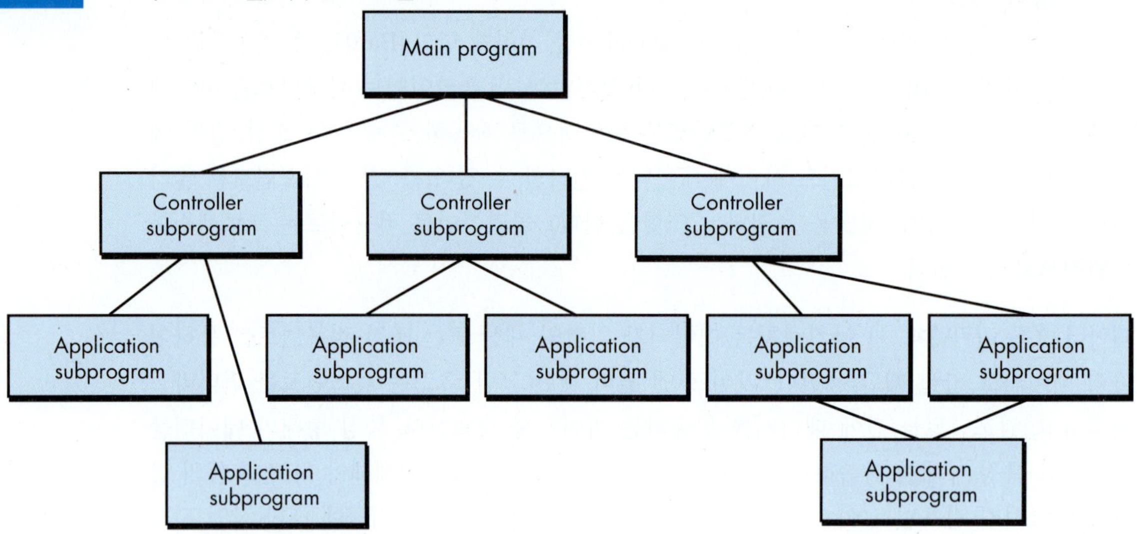

을 필요로 하지 않는다.

데이터 흐름이 변형의 한 흐름일 경우 배치 순서라고 한다. 이 구조는 데이터 묶음을 받아서 일련의 연속 컴포넌트(필터)를 적용하여 변형시킨다.

호출 및 복귀 아키텍처 이 아키텍처 스타일은 상대적으로 수정과 축소 및 확대가 용이한 프로그램 구조를 가능케 한다. 여러 세부 스타일[Bas03]로 구분할 수 있다

- **주 프로그램/하부 프로그램 아키텍처** 이 전통적인 프로그램 구조는 기능을 제어 계층으로 분할한다. 주 프로그램은 많은 수의 프로그램 컴포넌트들을 호출하고, 프로그램 컴포넌트들은 이어서 다른 컴포넌트를 호출한다. 그림 13.3은 이런 유형의 아키텍처를 그림으로 보여주고 있다.
- **원거리 프로시저 호출아키텍처** 주 프로그램/ 하부 프로그램 아키텍처를 구성하는 요소들이 네트워크상의 다수의 컴퓨터에 걸쳐 분산되어 있는 형태이다.

그림 13.4
하드웨어 고장률 곡선

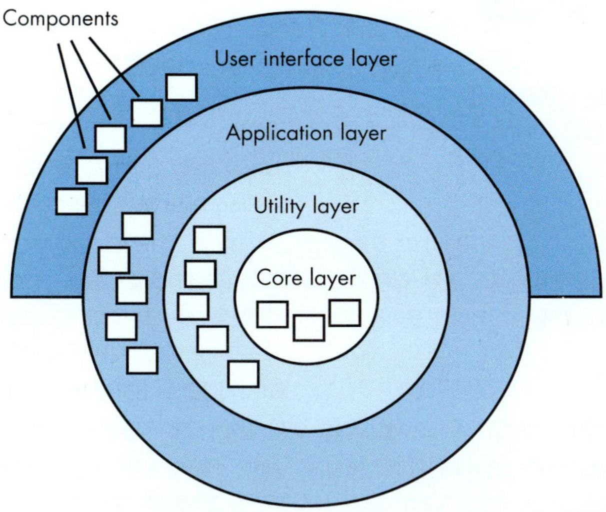

객체지향 아키텍처 시스템 컴포넌트는 데이터와 데이터 조작 연산을 모두 포함하고, 컴포넌트들 사이의 교류와 협력은 메시지 전달을 통하여 이루어진다.

층위구조(layered) 아키텍처 그림 13.4는 층위구조 아키텍처의 기본 구조를 보여주고 있다. 여러 개의 층들을 정의하며, 각각은 점진적으로 기계어에 가까워지는 연산을 수행한다. 사용자 층에서 컴포넌트는 사용자 인터페이스 처리를 제공한다. 내부 층에서 컴포넌트는 운영체제 인터페이스를 수행한다. 중간 층은 유틸리티 서비스와 응용 소프트웨어 기능을 제공한다.

이러한 아키텍처 스타일들은 가용한 것들의 작은 부분집합일 따름이다.[2] 요구공학을 통해 구축대상 시스템의 특성과 제한사항을 파악하면 이러한 특성과 제한사항에 가장 잘 맞는 아키텍처 스타일, 또는 패턴을 잘 선택하고 조합할 수 있다. 많은 경우에 하나 이상의 패턴이 필요할 수 있고, 대안 아키텍처 스타일을 설계하고 평가할 수 있다. 예를 들면, 층위구조 스타일(대부분의 시스템에 적절)은 많은 데이터베이스 응용프로그램에서 데이터 중심 아키텍처와 결합시킬 수 있다.

올바른 아키텍처 스타일 선택은 까다로울 수 있다. Buschman[Bus10a]은 두 개의 보완적인 개념을 제시하였다. 문제 프레임은 해당 영역의 상세한 지식이나 프로그램 구현의 내용을 언급하지 않고 계속 발생하는 문제의 특성을 설명할 수 있다. 도메인 주도형 설계는 소프트웨어 설계가 응용프로그램으로 해결하려는 업무 문제의 도메인과 도메인 논리를 반영해야 한다고 제시한다(제8장).

문제 프레임은 당면한 문제를 해결하는 데 사용될 수 있는 문제를 일반화 한 것이다. 다음과 같이 5개의 기초적인 문제 프레임이 있는데 이들을 아키텍처 스타일과 연결지을 수 있다. 간단한 작업물(도구), 필요한 행위(데이터 중심형), 지시받은 행동(명령 프로세서),

2 아키텍처 스타일과 패턴에 대한 더 상세한 논의는 [Roz11], [Tay09], [Bus07], [Gor06], [Bas03]를 참조할 것.

SafeHome

아키텍처 스타일 선택

장면: Jamie의 방, 설계 모델링이 시작된다.

등장인물: Jamie와 Ed(SafeHome 소프트웨어 엔지니어링 팀의 구성원)

대화

Ed(찌푸린 얼굴): 우리는 UML을 사용하여 보안기능을 모델링하고 있어요. 알겠지만 클래스, 관계, 같은 것들. 그러니까 난 객체지향 아키텍처[3]가 가야 할 올바른 길이라고 장담해요.

Jamie: 하지만 …?

Ed: 하지만, 난 객체지향 아키텍처가 무엇인지 가시화 하는데 어려움이 있어요. 나는 호출과 반환 아키텍처를 생각해, 전통적인 프로세스 계층의 일종이지, 하지만 객체지향 … 난 모르겠어요, 일종의 비정형 물체 같아요.

Jamie(웃으며): 비정형 물체, 그래요?

Ed: 맞아. 내가 말하고 싶은 건, 구조를 가시화 못하겠다는 거지요, 그냥 설계 클래스들이 허공을 떠다니는 것 같아요.

Jamie: 글쎄, 그럴까요?. 클래스 계층이 있어. . . 우리가 **FloorPlan** 객체[그림 12.3]에 있는 클래스계층을 생각해봐요. 객체지향 아키텍처는 클래스 사이의 구조와 상호연결의 조합–협업–이에요, 속성과 연산자, 메시지들을 계속 표현하고, 클래스들의 구조 표현해가면서 객체지향 아키텍처를 만들어가는 거지

Ed: 1시간 정도 호출 및 반환 아키텍처를 대응시켜보고 다시 객체지향 아키텍처를 고려하겠어.

Jamie: Doug는 그것에 문제가 없을 거에요. 아키텍처 대안을 고려해야 한다고 말했어요. 한편, 이들 아키텍처 모두가 서로 조합하여 사용될 수 없다는 절대적인 이유는 없어요.

Ed: 좋아. 해보지요.

정보 제공(관측자) 및 변형(파이프 앤 필터 변종).

실세계 문제는 종종 하나 이상의 문제 프레임을 따르고, 결과적으로 하나의 아키텍처 모델은 상이한 프레임들의 조합일 수 있다. 예를 들면, 웹 앱 설계[4]에 사용되는 모델-뷰-컨트롤러(MVC) 아키텍처는 문제 프레임인 명령 행동 및 정보 제공을 조합한 것으로 볼 수 있다. MVC에서 사용자의 명령은 브라우저 창으로부터 컨텐츠(모델)에 대한 접근을 관리하는 명령어 처리기로 전해지고 정보 표시 모델에게 브라우저 소프트웨어가 제공할 정보로 해석하도록 지시한다.

도메인 모델링은 특히 도메인 객체의 핵심 속성의 아키텍처 스타일 선택에 영향을 줄 수 있다. 물리적 객체(예: 센서 또는 드라이브)에 해당하는 도메인 객체는 논리적 객체(예: 스케줄 또는 작업흐름)를 나타내는 것들과는 다르게 취급해야 한다. 물리적 객체는 연결 제한 또는 소비성 자원의 사용과 같은 제약사항을 엄격하게 준수해야 한다. 그러나, 논리적 객체는 취소 또는 수행하지 않는 등 실시간 성에 대한 제약이 약하다. [Eva04]

13.3.2 아키텍처 패턴

요구사항 모델을 개발하고나면, 소프트웨어가 전체 응용에 걸쳐 있는 광범위한 여러 문제들을 다루어야 함을 깨닫게 된다. 예를 들면, 모든 전자상거래 응용프로그램 요구사항 모델

3 SafeHome 아키텍처를 작성한 아키텍처보다 더 상위 수준에서 고려해야 하는가 여부는 논쟁대상일 수 있다. SafeHome은 다양한 서브 시스템(홈 모니터링 기능, 회사 모니터링 사이트, 소유자 PC에서 실행할 서브 시스템)을 갖고 있다. 서브시스템안에서 동시처리 프로세스(모니터링 센서)와 이벤트 처리는 당연하다. 이 수준에서 내린 아키텍처 결정이 제품공학 중에 이루어질 수 있는 것도 있지만 소프트웨어 공학 관점에서의 아키텍처 결정은 이들 이슈들을 다룰 수도 있는 것이다.

4. MVC 아키텍처는 제17장에서 다룰 것이다.

은 다음 문제에 직면한다. 다양한 상품 범주를 어떻게 서로 다른 취향의 고객들에게 제공하고 어떻게 하면 우리 상품을 온라인으로 구매하도록 할 수 있을까?

요구사항 모델은 이 질문을 해결해야 하는 상황을 정의한다. 예를 들면, 소비자들에게 골프용품을 판매하는 전자상거래 업체는 중대규모의 기업들에 고가의 산업설비를 판매하는 전자상거래 업체와는 다른 환경이다. 게다가 제한과 제약은 해결할 문제를 다루는 방법에도 영향을 줄 수 있다.

아키텍처 패턴은 특정한 상황 안에서 또는 특정 제한과 제약 하에서 응용프로그램이 갖는 고유한 문제를 다룬다. 패턴은 아키텍처 설계의 기초적 역할을 할 수 있는 아키텍처 해결방안을 제안한다.

이 장의 초반부에 대부분의 응용프로그램들이 특정한 도메인 또는 장르 안에서 속하지만, 해당 장르에 하나 이상의 아키텍처 스타일을 사용할 수 있다고 정의했다. 예를 들면, 응용프로그램에 대한 전체적인 아키텍처 스타일은 호출과 반환 또는 객체지향일 수 있지만 해당 스타일안에서 직면하는 문제들은 특정한 아키텍처 패턴을 이용하면 잘 해결할 수 있을지 모른다. 이런 문제들 중 일부와 아키텍처 패턴에 대한 더욱 상세한 논의는 제16장에서 다루도록 하자.

> **Quote**
>
> 지하가 아닐지 모른다. 윗층으로 올라가서 확인해야 한다.
>
> M. C. Escher

13.3.3 조직화 및 정제

설계 프로세스는 다수의 아키텍처 대안을 만들어내기 때문에 도출한 아키텍처 설계를 평가할 수 있는 설계기준을 수립하는 것이 중요하다. 다음 질문들[Bas03]은 아키텍처 스타일에 대한 통찰력을 제시한다.

> **?** 유도한 아키텍처 스타일을 어떻게 평가할까?

제어 아키텍처 안에서 제어를 어떻게 관리하는가? 명확한 제어 계층이 존재하고, 제어 계층 안에서 컴포넌트의 역할은 무엇인가? 컴포넌트는 시스템 안에서 제어를 어떻게 전달하는가? 컴포넌트들 사이에 어떻게 제어를 공유하는가? 제어 위상(즉, 통제 작업이 취하는 기하학적 형태)은 무엇인가? 제어를 동기화 하는가? 아니면 컴포넌트 동작 방식이 비동기적인가?

데이터 컴포넌트들 사이에 어떻게 데이터를 교류하는가? 데이터 흐름은 연속적인가, 아니면 데이터 객체는 산발적으로 시스템에 전달되는가? 데이터 전송 방식은 무엇인가?(즉, 데이터는 하나의 컴포넌트에서 다른 것으로 전달되는가, 아니면 시스템 컴포넌트들 사이에서 가용한 데이터를 전역적으로 공유하는가?) 데이터 컴포넌트(예: 칠판 또는 저장소)가 존재한다면, 그 역할은 무엇인가? 기본 컴포넌트들은 데이터 컴포넌트들과 어떻게 상호작용하는가? 데이터 컴포넌트는 수동적인가, 아니면 능동적인가(즉, 데이터 컴포넌트가 시스템 내부의 다른 컴포넌트와 적극적으로 상호작용하는가)? 데이터와 제어는 시스템 안에서 어떻게 상호작용하는가?

이러한 질문들은 설계자에게 설계 품질의 초기 평가를 제공하며 아키텍처의 좀더 상세한 분석을 위한 기초를 놓는다.

점진적 프로세스 모델들(제4장)이 많이 보급되었다. 이것은 각 제품 증분을 기획하고 구현할 때마다 아키텍처도 진화시켜야 함을 의미한다. 제12장에서는 이를, 외부적으로 보이는 시스템 행위를 변화시키지 않고 시스템의 내부구조를 개선하는 리펙토링 프로세스로 정의하였다.

13.4 아키텍처 고려사항

Buschmann와 Henny[Bus10b, Bus10c]는 아키텍처 결정을 해가는 과정에서 소프트웨어 엔지니어에게 지침이 될 수 있는 다수의 아키텍처 고려사항을 제시한다.

- **경제성**(economy) 불필요한 특징 또는 비기능적 요구사항(예; 목적에 기여하지 않을 때의 재사용성)들로 인해 소프트웨어 아키텍처는 불필요한 복잡성을 갖는다. 깔끔하고 불필요한 내용을 감소시키는 추상화 기술에 의해 가장 좋은 소프트웨어를 만들 수 있다.
- **가시성**(visibility) 설계 모델을 만들면, 나중에 모델을 시험할 소프트웨어 엔지니어들에게 아키텍처 결정과 이에 대한 이유를 명확하게 밝혀야 한다. 가시화하지 않으면 설계를 완료하고 시스템을 구현해야 하는 사람들에게 중요한 설계 및 도메인 개념을 정확하게 전달할 수 없다.
- **공간분할**(spacling) 숨겨진 종속성 없이 관점을 분리해 내는 것이 바람직한 설계 개념(제12장)이고 종종 공간분할(spacing)이라고 한다. 충분한 공간분할은 모듈형 설계를 만들어내지만, 너무 분할하면 조각만 만들고 가시성을 떨어뜨린다. 도메인 주도형 설계와 같은 방법은 설계에서 분리할 것과 응집 단위로 취급해야 할 것을 식별하는 데 도움을 줄 수 있다.
- **대칭성**(symmetry) 아키텍처 대칭성은 시스템이 그 속성 안에서 일관되고 균형을 이룬다는 것을 의미한다. 대칭설계는 이해하고 종합하고 소통하기가 용이하게 한다. 고객 계정 객체의 예에서 아키텍처 대칭성을 고려한다면, 계정의 전체 주기 관리를 위해 open() 및 close() 메소드 모두를 정의할 수 있다. 아키텍처 대칭성은 동시에 구조적으로도 활용할 수 있고 행위적 모델에도 활용할 수 있다.
- **시급성**(emergence) 시급성, 자기조직화 행위과 통제는 확장가능하고 효율적이며 경제적인 소프트웨어 아키텍처를 생성하는 열쇠이다. 예를 들면, 많은 실시간 소프트웨어 응용프로그램들이 이벤트중심적이다. 시스템의 행위를 정의하는 이벤트의 순서와 지속기간은 긴급한 품질이다. 가능한 모든 이벤트 순서를 계획하는 것은 매우 어렵다. 그 대신 시스템 아키텍트는 이러한 시급성을 수용하는 유연한 시스템을 생성한다.

이러한 고려사항들은 별도로 존재하지 않는다. 이것들은 서로 상호작용하고 서로에 의하여 절제된다. 예를 들면, 공간분할이 경제성에 의하여 강화될 수도 있고 줄어들 수도 있다. 가시성은 공간분할과 균형을 이룰 수 있다.

SafeHome

아키텍처 결정 평가

장면: Jamie의 방, 설계 모델링이 계속된다.

등장인물: Jamie와 Ed(SafeHome 소프트웨어 엔지니어링 팀의 구성원)

대화

Ed: 난 보안 기능의 호출 및 반환 아키텍처 모델을 끝냈어요.

Jamie: 대단해! 그것이 우리의 필요성을 충족시킨다고 생각해요?

Ed: 그것은 불필요한 기능을 도입하지 않으니까 경제적일 거예요.

Jamie: 가시성은 어때요?

Ed: 글쎄, 저는 모델을 이해하고 이 산출물에 필요한 보안 요구사항을 구현하는데 아무런 문제가 없어요.

Jamie: 당신이 아키텍처를 이해한다고 생각하지만, 당신이 프로젝트에서 이 부분을 담당하는 프로그래머 역할을 할 수 없어요. 난 공간분할에 관해 좀 걱정돼요. 이 설계는 객체지향 설계만큼 모듈화 할 수는 없어요.

Ed: 아마도, 그렇지만 객체지향 모듈화는 SafeHome의 웹기반 버전을 생성해야 하는 코드의 일부를 재사용하는 능력을 제한할 수 있어요.

Jamie: 대칭성은 어때요?

Ed: 글쎄, 그것은 제가 평가하기 어려워요. 보안 기능에서 대칭성에 유일한 장소는 PIN 정보를 추가하고 삭제하는 것으로 보여요.

Jamie: 그것은 우리가 웹기반 제품에 원격보안 기능을 추가할 때 더욱 복잡하게 될 거예요.

Ed: 맞아요, 내가 장담해요.

[그들은 모두 잠시 멈칫했다가 아키텍처 문제를 생각한다.]

Jamie: SafeHome은 실시간 시스템이니까, 상태변화와 이벤트 순서화는 예측하기 어려울꺼야.

Ed: 그래요, 하지만 이 시스템의 시급성은 유한상태 모델로 처리될 수 있어요.

Jamie: 어떻게?

Ed: 이 모델은 호출 및 반환 아키텍처를 바탕으로 구현될 수 있어요. 인터럽트는 많은 프로그래밍 언어에서 쉽게 처리될 수 있어요.

Jamie: 우리가 처음에 생각했던 객체지향 아키텍처와 동일한 종류의 분석을 할 필요가 있다고 생각해요?

Ed: 난 그것이 좋은 생각이라고 생각해요. 아키텍처는 일단 구현이 시작되면 변경하기 어려우니까요.

Jamie: 우리가 이러한 아키텍처 상위에 있는 보안 이외에 비기능적 요구사항을 맵핑하여 철저하게 고찰되도록 하는 것 또한 중요해요.

Ed: 그것도, 사실이에요.

소프트웨어 제품에 대한 아키텍처 기술은 이를 구현한 소스코드에서는 분명하게 가시적이지는 않다. 결과적으로 시간에 걸쳐 이루어진 코드 수정(예: 소프트웨어 유지보수 활동)은 소프트웨어 아키텍처를 훼손시킬 수 있다. 아키텍처 정보에 대한 적절한 추성화 방법을 찾는 것이 설계자들에게는 도전이다. 이러한 추상화 방법은 소스코드의 가독성과 유지보수성을 향상시킬 수 있는 구조화를 아키텍처에 추가해준다[Bro10b].

13.5 아키텍처 결정

> **Quote**
>
> 의사는 자신의 실수를 감출 수 있지만, 아키텍트는 포도나무를 심을 수 있도록 조언할 수 있을 뿐이다.
>
> Frank Lloyd Wright

시스템 아키텍처에 관련된 결정은 핵심 설계 문제와 아키텍처 해결안을 선택한 이면의 근거를 파악하게 해준다. 소프트웨어 시스템 구성, 구조적 요소와 이들간의 인터페이스, 더 큰 서브 시스템으로 이들을 조립하는 것들이 결정에 속한다[Kru09]. 또한, 아키텍처 패턴, 적용 기술, 미들웨어 자산 및 프로그래밍 언어의 선정도 포함한다. 아키텍처 결정의 성과는 시스템의 비기능적 특성과 그 품질 속성의 많은 부분에 영향을 미치고[Zim11] 개발자 노트로 문서화 할 수 있다. 검증한 타당성과 함께 핵심 설계 결정을 문서화 한 노트는 새로운 프로젝트 팀 구성원이 참조할 수 있는 문서이며, 얻은 교훈을 관리하는 저장소 역할을 한다.

일반적으로, 소프트웨어 아키텍처 사례는 아키텍처 관점에 초점을 맞추어 다양한 이해당사자들의 필요성을 표현하고 문서화한다. 그러나, 전통적인 아키텍처 표현에 포함된 다수의 정보 관점을 관통하는 결정 관점을 정의하는 것도 가능하다. 결정 관점은 아키텍처 설계 결정과 그 이론적 근거를 모두 포착한다.

서비스 지향 아키텍처 결정(SOAD)[5] 모델링[Zim11]은 지식경영 프레임워크로, 아키텍처 결정 의존성 포착을 지원한다. 이들 아키텍처 결정 의존성은 향후 개발 과정의 지침서 역할을 한다.

지침 모델(guidance model)은 특정한 응용프로그램 장르에서 아키텍처 스타일을 적용할 때 필요한 아키텍처 결정에 관한 지식을 포함하고 있다. 해당 장르에서 아키텍처 스타일을 채용하여 완성한 프로젝트로부터 얻은 아키텍처 정보를 바탕으로 한다. 지침 모델은 아키텍처 결정이 내려져야 하는 지점에 잠재적 대안들 중 무엇을 선택해야 하는지 고민할 품질 속성을 문서화한다 아키텍처가 가능한 최선의 결정을 내릴 수 있도록, 이전 소프트웨어 응용프로그램으로부터 얻어진 잠재적 대안 솔루션(그것의 장단점 포함)을 포함시킨다.

결정 모델(decision model)은 필요한 아키텍처 결정을 문서화하고 이전 프로젝트에서 실제로 이루어진 결정을 그 타당성과 함께 기록한다. 지침 모델은 아키텍트가 부적절한 문제를 삭제하고 중요한 문제를 고도화하거나 새로운 문제를 추가하는 맞춤화 단계에 아키텍처 결정 모델을 투입한다. 결정 모델은 하나 이상의 지침 모델을 활용할 수 있고 프로젝트 완료 후 지침 모델에 피드백을 제공한다. 이 피드백은 프로젝트 사후 재검토로부터 습득된 교훈을 수집하여 얻을 수 있다.

13.6 아키텍처 설계

아키텍처 설계를 시작하면 환경을 확립해야 한다. 소프트웨어와 상호작용하는 외부 개체(예: 그 밖의 시스템, 장치, 인원)와 그 상호작용 성격을 정의해야 한다. 일반적으로 요구사항 모델로부터 이런 정보를 얻을 수 있다. 환경을 모델로 정리하고 모든 외부 소프트웨어 인터페이스를 정의하고 나면 아키텍처 원형을 식별할 수 있다.

? 원형이란 무엇인가?

원형은 시스템 동작의 한 요소를 표현한 추상화(클래스와 유사한)이다. 원형들은 구축할 시스템을 구조적 모형을 제공하는 추상화의 집합이지만, 충분한 구현 내용을 제공하지 않는다. 그러므로, 설계자는 각 원형을 구현하는 소프트웨어 컴포넌트를 정의하고 정련하여 시스템의 구조를 명세 한다. 완전한 아키텍처 구조가 도출될 때까지 이 프로세스를 반복적으로 계속된다.

소프트웨어 엔지니어가 의미 있는 아키텍처 다이어그램을 생성해가면서 여러 질문들[Boo11b]을 묻고 대답하게 된다. 다이어그램은 시스템의 입력이나 이벤트에 반응하는 방

5 SOAD는 제16장에 설명할 아키텍처 패턴과 유사하다. 더 많은 정보는 http://soadecisions.org/soad.htm에서 볼 수 있다.

법을 보여주는가? 위험분야를 강조하는 데 도움을 주는 어떤 시각화 방법이 있을 수 있는가? 숨겨진 시스템 설계 패턴을 다른 개발자에게 분명하게 보여주는 방법이 있을까? 여러 관점으로 표현하는 것이 시스템 특정한 부분을 개선하는 최선의 방법을 보여줄 수 있는가? 설계요소간 균형 맞춤을 잘 표현할 수 있을까? 소프트웨어 아키텍처의 도식적 표현이 이러한 질문에 답변할 수 있다면 이를 이용하는 소프트웨어 엔지니어에게 가치를 갖는다.

13.6.1 시스템 배경도

소프트웨어 아키텍트는 아키텍처 배경도(ACD: Architecture Context Diagram)를 사용하여 소프트웨어가 그 경계의 외부에 있는 개체들과 상호작용하는 방법을 모형화한다. 아키텍처 배경도의 일반적인 구조를 그림 13.5에 표현하였다.

그림 13.5에서 처럼 목표 시스템(아키텍처 설계가 개발되어야 하는 시스템)은 다음 요소들로 표현한다.

- **상위(superordinate) 시스템** 목표 시스템을 상위 처리방식의 일부로 사용하는 시스템.
- **하위(subordinate) 시스템** 목표 시스템이 사용하고 목표 시스템 기능을 완성하는데 필요한 데이터 또는 처리를 제공하는 시스템.
- **동료 수준(peer-level) 시스템** 동일 수준에서 상호작용하는(즉, 정보는 동료 및 목표 시스템이 만들어 내거나 사용함) 시스템.
- **액터(actor)** 필수 처리에 필요한 정보를 만들거나 사용하여 목표 시스템과 상호작용하는 개체(사람, 장치) 시스템.

이들 외부개체 각각은 인터페이스(작은 직사각형)을 통하여 목표 시스템과 통신한다.

ACD의 사용을 설명하기 위하여, Safe-Home 제품의 주택보안 기능을 생각한다. 전체적인 Safe-Home 제품 제어기 및 인터넷 기반 시스템은 모두 보안기능에 상위 시스템이므

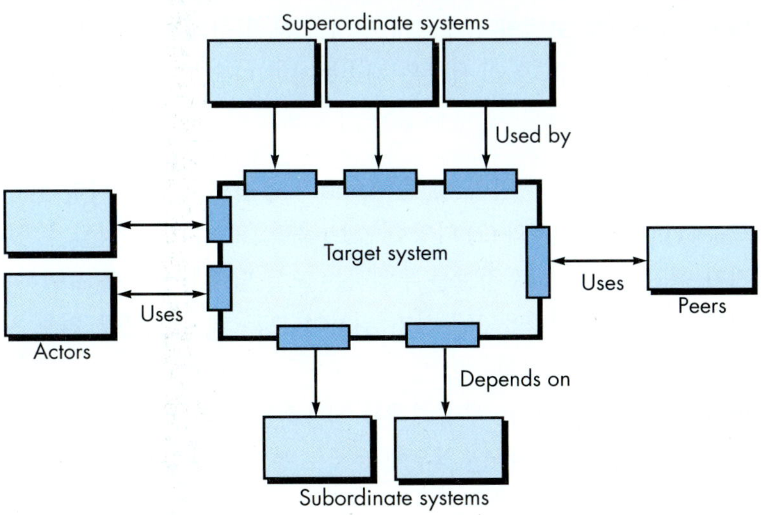

그림 13.5

아키텍처 배경도

(원본 [Base00]을 수정함)

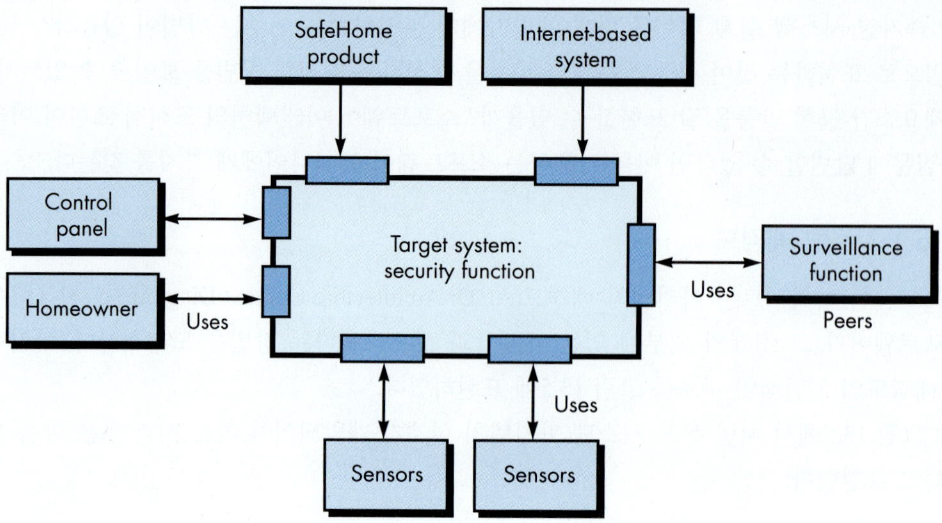

그림 13.6

SafeHome 보안 기능에 대한 아키텍처 배경도

로 그림 13.6에서 시스템 상단에 표시하였다. 감시 기능은 동료수준 시스템으로 다음 버전에서 주택보안 기능을 사용한다. 주택 소유주와 제어판은 보안 소프트웨어에 필요한 정보를 제공하기도 하고 보안 소프트웨어가 만들어내는 정보를 사용하기도 한다. 마지막으로, 센서는 보안 소프트웨어가 사용하는 것으로 시스템의 하단에 표시하였다.

아키텍처 설계의 일부로서, 그림 13.6에 정의한 각 인터페이스의 내용을 명세해야 한다. 목표 시스템 안팎으로 흐르는 모든 데이터를 이 단계에서 식별해야 한다.

13.6.2 원형 정의

KEY POINT

원형은 아키텍처 설계의 빌딩 블럭들을 추상화 한 것이다.

원형(archetype)은 목표 시스템을 위한 아키텍처 설계에 필수적인 핵심 추상화를 표현하는 클래스 또는 패턴이다. 일반적으로, 비교적 복잡한 시스템 설계에도 비교적 작은 원형 세트가 필요하다. 목표 시스템 아키텍처를 안정적 요소인 원형들로 구성하지만, 시스템의 행위에 따라서 다른 방식으로 시스템 실체를 만들기도 한다.

많은 경우에, 요구사항 모델의 일부로서 정의한 분석 클래스를 조사하여 원형을 도출한다. SafeHome 주택보안 기능으로 설명을 계속하자면 다음과 같은 원형을 정의할 수 있을 것이다.

- **노드** 주택보안 기능의 입력 및 출력요소의 응집도 집합을 나타낸다. 예를 들면, 노드는 (1) 다양한 센서와 (2) 다양한 경보(출력) 표시기로 구성될 수 있다.
- **탐지기** 목표 시스템으로 정보를 투입하는 모든 탐지 장비들을 포괄하는 추상화.
- **표시기** 경보조건 발생을 표시하기 위하여 모든 메커니즘(예: 경보 사이렌, 점멸등, 벨)을 나타내는 추상화.
- **제어기** 노드의 무장 또는 무장해제를 허용하는 메커니즘을 도해하는 추상화. 제어기가 네트워크에 상주하는 경우에는 서로 통신하는 능력을 가질 수 있다.

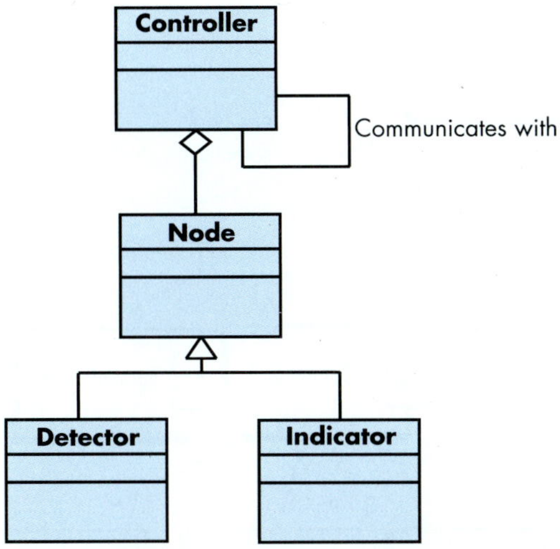

그림 13.7

SafeHome 보안 기능 원형을 보여주는 UML
(원본 [Base00]을 수정함)

이러한 원형들 각각은 그림 13.7과 같이 UML 개념을 사용하여 표현할 수 있다. 원형은 아키텍처의 기초를 형성하지만 아키텍처 설계가 진행되면서 더욱 정제되어야 하는 추상화라는 점을 상기한다. 예를 들면, 탐지기는 센서의 클래스 계층으로 정제될 수 있다.

13.6.3 아키텍처를 컴포넌트로 정제

소프트웨어 아키텍처를 컴포넌트로 정제하면, 시스템의 구조가 보이기 시작한다. 그러나, 이러한 컴포넌트들을 어떻게 선정하는가? 이 질문에 답변하기 위하여 요구사항 모델[6]의 클래스를 이용해야 한다. 분석 클래스는 소프트웨어 아키텍처 안에서 다루어져야 하는 응용프로그램(업무) 도메인 안에 있는 개체를 나타낸다. 그러므로, 응용프로그램 영역은 컴포넌트의 도출 및 정제를 위한 하나의 원천이다. 또 다른 원천은 기반 영역이다. 응용프로그램 영역과는 업무적 관련성은 없지만 아키텍처는 응용프로그램 컴포넌트를 실행 가능하게 하는 기반 컴포넌트들을 수용해야 한다. 예를 들면, 메모리 관리 컴포넌트, 통신 컴포넌트, 데이터베이스 컴포넌트 및 작업관리 컴포넌트 등을 소프트웨어 아키텍처에 통합시켜야한다.

> **Quote**
>
> 소프트웨어 시스템 구조는 코드가 만들어지고 성숙해 가며 사라지는 생태계를 제공한다. 잘 설계한 거주지는 소프트웨어 시스템에 필요한 모든 컴포넌트의 성공적 진화를 가능하게 한다.
>
> R. Pattis

아키텍처 배경도에 표현한 인터페이스(13.6.1절)는 인터페이스를 통해 흐르는 데이터를 처리하는 하나 이상의 전문화된 컴포넌트를 의미한다. 일부 경우(예: 그래픽 사용자 인터페이스), 많은 컴포넌트들을 가진 완전한 하부시스템이 설계되어야 한다.

SafeHome 주택보안 기능 사례를 계속하면, 다음 기능을 다루는 상위 컴포넌트 세트를 정의할 수 있다.

- **외부 통신 관리** 다른 인터넷 기반 시스템 및 외부 경보 통지와 같은 외부 개체와의 보안기능 통신을 조정한다.
- **제어판 처리** 모든 제어판 기능을 관리한다.

6 객체지향이 아닌 전통적 접근법을 택하면 서브프로그램 호출 계층에서 컴포넌트를 뽑아낼수 있다(그림 13.3 참조).

그림 13.8

최상위 수준 컴포넌트로 만든 SafeHome에 대한 전반적 아키텍처 구조

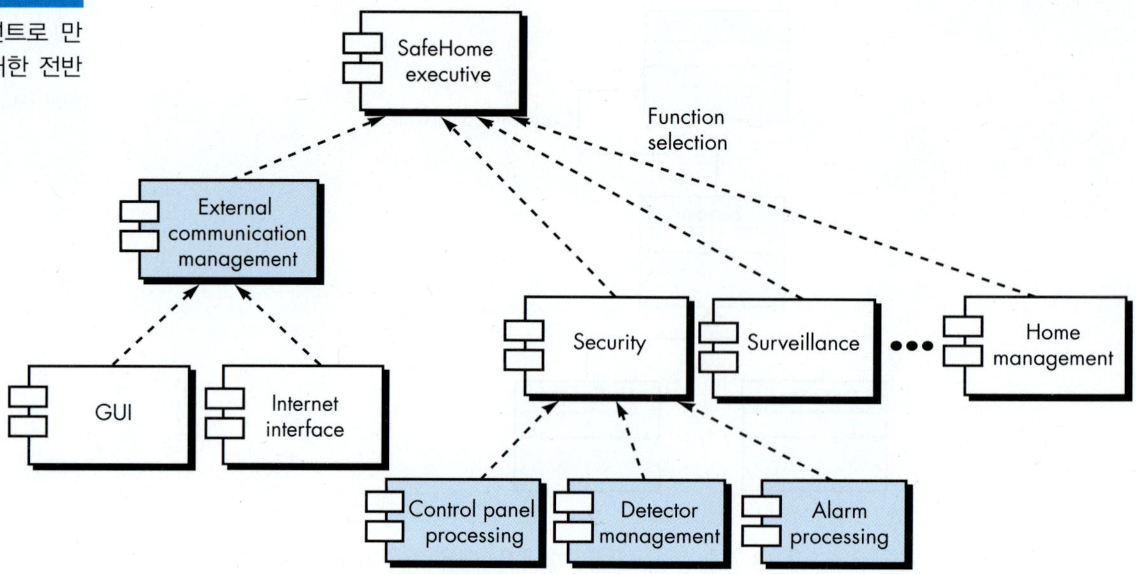

- **탐지기 관리** 시스템에 부착된 모든 탐지기에 대한 접근을 조절한다.
- **경보 처리** 모든 경보 조건을 확인하고 작용한다.

반복적으로 정제하면서 전체적인 SafeHome 아키텍처 안에 상위 컴포넌트들의 자리를 잡아야 한다. 각각에 대해 설계 클래스(적절한 속성 및 연산자 포함)를 정의한다. 그러나, 컴포넌트 수준 설계 단계가 될 때까지는 모든 속성과 연산자의 설계 내용을 명세하는 것이 아님에 주의해야 한다(제14장).

전체적인 아키텍처 구조(UML 컴포넌트 다이어그램으로 표시됨)를 그림 13.8에 제시하였다. SafeHome GUI와 인터넷 인터페이스를 처리하는 컴포넌트로부터 이동할 때 외부 통신관리가 트랜잭션을 처리한다. 적절한 제품 기능(이 경우에는 보안)을 선택하는 SafeHome 운영 컴포넌트가 이 정보들을 관리한다. 제어판 처리 컴포넌트는 주택소유자와 상호작용하여 보안기능을 설정시키거나 해제시킨다. 탐지기 관리 컴포넌트는 경보조건을 탐지하는 센서들을 정기적으로 조사하고 경보처리 컴포넌트는 경보가 탐지될 때 출력을 만들어낸다.

13.6.4 시스템 실현에 대한 설명

지금까지 모델로 구축한 아키텍처 설계는 비교적 상위수준이다. 시스템 환경을 표현하였고, 문제 영역 안에서 중요한 추상화를 나타내는 원형을 정의하였으며, 시스템의 전체적인 구조를 표현하고 주요한 소프트웨어 컴포넌트를 식별하였다. 그러나, 추가적인 정제(모든 설계는 반복적임을 상기한다)가 여전히 필요하다.

이를 달성하기 위하여 아키텍처 실현을 만들어야 한다. 아키텍처 실현을 만들면 아키텍처가 구조 및 컴포넌트가 적절하다는 것을 검증할 수 있고 특정한 문제에 적용할 수 있다는 것을 의미한다.

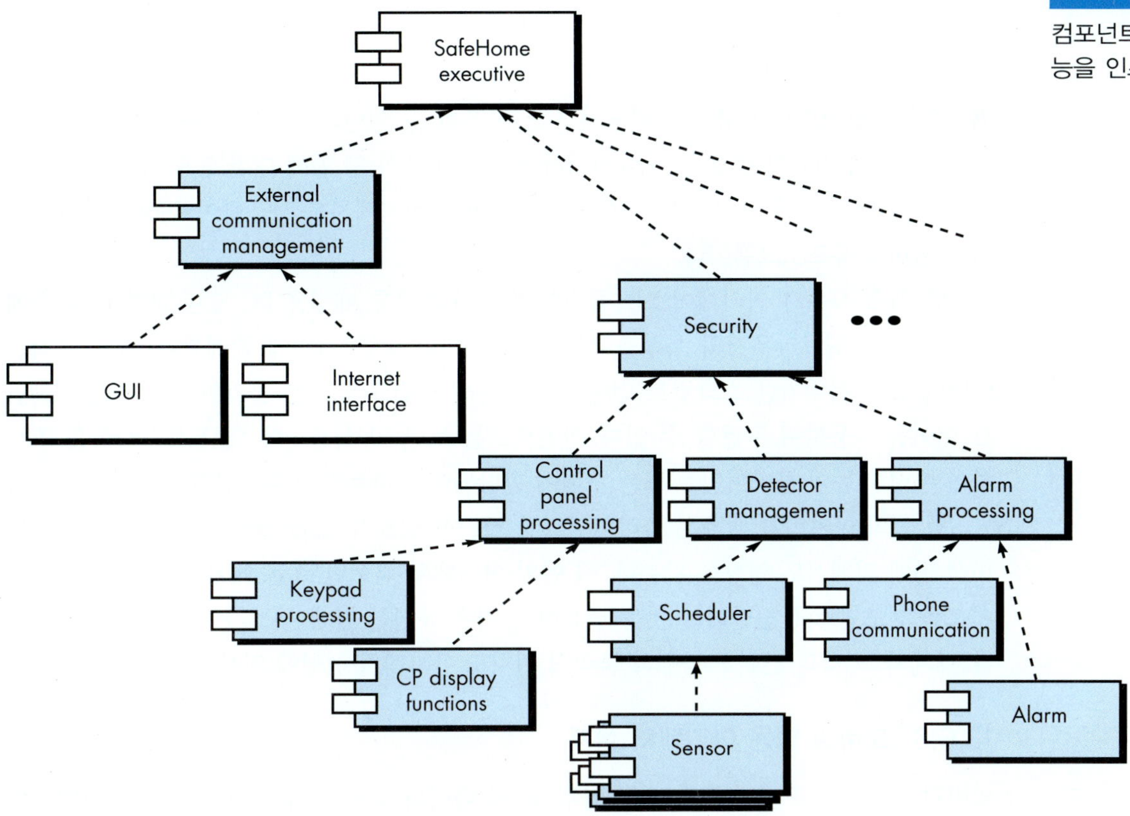

그림 13.9

컴포넌트 정련으로 보안기능을 인스턴스로 만듦

그림 13.9는 보안 시스템을 위한 SafeHome 아키텍처의 실현을 보여주고 있다. 그림 13.8에 정의한 컴포넌트를 정제하여 좀더 많은 정보를 보여주고 있다. 예를 들면, 탐지기 관리 컴포넌트는 보안 시스템이 사용하는 각 센서 객체를 주지적으로 조사하는 기능을 구현하는 스케줄러 인프라 컴포넌트와 상호작용한다. 그림 13.8에 표현된 컴포넌트들 각각에

소프트웨어 도구들

아키텍처 설계

목적: 아키텍처 설계 도구는 컴포넌트 인터페이스, 의존성 및 관계와 상호작용을 표현하여 전체적인 소프트웨어 구조를 모형화한다.

역학: 도구 방식(mechanism)은 달라진다. 대부분의 경우에, 분석 및 설계 모델링을 위한 자동화 도구는 아키텍처 설계 능력을 제공한다.

대표적인 도구:[7]

Synthis Corp.(**www.synthis.com**)가 개발한 *Adalon*은 특정한 웹기반 컴포넌트 아키텍처 설계 및 구축에 전문화된 설계 도구이다.

micro도구 GmbH(**www.microtool.de/objectiF/en/**)가 개발한 *ObjectiF*는 컴포넌트 기반 소프트웨어 엔지니어링으로 수정이 가능한 아키텍처(예: Coldfusion, J2EE, Fusebox)를 유도하는 UML-기반 설계 도구이다(제14장).

Rational(**http://www-01.ibm.com/software/rational/**)이 개발한 *Rational Rose*는 아키텍처 설계의 모든 측면을 지원하는 UML-기반 설계 도구이다.

7 "여기서 언급한 도구는 전체를 다 보증하기 위한 것이 아니고, 이 범위에서 필요한 도구들을 샘플로 소개한 것이다. 대부분의 경우 도구 이름은 개발자들의 의해 상표등록을 한 것이다."

대해 유사한 정제 과정을 수행한다. .

13.6.5 웹 앱용 아키텍처 설계

웹 앱[8]은 일반적으로 사용자 인터페이스 또는 조회 층, 일단의 업무 규칙을 바탕으로, 클라이언트 브라우저와의 정보 흐름을 지시하는 제어기 층과 웹 앱에 대한 업무 규칙도 포함할 수 있는 컨텐츠 또는 모델 층을 포함하는 다중계층 아키텍처를 사용하여 구성하는 클라이언트-서버 응용프로그램이다.

웹 앱용 사용자 인터페이스는 클라이언트 기계(보통 개인용 PC 또는 모바일 장치)에서 가동하는 웹브라우저의 특성을 설계한다. 데이터 층은 서버에 존재한다. 업무 규칙은 PHP와 같은 서버기반 스크립트 언어 또는 자바스크립트와 같은 클라이언트 기반 스크립트 언어를 사용하여 구현할 수 있다. 아키텍트는 보안 및 사용성에 대한 요구사항을 조사하여 어떤 기능이 클라이언트 또는 서버에 할당되어야 하는지를 결정한다.

웹 앱의 아키텍처 설계는 클라이언트가 접근할 필요가 있는 컨텐츠의 구조(선형 또는 비선형)에 의해서도 영향을 받는다. 웹 앱의 아키텍처 컴포넌트(웹 페이지)는 제어가 다른 시스템 컴포넌트에 전달되는 것을 허용하여 매우 유연한 탐색 구조가 가능하도록 설계된다. 매체와 그 밖의 컨텐츠 자원의 물리적 위치도 아키텍처 선정에 영향을 준다.

13.6.6 모바일 앱용 아키텍처 설계

일반적으로 사용자 인터페이스 층, 업무 층 및 데이터 층을 포함한 다중 계층 아키텍처를 사용하여 모바일 앱[9]을 구성한다. 모바일 앱에서는 웹 기반 씬(thin) 클라이언트를 선택할지 리치(rich) 클라이언트를 선택할지 결정해야 한다. 씬 클라이언트로는 모바일 장치에 사용자 인터페이스만 있고 업무 및 데이터 층은 서버에 존재한다. 리치 클라이언트로는 3개의 층 모두가 모바일 장치에 있다.

모바일 장치는 물리적 특성(예: 화면 크기, 입력 장치), 소프트웨어(예: 운영체제, 언어 지원) 및 하드웨어(예: 메모리, 네트워크 연결) 측면에서 서로 다르다. 이들 속성은 각각 선택 가능한 아키텍처 대안들의 방향을 결정. Meier와 그의 동료들[Mei09]은 모바일 앱의 아키텍처 설계에 영향을 줄 수 있는 많은 고려사항을 제시한다. (1) 구축되는 웹 클라이언트 유형(신 또는 리치), (2) 지원되는 장치의 범주(예: 스마트폰, 타블렛), (3) 필요한 연결 정도(간헐적 또는 영속적), (4) 필요한 대역폭, (5) 모바일 플랫폼에 의해 부과되는 제약, (6) 재사용 및 보수성이 중요한 정도, 그리고 (7) 장치 자원 제약(예: 배터리 수명, 메모리 크기, 프로세서 속도)이다.

13.7 아키텍처 설계 대한 평가

소프트웨어 아키텍처 평가에 관한 저술에서, Clements와 그의 동료들[Cle03]은 다음과 같이 기술하고 있다.

8 웹 앱 설계는 제17장에서 더 자세히 설명할 것이다.

9 모바일 앱 설계는 제18장에서 더 자세히 설명할 것이다.

> 솔직히 말하면, 아키텍처는 시스템의 성공에 관한 내기이자 투기이다. 시스템이 요구사항을 충족시키는지 여부를 알기 전에 시스템 완성을 기다리기보다, 승자에 내기를 걸었는지 여부를 미리 아는 것은 멋있지 않을까? 시스템을 구매하거나 개발 대가를 지불하는 경우에 시스템 개발이 올바른 길을 갈 수 있도록 시작했다고 확신하고 싶지 않은가? 당신이 아키텍트라면 당신이 만든 설계가 신뢰할만한 것이어서 밤잠을 푹 잘 수 있도록, 자신의 직관과 경험을 검증할 좋은 방법을 갖고 싶지 않은가?

이 질문들에 대해 답을 갖는 것은 의미 있는 일이다. 설계는 해결해야 하는 문제에 가장 적절한 것을 결정하기 위하여 평가해야 할 여러 가지 아키텍처 대안을 발생시킨다. 다음 단락에서 우리는 아키텍처 설계 대안 평가를 위하여 두 가지 상이한 접근법을 제시한다. 첫 번째 방법은 대화형 방법을 사용하여 설계 상충을 평가한다. 두 번째 접근법은 설계 품질 평가에 준 정량적 기법을 적용한다.

소프트웨어공학연구소(The Software Engineering Institute, SEI)는 소프트웨어 아키텍처에 대해서 반복적인 평가 과정을 수립하는 아키텍처 상충 분석 방법(ATAM: Architecture Tradeoff Analysis Method)을 개발하였다[Kaz98]. 다음설계 분석 활동을 반복적으로 수행한다

1. **시나리오 수립** 사용자 관점으로 시스템을 표현하는 유즈케이스(제8장 및 제9장)를 개발한다.
2. **요구사항, 제약 및 환경 설명을 도출** 요구공학의 일부로도 필요하고 모든 이해당사자 관점을 다루고 있는지 확인하기 위해서 필요하다.
3. **시나리오 및 요구사항을 다루기 위하여 선택한 아키텍처 스타일/패턴을 기술** 다음 아키텍처 관점 중 하나를 사용하여 아키텍처 스타일을 기술해야 한다.
   - **모듈 관점** 컴포넌트에 할당한 업무와 정보 은닉이 달성도 분석
   - **프로세스 관점** 시스템 성능 분석
   - **데이터 흐름 관점** 아키텍처가 기능적 요구사항을 충족시키는 정도 분석
4. **각 속성을 별도로 고려하여 품질 속성을 평가** 검토에 가용한 시간과 품질속성이 해당 시스템에 적합한 정도를 고려하여 분석을 위해 선택한 품질 속성 개수를 결정해야 한다. 아키텍처 설계 평가를 위한 품질 속성은 신뢰성, 성능, 보안성, 보수성, 유연성, 시험성, 이식성, 재사용성 및 상호운영성 등이 있다.
5. **특정한 아키텍처 스타일에 대한 아키텍처 속성에 대해 품질 속성의 민감성을 식별** 이것은 아키텍처에 작은 변화를 만들고 품질속성, 즉 성능이 그 변화에 얼마나 민감한지를 판단하는 것으로 달성될 수 있다. 아키텍처의 변동에 의하여 중대한 영향을 받는 속성은 민감성 지점이라고 한다.
6. **5에서 실시한 민감성 분석을 사용하는 후보 아키텍처(3에서 개발됨)비판** SEI는 이 접근법을 다음과 같은 방법으로 설명하고 있다[Kaz98].

   > 아키텍처 민감성 지점이 결정되면 상쇄점을 찾는 것은 단순히 다수의 속성들이 민감한 아키텍처 요소를 식별하는 것이다. 예를 들면, 클라이언트-서버 아키텍처의 성능은 서버 대

수에 극도로 민감할 수 있다(일부 범위 안에서 서버 대수를 증가시키면 성능이 증가한다). … 그러면 서버 대수가 이 아키텍처에 관련된 상쇄점이다.

이들 6단계가 한번의 ATAM 반복과정이다. 단계 5와 6의 결과를 바탕으로 일부 아키텍처 대안을 제거하거나, 나머지 아키텍처 중 하나 또는 그 이상을 수정하여 보다 상세화 한후, ATAM 단계를 다시 적용할 수 있다.[10]

SafeHome

아키텍처 평가

장면: Doug Miller의 사무실, 아키텍처 설계 모델링이 진행된다.

등장인물: Vinod, Jamie 및 Ed-SafeHome(소프트웨어 엔지니어링 팀의 구성원) Doug Miller(소프트웨어 엔지니어링 그룹의 관리자)

대화

Doug: 난 당신들이 SafeHome 제품을 위한 서로 다른 아키텍처를 도출하고 있는데, 그것이 좋은 일이라는 것을 알아. 이제 내 질문은, 그 중에서 가장 좋은 것 하나를 어떻게 선택할 것이냐? 이거지.

Ed: 저는 호출 및 반환 스타일을 작업하고 있고 그 다음에 Jamie나 제가 객체지향 아키텍처를 도출할거에요.

Doug: 좋아, 그러면 우리가 어떻게 선택하지?

Jamie: 4학년 때 설계에서 컴퓨터공학을 배웠고 그것을 수행하는 많은 방법들이 있다는 것을 기억해요.

Vinod: 그렇죠, 하지만 그것들은 좀 학문적이에요. 보라구요, 저는 우리가 자체 평가를 수행하고 사용 사례와 시나리오를 이용하여 옳은 것을 선택할 수 있다고 생각해요.

Doug: 똑 같은 것 아냐?

Vinod: 아키텍처 평가에 관해 말할 때는 달라요. 우린 이미 일단의 완전한 유스케이스를 갖고 있어요. 그러니까 각각을 두 가지 아키텍처에 적용하고 시스템이 어떻게 반응하고, 유즈케이스 상황에서 컴포넌트와 커넥터가 어떻게 작용하는지 보는거에요.

Ed: 그거 좋은 생각이야. 아무것도 빠뜨리지 말아야 해.

Vinod: 맞아요, 이렇게 하면 아키텍처 설계가 얽히는지, 시스템이 스스로 꽈배기처럼 꼬여서 작업하고 있는지를 파악할 수 있을거예요.

Jamie: 시나리오는 유스케이스의 또 다른 이름인가요?

Vinod: 아니야, 이 경우에 시나리오는 뭔가 다른 것을 의미해.

Doug: 지금 품질 시나리오나 변경 시나리오를 말하는 거야, 맞아?

Vinod: 맞아요. 우리가 할 것은 이해당사자를 찾아가서 SafeHome을 다음 번에, 말하자면 3년 후에 변경할 가능성이 있는지 여부를 묻는 거에요. 그리고 변경 시나리오를 작성하는 거죠. 소프트웨어 아키텍처에서 보고자 하는 속성을 정의하는 품질 시나리오도 개발해야지요.

Jamie: 그리고, 이를 대안들에 적용하는 거지요.

Vinod: 정확해. 유즈케이스와 시나리오를 가장 잘 다루는 양식은 우리가 선택해야지요.

13.7.1 아키텍처 기술 언어

아키텍처 기술 언어(ADL: Architecture Description Language)는 소프트웨어 아키텍처 기술을 위한 의미론과 구문론을 제공한다. Hofmann과 그의 동료들[Hof01]은 ADL이 설계자에게 아키텍처 컴포넌트를 분해하고 개별 컴포넌트를 큰 아키텍처 블록으로 구성하여 컴포넌트들 사이의 인터페이스(연결 메커니즘)를 나타내는 능력을 제공해야 한다고 제시한다. 아키텍처 설계를 위한 서술형 언어기반 기법이 확정되면 설계가 전개됨에 따라서 아키텍처에 대한 효과적인 평가 방법이 확립될 가능성이 크다.

10 소프트웨어 아키텍처 분석기법(SAAM: software architecture analysis method)은 ATAM의 대안 기법으로 아키텍처 분석에 관심있다면 확인해볼 필요가 있다. SAAM에 관한 논문은 www.sei.cmu.edu/publications/articles/saam-metho-propert-sas.html에서 찾아볼 수 있다.

소프트웨어 도구들

아키텍처 기술 언어

Rickard Land[Lan02]은 중요한 많은 ADL을 정리하였으며, 이 책에서는 허락을 받고 포함시켰음을 밝히는 바이다. 목록에 정의한 5개 ADL은 연구 목적으로 개발되었고 상업용 제품이 아님을 유의해야 한다.

xArch(**http://www.isr.uci.edu/projects/xarchuci/**) 소프트웨어 아키텍처를 위한 표준형 확장성 XML-기반 표현.

UniCon(www.cs.cmu.edu/~UniCon)은 "유용하다고 발견한 추상화 개념으로 소프트웨어 아키텍처를 정의하도록 하는 아키텍처 기술언어"이다.

Wright(**www.cs.cmu.edu/~able/wright/**)는 다음 요소들을 포함하고 있는 형식 언어이다. 포트를 가진 컴포넌트, 역할을 가진 커넥터 및 역할을 포트에 부착하는 접착제이다. 아키텍처 스타일은 명제를 가진 언어로 정형화시킬 수 있으므로 정적인 점검을 통해 아키텍처의 일관성과 완전성을 검증할 수 있게 한다.

Acme(**www.cs.cmu.edu/~acme/**)는 2세대 ADL로 볼 수 있고, ADL에 대한 일종의 최소한의 공통분모를 식별하려는 의도로 개발된 언어이다.

UML(**www.uml.org/**)은 프로세스, 노드, 뷰 등과 같이 아키텍처 기술에 필요한 많은 산출물을 포함하고 있다. UML은 단지 널리 받아들여진 표준이라는 점이 아키텍처 기술에 적합하다. 그러나, 적절한 아키텍처 기술에 필요한 충분한 표현력을 갖고 있지 못하다.

13.7.2 아키텍처 검토

아키텍처 검토는 시스템의 품질 요구사항(예: 확장성 또는 성능)을 충족시키고 잠재적 위험성을 식별하고, 소프트웨어 아키텍처의 능력을 평가하기 전문적이면서 기술적 검토 수단이다(제20장). 아키텍처 검토는 설계 문제를 조기에 검출하여 프로젝트 비용을 절감하는 능력을 갖는다.

모든 이해당사자 대표를 포함하는 요구사항 검토와는 달리, 아키텍처 검토는 타 전문가를 포함시킨 소프트웨어 엔지니어링 팀원들로 구성한다. 업계에서 사용되는 가장 흔한 아키텍처 검토 기법은 다음과 같다. 경험 기반 추론[11], 프로토타입 평가, 시나리오 검토(제9장) 및 점검표 사용.[12] 많은 아키텍처 재검토가 프로젝트 생명주기 초기에 이루어지고, 컴포넌트-기반 설계에서 새로운 컴포넌트 또는 패키지를 발견한 후에도 수행한다(제14장). 아키텍처 검토를 수행하는 소프트웨어 엔지니어는 누락된 아키텍처 작업 산출물이 있거나, 작업 산출물의 완성도 자체가 부적절하기 때문에 검토를 완료하기가 어렵다는 점을 경험한다[Bab09].

13.8 습득한 교훈

다양한 필요성과 관점을 가진 사람들과 함께 소프트웨어 시스템을 구축한다. 그러므로, 소프트웨어 아키텍트는 소프트웨어 팀 구성원(과 기타 이해당사자들) 사이에 공감대를 형성

11 경험기반 추론은 소프트웨어 아키텍처와 과거의 유사 시스템을 개발하면서 사용했던 아키텍처와 비교하는 것이다.

12 대표적 점검 목록을 http://www.opengroup.org/architecture/togaf7-doc/arch/p4/comp/clists/syseng.htm에서 찾아볼 수 있다.

WebRef

http://www.sei.cmu.edu/library/abstracts/news-at-sei/01feature200707.cfm에서 소프트웨어 아키텍처 설계 관련 교훈의 예를 볼 수 있다.

하여 최종 소프트웨어 제품에 대한 아키텍처 비전 만들어야 한다[Wri11].

아키텍트들은 아키텍처를 만들면서 시스템의 비기능적 요구사항에 대한 장기적 영향에 초점을 맞춘다. 선임 관리자들은 업무 목표 및 목적의 맥락 안에서 아키텍처를 평가한다. 프로젝트 관리자들은 종종 납기와 예산의 단기 고려사항에 의하여 움직인다. 소프트웨어 엔지니어는 자신들의 기술적 이해와 특징 전달에 중점을 둔다. 선택한 소프트웨어 아키텍처가 다른 대안들에 대해 독특한 장점을 갖는다는 공감대를 형성하는데 이들 각각의 관점들이 기여한다.

WebRef

http://www.infoq.com/articles/ieeepattern-basedarchitecturereviews에서 패턴기반 아키텍처 검토에 대한 논의를 볼 수 있다.

Wright[Wri11]는 몇 가지 결정 분석 및 분해(DAR: Decision Analysis and Resolution) 방법을 사용하여 일부 공동작업 장애물에 대응하는데 도움을 줄 수 있다고 하였다. 이러한 방법은 팀 구성원의 적극적인 참여를 증대시키고 최종 결정에 대한 그들의 수용 가능성을 증가시키는데 도움을 줄 수 있다. DAR 방법은 팀 구성원들이 객관적인 방법으로 다수의 실행 가능한 아키텍처 대안을 고려하는 데 도움을 준다. DAR 방법의 세 가지 대표적인 사례는 다음과 같다.

- 원인 사슬(chain of canses) 이 기법은 팀이 아키텍처 목표나 효과를 정의한 다음 그 목표를 달성시키는 관련 행위들을 표현하는 근본원인분석[13]의 형태이다.
- 이시카와 도표(ishikawa fishbone)[14] 이것은 원하는 아키텍처 목표를 달성하는 데 필요한 가능한 많은 행위 또는 원인을 식별하는 그래픽 기법이다.
- 마인드 맵핑 또는 스파이더 다이어그램[15] 이 다이어그램은 중심적인 키워드, 제약 또는 요구사항 주위에 배치된 단어, 개념, 작업 또는 소프트웨어 엔지니어링 산출물을 표현하는 데 사용된다.

13.9 패턴-기반 아키텍처 검토

소프트웨어 아키텍처에 공식적 기술 검토(제20장)를 적용할 수 있는데, 시스템 품질과 발견못한 오류를 관리하는 수단이며, 불필요한 재작업을 피하는 수단일 수 있다. 그러나, 짧은 구축 주기, 임박한 마감일, 급변하는 요구사항, 또는 소규모 팀이 일반적인 상황에서 패턴-기반 아키텍처 검토(PBAR: Pattern-Based Architecture Review)로 알려진 아키텍처 재검토 프로세스가 최선의 옵션일 수 있다.

PBAR은 아키텍처 패턴[16]과 소프트웨어 품질 속성 사이의 관계를 활용하는 평가 방법이다. PBAR은 모든 개발자들과 그 밖의 관심 있는 이해당사자들을 포함하는 대면식 감사회의이다. 아키텍처, 아키텍처 패턴, 품질 속성 및 응용분야 도메인에 전문지식을 가진 외

13 더 많은 정보를 http://www.thinkreliability.com/Root-Cause-Analysis-CM-Basics.aspx에서 볼 수 있다.

14 더 많은 정보를 http://asq.org/learn-about-quality/cause-analysistools/overview/fishbone.html에서 볼 수 있다.

15 더 많은 정보를 http://mindmappingsoftwareblog.com/5-best-mindmapping-programs-for-brainstorming/에서 볼 수 있다.

16 아키텍처 패턴은 특정 조건이나 제약조건을 갖는 아키텍처 설계 문제에 대한 일반적 해법을 제시한다. 패턴은 16장에서 더 상세하게 다룬다.

부 검토자도 참석한다. 시스템 아키텍트가 주된 설명자이다.

PBAR은 최초 작동 프로토타입 또는 작동하는 뼈대를 완성한 후에 일정을 잡아야 한다.[17] PBAR은 다음과 같은 반복적인 단계들로 이루어진다[Har11].

1. 적절한 유스케이스를 검토하여 시스템에 가장 중요한 품질 속성을 식별하고 논의한다(제9장).
2. 요구사항과 관련하여 시스템 아키텍처의 다이어그램을 논의한다.
3. 검토자들을 도와서 사용한 아키텍처 패턴을 식별하고 시스템 아키텍처와 패턴 구조를 일치시키도록 한다.
4. 아키텍처 및 품질 속성을 조사하고 각 패턴이 시스템의 품질속성에 미치는 영향을 판단할때 기존 문서와 과거 유스케이스를 사용한다.
5. 설계에 사용한 아키텍처 패턴이 발생시키는 모든 품질문제를 식별하고 논의한다.
6. 회의 중 드러난 문제들의 짧은 요약서를 작성하고 작동하는 뼈대를 개정한다.

PBAR은 소규모 애자일 팀에 잘 들어맞으며, 비교적 작은 양의 추가 프로젝트 시간과 노력을 필요로 한다. 짧은 준비 및 검토 시간으로 PBAR은 변화하는 요구사항과 짧은 구축 사이클을 수용할 수 있는 동시에 시스템 아키텍처에 대한 팀의 이해를 증진시키는 데 도움을 줄 수 있다.

13.10 아키텍처 적합성 검사

소프트웨어 프로세스가 설계에서 구축으로 전진함에 따라, 소프트웨어 엔지니어는 구현하고 배포할 시스템이 계획한 아키텍처를 따르고 있음을 보장하는 노력을 기울여야 한다. 정의한 아키텍처를 따르지 않는 일(예: 상충하는 요구사항, 기술적 어려움, 마감일 압력)들이 생긴다. 아키텍처가 정기적으로 적합성 검사를 받지 않으면 통제하지 못한 변경이 아키텍

WebRef

아키텍처 적합성 검사에 대한 개요는 http://www.cin.ufpe.br/~fcf3/Arquitetura%20de%20Software/arquitetura/getPDF3.pdf

소프트웨어 도구들

아키텍처 적합성 도구

Lattix Dependency Manager(http://www.lattix.com/) 구현이 따라야 하는 설계 규칙을 선언하는 간단한 언어를 포함하고 있고 설계 규칙 위반을 탐지하여 이를 의존성-구조 매트릭스로 시각적으로 표현한다.

Source Code Query Languages(http://www.semmle.com/) 아키텍처 제약의 정의 및 점검과 같은 소프트웨어 개발 작업을 자동화하는 데 사용될 수 있고, Prolog와 같은 것을 사용하여 객체지향 시스템의 상속 계층에 관한 반복적 질의를 정의한다.

Reflexion Models(http://www.iese.fraunhofer.de/en/competencies/architecture/tools_architecture. html#contentPar_textblockwithpics) SAVE 도구는 소프트웨어 엔지니어가 시스템의 아키텍처를 포착하는 상위 모델을 구축한 다음 이 모델과 소스코드 사이의 관계를 정의하도록 하는데 사용될 수 있다. SAVE는 모델과 소스코드 사이에 누락되거나 잘못된 관계를 식별한다.

17 비즈니스 케이스에서 가장 우선순위가 높은 기능적 요구사항과 가장 중요한 품질 속성을 지원하는 기준 아키텍처는 스켈레톤이 포함하고 있다.

처 훼손을 일으키고 시스템 품질에 영향을 줄 수 있다[Pas10].

정적 아키텍처 적합성 분석(SACA: Static Architecture Conformance Analysis)은 구현한 소프트웨어 시스템이 아키텍처 모델에 부합하는지 여부를 평가한다. 시스템 아키텍처를 모형화하는데 사용되는 형식화 방법(예: UML)은 시스템 컴포넌트의 정적 구성과 컴포넌트들이 상호작용하는 방법을 제시한다. 프로젝트 관리자가 아키텍처 모델을 사용하여 작업을 계획하고 할당할 뿐만 아니라 구현 진도를 평가한다.

13.11 기민성 및 아키텍처

애자일 개발의 옹호자들은 아키텍처 설계를 "큰 설계에 대한 선행투자"와 동등하다고 본다. 그들의 관점에서 이것은 불필요한 문서화와 불필요한 기능의 구현을 만들어낸다고 본다. 그럼에도, 대부분의 애자일 개발자는 시스템이 복잡할 때(즉, 산출물이 많은 수의 요구사항, 많은 이해당사자 또는 넓은 지리적 분포를 가질 때) 소프트웨어 아키텍처에 초점을 맞추는 것이 중요하다는 점에 동의한다[Fal10]. 이러한 이유로 새로운 아키텍처 설계 활동을 애자일 프로세스 모델에 통합할 필요가 있다.

WebRef

애자일 소프트웨어 프로세스에서 아키텍처의 역할에 대한 논의는 http://msdn.microsoft.com/enus/architecture/ff476940.aspx에서 찾아볼 수 있다

애자일 개발자는 발견한 사용자 스토리 집합을 바탕으로 아키텍처 요소[18]와 구조를 예상해야 하는데(제5장), 이로서 조기에 아키텍처 결정을 내리고 잘못된 아키텍처 선정시 필요한 재작업 또는 직면하는 품질문제를 회피할 수 있다. 아키텍처 프로토타입(예: 작동하는 뼈대)를 생성하고 분명한 아키텍처 작업 산출물을 개발하여 필요한 이해당사자에게 전달함으로써 애자일 팀은 아키텍처 설계 필요성을 만족시킬 수 있다.

애자일 개발은 소프트웨어 아키텍트에게 업무팀 및 기술팀과 긴밀하게 작업하여 양호한 아키텍처 설계 방향을 안내하는 반복적인 기회를 부여한다. Madison[Mad10]은 Scrum, XP 및 순차적 프로젝트 관리의 요소들을 포함하는 혼합형 프레임워크를 사용할 것을 제의한다.[19] 이 프레임워크은 선행 기획에서 아키텍처 방향을 설정하고 바로 스토리보드 작성으로 이동한다[Bro10b].

스토리보드 작성 중에, 아키텍트는 프로젝트에 아키텍처 사용자 스토리를 만들어내고, "스프린트"(작업단위)가 계획할 때 프로젝트 담당자와 함께 업무 사용자 스토리를 가진 아키텍처 스토리를 우선순위화한다. 아키텍트는 스프린트 단위 작업 수행 중 팀과 함께 작업하여, 진화하는 소프트웨어가 계속 높은 아키텍처 품질을 보인다는 것을 보장한다. 품질이 높은 경우에 팀은 혼자 남아서 자체적으로 개발을 계속한다. 그렇지 않은 경우에는 스프린트 단위 작업 수행 기간 동안에 아키텍트가 팀에 합류한다. 스프린트 작업을 완료하여 프로토타입을 스프린트 공식 검토에서 이해당사자에게 제시하기 전에, 아키텍트는 품질에 대해 프로토타입을 검토한다. 잘 가동하는 애자일 프로젝트는 각 스프린트 작업 산출물(아키텍처 문서 포함)을 반복적으로 배포해야 한다. 각 스프린트로 작업에서 만든 산출물과 코드를 검토하는 것은 아키텍처 검토 관점에서 유용한 일이다.

18 아키텍처 기민성에 대한 우수한 논의는 [Bro10a]에서 찾아 볼 수 있다.

19 스트럼과 XP는 애자일 프로세스 모델로 5장에서 다루었다.

책임기반 아키텍처(RDA: Responsible-Driven Architecture)는 아키텍처 의사결정에 초점을 맞춘 프로세스이다. 이것은 아키텍처 결정이 내려져야 하는 시기 및 방법과 프로젝트 팀에서 이를 결정하는 사람이 누군지 정의한다. 기계적으로 의사결정을 하는 사람이 아닌 섬김의 리더로서 아키텍트의 역할을 강조하며, 애자일 철학과 일치한다. 아키텍트는 촉진자로서 행동하고 개발팀이 외부 팀으로부터 이해당사자 우려(예: 업무, 보안, 인프라)를 작업하는 방법에 중점을 둔다.

애자일 팀은 새로운 요구사항이 드러날 때 변경할 수 있는 자유가 필수이다. 아키텍트는 아키텍처의 중요한 부분이 세심하게 고려되었고 개발자가 적절한 이해당사자와 상의했다는 것을 확실히 하기를 원한다. 이러한 두 관점은 연속적인 프로토타입을 완료하고 나서 진화하는 산출물을 문서화하고 승인하는 점진적인 마감이라는 활동을 통해 충족시킬 수 있다[Bla10].

애자일 철학에 부합하는 프로세스를 사용함으로써 애자일 팀이 필요시 의사결정을 내리는 것을 방해하지 않고 마감물에 대한 검증성을 제공한다. 프로젝트 종료시 팀은 완전한 작업 산출물을 확보하고 진화하는 과정에서 아키텍처를 이미 검토하였다.

13.12 요약

소프트웨어 아키텍처는 구축대상 시스템의 전체적인 모습을 제공한다. 이것은 소프트웨어 컴포넌트의 구조와 구성, 그것들의 속성과 그것들 사이의 연결을 표현한다. 소프트웨어 컴포넌트는 프로그램 모듈과 프로그램에 의하여 조작되는 다양한 데이터 표현을 포함하고 있다. 그러므로, 데이터 설계는 소프트웨어 아키텍처 결과물의 일부분이다. 아키텍처는 조기 설계결정을 강조하고 대안 시스템 구조의 이점을 고려하는 메커니즘을 제공한다.

소프트웨어 엔지니어는 주어진 아키텍처 장르 안에서 상이한 많은 아키텍처 스타일과 패턴들을 사용할 수 있다. 각 스타일은 시스템이 필요로 하는 기능을 수행하는 일단의 컴포넌트; 컴포넌트들 사이의 소통, 협조 및 협력을 가능케 하는 커넥터, 컴포넌트가 통합되어 시스템을 구성할 수 있는 방법을 정의하는 제약사항, 그리고 설계자가 시스템의 전체적인 속성을 이해하도록 해주는 의미적 모델을 포괄하는 시스템 범주를 기술한다.

일반적인 생각으로 아키텍처 설계는 네 가지 독특한 단계를 사용하여 달성된다. 첫째, 시스템은 처한 환경으로 표현한다. 즉, 설계자는 소프트웨어가 상호작용하는 외부 객체와 상호작용의 성격을 정의해야 한다. 환경을 정의하면, 설계자는 원형이라고 하고 시스템의 행위 또는 기능의 중추적 요소를 나타내는 일단의 상위 추상화 기능을 식별해야 한다. 추상화를 정의한 후 설계를 시작하여 구현 도메인에 가깝게 발전시킨다. 컴포넌트들을 식별하고 이를 지원하는 아키텍처의 환경 안에서 표현한다. 끝으로, 아키텍처의 구체적인 실현체를 개발하여 실세계 상황에 맞춰 설계를 "입증한다."

유행하는 애자일 방법으로부터 도출한 기법을 활용하는 혼합형 아키텍처 설계를 적용하면 아키텍처 설계와 애자일 방법은 공존할 수 있다. 아키텍처를 개발하면 이를 평가하여 업무 목표, 소프트웨어 요구사항 및 품질 속성과의 적합성을 보장할 수 있다.

문제와 생각할 점

13.1 주택 또는 건물의 아키텍처를 비유로 사용하여 소프트웨어 아키텍처와의 비교를 묘사하라. 전통적인 분야들과 소프트웨어 아키텍처는 어떻게 유사한가? 그것들이 어떻게 다른가?

13.2 13.3.1절에서 지적된 아키텍처 스타 각각에 대한 3~4가지 응용프로그램 사례를 제시하라.

13.3 13.3.1절에서 지적된 아키텍처 스타일의 일부는 성격상 계층적이고 다른 것들은 그렇지 않다. 각각의 유형 목록을 만들어라. 계층적이 아닌 아키텍처 스타일은 어떻게 구현되는가?

13.4 아키텍처 스타일, 아키텍처 패턴 및 프레임워크(이 책에서 논의되지 않음)라는 용어는 종종 소프트웨어 아키텍처를 논의할 때 직면한다. 일부 연구를 들고 이러한 용어 각각이 대응되는 것과 어떻게 다른지 기술하라.

13.5 친숙한 응용프로그램을 하나 선택한다. 13.3.3절에서 제어와 데이터에 대해 제기된 질문의 각각에 답변하라.

13.6 ATAM를 연구하고([Kaz98] 사용) 13.7.1절에 제시된 6가지 단계의 내용을 제시하라.

13.7 그렇게 하지 않았으면 문제 9.5를 완료하라. 이 장에 기술된 설계 접근법을 사용하여 PHTRS에 대한 소프트웨어 아키텍처를 개발하라.

13.8 13.1.4절로부터 아키텍처 결정 서식을 사용하여 문제 13.7에 개발된 PHTRS 아키텍처에 대한 아키텍처 결정 중 하나를 문서화하라.

13.9 익숙한 모바일 응용프로그램을 하나 선택하고 13.4절로부터 아키텍처 고려사항(경제성, 가시성, 간격, 대칭성, 긴급성)을 사용하여 평가하라.

13.10 문제 13.7에 대해 생성한 PHTRS 아키텍처의 장단점을 열거하라.

13.11 문제 13.7에 대해 생성한 소프트웨어 PHTRS 아키텍처에 대한 종속성 구조 매트릭스[20]를 작성하라.

13.12 제5장에서 애자일 프로세스 모델을 골라서 포함된 아키텍처 설계 활동을 식별하라.

추가 읽을거리와 정보 소스

지난 10년 간 소프트웨어 아키텍처에 관한 서적은 많았다. Varma(*Software Architecture: A Case Based Approach*, pearson, 2013)은 적용 사례 중심으로 아키텍처를 소개하였다. Bass와 동료들에 의한 책(*Software Architecture in Practice*, 3판, Addison-Wesley, 2012)와 Gorton(*Essential Software Architecture* 2판, Springer, 2011), Rozanski and Woods(*Software Systems Architecture*, 2nd ed., Addison-Wesley, 2011), Eeles and Cripps(*The Process of Software Architecting*, Addison-Wesley, 2009), Taylor와 그의 동료가 쓴 (*Software Architecture*, Wiley, 2009), Reekie and McAdam(*A Software Architecture Primer*, 2nd ed., Angophora Press, 2006),

20 DSM에 대한 정보를 얻을 수 있는 좋은 시작점은 위키피디어로 주소는 **http://en.wikipedia.org/wiki/Design_structure_matrix**이다.

and Albin(*The Art of Software Architecture*, Wiley, 2003)은 도전적 주제를 다룬 책으로 의미가 있다.

Buschman과 그의 동료가 (*Pattern-Oriented Software Architecture*, Wiley, 2007)과 Kuchana (*Software Architecture Design Patterns in Java*, Auerbach, 2004) 쓴 책은 패턴을 중심으로 아키텍처 설계를 다루고 있다. Knoernschilf(*Java Application Architecture: Modularity Patterns with Examples Using OSGi* , Prentice Hall, 2012), Rozanski and Woods(*Software Systems Architecture*, 2nd ed., Addison-Wesley, 2011), Henderikson(*12 Essential Skills for Software Architects*, Addison-Wesley, 2011), Clements과 동료가 쓴 (*Documenting Software Architecture: View and Beyond*, 2nd ed., Addison-Wesley, 2010), Microsoft(*Microsoft Application Guide*, Microsoft Press, 2nd ed., 2009), Fowler(*Patterns of Enterprise Application Architecture*, Addison-Wesley, 2003), Bosch [Bos00], Hofmeister과 동료가 쓴 [Hof00] 책들은 소프트웨어 아키텍처를 심도있게 다루고 있다.

Hennesey and Patterson(*Computer Architecture*, 5th ed., Morgan-Kaufmann, 2011)는 소프트웨어 아키텍처 사안들을 정량적으로 다루고 있다. Clements과 동료들은 (*Evaluating Software Architectures*, Addison-Wesley, 2002) 아키텍처 대안의 평가 방법과 가장 적합한 아키텍처 선정을 다루고 있다.

구현 중심의 책들로는 특정 개발 환경에서 아키텍처 설계를 다루는 책들이 있다. Erl(*SOA Design Patterns* , Prentice Hall, 2009)과 Marks과 Bell(*Service-Oriented Architecture*, Wiley, 2006) 은 고객이 정의한 요구사항과 처리 환경과 비즈니스 환경을 연결하는 설계 방법을 다루고 있다. Bambilla et al.(*Model-Driven Software Engineering in Practice*, Morgan Claypool, 2012) 과 Stahl 의 동료들은 (*Model-Driven Software Development*, Wiley, 2006) 도메인 중심의 모델링 접근법에서의 아키텍처를 다루고 있다. Radaideh 과 Al-ameed(*Architecture of Reliable Web Applications Software*, IGI Global, 2007) 웹 앱에 적합한 아키텍처를 고려하였다. Esposito(*Architecting Mobile Solutions for the Enterprise*, Microsoft Press, 2012) 모바일 응용에 적합한 아키텍처를 설명하고 있다. Clements와 Northrop(*Software Product Lines: Practices and Patterns*, Addison-Wesley, 2001)소프트웨어 제품라인에 적합한 아키텍처를 다루고 있다. Shanley(*Protected Mode Software Architecture*, Addison-Wesley, 1996) PC 기반 실시간 운영 시스템, 다중처리 운영체제 또는 디바이스 드라이버 설계를 위한 아키텍처 설계 지침을 제공하고 있다.

ACM과 다른 기관이 지원하는 학회 발표집(*Proceedings of the International Workshop on Software Architecture*)에 다양한 소프트웨어 아키텍처 논문이 실리고 있고, 일반 소프트웨어 공학 학회 발표지(*Proceedings of the International Conference on Software Engineering*)에도 실리고 있다.

아키텍처 설계에 대한 다양한 정보를 인터넷에서 얻을 수 있고, SEPA 웹 사이트 www.mhhe.com/pressman에서 아키텍처에 관한 최신 정보를 얻을 수 있다.

14 CHAPTER

컴포넌트-수준 설계

주요 개념

응집도
컴포넌트
개조
분류
합성, 조립
적격성
웹앱
컴포넌트 기반 개발
컨텐츠 설계
결합도
의존 역전 원칙
재사용을 위한 설계
설계 지침
도메인 공학
인터페이스 분리 원칙
리스코프 치환 원칙
객체지향 관점
개방-폐쇄 원칙
프로세스 관련
전통적 컴포넌트
전통적 견해

아키텍처 설계의 최초 반복을 완료한 후에 컴포넌트 수준 설계를 시작한다. 이 단계에서, 소프트웨어의 전체적인 데이터 및 프로그램 구조를 확립한다. 이 단계 목적은 설계 모델을 운용 소프트웨어로 변환하는 것이다. 설계모델의 추상화 수준은 상대적으로 높고, 운용 프로그램의 추상화 수준은 낮기 때문에 변환은 까다롭다. 소프트웨어 개발 공정 후반부 단계에서 찾아서 시정하기 어려운 민감한 오류가 만들어지는 계기가 될 수 있다. 소프트웨어 설계에 대한 이해의 폭을 넓혀준 Edsgar Dijkstra는 다음과 같이 강의하였다 [Dij72].

> 고품질이 고가를 의미하는 다른 많은 제조 제품과 소프트웨어는 차이가 있다. 정말로 신뢰성 있는 소프트웨어를 원하는 사람들은 시작할 때는 주요 오류가 회피하는 방법을 찾아야 하고, 프로그래밍 과정이 더 저렴해지길 바라고.. 효과적인 프로그래머는… 디버깅하는 데 시간을 소비하지 않아야 하고 시작부터 결함을 만들어 내지 말아야 한다.

오래전에 발표한 글이지만 오늘날에도 유효하다. 설계 모델을 소스코드로 변환할 때는 변환을 수행할 뿐만 아니라 "시작부터 버그를 유발하지" 않아야 한다는 설계 원칙들을 따라야 한다.

QUICK LOOK

이것은 무엇인가? 아키텍처 설계 중 소프트웨어 컴포넌트들 목록을 완전하게 정의했다. 각 컴포넌트의 내부 자료 구조와 처리방법을 코드에 가까운 추상화 수준으로 표현하지 않았다. 컴포넌트 수준 설계는 각 소프트웨어 컴포넌트에 할당되는 자료구조, 알고리즘, 인터페이스 특성 및 교류 메커니즘을 정의한다.

누가 수행하는가? 컴포넌트 수준 설계는 소프트웨어 엔지니어가 수행한다.

왜 중요한가? 소프트웨어를 구축하기 전에 설계가 작동할 것인지 여부를 판단할 수 있어야 한다. 설계가 정확한지 다른 설계 표현과 일관성을 유지하고 있는지를 검토할 수 있도록 소프트웨어를 표현한다(즉, 데이터, 아키텍처 및 인터페이스 설계). 자료구조, 인터페이스 및 알고리즘이 작동할 것인지 여부를 판단하는 방법을 제공한다.

어떤 단계들이 있는가? 데이터, 아키텍처 및 인터페이스의 설계 표현이 컴포넌트 수준 설계를 위한 토대이다. 각 컴포넌트에 대한 클래스 정의 또는 처리 방법에 대한 설명문을 상세설계로 변환한다. 상세 설계는 내부 자료구조, 내부 인터페이스 내용 및 처리 논리를 그림 형태나 문자 형태로 표현한 것이다. 설계 표기법은 UML 다이어그램과 보충 형식을 포함한다. 구조적 프로그래밍 요소를 사용하여 절차적 설계를 명세한다. 새로운 것을 구축하기 보다는 기존의 재사용 가능한 소프트웨어 컴포넌트를 얻는 것이 가능하다.

작업 산출물은 무엇인가? 그래픽, 표 또는 문자 기반 표기법으로 설계한 컴포넌트 수준 설계 산출물이 일차적인 작업 산출물이다.

작업이 옳게 수행되었다는 것을 어떻게 확인하는가? 설계 검토를 실시한다. 설계를 조사하여 자료구조, 인터페이스, 처리 순서 및 논리적 조건이 정확하고 초기설계 단계 중 컴포넌트에 할당된 적절한 데이터 또는 제어 변형을 산출할 것인지 여부를 판단한다.

14.1 컴포넌트는 무엇인가?

컴포넌트는 컴퓨터 소프트웨어에 대한 모듈형 구성 블록이다. *OMG Unified Modeling Language* 사양서[OMG03a]에서는 컴포넌트를 "구현을 포괄하고 일단의 인터페이스를 노출시키는 시스템의 모듈, 배포가능 및 교체가능 요소"라고 정의하였다.

제13장에서 논의한 것처럼, 컴포넌트는 소프트웨어 아키텍처에 속해 있으면서, 결과적으로 구축할 시스템의 목적과 요구사항을 달성하는 역할을 수행한다. 컴포넌트는 소프트웨어 아키텍처를 구성하기 때문에, 다른 컴포넌트와 소프트웨어 경계 밖에 존재하는 엔티티(예: 기타 시스템, 장치, 인원)와 교류하고 협업해야 한다.

컴포넌트라는 용어에 대한 의미가 소프트웨어 엔지니어의 관점에 따라서 다르다. 다음 단락에서는 컴포넌트가 무엇인지, 설계모델을 만들어가면서 컴포넌트를 사용할 세 가지 견해를 소개한다.

> **Quote**
> 복잡한 것이 복잡한 것이 아니다. 설계를 만들고 있을 뿐이다.
> Charles Eames

14.1.1 객체지향 견해

객체지향 소프트웨어 엔지니어링에서, 컴포넌트는 여러 개의 협업 클래스들이다.[1] 컴포넌트 안에 정의한 클래스는 충분히 상세화 하였기 때문에 구현에 적절한 모든 속성과 연산을 포함하고 있다. 설계를 정련하면서, 클래스가 다른 설계 클래스와 어떻게 교류하고 어떻게 협업할지를 인터페이스로 정의해야 한다. 이를 위해 분석 모델로부터 시작해서 분석 클래스(문제 분야에 관련된 컴포넌트에 대한) 및 인프라 클래스(문제 분야에 지원 서비스를 제공하는 컴포넌트에 대한)를 정련한다.

> **KEY POINT**
> 객제지향 관점에서, 컴포넌트는 협력하는 클래스들의 집합이다.

설계 정련 과정을 설명하기 위하여 인쇄소용 소프트웨어를 생각해보자. 소프트웨어 목적은 계산대에서 고객 요구사항을 수집하고 인쇄작업 비용을 산정한 다음, 자동화 생산시설로 작업을 전달하는 것이다. 요구공학 중 **PrintJob**라는 분석 클래스를 식별하였다. 분석 중 정의한 속성과 연산은 그림 14.1의 상단에 표시해두었다. 아키텍처 설계 중, 소프트웨어 아키텍처 내부의 컴포넌트로 **PrintJob**를 정의하고 그림의 중간 오른쪽에 있는 컴포넌트 UML 표기법[2]을 사용하여 표현했다. **PrintJob**은 작업 비용산정 능력을 제공하는 computeJob과 작업을 생산시설에 전달하는 initiateJob이라는 2개의 인터페이스를 갖고 있음을 기억하자. 컴포넌트 박스의 왼쪽에 표시된 "막대사탕" 기호로 이들을 표시했다.

이 지점에서 컴포넌트 수준 설계를 시작한다. 구현에 지침을 제공할 정도의 충분한 정보를 제공하도록 컴포넌트 PrintJob의 내용을 정제해야 한다. 컴포넌트 **PrintJob**를 구현하는데 필요한 모든 속성과 연산을 구체화하도록 분석 클래스를 정제해야 한다. 그림 14.1의 하단 오른쪽 부분을 참조하면, 정제한 설계 클래스 **PrintJob**이 좀더 상세한 속성정보뿐만 아니라 컴포넌트 구현에 필요한 연산에 대한 설명을 확장하였음을 알 수 있다. 인터페이스인 compute-Job과 initiateJob은 다른 컴포넌트(여기에 표시되지 않았음)와 교류 및 협업을 의미한다. 예를 들면, 연산 *computePageCost( )*(computeJob 인터페이스의 일부)는 작업 가

> **ADVICE**
> 분석 모델링과 설계 모델링은 모두 반복적 활동임을 기억하자. 원 분석 클래스를 정련하는 것은 추가적 분석일을 필요로 하고 이어 설계 모델링 작업을 통해 정련한 설계 클래스를 표현해야 한다.

1 어떤 경우, 컴포넌트는 단일 클래스만 일 수 있다.

2 UML 기호에 익숙하지 않다면 부록 1을 참조할 것.

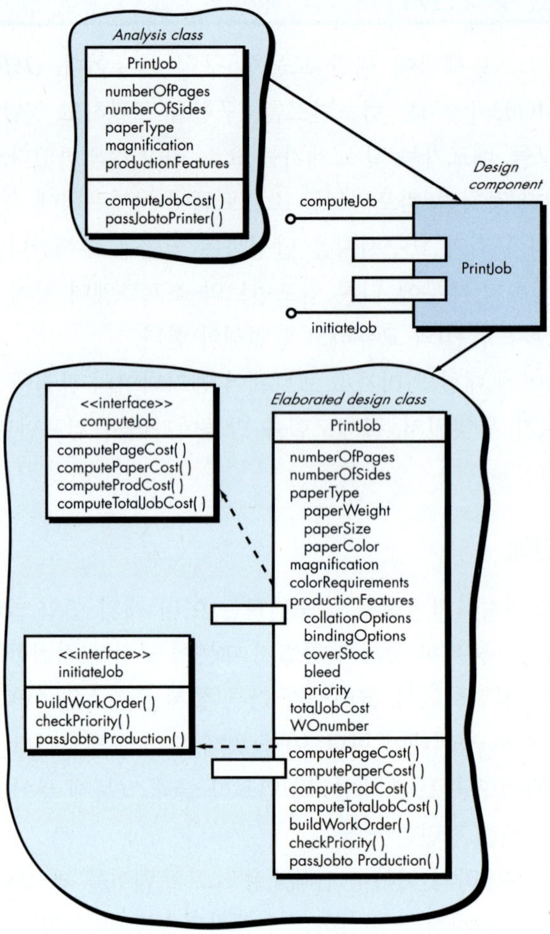

그림 14.1
설계 컴포넌트 정련

격산정 정보를 포함하고 있는 **PricingTable** 컴포넌트와 협업할 수 있다. *checkPriority( )* 연산(initiateJob 인터페이스의 일부)은 **JobQueue** 컴포넌트와 협업하여 현재 산출을 기다리는 작업의 유형과 우선순위를 결정할 수 있다.

이러한 정련 활동은 아키텍처 설계의 일부로 정의한 모든 컴포넌트에 적용된다. 이 작업을 완료하면 속성, 연산 및 인터페이스에 추가적인 정련을 수행한다. 각 속성에 적절한 자료구조를 지정해야 한다. 또한, 각 연산에 관련된 처리 논리를 구현하는 데 필요한 알고리즘 내용을 설계한다. 이러한 절차적 설계활동은 이 단원의 나중에 다루도록 한다. 마지막으로, 인터페이스를 구현하는 데 필요한 메커니즘을 설계한다. 객체지향 소프트웨어에 대해서, 이것은 시스템 내부 객체들 사이의 효과적인 교류에 필요한 모든 메시징 설명을 포함한다.

14.1.2 전통적인 견해

전통적인 소프트웨어 엔지니어링 관점에서, 컴포넌트는 처리 로직을 통합하는 프로그램,

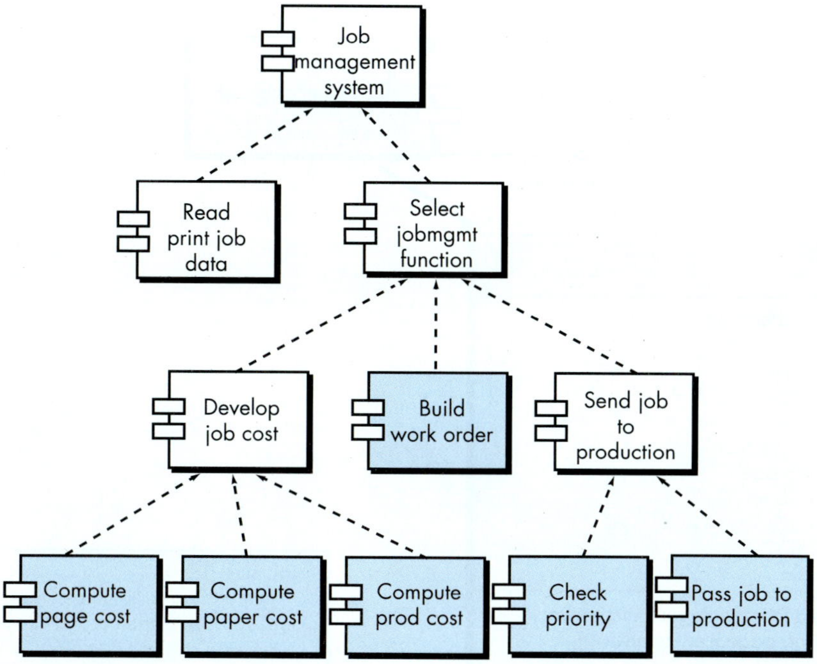

그림 14.2
전통적 시스템 견해에서의 구조도

처리 로직을 구현하는 데 필요한 내부 자료구조, 컴포넌트 호출 및 데이터 전달을 가능케 하는 인터페이스로 이루어진 기능적 요소이다. 모듈이라고도 하는 전통적인 컴포넌트는 소프트웨어 아키텍처 내부를 구성하며 다음 세 가지 중요한 역할 중 하나를 수행한다. (1) 문제영역에 존재하는 다른 모든 컴포넌트의 호출을 조정 제어 컴포넌트, (2) 고객이 요구하는 완전한 또는 부분적인 기능을 구현하는 문제영역 컴포넌트, 또는 (3) 문제영역에 필요한 처리를 지원하는 기능을 담당하는 인프라 컴포넌트이다.

> **Quote**
> 동작하는 복잡한 시스템은 이미 동작하는 단순한 시스템을 진화해서 만들어진 것임을 발견할 수 있다.
> John Gall

객체지향 컴포넌트와 마찬가지로, 전통적 소프트웨어 컴포넌트도 분석 모델로부터 도출한다. 그러나, 이 경우에 분석모델의 컴포넌트 정련 요소가 컴포넌트를 도출하는 기준 역할을 한다. 컴포넌트 계층에 표현된 각 컴포넌트는 모듈 계층으로 맵핑된다(13.6절).

제어 컴포넌트(모듈)는 계층의 상부(프로그램 아키텍처)에 있고 문제영역 컴포넌트는 계층의 하부에 위치하는 경향이 있다. 효과적인 모듈화를 달성하기 위하여 컴포넌트가 정련됨에 따라서 기능적 독립성(제12장)과 같은 설계 개념을 적용한다.

컴포넌트 설계 정련 과정을 전통적 견해로 설명하기 위하여 다시 한번 인쇄소용 소프트웨어를 생각해보자. 도출한 계층적 아키텍처를 그림 14.2에 표시해두었다. 각 박스는 소프트웨어 컴포넌트를 나타낸다. 음영표시 상자는 14.1.1절에서 설명한 **PrintJob** 클래스에 정의한 연산과 동일한 기능이다. 이 경우에 각 오퍼레이션을 호출 가능한 별도 모듈로 표현했다. 다른 모듈은 제어 처리에 사용되므로 제어 컴포넌트이다.

그림 14.2의 각 모듈은 컴포넌트 수준 설계 과정에서 정련된다. 모듈 인터페이스를 분명하게 정의한다. 즉, 인터페이스를 통하여 흐르는 각 데이터 또는 제어 객체를 표현한다. 모듈 내부에서 사용하는 자료구조를 수정한다. 목적하는 기능을 달성하기 위해 모듈이 필

그림 14.3

ComputePageCost에 대한 컴포넌트 수준 설계

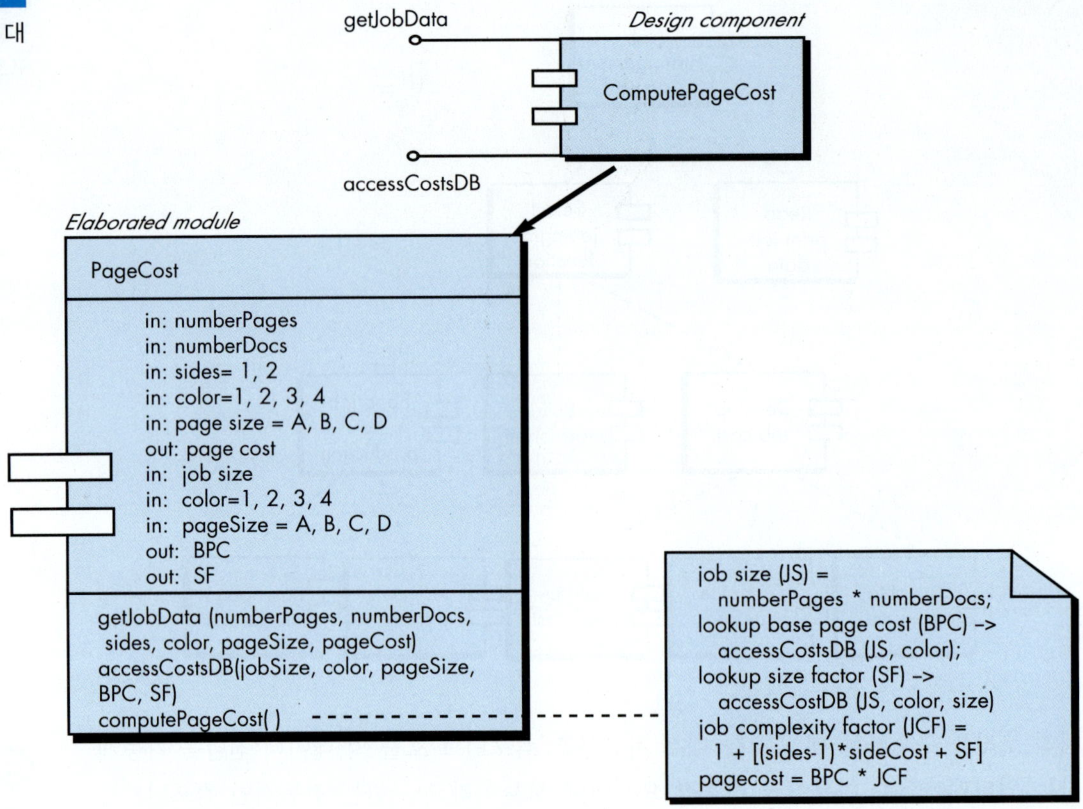

ADVICE

각 소프트웨어 컴포넌트를 정련하면서 중심은 특정 자료구조와 절차적 설계로 옮겨간다. 그러나 컴포넌트와 여러 컴포넌트를 위한 전역 자료구조를 포함하는 것이 아키텍처임을 잊지 말아야 한다.

요한 알고리즘은 제12장에서 정의한 단계적 정련 접근법을 사용하여 설계한다. 모듈의 행위는 상태 다이어그램을 사용하여 표현하기도 한다.

이 과정을 설명하기 위하여, 모듈 ComputePageCost를 생각해보자. 이 모듈의 의도는 고객이 제공하는 명세서를 바탕으로 페이지당 인쇄비용을 계산하는 것이다. 이 기능을 수행하는데 필요한 데이터는 **문서의 페이지수, 생산되는 문서의 총수, 단면 또는 양면 인쇄, 색상 요구사항 및 크기 요구사항**이다. 모듈의 인터페이스를 통하여 ComputePageCost에 이러한 데이터를 전달한다. ComputePageCost는 이러한 데이터를 사용하여 작업의 크기와 복잡성을 바탕으로 하는 페이지 원가를 결정한다(인터페이스를 통해 모든 데이터를 모듈로 전달한다). 페이지 원가는 작업의 크기와 반비례하고 작업의 복잡성과 정비례한다.

그림 14.3은 수정판 UML 표시법을 사용하여 컴포넌트 수준 설계를 나타낸다. ComputePageCost 모듈은 적절한 모든 데이터가 컴포넌트로 전달되도록 하는 모듈 getJobData과 모든 인쇄 원가를 포함하는 데이터베이스 접근을 가능케 하는 데이터베이스 인터페이스인 accessCostsDB를 호출하여 데이터에 접근한다. 설계가 계속됨에 따라서 ComputePageCost 모듈을 정련하여 알고리즘 내용과 인터페이스 내용을 제공한다(그림 14.3). 상세한 알고리즘은 그림에 표시한 의사코드를 사용하거나 UML 활동 다이어그램으로 표시할 수 있다. 인터페이스는 입출력 데이터 객체 또는 항목의 집합으로 표현한다. 컴포넌트를 구축하는데 필요한 지침을 제공할 때까지 설계 정련을 계속해야 한다.

14.1.3 프로세스 관련 견해

14.1.1절과 14.1.2절에 제시한 컴포넌트 수준 설계에 대한 객체지향 견해 및 전통적 견해는 컴포넌트를 처음부터 설계한다고 가정한다. 즉, 요구모델로부터 도출한 명세를 바탕으로 새 컴포넌트를 생성해야 한다. 물론 또 다른 접근법이 있다.

과거 30년에 걸쳐서 소프트웨어 엔지니어링 공동체는 기존의 소프트웨어 컴포넌트 또는 설계 패턴을 활용하는 시스템 구축 필요성을 강조해왔다. 설계를 진행하면서 설계 또는 코드 수준에서 입증된 컴포넌트 목록을 만들어간다. 이러한 컴포넌트는 재사용성을 염두에 두고 만들었기 때문에 그 인터페이스, 그것이 수행하는 기능 및 필요로 하는 교류와 협업에 대한 완전한 설명을 모두 이용할 수 있다. 우리는 컴포넌트 기반 소프트웨어공학(CBSE)의 일부 중요한 측면을 나중에 14.6절에서 논의한다.

Info

컴포넌트기반 표준 및 프레임워크

CBSE의 성공이나 실패에 연결되는 핵심 요소들 중 하나는 미들웨어라고도 부르는 컴포넌트 기반 표준을 사용할 수 있는지 여부이다. 미들웨어는 문제영역 컴포넌트가 네트워크를 통해 또는 복잡한 시스템 안에서 서로 교류하도록 해주는 인프라 컴포넌트의 집합이다. 소프트웨어 프로세스로서 컴포넌트 기반 개발을 사용하는 소프트웨어 엔지니어는 다음 표준 중에서 선택할 수 있다.

OMG CORBA-www.corba.org/

Microsoft COM-
http://www.microsoft.com/com/default.mspx

Microsoft .NET-
http://msdn.microsoft.com/enus/netframework/default.aspx

Sun JavaBeans-
http://www.oracle.com/technetwork/java/javaee/ejb/index.html

표시된 웹사이트는 이러한 중요 미들웨어 표준에 관한 사용지침, 백서. 도구 및 일반 자원의 광범위한 배치를 제시한다.

14.2 클래스 기반 컴포넌트 설계

앞에서 지적한 것처럼, 요구모델(제9~11장)의 일부로서 개발한 정보되고 아키텍처 모델(제13장)의 일부로서 표시된 정보에 의존한다. 객체지향 소프트웨어 엔지니어링 접근법이 선택되는 경우에, 컴포넌트 수준 설계는 분제 분야 특정 클래스의 정련과 요구모델에 포함된 인프라 클래스의 정의 및 재정제에 초점을 맞춘다. 이러한 클래스가 사용하는 속성, 연산 및 인터페이스의 상세설명은 건설 활동의 전구체로서 요구되는 설계내용이다.

14.2.1 기본 설계 원칙

컴포넌트 수준 설계에는 4가지 기본 설계 원칙을 적용하며 객체지향 소프트웨어 엔지니어링 적용 시 널리 채택되고 있다. 이러한 원칙의 적용에 대한 근본적인 동기는 변화에 좀더 순종적인 설계를 생성하고 변경사항 발생시 부작용 확산을 감소시키는 것이다.

그림 14.4

Detector의 OCP 표현

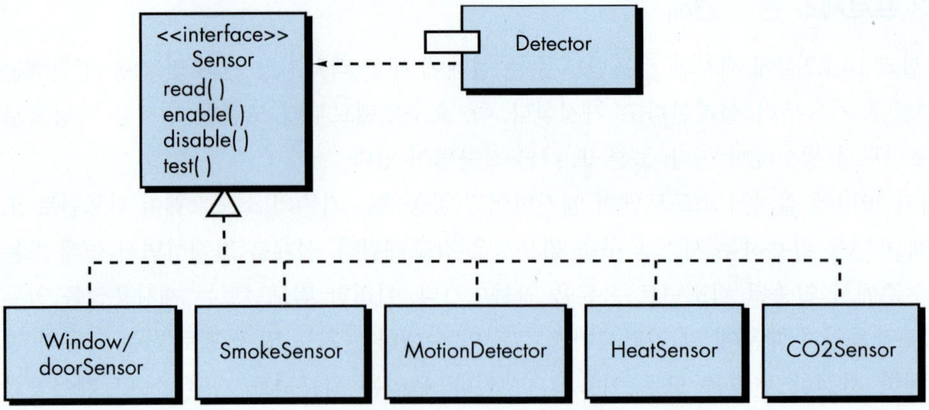

개방-폐쇄 원칙(OCP: Open-Closed Principle) **"모듈[컴포넌트]은 확장을 위해 개방되어 있어야 하고, 수정에는 폐쇄적이어야 한다."**[Mar00] 이 문구는 모순처럼 보이지만 좋은 품질의 컴포넌트 수준 설계를 위한 가장 중요한 특성 중 하나이다. 컴포넌트 내부(코드 또는 논리 수준)는 수정할 필요 없이 확장이 가능하도록 (그것이 다루는 기능분야 안에서) 컴포넌트를 명세해야 한다. 이를 달성하기 위하여 확장 가능성이 있는 함수와 설계 클래스 자체 사이에 완충 역할을 하는 추상화를 만든다.

SafeHome[9]

작동하는 OCP

장면: Vinod의 방.

등장인물: Vinod와 Shakira(SafeHome 소프트웨어 엔지니어링 팀의 구성원)

대화

Vinod: 내가 방금 Doug[팀 관리자]으로부터 전화를 받았어. 그는 마케팅이 새로운 센서 추가를 원한다고 말해.

Shakira (실실 웃으며): 다시는 안돼, 이런!

Vinod: 맞아. 그리고 친구들이 제시하는 것을 넌 믿을 수 없을껄.

Shakira: 놀랍군.

Vinod (웃으면서): 그들은 이것을 강아지 불안 감지 센서라고 해.

Shakira: 그게 뭔데?

Vinod: 이것은 아파트나 콘도 또는 서로 가깝지 않은 집에 애완동물을 놔둔 사람들을 위한 것이야. 개가 짖기 시작하지. 이웃들이 화가 나서 이의를 제기하지. 이 센서에서 개가 더욱 짖으면 센서는 전화로 1분 동안 집주인을 호출하는 특수경보 모드를 설정하지.

Shakira: 날 놀리는 거지, 맞지?

Vinod: 아니야. Doug는 보안 기능에 이를 추가하는데 얼마의 시간이 소요되는지 알고 싶어해.

Shakira (잠시 생각한다): 오래걸리지는 않아. 이것 봐. [Vinod 그림 14.4를 본다] 우리는 실제 센서 클래스를 센서 인터페이스로 분리시켰어. 우리가 강아지 불안 감지 센서에 대한 명세를 추가하는 것은 식은죽 먹기야. 해야 할 유일한 일은 적절한 컴포넌트…. 응, 그것을 위한 클래스를 생성하는 것이야. Detector 컴포넌트에는 전혀 변경이 없어.

Vinod: 그러면 내가 Doug에게 별일 아니라고 말하지.

Shakira: Doug를 알잖아, 그는 우리가 그 일에 집중하도록 하고 다음 배포까지는 강아지 불안 감지 센서를 인도하지 않을 꺼야.

Vinod: 나쁘진 않지만 그가 그렇게 하기를 원한다면 넌 이제 구현할 수 있어?

Shakira: 그래, 우리가 인터페이스를 설계한 방법이 내가 번거롭지 않게 그 일을 하게 할 거야.

Vinod (잠시 생각한다): 개방-폐쇄 원칙 들어본 적 있어?

Shakira (으쓱하며): 그것은 들어본 적 없어.

Vinod (웃으면서): Not a problem.

예를 들면, SafeHome 보안 함수가 각 유형의 보안 센서의 상태를 점검해야 하는 **Detector** 클래스를 사용한다고 가정해보자. 시간이 흐르면서 보안 센서의 유형수는 증가할 것이다. 내부 처리 로직이 각각 상이한 센서 유형을 처리하기 위해 조건문(if-then-else)으로 구현했다면 새로운 센서 유형을 추가하려면 내부 처리 로직 변경(또 다른 if-then-else 조건문)을 필요로 한다. 이것이 OCP의 위반이다.

Detector 클래스에 대해서 OCP를 달성하는 하나의 방법은 그림 14.4에 표현하였다. 센서 인터페이스는 탐지기 컴포넌트에 센서에 대한 일관된 뷰를 제시한다. 새로운 센서 유형을 추가하는 경우라도 **Detector** 클래스(컴포넌트)에는 변경이 필요하지 않다. OCP는 보존된다.

Liskov 치환 원칙(LSP: Liskov Substitution Principle) **"서브클래스는 그것의 기본 클래스로 치환이 가능해야 한다."**[Mar00] 본래 Barbara Liskov [Lis88]가 제안한 이 설계 원칙은 기본 클래스를 사용하는 컴포넌트에 기본 클래스로부터 도출한 하위 클래스를 대신 전달하더라도 기능을 계속 제대로 수행해야 한다고 주장하였다. LSP는 기본 클래스와 이를 사용하는 컴포넌트 사이에 이루어진 계약을 기본 클래스로부터 도출된 클래스가 받아들여야 한다는 주장이다. 이 논의에서는 "계약"은 컴포넌트가 기본 클래스를 사용하기 전에 만족해야 하는 전제조건이고 컴포넌트가 기본 클래스를 사용한 후에 만족해야 하는 사후조건을 의미한다. 파생 클래스를 생성할 때는 그것들이 전제조건과 사후조건을 충족시키는 것을 확인하도록 해야 한다.

의존관계 역전 원칙(DIP: Dependency Inversion Principle) **"추상화에 의존하라. 구체화에 의존하지 마라."**[Mar00] OCP를 설명할 때 확인 한 것처럼 설계가 큰 문제없이 확장할 수 있는 원칙은 추상화이다. 컴포넌트가 다른 구체적 컴포넌트에 많이 의존할수록(인터페이스와 같은 추상화보다), 확장을 더 어렵게 한다.

ADVICE

설계안을 제시하고 코드를 만들어 내고 있을때, 코드가 완전히 굳은 상태로 변화할 수 없는 것이라고 생각하다면 DIP를 위배하고 있음을 기억하라.

인터페이스 분리 원칙(ISP: Interface Segregation Principle) **"많은 클라이언트 고유의 인터페이스가 하나의 범용 인터페이스보다 좋다."**[Mar00] 서버 클래스에 의해 제공되는 연산을 사용하는 클라이언트 컴포넌트가 많은 것이 일반적이다. ISP는 주요한 클라이언트 군 별로 이에 필요한 전용 인터페이스를 생성하라고 제안한다. 특정 클라이언트 군에 적절한 연산만 모아서 인터페이스로 명세해야 한다. 여러 클라이언트가 동일한 오퍼레이션을 필요로 한다면, 각각을 전용 인터페이스에 명세 한다.

예를 들어, SafeHome 보안 및 감시 기능에 사용되는 **FloorPlan** 클래스를 고려해보자(제10장). 보안 기능에 대해서, **FloorPlan**은 구성활동 중에만 사용되며, 평면도로부터 센서를 배치, 전시, 그룹화 및 제거하기 위해 연산자 *placeDevice*( ), *showDevice*( ), *groupDevice*( ) 및 *removeDevice*( )를 사용한다. SafeHome 감시 기능은 보안을 위해 명세한 4개의 연산을 사용하지만 카메라를 관리하는 특수 연산자 *showFOV*( ) 및 *showDeviceID*( )도 필요로 한다. 그러므로, ISP는 SafeHome 기능으로부터 클라이언트 컴포넌트가 이에 대해 정의된 전용 인터페이스를 가져야 한다고 제의한다. 보안용 인터페이스에는 연산자 *placeDevice*( ), *showDevice*( ), *groupDevice*( ) 및 *removeDevice*( ) 만을 포함시킨다. 감시용 인터페이스는

KEY POINT

재사용을 위해 컴포넌트를 설계하려면 좋은 기술적 설계보다 더 많은 것을 필요로 한다. 효과적 형상 제어 기법(29장에서 다룸)도 필요하다.

showFOV( ) 및 *showDeviceID*( )와 함께 연산자 *placeDevice*( ), *showDevice*( ), *groupDevice*( ) 및 *removeDevice*( )를 통합한다.

컴포넌트 수준 설계 원칙은 유용한 지침을 제공하지만, 컴포넌트 자체는 허무하게 존재하지 않는다. 많은 경우에 개별 컴포넌트 또는 클래스는 하부시스템 또는 패키지로 이루어진다. 이 패키징 활동이 어떻게 발생해야 하는지 궁금한 것은 당연하다. 설계를 진행하면서 컴포넌트를 어떻게 구성해야 하는가? Martin[Mar00]은 컴포넌트 수준 설계에 적용되는 추가적인 패키징 원칙을 제의한다. 이러한 원칙들을 이어서 설명한다.

릴리스/재사용 등가 원칙(REP: The Release Reuse Equivalency Principle) **"재사용의 단위는 릴리스의 단위이다."**[Mar00]. 클래스 또는 컴포넌트가 재사용을 위해 설계되는 경우에 재사용가능 개체의 개발자와 이를 사용할 사람 사이에 암묵적인 계약이 설정된다. 개발자는 사용자가 서서히 최신버전으로 업그레이드하는 동안 개체의 구형 버전을 지원하고 유지하는 릴리스 제어 시스템을 제정할 것을 약속한다. 각 클래스를 개별적으로 언급하는 대신 재사용가능 클래스는 새로운 버전 출시시 관리와 통제가 가능한 패키지로 그룹화하는 것이 종종 바람직하다.

공통 폐쇄 원칙(CCP: Common Closure Principle) **"함께 변하는 클래스는 함께 속해 있다."**[Mar00] 클래스는 응집력있게 패키지되어야 한다. 즉, 클래스가 설계의 일부로 패키지될 때는 동일한 기능 혹은 작동 분야를 언급해야 한다. 해당 분야의 일부 특성이 변해야 하는 경우에 패키지 안의 이러한 클래스들만 수정을 필요로 할 가능성이 크다. 이는 좀 더 효율적인 변경제어 및 릴리스 관리를 유도하게 한다.

공통 재사용 원칙(CRP: Common Reuse Principle) **"함께 사용하지 않는 클래스는 함께 그룹화하지 말아야 한다."**[Mar00]. 패키지를 가진 하나 또는 그 이상의 클래스가 변하는 경우에 패키지의 릴리스 번호도 변화한다. 변경된 패키지에 의존하는 그 밖의 모든 클래스 또는 패키지는 현재 해당 패키지의 가장 최신판으로 갱신해야 하고, 테스트를 하여 새로운 릴리스가 아무 문제없이 동작했다는 것을 확인해야 한다. 클래스가 응집도 있게 그룹화되지 않으면 패키지 안의 다른 클래스와 관계를 갖지 않은 클래스를 변경하는 것이 가능하다. 이것은 불필요한 통합과 테스트를 촉발한다. 이러한 이유로 함께 재사용되는 클래스만 패키지 안에 포함되어야 한다.

14.2.2 컴포넌트 수준 설계 지침

14.2.1절에서 논의된 원칙에 추가하여 컴포넌트 수준 설계가 진행함에 따라서 일단의 실용적인 설계지침을 적용할 수 있다. 이러한 지침은 컴포넌트, 그것의 인터페이스와 결과적인 설계에 영향을 미치는 독립성 및 상속성에 적용된다. Ambler[Amb02b]는 다음 지침을 제시한다.

?
컴포넌트에 이름을 지을 때 고려할 사항은 무엇인가?

컴포넌트 아키텍처 모델의 일부로서 지정되고 컴포넌트 수준 모델의 일부로서 검토되고 정련된 컴포넌트에 대한 명명 규약이 제정되어야 한다. 아키텍처 컴포넌트 명칭은 문제

분야로부터 도출되어야 하고 아키텍처 모델을 보는 모든 이해당사자들에게 의미를 가져야 한다. 예를 들면, 클래스 명칭 **FloorPlan**은 기술적 배경과 무관하게 이를 읽는 모든 사람에게 의미가 있다. 한편, 인프라 컴포넌트 또는 정련된 컴포넌트 수준 클래스는 구현에 특정한 의미를 반영하도록 명명되어야 한다. 연결된 목록이 **FloorPlan** 구현의 일부로서 관리되어야 하는 경우, 연산자 manageList( )는 비기술자가 이를 오해하더라도 적절하다고 하겠다.[3]

상세한 설계 수준에서 컴포넌트의 본질을 식별하는 데 도움을 주도록 고정관념을 사용할 수 있다. 예를 들면, ≪infrastructure≫는 내부구조 컴포넌트를 식별하는데 사용할 수 있고, ≪**데이터베이스**≫는 하나 또는 그 이상의 설계 클래스 또는 전체 시스템에 기여하는 데이터베이스를 식별하는데 사용할 수 있으며, ≪**테이블**≫은 데이터베이스 내부의 테이블을 식별하는 데 사용할 수 있다.

인터페이스 인터페이스는 교류와 협업에 관한 중요한 정보를 제공한다(뿐만 아니라 OPC 달성을 도와준다). 그러나, 인터페이스의 자유로운 표현은 컴포넌트 다이어그램을 복잡하게 하는 경향이 있다. Ambler[Amb02c]는 다음과 같이 권고한다. (1) 인터페이스의 막대사탕 표현은 다이어그램이 복잡하게 성장할 때 보다 정형적인 UML 박스 및 점선 접근법 대신 사용되어야 하고, (2) 일관성을 위하여, 인터페이스는 컴포넌트 박스의 왼쪽으로부터 흘러야 한다. (3) 다른 인터페이스가 가용한 경우에도 고려대상 컴포넌트에 해당하는 인터페이스만 나타내야 한다. 이러한 권고사항은 UML 컴포넌트 다이어그램의 시각적 성격을 단순화하기 위한 것이다.

의존과 상속 더 나은 가독성을 위하여 의존은 왼쪽으로부터 오른쪽으로 모형화하고, 상속은 아래로부터(파생된 클래스) 위로(기본 클래스) 모형화하는 것은 좋은 생각이다. 또한, 컴포넌트의 상호의존은 컴포넌트대 컴포넌트 의존성 표현 보다는 인터페이스를 통하여 표현되어야 한다. OCP의 철학을 따르면 시스템을 보다 유지보수할 수 있도록 하는 데 도움이 될 것이다.

14.2.3 응집도

제12장에서 우리는 응집도를 컴포넌트의 "외길"으로 기술했다. 객체지향 시스템에 대한 컴포넌트 수준 설계의 문맥 안에서, 응집도는 컴포넌트 또는 클래스가 서로 간에 그리고 클래스 또는 컴포넌트 자체에 대해서 밀접하게 관련되는 속성과 연산만을 포함한다는 것을 암시한다. Lethbridge와 Laganiére[Let01]는 다수의 응집도 유형(응집도 순서대로 열거됨)을 정의한다.[4]

기능적 주로 연산에 의해 표현되는 이 응집도 수준은 모듈이 하나의 유일한 계산을 수행하고 하나의 결과만을 돌려줄 때 발생한다.

---

3 마케팅 부서나 고객 조직으로 부터 누군가가 상세설계를 검토하자고 하는 일은 거의 없다.

4 일반적으로 응집도가 높을 수록 컴포넌트 구현, 테스트, 유지보수가 쉽다.

그림 14.5

응집도 레이어

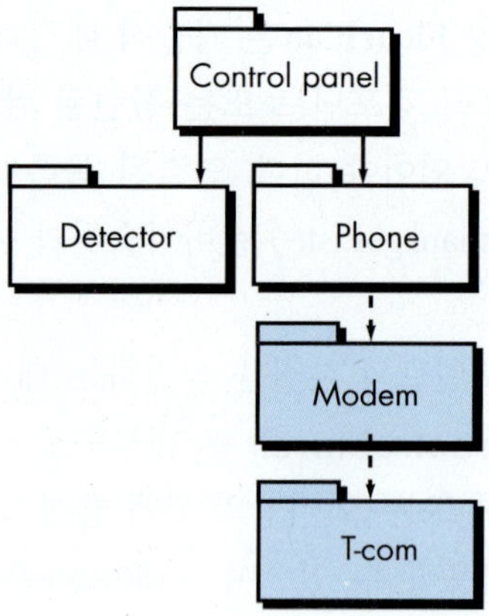

ADVICE

여러 수준의 응집도를 이해한다고 해도, 컴포넌트를 설계할 때 일반적 개념을 인식하는 것이 중요하다. 가능하면 높은 수준의 응집도를 유지할 것.

레이어 패키지, 컴포넌트 및 클래스에 의해 표현되는 이 유형의 응집도는 상위 층은 하위층의 서비스에 접근하지만 하위층은 상위층을 접근하지 않을 때 발생한다. 예를 들어, 경보가 전송될 경우에 발신전화를 거는 SafeHome 보안 기능 요구사항을 고려해보자. 그림 14.5와 같이 일단의 계층적 패키지를 정의하는 것이 가능할 것이다. 음영표시된 패키지는 인프라 컴포넌트를 포함하고 있다. 접근은 제어판 패키지 하향으로 일어난다.

교류 동일한 데이터에 접근하는 모든 작동은 하나의 클래스 내에서 정의된다. 일반적으로, 그러한 클래스는 찾고자하는 데이터, 그 해당 데이터에 접근하고 저장하는데에만 초점을 맞춘다.

기능적, 레이어 및 교류 응집도를 보이는 클래스와 컴포넌트는 구현, 테스트 및 유지관

SafeHome

작동하는 응집도

장면: Jamie의 방.

등장인물: Jamie와 Ed(감시 기능에 작업하고 있는 SafeHome 소프트웨어 엔지니어링 팀의 구성원)

대화

Ed: camera 컴포넌트의 1차분 설계를 갖고 있어.

Jamie: 신속하게 살펴볼까?

Ed: 그래. 하지만, 실제로 난 무엇인가 네 의견을 원해. (Jamie는 그에게 계속하라는 제스처를 한다.)

Ed: 우린 본래 camera에 대한 5개의 연산을 정의했어. 보라구. *determineType( )*은 나에게 카메라 유형을 말해줘. *translateLocation( )*은 카메라를 평면도에서 움직이도록 해주고. *displayID( )*는 카메라 ID를 얻어서 이를 카메라 아이콘 근처에 표시하고. *display View( )*은 카메라 시야를 그래픽으로 표시해주고. *display Zoom( )*은 카메라 확대를 그래픽으로 보여주지.

Ed: 난 각각을 별도로 설계했고 그것들은 꽤 단순한 연산이야. 그래서, 난 모든 디스플레이 연산을 *displayCamera( )*라는 하나의 연산으로 결합하는 것은 좋은 생각일 수 있다고 생각해. 이것은 ID, 영상 및 줌을 보여줄꺼야. 어떻게 생각해?

Jamie (찡그린 표정으로): 그렇게 좋은 생각인지 잘 모르겠어.

Ed (찌푸린 얼굴로): 왜? 이러한 모든 사소한 연산들은 골치 아프게 할거야.

Jamie: 그것들을 결합하는 문제는 응집도를 상실한다는 거야. 알잖아, *displayCamera( )* 연산은 한 가지

일만 하는 게 아니잖아.

Ed (약간 짜증나서): 그래서 뭐? 전체가 100 소스라인 미만일거야. 그게 구현하기가 더 쉬울거야.

Jamie: 그러면, 마케팅에서 시야를 나타내는 방법을 변경하기로 결정한다면 어쩔건대?

Ed: 난 그럼 *displayCamera*( ) 연산으로 건너 뛰어서 모드를 만들꺼야.

Jamie: 부작용은 어떻게 하고?

Ed: 무슨 뜻이야?

Jamie: 자, 변경을 했지만 우발적으로 ID 표시와 관련된 문제를 일으킨다고 해봐.

Ed: 난 그렇게 엉성하게 안 해.

Jamie: 아마 그렇지 않겠지. 일부 지원인원이 지금부터 2년 후에 모드를 만들어야 한다면, 그는 그 연산과 네가 한 것을 이해하지 못할 수 있고, 누가 알아, 그가 엉성할지.

Ed: 그래서, 넌 반대해?

Jamie: 네가 설계자야. 그것은 네 결정이야. 낮은 응집도의 결과를 이해해야 해.

Ed (잠시 생각하고): 아마도 우리는 별도 디스플레이 연산을 택해야 할거야.

Jamie: 잘 생각했네.

리가 비교적 용이하다. 가능하다면 이러한 응집도 수준을 달성하도록 노력해야 한다. 그러나, 실용적 설계 및 구현 문제는 간혹 낮은 수준의 응집도를 선택하도록 강요한다는 점을 유의하는 것이 좋다.

14.2.4 결합도

분석과 설계에 관한 앞선 논의에서 우리는 교류와 협업이 객체지향 시스템의 필수적인 요소라는 점을 지적했다. 그러나, 이러한 중요한(그리고 필요한) 특성에는 어두운 면이 있다. 교류 및 협업의 양이 증가함에 따라서(즉, 클래스 사이의 "결합도"가 증가함에 따라서), 시스템의 복잡성도 증가한다. 그리고, 복잡성이 증가함에 따라서 소프트웨어의 구현, 시험 및 유지관리도 어려워진다.

> **ADVICE**
> 각 소프트웨어 컴포넌트를 정련하면서 중심은 특정 자료구조와 절차적 설계로 옮겨간다. 그러나 컴포넌트와 여러 컴포넌트를 위한 전역 자료구조를 포함하는 것이 아키텍처 임을 잊지 말아야 한다.

결합도는 클래스가 서로 연결되는 정도의 정성적 척도이다. 클래스(및 컴포넌트)가 더욱 상호의존적이 되면 결합도가 증가한다. 컴포넌트 수준 설계에서 중요한 목적은 결합도를 가능하면 낮게 유지하는 것이다.

클래스 결합도는 자신을 다양한 방법으로 나타낼 수 있다. Lethbridge와 Laganiére [Let01]는 다양한 결합도 범주를 정의한다. 예를 들면, 컨텐트 결합도는 하나의 컴포넌트가 "또 다른 컴포넌트에 내부에 있는 데이터를 몰래 수정할 때 발생한다."[Let01] 이것은 정보 은닉, 즉 기본설계 개념을 위반한다. 제어 결합도는 연산자 *A*( )가 연산자 *B*( )를 호출하여 B에 제어 플래그를 전달할 때 발생한다. 제어 플래그는 B 내부의 논리적 흐름을 "지시한다." 이 형식의 결합도에서의 문제는 B와 관련되지 않은 변경이 A가 전달하는 제어 플래그의 의미를 변경할 수 있다는 점이다. 이것이 간과되는 경우에는 오류가 발생한다. 외부 결합도는 컴포넌트가 인프라 컴포넌트(예: 운영체제 기능, 데이터베이스 능력, 통신 기능)와 교류하거나 협업할 때 발생한다. 이런 유형의 결합도는 필요하지만 시스템 내부의 작은 수의 컴포넌트나 클래스로 제한되어야 한다. 소프트웨어는 내외부로 교류해야 한다. 그러므로 결합도는 어쩔 수 없는 현실이다. 그러나, 설계자는 가능할 때마다 결합도를 낮추도록 노력하고 높은 결합도를 회피할 수 없을 때는 그 파생되는 결과를 인지하고 있어야 한다.

SafeHome

작동하는 결합도

장면: Shakira의 방.

등장인물: Vinod와 Shakira(보안 기능 작업을 하고 있는 SafeHome 소프트웨어 엔지니어링 팀의 구성원)

대화

Shakira: 이전에 내가 대단한 아이디어라고 생각한 것이 있었어. 나중에 생각해보니 별로 대단한 것이 아닌 것 같아 결국 그 생각을 지웠지만 네 생각을 알고싶어.

Vinod: 정말로. 무슨 아이디언데?

Shakira: 글쎄, 센서들이 각각 어떤 종류의 경보조건을 인식하는 거야, 맞지?

Vinod (웃으면서): 그게 바로 우리가 그것을 센서라고 부를 수 있는 이유야, Shakira.

Shakira (격분하여): 빈정대는거야, Vinod, 넌 대인관계를 개선해야해.

Vinod: 말 다했어?

Shakira: 그래, 어쨌든, 내 생각은…. 각 센서 객체 안에 OutgoingCall 컴포넌트와 직접 협업하는, 말하자면 OutgoingCall 컴포넌트에 대한 인터페이스와 협업하는 makeCall( )라는 연산을 생성하는 게 어때.

Vinod (수심에 잠겨서): 네 말은 Control-Panel이나 다른 컴포넌트로부터 협업이 발생하게 하는 것보다?

Shakira: 그래. 하지만 그러면, 내 말은 모든 센서 객체가 OutgoingCall 컴포넌트에 연결되고 외부 세계와 간접적으로 결합된다는 의미지. 그리고…. 글쎄, 방금 그것은 일을 복잡하게 만들고 있는 것 같아.

Vinod: 동의해. 이 경우에는 센서 인터페이스가 ControlPanel로 정보를 전달하게 하고 그것이 외부 통화를 시작하게 하는 것이 좋은 아이디어야. 그 밖에, 상이한 센서들이 상이한 전화번호로 걸 수 있어. 넌 정보가 변하는 경우 센서가 그 정보를 저장하기를 원치 않아?

Shakira: 뭔가 석연치 않네.

Vinod: 결합도에 대한 설계 지식으로는 옳지 않은 것 같아.

Shakira: 아무래도 좋아.

14.3 컴포넌트 수준 설계 수행

> **Quote**
> 내게 더 많은 시간이 있다면, 더 짧게 편지를 쓸 수 있다.
> Blaise Pascal

이 장의 앞부분에서 컴포넌트 수준 설계가 본질적으로 다듬을 수 있는 것이라고 언급했다. 요구모델과 아키텍처 모델에서 얻은 정보를 설계 표현으로 변환하여 구축(코딩 및 시험) 활동에 필요한 충분한 지침을 제공할 수 있어야 한다. 객체지향 시스템에 적용할 수 있는 컴포넌트 수준 설계에 적용할 수 있는 작업들은 다음과 같다.

단계 1. 문제영역에 해당하는 모든 설계 클래스를 식별한다. 요구모델과 아키텍처 모델을 사용하여 각 분석 클래스 및 아키텍처 컴포넌트를 14.1.1절에 정의한 방법으로 정제한다.

> **ADVICE**
> 객체지향 환경에서 일하지 않는다면, 초기 3단계는 분석 모델에서 정의한 데이터 객체와 처리 함수 정제에 집중하면 된다.

단계 2. 인프라 영역에 해당하는 모든 설계 클래스를 식별한다. 요구모델에는 인프라 영역에 속한 클래스를 정의하지 않으면 아키텍처 모델에도 정의하지 않지만, 이제 기술할 시점이 되었다. 언급한 것처럼, 인프라 영역에 속한 클래스와 컴포넌트는 GUI 컴포넌트(종종 재사용가능 컴포넌트로서 사용 가능함), 운영체제 컴포넌트와 객체 및 데이터 관리 컴포넌트를 포함한다.

단계 3. 재사용 가능한 컴포넌트로 획득하지 못한 모든 설계 클래스를 정제한다. 정련은 클래스를 구현하기에 필요한 인터페이스, 속성 및 연산자를 상세하게 기술하는 것을 요구한다. 이 작업을 수행할 때 설계 경험지식(예: 컴포넌트 응집도 및 결합도)을 고려해야 한다.

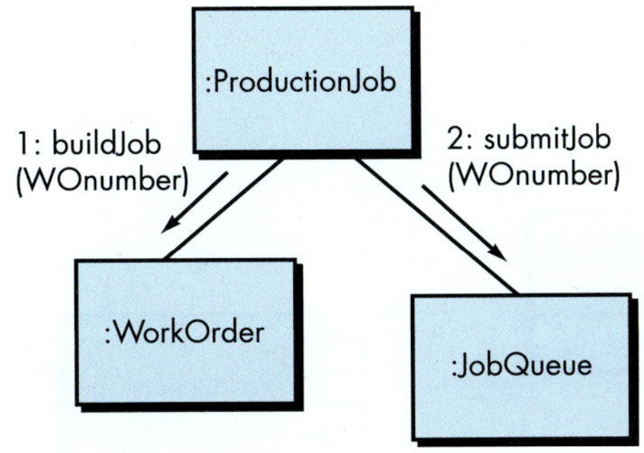

그림 14.6

메시지를 포함한 협업다이어그램

단계 3a. 클래스 또는 컴포넌트가 협업할 때 메시지를 명세한다. 요구모델은 협업 다이어그램을 활용하여 분석 클래스들이 어떻게 서로 협업하는지 보여준다. 컴포넌트 수준 설계가 진행되면, 시스템 내부 객체 사이에 전달되는 메시지 구조를 명세하여 이러한 협업의 내용을 보여주는 것이 유용하다

그림 14.6은 앞에서 논의한 인쇄 시스템에 대한 간단한 협업 다이어그램을 보여주고 있다. 3개의 객체 **ProductionJob**, **WorkOrder** 및 **JobQueue**는 협업하여 생산 흐름에 제출할 인쇄 작업을 준비한다. 그림에서 화살표로 표시된 객체들 사이에서 메시지를 전달한다. 요구모델을 구축하는 중에 그림에서 보인 것처럼 메시지를 명세한다. 설계가 진행되면서 다음과 같은 방법으로 각 메시지의 구문을 확장하여 정제한다.[Ben02]

[보호 조건] 순차 표현 (반환값) := 메시지 명 (인수 목록)

[보호 조건]은 객체제약언어(Object Constraint Language, OCL)[5]로 작성하며 메시지 전송 전에 충족해야 하는 조건을 지정하고; **순차 표현**은 메시지 전송 순서를 표현하는 번호(또는 그 밖의 순서 지시자, 3.1.2)이고, **(반환값)**은 메시지에 의해 호출된 연산자가 돌려주는 정보 유형이고; **메시지 명**은 호출 연산자 이름이며, **(인수 목록)**은 연산자에 전달되는 속성의 목록이다.

단계 3b. 각 컴포넌트에 적절한 인터페이스를 식별한다. 컴포넌트 수준 설계의 문맥 안에서, UML 인터페이스는 외부에 공개한 (즉, 공개) 연산자 그룹이다. 이 인터페이스는 내부 구조를 포함하고 있지 않으며, 속성, 연결관계도 갖지 않는다." [Ben02] 좀더 공식적으로 말하면, 인터페이스는 설계 클래스 사이의 연결을 제어하는 추상 클래스와 동일하다. 그림 14.1은 인터페이스 정제를 보이고 있다. 본질적으로는, 설계 클래스에 정의한 연산자는 하나 이상의 추상 클래스로 나눌 수 있다. 추상 클래스(인터페이스) 내부의 모든 연산자는 응집도가 높아야 하므로 하나의 제한된 기능 또는 세부기능에 중점을 둔 처리를 수행해야 한다.

그림 14.1에 정의한 인터페이스 initiateJob은 충분한 응집도를 만족하지 않는다고 말할 수 있다. 작업순서를 만들고, 작업 우선순위 점검하고, 생산으로 작업을 전달하는 상이한 세가지 세부기능을 수행하기 때문이다. 인터페이스 설계를 수정해야 한다. 설계 클래스를 다시 검토해서 작업순서 작성과 관련한 모든 활동을 다루는 새로운 클래스인 WorkOrder

5 OCL은 부록 1에서 짧게 다루고 있다.

그림 14.7

DrintJob 클래스 정의와 인터페이스 리팩토링

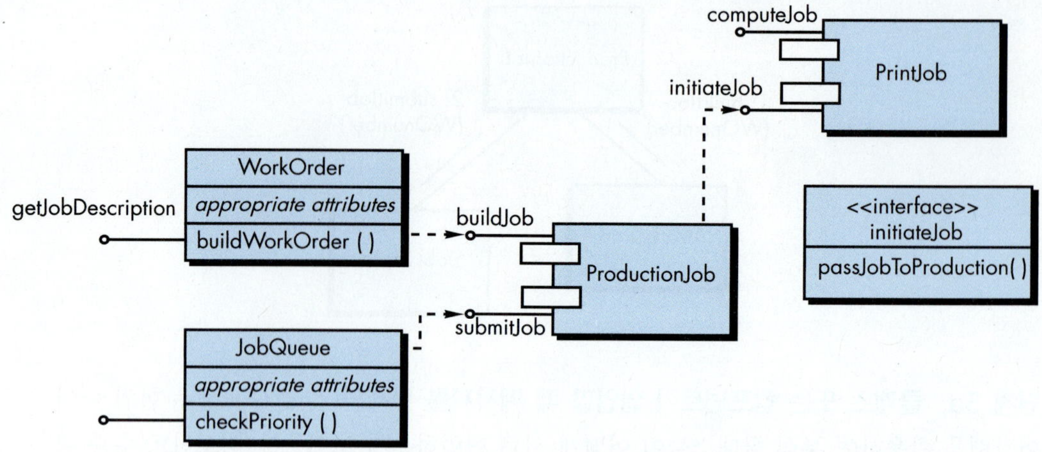

를 정의하는 것이 한 가지 방법일 수 있다. **WorkOrder**에 연산자 *build-WorkOrder()*를 정의한다. 연산자 *checkPriority()*를 포함하는 클래스 **JobQueue**를 정의할 수 있다. 클래스 **ProductionJob**은 생산시설에 전달되는 생산작업과 관련된 모든 정보를 포함한다. 인터페이스 initiateJob를 그림 14.7처럼 바꿀 수 있다. 인터페이스 initiateJob은 이제 응집도를 만족하며 하나의 기능에 집중하고 있다. **ProductionJob**, **WorkOrder** 및 **JobQueue**에 관련된 인터페이스는 마찬가지로 한 가지 기능만 갖고 있다.

단계 3c. 속성을 정제하고 구현에 필요한 데이터 형과 자료구조를 정의한다. 일반적으로, 속성 정의에 사용하는 자료구조 유형은 구현에 사용하는 프로그래밍 언어의 구문으로 정의한다. UML은 다음 구문을 사용하여 속성의 데이터 유형을 정의한다:

명칭: 타입 표현 = 초기값 {속성 문자열}

여기서, **명칭**은 속성 이름이고, **타입 표현**은 데이터 형이고, **초기값**은 객체 생성시 속성이 가질 값이며, **속성 문자열**은 속성의 특질 또는 특성을 정의한다.

컴포넌트 수준 설계의 첫 번째 반복을 수행하는 동안 이름으로만 속성을 기술한다. 그림 14.1을 다시 보면 **PrintJob**을 위한 속성 목록은 속성의 이름만을 나열한다. 그러나, 설계 정제를 진행하면서 UML 속성 형식을 사용하여 각 속성을 정의한다. 예를 들면, paperType-weight를 다음 방법으로 정의한다.

paperType-weight: 문자열 = “A” { 4개 값 - A, B, C, 또는 D 중에서 1개를 포함한다 }

집합 {A, B, C, D}로부터 4개의 값 중 하나를 취할 수 있으며, 값 A를 초기값으로 갖는 변수로 paperType-weight를 정의한다.

설계 클래스에 걸쳐서 반복적으로 등장하는 속성이면서 상대적으로 복잡한 구조를 갖는다면 별도 클래스를 생성하여 속성을 정의하는 것이 최선이다.

단계 3d. 각 연산 안에 처리 흐름을 상세하게 기술한다. 이것은 프로그래밍 언어 기반 의

그림 14.8

Compute-PaperCost( )에 대한 UML 활동도

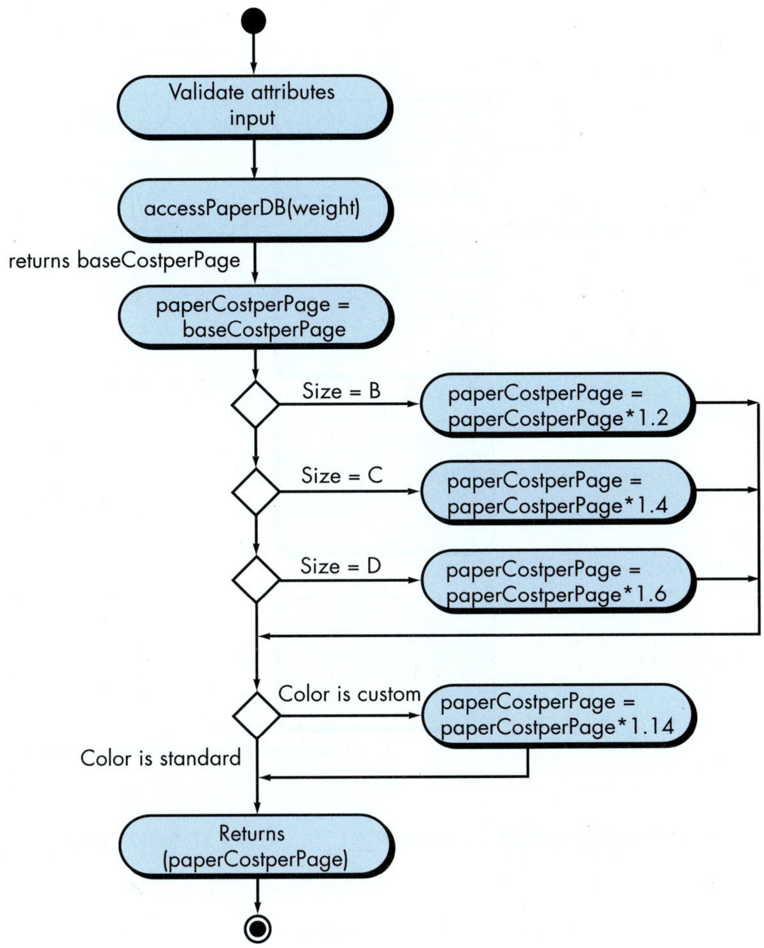

사코드 또는 UML 활동 다이어그램을 통해 이루어진다. 단계적 정제 개념을 적용하는 많은 수의 반복을 통하여 각 소프트웨어 컴포넌트를 정련한다(제12장).

첫 번째 반복은 설계 클래스의 일부로서 연산자를 정의한다. 모든 경우 연산자는 높은 응집도를 확보해서 특성화되어야 한다. 즉, 연산자는 단일 기능 또는 하위기능을 수행해야 한다. 다음 번 반복에서는 연산자 이름을 확장하는 것 정도만 이루어진다. 예를 들면, 그림 14.1에서 표시한 연산자 *computePaperCost*( )는 다음과 같이 확장할 수 있다.

computePaperCost (**무게, 크기, 색깔**): **수치**

computePaperCost( )는 입력으로 **무게, 크기** 및 **색깔**을 받고, 수치인 값(실제로 달러 값)을 출력으로 반환한다는 것을 보여준다.

computePaperCost( )를 구현하는 데 필요한 알고리즘이 간단하고 널리 이해되는 경우라면 추가적인 설계 정련은 필요 없을 수 있다. 코딩 작업을 하는 소프트웨어 엔지니어가 연산자 구현에 필요한 내용을 제공한다. 그러나, 알고리즘이 더욱 복잡하거나 난해한 경우에는 이 단계에서 추가적인 설계 정련이 필요하다. 그림 14.8은 computePaperCost( )를 위

ADVICE

단계별 정련으로 컴포넌트 설계를 정제한다. "이 방법이 단순화의 과정이고 동일한 결과를 얻을수 있는가?"를 항상 질문해야 한다.

그림 14.9

PrintJob 클래스 상태 차트 일부

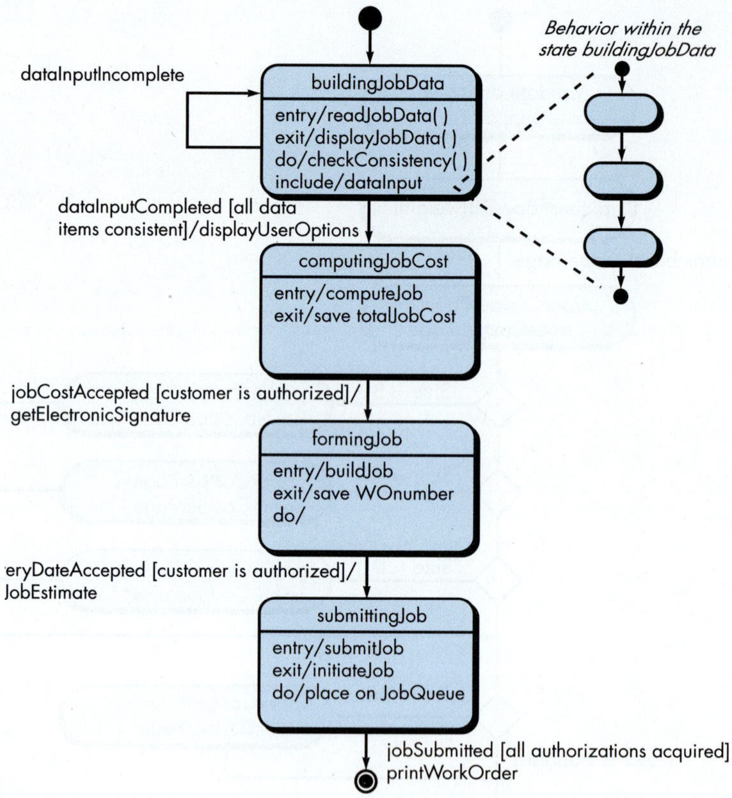

한 UML 활동 다이어그램을 보여주고 있다. 컴포넌트 수준에서 활동 다이어그램을 사용하는 경우에는 일반적으로 소스코드보다 좀 높은 추상화 수준에서 표시한다. 설계 명세를 위한 대안으로의 의사코드 사용은 14.5.3절에서 논의한다.

단계 4. 지속적인 데이터 원천(데이터베이스 및 파일)를 기술하고 이를 관리하는데 필요한 클래스를 기술한다. 데이터베이스와 파일은 보통 개별 컴포넌트의 설계 설명 범위를 넘어선다. 초기에는 아키텍처 설계의 일부로 데이터 저장소를 명세한다. 그러나, 설계 정련을 진행하면서 이러한 지속적 데이터 원천의 구조 및 구성에 관한 추가적인 내용을 제공하는 것이 유용하다.

단계 5. 클래스 또는 컴포넌트에 대한 동작 표현을 개발하고 정련한다. 외부에서 관찰할 수 있는 시스템의 행위와 개별 분석 클래스의 국지화된 행위를 나타내는 요구모델의 일부로 UML 상태 다이어그램을 사용한다. 컴포넌트 수준 설계 중에 설계 클래스의 동작을 모델로 구축할 필요가 있다.

객체의 동적 행위(프로그램 실행시 설계 클래스 인스턴스 생성)는 외부 이벤트와 객체의 현재 상태(행위 모드)에 의해 영향을 받는다. 객체의 동적 행위을 이해하려면 수명 전체에 걸쳐서 설계 클래스에 적절한 모든 유스케이스를 조사해야 한다. 유스케이스는 객체에 영향을 주는 이벤트와 시간이 흘러 객체가 갖는 상태를 설명하는 정보를 제공한다. 상태 사이의 전이(이벤트에 의해 만들어지는 전이)는 UML 그림 14.9와 같은 상태 차트[Ben02]

를 사용하여 표시한다.

한 상태(둥근 모서리를 가진 직사각형으로 표현)로부터 다른 상태로의 전이는 다음 형태를 취하는 이벤트 결과로서 발생한다:

이벤트-명칭(매개변수-목록) [보호-조건] / 동작 표현

여기서, 이벤트-명칭은 이벤트 이름이고, **매개변수-목록**은 이벤트와 관련되는 데이터이고, **보호-조건**은 객체제약언어(OCL)로 작성하여 이벤트 발생 전에 충족되어야 하는 조건을 명세하며, **행위 표현**은 전이 발생시 처리하는 행위를 정의한다.

그림 14.9를 참조하면, 각 상태는 상태로의 전이가 일어나거나 상태로부터 벗어날 때 *entry*/ 및 *exit*/ 행동(action)을 정의할 수 있다. 대부분의 경우, 이러한 행동은 클래스에 연산자로 대응시킬 수 있다. *do*/ 지시자는 해당 상태에 있는 동안 발생하는 활동을 나타내는 메커니즘을 제공하고, *include*/ 지시자는 상태의 정의 안에 더 많은 상태 챠트를 포함시켜 행위의 정련수단을 제공한다.

행위 모델은 종종 다른 설계 모델에서는 분명하지 않은 정보를 포함한다. 예를 들면, 그림 14.9에 있는 상태챠트를 자세히 보면 **PrintJob** 클래스의 동적 행위가 인쇄작업에 대한 비용 및 일정 데이터를 도출할 때 두 가지 고객 승인을 조건으로 한다는 것을 알 수 있다. 승인이 없으면(보호 조건은 고객이 승인을 위임 받는다는 것을 보장한다) *submittingJob* 상태에 도달할 방법이 없기 때문에 인쇄 작업을 제출할 수 없다.

단계 6. 배치 다이어그램을 정련하여 추가적인 구현 내용을 제공한다. 아키텍처 설계의 일부로 배치 다이어그램(제12장)을 사용하며, 서술자 형식으로 표현된다. 이 형식에서, 기능을 수용하는 처리환경 안에 주요한 시스템 기능(종종 하부시스템으로 표시됨)을 표시한다.

컴포넌트 수준 설계 중, 배치 다이어그램은 정련되어 컴포넌트의 핵심 패키지 위치를 나타낼 수 있다. 그러나, 일반적으로 컴포넌트 다이어그램 안에 개별적으로 컴포넌트를 표현하지 않는다. 이 이유는 도식적 복잡성을 회피하기 위한 것이다. 경우에 따라서 배치 다이어그램은 인스턴스 형식으로 정련된다. 이는 사용할 특정한 운영체제 환경을 명세하고 이 환경 내에서 컴포넌트를 어디 위치시킬 것인지를 지정하는 것이다.

단계 7. 모든 컴포넌트 수준 설계 표현을 리팩토링하고 항상 대안을 고려한다. 이 책 전체에 걸쳐서 설계는 반복적인 과정이라고 강조한다. 첫 번째 컴포넌트 수준 모델은 *n*번째 반복에서 얻은 모델만큼 완전하지도 않고, 일관성도 부족하고 정확하지도 않다. 그러므로 설계작업을 진행하면서 리팩토링을 적용하는 것이 필수적이다.

또한, 좁은 시각으로 고생하지 말아야 한다. 항상 대안으로 사용할 수 있는 설계 해결 방법이 있고 최상의 설계자는 최종 설계모델을 설정하기 전에 그것들 모두(또는 대부분)를 고려한다. 제12장 및 이 장에 제시된 설계원칙과 개념을 사용하여 대안을 개발하고 각각을 주의 깊게 고려해야 한다.

14.4 웹앱(WebApp)용 컴포넌트 수준 설계

웹 기반 시스템 및 앱(Apps)을 고려할 때 컨텐츠와 기능 사이의 경계는 불분명하다. 그러므로, 다음과 같이 물어볼 수 있다. 웹앱 컴포넌트는 무엇인가?

이 장의 문맥에서 웹앱 컴포넌트는 (1) 최종 사용자를 위하여 컨텐츠를 조작하거나 계산 또는 데이터 처리를 제공하는 잘 정의된 응집이 높은 기능이거나 (2) 최종 사용자에게 일부 필요한 능력을 제공하는 내용과 기능을 묶은 응집이 높은 패키지이다. 그러므로, 웹앱용 컴포넌트 수준 설계는 종종 내용 설계와 기능설계의 요소들을 통합한다.

14.4.1 컴포넌트 수준 컨텐츠 설계

컴포넌트 수준에서 컨텐츠 설계는 컨텐츠 객체와 웹앱 최종 사용자에게 제시하기 위해 패키지로 만들 수 있는 방법에 초점을 맞춘다. 컴포넌트 수준에서 컨텐츠 설계의 형식은 구축대상 웹앱의 특성에 맞아야 한다. 많은 경우에 컨텐츠 객체는 컴포넌트로 조직할 필요가 없고 개별적으로 다룰 수 있다. 그러나, (웹앱, 컨텐츠 객체 및 그 상호관계의) 크기와 복잡성이 증가할수록 참조하기 쉽고 설계 조작을 가능케 하는 방법으로 컨텐츠를 조직할 필요가 있을 수 있다.[6] 또한, 컨텐츠가 매우 동적인 경우(예: 온라인 경매현장용 컨텐츠)라면 컨텐츠 컴포넌트를 통합하는 분명한 구조적 모델을 확립하는 것이 중요하다.

14.4.2 컴포넌트 수준에서 기능 설계

일관성 확보를 위하여 정보 아키텍처 수립과 병행해서 웹앱 기능성을 컴포넌트로 개발한다. 요구모델과 최초 정보 아키텍처를 모두 고려한 후, 응용프로그램과의 사용자 상호작용과 표현한 정보 및 사용자 작업에 웹앱 기능성이 어떤 영향을 주는지 조사해야 한다.

아키텍처 설계 중, 웹앱 컨텐츠 및 기능성을 결합한 기능적 아키텍처를 생성한다. 기능적 아키텍처는 웹앱의 기능영역을 표현하고 웹앱에 있는 주요한 기능적 컴포넌트와 이들 컴포넌트가 서로 상호작용하는 방법을 기술한다.

14.5 모바일 APP용 컴포넌트 수준 설계

제13장에서 우리는 모바일 앱이 일반적으로 사용자 인터페이스 층, 업무 층 및 데이터 층을 포함하는 다층 아키텍처로 구조화된다는 점을 지적하였다. 모바일 앱을 웹 기반 신 클라이언트로 구축하고는 경우에 사용자 인터페이스 구현 관련 컴포넌트만 모바일 장치에 탑재시킨다. 일부 모바일 앱은 모바일 장치에 업무 또는 데이터 층을 함께 구현하여 장치의 물리적 특성의 제한점들을 다룰 수 있도록 한다.

사용자 인터페이스 층을 먼저 고려한다는 것은, 보여줄 수 있는 영역이 작다는 것을 고려해서, 설계자들은 표시할 컨텐츠(텍스트 및 그래픽)를 선정해야 함을 주의해야 하기 때

6 컨텐츠 컴포넌트 또한 다른 웹앱에서 다시 사용할 수 있다.

문이다. 컨텐츠를 특정한 사용자 군에 맞추고 각 군이 필요로 하는 것만을 표시하는 것이 도움이 된다. 웹이나 클라우드 서비스 컴포넌트로 업무 및 데이터 층을 구현한다. 업무 및 데이터 서비스를 제공하는 컴포넌트가 모바일 장치에 존재하면 연결 문제는 그다지 중요한 사안이 아니다. 네트워크로 연결된 서버에 있는 운용프로그램에 접근하는 컴포넌트를 설계할 때는 가끔씩 연결이 끊어지는 인터넷 사정을 고려해야 한다.

모바일 장치로 데스크톱 응용프로그램을 이식하는 경우에 업무 컴포넌트를 검토하여 비기능적 요구사항(예: 보안, 성능, 접근성)을 충족시키는지 여부를 조사해야 한다. 대상 모바일 장치는 필요한 프로세서 속도, 메모리 또는 디스플레이 자원이 부족할 수 있기 때문이다. 모바일 응용프로그램의 설계는 제18장에서 훨씬 자세히 다루도록 하자.

14.6 전형적인 컴포넌트 설계

전형적인 소프트웨어 컴포넌트[7]에 대한 설계 기초는 1960년대 초에 형성되었고 Edsger Dijkstra([Dij65], [Dij76b]) 등(예: [Boh66])의 노력으로 발전되어 왔다. 1960년대 말에, Dijkstra 등은 프로그램을 구성할 수 있는 기법으로 제한적 논리 구조들의 집합으로 프로그램을 구성하자고 제안하였다. 이 구조는 "기능 영역의 유지보수"를 강조한 것으로 각 구조는 예측 가능한 논리적 구조를 갖고 있는데, 이 구조는 정보 유입은 상단에서 이루어지고 결과는 하단에서 만들어내기 때문에 절차적 흐름을 쉽게 따라갈 수 있다.

KEY POINT
구조적 프로그래밍은 순차, 조건, 반복으로 이루어진 논리 흐름만 사용할 수 있는 설계 방식이다.

이 구조는 순차, 조건 및 반복으로 이루어진다. 순차는 알고리즘의 명세에서 필수적인 처리 과정을 구현한다. 조건은 일부 논리적 판단을 바탕으로 선택한 처리를 할 수 있게 하고 반복은 순환 고리를 허용한다. 이 세 가지 구조는 구조적 프로그래밍으로 컴포넌트 수준 설계를 수행할 때 기초 개념이다.

구조적 구성은 소규모의 논리적 구조로 소프트웨어의 절차적 설계를 수행하도록 하고 있다. 복잡성 척도(제30장)는 구조적 구성의 사용이 프로그램 복잡성을 감소시키고 이에 따라서 가독성, 시험성 및 유지보수성을 증진시킬 수 있는지 여부를 나타낸다. 제한된 수로 논리적 구조를 만들면 사람들이 더 이해하기 쉬워진다. 이 과정을 이해하기 위하여 여러분이 이 페이지를 읽는 방법을 살펴보자. 여러분은 개별 문자를 읽는 것이 아니라 단어나 문구의 패턴 또는 단위를 인식한다. 구조적으로 구성은 논리적 단위로, 설계나 코드를 줄 단위로 읽는 것이 아니라 모듈이 갖고 있는 절차 요소를 발견하게 해준다. 논리적 패턴을 발견하면 훨씬 이해하기 쉽다.

적용 분야 또는 기술적 복잡성에 상관없이 프로그램을 세 가지 구조적 요소만을 사용하여 설계하고 구현한다. 그러나, 이들 구조만 사용하기에는 실무적 어려움이 발생하기도 한다.

7 전통적 소프트웨어 컴포넌트는 문제 영역 또는 기반 구조 영역에서 필요한 기능이나 부기능에 해당하는 처리 요소를 구현한다. "호출되는 모듈, 프로시저(procedure), 서브루틴이라고 불리는 전통적 컴포넌트는 객체 지향 컴포넌트와는 달리 데이터를 캡슐화 하지 않는다"

14.7 컴포넌트 기반 개발

소프트웨어공학에서, 재사용은 오래된 사상이면서도 새로운 개념이기도 한다. 프로그래머들은 전산 초기 시절부터 아이디어, 추상화 및 프로세스를 재사용하고 있지만, 재사용에 대한 초기 접근법은 주먹구구 식었다. 오늘날, 매우 짧은 기간 안에 복잡하면서도 고품질 컴퓨터 기반 시스템을 구축해야 한다면, 재사용에 대한 좀더 조작화된 접근이 필요하다.

컴포넌트 기반 소프트웨어공학(Component Based Software Engineer, CBSE)은 컴퓨터 기반 시스템의 설계와 구축에 재사용 가능한 소프트웨어 "컴포넌트" 사용을 강조하는 프로세스이다. 이 제안을 생각하다 보면 많은 의문이 떠오른다. 재사용 가능한 소프트웨어 컴포넌트 목록에서 컴포넌트 찾고 이를 조립해서 복잡한 시스템을 구성하는 것이 가능한가? 비용 및 시간 측면에서 효율적인 방법인가? 소프트웨어 엔지니어가 새로 만드는 것보다 재사용하도록 권장하려고 인센티브 제도를 도입할 수 있는가? 경영진이 재사용이 가능한 소프트웨어 컴포넌트를 만드는 데 필요한 추가비용을 기꺼이 부담할까? 재사용 하려는 사람들이 쉽게 재사용 가능한 컴포넌트를 저장하고 있는 라이브러리에 접근하게 만드는 방법이 있을까? 필요로 하는 사람이 쉽게 컴포넌트를 검색하는 방법이 있는가? 이들 질문에 대한 답을 하라면 "그렇다"이다.

14.7.1 도메인 엔지니어링

> **Quote**
> 도메인 엔지니어링은 시스템들 사이에 존재하는 공통성을 발견하는 것으로 많은 시스템에 적용 가능한 컴포넌트를 식별할 수 있게 해주고 프로그램 군을 식별할수 있게 하여 프로그램 군 안의 시스템들은 이들 컴포넌트를 잘 사용할 수 있게 만들어 준다.
>
> Paul Clements

도메인 엔지니어링의 목표는 특정한 응용영역에서 현재 사용중인 소프트웨어도 앞으로 만들 소프트웨어에도 적용 가능한 소프트웨어 컴포넌트 집합을 식별하고, 구축하고, 분류하고, 보급하려는 것이다.[8] 광의의 목표로는 소프트웨어 엔지니어들이 신규 및 기존 시스템에서 작업할 때 컴포넌트를 공유하고 재사용할 수 있게 하는 메커니즘을 확립하는 것이다. 도메인 엔지니어링은 분석, 구축 및 보급의 세 가지 주요 활동을 수행한다.

도메인 분석의 전체적인 접근법은 객체지향 소프트웨어공학으로 특성 지워진다. 이때 할 일은 다음과 같다. (1) 조사대상 도메인을 정의한다. (2) 도메인으로부터 도출한 항목을 분류한다. (3) 도메인에서 대표적인 응용분야를 수집한다. (4) 각 응용분야를 분석하고 분석 클래스를 정의한다. 그리고 (5) 클래스 요구모델을 개발한다. 도메인 분석은 어떤 소프트웨어공학 패러다임이라도 적용가능하다는 것을 유념하자. 즉, 객체지향 개발뿐 아니라 전통적인 개발에도 적용할 수 있다.

> **ADVICE**
> 이 부분에서 다루는 분석 프로세스는 재사용 가능한 컴포넌트에 초점을 둔 것이다. 그러나 COTS(e-commerce 앱, 영업 자동화 앱 등) 시스템 분석은 도메인 분석의 요소일 수 있다.

14.7.2 컴포넌트 적격성, 개조 및 합성

도메인 엔지니어링은 CBSE에 필요한 재사용 가능한 컴포넌트 라이브러리를 구축한다. 이들 재사용 가능한 컴포넌트 중 일부는 내부에서 개발하고 다른 것들은 기존 응용프로그램에서 추출할 수 있고 나머지는 제3자들로부터 구입할 수 있다.

아쉽게도 재사용 가능한 컴포넌트가 존재한다고 이들 컴포넌트들을 새로운 응용분야

8 13장에서 우리는 특정 애플리케이션 도메인을 식별하는 아키텍처 장르를 다루었다.

에 선택한 아키텍처로 쉽게 또는 효과적으로 통합할 수 있다는 것은 아니다. 이 때문에, 컴포넌트 기반 개발 순서를 컴포넌트 사용 과정에 적용해야 한다.

컴포넌트 적격성 컴포넌트 적격성은 후보 컴포넌트가 필요한 기능을 수행하고 해당 시스템에 지정한 아키텍처 스타일(제13장)에 제대로 "맞고" 적용에 필요한 품질특성(예: 성능, 신뢰성, 사용성)을 만족한다는 것을 보장한다.

계약에 의한 설계는 분명하고 점검 가능한 컴포넌트 인터페이스 명세서를 중심으로 컴포넌트의 잠재적 사용자들이 그 의도를 이해할 수 있게 해주는 기법이다. 전제조건, 사후조건 및 불변자로 구성된 가정을 컴포넌트 명세서에 추가한다.[9] 가정은 개발자들이 컴포넌트로부터 예상하는 것과 그것이 특정 조건 하에서 어떻게 동작하는지를 파악하게 해준다. 가정은 개발자들이 적격한 컴포넌트를 식별하기 쉽게 해주고 결과적으로 설계 시 컴포넌트 사용을 더욱 신뢰할 수 있게 해준다. 컴포넌트가 "경제적인 인터페이스"를 가질 때, 즉, 컴포넌트 인터페이스가 그 책임(계약)을 충족시키면서 가장 작은 수의 연산자를 가질 때 계약에 의한 설계를 강화시킨다.

인터페이스 명세서는 소프트웨어 컴포넌트의 운용 및 사용에 관한 유용한 정보를 제공하지만 컴포넌트가 새로운 응용프로그램에서도 효과적으로 동작할지 여부를 판단할 정보를 제공하지는 않는다. 컴포넌트 적격심사 중 고려할 요인들은 다음과 같다[Bro96].

> **?** 컴포넌트적격화 중에 고려할 요소는 무엇일까?

- 응용 프로그래밍 인터페이스(API).
- 컴포넌트가 필요로 하는 개발 및 통합 도구
- 자원 사용량(예: 메모리 또는 스토리지), 타이밍 또는 속도와 네트워크 프로토콜을 포함한 실행시점의 요구사항
- 운영체제 인터페이스 및 다른 컴포넌트로부터의 지원을 포함한 서비스 요구사항
- 접근 통제 및 인증 프로토콜을 포함한 보안 기능
- 특정한 수치 및 비수치 알고리즘을 포함한 임베디드 설계 가정사항
- 예외 처리

내부에서 개발한 재사용 가능한 컴포넌트를 평가할 때 이들 요인을 사용하기는 비교적 용이하다. 소프트웨어 엔지니어링 적용 우수 사례를 컴포넌트 개발 중 적용한 경우라면 질문에 답하기 쉬울 것이다. 그러나 상용 기성품(COTS) 또는 제3자가 개발한 컴포넌트의 내적 작동을 판단하는 것은 훨씬 더 어렵다. 유일하게 가용한 정보는 인터페이스 명세서뿐 일 수 있기 때문이다.

컴포넌트 개조 이상적 환경이라면, 도메인 엔지니어링은 응용프로그램 아키텍처에 쉽게 통합할 수 있는 컴포넌트 라이브러리를 생성한다. "용이한 통합"의 의미는 일관성 있는 자원관리 방법으로 모든 컴포넌트를 구현하였고 아키텍처 내부의 모든 컴포넌트 및 인터페

9 사전조건은 컴포넌트 사용전에 검증해야 할 가정들을 정의한 것이고, 사후조건은 컴포넌트가 서비스를 제공하고 나서 충족해야 하는 상황을 정의한 것이다. 불변조건은 컴포넌트에 의해서도 변하지 말아야 하는 시스템의 속성이다. 이들 개념은 28장에서 다룰 것이다

이스에 데이터 관리와 같은 공통적인 활동들이 존재하고 일관된 방법으로 외부 환경과 동작하는 활동을 구현하였다는 것이다.

실제로 컴포넌트가 응용프로그램 아키텍처 안에서 사용을 위해 적격심사를 받은 이후에도 앞에서 지적한 부분에서 충돌이 발생할 수 있다. 이러한 충돌을 피하기 위하여 컴포넌트 개조라는 기법[Bro96]을 사용한다. 소프트웨어 팀이 컴포넌트의 내부 설계와 코드에 대한 충분한 접근권을 가진 경우(오픈소스 COTS 컴포넌트가 사용되지 않는 한 종종 그렇지 않다), 화이트박스 랩핑을 적용한다. 소프트웨어 시험(제23장)에서 처럼 화이트박스 랩핑은 컴포넌트의 내부 처리 논리를 파악하고 코드를 수정하여 충돌을 제거한다. 컴포넌트 라이브러리가 충돌을 제거 또는 은폐할 수 있도록 컴포넌트 확장언어 또는 API를 사용하여 그레이박스 랩핑한다. 블랙박스 랩핑은 충돌을 제거 또는 은폐하기 위하여 컴포넌트 인터페이스에서 사전 및 사후처리를 도입하게 한다. 컴포넌트를 적절하게 감싸는 데 필요한 노력이 바람직한지, 아니면 별도의 맞춤형 컴포넌트를 개발해야 하는지 여부를 판단할 필요는 있다.

ADVICE

재사용을 위한 개조 비용을 정당화 하기 위해서는 재사용을 통해 얻을수 있는 기능성과 성능이 갖는 효과를 측정해야 한다.

컴포넌트 조립 컴포넌트 조립 작업은 적격심사를 통과하고 개조를 마쳐서, 기술검토가 이루어진 응용프로그램에 대한 아키텍처로 컴포넌트를 포함시킨다. 이를 위해서는 컴포넌트를 운용 시스템으로 결합하는 기반을 갖추고 있어야 한다. 이런 역할을 기반구조는 (보통 전문화된 컴포넌트의 라이브러리)는 컴포넌트 조립을 위한 모델과 컴포넌트가 서로 협력하여 공통 작업을 수행하도록 하는 특정 서비스를 제공한다.

재사용과 CBSE가 소프트웨어 업계에 미치는 잠재적 영향이 대단하기 때문에 많은 수의 주요 업체들과 협회에서 컴포넌트 소프트웨어[10] 표준을 제안하였다. 이러한 표준은 다음과 같다: CCM(Corba 컴포넌트 모델)[11], Microsoft COM 및 .NET[12], JavaBeans[13] 및 OSGI(Open Services Gateway Initiative [OSG13][14]. 그렇다고 어느 한 표준이 업계를 지배한다는 것은 아니다. 많은 개발자들은 표준 하나를 선택하지만, 큰 소프트웨어 조직의 경우는 응용영역과 사용할 플랫폼에 따라서 하나 이상의 표준을 사용할 가능성도 있다.

14.7.3 아키텍처 불일치

넓은 범위에서 재사용하고자 시도할 때 직면하는 난제 중 하나는 아키텍처 불일치이다 [Gar09a]. 재사용 가능한 컴포넌트의 설계자들은 컴포넌트를 결합할 환경에 관한 묵시적인 가정사항을 만든다. 이러한 가정사항은 컴포넌트 제어 모델, 컴포넌트 연결(인터페이스)의 성격, 아키텍처 인프라 자체 및 구축 프로세스의 성격에 집중한다. 이러한 가정사항이 달라

10 Greg Olsen은 [Ols06]에서 CBSE를 현실적으로 만들기 위한 과거와 현재의 산업계 노력을 잘 다루고 있다. Ivica Crnkovic은 [Crb11]에서 최근의 산업계 컴포넌트 모델을 소개하고 있다.

11 CCM에 대한 더 많은 정보는 www.omg.org에 있다.

12 COM과 .Net에 대한 더 많은 정보는 www.microsoft.com/COM and msdn2.microsoft.com/en-us/netframework/default.aspx에 있다.

13 Javabeans에 대한 최신 정보는 java.sun.com/products/javabeans/docs/에 있다.

14 OSI에 대한 정보는 http://www.osgi.org/Main/HomePage에 있다.

지면 아키텍처 불일치가 발생한다.

추상화, 은닉, 기능적 독립성, 정제 및 구조적 프로그래밍과 같은 설계 개념은 객체지향 방법, 시험, 소프트웨어 품질보증(SQA) 및 정확성 확인 방법(제28장)과 함께 모두 재사용이 가능하고 아키텍처 불일치를 예방하면서 소프트웨어 컴포넌트의 생성에 필요한 개념들이다.

이해당사자 가정사항을 분명하게 문서화 해두면 아키텍처 불일치 여부를 조기에 판단할 수 있다. 또한, 위험주도 프로세스 모델을 사용하면 조기 아키텍처 프로토타입의 정의를 강조하기 때문에 불일치가 발생할 수 있는 영역을 미리 지적해줄 수 있다. 아키텍처 불일치를 수정하는 것은 랩퍼(wrapper)나 어댑터와 같은 메커니즘을 사용하지 않으면 매우 어려운 일이다.[15] 간혹, 컴포넌트 인터페이스나 컴포넌트 자체를 완전히 재설계하여 결합도 문제를 제거할 필요가 있다.

14.7.4 재사용을 위한 분석 및 설계

요구모델의 요소(제9~11장)를 재사용 가능한 컴포넌트 명세서와 비교하곤 한다. 우리는 이를 명세 짝짓기 과정이라고 부른다[Bel95]. 명세서끼리 짝짓기를 하면, 응용프로그램 필요에 부합하는 컴포넌트가 존재하는지, 재사용 라이브러리부터 컴포넌트를 찾아낼 수 있는지, 새로운 시스템 설계에 이 컴포넌트를 사용할 수 있는지를 알려준다. 컴포넌트를 발견하지 못한 경우(즉, 일치하는 컴포넌트가 없는 경우)에는 새로운 컴포넌트를 만들어야 한다. 새 컴포넌트 생성을 시작할 때 재사용을 위한 설계(Design For Reuse, DFR)를 고려해야 한다.

이미 지적한 것처럼, DFR은 견고한 소프트웨어 설계 개념과 원칙을 적용하도록 한다(제12장). 그러나, 응용프로그램 도메인의 특성도 고려해야 한다. Binder[Bin93]는 재사용을 위한 설계의 기준이 되는 여러 문제[16]를 제기하였다. 응용프로그램 영역이 표준 전역 자료구조를 가진 경우라면 컴포넌트는 이러한 표준 자료구조를 활용하도록 설계해야 한다. 시스템 응용프로그램 도메인 내부의 표준 인터페이스 프로토콜이 채택되어야 하고 이 영역에 적절한 아키텍처 스타일(제13장)은 새로운 소프트웨어의 아키텍처 설계를 위한 서식 역할을 할 수 있다. 표준 데이터, 인터페이스 및 프로그램 양식을 만들면, 설계를 생성하는 프레임워크를 갖게 된 셈이다. 프레임워크에 부합하는 새로운 컴포넌트라면 나중에 재사용 가능성이 높다.

ADVICE

컴포넌트가 기존 시스템과 연동하거나 통합해야 할때 또는 여러 다른 시스템과 통합해야 할때 그들의 아키텍처나 인터페이스 프로토콜이 불일치 한다면 DFR은 어려운 일이다.

14.7.5 컴포넌트 분류 및 조회

대형 컴포넌트 저장소를 생각해보자. 수만 건의 재사용가능 소프트웨어 컴포넌트를 저장하고 있다. 여기서 필요한 컴포넌트 하나를 어떻게 검색할까? 이 질문에 답하다 보면 또 다른 의문이 생긴다. 소프트웨어 컴포넌트를 설명할 수 있는 명백하고 분류할 수 있는 방법이 있을까? 이러한 것은 어려운 질문이고 확실한 답을 할 상황은 아직 아니다.

15 인터페이스 불일치가 있을때, 서비스 요청을 원래 제공하는 인터페이스로 변경하여 컴포넌트에 접근할 수 있게 해주는 소프트웨어 장치를 어댑터라고 한다.

16 일반적으로 DFR준비는 도메인 공학의 일부로 진행한다.

재사용 가능한 소프트웨어 컴포넌트를 다양한 방법을 기술할 수 있지만, 그 중 Tracz [Tra95]가 3C 모델이 이상적 방법이다. 3C 모델은 개념, 내용 및 문맥으로 이루어져 있으며, 이는 컴포넌트가 달성하려는 것이 무엇이고, 단순한 사용자에게는 숨길 내용과 컴포넌트를 수정할 사용자에게는 제공할 정보를 구분하고 컴포넌트가 재사용된 지점을 알려주는데 유용한 방법이다.

실용적인 설정에서 사용하려면 개념, 내용 및 문맥은 구체적인 명세서 방식으로 변환되어야 한다. 재 사용가능한 소프트웨어 컴포넌트에 대한 수십 건의 논문과 기사가 작성되었고(예: [Nir10], [Cec06]) 모두가 다음 특성들을 나타내는 재사용 환경 안에서 구현되어야 한다.

?
컴포넌트 재사용 환경이 갖는 핵심 특징은 무엇인가?

- 소프트웨어 컴포넌트와 이를 검색하는 데 필요한 분류 정보를 저장할 수 있는 컴포넌트 데이터베이스
- 데이터베이스로 접근할 수 있게 해주는 라이브러리 관리 시스템
- 클라이언트 응용프로그램이 라이브러리 서버로부터 컴포넌트와 서비스를 조회할 수 있게 해주는 소프트웨어 컴포넌트 검색 시스템(예: 객체 요청 브로커)
- 재사용된 컴포넌트를 새로운 설계 또는 구현으로 통합하는 것을 지원하는 CBSE 도구

재사용 라이브러리, 소프트웨어 대형 저장소의 일부 요소와 상호 작용하면서 얻는 기능으로 코드뿐 아니라 다양한 범위의 재사용 가능한 산출물(예: 명세서, 설계, 패턴, 프레임워크, 코드 조각, 시험사례, 사용자 안내서)을 저장할 수 있게 한다.

소프트웨어 도구들

CBSE

목적: 대형 시스템의 일부요소로 소프트웨어 컴포넌트를 모델링, 설계, 재검토 및 통합하는 데 도움을 준다.

역학: 도구 기법은 다르다. 일반적으로, CBSE 도구는 다음 능력 중 하나 이상을 제공한다. (소프트웨어 아키텍처의 명세 및 모델링, 가용한 소프트웨어 컴포넌트의 조회 및 선정, 컴포넌트의 통합.)

대표적인 도구[17]

Component Source(**www.componenstsource.com**)는 상이한 많은 컴포넌트 표준 안에서 지원되는 다양한 COTS 소프트웨어 컴포넌트(및 도구)를 제공한다.

Flashline이 개발한 Component Manager(**http://www.softlookup.com/download.asp?id=8204**)는 "소프트웨어 컴포넌트 재사용을 가능하게 할 뿐만 아니라, 촉진시켜주고 측정도 가능하게 하는 응용프로그램이다."

Select Business Solutions가 개발한 Select Component Factory(**www.selectbs.com**)는 "소프트웨어 설계, 설계 재검토, 서비스 / 컴포넌트 관리, 요구사항 관리 및 코드 생성을 위한 일단의 통합된 제품들이다."

Aonix가 유통하는 Software Through Pictures-ACD(**www.aonix.com**)는 CBSE에 대한 개방형, 판매자 중립형 접근법인 OMG 모델 주도형 아키텍처를 위한 UML을 사용한 종합 모델링을 가능케 한다.

17 여기서 언급한 도구는 전체를 다 보증하기 위한 것이 아니고, 이 범주에서 필요한 도구들을 샘플로 소개한 것이다. 대부분의 경우 도구 이름은 개발자들의 의해 상표등록을 한 것이다.

14.8 요약

컴포넌트 수준 설계 프로세스는 소프트웨어가 표현되는 추상화 수준을 서서히 낮추는 일련의 활동이다. 컴포넌트 수준 설계는 궁극적으로 코드에 가까운 추상화 수준에서 소프트웨어를 표현한다.

개발대상 소프트웨어의 성격에 따라서 컴포넌트 수준 설계에 대한 세 가지 상이한 견해를 취할 수 있다. 객체지향 견해는 문제 및 인프라 도메인으로부터 나오는 설계 클래스의 정련에 초점을 맞춘다. 전통적인 견해는 세 가지 상이한 유형의 컴포넌트 또는 모듈, 즉, 제어 모듈, 문제 도메인 모듈 및 인프라 모듈을 정제한다. 두가지 경우 모두에서 고품질 소프트웨어에 이어지는 기본 설계 원칙과 개념을 적용한 것이다. 프로세스 관점에서 고려할 때, 컴포넌트 수준 설계는 재사용 가능한 소프트웨어 컴포넌트와 컴포넌트 기반 소프트웨어 엔지니어링의 중추적 요소인 설계 패턴에 의존한다.

클래스를 정련할 때 설계자은 중요한 많은 원칙과 개념들을 따라야한다. 개방-폐쇄 원칙과 의존성 역전 원칙과 결합도 및 응집도와 같은 개념들은 시험가능하고 구축가능 및 유지보수 가능 소프트웨어 컴포넌트를 구축하도록 소프트웨어 엔지니어들을 이끈다. 컴포넌트 수준 설계를 수행하기 위하여 클래스는 메시지를 명세하여, 적절한 인터페이스를 식별하고, 이를 구현하는 속성을 정련하여 자료구조를 정의하고, 각 연산자 안에 처리흐름을 기술하여 클래스 또는 컴포넌트 수준에서 행위를 나타내도록 정제한다. 모든 경우에 설계 반복(리팩토링)은 필수적인 활동이다.

전통적인 컴포넌트 수준 설계는 프로그래밍 언어 소스코드를 생성할 만큼 충분한 정보를 만들기 위해 프로그램 모듈에 대한 자료구조, 인터페이스 및 알고리즘 설명을 필요로 한다. 이를 달성하기 위하여, 설계자는 컴포넌트를 표현하기 위해 그래픽, 표 또는 텍스트 기반 형식으로 이루어진 다양한 설계 표기법 중 하나를 사용한다.

웹 앱용 컴포넌트 수준 설계는 웹 앱이 웹 기반 시스템에 의해 제공되므로 컨텐츠와 기능성을 모두 고려한다. 컴포넌트 수준에서 컨텐츠 설계는 컨텐츠 객체와 그것들을 웹앱 최종사용자에게 표시하기 위하여 묶을 방법에 주안점을 둔다. 웹앱의 기능 설계는 컨텐츠 조작, 계산, 데이터베이스 질의 및 접근, 다른 시스템과의 인터페이스를 확립하는 처리기능에 중점을 둔다, 모든 컴포넌트 수준 설계 원칙과 지침을 적용할 수 있다.

모바일 앱용 컴포넌트 수준 설계는 사용자 인터페이스 층, 업무 층 및 데이터 층을 포함하는 다층 아키텍처를 활용한다. 모바일 앱이 모바일 장치에서 업무 및/또는 데이터 층을 구현하는 컴포넌트 설계를 요구하는 경우에, 장치의 물리적 특성 제한은 설계에 중요한 제약이 된다.

구조적 프로그래밍은 알고리즘 내용을 표현하는 데 사용하는 논리적 구성 요소를 제한한다. 구조적 프로그래밍의 의도는 덜 복잡하고 읽기 쉽고, 시험 및 유지관리가 더 용이한 알고리즘을 정의하도록 설계자를 도우려는 것이다.

컴포넌트 기반 소프트웨어공학은 특정한 응용프로그램 도메인에서 소프트웨어 컴포넌트를 식별, 구성, 분류 및 배포한다. 이러한 컴포넌트는 새로운 시스템에 사용하기 위하여 적격심사를 받고 개조되고 통합된다. 각 응용프로그램 분야에 정의된 표준 자료구조, 인터페이스 프로토콜 및 프로그램 아키텍처를 제정하는 환경 안에서 재사용이 가능한 컴포넌트를 설계해야 한다.

문제와 생각할 점

14.1 컴포넌트라는 용어는 간혹 정의하기 어렵다. 먼저 객체지향 및 전통적 소프트웨어에 대해서 일반적인 정의를 제공한 다음 좀더 분명한 정의를 제공하라. 마지막으로, 익숙한 3가지 프로그래밍 언어를 고른 다음 각각이 컴포넌트를 정의하는 방법을 설명하라.

14.2 제어 컴포넌트는 전통적 소프트웨어에 왜 필요하고 일반적으로 객체지향 소프트웨어에서는 왜 요구되지 않는가?

14.3 창의적인 표현으로 OCP를 기술하라. 컴포넌트 사이의 인터페이스 역할을 하는 추상성을 생성하는 것이 왜 중요한가?

14.4 창의적인 표현으로 DIP를 기술하라. 설계자가 응결물에 너무 과하게 의존하는 경우에 무슨 일이 발생할 수 있는가?

14.5 최근에 개발한 세 가지 컴포넌트를 선택하고 각각이 보이는 응집도 유형을 평가하라. 높은 응집도의 주요한 이점을 정의해야 하는 경우에 그것은 어떻게 될까?

14.6 최근에 개발한 세 가지 컴포넌트를 선택하고 각각이 보이는 결합도 유형을 평가하라. 높은 결합도의 주요한 이점을 정의해야 하는 경우에 그것은 어떻게 될까?

14.7 문제 도메인 컴포넌트가 외부 결합도를 절대로 보이지 않아야 한다고 말하는 것이 타당한가? 동의하는 경우에 무슨 유형의 컴포넌트가 외부 결합도를 보이는가?

14.8 앞선 단원에서 논의된 SafeHome 클래스 중 하나에 대해서 (1) 정련된 설계 클래스, (2) 인터페이스 설명, (3) 클래스 내부의 연산자 중 하나에 대한 활동 다이어그램과 (4) 상세한 상태도표 다이어그램을 개발하라.

14.9 단계적인 재정제와 리팩토링이 동일한 것인가? 아니면 그것들이 어떻게 다른가?

14.10 웹앱 컴포넌트는 무엇인가?

14.11 기존 프로그램의 작은 부분(약 50~75 소스 라인)을 선택한다. 소스코드에서 주위에 박스를 그려 구조적 프로그래밍 구성을 분리시킨다. 프로그램 발췌물이 구조적 프로그래밍 철학을 위반하는 구성을 갖고 있는가? 그러한 경우에 코드를 재설계하여 구조적 프로그래밍 구성에 적합하게 하라. 그렇지 않으면 그린 박스에 관하여 무엇을 목격할 수 있는가?

14.12 모든 현대 프로그래밍 언어들은 구조적 프로그래밍 구성을 구현한다. 세 개의 프로그래밍 언어로부터 사례를 제공하라.

14.13 코드화된 작은 컴포넌트를 선택하고 이를 활동 다이어그램을 사용하여 표현하라.

14.14 컴포넌트 수준 설계 재검토 프로세스 중 "단위화"는 왜 중요한가?

추가 읽을거리와 정보 소스

최근 컴포넌트 기반 개발과 컴포넌트 재 사용을 다룬 책은 많이 출판되었다. Szyperski는 (*Component Software*, 2nd ed., Addison-Wesley, 2011)에서 효과적 시스템을 위한 구성 블록으로의 컴포넌트 중요성을 강조했다. Hamlet이 쓴 (*Composing Software Components*, Springer, 2010), Curtis이 쓴 (*Modular Web Design*, New Riders, 2009), Apperly과 그의 동료가 쓴 (*Service and Component-Based Development*, Addison-Wesley, 2004), Heineman와 Councill이 쓴 (*Component Based Software Engineering*, Addison-Wesley, 2001), Brown이 쓴 (*Large-Scale Component-Based Development*, Prentice Hall, 2000), Allen이 쓴 (*Realizing e-Business with Components*, Addison-Wesley, 2000), Leavens과 Sitaraman이 쓴 (*Foundations of Component-Based Systems*, Cambridge University Press, 2000) 책들은 CBSE의 중요한 부분들을 다루고 있다. Stevens이 쓴 (*UML Components*, Addison-Wesley, 2006), Apperly와 그의 동료가 쓴 (*Service and Component-Based Development*, 2nd ed., Addison-Wesley, 2003), Cheesman과 Daniels가 쓴 (*UML Components*, Addison-Wesley, 2000) 책에서는 UML을 강조해서 CBSE를 다루고 있다.

Malik는 (*Component-Based Software Development*, Lap Lambert Publishing, 2013)에서 효과적인 컴포넌트 저장소 구축 방법을 제시하였다. Gross가 쓴 (*Component-Based Software Testing with UML*, Springer, 2010), Gao과 동료들이 쓴 (*Testing and Quality Assurance for Component-Based Software*, Artech House, 2006) 책에서는 컴포넌트 기반 시스템에서의 시험과 소프트웨어 품질 보증(SQA)를 다루고 있다.

산업용 컴포넌트 기반 표준을 다루고 있는 여러 책들이 출판되었다. 이들 책에서는 표준 자체를 심도 있게 다루면서 CBSE 주제의 여러 중요한 부분도 다루고 있다.

Linger, Mills과 Witt이 쓴 (*Structured Programming-Theory and Practice*, Addison-Wesley, 1979) 책은 컴포넌트 기반 설계에 대한 정의를 다루고 있다. 구조적 프로그래밍을 상세하게 다룰 뿐 아니라 바람직한 PDL을 다루고 있다. Farrell이 쓴 (*A Guide to Programming Logic and Design*, Course Technology, 2010), Robertson이 쓴 (*Simple Program Design*, 5th ed., Course Technology, 2006), Bentley가 쓴 (*Programming Pearls*, 2nd ed., Addison-Wesley, 1999), Dahl이 쓴 (*Structured Programming*, Academic Press, 1997) 책들은 전통적 시스템에서의 절차적 설계 문제를 다루고 있는 책들이다.

컴포넌트 수준의 설계만 다루는 책들은 거의 없다. 일반적으로 프로그래밍언어를 다루는 책들은 언어 맥락에서 절차적 설계를 상세히 다루기도 한다. 이런 책들은 수백 권이 존재한다.

컴포넌트 설계에 대한 다양한 자료를 인터넷에서 찾을 수 있다. 컴포넌트 수준 설계에 대한 최신 웹사이트 목록을 www.mhhe.com/pressman에서 찾을 수 있다.

15
CHAPTER

사용자 인터페이스

주요 개념

접근성
명령어 이름붙이기
"제어, 통제"
설계 평가
오류 처리
황금율
도움말 기능
인터페이스 분석
인터페이스 일관성
인터페이스 설계
인터페이스 설계 모델
국제화
기억 부담
원칙 및 지침

우리는 첨단제품 세상에 살고 있으며, 소비자 전자제품, 산업용 설비, 자동차, 기업용 시스템, 군사용 시스템, 개인용 컴퓨터 소프트웨어, 모바일 앱 및 웹앱 등의 모든 제품들과 우리는 상호작용 하고 있다. 제품이 성공적이라면 사용성이 좋다는 것을 입증해야 한다. 즉, 인간이 첨단기술 제품이 제공하는 기능과 특징을 쉽게 사용할 수 있고 효율적으로 사용할 수 있음을 정성적으로 측정하여 보여줄 수 있어야 한다.

컴퓨팅 시대 도래 첫 30년 동안 사용성은 소프트웨어를 구축하는 사람들이 관심을 보인 대상이 아니었다. 설계를 다룬 고전에서, Donald Norman[Nor88]은 지금이 태도를 변화해야 할 때라고 주장했다.

> 인간에게 맞는 기술을 만들려면 인간을 연구할 필요가 있다. 그러나, 지금 우리는 기술만을 연구하려는 경향이 있다. 결과적으로 사람들에게 기술에 순응하라고 요구한다. 이제는 이런 추이를 뒤집어서 사람들에게 순응하는 기술을 만들 시간이다.

기술자들이 인간 상호작용을 연구하면서 두 가지 문제가 발생했다. 첫째 문제는 황금률(15.1절에서 논의됨)로 기술제품과 인간 간의 상호작용에 적용한다. 둘째, 소프트웨어 황금률을 적절하게 구현한 시스템을 구축할 수 있게 설계자들이 사용할 수 있는 상호작용

QUICK LOOK

이것은 무엇인가? 사용자 인터페이스 설계는 인간과 컴퓨터 사이에 효과적인 교류방법을 생성한다. 인터페이스 설계 원칙들에 따라서, 인터페이스 객체와 동작을 식별한 다음 사용자 인터페이스 프로토타입의 기본을 형성하는 화면 배치도를 생성한다.

누가 수행하는가? 소프트웨어 엔지니어는 미리 정의한 설계 원칙에 따라 반복적인 프로세스를 적용하여 사용자 인터페이스를 설계한다.

왜 중요한가? 사용하기 어려운 소프트웨어, 결함이 있는 경우, 목표를 달성하는 노력을 좌절시킨다면, 소프트웨어가 제공하는 처리 능력, 제공하는 정보 내용 또는 지원하는 기능에 관계 없이 소프트웨어에 대한 인식이 나빠진다. 바른 인터페이스가 필요하다. 인터페이스가 소프트웨어에 대한 사용자의 인식을 형성하기 때문이다.

어떤 단계가 있는가? 사용자 인터페이스 설계는 사용자, 작업 및 환경 요구사항을 식별하는 것으로부터 시작한다. 사용자 작업을 식별하면 사용자 시나리오를 생성하고 분석하여 인터페이스 객체와 동작을 정의한다. 그래픽 설계와 아이콘 배치, 화면에 보여줄 문구, 윈도우 명세, 주 메뉴와 부메뉴를 포함한 화면 레이아웃을 만들어야 한다. 프로토타입을 만들고 설계 모델을 구현하기 위하여 도구를 사용하고, 결과의 품질을 평가해야 한다.

작업 산출물은 무엇인가? 사용자 시나리오를 생성하고 화면 레이아웃을 생성한다. 이어지는 반복 작업에서 이들을 수정해야 한다.

작업이 옳게 수행되었다는 것을 어떻게 확인하는가? 사용자에 의한 "시험 주도형"으로 인터페이스 프로토타입을 만들고, 시운전 테스트에서 얻어낸 피드백을 바탕으로 다음 반복 작업을 수행한다.

매커니즘이다. 사용자 인터페이스라고 부르는 상호작용 메커니즘은 사용자 인터페이스와 관련된 가장 어려운 문제들을 해결해주었다. 하지만, 오늘날에도 여전히 배우기 어렵고, 사용하기 어렵고, 혼란스럽고, 비직관적이고, 배려도 없는 사용자 인터페이스를 자주 만난다. 누군가는 이러한 인터페이스를 만들기 위해서 노력했을 것이고, 이런 문제를 만들려는 의도를 갖고 있지는 않았을 것이다.

프로세스
응답시간
작업 분석
작업 정련
사용성
사용자 분석
웹앱 및 모바일 인터페이스 설계

15.1 황금률(Golden Rules)

인터페이스 설계에 관한 그의 저술에서, Theo Mandel[Man97]는 세 가지 황금률(Golden Rules)을 만들어냈다.

1. 사용자가 통제할 수 있도록 한다.
2. 사용자가 기억해야 하는 부담을 줄여라.
3. 인터페이스는 일관성이 있어야 한다.

이들 세 가지 원칙이, 소프트웨어 설계에서 중요한 고려대상인 사용자 인터페이스 설계 원칙들에 대한 기준이다.

15.1.1 사용자가 통제할 수 있도록 한다.

중요한 신규 정보시스템에 대한 요구사항 수집 단계 중, 윈도우 중심 그래픽 인터페이스가 가질 특성을 핵심 사용자에게 질문해야 한다.

Quote
교정하는 것보다 사용자 경험을 설계하는 것이 바람직하다.
Jon Meads

사용자가 진지하게 말하기를 "내가 정말로 좋아하는 것은", "내 마음을 읽는 시스템입니다. 그것은 내가 뭔가 하기 전에 내가 하려는 것을 알고 있고 내가 하려는 것을 매우 쉽게 만들어주지요. 그것이 전부입니다."

이럴 때 여러분의 첫 반응은 약간 머리를 갸우뚱거리면서 웃음을 짓다가 멈칫한다. 사용자의 요구는 잘못된 것이 전혀 없다. 그녀는 그녀의 필요성에 따라서 그녀가 일하는 것을 도와주는 시스템을 원한 것뿐이다. 컴퓨터가 사용자를 통제하도록 두지 않고, 사용자가 컴퓨터를 통제하고 싶어한 것이다.

사용자 인터페이스가 갖는 제약사항이나 한계는 상호작용을 단순화 하려는 설계가의 의도에서 비롯된다. 그렇다면 누구를 위한 것일까?

설계자가 갖는 첫 번째 유혹은, 사용자 인터페이스를 제한적으로 만들고 싶고, 제약사항을 갖도록 해서 단순한 인터페이스를 구현하고 싶다는 것이다. 그러면, 구축하기 쉬어질지 몰라도 사용은 무지 혼잡한 인터페이스일 뿐이다. Mandel [Man97]는 사용자 통제를 유지하게 해주는 많은 수의 설계 원칙을 정의한다.

불필요하거나 원하지 않는 동작을 사용자에게 강제로 시키지 않는 상호작용 모드를 정의한다. 상호작용 모드는 인터페이스의 현재 상태이다. 예를 들면, 워드프로세서 메뉴에서 철자검사를 선택한 경우에 소프트웨어는 철자검사 모드가 된다. 사용자가 중간에 일부 텍스트를 편집하려는 경우에 철자검사 모드에 남아 있어야 할 이유가 전혀 없다. 사용자는 약간의 노력이나 아무런 노력 없이도 철자검사 모드로 이동했다가 빠져나올 수 있어야 한다.

유연한 상호작용을 제공한다. 서로 다른 사용자들은 좋아 하는 상호작용 방법이 다르기 때문에 선택할 수 있어야 한다. 예를 들면, 키보드 명령, 마우스 움직임, 디지타이저 펜, 멀티터치 스크린 또는 음성인식 등의 다양한 방법으로 소프트웨어에 명령을 전달할 수 있다. 키보드 명령(또는 음성 입력)만 사용해서 복잡한 그림을 그려야 한다면 어떨까?

> **Quote**
>
> 컴퓨터 세상이 내 전화 사용하는 것 만큼 쉽기를 희망한다. 내 희망이 이뤄질 것이다 나는 더 이상 내 전화를 어떻게 사용해야 할지 모른다.
>
> Bjarne Stronstrup (C++창시자)

사용자 상호작용을 중단시킬 수 있고, 취소시킬 수도 있어야 한다. 어떤 정해진 순서에 의해 진행되고 있는 중에라도 사용자는 순서를 중단하고 다른 무엇인가를 할 수 있어야 한다(그때까지 이루어진 작업은 보존한 채). 사용자는 또한 어떤 동작을 "실행취소할" 수 있어야 한다.

숙련도 향상에 따라서 상호작용을 유연하게 하고 상호작용 맞춤화가 가능해야 한다. 사용자는 동일한 상호작용을 반복적으로 수행하곤 한다. 매크로를 이용해서 상호작용 방법을 자신에 맞춰서 정의할 수 있도록 해주면 훨씬 편하게 사용할 수 있다.

일반 사용자에게는 기술적 내부 사항을 감춰야 한다. 사용자 인터페이스는 사용자를 **응용프로그램의 가상세계로 옮겨가게 해야 한다.** 사용자는 운영체제, 파일관리 기능 또는 그 밖의 난해한 계산 기술을 의식할 필요가 없다.

화면에 있는 객체와의 직접 상호작용을 위한 설계. 사용자는 물리적인 사물을 다루듯이 객체를 조작할 수 있을 때 통제의 느낌을 갖는다. 예를 들면, 사용자가 문서를 "휴지통"에 끌어 넣게 하는 인터페이스는 직접 조작 구현의 예이다

15.1.2 사용자가 기억해야 할 부담을 줄여라.

잘 설계된 사용자 인터페이스는 사용자 기억에 부담을 주지 않는다. 사용자가 기억해야 할 것이 많을수록 상호작용에 오류가 발생하기 쉽다. 시스템이 관련된 정보를 "기억해야" 하고 사용자가 기억해 내도록 도와줄 수 있어야 한다. Mandel[Man97]은 사용자가 기억할 내용을 줄 일수 있는 인터페이스 설계 원칙을 정의한다.

임시 기억에 관한 요구를 감소시킨다. 사용자가 복잡한 작업에 관여하는 경우에 단기 기억에 관한 요구는 상당할 수 있다. 과거 동작, 입력 및 결과를 기억해야 한다는 의무를 줄여주도록 인터페이스를 설계해야 한다. 사용자가 과거 동작을 기억해내려고 노력하게 하지 말고 시각적 실마리를 제공해서 과거에 이루어진 동작을 인지하게 도와주는 것이 필요하다.

의미 있는 기본값을 정하다. 최초 기본값은 일반 사용자들이 이해할 수 있는 값이어야 하지만, 사용자 별로 개별적 선호하는 값을 지정할 수도 있어야 한다. 원 설정값들을 바꿀 수 있는 "재설정" 옵션을 이용할 수 있어야 한다.

직관적인 바로가기를 정의한다. 단축키를 이용해서 시스템 기능을 실행시키는 경우

(예: 인쇄 기능을 불러오는 alt-P), 시스템 동작과 연결하여 기억하기 쉬운 방법으로 단축키를 정해야 한다. (예: 불러오는 작업의 첫 글자)

인터페이스의 시각적 배치는 실 세계에 있는 유사한 것에 기반을 두어야 한다. 예를 들면, 실제 청구 지불 처리를 수행할 때 사용자에게 익숙한 수표장 및 수표기입장 양식을 사용해서 청구서 지불 시스템을 만들 수 있다. 이렇게 하면 사용자가 난해한 상호작용 순서를 기억하기보다는 이해하기 쉬운 시각적 단서를 따라 시스템을 사용할 수 있게 해준다.

점진적인 방법으로 정보를 공개한다. 인터페이스를 계층적으로 조직해야 한다. 즉, 작업, 객체 또는 일부 행동에 관한 정보는 추상화의 상위 수준에서 표현하고 사용자가 관심을 나타낸 후에 좀더 많은 내용을 제공해야 한다.

SafeHome[9]

UI 황금률 위반

장면: Vinod의 방, 사용자 인터페이스 설계가 시작된다.

등장인물: Vinod와 Jamie(SafeHome 소프트웨어공학 팀의 구성원)

대화:

Jamie: 내가 감시기능 인터페이스에 관해 생각했었어.

Vinod(웃으면서): 생각은 좋은 거야.

Jamie: 내 생각은 우리가 뭔가를 단순화할 수 있다는 거야.

Vinod: 무슨 뜻이지?

Jamie: 글쎄, 우리가 평면도를 전체적으로 없앤다면 어떨까. 평면도를 보여주는 것은 한 순간이지만 이걸 개발하려면 심각한 노력을 기울여야 하지. 그 대신에 사용자에게 자기가 보고자 하는 카메라를 지정하고 비디오 창에 영상을 표시하도록 요구하는 것이지.

Vinod: 집주인이 몇 대의 카메라가 어디에 설치되어 있는지를 어떻게 기억한다지?

Jamie(약간 짜증내면서): 그는 집주인이야, 그는 알아야 해.

Vinod: 하지만, 그가 기억 못한다면 어떻게 하지?

Jamie: 그는 그래야 해.

Vinod: 그게 중요한 게 아니야. 그가 잊었다면 어쩌지?

Jamie: 음, 우리는 운용 카메라와 그 위치의 목록을 제공할 수 있을 거야.

Vinod: 가능하지, 하지만 그가 왜 목록을 물어보아야 하지?

Jamie: 맞아, 우리는 그가 묻든지 말든지 목록을 제공해.

Vinod: 좋아. 우리가 그에게 제공해야 하는 것을 주인이 기억할 필요 없어

Jamie(잠시 생각하고): 하지만, 넌 평면도를 좋아하지, 그렇지 않아?

Vinod: 응, 그래.

Jamie: 마케팅이 어떤 것을 좋아할 것이라고 생각해?

Vinod: 날 놀리는 거지, 맞지?

Jamie: 아니야.

Vinod: 흥. 플래시가 있는 것. 그들은 매력적인 제품 기능을 좋아하지. 그들은 어떤 것이 구축하기 용이한지에 관심이 없어.

Jamie(한숨지으며): 맞아, 아마도 난 2가지 모두를 프로토타입으로 만들 거야.

Vinod: 좋은 생각이야. 그리고 고객이 결정하도록 하는 거지.

15.1.3 인터페이스는 일관성이 있어야 한다

인터페이스는 일관된 방법으로 정보를 제공하고 취득해야 한다. 이것은 다음을 의미한다. (1) 모든 시각 정보는 화면 디스플레이에 걸쳐서 존재하는 설계 규칙을 따라 조직화 해야

> **Quote**
>
> 다르게 보이는 것들은 다르게 동작한다. 같아 보이는 것은 같게 동작한다.
>
> Larry Marine

한다. (2) 응용프로그램 전체에 걸쳐 일관성 있게 사용할 수 있는 제한적 방법들로만 입력 메커니즘을 구성해야 한다. 그리고 (3) 작업과 작업 사이의 탐색(navigation) 메커니즘을 일관되게 정의하고 구현해야 한다. Mandel[Man97]은 인터페이스를 일관되게 만드는 데 도움을 주는 설계 원칙들을 정의한다.

사용자가 현재 작업의 맥락에서 의미 있게 인식할 수 있게 해야 한다. 많은 인터페이스가 수십 개의 화면 이미지로 복잡한 상호작용 층을 구현한다. 사용자가 당면한 작업의 문맥을 알게 해주는 표시기(예: 창 제목, 그래픽 아이콘, 일관된 칼라코딩)을 제공하는 것이 중요하다. 또한, 사용자는 그가 어디에서 왔고 새로운 작업으로 전환하기 위해 무슨 대안들이 존재하는지 판단할 수 있어야 한다.

전체 제품군에 걸쳐 일관성을 유지한다. 응용프로그램 계열(즉, 제품군)은 모든 상호작용에 일관성을 유지하도록 동일한 설계를 구현해야 한다.

과거 대화형 모델이 사용자 기대를 생성한 경우에라면 아주 중대한 이유가 없는 한 변경을 일으키지 말아야 한다. 특정한 상호작용 순서가 실질적인 표준이 되면(예: 파일 저장에 alt-S 사용), 사용자는 사용하는 모든 응용프로그램에서 이것을 기대한다. 만약 변경이 일어난다면(예: 범위를 불러올 때 alt-S를 사용하도록 변경)은 혼란을 일으킬 것이다.

지금까지 논의한 인터페이스 설계 원칙은 여러분이 기억할 기본 지침이고, 이어지는 단락에서 인터페이스 설계 프로세스 자체를 배워보자.

> **Info**
>
> **사용성**
>
> 사용성에 관한 논문에서, Larry Constantine[Con95]은 사용성에 관한 중대한 질문을 한다. "사용자가 원하는 것은 무엇인가?" 그는 이렇게 답변한다.
>
> "사용자가 실제로 원하는 것은 좋은 도구이다. 운영체제이든 프로그래밍 언어이든, 데이터 입력이든 의사결정 지원 응용프로그램이든 모든 소프트웨어 시스템은 단순히 도구이다. 최종 사용자는 우리가 공학적으로 사용하는 도구이든, 단순하게 사용하는 도구이든 동일한 것을 원한다. 배우기 쉽고 작업 수행에 도움을 주는 시스템을 원한다. 그들을 느리게 만들지 않고 그들을 속이거나 혼란 시키지 않고 실수를 하지 않게 하고, 조기 작업 종료를 도와주는 소프트웨어를 원한다."
>
> Constantine은 심미성, 첨단기술 상호작용 메커니즘 또는 내장된 인터페이스 지능으로부터 사용성이 만들어지는 것이 아니라고 주장한다. 그보다, 이것은 인터페이스 구조가 이를 사용하는 사람들의 필요성에 맞을 때 생겨난다.
>
> 사용성의 정형적인 정의는 약간은 현혹적이다. Donahue와 그의 동료들[Don99]은 다음과 같은 방법으로 사용성을 정의한다. "사용성은 하나의 컴퓨터 시스템이 … 학습을 용이하게 하고, 학습자들이 그들이 배운 것을 기억하는 데 도움을 주고, 오류 가능성을 줄이고; 그들이 효율적이게 하고 그들을 시스템에 만족하도록 만드는 방법의 척도이다."
>
> 구축하고 있는 시스템 안에 "사용성"이 존재하는지 여부를 판단하는 유일한 방법은 사용성을 평가 또는 시험해보는 것이다. 사용자가 시스템과 상호작용하는 것을 관찰하고 다음의 질문에 답변한다[Con95].
>
> - 시스템이 지속적인 도움이나 지시 없이 사용 가능한가?
> - 상호작용 규칙이 박식한 사용자가 효율적으로

작업하는 데 도움을 주는가?

- 사용자가 더욱 박식해지면 상호작용 메커니즘이 더욱 유연하게 되는가?
- 물리적 및 사회적 환경에 맞게 시스템을 조정하였나?
- 사용자가 시스템의 상태를 알고 있는가? 사용자가 자신이 있는 곳을 항상 알고 있는가?
- 인터페이스가 논리적이고 일관된 방법으로 구성되었나?
- 상호작용 메커니즘, 아이콘 및 절차가 인터페이스 전체에 걸쳐 일관적인가?
- 상호작용이 오류를 예상하고 사용자가 이를 시정하는 것을 도와주는가?
- 인터페이스가 만들어진 오류에 견디는가?
- 상호작용이 단순한가?

이러한 질문 각각에 예로 답변한다면 사용성을 만족할 가능성이 있다.

사용 가능한 시스템이 주는 이익은 다음과 같다[Don99]. 매출액 증대 및 고객만족, 경쟁우위, 매체에서의 양호한 반응, 바람직한 구전, 지원비용 감소, 최종 사용자 생산성 감소, 교육훈련비 감소, 문서화 비용 감소, 불만족 고객들로부터 소송 감소.

15.2 사용자 인터페이스 분석과 설계

사용자 인터페이스 분석 및 설계를 위한 프로세스는 서로 다른 모델로 시스템 기능을 표현하는 것으로부터 시작한다. 시스템 기능을 달성하는 데 필요한 인간지향 및 컴퓨터 지향 작업을 기술하고 인터페이스 설계에 적용할 설계 문제를 고려한다. 도구를 사용하여 프로토타입을 만들고 설계 모델을 구현하여, 품질 관점에서 최종 사용자에게 평가 받는다.

WebRef
사용자 인터페이스에 대한 유용한 정보는 **www.nngroup.com**에서 찾을 수 있다.

15.2.1 인터페이스 분석과 설계 모델

사용자 인터페이스를 분석하고 설계해야 하는 경우 네 가지 모델이 역할을 한다. 인간공학자(또는 소프트웨어 엔지니어)가 사용자 모델을 확립하고 소프트웨어 엔지니어는 설계 모델을 생성하며 최종 사용자는 사용자의 심리 모델(mental model) 또는 시스템 인지라고 불리는 이미지를 개발하며, 구현개발자는 구현 모델을 생성한다. 이러한 모델은 서로 상당한 차이를 보일 수 있다. 인터페이스 설계자는 이러한 차이를 조정하여 일관성 있는 인터페이스의 표현을 도출해야 한다.

Quote
사용자 인터페이스에 속임수가 있다면 사용자 인터페이스는 망가진다.
Douglas Anderson

사용자 모델은 시스템 사용자 프로파일을 확립한다. "사용자 중심 설계"에 관한 Jeff Patton[Pat07]의 책에서, 다음과 같이 언급하였다.

> 나를 포함한 설계자와 개발자들은 자주 사용자에 관해 생각한다. 그러나, 특정한 사용자의 강력한 심리모델을 갖고 있지 않으면, 쉽게 우리 생각에 빠져버린다.

효과적인 사용자 인터페이스를 구축하려면, "의도된 사용자 연령, 성별, 신체적 능력, 교육, 문화적 또는 윤리적 배경, 동기, 목표 및 성격을 포함한 사용자들의 이해로부터 설계를 시작해야 한다."[Shn04] 또한, 사용자들은 초보자, 지식을 갖추고 있지만 가끔씩 시스템을 사용하는 사람, 지식도 많고 자주 사용하는 사람들로 분류할 수 있다.

ADVICE
초보 사용자가 단축키를 원하더라도, 지식이 있고 자주 사용하는 사용자는 지침을 필요로 한다. 그들에게 필요한것을 주어라.

사용자의 심리 모델(시스템 인지)은 최종 사용자가 마음에 담고 있는 시스템의 이미지이다. 예를 들면, 식당을 평가하는 모바일 앱 사용자에게 시스템이 어떻게 동작하면 좋겠는지 질문하면, 그가 인지하고 있는 시스템의 모습을 설명할 것이다. 설명의 정확도는 사용자의 프로파일(예: 초보자는 기껏해야 개략적인 응답을 제공할 것이다)과 응용 영역에서 소프트웨어에 대한 전체적인 친숙성에 의해 달라질 것이다. 식당 평가 일을 충분히 이해하고 특정 앱 사용해본 사용자는 앱을 잘 사용해보려고 몇 일 정도 노력한 초보자에 비해서 좀 더 완전한 기능설명을 제공할 수 있을 것이다.

> **Quote**
> 사용자가 하는 말이 아닌 사용자가 하는 일에 집중하라.
> Jakob Nielsen

구현 모델은 컴포넌트 시스템에 대한 외부 표현(인터페이스 모양 및 느낌)과 인터페이스 구문과 의미를 기술하는 모든 지원 정보(서적, 설명서, 비디오 테이프, 도움말 파일)를 통합한다. 구현 모델과 사용자의 심리 모델이 일치하는 경우에, 사용자는 일반적으로 소프트웨어에 편안함을 느끼고 이를 효과적으로 사용한다. 이러한 모델 "결합"을 달성하려면 설계 모델은 사용자 모델이 포함한 정보를 수용하도록 개발해야 하고 구현모델은 인터페이스에 관한 구문 정보와 의미 정보를 정확하게 반영해야 한다.

15.2.2 프로세스

사용자 인터페이스에 대한 분석 및 설계 프로세스는 제4장에서 논의한 것과 유사한 나선형 모델을 사용할 수 있다. 그림 15.1을 보면, 사용자 인터페이스 분석 및 설계 프로세스는 나선의 내부에서 시작하고 다음의 특징적인 네 가지 프레임워크 활동들을 포괄한다 [Man97]. (1) 인터페이스 분석 및 모델링, (2) 인터페이스 설계, (3) 인터페이스 구축, 그리고 (4) 인터페이스 확인. 그림 15.1의 나선은 이러한 작업들마다 요구사항을 추가하여 정제하고 설계단계 나선 주위를 통과할 때마다 추가 작업이 발생할 것임을 보여주는 것이다. 대부분의 경우에 구축활동은 설계한 것을 검증하는 가장 실무적 방법인 프로토타입 제작을 포함한다.

> **Quote**
> 교정하는 것보다 사용자 경험을 설계하는 것이 바람직하다.
> Jon Meads

인터페이스 분석은 시스템과 상호작용하는 사용자들의 프로파일에 초점을 맞춘다. 기량수준, 업무 이해도 및 신규 시스템에 대한 일반적인 수용성을 기록하고, 다양한 사용자 범주들을 정의한다. 각 사용자 범주에 대해서 요구사항들이 도출된다. 본질적으로 독자는 각 등급의 사용자를 위한 시스템 인식을 이해하기 위해 노력한다(15.2.1절).

그림 15.1
사용자 인터페이스 설계 프로세스

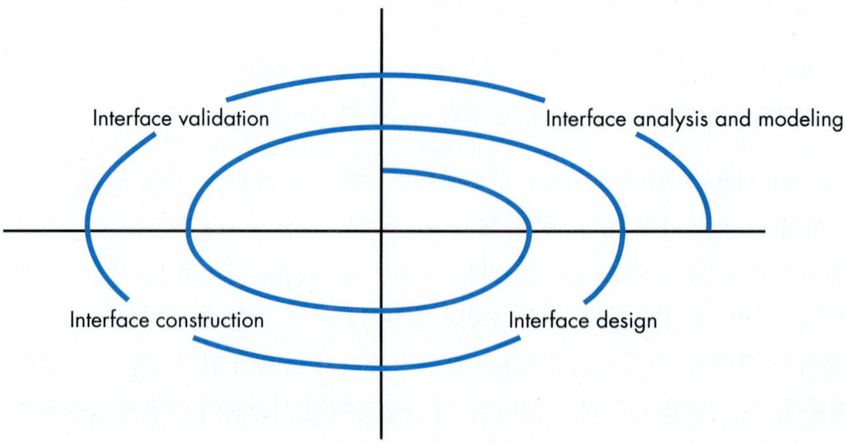

일반 요구사항들을 정의하다보면 좀더 상세한 작업 분석을 수행된다. 시스템 목표를 달성하기 위해 사용자가 수행하는 작업들을 식별하고, 기술하며 정제한다(나선을 따라 수많은 반복적 작업을 거쳐서). 15.3절에서 상세히 작업분석을 논의한다. 사용자 환경 분석은 물리적 작업환경(예: 장소, 조명, 자세 제약)의 특성에 초점을 맞춘다.

분석동작의 일부로 수집된 정보는 인터페이스 분석모델을 생성하는 데 사용한다. 이 모델을 기본으로 설계활동이 시작된다.

인터페이스 설계의 목표는 시스템에 대해 정의한 모든 사용성 목표를 충족시킬 수 있는 방법으로 사용자가 작업을 수행하도록 인터페이스 객체와 동작(및 그것들의 화면 표현)을 정의하는 것이다. 15.4절에서 인터페이스 설계를 상세히 논의한다.

인터페이스 구축은 사용 시나리오를 평가할 수 있는 프로토타입의 생성으로 시작한다. 반복적인 설계 프로세스를 계속하면서, 사용자 인터페이스 도구 키트(15.5절)를 사용하여 인터페이스 구축을 완료할 수 있다.

인터페이스 검증은 다음 사항에 초점을 맞춘다. (1) 모든 사용자 작업을 정확히 구현하고 모든 작업 변형물을 수용하고 모든 일반 사용자 요구사항을 달성하는 인터페이스의 능력, (2) 인터페이스가 사용하기 쉽고 배우기 쉬운 정도, 그리고 (3) 사용자가 인터페이스를 사용자 작업에서 유용한 도구로서 수용할 수 있는지 여부.

앞에서 지적한 것처럼, 이 단락에서 기술된 활동들을 반복적으로 수행한다. 그러므로, 처음 수행할 때 모든 내용(분석 또는 설계 모델에 대한)을 명세하려고 시도할 필요가 없다. 지속적 후속 작업에서 작업 내용, 설계 정보 및 운용 특성을 정제하면 된다.

15.3 인터페이스 분석[1]

모든 소프트웨어공학 프로세스 모델의 핵심 원칙은 설계 시도전에 문제를 이해하는 것이다. 사용자 인터페이스 설계의 경우에 문제를 이해하는 것은 다음 사항을 이해한다는 것을 의미한다. (1) 인터페이스를 통해 시스템과 상호작용할 사람들(최종 사용자들), (2) 작업을 위해 최종 사용자가 수행해야 하는 과제, (3) 인터페이스의 일부로 제시되는 콘텐트, 그리고 (4) 이러한 과제들을 수행할 환경. 다음 단락에서 후속 설계작업을 위한 확고한 기초를 확립할 수 있도록 인터페이스 분석의 요소들 각각을 살펴본다.

15.3.1 사용자 분석

사용자 인터페이스라는 용어는 기술적 문제를 걱정하기 전에 사용자를 이해하기 위해 상당한 시간을 소비해야 한다는 의미일 것이다. 앞에서 우리는 각 사용자가 다른 사용자가 개발한 이미지와 다른 소프트웨어 이미지를 가질 수 있다고 언급했다. 또한, 사용자가 갖고 있는 이미지는 소프트웨어 엔지니어의 설계모델과 많이 다를 수 있다. 이미지와 수렴하는

1 이 절이 8 ~ 11장에 있어야 한다고 주장할 수 있다. 요구분석 주제는 거기서 논의하였다. 인터페이스 분석과 설계는 서로 밀접하게 연결성이 있고 구분하는 것이 모호하기 때문에 여기서 다루는 것이다.

설계모델을 얻을 수 있는 유일한 방법은 사용자 자체와 이들의 시스템 사용 방법을 이해하는 것뿐이다. 다양한 원천(사용자 면담, 판매 입력, 마케팅 입력, 지원 입력)으로부터 얻는 정보를 사용하면 가능할 수 있다.

다음과 같은 질문들([Hac98]로부터 개작)은 시스템 사용자들을 잘 이해하는 데 도움을 줄 것이다.

KEY POINT
사용자의 특성과 인구학적 특징을 어떻게 공부할까?

- 사용자들이 훈련 받은 전문직, 기술자, 사무직 아니면 생산근로자들인가?
- 사용자 학력 수준은 어느 정도인가?
- 사용자들이 문서를 보고 학습하는 것이 가능한가? 아니면 강의실 교육을 원하는가?
- 사용자들이 능숙하게 타자를 치는가? 아니면 키보드 공포증을 가졌는가?
- 사용자 집단의 연령대는 무엇인가?
- 사용자들의 성별 분포는 어떤가?
- 사용자들은 수행하는 업무에 대한 보상은 어떻게 이루어지는가?
- 사용자들이 정상 근무시간만 근무하는가, 아니면 작업이 완료될 때까지 근무하는가?
- 소프트웨어가 사용자가 수행하는 작업에 필수적인가? 아니면 가끔 사용하는가?
- 사용자들이 사용하는 주요 언어는 무엇인가?
- 시스템 사용 중 실수하면 어떤 결과를 초래하는가?
- 사용자들이 시스템 주제에 전문가인가?
- 사용자들이 인터페이스 관련 기반 기술에 관해 알기를 원하는가?

이러한 질문들이 답변을 얻으면 최종 사용자들이 누구이고, 그들을 움직이고 만족시키는 것과, 다양한 사용자 등급 또는 프로파일로 그룹화할 수 있는 방법과 시스템에 대한 그들의 심리 모델 그들의 필요성을 충족시키기 위하여 사용자 인터페이스가 특성화되는 방법을 알게 된다.

15.3.2 작업 분석 및 모델링

작업 분석의 목표는 다음 질문들에 답변하는 것이다.

KEY POINT
사용자 목표는 UI를 통해 하나 이상의 작업을 수행하는 것이다. 이를 달성하려면 UI는 목표 달성에 필요한 메커니즘을 제공해야 한다.

- 특정 상황에서 사용자는 무슨 작업을 수행하나?
- 작업 처리가 이루어지면서 사용자가 처리할 어느 특정 문제 영역의 객체는 무엇인가?
- 사용자가 작업을 수행할 때 어떤 작업과 어떤 세부작업이 수행될 것인가?
- 작업 과제의 순서, 즉 업무흐름은 무엇인가?
- 작업의 계층은 무엇인가?

이러한 질문들에 답변하려면 이 책 전반부에 논의한 기법을 사용해야 한다.

유스케이스 앞에서 유스케이스가 액터(사용자 인터페이스 설계 문맥에서 액터는 항상 사람이다)가 시스템과 상호작용하는 방법을 기술한다고 배웠다. 작업분석의 일환으로 사용할 경우, 유스케이스는 최종사용자가 특정 작업을 어떻게 수행하는지를 보여주다. 대부분의 경우에, 유스케이스는 첫 번째 사람과 함께 작업할 때는 비정형 스타일(단순한 단락)로 작성한다. 예를 들어, 소규모 소프트웨어 회사가 인테리어 설계자들을 위하여 CAD 시스템을 구축하려고 한다고 가정해보자. 그들이 작업을 수행하는 방법을 잘 이해하려면 실제 인테리어 설계자들에게 구체적인 설계 기능을 설명할 수 있도록 질문한다. "가구를 놓는 방안의 공간을 어떻게 결정합니까?"라고 물으면, 인테리어 설계자는 다음과 같이 비정형 유스케이스를 작성한다.

> 저는 방의 평면도, 창 및 문의 치수와 위치를 그리면서 시작합니다. 제가 많은 관심을 두는 것은 방으로 투입되는 빛, 창문의 모습(창문이 아름다운 경우 저는 거기에 관심을 두고자 합니다), 막힘없는 벽의 길이, 방에서의 동선입니다. 저는 그 다음에 고객과 제가 선택한 가구 목록을 주목합니다…. 그리고, 방을 3차원 그림으로 그려서 제 고객에게 완성했을 때의 방에 대한 느낌을 제공합니다.

WebRef

사용자 모델링에 대한 충분한 정보는 http://web.eecs.umich.edu/~kieras/docs/GOMS/에서 볼 수 있다.

SafeHome

UI 설계를 위한 유스케이스

장면: Vinod의 방, 사용자 인터페이스 설계가 계속된다.

등장인물: Vinod와 Jamie(SafeHome 소프트웨어공학팀의 구성원)

대화

Jamie: 내가 마케팅 담당자를 꼼짝 못하게 하고 그녀가 감시 인터페이스에 대한 유스케이스를 작성하게 했어.

Vinod: 누구의 관점에서?

Jamie: 집주인, 그 밖에 누가 있는데?

Vinod: 시스템 관리자도 있지. 집 주인이 모든 역할을 다 한다 해도, 관리자는 다른 관점을 가질 수 있지. 관리자는 시스템을 설정하고, 잡다한 것들을 구성하고 평면도를 구상하고 카메라를 배치하고….

Jamie: 내가 그녀에게 하게 한 것은 모두 집주인이 영상을 보고자 할 때 집주인 역할을 수행하는 것이야.

Vinod: 그래 좋아. 그것은 감시 기능 인터페이스의 주요한 동작 중 하나야. 하지만, 우리는 시스템 관리 동작도 조사해야 할 거야.

Jamie (짜증나서): 네가 맞아.

[Jamie는 마케팅 인원을 찾으러 나갔다가 한 참 후에 돌아온다.]

Jamie: 난 행운이었어, 내가 그녀를 발견하고 관리자 유스케이스를 함께 검토했지. 기본적으로 우리는 관리를 그 밖의 모든 SafeHome 기능에 적용되는 하나의 기능으로 정의할 거야. 여기에 우리가 제시한 것이 있어.

[Jamie는 Vinod에게 비정형 유스케이스를 보여준다.]

비정형 유스케이스. 난 언제든지 시스템 배치도를 설정하거나 편집할 수 있기를 원해. 시스템을 설정할 때 나는 관리 기능을 선택해. 이것은 나에게 내가 새로운 설정을 하려는지 아니면 기존 설정을 편집하려는지 여부를 물어봐. 내가 새로운 설정을 선택하면 시스템은 내가 눈금표시 위에 평면도를 그리게 해주는 작도 화면을 표시하지. 작도가 용이하도록 벽, 창문 및 도어에 대한 아이콘이 있을 거야. 난 아이콘을 적절한 크기로 늘이기만 하지. 시스템은 길이를 피트나 미터로 표시할거야(난 측정 시스템을 선택할 수 있지). 난 센서와 카메라 라이브러리로부터 선택하여 평면도에 놓을 수 있지. 각각에 라벨을 붙이거나 시스템이 자동 라벨부착을 수행하지. 난 적절한 메뉴로부터 센서와 카메라에 설정값을 정할 수 있어. 내가 편집을 선택하면 센서나 카메라를 이동시키고 새것을 추가하거나 기존 것을 삭제하고, 평면도를 편집하고 카메라와 센서에 대한 설정값을 편집할 수 있지. 모든 경우에 나는 시스템이 일관성 점검을 수행하고 내가 실수를 피하는 것을 도와줄 것을 기대하지.

Vinod (시나리오를 읽고 나서): 좋아, 아마도 작도 프로그램의 GUI용으로 유용한 설계 패턴[제12장]이나 재사용가능한 컴포넌트가 있을 거야. 내가 너한테 50달러를 걸지. 우린 그것들을 사용해서 관리자 인터페이스 일부나 대부분을 구현할 수 있어.

Jamie: 동의해. 내가 확인하지.

유스케이스는 컴퓨터 기반 설계(CAD) 시스템을 위한 중요한 작업 과제에 대한 기초적 설명을 제공한다. 이로부터 작업, 객체 및 상호작용의 전체적인 흐름을 추출할 수 있다. 또한, 인테리어 설계자를 기쁘게 할 다른 시스템 기능들도 구상할 수 있다. 예를 들면, 방에서 각 창을 보는 디지털 사진을 촬영할 수 있다. 방을 표현하면 각 창을 통하여 실제 외부 모습을 표현할 수 있다.

작업 정제 제12장에서 우리는 원하는 기능을 달성하기 위하여 소프트웨어가 해야 하는 처리과제를 정제하기 위해서 단계적인 정제(기능적 분해 또는 단계적 정제라고도 함)를 논의했다. 사용자 인터페이스가 받아들여야 하는 인간 활동을 이해하는 데 도움을 주는 정교한 접근법으로 인터페이스 설계를 위한 작업을 분석해야 한다.

첫째, 시스템 또는 앱의 목표를 달성하는 데 필요한 작업을 정의하고 명확히 해야 한다. 예를 들면, 앞에서 논의한 인테리어 설계자용 컴퓨터 기반 설계 시스템을 생각해보자. 작업중인 인테리어 설계자를 관찰하면 인테리어 설계가 다음과 같은 수많은 주요 활동으로 이루어진다는 것을 알 수 있다. 가구 배치(앞에서 논의된 유스케이스를 유의한다), 섬유 및 자재 선택, 벽 및 창 가리개 선택, 설명회(고객에게), 원가산정 및 쇼핑. 이들 주요한 작업은 상세 작업으로 정교화될 수 있다. 예를 들면, 유스케이스에 포함된 정보를 사용하여, 가구배치는 다음 작업으로 정제될 수 있다. (1) 방 치수를 바탕으로 평면도를 그린다. (2) 적절한 장소에 창과 문을 배치한다. (3a) 가구 서식을 사용하여 평면도에 축소된 가구 외곽선을 그린다. (3b) 소품 서식을 사용하여 평면도에 축소된 소품을 그린다. (4) 가구 외곽선과 소품 외곽선을 이동시켜 최선의 배치를 얻는다. (5) 모든 가구 및 소품 외곽선에 라벨을 부여한다. (6) 치수를 그려 위치를 표시한다. 그리고 (7) 고객을 위한 투시도를 그린다. 다른 주요 작업에 유사한 접근법을 사용할 수 있다.

세부과제 (1) ~ (7)은 각각 한층 정제될 수 있다. 세부과제 (1) ~ (6)은 사용자 인터페이스 내의 정보를 조작하고 조치를 취해서 수행한다. 한편, 세부과제 (7)은 소프트웨어에서 자동으로 수행될 수 있고 직접적인 사용자 상호작용[2]을 거의 일으키지 않는다. 인터페이스의 설계 모델은 사용자 모델("전형적인" 인테리어 설계자의 프로파일)과 시스템 인지(인테리어 설계자가 자동화된 시스템으로부터 기대하는 것)와 부합하는 방법으로 이러한 과제들 각각을 수용해야 한다.

ADVICE

객체 정련이 유용하더라도 단일 전략으로 사용해서는 안 된다. 사용자 의견은 작업 분석 중에 반드시 고려해야 한다.

객체 정제 사용자가 수행해야 하는 작업에 초점을 맞추는 대신, 사용유형과 사용자로부터 얻어낸 그 밖의 정보를 조사하고 인테리어 설계자가 사용하는 물리적 객체를 추출할 수 있다. 이러한 객체들을 클래스로 분류할 수 있다. 각 클래스의 속성들을 정의하고, 각 객체에 적용할 행동을 연사자 집합으로 제공한다. 예를 들면, 가구 서식은 크기, 모양, 위치 등을 포함할 수 있는 속성을 가진 **Furniture**라는 클래스로 해석할 수 있다. 인테리어 설계자는 **Furniture** 클래스로부터 객체를 선택하고 평면도 상의 위치(이 문맥에서는 또 다른 객체로

2 그러나 이것이 해당하지는 않는다. 인테리어 설계자는 그려질 관점, 규모, 색상, 다른 정보들을 명세하길 원한다. 관점을 그리는 것과 관련한 유스케이스는 이 작업을 다루는데 필요한 정보를 제공한다.

이것을 움직이고 가구 외곽선을 그리는 등의 작업을 한다. 선택, 이동 및 그리기는 연산자들이다. 사용자 인터페이스 분석 모델은 이러한 연산자에 대한 구현정보를 제공하지 않는다. 그러나, 설계를 정제하면서 각 연산자의 내용을 정의한다.

작업흐름 분석 서로 다른 역할을 수행하는 다양한 사용자들이 사용자 인터페이스를 사용하는 경우에, 작업분석과 객체 정제를 초월하여 작업흐름 분석을 적용할 필요가 있다. 이 기법은 다수의 인원(및 역할)이 관여할 경우, 작업 절차를 완료하는 방법을 이해할 수 있게 해준다. 약을 처방하고 배달하는 절차를 완전하게 자동화하는 의도를 가진 회사를 고려해보자. 전체 절차[3]는 의사(또는 그들의 보조자), 약사 및 환자들이 돌아가면서 사용하는 웹 기반 응용이 될 것이다. 이런 작업흐름을 UML 스윔레인 다이어그램(활동 다이어그램의 변형)으로 효과적으로 표현할 수 있다.

여기서는 작업 절차의 작은 부분, 즉 환자가 조제를 요구할 때 발생하는 상황만을 고려한다. 그림 15.2는 앞에서 지적된 세 가지 역할 각각에 대한 작업와 결정을 나타내는 스윔레인 다이어그램을 제시한다. 이 정보는 면담 또는 각 액터가 작성한 사용유형으로부터 도출하였을 것이다. 상관없이 (그림에 표시된) 이벤트의 흐름은 많은 수의 핵심 인터페이스 특성을 인식하게 해준다.

1. 각 사용자는 인터페이스를 통하여 서로 다른 작업들을 구현하므로 환자를 위해 설계한 인터페이스의 모습과 느낌은 약사나 의사를 위해 정의된 것과 다를 것이다.
2. 약사와 의사를 위한 인터페이스 설계는 보조 정보제공자로부터 얻은 정보 접근과 표시를 수용해야 한다(예: 약사를 위한 재고 접근과 의사를 위한 대체 약물에 관한 정보 접근).
3. 스윔라인 다이어그램에서 볼 수 있는 많은 활동들을 작업분석 또는 객체 정교화를 사용하여 한층 정제될 수 있다(예: 조제 처방전은 우편주문 배달, 약국 방문 또는 특수약 유통센터 방문을 암시할 수 있다).

> **Quote**
>
> 사용자에게 기술을 받아들이게 하는 것 보다 사용자를 받아들이도록 기술을 응용하는 것이 훨씬 바람직하다.
>
> Larry Marine

계층적 표현 정제화 프로세스는 인터페이스 분석을 시작할 때 발생한다. 작업흐름을 확정하면 각 사용자 유형에 대해서 작업 계층을 정의할 수 있다. 이 계층은 사용자에 대해 식별한 각 작업의 단계적 정제를 통해 도출할 수 있다. 예를 들어 처방전을 재작성하는 사용자 작업 요청을 고려해보자. 다음의 작업 계층을 개발한다.

처방전 재작성 요청

- 식별 정보를 제공한다.
  - 성명을 지정한다.
  - 사용자 ID를 지정한다.
  - PIN 및 암호를 지정한다.

3 이 예는 [Hac98]를 수정한 것이다.

그림 15.2 'refill' 기능을 설명한 스윔라인 다이어그램

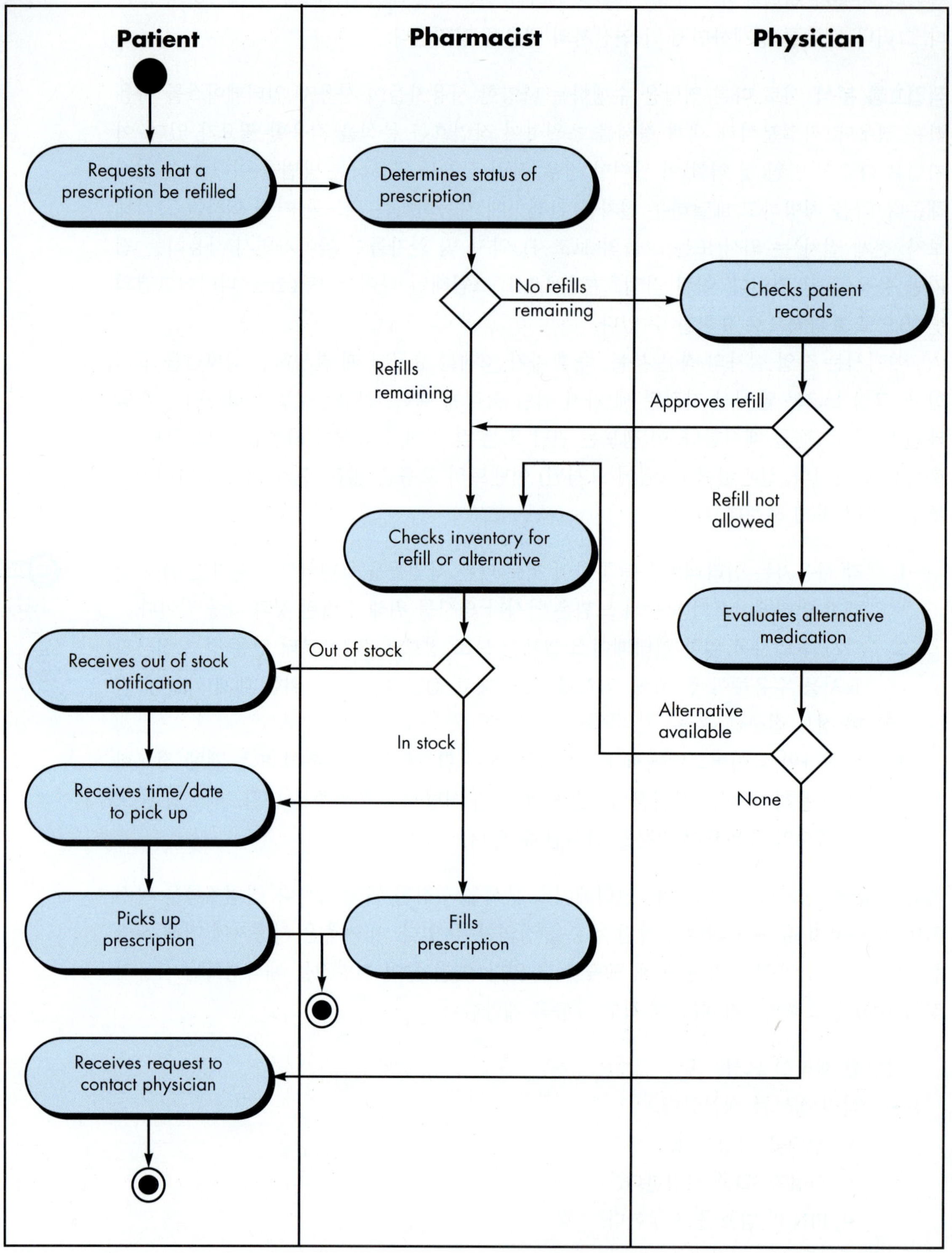

- 처방전 번호를 지정한다.
- 재작성을 요구한 날짜를 지정한다.

이 과제를 완료하려면 세 개의 세부과제가 정의된다. 이들 세부과제 중 하나인 식별 정보를 제공한다는 세 개의 추가적인 세부과제로 한층 정제된다.

15.3.3 디스플레이 내용 분석

15.3.2절에서 식별된 사용자 작업은 다양한 여러 유형의 내용에 대한 표현과 관련있다. 제9~11장에서 논의한 분석 모델링 기법은 응용프로그램이 만들어내는 출력 데이터 객체를 식별한다. 데이터 객체는 (1) 응용프로그램의 다른 부분에 있는 컴포넌트(인터페이스와 무관)를 생성하거나 (2) 응용프로그램으로부터 접근 가능한 데이터베이스가 저장한 데이터로부터 획득되거나 (3) 해당 응용프로그램의 외부에 있는 시스템이 전송할 수 있다.

이 인터페이스 분석 단계 중, 콘텐트의 형식과 심미성(인터페이스에 의해 표출될 때)이 고려된다. 묻는 질문과 답변은 다음과 같다.

- 화면에서 일정한 위치에 다른 유형의 데이터를 지정하는가?(예: 사진은 항상 상단 오른쪽 모서리에 나타난다.)
- 사용자가 콘텐트를 위한 화면 위치를 지정할 수 있는가?
- 화면에 보여주는 콘텐트에 적합한 식별자를 부여하였는가?
- 대량의 데이터를 표시해야 하는 경우에 이해하기 쉽게 분할해야 하는 방법은 무엇인가?
- 대량의 데이터에 대해서 요약정보로 직접 이동할 수 있는 메커니즘이 있는가?
- 사용하는 디스플레이 장치 영역 안에 맞도록 그래픽 출력이 축소/확대되는가?
- 이해 증진을 위해 색깔을 어떻게 사용하고 있는가?
- 사용자에게 오류 메시지와 경고를 어떻게 제시하는가?

?
UI 일부로 표현한 컨텐츠의 형식과 미적 요소를 어떻게 결정할까?

이러한 (및 그 밖의) 질문들에 대한 답변은 콘텐트 표현에 대한 요구사항을 확정하는데 도움을 준다.

15.3.4 작업환경 분석

Hackos와 Redish[Hac98]는 작업환경 분석에 관하여 다음과 같이 설명한다. “사람들은 자신의 작업을 분리시켜 수행하지 않는다. 그들 주변의 활동, 작업장소의 물리적 특성, 사용하고 있는 장비의 유형 및 그들이 다른 사람들과 갖고 있는 업무관계에 의해 영향을 받는다.” 일부 응용프로그램에서 컴퓨터 기반 시스템에 대한 사용자 인터페이스는 “사용자 친화적 장소”(예: 적절한 조명, 양호한 디스플레이 높이, 용이한 키보드 접근)에 배치되지만, 어떤 경우는(예: 공장 바닥 또는 항공기 조종실) 조명은 차선일 수 있고, 잡음이 한 요인일 수 있고, 키보드나 마우스 또는 터치스크린이 옵션이 아닐 수 있고, 디스플레이 배치가 이상적이 아닐 수 있다. 인터페이스 설계자는 사용 용이성을 떨어뜨리는 요인들에 의하여 제약을 받을 수 있다.

물리적 환경요인에 추가하여 작업장 문화도 영향을 준다. 어떤 방법(예: 트랜잭션당 시간 또는 트랜잭션 정확도)으로 시스템 상호작용을 측정할 것인가? 입력을 제공하기 전에 두 명 이상의 사람들이 정보를 공유할 것인가? 시스템 사용자들에게 지원을 제공할 것인가? 이러한 질문과 다른 연관 질문들을 인터페이스 설계를 시작하기 전에 풀어야 한다.

15.4 인터페이스 설계 단계

> **Quote**
> 그래픽 예술, 기술과 심리학을 잘 엮어야 상호작용적 설계를 만들어 낼 수 있다.
> Brad Wieners

인터페이스 분석을 완료하면 최종사용자가 요구하는 모든 작업(또는 객체 및 동작)을 상세히 식별하고 인터페이스 설계 활동을 시작한다. 인터페이스 설계는 다른 소프트웨어공학 설계와 마찬가지로 반복적인 프로세스이다. 사용자 인터페이스 설계 단계를 여러 번 수행하여 이전 단계에서 개발한 정보를 정련하고 정제한다.

다양한 많은 사용자 인터페이스 설계 모델(예: [Nor86], [Nie00])이 있지만, 다음 단계들을 조합한 것이다. (1) 인터페이스 객체와 동작(연산)을 정의한다. (2) 사용자 인터페이스 상태를 변화시키는 이벤트(사용자 동작)를 식별한다. (3) 상태를 표현하고, (4) 인터페이스를 통해 제공하는 정보로부터 사용자가 각 상태를 해석할 방법을 나타낸다.

15.4.1 인터페이스 설계 단계 적용

인터페이스 객체와 여기에 적용할 동작을 정의하는 것이 인터페이스 설계에서 중요한 단계이다. 이를 달성하기 위하여 사용 시나리오는 제9장에서 기술된 것과 매우 동일한 방법으로 분해된다. 즉, 유스케이스를 작성한다. 명사(객체)와 동사(동작)를 분리하여 객체와 동작 목록을 생성한다.

객체와 동작을 식벽하고 반복적으로 정제하면 범주별로 분류할 수 있는데, 목표, 원천정보 및 응용프로그램 객체로 구분한다. 원천정보 객체(예: 보고서 아이콘)을 끌어서 목표 객체(예: 프린터 아이콘) 넣는다. 이 동작은 보고서 출력본을 생성한다는 것을 의미한다. 응용프로그램 객체는 화면 상호작용의 일부로서 직접 조작하지는 응용프로그램 고유의 데이터를 표현한다. 예를 들면, 우편주소록은 우편발송을 위한 이름을 저장하는 데 사용한다. 이 목록 자체는 정렬, 병합 또는 제거될 수 있지만(메뉴방식 동작), 사용자 상호작용을 통하여 끌어 놓을 수 없다.

중요한 모든 객체와 동작을 다 정의했으면, 화면 배치를 수행한다. 다른 인터페이스 설계 활동처럼, 화면배치는 아이콘의 그래픽 설계 및 배치, 서술적 화면 텍스트 정의, 창 명세 및 제목 작성과 주요한 및 사소한 메뉴 항목의 정의를 수행하는 반복적인 프로세스이다. 응용프로그램에 대해서 실세계 상징이 적절한 경우라면, 이때 지정하고, 상징을 보완하는 방법으로 구성한다.

SafeHome 시스템(이전 단원들에서 논의됨)에 대한 사용 시나리오를 고려해서 앞에서 언급한 설계 다어어그램을 살펴보자. 이 인터페이스에 대한 기본 유스케이스(집주인이 작성)은 다음과 같다.

기본 유스케이스 나는 인터넷을 통하여 원격지로부터 나의 SafeHome 시스템에 대한 접근권을 얻고 싶습니다. 내 노트북 컴퓨터에서 작동하는 브라우저 소프트웨어를 사용하여(내가 직장에 있거나 출장중인 동안) 경보 시스템의 상태를 판단하고, 시스템을 무장시키거나 무장을 해제하고, 보안구역을 재구성하고 미리 설치된 화상 카메라를 통하여 집안의 상이한 방들을 볼 수 있습니다.

원격지로부터 SafeHome에 접근하기 위하여, 나는 식별자와 암호를 제공합니다. 이것들은 접근레벨을 정의합니다(예: 모든 사용자들이 시스템을 재구성할 수 있지 않을 수 있다). 일단 검증되면 나는 시스템 상태를 확인하고 SafeHome을 경보를 설정하거나 해제하여 상태를 변경할 수 있습니다. 집의 평면도를 볼 수 있고, 각 보안센서를 보고 현재 구성된 각 구역을 표시하고, 필요시 구역을 수정하여 시스템을 재구성할 수 있습니다. 나는 배치한 화상 카메라를 통하여 집 내부를 볼 수 있습니다. 나는 각 카메라를 좌우로 움직이고 확대/축소하여 실내의 상이한 모습을 제공할 수 있습니다.

이러한 유스케이스를 바탕으로 다음의 집주인 과제, 객체 및 데이터 항목들이 식별된다.

- SafeHome 시스템에 접근한다.
- 원격 접근을 허용하는 **ID**와 **암호**를 입력한다.
- **시스템 상태**를 점검한다.
- SafeHome 시스템의 경보를 설정하거나 해제한다.
- **평면도**와 **센서 위치**를 표시한다.
- 평면도에 **구역**을 표시한다.
- 평면도에 있는 **구역**을 변경한다.
- 평면도에 **화상 카메라 위치**를 표시한다.
- 조회할 **화상 카메라**를 선택한다.
- **화상 카메라**를 본다(초당 4 프레임).
- **화상 카메라**를 좌우로 이동시키거나 축소/확대한다.

객체(굵은 글꼴)와 동작(기울임꼴)는 이 집주인 작업 목록에서 추출한 것이다. 나열한 객체의 대다수는 응용프로그램 객체들이다. 그러나, **화상 카메라 위치**(원천 객체)를 화상 카메라(목표 객체)로 이동시켜서 **동영상**(동영상 디스플레이를 가진 창)을 생성한다.

영상감시를 위한 화면 배치도의 기초 스케치를 생성한다(그림 15.3).[4] 모니터링 창에 표시된 평면도에 위치한 동영상, 화상카메라 위치 아이콘 C가 선택된다. 이 경우에 거실(LR)에 있는 카메라 위치를 화면의 상단 왼쪽 부분에 있는 화상카메라 아이콘으로 끌어 놓는다. 동영상 창이 나타나서 LR에 위치한 카메라로부터 스트리밍 동영상을 표시한다. 줌 및 좌우이동 제어 슬라이드를 사용하여 동영상의 확대 및 방향을 제어한다. 다른 카메라로부터 영상을 선택하려면 사용자는 간단히 상이한 카메라 장소 아이콘을 화면 상단 왼쪽 구

ADVICE

자동화 도구가 레이아웃 프로타입 개발에 유용할지라도 연필과 종이가 필요한 전부일 때가 있다.

4 이전 장들에서 이들 특징을 구현하는 것과 다소 다른것이다. 이는 첫번째 임시 설계를 고려한 것이고 구현한 것의 다른 대안을 표현하려는 것이다.

그림 15.3
예비적 스크린 레이아웃

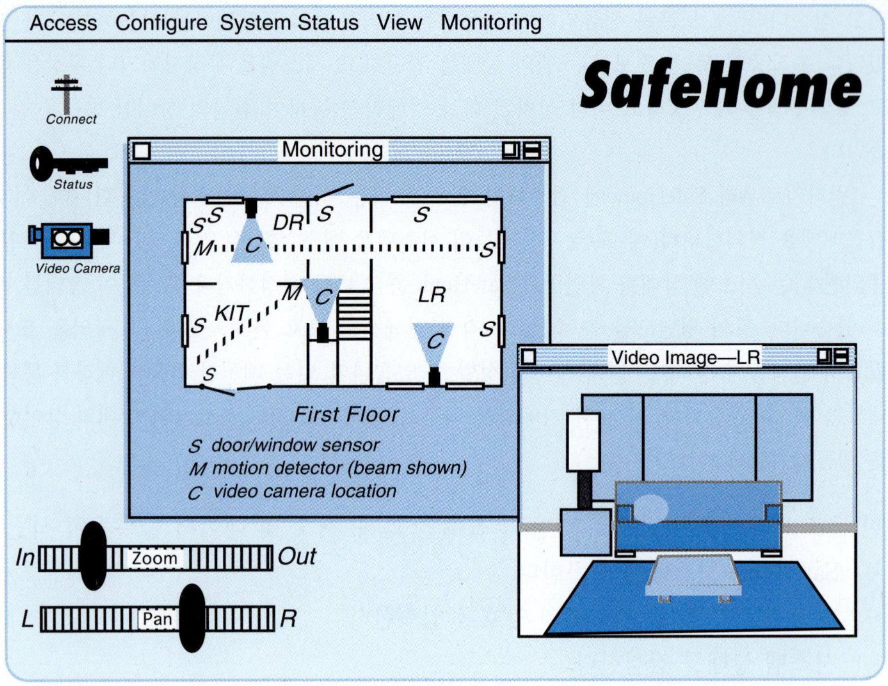

석에 있는 카메라 아이콘으로 끌어 넣으면 된다.

표시된 배치 스케치는 메뉴 표시줄 내부의 각 메뉴 항목을 확장하여 보완시켜 영상감시 모드(상태)에 가용한 동작을 나타내야 한다. 인터페이스 설계 중에 사용자 시나리오에서 지적된 각 집주인 과제에 대해 일단의 완전한 스케치가 생성된다.

15.4.2 사용자 인터페이스 설계 패턴

그래픽 사용자 인터페이스는 일반적이어서 이를 위한 다양한 사용자 인터페이스 설계 패턴이 만들어지고 있다. 설계 패턴은 구체적이고 잘 연결된 설계문제에 대한 설계 해결책을 규정하는 추상화이다.

흔히 직면하는 인터페이스 설계 문제의 예로서 사용자가 하나 이상의 달력 날짜와 월을 미리 입력해야 하는 상황을 고려해보자. 이렇게 간단한 문제에 가능한 많은 해결책이 있으며, 제안할 수 있는 다양한 패턴들이 있다. Laakso[Laa00]는 현재 날짜를 강조하고 달력으로부터 미래 날짜를 골라서 선택할 수 있는 연속적이고 이동이 가능한 달력을 산출하는 **CalendarStrip**이라는 패턴을 제안한다. 달력상징은 모든 사용자에게 잘 알려져 있고 미래 날짜를 지정하는 데 효과적인 메커니즘을 제공한다.

과거 10년에 걸쳐 인터페이스 설계 패턴의 제안이 이루어지고 있다. 사용자 인터페이스 설계 패턴의 좀더 상세한 논의는 제16장에서 제시된다. 또한, Erickson[Eri08]은 많은 웹기반 집합에 참고자료를 소개하고 있다.

15.4.3 설계 문제

사용자 인터페이스의 설계가 진화하면, 네 가지 설계 문제가 공통적으로 드러난다. 시스템 응답시간, 사용자 도움말 기능, 오류 처리 및 명령어 이름 주기 등이다. 안타깝게도, 많은 설계자들이 설계 프로세스 후반이 되어서도 이런 문제를 언급하지 않는다(간혹, 작동하는 프로토타입을 사용할 수 있을 때까지 문제를 파악하지 못한다). 이 때문에 불필요한 반복, 프로젝트 지연 및 최종사용자 불만이 발생한다. 변경이 용이하고 비용이 저렴한 소프트웨어를 만들고자 한다면 이들 설계 문제를 조기에 고려하는 것이 바람직하다.

WebRef
UI 설계 패턴이 다양하게 제안되어 있다. 다양한 패턴들을 http://www.hcipatterns.org/patterns/borchers/patternIndex.html에서 볼 수 있다.

응답시간 시스템 응답시간은 길이와 변동성이라는 두 가지 중요한 특성을 갖는다. 시스템 응답시간이 너무 긴 경우에 사용자 불만과 스트레스는 불가피하다. 변동성은 평균 응답시간과의 편차를 말하며, 많은 경우에 가장 중요한 응답시간 특성이다. 낮은 변동성은 응답시간이 비교적 긴 경우에도 사용자가 상호작용 리듬을 설정하도록 해준다. 예를 들면, 명령어에 대한 반응 시간이 1초인 것이 0.1 ~ 2.5 사이에서 반응하는 것보다 좋다. 변동성이 심각할 경우는, 뭔가 "다른" 일이 뒷단에서 이루어지는 것이 아닌지 의심하면서 평정심을 잃을 수 있다.

도움말 기능 대화형, 컴퓨터 기반 시스템을 사용하는 사람들은 때때로 도움말을 필요로 한다. 소프트웨어 사용자가 인터페이스를 벗어나 의문에 대한 답변을 얻거나 문제를 해결하도록 해주는 온라인 도움말 기능을 제공해야 한다.

Quote
사람들이 완전히 단순해 보이는 무엇인가를 설계할때 범하는 일반적 실수는 완전히 단순한 것이 갖고 있는 독창성을 간과하는 것이다.
Douglas Adams

오류 처리 일반적으로, 대화형 시스템이 산출하는 모든 오류 메시지 또는 경고는 다음의 특성을 가져야 한다. (1) 사용자가 이해할 수 있는 용어로 문제를 기술한다. (2) 오류로부터 복구 가능한 조언을 제공한다. (3) 오류가 발생하지 않도록 (또는 오류 발생시 시정할 수 있도록) 오류의 부정적 결과를 표시하여 사용자가 자신의 작업을 점검할 수 있도록 해야 한다. 음성 또는 시각적 단서를 동반해야 하고, 사용자에게 오류의 책임을 절대로 지우지 않아야 한다.

메뉴 및 명령어 이름 한때 명령어 입력을 통해 사용자와 시스템이 상호작용하였고, 모든 유형의 응용프로그램이 사용하던 방식이다. 오늘날, 윈도우 중심, 마우스를 사용하는 인터페이스 방식이 명령어에 대한 의존성을 감소시켰지만 일부 고급 사용자들은 명령어 중심 상호작용 방식을 계속 선호한다. 명령어 또는 메뉴로 상호작용할 경우 여러 설계문제들이 발생한다.

Quote
지옥으로부터 인터페이스-이 오류를 수정하고 계속해서 어떤 11자리 소수를 넣는다.
Author unknown

- 모든 선택 메뉴가 명령어를 가질 것인가?
- 명령어는 어떤 형식을 취할 것인가? 선택은 제어 순서(예: alt-P), 기능키 또는 입력되는 단어를 포함한다.
- 명령어를 배우고 기억하기가 얼마나 어려운가? 명령어를 잊으면 무엇을 할 수 있는가?
- 명령어를 사용자가 맞춤화 또는 간략화할 수 있는가?

- 메뉴 이름은 인터페이스의 문맥 안에서 명확한가?
- 하위메뉴가 주 메뉴 항목이 제시하는 기능과 일치하는가?
- 명령어 사용에 대한 적절한 규약이 응용프로그램 전체에 걸쳐 존재하는가?

WebRef
접근가능한 소프트웨서 설계를 위한 지침은 http://www-03.ibm.com/able/guidelines/software/accesssoftware.Html에서 찾을 수 있다.

응용프로그램 접근성 컴퓨터 응용이 어디서나 가능해지면서 소프트웨어 엔지니어는 특수한 필요성을 가진 사람들이 쉽게 접근할 수 있는 메커니즘을 인터페이스 설계에 포함해야 한다. 신체적으로 어려움을 가진 사용자(및 소프트웨어 엔지니어)를 위한 접근성은 윤리적, 법적 및 사업적 이유로 필수적이다. 웹 응용프로그램을 위해 설계되었지만 모든 유형의 소프트웨어에 적용할 수 있는 다양한 접근성 지침(예: [W3C03])은 다양한 수준의 접근성을 달성하는 인터페이스 설계를 위한 제안을 제공한다. 다른 것들(예: [App13], [Mic13])은 시각, 청각, 움직임, 대화 및 학습 장애를 가진 사람들의 필요성을 해결하는 "보조기술"에 대한 특정한 지침을 제공한다.

국제화 소프트웨어 엔지니어와 관리자는 여러 국가와 언어를 필요로 하는 사용자 인터페이스를 만드는 데 필요한 노력과 기술을 과소평가한다. 한 국가와 언어를 위해서만 인터페이스를 설계한 경우 다른 국가들에서 작동하도록 임시 방편 작업으로 수정한다. 인터페이스 설계자들에게 난제는 "범세계적" 소프트웨어를 생성하는 것이다. 즉, 사용자 인터페이스는 소프트웨어를 사용하는 모두에게 전달할 수 있는 일반적 핵심 기능을 수용하도록 설계해야 한다. 현지화는 특정한 시장을 위해 기능은 인터페이스를 맞출 수 있도록 해준다.

소프트웨어 도구들

사용자 인터페이스 개발

목적: 이러한 도구들은 소프트웨어 엔지니어가 주문식 소프트웨어 개발이 아닌 세련된 GUI를 생성하도록 해준다. 도구는 재사용 가능한 컴포넌트에 접근하여 도구에 대한 접근을 제공하고 인터페이스 생성을 그 도구를 사용하여 조립되는 미리 정의된 능력으로부터 선택하는 문제로 만든다.

역학: 현대적인 사용자 인터페이스는 전문화된 기능을 제공하기 위해 개발한 일부 맞춤 컴포넌트와 결합할 수 있는 재사용 가능한 컴포넌트를 이용하여 구축한다. 대부분의 사용자 인터페이스 개발도구는 소프트웨어 엔지니어가 "끌어놓기" 기능을 사용하여 인터페이스를 생성하는 것을 가능케 한다. 즉, 개발자는 미리 정의한 많은 기능(예: 양식 작성기, 상호작용 메커니즘, 명령어 처리 능력)으로부터 선택하여 생성한 인터페이스의 콘텐트 안으로 배치하면 된다.

대표적인 도구[5]

Seagull Software가 개발한 LegaSuite GUI(**http://www-304.ibm.com/partnerworld/gsd/solutiondetails.do?solution=1020&expand=true&lc=en**)는 브라우저 기반 GUI 생성을 가능케 하고 구식 인터페이스의 리엔지니어링을 위한 편의를 제공한다.

The Open Group이 개발한 Motif Common Desktop Environment (**www.osf.org/tech/desktop/cde/**)는 개방형 시스템 데스크톱 컴퓨팅을 위한 통합형 그래픽 사용자 인터페이스이다. 이것은 데이터 및 파일(그래픽 데스크톱)과 응용프로그램 관리를 위한 단일 표준 그래픽 인터페이스를 제공한다.

Altia가 개발한 Altia Design 8.0(**www.altia.com**)은 다양하고 상이한 플랫폼(예: 자동차, 휴대용, 산업용)에서 GUI를 생성하기 위한 도구이다.

5 여기서 언급한 도구는 전체를 다 보증하기 위한 것이 아니고, 이 범뒤에서 필요한 도구들을 샘플로 소개한 것이다. 대부분의 경우 도구 이름은 개발자들의 의해 상표등록을 한 것이다.

소프트웨어 엔지니어들은 다양한 국제화 지침들(예: [IBM13])을 이용할 수 있다. 이러한 지침들은 광범위한 설계문제(예: 화면 배치도는 다양한 시장에서 다를 수 있다)와 이산 구현 문제(예: 상이한 알파벳이 특수한 라벨링 및 간격 요구사항을 생성할 수 있다)를 언급한다. 유니코드 표준[Uni03]은 수백 개의 문자와 기호를 가진 수십 개의 자연어를 관리하는 위압적인 난제를 해결하기 위하여 개발되었다.

15.5 웹앱 및 모바일 인터페이스 설계

웹앱, 모바일 장치, 전통적인 소프트웨어 응용프로그램, 소비자 제품 또는 산업용 장치를 위해 설계했는지 여부를 불문하고 모든 사용자 인터페이스는 이 장의 앞에서 논의한 사용성 특성을 보여야 한다. Dix[Dix99]는 웹앱과 모바일 인터페이스가 다음 세 개의 주요한 질문에 답해야 한다고 주장한다. 나는 어디에 있는가? 나는 지금 무엇을 할 수 있는가? 나는 어디에 있었고 어디로 갈 수 있는가? 이 질문들에 대한 답변은 사용자가 문맥을 이해하고 앱을 좀더 효과적으로 탐색하도록 해준다.

> **Quote**
> 사이트가 완벽하게 사용가능하지만 우아함과 적절한 설계 스타일이 떨어진다면 실패한 것이다.
> Curt Cloninger

15.5.1 인터페이스 설계 원칙 및 지침

앱 또는 모바일 앱의 사용자 인터페이스는 "첫인상"이다. 내용의 가치, 처리능력과 서비스의 정제와 응용프로그램 자체의 전체적인 편익과 상관없이 열악하게 설계한 인터페이스는 잠재적 사용자를 실망시키고, 실제로 사용자를 다른 곳으로 보낼 수 있다. 실질적으로 모든 분야에서 경쟁하는 엄청난 양의 웹앱과 모바일 앱으로 인하여 인터페이스는 잠재적 사용자를 순간적으로 사로잡아야 한다.

물론 웹앱과 모바일 앱 사이에는 중요한 차이가 있다. 소형 모바일 장치(예: 스마트폰)가 갖는 물리적 제약으로 인하여, 모바일 인터페이스 설계자는 집중적인 방법으로 상호작용을 압박해야 한다. 그러나, 이 단락에서 논의된 기본 원칙들을 계속 적용해야 한다.

Bruce Tognozzi[Tog01]는 양호한 사용성을 유도하는 일단의 기초적인 설계 원칙들을 정의한다.[6]

기대 사용자의 다음 이동을 예상하도록 응용프로그램을 설계해야 한다. 예를 들면, 사용자는 새로운 버전의 운영체제를 위해 프린터 드라이버에 관한 정보를 제시하는 콘텐트 객체를 요청한다. 웹앱 설계자는 사용자가 드라이버 다운로드를 요청할 수 있다고 예상하고 있으므로, 이렇게 처리할 수 있는 항해 기능을 제공해야 한다.

> **?** GUI 설계에 사용할수 있는 기초 원칙들은 무엇인가?

교류 인터페이스는 사용자가 시작하는 활동의 상태와 교류할 수 있어야 한다. 교류는 명백할 수도 있고(예: 텍스트 메시지) 이해하기 어려울 수도 있다(예: 프린터를 통해 이동하는 종이 이미지는 인쇄가 진행중임을 나타낸다.).

---

6 Tognozzi의 원래 원칙을 수정하고 확장해서 이 책에 실었다. 더 상세한 논의와 원칙은 [Tog01]에서 볼 수 있다.

일관성 항해 제어, 메뉴, 아이콘 및 미적요소(예: 색깔, 모양, 배치)를 전체적으로 일관되게 사용해야 한다. 예를 들면, 모바일 앱이 디스플레이 하단에 위치한 네 개의 아이콘 세트(주요한 기능을 나타내기 위해)를 사용하는 경우에, 모든 화면에 이들 아이콘을 하단에 표시해야 하고 화면 상단으로 이동하지 않아야 한다. 아이콘들의 의미는 앱의 문맥 안에서 자명해야 한다.

통제된 자율성 인터페이스는 응용프로그램 전체에 걸쳐 사용자 움직임을 용이하게 해야 하지만, 응용프로그램에 설정된 항해 규칙을 준수하면서 이루어지게 해야 한다. 예를 들면, 통제된 접근을 요구하는 콘텐트에서 이루어지는 항해는 사용자 ID와 암호로 통제하고 이런 방법을 피해서 접근하는 일은 없게 해야 한다.

효율성 설계하고 구축하는 개발자의 효율성 또는 실행하는 클라이언트-서버 환경의 효율성이 아니라 사용자의 작업 효율성을 최적화할 수 있도록 응용프로그램과 인터페이스를 설계 한다. Tognozzi[Tog01]는 다음과 같이 논하고 있다. "모든 사람이 사용자 생산성을 최고의 목표로 삼아 효율적인 시스템을 구축하려 하고, 사용자를 독려하는 것과 효율적인 애플리케이션을 만드는 것과의 근본적 차이를 이해하는 것이 중요하다.

> **Quote**
>
> 가장 좋은 여행은 몇 발자국 걷지 않는 것이다. 사용자와 목표간의 거리를 줄이는것이 필요하다.
>
> Author unknown

유연성 인터페이스는 사용자에게 바로 작업을 시작하게 할 수도 있고, 어떤 사용자에게는 임의의 방법으로 응용프로그램을 탐색하게 허용할 수 있는 유연함을 가져야 한다. 모든 경우에, 사용자가 머무는 상황을 이해하도록 해야 하고 사용자에게 실수를 취소하고 잘못한 항해 경로를 다시 추적할 수 있는 방법을 제공해야 한다.

초점 인터페이스(및 그것이 제시하는 내용)는 사용자 작업에 초점을 계속 맞춰야 한다. 이 개념은 모바일 앱에 중요한데, 설계자가 자칫 잘못하면 어수선한 설계에 빠질 수 있기 때문이다.

인간 인터페이스 객체 웹 및 모바일 앱 모두를 위하여 재사용이 가능한 인간 인터페이스 객체를 위한 거대한 라이브러리를 개발 중이니 이들을 사용하도록 하자. 최종 사용자가 "보고, 듣고, 만지고, 인식할 수 있는 인터페이스 객체"[Tog01]를 객체 라이브러리로부터 얻어낼 수 있다.

지연 감소 일부 내부연산 완료를(예: 복잡한 그래픽 이미지 다운로딩) 사용자가 기다리게 하기 보다는 멀티태스킹 기법을 이용해서 응용프로그램이 먼저 연산을 처리한 다음 사용자가 작업을 진행하게 해야 한다. 지연 감소 뿐만 아니라, 시스템이 어떤 처리를 하고 있는지 사용자에게 알려줘서 이해시키는 것도 중요한다. 다음 사항들을 포함한다. (1) 선택 후 응용프로그램이 즉각적인 처리 결과를 가져오지 않을 경우에 음향 피드백 제공, (2) 처리가 진행중임을 나타내는 움직이는 시계 또는 진행 표시줄을 표, 그리고 (3) 오랜 처리가 이루어지는 동안 약간의 즐길 거리(예: 애니메이션 또는 텍스트 제시) 제공이 그것이다.

학습 용이성 응용프로그램 인터페이스는 학습시간을 최소화하고 일단 배우면 앱을 다시

SafeHome

인터페이스 설계 재검토

장면: Doug Miller의 사무실.

등장인물: Doug Miller(SafeHome 소프트웨어공학 그룹의 관리자)와 Vinod Raman(SafeHome 제품 소프트웨어공학 팀의 구성원).

대화

Doug: Vinod, 자네와 팀이 SafeHomeAssured.com 전자상거래 인터페이스 프로토타입을 검토할 기회를 가졌어?

Vinod: 예. 기술적 관점으로 검토했고 제가 주석을 달아 두었습니다. 저는 어제 Sharon[SafeHome 전자상거래 웹사이트 외주업체 웹앱 팀의 관리자]에게 이메일을 발송했습니다.

Doug: 자네와 Sharon이 토론한 것을 요약해서 나에게 보내주세요.

Vinod: 전체적으로, 작업을 만족스럽게 수행하고 있습니다. 새로운 것은 없고, 일반적인 전자상거래 인터페이스로, 참신한 심미성, 합리적인 배치, 그들은 중요한 모든 기능들을 다루고 있기는 하죠.

Doug (유감스러운 듯이 웃으면서): 하지만?

Vinod: 몇 가지가 아쉬운 게 있지요.

Doug: 이를테면?

Vinod (Doug에게 인터페이스 프로토타입에 대한 일련의 스토리보드를 보여주면서): 홈페이지에 나오는 주요한 기능 메뉴가 있습니다.

> **SafeHome 배우기**
> **자신의 집 기술하기**
> **SafeHome 컴포넌트 권고사항 얻기**
> **SafeHome 시스템 구매하기**
> **기술 지원 받기**

문제는 이러한 기능들이 아니라, 추상화 수준이 이상한 거죠.

Doug: 그것들은 모두 주요한 기능들이지, 안 그런가?

Vinod: 그렇지만, 여기 문제가 있습니다. 컴포넌트를 입력해서 시스템을 구매할 수 있다. 원치 않는다면 집을 기술할 실제 필요성이 없습니다. 저라면 홈페이지에 다음 4가지 메뉴만을 제시할 것입니다.

> **SafeHome 배우기**
> **필요로 하는 SafeHome 시스템 지정하기**
> **SafeHome 시스템 구매하기**
> **기술지원 받기**

필요로 하는 SafeHome 시스템 지정하기를 **선택**하면 다음 옵션을 갖게 됩니다.

> **SafeHome 컴포넌트 선택하기**
> **SafeHome 컴포넌트 권고사항 얻기**

전문성이 있는 사용자라면 센서, 카메라, 제어판 등에 대해 일단의 분류된 풀다운 메뉴로부터 컴포넌트를 선택할 것입니다. 도움이 필요하면 권고사항을 요청하고 권고사항은 집을 기술할 것을 요구할 것입니다. 저는 이것이 좀더 논리적이라고 생각합니다.

Doug: 동의해. 이것에 관해 Sharon과 말해본 적 있나?

Vinod: 아니오, 저는 이것을 마케팅과 먼저 논의한 다음 그녀에게 전화할 것입니다.

방문할 때 필요한 재학습을 최소화하도록 설계해야 한다. 일반적으로, 인터페이스는 내용과 기능을 사용자에게 분명한 범주로 구성하는 단순하고 직관적인 설계를 강조해야 한다.

> **ADVICE**
> 메타포는 실 세계 경험을 비춰주기 때문에 매우 좋은 아이디어이다. 선택한 메타포가 사용자에게 잘 알려진 것임으로 확신해야 한다.

은유 상호작용에 비유를 사용하는 인터페이스는 그 비유가 응용프로그램과 사용자에게 적절해야 배우기 쉽고 사용하기 쉽다. 은유는 사용자의 경험으로부터 이미지와 개념에 의존해야 하지만 실세계 경험을 정확하게 복제할 필요는 없다.

가독성 인터페이스를 통하여 제시하는 모든 정보는 젊은층과 노년층이 읽기 쉬워야 한다. 인터페이스 설계자는 읽기 쉬운 스타일, 사용자가 조절 가능한 글꼴 크기와 대비를 증진시키는 색깔 배경, 선택을 강조해야 한다.

상태 추적 사용자가 로그오프 했다가 로그오프한 곳으로 돌아갈 수 있도록 경우에 따라서 상호작용의 상태를 추적해야 한다. 일반적으로, 쿠키를 설계하여 상태정보를 저장할 수 있다.

물론 쿠키는 논란이 많은 기술이고 다른 설계 솔루션이 일부 사용자에게 더 적합할 수도 있다.

시각적 탐색 잘 설계된 인터페이스는 "사용자들이 주어진 작업과 함께 동일한 장소에 있다는 착각"을 느끼게 한다.[Tog01]. 이 접근법을 사용할 때 탐색을 걱정할 필요 없다. 그보다 사용자는 콘텐트 객체를 조회하고 인터페이스를 통하여 표시되고 실행되는 기능을 선택한다.

> **Quote**
>
> 사용자는 취약한 설계를 갖는 WWW 사이트를 참지 못한다.
>
> Jakob Nielsen and Annette Wagner

Nielsen과 Wagner[Nie96]는 인터페이스 설계에 대한 몇 가지 "금기사항"을 제안한다(주요한 웹앱의 재설계를 바탕으로). 이것들은 이 단락의 앞에서 제시된 원칙들에 대한 훌륭한 보완을 제공한다.

- 특히 텍스트가 웹앱의 동작을 설명하거나 탐색을 도와줄 때 사용자에게 방대한 양의 텍스트를 읽게 강요하면 안 된다.
- 절대적으로 불가피하지 않는 한 사용자가 이동하게 만들면 안 된다.
- 탐색을 돕는데 브라우저 기능에 의존하면 안 된다.
- 심미성이 기능성을 대체하도록 하면 안 된다.
- 다른 컨텐트 또는 서비스에 연결하는 방법을 판단하기 위해 사용자가 디스플레이를 검색하도록 강요하면 안 된다.

잘 설계된 인터페이스는 사이트가 제공하는 콘텐트 또는 서비스에 대한 사용자의 인식을 개선한다. 반드시 플래시로 할 필요는 없지만 항상 잘 구성하고 인체공학적으로 건실해야 한다.

15.5.2 웹 및 모바일 앱용 인터페이스 설계[7]

이 장의 앞에서 우리는 사용자 인터페이스 설계가 사용자, 과제 및 환경 요구사항을 식별하는 것으로 시작한다는 점을 지적했다. 사용자 작업을 식별하면 사용 시나리오(유스케이스)를 생성하고 분석하여 인터페이스 객체와 동작을 정의한다.

아이콘의 그래픽 설계 및 배치, 서술적 화면 텍스트의 정의, 창의 명세 및 제목과 중요하거나 사소한 메뉴 항목의 명세를 표현하는 화면 배치도 생성을 위해 요구사항 모델 안에 있는 정보를 사용해야 한다. 이후 도구들을 사용하여 인터페이스 설계 모델의 프로토타입을 작성하고 궁극적으로 이를 구현한다. 다음 과제들은 가장 기본적인 작업흐름을 나타낸다.

1. **요구사항 모델에 정의한 정보를 검토하고 필요시 정제한다.**
2. **웹앱 인터페이스 배치도의 개략적 그림을 그린다.** 인터페이스 배치도(요구사항 모델링 중 개발된 프로토타입)가 이미 존재하는 경우에는 검토하고 필요시 정제해야 한다.

7 웹앱 설계와 모바일 앱에 대한 더 상세한 논의를 17장과 18장에서 할 것이다.

3. **사용자 목표를 구체적인 인터페이스 활동으로 대응시킨다.** 웹 및 모바일 앱에 대해서, 사용자의 1차 목표는 비교적 소규모이다. 이러한 목표들을 구체적인 인터페이스에 대응시켜야 한다. 다음 물음에 답해야 한다. "인터페이스가 어떻게 사용자에게 각각의 목표를 달성하게 할 것인가?"
4. **각 동작에 관련된 사용자 작업을 정의한다.** 각 인터페이스 동작(예: "제품을 구매한다")는 일단의 사용자 작업과 관련 있다. 요구사항 모델링 중에 작업들을 식별하였다. 설계 중에 이것들은 탐색 문제, 콘텐트 객체 및 응용프로그램 기능을 포괄하는 구체적인 상호작용으로 대응시켜야 한다.
5. **각 인터페이스 행동에 대한 스토리보드 화면.** 각 행동을 고려한 후 스토리보드 이미지(화면 이미지)를 생성하여, 인터페이스가 사용자 상호작용에 어떻게 대응하는지를 표현해야 한다. 콘텐트 객체를 식별해야 하고(아직 설계 및 개발되지 않은 경우에도), 탐색 링크를 표시해야 한다.
6. **미적 설계로부터 받은 입력으로 인터페이스 배치와 스토리보드를 정제한다.** 대부분의 경우에 우리는 대략적인 배치와 스토리보드 작성을 책임지겠지만 주요한 상용 웹사이트에 대한 미적 모습과 느낌은 기술자보다는 그래픽 설계자가 개발한다.
7. **인터페이스 구현에 필요한 사용자 인터페이스 객체를 식별한다.** 이 작업은 인터페이스에 적절한 재사용가능 객체(클래스)를 찾기 위해 기존 객체 라이브러리 검색을 필요로 할 수 있다. 또한, 이 시점에 주문형 클래스를 지정한다.
8. **사용자의 인터페이스와 상호작용에 대한 절차적 표현을 개발한다.** 이 선택적 작업은 UML 순서 다이어그램 또는 활동 다이어그램(부록 1)을 사용하여 사용자가 웹앱과 상호작용할 때 발생하는 활동들(및 결정)의 흐름을 표현한다.
9. **인터페이스의 거동 표현을 개발한다.** 이 선택적 작업은 UML 상태 다이어그램(부록 1)을 활용하여 상태 전이와 이를 일으키는 이벤트를 표현한다. 제어 메커니즘(즉, 사용자가 앱 상태를 변경하는데 이용할 수 있는 객체와 동작)이 정의된다.
10. **각 상태에 대한 인터페이스 배치를 개발한다.** 작업 2와 5에서 개발된 설계 정보를 이용하여 특정한 배치도 또는 화면 이미지를 작업 8에서 기술된 각 웹앱 상태와 연계시킨다.
11. **인터페이스 설계 모델을 정제하고 검토한다.** 인터페이스의 검토는 사용성에 초점을 맞춰야 한다.

선택한 최종 작업은 구축할 응용프로그램의 특별 요구사항에 맞게 개조해야 한다는 점을 유의하자.

15.6 설계 평가

동작하는 사용자 인터페이스 프로토타입을 생성하면, 사용자 필요성을 충족시키는지 여부를 판단하기 위해 평가를 받아야 한다. 평가는 사용자가 즉석 피드백을 제공하는 비공식적 "시험 드라이브"도 가능하고, 최종사용자 집단에 의하여 작성된 질문서 평가에 통계적 방법을 사용하는 공식적으로 설계된 조사까지에 이르는 공식적 방법을 포함할 수 있다.

사용자 인터페이스 평가 주기는 그림 15.4와 같은 형식을 취한다. 설계모델을 완료한 후 첫 번째 수준 프로토타입이 생성된다. 인터페이스의 효율성에 관한 직접적인 의견을 제시하는 사용자[8]가 이 프로토타입을 평가한다. 또한, 공식적 평가를 사용하는 경우(예: 질문서, 평가서)에는 이러한 데이터로부터 정보를 추출할 수 있다(예: 모든 사용자의 80%가 데이터 파일 저장을 위한 메커니즘을 좋아하지 않았다). 사용자 의견을 바탕으로 설계를 수정하고 다음 수준의 프로토타입을 생성한다. 평가 주기는 인터페이스에 대한 추가적인 수정이 필요하지 않을 때까지 계속된다.

프로토타입 제작 접근법은 효과적이지만 프로토타입을 구축하기 전에 사용자 인터페이스의 품질을 평가하는 것이 가능한가?[9] 잠재적인 문제를 조기에 식별하고 시정한다면 경우에 평가주기를 통한 순환 횟수를 줄일 수 있고 개발시간이 단축될 것이다. 인터페이스의 설계모델을 생성하면 초기 설계 검토 중 다양한 평가기준들[Mor81]이 적용될 수 있다.

1. 요구사항 모델의 규모와 복잡성 또는 시스템과 그 인터페이스의 작성된 명세는 시스템 사용자가 필요로 하는 학습량을 표현한다.
2. 지정된 사용자 작업수와 과제당 평균 활동수는 시스템의 상호작용 시간과 전체적인 효율성을 표현한다.
3. 설계모델이 표현하는 동작, 과제 및 시스템 상태수는 시스템 사용자에 관한 기억부담을 의미한다.
4. 인터페이스 스타일, 도움말 기능 및 오류 처리 규칙은 인터페이스의 복잡성과 사용자가 받아들이는 정도를 제공한다.

최초 프로토타입을 구축하면 인터페이스 평가시 도움을 주는 다양한 정성적 및 정량적 데이터를 수집할 수 있다. 정성적 데이터를 수집하기 위해 인터페이스 프로토타입을 평가하도록 사용자에게 질문서를 배포할 수 있다. 정량적 데이터를 바라는 경우에는 작업시간을 종합적으로 측정, 분석하여 좀더 효과적인 생산 방법을 찾는 분석을 실시할 수 있다. 상호작용 중 관찰하고, 표준시간 동안 정확하게 마친 작업수, 동작 빈도, 동작 순서, 디스플레이를 "주시하는데" 사용한 시간, 오류 개수 및 유형, 오류 복구시간, 도움말 이해에 사용

8 인체공학과 인터페이스 설계에 전문가는 인터페이스를 자문할 수 있다. 이런 검토를 체험적 평가 또는 인지적 워크스루라고 부른다.

9 일부 소프트웨어 엔지니어들은 충실도가 떨어지는 UI 개발을 선호한다. 이들 UI는 종이 프로타이프로 프로그래밍 자원을 투입하기 전에 UI 개념을 이해관계자들과 검증하려는 목적을 갖는다. 이 프로세스는 http://www.paperprototyping.com/what_examples.html에 기술되어 있다.

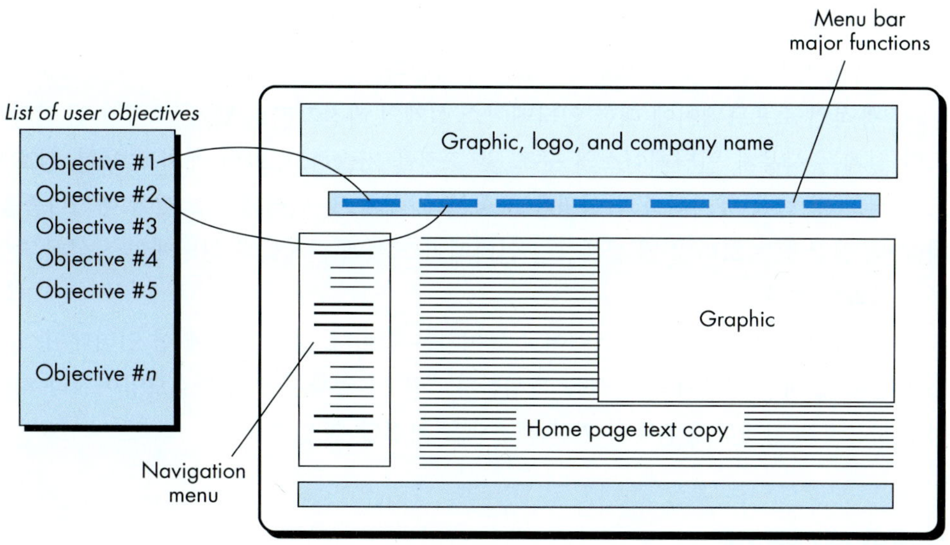

그림 15.4
인터페이스 설계평가 주기

한 시간과 표준시간 당 도움말 참조건수와 같은 데이터를 수집하여 인터페이스 수정을 위한 지침으로 사용된다.

사용자 인터페이스 평가방법의 완전한 논의는 이 책의 범위를 벗어난다. 자세한 정보는 [Hac98]과 [Sto05]를 참조한다.

15.7 요약

사용자 인터페이스는 컴퓨터 기반 시스템 또는 제품의 가장 중요한 요소이다. 인터페이스를 열악하게 설계하면 응용프로그램의 계산능력과 정보 콘텐트를 다루는 사용자의 능력은 심각하게 방해 받을 수 있다. 실제로 취약한 인터페이스는, 아무리 잘 설계하고 견고하게 구현한 응용프로그램도 실패로 만들 수 있다. 효과적인 사용자 인터페이스 설계를 위해 세 가지 중요한 원칙이 있다. (1) 사용자 통제 하에 있게 한다. (2) 사용자가 기억해야 하는 양을 줄인다. 그리고 (3) 인터페이스를 일관되게 만든다. 이러한 원칙들을 준수하는 인터페이스를 달성하려면 조직적인 설계 프로세스를 수행해야 한다.

분석 작업을 완료하고 사용자 인터페이스를 개발한다. 사용자 분석을 위해 최종사용자들의 프로파일을 정의하고 다양한 업무 및 기술 원천으로부터 분석 정보를 얻는다. 작업 분석은 인간-컴퓨터 상호작용을 충분히 이해하기 위하여 정련 방법이나 또는 객체지향 접근법을 사용하고 유스케이스, 작업 및 객체 정련, 작업흐름 분석 및 계층적 표현을 적용하여 사용자 작업과 동작을 정의한다. 환경 분석은 인터페이스가 작동해야 하는 물리적 및 사회적 구조를 식별한다.

작업을 식별하면, 인터페이스 객체와 동작을 정의하기 위하여 사용 시나리오를 만들고 분석한다. 아이콘의 그래픽 설계 및 배치, 서술적 화면 텍스트의 정의, 창의 명세 및 제목과 중요하거나 사소한 메뉴 항목의 명세를 표현하는 화면 배치도 생성을 위해 요구사항 모델

안에 있는 정보를 사용해야 한다. 응답시간, 명령어 및 하위 구조, 오류 처리 및 도움말 기능과 같은 설계 문제는 설계모델을 정제하면서 고려한다. 다양한 도구들을 사용하여 사용자로부터 평가 받을 수 있는 프로토타입을 구축한다.

전통적인 소프트웨어에 대한 인터페이스 설계와 마찬가지로 웹 및 모바일 앱 인터페이스의 설계는 사용자 인터페이스의 구조 및 조직을 기술하고, 화면 배치도 표현, 상호작용 모드 정의 및 탐색 메커니즘의 설명을 포함한다. 배치 및 인터페이스 제어 메커니즘을 설계할 때, 웹앱 또는 모바일 앱 설계자는 인터페이스 설계 원칙들과 인터페이스 설계 작업흐름을 따라야 한다.

사용자 인터페이스는 소프트웨어로 들어가는 창이다. 많은 경우에 이 인터페이스가 시스템 품질에 대한 사용자의 인식을 형성한다. "창"이 얼룩지거나, 물결모양이거나 파손된 경우 사용자는 강력하게 컴퓨터 기반 시스템을 거절할 수 있다.

문제와 생각할 점

15.1 작업한 적이 있는 최악의 인터페이스를 기술하고 이 단원에서 소개된 개념에 비교하여 그것을 비평하라. 작업한 적이 있는 최고의 인터페이스를 기술하고 이 단원에서 소개된 개념에 비교하여 그것을 비평하라.

15.2 "사용자를 제어에 놓는" 두 개의 추가 설계 원칙을 개발하라.

15.3 "사용자의 메모리 부하를 감소시키는" 두 개의 추가 설계 원칙을 개발하라.

15.4 "인터페이스를 일관되게 만드는" 두 개의 추가 설계 원칙을 개발하라.

15.5 다음 대화형 응용프로그램 중 하나(또는 강사가 지정한 응용프로그램)를 고찰하라.

a. 데스크톱 출판 시스템
b. 컴퓨터 이용 설계 시스템
c. 인테리어 설계 시스템(15.3.2절에 기술된 내용)
d. 대학교를 위한 자동화된 과정등록 시스템
e. 라이브러리 관리 시스템
f. 공직선거용 인터넷 기반 기표소
g. 홈뱅킹 시스템
h. 강사가 지정하는 대화형 응용프로그램

이들 시스템 중 하나에 대해서 사용자 모델, 설계 모델, 심성 모형 및 구현 모델을 개발하라.

15.6 문제 15.5에 수록된 시스템 중 하나에 대해 상세 작업 분석을 수행하라. 정교한 또는 객체지향 접근법을 사용하라.

15.7 15.3.3절의 컨텐트 분석용으로 개발된 목록에 최소한 5개의 질문을 추가하라.

15.8 문제 15.5를 계속하면서, 선택한 응용프로그램에 대한 인터페이스 객체와 동작을 정의하라. 각 객체 유형을 식별하라.

15.9 문제 15.5에서 선택한 시스템에 대한 주요한 및 사소한 메뉴 항목으로 일단의 화면 배치도를 개발하라.

15.10 SafeHome 시스템에 대한 주요한 및 사소한 메뉴 항목으로 일단의 화면 배치도를 개발하라. 그림 15.3의 화면 배치도에 표시된 것과 상이한 접근법을 택할 수 있다.

15.11 문제 15.5, 15.7 및 15.8의 일부로서 수행한 작업 분석 설계 모델 및 작업 분석에 대해서 사용자 도움말 편의에 대한 자신의 접근법을 기술하라.

15.12 응답시간 가변성이 문제가 될 수 있는 이유를 설명하는 몇 가지 예를 들라.

15.13 오류 메시지와 사용자 도움말 편의를 자동으로 통합하는 접근법을 개발하라. 즉, 시스템은 오류 유형을 자동으로 재구성하여 이를 시정하기 위한 제안이 포함된 도움말 창을 제공한다. 적절한 데이터 구조와 알고리즘을 고려하는 알맞게 완전한 소프트웨어 설계를 수행하라.

15.14 대부분의 인터페이스에 적용되는 20개의 일반적인 질문을 포함하는 인터페이스 평가 질문서를 개발하라. 10명의 동급생들이 독자 모두가 사용하는 대화형 시스템에 대한 질문서를 작성하도록 하라. 결과를 요약하여 수업에 보고하라.

추가 읽을거리와 정보 소스

Donald Norman는 (*The Design of Everyday Things, reissue edition*, Basic Books, 2002) 책이 사용자 컴포넌트 인터페이스에 대해서만 구체적으로 다루지는 않지만, 사용자 인터페이스 적용 가능한 설계 심리학을 언급하고 있다. 고품질의 사용자 인터페이스를 주로 하는 사람들에게 권할만하다. Weinschenk은 (*100 Things Every Designer Should Know About People*, New Riders, 2011)에서 소프트웨어를 주로 다루고 있지는 않지만 사용자 중심 설계에 대한 의미 있는 논의를 제시하였다. Johnson은 (*Designing with the Mind in Mind*, Morgan Kaughman, 2010)에서 인지 심리학을 이용해서 효과적 인터페이스 설계에 필요한 규칙을 정의하였다.

그래픽 사용자 인터페이스는 최신 컴퓨팅 환경 어디서나 볼 수 있는 방식이다. ATM, 모바일 전화, 차량안의 전자계기판, 웹사이트, 비즈니스 응용 프로그램 모두에서 윈도우 방식으로 사용자 인터페이스를 제공한다. 인터페이스 설계를 다루고 있는 책들은 아래와 같다.

Ballard(*Designing the Mobile User Experience*, Wiley, 2007).

Butow(*User Interface Design for Mere Mortals*, Addison-Wesley, 2007).

Cooper and his colleagues(*About Face 3: The Essentials of Interaction Design*, 3rd ed., Wiley, 2007).

Galitz(*The Essential Guide to User Interface Design*, 3rd ed., Wiley, 2007).

Goodwin와 Cooper(*Designing for the Digital Age: How to Create Human-Centered Products and Services* , Wiley, 2009).

Hartson and Pyla(*The UX Book: Process and Guidelines for Ensuring a Quality User Experience*, Morgan Kaufman, 2012).

Lehikonen와 colleagues(*Personal Content Experience: Managing Digital Life in the Mobile Age*, Wiley-Interscience, 2007).

Nielsen(*Coordinating User Interfaces for Consistency*, Morgan-Kaufmann, 2006).

Pratt and Nunes(*Interactive Design*, Rockport, 2013).

Rogers와 동료가 쓴 (*Interaction Design: Beyond Human-Computer Interaction*, 3rd ed., Wiley, 2011).

Shneiderman and colleagues(*Designing the User Interface: Strategies for Effective Human-Computer Interaction*, 5th ed., Addison-Wesley, 2009).

Tidwell(*Designing Interfaces*, O' Reilly Media, 2nd ed., 2011).

Johnson이 쓴 두 권, (*GUI Bloopers: Common User Interface Design Don' ts and Do' s*, 2nd ed.,Morgan-Kaufmann, 2007), (*GUI Bloopers: Don' ts and Do' s for Software Developers and Web Designers*, Morgan-Kaufmann, 2000)에서는 계산대 예제를 살펴보면서 배울 수 있는 지침서를 제공한다. Cooper가 쓴 (*The Inmates Are Running the Asylum*, Sams Publishing, 2004)는 왜 고급 기술을 바탕으로 만들어진 제품이 왜 사용자를 미치게 만드는지, 어떤 설계를 해야 미치지 않게 할지를 다루는 재미있는 책이다.

사용자 인터페이스 설계에 대한 다양한 자료를 인터넷에서 찾을 수 있다. 사용자 인터페이스 설계에 대한 최신 웹사이트 목록을 www.mhhe.com/pressman에서 찾을 수 있다.

패턴 기반 설계

16
CHAPTER

우리 각자는 설계 문제가 발생하면 조용히 생각한다. 누군가가 이 설계에 대한 해결책을 어느 정도 개발해 왔는지? 대답은 거의 항상 '예' 이다! 문제는 솔루션을 찾는 것인데, 이를 보장하는 것은 사실, 당신이 접한 문제에 알맞고 해결책에 적용되는 방식에 제한될 수도 있는 제약을 이해하며, 마지막으로 제안된 해결책을 당신의 설계로 번역하는 것이다.

그러나 이 해결책은 무엇이 어떤 방식으로 정리되었는가? 어떤 문제(그래서 당신은 그것을 볼 수 있었다), 그리고 문제에 대한 해결책을 표현하기 위한 구성 방법을 설명하는 표준 방법이 있었다면?이라는 문제에 대하여, 그것은 소프트웨어 문제가 정리된 그리고 표준화된 템플릿을 사용하여 기술된 것으로 밝혀지고 (제약과 함께) 그들에 대한 해결책이 제시되었다. 설계 패턴을 호출하는 것은 문제를 설명하기 위해 정리된 방법과 해결을 소프트웨어 엔지니어 커뮤니티가 재사용 가능한 방법으로 설계 지식을 획득함으로써 가능하다.

소프트웨어 패턴의 초기 역사는 컴퓨터 과학자가 아닌 건물을 설계할 때마다 문제의 세트가 반복적으로 발생했음을 인식한 건물 건축가 크리스토퍼 알렉산더에서 시작한다.

주요 개념

구조패턴
행동패턴
컴포넌트 수준의 설계 패턴
창의적 패턴
설계실수
설계 패턴
프레임워크
입도
패턴의 종류
패턴 언어
패턴 구성 테이블
구조적 패턴
힘의 시스템
사용자 인터페이스 설계 패턴
웹앱 설계 패턴

QUICK LOOK

이것은 무엇인가? 패턴 기반의 설계는 문제에서 명확하게 구분된 세트에 검증된 해결책의 세트를 발견하여 새 응용 프로그램을 만든다. 각각의 문제와 그 해결책은 문제가 발생하여 서로 다른 응용들을 설계하는 동안 솔루션을 구축한 다른 소프트웨어 엔지니어에 의해 분류되고 검증된 설계 패턴에 의해 설명되어 있다. 각각의 설계 패턴은 해결해야 할 문제의 한 부분에 대한 검증된 접근 방식을 제공한다.

누가 수행하는가? 소프트웨어 엔지니어는 새로운 응용 프로그램에 발생하는 각 문제를 검토하고 하나 이상의 패턴 저장소들을 검색하여 관련 해결책을 찾기 위해 시도한다.

왜 중요한가? 당신은 "바퀴 재발명?" 이라는 문구를 들어본 적이 있는가? 그것은 소프트웨어 개발에 대해 모든 시간을 소요하고, 시간 및 에너지를 낭비하는 것이다. 당신은 기존의 설계 패턴을 사용하여 특정 문제에 대한 입증된 솔루션을 취득할 수 있다. 각 패턴이 적용됨으로써, 솔루션은 통합되어 응용 프로그램이 완성된 설계와 가깝게 이동하여 구축할 수 있다.

어떤 단계가 있는가? 요구 사항 모델은 해결해야 할 문제의 계층 집합을 분리하기 위해 검사한다. 특정 소프트웨어 기능 및 특징과 관련된 문제의 서브 세트가 식별될 수 있도록 문제 공간을 분할한다. 문제는 유형별로 구성될 수 있다. 구조 설계, 구성 요소 수준, 알고리즘, 사용자 인터페이스 등등. 일단 문제의 서브 세트가 정의되면, 하나 이상의 패턴 저장소들이 추상화의 적절한 수준에서 표현되는 기존의 설계 패턴이 존재하는지 확인하기 위해 검색된다. 적용할 수 있는 패턴들은 구축할 수 있는 소프트웨어의 특정 요구에 맞게 된다. 사용자 문제 해결은 발견될 수 있는 패턴이 더 이상 없는 상황에서 적용된다.

작업 산출물은 무엇인가? 건축구조, 사용자 인터페이스, 그리고 컴포넌트 레벨 세부사항을 표현한 설계 모델이 개발된다.

작업이 옳게 수행되었다는 것을 어떻게 확인하는가? 각 설계 패턴이 설계 모델의 일부 요소로 바뀔 때, 작업 제품들은 명확성, 정확성, 완전성, 그리고 서로 다른 요구사항들과의 일관성에 대해 검토된다.

이와 같은 반복되는 문제들과 그들의 해결책에 대한 패턴들을 다음과 같은 방법으로 설명함으로써 특징지었다.

> 각각의 패턴은 우리의 환경에서 반복해서 발생하는 문제를 설명하고 그리고 같은 방법으로 하는 것 없이 솔루션을 백만 번 사용할 수 있는 그러한 방법으로 해결책의 핵심을 설명한다.

알렉산더의 아이디어들은 처음으로 Gamma, Buschmann 그리고 그들의 많은 동료들에 의해 책으로 소프트웨어의 세계로 번역되었다.[1] 오늘날 수십 개의 패턴 저장소들이 존재하고 패턴 기반의 설계는 많은 다양한 응용 프로그램 도메인들에 적용될 수 있다.

16.1 설계 패턴들

KEY POINT 힘이란 개발을 위한 설계의 방법이 포함된 해법의 개성들과 문제의 특성들이다.

Quote 우리들의 책임은 할 수 있는 것, 할 수 있는 것을 배우는 것, 해법의 향상과 새로운 시작을 행하는 것이다.

Richard P. Feynman

설계 패턴은 "특정 컨텍스트, 문제, 솔루션 사이의 관계로 표현되는 세 가지 법칙"으로 특징지을 수 있다. 소프트웨어 설계에 대해 컨텍스트는 인식기가 문제가 존재하는 환경에서 솔루션이 그 환경에 적합한 부분을 파악할 수 있게 한다. 제한과 제약을 포함하는 일련의 요구사항이 어떻게 컨텍스트 내에서 해석될 수 있고 어떻게 솔루션이 효과적으로 적용될 수 있는지에 대한 영향력으로 힘의 시스템에 작용한다.

설계 패턴은 대부분의 문제들이 다수의 솔루션을 가지고 있다고 주장하지만 그 솔루션은 기존에 가지고 있는 문제가 컨텍스트 내에서 적절할 경우에만 유효하다. 설계 패턴은 특정 솔루션을 선택할 수 있는 디자이너의 힘의 시스템이다. 디자이너의 의도는 심지어 이러한 힘들이 모순될 때라도 시스템을 가장 잘 만족하는 솔루션을 제공한다. 마지막으로 모든 솔루션이 소프트웨어의 다른 부분에 영향을 미칠 수 있으며 그 자체가 더 큰 시스템 안에서 해결되어야 할 다른 문제들에 대해 힘의 시스템의 일부가 될 수 있는 결과들을 가진다.

Coplien은 다음과 같은 방법으로 효과적인 설계 패턴을 특징짓는다.

- **문제를 해결한다.** 패턴들은 추상적인 원칙이나 전략이 아니라 해결책을 가진다.
- **개념을 입증한다.** 패턴들은 이론이나 추측이 아닌 흔적 기록과 함께 해결책을 가진다.
- **솔루션은 명확하지 않다.** (소프트웨어 설계 패러다임이나 방법과 같은) 많은 문제 해결 기술들은 첫 번째 원칙에서 해결책을 도출하고자 한다. 가장 좋은 패턴들은 가장 어려운 설계의 문제를 위해 필요한 접근을 간접적으로 문제에 대한 해결책을 생성한다.
- **관계를 설명한다.** 패턴들은 단지 모듈들을 설명하는 것이 아니라 자세한 시스템 구조와 메커니즘을 설명한다.
- **패턴은 중요한 인간의 컴포넌트(인간의 개입을 최소화)를 가지고 있다.** 모든 소프

1 기존에 정의된 소프트웨어 패턴이 존재하나 여기서 정의된 두 권에서 처음으로 결합한 주제로 논의하였다.

트웨어는 인간의 행동이나 삶의 질을 제공한다; 최고의 패턴들은 명백하게 미적 감각과 실용성에 호소한다.

설계 패턴은 "바퀴 재발명" 혹은 더 나쁜 거나 원형을 약간 벗어나거나, 사용하기에 너무 작거나, 그리고 전복사고가 날 것같이 땅이 너무 좁거나 하는 새로운 바퀴를 발명하는 것으로부터 당신을 구한다. 설계 패턴은 효율적으로 사용하는 경우 변함없이 당신을 더 나은 소프트웨어 디자이너로 만들 것이다.

16.1.1 패턴들의 종류

소프트웨어 엔지니어가 설계 패턴에 관심(흥미)을 갖는 이유 중의 하나는 인간이 본질적으로 패턴 인식에 적절하다는 것이다. 만약 우리가 아니었다면 우리는 과거의 경험에서 배울 수 있는 시간과 공간이 없었으므로 규칙적이거나 논리적인 일관성이 없는 것처럼 보이는 세상에 의한 높은 위험과 혼란을 가지고 올지도 모르는 상태를 인식할 수 없는 우리의 무능력 때문에 앞으로의 위험이 내키지 않을 수도 있다. 다행히 우리는 사실상 우리 삶의 거의 모든 측면에서 패턴을 인식하기 때문에 이 중 어느 것도 일어나지 않는다.

현실세계에서 패턴들은 경험의 일생을 통해 알게 된다. 우리는 순간적이고 본질적으로 그것들이 무엇을 의미하고 어떻게 사용되는지를 인식한다. 이러한 패턴들의 일부는 우리에게 반복되는 현상에 대한 통찰력을 제공한다. 예를 들어, 당신이 고속도로 상에서 직장으로부터 집으로 가는 방향에 있을 때 내비게이션 시스템(또는 자동차 라디오)은 당신에게 심각한 사고가 고속도로 위의 반대방향에서 발생했음을 알려준다. 당신은 사고로부터 4마일 정도 떨어져 있지만 이미 당신은 우리가 **RubberNecking**을 호출하는 패턴을 인식함으로써 교통 둔화를 확인하기 시작한다. 당신의 방향으로 이동하는 여행 차선에 있는 사람들은 도로 반대편에서 일어난 무엇인가의 더 나은 장면을 얻을 수 있는 사고 광경에 둔감해진다. **RubberNecking** 패턴은 매우 예측 가능한 결과(교통체증)를 얻을 수 있지만 현상을 설명하는 것 이상은 아무것도 하지 않는다. 그것은 상황과 문제를 설명하지만 어떤 명확한 솔루션을 제공하지 않기 때문에 패턴 전문용어에서 비생산적 패턴이라고 할 수 있다.

소프트웨어 설계 패턴을 고려할 때, 우리는 생산적 패턴을 식별하고 문서화하기 위해 노력하고 있다. 즉, 우리는 시스템의 중요하고 반복적인 측면을 설명하는 패턴을 파악하고 주어진 상황에서 유일한 힘의 시스템 내에서 그 부분을 구축할 수 있는 방법으로 제공한다. 이상적인 환경에서는, 생성되는 설계 패턴들의 모음이 구조 변화에 적응될 수 있도록 응용프로그램 또는 컴퓨터 기반 시스템을 "생성"하는 데 사용될 수 있다. 때때로 "여러 패턴의 연속적인 애플리케이션은 각각 고유의 문제와 힘을 캡슐화하고 좀더 큰 솔루션을 전개하는 데 있어 간접적으로 작은 솔루션들의 결과로 나타나는" 것은 생산적이라고 불린다.

KEY POINT
생성패턴은 문제, 문맥과 힘을 정의하지만 문제의 실제적인 해법 또한 설명하고 있다.

설계 패턴들은 추상화와 애플리케이션의 보드 스펙트럼에 놓여 있다. 구조 패턴들은 구조적 접근법을 사용하여 해결되는 보드 기반 설계 문제들을 설명한다. 데이터 패턴들은

ADVICE

무리하게 패턴화하지 마라. 만일 당면한 문제이거나 문맥과 힘이 잘못되었다면 새로운 패턴을 찾아라.

데이터 중심의 문제들을 해결하는데 사용될 수 있는 데이터 모델링 솔루션을 반복 설명한다. 컴포넌트 패턴(또는 설계 패턴이라 함)들은 서브시스템 및 컴포넌트들이 서로 통신하는 방식 및 큰 구조 내에 그들의 위치의 개발과 관련된 문제들을 역점을 두어 다룬다. 인터페이스 설계 패턴은 공통 사용자 인터페이스 문제와 최종 사용자의 특별한 특성을 포함하는 힘의 시스템과 함께 그들의 해결책을 기술한다. 웹앱 패턴들은 웹앱들을 구축하고 종종 방금 언급한 많은 다른 종류의 패턴들을 통합할 때 발생하는 문제 집합들에 역점을 두어 다룬다. 모바일 패턴들은 일반적으로 모바일 플랫폼을 위한 솔루션을 개발할 때 발생하는 문제들에 대해 기술한다. 더 낮은 수준의 추상화에서, 관용구들은 특정 프로그램 언어의 컨텍스트 내에서 소프트웨어 컴포넌트를 위한 특정 알고리즘 또는 데이터 구조의 부분을 모두 구현하는 방법을 설명한다.

?

정형화된 패턴화가 길인가?

설계 패턴들에 대한 그들의 독창적인 책에서, Gamma와 그의 동료들은[2] 특히 객체지향 설계에 관련된 패턴들의 세 가지 유형에 초점을 맞춘다.

창의적 패턴들, 구조 패턴들, 그리고 행동 패턴들. 창의적 패턴들은 객체의 "생성, 구성 및 표현"에 초점을 맞추고 시스템 내에서 객체의 인스턴스화를 더 쉽게 하고 "시스템 내에서 생성할 수 있는 객체의 종류와 수에 제한을 두는" 강제 메커니즘을 제공한다. 구조적 패턴들은 클래스들과 객체들이 구성되고 더 큰 구조를 구축하기 위해 방법과 관련된 문제 및 해결 방법에 초점을 맞춘다. 행동 패턴들은 객체들 사이의 통신이 초래되는 방식 간의 책임 할당과 관련된 문제들에 역점을 두어 다룬다.

Info

창의적, 구조, 행동 패턴들

창의적, 구조, 행동 카테고리에 맞는 설계 패턴의 다양성에 제안되어 왔고 웹에서 볼 수 있다. Wikipedia(**http://en.wikipedia.org/wiki/Software-design-pattern**)는 다음과 같은 샘플링을 적어 두고 있다.

창의적 패턴

- **추상 팩토리 패턴**: 무슨 요소를 인스턴스화 할지의 결정을 중심으로
- **팩토리 유형 패턴**: 여러 개의 구현 중 하나를 선택하여 특정 유형의 객체의 생성을 중심으로
- **빌더 패턴**: 동일한 구성 프로세스가 다른 표현을 만들 수 있도록 그 표현에서 복잡한 객체의 생성을 분리한다.

구조 패턴

- **어뎁터 패턴** : 어떤 클래스의 한 인터페이스를 클라이언트가 기대하는 인터페이스로 적응한다.
- **집단화 패턴**: 자식클래스의 집단화를 위한 방법을 가진 복합 패턴의 버전
- **합성화 패턴**: 모든 객체가 동일한 인터페이스를 갖는 객체의 트리 구조
- **함유 패턴**: 다른 객체를 보유하고 이를 관리하기 위한 목적으로 객체를 생성
- **프록시 패턴**: 다른 일에 대한 인터페이스와 같은 클래스 기능
- **파이프 및 필터** : 각 프로세스의 출력이 다음의 입력이 되는 프로세스 체인

행동 패턴

- **논리 함유 패턴**: 명령 객체를 처리하거나 논리 함유 처리 객체가 다른 객체에 전달된다.
- **명령 패턴**: 명령 객체
- **반복 패턴**: 반복자는 기본 표현을 노출하지 않고 순차적으로 집합 객체의 요소들을 액세스 하는데

2 Gamma와 그의 동료들은[Gam 95] 패턴 문헌에서 종종 '4인방'(GoF)으로 참조되었다.

사용된다.

- **조정자 패턴**: 서브시스템에서 일련의 인터페이스에 통합된 인터페이스를 제공한다.
- **방문자 패턴**: 객체로부터 알고리즘을 분리하는 방법
- **계층적 방문자 패턴**: 트리와 같은 계층적 데이터 구조에서 각 노드를 방문하는 방법을 제공한다.

이러한 패턴들 각각의 포괄적인 설명은 **www.wikipedia.org**에서 링크를 통해 얻을 수 있다.

16.1.2 프레임워크

KEY POINT
프레임워크는 사용 가능한 다른 패턴의 토대와 같은 "미니 구성"의 재사용이다

패턴 자체는 완성된 설계를 개발하기에 충분하지 않을 수 있다. 경우에 따라서는 설계 작업에 대한 특정한 구현 골격 인프라, 프레임워크를 제공할 필요가 있다. 즉, "소프트웨어 추상화 군을 위한 일반적인 구조와 동작을 제공하는 재사용 가능한 미니 건축을, 그들의 협력을 명시하고 주어진 도메인 내에서 사용할 컨텍스트와 함께" 선택할 수 있다.

프레임워크는 구조적인 패턴이 아니라 오히려 특정문제 도메인에 적용할 수 있는 "플러그 지점(또는 후크나 슬롯이라 부른다)"의 모음과 함께 골격이다. 플러그 지점은 골격 내에서 문제의 특정 클래스 또는 기능을 통합할 수 있다. 객체지향적인 맥락에서, 프레임워크는 클래스들의 협력 모음이다.

Gamma와 그의 동료들은 다음과 같은 방법으로 설계 패턴 및 프레임워크의 차이점을 설명한다.

1. **설계 패턴은 프레임워크보다 더 추상적이다.** 프레임워크는 코드로 구현될 수 있지만 단지 패턴의 예들이 코드로 구현될 수 있다. 프레임워크의 강점은 그것들이 프로그래밍 언어로 작성될 수 있고, 단지 연구뿐만이 아니라 직접적으로 실행되고 재사용될 수 있다는 것이다.
2. **설계 패턴들은 프레임워크보다 더 작은 건축요소이다.** 일반적인 프레임워크는 여러 가지 설계 패턴을 포함하지만 그 반대의 경우는 없다.
3. **설계 패턴은 프레임워크보다 덜 전문화되어 있다.** 프레임워크는 항상 특정 애플리케이션 도메인을 가지고 있다. 반대로 설계 패턴은 애플리케이션의 거의 모든 종류에서 사용될 수 있다. 더욱 전문적인 설계 패턴들이 확실히 가능하긴 하지만 이러한 것들이 애플리케이션 구조를 명시하지는 않는다.

본질적으로 프레임워크의 디자이너는 하나의 재사용 가능한 미니 아키텍처는 애플리케이션의 제한된 도메인 내에서 개발하는 모든 소프트웨어에 적용할 수 있다고 주장한다. 가장 효과적인 것으로, 프레임워크는 변경 없이 적용된다. 디자이너가 단지 프레임워크의 골격을 구체화할 수 있도록 플러그 지점을 통해 추가적인 설계 요소만 추가할 수 있다.

16.1.3 패턴 묘사

Quote
패턴이란 항상 자신이 끝내야 하며 그것들을 자신의 환경에 적용시켜야하는 서투른 의미이다.
Martin Fowler

패턴 기반 설계는 당신이 구축하려는 응용프로그램으로 시작, 다른 것들이 패턴을 해결하는지 여부를 확인하기 위해 검색을 계속하고, 문제에 대한 적절한 패턴의 응용 프로그램으로 마친다. 이들 세 가지 중 두 번째가 종종 가장 어렵다. 어떻게 요구에 맞는 패턴을 찾을

수 있을까?

이 질문에 대한 답변은 패턴 해결 문제의 효과적인 통신패턴에 의존하며, 패턴이 상주하는 문맥, 그 문맥을 성형하는 힘의 시스템 및 해결책이 제안된다. 명확하게 이 정보를 전달하기 위해 패턴 설명에 대한 표준 양식 또는 템플릿이 요구된다. 다른 템플릿의 개수가 제안되어 있지만 거의 모두가 Gamma와 그의 동료들에 의해 제안된 내용의 주요 부분들을 포함한다. 단순화된 패턴 템플릿은 사이드 바에 표시된다.

Info

설계 패턴 템플릿

패턴 이름—짧지만 의미 있는 이름으로 패턴의 본질을 설명한다.

문제—패턴이 다루는 문제를 설명한다.

동기부여—문제의 예제를 제공한다.

문맥—문제가 애플리케이션 영역을 포함하여 상주하는 환경을 설명한다.

힘—문제를 해결해야 하는 방식에 영향을 미치는 힘의 시스템을 나열한다. 고려되어야만 하는 제한 및 제약 조건에 대한 논의를 포함한다.

해결책—문제를 위해 제안된 해결책의 상세한 설명을 제공한다.

의도—패턴과 역할이 무엇인지 설명한다.

협력—어떻게 다른 패턴들이 해결책에 기여하는지 설명한다.

결과—패턴이 구현될 때 고려되어야만 하는 잠재적인 교환과 패턴 이용의 결과들을 설명한다.

구현—패턴을 구현할 때 고려되어야 하는 특별한 문제들을 식별한다.

알려진 용도—실제 애플리케이션에서 설계 패턴의 실제적 사용 예를 제공한다.

관련 패턴—상호 참조 관련 디자인 패턴

디자인 패턴의 이름은 신중하게 선택해야 한다. 패턴 기반 설계의 주요 기술 문제 중 하나는 수백 수천의 후보 패턴들이 존재하는 경우 기존의 패턴을 찾을 수 없다는 것이다. "오른쪽" 패턴을 위한 검색은 의미 있는 패턴 이름에 의해 무척 도움을 받는다.

패턴 템플릿은 디자인 패턴을 설명하기 위한 표준화된 방법을 제공한다. 적절한 패턴이 발견될 수 있도록 템플릿의 각 엔트리는 (예를 들면, 데이터베이스를 통해) 검색할 수 있는 디자인 패턴의 특성을 나타낸다.

16.1.4 패턴 언어 및 저장소

ADVICE

만일 당면한 문제의 패턴 언어를 찾을 수가 없다면 다른 유사한 패턴의 군들을 찾아보라.

우리는 언어를 사용할 때 가장 먼저 떠오르는 것은 자연언어(예를 들면, 영어 스페인어, 중국어) 또는 프로그래밍 언어(예를 들면 C++, Java) 중 하나이다. 두 경우의 언어 모두 구문 및 아이디어나 절차적 지침을 전달하는 데 사용되는 의미의 효과적인 방법이다.

언어가 설계의 문맥에서 사용될 때 그것은 약간 다른 의미를 가진다. 패턴 언어는 패턴들의 수집을 포함하고, 각각은 표준화된 템플릿(16.1.3절)을 이용하여 설명하고, 이러한 패턴들이 어떻게 응용프로그램 도메인에서의 문제를 해결하기 위해 협력하는지 보여주는 데 밀접한 관련이 있다.[3]

3 크리스토퍼 알렉산더는 처음으로 건물구조와 도시계획을 위한 패턴 언어를 제창하였다. 오늘날 패턴 언어는 사회과학에서 소프트웨어공학 과정까지의 모든 것을 위하여 발전되었다.

자연언어에서 단어들은 의미를 부여하는 문장으로 구성되어 있다. 문장 구조는 언어의 문법에 의해 기술된다. 패턴 언어에서 설계 패턴들은 "특정 도메인에서 좋은 설계 사례를 설명하는 구조화된 방법"을 제공하는 방식으로 구성된다.[4]

방법으로는, 패턴 언어는 특정 응용 프로그램 도메인에서 문제 해결을 위한 하이퍼텍스트 사용 설명서와 유사하다. 문제 도메인은 먼저 도메인과 관련된 다양한 설계 문제로 시작하고, 그 다음 추상화의 낮은 수준에서 흔하게 발생되는 문제 각각을 재정제하는 계층적으로 설명되어 있다. 소프트웨어 문맥에서 흔하게 발생되는 설계 문제는 자연에서 건축하고 응용프로그램의 전체구조에 역점을 두고 데이터나 컨텐츠를 제시하는 경향이 있다. 건축 문제는 컴포넌트(또는 클래스) 수준에서 세부 문제들의 설계 패턴들을 이끌어내고 서로 협력하여 더 낮은 추상화 수준으로 재정제된다. 패턴의 순차적 리스트보다 오히려 패턴 언어는 사용자가 광범위한 설계문제로 시작하여 특정 문제와 그 해결책을 발견하기 위해 "아래로 파고드는" 상호 연결된 집합을 나타낸다.

WebRef
유용한 패턴 언어들은 **c2.com/ppr/titles.html**을 참조하고 추가 정보는 **hillside.net/patterns/**를 참고하라.

패턴 언어의 확장된 목록은 웹 액세스 패턴 저장소에 있는 패턴 언어의 일부인 설계패턴의 포인터를 갖는 소프트웨어 설계[H:113]를 위해 제안되어 왔다. 저장소는 모든 설계 패턴의 인덱스를 제공하고 패턴 사이의 협력을 이해하는 사용자를 활성화하는 하이퍼링크가 포함되어 있다.

16.2 패턴 기반 소프트웨어 디자인

어떤 분야에서 최고의 디자이너는 솔루션을 만들기 위해 결합될 수 있는 패턴들과 부합하고 문제를 특징짓는 패턴들을 볼 수 있는 초자연적인 능력이 있다. 설계 프로세스 전반에 걸쳐 당신은 새로 만드는 것보다(그들이 설계의 요구 사항을 충족하는 경우) 기존의 설계 패턴을 적용할 수 있는 모든 기회를 찾아야 한다.

16.2.1 패턴 기반 설계 문맥

패턴 기반 설계는 공백 상태에서 사용되지 않는다. 개념들과 건축, 컴포넌트 수준 및 사용자 인터페이스 설계(제13~15장)의 논의 기술들은 모든 패턴 기반의 접근 방식과 함께 사용된다.

제12장에서 우리는 품질 가이드라인 및 특성의 집합이 모든 소프트웨어 설계 결정을 위한 기초로서 제공됨을 지적했다. 이 결정들은 그 자체가 기본적인 설계 개념들의 집합(예를 들어, 관계의 분리, 단계적 정제, 기능적 독립)들이 수십 년에 걸쳐 발견적 방법들을 사용하여 기록하고, 구성을 위한 기초로서 실행하기에 더 쉽고 더 효과적인 설계를 만들기 위해 제안되어 왔던 모범사례(예를 들어, 기술들, 모델링 표기법)들에 의해 영향을 받는다.

이 모든 패턴 기반 설계의 역할은 그림 16.1에 설명되어 있다. 소프트웨어 설계자는 시스템의 추상적인 표현을 제시하는 요구사항 모델(명시적이든 묵시적이든)로 시작한다. 요

4 위키피디아의 정의는 **http://en.wikipedia.org/wiki/Pattern_language**에서 발견할 수 있다.

구사항 모델은 문제 집합을 설명하고, 문맥을 설정하고, 지배하는 힘의 시스템을 식별한다. 그것은 추상적 방식으로 설계하는 것을 의미할 수도 있지만 요구사항 모델은 어느 정도 명시적으로 설계를 기술 한다

당신은 설계자로서 당신의 작업을 시작할 때, 항상 마음에서 품질 특성(제12장)을 유지하는 것이 중요하다. 이러한 특성은 소프트웨어 품질을 평가하지만 실제로 당신이 그것을 달성할 수 있도록 조금 도와주는 방법을 설정한다. 따라서 당신은 소프트웨어 설계보다 구체적인 형태로 요구사항 모델에 포함된 추상화를 번역하기 위한 입증된 기술을 적용해야 한다. 이 작업을 수행하기 위해, 당신은 방법과 건축, 컴포넌트수준 및 인터페이스 설계를 위해 사용할 수 있는 모델링 도구를 사용할 것이다. 그러나 이것은 당신이 이전에 해결되지 않은 문제, 문맥, 힘의 시스템에 직면했을 경우이다. 만약 해결책이 이미 존재하는 경우에는, 그것을 사용! 그리고 그 패턴 기반 설계 방식을 적용하는 것을 의미한다.

16.2.2 패턴에 대한 생각

패턴 기반 설계는 문맥 큰 그림을 고려하여 시작하는 "새로운 사고방식"을 의미한다. 문맥이 평가될 때, 당신은 반드시 해결되어야 하는 문제의 계층구조를 추출한다. 이러한 문제 중 일부는 자연의 세계가 될 것이며, 반면 나머지들은 소프트웨어의 특정 기능에 중점을 둘 것이다. 모든 것은 힘의 시스템에 의해 영향을 받을 것이고, 또한 제안되는 해결책의 성질에 영향을 미칠 것이다.

Shalloway와 Trott은 패턴으로 생각하는 설계자가 가능하게 되는 다음과 같은 접근방법을 제안한다.[5]

> ?
> 해결하여야 하는 문제에 대하여 패턴은 매우 흥미롭게 보인다. 어떻게 시작하여야 할까?

1. 당신은 반드시 큰 그림—소프트웨어가 구축할 수 있는 문맥을 이해하라.—요구사항 모델은 당신이 이것과 소통하게 한다.
2. 큰 그림을 검사하고 추상화의 수준에서 존재하는 패턴을 추출하라.
3. 당신의 설계는 그 이상의 설계 작업을 위한 문맥 혹은 골격을 확립하는 "큰 그림" 패턴과 함께 시작하라.
4. "문맥으로부터 안으로 작업하라" 설계 솔루션에 대한 기여가 더 낮은 추상화의 수준에서 패턴을 찾아라.
5. 전체 설계가 구체화될 때까지 1에서 4단계를 반복하라.
6. 당신이 구축하려고 시도하는 소프트웨어의 특성에 각 패턴을 적용함으로써 설계를 수정하라.

패턴들이 본질에 독립적이지 않은 것에 주의하는 것이 중요하다. 추상화의 높은 단계로 표현되는 설계 패턴은 변함없이 다른 패턴들이 낮은 추상화 수준에서 적용되는 방식에 영향을 미칠 것이다. 게다가 패턴들은 종종 서로 협력한다. 이것은 당신이 건축 패턴을 선택할 때, 그것은 당신이 선택하는 컴포넌트수준 설계 패턴들이 아주 잘 영향을 미칠 수 있

5 크리스토퍼 알렉산더[Ale79]의 연구에 기인한다.

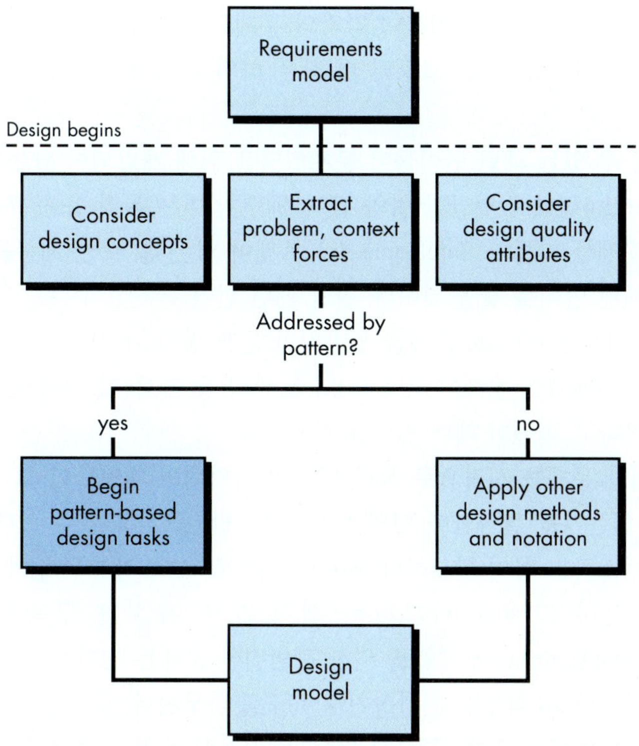

그림 16.1
문맥에서의 패턴 기반 설계

을지도 모른다는 의미이다. 마찬가지로, 당신이 특정 인터페이스 설계 패턴을 선택할 때, 당신은 때때로 그것과 협력하는 다른 패턴들을 사용하도록 강요받는다.

예를 들면, **SafeHomeAssured.com** 웹앱을 고려하라. 만약 당신이 큰 그림을 고려할 경우, 웹앱은 어떻게 SafeHome 제품과 서비스에 관한 정보를 제공해야 하는지, 어떻게 고객들에게 SafeHome 제품과 서비스를 판매하는지, 그리고 어떻게 설치된 보안 시스템의 인터넷 베이스 모니터링과 제어를 설정하는지에 대한 방법에 대해 다루어야만 한다. 이러한 근본적인 문제들 각각은 하위 문제들의 집합으로 정제할 수 있다.

예를 들어, 인터넷을 통해 판매하는 방법은 그 자체가 다수의 더 낮은 추상화 패턴을 의미하는 **전자상거래** 패턴을 의미한다. 전자상거래 패턴(건축 패턴과 같은)은 고객 계정을 설정하고, 판매될 수 있는 제품을 표시하고, 구입하는 제품을 선택하는 등등의 메커니즘을 의미한다. 그러므로 만약 당신이 패턴에 대해 생각한다면, 계정을 설정하는 패턴이 존재하는지 여부를 확인하는 것이 중요하다. 만약 **SetUpAccount**가 문제 상황에 대한 가능한 패턴으로 사용할 수 있다면 **BuildInputForm**, **ManageFormsInput** 그리고 **ValidateFormsEntry**와 같은 다른 패턴들과 협력할 수도 있다. 이러한 패턴들 각각은 해결되어야할 문제들과 적용될 수 있는 해결책들을 묘사한다.

16.2.3 설계 작업

다음 설계 작업들은 패턴 기반 설계 철학이 사용될 때 적용된다.

1. **요구 사항 모델을 검토하고 문제의 계층구조를 개발한다.** 문제, 문맥, 그리고 적용하는 힘의 시스템을 분리하여 각각의 문제와 하위 문제를 설명한다. 폭넓은 문제들(추상화의 높은 수준)로부터 더 작은 하위 문제(추상화의 낮은 수준)로 작업한다.
2. **신뢰할 수 있는 패턴 언어들이 문제영역을 위해 개발되어 왔는지를 결정한다.** 우리는 16.1.4절에서 언급한 바와 같이, 패턴 언어는 특정 응용 프로그램 영역과 관련된 문제를 다룬다. SafeHome 소프트웨어 팀은 홈 보안 제품을 위해 특별히 개발된 패턴 언어를 찾을 것이다. 만약 패턴 언어 특이성 수준을 찾을 수 없다면, 팀은 SafeHome software 문제를 일반적인 문제 영역(디지털 장치 모니터링 문제, 사용자 인터페이스 문제, 디지털 비디오 관리 문제 등)의 연속으로 SafeHome 문제를 분할하고, 적절한 패턴 언어를 검색한다.
3. **광범위한 문제를 시작으로 하나 이상의 아키텍처 패턴들이 그 문제를 위해 사용할 수 있는지를 결정한다.** 만약 아키텍처 패턴을 사용할 수 있다면, 모든 협력 패턴을 검토하는 것이 확실하다. 패턴이 적절할 경우, 제안된 설계 솔루션을 적용하고, 적절히 그것을 나타내는 설계 모델 요소를 구축한다. 예를 들어, SafeHomeAssurd.com 웹앱을 위한 광범위한 문제는 전자상거래 패턴(16.2.2절)과 함께 다룬다. 이 패턴은 전자상거래 요구를 다루기 위한 특정 구조를 제안한다.
4. **아키텍처 패턴을 위해 제공되는 협력을 사용하는 것은 서브시스템 혹은 컴포넌트 수준 문제들을 검토하고 이를 다룰 수 있는 적절한 패턴을 검색한다.** 다른 패턴 저장소를 통한 검색 뿐만 아니라 아키텍처 솔루션에 해당하는 패턴들의 목록이 필요할 수도 있다. 적절한 패턴이 발견되면, 제안된 설계 솔루션을 적용하고 적절히 그것을 나타내는 설계 모델 요소를 구축한다. 7단계를 적용한다.
5. **보고서는 2단계에서 4단계까지 모든 광범위한 문제들을 다루어왔다.** 의미는 큰 그림으로 시작하고 문제들을 해결하기 위해 점점 더 상세한 수준으로 자세히 설명하는 것이다.
6. **만약 사용자 인터페이스 설계 문제들이 (거의 대부분의 경우) 격리되어 왔다면, 적절한 패턴들을 위한 사용자 인터페이스 설계 패턴 저장소들을 검색한다.** 단계 3, 4 및 5와 유사한 방법으로 진행한다.
7. **그 자체의 추상화 수준과 관계없이, 만약 패턴 언어와 또는 패턴 저장소 또는 개별 패턴이 약속대로 보여준다면, 현재 존재하는 패턴들에 대해 풀어야 할 문제와 비교한다.** 문맥과 패턴이 실제로 문제를 분석할 수 있는 해결책을 제공하는 것을 보증하는 힘을 검토하는 것이 확실하다.
8. **이 가이드로 설계 품질 기준을 사용하여 패턴으로부터 파생된 것과 같은 설계를 정제하는 것이 확실하다.**

비록 이 설계 방식은 하향식이지만 실제 설계 솔루션은 때때로 더 복잡하다. Gillis는 이와 같이 논평한다.

	Database	Application	Implementation	Infrastructure
Data/Content				
Problem statement ...	PatternName(s)		PatternName(s)	
Problem statement ...		PatternName(s)		PatternName(s)
Problem statement ...	PatternName(s)			PatternName(s)
Architecture				
Problem statement ...		PatternName(s)		
Problem statement ...		PatternName(s)		PatternName(s)
Problem statement ...				
Component-level				
Problem statement ...		PatternName(s)	PatternName(s)	
Problem statement ...				PatternName(s)
Problem statement ...		PatternName(s)	PatternName(s)	
User interface				
Problem statement ...		PatternName(s)	PatternName(s)	
Problem statement ...		PatternName(s)	PatternName(s)	
Problem statement ...		PatternName(s)	PatternName(s)	

그림 16.2

패턴 구성 테이블

출처: Adapted from [Mic04]

> 소프트웨어공학에서 설계 패턴은 연역적, 합리적 방식으로 사용되는 것을 의미한다. 그래서 당신은 이러한 일반적인 문제나 요구사항이 X일 때, 설계 패턴 Y는 X를 해결하므로 Y를 사용한다. 지금, 내가 나 자신의 프로세스를 반영할 때—그리고 내가 혼자가 아니라고 믿는 이유를 가지고자 할 때—나는 그것보다 더 조직적, 연역적보다 더 귀납적, 하향식보다 상향식인 것을 찾을 수 있다.

게다가, 패턴 기반 접근법은 다른 소프트웨어 설계 개념 및 기술과 함께 사용되어야 한다.

16.2.4 패턴 조직 테이블 구축

패턴기반설계를 진행할 때, 당신은 여러 패턴 언어와 저장소에서 후보 패턴을 조직하고 분류하는 문제가 발생할 수 있다. 후보 패턴들의 당신의 평가를 조작하는 것을 돕기 위해 마이크로소프트는 그림 16.2에 나와 있는 일반적인 형태를 취하는 패턴-조직 테이블의 생성을 제안한다.

패턴 조직화 테이블은 그림에 표현된 형태를 사용하여 스프레드시트 모델로 구현될 수 있다. 데이터/컨텐츠, 구조, 컴포넌트 수준 및 사용자 인터페이스 문제에 의해 조직된 문제 명령문의 요약 목록은 왼쪽(음영) 란에 표시된다. 네 가지 패턴 유형—데이터베이스, 응용프로그램, 구현 및 기초구조—는 맨 위의 행에 나열되어 있다. 후보 패턴들의 이름은 테이블의 셀에 설명되어 있다.

조직 테이블을 위한 항목을 제공하기 위해, 당신은 특정 문제 문장을 다루는 패턴들을 위한 패턴 언어와 저장소를 검색할 것이다. 하나 이상의 후보 패턴이 발견되면, 그것은 문제 문장 및 패턴 분류에 대응하는 칼럼에 해당하는 행에 입력된다. 패턴의 이름은 패턴에 대한 자세한 설명이 들어있는 웹 주소의 URL에 하이퍼링크로 입력된다.

16.2.5 일반적인 설계의 실수

ADVICE

무리하게 패턴화하지 마라. 만일 당면한 문제이거나 문맥과 힘이 잘못되었다면 새로운 패턴을 찾아라.

패턴 기반 설계가 사용될 때, 일반적인 실수가 발생할 수 있다. 어떤 경우에는, 근본적인 문제의 문맥과 힘을 이해하기 위해 소비되어야 하는 시간이 충분하지 않으며, 그 결과로, 당신은 바로 보이지만 요구되는 해결책에 대한 부적절한 패턴을 선택한다. 일단 잘못된 패턴을 선택하면, 당신은 당신의 오류 및 딱 맞는 패턴의 힘을 보는 것을 거부한다. 다른 경우에, 문제는 내용이 빈약하거나 잘못된 적합의 결과로, 당신이 선택한 패턴에 의해 고려되지 않는 힘을 가지고 있다. 때때로, 패턴은 너무 그대로 적용되어, 문제의 공간에 필요한 적합성은 구현되지 않는다.

이러한 실수들을 피할 수 있을까? 대부분의 경우, 대답은 "예"이다. 모든 좋은 디자이너는 두 번째 의견을 찾고, 그녀의 작업에 대한 검토를 환영한다. 제20장에서 논의되는 검토 기술은 당신이 개발한 패턴 기반 설계가 해결되어야 할 소프트웨어 문제를 위한 높은 품질의 솔루션을 초래할 것이라는 점을 보장하는 것을 도울 수 있다.

16.3 아키텍처 패턴

KEY POINT

소프트웨어 구조는 동시적, 지속적과 분배적인 형태에 맞는 다양한 구조적 패턴을 가진다.

만약 주택 건축업자가 중앙 홀 식민지풍을 건설하기로 결정하면, 적용될 수 있는 건축양식이 하나 있다. 스타일(벽난로의 수, 집의 외관, 문과 창문의 위치 등)의 세부 사항은 매우 다양할 수 있지만, 일단 집의 전체 구조에 대한 결정이 이루어지면, 스타일은 설계에 맡겨진다.[6]

아키텍처 패턴은 약간 다르다. 예를 들어, 모든 집(및 주택에 대한 모든 건축양식)은 **주방** 패턴이 필요하다. **주방** 패턴과 패턴이 음식의 저장과 준비와 관련된 문제들을 다루는 것과 관련된 협력, 이러한 작업들을 수행하는데 필요한 도구들 및 이러한 도구들의 배치에 대한 규칙들은 방에 대한 흐름도와 관련되어 있다. 또한, 패턴은 조리대, 조명, 벽 스위치, 중심부, 바닥 등과 관련된 문제를 해결할 수도 있다. 물론, 종종 문맥과 힘의 시스템에 의해 결정되는, 주방을 위한 하나의 설계보다 더 있다. 그러나 모든 설계는 **주방** 패턴에 의해 제안된 "솔루션"의 맥락 안에서 생각되어질 수 있다.

특정 도메인에서 대표적인 아키텍처 패턴이 선택되기 전에, 응용프로그램과 전반적인 건축 양식에 대한 적합성뿐만 아니라, 그것을 지정하는 문맥과 힘의 시스템에 대해 다루어져야 한다.

6 이것은 중앙로비와 현관을 포함하며 방들은 현관의 오른쪽과 왼쪽에 위치한다. 집들은 복층(혹은 그 이상의 층)이며 침실은 이층에 있으며 기타 등등. 이러한 규칙은 중앙 홀의 콜로니얼 건축 양식을 적용하기로 결정된 경우에 해당된다.

Info

설계 패턴의 저장소들

웹에는 사용 가능한 설계 패턴을 위한 많은 소스들이 있다. 어떤 패턴들은 개별적으로 출판된 패턴 언어들로부터 얻을 수 있고, 반면 다른 것들은 패턴 포탈이나 패턴 저장소의 일부로 사용할 수 있다. 다음에 나오는 웹 소스들은 볼 만한 가치가 있다.

Hillside.net **http://hillside.net/patterns/** 패턴과 패턴 언어의 웹에서 가장 포괄적인 모음 중 하나

포트랜드 패턴 저장소 **http://c2.com/ppr/index.html** 패턴 자원과 모음들의 다양한 포인터를 포함한다.

패턴 색인 **http://c2.com/cgi/wiki?PatternIndex** "패턴들의 폭넓은 모음

소프트웨어 구조핸드북 **http://researcher.watson. ibm.com/researcher/view_project.php?id= 3206/** 수백 개의 건축 및 구성 요소 설계 패턴의 문헌 참조

UI Patterns Collections

UI /HCI 패턴 모음

http://www.hcipatterns.org/patterns/borchers/.html

제니퍼 티드웰 UI 패턴

http://designinginterfaces. com/patterns/

모바일 UI 설계 패턴

http://profs.info.uaic.ro/~evalica/patterns/

UI 설계를 위한 패턴 언어

www.maplefish.com/todd/papers/Experiences.html

게임용 상호작용 설계 도서

http://www.eelke.com/files/pubs/usabilitypatternsingames.pdf

UI 설계 패턴

www.cs.helsinki.fi/u/salaakso/ patterns/

특별한 설계 패턴

항공기 항공전리공학

http://g.oswego.edu/dl/acs/acs/acs.html

경영정보시스템

www.objectarchitects.de/arcus/cookbook/

분산처리

www.cs.wustl.edu/~schmidt/

e-비즈니스를 위한 IBM 패턴

www-128.ibm.com/developerworks/patterns/

야후 설계 패턴 도서

http://developer.yahoo.com/ypatterns/

웹패턴.org

http://www.welie.com/index.php

16.4 컴포넌트 수준 설계 패턴

컴포넌트 수준 설계 패턴은 당신에게 요구사항 모델들로부터 추출된 하나 이상의 하위 문제들을 해결하는 입증된 솔루션을 제공한다. 많은 경우에, 이 유형의 설계 패턴은 시스템의 일부 기능 요소에 초점을 맞춘다. 예를 들어, **SafeHomeAssured.com** 응용프로그램은 다음과 같은 설계 서브프로그램을 해결해야만 한다: 어떻게 내가 어떤 SafeHome 장치에 대한 제품 사양 및 관련 정보를 얻을 수 있을까?

해결해야 하는 하위문제를 발표해야할 때, 당신은 문맥과 솔루션에 영향을 미치는 힘의 시스템을 고려해야 한다. 적합한 요구사항 사용 사례를 검토할 때, 당신은 소비자가 정보를 얻을 목적으로 SafeHome 장치(보안 센서 또는 카메라 등)를 위한 설명서를 사용하는 것을 배운다. 그러나 전자상거래 기능이 선택되었을 때, 규격(가격표와 같은 경우)과 관련된 다른 정보가 사용될 수 있다.

하위 문제에 대한 해결책은 검색을 수반한다. 검색은 매우 일반적인 문제이기 때문에 많은 검색 관련 패턴들이 있다는 것은 더 이상 놀랄 일이 아니다. 패턴 저장소의 수를 보면, 당신은 각각 해결문제들과 함께 다음과 같은 패턴을 찾을 수 있다.

AdvancedSearch. 사용자들은 항목들의 많은 모음들에서 특정 항목을 찾아야 한다.

HelpWizard. 사용자들은 웹사이트나 또는 사이트내의 특정 페이지를 찾을 필요와 관련된 특정 주제에 대한 도움이 필요하다.

SearchArea. 사용자들은 페이지를 고정해야 한다.

SearchTips. 사용자들은 검색엔진을 제어하는 방법을 알 필요가 있다.

SearchResults. 사용자들은 검색 결과의 목록을 처리해야 한다.

SearchBox. 사용자들은 항목 또는 특정 정보를 찾을 수 있어야 한다.

제품들의 **SafeHomeAssured.com** 수는 특히 크지 않고, 각각이 비교적 간단한 분류를 가지고 있기 때문에, 그래서 **AdvancedSearch**와 **HelpWizard**는 아마도 필요하지 않다. 마찬가지로, 검색은 **SearchTip**을 요구하지 않을 정도로 충분히 간단하다. **SearchBox**의 설명은 그러나 (부분적으로) 다음과 같이 주어진다.

SearchBox

www.welie.com/patterns/showPattern.php?patternID=search에서 인용)

문제 : 사용자는 항목 또는 특정정보를 찾을 필요가 있다.

동기부여 : 키워드 검색이 웹 페이지로 구성되는 컨텐츠 객체의 모음에 적용되는 모든 상황

문맥 : 정보나 컨텐츠를 얻으려고 탐색을 사용하는 것보다 오히려 사용자는 다양한 웹 페이지에 포함된 컨텐츠를 통해 직접 검색하기를 원한다. 어떤 웹사이트는 이미 기본 탐색을 가지고 있다. 사용자는 카테고리 안의 항목을 위한 검색을 원할 수 있다. 사용자는 쿼리를 더 구체적으로 열거하기를 원할 수 있다.

힘 : 웹사이트는 이미 기본 탐색을 보유하고 있다. 사용자는 카테고리 안의 항목을 위한 검색을 원할 수 있다. 사용자는 간단한 부울 연산자를 사용하여 쿼리를 더 구체적으로 열거하기를 원할 수 있다.

해결책 : 검색 레이블, 키워드필드, 적용 가능한 필터 및 "이동" 버튼으로 이루어진 검색 기능을 제공한다. 리턴 키를 처리하는 것은 이동 버튼을 선택하는 것과 동일한 기능을 가진다. 또한 별도의 페이지에서 검색 팁 및 예제를 제공한다. 해당 페이지에 대한 링크가 검색 기능 옆에 배치된다. 검색어를 위한 편집상자는 세 가지 일반적인 사용자 쿼리(일반적으로 약 20자)를 수용할 수 있을 만큼 크다. 필터의 개수가 2개 이상 있는 경우, 필터 선택을 위한 콤보 박스를 사용하거나 그렇지 않으면 라디오 버튼을 사용한다. 검색 결과는 분명히 적어도 "검색 결과"를 포함하거나 혹은 유사한 라벨과 함께 새 페이지에 표시된다. 검색기능은 입력된 키워드와 함께 페이지의 상단에 반복되고, 그래서 사용자들은 키워드가 무엇인지 알 수 있다.

패턴 설명은 16.1.3절에 설명된 것처럼 다른 항목들과 함께 계속한다.

패턴은 검색 결과들이 어떻게 액세스되고, 표현되고, 일치되고, 기타 등등의 방법을 설명한다. 이것을 기반으로 **SafeHomeAssured.com**팀은 검색하거나 또는 (더 유사하게) 얻을 수 있는 기존에 존재하는 재사용 가능한 컴포넌트들을 구현하는데 필요한 컴포넌트를 설계할 수 있다.

SafeHome

패턴 적용

장면: SafeHomeAssured.com에 대해 인터넷을 통해 센서 제어를 구현하는 소프트웨어 증가의 설계 중 비공식 논의.

등장인물: Jamie(설계 책임자)와 Vinod(SafeHome Assured.com 수석 시스템 설계자)

대화

Vinod: 그렇다면 카메라 제어 인터페이스의 설계를 어떻게 진행하지?

Jamie: 나쁘지 않아. 많은 문제없이 실제 센서들에 연결할 수 있는 기능의 대부분을 설계했어. 또한 실제로 원격 웹 페이지로부터 카메라를 이동, 파노라마 사진, 확대 할 수 있는 사용자 인터페이스에 대해 생각하기 시작했지만 아직까지 확실하지 않아.

Vinod: 무엇을 생각했는데?

Jamie: 음, 요구사항은 카메라 제어가 높은 쌍방향 제어를 필요로 한다는 거지. 사용자가 제어를 이동할 때, 카메라는 가능한 빨리 이동해야만 해. 그래서 나는 일반적인 카메라들처럼 배치된 버튼의 집합을 생각했지만 이것은 사용자가 버튼을 클릭할 때 카메라를 제어해.

Vinod: 음. 그래. 그것은 작동하지만 나는 그것이 옳다고 확신하지 않아.-각 제어의 클릭을 위해 일어날 수 있는 모든 클라이언트-서버 통신을 기다릴 필요가 있고 그래서 빠른 피드백 느낌을 얻을 수 없어.

Jamie: 그게 내 생각이야. 그래서 접근 방식이 마음에 들지 않지만 어떻게 그것을 할 수 있을지 확실하지 않아.

Vinod: 왜 InteractiveDeviceControl 패턴을 사용하지 않지?

Jamie: 음. 그게 뭐지? 나는 들은 적이 없는데?

Vinod: 그것은 기본적으로 정확하게 당신이 설명하는 문제를 위한 패턴이야. 그것은 기본적으로 제어 명령이 전송될 수 있는 장치를 통해 서버와의 제어 연결을 생성하는 것을 제안하고 있어. 그 방법은 정상적인 HTTP 요청을 보낼 필요가 없어. 그리고 그 패턴은 심지어 당신이 몇 가지 간단한 AJAX 기술을 사용하여 이를 구현할 수 있는 방법을 보여줘. 당신은 직접적으로 서버와 통신하고 사용자가 어떤 일을 하자마자 명령을 보내는 몇 가지 간단한 클라이언트측 JavaScript가 있어.

Jamie: 훌륭해! 그게 바로 내가 이 작업을 해결하기 위해 필요했던 거야. 어디에서 찾을 수 있어?

Vinod: 온라인 저장소에 있어. 여기 URL이야.

Jamie: 그거 확인하러 갈게.

Vinod: 응. 하지만 패턴에 대한 결과 패턴을 확인하는 것을 잊지 마. 어느 정도 보안 문제에 대해 주의할 필요가 있다는 것이 기억나는 것 같아. 나는 당신이 별도의 제어 채널을 만들고 그래서 일반적인 웹 보안 메커니즘을 우회하기 때문에 그것이 가능하다고 생각해.

Jamie: 좋은 지적이야. 나는 아마 그런 생각을 하지 않았을 거야. 고마워.

16.5 사용자 인터페이스 설계 패턴

수백 개의 사용자 인터페이스 패턴들은 최근에 제안되었다. TidWell 및 vanWelie에 의해 설명된 대로 대부분은 패턴 10가지 카테고리 중 하나에 속한다. 몇 가지 대표적인 카테고리들(간단한 예제와 함께 설명)[7]은 다음과 같다.

7 단축된 패턴 템플레이트가 여기서 사용된다. 모든 패턴의 정의들은(12개의 다른 패턴) [Tid02]와 [Wel01]에서 찾아 볼 수 있다.

전체 UI 전체 인터페이스 전반에 걸쳐 최고 수준의 구조 및 탐색을 위한 설계 지침을 제공한다.

패턴: 최고 수준 탐색(Top-level navigation)

간단한 설명: 사이트 또는 응용 프로그램이 몇 가지 주요 기능들을 구현할 때 사용한다. 시스템의 주요 기능 중 하나에 직접적으로 탐색이 가능한, 종종 로고 또는 식별 그래픽과 함께 결합되어 최상위 메뉴를 제공한다.

세부 사항: 주요 기능(일반적으로 함수 이름은 4개에서 7개 사이로 제한된다.)들은 텍스트의 수평 라인에서(수직 열 형식도 가능) 화면의 상단에 배치된다. 각각의 이름은 적절한 기능 혹은 정보 소스에 대한 링크를 제공한다. 종종 나중에 논의되는 **방 부스러기** 패턴을 사용했다.

탐색 요소들: 각 기능/컨텐츠 명은 적절한 기능이나 컨텐츠에의 링크를 나타낸다.

페이지 레이아웃 (웹 사이트를 위한) 페이지들의 일반적인 구조 또는 (대화형 응용프로그램을 위한) 별개의 화면 표시들을 다룬다.

패턴: 카드 스택(Card stack)

간단한 설명: 몇 개의 특정 하위 기능 또는 특징이나 기능들과 관련된 컨텐츠 카테고리들이 임의로 선택되어야만 할 때 사용한다. 마우스 클릭으로 선택 가능한 탭 카드의 스택의 모양과 특정 하위 기능 또는 컨텐츠 카테고리를 나타내는 각각을 제공한다.

세부 사항: 탭 카드는 잘 이해되는 메타포이고 사용자가 조작하기에 용이하다. 각 탭 카드(분배기)는 약간 다른 형식을 가질 수 있다. 일부는 입력을 필요로 하고 버튼이나 다른 탐색 메커니즘을 가질 수 있다. 다른 것들은 정보를 제공할 수 있다. **드롭다운 목록(drop-down list)**, **빈칸 채우기(fill-in-the-blanks)** 및 다른 것들과 같이 다른 패턴들과 함께 조합될 수 있다.

탐색 요소들: 탭에서 마우스 클릭으로 적절한 카드가 표시된다.

양식 및 입력 폼-레벨 입력을 완성하기 위한 설계 기술의 다양성을 고려한다.

패턴: 빈칸 채우기(fill-in-the-blanks)

간단한 설명: "텍스트 박스" 안에 영숫자 데이터를 입력할 수 있도록 허가한다.

세부 사항: 데이터는 텍스트 상자 안에 입력될 수 있다. 일반적으로, 데이터는 유효성을 검사하고 어떤 텍스트 또는 그래픽 표시자("이동", "제출", "다음"을 포함하는 버튼 등) 후에 처리된다. 많은 경우에 이 패턴은 드롭다운 목록 또는 다른 패턴들(예, SEARCH <drop down list> For <fill-in-the-blanks text box>)과 결합될 수 있다.

탐색 요소들 : 검증 및 처리를 시작하는 텍스트 또는 그래픽 표시자.

탐색 계층적 메뉴, 웹 페이지, 및 디스플레이 스크린을 나타내는 탐색으로 사용자를 돕는다.

패턴: 제자리에서 편집(Edit-in-place)

간단한 설명: 이것이 표시되는 위치에 있는 특정 유형의 컨텐츠에 대한 간단한 텍스트 편집 기능을 제공한다. 사용자를 위해 명시적으로 텍스트 편집 기능 또는 모드를 입력할 필요가 없다.

세부 사항: 사용자가 변경해야 디스플레이에 있는 컨텐츠를 본다. 컨텐츠에 마우스를 두 번 클릭하면 요구된 편집을 시스템이 나타낸다. 컨텐츠는 편집모드를 사용가능하게 표시하는 것을 강조하고 사용자는 적절하게 변경하게 된다.

탐색 요소들: 없음

전자상거래 특정 사이트에 대한 이러한 패턴들은 전자상거래 애플리케이션의 반복 요소들을 구현한다.

패턴: 쇼핑카트(Shopping cart)

간단한 설명: 구매를 위해 선택된 항목의 목록을 제공한다.

세부사항: 목록 항목, 수량, 제품 코드, 가용성(재고, 품절), 가격, 배송정보, 쇼핑 비용, 및 기타 관련 구매 정보. 또한 편집(제거, 수량 변환 등)능력을 제공한다.

탐색 요소들: 쇼핑을 계속하거나 결제로 이동하는 능력을 포함한다.

위의 예제 패턴들(그리고 각 카테고리 내의 모든 패턴들)의 각각은 또한 설계 클래스, 속성, 운영 및 인터페이스를 포함하여 완전한 구성 요소 수준 설계를 가지고 있다.

사용자 인터페이스 패턴의 포괄적인 논의는 이 책의 범위를 벗어난다. 만약 당신이 더 관심이 있다면, 더 자세한 정보는 [Yah13], [UXM10], [Gub09], [Duy02], [Tid02] 및 [Bor01]을 참조하라.

16.6 웹앱 설계 패턴

이 장을 통해 당신은 분류될 수 있는 패턴들의 다른 형태와 많은 다른 방법들이 있다는 것에 의지하게 된다. 당신이 웹앱이 만들어질 때 해결되어야만 하는 설계 문제들을 고려할 때, 이차원에 초점을 맞춤에 의해 패턴 카테고리들을 고려할 가치가 있다. 패턴의 설계 초점과 세분화의 수준. 설계 초점은 설계 모델의 측면과 관련되어(정보 아키텍처, 탐색, 상호작용 등) 식별한다. 세분화는 고려되어야 하는 (패턴이 전체 웹앱, 하나의 웹 페이지, 서브시스템 또는 개별적인 웹앱 컴포넌트 등) 추상화 수준을 식별한다.

16.6.1 설계 초점

이전 장들에서 우리는 고려 아키텍처, 컴포넌트 수준 문제, 및 사용자 인터페이스 표현에 의해 시작되는 설계 진행을 강조했다. 설계 초점은 설계로 더 이동함으로써 더 좁아진다. 당신이 웹앱에 대한 정보 아키텍처를 설계할 때 발생하게 될 문제(및 해결책)은 인터페이스 설계를 수행할 때 발생하는 문제(및 해결책)와 다르다. 그러므로 웹앱 설계를 위한 패턴들이 설계 초점의 다른 수준에 따라 개발될 수 있다는 것은 더 이상 놀랄 일이 아니며, 그래서 당신은 각 수준에서 발생되는 고유한 문제(및 관련 해결책)을 해결할 수 있다. 웹앱 패턴들은 다음과 같은 설계 초점들을 사용하여 분류될 수 있다.

- **정보 아키텍처 패턴**은 정보 공간의 전반적인 구조와 관련되어 있고 사용자들이 정보와 상호작용하는 방법과 관련되어 있다.
- **탐색 패턴**은 계층, 반지, 여행, 기타 등등과 같은 탐색 링크 구조를 정의한다.
- **상호 작용 패턴**은 인터페이스가 특정 동작의 결과를 사용자에게 알리는 방법을 다룬다.
- **프레젠테이션 패턴**은 어떻게 더 나은 사용능력을 위한 사용자 인터페이스 제어기능을 구성하는지, 어떻게 인터페이스 작업 과 컨텐츠 객체와의 사이를 효과적으로 보여주는지, 그리고 어떻게 효과적인 컨텐츠 계층 구조를 확립하는지의 방법을 다룬다.
- **기능 패턴**은 웹앱 내에서 워크플로우, 동작, 처리, 통신 및 기타 알고리즘 요소를 정의한다.

대부분의 경우, 상호 작용 설계에서 문제가 발생될 때, **정보 아키텍처 패턴**의 모음을 탐색하는 것이 효과가 없다. 당신은 설계 초점이 작업이 수행되는 것과 관련되기 때문에 상호 작용 패턴을 검사한다.

16.6.2 설계 세분화

문제는 "큰 그림" 문제를 포함할 경우, 당신은 해결책을 개발하려고(관련 패턴들을 사용하려고) 큰 그림에 초점을 맞추려고 시도한다. 반대로, 초점이 매우 협소할 때(유일하게 다섯 개나 더 작은 항목에서 하나의 항목을 선택 하는 등) 해결책(부합하는 패턴)은 매우 좁게

Info

하이퍼미디어 설계 패턴 저장소

인터넷에 몇 개의 유용한 하이퍼미디어 패턴 목록과 저장소가 있다. 수백 개의 설계 패턴들이 이들 대표 사이트에 표시되어 있다.

Tom Erickson의 상호작용 패턴
  www.pliant.org/personal/Tom_Erickson/Interaction Patterns.html

Martijn vanWelie의 웹설계 패턴
  www.welie.com/patterns/

UI 설계를 위한 웹패턴
  http://www.onextrapixel.com/2010/11/03/15-ui-design-patterns-web-designers-should-keep-handy/

네비게이션 패턴을 가진 확장된 웹정보시스템
  http://www8.org/w8-papers/5b-hypertext-media/improving/improving.html

Uzilla.net에 포함된 UI와 관련 패턴
  http://uzilla.net/uzilla/blog/hci_directory/searchresultde45.html

HCI 설계를 위한 공통 Ground-A 패턴 언어
  www.mit.edu/~jtidwell/interation_patterns.html

개인 웹사이트를 위한 패턴
  www.rdrop.com/~half/Creations/Writings/Web. patterns/index.html

겨냥된다. 세분화의 수준 측면에서, 웹앱 패턴은 이 장의 앞부분에서 논의되었던 동일한 추상화 수준을 따른다.

웹앱의 전반적인 구조를 정의하는 건축 패턴은 다른 컴포넌트 또는 단위들 사이의 관계를 나타내고, 구조의 요소들(페이지, 패키지, 컴포넌트, 서브시스템들) 사이의 관계를 특정하기 위한 규칙을 정의한다. 설계 패턴은 몇 가지 설계 문제를 해결하기 위한 컴포넌트의 집합체, 페이지에 있는 요소들 또는 구성 요소들 간의 통신에 효과를 주는 메커니즘들의 사이의 관계와 같은 웹앱 설계의 특정 요소를 다룬다. 컴포넌트 패턴은 웹앱의 소규모 요소에 관한 것이다. 예제들은 개별 상호작용 요소들(라디오 버튼, 교과서 등), 탐색 항목들(어떻게 당신이 링크들을 구성할지 등) 또는 기능 요소들(특정 알고리즘 등)을 포함한다.

16.7 모바일 앱을 위한 패턴

그들의 본질에 의하여 모바일 응용 프로그램은 인터페이스에 관한 모든 것이다. 많은 경우에, 모바일 UI 패턴들은 서로 다른 범주의 다양한 애플리케이션을 위한 "최고의" 화면 이미지 모음으로 표시된다. 전형적인 예들을 포함할 수 있다. :

체크-인 화면 어떻게 소셜 네트워크에서 특정 위치에서 체크인 하고 코멘트하고 친구들과 추종자들과 코민트를 공유합니까?

지도 어떻게 어떤 다른 주제들을 해결하는 애플리케이션의 문맥 안에서 지도를 표시하는가? 예를 들어, 레스토랑을 검토하고, 도시 내에서 자신의 위치를 나타낸다.

팝오버 어떻게 실시간으로 또는 사용자 작업의 결과로 발생하는 메시지나 정보(응용프로그램이나 또는 다른 사용자로부터)를 표현하는가?

가입 흐름 어떻게 로그 인 또는 정보 또는 기능을 위해 등록하는 간단한 방법을 제공하는가?

사용자 지정 탭 탐색 어떻게 사용자가 원하는 것을 선택할 수 있는 방식으로 다른 컨텐츠 객체의 다양성을 표현하는가?

초대 어떻게 사용자에게 어떤 행동이나 대화에 참여해야만 하는 것을 알릴까? 전형적인 예는 그림 16.3에 설명되어 있다.

모바일 UI 패턴에 관한 추가 정보는 [Nei12], [Hoo12]에서 찾을 수 있다. UI 패턴 외에, Meier와 그의 동료들[Mei12]들은 모바일 앱을 위한 더 일반적인 패턴의 다양성을 제안한다. 광범위한 패턴 라이브러리를[8] 포함하여 모바일 패턴에 대한 추가 정보는 노키아에 의해 개발되었다.

8 많은 모바일 패턴은 **http://4ourth.com/wiki/Other%20Mobile%20Pattern%20Libraries**에서 찾아볼 수 있다.

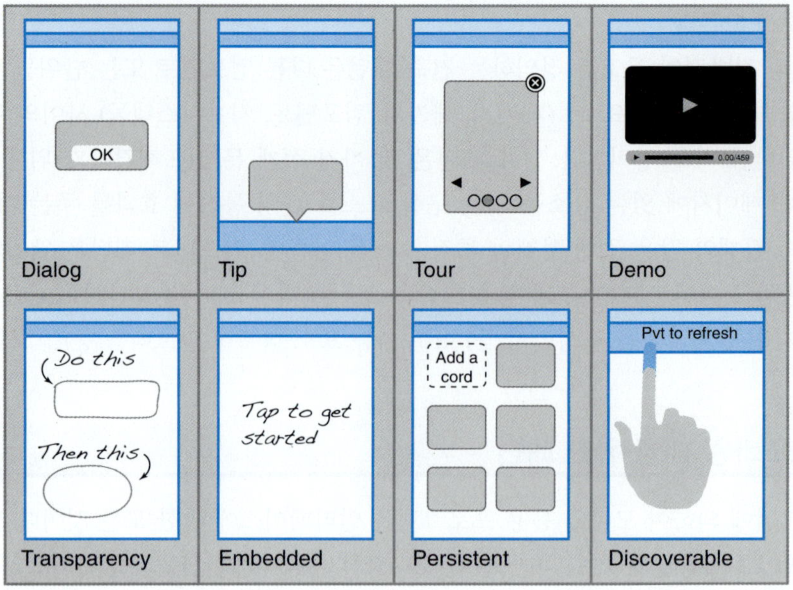

그림 16.3
모바일 권장 패턴들의 예제들

16.8 요약

설계 패턴은 문제점 및 재사용을 위한 설계지식을 획득하는 소프트웨어 엔지니어링 커뮤니티를 따르는 방식으로 그들의 해결책을 설명하기 위한 체계화된 메커니즘을 제공한다. 패턴은 문제를 설명하고, 사용자가 문제가 존재하는 환경을 파악할 수 있는 문맥을 나타내고, 어떻게 문제가 문맥 내에서 해석될 수 있고 어떻게 해결책이 적용될 수 있는지 나타내는 힘의 시스템을 나열한다. 소프트웨어 엔지니어링 작업에서 우리는 생성 패턴들을 확인하고 문서화한다. 이러한 패턴들은 시스템의 중요하고 반복적인 측면을 설명하고 주어진 문맥이 있는 힘의 시스템 내에서 그 부분을 구축할 수 있는 방법을 우리에게 제공한다.

아키텍처 패턴은 구조적 접근법을 사용하여 해결되는 광범위한 설계 문제를 설명한다. 데이터 패턴은 데이터 중심 문제들과 그것들이 해결될 수 있는 데이터 모델링 해결책을 반복 설명한다. 컴포넌트 패턴(또는 설계 패턴이라고 함)은 서브시스템과 컴포넌트들의 개발, 그들이 서로 통신하는 방법 및 더 큰 아키텍처 내에서 그들의 배치와 관련된 문제들을 다룬다. 인터페이스 설계 패턴은 공통 사용자 인터페이스 문제와 그들과 최종 사용자의 특정 특성을 포함하는 힘의 시스템과의 해결책을 기술한다. 웹앱 패턴은 웹앱들을 구축할 때 발생되는 문제 집합들을 다루고 종종 방금 언급한 다른 패턴 카테고리들의 많은 것을 포함한다. 모바일 패턴은 모바일 인터페이스 및 모바일 플랫폼에 특징지어진 기능 및 제어 요소들의 고유 특성을 다룬다.

프레임 워크는 패턴이 존재할 수 있는 인프라를 제공하고 관용구는 특정 알고리즘 또는 데이터 구조의 모두 혹은 일부를 위한 프로그램 언어별 구현 세부사항을 설명한다. 표준 양식 또는 서식은 패턴을 설명하는데 사용된다. 패턴 언어는 패턴들의 집합과 각각 표준화된 템플릿을 사용하여 나타내고, 어떻게 이러한 패턴들이 애플리케이션 영역을 통해 문제들을 해결하기 위해 협력하는 것을 보이려고 상호 협력하는지를 포함한다.

패턴 기반 설계는 건축, 컴포넌트 수준 및 사용자 인터페이스 설계 방법과 함께 사용된다. 설계 접근은 문제를 분리하고, 문맥을 정의하고 힘의 시스템을 설명하기 위한 요구 사항 모델의 시험과 함께 시작한다. 다음으로 문제 영역에 대한 패턴 언어는 분리된 문제를 위한 패턴들이 존재하는지 확인하기 위해 검색된다. 적절한 패턴들이 발견되고 나면, 그들은 설계 가이드로서 사용된다.

문제와 생각할 점

16.1 설계 패턴의 세 가지 "부분"을 토론하고 소프트웨어 이외의 어떤 필드로부터 각각의 구체적인 예를 제시하라.

16.2 패턴의 생성과 비생성 사이의 차이는 무엇인가?

16.3 아키텍처 패턴이 구성 요소 패턴으로부터 어떻게 다른가?

16.4 프레임워크가 무엇이고 어떻게 그것이 패턴과 다른가? 관용구는 무엇이고 그것이 패턴과 어떻게 다른가?

16.5 16.1.3절에서 제시된 설계 패턴 템플릿을 사용하여, 당신의 교사에 의해 제안된 패턴을 위한 완벽한 패턴 설명을 하라.

16.6 당신과 친숙한 스포츠를 위한 패턴 언어 골격을 개발한다. 당신은 문맥, 힘의 시스템 및 코치와 팀이 해결해야 하는 광범위한 문제들을 다룸으로써 시작 할 수 있다. 당신은 단지 패턴의 이름을 지정하고 각 패턴을 위한 한 문장 설명을 하라.

16.7 다섯 개의 패턴 저장소를 찾아 각각에 포함된 패턴 유형의 축약된 설명을 제시하라.

16.8 Christopher Alexander가 "좋은 설계는 수행하는 부품들을 함께 추가함으로써 간단하게 달성할 수 없다?"라고 말할 때 당신은 그가 의미하는 것이 무엇이라고 생각하는가?

16.9 16.2.3절에서 언급한 패턴 기반 설계 작업을 사용하여 15.3.2절에서 기술된 "인테리어 설계 시스템"을 위한 골격 설계를 개발하라.

16.10 당신은 문제 16.9에서 사용된 패턴을 위한 패턴-조직 테이블을 구축하라.

16.11 16.1.3절에서 제시된 설계 패턴 템플릿을 사용하여 16.3절에서 언급한 주방 패턴을 위한 완벽한 패턴 설명을 개발하라.

16.12 [Gam95]의 네 개 집단은 객체지향 시스템에 적용될 수 있는 컴포넌트 패턴들의 다양성을 제안했다. 하나(웹에서 사용할 수 있는)를 선택하고 토론하라.

16.13 사용자 인터페이스 패턴을 위한 세 가지 패턴 저장소를 찾아라. 각각에서 하나의 패턴을 선택하고 그것의 축약된 설명을 제시하라.

16.14 웹앱 패턴을 위한 세 가지 패턴 저장소를 찾고, 각각에서 하나의 패턴을 선택하고 그것의 축약된 설명을 제시하라.

16.15 모바일 패턴을 위한 세 가지 패턴 저장소를 찾고, 각각에서 하나의 패턴을 선택하고 그것의 축약된 설명을 제시하라.

추가 읽을거리와 정보 소스

패턴 기반 설계에 대한 많은 책들은 소프트웨어 엔지니어를 위해 작성되었다. Gamma와 그의 동료들[Gam95]은 주제에 대한 독창적인 책을 작성했다. 최근의 논문들은 Burris(*Programming in the Large with Design Patterns*, Pretty Print Press, 2012), Smith (*Elemental Design Patterns*, Addison-Wesley, 2012), Lasater(*Design Patterns*, Wordware Publishing, 2007), Holzner(*Design Patterns for Dummies*, For Dummies, 2006), Freeman and her colleagues(*Head First Design Patterns*, O' Reilly Media, 2005), 그리고 Shalloway and Trott(*Design Patterns Explained*, 2nd. ed., Addition-Wesley, 2004)에 의한 책을 포함하고 있다. Kent Beck (Implementation Patterns, Addison-Wesley, 2008)은 건축 활동 중에 발생하는 코딩 및 구현 문제에 대한 패턴들을 다루었다.

그들이 특정 응용프로그램 개발 및 언어 환경에서 제공 될 때, 다른 책들은 설계 패턴에 초점을 맞춘다. 이 분야에 대한 논문은 다음과 같다. Bowers and his colleagues(*Pro HTMLs and CSS3 Design Patterns*, Apress, 2011), Scott and Neil(*Designing Web Interfaces: Principles and Patterns for Rich Interactions*, O' Reilly, 2009), Tropashko and Burleson(*SQL Design Patterns: Expert Guide to SQL Programming*, Rampant Techpress, 2007), Masemoff(*Ajax Design Patterns*, O' Reilly Media, 2006), evis(*Java Design Pattern Essentials*, Ability First Limited, 2010), Metsker and Wake(*Design Patterns in Java*, Addison-Wesley, 2006), Millett(*Professional ASP.NET Design Patterns*, Wrox, 2010), Nilsson (*Applying Domain-Driven Dsign and Patterns: With Examples in C# and .NET*, Addison-Wesley, 2006), Stefanov(*JavaScript Patterns*, O' Reilly, 2010), Sweat(*PHP|Architect's Guide to PHP Design Patterns*, Marco Tabini & Associates, 2005), Paul(*Design Patterns in C#*). Metsker (*Design Patterns C#*, Addition-Wesley, 2004), Grand and Merrill(*Visual Basic .NET Design Patterns*, Wiley, 2003), Crawford and Kaplan(*J2EE Design Patterns*, O' Reilly Media, 2003), Juric et al.(*J2EE Design Patterns Applied*, Wrox Press, 2002), and Marinescu and Roman(*EJB Design Patterns*, Wiley, 2002).

다른 책들은 특정 응용프로그램 영역들을 다룬다. 이것들은 Kuchana(*Software Architecture Design Patterns in Java*, Auerbach, 2004), Joshi(*C++ Design Patterns and Derivatives Pricing*, Cambridge University Press, 2004), Douglass(*Real-Time Design Patterns*, Addition-Wesley, 2002), and Schmidt and Rising(*Design Patterns in Communication Software*, Cambridge University Press, 2001)에 의한 논문들을 포함한다.

건축가 Christopher Alexander(*Notes on the Synthesis of Form, Harvard University Press, 1994, and A Pattern Language: Towns, Buildings, Construction*, Oxford University Press, 1977)에 의한 고전적인 책들은 설계 패턴을 완전히 이해하려는 경향이 있는 소프트웨어 디자이너를 위해 읽을 가치가 있다.

패턴 기반 설계에 대한 정보 소스의 다양함은 인터넷에서 사용할 수 있다. 월드 와이드 웹 참조의 최신 목록은 SEPA 웹사이트 www.mhhe.com/pressman에서 찾을 수 있는 패턴 기반 설계와 관련이 있다.

웹앱 설계

17
CHAPTER

Jakob Nielsen은 웹 설계에 관한 그의 신뢰 있는 책에서 다음과 같이 얘기한다. 효율적으로 설계하는 두 개의 기본적인 접근법이 있는데 하나는 자기 자신을 표현하는 예술적 방식이며 다른 하나는 고객의 문제를 해결하는 공학적인 방식이다. 웹 개발 초기 십년간 예술적 방식을 많은 개발자들이 선호했다, 임시 변통적인 방식으로 발생해서 HTML로 설계되었다. 웹앱 구조로 진화한 예술적 비전에서 개발된 설계가 생성되었다.

오늘날에도, 많은 웹 개발자들은 "제한된 디자인"을 위한 전형적인 모델로 웹앱을 사용한다. 또한 다음과 같이 주장한다. 전형적인 디자인대비 웹앱의 긴급성과 가변성이 완화된다. 적용이 구축될 때 디자인은 진화한다. 그리고 세부 디자인 모델을 만드는데 상대적으로 적은 시간이 소용된다. 이러한 주장은 단지 상대적으로 간단한 웹앱에 대한 장점을 갖고 있다. 하지만 컨텐츠와 기능이 복잡할 경우, 그리고 웹앱의 크기가 수백 또는 수천의 컨텐츠 개체, 함수, 분석 클래스를 포함할 경우, 마지막으로 웹앱의 성공은 기업의 성공에 직접적인 영향을 주게 될 경우, 디자인을 가볍게 생각해서는 안 된다.

이러한 현실이 "고객의 문제 해결에 대한 공학적 방법"이라는 Nilsen의 두 번째 접근

주요 개념

- 심미적 설계
- 구조설계
- 컴포넌트 수준 설계
- 컨텐츠 구조
- 컨텐츠 설계
- 컨텐츠 객체
- 설계목표
- 설계피라미드
- 설계품질
- 그래픽 설계
- 모델 보기 제어기
- 내비게이션 설계
- 품질검사항목표
- 웹앱 구조

QUICK LOOK

이것은 무엇인가? 기술적, 비 기술적 인 활동을 망라한 웹앱을 위한 설계는 다음을 포함한다. 웹앱의 외관과 감성 설정, 사용자 인터페이스의 미적 레이아웃의 창조, 전체적인 건축 구조 정의, 건축물 내 존재하는 내용과 기능 개발 그리고 웹앱 내에서 이루어지는 탐색 계획이다.

누가 수행하는가? 웹 엔지니어, 그래픽 디자이너, 내용 개발자 및 기타 이해 관계자는 모든 웹앱 설계 모델을 만드는 데 참여하고 있다.

왜 중요한가? 설계는 당신이 품질을 평가하고 컨텐츠와 코드의 생성, 검사의 실시 최종 사용자 대량화 전에 개선될 수 있는 모델을 만들 수 있게 한다. 디자인은 웹앱의 품질이 설정되어 있는 장소이다.

어떤 단계가 있는가? 요구 사항 모델링 시 얻어진 정보에 의해 구동되는 6개의 단계가 웹앱의 설계에 포함된다. 컨텐츠 설계는 컨텐츠 개체의 디자인을 확립하기 위한 기초로(분석 중에 개발된) 컨텐츠 모델을 사용하고 있다. 미적 디자인은 (또한 그래픽 디자인이라고도 한다) 최종 사용자 이해하는 외관과 감정을 설치한다. 건축 디자인은 모든 컨텐츠 객체와 함수의 전반적인 하이퍼미디어 구조에 초점을 맞추고 있다. 인터페이스 설계는 사용자 인터페이스를 정의하는 레이아웃과 상호 작용 메커니즘을 구축한다. 내비게이션 설계는 최종 사용자가 하이퍼미디어 구조를 탐색하는 방법을 정의하고 구성 요소의 설계는 웹앱의 기능 요소의 상세한 내부 구조를 나타낸다.

작업 산출물은 무엇인가? 컨텐츠, 미학, 건축, 인터페이스, 탐색 및 구성 요소 수준의 디자인을 포함한 디자인 모델은 웹앱 설계 시 생성되는 주요 작업 결과물이다.

작업이 옳게 수행되었다는 것을 어떻게 확인하는가? 설계 모델의 각 요소는 오류, 충돌이나 생략을 발견하고 검토된다. 또한, 대체 솔루션을 검토하고 현재 설계 모델이 효과적인 구현으로 이어질 정도도 평가되게 한다.

법을 나오게 한다. 웹 공학[1]은 이러한 철학을 채택하고 웹앱에 좀더 정밀한 접근을 통해 개발자가 이것을 달성하게 한다.

17.1 웹 설계 품질

웹서핑을 하는 사람은 누구나 나름 "좋은" 웹앱에 대한 의견을 가지고 있다. 개인적 관점은 크게 다르다. 일부는 화려한 그래픽을 좋아하고, 일부는 단순한 테스트를 원한다. 또 일부는 다량의 정보를 원하고, 또한 다른 일부는 간단하게 축약된 프레젠테이션을 선호한다. 일부는 정교한 분석 도구와 데이터베이스 액세스를 선호하고, 다른 사람은 단순히 그것을 유지하고 싶다. 사실상, "좋은 점"(그리고 연장선으로서 웹앱에 대한 결과론적 수락 또는 거절)에 대한 이용자의 인식은 아마도 웹앱의 품질 대한 기술적인 논의보다 중요할 수 있다.

그러나 웹앱의 품질을 어떻게 인식할 수 있나? 좋은점과 동시에 장기적으로 웹앱 수정, 적응, 강화, 지원할 수 있기 위한 품질의 기술적 특성을 위해 어떤 속성들이 최종 사용자의 눈에 비쳐져야 하는가?

실제적으로, 제12장에서 논의된 설계 품질에 관한 모든 기술적 특성과 제19장에서 제시된 일반적인 품질 특성들 모두 웹앱에 적용할 수 있다. 그러나 가장 관련성 있는 일반적인 특성들이—사용의 용이성, 기능성, 신뢰성, 효율성, 유지 보수성—웹 기반 시스템의 품질을 평가하기 위한 유용한 기초를 제공한다.

Olsina와 그의 동료는 고품질의 웹앱[2] 가능하게 하는 기술적 특성 세트—유용성, 기능성, 신뢰성, 효율성 그리고 유지보수성—를 식별하는 "품질 요구 사항 트리"를 준비하였다. 그림 17.1에 이 작업이 요약되어 있다. 장기적으로 설계, 구축 및 웹 애플리케이션을 유지하려면 그림에 나와 있는 기준들이 관심을 끌 것이다.

?
웹앱 품질에 대한 주요 특성들은 무엇인가?

Offutt는 다음과 같은 특성을 추가함으로써 하여 그림 17.1에 나와 있는 5개의 주요 품질 특성을 확장하였다.

보안 웹앱은 주요 기업과 정부의 데이터베이스와 상당히 연관되어 있다. 전자상거래 애플리케이션을 추출하고 고객의 중요한 정보를 저장한다. 이것들과 다른 여러 이유로, 웹앱의 보안이 많은 상황에서 매우 중요하다. 보안에서 중요한 평가는 무단 액세스 그리고 완전히 악의적인 공격을 저지할 수 있는 웹앱과 서버 환경의 능력이다. 보안 엔지니어링은 제27장에서 논의한다. 웹앱에 대한 추가적 정보는 [Vaso6], [Prri10], [Web 13] 그리고 [Kiz05]을 참조하라.

1 웹 엔지니어링 [Pre08]은 이 책 전반에 걸쳐 제시되어 있는 소프트웨어 엔지니어링 방식의 적응 버전이다. 그것은 산업 품질 Web 기반 시스템 및 애플리케이션을 구축하기 위한 신속하고 규율화 된 틀을 제시하고 있다.

2 이러한 품질 특성은 12장과 19장에 제시한 것과 매우 유사하다. (연관성: 모든 소프트웨어는 보편적인 품질 특성을 가지고 있다.)

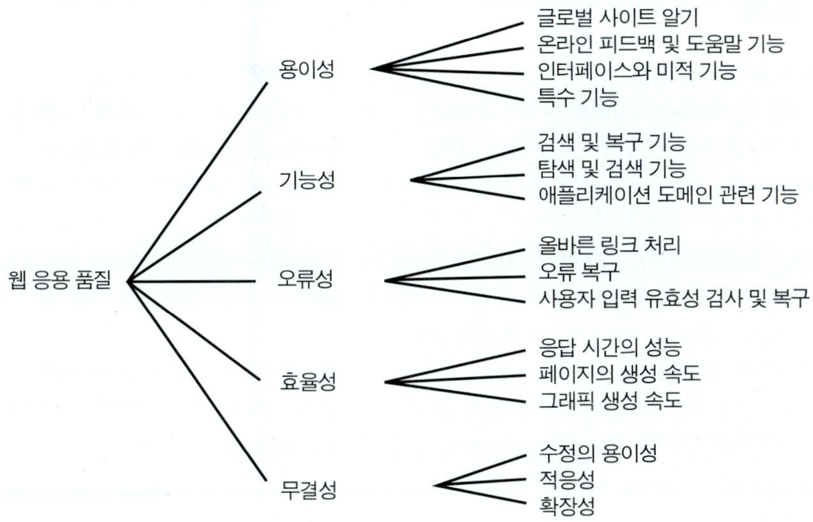

그림 17.1
품질 요구 사항 트리
출처: [Ols99]

가용성 만일 사용할 수 없다면, 최고의 웹앱조차 사용자의 요구를 충족시키지 못한다. 기술적인 의미에서, 가용성이 웹앱이 사용 가능한 시간 비율의 척도이다. 그러나 Offutt는 [Off02] "단지 하나의 브라우저 또는 한 플랫폼에서만 가능한 기능을 사용한다는 것"은 다른 브라우저/플랫폼 구성을 가진 프로그램에는 웹앱을 사용할 수 없게 된다는 것을 제안하고 있다. 따라서 사용자는 어쩔 수 없이 다른 곳으로 이동하게 된다.

확장성 100, 1,000, 10,000, 또는 100,000의 사용자들을 감당할 수 있을 만큼 웹앱과 서버 환경이 확장 가능한가? 웹앱 그리고 인터페이스되는 시스템들이 양적인 큰 변동을 감당할 수 있는지 또는 민감도가 극적으로 격감하는지, 성공에 대한 부담감에 대응할 수 있고(즉, 상당한 수의 최종 사용자) 그리고 더 성공적이 될 수 있는 웹앱을 설계하는 것이 중요하다.

시장 출시 시간 기술적인 의미에서 시장 출시는 사실 진정한 품질 특성은 아니지만, 그것은 비즈니스 관점에서는 품질의 척도가 된다. 특정 시장 분야를 처리하기 위한 첫 웹 애플리케이션은 종종 비정상적인 수의 최종 사용자를 사로잡는다.

정보 수집 과정에서 수십억의 웹페이지 결과가 가능하다. 잘 재단된 웹에서의 수집된 정보조차 거대한 정보 사태를 초래한다. 양식을 선택하기 위한 많은 정보 소스를 가지고 어떻게 사용자가 웹앱 안에 제시된 컨텐츠(내용)의 품질(예를 들어, 진실성, 정확성, 완성도, 적시성)을 평가하나?

Tillman[Til00]은 컨텐츠의 품질을 평가하기 위한 유용한 기준들을 제안한다. 컨텐츠의 범위와 깊이로 쉽게 사용자의 요구가 충족되는지 여부를 알 수 있는가? 컨텐츠 저자의 배경과 권위를 쉽게 식별 가능한가?

?
컨텐츠의 품질을 평가할 때 무엇을 고려해야 하는가?

Info

웹앱 설계-품질 체크 항목

제시된 정보 또는 Webrefrence.com에서 각색한 다음 검사 목록은 웹 엔지니어와 최종 사용자 모두가 전반적인 웹앱의 품질을 평가하는 데 도움이 될 일련의 질문들을 제공한다.

- 컨텐츠 그리고/또는 기능 그리고/또는 탐색 옵션은 사용자의 취향에 맞게 조정 가능한가?
- 컨텐츠 그리고/또는 기능은 사용자가 통신하는 대역폭에 맞게 변형될 수 있는가?
- 그래픽 그리고 기타 텍스트가 아닌 미디어가 올바르게 사용되고 있는가? 그래픽 파일 크기는 표시 효율성을 위해 최적화 되어 있는가?
- 잘 이해할 수 있고 효과적으로 표기할 수 방법으로 테이블이 적정 규모로 구성되었는가?
- HTML은 비효율성을 제거하기 위해 최적화 되어 있는가?
- 전체 페이지 디자인이 읽기 쉽게 탐색되어 있는가?
- 대부분의 링크가 웹에 대한 지속성을 가지고 있는가?
- 웹앱에 사용 추적, 링크 테스트, 로컬 검색, 그리고 보안을 위한 도구가 된 사이트 관리 유틸리티가 구축되어 있는가?

컨텐츠의 양, 마지막 업데이트 그리고 업데이트 내용이 판단 가능한가? 컨텐츠와 위치는 안정한가(즉, 이들은 참조한 URL로 남아 있는가)? 컨텐츠를 신뢰할 수 있는가? 내용이 독창적인가? 즉, 웹앱이 사용자들에게 어떤 독특한 장점을 제공하는가? 컨텐츠가 대상으로 하는 사용자 커뮤니티에 가치가 있겠는가? 내용은 잘 조직되어 있는가? 잘 색인되어 있는가? 쉽게 접근할 수 있는가? 이러한 질문은 웹앱 디자인을 개발할 때 대처해야 할 문제들을 표본 추출한 것이다.

17.2 설계 목적

Jean Kaiser[Kai02]는 그녀의 웹 디자인에서 애플리케이션 도메인, 크기, 복잡성과 관계없이 거의 모든 웹앱에 적용 가능한 일련의 설계 목표 세트를 제안하고 있다.

Quote

신이 할 수 있다 해서 해야 하는 건 아니다.

Jean Kaiser

단순성 그것은 구식으로 보일지도 모르지만 "적당히 모든 것은" 앱 애플리케이션에 적용된다. 너무 많은—철저한 컨텐츠, 극단적인 비주얼, 침입 애니메이션, 거대한 웹페이지, 복잡한 탐색, 긴—목록을 최종 사용자에게 제공하기 위해 몇 가지 설계자 간의 경향이 있다. 더 나은 검토 및 단순화를 위해 노력한다.

일관성 일관된 디자인 목표는 설계 모델의 거의 모든 요소에 적용된다. 컨텐츠는 일관되게 구축 되어야 한다(예로, 텍스트 서식과 글꼴 스타일은 모든 텍스트 문서 간에 동일해야 한다. 그래픽 아트는 일관된 모양, 색상 및 스타일을 가지고 있어야 한다). 그래픽 디자인(미적)은 웹 애플리케이션의 모든 부분에 걸쳐 일관성 있는 모양을 제시해야 한다. 탐색 메커니즘은 모든 웹앱 요소에서 일관되게 사용해야 한다. (참고: "방문자에게 기억하게 하라. 웹사이트는 실제적 장소이며 사이트의 페이지 디자인에 일관성이 없는 경우 혼란을 초래한다." 카이저[Kai02])

동일성 웹앱의 미적, 조화적 그리고 네비게이션 디자인은 함께 구축된 애플리케이션 도메인과 일치해야 한다. 음악 회사를 위한 웹사이트는 금융 서비스 회사를 위해 디자인되고 웹앱과 확실히 다른 모양 감정을 가질 것이다.

견고성 구축된 동일성을 기반으로, 웹앱은 종종 사용자에게 암시적으로 "약속한다." 사용자는 강력한 컨텐츠와 사용자의 요구에 관련된 기능을 기대하고 있다. 이러한 요소가 누락되었거나 불충분하면, 웹앱의 실패 가능성이 높아진다.

내항성 탐색은 직관적이고 예측 가능한 방식으로 설계되어야 한다. 즉, 사용자는 탐색 링크 및 설명 검색 없이 웹 애플리케이션을 이동하는 방법을 이해할 수 있어야 한다. 예를 들면, 그래픽 아이콘 및 이미지 필드를 탐색 메커니즘으로 사용되는 선택된 아이콘 또는 이미지가 포함되어 있는 경우, 이들은 시각적으로 확인되어야 한다. 많은 그래픽 이미지 중에서 적절한 라이브 링크를 찾으려는 것보다 귀찮은 일은 없다.

시각적 매력 모든 소프트웨어의 범주 안에서, 웹앱은 확실히 가장 시각적, 가장 역동적, 그리고 가장 심미적이라 할 수 있다. 아름다움(시각적인 매력)은 보는 사람의 눈에 확실히 달려 있지만, 많은 설계상의 특성들이 (예를 들어, 컨텐츠 모양과 감촉, 인터페이스 레이아웃, 컬러 코디네이터, 텍스트, 그래픽 그리고 다른 미디어의 균형, 탐색 메커니즘) 시각적 매력에 관여된다.

호환성 웹앱은 다양한 용도로 사용되며 (예를 들어, 다른 하드웨어, 인터넷 연결 유형, 운영 체제, 브라우저) 또한 그 용도에 적합 하도록 설계되어야 한다.

> **Quote**
>
> 일부에서는 앱 설계는 시각적 모양과 느낌에 중점을 두고 있다. … 다른 것에서는 웹 디자인은 문서 공간을 통해 정보와 탐색구조에 관한 것이다. 그 외에는 대화형 웹 애플리케이션을 구축하는 데 사용되는 기술 정도에 웹 디자인을 검토할 수도 있다. 실제로 설계에는 이러한 모든 것과 아마도 더 많은 것이 포함된다.
>
> Thomas Powell

17.3 웹앱을 위한 설계 피라미드

웹 공학 분야에서의 디자인은 무엇인가? 이 간단한 질문에 대한 대답이 생각보다 더 어렵다. 프레스만과 로우는[Pre08] 다음과 같이 설명한다.

> 효과적인 디자인을 만들 때 일반적으로 여러 다양한 기술이 필요하다. 때로는 작은 프로젝트 경우 한 개발자에게 여러 기술이 요구되기도 한다. 큰 프로젝트 경우는 여러 전문가들의 지식과 경험이 요구되기도 한다: 웹 엔지니어, 그래픽 디자이너, 컨텐츠 개발자, 프로그래머, 데이터베이스 전문가, 정보 설계자, 네트워크 엔지니어, 보안 전문가 및 테스트 담당자. 다양한 스킬에 이용하게 되면 컨텐츠와 코드가 작동되고, 테스트가 실시되며, 다수의 최종 사용자가 개입되기 전에 개선할 수 있고 품질을 평가할 수 있는 모델을 만들 수 있다. 설치된 웹앱 품질에 대한 분석이라면, 실질적으로 품질이 포함된 디자인일 것이다.

웹앱의 특성에 따라 설계 기술의 적절한 조합이 변할 수 있다. 그림 17.3은 웹앱에 대한 설계 피라미드를 나타내고 있다. 다음 부분에서 설명될 디자인 작업은 피라미드의 각 수준에서 나타난다.

> **Quote**
>
> 사이트가 완전하게 사용 가능하지만, 우아하고 적절한 디자인 스타일이 부족하다면, 그것은 실패할 것이다.
>
> Curt Cloninger

그림 17.2

웹앱의 설계 피라미드

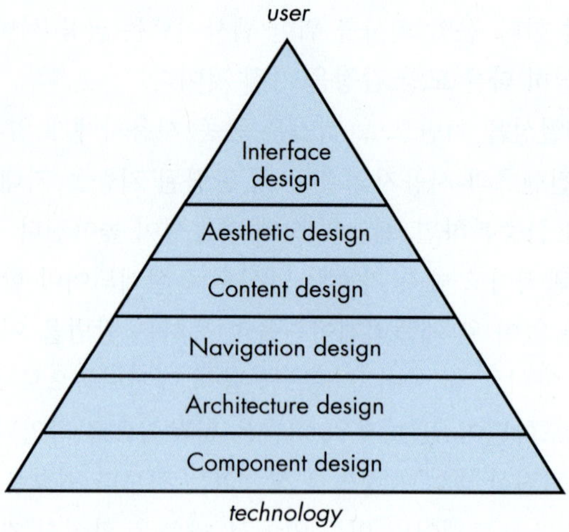

17.4 웹앱 설계 상호작용

사용자가 컴퓨터 기반의 시스템과 상호작용하는 경우, 일련의 기본 원칙 및 결정적인 디자인 지침이 적용된다. 이 내용은 제15장[3]에서 논의되었다. 웹앱이 다수의 특별한 사용자 인터페이스설계를 제시했지만, 기본적인 원칙과 지침이 적용 가능한 것이다.

웹앱을 위한 인터페이스 설계의 과제 중 하나는 사용자의 진입점이 불확정인 특성을 갖는다는 것이다. 즉, 사용자는 "홈" 위치(예를 들어, 홈페이지)에서 웹앱에 들어갈 수도 있거나, 웹앱 건축의 좀 더 낮은 수준에 연결될 수도 있다. 일부 경우에는 웹앱은 홈의 위치로 사용자의 경로를 변경하는 방식으로 설계될 수 있지만, 이것이 바람직하지 않다면, 웹앱 설계는 반드시 사용자가 입력 방법의 모든 컨텐츠 포함하고 사용자의 시스템 입력 방법에 관계없이 활용될 수 있는 인터페이스 탐색 기능을 제공해야 한다.

웹앱 인터페이스의 목적은 (1) 인터페이스에 의해 제공된 컨텐츠와 기능에 일관성 있는 창을 설치하고 (2) 웹앱에게 일련의 상호작용을 통해 사용자를 안내하고 (3) 사용자가 사용할 수 있는 탐색 옵션과 컨텐츠를 구성하는 것이다. 일관성 있는 인터페이스를 실현하려면, 일관된 "모양"을 설정할 수 있는 미적 디자인(17.5절)을 먼저 사용해야 된다.

이것은 많은 특징을 포함하지만 반드시 탐색 메커니즘의 레이아웃과 형식을 중시해야 한다. 사용자 상호작용을 안내하기 위해는 인터페이스의 직관적인 이해[4]를 얻을 수 있게 적절한 은유를 이용할 수도 있다. 탐색 옵션을 구현하려면, 웹페이지, 아이콘이 탐색 요소임을 사용자가 인식할 수 있게 하는 그래픽 아이콘, 그리고/또는 컨텐츠 개체 또는 웹앱 기능에 대한 링크를 제공하는 그래픽 이미지 등에 일정하게 탐색 메뉴 위치를 선택할 수 있어야 한다. 다수의 탐색 방법들이 컨텐츠 계층의 모든 단계에서 제공되어야 한다는 것을 명심하여야 한다.

ADVICE

모든 웹 엔지니어가 예술적 재능을 가지고 있는 것은 아니다. 당신이 이 범주에 속한다면, 심미적인 설계 작업에 경험 있는 그래픽 디자이너를 고용하라.

3 15.5절은 웹앱의 인터페이스디자인에 관한 것이다. 아직 읽지 않았다면 지금 읽어보라.

4 이 내용에서, 은유는 인터페이스의 콘텍스트 내에서 만들어질 수 있는(사용자의 실제 경험에서 도출된) 표현이다. 간단한 예로서 mpg.file의 청각볼륨을 제어하는 데 사용되는 슬라이더 스위치를 들 수 있다.

17.5 심미적 설계

심미적 설계는, 또한 그래픽 설계이라는 부르는, 웹앱 디자인의 기술적인 측면을 강화한 예술적인 시도이다. 그것이 없으면 웹앱은 기능적이지만 매력이 없을 수 있다. 하지만 있다면, 웹앱은 지적 단계뿐만 아니라 교감 단계를 포함한 세계로 사용자를 인도할 수 있다.

그러면 심미적이란 것이 무엇인가? "아름다움은 보는 사람의 눈에 존재하고 있다는 오래된 속담이 있다." 이것은 웹앱에 대한 미적 설계를 고려한 경우 특히 적합한 표현이다. 효과적인 미적 설계를 위해서, 요구모델(제8장)의 일환으로 개발된 사용자 계층으로 돌아가보자. 그리고 누가 웹앱 사용자이며 그리고 어떤 모습을 원하는지 물어보자.

?
어떠한 상호 작용 방법들을 웹앱 디자이너가 사용할 수 있는가?

SafeHome

그래픽 설계

장면: 첫 번째 웹 인터페이스의 프로토타입 검토 후 Doug Miller의 사무실

플레이어: Doug Miller(SafeHome 소프트웨어 엔지니어링 프로젝트 매니저)와 Vinod Raman(SafeHome 소프트웨어 엔지니어링 팀원)

대화

Doug: 새로운 웹페이지 설계에 대한 당신의 생각은?

Vinod: 내가 좋아하지만, 더 중요한 것은 우리 고객 좋아해야 해요.

Doug: 마케팅 팀에서 빌린 그래픽 디자이너에게서 얼마나 도움을 받을 수 있나?

Vinod: 많이요. 실제적으로 그녀는 페이지 레이아웃에 대한 큰 안목을 가졌고 페이지를 위한 멋진 그래픽 테마를 제안했어요. 우리 생각보다 훨씬 더 좋아요.

Doug: 그것은 좋은데. 어떤 건데?

Vinod: 우리는 여전히 우리의 시각적으로 장애를 가진 사용자들 중 일부의 접근성을 고려한 대체 페이지를 만들어야 해요. 그러나 우리가 가지고 있던 모든 웹페이지 디자인을 위해 그렇게 했어야 했는데요.

Doug: 대체 페이지를 위해 당연히 그래픽 설계가 필요한 거네?

Vinod: 그렇지요. 설계자들이 사용성 및 접근성 문제를 잘 이해하고 있어요.

Doug: 조금 더 그녀를 빌릴 수 있는지 마케팅 팀에 물어볼게.

17.5.1 레이아웃 쟁점

모든 웹페이지가 비기능적 심미성 탐색기능, 정보 컨텐츠 및 사용자 중심의 기능을 지원하는 데 사용할 수 있는 "부동산"양이 한정되어 있다. 이런 부동산 개발은 심미적인 디자인을 하는 동안에 계획된다.

모든 심미적인 문제뿐만 아니라 화면 레이아웃을 디자인할 때 절대적인 규칙은 없다. 하지만 일반적인 레이아웃 지침의 수는 고려할 가치가 있다

오픈 스페이스를 두려워해서는 안 된다. 정보를 가진 모든 평방인치의 웹페이지를 꽉 채우는 것은 권장할 만 것이 못 된다. 결과적으로 발생하는 혼란은 이용자가 필요한 정보 또는 눈을 지루하게 하는 시각적인 혼란과 기능을 인식하기 어렵게 만든다.

내용 강조. 결국 이것이 사용자가 있는 이유이다. 닐슨[Nie001]은 일반적인 웹페이지 사용자는 탐색 및 기타 기능에 특화된 나머지 부동산에 80% 만족하고 있다고 시사하고 있다.

Quote

우리는 사람들이 시각적인 설계만으로 빠르게 사이트를 평가한다는 것을 발견한다.

Stanford Guidelines for Web Credibility

왼쪽 위에서 오른쪽 아래까지 레이아웃 요소구성. 대부분의 사용자들은—아래 왼쪽에서 오른쪽으로[5]—책상 위 페이지를 스캔하는 방식과 거의 동일한 방식으로 웹페이지를 검색한다. 레이아웃 요소가 특정한 우선순위를 가지고 있는 경우, 가장 우선하는 요소를 페이지 부동산의 왼쪽 부분에 배치해야 한다.

위치적으로 페이지 내에 있는 그룹 탐색, 내용 및 기능. 인간들은 거의 모든 것에서 패턴을 찾는다. 웹페이지의 식별 가능한 패턴이 존재하지 않는 경우, 사용자의 불만은 (필요한 정보를 위해 불필요한 탐색을 하기 때문에) 증가할 가능성이 높다.

스크롤 막대를 사용하여 부동산을 넓히지 마라. 스크롤이 종종 필요하지만, 대부분의 연구에서 사용자가 스크롤을 선호하지 않는다고 나타난다. 하지만 페이지 내용을 줄이거나, 여러 페이지에 필요한 내용을 제시하는 데 종종 유용하다.

레이아웃을 처리할 때 해상도나 브라우저의 창 크기를 고려하라. 오히려 레이아웃 내 고정된 크기를 정의하는 것보다, 설계로 사용 가능한 공간의 백분율로 모든 레이아웃 항목을 지정할 수 있어야 한다[Nie00]. 다른 화면 크기를 갖는 모바일 기기의 증가로 이 개념의 중요도가 점점 증가하게 된다.

17.5.2 그래픽 설계 주제

그래픽 디자인은 웹앱의 외관과 감성의 모든 측면을 고려하고 있다. 그래픽 설계 과정은 레이아웃(17.5.1절) 단계에서 시작되고 글로벌 색상을 감안한다. 글꼴, 크기, 스타일을 입력하고 보조적인 미디어(예를 들어, 오디오, 비디오, 애니메이션)에 적용되는 다른 모든 미적 요소.

웹앱을 위한 그래픽 설계 문제의 포괄적 논의는 이 책에서 다루지 않는다. 대신 많은 웹사이트(예, **www.graphic-design.com**, **www.Webdesignfromscratch.com**, **www.wpdfd.com**) 또는 논문(예를 들어, [Bea11], [McNI01], [Lup08]과 [Roc061])에서 이 주제에 대한 설계 팁 및 지침을 찾아볼 수 있을 것이다.

Info

잘 고안된 웹사이트

좋은 웹앱 설계를 판별하는 가장 좋은 방법으로 몇 가지 예를 보자.

Marcelle Toor(**www.graphic · design.com/Web/feature/tips.html**)은 그의 논문, "최고 20가지 Web 설계 팁"에서 좋은 그래픽 설계 예제로 다음의 웹사이트를 제안한다.

http://www.marcelletoordesigns.com/—IIR Web 설계는 자신들의 웹사이트 개발하는 고객과 기타 인터넷 벤처를 위한 최첨단 자원이다.

www.workbook.com—이 사이트는 일러스트레이터와 디자이너 일을 하고 있다.

www.pbs.org/riverofsong—공공 텔레비전의 시리즈와 미국의 음악에 대한 라디오

www.RKDINC.com-온라인 포트폴리오와 뛰어난 디자인 팁을 소유한 디자인 회사

http://www.creativehotlist.com/—광고 대행사 그래픽아트 회사 및 기타 통신전문가에 의해 잘 개발되어진 설계 소스

www.btdnyc.com—Beth Toudreau가 운영하는 디자인 회사

5 문화와 언어를 기반으로 한 예외는 있다. 하지만, 대부분의 사용자에게 이 규칙은 자제되어 있다.

17.6 컨텐츠 설계

내용 디자인은 두 개의 서로 다른 설계 작업에 초점을 두는데, 각각 다른 기술을 갖춘 개인에 의해 진행된다. 먼저 상호관계를 수립하는 데 필요한 컨텐츠 개체 및 메커니즘 설계 표현을 개발해야 한다. 둘째, 특정 컨텐츠 개체의 정보가 생성된다. 후자의 작업은 문안 작성자, 그래픽 디자이너 그리고 웹앱 범위 내에서 사용하는 컨텐츠를 만드는 다른 사람들이 수행해야 될 것이다.

> **Quote**
> 좋은 디자이너는 혼란 속에서 정상을 만들 수 있어야 한다. 그들은 분명히 말과 그림의 조작과 운영을 통해 생각을 전달할 수 있어야 한다.
> Jeffery Veen

17.6.1 컨텐츠 목적

웹앱 설계의 맥락에서 컨텐츠 목적(개체)은 좀더 밀접하게 기존의 소프트웨어를 위한 데이터 객체와 협조되어야 한다. 컨텐츠 목적은 컨텐츠 관련 정보(일반적 웹앱 요구 사항 모델링 시에 정의) 및 디자인의 일부로 지정된 구현 관련 특성이 포함된 속성을 가지고 있다.

예를 들어, SafeHome 전자상거래 시스템용으로 개발된 분석클래스, **Product Component**를 고려해보자. 분석 클래스 특성인 설명은 5개의 컨텐츠 개체로 구성된 **CompDescription**라는 이름의 디자인클래스로 나타낼 수 있다. 그림 17.3에 나타난 음영 처리된 개체로 보이는 **MarketingDescription**, **사진**, **TechDescription**, **그림** 및 **비디오**. 컨텐츠 개체에 포함된 정보는 특성으로 구분할 수 있다.

예를 들어, 사진(a.jpg 이미지)의 특성으로는 **수평 크기**, **수직 크기** 및 **테두리의 스타일**이 있다.

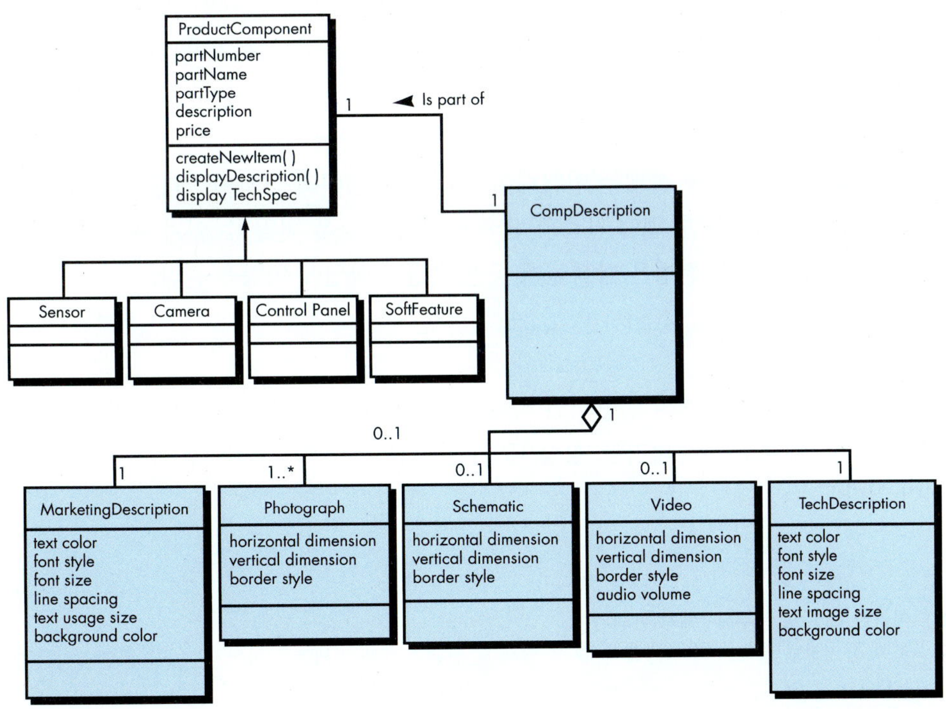

그림 17.3
컨텐츠 개체의 디자인 표현

UML 조합과 집합[6]은 컨텐츠 개체 간의 관계를 나타내는 데 사용될 수 있다. 예를 들어, 그림 17.3에 나타난 UML 조합은 한 **ComDescription**이 **ProductComponent** 클래스의 각 인스턴스를 위해 사용된다고 말한다. **ComDescription**은 보이는 5개의 컨텐츠 개체로 구성되어 있다. 하지만 보이는 다중도 표기는 회로도 및 비디오의 선택적 발생이 가능하고, 한 개의 **MarketingDescription**와 한 개의 **TechDescription**가 필요하고, 다수의 예시 사진이 사용된다고 가리키고 있다.

17.6.2 컨텐츠 설계 문제

일단 모든 컨텐츠 개체는 모델링되면, 각 개체에서 제공하는 정보는 고객의 요구를 최고로 충족하기 위해 서술되고 그리고 형식화된다. 컨텐츠 제작은 전달된 정보 요약과 정보를 전달하는 데 사용되는 일반적인 컨텐츠 객체유형(예를 들어, 설명 텍스트, 그래픽 이미지, 사진)의 지표와 전달된 정보 요약을 제공함으로써 컨텐츠 개체를 디자인하는 관련 분야 전문가의 일이다. 또한 미적 디자인(17.5절)도 원하는 모양을 표현하고 컨텐츠에 대한 적당한 외관과 느낌을 나타내는 데 적용될 수 있다.

ADVICE

사용자가 수평 스크롤보다 쉽게 수직 스크롤을 용인하는 경향이 있다. 와이드 스크린 포맷을 피하라.

컨텐츠 개체가 설계될 때, 웹페이지를 형성하기 위해 나뉘게 된다[Pow02l]. 단일 페이지에 포함된 컨텐츠 개체 수는 사용자 요구, 인터넷 다운로드 속도의 한계, 사용자가 허용할 스크롤의 양에 의해 부과된 제한의 함수 관계이다.

17.7 건축 설계

Quote

잘 설계된 사이트의 건축 구조는 사용자에게 항상 명확한 건 아니다. 그렇게 해야 하는 것도 아니다.

Thomas Powell

건축 설계는 웹앱 제시되는 내용, 향후 방문 사용자 그리고 설치된 탐색 철학을 위해 구축된 목표와 깊은 연관이 있다. 건축 설계자로서 컨텐츠 건축 및 웹앱 건축을 식별할 수 있어야 한다. 컨텐츠 건축[7]은 컨텐츠 개체(또는 웹페이지 같은 복합개체)의 프레젠테이션 및 탐색을 위한 구조화된 방식에 초점을 두고 있다. 웹앱 건축은 사용자 상호작용 관리, 내부 진행 작업처리, 탐색 효과 그리고 컨텐츠 제시를 구축하는 적용방식을 제시한다.

대부분의 경우, 건축 설계는 인터페이스 디자인, 심미적 디자인, 컨텐츠 디자인과 병행하여 진행된다. 왜냐하면, 웹앱 건축은 탐색에 강한 영향을 미칠 수 있기 때문에, 이러한 디자인 작업도중 내려진 결정은 탐색설계 동안 수행된 작업에 영향을 준다.

17.7.1 컨텐츠 건축

컨텐츠 건축 설계는 웹앱의 전반적인 하이퍼미디어 구조의 정의에 초점을 맞추고 있다. 소비자 건축이 때때로 작성되지만, 항상 네 가지 다른 컨텐츠 구조[Pow02]에서 선택하는 옵션이 있다.

6 이러한 표현 모두 부록 1에서 논의된다.

7 또한, 용어정보 건축은 더 나은 조직, 포장, 탐색 및 컨텐츠 개체 검색으로 이어지는 구조를 암시하는 데 사용된다.

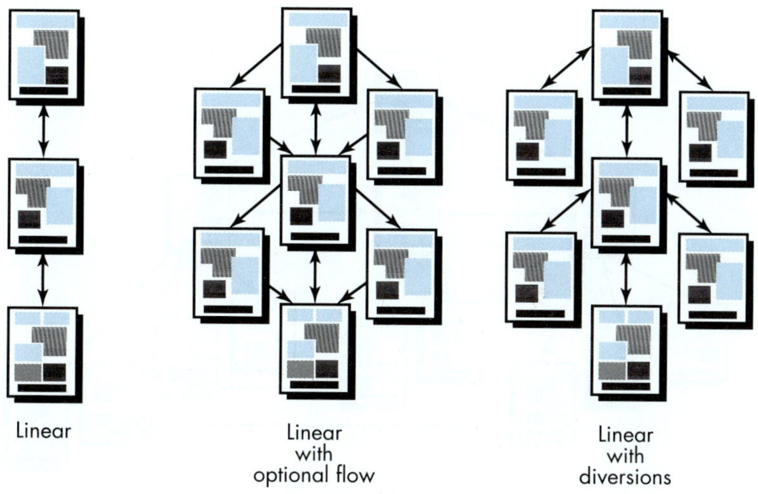

그림 17.4
선형구조

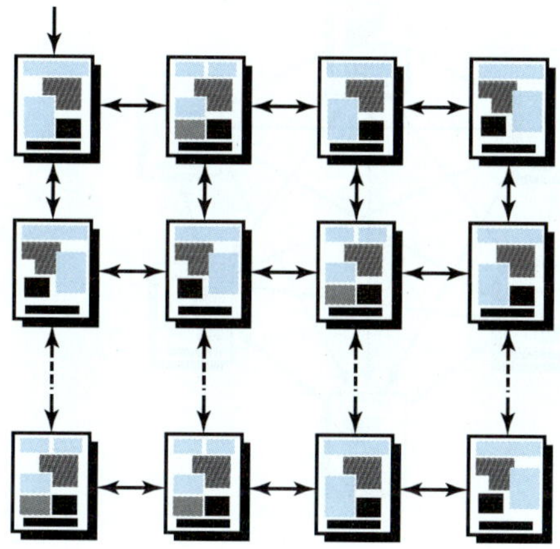

그림 17.5
격자구조

상호 작용(일부 변화 또는 전환을 가진)의 예측 가능한 순서가 보편적일 때 선형구조(그림 17.4)가 도출된다. 전형적인 예로서 전제 조건 정보가 제시된 후에만 관련 그래픽, 짧은 비디오, 오디오와 함께 정보 페이지가 제시되는 연습 프레젠테이션을 들 수 있다. 컨텐츠 제시 순서는 사전에 정의되었으며 일반적으로 선형이다. 또 다른 예로는 구체적인 내용이 특정 순서로 지정되는 제품주문 입력 순서를 들 수 있다. 이러한 경우, 그림 17.4에 나타낸 구조가 적합하다. 컨텐츠 및 프로세스가 복잡해질수록 그림의 왼쪽에 표시된 순수하게 선형 흐름은 대체 컨텐츠를 호출하거나, 보완적인 컨텐츠(그림 17.4의 오른쪽에 표시된 구조)를 취득하기 위한 전용이 발생하는 좀더 정교한 선형구조를 제시한다.

?
일반적으로 발생하는 컨텐츠 건축에는 어떤 종류가 있나?

격자구조(그림 17.5)는 웹앱 컨텐츠가 2차원 이상에서 필수적으로 구성되는 경우 적용 가능한 건축 선택 방법이다. 예를 들어, 전자상거래 사이트에서 골프클럽을 판매하는 상황을 고려해보자. 격자의 가로 치수는 판매되는 클럽의 종류(예를 들어, 우드, 아이언, 웨지, 퍼터)를 나타내고 있다. 수직 치수는 각종 골프클럽 제조업체에서 제공하는 제품을 보여주고 있다. 따라서 사용자는 퍼터 라인을 찾기 위해 수평적으로 탐색하고 그리고 퍼터를 판

그림 17.6

계층적 구조

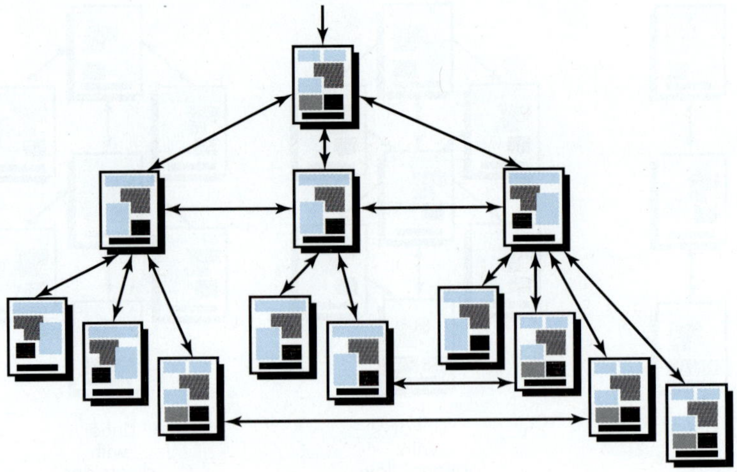

그림 17.7

네트워크 구조

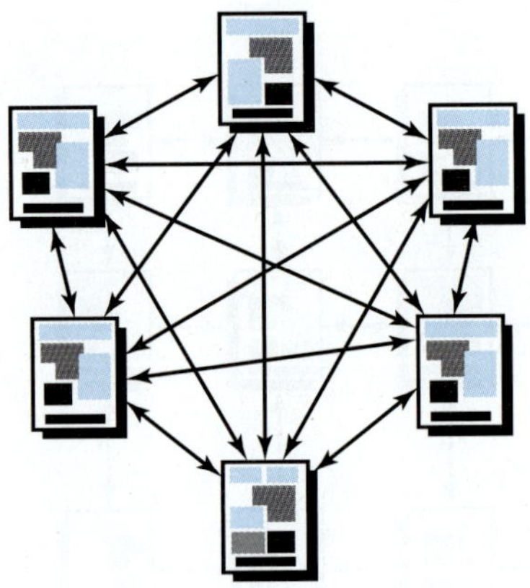

매하는 것이 기업이 생산하는 제품을 수직으로 조사를 해야 할 것이다. 이러한 웹앱 건축은 매우 일반적인 컨텐츠를 대할 때 유용하다[Pow02].

계층구조(그림 17.6)는 의심할 바 없이 가장 일반적인 웹앱 건축이다. 제13장에서 논의된, 계층의 수직 지점과 함께 제어흐름을 촉진하는 파티셔닝 소프트웨어 계층과는 달리, 웹앱 계층구조는 구조의 수직 지점을 가로질러(하이퍼텍스트 지점을 통해) 수평 제어흐름이 가능하도록 설계될 수 있다. 따라서 계층 구조의 맨 왼쪽 지점에 나타난 컨텐츠는 구조의 중간 또는 오른쪽 분기에 존재하는 컨텐츠에 직접 연결 하이퍼텍스트 링크를 가질 수 있다

네트워크가 연결되었는지 또는 "순수웹" 구조(그림 17.7)는 객체지향 시스템을 위해 진화하는 건축과 많은 점에서 유사하다. 건축 구성 요소가 시스템의 거의 모든 다른 구성 요소에 제어할 수 있도록(하이퍼텍스트 링크를 통해)설계된다(이 경우 웹페이지). 이러한 방법은 상당한 탐색 유연성을 허용하지만, 동시에 사용자에게 혼동을 줄 수도 있다.

이 전 단락에서 설명한 건축구조물은 복합구조를 형성하기 위해 결합될 수 있다. 웹앱의 전반적인 구조 계층적이어도 좋지만, 건축물의 다른 부분은 네트워크에 연결될 수 있으나 구조의 일부는 선형 특성을 나타낼 수도 있다. 건축 설계자로서의 목표는 제시되는 내

용과 수행된 작업에 웹앱 구조를 일치시키는 것이다.

17.7.2 웹앱 건축

웹앱 건축은 사업 목표를 달성하기 위한 웹 기반의 시스템이나 애플리케이션을 가능하게 하는 인프라를 설명하는 것이다. Jacyntho와 그의 동료[Jac02b]는 다음과 같이 인프라의 기본적인 특성을 설명하고 있다.

> 애플리케이션은 다른 문제가 고려된 레이어를 사용하여 구축되어야 한다; 애플리케이션 데이터는 페이지의 내용(탐색노드)과 이러한 내용물에서 분리되어야 되며, 그 다음으로는 명확하게 인터페이스의 외관 및 감성(페이지)과 분리되어야 한다.

저자는 탐색 그리고 애플리케이션의 동작에서 인터페이스를 분리하는 3층 설계건축을 제안한다. 그들은 인터페이스, 애플리케이션 및 탐색 별도의 간소화 구현 유지와 재사용 촉진을 지속할 것을 주장하고 있다.

Model-View-Controller(MVC) 건축은[Kra88][8] 사용자 인터페이스를 웹앱의 기능과 정보 컨텐츠에서 분리하는 제안된 웹앱 인프라 모델 중 하나이다. 이 모델은(때로는 "모델개체"라고 부른다.) 모든 컨텐츠 개체와 외부 데이터/정보자원의 접속, 그리고 관련 용도의 모든 처리기능을 포함한 전체 관련된 애플리케이션 내용 및 처리 로직을 포함한다. 보기는 모든 인터페이스 관련 기능이 포함되어 있으며, 모든 컨텐츠 개체가 포함된 컨텐츠와 처리 로직의 프레젠테이션 외부 데이터/정보 자원에 대한 액세스 및 최종 사용자가 필요로 하는 모든 처리 기능을 활성화한다. 컨트롤러는 모델에 대한 접속과 뷰를 관리하고 그들 사이의 데이터 흐름을 조정한다. 웹앱에서, "뷰는 사용자 입력에 기초한 모델에서 컨트롤러에 의해 데이터를 업데이트 한다."[WMT02] MVC 건축의 개략도가 그림 17.8에 나와 있다.

KEY POINT
MVC 건축은 웹앱 기능 및 정보 컨텐츠에서 사용자 인터페이스를 분리한다.

그림에 따르면 사용자의 요구나 데이터는 컨트롤러에 의해 처리된다. 또한 컨트롤러는 사용자의 요청에 따라 적용된 뷰오브젝트를 선택한다. 이러한 요청 유형이 결정되면, 거동 요청이 기능을 구현하거나 요구에 대응하기 위해 필요한 컨텐츠를 검색하고 모델에 전달된다. 모델 개체는 로컬 데이터 저장소의 일부로 또는 별도의 파일집합으로 기업 데이터베이스에 저장된 데이터에 액세스할 수 있다. 모델에 따라 개발된 데이터는 적절한 뷰 개체에 의해 형체화되고 구성되어야 하며, 그러고 나서 애플리케이션 서버에서 고객 컴퓨터의 디스플레이용 클라이언트 기반 브라우저로 전송해야 한다.

많은 경우, 웹앱 건축은 애플리케이션이 구현되어야 개발 환경의 맥락에서 한정된다. 만약, 더 관심이 있다면, 개발 환경 및 웹앱 건축 디자인의 역할에 대한 논의를 위해 [Fow03]를 참조하라.

8 실제로 MVC 잡담 환경용(www.smalltalk.org을 보라)으로 개발된 건축 설계 패턴이며 또한 모든 대화형 애플리케이션에 사용할 수 있는 점을 유의해야 한다.

그림 17.8

MVC 구조

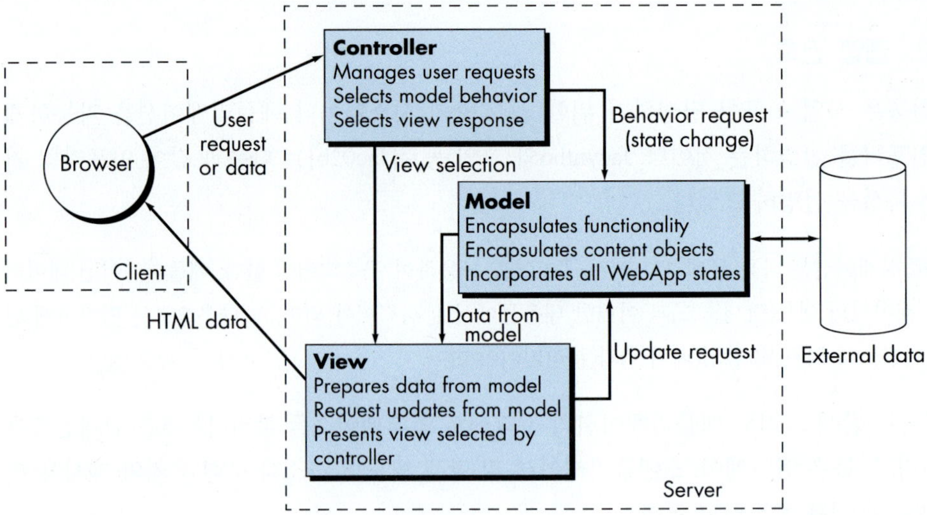

17.8 내비게이션 설계

일단 웹앱 건축이 설치되고 구성 요소 건축(페이지, 스크립트, 애플릿 및 다른 처리기능)이 식별되면, 웹앱 내용과 기능에 접속을 하기 위한 내비게이션 경로를 정의해야 한다. 이를 달성하기 위해 사이트의 다른 사용자를 위한 탐색의 의미를 파악하고, 탐색을 달성하기 위한 역학(계통적 배열)을 정의해야 한다.

17.8.1 내비게이션 의미

> **Quote**
>
> 달이 뜰 때까지 그냥 기다려. 그레텔. 그러고 나서 우리는 이 흩어져 있던 빵 부스러기를 볼 수 있어. 그것들은 우리에게 집으로 가는 방향을 보여줄 거야.
>
> Hansel and Gretel

많은 웹앱 고안 작업같이, 내비게이션 디자인은 사용자(배우)의 각 카테고리용으로 개발된 사용자계층과 관련된 사례(제9장)를 고려하는 것부터 시작된다. 각 행위자는 다소 다른 웹앱을 사용하고 있으므로 다른 내비게이션 요구 사항을 가질 수 있다. 덧붙여서, 각 행위자에 대한 개발 사례는 다수의 내용 개체 또는 웹앱 기능을 포함하는 클래스의 집합으로 정의된다. 각 사용자가 웹앱과 교류할 때, 일련의 **내비게이션 의미 단위(NSU)**-관련 사용자 요구의 부분 집합의 이행에 협력하는 일련의 정보와 관련탐색구조를 만나게 된다[Cac02].

> **KEY POINT**
>
> NSU는 각 사례의 내비게이션 요구 사항에 대해 설명한다. 본질적으로 NSU는 배우가 컨텐츠 개체 또는 웹앱 함수 사이에서 어떻게 움직이는지를 보여준다.

NSU는 **내비게이션의 길(WoN)**이라는 탐색요소의 집합으로 구성되어 있다[Gna99]. WoN에 사용자의 특정 형식에 대한 탐색의 목적을 달성하기 위해 별도의 내비게이션 경로가 나타난다. 각 WoN은 탐색 링크로 연결되는 **내비게이션 노드(NN)** 세트로 구성되어 있다. 일부 경우에 탐색 링크는 다른 NSU일 수도 있다. 따라서 웹앱의 전반적인 내비게이션 구조는 NSU의 계층으로 구성될 수 있다. NSU의 개발을 설명하기 위해 사용 예인 **Select SafeHome 구성 요소**를 고려해보자.

사용 예: Select SafeHome 구성 요소

웹앱은 각각의 방이나 외관 입구에 대해서는 제품의 구성 요소(예를 들어, 제어패널,

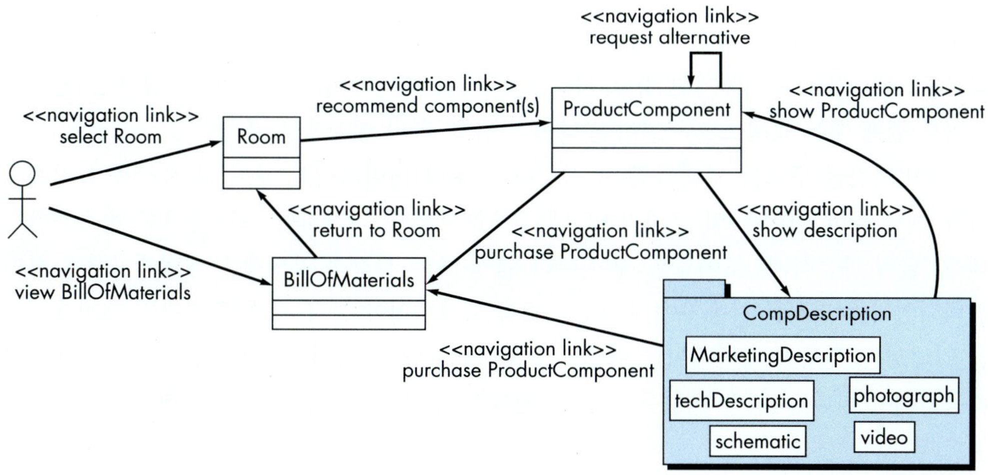

그림 17.9

NSU의 생성

센서, 카메라) 및 기타 기능(소프트웨어 구현 예를 들어 PC 기반 기능)을 추천한다. 만약 대체품을 요구할 경우 그리고 그들이 있을 경우, 웹앱은 제공할 것이다. 각 제품 구성 요소의 기술적 및 가격 정보를 얻을 수 있게 된다. 다양한 구성 요소를 선택할 때, 웹앱은 물품-가격-청구서를 만들고 보여줄 것이다. 향후 참조를 위해 물품-가격-청구서에 이름을 부여할 수 있고 저장할 수도 있다(사용 예 참조 **Save Configuration**).

사용 예 설명에서 밑줄 친 항목인 컨텐츠와 컨텐츠 객체는 **Select SafeHome 구성 요소** 사용 사례에 설명된 시나리오를 새로운 고객을 실행할 수 있는 다수의 NSU에 포함되는 클래스 및 내용 개체를 나타낸다.

그림 17.9은 **Select SafeHome 구성 요소** 사례 의해 암시적 내비게이션의 부분적인 의미 해석을 보여주고 있다. 먼저 소개된 용어 사용하여 그림에는 **SafeHomeAssured.com** 웹앱을 위한 (WoN) 내비게이션하는 방법을 나타낸다. 중요한 문제 영역의 클래스가 선택한 컨텐츠 객체와 함께 보여진다(이 경우 CompDescription, **ProductComponent** 클래스의 속성이라는 컨텐츠 개체 패키지). 이러한 항목들이 탐색 노드이다. 각각의 화살표는 링크를 생성하는 사용자 개시 활동으로 표지된 탐색 링크[9]를 나타낸다.

각 사용자 역할과 관련된 각 사례에 대한 NSU를 만들 수 있다. 예를 들면, **SafeHomeAssured.com**을 위한 새로운 고객은 모든 다른 정보와 웹앱 기능에 접속할 수 있는 세 가지 다른 사용 예를 가질 수 있다. NSU는 자각목적을 위해 만들어진다.

내비게이션 설계의 초기 단계에서는 웹앱 컨텐츠 건물은 각 사례에 대한 하나 이상의 WoN을 결정하기 위해 평가된다. 앞서 언급한 바와 같이 WoN이 탐색 노드(예를 들어, 컨텐츠)와 그들 사이의 내비게이션을 가능하게 하는 링크를 식별한다. WoN은 그 NSU로 구성되어 있다

Quote

웹사이트 탐색의 문제는 철학적, 개념적, 기술적, 공간적, 철학적 그리고 논리적이다. 따라서 솔루션은 예술, 과학 및 조직 심리학의 복잡한 급조 조합을 추구하는 경향이 있다.

Tim Horgan

9 이들은 때때로 내비게이션 의미 링크(navigation semantic links, NSL)라고 부른다[Cac02].

ADVICE

대부분의 경우 수평 또는 수직 탐색 메커니즘 중 하나를 선택하라.

ADVICE

사이트 맵은 모든 페이지에서 액세스 할 수 있어야 한다. 웹앱의 정보 구조를 쉽게 밝혀되도록 맵 자체가 조직되어야 한다.

17.8.2 내비게이션 구문

설계가 진행되면 다음 작업은 내비게이션 구조를 정의하는 것이다. 대부분의 웹사이트는 각각의 NSU 개별 내비게이션 링크, 가로 또는 세로 내비게이션 모음(목록) 탭 또는 완전한 사이트 맵에 대한 액세스를 구현하는 다음 방법 중 하나 이상을 사용한다.

내비게이션 구조를 선택할 뿐만 아니라, 적절한 내비게이션 규칙 및 지원을 설치해야 한다. 예를 들어, 아이콘 및 그래픽 링크는 3차원 모양의 이미지를 주는 경계를 비스듬하게 해서 "클릭 가능하게" 보이도록 해야 한다. 음성 또는 시각적 피드백은 내비게이션 옵션이 선택되었다는 지시를 사용자에게 제공하도록 설계되어야 한다. 텍스트 기반의 내비게이션을 위해서는, 색상이 내비게이션 링크를 표시하고 이미 이동한 링크의 지표를 제공하는 데 사용되어야 한다. 하지만 이들은 사용자 친화적 내비게이션을 만드는 설계 규칙 수십 개 중 일부이다.

17.9 컴포넌트 수준 설계

현대 웹앱이 제공하는 고급처리 기능들이 증가하는 데 이것은 다음과 같다.

(1) 역동적인 방식으로 컨텐츠 및 내비게이션 기능을 생성하기 위해 국소적인 작업을 수행
(2) 웹앱의 사업 영역에 적합한 계산 및 데이터 처리능력을 제공
(3) 정교한 데이터 베이스 쿼리 및 접속을 제공
(4) 외부의 기업 시스템과의 데이터 인터페이스를 설치

이것들(그리고 많은 다른)을 실현하기 위해서 기존의 소프트웨어에 대한 소프트웨어 컴포넌트 요소와 형태가 동일한 프로그램 구성 요소를 설계하고 구축해야 한다.

제14장에 설명된 설계방법은 거의 수정 없이 웹앱 구성 요소에 적용된다. 구현환경, 프로그래밍 언어 및 디자인 패턴, 프레임워크 및 소프트웨어가 다소 다른 경우가 있지만 세계적인 디자인 접근방식은 바뀌지 않는다.

17.10 요약

웹앱의 품질—유용성, 기능성, 신뢰성, 효율성, 유지보수, 보안, 확장성 그리고 시장 출시 시간의 관점에서 정의되는—은 설계 중에 도입된다. 이러한 품질 특성을 달성하기 위해서는 우수한 웹앱의 설계에는 다음과 같은 특성을 보여주어야 한다. 단순성, 일관성, 정체성, 견고성, 탐색 및 시각적인 매력, 웹앱의 디자인 활동은 디자인의 6개의 다른 성분에 초점을 맞추고 있다.

인터페이스 설계는 사용자 인터페이스의 구조와 구성을 표현하며 화면 레이아웃 보기, 상호작용 모드의 정의 그리고 탐색 메커니즘에 대한 설명을 포함한다. 일련의 인터페이스

디자인 원칙과 인터페이스 설계 워크플로우는 레이아웃과 인터페이스 제어장치 설계를 인도한다.

또한 그래픽 디자인이라 부르는 심미적인 디자인은 웹앱의 모양과 느낌을 설명하고 색구성표를 포함한다; 기하학적 레이아웃; 텍스트 크기, 글꼴 및 맞춤; 그래픽의 사용 그리고 관련된 미적 판단. 일련의 그래픽 디자인 지침은 설계 접근의 기초를 제공한다.

내용 고안은 웹앱의 일부로 표기되고 내용 객체 사이의 관계를 확립하는 모든 내용의 레이아웃, 구조, 윤곽을 정의한다. 내용 고안은 내용 개체와 상호연관 그리고 관계의 표현으로 시작된다. 일련의 검색 기본 요소(browsing primitives) 세트는 탐색설계의 기초를 확립한다.

건축 설계는 웹앱에 대한 전반적인 하이퍼미디어 구조를 확인하고 내용 구조 및 웹앱의 건축 모두를 포함한다. 내용에 대한 건축양식은 선형, 격자, 모, 계층 그리고 네트워크 구조를 포함한다. 웹앱의 건축은 사업목표를 달성하기 위한 앱 기반의 시스템 또는 애플리케이션을 지원하는 인프라에 대해 설명한다.

탐색 고안은 내용 객체 간의 그리고 모든 웹앱 기능에 대한 탐색의 흐름을 나타낸다. 탐색 의미는 일련의 탐색 의미 단위의 기술로 정의된다. 각 단위는 탐색 그리고 탐색 링크 그리고 노드의 방식으로 구성되어 있다. 탐색 구문은 의미론의 일부로 묘사된 탐색에 사용되는 메커니즘을 보여주고 있다.

컴포넌트 설계는 전체 웹앱 기능을 제공하는 기능 컴포넌트를 구현하는 데 필요한 추가 처리 논리를 개발한다. 제14장에 설명된 설계기술은 웹앱 부품 엔지니어링에 적용 가능하다.

문제와 생각할 점

17.1 모뎀 웹앱이 구축될 때, "예술적 이상"이 왜 불충분한 설계 사상인가? 예술적 이상이 뒤따르는 철학인 경우는 지금까지 없는가?

17.2 이 장에서는 웹앱을 위한 품질 특성의 광범위한 배열을 선택할 수 있다. 당신이 가장 중요하다고 생각되는 것 세 개를 선택하고 각각이 왜 웹앱 고안 작업에 강조되어야 하는 이유를 설명하는 논의를 하라.

17.3 17.1절에서 제시하는 웹앱 설계 품질 점검표에 적어도 5개의 추가 질문을 하라.

17.4 당신은 통신교육회사인 FutureLeaming 회사에 웹앱의 디자이너로 근무하고 있다. 당신이 학생에게 강좌내용을 제공할 수 있는 인터넷 기반의 "학습엔진"을 실시할 계획을 가지고 있다. 학습엔진은 어떠한 주제에 학습 내용을 전달하기 위한 기본 인프라를 제공한다(내용 설계자는 적절한 내용을 준비할 것이다). 학습엔진의 프로토타입 인터페이스 디자인을 개발하라.

17.5 당신이 지금까지 방문한 웹사이트 중 가장 미적으로 좋은 것은 어떤 것이며 이유는 무엇인가?

17.6 일단 **SafeHomeAssured.com** 사용자가 모든 구성 요소의 선택을 완료하고 자신의 구매

를 완결할 준비가 된 시점에 생성된 컨텐츠 객체의 순서를 고려해보자. 모든 적절한 설계 표현과 함께 주문하는 UML 기술을 개발하라 .

17.7 내용 건축과 웹앱 건축과의 차이점은 무엇인가?

17.8 문제 17.4에서 설명한 향후 학습 "학습엔진"을 재검토하고, 웹앱에 적합한 내용 건축을 선택하라. 왜 당신이 선택했는지 설명하라.

17.9 문제 17.4에 기재되어 있는 "학습엔진"이 고안되어 있는 동안 발생하게 될 컨텐츠 객체를 위한 3개 또는 4개의 고안 표현을 개발하기 위해 UML 사용하라.

17.10 MVC 건축에 대한 약간의 추가 연구하고 문제 17.4에서 설명한 "학습엔진"를 위한 적절한 웹앱 건축이 될지 여부를 결정하라.

17.11 탐색 구문과 탐색 의미의 차이점은 무엇인가 ?

17.12 **SafeHomeAssured.com** 웹앱을 위한 2개 또는 3개의 NSU를 정의하라. 각각에 대해 어느 정도 상세하게 설명하라.

추가 읽을거리와 정보 소스

Van Duyne와 그의 동료(*The Design of Sites*, 2nd ed., Prentice Hall, 2007)는 웹앱 설계프로세스의 가장 중요한 측면들을 포함한 종합적인 책을 썼다. 설계 프로세스모델과 설계 패턴을 상세하게 커버하고 있다. Johnson은 (*designing with the Mind in Mind: Simple Guide to Understanding User Interface Design Rules*, Morgan Kaufman, 2010) Web 설계에 적용할 수 있는 많은 예가 포함된 사용자 상호작용 설계관한 책을 썼다. Wodtke과 Gavella (*Information Architecture: Blueprints for the Web*, 2nd ed., New Riders Publishing, 2009), Rosenfeld and Morville(*InformationArchitecture* 3rd ed., O' Reilly & Associates, 2006), 그리고 Reiss (*practical Information Architecture*, Addison-Wesley, 2000)는 그들의 저서에서 내용 건축과 다른 주제에 대하여 논의했다

수백 권의 Web 설계 관련 책이 쓰여졌지만, 설계작업에 대한 의미 있는 기술적인 방법을 설명한 책은 매우 드물다. 기껏 해야, 웹앱의 설계를 위한 유용한 지침, 웹페이지와 Java 프로그램의 의미 있는 예의 제시 그리고 모뎀의 웹앱을 구현하기 위한 중요한 기술적 세부사항 설명 정도이다. 이 범주의 많은 책 중에서는 Butler(*The Strategic Web Designer*. How Books, 2013), Campos(*Web Design Source Book*, PromoPress, 2013), DeFederici(T*he Web Designer's Roadmap*, Sitepoint, 2012), Robbins(*Learning Web Design*, O' Reilly Media, 2012), Sklar (*principles of Web Design*, 5th ed., Course Technology, 2010), Cederholm(*Bulletproof Web Design*, 3rd ed., New Riders Press, 2010), Shelly와 그의 동료(*Web Design*, 4th ed., Course Technology, 2010), Offerings by Zeidman and Marcotte(*Designing with Web Standards*, 3rd ed., New Riders Publishing, 2009), Mcintire(*Visual Design for the Modem Web*, New Riders Press, 2007), Watrall and Siarto(*Head First Web Design*, O-Reilly, 2008), Niederst(*Web Design in a Nutshell*. 3rd ed., O-Reilly, 2006), Eccher CProfessional Web Design, Course Technology, 2010), (*Advanced Professional Web Design*, Charles River Media, 2006)가 고려할 만하다.

Beaird(*The Principles of Beautiful Web Design*, 2nd ed., SitePoint, 2010), Clarke과 Holzschlag (*Transcending CSS: The Fine Art of Web Design*, New Riders Press, 2006), 그리고 Golbeck(*Art Theory for Web Design*, Addison-Wesley, 2005)의 책들은 심미적인 설계를 강조하고 있으며 주제에 대한 배경이 거의 없는 실무자들에겐 읽을 가치가 있다.

웹앱 설계(와 기타 항목)에 관한 유연한 견해가 Wallace와 그의 동료(*Extreme Programming for Web Projects*. Addison-Wesley, 2003)에 의해 제시되었고 UML을 사용하여 모델화된 웹앱의 자세한 예들이 Conallen(*Building Web Applications with UML*, 2nd ed., Addison-Wesley, 2002) 및 Rosenberg and Scott(*Applying Use-Case Driven Object Modeling with UML*. Addison-Wesley, 2001)의 책에 제시되고 있다.

웹앱 설계에 대한 다양한 정보를 인터넷에서 볼 수 있다. 월드 와이드 웹 참조의 최신 목록은 SEPA 웹사이트 www.mhhe.com/pressman의 software engineering resources에서 볼 수 있을 것이다.

18

CHAPTER

모바일 앱 설계

주요 개념

도전
클라우드 컴퓨팅
상황인식 앱
설계 성공사례
목표
오류
모바일 앱 개발
모바일 환경
품질검사항목표
기술 고려사항
사용자 인터페이스 설계

모바일기기—스마트폰, 태블릿, 장착 가능한 장치 그리고 기타 특수 제품—들은 컴퓨팅의 새로운 물결이 되고 있다. 2012년 8월에 로스앤젤레스 타임스[Rod12]는 다음과 같이 보도했다:

> 사상 처음 일반 전화나 피처폰보다 스마트폰 소유 미국인이 많아졌다고 새로운 보고서가 말한다. Chetan Sharma Consulting[1] 보고서에 따르면 미국에서 사상 처음으로 스마트폰 보급률이 50%를 돌파했다고 한다.
>
> 이러한 경향은 미국의 상위 4개의 통신업체에만 해당되는 것이 아니다. Giga0M[2]이 지적한 대로 지역 사업자 그리고 다른 작은 통신업체들도 시장에서 저렴한 스마트폰 보유를 이용하고 있다.

GartnerGroup[Gar12]은 동일한 사업 분기에 419억 대의 스마트폰이 전 세계적으로 판매되었고, 전년 대비 약 100% 증가한 1.19억 대의 태블릿 컴퓨터의 연간 매출을 예상한다는 발표를 했다. 모바일 컴퓨팅이 지배하기 시작했다.

QUICK LOOK

이것은 무엇인가? 모바일 앱 설계는 기술적, 비 기술적인 활동을 포함하고 있다. 모바일 애플리케이션의 외관 및 느낌 설정, 사용자 인터페이스의 미적 레이아웃 생성, 사용자 상호 작용의 리듬 확립, 전반적인 건축 구조 정의, 건축 내 있는 컨텐츠 및 기능 개발, 모바일 앱 내에서 발생하는 탐색 계획. 모바일 앱에 대한 내용 인식의 추가된 요소에 대한 특별한 주의가 필요하다.

누가 수행하는가? 소프트웨어 엔지니어, 그래픽 설계, 컨텐츠 개발자, 보안 전문가, 기타 이해 관계자는 모두 이 플랫폼의 설계 모델을 만드는 데 참여하고 있다.

왜 중요한가? 설계는 품질을 평가하고 컨텐츠와 코드의 생성, 테스트의 실시, 대규모의 최종 사용자가 포함되기 전에 개선 될 수 있어야 한다. 설계는 모바일 앱 품질이 설정 된 장소이다

어떤 단계가 있는가? 모바일 앱 설계는 웹앱의 설계와 유사하고, 요구사항 모델링 동안 얻은 정보에 의해 구동 되는 6개의 단계가 포함 된다. 컨텐츠 설계, 웹앱과 모바일 앱에 대한 동일한 문제에 대응하고 있다. 건축 설계 시에는 모바일 앱 개발자는 모바일 장치에서 네이티브 애플리케이션을 실행에서 구현되는 기능과 웹과 클라우드 서비스로서 구현되는 것을 결정한다. 인터페이스 설계는 사용자 경험을 정의하는 레이아웃과 상호 작용 메커니즘을 구축한다. 모바일 앱이 적절하게 콘텍스트 사용을 보장함이 인터페이스 설계와 컨텐츠 설계 모두에 영향을 미친다. 내비게이션 설계는 최종 사용자가 컨텐츠 구조를 통해 어떻게 탐색하는가를 정의하고, 구성 요소 설계는 모바일 앱 기능 요소의 상세한 내부 구조를 나타낸다.

작업 산출물은 무엇인가? 컨텐츠, 미학, 건축, 인터페이스, 탐색 및 구성 요소 수준의 설계 문제를 포함하여 설계 모델은 모바일 앱을 설계하는 동안 생성되는 주요 작업 결과물이다

작업이 옳게 수행되었다는 것을 어떻게 확인하는가? 설계 모델의 각 요소는 오류, 모순이나 누락 등을 발견하기 위하여 검토된다. 또한, 대안을 검토 하고 현재 설계 모델이 효과적으로 구현되는지 평가된다.

1 http://www.chetansharma.com/USmarketupdateQ22012.htm를 참조.
2 http://gigaom.com/mobile/carrier-data-confirms-it-half-of-us-now-owns-a-smartphone/를 참조.

18.1 도전

모바일 장치가 서로 공통되는 많은 기능을 가지고 있지만, 그 사용자들은 종종 그들은 각각에 끼어져 있는 기능들을 기대하고 있고, 그 기대에 대한 아주 다른 인식을 가지고 있다. 일부 사용자는 자신의 PC에 설치되어 있는 동일한 기능을 기대하고 있다. 또 일부는 휴대용 장치가 주는 자유로움에 초점을 두어 그 대가로 친숙한 소프트웨어의 모바일 버전에 기능 제한을 기꺼이 받아들인다. 여전히 다른 사람은 기존의 컴퓨팅 및 엔터테인먼트 장치에서 불가능한 독특한 경험을 기대하고 있다. "선호도"에 대한 이용자의 인식이 아마도 이 모바일 앱 그 자체의 기술적 품질의 어떤 것보다도 더 중요할 수도 있다.

18.1.1 설계 고려사항

모든 컴퓨팅 장치와 마찬가지로, 모바일 플랫폼은 제공되는 소프트웨어-운영체제(예: Android, iOS)와 기능성의 매우 넓은 범위를 제공하는 모바일 앱 수십만 명의 작은 하위 집합조합. 새로운 도구는 거의 정식 훈련을 받지 않은 개인들이 소프트웨어 개발자의 거대 팀에 의해 개발된 다른 애플리케이션과 나란히 애플리케이션을 만들고 판매할 수 있도록 한다.

?

무엇이 모바일 앱 개발을 다르게 그리고 도전적으로 만들까?

애플리케이션은 아마추어에 의해 개발될 수 있음에도 불구하고, 많은 소프트웨어 기술자들은 모바일 앱가 오늘날 만들어진 것 중 가장 도전적인 소프트웨어 시스템의 하나라고 생각한다[Voa12]. 모바일 플랫폼은 매우 복잡하다. 안드로이드와 iOS 모두 운영체제에 1,200만 이상의 코드 라인이 포함되어 있다. 모바일 기기는 종종 웹페이지에서 사용 가능한 컨텐츠의 전체 세트가 나타나지 않는 미니 브라우저를 가지고 있다. 다른 모바일 장치는 다른 운영체제 그리고 개발환경에 맞는 플랫폼을 사용하고 있다. 모바일 장치는 개인용 컴퓨터보다 작고, 좀더 다양한 화면 크기를 갖는 경향이 있다. 이것은 아마도 일부내용 표시를 제한하는 결정을 포함한 사용자 인터페이스 설계 문제에 대한 더 큰 관심을 요구하는 것이다. 또한 모바일 앱 설계는 간헐적인 연결종료, 배터리 수명의 제한 그리고 기타 장치의 제약[3]을 고려해야 할 것이다[Whi08].

모바일 컴퓨팅 환경에서의 시스템 구성요소는 모바일 앱 작동 중에 그 위치를 변경할 수 있다. 이동형[4] 네트워크의 연결성을 유지하기 위해, 장치검색, 정보교환, 보안과 통신의 무결성 유지 그리고 작업 동기화를 위한 조정 메커니즘이 개발되어야 한다.

또한 소프트웨어 엔지니어는 모바일 앱 표현력과 이해 관계자의 보안 문제 사이의 적절한 설계 상충관계를 파악해야 한다. 개발자는 가능한 배터리 전력을 절약하기 위해 에너지 효율적인 알고리즘을 발견할 (혹은 기존의 알고리즘을 적용할) 필요가 있다. 미들웨어는 모바일 장치의 종류가 동일한 이동 네트워크에서 서로 통신할 수 있도록 만들어져야 한다[Gru00].

KEY POINT

모바일 앱 설계에서 보안과 다른 요소들과의 균형을 이루어야 한다.

소프트웨어 엔지니어는 소자 특성 그리고 상황에 맞는 애플리케이션을 이용한 사용자

3 **http://www.devx.com/Specia!Reports/ Article/37693**를 참조.

4 이동형 네트워크는 모바일 디바이스 또는 서버에 대한 연결을 변경하고 있다.

경험을 잘 다듬어야 한다. 비기능적인 요구사항(예: 보안, 성능, 사용의 용이성)은 웹앱 또는 데스크탑 소프트웨어 애플리케이션을 위한 것들과는 다소 차이가 있다. 테스트 모바일 앱(제26장)은 부가적인 도전을 제공하는데 그 이유는 사용자들은 물리적으로 다른 큰 환경에서 일하는 것을 기대하기 때문이다. 모바일 앱은 종종 다양한 장치플랫폼에서 실행되므로 휴대성이 중요한 고려사항이 된다. 또한 여러 플랫폼을 수용할 경우 관련된 시간과 노력은 종종 프로젝트 전체 비용을 증가시킨다[Was10].

18.1.2 기술 고려사항

이러한 전화, 카메라, TV 같은 일상적인 장치의 웹 기능 추가의 저비용이 사람들 정보를 접속하고 네트워크 서비스를 사용하는 방법을 변화시키고 있다[Sch11]. 모바일 앱이 대처해야 할 기술적 고려사항은 다음과 같다.

? 모바일 앱을 구축하기 위한 주요 기술 고려 사항은 무엇인가?

여러 하드웨어 및 소프트웨어 플랫폼 다양한 수준의 기능을 가진 모바일 앱을 다양한 플랫폼(모바일과 고정)에서 실행하는 것은 전혀 특이한 것은 아니다. 이러한 다름의 이유로는 부분적으로 사용할 수 있는 하드웨어와 소프트웨어가 장치에 따라 매우 다르기 때문이다. 이것은 개발비와 시간을 증가시킨다. 또한, 구성관리(제29장)를 더 어렵게 한다.

많은 개발프레임 워크 및 프로그래밍언어 모바일 앱은 현재 적어도 5개의 대중적 개발 프레임 워크(Android, iOS, BlackBerry, Windows, Symbian)를 위해 적어도 3가지 프로그래밍 언어로 작성되고 있다[Was10]. 극히 일부 모바일 장치만이 장치 자체에 직접 개발을 한다. 대신 모바일 앱 개발자는 데스크톱 개발 시스템에서 실행되는 에뮬레이터를 사용하고 있다. 이러한 에뮬레이터에 장치 자체의 한계를 정확하게 반영할 수도 또는 하지 않을 수 있다. 씬-클라이언트 애플리케이션은 종종 모바일 장치에서 독점적으로 실행되도록 설계된 애플리케이션보다 여러 장치에 이식이 더 용이하다.

다른 규칙과 도구를 가진 많은 앱스토어 각 모바일 플랫폼은 자체 앱스토어 그리고 앱 채택 기준을 가지고 있다(예를 들어, Apple,[5] 구글,[6] RIM,[7] 마이크로소프트[8]과 노키아[9]는 독자적인기준을 발표한다). 여러 플랫폼에 대한 모바일 앱 개발은 반드시 독자적으로 진행되어야 하며 모바일 앱의 각 버전에는 독자적인 기준 전문가가 필요하다.

매우 짧은 개발주기 소프트웨어 엔지니어는 개발 시간을 단축해서 모바일 앱을 구축할 때 종종 빠른 개발 프로세스를 사용한다[Was10].

센서와 카메라와 상호작용 시 UL의 제한과 복잡성 모바일 기기는 PC와 풍부한 일련의 상호작용 가능성(예를 들어, 음성, 터치, 동작, 안구 추적) 그리고 문맥 인지에 근거

5 https://developer.apple.com/appstore/guidelines.html

6 http://developer.android.com/distribute/googleplay/publish/preparing.html

7 https://appworld.blackberry.com/isvportallguidelines.do

8 http://msdn.microsoft.com/en-usllibrary/ff941089%2Bv=vs.92%29.aspx

9 http://support.publish.nokia.com/?p=64|

한 사용 시나리오보다 작은 화면 크기를 가지고 있다. 사용자 인터페이스의 스타일과 모양은 종종 플랫폼 특화된 개발도구의 특성에 따라 결정된다[Rot02]. 스마트 장치는 스마트 공간과 상호 작용하도록 하면, 이러한 합병, 스마트폰과 자동차 인포테인먼트 시스템의 합병에서 볼 수 있는 개인화된, 네트워크화 된 충실도 높은 애플리케이션 플랫폼을 만들 수 있는 가능성을 제공한다.[10]

내용의 유효한 이용 사용자는 사용가능한 네트워크 기능 관련 장치의 물리적 위치에 근거한 개인화된 사용자 경험을 제공하는 모바일 앱을 기대하고 있다. 사용자 인터페이스 설계와 문맥 인식 애플리케이션은 18.2절에서 더 상세히 논의된다.

전원관리 배터리 수명은 종종 모바일 앱에 가장 제한적인 제약 조건 중 하나이다. 백라이트, 기억할 읽기와 쓰기, 사용할 무선 연결 사용, 전용 하드웨어 사용 그리고 프로세서 속도 모두 전력 사용에 영향을 미치며 소프트웨어 개발자에 의해 고려될 필요가 있다[Mei09].

보안과 개인정보 모델과 정책 무선통신을 도청으로부터 보호하는 것은 어렵다. 실제로, 자동차 애플리케이션에서 man-in-the-middle-attacks[11]의 방지는 사용자의 안전에 중요하다 할 수 있다[Bos11]. 장치가 손실되거나 악성 앱을 다운로드한 경우, 모바일 장치에 저장된 데이터는 도난 대상이 된다. 이 모바일 앱의 보안 및 개인정보 보호에서 신뢰 수준을 높이는 소프트웨어 정책은 종종 애플리케이션의 용이성과 사용자 사이의 커뮤니케이션의 자발심을 감소시킨다[Rot02].

계산 및 스토리지의 제한 가정환경과 보안 서비스를 제어하기 위해 모바일 장치를 사용하는 것에 큰 관심이 모아지고 있다. 모바일 앱은 그 환경의 장치 및 서비스와 상호 작용하고 있는 경우, 정보의 엄청난 양을 가진 모바일 장치(소비되는 기억, 처리속도, 전력)를 압도하는 것은 쉽다[SPA11]. 개발자는 아마도 프로그래밍 단축키와 프로세서와 메모리 리소스에 대한 요청을 감소시키는 방법을 찾을 필요가 있을 것이다.

외부 서비스에 의존하는 프로그램 씬-모바일 클라이언트의 구축은 웹서비스 제공자와 클라우드 스토리지 시설에 의존하는 필요성을 제안하고 있다. 이것은 데이터 또는 서비스의 접근성과 보안을 모두에 대한 우려를 증대시킨다[Rot02].

복잡성 테스트 씬-클라이언트 모바일 앱은 특히 테스트에 도전하고 있다.[12] 웹앱(제25장)에서 발견된 많은 동일한 시험과제를 보여주지만, 그들은 인터넷 게이트웨이와 전화망을 통해 데이터 전송에 대해 추가적으로 우려를 한다[Was10]. 모바일 앱의 테스트는 제26장에서 설명할 것이다.

10 자동차 환경에서 사용되는 경우, 차량이 이동할 때, 스마트 장치는 드라이버를 분산하고 핸즈프리 조작을 가능하게 하는 서비스에 대한 접속을 제한할 수 있어야 한다[Bos11].

11 이러한 공격은 2개의 신뢰할 수 있는 소스와 통신을 차단하고 위장한 한쪽 또는 양쪽 관계자 간의 제삼자 위장통화를 포함한다.

12 장치에서 완전히 독립적으로 실행되는 모바일 앱은 기존의 소프트웨어 테스트 방법(제23장) 또는 PC에서 실행되는 에뮬레이터를 사용하여 테스트할 수 있다.

18.2 모바일 앱 개발

Andreu[And05]는 6개의 활동을 포함하는 모바일 앱 설계에 대한 나선형 엔지니어링 프로세스 모델을 설명한다.

KEY POINT
웹앱 개발은 민첩한 나선형 엔지니어링 프로세스 모델을 사용한다.

제제 첫 번째 증분의 크기와 범위를 결정하기 위해 식별된 모바일 앱의 건축 설계, 탐색 설계, 목표, 특징 및 기능을 포함하라. 개발자는 사용자의 요구의 숨겨진 측면을 밝혀내고 제안된 모바일 앱의 비즈니스 목표와 기능에 영향을 미칠 수 있는 인간, 사회, 문화 및 조직 활동을 의식해야 한다.

계획 총 사업비용과 위험이 결정된다. 자세한 일정이 설정된 다음 증분을 위한 프로세스가 문서화 된다.

분석 모든 모바일 사용자 요구사항이 지정되고 필요한 내용 항목이 확인된다. 작업은 컨텐츠 분석, 상호작용 분석, 기능 분석 및 구성 분석을 포함한다. 개발자가 씬이나 팻클라이언트 구축 여부를 확인하는 것이 이 단계이다. 사용자 목표(정보 또는 트랜잭션)의 성격을 확인하는 것이 개발해야 하는 모바일 앱 유형을 결정하는 데 도움이 될 것이다.

엔지니어링 건축 설계, 내비게이션 설계, 인터페이스 설계, 컨텐츠 설계, 컨텐츠 제작이 포함된다. 소프트웨어 엔지니어는 선택한 무선 네트워크 기술에 의해 부과된 주의사항과 모바일 앱을 구현하는 데 필요한 웹서비스의 성격을 포함한 표적 모바일 장치에 의한 제한사항을 점검해야 한다.

구현 및 검사 이런 활동 중 모바일 앱은 코드화되고 검사된다. 검사가 도전적이 되는 문제들은 다음과 같다. (1) 네트워크의 커버리지 문제에 대한 간섭과 라디오 방해로 인한 높은 손실률, (2) 비교적 낮은 대역폭에 의한 수시로 데이터 전송 지연, (3) 모바일 장치는 안전성이 낮고 비교적 쉽게 공격 받을 거라는 보안우려.

사용자 평가 모바일 앱은 다음 사용성과 접근성 그리고 다음 증가를 위해 시작되는 처방 과정에 대해 평가된다.

?
모바일 앱의 품질을 평가할 때 고려해야 할 것이 무엇인가?

Andreou[And05]는 보편성, 개인화, 유연성 및 지역화는 모든 모바일 앱을 위한 설계목표에서 우선 되어야 한다고 제안하고 있다. 모바일 사용자는 물리적 위치나 동시 사용자 수에 관계없이 실시간에 정보와 행동 트랜잭션을 송수신하는 능력을 갖길 기대하고 있다. 모바일 앱은 사용자의 취향에 따른 맞춤형 서비스와 애플리케이션을 제공해야 한다. 모바일 장치의 사용자는 쉽게 정보수신이나 거래 수행과 같은 활동에 개입할 수 있어야 한다. 모바일 사용자는 지역 정보와 서비스에 접속할 수 있어야 한다. 이것은 모바일 앱 사용자 경험을 디자인할 때의 중요성이나 내용 인식을 의미한다.

SafeHome

이 플랫폼 요구사항을 수립

장면: **회의실**, SafeHome의 웹앱 모바일 버전의 요구사항을 식별하기 위한 첫 번째 회의

등장인물: Jamie Lazar(소프트웨어 팀의 일원), Vinod Raman(소프트웨어 팀의 일원), Ed Robbins(소프트웨어 팀의 일원), Doug Miller(소프트웨어 엔

지니어링 매니저), 마케팅 직원), 제품 엔지니어링 담당 기획자

대화

기획자(화이트보드를 가리키며): 웹앱에 존재하는 홈 보안 기능에 대한 개체 및 서비스의 현재 목록입니다.

Vinod(중단): 제가 이해하기로는 사람들이 SafeHome 기능뿐만 아니라 모바일 장치에서 액세스 할 수 있기를 원하는 건데. 홈 보안 기능을 포함해서요?

마케팅 직원: 그렇지요. 우리는 사용자 경험을 개인화를 지원하기 위하여 콘텍스트 인식이 가능하도록 그 기능을 추가해야 합니다.

기획자: 어떤 의미에서 문맥 의식?

마케팅: 사람들은 대신 웹사이트의 제어판과 접속 회피 대신에 스마트폰을 하길 원할지 모릅니다. 아니면 온 가족들이 각자의 전화에서 시스템의 마스터 컨트롤 대시보드에 접속하길 바라지 않을 겁니다.

기획자: 염두에 둔 특정 모바일 장치를 가지고 있나?

마케팅: 글쎄, 모든 스마트폰이 괜찮지요. 웹 버전이 작동할 것이기에 모바일 앱이 그것들 모두에서 작동되야겠지요.

Jamie: 꼭 그렇다고 할 순 없죠. 모바일 브라우저 접근을 허용하면, 다수의 웹 애플리케이션을 재사용할 수 있을 거예요. 그러나 스마트 폰 화면 크기는 여러 가지이며 그들이 동일한 터치 기능을 가질 수도, 못 가질 수도 있다는 것을 기억해야죠. 따라서 적어도 우리는 장치 기능을 고려한 모바일 웹을 만들 필요가 있어요.

Ed: 아마도 먼저 웹사이트의 모바일 버전을 구축해야겠지.

마케팅: 그래. 그런데 모바일 웹 솔루션은 우리가 생각했던 것은 아니예요.

Vinod: 각 모바일 플랫폼도 각각의 고유한 개발환경을 가지고 있는 것 같아요.

생산 담당자: 모바일 앱 개발을 단지 하나 또는 두 종류의 스마트 폰으로 제한할 수 있을까?

마케팅: 그럴 거라고 생각되는데. 내가 알고 있는 한, 스마트폰 시장은 현재 두 개의 스마트폰 플랫폼에 의해 주도되고 있다.

Jamie: 보안도 생각해봐야 해요. 우리는 외부인이 시스템에 침입해서, 무장 해제하고 그리고 위치를 강탈하거나 또는 악화할 수 없도록 해야죠. 또한 전화가 노트북보다 쉽게 잃어버리거나 도난당할 수 있어요.

Doug: 맞는 말이야.

마케팅: 우리는 여전히 같은 수준의 보안을 필요로 해…. 또한 도난당한 휴대폰으로 들어오지 못하도록 해야 해.

Ed: 그건 간단치 않아….

기획자(중단): 미리 걱정하지 말자.

(Doug는 회의 기록자로 수고하면서 적절한 기록을 한다.)

기획자: 출발점으로 웹앱의 보안 기능 요소가 모바일 앱에 필요한지 그리고 새로이 생성되어야 할 것인지를 식별할 수 있어야 하는 거 아닌가? 그러고 나서, 우리는 얼마나 많은 모바일을 우리가 지원할 수 있는지 그리고 이 프로젝트를 더 진행해야 하는지를 결정할 수 있다.

(그룹은 홈 보안 기능에 대한 세부사항을 다듬고 확장하기 위해 20분을 보낸다.)

18.2.1 모바일 앱 품질

사실상, 제19장에서 설명한 거의 모든 품질의 치수나 요인은 모바일 앱에 적용된다. 하지만 Andreou[And05]는 모바일 앱에 대한 최종 사용자의 만족도는 6개의 중요한 품질 요인에 의해 결정된다고 말한다. 기능성, 신뢰성, 사용성, 효율성, 유지 보수성 및 이식성.

Info

모바일 앱-품질 체크리스트

다음의 체크리스트는 소프트웨어 기술자와 최종 사용자 모두가 전반적인 모바일 앱의 질을 평가할 수 있는 일련의 질문들이다.

- 내용 그리고/또는 기능 그리고/또는 탐색옵션은 사용자의 취향에 맞게 조정할 수 있는가?
- 내용 그리고/또는 기능은 사용자가 통화 시 대역에 맞게 사용자 정의가 가능한가? 애플리케이션

은 허용 가능한 방법으로 약하거나 손실된 신호를 설명하고 있는가?
- 내용 그리고/또는 기능 그리고/또는 탐색 옵션은 사용자의 취향에 따라 문맥을 인식할 수 있는가?
- 충분한 고려 대상장치(들)에 전원 가용성이 부여되고 있는가?
- 그래픽, 미디어(오디오, 비디오) 그리고 기타 웹 또는 클라우드 서비스가 제대로 사용되고 있는가? 전체 페이지 디자인을 읽기 쉽게 탐색되는가?
- 앱은 화면 크기의 차이를 고려하는가?
- 사용자 인터페이스는 대상 모바일 디바이스(들)에 맞춰진 디스플레이와 상호작용의 표준을 따르고 있는가?
- 앱은 사용자의 신뢰성, 보안 및 개인정보 보호의 기대에 부합하는가?
- 애플리케이션의 현 상태 보장을 위한 규정으로는 어떤 것들이 이루어지고 있는가?
- 모바일 앱은 모든 대상 사용자 환경과 모든 대상 장치에 대해 검사되고 있는가?

18.2.2 사용자 인터페이스 설계

모바일 장치 사용자는 모바일 앱을 익히는 데 최소한의 학습시간이 필요할 것으로 본다. 이를 실현하기 위해, 모바일 앱 설계자는 여러 플랫폼에 걸쳐 일관된 아이콘 표현과 배치를 사용한다. 또한 설계자는 모바일 장치의 화면에 개인정보가 표시되는 것에 대해 사용자의 개인정보 보호 기대에 민감하게 반응해야 한다. 터치와 동작 인터페이스는 정교한 음성 입력과 함께 급속하게 성숙하고 있으며[Shu12] 이미 사용자 인터페이스 설계자의 도구상자의 일부가 되고 있다.

KEY POINT

접근성은 중요한 설계상의 문제이며, 사용자 중심의 설계를 적용할 때 고려해야 한다.

모든 사람에게 접속을 제공하라는 법적 및 윤리적 압력은 모바일 장치의 인터페이스와 브랜드 차이, 문화적 차이, 컴퓨팅 경험 차이, 노인 사용자 및 장애를 가진 사용자(예: 시각, 청각, 이동성)를 고려할 필요가 있다는 것을 제안하고 있다. 열악한 유용성의 결과는 사용자가 자신의 작업을 완료할 수 없거나 또는 결과에 만족하지 않을 것을 의미할 수 있다. 이를 통해 각각의 유용성 영역(사용자 인터페이스, 외부 액세서리 인터페이스, 서비스 인터페이스)에서 각각의 사용자 중심의 디자인 활동의 중요성을 시사하고 있다. 이해 관계자의 유용성의 기대에 부응하기 위해 모바일 앱 개발자는 즉시 사용가능 여부의 기기의 준비상태를 평가하기 위해 이러한 질문에 대답할 수 있도록 노력해야 한다.

- 사용자 인터페이스는 애플리케이션 전체에서 일관적인가?
- 장치는 다양한 네트워크 서비스와 상호 운용 가능한가?
- 장치는 대상 시장 영역에서 이해 관계자의 가치의[13] 관점을 받아들이는가?

Quote

모바일 앱은 학습 가능하며 사용 가능한 인터페이스에 적당한 기능을 제공하기 위해 사용자의 요구를 충분히 이해하도록 설계자를 강요해야 한다.

Ben Schneiderman

Eisenstein[Eis01]은 사용자 인터페이스를 기술하는 추상적, 플랫폼 중립 모델의 사용은 크게 모바일 장치를 위한 일관된 가능한 다중 사용자 인터페이스의 개발을 용이하게 한다고 주장한다. 모델 기반 설계라는 불리는 이 방식은 3종류의 모델을 사용하고 있다. 플랫폼 모델은 지원되는 각 플랫폼의 한계를 기술한다. 프레젠테이션 모델은 사용자 인터페이스의 모양을 기술한다. 작업 모델은 사용자가 자신의 작업 목표를 달성하기 위해 수행할

13 접근성은 중요한 설계상의 문제이며, 사용자가 입력한 설계가 적용된 때 고려하여야 한다.

작업의 구조화된 표현이다.

최상의 경우, 모델기반 설계(제12장)는 모델이 들어 있는 데이터베이스의 작성을 포함하며 자동으로 여러 장치에 대한 사용자 인터페이스를 생성하는 도구를 지원하고 있다. 설계자는 모델 기반 설계 기법을 이용해서 모바일 컴퓨팅에 존재하는 독특한 내용과 내용의 변화를 인식하고 대응을 할 수 있다. 사용자 인터페이스의 추상적인 설명 없이는 모바일 사용자 인터페이스의 개발은 오류의 발생하기 쉽고 시간이 더 걸릴 수 있다.

Info

모바일 앱 사용자 인터페이스 설계 고려사항

성능에 영향을 미치는 설계 선택은 조기 UL 설계 과정에서 고려되어야 한다. Ivo Weevers[Wee11]는 모바일 앱을 설계하는 데 도움이 입증된 일부 모바일 사용자 인터페이스의 설계방법을 게시했다.

- **사용자 인터페이스 브랜드의 서명을 정의하라.** App과 경쟁자를 차별화하라. 사용자가 지속적으로 그들을 사용하기 때문에, 브랜드 중 가장 반응이 좋은 브랜드의 중심적인 서명 요소를 만들어라.
- **제품의 포트폴리오에 집중하라.** 앱과 회사의 성공에 가장 중요한 플랫폼을 목표로 하라. 모든 플랫폼의 사용자 수가 같지 않다.
- **코어 사용자 스토리를 식별하라.** 모바일 장치에서 사용 가능한 제한된 리소스를 사용하여 구현하기 위한 긴 목록의 요구사항을 주리고, 품질 기능 전개 등의 방법(제8장)을 이용하라.
- **UL 흐름과 요소를 최적화하라.** 사용자의 업무 흐름 내에서 잠재적인 병목현상을 식별하고 지연이 발생했을 때 사용자가 진행 상황 표시를 하는지 확인하라. 화면요소를 표시하는 시간은 사용자 이익 관점에서 정당화되어 있는지 확인하라.
- **규칙을 확장 정의하라.** 원하는 정보가 화면에 맞지 않을 정도로 클 때에 사용되는 옵션을 결정하라. 기능성, 아름다움, 용이성 그리고 성능을 관리하는 것은 지속적으로 이루어져야 한다.
- **성능 대시보드를 사용하라.** 제품의 현 완료상태(예를 들어, 구현된 사용 사례의 수), 목표 대상에 대한 상대적 성능, 그리고 아마도 경쟁사와 비교를 통신하는 데 사용된다.
- **UL의 엔지니어링 기술을 전용한 챔피언.** 레이아웃, 그래픽 및 애니메이션 구현은 성능에 영향을 미친다는 것을 이해하는 것이 중요하다. 표시항목과 프로그램 실행의 상호 배치하는 기술이 도움이 될 것이다.

18.2.3 상황인식 앱

상황은 모바일 장치의 위치, 장치에 의해 전달될 기능에 근거한 새로운 애플리케이션의 제작을 가능하게 한다. 상황은 또한 모바일 장치를 위한 맞춤형 PC의 애플리케이션을 도울 수 있다(예: 가정 의료 종사자가 환자의 집에 도착해서, 가지고 온 장비에 환자 정보를 다운로드함).

고도의 적응성 있는 상황의 인터페이스 사용이 장치의 제한(예: 화면크기 및 메모리)에 좋은 대처 방법이 된다. 상황 인식 사용자 상호작용의 개발을 촉진하기 위해 대응하는 소프트웨어 건축 지원이 필요하다.

상황 인식 애플리케이션의 초기 논의에서 Rodden[Rod98]는 모바일 컴퓨팅 장치는 위치, 시간, 인근의 다른 개체를 인식할 수 있도록 하는 기능을 제공함으로써 현실세계와 가상세계를 병합된다고 지적한다. 이러한 장치는 자율장치에 내장된 혹은 인간에 의해 운반되는 알람 센서같이 고정위치에 있을 수 있다. 이러한 장치는 개인, 그룹 또는 공중에 의해 사용되도록 설계할 수 있기 때문에, 관련하거나 사용자와 관련되나 허용된 상황의 속성을 포함해서 사용자의 존재 및 신원을 탐지할 수 있어야 한다(사용자가 다른 장치에 있다 해도).

?

설계를 통해 어떻게 상황 인식을 얻는가?

상황 인식을 얻기 위해 모바일 시스템은 다양한 이질적인 소스로부터의 불확실하고 빠르게 변화하는 데이터에 직면해서 신뢰성 높은 정보를 생성해야 한다. 사용 예는 모바일 앱 개발에 잘 작동할 수 있지만 개발할 때 내용 변수를 고려해야 한다. 노이즈, 오보정, 마모 그리고 날씨에 따른 문제들로 인해 여러 센서로부터 데이터를 손질하여 관련 내용 정보를 추출하는 것은 도전적인 일이다. 이벤트 기반의 통신은 내용 인식 애플리케이션의 높은 추상적 수준의 데이터의 연속 스트림 관리에 적합하다[Kor03].

유비쿼터스 컴퓨팅 환경에서는 다수의 사용자는 매우 다른 장비를 갖고 일한다. 모바일 작업 관행의 요구로 장치의 구성은 자주 변경할 수 있도록 유연해야 한다. 다른 종류의 상호작용(예: 제스처, 음성 및 펜)을 지원하고 쉽게 공유될 수 있는 추출기에 저장할 수 있는 것이 소프트웨어 인프라에는 중요하다.

사용자가 동시에 동일한 제품에 여러 장치를 가지고 작업을 할 수도 있다(예를 들어, 문서 이미지를 편집하는 터치스크린 장치와 사용 문서의 텍스트를 편집하는 개인 키보드의 이용). 항상 네트워크에 연결되지 않고 다양한 장비 제약을 가진 모바일 장치를 통합하는 것은 도전적인 일이다[Tan01]. 다양한 구조를 가지는 통합되지 않은 모바일 장치를 통합하는 데 도전하고 있다. 네트워크화 된, 멀티플레이어 게임은 각 장비에 게임 상태를 저장하고 실시간으로 다른 게임 플레이어 장치 사이에 변경 정보를 공유함으로써 이러한 문제를 해결해야만 했다.

18.2.4 교훈

이 장의 앞부분에서는 모바일 앱과 기존의 소프트웨어 사이에 다수의 중요한 차이를 지적했다. 이러한 차이의 결과로, 소프트웨어 엔지니어는 모바일 애플리케이션을 분석, 설계, 구축 그리고 검사하기 위해 기존의 기술을 변경 그리고 확장해야 한다. de Sá and Carrico [Des08]는 다수의 교훈을 제안한다.

ADVICE

사용례는 모바일 앱 개발에 잘 작동할 수 있지만 그들을 개발할 때 내용 변수를 고려해야 한다.

모바일 앱에 대한 사용 시나리오(제15장)는 내용 변수(위치, 사용자 그리고 장치)와 상황에 맞는 시나리오 사이의 전환(예를 들어, 사용자가 부엌에서 침실로 이동하거나 스타일러스에서 손가락으로 전환함)을 고려해야만 한다. de Sá and Carrico는 일련의 시나리오—사용자 시나리오를 개발할 때 고려해야 할 변수 종류—위치 그리고 설정 세트, 움직임과 자세, 장비와 용도, 작업량과 주의 산만, 사용자 취향을 식별했다

민족학적 관찰[14]은 설계된 대로 소프트웨어 제품의 대표적인 사용자에 대한 정보를 수집하기 위해 널리 사용되는 방법이다. 내용을 변경하게 되면, 사용자를 관찰하는 것이 곤란한 경우가 많다. 왜냐하면 관찰자는 장기간 개인정보 보호문제를 제기할 수 있는 것들에

14 민족적인 관측은 자신의 업무환경에서 사용자를 관찰함으로써 사용자 작업의 성격을 결정하는 수단이다.

대해 사용자를 따라야 하기 때문이다.[15] 복잡한 요인은 때때로 사용자는 사회적인 설정보다는 개인설정에서 작업을 완료해야 하는 것이다. 변화에 대한 사용자의 반응을 기록하고 전이를 관찰하는 동안, 동일한 사용자는 여러 문맥에서 작업 실행을 관찰할 필요가 있을 것이다.

모바일 앱에 대한 초기 사용자 인터페이스의 프로토타입은 스케치 또는 포스트는 중요한 상호작용 메커니즘을 모방하기 위해 색인카드 그리고/또는 포스트-잇 노트의 조합을 사용하여 종이에 만들 수 있다. 핵심은 모든 상호작용 메커니즘의 검사, 모든 사용 문맥의 평가, 모든 사용자 상호작용 메커니즘의 지정이 허용되어야 한다는 것이다. 또한, 상호작용 위젯과 화면 전체의 배치 및 위치의 사용도 모방할 수 있다. 타깃 모바일 장비가 작동되기 전에 이러한 초기 거친 종이 프로토타입은 오류 폭로, 모순 그리고 누락을 도울 수 있다. 나중에 프로토타입은 레이아웃과 배치 문제가 해결된 후 타깃 모바일 장치에서 작동하도록 만들 수 있다.

Info

모바일 앱 설계 실수

Joh Koester[Koe12]는 피해야 할 모바일 앱 설계의 몇 가지 예를 제시한다.

- **주방싱크.** 앱에 너무 많은 기능의 추가와 화면에 너무 많은 위젯의 추가를 피하라. 단순함이 이해하기 쉽다. 단순함이 시장성이다.
- **모순.** 이를 해결하기 위해 페이지 탐색, 메뉴사용, 버튼, 탭 그리고 기타 사용자-인터페이스 요소에 대한 기준을 설정하라. 균일한 외관과 느낌을 고수하라.
- **과도한 설계.** 모바일 앱을 설계할 때 냉정하라. 불필요한 요소와 낭비적인 그래픽을 삭제하라. 당신이 해야 한다고 생각하기 때문에 구성추가에 유혹당하지 마라.
- **속도 부족.** 사용자가 할 수 있는 것을 탑재하라. 필요로 하지 않는 것을 배제하라.
- **표현.** 불필요하게 길고, 장황한 메뉴와 화면 표시는 사용자의 작업을 이해하기 위해 충분한 시간을 할애하지 않은 사용자와 개발자가 모바일 앱을 검사하지 않았다는 징후이다.
- **비표준 상호작용.** 플랫폼을 표적으로 하는 이유는 그 플랫폼에서 실행된 방법을 경험한 사용자를 활용하는 것이다. 기준이 있는 곳을 사용하라. 이것은 가능하면 여러 장치에서 동일한 방식으로 애플리케이션이 표시되고 작동되는 요구와 균형을 맞출 필요가 있기 때문이다.
- **도움말과 자주 묻는말(FAQ).** 온라인 도움말은 추가가 부실하게 설계된 사용자 인터페이스를 복구하는 방법이 될 수 없다. 당신의 대상 사용자와 애플리케이션을 검사하고 확인된 결함의 수리를 확실히 하라.

18.3 모바일 앱 설계- 최상의 관례

모바일 앱[16]의 개발과 애플의 iOS[17]와 구글의 안드로이드[18] 같은 특정 플랫폼용 애플리케

15 직접관찰이 불가능한 경우 익명의 설문지에 기입하도록 사용자에게 충분히 요구해야 한다.

16 **http://www.w3.org/TIVmwabp/**

17 **https://developer.apple.com/library/iOS/navigationl**

18 **http://developer.android.com/guide/components/index.html**

이션의 개발에 대한 몇 가지 지침이 있다. Schumacher[Sch09]는 많은 유용한 아이디어를 수집하였고 웹페이지[19]로서 모바일 애플리케이션의 설계에 여러 가지 특별하게 맞는 것을 게재하였다. 휴대전화의 터치스크린 애플리케이션의 설계 시 Schumacher가 제시하고 있는 중요한 고려 사항은 다음과 같다.

? 휴대전화 터치스크린 애플리케이션을 설계할 때 고려해야할 것은 무엇인가?

- **당신의 관중을 식별하라.** 애플리케이션은 사용자의 기대와 배경을 염두에 두고 작성되어야 한다. 경험이 풍부한 사용자는 신속하게 일을 하길 원한다. 경험이 적은 사용자는, 앱을 처음 사용할 때 자세하고 친절한 방법을 고마워할 것이다.
- **사용의 문맥를 위한 디자인.** 모바일 앱을 사용하는 동안 사용자는 실제 세계와 상호작용하는 방법을 고려하는 것이 중요하다. 비행기 안에서 영화를 보는 것은 당신이 사무실을 떠나기 전에 날씨를 확인하는 것보다 다른 사용자 인터페이스를 요구한다.
- **단순함과 게으름 사이의 미묘한 차이가 있다.** 모바일 장치에 대한 직관적인 사용자 인터페이스를 만드는 것이 더 큰 장치에서 실행되는 애플리케이션용 사용자 인터페이스에서 발견된, 단순하게 기능을 삭제하는 것보다 훨씬 어렵다. 사용자 인터페이스는 사용자가 다음 결정을 할 수 있도록 모든 정보를 제공해야 한다.
- **장점으로서 플랫폼을 사용하라.** 터치스크린 탐색은 직관적이지 않으며 반드시 모든 새로운 사용자에 의해 학습되어야 한다. 만약 사용자 인터페이스 설계자가 플랫폼을 위해 설정되는 표준을 준수한다면, 이러한 학습 작업은 쉬워질 것이다.
- **스크롤 막대와 선택을 더 뚜렷하게 강조하라.** 스크롤바는 너무 작기 때문에 종종 터치 장치에 발견하기가 어렵다. 메뉴 또는 아이콘 테두리의 폭은 사용자가 색 변화를 인식할 수 있을 만큼 충분해야 한다. 컬러 코딩을 사용할 때, 어떠한 색맹 사용자도 인식할 수 있을 만큼 전경색과 배경색 간의 충분한 차이가 있어야 한다.
- **고급기능의 발견 가능성을 증가시켜라.** 주요 단축키와 기타 단축키는 때때로 경험이 많은 사용자가 좀더 신속하게 작업을 완료할 수 있도록 모바일 앱에 포함되어 있다. 사용자 인터페이스의 시각적 디자인의 단서를 포함해서 이와 같은 기능의 발견 가능성을 높일 수 있다.
- **명확하고 일관성 있는 레이블을 사용하라.** 위젯의 라벨은 특정 플랫폼에서 사용되는 규격에 관계없이 모든 앱의 사용자에게 인식되어야 한다. 신중하게 약어를 사용하고 가급적이면 피하라.
- **좋은 아이콘은 절대로 사용자의 이해를 희생해서 개발될 수 없다.** 아이콘은 때때로 그들의 설계자에게 그냥 이해가 되어야 한다. 사용자는 즉시 그 의미를 배울 수 있어야 한다. 아이콘이 모든 언어와 사용자 그룹에게 의미 있다는 것을 보증하기는 힘들다. 인식을 높이기 위한 좋은 전략은 새로운 아이콘 아래에 텍스트 레이블을 추가하는 것이다.

19 http://www.usercentric.com/news/2011/06/15/best-practices-designing-mobile-touch-screen- applications

- **개인화를 위한 사용자의 기대를 지원하라.** 모바일 장치 사용자는 모든 것을 자기에 맞출 수 있기를 기대한다. 적어도 개발자는 사용자가 자신의 위치를 설정할 수 있게(또는 자동으로 감지) 하고 그 위치에서 사용 가능한 내용 옵션의 선택을 할 수 있도록 해야 한다. 어떤 기능이 개인화가 가능하며 어떻게 사용자가 개인화할 수 있는지를 사용자에게 보여주는 것이 중요하다.
- **긴 스크롤 양식이 모바일 장치에서 다중화면에 우선한다.** 경험이 풍부한 모바일 장치 사용자는 스크롤이 필요한 경우라 해도 하나의 입력 화면에 모든 정보를 원하다. 초보 사용자는 종종 빨리 경험이 많게 되며 여러 입력 화면에 싫증을 내게 된다.

여러 장치 플랫폼용 고유 애플리케이션을 개발하려면 비용과 시간이 걸릴 수 있다. 개발 비용은 모바일 장치에서 웹 브라우저 사용을 허용하는 모바일 앱을 제작하는 웹 개발자(예를 들어, JavaScript 및 CSS, HTML)에게 잘 알려진 기술을 이용하여 줄일 수 있다. 오픈 webOS[20]는 이런 종류의 개발을 가능하게 하는 장치에 의존하지 않는 플랫폼이다.

18.4 이동성 환경

사이드 바에는 일반적인 플랫폼을 위한 모바일 앱을 개발하는 데 사용할 수 있는 몇 가지 도구에 대한 포인터가 포함되어 있다. 이것은 각각 장단점을 갖고 있다.[21] 일부 서비스 기술은 단일 제조장치(예를 들어, iOS와 Objective C)에 제한되어 있다. 일부 플랫폼은 여러 제조업체(예를 들어, Android나 Java 또는 Windows8과 C#)에만 허가되어 있다. 또한 일부는 개방형 소스이며 많은 장치(예를 들어, webOS와 Enyo)에서 작동하도록 설계되었다. 각 플랫폼은 마케팅과 유통에 대한 자신의 규칙을 갖고 있으며 각각은 게임과 같은 특정 애플리케이션 기술을 지원하는 정도가 다양하다.

플랫폼(또는 플랫폼들) 선택할 때 모바일 개발자는 신중하게 생각해야 한다. 때때로 선택한 플랫폼(들)은 고객의 비즈니스 목표에 의해 결정된다. 다른 상황에서 플랫폼 선택을 할 때 그들이 지원하는 장치의 기능 또는 존재하는 하드웨어의 제한을 고려한다. Yuan[Yua02]은 여러 가지 **모바일 대화식 개발환경(MIDEs)**을 평가하기 위해 다음과 같은 기준을 사용한다.

?

어떻게 모바일 환경과 플랫폼을 선택하나?

- **일반적인 생산성 기능.** MIDE에는 편집, 프로젝트 관리, 오류 수정, 건축 설계, 문서화 그리고 단위 검사를 지원하는 도구가 포함되어 있어야 한다.
- **협력업체 SDK 통합.** 각 네트워크나 클라우드 서비스는 특정 API나 SDK의 사용을 필요로 할 가능성이 있다. 오히려 여러 가지보다 하나의 IDE에서 작업을 계속하는 것이 쉽다.

20 WebOS에 대한 정보는 **https://developer.palm.com**에서 찾을 수 있다.

21 추가논의는 **http://www.cs.colorado.edu/kenalclasses/5828/slO/presentations/software_engineering_mobile.pdf**에서 찾을 수 있다.

Info

모바일 앱 개발도구

모바일 앱 개발도구 대중적 장비에 대한 모바일 앱을 개발하는 대부분의 도구는 월드 와이드 웹(WWW)에서 무료로 다운로드 할 수 있다.[22]

https://developer.apple.com/resources–Apple의 iOS 개발센터에는 iPod, iPad 및 iPhone용 앱을 개발하는 도구가 포함되어 있다.

http://developer.android.com/index.html–이 사이트에서는 Eclipse의 프로그래밍 환경을 사용하여 Android 의 개발을 가능하게 하는 플러그인을 제공하고 있다.

https://developer.blackberry.com/java/download/eclipse/–이 사이트에서는 Eclipse의 프로그래밍 환경을 사용하여 BlackBerry 개발을 가능하게 하는 플러그인을 제공하고 있다.

http://eclipse.org/–Eclipse 프로그래밍 환경을 위한 다운로드 사이트

http://create.msdn.com/en-US/–Windows Phone 앱과 Xbox 게임을 개발하는 Microsoft 도구

http://www.developer.nokia.com/Develop/Java/Tools/Series_40_platform_SDKs/–여러 Java 기반의 Nokia 개발도구를 위한 다운로드 사이트

https://developer.palm.com/content/resources/–HP의 웹 OS 개발환경을 위한 다운로드 사이트

http://enyojs.com/–Enyo의 크로스 플랫폼 개발환경을 위한 다운로드 사이트

http://www.scirra.com/construct2–Construct2 크로스 플랫폼 게임 개발환경을 위한 다운로드 사이트

- **편집 이후 도구.** 효과적인 MIDE에는 완성 앱의 소스 코드가 특정 모바일 장치 또는 서비스를 위해 최적화되게 하는 도구가 포함되어 있다.
- **오버 더 에어의 배포 지원.** 좋은 MIDE은 개발환경에서 배포된 애플리케이션 검색을 허용해야 한다. 모바일 앱이나 웹서비스 또는 기타 애플리케이션에 접속해야 하는 경우 힘들 수 있다
- **엔드-투-엔드(end-to-end) 모바일 애플리케이션 개발.** 모바일 기기는 종종 국소적으로 대량의 정보를 처리하고 하거나 저장하기에 충분히 강력하지 못하다. 개발자가 데스크톱 MIDE를 사용하여 전체 모바일 프로젝트를 작성, 검사 그리고 전개할 수 있게 하는 것이 중요하다.
- **설명서 및 자습서.** 무료 개발도구일지라도 쉽게 배울 수 있고 쉽게 사용할 수 있어야 한다. 적절한 지원 재료를 갖는 것이 필수적이다.
- **그래픽 사용자 인터페이스 제조자.** 만약 MIDE가 사용자 화면의 시각적인 구축을 지원한다면, 프로토타입은 신속하게 구축되고 검사될 수 있다.

우리는 이미 지적했듯이, 여러 플랫폼에서 쉴 새 없이 작동하는 모바일 앱을 설계하고 구현하는 것이 어렵다. 모바일 게임개발(10억 달러 규모의 산업)의 애플리케이션에서는 특히 두드러진다. 가장 인기 있는 게임은 여러 모바일 장치용으로 동시에 개발되고 있다. 이러한 종류의 개발 조각화는 비용을 끌어올리고, 개발도구와 API의 더 나은 표준화의 필요성을 강조하고 있다. Galavas[GA11]는 사용할 모바일 개발 플랫폼을 고려할 때 이동성, 기

22 여기에 주목된 도구는 승인보다는 오히려 이 범주에 도구 샘플링을 보여준다. 대부분의 경우 도구 이름은 각각의 개발자에 의해 상표등록 된다.

능성, 개발속도와 성능이 중요한 선택기준이라는 것을 지적한다.

모바일 컴퓨팅 미들웨어는 분산 시스템의 구성요소의 통신과 조정을 용이하게 하기 위해 사용될 수 있다. 이것은 모바일 애플리케이션 개발자가 일부 모바일 환경의 복잡성의 세부사항을 숨기는 추상화에 의존하게 한다. 모바일 앱 개발에 유용한 미들웨어에 대해 모바일 고객과 모바일 서비스 공급자 모두 비동기 간헐적인 연결을 가능하게 해야 한다. 모바일 고객에서 실행되는 미들웨어 구성요소는 모바일 장치에서 중요한 계산 자원을 소모해서는 안 된다. 미들웨어는 또한 모바일 애플리케이션이 사용자[Mas02]가 요구한 문맥 인식의 수준을 얻을 수 있도록 해야 한다.

Info

모바일 앱 미들웨어

다음의 미들웨어 제품은 모바일 앱용으로 특별히 개발된 것들이다.

http://www.infrae.com/products/mobi–모바일 미들웨어는 모바일 데이터를 사용 가능하게 한 웹 서버와 애플리케이션 간의 상호 작용을 하는 일련의 라이브러리와 WSGI 부품이다.

http://smartsoftmobile.com/–SmartSoft 모바일 솔루션은 모바일 장치 플랫폼용 클라우드 기반 및 엔터프라이즈(예: SAP) 솔루션을 제공한다.

http://www.sybase.com/–모바일 기업 애플리케이션 플랫폼(MEAP)은 모바일과 기업 애플리케이션 개발용 도구 및 클라이언트 서버 미들웨어를 제공한다. **http://scn.sap.com/community/mobile** 또한 보라.

http://code.google.com/p/skeenzone/–SkeenZone은 분산 모바일 앱의 개발을 가능하게 하는 가볍고 확장성 있는 자바 미들웨어이다.

http://modolabs.com/platform–Kurogo 전원의 내용이 풍부한 여러 측면의 모바일 사이트와 iPhone 및 Android 앱으로 설계된 오픈소스 플랫폼이다.

18.5 클라우드

서비스 컴퓨팅[23] 및 클라우드 컴퓨팅[24]은 대규모 분산 애플리케이션이 신속하게 개발되게 한다[Yau11]. 이러한 컴퓨팅 패러다임은 많은 다른 장치(PC, 스마트폰 및 태블릿)의 애플리케이션을 더 쉽게 그리고 좀더 경제적으로 만들게 한다. 두 패러다임은, 동시에 일부 모바일 장치의 리소스 제한의 영향을 감소하는 반면에, 서비스 제공자에게 자원 아웃소싱를 허용하고 정보 기술 관리의 정보를 전송한다. 서비스 지향 건축, 건축 양식(예: RES)[25]의

23 서비스 컴퓨팅은 건축설계에 초점을 맞추며 서비스 발견과 구성을 통해 애플리케이션의 개발을 가능하게 한다.

24 클라우드 컴퓨팅은 유연하고 확장 가능한 자원의 가상화 및 부하 분산을 통하여 사용자에게 서비스를 효과적으로 전달하는 데 초점을 맞추고 있다.

25 표현 상태 전송은 리소스 표현(예: 웹페이지)이 새로운 상태에서 클라이언트를 배포하고 네트워크화 웹 건축 양식을 설명한다. 클라이언트는 각 리소스의 표현으로 상태 변경 또는 전송한다.

Quote

서비스 지향 소프트웨어공학은 모두 서비스 와 클라우드 컴퓨팅 패러다임의 최고 기능과 통합해야 한다.

Stephan Yau

Quote

사용자의 기업이 타사 서비스 공급자에 크게 의존하고 있기 때문에, 서비스의 안정성에 대한 위협은 서비스의 결과로, 클라우드 사용자 비즈니스에 어떤 영향을 미치는지에 대한 심각한 우려가 있을 수 있다.

Stephan Yau

표준 프로토콜(예: XML[26], SOAP[27]) 및 플랫폼 개발(예: WSDU[28])에 필요한 인터페이스를 제공한다. 클라우드 컴퓨팅은 구성 가능한 컴퓨팅 자원의 공유 풀에 편리한 온 디맨드 네트워크 접근을 허용한다(서버, 스토리지, 애플리케이션, 서비스).

서비스 컴퓨팅은 모바일 앱 개발자가 모바일 장치에서 실행중인 클라이언트에 대한 서비스 의 소스 코드의 통합 필요 요구를 해결하도록 한다. 대신 서비스 제공자의 서버 중 실행되고 느슨하게 메시징 프로토콜을 통해 그것을 사용하는 애플리케이션에 결합되어 있다. 서비스는 일반적으로 추상 블랙박스처럼 취급되는 것을 허용하는 API(응용프로그래밍 인터페이스)를 제공한다.

클라우드 컴퓨팅은, 필요에 따라 네트워크의 시간과 경계를 넘어, 클라이언트(사용자 또는 프로그램 중 하나)의 컴퓨팅 기능에 대한 요구를 허용한다. 클라우드 건축은 3개의 층을 가지고 있는데, 각각은 서비스로 부를 수 있다. **서비스 소프트웨어 레이어**는 타사 서비스 공급자에 의해 주최되는 소프트웨어 구성요소 및 애플리케이션으로 구성된다. **서비스 플랫폼 레이어**는 지리적으로 분산된 팀 구성원에 의해 설계, 구현 및 테스트를 지원하기 위한 공동 개발 플랫폼을 제공한다. **기반시설서비스**는 가상 컴퓨팅 자원(저장, 처리능력, 네트워크 연결)을 클라우드에 제공한다.

모바일장치는 언제 어디서든 클라우드 서비스에 액세스할 수 있다. 개인정보 도용 및 서비스 하이재킹의 위험은 사용자를 보호하기 위해 엄격한 보안공학 기법을 채용하는 모바일 서비스와 클라우드 컴퓨팅 공급자를 필요로 한다. 클라우드 컴퓨팅과 관련된 보안 및 개인정보 문제는 제27장에서 설명하고 있다. 벤더 중립적인 클라우드 서비스를 사용하여 쉽게 크로스 플랫폼 애플리케이션을 만들 수 있다[Rat121].

Taivalsaari[Tai121]는 클라우드 저장을 이용하는 것은 모든 모바일 장치 또는 소프트웨어의 기능을 전 세계 수백만의 장치에 쉽게 업데이트할 수 있게 한다고 지적하고 있다. 실제로는 모든 애플리케이션이 클라우드에서 다운로드 되도록 전체 모바일 사용자 환경을 가상화할 수 있다.

18.6 전통적 소프트웨어공학의 응용 가능성

데스크톱 프로그램 또는 웹앱은 모바일 앱으로서 쉽게 구현에 적용할 수 있다는 보장은 없다. 하지만 데스크톱 컴퓨터 애플리케이션을 만드는 데 사용되는 민첩한 소프트웨어 엔지니어링 실천(제5장)의 대부분은 독립 실행형 모바일 앱 또는 모바일 클라이언트 소프트웨어를 만드는 데 사용할 수 있다. 그리고 고품질의 웹앱을 만드는 데, 사용되는 실행의 대부분은 모바일 앱 사용하는 웹서비스를 만드는 데 적용된다.

26 HTML 데이터를 나타내도록 설계되어 있는 반면에 확장 가능한 마크업 언어 XML은 데이터를 저장 및 수송하도록 설계되어 있다.

27 단순 개체 액세스 프로토콜은 컴퓨터 네트워크의 웹서비스 실시 때 구조화된 정보를 교환하기 위한 프로토콜 사양이다.

28 웹서비스 기술 언어는 그들에 액세스하는 방법을 설명하는 XML 기반 언어이다.

제재 중에서 일련의 목표와 사용자 스토리는 많은 애자일 프로세스 모델에서 사용되는 다음의 사례를 조합한다. 이들은 필요한 사용자 경험을 정의하여 만족되어야 할 이해관계자 요구와 모바일 앱의 의해 고려되어야 할 콘텍스트 변수를 결정한다. 콘텍스트 및 위치 인식의 역할은 데스크톱 또는 웹 애플리케이션을 위한 목표를 설정할 때 고려할 필요는 없다.

계획 활동 중 여러 장치와 플랫폼 개발의 어려움은 반드시 프로젝트의 예산과 일정을 고려해야 하며 그래서 자원은 모든 이해 관계자의 우려를 만족하기 위해 필요한 자원은 적절하게 할당된다. 의미의 사용성 테스트와 적절한 필드 테스트를 실시할 어려움이 모바일 앱 개발 비용에 추가된다. 만약 보안사고 및 개인정보 침해가 발생했을 경우, 위험 분석은 손실의 영향을 고려해야 한다. 요구사항의 보안 검토 계획도(제27장) 바람직할 것이다.

모바일 앱 개발에서 제품화까지의 시간이 매우 중요하다. 또한, 새로운 기술요소와 변화하는 사용자의 요구는 종종 개발이 진행됨에 따라 도입된다. 앞서 언급한 바와 같이, 반복적인 민첩한 프로세스 모델(제4장과 5장)은 개발자가 개발하는 제품의 시제품의 평가에 따른 요구에 조정을 할 수 있는 기회를 제공한다.

제품 엔지니어링 동안 컨텐츠의 분석과 디자인은 웹앱이(제17장) 내장되어 있을 때 적용 작업과 비슷하다. 모바일 앱 포함된 컨텐츠가 선택된 대상 장치와 플랫폼의 제한대상을 점검해야 한다.

모바일 앱 설계는 급속하게 확장된 설정 건축 패턴(제13장)과 모바일 앱[Mes08]을 지향하는 컴포넌트 기반설계(제14장) 지향을 사용하여 신속하게 할 수 있다. 사용한 합성 전략 컴포넌트 기반 및 기존 서비스가 모바일 앱에 포함되어 있을 때, 객체지향 설계가 적용된다. 서비스의 질을 손상시키지 않고 재사용하는 것이 모바일 앱 개발의 핵심목표이다 [Zha05].

사용자 인터페이스 건축이 모바일 앱을 위한 브랜딩의 목표를 지원하기 위해 웹페이지의 그래픽과 미적 디자인(제17장)에서 배운 교훈에서 크게 실행된다. 편의성 및 접근성을 중시한 사용자 중심의 디자인은 모바일 앱(제15장)을 위해 질 높은 사용자 인터페이스를 만드는 것이 중요하다.

종종 가장 중요한 건축 설계 결정은 씬 또는 팻클라이언트를 구축할지 여부이다. 모바일 앱에서 모델-뷰-컨트롤러(MVC) 아키텍처(제17장)는 일반적이다. 왜냐하면 모바일 앱이 탐색에 지대한 영향을 미치기 때문에, 이 설계 작업 도중 내려진 결정은 탐색 설계 시에 실시된 작업에 영향을 미칠 것이다. 건축 설계는 반드시 계정(저장 프로세서 속도와 네트워크 연결) 하려면 장치 자원을 고려해야 한다. 설계는 검색 가능한 서비스와 가동 장치를 위한 조항을 포함해야 한다.

사용성 테스트 및 배포 테스트는 각 프로토타입의 개발 주기 동안 수행된다. 보안문제에 초점을 맞추고 코드 검토를 수행 활동의 일부로 포함되어야 한다. 이러한 코드 리뷰 시스템의 설계 활동에 명시된 적절한 보안 목적과 우려에 따라 해야 한다. 보안 테스트는 시스템 테스트(제22장)의 일상적인 부분이다.

18.7 요약

기능성, 신뢰성, 사용의 용이성, 효율성, 보안, 관리 용이성, 확장성, 이동성의 관점에서 모바일 앱의 품질은 건축에 도입된다. 좋은 모바일 앱은 다음과 같은 설계 목표에 따라 해야 한다. 단순성, 보편성, 개인화, 유연성 및 지역화.

인터페이스 설계는 사용자 인터페이스의 구조와 구성 및 화면 레이아웃 보기, 상호작용 모드의 정의 및 탐색 메커니즘에 대한 설명을 포함한다. 또한 뛰어난 모바일 앱을 위한 인터페이스는 브랜드의 서명을 추진하며, 그 대상 장치 플랫폼에 초점을 맞춘다. 핵심 사용자 스토리 집합은 자원 요구사항을 관리하기 위해 애플리케이션에서 불필요한 기능을 트리밍하는 데 사용된다. 콘텍스트 인식 장치는 사용자 경험을 개인화하기 위하여 쓰이는 검색 가능한 서비스를 이용한다.

컨텐츠 설계가 매우 중요하며 화면이나 모바일 장치의 다른 제한을 고려한다. 또한 그래픽 설계이라는 심미적인 설계는 모바일 앱의 "모양과 느낌"을 묘사하고 색상을 포함한다. 그래픽 레이아웃, 그래픽의 사용, 그리고 관련된 미적 판단. 미적 설계는 반드시 장치의 제한을 고려해야 한다. 건축 설계는 모바일 앱에 대한 전반적인 하이퍼미디어 구조를 확인하고 컨텐츠 건축과 모바일 앱 건축을 모두 포함한다. 그것이 얼마나 많은 모바일 앱 기능이 모바일 장치에 있는지 또한 웹 또는 클라우드 서비스에 의해 얼마나 많이 제공되는지를 결정하는 데 중요하다.

탐색 설계는 컨텐츠 개체간과 모든 모바일 앱 기능에 대한 탐색의 흐름을 나타낸다. 탐색 구문이 되는 목표 모바일 디바이스(들)에서 사용할 수 있는 위젯에 의해 정의되며 의미론은 종종 모바일 플랫폼에 의해 결정된다. 컨텐츠 청크는 반드시 빠른 성능에 대한 사용자 요구와 간헐적인 서비스 중단을 고려해야 한다.

구성 요소 설계는 완전한 모바일 앱 기능을 구축하는 데 사용되는 구성요소를 구현하는 일에 필요한 상세한 처리 논리를 개발한다. 제14장에 언급된 설계 기술은 모바일 앱 성분의 엔지니어링에 적용 가능해야 할 것이다.

문제와 생각할 점

18.1 왜 여러 장치에 대해 모바일 앱을 개발하는 결정이 비용이 들 수 있는 설계 결정이라는 것을 설명하라. 잘못된 플랫폼을 지원하는 위험을 줄일 수 있는 방법이 있는가?

18.2 이 장에서는 모바일 앱에 대한 많은 품질 특성을 나열했다. 가장 중요하다고 생각하는 것 3개를 선택하고 각자 왜 모바일 앱의 설계 작업에서 강조되어야 하는 이유를 설명할 수 있어야 한다.

18.3 18.2절에서 제시한 모바일 앱 설계-품질 점검표에 적어도 5개의 질문을 추가하라.

18.4 당신은 생산성 소프트웨어를 구축하는 기업인 **프로젝트 기획회사**의 모바일 앱 설계자이다. 당신은 태블릿 사용자가 사용자 정의 탭 아래서 여러 종류의 전자문서를 정리하고 분류할 수 있는 상응하는 디지털 3-링 바인더를 구현하고자 한다. 예를 들어, 부엌 개조 프로젝트

는 PDF 카탈로그 JPG 또는 DFX 배치도, MS워드의 제안 및 고급 가구 탭 아래에 포함된 Excel 스프레드시트가 필요할 수 있다. 일단 정의되면, 바인더와 그 탭 컨텐츠는 태블릿 또는 일부 클라우드 저장소에 저장할 수 있다. 애플리케이션은 5개의 주요 기능을 제공해야 한다. 바인더와 탭의 정의, Web상의 위치에서 디지털 문서 획득, 장비 바인더 관리, 페이지 표시 기능, 어떤 페이지에도 첨가되는 포스트-잇 노트에 대한 메모 기능. 종이 프로토타입으로서 3-링 애플리케이션과 구축에 대한 인터페이스 디자인을 개발하라.

18.5 지금까지 사용했던 가장 예술적으로 아름다운 모바일 앱은 무엇이며 이유는 무엇인가?

18.6 문제 18.4에서 설명한 3개의 링 애플리케이션에 대한 사용자 스토리를 만들어라.

18.7 3-링 애플리케이션이 콘텍스트 인식 모바일 앱이 되게 하려면 무엇을 고려해야 하는가?

18.8 문제 18.4에서 언급한 ProjectPlanning 3-링 애플리케이션을 재고하면서, 첫 번째 프로토타입의 개발 플랫폼을 선택하라. 선택 이유에 대해 토론하라.

18.9 문제 18.4에서 설명한 3-링 애플리케이션이 설계되었을 때, 발생할 수 있는 인터페이스 객체에 대한 설계 표현을 개발하기 위해 UML을 사용하라.

18.10 MVC 아키텍처에 대한 추가 연구를 더하고 문제 18.4에서 설명한 3개의 링을 위한 적절한 모바일 앱 건축으로 가능한지 여부를 결정하라.

18.11 SafeHome 모바일 앱에 추가하는 것이 바람직할 3개의 콘텍스트 인식 기능을 설명하라.

18.12 모바일 앱을 지원하도록 설계된 미들웨어 제품을 식별하기 위해 일부 인터넷 연구를 실시한다. 미들웨어 기능과 그것을 지원하는 플랫폼(들)을 설명하라.

추가 읽을거리와 정보 소스

Kumar and Xie(*Handbook of Mobile Systems Applications and Services*, AuerbachPublications, 2012)는 모바일 서비스 및 모바일 컴퓨팅의 서비스 지향 건축의 역할을 다룬 책을 편집했다. Adelstein (*Fundamentals of Mobile and Pervasive Computing*, McGraw-Hill, 2004), Hansmann(*Pervasive Computing: The Mobile World*, 2nd ed., Springer, 2003 reprinted 2013)에 의한 퍼베이시브 컴퓨팅에 대한 책들은 모바일 컴퓨팅에서 컨텍스트의 원칙을 정의했다. 그리고 Kuniavsky(*Smart Things: Ubiquitous Computing User Experience Design*, Morgan Kaufman, 2010) and Polstad (*Ubiquitous Computing: Smart Devices, Environments and Interactions*, Wiley, 2009)의 책들은 스마트 장치, 스마트 환경 및 스마트 상호 작용 간에 상호 작용의 관점에서 문맥 인식 컴퓨팅에 대해 설명했다. Neil(*Mobile Design Pattern Gallery*, O' Reilly, 2012)은 6개의 모바일 플랫폼에서의 예제로 의해 설명된 모바일 디자인 패턴에 대해 작성했다.

많은 인터페이스 설계 관련 책들이 출판되었다. 좋은 일반적인 참조로 슈마허 Schumacher (*Handbook of Global User Research*, Morgan-Kaufmann, 2009)에 의해 편집된 책이 있다. Hoober(*Designing Mobile Interfaces*, O' Reilly, 2011)의 책은 페이지 구성, 정보 표시, 센서 사용을 위한 장치에 의존하지 않는 최상의 방법을 설명했다. Nielsen(*Mobile Usability*, New

Riders, 2012)의 책은 모바일 장치의 화면 크기를 고려한 사용 가능한 인터페이스의 설계 방법에 대한 조언을 제공하고 있다. Colborne(*Simple and Usable Web, Mobile, and Interaction Design*, New Riders, 2010)의 책에서는 사용자의 작업을 단순화 하는 과정을 설명하고 있다. Ginsburg(*Designing the iPhone User Experience: A User-Centered Approach to Sketching and Prototyping iPhone Apps*, Addison-Wesley, 2010)의 책에서는 고품질의 사용자 경험을 설계하는 사용자 중심의 접근 방식을 채택함으로써 경쟁에서 당신의 애플리케이션을 차별화의 중요성에 대해 설명하고 있다.

Microsoft 애플리케이션 아키텍처 가이드(Microsoft Press, 2009)에는 모바일 애플리케이션의 설계 및 건축에 대한 유용한 정보가 포함되어 있다. Lee (*Mobile Applications: Architecture, Design, and Development*, Prentice Hall, 2004)의 책에는 태블릿 장치를 위한 아키텍처 설계가 설명되어 있다. Esposito(*Architecting Mobile Solutions for the Enterprise*, Microsoft Press, 2012)의 책에는 효과적인 모바일 웹 사이트를 구축하여 크로스 플랫폼 애플리케이션 개발 과정을 설명하고 있다. Garbinato (*Middleware for Network Eccentric and Mobile Applications*, Springer, 2009)가 편집한 책에는 모바일 미들웨어가 논의되어 있다.

특정 플랫폼에 초점을 맞춘 모바일 앱 프로그래밍에 대한 책도 다수 있다. Firtman (*Programming the Mobile Web*, O' Reilly, 2010). Mednieke(*Programming Android*, O' Reilly, 2011) 또는 Lee(*Test Driven iOS Development*, Addison-Wesley, 2012)의 책들이 그 대표적인 예이다.

다양한 형태의 모바일 앱 설계에 대한 정보를 인터넷에서 찾을 수 있다. 월드 와이드 웹 참조의 최신 목록은 SEPA 웹 사이트 www.mhhe.com/pressman의 "소프트웨어 엔지니어링 리소스"에서 찾을 수 있다.

PART

3

품질 관리

제3부 소프트웨어공학: 치료사의 접근에서는 소프트웨어 품질을 관리하고 통제하기 위해 적용되는 원칙, 개념 및 기술에 대해 배울 것이다. 이에 대한 질문들은 다음 장에 수반된다.

- 고품질 소프트웨어의 일반적인 특징은 무엇인가?
- 어떻게 품질을 평가하고 어떻게 효과적인 평가를 실시할 수 있나?
- 소프트웨어 품질 보증은 무엇인가 ?
- 소프트웨어 검사에 적용 가능한 전략은 무엇인가?
- 어떤 방법 효과적인 검사 예를 설계하는 데 어떤 방법을 사용하나?
- 소프트웨어가 올바른지 확인하기 위한 실제적인 방법이 있는가?
- 항상 소프트웨어로 발생하는 변경통제가 구축되어 있는가?
- 요구 사항 및 설계 모델, 소스 코드, 검사 예의 질을 평가하는 데 어떤 대책 및 메트릭을 사용할 수 있는가?

이러한 질문에 대답할 수 있다면, 높은 품질의 소프트웨어의 생성을 확신하는 좋은 준비가 될 것이다.

19

CHAPTER

품질 개념

주요 개념

품질 비용
상당히 좋음
책임
관리행위
품질
품질 딜레마
품질 규모
품질요소
정량적 관점
위험
보안

소프트웨어가 우리의 삶의 모든 측면에 점점 융화될수록, 개선된 소프트웨어 품질을 위한 드럼 비트가 본격적으로 시작되었다. 1990년대까지 대기업은 매년 수십억 달러가 약속된 기능과 기능을 제공하지 않는 소프트웨어에 낭비되고 있다는 것을 인식했다. 설상가상으로 정부와 산업계 모두 주요 소프트웨어 오류로 인해 수백억 이상의 비용이 드는 중요한 인프라가 마비될 수도 있다는 우려가 점점 증가하고 있다. 금세기에 들어서면서 차례에 따라 CIO 매거진은 미국 기업들이 해야 할 것을 하지 못하는 소프트웨어로 수십억 불을 낭비하는 사실을 한탄하면서 "일 년에 78억 달러를 낭비하지 말자"라는 톱기사를 내세웠다[Lev01]. InformationWeek[Ric01]도 같은 우려를 되풀이했다.

> 시장 조사 회사인 Standish Group에 따르면, 선의에도 불구하고, 결함이 있는 코드는 컴퓨터 시스템의 다운 타임이 45%나 차지하고 미국의 기업이 생산성 손실 및 수리에 약 1,000억 달러 비용을 사용하며 소프트웨어 산업의 도깨비로 남아있다고 한다. 여기에 성난 고객을 잃은 비용은 포함되어 있지 않다. IT 부서는 패키지화된 인프라 소프트웨어에 의존하는 애플리케이션을 작성하고 있기 때문에 잘못된 코드는 당연히 사용자 정의 애플리케이션에 큰 손상을 초래할 수 있다. …

나쁜 소프트웨어가 정말 얼마나 나쁜가? 정의는 차이가 있지만, 전문가는 프로그램이 잘못 작동하게 하는 코드의 1,000라인당 단지 3~4개의 결함을 가지고 있다고 말한다. 대부분의 프로

QUICK LOOK

이것은 무엇인가? 대답은 당신의 생각만큼 쉽지 않다. 당신이 그것을 이해할 때 품질을 알 수 있지만, 하지만 아직 그것이 정의 내리기가 쉽지 않을 수 있다. 하지만 컴퓨터 소프트웨어에 대한 품질은 우리가 정의를 내려야 할 것이고, 그것을 이 장에서 다룰 것이다.

누가 수행하는가? 모든 사람 – 소프트웨어 엔지니어, 매니저, 모든 이해 관계자 – 이 품질을 담당하고 소프트웨어 프로세스와 관련이 있다.

왜 중요한가? 당신이 그것을 잘 처리할 수도 있고 또는 계속해서 잘할 수 있어야 한다. 만약 소프트웨어 팀이 모든 소프트웨어 엔지니어링 활동 중에서 품질을 중시한다면, 해야 할 재가공 일의 양을 감소시킨다. 이것이 비용을 절감시킬 것이고 시장에 더 중요한 것은 저비용으로 제품화 시간 개선을 초래한다.

어떤 단계가 있는가? 고품질의 소프트웨어를 얻기 위해 4개의 활동이 일어나야 한다. 검증된 소프트웨어 엔지니어링 프로세스와 실천, 확실한 프로젝트 관리, 종합적인 품질 관리, 품질 보증 인프라의 존재.

작업 산출물은 무엇인가? 고객의 요구를 충족하는 소프트웨어는 정확하고 확실하게 실행하고 그것을 사용하는 모든 사람에게 가치를 제공한다.

작업이 옳게 수행되었다는 것을 어떻게 확인하는가? 모든 품질 관리 활동의 성과를 검토함으로써 트랙의 품질 그리고 현장에 출시된 결함과 납품 전에 오류를 검사함으로써 품질 측정.

그래머의 경우 작성한 코드의 각 10라인당 약 한 개의 오류가 발생한다. 많은 상용 제품의 수백 만 줄의 코드에 그것을 적용하고, 그러고 나서 검토되는 동안 소프트웨어 벤더는 오류의 수정에 사용되는 개발 예산의 적어도 절반의 비용을 생각해야 한다. 이해가 되는가?

2005년, Computerworld[Hil05] 잡지는 컴퓨터의 다운 타임, 분실 또는 손상된 데이터, 잃어버린 판매 기회, 높은 IT 지원 및 유지 보수비용 그리고 낮은 소비자 만족일 동안, 노동 시간의 손실을 초래하는, 나쁜 소프트웨어가 컴퓨터를 사용하고 있는 거의 모든 조직을 괴롭히고 있다고 개탄하였다. 일 년 후, InfoWorld[Fos06] 잡지는 품질 문제가 조금이라도 더 개선이 안 되었다고 보고한 "소프트웨어 품질의 유감 상태"에 대해 썼다. 소프트웨어 품질 강조가 증가했듯이, 10만 화이트칼라 전문가[Rog12]의 조사 결과에는 소프트웨어 품질 기술자가 "미국에서 가장 행복한 노동자"로 나타났다.

오늘날, 소프트웨어 품질은 문제로 남아 있지만 누가 책임지나? 부주의한 실행은 낮은 품질의 소프트웨어로 이어진다는 것을 주장함으로써 고객들은 개발자를 비난한다. 개발자는 완전히 검증되기도 전에 소프트웨어를 제공하도록 강요하는 무리한 납기와 변경의 지속적인 흐름을 주장하면서, 고객들(및 기타 이해 관계자)을 비난한다. 누가 옳은가? 모두가 문제다. 이 장에서는, 개념으로 소프트웨어의 품질을 고려하여 소프트웨어 엔지니어링 실행이 적용될 때마다 그것이 심각하게 고려할 가치가 있는지 검토할 것이다.

19.1 품질은 무엇인가?

Robert Persig[Per74]는 그의 신비한 책, **오토바이 유지 보수의 선과 예술**에서 **품질**이라 불리는 것에 대한 언급을 했다.

> 품질… 그것이 무엇인지 알고 있지만, 무엇인지 모른다. 이것은 자기모순이다. 그러나 몇 가지는 다른 것들 보다 우수하다. 즉, 그것들은 더 나은 품질을 가지고 있다. 무엇이 품질인가를 말하려 할 때, 그것을 가지고 있는 것과 떨어져 있기 때문에 그 모든 것은 갑작스럽게 없어진다. 이것에 대해 얘기할 것은 아무것도 없다. 품질이 무엇인지 말할 수 없다면, 그것이 무엇인지 어떻게 알 수 있나? 또는 아직도 존재하고 있는 것을 어떻게 알 수 있는가? 그것이 무엇인지 누구도 모른다면, 그때는 그것은 모든 실제적인 목적을 위해 전혀 존재하지 않는다. 그러나 정말 모든 실제적인 목적을 위해 존재한다. 등급의 근거는 무엇인가? 왜 다른 사람들은 어떤 것을 위해 자금을 투자하고 쓰레기 더미에 다른 것을 버리는 이유는 무엇인가? 분명히 몇 가지는 다른 것보다 우수하다, 하지만, 뛰어난 것이 무엇인가? 그래서 정신적인 바퀴들을 회전시키면서도 견인을 얻기 위한 곳을 찾을 곳이 없이, 당신은 빙빙 돈다. 도대체 품질이 무엇인가? 그것이 무엇인가?
>
> 확실히 무엇인가?

좀 더 실용적인 과점에서, 하버드 비즈니스 스쿨의 David Garvin[Gar84]은 견해의 5가지 다른 관점에서 "여러 관점에서 볼 때 품질은 복잡하고 다면적인 개념을 가지고 있다."라고 제안한다. **초월적 견해**로는(Persig같이) 품질이란 것은 당신이 즉시 인식할 수 있는

?

품질을 볼 수 있는 다양한 방법은 무엇인가?

> **Quote**
> 사람들은 당신이 얼마나 빨리 일을 처리하는가는 잊어버린다–하지만 당신이 얼마나 잘 했는가를 항상 기억한다.
>
> Howard Newton

것이지만, 명백하게 정의할 수 없는 것이라 주장한다. 사용자의 견해는 최종 사용자 구체적인 목표의 관점에서 품질을 보고 있다. 제품이 이러한 목표들을 충족한다면, 그것은 품질을 보여준다. 제조자의 견해는 제품의 원래 사양 관점에서의 품질을 정의하고 있다. 만약 제품이 사양에 부합한다면, 품질을 보여준다고 할 수 있다.

제품의 관점에서 품질은 제품의 고유한 특성(예를 들어, 기능과 특징)과 관련될 수 있다고 제안한다. 마지막으로, 가치 기반의 관점에서 고객이 제품을 사기 위해 얼마나 지불할 의사가 있는지에 따라 품질을 측정한다. 실제로, 품질은 이 모든 관점을 받아들인다. 설계의 품질로 설계자는 제품에 지정화한 특성을 말한다. 재료 공차 및 성능 사양의 등급은 모든 디자인의 품질에 공헌한다. 더 높은 등급의 재료가 사용되고, 성능의 엄격한 내성과 높은 수준이 지정될 때, 만약 제품이 사양에 따라 제조된다면, 생성물의 설계 품질은 증가할 것이다.

소프트웨어 개발에서 설계의 품질은 설계가 요청 모델에서 지정된 기능과 기능의 충족 정도를 포함한다. 적합한 품질은 구현 설계에 따른 실행과 초래된 시스템이 그 요구 사항 및 성능 목표를 충족하는 정도에 초점을 맞추고 있다.

그러나 소프트웨어 엔지니어가 고려해야 하는 문제가 단지 설계의 품질과 적합의 품질인가? Robert Glass[Gla98]는 더 "직관적인" 관계가 순서라고 주장하고 있다:

사용자 만족 = 대응 상품+ 좋은 품질 + 예산과 계획 내 납품

결론적으로 Glass는 품질이 중요하지만, 만약 사용자가 만족하지 않는다면, 더 이상 아무것도 아니라고 주장한다. DeMarco[DeM98]는 "제품의 품질은 그것이 얼마나 더 나은 세상으로 변화시키는가의 함수가 된다고 주장"함으로써 이런 관점을 강화한다. 품질에 대한 이러한 관점은 소프트웨어 제품이 최종 사용자에게 실질적인 혜택을 제공하는 경우, 비정기적 신뢰성 또는 성능 문제를 용납할 의사가 있음을 주장한다.

19.2 소프트웨어 품질

> **?** 어떻게 소프트웨어의 품질을 최고로 정의할 수 있는가?

가장 지칠 대로 지친 소프트웨어 개발자조차도 고품질의 소프트웨어가 중요한 목표임에 동의할 것이다. 하지만 소프트웨어의 품질을 어떻게 정의하고 있는가? 가장 일반적인 의미에서 소프트웨어 품질은 다음과 같이 정의될 수 있다. 그것을 생산하는 사람과 그것을 사용하는 사람을 위한 측정 가능한 가치를 제공하는 유용한 제품을 만드는 효과적인 방법으로 적용된 소프트웨어 프로세스이다.[1] 위의 정의가 변경되거나 확장되어 끝없이 논의될 수 있는 작은 질문이 있다. 이 책의 목적을 위하여, 다음의 정의는 세 가지 중요한 포인트를 강조하는 데 도움이 된다.

1. 효과적인 소프트웨어 프로세스는 고품질 소프트웨어는 어떤 노력을 지원하고 있

1 이 정의는 [Bes04]에서 채택되었고, 이 책의 이전 버전에서 보여준 제조 중심의 관점을 대체했다.

는 인프라를 구축한다. 프로세스의 관리 측면에서 프로젝트 혼란은—낮은 품질을 얻는 중요한 기여를 회피하기 위한 검토와 균형이 만들어진다. 소프트웨어 엔지니어링 관행은 개발자가 모두 고품질의 소프트웨어에 구축에 중요한—문제를 분석하고, 확고한 해결책을 설계하도록 한다. 마지막으로 변경 관리 및 기술 검토 같은 우산 활동은 소프트웨어 엔지니어링 실행의 다른 부분과 같은 품질로 할 만큼 중요하다.

2. 유용한 제품은 최종 사용자가 원하는 콘텐츠, 기능 그리고 특징을 제공하지만, 똑같이 중요하게 신뢰할 수 있고, 틀림없는 방법으로 이러한 자산들을 제공한다. 유용한 제품은 항상 분명하게 이해 관계자가 언급한 그 요구 사항들을 충족한다.또한, 모든 고품질의 소프트웨어의 예상되는 일련의 암시적 요구 사항(예를 들어, 사용 용이성)들을 만족한다.

3. 소프트웨어 제품의 제조자와 사용자 모두에 가치를 둠으로써, 고품질 소프트웨어는 소프트웨어 부문과 최종 사용자 커뮤니티를 위한 혜택을 제공한다. 고품질의 소프트웨어가 적어진 유지 보수 노력, 적은 버그 수정 및 감소된 고객 지원을 필요로 하기 때문에, 소프트웨어 조직은 추가된 가치를 얻게 된다. 이것은 소프트웨어 엔지니어가 소프트웨어 엔지니어 재작업에 더 적은 수의 새로운 애플리케이션을 만드는 데 많은 시간을 보내게 한다. 애플리케이션이 다수의 비즈니스 프로세스를 가속화하는 방법에 편리한 기능을 제공하기 때문에 사용자 커뮤니티는 추가된 가치를 얻게 된다. 애플리케이션이 비즈니스 프로세스를 지원할 경우 최종 결과로 (1) 소프트웨어 제품 매출 증가, (2) 우수한 수익성, (3) 사업에 매우 중요한 정보 가용성의 개선을 얻게 된다.

> **Quote**
> 품질의 척도가 되라. 일부 사람들은 탁월함이 예상되는 환경에 익숙하지 않다.
> Steve Jobs

19.2.1 Garvin의 품질 치수

David Garvin[Gar87]은 품질은 적합성 평가에서 시작해서 탁월한 (미적) 관점으로 종료하는 다차원 관점을 취하는 것이 고려되어야 된다고 제안한다. Garvin의 품질에 대한 8개의 치수는 소프트웨어를 위해 특별히 개발된 건 아니지만, 소프트웨어의 품질을 고려할 때 적용될 수 있다.

> **ADVICE**
> 애플리케이션에 적용되는 각각의 Garvin의 품질 치수의 시각적 표현을 제공하는 레이더 다이어그램을 사용할 수 있다.

성능 품질 소프트웨어는 최종 사용자에게 가치를 제공하는 방법으로 요구 모형의 일부로 지정된 모든 콘텐츠, 기능 및 기능을 제공하는가?

기능의 품질 소프트웨어는 처음 최종 사용자를 놀라게 하고 기쁘게 할 기능을 제공하는가?

신뢰성 소프트웨어는 실패 없이 모든 기능과 능력을 제공하는가? 필요할 때 이용 가능한가? 오류가 없는 기능을 제공하는가?

적합성 소프트웨어는 애플리케이션에 대한 로컬 및 외부 소프트웨어의 표준을 따르는가? 사실상 설계와 코딩 규칙을 따르는가? 예를 들어, 사용자 인터페이스는 메뉴 선택 또는 데이터 입력을 위해 수용된 설계 규칙을 따르는가?

내구성 소프트웨어는 유지(변경) 또는 의도하지 않은 부작용의 발생 부주의 없이 수정(디버깅)될 수 있는가? 변경은 오류율이나 시간과 함께 저하된 신뢰성을 초래하는가?

보수 소프트웨어는 허용 가능한 단시간 내에 유지(변경) 또는 수정(디버깅)할 수 있는가? 지원부서 결함을 변화하거나 수정하는 데 필요한 모든 정보를 얻을 수 있는가? Douglas Adams[Ada93]는 다음과 같이 적절해 보이는 냉소적인 언급을 했다: 잘못될 수 있는 것과 도저히 잘못될 수 없는 것 간의 차이는 아마도 잘못될 수 없는 것이 잘못될 때, 일반적으로 취득하거나 복구하는 것은 불가능하다는 것으로 판명된다.

미학 각 사람마다 미에 대한 다른 그리고 매우 주관적인 비전을 가지고 있다는 것은 의심할 여지가 없다. 그리고 아직도 우리 대부분은 미적 실체는 정량화하는 것은 어렵지만, 그럼에도 불구하고 명백한 특정 우아함, 독특한 흐름 및 분명한 "존재감" 가지고 있는 것에 동의할 것이다. 미적 소프트웨어는 이러한 특성이 있다.

지각 일부 상황에서는 당신은 품질의 인식에 영향을 미칠 일련의 편견을 갖고 있다. 예를 들면, 당신에게 과거에 낮은 품질을 생산하고 있는 업체가 구축된 소프트웨어 제품을 소개한다면, 당신의 경계가 올라가고 현 소프트웨어 제품 품질에 대한 인식이 부정적이 될 수 있다. 비슷하게, 공급 업체는 뛰어난 평가를 받고 있다면, 존재하지 않는 경우라도 품질을 인식할 수 있다. Garvin의 품질 치수는 소프트웨어 품질의 "소프트"한 모양을 제공한다.

대부분의(전부는 아니지만) 이러한 치수는 주관적으로 생각할 수 있다. 이러한 이유 때문에, 두 개의 큰 그룹으로 분류될 수 있는 일련의 "하드" 품질 계수가 필요하다. (1) 직접적으로 측정되는 인자(예를 들어, 테스트 중 발견한 결함)과 (2) 간접적으로만 측정되는 인자(예를 들어, 사용성 및 유지 보수) 각각의 경우 측정은 반드시 일어난다. 당신은 몇 가지 기준과 소프트웨어를 비교하고 품질 표시에 도달해야 한다.

19.2.2 McCall의 품질 계수

McCall, Richards, 그리고 Walters[McC77]는 소프트웨어 품질에 영향을 미치는 요인 유용한 분류를 제안했다. 그림 19.1에 보여지는 소프트웨어 품질 계수는 3개의 중요한 소프트웨어 제품의 측면에 초점을 맞춘다: 동작 특성, 변화대처 능력 그리고 새로운 환경에 대한 적응력. 그림 19.1에 나와 있는 요인을 언급하면서, McCall과 그의 동료들은 다음과 같이 설명한다.

정확도 프로그램이 고객의 요구 사항을 충족하여 그 미션 목표를 완수할 수 있는 정도

신뢰성 프로그램이 필요한 정밀도로 의도된 기능을 수행을 기대할 수 있는 범위 [더 완전한 정의에 대한 신뢰성가 제안되었다는 것을 유의하라(제21장 참조).]

효율성 그 기능을 수행을 하기 위한 프로그램에 필요한 컴퓨팅 리소스 및 코드의 양

일관성 권한 없는 사람에 의해 조절되는 소프트웨어나 데이터에 액세스 할 수 있는 정도

사용 용이성 배우고, 작동하고, 입력 준비하고, 프로그램의 출력을 해석하는 데 필요한 노력

유지 보수 가능성 프로그램에서 오류를 찾아 수정하는 데 필요한 노력 [이것은 매우 제한된 정

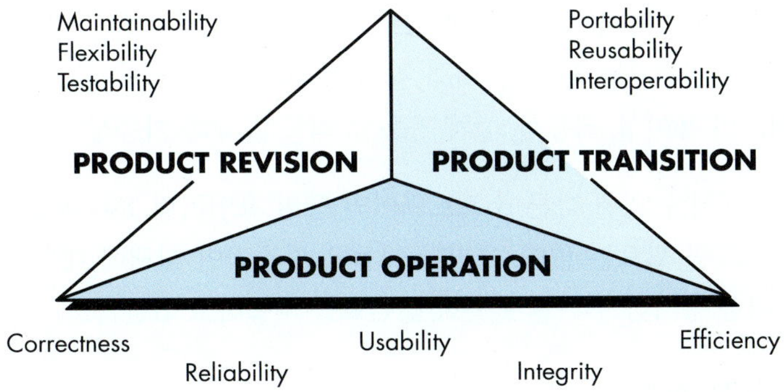

그림 19.1

McCall의 소프트웨어 품질 요소

의이다.]

유연성 동작 프로그램을 변경하는 데 필요한 노력

테스트 용이성 의도된 기능을 수행하는 것을 보장하는 프로그램을 테스트하는 데 필요한 작업

휴대성 다른 하드웨어 그리고/또는 소프트웨어 시스템 환경에서 프로그램을 전송하는 데 필요한 노력

재사용 가능성 프로그램[또는 프로그램의 일부]이 수행하는 기능의 패키지 및 범위와 관련된 다른 애플리케이션에서 재사용될 수 있는 범위

상호 운용성 한 시스템을 다른 시스템과 결합하는 데 요구되는 노력

Quote

저 품질의 쓰라림은 일정 충족의 달콤함이 잊혀진 훨씬 뒤까지 남는다.

Karl Weigers(간접인용)

또한 이러한 품질 요소의 직접적인 척도[2]를 개발하는 것은 어렵고, 경우에 따라서는 불가능하다. 사실상, McCall과 동료들에 의해 정의된 대부분의 메트릭은 간접적으로 측정될 수 있다. 그러나 이러한 요소를 사용하여 애플리케이션의 품질의 평가는 소프트웨어의 품질의 확고한 표시를 제공한다.

19.2.3 ISO 9126 품질 계수

ISO 9126 표준은 컴퓨터 소프트웨어에 대한 주요 품질 특성을 식별하기 위한 시도에서 개발되었다. 이 표준에서는 6개의 주요 품질 특성을 식별한다.

기능성 다음 하위 속성에서 보는 바와 같이 사용 가능한 소프트웨어 충족 필요성을 언급하는 정도: 적합성, 정확성, 상호 운용성, 준수 및 보안

신뢰성 다음 하위 속성에서 보는 바와 같이 같은 사용 가능한 소프트웨어 시간 양: 성숙도, 내결함성, 회수 가능성

사용 용이성 다음 하위 속성에서 보는 바와 같이 소프트웨어의 쉽게 사용 정도: 이해도, 학습 가능성, 조작성

효율성 다음 하위 특성에서 보는 바와 같이 시스템 자원의 최적 이용이 가능한 소프트웨어로 되는 정도: 시간 행위, 자원 행위

ADVICE

여기에 지적된 양적 척도에 대한 양적 척도의 개발이 매력적이지만, 요인이 있는지 확실한 지표를 제공하는 속성의 간단한 체크리스트를 만들 수 있다.

2 직접적인 척도는 검사된 특성의 직접적인 지표를 제공하는 단일 가산치가 있다는 것을 보여주고 있다. 예를 들어, 프로그램의 "크기"는 코드 라인 수의 계산으로 직접 측정될 수 있다.

유지 보수 가능 다음 하위 속성에서 보는 바와 같이 소프트웨어로 만들어지는 수리 용이성: 분석 가능성, 가변성, 안정성, 테스트 용이성

휴대성 다음 하위 속성에서 보는 바와 같이 한 환경에서 다른 것으로 대체될 수 있는 소프트웨어로의 용이성, 적응성, 설치 가능성, 적합성, 교환 가능성

이전 하위 절에서 논의된 다른 소프트웨어의 품질 요인처럼, ISO 9126의 요소는 직접적인 측정으로 유도될 필요는 없다. 그러나 그들은 간접적인 대책에 대한 가치 있는 기반과 시스템의 품질을 평가하기 위한 훌륭한 점검표를 제공하고 있는가?

19.2.4 대상 품질 계수

> **Quote**
> 행위자가 제대로 또는 더 잘 하는 것에 관심을 둘 때, 어떤 활동도 창조적이 된다.
> John Updike

19.2.1절과 19.2.2절에 나타난 품질의 치수 및 인자는 전체적으로 소프트웨어에 집중하며 애플리케이션 품질의 일반적인 지표로 사용될 수 있다. 소프트웨어 팀은 각각의 요인이 충족된 정도를 조사하는 일련의 품질 특성 관련된 질문을 개발할 수 있다.[3] 예를 들어, McCall은 중요한 품질 요소로서 사용의 용이성을 식별한다. 만일 사용자 인터페이스를 검토하고 그 유용성을 평가하도록 요구 받았을 때, 어떻게 진행하겠는가? McCall에 의해 제안된 하위 속성—이해도, 학습성과 작동성—을 가지고 시작할 수 있다. 그러나 실용적인 의미에서 이것들이 무엇을 의미하는가?

당신의 평가를 실시하기 위해, 인터페이스의 측정 가능한(또는 적어도 인식할 수 있는) 특성을 극복해야 한다. 예를 들어[Bro03]

직관력 초보자조차도 중요한 훈련 없이 사용할 수 있도록 예상된 사용 패턴을 따르는 인터페이스의 정도

- 이해 촉진에 이바지하는 인터페이스가 퇴출되는가?
- 인터페이스의 조작이 쉽게 찾을 수 있고 시작되는가?
- 인터페이스가 인식할 수 있는 은유를 사용하고 있는가?
- 키 입력과 마우스 클릭이 최소화되도록 입력이 명확하게 기술되었는가?
- 인터페이스가 3개의 황금 규칙을 따르고 있는가? (제15장)
- 미학이 이해와 용도를 지원하고 있는가?

효율성 작업과 정보가 찾을 수 있거나 시작될 수 있는 정도

- 인터페이스 레이아웃과 스타일이 사용자가 효율적으로 조작하고 정보를 검색할 수 있게 하는가?
- 일련의 작업(또는 데이터 입력) 힘들이지 않고 경제적으로 수행될 수 있는가?
- 바로 이해되도록 출력 데이터 또는 콘텐츠가 제시되어 있는가?
- 계층적 작업은 사용자가 무언가를 달성하기 위하여 탐색해야 하는 깊이를 최소화하는 방식으로 구성되어 있는가?

3 이러한 특성과 질문은 소프트웨어 검토의 일부로 취급 될 것이다(제20장).

견고성 소프트웨어가 잘못된 입력 데이터나 부적당한 사용자 상호 작용을 처리하는 정도

- 데이터 값이 나와 있는지 단순히 외부 입력의 경계가 정해져 있는 경우 소프트웨어가 오류를 인식하고 있는가? 더 중요한 것은 소프트웨어가 고장이나 훼손 없이 계속 작동할 것인가?
- 인터페이스는 보편적 인식 또는 조작적인 실수를 인식하고 명백하게 다시 올바른 궤도로 사용자를 안내하는가?
- 오류 상태(소프트웨어의 기능과 관련된)가 발견된 경우, 인터페이스는 효율적인 진단과 지도를 제공하고 있는가?

풍부함 인터페이스가 다양한 기능을 제공하는 정도

- 인터페이스는 사용자의 특정한 요구에 맞게 사용자 정의를 할 수 있는가?
- 인터페이스는 단일 작업 또는 명령으로 일반적인 일련의 동작을 확인하기 위하여 사용자를 허용하는 매크로 기능을 제공하는가?

인터페이스 설계가 개발될 때, 소프트웨어 팀은 설계 프로토 타입을 확인하고 지적된 질문을 물어볼 것이다. 이러한 질문의 대부분에 대한 답이 긍정적이라면, 사용자 인터페이스는 높은 품질을 나타낼 수 있다. 이들과 유사한 질문 집합이 평가된 각 품질 계수를 위해 개발될 것이다

19.2.5 정량적 관점으로 전환

이전 하위 절에서, 소프트웨어 품질의 "측정"을 위한 일련의 질적 요소 집합을 제시하고 있다. 소프트웨어 엔지니어링 커뮤니티는 소프트웨어의 품질에 대한 정확한 척도를 개발하기 위해 노력하고 때로는 활동의 주관적인 성격에 의해 좌절되고 있다. Cavano와 McCal [Cav78]은 이런 상황에 대해 설명한다.

> 품질의 결정은 일상의 이벤트에서 중요한 요소가 된다—와인 시음 대회, 스포츠 이벤트[즉, 체조], 탤런트 대회 등등. 이러한 상황에서, 품질이 가장 기본적이고 직접적인 방법에서 평가된다. 나란히 동일한 조건에서의 미리 결정된 개념과의 개체의 비교. 와인은 명확성, 색상, 향기, 맛 등에 따라 판단될 수 있다. 그러나 이런 유형의 판단은 매우 주관적이다. 전문가에 의해 전적으로 가치가 만들어진다. 주관과 전문성은 소프트웨어의 품질을 결정하는 데 적용된다. 이 문제를 해결하기 위해, 객관적인 분석을 위한 소프트웨어 품질의 정량적인 측정을 도출하는 방법만큼 소프트웨어의 품질의 좀더 정확한 정의가 당연히 필요하다.
>
> 절대 지식과 같은 것은 존재하지 않기 때문에, 정확하게 소프트웨어의 품질을 측정하기 위해 기대하지 말아야 한다. 왜냐하면 모든 측정은 부분적으로 불완전하기 때문이다. Jacob Bronkowski은 이러한 지식을 역설적으로 설명했다. "해마다 우리는 더 섬세하게 자연을 관찰할 수 있는 보다 정확한 악기를 고안한다. 그리고 우리는 그들이 여전히 모호한 것을 보고 당황하게 되며, 우리는 그들이 지금까지처럼 불확실 하다고 느낀다."

ADVICE

품질 딜레마에 직면하고 있을 때(모두가 그것에 직면하고 있는 것이 비일비재하다), 프로젝트를 포함시키지 않으면서 허용 가능한 품질을 생산하는 충분한 노력-균형을 달성하라.

제30장에서는 일련의 소프트웨어 품질의 정량적 평가에 적용될 수 있는 일련의 소프트웨어 메트릭 집합을 제시할 것이다. 모든 경우에, 인식은 간접적인 척도를 나타낸다. 즉, 우리는 진짜로 품질을 측정하는 것보다 품질의 몇 가지 증상을 측정한다. 복잡한 요인은 측정 변수 및 소프트웨어 품질 간의 정확한 관계이다.

19.3 소프트웨어 품질 딜레마

웹에 게재된 인터뷰[Ven03]에서, Bertrand Meyer는 내가 품질 딜레마라고 부르고 있는 것에 대해서 설명한다.

ADVICE

여기에 지적한 품질 요소의 양적 척도를 개발하기는 매력적이지만, 요인이 존재하는지 확실한 지표를 제공하는 속성의 간단한 체크리스트를 만들 수 있다.

> 끔찍한 품질을 가지고 있는 소프트웨어 시스템을 만드는 경우, 아무도 그것을 구입하려는 사람이 없기 때문에 당신은 실패할 거다. 반면에 절대적으로 완벽한 소프트웨어 작품을 구축하기 위해 무한의 시간, 매우 큰 노력 그리고 거액 지출을 한다면, 사업의 기회는 잃게 될 것이다. 하나는 시장 진입을 놓쳤거나, 단순히 모든 자원을 소비했다. 그래서 업계 사람들은 제품이 즉시 거부되지 않을 만큼, 예를 들면 평가 기간 동안, 충분히 좋은 마법의 타협점에 도달하려고 노력한다. 뿐만 아니라 완벽주의와 너무 많은 일의 목표는 완료하는 데 너무 길거나 너무 많은 비용이 소요될 것이다.

그것은 소프트웨어 엔지니어가 고품질의 시스템을 생산하기 위해 노력하여야 한다는 것을 언급하는 것은 좋다. 이렇게 하는 시도에 좋은 사례를 적용해도 좋을 것이다. 그러나 Meyer에 의해 논의된 상황이 현실이며 심지어 최고의 소프트웨어 엔지니어링 조직에게는 딜레마로 나타난다.

19.3.1 "만족스러운" 소프트웨어

Meyer에 의해 제기된 논쟁을 받아들이면, "만족스러운 소프트웨어 생산이 허용될 만한가?"라고 퉁명스럽게 말한다. 이 질문에 대한 대답은 반드시 긍정적이어야 한다. 왜냐하면 주요 소프트웨어 기업은 이것을 매일 하고 있기 때문이다. 그들은 알려진 버그를 가진 소프트웨어를 만들어 다양한 최종 사용자에게 제공한다. 그들은 버전 1.0에 제공된 일부 기능과 특징은 아마도 버전 2.0의 개선을 위한 최적의 품질과 계획이 아닐지도 모른다는 것을 인식하고 있다. 그들은 일부 고객이 불평할 것을 알면서 이렇게 하지만, 제공되는 제품이 "그런대로 만족스럽다면", 출하적시성이 품질을 능가할 수 있다.

"만족스러운"은 정확하게 무엇인가? 만족스러운 소프트웨어는 최종 사용자가 원하는 고품질의 기능과 특색을 제공하지만, 동시에 다른 더 애매한 또는 알려진 버그가 포함되어 있는 특수 기능 및 특색을 제공한다. 소프트웨어 공급 업체는 다른 애플리케이션의 기능에 매우 만족 하고 있기 때문에 대다수의 최종 사용자가 버그를 간과할 것이라고 기대한다.

이런 생각에 많은 독자가 공감하리라 생각한다. 당신이 그들 중 하나라면, "만족스러운"에 대한 일부 논쟁을 숙고하길 요청할 것이다. "만족스러운"이 일부 애플리케이션 도메인 그리고 몇몇 주요 소프트웨어 기업에 사용되는 것은 사실이다. 어쨌든 회사는 대규모 마케팅 예산을 가지고 버전 1.0을 구입할 충분한 사람들을 설득시킬 수 있다면, 그들을 묶어놓을 수 있다. 우리가 앞서 언급했듯이, 그것이 이후 버전에서는 품질을 향상시킬 것이라 주장할 수 있으나, 만족스러운 버전 1.0을 제공함으로써, 시장을 독점할 수 있다

당신이 작은 회사에서 일한다면, 이런 생각에 신중해야 한다. 만족스러운 (결함이 있는) 제품을 제공할 때, 당신 회사의 평판에 영구적인 손상을 줄 위험이 있다. 나쁜 결함이 회사의 매출 급락을 초래하고 회사의 문을 닫을 수도 있기 때문에, 버전 2.0을 제공하는 기회가 전혀 없을 것이다.

당신이 특정 애플리케이션 도메인(예를 들어, 실시간 임베디드 소프트웨어)을 작업하거나 하드웨어와 통합된 애플리케이션(예를 들어, 자동차의 소프트웨어, 통신 소프트웨어)을 구축할 경우, 알려진 버그를 가진 소프트웨어를 무시하여 비싼 소송을 당할 수 있다. 일부 경우에선, 범죄가 될 수도 있다. 만족스러운 항공기 항공 소프트웨어를 원하는 사람은 없다! 그래서 "만족스러운"이 소프트웨어의 품질 문제를 해결할 수 있는 지름길이라고 믿는다면, 신중하게 진행하라. 작동하지만 제한된 일련의 몇몇만 애플리케이션 도메인 중 일부 적용할 수 있을 것이다.[4]

19.3.2 품질 비용

이것과 같은 것엔 논쟁이 있다. —**품질이 중요하다는 것을 알고 있지만, 우리에게 시간과 비용을 초래한다**—우리가 정말로 원하는 소프트웨어의 품질 수준을 얻기 위한 많은 시간과 비용. 일견, 이 논쟁은 합리적인 것 같다(이 항목의 앞부분에서 한 Meyer의 의견을 참조하라). 의심할 여지가 없는 것은 품질도 비용이 소요되지만 품질 부족 또한 다음에 비용이 소요된다는 것이다. 버그가 있는 소프트웨어와 살아야 할 최종 사용자뿐만 아니라 구축하고 유지해야 할 소프트웨어 조직 품질의 부족. 진짜 문제가 이것이다: 어떤 비용을 우려해야 하나? 이 질문에 대한 답변으로, 품질을 달성하기 위한 비용과 낮은 품질의 소프트웨어 비용 모두를 이해할 필요가 있다.

품질 비용에는 품질을 추구하거나 품질 관련 활동과 품질의 부족으로 인한 후속 비용을 실행할 때 발생하는 모든 비용이 포함되어 있다. 이러한 비용을 이해하기 위해, 조직은 기회를 특정 품질의 현 비용에 대한 기준의 제공, 이러한 비용을 절감하기 위한 기회의 인식, 그리고 비교 정상화의 기초 제공을 위한 측정 기준을 수집해야 한다. 품질 비용은 예방, 평가 및 장애 관련 비용으로 분리될 수 있다.

방지 비용은 다음을 포함한다. (1) 모든 품질 관리 및 품질 보증 활동을 계획하고 조정하는 데 필요한 관리 활동 비용, (2) 전체 요구 사항과 설계 모델을 개발하기 위한 추가 기술 활동의 비용, (3) 테스트 계획 비용, 그리고 (4) 이러한 활동과 관련된 모든 교육 비용.

ADVICE

중요한 방지 비용을 부담하는 것을 두려워하지 마라. 나머지는 당신의 투자가 뛰어난 수익률을 제공할 것이라고 확신하라.

평가 비용은 각 프로세스의 "처음으로 통한" 조건 제품에 대한 통찰력을 얻기 위한 활동이 포함되어 있다. 평가 비용의 예로 포함된 것은 다음과 같다. (1) 소프트웨어 엔지니어

4 "충분히 좋은" 소프트웨어의 장점과 단점에 대한 가치 있는 논의가 [Bre02]에 기재되어 있다.

> **Quote**
> 일을 잘못한 이유를 설명하는 것보다 제대로 일을 하는 것이 시간이 덜 걸린다.
> H. W.Longfellow

링 작업에 대한 기술 검토(제20장), (2) 데이터 수집 및 지표 평가에 대한 비용(제30장), (3) 시험과 디버깅에 대한 비용(제22장~제26장).

실패 비용은 만약 고객에게 제품을 발송하기 전에 오류가 누락되는 경우 사라져 버리는 것이다. 실패 비용은 내부 실패 비용과 외부 실패 비용으로 세분될 수 있다. 내부 고장 비용은 출하 전에 제품의 오류를 검출할 때 발생된다. 내부 장애 비용이 다음과 같이 포함되어 있다. (1) 오류를 정정하기 위해 재작업(수리)의 실행 시 필요한 비용, (2) 재작업이 부주의로 인한 감소되어야 할 부작용을 생성할 때 발생하는 비용, 그리고 (3) 실패 모드를 평가하기 위해 조직에 허용된 품질 측정 기준 수집과 관련된 비용이다. 외부 실패 비용은 제품이 고객에게 배송된 후 발견된 결함과 관련되어 있다. 외부 실패 비용의 예로는 불만 해결, 제품의 반품 및 교환, 고객 도움 라인 지원 그리고 보증 업무와 관련된 인건비이다. 나쁜 평판과 결과적으로 생기는 사업 손실은 정량화가 어려움에도 불구하고, 아주 실제적인 또 다른 외부 실패 비용이다. 저품질의 소프트웨어를 제조할 때 나쁜 일이 생긴다.

외부 실패 비용을 고려하는 것을 거부한 소프트웨어 개발자의 기소에 관하여 Cem Kaner[Kan95]는 다음과 같이 말한다.

> 영업권과 같은 대부분의 외부 실패 비용은 정량화가 곤란하므로, 많은 기업들이 그 비용 편익 교환을 계산할 때 그들을 무시한다. 다른 외부 실패 비용은 고객 만족 증가 없이 (저가, 낮은 품질, 판매 후 지원 또는 지원을 원한 고객에 부과함으로써 등) 절감될 수 있다. 나쁜 제품의 고객에게 비용을 무시함으로써 품질 기술자가 고객을 기쁘게 하는 것보다 그들에게 손해를 끼치는 품질 관련 의사결정을 하도록 부추긴다.

예상했던 대로, 우리는 예방에서 외부 고장 비용의 내부 결함 검출로 갈 때 오류나 결함을 복구하는 상대적인 비용이 극적으로 증가된다. Boehm과 Basili[Boe01b 및 Cig07]에 의해 수집되고 Cigital Inc.[Cig07]에 의해 설명된 정보에 기초한 그림 19.2에 이 현상이 보인다.

코드 생성 중 결함을 수정하기 위한 업계 평균 비용은 오류당 약 977달러이다. 시스템 테스트 중에 발견된 경우 동일한 오류를 정정하기 위한 업계 평균 비용은 오류당 7,136달러이다. Cigital사[Cig07]는 코딩 중에 도입된 200개의 오류를 가지고 있는 대규모 애플리케이션을 고려하고 있다.

> 업계 평균 데이터에 따르면, 코딩 단계에서 결함을 발견하고 수정하는 비용은 결함당 97 달러이다. 따라서 이 단계 (200×977달러)에서 200개의 "중요한" 결함을 보정하기 위한 총비용은 약 195,400달러이다.
>
> 업계 평균 데이터에 따르면 시스템 테스트 단계에서 결함을 발견하고 수정하는 비용은 결함당 7,136달러이다. 이 경우, 시스템 테스트 단계에서 약 50개의 중요한 결함(또는 코딩 단계에서 Cigital사에 의해 발견된 것의 25%)이 발견되었다고 가정하면, 이러한 결함(50×7,136달러)을 찾아 고치는 비용은 약 356,800달러가 될 것이다. 이것은 또한 검출되지 않고 보정되지 않는 150개의 심각한 오류를 초래한다. 유지 단계(150×14,102달러)에서 이러한 나머지 150개의 결

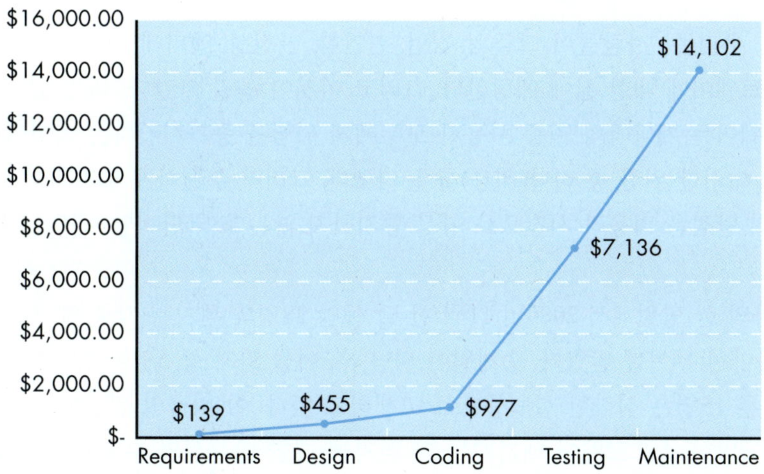

그림 19.2

오류 및 결함 수정의 상대적인 비용

출처: [Boe01b]에서 얻음.

함을 발견하고 수정 비용은 2,115,300달러였다. 따라서 코딩 단계 이후 200개의 결함을 발견하고 수정하는 총비용은 2,472,100달러(2,115,300달러+356,800달러)이다.

귀하의 소프트웨어 조직이 업계 평균의 절반 비용(대부분은 그 비용이 무엇인지도 모른다.)을 소비한다 해도, 초기 품질 관리와 보증 활동(요구 분석과 설계 간에 실시된)에 따른 비용 절감이 매력적일 것이다.

SafeHome

품질 문제

장면: SafeHome 소프트웨어 프로젝트를 시작할 때 Doug Miller의 사무실

등장인물: Doug Miller(SafeHome 소프트웨어 엔지니어링 팀 매니저), Jamie, Vinod(소프트웨어 엔지니어링 팀원)

대화

Doug: 소프트웨어의 결함 수리 비용에 대한 업계의 보고서를 보고 있었어. 상당히 냉정한데.

Jamie: 우리도 이미 각 기능 요구 사항에 대한 테스트 케이스 개발에 노력하고 있어요.

Doug: 그것 좋은 일인데, 결함이 코딩 중에 잡힌 복구된 경우보다 테스트에서 발견된 결함을 수리하기 위해 8배의 비용이 든다고 하는데.

Vinod: 우리는 코딩 시 대부분의 결함을 잡을 수 있는 쌍 프로그래밍을 사용합니다.

Doug: 요점을 놓치고 있다고 생각하는데. 품질은 단순한 코딩 오류의 제거 이상이야. 프로젝트 품질 목표를 조사하고, 진화하는 소프트웨어 제품이 그들을 충족하는지 확인할 필요가 있어.

Jamie: 사용 용이성, 보안성 및 신뢰성 같은 것을 의미하는 건가요?

Doug: 그렇지. 품질 목표를 달성을 향한 진행 상황을 모니터링하기 위한 소프트웨어 프로세스에 검사를 구축이 필요해.

Vinod: 첫 번째 프로토 타입을 종료하고 나서 품질 검사할 수는 없나요?

Doug: 아마도 안 될걸. 프로젝트의 초기 단계에서 품질 문화를 확립할 필요가 있어.

Vinod: Doug, 우리가 뭘 해야 하나요?

Doug: 내 생각은 우리가 SafeHome 제품의 품질을 모니터링 할 수 있는 방법을 찾을 필요가 있다는 거야. 그럼 이것에 대해 생각해 보고 내일 다시 검토해 보자고.

19.3.3 위기

제1장에서, 우리는 "사람들이 그들의 직업, 편안함, 안전성, 엔터테인먼트, 결정 그리고 컴퓨터 소프트웨어에 대한 삶에 배팅한다. 그리고 이것이 옳길 바란다."라고 썼다. 낮은 품질의 소프트웨어는 개발자와 최종 사용자 모두에게 위험을 증가시킨다는 의미이다. 이전 하위 절에서, 이러한 위험 중 하나(비용)를 논의했다. 그러나 부실하게 설계되어 실시된 애플리케이션의 단점은 비용과 시간으로 항상 중지하지 않는다. 극단적인 예[Gag04]로 설명하고자 한다.

파나마의 한 병원에서 2000년 11월 한 달 동안 28명의 환자는 각종 암 치료 동안 대규모 과잉 감마선 투여를 받았다. 수개월이 지난 후, 이들 환자 중 5명이 방사선 중독으로 사망했고, 다른 15명은 심각한 합병증으로 고생하고 있다. 이 비극의 원인이 무엇인가? 미국 기업에서 개발한 소프트웨어 패키지는 각 환자에 대한 방사선의 수정된 복용량을 계산하는 병원 기술자에 의해 변경되었다.

추가 기능을 제공하는 소프트웨어를 개조한 3명의 파나마 내과의사들은 2급 살인 혐의로 기소됐다. 미국 기업은 2개국에서 심각한 소송에 직면했다. Gage and McCormick은 다음과 같이 언급했다.

> 그들이 기술을 오해 또는 오용했다 하더라도 감옥에서 나오기 위해 애를 쓸 것이기에 이것은 의료 기술자를 위한 교훈적인 이야기는 아니다. 요점 설명을 위한 예가 많지만, 이것은 또한 불량 설계 또는 불충분하게 설명된 소프트웨어로 어떻게 인간이 부상을 입거나 더 악화되는지에 대한 이야기가 아니다. 이것은 컴퓨터 프로그램의 모든 제작자에 대한 경고이다; 문제가 되는 소프트웨어 품질, 아주 간단한 애플리케이션, 자동차 엔진, 공장의 로봇 팔 또는 병원의 치료 기기에 포함되는지 죽을 수 있는 나쁜 확장 코드이다.

나쁜 품질은 위기를 자초하고, 그 중 일부는 매우 심각하다.

19.3.4 과실과 책임

이런 이야기는 너무 흔하다. 정부 기관이나 기업체는 요구 사항을 분석하고, 그리고 몇 가지 주요 활동을 지원하기 위한 소프트웨어 기반의 "시스템"을 설계, 구축하기 위해 주요 소프트웨어 개발자 또는 컨설팅 회사를 고용한다. 이 시스템은 주요 기업의 기능(예를 들면, 연금 관리) 또는 일부 정부의 기능(예를 들어, 보건 의료 행정 및 국토 안보)을 지원하는 일을 할 수 있다.

일이 양쪽 모두 잘될 거라 생각하고 시작되지만, 시스템이 배달되기 전에 사태는 나빠지고 있다. 시스템이 지연되는, 필요한 기능과 기능을 제공하는 데 실패하고, 오류가 발생하며, 고객의 승인을 충족하지 못한다. 그 결과 소송이 일어난다.

대부분의 경우, 고객은 개발자가(소프트웨어 기술을 적용한 방법에) 태만했기 때문에 지불할 의무가 없음을 주장한다. 개발자는 종종 고객이 재차 요구변경을 했고 다른 방법으로 개발 파트너십을 폐지했다고 주장하고 있다. 모든 사례에서 전달 시스템의 품질이 문제가 된다.

19.3.5 품질과 보안

웹 기반과 모바일 시스템의 중요성이 커짐에 따라, 애플리케이션 보안의 중요성이 증가하고 있다. 쉽게 말하면 고품질을 나타내지 못한 소프트웨어는 해킹하기 쉬워지고, 결과적으로 저품질의 소프트웨어는 간접적으로 관련 비용과 문제의 모든 보안 위험을 증가시킬 수 있다.

ComputerWorld의 인터뷰에서, 작가이자 보안 전문가인 Gary McGraw가 다음과 같이 언급했다[Wil05].

> 소프트웨어 보안은 전적으로 그리고 완전히 품질과 관계가 있다. 초기에, 설계, 건축, 검색 그리고 코딩 단계, 모든 소프트웨어 라이프 사이클[프로세스]를 통해 보안, 신뢰성, 가용성, 신뢰성에 대해 숙고해야 한다. 소프트웨어 보안 문제를 인식한다 해도 후반 주기 것에 초점을 맞추고 있다. 이전 소프트웨어 문제를 빨리 발견하면 할수록 더 좋다. 소프트웨어 문제에는 2종류가 있다. 하나는 구현상의 문제인 버그이다. 또 다른 하나는 설계상의 건축학적 문제인 소프트웨어 결함이다. 사람들이 버그에 너무 많은 신경을 써서 결함에 충분히 신경을 못 쓴다.

보안 시스템을 구축하려면 품질에 초점을 반드시 두어야 하며, 그 초점은 설계 시부터 시작해야 한다. 제2부에서 논의된 개념과 방법은 "결함"을 감소시키는 보안 엔지니어링으로 이어진다. 상세한 논의는 제27장에서 제시되어 있다.

19.3.6 관리 작업의 영향

기술 결정에 의한 것처럼 소프트웨어 품질은 종종 경영 결정에 따라 많은 영향을 받는다. 최고의 소프트웨어 엔지니어링 실행이 나쁜 비즈니스 의사결정과 의심스러운 프로젝트 관리 조치로 폐지될 수 있다.

제4부 소프트웨어 프로세스의 문맥 내에서 프로젝트 관리를 논의한다. 각 프로젝트의 작업이 시작될 때, 프로젝트 리더는 제품 품질에 큰 영향을 미칠 수 있는 의사결정을 한다.

추정 결정 납기가 확립되어 있고 전체 예산이 지정되기 전에, 소프트웨어 팀은 프로젝트에 대한 수많은 평가를 거의 제공하지 않는다. 대신 팀은 납기와 이정표가 합리적인지 확인하는 "상태 검사"를 실시하고 있다. 많은 경우 팀이 비현실적인 납기를 받아들이도록 하는 엄청난 시장 납기 압력이 있다. 결과적으로 최단 노선이 채택이 되어, 고품질의 소프트웨어를 추구하는 활동은 생략될 수 있고 그래서 제품 품질이 저하되고 만다. 납기가 무리인 경우, 물러나지 않는 것이 중요하다. 왜 더 많은 시간이 필요한지 설명하거나, 또는 할당된 시간(고품질을 가진)에 배달할 수 있는 하위 집합의 기능을 제안하라.

스케줄링 결정 소프트웨어 프로젝트 일정(제34장)이 설정되면, 종속성에 따라 작업을 배열한다. 예를 들어, 성분 *A*가 성분 *B*, *C*, *D* 내에서 발생하는 처리에 의존하기 때문에, 성분 *B*, *C* 및 *D*가 완벽하게 검사될 때까지 성분 *A*는 시험 예약을 할 수 없다. 시간이 매우 짧고, 더 중요한 테스트를 위해 *A*가 필요하다면, 그 하위 구성 요소(조금 계획보다 늦게 실행되는) 없이 *A*를 검사할 수 있다. 그래서 납품 전에 수행되어야 할 다른 검사에 이용할 수 있다. 결국, 마감은 불안하게 다가온다. 결과적으로 *A*는 훨씬 나중에 발견될, 숨겨진 결함을 가지게 되며 품질이 저하된다.

위기 기반 의사결정 위기관리(제35장)는 성공적인 소프트웨어 프로젝트의 주요 특성 중 하나이다. 뭔가 잘못되어 가고 있다는 것을 알고 만약 그렇다면 우발 계획을 수립할 필요가 있다. 너무 많은 소프트웨어 팀은 잘못될 것이 없다는 개념을 전제로 개발 계획을 수립하는 맹목적인 낙관을 선호한다. 더 나쁜 것은, 잘못되어가는 것에 대한 대처 방법이 없는 것이다. 결과적으로, 위기가 현실화 될 때, 혼란이 지배하고, 광기의 정도가 상승하면, 품질 수준이 반드시 떨어진다.

소프트웨어 품질의 딜레마는 Meskimen의 법칙으로 아주 잘 요약할 수 있다. 제대로 할 시간은 결코 없지만, 다시 할 시간은 있다. 우리의 조언: 제대로 할 시간을 갖는 것이 거의 결코 잘못된 결정이 되진 않는다.

19.4 소프트웨어 품질 확립

소프트웨어 품질은 단순히 나타나지 않는다. 그것은 우수한 프로젝트 관리와 훌륭한 소프트웨어 엔지니어링 실행의 결과이다. 소프트웨어 팀이 고품질의 소프트웨어를 얻을 수 있는 4개의 광범위한 방법, 관리와 실천은 4개의 광범위한 활동의 맥락 내에서 관리와 실행을 적용한다. 소프트웨어공학 방법, 프로젝트 관리 기술, 품질 관리 조치, 그리고 소프트웨어 품질 보증

19.4.1 소프트웨어공학 방법

고품질의 소프트웨어의 구축을 기대한다면, 해결해야 할 문제점을 이해해야 한다. 또한 동시에 19.2절에서 논의된 품질 치수와 설명 요인을 나타내는 소프트웨어로 이어질 특성을 나타내는 반면에 문제에 부합한 설계를 만들 수 있어야 한다.

제2부에서 건설 활동을 위한 확고한 토대를 구축할 문제와 포괄적 설계의 합리적이며 철저한 이해로 이어질 수 있는 광범위한 배열의 개념과 방법을 제시했다. 이러한 개념을 적용하고 적절한 분석 및 설계 방법을 채택한다면, 고품질의 소프트웨어를 만들 가능성이 크게 증가한다.

19.4.2 프로젝트 관리 기술론

?
품질에 긍정적인 영향을 미치기 위해 무엇을 해야 하나?

소프트웨어 품질에 대한 그릇된 경영 의사결정의 영향은 19.3.6절에 설명되어 있다. 영향은 명확하다. (1) 프로젝트 매니저가 납기를 달성 여부를 검사하기 위해 추정을 사용하는 경우, (2) 계획 종속성을 이해하고 팀은 최소 노선 사용 유혹에 저항할 경우, (3) 위기 기획이 실행되어 문제가 혼란을 야기하지 않을 경우, 소프트웨어 품질은 긍정적인 영향을 받을 것이다.

또한, 프로젝트 계획에는 품질과 변경 관리를 위한 명백한 기술이 포함되어야 한다. 우

수한 프로젝트 관리의 실천으로 이어지는 기술은 제4부에서 논의된다.

19.4.3 품질 관리

품질 관리는 각 작업 제품은 품질 목표를 충족하는지 확인하기 위한 일련의 소프트웨어공학 조치를 포함한다. 모델들은 완전하고 일정한지를 확인하기 위해 검토된다. 검사 시작 전에 오류를 발견하고 수정하기 위해 코드를 검사한다. 일련의 검사 단계는 처리 로직, 데이터 조작 그리고 인터페이스 통신에서 오류를 발견하기 위하여 적용된다. 이러한 작업 결과물 중 어느 것이든 품질 목표를 충족할 수 없을 때, 측정과 피드백의 조합은 소프트웨어 팀의 프로세스 조율을 가능하게 한다. 품질 관리 활동은 제3부의 나머지 부분을 통해서 자세히 설명된다.

?

소프트웨어 품질 관리가 무엇인가?

19.4.4 품질 보증

보증은 고품질의 소프트웨어를 구축하려고 할 경우 모두 중요한, 훌륭한 소프트웨어공학 기술, 합리적인 프로젝트 관리, 그리고 품질 관리 조치를 지원하는 인프라를 구축한다. 또한, 품질 보증은 품질 관리 조치의 유효성과 무결성을 평가하는 감사 및 보고 기능 세트로 구성되어 있다. 품질 보증의 목적은 관리와 기술직원에게 제품 품질에 관한 필요한 정보를 통지하고, 그것에 의해 획득된 통찰력과 제품 품질을 얻을 수 있다는 자신감이 작용한다. 물론, 품질 보증을 통해 제공된 데이터가 문제를 식별한다면, 문제를 해결하고 품질 문제를 해결하기 위해 필요한 리소스를 적용하는 것은 관리자의 책임이다. 소프트웨어 품질 보증은 제21장에서 자세히 설명되어 있다.

WebRef

www.niwotridge.com/Resources/PM-SWEResources/SoftwareQuality Assurance.htm에서 SQA 자원에 대한 유용한 링크를 찾을 수 있다.

19.5 요약

소프트웨어는 우리의 일상생활의 모든 면에 통합되어갈 때 소프트웨어 기반 시스템의 품질에 대한 우려가 높아지게 된다. 그러나 소프트웨어 품질의 포괄적인 설명을 개발하기는 어렵다. 이 장에서 품질은 생산자와 사용자를 위해 측정 가능한 가치를 제공하는 유용한 제품을 만드는 방법에 적용된 효과적인 소프트웨어 프로세스로 정의된다.

광범위한 소프트웨어 품질 치수 및 각종 요인이 수년 동안 제안되고 있다. 만약 얻을 수만 있다면, 모두가 고품질의 소프트웨어 품질로 이어지는 일련의 특성을 정의하고자 노력한다. 실현 하는 경우, McCall의 그리고 ISO 9126의 품질 계수는 품질이 존재하는 지표로서 신뢰성, 용이성, 유지 보수성, 기능성, 이동성 등과 같은 특성을 설정한다.

모든 소프트웨어 조직은 소프트웨어 품질의 딜레마에 직면하고 있다. 본질적으로, 모두가 고품질 시스템을 구축하길 원하지만, "완벽한" 소프트웨어를 제조하는 데 필요한 시간과 노력을 시장 중심의 세계에서 단순하게 이용할 수 없다. 문제는 우리는 "충분히 좋은" 소프트웨어를 구축해야 되는가이다.

많은 기업들이 그냥 하지만, 고려되어야 할 심각한 불리한 면이 있다. 선택된 방식과 관계없이 품질은 예방, 감정 및 실패의 관점에서 논의될 수 있는 비용을 갖는다. 예방 비용은 처음에 결함을 방지하도록 설계된 모든 소프트웨어공학 작업을 포함한다. 감정 비용은 품질을 결정하는 소프트웨어 작업 산출물을 평가하는 활동들과 연결되어 있다.

실패 비용은 저품질이 촉발되는 실패와 외부 효과의 내부 대가를 포함한다. 소프트웨어 품질은 다음의 것들을 통해 얻어진다. 소프트웨어공학 기술, 강력한 관리 관행과 전반적인 품질 관리, 즉 소프트웨어 품질 보증 인프라에 의해 지원되는 모든 것을 말한다. 다음 장에서, 품질 관리와 보증에 대해 좀 더 상세하게 기재되어 있다.

문제와 생각할 점

19.1 적용하기 전에 어떻게 대학의 질을 평가하는지 설명하라. 중요한 요인이 무엇인가? 결정적인 건가?

19.2 Garvin[Gar84]은 품질의 다섯 가지 관점에 대해 설명한다. 당신이 익숙한 다수의 잘 알려진 전자 제품 사용한 각각의 예제를 제공하라.

19.3 19.2절에 제안된 소프트웨어 품질의 정의를 사용하여, 효과적인 프로세스 사용 없이 측정 가능한 가치를 제공하는 유용한 제품을 만들 가능성이 있다고 생각하는가?

19.4 19.2.1절에서 제시한 각각의 Garvin의 품질 차원에 대한 2개의 부가적인 질문을 추가하라.

19.5 McCall의 품질 계수는 1970년대에 개발되었다. 컴퓨팅의 거의 모든 측면은 그들이 개발된 이후 극적으로 변화하였고, 게다가 McCall의 요인은 계속적으로 현대의 소프트웨어에 적용되고 있다. 이러한 사실에 근거한 어떠한 결론을 끌어낼 수 있는가?

19.6 19.2.3절에 ISO 9126 품질 계수 "보수성"에 대해 명시된 하위 속성을 사용하여, 이러한 특성의 존재 여부를 조사하는 일련의 질문을 개발하라. 19.2.4절에서 보여진 예를 따라 해라.

19.7 소프트웨어 품질의 딜레마를 설명하라.

19.8 "충분히 좋은" 소프트웨어가 무엇인가? 충분한 좋은 철학을 사용하여 개발되었다고 믿는 특정 회사와 특정 제품의 이름을 대라.

19.9 품질 비용의 4개의 측면의 각각을 고려할 때, 당신 생각에 어느 것이 가장 비용들 것이며 그 이유는 무엇인가?

19.10 웹을 검색하여 품질의 소프트웨어를 직접 추적할 수 있는 공중에 대한 위험의 3가지 다른 예를 찾아라. http://catless.ncl.ac.uk/risks에서 검색 시작하는 것을 고려하라.

19.11 품질과 보안은 같은 것인가? 설명하라.

19.12 우리 대부분이 Meskimen의 법칙에 의해 지속적으로 살아가는 이유를 설명하라. 이것을 초래하는 소프트웨어 비즈니스가 무엇인가?

추가 읽을거리와 정보 소스

기본적 소프트웨어 품질의 개념은 Chemutri(*Master Software Quality Assurance: Best Practices, Tools and Techniques for Software Developers*, Ross Publishing, 2010)와 Henry와 Hanlon에 의해

책으로 여겨지고 (*Software Quality Assurance*, Prentice Hall, 2008), Khan과 그의 동료 (*Software Quality: Concepts and Practic*, Alpha Science International, Ltd., 2006), O' Regan(*A Practical Approach to Software Quality*, Springer, 2002) 및 Daughtrey(*Fundamental Concepts for the Software Quality Engineer*, ASQ Quality Press, 2001)의 책들에 의해 고려되었다.

Duvall과 그의 동료는(*Continuous Integration: Improving Software Quality and Reducing Risk*; Addison-Wesley, 2007), Tian(Software Quality Engineering, Wiley-IEEE Computer Society Press, 2005), Kandt(*Software Engineering Quality Practices*, Auerbach, 2005), Godbole(*Software Quality Assurance: Princtples and Practice*, Alpha Science International, Ltd., 2004) 및 Galin(*Software Quality Assurance: From Theory to Implementation*, Addison-Wesley, 2003)의 책에 SQA의 자세한 처리법이 제시된다.

기민한 프로세스의 문맥에 품질 보증은 Sterling(*Managing Software Debt*, Addison-Wesley, 2010)와 Stamelos과 Sfetsos(*Agile Software Development Quality Assurance*, IGI Global, 2007)에 의해 논의된다.

훌륭한 설계는 고품질의 소프트웨어로 이어진다. Jayasawal과 Patton(*Design for Trustworthy Softwar*, Prentice Hall, 2006)과 Ploesch(*Contracts, Scenarios and Prototypes*, Springer, 2004)는 "강력한" 소프트웨어를 개발하기 위한 도구와 기술에 대해 설명한다. 측정은 소프트웨어 품질 공학의 중요한 구성 요소이다. Jones와 Bonsignour(*The Economic of Software Quality*, Addison-Wesley, 2011), Ejiogu(*Software Metrics: The Discipline of Software Quality*, BookSurge Publishing, 2005), Kan(*Metrics and Models in Software Quality Engineering*, Addison-Wesley, 2002)은 중요한 품질 관련 메트릭과 모델을 논의한다. 소프트웨어 품질의 팀 지향의 측면은 Evans(*Achieving Software Quality through Teamwork*, Artech House Publishers, 2004)에 의해 고려된다.

광범위한 소프트웨어 품질에 대한 정보는 인터넷에서 얻을 수 있다. 참조의 최신 목록은 SEPA 웹사이트 www.mhhe.com/pressman에서 찾을 수 있다.

20
CHAPTER

검토 기술

주요 개념

결함
비용 효과
결함 증폭
결함
오류 밀도
오류
비공식 검토
기록 유지
검토 보고
예제 중심의 검토
기술 검토

소프트웨어 검토는 소프트웨어 프로세스를 위한 "필터"이다. 즉, 검토는 소프트웨어 엔지니어링 그리고 제거될 수 오류나 결함을 발견하는 서브 동안 여러 시점에서 적용된다. 소프트웨어 검토는 요구사항과 설계 모델, 코드, 테스트 자료를 포함하는 소프트웨어 엔지니어링 성과물을 "정제"한다. Freedman와 Weinberg[Fre90]는 이 검토 방법의 필요성에 대해 설명한다.

> 기술적인 작업은 연필이 지우개를 필요로 하는 것과 같은 이유로 검토가 필요하다. 잘못을 저지르는 것은 사람의 일이다. 우리가 기술적인 검토를 필요로 하는 두 번째 이유는 자신들의 오류 일부를 잡는 데 능숙하지만, 다른 누구보다 더 쉽게 큰 종류의 오류는 오히려 놓칠 수 있다. 따라서 검토 과정은 Robert Burns의 기도에 대한 응답이다.
>
> **아, 어떤 권한은 다른 사람이 우리를 보듯 자신을 볼 수 있는 선물을 줄 것이다.**
>
> 검토—어떤 검토—는 인간의 그룹의 다양성 이용하는 방법으로 다음의 것을 할 수 있다:
>
> 1. 한 사람 또는 팀의 제품 중에 필요한 개선의 지적
> 2. 개선이 바람직하지 않거나 필요하지 않는 되는 제품의 부분 확인
> 3. 기술적인 작업을 보다 관리할 수 있도록 만들기 위해, 검토 없이도 보다 균일한 또는 적어도 보다 예측 가능한 기술적인 작업을 실현하라.

다양한 종류의 검토는 소프트웨어 엔지니어링의 일부로서 실시될 수 있다. 각각은 나

QUICK LOOK

이것은 무엇인가? 당신은 소프트웨어 엔지니어링 작업 제품을 개발하고 있다. 최종 사용자에게 전달되기 전에 가능한 오랫동안 오류를 수정하기 위해 열심히 노력하는 것은 부끄러운 것이 아니다. 기술 검토는 소프트웨어 프로세스의 초기에 실수를 찾기 위한 가장 효과적인 메커니즘이다.

누가 수행하는가? 소프트웨어 엔지니어는 동료와 동업자 검토라 불리는 기술 검토를 수행한다.

왜 중요한가? 프로세스의 초기 단계에서 오류를 발견하면, 저렴하게 수정할 수 있다. 또한, 프로세스가 진행될 때, 오류는 증폭하는 방법을 가진다. 그래서 프로세스의 초기 단계에서 치료하지 않고 방치한 비교적 경미한 오류는 나중에 프로젝트 후반에 주요 오류로 증폭될 수 있다. 마지막으로, 검토는 프로젝트 후반에 필요한 재작업의 양을 감소시킴으로써 시간을 절약한다.

어떤 단계가 있는가? 검토에 대한 당신의 접근 방식은 선택한 정형화 수준에 따라 다르다. 이론적으로, 모든 종류의 검토가 다 상용되는 것은 아니지만, 6개의 절차가 사용되고 있다. 기획, 준비, 회의체 구성, 오류 지적, 수정(외부에서 검토 수행)그리고 적절하게 수행되었는지에 대한 확인이다.

작업 산출물은 무엇인가? 검토의 산출은 밝혀진 문제 그리고/또는 오류의 목록이다. 또한, 작업 산출물의 기술적 상태도 나타나고 있다.

작업이 옳게 수행되었다는 것을 어떻게 확인하는가? 먼저, 개발 문화에 적합한 검토의 종류를 선택한다. 성공적인 검토로 이어질 지침을 따른다. 만일 당신의 검토가 고품질의 소프트웨어를 낳는다면, 당신은 제대로 한 것이다.

름대로 고유한 검토를 가지고 있다. 만일 기술적인 문제가 논의되고 있는 경우, 커피 머신 주위에서 하는 비공식 회의가 검토의 한 형태이다. 고객, 관리 및 기술직원에 대한 소프트웨어 건축의 공식적인 발표 또한 검토의 한 형태이다. 그러나 이 책에서 우리는 평상시 검토, 카메라 없이 하는 연습 및 테스트로 대표되는 기술 또는 동업자에 검토 중점을 둔다. 기술 검토(TR)는 품질 관리 관점에서 가장 효과적인 필터이다. 소프트웨어 엔지니어를 위한 소프트웨어 엔지니어(다른 사람들)에 의해 수행되는 기술검토는 오류를 밝히고, 소프트웨어의 품질을 향상시키기 위한 효과적인 수단이다.

ADVICE

검토. 소프트웨어 프로세스 워크 플로우의 필터와 같다. 너무 적으면, 흐름이 지저분하다. 너무 많으면, 흐름은 세류에 느려진다. 작업을 검토하고 강조함을 결정하기 위한 측정 기준을 사용하라. 프로세스를 가속하기 위해 흐름에서 효과 없는 검토를 삭제하라.

20.1 소프트웨어의 결함으로 인한 비용 충격

소프트웨어 프로세스의 맥락 내에서, 용어 결함과 고장은 동의어이다. 모두 소프트웨어(또는 소프트웨어 프로세스의 다른 프레임 워크의 활동에) 최종 사용자에게 공개된 후 발견된 품질 문제를 포함하고 있다. 이전 장에서는 소프트웨어는 최종 사용자에게 공개(또는 소프트웨어 프로세스의 다른 프레임 워크의 활동에)되기 전에 소프트웨어 엔지니어(또는 기타)에 의해 감지된 품질 문제를 표현하기 위해 오류라는 용어를 사용했다.

Info

버그, 오류 및 결함

소프트웨어 품질 관리의 목적 그리고 넓은 의미에서, 일반적으로 품질 관리는 소프트웨어에서 품질 문제를 제거하는 것이다. 이러한 문제는 다양한 이름, 즉 다수를 지명한 버그(brg), 결함(fault), 오류(error), 또는 결함(defect)으로 언급된다. 각각의 이들 용어가 동의어인가 또는 그들 간에 미묘한 차이가 있는가?

이 책에서 오류(소프트웨어가 최종 사용자에게 출시되기 전 발견된 품질 문제)와 결함(소프트웨어가 최종 사용자에게 출시된 후 발견된 품질 문제) 간에 분명한 구별을 한다.[1] 오류와 결함은 아주 다른 경제적, 사업적, 심리적, 그리고 인간적 영향을 미치기 때문에 우리는 이러한 구별을 한다. 소프트웨어 엔지니어로서, 우리는 발견하고 고객 그리고/또는 최종 사용자가 부딪치기 전에 가능한 한 많은 오류를 발견하고 수정하길 원한다. 결함을 회피하기 원한다. 결함(정당하게)이 소프트웨어 사람들을 나쁘게 보이게 만들기 때문이다.

그것은 이 책에서 오류와 결함 간에 만들어진 일시적 구별은 주류의 생각이 아니라는 것을 주목하는 것이 중요하다. 소프트웨어 엔지니어링 단체 내에 일반적인 합의는 결함 그리고 오류, 실수, 그리고 버그가 동의어라는 것이다. 즉, 문제가 발생한 시점에서 문제를 설명하는 데 사용된 용어에 영향을 주지 않는다. 이러한 관점의 우호적인 일부 논점은 때때로 이전 출시와 이후 출시(예: 기민한 개발에 사용된 증분 프로세스의 검토) 간에 분명한 구별이 때때로 어렵다.

이러한 용어의 해석 선택 방법과 관계 없이, 고객과 최종 사용자가 직면하기 전에 문제가 발견된 시점이 중요하고 소프트웨어 엔지니어가 문제를 발견하기 위해 최선을 다해야 한다는 것을 인식하라. 이 문제에 대한 더 관심이 있다면, "버그"를 둘러싼 용어에 대한 합리적이며 철저한 논의를 **www.softwaredevelopment.ca/bugs.shtml**에서 찾을 수 있다.

1 소프트웨어 프로세스 개선을 감안할 경우, 한 프로세스 프레임 워크 활동(예: 모델링)에서 다른 것(예: 건설)으로 전파된 품질 문제를 "결함"이라 부를 수 있다. 작업 생성물(예: 설계모델)이 다음 활동으로 "공개되기" 전에 이러한 문제들이 발견되어야 하기 때문이다.

ADVICE

FTR의 주요 목적은 그들이 다른 소프트웨어 엔지니어링 활동에 전달되거나 또는 최종 사용자에게 출시되기 전에 오류를 찾아내는 것이다.

기술 검토의 주요 목적은 소프트웨어의 출시 후에 오류들이 결함이 되지 않도록 프로세스 동안에 오류를 찾는 것이다. 기술적 검토의 명백한 이점은 소프트웨어 프로세스의 다음 단계로 오류가 전파되지 않도록 오류를 조기에 발견하는 것이다.

수많은 업계의 연구는 소프트웨어 프로세스 동안 설계 활동에서 모든 오류(그리고 마지막으로, 모든 결함)의 50~65%가 나온다고 지적한다. 하지만 검토 기술은 효과적으로 설계 결함 발견 시 최대 75%까지 유효함[Jon86]을 보여주고 있다. 이러한 오류 의 대부분을 감지하고 제거함으로써 검토 프로세스는 실질적으로 소프트웨어 프로세스의 후속 활동의 비용을 줄일 수 있다.

20.2 결함 증폭과 제거

Quote

S의사가 말한 대로 일부 질병은 초기에 치료 가능하지만 인식하기가 어렵다. 그러나 그들은 적어도 처음에 인식하고 처리되지 않았을 때가 쉽게 인식하고 치료하기가 어렵게 된다.

Niccolo Machiavelli

결함 증폭 모델[IBM81]은 소프트웨어 프로세스 설계 및 코드 생성 작업 동안 오류의 발생과 검출을 설명하기 위해 사용될 수 있다. 모델은 그림 20.1에 도식적으로 설명되어 있다. 상자는 소프트웨어 엔지니어링 작업을 나타낸다. 동작 중에 오류가 우연히 생성될 수 있다. 검토는 새롭게 생성된 오류 그리고 이전 단계에서의 오류의 발견에 실패할 수 있고, 결과적으로 상당수의 오류가 통과된다. 어떤 경우에는, 이전 단계에서 통과한 오류가 현재의 작업으로 증폭된다(증폭 함수 x). 상자 세분화는 각각의 이러한 특성과 오류 검출을 위한 효율의 비율, 철저한 검토 기능을 각각 나타낸다.

그림 20.2은 아직 검토가 이루어지고 있지 않은 소프트웨어 프로세스에 대한 결함 증폭의 가상적인 예를 보여주고 있다. 그림을 참조하여 각 테스트 단계는 새로운 오류(낙관적 가정)의 도입 없이 모든 들어오는 오류의 50%를 발견하고 수정하는 것으로 가정된다. 테스트 시작 전 10개의 예비 설계 결함이 94개의 오류에 증폭된다. 열두 잠재적 오류가 필드로 방출된다. 그림 20.3은 각 소프트웨어 엔지니어링 작업의 일부로 이루어진 설계와 코드 리뷰를 제외한 동일한 조건으로 고려하고 있다. 이 경우 테스트가 시작되기 전, 10개의 초기 예비 (건물)설계 오류는 테스트 시작 전 24개 오류로 증폭된다. 단지 3개의 잠복 오류가 존재한다. 오류의 발견 및 수정 에 관련한 상대적인 비용, 전체 비용(우리의 가설에 대한 검토 유무)이 설정될 수 있다. 그림 20.2 및 20.3에 나타난 각 단계 동안 발견된 오류의 수는 오류 제거에 대한 비용으로 곱하게 된다(설계에 대한 1.5 비용 단위, 테스트 전 6.5 비용

그림 20.1

결함 증폭 모델

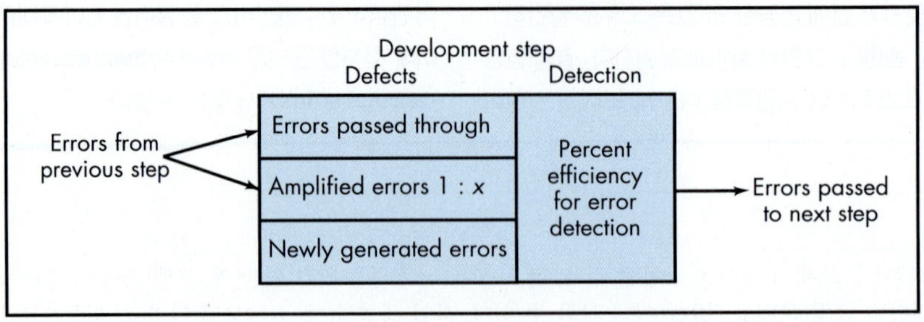

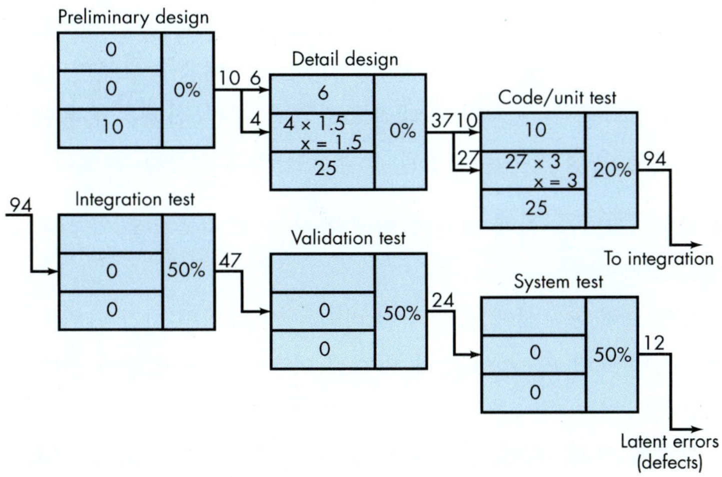

그림 20.2

결함 증폭 – 무검토

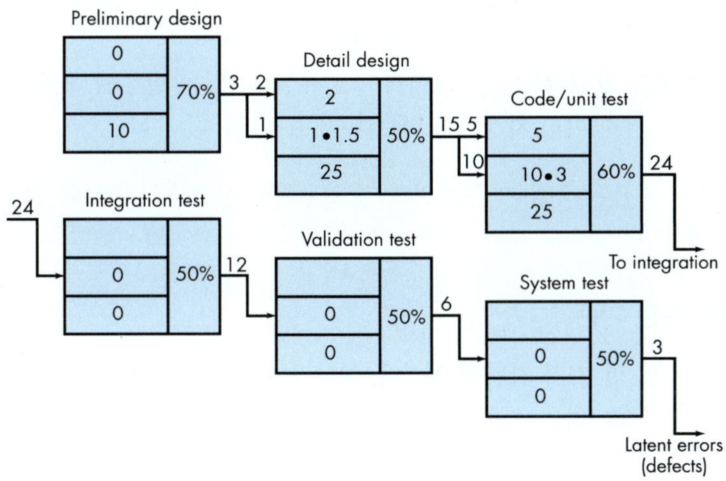

그림 20.3

결함 증폭 – 검토 수행

단위, 테스트 중 15 비용 단위, 그리고 출시 후 67 비용 단위).[2] 이들 데이터를 사용하여, 검토가 실시될 때 개발 및 유지 보수를 위한 총비용은 783 비용 단위이다. 검토가 진행되지 않을 때, 총비용은 2,177 비용 단위이다. 거의 3배의 비용이 든다.

검토를 실시하기 위해서, 시간과 노력을 소비해야 하며 당신의 개발 조직은 돈을 지출해야 한다. 하지만 앞의 예의 결과는 지금 지불할 수 있거나 또는 나중에 더 많이 지불할 수 있는 의심을 조금도 남기지 않는다.

20.3 검토 측정 기준 및 사용

기술적 검토는 우수한 소프트웨어 기술 전략의 일환으로 요구된 많은 작업 중 하나이다.

2 이들 승수는 더 최근인 그림 19.2에 나타난 데이터와 다소 다르다. 그러나, 이것들은 결함 증폭의 비용을 멋있게 설명하는 데 사용된다.

각 작업은 헌신적인 인간의 노력을 요구한다. 사용 가능한 프로젝트의 노력은 유한하기에, 그 효력을 검토하는 데 사용될 수 있는 일련의 측정 기준(제30장)을 정의함으로써 각 작업의 효율성을 이해하는 것이 소프트웨어 엔지니어링 조직에겐 중요하다. 많은 측정 기준은 기술 검토를 위해 정의될 수 있지만, 상대적으로 작은 부분 집합은 유용한 통찰력을 제공할 수 있다. 다음 검토 측정 기준은 수행된 각 검토를 위해 수집될 수 있다.

- **준비 작업/노력** E_p–실제 검토 회의에 앞서 작업 산출물을 검토하는 데 필요한 작용(인원-시간 단위)
- **검토 작업/노력**, E_a–실제 검토 시 소비되는 작업(인원-시간 단위)
- **재작업 작업/노력** E_r–검토 중에 발견된 이러한 오류 정정에 전념하는 작업(인원-시간 단위)
- **작업 산출물 크기**, *WPS*–검토된 작업 산출물의 크기 측정(예: UML 모델의 수, 또는 문서 페이지의 수, 또는 코드 라인의 수)
- **사소한 오류 발견**, Err_{minor}–마이너로 분류될 수 있는 발견된 오류의 수(수정하기 위하여 몇 가지 미리 지정된 노력보다 덜 요구되는)
- **주요한 오류 발견**, Err_{major}–메이저로 분류될 수 있는 발견된 오류의 수(수정하기 위하여 몇 가지 미리 지정된 노력보다 더 요구되는)

이들 측정 기준은 수집된 측정 기준을 위해 검토된 작업 산출물의 종류와 결합함으로써 보다 정제될 수 있다.

20.3.1 분석 측정 기준

분석을 시작하기 전, 몇 가지 간단한 계산을 해야 한다. 총 검토 작업과 발견된 오류의 총수는 다음과 같이 정의된다.

$$E_{\text{review}} = E_p + E_a + E_r$$

$$\text{Err}_{\text{tot}} = \text{Err}_{\text{minor}} + \text{Err}_{\text{major}}$$

오류 밀도는 검토된 작업 산출물의 단위당 감지된 오류를 나타낸다.

$$\text{오류 밀도} = \frac{\text{Err}_{\text{tot}}}{\text{WPS}}$$

예를 들면, 요구사항 모델은 오류, 모순 그리고 생략을 발견하기 위해 검토될 경우, 다양한 방법에서 오류 밀도를 계산하는 것이 가능할 것이다. 요구사항 모델은 기술 물자의 32개 전체 페이지의 일부로 18개의 UML 다이어그램이 포함되어 있다. 검토는 18개의 사소한 오류와 4개의 주요 오류를 발견한다. 따라서 $\text{Err}_{\text{tot}} = 22$이다. 오류 밀도는 UML 다이어그램당 1.2 오류 또는 요구사항 모델 페이지당 0.68 오류이다.

만일 검토가 여러 다른 종류의 작업 제품(예: 요구사항 모델, 설계 모델, 코드, 테스트 케이스)을 위해 수행될 경우, 다른 종류의 수 때문에 발생할 때 각 검토에서 발견된 오류

비율은 모든 검토에서 발견된 총 오류 수 대비 계산될 수 있다. 또한, 각 작업 제품의 오류 밀도도 계산될 수 있다.

일단 많은 프로젝트 통해 수행된 많은 검토에서 수집되고, 오류 밀도의 평균값으로(아직 미검토 서류로서) 새로운 검토에서 발견되는 오류의 수를 추정할 수 있다. 예를 들어, 요구사항 모델의 평균 오차 밀도는 페이지당 0.6 오류가 있는 경우, 그리고 새로운 요구사항 모델이 32페이지라면, 어림 견적은 소프트웨어팀이 문서 검토 동안 약 19 또는 20의 오류를 찾아내는 것을 시사하고 있다. 당신이 단지 6개의 오류를 발견하였다면, 요구사항 모델의 개발을 아주 잘했거나 또는 당신의 검토 방법이 충분히 철저하지 않았던 것이다.

일단 테스트가(제22~26장) 수행되었고, 소프트웨어의 테스트와 오류 밀도 동안에 발견된 오류를 발견하고 수정하는 데 필요한 작업을 포함하여, 추가 오류 데이터를 수집 가능하다. 테스트 동안 발견하고 수정하는 데 필요한 비용은 검토를 위한 것들과 비교할 수 있다. 이것은 20.3.2절에서 설명된다.

20.3.2 비용 효율성 검토

실시간으로 기술 검토의 비용 효율성을 측정하기 어렵다. 검토가 완료되고, 검토 특정 기준이 수집되고, 평균 데이터가 계산된다. 그리고 소프트웨어의 하류 품질(테스트를 통해)이 측정된 후에, 소프트웨어 엔지니어링 조직은 검토와 비용 이득의 효율성을 검토할 수 있다.

20.3.1절에서 제시된 예로 돌아가서, 요구사항 모델의 평균 오차 밀도는 페이지당 0.6인 것으로 결정되었다. (바로 검토 후) 경미한 모델 오차를 수집하는 데 필요한 작업은 4명의 시간이 필요한 것으로 밝혀졌다. 주요 요구사항 오차에 필요한 작업은 18명의 시간으로 밝혀졌다. 수집된 검토 데이터를 확인하면서, 사소한 오류가 주요 오류보다 약 6배 더 자주 발생하는 것을 알게 된다. 따라서 검토 중에 요구사항 오류를 발견하고 수정하기 위한 평균 작업은 약 6명의 시간으로 추정할 수 있다.

테스트 중에 발견된 요구사항과 관련된 오류는 발견하고 수정하는 데 평균 45명/시간이 요구된다(오류의 상대적 심각성에 활용할 수 없는 데이터). 언급된 평균값을 사용하여 얻을 수 있다:

$$\text{오류당 절약된 노력} = E_{testing} - E_{reviews}$$
$$45 - 6 = 30 \text{ person-hours/error}$$

요구사항 모델의 검토 시 22개의 오류가 발견되었기 때문에, 테스트 작업의 약 660명분의 시간 절약이 달성되는 것이다. 그리고 그것은 요구사항 관련된 오류를 위한 것뿐이다. 설계 및 코드와 관련된 오류는 전체적 이익에 추가될 것이다.(요점–절약된 노력은 더 짧은 납기 주기와 개선된 시장 출시를 초래한다.)

동업자 검토에 대한 그의 책에서, Karl Wiegers[Wie02]는 자사의 소프트웨어 품질 관리 활동의 일환으로 테스트(상대적으로 형식적인 유형의 기술 검토)를 사용한 대기업의 사례 데이터에 대해 설명한다. Hewlett-Packard(HP)는 테스트를 위한 투자에 10에 1의 수익을 보고했고 실제 상품과 배달이 평균 1.8개월로 가속됨을 언급했다. AT & T는 테스트가

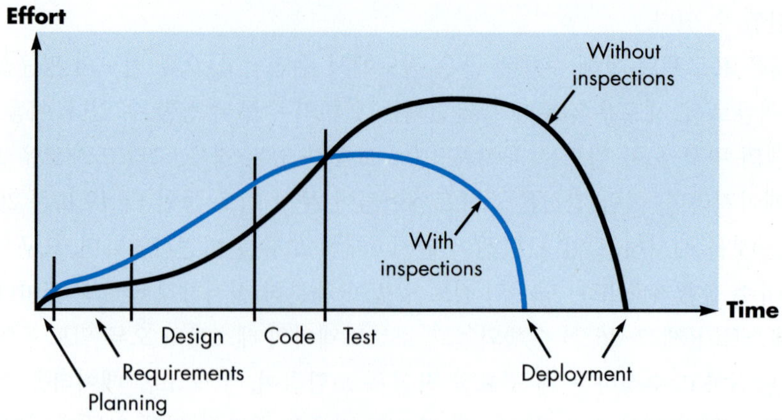

그림 20.4
검토수행여부에 따른 소요되는 노력
출처: [Fag86]부터 인용

소프트 오류의 전반적인 비용을 10배로 절감했고 품질은 10배 규모로 개선되었으며 생산성은 14% 증가했다고 지적했다. 다른 회사들도 비슷한 이익을 보고한다. 기술 검토(설계와 다른 기술 활동을 위한)실증 비용 편익을 제공하고 실제로 시간을 절약한다.

그러나 많은 소프트웨어 사람들에게, 이 발표는 반직관적이다. 소프트웨어 사람들은 "검토는 시간이 걸린다." 그리고 "우리는 시간 여유가 없다고 항변한다!" 그들은 시간은 모든 소프트웨어 프로젝트에서 귀중한 상품이며 "상세하게 모든 작업 결과물"을 검토하는 활동은 너무 많은 시간을 잡아먹는다고 주장한다.

이 절 앞에서 보여진 예제는 그렇지 않다는 것을 보여준다. 더 중요한 것은, 소프트웨어의 검토에 대한 산업 데이터는 이십 년 이상 동안 수집되었고 그림 20.4에 나타낸 그래프를 사용하여 질적으로 요약되어 있다.

그림을 참조하여, 검토가 사용될 때 소비된 노력은 소프트웨어 증분 개발이 증가하지만 검토에 대한 이 초기 투자는 도움이 된다. 왜냐하면 테스트와 시정 노력이 감소되기 때문이다.

중요한 것은, 검토한 개발의 배포 날짜가 검토 없는 개발의 배포 날짜보다 더 빠르다. 검토 시간이 걸리지 않고 오히려 시간을 절감한다.

20.4 검토: 공식성 범위

기술 검토는 구축된 제품, 프로젝트의 타임 라인 그리고 작업하는 사람들에게 이 적절한 일정 수준의 형식에 적용되어야 한다. 그림 20.5는 검토가 실시된 형식에 공헌하는 4개의 특징을 식별 기술 검토[Lai02]에 대한 참조 모델을 보여주고 있다. 그림 20.5은 검토가 이루어지는 형식에 공헌하는 4개의 특징을 식별한 기술적인 검토를 위한 참조 모델을 보여준다.

각각의 참조 모델 특성은 검토 형식의 수준을 정의하는 데 도움이 된다. 검토 형식은 다음과 같을 때 증가한다. (1) 검토자들의 역할이 명백하게 구별되어 있는 경우, (2) 검토에 대한 충분한 양의 계획과 준비가 있을 경우, (3) 검토에 대한 구별된 구조(임무와 내부 작업

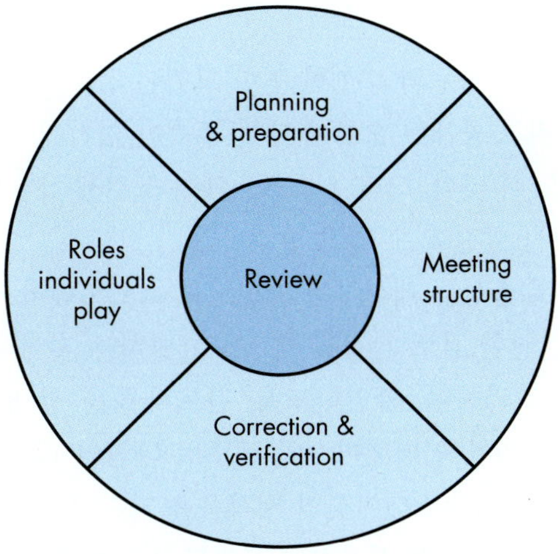

그림 20.5
기술 검토를 위한 모델

생성물이 포함되어 있는)가 정의되어 있는 경우, 그리고 (4)검토자에 의한 후속이 어떠한 수정을 위해 발생하는 경우.

참조 모델을 이해하기 위해, 당신이 **SafeHomeAssured.com**을 위한 인터페이스 설계를 검토하기로 결정했다고 가정해 보자. 당신이 상대적으로 편하게 극단적으로 어려운 여러 가지 다른 방법으로 작업을 수행할 수 있다. 당신은 편한 방식이 가장 적절하다고 결정한 경우, 잠재적인 문제를 발견하기 위한 노력으로 인터페이스의 프로토 타입을 알아내기 위하여 여러 동료(피어)들에게 부탁을 한다. 당신 모두가 사전 준비가 없을 것임을 결정한다. 하지만 당신은 다음과 합리적으로 구조화된 방법—첫 번째 레이아웃, 다음으로 미학, 그 다음에 탐색 옵션에서 조사 그리고 기타 등등—에서 프로토 타입을 검토하는 것을 결정한다. 디자이너로서 비공식적으로 여러 메모를 적기로 결정한다.

그러나 인터페이스는 전체 프로젝트의 성공에 매우 중요한 것이라면? 인간의 삶이 인체 공학적으로 건전한 인터페이스에 의존하고 있다면? 당신은 더 엄격한 접근이 필요하다고 결정할 수도 있다. 검토 팀이 형성될 것이다. 팀의 개개인이 특별한 역할이 있을 것이다. 팀을 이끌고, 조사 결과를 기록하고, 자료를 제시하고 등등. 각 검토자는 검토 전에 작업 결과물(이 경우 인터페이스 프로토 타입)에 대한 액세스 권한이 부여될 것이며 오류, 모순 및 생략을 찾기 위해 시간을 소비할 것이다. 특정 작업 세트는 검토가 일어나기 전에 개발된 의제에 따라 실시된다. 검토 결과는 공식적으로 기록되고, 팀은 검토 결과에 따라 작업 결과물의 상태를 결정할 것이다. 검토 팀 멤버는 보정이 제대로 되었는지 확인할 수도 있다.

이 책에서는 기술 검토의 2개의 넓은 분류를 고려한다. 비공식 검토와 더 공식적인 기술 검토. 각각의 넓은 범주 내에서, 여러 가지 다른 방법들이 선택될 수 있다. 이들은 다음 절에 나와 있다.

20.5 비공식 검토

비공식 검토에는 동료, 작업 생성물을 검토를 위한 편한 회의(2명 이상 포함), 또는 페어 프로그래밍의 검토 지향 측면(제5장)을 통한 소프트웨어 엔지니어링 작업 제품의 간단한 데스크 확인이 포함되어 있다.

간단한 데스크 확인 또는 동료와 수행한 편한 모임이 검토이다. 하지만 사전 계획과 준비, 의제나 회의 구조, 그리고 공개된 오류에 대한 후속이 없기에, 이러한 검토의 효과는 더 공식적인 접근법보다 상당히 낮다. 그러나 소프트웨어 프로세스에 더 전파되지 않는 한 간단한 데스크 체크로 오류를 발견할 수 있고 발견한다.

데스크 확인 검토의 효율성을 개선하는 방법으로 소프트웨어 팀에 의해 생성된 각 주요 작업 결과물에 대한 간단한 검토 점검표 세트를 개발하는 것이다. 체크리스트의 질문들은 일반적이지만, 작업 결과물을 확인하도록 검토자들을 안내할 것이다. 예를 들면, **SafeHomeAssured.com**을 위한 인터페이스의 프로토 타입의 데스크 확인을 재검토해 보자. 오히려 단순히 설계자의 워크스테이션의 시작품을 가지고 노는 것보다 설계자와 동료는 인터페이스에 대한 체크리스트를 사용하여 프로토 타입을 확인한다.

- 설계된 레이아웃은 표준 규칙을 사용하고 있는가? 왼쪽에서 오른쪽? 위에서 아래로?
- 프레젠테이션은 스크롤해야 하는가?
- 효과적으로 사용되는 색상과 배치, 글꼴, 크기는 효과적으로 사용되고 있는가?
- 모든 탐색 옵션과 기능은 추상과 같은 수준으로 보이는가?
- 모든 탐색 선택은 명확하게 표시 되어 있는가?

검토자가 지적한 오류나 문제는 나중에 해결을 위한 설계자에 의해 기록된다. 데스크 확인은 특별한 방법으로 계획될 수도 있거나, 또는 그들은 적절한 소프트웨어 엔지니어링 관행의 일부로 의무화될 수도 있다. 일반적으로 검토된 재료의 양은 비교적 작고 그리고 데스크 확인에 소요된 전체 시간은 한두 시간보다 조금밖에 더 들지 않는다.

제5장에, 다음과 같이 페어 프로그래밍을 설명했다. XP는 두 사람이 이야기를 위한 코드를 만들기 위해 하나의 컴퓨터 워크스테이션에서 함께 일하는 것을 추천한다. 이것은 실시간 문제 해결(두 사람의 머리가 종종 한 사람의 머리보다 낫다)과 실시간 품질 보증을 위한 메커니즘을 제공한다. 페어 프로그래밍은 연속적인 데스크 확인으로서 특징지을 수 있다.

오히려 어떤 시점에서 검토를 예정하는 것보다 작업 결과물(설계 및 코드)이 만들질 때 페어 프로그래밍은 연속적인 검토를 장려한다. 이점은 결과로서 오류의 즉각적인 발견과 더 나은 작업 결과물 품질이다.

페어 프로그래밍의 효율성 논쟁에서 다음과 같이 Williams과 Kessler[Wil00]가 주장한다.

> 일화적인 그리고 초기 통계적 증거는 페어 프로그래밍이 생산적으로 발생하는 고품질의 소프트웨어 제품을 위한 강력한 기술임을 보여준다. 이들 쌍은 소프트웨어 개발의 복잡성 작업과 공유 아이디어를 다루기 위해 함께 작업하고 아이디어를 함께 공유한다. 그들은 각자의 가능한 결합

제거의 가장 효과적인 초기에 이어질 성과물에 대한 테스트를 지속적으로 수행한다. 또한, 그들은 서로 열심히 당면한 작업에 집중한다.

일부 소프트웨어 엔지니어는 페어 프로그래밍에 제작된 내재된 여분이 자원의 낭비라고 주장한다. 결국, 왜 한 사람이 달성할 수작업에 두 명을 할당하는가? 이 질문에 대한 대답은 20.3.2절에서 찾을 수 있을 것이다. 페어 프로그래밍의 결과로 생성된 작업 결과물의 품질이 개인의 작업보다 훨씬 좋다면, 품질 관련 절약은 페어 프로그래밍에 의해 암시된 "여분"을 좀 더 정당화시킬 수 있다.

Info

검토 체크리스트

검토가 잘 조직되었고 적절하게 실시되고 있다 해도, "커닝페이퍼"를 검토자에게 제공하는 것은 나쁜 생각은 아니다. 즉, 검토가 진행 중인 특정 작업 산출물에 대해 꼭 필요한 질문을 각 검토자에게 제공하는 체크리스트를 가지고 있는 것은 가치가 있다. 검토 체크리스트의 가장 포괄적인 수집물 중 하나는 Goddard의 NASA에 의해 개발되었다.

우주 비행 센터와 **http://www.hq.nasa.gov/office/codeq/software/ComplexElectronics/checklists.htm**에서 얻을 수 있다.

다른 유용한 기술 검토 체크리스트는 다음에 의해 제안되었다.

Process Impact

www.processimpact.com/pr_goodies.shtml

Macadamian

www.macadamian.com

20.6 공식 기술 검토

공식 기술 검토(FTR)는 소프트웨어 엔지니어(그리고 다른 사람들)에 의해 수행되는 소프트웨어 품질 관리 활동이다. FTR의 목적은 다음과 같다. (1)소프트웨어의 임의의 표현에 대한 기능, 논리 또는 구현의 오류 발견, (2)검토 하에서 소프트웨어의 요구사항 충족 확인, (3)사전에 정의된 표준에 따라 나타난 소프트웨어 확인, (4)균일하게 개발된 소프트웨어 달성, 그리고 (5)관리하기 쉬운 프로젝트 만듦. 또한, 소프트웨어 분석, 설계 그리고 구현에 대한 다른 접근 방식을 주니어 엔지니어가 관찰할 수 있도록, FTR은 훈련장의 역할을 한다. FTR은 또한 백업과 지속성을 촉진하는 역할을 한다. 왜냐하면 다수 사람들이 그렇지 않으면 볼 수 없는 소프트웨어의 내용에 친숙하게 되기 때문이다.

FTR은 실제로 지시문과 테스트를 포함한 검토의 일종이다. 각 FTR는 회의로 진행되며 그리고 만일 제대로 계획, 제어되고 그리고 돌본다면 성공적일 것이다. 다음 섹션에서 지시문과 유사한 지침은 대표적 공식 기술 검토로서 나타난다. 만일 지시문의 추가 정보뿐 아니라 소프트웨어 테스트에 관심이 있다면 [Fre90], [Wie02], 또는 [Rad02]를 참조하라.

Quote

다른 이의 일을 검토하는 것만큼 위대한 일은 없다.

Mark Twain

WebRef

NASA SATC 공식 테스트 안내서는 http://www.everyspec.com/NASA/NASAGeneral/NASAGB-A302_2418/에서 다운로드할 수 있다.

20.6.1 검토 회의

선택된 FTR 형식과 관계없이, 모든 검토 회의는 다음의 제약을 준수해야 한다.

- 3~5(전형적으로)명이 검토에 참여해야 한다.
- 사전 준비가 있어야 하지만, 각 사람당 두 시간 이상을 요구하지 말아야 한다.
- 검토 회의 시간은 2시간 미만이어야 한다.

이러한 제약을 감안할 때, FTR은 부분 소프트웨어의 특정한(그리고 작은) 일부에 초점을 맞추고 있는 것은 분명하다. 예를 들어, 전체적인 설계를 검토하려는 시도보다 지시문은 각 구성 요소나 또는 구성 요소의 소그룹을 위해 시행되고 있다. 초점을 좁힘으로써 FTR는 오류 발견의 높은 가능성을 가지고 있다.

KEY POINT

FTR(공식 기술 검토)는 작업 산출물의 비교적 작은 부분에 초점을 맞추고 있다.

FTR의 초점은 작업 결과물이다(예를 들면, 요구사항 모델의 일부, 세부 구성 요소 설계, 구성 성분의 소스 코드). 작업 성과물을 개발한 개인-제작자-는 작업 결과물이 완료되고 검토가 필요하다는 것을 프로젝트 리더에게 통지한다. 프로젝트 리더는 용이함에 대한 제품을 검토하는 검토 리더를 접촉하고, 제품 자료의 복사본 생성하고, 제품 자료의 준비 상황에 대해서는 사전 준비를 위해 두세 명의 검토관에게 자료를 배포한다. 각 검토자는 제품 검토, 노트 기록, 그리고 그렇지 않으면 일의 익숙함에 1~2시간을 보낼 것으로 예상된다. 동시에 검토 지도자는 제품을 리뷰하고 일반적으로 다음날 예정된 검토회의의 의제를 설정한다.

ADVICE

여러 상황에서 생산자보다 제품 검토를 수행할 다른 사람이 있는 것이 좋다. 이것은 작업 생성물과 더 나은 오류 인식의 문자적 해석을 유도한다.

검토 회의에는 검토 리더, 모든 검토자, 그리고 생산자가 참여한다. 검토자 중 하나는 기록자의 역할을 한다. 즉, 검토 중에 발생한 모든 중요한 문제를 기록(서면으로)한다. FTR은 생산자에 의해 의제의 도입과 간단한 소개로 시작한다. 검토자는 사전 준비에 따라 문제를 제기하지만 생산자는 재료를 설명하고, 그러고 나서 작업 생성물로 이동한다. 유효한 문제 또는 오류가 발견된 경우, 기록자는 각각을 기록한다.

검토의 마지막에서는 FTR의 모든 참가자들은 다음을 결정해야 한다. (1)새로운 수정 없이 제품을 받아들인다. (2)심각한 오류로 제품을 거부한다(일단 수정하고 다른 검토가 이루어져야 한다). (3)제품을 잠정적으로 받아들인다(경미한 오류가 발생했고, 수정해야 하지만 추가 검토는 필요 없을 것이다). 결정이 내려진 후, 모든 FTR 참가자는 검토 참여와 테스트 팀의 조사결과 동의를 나타내는 사인 오프를 완료한다.

20.6.2 검토 보고와 기록 보존

FTR 중에 검토관(기록자)이 적극적으로 제기된 모든 문제를 기록한다. 이들은 검토 회의의 마지막에 정리되고 검토 문제의 목록이 생성된다. 또한, 공식 기술 검토 요약 보고서가 완성된다. 검토 요약 보고서는 세 가지 질문에 대답한다.

1. 무엇을 검토했나?
2. 누가 검토했나?
3. 조사 결과와 결론은 무엇인가?

검토 요약 보고서는 (가능한 첨부 파일) 단일 페이지 양식이다. 그것은 프로젝트 역사인 기록의 일부가 되고 프로젝트 리더와 다른 이해 관계자에게 배포할 수도 있다.

검토 문제 목록은 두 가지 목적을 가지고 있다. (1)제품 내의 문제 영역을 식별한다. (2) 수정이 이뤄질 때 생산자를 인도하는 작업 항목의 체크리스트로서 기능한다.

문제 목록은 일반적으로 요약 보고서에 첨부되어 있다. 문제 목록의 항목이 적절하게 보정되었는지 확인하기 위한 후속 절차를 수립해야 한다. 이것이 되지 않는 한, 제기된 문제는 "무시될 수 있다." 한 방법으로 검토 리더의 후속에 대한 책임을 할당하는 것이다.

20.6.3 검토 지침

공식 기술 검토를 실시하기 위한 지침은 미리 설정되어야 하고, 모든 검토자에게 배포되어야 하고, 합의되고, 그러고 나서 따라야 한다. 제어되지 않은 검토는 종종 검토가 없는 것보다도 더 나쁠 수 있다. 다음은 공식 기술 검토에 대한 최소한의 지침을 나타낸다.

1. 생산자가 아닌, 제품을 검토하라. FTR은 사람과 자존심을 포함한다. 제대로 실시될 때, FTR는 모든 참가자들이 달성의 훈훈한 기분을 가지고 떠나게 한다. 부적절하게 실시될 때, FTR은 엄한 심문의 분위기를 띤다. 오류가 점잖게 지적되어야 한다. 회의의 어조는 느슨하며 건설적이어야 한다. 곤란하거나 경시하는 의도여서는 안 된다. 검토 리더는 적절한 어조와 태도의 유지와 통제가 안 되는 검토의 즉각적 중지를 보장하는 검토 미팅을 실행해야 한다.
2. 의제를 설정하고 그것을 유지하라. 모든 유형의 회의에서 주요 질병 중 하나는 표류하는 것이다. FTR는 반드시 궤도 내에서 예정대로 진행되어야 한다. 검토 리더는 회의 일정 유지의 책임을 갖고 진행하며 회의가 표류할 때 사람들을 유도하는 것을 두려워해서는 안 된다.
3. 논쟁과 반론을 제한하라. 검토자에 의해 사안이 발제되면, 그 영향에 대한 보편적 합의가 없을 수 있다. 오히려 문제를 토론해서 시간을 보내는 것보다, 사안은 추가 오프라인 논의 위해 기록 되어야 한다.
4. 문제 영역을 발표하라. 그러나 지적된 모든 문제를 해결하려고 하지 마라. 검토는 문제 해결 세션이 아니다. 문제 해결은 종종 제작자 혼자 또는 다른 한 개별의 도움으로 달성될 수 있다. 문제 해결은 검토 회의 후까지 연기되어야 한다.
5. 서면 메모를 채택하라. 때로는 벽 보드에 기록하는 것이 기록자에게 좋은 생각이다. 그래서 정보가 기록될 때, 어법과 특성은 다른 검토자에 의해 검토될 수 있다. 그 대신에, 메모는 노트북에 직접 입력할 수도 있다.
6. 참가자의 수를 제한하고 사전 준비를 주장하라. 두 머리가 하나보다 우수하지만, 14개의 머리가 반드시 4개의 머리보다 좋은 건 아니다. 관련자의 수를 필요한 최소의 수로 유지하라. 그러나 모든 검토팀 구성원은 미리 준비해야 한다. 서면 의견(검토자가 자료를 검토하는지 지침을 제공하는)은 검토 지도자에 의해 요청되어야 한다.
7. 검토될 수 있는 각 제품의 체크리스트를 개발하라. 목록은 검토 리더가 FTR 회의를 구성하도록 각 검토자가 중요한 문제에 주목하도록 지원한다. 목록은 분석, 설계, 코드 그리고 심지어 작업 결과물 테스트를 위해 개발되어야 하다.

ADVICE

신랄하게 잘못을 지적하지 마라. 점잖은 한 가지 방법은 제작자가 오류를 발견하도록 질문을 하는 것이다.

Quote

회의는 너무 자주 회의록이 기록되고 시간이 낭비되는 이벤트이다.

Author Unknown

8. 자원을 할당 FTRs 위한 시간을 계획하라. 검토를 활성화하기 위해, 소프트웨어 프로세스 동안 작업으로서 예정되어야 한다. 또한, 시간이 FTR의 결과로 일어나는 필연적인 변화에 대한 일정이 계획되어야 한다.
9. 모든 검토자에게 의미 있는 훈련을 시켜라. 모든 검토 참가자가 효과적이 되기 위해 공식적인 훈련을 받게 한다. 훈련은 프로세스 관련 문제 및 검토의 인간의 심리적 측면 모두를 강조해야 한다. Freedman과 Weinberg[Fre90]는 검토에 효과적으로 참가 예정인 모든 20명에 대한 1개월 학습 곡선을 추정한다.
10. 당신의 초기 검토를 검토하라. 보고받는 것은 검토 과정 자체로 문제를 발견하는 데 유익할 수 있다. 검토된 매우 첫 제품은 검토 지침 자체이어야 한다. 왜냐하면 많은 변수(예: 참가자 수, 작업 결과물 종류, 적기와 길이, 구체적인 검토 방법)가 성공한 검토에 영향을 주기 때문에, 소프트웨어 조직은 로컬 문맥에 최적으로 작용하는 방법이 무엇인지를 결정하기 위해 실험을 해야 한다.

Quote

자신의 소중함 없이 진심으로 다른 사람을 도울 수 있는 사람은 없다는 인생의 가장 아름다운 보상의 하나이다.

Ralph Waldo Emerson

20.6.4 예제 중심의 검토

이상적인 환경에서 모든 소프트웨어 엔지니어링 작업 생성물은 공식 기술 검토를 받게 된다. 소프트웨어 프로젝트의 실제 세계에서는 자원은 한정되고 시간은 짧다. 결과적으로, 품질 조절 체계로서 가치가 인식됨에도 불구하고, 검토는 종종 생략된다.

Thelin과 그의 동료 [The01]는 어떤 작업 제품이 가장 오류가 나기 쉬운지를 결정하기 위해 모든 소프트웨어 엔지니어링 작업 제품의 샘플들이 테스트되는 예제 중심의 검토 프로세스를 제안한다. 전체 FTR 자원은 그래서 단지 오류 발생 가능성이 있는(샘플링 동안 수집된 데이터를 기반으로)작업 산출물에 초점을 맞추고 있다.

ADVICE

검토는 시간이 걸리지만, 잘 소요된 시간이다. 시간은 짧고 다른 옵션을 가지고 있지 않은 경우, 검토를 집행하지 마라. 오히려 샘플 기반 검토를 사용하라.

효과적이 되려면, 예제 중심의 검토 프로세스는 전체 FTRs가 주요 표적인 작업 결과물의 정량화를 시도해야 한다. 이를 실현하기 위해 다음 단계[The01]를 제안한다.

1. 각 소프트웨어 작업 산출물 i의 비율 a_i을 테스트하라. a_i내에서 발견된 결점 f_i를 기록하라.
2. $1/a_i$ 곱하기 f_i로 작업 산출물 i 내의 결점 수의 총 견적을 개발하라.
3. 각 결점 수의 총 추정에 따라 내림차순으로 작업 결과물을 정렬하라.
4. 장애의 가장 높은 추정 결점 수를 가지는 작업 결과물에 활용 가능한 검토 자원을 집중하라.

샘플링된 작업 산출물의 비율은 샘플링을 하는 검토자에게 의미가 있도록 전체 그리고 충분히 크게 크기 등의 작업 성과물을 대표하는 것이어야 한다. a_i가 증가할 때, 샘플이 작업 산출물의 유효한 표현일 가능성도 증가한다. 그러나 자원은 또한 샘플링의 증가를 요구한다. 소프트웨어 엔지니어링 팀은 생성된 작업 산출물의 종류를 위한 a_i의 최고의 가치를 확립해야 한다.[3]

3 Thelin과 그의 동료들은 이러한 결정을 내리는 데 도움을 주는 상세한 시뮬레이션을 실시했다. 자세한 내용은 [The01]를 참조하라.

SafeHome[9]

품질 문제

장면: SafeHome 소프트웨어 프로젝트가 시작될 때 Doug Miller의 사무실

등장인물: Doug Miller(SafeHome 소프트웨어 엔지니어링 팀의 매니저), Jamie, Vinod(소프트웨어 엔지니어링 팀원)

대화

Doug: 내가 알기로는 프로젝트를 위한 품질 계획을 만드는 데 시간을 소비하지 않았어. 하지만 우리 모두 알고 있듯이, 품질을 고려해야 해…. 맞지?

Jamie: 그래. 우리는 요구사항 모델[제9장~제11장]을 개발할 때, Ed는 각 요구사항 테스트 절차를 개발하는 것을 약속했어요.

Doug: 정말 좋지만 품질 검토에 대한 테스트를 할 때까지 기다릴 건 아니지?

Vinod: 그럼요, 물론 아니죠. 이 소프트웨어의 증가를 위한 프로젝트 계획에 검토가 예정되어 있어요. 검토로 품질 관리를 시작할 겁니다.

Jamie: 모든 검토를 실시할 충분한 시간이 없다는 것이 좀 걱정돼요. 사실, 없을 거고요.

Doug: 음. 그래서 뭘 제안하는 건데?

Jamie: 우리는 SafeHome에 가장 중요하며, 그들이 검토하는 요구사항과 설계 모델의 해당 요소를 선택해야 한다고 봐요.

Vinod: 하지만 우리가 고려하지 않은 모델의 일부에서 뭔가를 놓친다면?

Shakira: 나는 대상 후보자 검토에 도움이 될 샘플링 기술[20.6.4절]에 관하여 어떤 걸 읽었어요. (Shakira는 방법을 설명한다.)

Jamie: 아마도…. 하지만 우리도 모델의 모든 요소를 샘플링하는 시간이 있을지 모르겠는 걸.

Vinod: 우리가 뭘 하길 원해요, Doug?

Doug: 익스트림 프로그래밍[제5장]에서 뭔가를 가져와 보자. 우리는 쌍(2 사람)에서 각 모델의 요소를 개발하고 진행되는 대로 각각 비공식 검토를 시행할 거야. 그다음 더 공식적인 팀 검토를 위해 "중요한" 요소를 대상으로 하되, 최소한으로 검토를 유지하자. 그러고 나면, 모든 것을 다수의 눈으로 볼 수 있게 되는데, 납기일은 계속 유지한다.

Jamie: 그건 스케줄을 개정할 필요가 있다고 하는 것을 의미하지요.

Doug: 그렇겠지. 이 프로젝트에서는 품질이 일정보다 먼저야.

20.7 사후 검토

소프트웨어가 최종 사용자에게 전달된 후, 소프트웨어 팀이 소프트웨어 프로젝트의 성과를 할 시간을 낸다면, 많은 교훈을 얻을 것이다. BAAZ와 그의 동료 [Baa10]이 소프트웨어 엔지니어링 프로세스와 실행이 특정 프로젝트에 적용할 때, 무엇이 옳았고 무엇이 잘못됐는지를 판단하기 위한 체계로 사후 검토(post-mortem evaluation: PME)의 사용을 제안하고 있다.

특정한 작업 산출물에 초점을 맞춘 FTR과는 달리, 사후 검토는 "장점(즉, 성과와 긍정적인 경험)과 도전(문제점과 부정적인 경험)" 모두에 초점을 맞추는 전체 소프트웨어 프로젝트를 테스트한다. 종종 워크숍 형식으로 진행되는, 사후 검토에는 소프트웨어 팀과 관계자의 회원들이 참여하고 있다. 의도는 장점과 도전을 파악하고 모두에게서 배운 교훈을 추출하는 것이다. 목표는 진행될 절차와 실행에 개선을 제안하는 것이다.

20.8 요약

모든 기술 검토의 목적은 배치될 소프트웨어에 대한 악영향을 끼칠 오류를 발견하고 문제점을 밝혀내는 것이다. 더 빠르게 오류가 밝혀지고 수정될수록, 그 오류가 다른 소프트웨어 엔지니어링 작업 산출물에 전파되어 증폭되어, 결과적으로 그것을 수정하기 위해 더 많은 노력을 초래할 가능성이 적어진다.

품질 관리 활동이 작동하는지 여부를 판단하기 위해, 측정 기준이 수집되어야 한다. 테스트 측정 기준은 검토 수행에 요구된 노력과 검토 중에 발견된 오류의 종류와 심각도에 초점을 맞추고 있다. 측정 기준 데이터가 일단 수집되면, 수행할 검토의 유효성을 검토하기 위해 사용될 수 있다. 업계 데이터는 검토는 상당한 투자 수익을 가져다준다는 것을 보여준다.

검토 절차에 대한 참조 모델은 검토가 이루어지는 절차의 수준 정도를 나타내는 특성으로 사람들의 역할, 계획과 준비, 회의 구조, 수정 방법, 그리고 검증을 재생 식별한다. 비공식 검토는 본질적으로 편하지만 여전히 오류를 발견하기 위해 효과적으로 사용할 수 있다.

정규 검토는 더 구조화되어 있으며, 고품질 소프트웨어에 이르는 확률이 가장 높다. 비공식 검토는 최소한의 계획과 준비와 적은 기록 유지로 특징되어진다. 책상 확인과 페어 프로그래밍은 비공식 검토 카테고리로 분류된다.

정규 기술 검토는 오류 발견에 매우 효과적으로 보이는 양식화된 회의이다. 검토 회로와 점검은 각 검토자의 정의된 역할을 설정하고, 기획과 사전 계획을 촉진하며, 정의된 검토 지침의 적용을 필요로 하고, 기록 관리와 상태 보고서를 위임한다. 샘플 기반 검토는 모든 작업 제품의 공식 기술 검토를 실시할 수 없는 경우에 사용될 수 있다.

문제와 생각할 점

20.1 오류와 결함 간의 차이를 설명하라.

20.2 테스트로 모든 소프트웨어 오류를 발견하고 수정할 때까지 왜 기다릴 수 없는가?

20.3 10개의 오류가 요구사항 모델에서 발견되었고 각 오류가 설계에서 2:1 비율로 증가되었으며 추가 20개의 오류가 소개되었다. 그러고 나서 추가적으로 30개의 오류가 나온 코드에 5:1 비율로 증가한다고 가정하라. 모든 단위 테스트는 모든 오류의 30%를 발견하고, 통합은 나머지 오류의 30%를 발견하고, 확인 테스트는 나머지 오류의 50%를 찾을 수 있다고 가정하라. 어떠한 검토가 행해지고 있지 않다. 얼마나 많은 오류가 현장에 풀어지는가?

20.4 문제 20.3에서 설명된 상황을 재고하라. 그러나 현재 요구사항, 설계, 코드 검토가 실시되고 그 단계에서 모든 오류의 발견에서 60%가 효과적이라고 가정하라. 얼마나 많은 오류가 현장에 풀어지는가?

20.5 문제 20.3과 20.4에 설명된 상황을 재고하라. 현장에 방출된 오류 각각을 발견하고 수정하는데 4,800불의 비용이 들고 검토에서 발견된 각 오류를 발견하고 수정하는데 240불의 비용이 든다면, 검토를 수행함으로써 얼마의 비용을 절약할 수 있나?

20.6 그림 20.4의 의미를 설명하라.

20.7 당신이 생각하기에 어떤 참조 모델 특성이 검토 절차상 가장 강한 결실을 갖는다고 생각하는가? 이유를 설명하라.

20.8 당신은 데스크 확인이 이익을 가져다주는 것보다 문제를 만든다면 몇 가지 예를 생각할 수 있는가?

20.9 만일 모든 것을 사전에 준비한다면 공식적인 기술 검토가 효과적이다. 준비하지 않은 검토 참가자를 어떻게 인식하는가? 당신이 만일 검토 리더라면, 당신은 어떻게 할 것인가?

20.10 20.6.3절에 제시된 모든 검토 지침을 고려할 때, 무엇이 가장 중요하다고 생각하고 이유는 무언가?

추가 읽을거리와 정보 소스

지난 10년간 소프트웨어 검토 관련 새로운 책들이 상대적으로 소수가 소개되었지만, 문학에서 최근 추가된 책들 중 McCann(*Cost-Benefit Analysis of Quality Practices*, IEEE Press, 2012), Wong(*Modern Software Review*, IRM Press, 2006), 그리고 Young(*Project Requirements: A Guide to Best Practices, Management Concepts*, 2006)의 책들이 포함되었다. 가치 있는 지침을 제공하는 좀 오래된 기여는 다음과 같다. Radice(*High Quality, Low Cost Software Inspections* 고품질, 저비용의 소프트웨어 점검, Paradoxicon Publishers, 2002), Wiegers(*Peer Reviews in Software: A Practical Guide*, Addison-Wesley, 2001) Gilb와 Graham(*Software Inspection*, Addison-Wesley, 1993), Freedman과 Weinberg(*Handbook of Walkthroughs, Inspections and Technical Reviews*, Dorset House, 1990)는 고전적 교과서로 남겨져 있으며, 이 중요한 주제에 대한 가치 있는 정보를 제공하고 있다.

Rubin(*Essential Scrum: A Practical Guide to the Most Popular Agile Process*, Addison-Wesley, 2012)와 Adkins(*Coaching Agile Teams: A Companions for ScrumMasters, Agile Coaches, and Project Managers in Transition*, Addison-Wesley, 2010)의 책들은 민첩한 소프트웨어 프로세스에서 검토 역할을 설명하고 있다.

소프트웨어 검토에 대한 다양한 정보 소스는 인터넷에서 이용할 수 있다. 월드 와이드 웹 참조의 최신 목록은 SEPA 웹사이트 www.mhhe.com/pressman의 "소프트웨어 엔지니어링 자원"에서 찾을 수 있다.

21

CHAPTER

소프트웨어 품질 보증

주요 개념

소프트웨어 품질 보증 요소
정형적 접근
목표
ISO 9001:2008 표준
품질 관리 요소
식스 시그마
소프트웨어 신뢰성
소프트웨어 안정성
SQA 계획
SQA 업무
통계적 소프트웨어 품질 보증

이 책에서 언급하는 소프트웨어공학적 접근은 한 가지 목적을 갖는다. 즉, 정해진 시간에 고품질 소프트웨어를 생산하는 것이다. 아직도 많은 독자들은 "소프트웨어의 품질이 무엇인가?"라는 질문에 의문을 제기하고 있다.

Philip Crosby[Cro79]는 자신의 품질에 관한 책에서 이러한 질문에 풍자적인 답을 하고 있다.

> 품질 관리의 문제점은 사람들이 그것에 대하여 모른다는 것이다. 문제는 그들이 알고 있다고 생각하는 것이다.
>
> 이와 관련해서, 품질은 성관계와 공통점이 있다는 것이다. 많은 이들이 이를 행하고 있다(물론 확실한 상황 속에서). 많은 이들이 그것을 이해하고 있다고 여긴다(다만 그것들을 표현하기를 원하지 않을 뿐이다). 많은 이들이 자연 발생적인 상황에서 행하여진다고 생각한다(어쨌든 왜 그러는지 모르겠지만 우리는 행하는 것이다). 물론, 많은 사람들은 이러한 상황에서 발생되어지는 문제는 상대방에 의하여 발생된다고 느낀다. (행하여야 할 때에 행할 경우에만 바른 것이다.)

QUICK LOOK

이것은 무엇인가? 소프트웨어 품질이 중요하다고 수천 번 강조하여도 충분하지가 않다. (1) 소프트웨어 품질을 이야기할 때에는 명확한 정의가 필요하다. (2) 소프트웨어공학 작업에서 높은 품질을 요구할 수 있는 활동들을 정의하여야 한다. (3) 모든 프로젝트에서는 품질 제어와 보증 활동이 수반되어야 한다. (4) 소프트웨어 프로세스의 향상과 최종적으로 제품의 품질을 향상시킬 수 있는 척도들을 사용하여야 한다.

누가 수행하는가? 소프트웨어공학 프로세스에 속한 모든 이들은 품질 향상에 책임이 있다.

왜 중요한가? 당신이 바르게 개발하지 않으면 처음부터 다시 하여야 한다. 만일 소프트웨어 개발팀이 모든 소프트웨어 공학 작업에서 품질 관계로 스트레스를 받게 된다면 꼭 해야 할 재작업을 줄일 수 있다. 그 결과로 저렴한 비용과 시장 개척 증진에 더욱 주요한 영향을 미치게 된다.

어떤 단계가 있는가? 소프트웨어 품질 보증(SQA) 작업이 시행되기 전에 소프트웨어 품질의 관념적인 다양한 면들을 정의하는 것이 매우 중요하다. 일단 품질이 무엇인가를 이해한다면, 소프트웨어 개발팀은 작업을 제공하기 전에 결함들을 걸러낼 수 있는 SQA 작업을 정의하여야 한다.

작업 산출물은 무엇인가? 소프트웨어 품질 보증 계획은 소프트웨어 팀의 SQA 전략에서 수립된다. 모델링하고 코딩할 때, SQA 작업 결과는 재검토의 소산이다(제20장). 테스팅하는 동안(제22장~26장) 테스트 계획과 프로시저는 생산되어진다. 또 다른 작업들은 프로세스를 개선시키는 데 부가적으로 만들어진다.

작업이 옳게 수행되었다는 것을 어떻게 확인하는가? 결함이 되기 전에 오류를 발견하라. 이는 결함률을 가장 효과적으로 제거하는 길이다(제30장). 그렇게 함으로써 재작업의 수를 감소시킬 수 있다.

사실, 품질은 제기 되어지는 문제이다. 우리는 제19장[1]에서 좀 더 세밀하게 다루었다.

대부분의 소프트웨어 개발자는 소프트웨어 품질은 코드가 생성된 뒤에 생각하기 시작해도 되는 작업으로 여기고 있다. 그러나 그것은 사실이 아니다! 소프트웨어 품질 보증은 (품질 관리라 칭한다) 소프트웨어 프로세스에서 나타나는 하나의 우산 활동이다(제3장).

소프트웨어 품질 보증(SQA)은 다음을 포함한다: (1) SQA 프로세스 (2) 품질 보증의 정의와 품질 제어 작업(기술 재검토와 다각도의 검사 전략), (3) 효과적인 소프트웨어공학 실무(방법과 도구) (4) 소프트웨어 개발과 수정 작업의 제어(제29장) (5) 소프트웨어 개발 표준의 준수 프로시저와 (6) 방법의 기술과 측정.

이 장에서는 "바른 방법으로 바른 시간에 바른 것"을 추구하는 소프트웨어 구조를 가능하게 하는 관리 부문과 과정-정의 행위에 대하여 기술한다.

21.1 배경 주제

품질 제어와 보증은 다른 것에 의하여 사용되어지는 생산품 관련 비즈니스에게는 중요한 행위이다. 21세기 이전에는 품질 제어는 생산을 담당하였던 명장들의 단독적인 책임이었다. 시간이 흐르고 다량 생산기술은 생산자보다 다른 이들에게 품질 제어가 요구되어지는 것이 다반사가 되고 말았다.

처음으로 품질 보증과 제어 함수 형태는 1981년 Bell Labs에 의하여 제안되었고 생산 제조업 분야에 빠르고 신속하게 확산되었다. 1940년대에는 보다 정형화된 개념이 품질 보증에 제안되었다. 이러한 척도의 신뢰는 지속적으로 개선되어[Dem86] 품질 관리의 주요 주제가 되었다.

> **Quote**
> 당신은 너무 많은 오류를 범하고 있다.
> Yogi Berra

병행 소프트웨어 개발에서의 품질 보증 역사는 하드웨어 생산의 품질 발달과 연관이 있다. 컴퓨팅의 초기 시대의(1950년과 1960년대) 품질은 프로그래머의 독단적인 책임이었다. 소프트웨어의 품질 보증에 대한 표준화는 1970년 군대에서의 소프트웨어 개발에서부터 시작되어 일반 비즈니스 업계에로 확산되었다[IEE93a]. 좀 더 확장하여 이야기한다면 소프트웨어 품질 보증은 "행위에 대한 시스템적 형태이며 계획이다."[Sch98c] 이러한 내용은 소프트웨어의 높은 품질을 요구하는 데 필수적인 사항이 되었다. 품질 보증 책임의 범위를 자동차 산업의 상업적 의미로 의역을 한다면, "품질은 첫 번째 업무"라 하겠다. 소프트웨어에서의 품질 보증 의미는 매우 다양한 분야에서 소프트웨어 품질 보증 책임이 있게 된다–소프트웨어 기술자, 프로젝트 관리자, 소비자, 영업판매자, 그리고 SQA 그룹에 속하여 있는 다양한 사람들이 해당된다.

SQA 그룹은 내부의 소비자들을 대표하는 대변인으로서 일을 처리한다. 이 의미는 SQA는 소비자의 시각으로 소프트웨어를 바라보아야 한다는 의미이다. 제19장에서 정의된 품질 함수에 대하여 소프트웨어는 충분하게 처리되었나? 소프트웨어공학 전략은 미리정의되어진 표준에 의하여 제어되었는가? 기술 체계는 SQA 활동에 적절하게 활용되었나?

1 아직 제19장을 읽지 않았다면 즉시 참조할 것.

SQA 그룹은 품질 유지를 보장하는 이러한 질문들과 또 다른 의문에 대하여 해답을 시도하여야 한다.

21.2 소프트웨어 품질 보증 요소

WebRef

SQA에 대하여 정의를 포함한 보다 자세한 참조 사이트: http://www.swqual.com/images/FoodforThough_jan2011.pdf.

소프트웨어 품질 보증은 소프트웨어 품질 관리에 초점을 맞춘 개념과 행동을 폭넓게 아울러야 한다. 이러한 점은 다음과 같이 정리할 수가 있다[Hor03]:

표준 IEEE, ISO 그리고 다른 표준화 기구들은 소프트웨어공학 표준과 관련 문서들을 제정하고 있다. 표준은 소프트웨어공학 기구에 의하여 자발적으로 채택되고 있거나 고객이나 이해 당사자들에 의하여 도입되고 있다. SQA 작업은 표준이 모든 개발 작업에 적용되도록 제도화하는 것이다.

검토와 감사추적 기술 검토들은 소프트웨어 공학자들에 의하여 소프트웨어 공학자들을 위해 선행되어지는 품질 제어 작업이다. 그들의 의도는 오류를 찾아내는 것이다(제20장). 감사추적이란 SQA 인원에 의하여 소프트웨어공학 작업을 위해 품질 지시서에 의하여 반드시 수행되어지는 목적이다. 예를 들면, 검토에서 오류 발견이 되지 않을 가능성이 클 것으로 예견되는 방법들이 사용되므로 검토 과정에 대한 감사는 필히 시행되어야 한다.

테스트 소프트웨어 테스트(제22장부터 제26장)는 오류만을 발견하고자 하는 기본 목적을 가진 품질 제어 기능이다. SQA의 임무는 테스트의 기본 계획 수립과 기본적인 목적을 최대로 달성할 수 있도록 효율적으로 수행하는 것이다.

오류/결함 수집과 분석. 향상시키는 유일한 방법은 어떻게 하는 것을 측정하는 것이다. SQA는 어떻게 오류가 도입되는가를 잘 이해하는 것과 그러한 오류들을 없애는 최상의 소프트웨어공학 활동의 무엇인가를 위하여 오류와 결함 자료를 수집하고 분석한다.

변경관리 변경은 어떠한 소프트웨어 프로젝트에서 가장 지장을 주는 양상 가운데 하나이다. 만일 이러한 사항들이 원초적으로 관리되지 못하면 변경은 혼란을 야기시키며 혼돈은 또한 부실한 품질을 초래하게 된다. SQA는 충분히 변화에 대응하는 관리 관례(제29장)을 도입해야 한다.

Quote

우수함이란 당신이 제공할 수 있는 품질 향상의 무제한 기능이다.

Rick Petin

교육 모든 소프트웨어 조직은 소프트웨어공학 관례를 향상시키기를 원한다. 향상 기여 방법은 소프트웨어 엔지니어, 관리자와 이해당사자에 대한 교육이다. SQA 조직은 소프트웨어 과정 향상을(제37장) 주도하며 교육 프로그램의 주제안자이고 지지자가 된다.

소프트웨어 판매자 관리 제공되는 소프트웨어는 세 가지 형태로 구분되어 획득되는데(외부 소프트웨어 제공자, 수축 포장 패키지(shrink-wrapped package 즉, 마이크로소프트 오피스), 주문 맞춤[Hor03])기본 골격 제공에 의한 사용자의 요구에 맞춘 소프트웨어, 그리고 고객 조직에서 정의한 고객 설계와 구성에 의한 소프트웨어 사용허가 형태이다. SQA 조직은 외부 공급 업체와 어떤 계약의 일부로서 품질의 권한을 통합(가능한 경우), 그리고 공급 업체에 수행해야 할 구체적인 품질 관례를 제시함으로써 그 높은 품질의 소프트웨어 결과를 보장하는 것이다.

보안관리 사이버 범죄와 개인정보 보호에 대한 정부의 새로운 규제 증가에 따라, 모든 소프트웨어 조직은 모든 수준에서 데이터를 보호하는 정책을 제정하여 웹 애플리케이션 보호를 위하여 방화벽을 설정하고 해당 소프트웨어의 무결성을 확인해야 한다. SQA는 소프트웨어 보안 달성을 위하여 적절한 과정과 기술을 사용하여야 한다(제27장).

안전 소프트웨어는 인적관리 시스템의 주요한 컴포넌트이므로(즉, 자동차 혹은 항공기 응용 프로그램) 숨겨진 결함은 치명적이 될 수 있다. SQA는 소프트웨어 오류의 영향을 평가하고 위험을 최소화하기 위해 요구되는 단계를 실시하여야 할 책임을 갖는다.

위험관리 위험(제35장)의 분석과 완화는 소프트웨어 엔지니어에 관한 것으로 SQA 조직은 위험관리 행위와 위험관련 비상계획이 제대로 설정되고 시행되도록 행하여야 한다.

이러한 설정과 행위에 더 추가하면 SQA 업무는 소프트웨어 지원 행위(즉, 유지보수, 지원 라인, 문서 작성과 매뉴얼)가 시행되거나 품질이 지배적 우위인 과정이 시행되도록 하는 것이다.

Info

품질 관리 재원

12개의 품질 관리 자원은 전문학회, 표준기구와 일반 정보 검진을 포함하여 웹에서 가능하다. 아래의 사이트들은 좋은 자료들을 제공하는 곳이다.

American Society for Quality (ASQ) Software Division
 www.asq.org/software

Association for Computer Machinery
 www.acm.org

Cyber Security and Information Systems Information Analysis Center (CSIAC)
 https://sw.thecsiac.com/

International Organization for Standardization (ISO)
 www.iso.ch

ISO SPICE **http://www.spiceusergroup.org/**

Malcolm Baldridge National Quality Award
 http://www.nist.gov/baldrige/

Software Engineering Institute www.sei.cmu.edu/
 Software Testing and Quality Engineering
 www.stickyminds.com

Six Sigma Resources **www.isixsigma.com/**
 www.asq.org/sixsigma/

TickIT International: Quality certifi cation topics
 www.tickit.org/international.htm

Total Quality Management (TQM)
 http://www.isixsigma.com/methodology/total-quality-management-tqm/
 http://asq.org/learn-about-quality/total-quality-management/overview/overview.html

21.3 SQA 프로세스와 제품 특성

소프트웨어 품질 보증에 대하여 토의를 시작하는데, SQA 절차와 접근에 있어서 소프트웨어 환경에서의 작업은 또 다른 직업에서와는 다르다는 점을 정의하는 것은 매우 중요하다.

기업에서는 소프트웨어공학에 일관된 접근법[2]을 사용하고 있다, 즉 다른 소프트웨어 제품은 다른 차원의 품질이 전개된다[Par11].

이러한 진퇴양단 문제의 해답은 소프트웨어 제품의 품질 요구 사항 정리 이해와 프로세스 선정과 정의, 또한 이러한 문제 해결에 적용될 SQA행동과 책무의 정의 등이다. 소프트웨어공학 기관인 CMMI와 ISO 9000 표준은 프로세스 체계에 있어서 가장 기본이 된다. 각각 제안 한 "구문과 의미"[Par11]는 제작품 품질을 향상시키는 소프트웨어공학 관례의 구현을 주도할 것이다. 전체의 틀을 설명하기보다는 소프트웨어 기관은 양 틀에 의하여 선택되어진 두 개의 모델과 각각의 제품이 요구하는 품질 요구사항에 그들을 접근시키는 "화합"을 시행할 수 있다.

21.4 SQA 태스크, 목표와 지표

소프트웨어 품질 보증은 다른 두 개의 구분-기술적인 작업을 수행하는 소프트웨어 엔지니어와 품질 보증 계획, 관리, 기술유지, 분석과 문서 작성을 담당하는 SQA 그룹으로 여러 가지 다양한 작업으로 구성되어 있다.

소프트웨어 엔지니어는 고정화된 기술 방법과 측정, 검토 기술 그리고 잘 기획되어진 소프트웨어 테스트를 활용하여 품질을 관리한다(그리고 품질 제어 행위).

21.4.1. SQA 태스크

SQA 그룹의 특권은 높은 품질과 제품을 만들어 내도록 소프트웨어 팀을 도와주는 것이다. 소프트웨어공학 기관은 SQA의 활동 범위에 대하여 품질 보증을 위한 계획, 감독, 기술 유지, 분석과 서류작업을 행함을 제안하고 있다. 이러한 행위는 SQA 그룹이 독립적으로 실행(촉진)한다.

?

SQA 그룹의 임무는 무엇인가?

프로젝트를 위한 SQA의 계획 준비. 제반 계획은 프로젝트 기획에의 일부분으로 개발되고 또한 모든 투자자에 의하여 검토된다. 품질 보증 행위는 소프트웨어공학 팀과 SQA 그룹에 의하여 계획에 따라 수행된다. 계획은 평가되어야 하고 감사와 검토가 되어야 한다. 또한 프로젝트에 표준화가 적용되어야 하고 오류 보고를 위한 절차와 능력이 있어야 하고 작업 제품은 SQA 그룹에 의하여 개발되어야 한다. 그리고 소프트웨어 팀에 의한 피드백이 보장되어야 한다.

프로젝트의 소프트웨어 과정 정의의 개발 참여. 소프트웨어 팀은 작업을 위한 과정을 설정하여야 한다. SQA 그룹은 조직 정책에 의한 특성, 내부 소프트웨어 표준, 외부 표준화(즉, ISO 9001) 그리고 소프트웨어 프로젝트 계획의 다른 부분을 위하여 과정의 정의들을 검토한다.

소프트웨어 공학 활동이 사전 정의된 소프트웨어 프로세스와 일치 여부 검토. SQA 그룹은 프로세스로부터 정의, 서류 작업, 궤적과 이행 여부를 확인한다. 또한 제정되어

2 예를 들면, CMMI-정의된 프로세스와 실행(제37장)

진 것에 대한 정확성 여부를 검증한다.

상기의 일치 여부를 확인하기 위해 지정된 소프트웨어 작업 산출물 감사. SQA 그룹은 선정된 작업에 대하여 정의, 문서 작업, 궤적과 변경을 검토한다. 또한 제품의 정확성에 대하여 검토를 하며 프로젝트 관리자에게 수행되어진 결과 보고서들을 작성하여 보고한다.

소프트웨어 작업의 변경과 작업 흐름에 대한 문서작업화 및 문서 작업 과정에 수반되어진 내용에 대한 검증. 변경은 프로젝트 계획, 과정 정의 표준화 작용 또는 소프트웨어공학 작업 과정에서 일정하게 예정되어진 사항이다.

상위 관리자에게 이상 항목에 관한 기록과 보고. 이상 항목은 다시 해결될 때까지 미완성 상태로 둔다.

이러한 상황에 추가하여 SQA 그룹은 변경 관리와(제29장) 제어를 종합화하고 소프트웨어 지표 분석과 정확 여부를 돕는다.

> **Quote**
>
> 품질은 결코 하나의 사고가 아니다: 그것은 항상 높은 관심, 진정한 노력, 지적인 방향과 기술적 실행의 결과이다. 그것은 많은 대안의 현명한 선택을 나타낸다.
>
> Willan A. Faster

SafeHome

소프트웨어 품질 보증

장면: Doug Miller의 사무실 SafeHome 소프트웨어 프로젝트를 시행하고 있다

등장인물: Doug Miller(SafeHome 소프트웨어공학 팀의 관리자)와 소프트웨어공학 개발 팀의 다른 작업자들

대화

Doug: 내부적 검토는 어떻게 진행되는가?

Jamie: 테스트하기 전에 코드를 쌍으로 주요한 프로젝트 항목들을 검토하는 것이 빠르게 처리하는 것이라 생각되는데요.

Doug: 그것 좋은 아이디어네. 그런데 나는 우리가 추진하고 있는 각 프로세스와 품질 목표를 위하여 Bridget Thorton SQA 그룹이 우리 제품의 감사를 시행해 주었으면 하는데.

Vinod: 대부분 점검을 이미 행하지 않았나요?

Doug: 그래, 우리들은 이미 마쳤지. 그러나 QA는 테스팅보다 더 중요하네. 그러니 개발 문서가 개발 코드에 의하여 시행되어짐에 대한 확신과 새로운 통합 작업에 진입 전에 제반 오류가 없음을 확인할 필요가 있네.

Jamie: 저는 그러한 점검이 전혀 필요 없다고 보는데요.

Doug: 아니, 걱정 말게. 감사란 우리 작업에 대한 요구사항과 우리의 개발 과정의 일치 여부에 초점을 맞춘 것뿐이니까. 우리는 단지 감사 결과를 우리 소프트웨어 제품의 프로세스를 개선시키는 데에 활용할 뿐이라네.

Vinod: 그러한 작업은 단지 우리들의 작업 시간은 연장시킬 뿐이라고 보는데요.

Doug: 길게 보면 그러한 작업은 우리가 결정적 결점을 일찍 발견하는 시간을 절약시켜줄 걸세. 또한 만일 그러한 것들을 일찍 잡아낸다면 결점 해소 비용을 절약시킬 것이라고 보네.

Jamie: 매우 흥미로운 이야기이네요.

Doug: 결함에 대한 정리와 추가 검토 사항의 정의 행위는 다음에 관련된 결함들을 찾는 데 아주 중요한 역할을 할 것일세.

Vinod: 우리의 검토 행위를 충분하게 샘플링한다면 매우 도움이 되겠네요.

Doug: 결국에는 SQA 팀은 우리들을 더욱 세련된 팀으로 만들어 줄 걸세.

21.4.2 목표, 속성과 척도

앞 절에서의 SQA 행위는 일련의 목표 달성들을 위하여 행한다.

그림 21.1

소프트웨어 품질 목표, 속성과 지표

출처: [Hya96]에서 발췌

목표	속성	척도
요구사항 품질	모호한 표현	모호한 표현의 수(예: 많이 큰, 인간 친화적)
	완성도	TBA와 TBD의 수
	이해성	장과 절의 수
	즉흥도	요구사항의 변경 횟수
		요구사항 변경 때의 작업 변경 시간
	추적도	설계/코드에 대한 요구사항 미추적 횟수
	모델 명확도	UML 모델의 수
		모델마다 정의된 페이지의 수
		UML 오류의 수
설계 품질	구조 보전도	모델 구조의 존재 여부
	수성 요소 완성도	구조 모델 추적 컴포넌트의 수
		절차 설계의 완성도
	연결 완성도	함수나 요소 호출 평균 수
		적합도 구성
	형태	사용되어진 형태의 수
코드 품질	완성도	회전 완성도
	유지 보수	요소 설계[제8장]
	이해도	내부 주해 백분율
		약속된 변수 이름
	재사용성	재사용된 요소 백분율
	문서화	목차의 가용성
QC 효율성	자원 할당	행위에 대한 관리자 시간 백분율
	완성율	실제와 예산 완성 시간
	효율적 검토	재검토 지표 참조[제14장]
	효율적 테스트	오류 발견 수와 치명도
		오류 수정을 위한 노력도
		오류의 근원

품질 요구사항. 요구사항 모델의 정확성 완전성과 일관성은 모든 제품의 품질에 강한 영향력을 갖는다. SQA는 소프트웨어 팀이 높은 수준의 품질을 달성하기 위하여 요구 모델을 재검토하였는지를 확인하여야 한다.

설계 품질. 설계 모델의 제반 항목들은 최상의 품질이며 요구 사항들을 만족하고 있는지를 소프트웨어 팀에 의하여 평가되어야 한다. SQA는 품질을 나타내는 설계의 지표들을 찾아낸다.

코드 품질. 소스 코드와 관련 작업 제품은(예를 들면, 다른 기술 정보) 코딩 표준화 작업과 유지 보수를 용이하게 하기 위한 제반 특성들을 준수하여야 한다. SQA는 코드 품질 분석에 따라 그들의 속성들을 분류한다.

품질 제어 효율성. 소프트웨어 팀은 높은 품질을 얻기 위하여 최상의 방법으로 제한적인 자원들을 사용한다. SQA는 그들이 가장 효과적인 방식으로 적용하고 있는 검토와 테스트를 위한 자원의 배치들을 분석한다.

그림 21.1은([Hya96]에서 발췌) 논의된 각 목표의 품질에 대한 지표의 속성들을 표기하였다. 지표는 각 속성 간의 연관성을 나타내는 데 사용될 수 있다.

21.5 SQA의 정형 접근

앞 절에서 우리는 해당 소프트웨어의 품질은 모두의 작업이며 이러한 품질은 기술 검토, 다층 시험전략, 더 나은 소프트웨어 제품 관리와 수정과 소프트웨어공학의 표준화와 프로세스 체계의 적용과 같은 유능한 소프트웨어공학 관행을 통해서 얻을 수 있다. 추가해서, 품질은 다양한 품질 속성의 항목으로 정의될 수가 있으며 다양한 지표와 지수로 측정될 수가 있다.

지난 30년 동안, 소프트웨어 공학회의 일부와 소수의 의견은 소프트웨어 품질 보증에 대한 형식적인 접근 방식이 필요하다고 주장했다. 그것은 컴퓨터 프로그램은 수학적 개체라고 주장 될 수 있다. 모든 프로그래밍 언어에 대하여 정의될 수 있는 정당한 구문과 의미와 소프트웨어 요구 사항의 규격에 대한 정당한 접근 방식(제28장)은 가능하다. 만일 요구 모델(정의된) 및 프로그래밍 언어가 정당한 방식으로 표현될 수 있다면, 프로그램이 수학적 표현을 정확하게 적용하는 사례를 수학적으로 증명하는 것이 가능하여야 한다. 올바른 프로그램을 증명하는 시도는 새로운 것이 아니다.

Dijkstra[Dij76a]와 Linger, Mills와 Witt[Lin79] 그리고 다른 이들은 프로그램의 정확성을 증명하는데 적용하였으며 구조적 프로그래밍 개념(제14장)에 이러한 이론들을 적용시켰다.

21.6 통계적 소프트웨어 품질 보증

통계적 품질 보증은 더욱 품질의 정량화를 산업 도처에 성장 유형으로 초래하였다.

1. 소프트웨어의 오류와 결함에 대한 정보를 수집 분류한다.
2. 시도는 강조된 원인의(예: 지켜지지 않은 정의, 설계 오류, 표준화 위반, 소비자와의 부실한 대화) 각 오류와 결함의 추적을 정리한다.
3. 파레토 원칙를 사용하여(결함의 80%가 모든 가능 원인의 20%로 추적이 가능하다), 중요한 몇 가지 20% 정도를 격리한다.
4. 정의되어진 주요 결함이 발견되면 오류와 결함에 의하여 수정 프로그램으로 이동한다.

이러한 비교적 단순한 개념은 오류를 갖는 프로세스 항목을 개선하여 변경하는 소프트웨어 프로세스를 적용하도록 주요한 절차를 요구한다.

> **Quote**
> 20%의 코드는 80%의 오류를 가진다. 그것을 찾고 수정하라.
> Lowell Arthur

> **?**
> 통계적 SQA를 적용하려면 어떤 수순을 거쳐야 하나?

21.6.1 사례 연구

소프트웨어공학 작업을 위한 통계적 방법 이용의 사례를 위하여 소프트웨어공학 조직이 1년 동안의 오류와 결함에 관련 정보들을 수집하는 것을 허가한다. 소프트웨어가 개발되는 동안에 약간의 오류들은 발견된다. 또 다른 결함들은 최종 사용자에게 인도되고 나서야 발견되기도 한다. 약 100여 개의 다른 문제들이 발견되는데 이들은 다음의 유형 중에 하나로 분류된다.

> **Quote**
> 적절하게 적용된 통계적 분석은 불확실성의 미약한 분해이며 억측의 진단이다.
> M.J.Moroney

- 안정하거나 잘못된 명세(IES)
- 고객 대화의 잘못된 이해(MCC)
- 명세와의 의도적 편차(IDS)
- 프로그래밍 표준 위반(VPS)
- 데이터 재표현의 오류(EDR)
- 컴퍼넌트 접속의 비일관성(ICI)
- 논리 설계의 오류(EDL)
- 테스팅의 불안정이나 잘못됨(IET)
- 부정확하거나 불완전한 문서화(IID)
- 설계의 프로그래밍 언어 변환 작업의 오류(PLT)
- 인간/컴퓨터 간의 일관성 없음이나 모호함(HCI)
- 기타(MIS)

통계적 SQA를 적용하려면, 그림 21.2 테이블이 조성된다. 테이블에서 표시하고 있는 IES, MCC와 EDR은 오류의 53% 이상을 차지하는 주요한 원인임을 알 수가 있다. 또한 아주 심각한 오류만을 고려한다면 IES, EDR, PLT와 EDL 같은 주요한 원인들이 선정됨을 주지하여야 한다.

중요한 몇 가지 원인이 예상되어지면, 소프트웨어공학 조직은 시정 조치를 시작할 수 있다. 예를 들어, MCC를 해결하기 위해 당신은 고객과의 정의와 요구사항의 질을 향상시키기 위한 요구 수집 기술을(제8장) 구현하여야 한다. EDR을 개선하기 위해, 당신은 데이터 모델링을 위한 기술들을 습득하여야 하며 더 엄격한 데이터 설계 검토를 행하여야 한다.

수정할 때는 주요한 몇 가지 원인에 초점을 맞추는 것이 중요하다. 중요한 몇 가지 원인이 해결되면, 새로운 원인 후보가 스택의 상단에 자리한다. 소프트웨어를 위한 통계적 품질 보증 기법은 상당한 품질 향상을 나타낸다(예를 들면, [Rya11], [Art97]). 어떤 경우에는

그림 21.2

통계적 SQA를 위한 데이터 수집

	합계		치명적		주요한		미비함	
Error	**No.**	**%**	**No.**	**%**	**No.**	**%**	**No.**	**%**
IES	205	22%	34	27%	68	18%	103	24%
MCC	156	17%	12	9%	68	18%	76	17%
IDS	48	5%	1	1%	24	6%	23	5%
VPS	25	3%	0	0%	15	4%	10	2%
EDR	130	14%	26	20%	68	18%	36	8%
ICI	58	6%	9	7%	18	5%	31	7%
EDL	45	5%	14	11%	12	3%	19	4%
IET	95	10%	12	9%	35	9%	48	11%
IID	36	4%	2	2%	20	5%	14	3%
PLT	60	6%	15	12%	19	5%	26	6%
HCI	28	3%	3	2%	17	4%	8	2%
MIS	56	6%	0	0%	15	4%	41	9%
Totals	942	100%	128	100%	379	100%	435	100%

소프트웨어 조직이 이러한 기술을 적용한 후 결함을 연간 50% 정도 감소를 달성했다.

통계 SQA와 파레토 원칙의 적용은 하나의 문장으로 요약할 수 있다. 정말 중요한 문제에 많은 시간을 소요하지만 가장 중요한 것이, 어떤 것이 정말 중요한 것인가를 이해하는 것이다!

21.6.2 소프트웨어공학의 식스 시그마

식스 시그마는 오늘날 산업계에서 통계적 품질 보증을 위하여 가장 널리 사용되는 전략이다. 원래 1980년대에 모토로라에 의해 대중화, 식스 시그마 전략은 "제조 및 서비스 관련 과정에서 결함을 식별하고 제거함으로써 기업의 운영 성과를 개선하기 위해 데이터 및 통계 분석을 사용하는 정밀한 제어 방법이다."[ISI08] 식스 시그마 용어는 여섯 개의 기본 편차—100만 개 중에 3.4 사례(결함)만—극단적인 고품질의 표준으로 함축한다. 식스 시그마 방법론은 세 가지의 핵심 단계로 정의된다:

- 고객의 요구사항과 인도물(deliverable)과 프로젝트의 목표를 잘 정의된 소비자와의 대화를 통해 정의
- 현재 품질 성능을 결정하기 위해 기존프로세스와 결과를 측정(결함 지표들의 수집)
- 결함 척도를 분석하고 중요한 몇 가지 원인을 결정

무엇이 식스 시그마 기법의 핵심 단계인가?

기존의 소프트웨어 프로세스가 도시되어 있지만 개선이 필요한 경우, 식스 시그마는 두 개의 추가 단계를 제안한다.

- 결함의 근본 원인을 제거하여 프로세스를 개선
- 향후 연구가 결함의 원인을 재도입 하지 않도록 프로세스의 제어

이러한 핵심 및 추가 단계는 때때로 DMAIC(정의, 측정, 분석, 개선 및 제어) 방법으로 참조된다. 개발 조직이 소프트웨어 프로세스를 개발(보다는 기존 프로세스 개선)할 때에는 다음과 같은 핵심 단계들이 증강된다.

- (1) 결함의 근본 원인을 방지하고 (2) 고객의 요구 사항을 충족하는 과정 설계
- 프로세스 모델을 검증하는 것은 사실 결함을 회피하고 소비자의 요구 사항을 충족하는 것

이 변화는 때때로 방법은 DMADV라고(정의, 측정, 분석, 설계와 검증) 한다.

식스 시그마의 포괄적인 논의는 주제에 자원 할당하는 것이 최선이다. 더 필요한 자료는 [ISI08], [Pyz03], [Sne03]를 참조한다.

21.7 소프트웨어 신뢰성

> **Quote**
> 신뢰성의 기본적인 비용은 단순화이다.
> C. A. R. Hoare

컴퓨터 프로그램의 신뢰성이 전반적인 품질의 중요한 요소라는 것은 의심의 여지가 없다. 프로그램이 반복적으로 또는 자주 수행에서 실패한다면, 소프트웨어 품질 요소와는 다른 문제임을 나타낸다. 소프트웨어 신뢰성은 많은 다른 품질 인자와 달리, 직접 측정이 가능하며 또 개발 기록과 개발 데이터를 사용하여 추정될 수 있다.

소프트웨어 신뢰성은 통계적 관점 "규정된 시간으로 규정된 환경에서 컴퓨터 프로그램이 오류 없이 작동할 확률"로 정의된다[Mus87]. 예를 들면, 프로그램 X가 8시간의 수행시간 측정에서 0.999의 신뢰성을 가질 것으로 추정한다. 다시 말하면, 프로그램 X가 1,000번 실행하여 경과 처리 시간(실행 시간)이 8시간을 기대한다면, 999번 올바르게(장애 없이) 작동할 가능성이 높다.

소프트웨어 신뢰성이 논의될 때마다, 중요한 문제가 야기되는데 장애라는 용어의 의미가 무엇인가? 소프트웨어의 품질과 신뢰성 있는 논의의 문맥에서 보면, 장애는 소프트웨어 요구에 적합하지 않다. 그러나 이러한 정의가 있다고 하더라도 여기에는 등급이 있다. 장애는 짜증나게 하거나 또는 재난일 수도 있다. 어떤 장애는 수정으로 한 주나 한 달 이상이 소요되기도 하지만 1초만에도 복구가 가능할 수 있다. 더욱 문제를 복잡하게 하는 것은, 하나의 실패 수정이 또 다른 실패를 조장하는 결함을 초래하는 결과를 가져올 수가 있다는 사실이다.

21.7.1 신뢰성과 가용성 측정

> **KEY POINT**
> 소프트웨어 신뢰성 문제는 설계나 구현의 결함들을 추적 제거할 수 있느냐이다.

소프트웨어 신뢰성의 초기 작업은 소프트웨어 신뢰성 예측에 하드웨어 신뢰성 이론의 수학을 추정하려고 시도하였다. 대부분의 하드웨어에 관한 신뢰도 모델은 장애 설계 실패보다 적용 실패로 단정하고 있다. 하드웨어에서는 장애는 물리적 적용(예: 온도 효과, 부식, 충격)이 설계 관련 장애보다 더 가깝다. 불행하게도, 소프트웨어에 대하여서는 반대가 된다. 사실, 모든 소프트웨어 오류는 설계 또는 구현 문제로 추적될 수 있다. 적용은 그림으로 표현이 안 된다(제1장 참조).

하드웨어 신뢰성의 주요 관점과 그들의 소프트웨어에의 적용에 대하여서 지속적인 논쟁이 계속되고 있다. 반박할 수 없는 부분을 아직은 확정할 수는 없지만, 하드웨어와 소프트웨어 시스템 요소에 공히 적용되는 단순한 개념을 정립하는 데 가치가 있다.

> **KEY POINT**
> CPU 시간을 기반으로 하는 MTBF와 관련 측정치가 시계 시간이 아님을 정의하여야 한다.

컴퓨터 기반 시스템을 생각한다면, 신뢰성의 단순 측정은 장애의 평균시간(MTBF)은 다음과 같다:

$$MTBF = MTTF + MTTR$$

여기서 MTTF는 장애평균시간이며 MTTR은 복구평균시간[3]을 각각 나타낸다.

많은 연구자들은 MTBF가 제30장에서 토의되었던 다른 품질 관련 소프트웨어 지표보다 훨씬 더 유용하다고 제안한다. 간단히 말해서 최종 사용자는 결함의 수가 아닌 장애에

---

3 검토는(수정 관련) 오류에 의하여 요구된다. 많은 경우의 소프트웨어는 수정사항이 발생하지 않을 때에야 시행된다.

관하여 관심이 있는 것이다. 왜냐하면, 프로그램에서의 각 결함들은 동일한 결함 확률을 가지고 있지 않기 때문에 전체 결함 수는 시스템 신뢰성의 아주 작은 부분만을 나타내는 것뿐이다.

예를 들어, 장애 없이 3,000 처리시간이 소요 필요한 프로그램이 있다고 생각하여 보자. 이 프로그램에 있는 많은 결함들이 1,000시간의 10배 정도 발견 안 되고 남아 있을 수 있다. 이러한 모호한 오류의 MTBF는 30,000 또는 60,000 프로세서 시간이 될 수 있다. 아직 발견되지 않은 다른 결함은, 4,000에서 5,000시간의 실패율이 있을 수 있습니다. 만일 모든 첫 번째 범주의 오류들이 제거된다면(긴 MTBF) 소프트웨어의 신뢰성에 대한 영향은 무시할 만하다.

그러나 MTBF에는 두 가지 정도의 문제가 있을 수 있다. (1) 그것은 오류 사이에 발생하는 간격 시간들이 발생되지만 프로젝트 오류율에 반영되지는 않는다. (2) 비록 MTBF가 의미하는 것이 아닐지라도 평균 수명으로 잘못 해석될 수 있다.

신뢰성을 측정할 수 있는 대안적인 척도는 시간당 오류(FIT)−1억 시간 작동하는 데 얼마나 많은 오류가 발생하는지에 대한 통계 척도이다. 따라서 1 FIT는 작업의 모든 1억 시간 작동에 발생하는 하나의 오류에 해당된다.

ADVICE

가용성에서 약간의 양상은(여기서 다루지 않음) 오류를 고려하지 않는다. 예를 들면 소프트웨어가 작동하지 않아 발생되어진 일정 시간(기능적)

소프트웨어 가용성은 프로그램이 주어진 시간에 요구되어지는 사항의 수행 확률이며 다음과 같이 정의된다:

$$\text{가용성} = \frac{\text{MTTF}}{(\text{MTTF} + \text{MTTR})} \times 100\%$$

MTBF 신뢰도 측정은 MTTF와 MTTR를 동일하게 여긴다. 가용성 측정은 MTTR에 더욱 가까우며 소프트웨어의 유지 보수의 간접적인 측정이다. 소프트웨어 신뢰성 측정의 포괄적인 설명은 [Laz11]를 참조하라.

21.7.2 소프트웨어 안전성

소프트웨어 안전성은 소프트웨어에 부정적인 영향과 전체 시스템에 오류가 발생할 수 있는 잠재적인 위험의 확인 및 평가에 초점을 맞춘 소프트웨어 품질 보증 활동이다. 만일 소프트웨어 프로세스 초기에 위험이 감지된다면, 소프트웨어 설계 기능에서 잠재적인 위험을 제거하거나 제어할 수가 있다.

Quote

국민의 안전이 최상의 법률이다.

Cicero

모델링 및 분석 과정은 소프트웨어 안전성의 일부로 수행된다. 먼저, 위험은 치명성과 위험으로 정의되고 분류된다. 예를 들면, 자동차에서 컴퓨터 기반의 주행 제어와 관련된 위험들은 (1) 정지가 제어되지 않는 가속의 원인, (2) 브레이크 페달의 불량으로(고장으로) 반응이 없을 때, (3) 스위치가 작동하지 않을 경우, (4) 점점 속도가 감속되거나 증가될 때. 이러한 시스템 수준의 위험은 발생의 정도와 확률의 할당에 사용되어지는 확인과 분석 기술[4]들이다. 효과적이기 위해서는, 소프트웨어가 전체 시스템 차원에서 분석되어야 한다. 예를

Quote

이 배의 창시자로 어떤 조건도 생각할 수가 없다. 현대 조선 제작은 이것으로 새로운 전기를 맞는다.

E.L.Smith(타이타닉호 선장)

4 이 방법은 제35장에서 소개하는 위험분석 기법과 유사하다. 확연히 다른 점은 프로젝트 관련 주제보다는 기술적인 면을 강조하는 점이다.

들어, 사용자 입력의 미묘한 에러(사람이 시스템 구성 요소로서)는 소프트웨어 장애를 통하여 기계 장치의 부적절한 위치 결정을 위한 제어 데이터를 생성할 수 있다. 외부 환경 조건의 조합과 연계되는 경우에는, 기계 장치의 부적절한 위치 설정 위험은 최악의 고장 원인이 될 수 있다. 오류 트리 분석, 실시간 로직 및 페트리 네트 모델 등과 같은 분석 기술들은[Eri05] 위험의 원인이 될 수 있다. 그리고 또 다른 사건들을 발생시킬 확률이 있는 일연의 사건들을 예측하는 데 사용된다.

소프트웨어를 위하여 안전 관련 요구사항들은 확인되고 분석되어진 위험들에 대하여 정의한다. 이러한 정의에는 원하지 않는 사항들의 목록과 이러한 사항에 대하여 요구되어지는 복구 시스템에 대한 항목들이 포함된다. 바람직하지 못한 상태를 관리하는 소프트웨어의 역할을 나타낸다.

WebRef
소프트웨어 안전 관련 자료는 www.safeware-eng.com/에서 찾을 수 있다.

소프트웨어의 신뢰성과 소프트웨어 안전성은 서로 밀접하게 관련되어 있지만, 그들 사이의 미묘한 차이를 이해하는 것이 중요하다. 소프트웨어 신뢰성은 소프트웨어 오류가 발생할 가능성을 결정하기 위한 통계 분석을 사용한다. 그러나 위험이나 경미한 실수로 반드시 고장 발생이 유발되는 것은 아니다.

소프트웨어 안전성은 실패 사고로 이어질 수 있는 상태가 발생할 수 있는 조건들을 살펴보는 길이다. 즉, 고장은 백지 상태부터 고려하고 있지는 않지만, 전체 기본 시스템과 제반 환경을 포함한 컴퓨터 시스템 전반에서 평가되고 있다. 소프트웨어 안전성에 대한 포괄적인 논의는 이 책의 범위를 벗어나는 것이다. 소프트웨어 안전 관련 시스템 문제에 더 관심이 있다면, [Lev95] [Smi05], [Har12], [Fir12]를 참조하라.

21.8 ISO 9000 품질 표준화[5]

품질 보증 시스템은 품질 관리[ANS87]를 구현하기 위한 조직 구조, 책임, 절차, 공정 및 자원으로 정의될 수 있다. 품질 보증 시스템은 요구 되어지는 정의들에 의하여 고객의 기대에 제품과 서비스들이 만족하는 것을 보장해 준다. 이러한 시스템은 제품의 전체 수명주기, 제어, 검사, 테스트와 문서 작성과 제조 과정에서의 품질 레벨의 개선 등의 다양한 포괄적인 활동들을 포함한다. ISO 9000는 제공하는 제품이나 서비스에 관계없이 모든 비즈니스에 적용할 수 있는 일반적인 관점에서 품질 보증 요소에 대하여 정의한다.

ISO 9000에 포함된 품질 보증 시스템 모델 중 하나에 등록되기 위해서는, 기업의 품질 시스템과 운영이 제3자에 의하여 표준을 준수하고 효율적인 공정이 공인되어져야 한다. 만일 성공적으로 등록된다면, 회사는 감사기관으로부터 승인되었다는 확인서를 발행받는다. 반년마다 관리 심사를 통하여 표준을 계속 준수하는지를 확인한다.

ISO 9001:2008는 관리 책임, 품질 시스템, 계약 검토, 설계 관리, 문서 및 데이터 관리, 제품 확인 시험 및 추적, 프로세스 제어, 검사 및 시험, 시정 및 예방 조치, 품질 기록의 제어, 품질 감사, 교육, 서비스, 및 통계 기법 등과 같은 주제들을 묘사한다. ISO 9001:2008에

5 이 절은 Michael Stovsky가 본질적인 소프트웨어공학을 위하여 기술한 관리운영인 "Fundamental of ISO 9000"과 R. S. Pressman & Associates Inc.의 비디오 개발 과정을 인용하였으며 재사용 승인허가를 얻었다.

등록될 수 있는 소프트웨어 조직은 각기 정의되어진 요구(또는 서로 다른)를 다룬 정책과 절차를 수립하고 이러한 정책 및 절차가 준수되고 있음을 입증할 수 있어야 한다. 만일 ISO 9001:2008에 대한 더 많은 정보들을 원하는 경우 [Coc11], [Hoy09], [Cia09]를 참조하라.

WebRef

ISO 9000/9001 관련 자료들은 **www.tantara.ab.ca/info.htm**을 참조하라.

Info

ISO 9001:2008 표준

아래의 개요는 ISO 9001:2000 표준의 기존적인 요소들을 정의하고 있다. ISO 9001:2000 표준에 대한 종합적인 정보는 국제표준화기구(**www.iso.ch**)와 다른 인터넷 자료들(예: **www.praxiom.com**)에서 얻을 수 있다.

품질 관리 시스템의 체계들을 설정하라.
- 시스템을 개발하고, 시행하고, 개선하라.
- 시스템의 중요성을 강조할 수 있는 방법을 정의하라.

품질 시스템을 기록하라.
- 과정을 기술하라.
- 업무 매뉴얼을 제작하라.
- 문서를 관리(갱신)하기 위한 방법들을 개발하라.

품질 관리와 보증을 지원하라.
- 모든 이해 당사자들 사이에서 품질의 중요성을 촉진(홍보)하라.
- 소비자 만족에 중점을 둬라.
- 권한, 목적들, 책임들을 다루는 품질 계획서를 정의하라.
- 이해 당사자들 사이에서 의사소통 기법을 정의하라.

품질 관리 시스템 위한 검토 기법들을 설정하라.
- 검토 방법들과 환류 기법들을 명확하게 하라.
- 후속 조치 절차들에 대해 정의하라.

인력, 교육 그리고 기반시설 요소들을 포함하는 품질 요소들을 명확하게 하라.

관리 기법들을 설정하라.
- 계획을 위한
- 고객 요구들을 위한
- 기술적인 활동들을 위한 (예: 분석, 계획, 검정)
- 프로젝트 감시와 관리를 위한

개선을 위한 방법들을 정의하라.
- 품질 데이터와 지표를 평가하라.
- 일관적인 작업과 품질 개선을 위한 방법들을 정의하라.

21.9 SQA 계획

SQA 계획은 소프트웨어 품질 보증을 마련하기 위한 로드맵을 제공한다. SQA 그룹에 (또는 SQA 그룹이 존재하지 않는 경우는 소프트웨어 팀에 의하여) 의해 개발된 계획들은 소프트웨어 프로젝트를 위해 연구되는 SQA 활동을 위한 템플릿 역할을 한다.

SQA 계획에 대한 표준은 IEEE[IEE93]에 의해 제정되었다. 요구되어지는 표준 구조는 다음과 같이 정의된다. (1) 목적 및 계획의 범위, (2) SQA의 범위 내에 속하는 모든 소프트웨어 엔지니어링 산출물의 설명(예를 들면, 모델, 문서, 소스 코드), (3) 소프트웨어 프로세스 중에 적용되는 모든 적용 가능한 표준과 관행, (4) SQA 활동과 작업(평가 및 감사를 포함) 그리고 소프트웨어 과정을 통해 얻어지는 배치, (5) SQA 활동 및 작업을 지원하는 도구와 방법, (6) 소프트웨어 구성 관리(제29장) 절차, (7) SQA와 관련 되어진 모든 조합과 안전 관리와 방법과 (8) 조직의 역할과 제품의 품질에 대한 책임.

Info

소프트웨어 품질 관리

목적: SQA 도구의 목적은 소프트웨어 작업 산출물의 품질을 개선하고 평가하기 위한 프로젝트 팀을 지원하는 것에 있다.

역학: 도구의 기법들을 다양하다. 일반적으로, 목적은 특정한 작업 산출물의 품질을 평가하는 것에 있다. note: 다수의 소프트웨어 검정 도구들이 SQA 도구들의 범주 내에 속해져 있다.

대표적인 도구들:[6]

SmartBear에 의해서 개발된 QA Complete(**http://smartbear.com/products/qa-tools/test-management**), QA 관리는 소프트웨어 개발을 위한 모든 과정의 완벽한 검정을 보장한다.

QPR 소프트웨어에 의해서 개발된 QPR Suite (**http://www.qpr.com**)는 식스 시그마와 다른 품질 관리 방법들을 위한 지원을 제공하고 있다.

iSixSigma에 의해서 개발되어진 품질 도구와 견본들 (**http://www.isixsigma.com/tools-templates/**)은 품질 관리를 위한 다수의 유용한 도구들과 방법들을 만들었다.

Goddard Space Flight Center에 의해서 개발된 NASA 품질 재원들(**http://www.hq.nasa.gov/office/codeq/software/ComplexElectronics/checklists.htm**)은 SQA를 위한 유용한 유형, 견본, 점검 사항 대조표와 도구들을 제공하고 있다.

21.10 요약

소프트웨어 품질 보증은 소프트웨어 프로세스의 각 단계에 적용되는 소프트웨어 엔지니어링의 우선 활동이다. SQA는 효과적인 방법과 도구의 적용, 감독하기 위한 절차와 기술 리뷰 및 소프트웨어 테스트, 변경 관리 절차, 표준 준수를 보장하기 위한 절차, 측정 및 보고 메커니즘 등의 품질 관리 활동 등을 포함한다.

적절한 소프트웨어 품질 보증을 수행하기 위하여서는, 소프트웨어공학 프로세스에 관한 데이터를 수집, 개선 및 확산되어야 한다. 통계 SQA는 제품의 품질과 소프트웨어 프로세스 자체를 향상시키는 것을 돕는다. 소프트웨어 신뢰성 모델은 예상 고장률과 신뢰성 예측을 추정하기 위한 결함 데이터의 수집과 평가 확장을 행한다.

요약하면, 독자들은 Dunn과 Ullman[Dun82]의 제안에 주목하여야 한다. "소프트웨어 품질 보증은 경영적 수칙과 소프트웨어공학의 기술적인 공간과 적용 가능한 품질 보증의 설계 체계의 사상이다." 품질을 보장할 수 있는 능력은 성숙한 엔지니어링 분야의 척도이다. 사상이 성공적으로 완성되면, 이는 성숙한 소프트웨어 엔지니어링의 결과이다.

문제와 생각할 점

21.1 어떤 사람들은 "변화 관리는 품질 관리의 핵심이다"라고 주장한다. 모든 프로그램은 서로 다른 프로그램에서 만들어지기 때문에 우리가 기대하는 검토는 무엇이며 어떻게 그들을 제어 할 것인가?

6 여기에 기술된 도구는 보증하는 것은 아니나 대표적인 사례 도구들이다. 대부분의 도구 이름은 개발자의 회사명이다.

21.2 만일 고객이 무엇을 위하여 지속적으로 변경한다면 소프트웨어 품질을 평가할 수 있는가?

21.3 품질과 신뢰성들은 관련된 개념이지만 여러 가지 방법으로 근본적으로 다르다. 그 차이점을 토론하라.

21.4 프로그램은 정확한가? 그리고 여전히 신뢰할 수 없는가? 설명하라.

21.5 프로그램은 정확한가? 그리고 여전히 좋은 품질을 갖고 있지 않는가? 설명하라.

21.6 왜 소프트웨어 엔지니어링 그룹과 독립된 소프트웨어 품질보증그룹 간의 긴장과 견제가 존재하는가? 이러한 긴장과 견제는 건전한 것인가?

21.7 만일 기업으로부터 소프트웨어의 품질을 향상시키기 위한 책임을 부여받았다고 하자. 당신이 가장 먼저 해야 할 작업은 무엇인가? 다음은 무엇이라고 생각하는가?

21.8 오류와 결함을 계산하는 것에 비하여 소프트웨어의 품질을 세수화할 수 있는 특성이 있다고 생각하는가? 그것은 무엇이며 그들을 직접 측정 가능한가?

21.9 소프트웨어를 위한 MTBF의 개념은 아직 비판을 받고 있다. 이유를 설명하라.

21.10 컴퓨터에 의해 제어되는 두 가지의 안전형-주요 시스템을 생각해 보자. 소프트웨어 장애에 연계될 수 있는 위험 세 가지를 열거하라.

21.11 ISO 9001:2000과 ISO 9000-3의 인증을 취득한다. 3개의 ISO 9001의 요구 사항에 대한 발표 자료와 그들이 어떻게 소프트웨어 환경에 적용되는가를 준비하라.

추가 읽을거리와 정보 소스

Chemuturi(*Mastering Software Quality Assurance,* J. Ross Publishing, 2010), Hoyle(*Quality Management Essentials*, Butterworth-Heinemann, 2007), Tian(*Software Quality Engineering*, Wiley-IEEE Computer Society Press, 2005), El Emam(*The ROI from Software Quality*, Auerbach, 2005), Horch(*Practical Guide to Software Quality Management*, Artech House, 2003) Nance와 Arthur(*Managing Software Quality*, Springer, 2002)들은 컴퓨터 소프트웨어의 프로그램 품질 보장의 모형화에 있어서 아주 훌륭한 경영관리 수준의 책들이다. Deming[Dem86], Defoe과 Juran(*Juran's Quality Hand- book*, 6th ed., McGraw-Hill, 2010), Juran(*Juran on Quality by Design*, Free Press, 1992), 그리고 Crosby([Cro79]과 *Quality Is Still Free*, McGraw-Hill, 1995)에 의한 책들은 소프트웨어에 초점을 맞추지는 않았다. 그러나 소프트웨어 개발 책임을 맡은 고급 관리자들은 참고할 만하다. Gluckman과 Roome(*Everyday Heroes of the Quality Movement*, Dorset House, 1993) humanizes quality issues by telling the story of the players in the quality process. Kan(*Metrics and Models in Software Quality Engineering*, Addison-Wesley, 1995)는 소프트웨어 품질의 양적인 면에서 살펴보았다.

Work by Evans(*Quality & Performance Excellence*, South-Western College Publishing, 2007)와 (*Total Quality: Management, Organization and Strategy*, 4th ed., South-Western College Publishing, 2004), Bru(*Six Sigma for Managers*, McGraw-Hill, 2005)와 Dobb(*ISO 9001:2000 Quality Registration Step-by-Step*, 3rd ed., Butterworth-Heinemann, 2004)는 TQM, 식스 시그마

와 ISO 9001:2000에 대하여 각각 많은 책들을 기술하였다.

O' Connor and Kleyner(*Practical Reliability Engineering*, Wiley, 2012), Naik and Tripathy (*Software Testing and Quality Assurance: Theory and Practice*, Wiley-Spektrum, 2008), Pham (*System Software Reliability*, Springer, 2006), Musa(*Software Reliability Engineering: More Reliable Software, Faster Development and Testing*, 2nd ed., McGraw-Hill, 2004)와 Peled (*Software Reliability Methods*, Springer, 2001)들은 소프트웨어 실현성 분석과 측정을 위한 방법들에 대한 실적인 가이드라인들을 서술하였다.

Vincoli(*Basic Guide to System Safety*, Wiley, 2006), Dhillon(*Computer System Reliability, Safety and Usability*, CRC Press, 2013) and (*Engineering Safety*, World Scientific Publishing Co., 2003), Hermann(*Software Safety and Reliability*, Wiley-IEEE Computer Society Press, 2010), Verma, Ajit, and Karanki(*Reliability and Safety Engineering*, Springer, 2010), Storey(*Safety-Critical Computer Systems*, Addison-Wesley, 1996), 그리고 Leveson [Lev95]는 지금까지 소프트웨어 시스템의 안정성에 대하여 종합적으로 토의된 내용들을 출간하였다.

추가해서, van der Meulen(*Definitions for Hardware and Software Safety Engineers*, Springer-Verlag, 2000)는 실현성과 보안성에 대한 중요한 개념들을 제안하였다. Gardiner (*Testing Safety-Related Software*, Springer-Verlag, 1999)는 안전관리 시스템의 테스트를 위한 특별한 가이드라인을 제안하였다. Friedman and Voas(*Software Assessment: Reliability Safety and Testability*, Wiley, 1995)는 실현성과 안정성을 위한 사용 가능한 모델에 대하여 정리하였다. Ericson(*Hazard Analysis Primer*, CreateSpace Independent Publishing Platform, 2012), (*Hazard Analysis Techniques for System Safety*, Wiley, 2005)에서는 위험 분석의 증가하는 부분에 대하여 초점을 맞추었다.

소프트웨어 품질 보증 및 관련 주제에 대한 정보 소스는 인터넷에서 다양하게 찾아볼 수 있다. 웹의 최신 목록은 SEPA 웹사이트 www.mhhe.com/pressman에서 "소프트웨어 엔지니어링 리소스"를 통하여 찾을 수 있다.

CHAPTER 22

소프트웨어 테스팅 전략

주요 개념

- 알파 테스트
- 베타 테스트
- 상향식 통합
- 클래스 테스팅
- 클러스터 테스팅
- 완료
- 형상 검토
- 디버깅
- 배치 테스팅
- 드라이버
- 독립적인 테스트 그룹
- 통합 테스팅
- 객체지향 소프트웨어
- 성능 테스팅
- 복구 테스팅
- 회귀 테스팅
- 보안 테스팅
- 스모크 테스팅
- 스트레스 테스팅
- 스텁
- 시스템 테스팅
- 모바일 앱 테스트 전략
- 웹앱 테스트 전략

소프트웨어 테스팅 전략은 테스팅의 일환으로 수행되는 단계들이 언제 계획되고 착수되는지, 얼마나 많은 노력과 시간 그리고 자원을 필요로 하는지를 설명하는 로드맵을 제공한다. 따라서 모든 테스팅 전략은 테스트 계획, 테스트 케이스 설계, 테스트 실행, 그리고 결과 데이터 수집과 평가를 포함한다.

소프트웨어 테스팅 전략은 사용자 맞춤형 테스팅 접근법을 수용할 만큼 유연성이 있어야 한다. 동시에 프로젝트가 진행됨에 따른 합리적인 계획과 추적관리가 엄격히 수반되어야 한다. Shooman[Sho83]은 이러한 이슈를 다음과 같이 설명하고 있다.

> 많은 경우에서, 테스팅은 지극히 개별적인 프로세스이며, 개발 접근법이 다른 만큼 각기 다른 테스트 유형의 수도 다양하다. 수년 간 프로그래밍 오류에 대한 유일한 대비는 신중한 설계와 프로그래머의 타고난 지능에 의존했다. 지금은 현대적인 설계 기법[그리고 기술적인 검토]이 코드에 내재되어 있는 초기 오류의 수를 줄여주는 시대에 있다. 마찬가지로, 서로 다른 테스트 방법들이 여러 가지 서로 다른 접근법과 철학으로 무리 짓기 시작하였다.

우리가 **전략**이라고 부르는 이러한 "접근법과 철학"은 이 장의 주제로 설명한다. 제23장부터 제26장에서는, 전략을 구현하는 테스팅 방법과 기법에 대해 설명한다.

22.1 소프트웨어 테스팅의 전략적 접근

테스팅은 사전에 계획될 수 있고 체계적으로 수행될 수 있는 일련의 활동이다. 이러한 이유로 소프트웨어 테스팅 템플릿—우리가 특정 테스트 케이스 설계 기법과 테스팅 방법을

QUICK LOOK

이것은 무엇인가? 소프트웨어는 설계와 구축과정에서 실수로 만들어진 오류를 밝혀내기 위해 테스트 된다. 하지만 어떻게 테스트를 수행할 것인가? 테스트를 하기 위한 정형화된 계획을 수립해야 하는가? 전체적으로 모든 프로그램을 테스트해야 하는가 아니면 일부분만을 테스트해도 되는가? 대형 시스템에 새로운 컴포넌트를 추가하였을 때 이미 수행한 테스트를 다시 해야 하는가? 고객은 언제 참여시켜야 하는가? 소프트웨어 테스팅 전략을 개발할 때 이렇듯 많은 질문에 답하여야 한다.

누가 수행하는가? 소프트웨어 테스팅 전략은 프로젝트 매니저, 소프트웨어 엔지니어 그리고 테스팅 전문가에 의해 개발된다.

왜 중요한가? 테스팅은 일반적으로 다른 소프트웨어공학 활동에 비해 더 많은 프로젝트 노력을 차지한다. 이것을 소홀히 수행하면, 시간을 허비하고 불필요한 노력이 소비되며 감지되지 못한 오류들이 나오면서 심지어는 악화될 수도 있다.

따라서 소프트웨어를 테스팅하기 위한 체계적인 전략을 수립하는 것이 합리적인 것으로 보인다.

어떤 단계가 있는가? 테스팅은 "소규모"로 시작해서 "대규모"로 진행된다. 초기 테스팅은 단일 컴포넌트나 관련된 컴포넌트의 작은 그룹에 초점을 맞추고, 컴포넌트에 의해 캡슐화된 데이터와 프로세스 로직에 있는 오류를 발견하기 위해 테스트를 적용한다. 완벽한 시스템이 구축될 때까지 컴포넌트들이 테스트된 후 통합되어야 한다. 이 시점에서, 고객의 요구사항을 만족하기 위한 오류를 찾아내기 위하여 일련의 고차원적인 테스트가 수행된다. 오류가 발견되면, 디버깅이라고 하는 프로세스를 통해 진단되고 수정되어야 한다.

작업 산출물은 무엇인가? 전반적인 전략을 설명하는 계획과 특정 테스팅 단계를 정의하는 절차 그리고 수행될 테스트의 유형을 정의한 소프트웨어 팀의 접근 방법을 담은 테스트 명세 문서.

작업이 옳게 수행되었다는 것을 어떻게 확인하는가? 테스팅 이전에 테스트 명세를 검토함으로써, 테스트 케이스와 테스팅 작업의 완성도를 평가할 수 있다. 효과적인 테스트 계획과 절차는 소프트웨어의 올바른 구축과 각 구축과정의 각 단계에서의 오류 발견으로 이어질 것이다.

스레드-기반 테스팅
하향식 통합
단위 테스팅
확인
확인 테스팅
검증

배치할 수 있는 일련의 단계—를 소프트웨어 프로세스에 정의하여야 한다.

다수의 소프트웨어 테스팅 전략들이 문헌에 제안되었다. 이들 모두 테스팅을 위한 템플릿을 제공하고 다음과 같은 일반적인 특성을 가지고 있다:

- 효과적인 테스팅을 수행하려면, 효과적인 기술 검토(제20장)를 수행해야 한다. 이를 통해, 많은 오류들이 테스팅 시작 전에 제거된다.
- 테스팅은 컴포넌트 수준에서 시작하고 전체 컴퓨터-기반 시스템을 통합하는 방향으로 "바깥쪽으로" 진행한다.
- 다양한 소프트웨어공학 접근법과 시점에 따라 서로 다른 테스팅 기법이 적합하다.
- 테스팅은 소프트웨어의 개발자와 (대형 프로젝트에서는) 독립적인 테스트 그룹에 의해 수행된다.
- 테스팅과 디버깅은 서로 다른 활동이지만, 디버깅은 모든 테스팅 전략에 수용되어야 한다.

WebRef
소프트웨어 테스팅에 관한 유용한 자료는 다음 사이트에서 찾을 수 있다.
www.mtsu.edu/storm/

소프트웨어 테스팅에 대한 전략은 고객 요구사항에 대한 주요 시스템 기능을 확인하는 상위 레벨 테스트뿐만 아니라 작은 소스 코드 세그먼트가 올바르게 구현되었는지를 확인하는데 필요한 하위 레벨의 테스트도 수용하여야 한다. 전략은 실무자를 위한 지침과 관리자를 위한 일련의 이정표를 제공하여야 한다. 마감에 대한 압박이 일어나기 시작하면 테스트 전략의 각 단계들이 동시에 발생하기 때문에, 진도를 측정해야 하며 가능한 조기에 문제들을 표면화해야 한다.

22.1.1 검증 및 확인

소프트웨어 테스팅은 흔히 검증과 확인(verification and validation, V&V)이라고 하는 광범위한 주제의 한 요소이다. 검증(Verification)은 소프트웨어가 특정 기능을 올바르게 구현하였는지를 보장하는 일련의 작업을 의미한다. 확인(Validation)은 개발된 소프트웨어가 고객의 요구사항에 맞는지를 보장하는 또 다른 일련의 작업을 의미한다. Boehm[Boe81]은 다음과 같이 설명하고 있다.

검증: "우리가 제품을 올바르게 만들고 있는가?"

확인: "우리가 올바른 제품을 만들고 있는가?"

V&V의 정의는 다양한 소프트웨어 품질보증 활동을 포함한다.(제21장)[1]

검증과 확인은 다양한 SQA 활동들을 포함한다. 기술적 검토, 품질과 형상 감사, 성능 모니터링, 시뮬레이션, 타당성 조사, 문서 검토, 데이터베이스 검토, 알고리즘 분석, 개발 테스팅, 사용성 테스팅, 적격성 테스팅, 인수 테스팅, 그리고 설치 테스팅 등. 테스팅이 V&V에서 매우 중요한 역할을 하고 있지만, 다양한 다른 활동들 역시 필요하다.

테스팅은 품질이 평가될 수 있고, 좀더 실용적이며, 오류를 찾아낼 수 있는 등, 최후의 보루를 제공한다. 하지만 테스팅을 안전망으로 볼 수는 없다. 흔히 하는 말로, "여러분은 품질을 테스트할 수 없다. 테스팅을 시작하기 전에 품질이 존재하지 않았다면, 테스팅을 끝낸 후에도 품질은 존재하지 않을 것이다." 품질은 소프트웨어공학 프로세스를 거치는 동안 소프트웨어에 녹아 들어간다. 테스팅을 하는 동안 방법론과 도구, 효과적인 기술적 검토, 그리고 확실한 관리와 측정의 올바른 적용이 입증된 품질로 이어진다.

Miller[Mil77]는 "프로그램 테스팅의 기본 동기는 대규모 및 소규모 시스템 모두에 경제적이고 효과적으로 적용될 수 있는 방법으로 소프트웨어 품질을 확인하는 것이다"라고 소프트웨어 테스팅과 품질 보증의 관계에 대해 언급한다.

> **Quote**
> 테스팅은 소프트웨어 시스템을 개발하기 위한 모든 의무적인 노력의 불가피한 부분이다.
> William Howden

> **ADVICE**
> 테스팅을 부실한 소프트웨어공학 관행으로 인해 발생하는 모든 오류를 잡아내는 "안전망"이라고 생각하지마라. 그렇지 않다. 소프트웨어 프로세스 전반에 걸쳐 품질과 오류 감지에 역점을 두어라.

22.1.2 소프트웨어 테스팅을 위한 조직

모든 소프트웨어 프로젝트에서, 테스팅이 시작되면서 본질적인 이해관계의 충돌이 발생한다. 소프트웨어를 개발한 사람들이 이제는 소프트웨어를 테스트하라고 요청 받는다. 이 자체로는 무리가 없어 보인다. 결국, 누가 개발자보다 프로그램에 대해 더 잘 알겠는가? 불행하게도, 프로그램을 개발한 개발자들은 프로그램이 오류가 없고, 고객의 요구사항에 따라 동작하며, 일정과 예산 범위에서 완료되었다는 것을 보여주는 것에 관심이 있다. 이러한 관심사들은 완벽한 테스팅을 방해한다.

심리적 관점에서, 소프트웨어 분석과 설계(코딩 포함)는 건설적인 작업이다. 소프트웨어 엔지니어는 분석하고, 설계하고 컴퓨터 프로그램을 생성하며 문서화 작업을 한다. 다른 건설자들처럼, 소프트웨어 엔지니어는 만들어진 창조물에 대해 자부심을 가지며 누군가 이것을 비하하려 한다면 곱지 않게 바라본다. 테스팅이 시작되면, 소프트웨어 엔지니어가 만든 것을 "깨려고 하는" 시도가 미묘하지만 분명히 있다. 개발자의 입장에서 보면, 테스팅은 (심리적으로) 파괴적으로 보일 수 있다. 그래서 개발자들은 오류를 찾기보다는 프로그램이 작동한다는 것을 보여줄 수 있는 테스트를 설계하고 실행하는 것에 주의를 기울인다. 불행하게도, 오류는 역시 존재한다. 그리고 소프트웨어 엔지니어가 이를 발견하지 못해도 고객이 발견할 것이다!

> **Quote**
> 낙관론은 프로그래밍에서는 직업병이다. 테스팅은 치료법이다.
> Kent Beck

1 어떤 유형의 테스팅이 "확인"에 해당하는지에 대해서는 큰 의견차이가 있다는 점에 주목해야 한다. 어떤 사람들은 모든 테스팅은 검증이며, 확인은 요구사항이 검토된 후, 시스템이 운용되면, 사용자에 의해 승인될 때 수행되는 것이라고 믿는다. 또 어떤 사람들은 단위 테스팅과 통합 테스팅(Sections 22.3.1 and 22.3.2)을 검증으로, 고수준 테스팅(22.6절과 22.7절)을 확인으로 보기도 한다.

앞선 논의로부터 유추해낼 수 있는 몇 가지 오해가 있다. (1) 소프트웨어 개발자는 절대 테스팅을 하면 안 된다. (2) 소프트웨어는 그것을 무자비하게 테스트할 낯선 사람에게 "벽 너머로 던져져야" 한다. (3) 테스터들은 테스팅 단계가 시작될 때쯤에서야 프로젝트에 참여한다. 이러한 주장들은 타당하지 않다.

소프트웨어 개발자는 항상 프로그램의 개별적인 단위(컴포넌트)를 테스트하고, 각각이 설계된 대로 기능을 수행하거나 동작하는 것을 보장할 책임이 따른다. 대부분의 경우, 개발자는 구축으로 이어지면서 완전한 소프트웨어 아키텍처를 테스트하는 테스팅 단계인 통합 테스팅을 수행하기도 한다. 소프트웨어 아키텍처가 완성되고 난 후에야 독립적인 테스트 그룹이 참여할 수 있다.

KEY POINT
독립적인 테스트 그룹은 소프트웨어 개발자들이 겪을 수 있는 "이해관계의 충돌"이 없다.

독립적인 테스트 그룹(independent test group, ITG)의 역할은 개발자가 자신이 개발한 것을 테스트하는 것과 관련된 본질적인 문제를 제거하는 것이다. 독립적인 테스팅은 그렇지 못할 경우 생길 수 있는 이해관계의 충돌을 제거한다. 어쨌든, ITG 요원은 오류를 찾는 데 주의를 기울여야 한다.

그러나, 개발자가 ITG에게 프로그램을 넘겨주고 손을 떼는 것은 아니다. 개발자와 ITG는 철저한 테스트가 수행될 수 있도록 소프트웨어 프로젝트 전반에 걸쳐 긴밀한 협력관계를 유지한다. 테스팅이 수행되는 동안, 개발자는 발견되는 오류를 수정하는 것이 가능해야 한다.

Quote
사람들이 하는 첫 번째 실수는 테스팅 팀이 품질 보증의 책임이 있다고 생각하는 것이다.
Brian Marick

ITG는 분석과 설계에 참여하게 되고, 대규모 프로젝트 전반에도 (테스트 절차를 계획하고 명세화하는데) 지속적으로 참여한다는 의미에서 소프트웨어 개발 프로젝트 팀의 일부분이다. 그러나, 대부분 ITG는 소프트웨어 품질 보증 조직에 리포트를 하고, 그럼으로써 소프트웨어 공학팀의 일원이라면 가능하지 못할 수 있는 독립성을 이룬다.

22.1.3 소프트웨어 테스팅 전략 – 큰 그림

소프트웨어 프로세스는 그림 22.1에 나타낸 것과 같이 나선형으로 볼 수 있다. 우선, 소프트웨어의 정보 도메인, 기능, 동작, 성능, 제약사항, 그리고 유효성 기준이 설정되면, 소프트웨어공학은 소프트웨어의 역할을 정의하고 소프트웨어 요구 분석을 이끌어 낸다. 나선형의 안쪽으로 이동하면서, 설계를 하게 되고 최종적으로 코딩을 하게 된다. 컴퓨터 소프트웨어를 개발하는 것은, 각 회전주기마다 추상화 수준을 감소하면서 나선형의 안쪽으로 따라 들어가게 된다.

?
소프트웨어 테스팅에 대한 전반적인 전략은 무엇인가?

소프트웨어 테스팅 전략 또한 나선형의 맥락에서 볼 수 있다(그림 22.1). 단위 테스팅(unit testing)은 나선의 중심에서 시작하고 소스 코드로 구현되는 소프트웨어의 각 단위(예를 들어, 컴포넌트, 클래스, 또는 웹앱 컨텐츠 객체)에 전념한다. 테스팅은 나선형을 따라 바깥쪽으로 이동하면서 통합 테스팅(integration testing)으로 진행하며, 이때 초점은 설계와 소프트웨어 아키텍처의 구축이다. 나선을 따라 바깥쪽으로 회전주기가 이동하면서 확인 테스팅(validation testing)이 나오고, 이때는 구축된 소프트웨어에 대해서 요구사항 설계의 일부로 설정된 요구사항을 확인한다. 마지막으로, 시스템 테스팅(system testing)에 도달하는데, 이때는 전체적으로 소프트웨어와 기타 시스템 요소가 테스트 된다. 컴퓨터 소프트웨

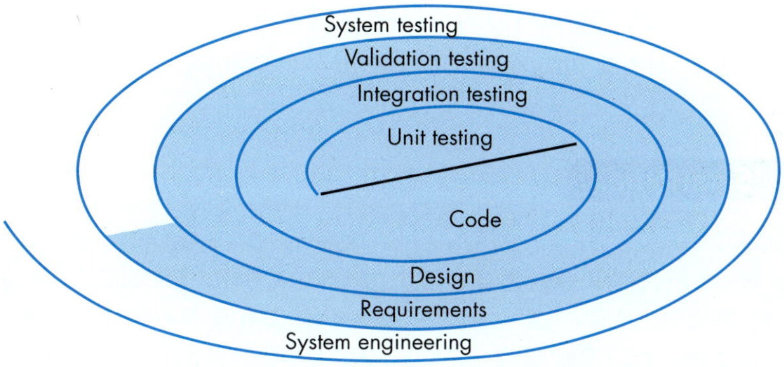

그림 22.1
테스팅 전략

어를 테스트하는 것은, 각 회전주기마다 테스팅 범위를 확장하면서 흐름을 따라 나선형의 바깥쪽으로 나온다.

WebRef
소프트웨어 테스터를 위한 유용한 자료는 다음 사이트에서 찾을 수 있다.
www.SQAtester.com

절차적 관점에서 프로세스를 고려해보면, 소프트웨어공학의 맥락에서 테스팅은 실질적으로 순차적으로 구현되는 일련의 네 단계이다. 각 단계는 그림 22.2에 나타내었다. 우선, 테스트는 하나의 단위로 적절한 기능을 하는 것을 보증하는, 각 컴포넌트에 개별적으로 초점을 둔다. 그래서 단위 테스팅이라고 한다. 단위 테스팅은 완벽한 커버리지와 최대한의 오류 검출을 보증하기 위하여 컴포넌트의 제어 구조에서의 특정 경로를 검사하는 테스팅 기법을 많이 이용한다. 다음으로, 완전한 소프트웨어 패키지를 갖추기 위해 컴포넌트들이 조립되거나 통합되어야 한다. 통합 테스팅은 검증과 프로그램 구축이라는 이중문제와 관련된 이슈를 다룬다. 특정 프로그램 경로를 실행해보는 기법이 주요 제어 경로의 커버리지를 보장하기 위해 사용되긴 하지만, 통합 시에는 입력과 출력에 초점을 맞추는 테스트 케이스 설계 기법이 주로 사용된다. 소프트웨어가 통합(구축)된 이후, 일련의 상위 레벨 테스트가 수행된다. 유효성 검사 기준(요구사항 분석 시 설정된)이 평가되어야 한다. 확인 테스팅은 소프트웨어가 모든 기능, 동작, 그리고 성능 요구사항들을 충족하는지 최종 보증을 제공한다.

마지막 상위 레벨 테스팅 단계는 소프트웨어공학의 범위를 벗어나며 컴퓨터 시스템

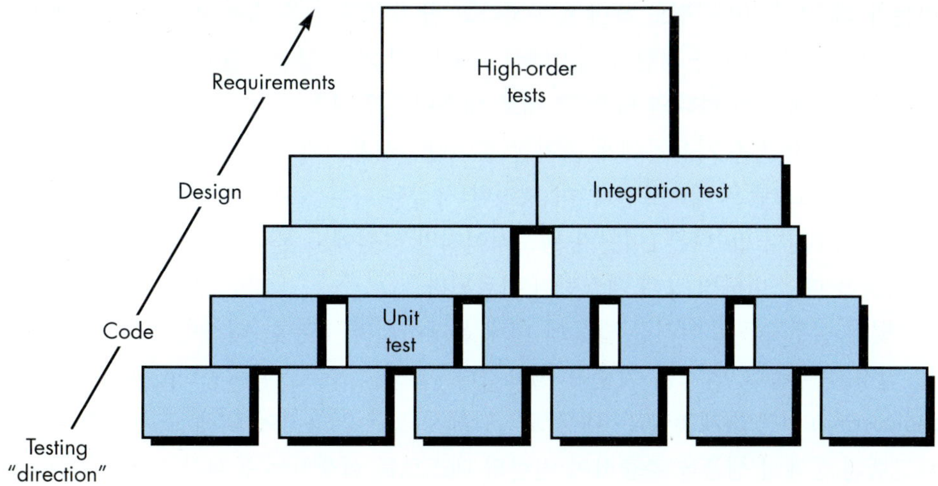

그림 22.2
소프트웨어 테스팅 단계

공학의 넓은 개념에 속한다. 검증된 소프트웨어는 다른 시스템 요소(예를 들어, 하드웨어, 사용자, 데이터베이스)와 결합되어야 한다. 시스템 테스팅은 모든 요소가 적절히 조화를 이루는지 그리고 모든 시스템 기능/성능이 달성되었는지 검증한다.

SafeHome

테스팅 준비하기

장면: Doug Miller의 사무실,컴포넌트-수준 설계가 진행 중이고 일부 컴포넌트는 구현을 시작함.

등장인물: Doug Miller(소프트웨어공학 관리자), Vinod, Jamie, Ed, 그리고 Shakira(SafeHome 소프트웨어 공학팀 멤버)

대화

Doug: 우리가 테스팅에 대해서는 충분히 이야기하지 못한 거 같네요.

Vinod: 그건 그래요. 그런데 우리가 조금 바빴죠. 그래도 생각은 하고 있었어요. 사실, 생각만은 아니고 뭔가 좀 더….

Doug(미소지으며): 알아요…. 일이 많지요. 그래도 생각 좀 해봐야지요.

Shakira: 저는 제가 만들 컴포넌트를 코딩하기 전에 단위 테스트를 설계하는 게 좋을 것 같아요. 이제까지도 그렇게 했고요. 저는 컴포넌트의 코드가 완료되면 테스트를 하는 꽤 큰 파일도 있어요.

Doug: 그게 익스트림 프로그래밍[애자일 소프트웨어 개발 프로세스, 5장] 개념이죠?

Ed: 맞아요. 우리가 익스트림 프로그래밍을 그대로 사용하지는 않더라도, 컴포넌트를 만들기 전에 단위 테스트를 설계하는 것은 좋은 생각이라고 봐요. 그 설계가 우리에게 필요한 모든 정보를 주지요.

Jamie: 저도 그렇게 해 왔어요.

Vinod: 저는 통합을 담당해 왔는데, 사람들이 저에게 컴포넌트를 넘길 때마다, 그걸 통합하고 부분적으로 통합된 프로그램에 일련의 회귀 테스트를 실행하지요. 저는 시스템의 각 기능에 대한 일련의 적절한 테스트를 설계하는 일을 하고 있거든요.

Doug (Vinod에게): 테스트를 얼마나 자주 하나요?

Vinod: 매일이요. 시스템이 통합될 때까지…. 그러니까, 우리가 인도하기로 계획한 소프트웨어 증분이 통합될 때까지란 말이지요.

Doug: 여러분이 나보다 앞서가네요!

Vinod(웃으며): 소프트웨어 업계에서는 예측이 중요하잖아요, 팀장님.

22.1.4 테스팅 완료 조건

?

언제 테스팅을 종료하는가?

소프트웨어 테스팅이 논의될 때마다 고전적인 의문이 생긴다. "언제 테스팅을 종료해야 하는가 테스트를 어느 정도 해야 충분하다고 할 수 있는가?" 슬프게도, 이 질문에 대한 명확한 답은 없다. 그러나 경험적 지침에서 나오는 몇 가지 실질적인 답과 초기 시도가 있다.

이 질문에 대한 하나의 답은 "절대로 테스팅은 끝나지 않는다: 부담이 (소프트웨어 엔지니어로부터) 최종 사용자에게 옮겨갈 뿐이다." 사용자가 컴퓨터 프로그램을 실행할 때마다, 그 프로그램은 테스트된다. 이 냉정한 사실은 다른 소프트웨어 품질 보증 활동의 중요성을 강조한다. 또 다른 (어딘가 냉소적이지만 그럼에도 불구하고 올바른) 답은 "시간이나 자금을 다 소비하면 그때 테스팅이 완료된다."

Quote

최종 사용자의 요구사항만을 테스트하는 것은 건물 기초, 대들보 그리고 배관공사 비용을 들여 인테리어 디자이너가 작업한 것을 기준으로만 검사하는 것과 같다.

Boris Beizer

몇몇 실무자들은 이러한 답들에 대해 논쟁하지만, 충분한 테스팅이 수행되었다는 것을 결정지을 좀더 엄격한 기준이 필요하다. 청정실 소프트웨어공학(cleanroom software engineering) 접근법(제28장)은 대상 모집단에서 모든 사용자에 의해 모든 실행 가능한 프로그램의 통계적 샘플을 추출하여 일련의 테스트를 실행하는 통계적 사용 기법[Kel00]을 제시한다. 소프트웨어 테스트에서 척도를 수집하고 기존 통계적 모델을 이용하면, 다음 질문에 대한 의미있는 가이드라인을 개발할 수 있다. "언제 테스팅을 종료하는가?"

22.2 전략적 이슈

이 장의 후반부는, 소프트웨어 테스팅의 체계적인 전략을 소개한다. 하지만 일련의 중요한 이슈가 해결되지 않으면 최선의 전략이라 하더라도 실패할 것이다. Tom Gilb[Gil95]는 소프트웨어 테스터가 다음과 같을 때 소프트웨어 테스팅 전략이 성공할 것이라고 주장한다. (1) 테스트 개시 훨씬 이전에 정량적으로 제품 요구사항을 명세화할 것, (2) 테스팅의 목적을 명확하게 서술할 것, (3) 소프트웨어의 사용자를 이해하고 각 사용자 분류 별 프로파일을 개발할 것, (4) "신속한 테스팅 주기(rapid cycle testing)"을 강조하는 테스팅 계획을 수립할 것,[2] (5) 자기 자신을 테스트하도록 설계된 견고한 소프트웨어를 개발할 것 (버그방지(antibugging)에 대한 개념은 22.3.1절에서 다룬다), (6) 테스팅 이전에 필터링할 수 있도록 효과적인 기술적 검토를 활용할 것, (7) 테스트 전략과 테스트 케이스 자체를 평가하기 위해 기술적 검토를 수행할 것, 그리고 (8) 테스팅 프로세스를 지속적으로 개선하는 방안(제37장)을 개발할 것.

?
성공적인 테스트 전략으로 이끌 가이드라인은 무엇인가?

WebRef
테스팅 자료에 대한 훌륭한 리스트는 다음 사이트에서 찾을 수 있다.
www.SQAtester.com

22.3 전통적인 소프트웨어를 위한 테스트 전략[3]

여러 가지 전략이 소프트웨어를 테스트하는 데 사용될 수 있다. 극단적으로, 시스템이 완전히 구축될 때까지 기다린 후 오류를 찾겠다는 희망을 가지고 전체 시스템에 대해 테스트를 수행할 수 있다. 이런 접근방법은, 매력적일지는 몰라도, 절대로 되지 않는다. 모든 이해관계자를 실망시키는 버그투성이의 소프트웨어가 될 것이다. 또 다른 극단적인 방법은, 시스템의 일부분이라도 구축될 때마다, 매일매일 테스트를 수행할 수 있다.

대부분의 소프트웨어 팀에 의해 선택되는 테스팅 전략은 이러한 두 극단 사이에 해당한다. 테스팅의 점진적인 관점으로 보면, 개별적인 프로그램 단위의 테스팅으로 시작하고, 단위들의 통합이 용이하도록 설계된 테스트로 이동하며(어떤 경우에는 매일), 구축된 시스템을 시험하는 테스트로 절정에 이른다. 각각의 테스트 종류를 다음의 절에서 설명한다.

22.3.1 단위 테스트

단위 테스팅은 소프트웨어 설계의 가장 작은 단위인 소프트웨어 컴포넌트 또는 모듈을 검증하는 노력에 초점을 둔다. 컴포넌트 수준 설계 기술서를 가이드로 하여, 모듈의 경계 내

2 Gilb [Gil95]은 소프트웨어 팀에게 "고객에게 유용한, 적어도 '시험에 의해 확인될 수 있는' 기능 및/또는 품질 향상 단위의 신속한 주기 방식의 테스트를 습득하라"고 권장한다. 이러한 신속한 주기 테스트로부터 생성된 피드백은 품질 수준과 이에 상응하는 테스트 전략을 제어하는 데 사용할 수 있다.

3 이 책 전체에서, 다양한 애플리케이션 도메인에서 자주 발생하는 일반적인 계층구조 또는 호출과 리턴 소프트웨어 구조를 언급하기 위하여 전통적인 소프트웨어 또는 통상적인 소프트웨어라는 용어를 사용한다. 전통적인 소프트웨어 구조는 객체지향이 아니고 웹앱이나 모바일 앱이 포함되지 않는다.

그림 22.3

단위 테스트

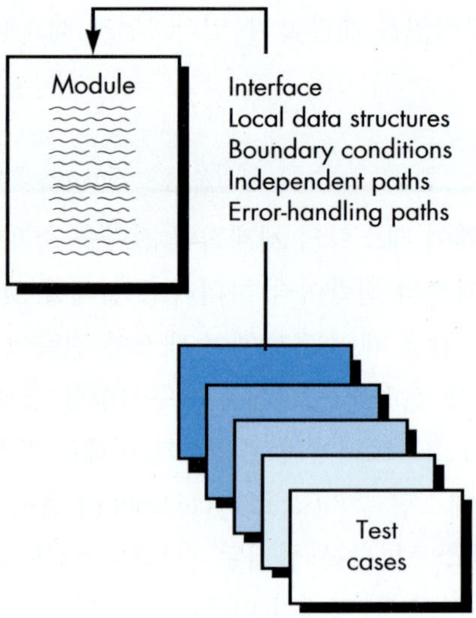

부에 있는 오류를 찾아내기 위해 주요 제어 경로가 테스트된다. 테스트의 상대적 복잡성과 테스트가 찾아내는 오류들은 단위 테스팅을 하기 위해 설정된 제한된 범위로 한정된다. 단위 테스트는 컴포넌트의 경계 내에서 내부 처리 로직과 데이터 구조에 초점을 둔다. 이 유형의 테스팅은 여러 컴포넌트를 동시에 수행될 수 있다.

ADVICE

컴포넌트 코드를 개발하기 전에 단위 테스트 케이스를 설계하는 것은 나쁜 생각이 아니다. 이것은 테스트를 통과할 코드를 개발할 수 있도록 도움을 준다.

단위 테스트의 고려사항 단위 테스트는 그림 22.3에 개략적으로 묘사되어 있다. 모듈 인터페이스는 테스트 중인 정보가 프로그램 단위의 내 · 외부로 적절하게 흐르는지 확인하기 위해 테스트된다. 로컬 데이터 구조는 임시로 저장되는 데이터가 알고리즘이 실행되는 동안 모든 과정에서 무결성을 유지하는지 확인하기 위해 검사된다. 제어 구조를 통과하는 모든 독립 경로는 모듈 내의 문장이 적어도 한번은 실행된다는 것을 확인하기 위해 실행된다. 경계 조건은 모듈이 한정되거나 제한적인 처리를 위해 설정된 경계에서 올바르게 작동한다는 것을 확인하기 위해 테스트된다. 그리고 마지막으로, 모든 오류-처리 경로가 테스트된다.

컴포넌트 인터페이스를 지나는 데이터 흐름은 다른 테스팅이 시작되기 이전에 테스트된다. 만약 데이터가 올바르게 입 · 출력되지 않으면, 모든 다른 테스트는 실질적으로 가치가 없다. 또한, 로컬 데이터 구조가 검사되어야 하고 (가능하다면) 글로벌 데이터가 로컬에 미치는 영향이 확인되어야 한다.

?

단위 테스팅을 하는 동안 주로 어떤 오류를 발견하는가?

단위 테스트에서 실행 경로를 선택적으로 테스팅 하는 것은 필수적인 작업이다. 테스트 케이스는 잘못된 계산, 맞지 않는 비교, 또는 부적절한 제어 흐름에 의한 오류를 찾아내도록 설계되어야 한다.

경계 테스팅은 가장 중요한 단위 테스팅 작업 중 하나이다. 소프트웨어는 종종 경계에서 실패를 일으킨다. 즉, n차 배열의 n번째 원소를 처리할 때, i번 반복하는 반복문에서 i번째 반복이 일어날 때, 최대나 최소 허용 값이 처리될 때 오류가 자주 일어난다. 데이터 구조, 제어 흐름 그리고 최댓값의 바로 위 값과 최솟값의 바로 아래 값을 검사하는 테스트 케이스는 오류를 찾아낼 확률이 높다.

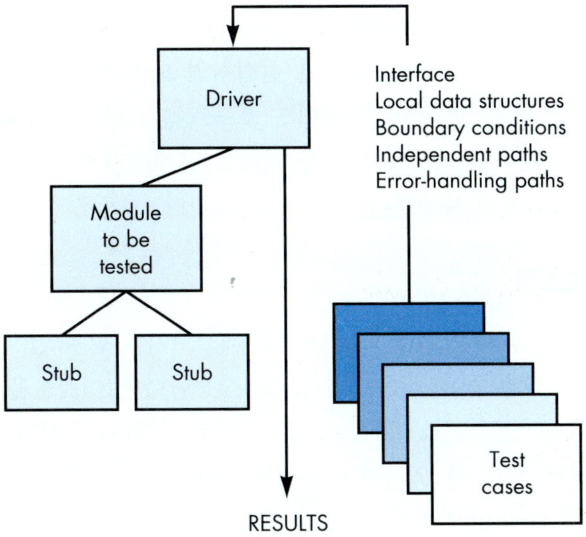

그림 22.4
단위 테스트 환경

훌륭한 설계는 오류 조건을 예측하고 오류가 발생했을 때 경로를 바꾸거나 프로세스를 깔끔하게 종료하기 위한 오류-처리 경로를 수립한다. Yourdon [You75]은 이러한 방법을 버그방지(antibugging)라고 한다. 불행하게도, 소프트웨어에 오류 처리를 포함해 놓고도 그 부분은 절대 테스트하지 않는 경향이 있다. 오류 처리 경로가 구현되면 반드시 테스트 되어야 한다.

> **ADVICE**
> 모든 오류-처리 경로를 실행하도록 테스트를 설계했는지 확인하라.
> 그렇지 않으면, 그 경로가 호출될 때 실패할 수 있으며, 그렇지 않아도 아슬아슬한 상황이 악화될 수 있다.

오류 처리가 평가되면 반드시 테스트되어야 하는 잠재적인 오류들은 다음과 같다. (1) 오류 설명이 난해하다, (2) 기록된 오류가 발견된 오류와 일치하지 않는다, (3) 오류 처리를 하기도 전에 시스템에 간섭을 일으키는 오류 상황, (4) 예외 상황 처리가 올바르지 않거나, (5) 오류 설명이 오류의 원인이 어디에 있는지에 대한 정보를 충분히 제공하지 않는다.

단위 테스트 절차 단위 테스팅은 일반적으로 코딩 단계의 보조로 간주된다. 단위 테스트의 설계는 코딩 시작 전이나 소스 코드가 만들어진 후 할 수 있다. 설계 정보의 검토는 앞에서 논의된 범주들 각각에서의 오류를 발견할 확률이 높은 테스트 케이스를 만들 수 있는 지침을 제공한다. 각 테스트 케이스는 예상되는 결과 집합과 짝지어져야 한다.

컴포넌트는 단독적인 프로그램이 아니기 때문에, 각 단위 테스트를 위한 드라이버 그리고/또는 스텁 소프트웨어가 종종 개발되어야 한다. 단위 테스트 환경은 그림 22.4에 묘사되어 있다. 대부분의 애플리케이션에서 드라이버(driver)는 테스트 케이스 데이터를 받아들여서, (테스트 할) 데이터 같은 것들을 컴포넌트로 전달하고, 결과를 출력하는 "메인 프로그램"에 지나지 않는다. 스텁(stubs)은 테스트될 컴포넌트에 의해 호출되는 하위 모듈을 대체하는 역할을 한다. 스텁 또는 "더미 서브 프로그램"은 하위 모듈의 인터페이스를 사용하고, 최소한의 데이터 조작을 할 수 있으며, 들어온 값을 확인하기 위한 출력과, 테스트 중인 모듈로 제어를 되돌린다.

> **ADVICE**
> 광범위한 단위 테스팅을 하기 위한 자원을 가지지 못할 상황이 있을 수 있다.
> 중요한 모듈과 높은 순환 복잡도를 가진 것들을 선택하라.

드라이버와 스텁은 테스팅 "오버헤드"이다. 즉, 둘 다 코딩해야 하는 소프트웨어이지만 (일반적으로 정형화된 설계는 적용하지 않는다) 최종 소프트웨어 제품과 함께 인도되지는 않는다. 드라이버와 스텁이 단순해지면, 실질적인 오버헤드도 비교적 낮아진다. 불행하게도, 많은 컴포넌트들은 "단순한" 오버헤드 소프트웨어로는 단위 테스트가 충분하게 될 수 없다. 이런 경우, 완벽한 테스팅은 통합 테스트 단계까지 미뤄질 수 있다 (이 경우에도 드라이버와 스텁이 여전히 사용된다).

22.3.2 통합 테스팅

ADVICE

통합하려고 "빅뱅" 방식을 취하는 것은 실패할 운명의 나태한 전략이다. 점진적으로 통합하고, 테스팅하라.

소프트웨어 세계의 초심자는 모든 모듈이 단위 테스트가 되고 나면 어찌 보면 당연한 의문을 갖게 될 것이다: "모듈들이 모두 개별적으로 작동한다면, 이것들을 서로 결합을 해도 작동할 텐데 왜 의혹을 갖는 거죠? 문제는, 물론 "서로 결합하는"(인터페이스, interfacing) 것이다. 데이터는 인터페이스를 오가면서 손실될 수 있다. 하나의 컴포넌트에서의 부주의가 다른 컴포넌트들에 좋지 않은 영향을 줄 수 있다. 하위 기능들이, 결합되었을 때, 원하는 주기능을 생성하지 않을 수 있다; 개별적으로는 받아들일 수 있는 불확실한 부분이 받아들일 수 없는 수준으로 확대될 수 있다. 전역 데이터 구조가 문제를 일으킬 수 있다. 슬프게도, 이 리스트는 끝이 없다.

통합 테스팅은 소프트웨어 아키텍처를 구축하는 동시에 인터페이스와 관련된 오류를 찾아내기 위한 테스트를 수행하는 체계적인 기법이다. 목적은 단위 테스트가 끝난 컴포넌트들을 가지고 설계에서 지시된 프로그램 구조를 만드는 것이다.

비점증적인 통합을 시도하는 경향이 종종 있다; 즉, "빅뱅" 방식으로 프로그램을 구축한다. 모든 컴포넌트들은 사전에 결합되며 전체 프로그램이 한꺼번에 테스트된다. 일반적으로 혼돈으로 이어진다! 오류가 발생하지만, 전체 프로그램이 너무 커서 원인의 분리가 어렵기 때문에 수정은 어렵다.

점증적인 통합은 빅뱅 방식과 정반대이다. 프로그램은 오류를 분리하고 수정하기 쉽도록 작은 단위로 구축되고 테스트된다. 인터페이스는 완전하게 테스트할 가능성이 더 높다. 그리고 체계적인 테스트 접근 방식을 적용할 수 있다. 다음 문단에서, 몇 가지 점증적인 통합 전략이 논의된다.

ADVICE

프로젝트 일정을 개발할 때, 필요한 경우 컴포넌트를 사용할 수 있도록 통합을 하는 방식을 고려해야 할 것이다.

하향식 통합 하향식 통합 테스팅(Top-down integration testing)은 소프트웨어 아키텍처를 구축하는 점증적인 접근 방식이다. 모듈들은 메인 제어 모듈(메인 프로그램)부터 시작하여 제어 계층구조를 따라 아래 방향으로 이동하면서 통합된다. 메인 제어 모듈에 종속되는 모듈들(그리고 최하위 모듈)은 깊이-우선 또는 넓이-우선 중 한 가지 방식으로 구조에 통합된다.

그림 22.5를 보면, 깊이-우선(depth-first integration) 통합은 프로그램 구조의 주요 제어 경로에 있는 모든 컴포넌트를 통합한다. 주요 경로의 선택은 다소 임의적이며 애플리케이션 별 특성에 따라 달라진다. 예를 들어, 왼쪽 경로를 선택하면, 컴포넌트 M1, M2, M5가 먼저 통합될 것이다. 다음으로는, M8 또는 (M2의 올바른 작동에 필요하다면) M6가 통합될 것이다. 그런 후, 중앙이나 오른쪽에 있는 제어 경로가 만들어진다. 넓이-우선 통합

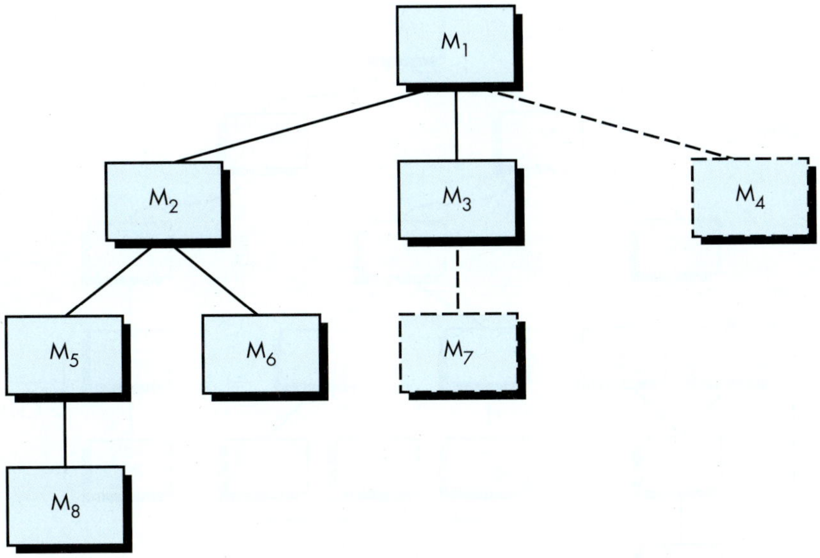

그림 22.5
하향식 통합

(Breadth-first integration)은 구조를 수평적으로 따라 이동하면서 각 레벨에서 바로 하위의 모든 컴포넌트를 통합한다. 그림에서 보면, 컴포넌트 M2, M3 그리고 M4가 먼저 통합될 것이다. 다음 제어 레벨 M5, M6 등이 뒤따른다. 통합 과정은 일련의 다섯 단계로 수행된다.

1. 메인 제어 모듈은 테스트 드라이버로 사용되고 스텁이 메인 제어 모듈의 바로 하위에 있는 모든 컴포넌트를 대신한다.
2. 선택된 통합 방식(즉, 깊이 또는 넓이 우선)에 따라, 하위 스텁이 한번에 하나씩 실제 컴포넌트로 대체된다.
3. 각 컴포넌트가 통합될 때마다 테스트가 수행된다.
4. 각 테스트 세트가 완료되면 다른 스텁이 실제 컴포넌트로 대체된다.
5. 새로운 오류가 발생되지 않았음을 보증하기 위해 회귀 테스팅(이 절의 후반부에 논의됨)이 수행될 수도 있다.

? 하향식 통합의 단계는 무엇인가?

전체 프로그램 구조가 구축될 때까지 프로세스는 2단계부터 계속된다.

하향식 통합 전략은 주요 제어나 결정 포인트를 테스트 프로세스 초반에 확인한다. "잘 구성된" 프로그램 구조의 경우, 의사 결정은 계층 구조의 상위 레벨에서 발생하며 그렇기 때문에 먼저 마주치게 된다. 주요 제어 문제가 존재한다면, 조기 인식은 필수이다. 깊이 우선 통합이 선택되었다면, 소프트웨어의 완벽한 기능이 구현되고 시연될 수 있다. 기능적 역량을 초기에 시연하는 것은 모든 이해관계자들에게 신뢰를 쌓는 것이다.

상향식 통합 상향식 통합 테스팅(Bottom-up integration testing)은, 그 이름이 내포하듯이, 원자 모듈(atomic modules, 즉, 프로그램 구조의 최하위 레벨에 있는 컴포넌트)로부터 구축과 테스팅을 시작한다. 컴포넌트들이 아래에서 위로 통합되기 때문에, 해당 레벨의 하위 모듈에 의해 제공되는 기능을 항상 사용가능하며 스텁의 필요성이 없어진다. 상향식 통합 전략

? 하향식 통합이 선택되면 어떤 문제가 발생할 수 있는가?

그림 22.6

상향식 통합

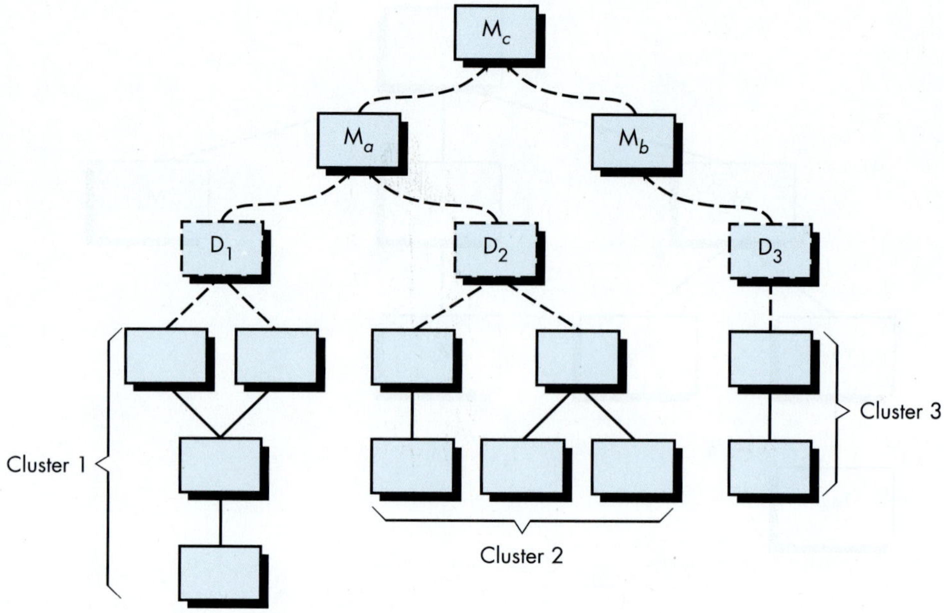

은 다음의 단계로 설명될 수 있다.

1. 하위 레벨 컴포넌트들이 특정 소프트웨어 서브 기능을 수행하는 클러스터로 결합(빌드라고도 한다)된다.
2. 테스트 케이스의 입력과 출력을 관장하기 위해 드라이버(테스팅을 위한 제어프로그램)가 작성된다.
3. 클러스터가 테스트된다.
4. 드라이버들이 제거되고 클러스터들은 프로그램 구조의 위쪽으로 이동하며 결합된다.

? 상향식 통합의 단계는 무엇인가?

통합은 그림 22.6에 나타낸 것과 같은 패턴을 따른다. 컴포넌트들은 클러스터 1, 2 그리고 3이 형성되도록 결합된다. 각 클러스터는 드라이버(점선으로 된 블록)를 이용하여 테스트된다. 클러스터 1과 2에 있는 컴포넌트들은 M_a의 하위에 있다. 드라이버 D1과 D2는 제거되고 클러스터들은 M_a와 직접 인터페이스 한다. 마찬가지로, 클러스터 3의 드라이버 D3도 M_b 모듈과 통합되기 전에 제거된다. M_a와 M_b 모두 결국에는 컴포넌트 M_c와 통합되며, 이런 식으로 진행된다.

KEY POINT 상향식 통합은 복잡한 스텁의 필요성이 없어진다.

통합이 위쪽으로 이동하기 때문에, 별도의 테스트 드라이버에 대한 필요성이 줄어든다. 사실, 프로그램 구조의 상위 두 레벨이 하향식으로 통합되었다면, 드라이버의 수는 실질적으로 줄일 수 있고, 클러스터의 통합도 크게 간소화된다.

ADVICE 회귀 테스팅은 "부작용"을 줄이기 위한 중요한 전략이다. (새로운 컴포넌트의 통합을 포함하여) 소프트웨어에 주요 변경이 일어날 때마다 회귀 테스트를 실행하라.

회귀 테스트 통합 테스팅의 과정에서 새로운 모듈이 추가될 때마다, 소프트웨어는 변경된다. 새로운 데이터 흐름 경로가 만들어지고, 새로운 I/O가 일어나기도 하며, 새로운 제어 로직이 발생한다. 이러한 변경과 연관된 부작용이 이전에 결함 없이 동작했던 기능에 문제의 원인이 될 수도 있다. 통합 테스트 전략의 맥락에서 보면, 회귀 테스팅(regression testing)은 변화로 인해 의도하지 않은 부작용이 전파되지 않았다는 것을 보증하기 위해 이미 수행된 테스트의 일부분을 다시-실행하는 것이다. 회귀 테스팅은 변경이 의도하지 않는 동작이나 추가적인 오류가 나타나지 않도록 하는 데 도움을 준다.

회귀 테스팅은 모든 테스트 케이스의 일부를 다시-실행함으로써 수동으로 수행하거나 자동화된 캡처/플레이백 도구를 사용할 수도 있다. 캡처/플레이백 도구(Capture/playback tools)는 소프트웨어 엔지니어가 테스트 케이스와 연속적인 플레이백 및 비교의 결과를 얻을 수 있게 해준다. 회귀 테스트 모음(regression test suite, 실행될 테스트의 일부분)은 세가지 다른 부류의 테스트 케이스를 포함한다.

- 모든 소프트웨어 기능을 실행할 테스트의 대표적인 샘플
- 변경에 의해 영향을 받을 가능성이 높은 소프트웨어 기능에 초점을 맞춘 추가적인 테스트
- 변경이 일어난 소프트웨어 컴포넌트에 초점을 맞춘 테스트

KEY POINT

스모크 테스트는 변동하는(rolling) 통합 전략으로 특징지을 수 있다. 소프트웨어는 (새로운 컴포넌트가 추가되면서) 재구성되고 매일 스모크 테스트가 일어난다.

통합 테스팅이 진행되면서, 회귀 테스트의 횟수가 크게 증가할 수 있다. 그러므로, 회귀 테스트 모음은 각 주요 프로그램 기능에서의 오류 중 하나 이상의 클래스를 다루는 테스트만을 포함하도록 설계되어야 한다.

스모크 테스팅 스모크 테스팅(Smoke testing)은 제품 소프트웨어가 개발될 때 일반적으로 사용되는 통합 테스팅 방법이다. 이것은 시간이 중요한 프로젝트에서 시간을 조절하기 위한 메커니즘으로 설계되었으며, 소프트웨어 팀이 수시로 프로젝트를 평가할 수 있게 한다. 기본적으로, 스모크 테스팅 방법은 다음의 활동들을 포함한다.

1. 코드로 변환된 소프트웨어 컴포넌트는 빌드(build)로 통합된다. 빌드는 하나 또는 그 이상의 제품 기능의 구현이 요구되는 모든 데이터 파일, 라이브러리, 재사용 가능한 모듈, 그리고 공학이 적용된 컴포넌트들을 포함한다.
2. 일련의 테스트는 빌드의 기능을 제대로 수행하지 못하게 하는 에러들을 찾아내기 위해 설계된다. 목적은 소프트웨어 프로젝트가 계획된 일정을 맞추지 못하도록 가능성이 가장 큰 오류("show-stopper")를 밝혀내는 데 있다.
3. 빌드는 다른 빌드와 통합되고, 전체 제품(현재 상태에서)은 매일 스모크 테스트된다. 통합 방식은 하향식 또는 상향식이 될 수 있다.

Quote

프로젝트의 심장박동처럼 매일 일어나는 빌드를 처리하라. 심장이 멈추면 프로젝트는 죽는다.

Jim McCarthy

매일 주기의 테스팅은 관리자와 실무자 모두에게 통합 테스팅 프로세스의 실질적인 평가를 제공한다. McConnell[McC96]은 스모크 테스트를 다음과 같이 설명한다.

> 스모크 테스트는 전체 시스템 처음부터 끝까지 테스트해야 한다. 철저하게 할 필요는 없지만, 주요 문제점을 노출시킬 수는 있어야 한다. 스모크 테스트는 빌드가 통과되었다면, 더 철저히 테스트할 정도로 충분히 안정화되었다고 여길 수 있을 정도로 충분히 철저해야 한다.

스모크 테스트는 복잡하고, 시간이 중요한 소프트웨어 프로젝트에 적용하면 몇 가지

이점이 있다:

?

스모크 테스팅으로 얻을 수 있는 이점은 무엇인가?

- **통합 위험의 최소화** 스모크 테스트는 매일 수행되기 때문에, 비호환성과 다른 중대한 오류가 조기에 발견되고, 따라서 오류가 발견되었을 때 일정상의 심각한 영향을 줄일 수 있다.
- **최종 제품의 품질이 향상됨** 이 접근 방식은 구축 (통합) 지향이기 때문에, 스모크 테스팅은 구조적인 오류와 컴포넌트 수준 설계 오류뿐만 아니라 기능 오류를 찾아낼 가능성이 높다. 이러한 오류들이 조기에 수정된다면, 더 좋은 품질의 제품이 될 것이다.
- **오류 진단과 수정이 간단해진다** 모든 통합 테스팅의 접근 방식과 마찬가지로, 스모크 테스팅 중에 발견되는 오류는 "소프트웨어의 새로운 증분"과 관련될 가능성이 크다. 즉, 빌드에 추가되는 소프트웨어는 새롭게 발견되는 오류의 원인일 가능성이 크다.
- **진행 상황을 평가하기 쉽다** 날이 갈수록, 더 많은 소프트웨어가 통합되고 동작하는 것을 입증하게 된다. 이것은 팀의 사기를 높여주고 관리자에게는 진행 상황이 진전되고 있다는 좋은 지표를 제공한다.

통합 테스트 작업 산출물 소프트웨어의 통합을 위한 전체적인 계획과 특정 테스트의 설명은 테스트 명세서(Test Specification)로 문서화된다. 이 작업 산출물은 테스트 계획과 테스트 절차를 포함하며 소프트웨어 구성의 일부분이 된다. 테스팅은 특정 기능과 동작 특성을 다루는 여러 단계와 빌드들로 나눠진다. 예를 들어, **SafeHome** 보안 시스템의 통합 테스팅은 다음의 테스트 단계로 나눌 수 있다. 사용자 상호작용, 센서 처리, 통신 기능, 그리고 경보 처리.

각 통합 테스트 단계는 소프트웨어 내의 넓은 기능적 범주를 나타내며, 일반적으로 소프트웨어 아키텍처 내의 특정 영역과 연관될 수 있다. 따라서 프로그램 빌드(모듈들의 그룹)는 각 단계에 대응하도록 생성된다.

통합 일정, 오버헤드 소프트웨어 개발 및 관련 주제들은 테스트 계획의 일부분으로 논의된다. 각 단계의 시작일과 종료일이 설정되고 단위 테스트를 거친 모듈의 "가용 시간대"가 정의된다. 오버헤드 소프트웨어(스텁과 드라이버)의 간략한 설명은 특별한 노력을 요구하는 특성에 집중한다. 마지막으로, 테스트 환경과 자원을 기술한다. 특별한 하드웨어 구성, 특이한 시뮬레이터, 그리고 특수한 테스트 도구나 기법들도 논의될 수 있는 많은 주제들 중 몇 가지에 해당한다.

테스트 계획을 수행하기 위해 요구되는 상세한 테스팅 절차가 다음에 기술된다. 통합의 순서와 각 통합 단계에 대응하는 테스트가 기술된다. 모든 (이후 참조를 위해 주석 처리된) 테스트 케이스의 목록과 기댓값 또한 포함된다.

필요한 경우, 실제 테스트 결과의 이력, 문제점 또는 특이점은 테스트 명세서(Test Specification)에 첨부될 수 있는 테스트 보고서(Test Report)에 기록된다. 이 절에 포함된 정보는 소프트웨어 유지보수 시 매우 중요할 수 있다. 적절한 참조와 부록도 제공된다.

22.4 객체지향 소프트웨어를 위한 테스트 전략[4]

테스팅의 목적은, 간단히 말하면, 현실적인 시간 내에 관리 가능한 정도의 노력으로 최대한 많은 오류를 찾아내는 것이다. 이 근본적인 목적은 객체지향 소프트웨어에서도 변함이 없지만, 객체지향 소프트웨어의 특성은 테스팅 전략과 테스팅 전술 모두를 변화시킨다.(제24장)

22.4.1 객체지향에서의 단위 테스팅

객체지향 소프트웨어를 고려하면, 단위(unit)의 개념이 바뀐다. 캡슐화의 결과로 클래스와 객체가 정의된다. 이것은 각각의 클래스와 클래스의 인스턴스는 속성(데이터)과 이러한 데이터를 조작하는 연산들을 묶는다는 것을 의미한다. 일반적으로는 하나의 캡슐화된 클래스가 단위 테스팅의 초점이다. 그러나, 클래스 내부의 연산(메소드)이 테스트할 수 있는 가장 작은 단위이다. 하나의 클래스는 많은 연산들을 포함하며 하나의 특정 연산은 많은 클래스들에 속할 수 있기 때문에, 단위 테스트에 적용되는 전술은 변화되어야 한다.

하나의 연산을 더 이상 별도로 테스트하지 않고(전통적인 관점에서의 단위 테스팅), 대신에 클래스의 일부분으로서 테스트한다. 이를 설명하기 위해, 연산 *X*가 슈퍼클래스로 정의되어 있고 다수의 서브클래스에 상속되는 클래스 계층구조를 고려해 보자. 각 서브클래스들은 연산 *X*를 사용하지만, 이것은 각 클래스에 정의된 자신의 속성과 연산이 동작하는 환경 내에서만 사용된다. 연산 *X*가 사용되는 환경이 조금씩 바뀌므로, 연산 *X*는 각 서브클래스 환경 내에서 테스트할 필요가 있다. 이것은 연산 *X*를 독립적인 방식(전통적인 단위 테스트 접근 방식)으로 테스팅하는 것은 객체지향에서는 일반적으로 효과가 없다는 것을 의미한다.

KEY POINT
객체지향 소프트웨어의 클래스 테스팅은 전통적인 소프트웨어의 모듈 테스팅과 유사하다. 연산을 별도로 테스트하는 것은 바람직하지 않다.

객체지향 소프트웨어의 클래스 테스팅은 전통적인 소프트웨어에서의 단위 테스팅과 동등하다. 전통적인 소프트웨어의 단위 테스팅은 모듈의 상세한 알고리즘과 모듈 인터페이스를 통과하는 데이터 흐름에 초점을 두는 반면, 객체지향 소프트웨어의 클래스 테스팅은 클래스 내에 캡슐화된 연산과 상태 행위를 중요시한다.

22.4.2 객체지향에서의 통합 테스팅

객체지향 소프트웨어는 명확하게 계층적인 제어 구조를 갖지 않으므로, 전통적인 하향식 및 상향식 통합 전략(22.3.2절)의 의미가 크지 않다. 게다가 "클래스를 구성하는 컴포넌트의 직간접적인 상호작용으로 인해" 연산을 한 번에 하나씩 클래스에 통합하는 것(전통적인 점증적 통합 접근 방식)은 불가능한 경우가 많다[Ber93].

객체지향 시스템을 위한 통합 테스팅에는 두 가지 전략이 존재한다[Bin94a]. 첫째로, 스레드 기반 테스팅(thread-based testing)은, 시스템의 입력과 이벤트에 응답해야 하는 일련의 클래스를 통합한다. 각 스레드는 개별적으로 테스트되고 통합된다. 회귀 테스트는 부작

4 기본적인 객체지향 개념은 부록 2에 소개되어 있다.

용이 일어나지 않는지 확인하기 위하여 적용된다. 두 번째 통합 방법은, 사용 기반 테스팅(use-based testing)으로, (해당되는 경우) 거의 모든 서버 클래스들을 사용하는 클래스들(독립적인 클래스라고 함)을 테스팅하면서 시스템의 구성을 시작한다. 독립적인 클래스들이 테스트된 후, 독립적인 클래스들을 사용하는 다음 계층의 클래스들(종속적인 클래스라고 함)이 테스트된다. 전체 시스템을 구축할 때까지 다음 계층의 종속 클래스들을 차례로 계속해서 테스팅한다.

KEY POINT
객체지향 소프트웨어의 통합 테스팅을 위한 중요한 전략은 스레드-기반 테스팅이다. 스레드는 입력이나 이벤트에 응답하는 클래스들의 집합이다. 사용 기반 테스트는 다른 클래스들과 많이 협동하지 않는 클래스에 초점을 맞춘다.

객체지향 시스템의 통합 테스팅이 수행될 때 드라이버와 스텁의 사용 또한 변화한다. 드라이버들은 최저 수준에서 연산을 테스트하기 위해 그리고 전체 클래스 그룹의 테스팅을 위해 사용될 수 있다. 드라이버는 사용자 인터페이스를 대체하여 사용함으로써 인터페이스의 구현 이전에 시스템의 기능성 테스트를 수행할 수 있다. 스텁은 클래스들 사이에서 협동이 요구되지만 하나 또는 그 이상의 협동 클래스들이 아직 완전히 구현되지 않은 상황에서 사용될 수 있다.

클러스터 테스팅(cluster testing)은 객체지향 소프트웨어의 통합 테스팅의 한 단계이다. 여기서, 협동하는 클래스들(CRC와 객체 관계 모델을 검토하여 결정되는)의 클러스터는 협동 과정에서 오류를 찾아내기 위한 테스트 케이스를 설계하여 검사된다.

22.5 웹앱을 위한 테스트 전략

웹앱 테스팅 전략은 모든 소프트웨어 테스팅의 기본 원리를 따르며, 객체지향 시스템에서 사용된 전략과 전술이 적용된다. 다음의 단계는 접근방식을 요약한 것이다.

KEY POINT
웹앱 테스팅의 전체적인 전략은 여기에 언급된 10단계로 요약될 수 있다.

1. 오류를 발견하기 위해 웹앱 콘텐츠 모델을 검토한다.
2. 모든 유스케이스들이 수용되었는지 확인하기 위해 인터페이스 모델을 검토한다.
3. 내비게이션 오류를 찾아내기 위해 웹앱 설계 모델을 검토한다.
4. 표현 부분과 내비게이션 메카닉스 상의 오류를 발견하기 위해 사용자 인터페이스를 테스트한다.
5. 각 기능적 컴포넌트를 단위 테스트한다.
6. 아키텍처 전반에 걸친 내비게이션을 테스트한다.
7. 다양한 환경 구성에서 웹앱을 구현하고 각 환경 구성에서의 호환성을 테스트한다.
8. 웹앱 또는 동작환경 내에서의 취약점을 악용하려는 시도를 통해 보안 테스트를 수행한다.
9. 성능 테스트를 수행한다.
10. 제한된 최종 사용자 그룹을 이용하여 웹앱을 테스트하고 그 과정을 모니터한다. 시스템과의 상호 작용 결과를 검토하여 오류를 평가한다.

WebRef
웹앱에 대한 우수한 자료를 다음 사이트에서 찾을 수 있다. www.stickyminds.com/testing.asp

많은 웹앱은 지속적으로 진화하기 때문에, 테스팅 프로세스는 계속 진행되는 활동이며, 지원 인력은 웹앱을 처음 개발할 때 만든 테스트로부터 도출한 회귀 테스트를 이용하여 테스팅을 수행한다. 웹앱 테스팅 방법은 제 25장에서 다룬다.

22.6 모바일 애플리케이션을 위한 테스트 전략

모바일 애플리케이션의 테스팅 전략은 모든 소프트웨어 테스팅의 기본적인 원칙을 따른다. 그러나 모바일 앱의 고유 특성상 특수한 테스팅 방식을 고려할 필요가 있다:

- **사용자 경험 테스팅.** 사용자는 모바일 앱이 모든 지원되는 기기에서 이해 관계자의 사용성과 접근성 기대에 부응한다는 것을 확인하기 위해 개발 프로세스 초기에 참여하고 있다.
- **기기 호환성 테스팅.** 테스터는 모바일 앱이 모든 요구되는 하드웨어와 소프트웨어의 조합에서 정상적으로 작동하는지 검증한다.
- **성능 테스팅.** 테스터는 모바일 기기 자체의 고유한 비기능적 요구사항을 확인한다. (예: 다운로드 시간, 프로세서 속도, 저장 용량, 전원 가용성)
- **연결 테스팅.** 테스터는 모바일 앱이 필요한 모든 네트워크나 웹 서비스에 접속할 수 있으며 약하거나 중단된 네트워크 접속을 견뎌내는지 확인한다.
- **보안 테스팅.** 테스터는 모바일 앱이 사용자의 개인 정보나 보안 요구사항을 위험에 노출시키지 않는지 확인한다.
- **현실 속에서의 테스팅.** 애플리케이션은 전 세계 다양한 네트워크 환경의 실제 사용자 기기에서 현실적인 조건으로 테스트된다.
- **인증 테스팅.** 테스터는 모바일 앱이 배포될 앱 스토어의 표준을 만족하는지 확인한다.

모바일 앱 테스팅 방법은 제26장에서 다룬다.

22.7 확인 테스팅

확인 테스팅은 통합 테스팅의 정점에서, 개별적인 컴포넌트가 시험되고, 소프트웨어가 완전히 패키지로 조립되었으며, 그리고 인터페이스 오류가 발견되고 수정되었을 때 시작된다. 확인 또는 시스템 수준에서, 다른 범주의 소프트웨어라는 구분이 사라진다. 테스팅은 시스템에서 사용자가 볼 수 있는 행동과 사용자가 인식할 수 있는 출력에 초점을 맞춘다.

확인은 여러 가지 방식으로 정의할 수 있지만, 단순한(약하기는 하지만) 정의는 소프트웨어가 고객이 합리적으로 기대할 수 있는 방식으로 작동하는 경우 확인은 성공이라는 것이다. 이 시점에서 현장의 전투적인 소프트웨어 개발자들은 항의할 수도 있다: "누가 아니면 무엇이 합리적인 기대의 중재자인가?" 소프트웨어 요구사항 명세서가 개발되었다면, 그것은 사용자가 볼 수 있는 소프트웨어의 모든 속성들을 기술하고 확인 테스팅 접근 방식의 근거기반을 형성하는 확인 기준 부분을 포함한다.

KEY POINT

모든 다른 테스팅 단계처럼, 확인은 오류를 찾으려고 하지만, 초점은 요구사항 수준 최종 사용자에게 즉각적으로 식별될 수 있는 것들에 있다.

22.7.1 확인 테스트 기준

소프트웨어 확인은 요구사항과의 적합성을 입증하는 일련의 테스트를 통하여 이루어진다. 테스트 계획은 수행될 테스트의 클래스를 요약하고, 테스트 절차는 모든 기능적인 요구사항이 만족되는지, 모든 동작적 특성이 이뤄지는지, 모든 컨텐츠가 정확하고 적절히 표현되는지, 모든 성능 요구사항이 도달되는지, 문서는 올바른지, 그리고 사용성과 기타 요구사항(예: 이식성, 호환성, 오류 복구, 유지보수성)을 만족하는지를 확인하기 위해 설계된 특정 테스트 케이스를 정의한다. 명세서와의 차이점이 발견되면, 부족한 점의 목록(deficiency list)이 생성된다. 부족한 점을 해결하기 위한 방법(이해관계자가 받아들일 수 있는)이 수립되어야 한다.

22.7.2 형상 검토

확인 프로세스의 중요한 요소는 형상 검토(configuration review)이다. 검토의 의도는 소프트웨어 형상의 모든 요소가 적절히 개발되었고, 분류되었으며, 지원 활동을 강화하기 위해 필요한 세부사항이 있는지 확인하는 것이다. 형상 검토는 감사라고도 하는 제29장에서 좀 더 상세히 논의된다.

> **Quote**
>
> 충분히 많은 사람들이 바라보면, 모든 버그는 쉽게 드러난다(예를 들어, 베타 테스터와 동료 개발자들이 충분히 많이 참여하면 모든 문제의 특성은 쉽게 파악되고 해결책도 어느 누군가에게 쉽게 드러난다).
>
> E. Raymond

22.7.3 알파와 베타 테스팅

고객이 실제로 프로그램을 어떻게 사용할지 소프트웨어 개발자가 예상하는 것은 사실상 불가능하다. 사용 방법이 잘못 해석될 수도 있고; 데이터의 이상한 조합이 사용될 수도 있으며, 테스터에게는 명확해 보이는 출력이 실제 사용자에게는 이해할 수 없는 것이 될 수도 있다.

한 명의 고객을 위한 맞춤형 소프트웨어가 개발되었다면, 일련의 인수 테스트는 고객이 모든 요구사항을 확인하는 것이 가능하도록 수행된다. 소프트웨어 엔지니어가 아니라 최종 사용자가 수행하는, 인수 테스트는 비정형 "시범 운행"에서부터 계획되고 체계적으로 실행되는 일련의 테스트까지를 범위로 할 수 있다. 사실, 인수 테스팅은 몇 주 도는 몇 달의 기간에 걸쳐 수행될 수 있으며, 따라서 시간이 지남에 따라 시스템을 저하시킬 수 있는 누적된 오류를 찾아낸다.

소프트웨어가 다수의 고객에 의해 사용되는 제품으로 개발되었다면, 각각에 대해 정형화된 인수 테스트를 수행하는 것은 비현실적이다. 대부분의 소프트웨어 제품 개발자들은 최종 사용자만이 찾을 수 있을 것 같은 오류를 밝혀내기 위해 알파와 베타 테스팅이라고 불리는 프로세스를 이용한다.

> **?** 알파 테스트와 베타 테스트의 차이점은 무엇인가?

알파 테스트(alpha test)는 최종 사용자를 대표하는 그룹에 의해 개발자 측에서 수행된다. 소프트웨어는 자연스런 설정에서 사용되며 개발자는 사용자의 "어깨너머로 보면서" 오류와 사용상의 문제점을 기록한다. 알파 테스트는 통제된 환경에서 수행된다.

베타 테스트(beta test)는 하나 이상의 최종 사용자 측에서 수행된다. 알파 테스트와는 달리, 개발자는 일반적으로 참여하지 않는다. 따라서 베타 테스트는 개발자에 의해 통제받을 수 없는 환경에서의 "생생한" 소프트웨어 애플리케이션이다. 고객은 베타 테스팅을 하는 동안 부딪치는 모든 문제(실제 또는 추측되는)를 기록하고 정기적으로 개발자에게 보고한다. 베타 테스트를 하는 동안 보고된 문제점들의 결과로, 문제를 수정하고 전체 고객에게 소프트웨어 제품을 공개할 준비를 한다.

맞춤형 소프트웨어가 계약에 따라 고객에게 인도될 때, 고객 인수 테스팅이라고 불리는, 베타 테스팅의 변형이 수행되기도 한다. 고객은 개발자로부터 소프트웨어를 인수받기 전에 오류를 찾기 위해 일련의 특정 테스트를 수행한다. 어떤 경우에는 (예를 들어, 주요 기업이나 정부 시스템) 인수 테스팅은 매우 정형화될 수도 있으며 테스팅이 며칠 또는 몇 주 이상 걸릴 수도 있다.

SafeHome

확인 준비하기

장면: Doug Miller의 사무실,컴포넌트-수준 설계가 진행 중이고 일부 컴포넌트는 구현을 계속함.

등장인물: Doug Miller(소프트웨어공학 관리자), Vinod, Jamie, Ed, 그리고 Shakira(SafeHome 소프트웨어공학 팀 멤버)

대화

Doug: 첫 번째 증분이 확인에 들어갈 준비가 되겠죠…. 약 3주 정도?

Vinod: 그 정도면 됩니다. 통합은 잘 되고 있어요. 스모크 테스트도 매일 하고 있고요, 버그를 몇 개 찾았는데, 처리 못할 것은 없어요. 지금까지는 잘되고 있어요.

Doug: 확인에 대해 이야기 해 보세요.

Shakira: 예. 모든 유스케이스를 기초로 테스트 설계를 할 겁니다. 아직 시작은 안 했지만, 제가 맡고 있는 모든 유스케이스의 테스트를 개발할 겁니다.

Jamie: 저도요, 하지만 인수 테스트 그리고 알파와 베타 테스트를 위해서는 함께 행동해야 합니다. 그렇지요?

Doug: 맞아요. 사실 생각을 좀 해봤는데, 확인에 도움을 좀 받으려면 외부 계약자를 불러 올수도 있어요. 예산도 있고…. 우리에게 새로운 시각도 제공할 수 있어요.

Vinod: 제 생각에는 우리가 할 수 있는데요.

Doug: 할 수 있겠지요, 하지만 ITG는 우리에게 소프트웨어에 대한 독립적인 시각을 제공해 주지요.

Jamie: 우린 시간이 없어요, Doug. 저는 당신이 이 일을 하라고 불러온 사람들을 보살필 시간이 없어요.

Doug: 알아요, 알아. 그런데, ITG가 요구사항과 유스케이스를 가지고 일을 한다면, 그렇게 많이 보살필 필요는 없을 거예요.

Vinod: 그래도 저는 우리끼리 할 수 있을 거 같은데요.

Doug: 맞는 말이에요, Vinod, 하지만, 이 일은 내가 정할게요. 이번 주말에 ITG 담당자와 만날 계획을 세워보죠. 작업을 시작하면 그들이 무엇을 해내는지 봅시다.

Vinod: 알았어요, 어쩌면 부하를 조금 줄일 수 있겠네요.

22.8 시스템 테스팅

이 책의 초반에, 소프트웨어는 더 큰 규모의 컴퓨터 기반 시스템에서 하나의 구성 요소에 지나지 않는다는 사실을 강조했다. 궁극적으로, 소프트웨어는 다른 시스템 구성 요소(예: 하드웨어, 사람들, 정보)와 통합되며, 일련의 시스템 통합과 확인 테스트가 수행된다. 이러한 테스트들은 소프트웨어 프로세스의 범위를 벗어나며 소프트웨어 엔지니어들에 의해서만 수행되지는 않는다. 그러나, 소프트웨어 설계와 테스팅에서의 단계들은 큰 규모의 시스템에서 성공적인 소프트웨어 통합 가능성을 크게 향상시킬 수 있다.

> **Quote**
> 죽음과 세금처럼, 테스팅은 못마땅하고 피할 수 없다.
> Ed Yourdon

고전적인 시스템 테스팅 문제는 "비난"이다. 이것은 오류가 발견되었을 때 일어나며,

다른 시스템 요소의 개발자가 이 문제에 대해 서로 책임을 떠넘긴다. 이러한 난센스에 빠져들기 보다는, 잠재해있는 인터페이스 관련 문제를 미리 고려해야 하며 (1) 시스템의 다른 구성 요소로부터 들어오는 모든 정보를 테스트할 오류 처리 경로를 설계하고, (2) 소프트웨어 인터페이스에서 잘못된 데이터나 다른 잠재적인 오류를 모의 실험하는 일련의 테스트를 수행하며, (3) 비난이 일어났을 때 "증거"로 사용될 수 있도록 테스트 결과를 기록하고, (4) 소프트웨어가 충분히 테스트되었다는 것을 보장하기 위해 시스템 테스트의 계획과 설계에 참여하여야 한다.

22.8.1 복구 테스팅

많은 컴퓨터 기반 시스템은 장애로부터 복구되어야 하며 다운되는 시간이 약간 또는 전혀 없이 프로세싱을 다시 계속해야 한다. 어떤 경우에는, 시스템은 장애를 견뎌내야 한다; 즉, 프로세싱 장애가 전체 시스템 기능을 중지시키는 원인이어서는 안 된다. 또 다른 경우는, 시스템 고장이 정해진 시간 내에 고쳐져야 하며 그렇지 못하면 심각한 경제적 손실이 발생한다.

복구 테스팅(Recovery testing)은 다양한 방법으로 소프트웨어가 장애를 일으키도록 하고 복구가 적절히 수행되었는지 검증하는 시스템 테스트이다. 복구가 자동이라면 (시스템 자체에 의해 수행되는), 재초기화, 체크포인팅 메커니즘, 데이터 복구, 그리고 재시작 등의 정확성에 대해 평가되어야한다. 복구가 사람의 개입이 요구된다면, 평균 수리 시간(mean-time-to-repair, MTTR)이 허용 한도 내에 있는지 여부를 결정하기 위해 평가되어야 한다.

22.8.2 보안 테스팅

민감한 정보를 관리하거나 부주의로 개인적인 해(또는 이익)를 끼칠 수 있는 행동의 원인이 되는 모든 컴퓨터 기반 시스템은 부도덕하거나 불법적인 침투의 대상이다. 침투는 넓은 활동 범위를 갖는다. 즉, 재미로 시스템에 침투하려고 시도하는 해커들, 보복을 위해 침투하려고 시도하는 불만을 품은 직원들, 불법으로 개인적 이득을 위해 침투를 시도하는 부도덕한 사람들이다.

보안 테스팅(Security testing)은 시스템에 보호 메커니즘이 내장되어 있는지, 그리고 실제적으로, 부적절한 침투로부터 시스템을 보호하는지 확인하기 위해 시도한다. Beizer [Bei84]의 말에 따르면: "시스템의 보안은, 물론, 전면 공격에 대해 손상되지 않는지 테스트되어야 하며, 또한 측면이나 후방 공격에 대해서도 손상되지 않는지 테스트되어야 한다."

충분한 시간과 자원이 주어지면, 훌륭한 보안 테스팅이 궁극적으로 시스템에 스며들 것이다. 시스템 설계자의 역할은 얻을 수 있는 정부의 가치보다 침투 비용이 더 들게 하는 것이다. 보안 테스팅과 보안 공학은 제27장에서 더 자세히 논의된다.

22.8.3 스트레스 테스팅

이전의 소프트웨어 테스팅 단계들은 정상적인 프로그램 기능과 성능의 철저한 평가로 귀결된다. 스트레스 테스트는 비정상적인 상황에 있는 프로그램에 직면하도록 설계된다. 본질적으로, 스트레스 테스팅을 수행하는 테스터는 묻는다: "얼마나 많이 자극을 주어야 장애가 발생할까?"

> **Quote**
> 진정한 시스템 버그를 찾으려고 하고 있고 소프트웨어를 실제 스트레스 테스트를 받지 않으려면, 지금이 바로 시작할 시점이다.
> Boris Beizer

스트레스 테스팅(Stress testing)은 비정상적인 수량, 횟수, 또는 크기의 자원을 요구하여 시스템을 실행한다. 예를 들어, (1) 초당 1 또는 2가 평균적인 경우, 초당 10의 인터럽트를 발생시키는 특별한 테스트를 설계, (2) 입력 기능이 어떻게 응답하는지 판단하기 위해 입력 데이터 속도를 10배씩 증가시킴, (3) 메모리나 기타 리소스를 최대로 요구하는 테스트 케이스를 실행, (4) 가상 운영체제에서 과다상태를 일으키는 테스트 케이스를 설계, (5) 디스크 기반 데이터를 과도하게 검색하게 하는 테스트 케이스를 설계한다. 본질적으로, 테스터는 프로그램을 파괴하려고 한다.

스트레스 테스트의 변형은 민감도 테스팅(sensitivity testing)이라 불리는 기법이다. 어떤 상황에서는(수학적 알고리즘에서 가장 일반적으로 발생하는), 프로그램의 유효한 데이터 범위 내에 포함되는 아주 작은 범위의 데이터는 극단적이고 심지어 잘못된 처리 또는 심각한 성능 저하의 원인이 될 수 있다. 민감도 테스팅은 유효한 데이터 클래스 내에서 불안정하거나 부적절한 처리의 원인이 될 수 있는 데이터 조합을 찾아내려고 시도한다.

22.8.4 성능 테스팅

실시간과 임베디드 시스템에서는, 요구되는 기능을 제공하지만 성능 요구사항을 준수하지 못하는 소프트웨어는 받아들여지지 않는다. 성능 테스팅은 통합된 시스템의 맥락에서 소프트웨어의 런타임 성능을 테스트하기 위해 설계된다. 성능 테스팅은 테스팅 프로세스의 모든 단계에 걸쳐 일어난다. 단위 수준에서도, 개별 모듈의 성능은 테스트를 실시하여 평가될 수 있다. 그러나 모든 시스템 요소가 완전히 통합되기 전까지는 진정한 시스템의 성능이 확인될 수 있는 것은 아니다.

성능 테스트는 스트레스 테스팅과 수시로 결합되며 일반적으로 하드웨어와 소프트웨어 장치 모두를 필요로 한다. 즉, 엄격한 방식으로 자원의 활용도(예: 프로세서 사이클)를 측정할 필요가 있다. 외부 장치는 수행 간격, 발생한 로그 이벤트(예: 인터럽트), 그리고 정기적인 샘플 기계 상태 등을 모니터 할 수 있다. 시스템을 조율함으로써, 테스터는 성능 저하와 시스템 장애로 이어질 상황을 발견할 수 있다.

22.8.5 배치 테스팅

많은 경우, 소프트웨어는 다양한 플랫폼과 하나 이상의 운영 체제 환경에서 실행해야 한다. 배치 테스팅(Deployment testing)은, 때로는 구성 테스팅(configuration testing)이라고 하는데, 동작할 각각의 환경에서 소프트웨어를 검사한다. 또한, 배치 테스팅은 모든 설치 절차와 고객이 이용하게 되는 특별한 소프트웨어(예: "인스톨러") 그리고 최종 사용자에게 소프트웨어를 소개하는 모든 문서를 검사한다.

소프트웨어 도구들

테스트 계획 및 관리

목적: 이러한 도구들은 소프트웨어 팀이 선택한 테스팅 전략을 계획하고 이를 수행할 때 테스팅 프로세스를 관리하는 것을 지원한다.

역학: 이런 종류의 도구들은 테스트 계획, 테스트 저장, 관리 및 제어, 요구사항 추적, 통합, 오류 추적, 그리고 보고서 생성 등을 다룬다. 프로젝트 관리자는 프로젝트 일정 도구를 보완하기 위해 이러한 도구들을 사용한다. 테스터들은 테스팅 활동을 계획하고 테스팅 프로세스가 진행됨에 따라 정보의 흐름을 제어하기 위해 이러한 도구를 사용한다.

대표적인 도구들:[5]

QaTraq Test Case Management Tool, Traq 소프트웨어에서 개발(**www.testmanagement.com**). "테스트 관리에 대한 구조적 접근을 권장".

QAComplete, SmartBear에서 개발(**http://smartbear.com/products/qa-tools/test-management**), 애자일 테스팅 프로세스의 모든 단계를 관리하기 위한 단일 제어 포인트를 제공.

TestWorks, Software Research에서 개발(**http://www. testworks.com/**), 테스트 관리 및 보고 도구를 포함하여 테스팅 도구들을 완벽하게 통합하는 제품군 포함.

OpensourceTesting.org (**www.opensourcetesting.org/testmgt.php**), 다양한 오픈 소스 테스트 관리 및 계획 도구의 목록.

OpensourceTestManagement.com (**http://www.opensourcetestmanagement.com/**), 다양한 오픈 소스 테스트 관리 및 계획 도구의 목록.

22.9 디버깅 기술

> **Quote**
>
> 프로그래밍을 시작하자마자, 우리는 우리가 생각했던 만큼 프로그램을 제대로 만드는 것이 쉽지 않다는 것에 놀랐다. 디버깅은 찾아내야 했다. 나는 내 인생의 대부분의 시간을 내 프로그램에서 실수를 찾는데 보내야 한다는 것을 깨달은 바로 그 순간을 기억한다.
>
> Maurice Wilkes,discovers debugging, 1949

소프트웨어 테스팅은 체계적으로 계획되고 명세화할 수 있는 프로세스이다. 테스트 케이스 설계는 수행될 수 있고, 전략은 정의될 수 있으며, 결과는 예상된 기대값에 대해 평가될 수 있다.

디버깅(Debugging)은 성공적인 테스팅의 결과로 나타난다. 즉, 테스트 케이스가 오류를 찾아내면, 디버깅은 그 오류를 제거하는 과정이다. 디버깅이 순서가 정해진 프로세스이어야 하지만, 여전히 매우 예술적이다. 소프트웨어 엔지니어로서, 여러분은 테스트의 결과를 평가하는 것처럼 소프트웨어 문제의 "증상" 표시에 종종 직면하게 된다. 즉, 오류의 외부 현상과 내부 원인은 분명한 관계가 없을 수도 있다. 증상을 원인과 연결 짓는 잘 이해되지 않는 심리작용이 디버깅이다.

22.9.1 디버깅 프로세스

디버깅은 테스팅이 아니라 테스팅의 결과로 발생하는 것이다.[6] 그림 22.7을 참조하면, 디버깅 프로세스는 테스트 케이스의 실행으로 시작한다. 결과가 판단되면, 기댓값과 실제 실행 사이의 상응 결핍이 발생한다. 대부분의 경우, 불일치 데이터의 근본적인 원인 증상은 아직 밝혀지지 않았다. 디버깅 프로세스는 증상과 원인을 연결시키려하며, 오류를 수정하게 한다.

디버깅 프로세스는 보통 두 가지 결과 중 하나일 것이다. (1) 원인을 찾아 수정하거나,

---

5 여기에 언급한 도구들이 대표적인 것은 아니지만, 이 범주에 있는 도구들을 샘플링한 것이라고 할 수 있다. 대부분, 도구 이름은 각 개발자의 상표이다.

6. 이 문장에서, 테스팅의 가능한 가장 광범위한 관점을 의미한다. 릴리즈 전에 개발자가 소프트웨어를 테스트할 뿐만 아니라, 고객/사용자가 소프트웨어를 사용할 때마다 테스트한다.

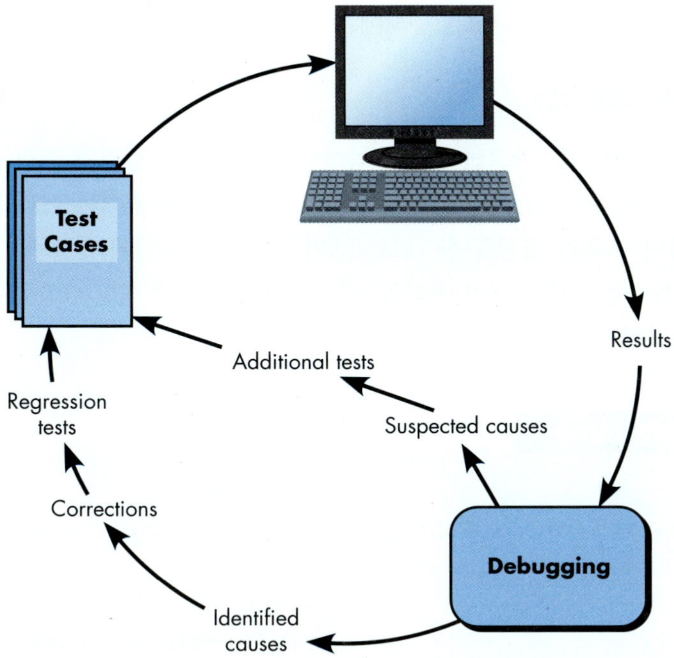

그림 22.7
디버깅 프로세스

(2) 원인을 찾지 못한다. 후자의 경우, 디버깅을 하는 사람은 원인을 의심하게 되며, 그 의심을 확인하기 위하여 테스트 케이스를 설계하고, 반복적인 방법으로 오류를 수정한다.

왜 디버깅이 이렇게 어려운가? 십중팔구, 소프트웨어 기술보다 인간의 심리(22.9.2절 참조)가 더 답에 가깝다. 그러나 버그의 몇 가지 특성은 몇 가지 단서를 제공한다.

? 왜 디버깅이 어려운가?

1. 증상과 그 원인은 지리적으로 떨어져 있을 수 있다. 즉, 원인은 실제로 동떨어진 사이트에 위치해 있을 수 있지만, 증상은 프로그램의 한 부분에서 나타날 수 있다. 결합도가 높은 컴포넌트(제12장)는 이 상황을 악화시킨다.
2. 증상은 다른 오류가 수정되면 (일시적으로) 사라질 수도 있다.
3. 증상은 오류가 아닌 것 때문에 발생할 수도 있다. (예: 반올림으로 인한 부정확)
4. 증상은 쉽게 추적되지 않는 인간의 오류에 의해 발생될 수도 있다.
5. 증상은 프로세싱 문제보다 타이밍 문제의 결과로 나타날 수 있다.
6. 입력 조건을 정확하게 재현하는 것이 어려울 수도 있다. (예: 입력 순서가 정해지지 않은 실시간 애플리케이션)
7. 증상이 간헐적일 수도 있다. 하드웨어와 소프트웨어가 복잡하게 얽힌 임베디드 시스템의 경우 특히 일반적이다.
8. 증상은 서로 다른 프로세서에서 동작하는 몇몇 작업들 사이에 분산되어 있는 원인에 기인할 수 있다.

Quote

모든 사람은 디버깅이 프로그램을 처음 작성하는 것보다 두 배나 힘들다는 것을 알고 있다. 그러면 코드를 작성할 때 여러분이 할 수 있는 만큼 현명하다면, 디버깅은 어떻게 할 것인가?

Brian Kernighan

디버깅을 하는 동안, 약간 성가신 것(예: 잘못된 출력 형식)에서부터 치명적인 것(예: 심각한 경제적 또는 물리적 손실의 원인이 되는 시스템 장애)까지 다양한 오류가 발생한다. 오류가 많아질수록, 원인을 찾아야 하는 압박 또한 증가한다. 종종, 압박은 소프트웨어 개발자가 하나의 오류를 수정하고는 동시에 두 개 이상의 오류를 발생시키게 하기도 한다.

22.9.2 심리적 고려사항

ADVICE

시간 제한을 두고, 2시간 이라면, 자신의 문제를 디버그하는 데 그 만큼 시간을 보내라. 그런 후, 도움을 청해라.

불행하게도, 디버깅 솜씨는 타고난 인간의 특성이라는 몇 가지 증거가 존재한다. 어떤 사람은 잘하지만 그렇지 못한 사람도 있다. 디버깅에 대한 실험적 증거는 여러 가지로 해석할 수 있지만, 동일한 교육과 경험을 한 프로그래머도 디버깅 능력에 큰 차이가 있다고 보고되었다. 디버깅을 "학습"하는 것이 어려울 수는 있지만, 문제에 대한 다양한 접근법이 제안될 수 있다. 22.9.3절에서 검토한다.

SafeHome

디버깅

장면: 코드와 단위 테스팅을 하고 있는 Ed의 작업 공간

등장인물: Ed와 Shakira(Safe-Home 소프트웨어공학 팀원들)

대화

Shakira (작업 공간 입구를 통해 바라보며) 저기요…. 점심시간에 어디 갔었어요?

Ed: 여기…. 일했지.

Shakira: 불쌍하군요. 무슨 일 있어요?

Ed (크게 한숨을 쉬며): 오늘 아침 9시 반에 버그를 발견했는데 아직까지 여기 매달려 있어, 벌써 2시 45분이네. 답이 없네.

Shakira: 우리 한 시간 이상 디버깅하지 않기로 동의한 거 같은데요, 도움을 청하지요, 네?

Ed: 어, 그런데….

Shakira (작업 공간 안으로 들어서며): 그런데 뭐가 문제에요?

Ed: 복잡해, 게다가, 벌써 5시간이나 쳐다보고 있어. 당신 같으면 5분도 쳐다보지 않을거야.

Shakira: 말 해봐요. 문제가 뭐에요? [Ed는 Shakira에게 문제를 설명하고, Shakira는 말없이 약 30초 정도 들여다보더니.]

Shakira (미소 지으며): 아, 바로 여기네요. setAlarm Condition 변수요. 반복문이 시작되기 전에 "false"로 설정해야하지 않아요?

[Ed는 믿을 수 없다는 듯이 화면을 바라본다. 허리를 굽혀서… 그러고는 그의 머리를 모니터에 살짝 들이받는다. Shakira는, 살짝 미소 짓고는, 밖으로 나간다.]

22.9.3 디버깅 전략

선택한 접근 방법에 상관없이, 디버깅은 하나의 중요한 목표를 가진다 소프트웨어 오류나 결함의 원인을 찾아 수정하는 것이다. 이 목표는 체계적인 평가, 직관 및 행운이 결합되어 실현된다.

일반적으로, 세가지 디버깅 전략이 제안되었다[Mye79]. 무작위, 역추적, 그리고 원인 제거이다. 이러한 전략 각각은 수작업으로 수행될 수도 있지만, 최근의 디버깅 도구가 더욱 효과적일 수 있다.

Quote

파괴된 프로그램을 수리하는 첫 번째 단계는 (가능한 가장 간단한 예제를 이용하여) 그 프로그램이 반복적으로 실패하도록 해 보는 것이다.

T. Duff

디버깅 전술 디버깅 종류 중 무작위(brute force)는 소프트웨어 오류의 원인을 찾는 데 있어서 아마 가장 일반적이면서 비효율적인 방법일 것이다. 다른 모든 방법이 실패하면 무작위 디버깅 방법을 적용한다. "컴퓨터가 오류를 찾도록 하라"는 철학을 사용하여, 메모리 덤프를 수행하고, 런타임 추적을 가동하고, 출력문을 포함한 프로그램을 로드한다. 생성된

정보의 늪 어딘가에서 오류의 원인을 밝혀줄 단서를 찾을 것이라고 희망한다. 생성된 대량의 정보로 인해 성공은 하겠지만, 노력과 시간을 너무 소비하게 된다. 노력과 돈을 쓰기보다는 먼저 생각을 해라!

역추적(Backtracking)은 작은 프로그램에서 성공적으로 사용될 수 있는 매우 일반적인 디버깅 방법이다. 증상이 발견된 위치에서 시작하여, 원인이 발견될 때까지 소스 코드를 거꾸로 추적한다(수작업으로). 불행하게도, 소스 코드의 라인 수가 증가할수록, 잠재적인 역추적 경로도 관리할 수 없을 정도로 커질 수 있다.

세 번째 디버깅 방법인 원인 제거(cause elimination) 방법은 귀납법과 연역법을 이용해 수행되며 이진 분할 개념을 도입한다. 오류 발생과 관련된 데이터는 잠재적 원인을 분류하여 구성한다. "원인 가설"이 만들어지고, 가설을 증명하거나 반증하기 위해 앞에서 언급한 데이터들이 사용된다. 다른 방법으로는, 가능한 모든 원인들의 리스트를 만들고 각각을 제거하기 위해 테스트가 수행된다. 초기 테스트에 의해 특정 원인 가설이 유력하다고 나타난다면, 데이터는 버그를 분리하기 위해 정제된다.

자동화된 디버깅 각각의 이런 디버깅 방법은 디버깅 전략이 시도되면서 반자동화된 지원을 제공할 수 있는 디버깅 도구에 의해 보완될 수 있다. Hailpern 과 Santhanam [Hai02]은 이러한 도구의 현황에 대해 다음과 같이 언급한다: "… 많은 새로운 방법들이 제안되었으며 많은 상용 디버깅 환경들이 사용 가능하다. 통합 개발 환경(Integrated development environments, IDEs)은 컴파일할 필요 없이 특정 언어 별로 미리 정의된 오류(예를 들어, 문장 종료 문자 누락, 정의 안 된 변수 등)를 잡아낼 수 있는 방법을 제공한다." 여러 종류의 디버깅 컴파일러, 동적 디버깅 도구("tracers"), 자동 테스트 케이스 생성기, 상호 참조 매핑

소프트웨어 도구들

디버깅

목적: 이러한 도구들은 소프트웨어 문제를 디버깅해야 하는 사람들에게 자동화된 도움을 제공한다. 이 의미는 디버깅 프로세스를 수작업으로 진행하면 얻기 어려울 수도 있는 통찰력을 제공한다는 것이다.

역학: 대부분의 디버깅 도구들은 프로그래밍 언어와 환경에 특화되어 있다.

대표적인 도구들:[7]

Borland Silkt, Borland에서 배포 (**http://www.borland.com/products/**). 테스팅과 디버깅을 모두 지원.

Coverty Development Testing Platform, Coverty에서 개발 (**http://www.coverity.com/products/**), 초기 개발 프로세스에 품질 및 보안 테스트를 도입하는 수단을 제공.

C++Test, Parasoft에서 개발 (**www.parasoft.com**), C와 C++ 코드에서 모든 범위의 테스트를 지원하는 단위 테스팅 도구. 디버깅 기능은 발견된 오류의 진단을 지원.

CodeMedic, NewPlanet Software에서 개발 (**www.newplanetsoftware.com/medic/**), 표준 UNIX 디버거인 gdb를 위한 그래픽 인터페이스를 제공하며, 가장 중요한 기능들을 구현. gdb는 현재 C/C++, Java, PalmOS, 여러 가지 임베디드 시스템, 어셈블리 언어, FORTRAN, Modula-2 등을 지원.

GNATS, 프리웨어 애플리케이션 (**www.gnu.org/software/gnats/**), 버그 리포트를 추적하기 위한 일련의 도구들.

7 여기에 언급한 도구들이 대표적인 것은 아니지만, 이 범주에 있는 도구들을 샘플링한 것이라고 할 수 있다. 대부분, 도구 이름은 각 개발자의 상표이다.

도구 등이 사용 가능하다. 그러나 도구들이 완벽한 설계 모델과 명확한 소스 코드에 기반을 둔 신중한 검토 작업을 대신할 수는 없다.

인적 요인 디버깅 방법과 도구에 대한 모든 논의는 강력한 우군을 언급하지 않고서는 완전하지 않다! 새로운 관점은, 좌절의 시간에 이어 밝혀지는, 경이로울 수 있다.[8] 디버깅을 위한 최후의 격언은 다음과 같다. "모든 것이 실패로 돌아가면, 도움을 청하라!"

22.9.4 오류 수정하기

> **Quote**
>
> 가장 훌륭한 테스터는 가장 많은 버그를 찾는 사람이 아니다. 가장 훌륭한 테스터는 가장 많은 버그를 수정하는 사람이다.
>
> Cem Kaner et al.

버그가 한번 발견되면, 수정해야 한다. 그러나 우리가 이미 알고 있듯이, 버그 수정은 다른 오류들을 불러일으킬 수 있고 따라서 좋은 일보다는 해를 입힐 수도 있다. Van Vleck [Van89]은 버그의 원인을 제거하는 "수정"을 시작하기 전에 여러분이 질문해야 할 세 가지 간단한 질문을 제안한다.

1. **버그의 원인이 프로그램의 다른 부분에서 또 만들어지는가?** 많은 경우에, 프로그램 결함은 다른 곳에서 재생산될 수 있는 로직의 잘못된 패턴에 의해 발생한다. 논리적 패턴의 명시적인 고려는 다른 오류들의 발견으로 이어질 수 있다.
2. **어떤 "새로운 버그"가 내가 수정한 결과로 만들어 질 수 있는가?** 수정하기 전에, 소스 코드(또는, 설계가 더 바람직함)는 로직과 데이터 구조사이의 관계를 판단하기 위해 평가되어야 한다. 만약 프로그램에서 결합이 강한 부분을 수정하려고 한다면, 어떤 변경이 일어날 때 각별한 주의가 요구된다.
3. **이러한 버그를 막기 위해 우선 우리는 무엇을 했어야 하는가?** 이 질문은 통계적 소프트웨어 품질 보증 방법(제21장)을 정립하기 위한 첫 번째 단계이다. 만약 제품뿐만이 아니라 프로세스까지 수정하면, 버그가 현재 프로그램에서 제거되고, 모든 이후의 프로그램에서도 제거될 수 있다.

22.10 요약

소프트웨어 테스팅은 소프트웨어 프로세스의 기술적인 노력이 가장 큰 비율을 차지한다. 여러분이 만드는 소프트웨어의 유형에 관계없이, 체계적인 테스트 계획 수립을 위한 전략, 실행, 그리고 제어는 소프트웨어의 작은 요소를 고려함으로써 시작하고 프로그램 전체로 뻗어나간다.

소프트웨어 테스팅의 목적은 오류를 발견하는 것이다. 전통적인 소프트웨어의 경우, 이런 목표는 일련의 테스트 단계를 거쳐서 이뤄진다. 단위 및 통합 테스트는 컴포넌트의 기능적 검증과 소프트웨어 아키텍처로 컴포넌트를 통합하는데 집중한다. 확인 테스팅은 소프트웨어 요구사항에 대한 추적성을 입증하며, 시스템 테스팅은 소프트웨어가 더 큰 시

8 짝 프로그래밍(pair programming, 제5장의 익스트림 프로그래밍의 한 부분으로서 제안됨)의 개념은 소프트웨어를 설계하고 코팅할 때 "디버깅"을 위한 메커니즘을 제공한다.

스템으로 통합되면 소프트웨어의 유효성을 검사한다. 각 테스트 단계는 테스트 케이스의 설계를 돕는 체계적인 일련의 테스트 기법을 통해 이뤄진다. 각 테스팅 단계에 따라, 소프트웨어의 추상화 수준이 고려되며 점점 넓어진다.

객체지향 소프트웨어 테스팅 전략은 클래스 내부의 연산을 검사하는 테스트로 시작하며 통합을 위해 스레드 기반 테스팅을 시행한다. 스레드는 입력이나 이벤트에 응답하는 클래스들의 집합이다. 사용 기반 테스트는 다른 클래스들과 많이 협동하지 않는 클래스들에 초점을 둔다.

웹과 모바일앱은 객체지향 시스템과 상당부분 동일하게 테스트된다. 그러나, 테스트는 컨텐츠, 기능성, 인터페이스, 내비게이션 그리고 앱의 성능과 보안에 관련된 부분을 검사하도록 설계된다. 모바일 앱은 여러 디바이스와 실제 네트워크 환경에서 동작하는 앱을 테스팅하는데 초점을 둔 특별한 테스팅 방법이 필요하다.

(체계적이고, 계획된 활동인) 테스팅과 달리, 디버깅은 예술로 볼 수 있다. 문제의 증상을 나타내는 징후로부터 시작하여, 디버깅 활동은 오류의 원인을 추적해 들어가야 한다. 디버깅에 사용할 수 있는 많은 리소스 중, 가장 가치 있는 것은 소프트웨어공학 인력 중 다른 멤버들의 조언이다.

문제와 생각할 점

22.1 검증과 확인의 차이점에 대한 의견을 여러분 나름의 언어로 기술하시오. 테스트 케이스 설계 기법과 테스팅 전략 모두를 활용하는가?

22.2 독립적인 테스트 그룹을 두는 것과 관련해서 생길 수 있는 문제들을 나열하시오. ITG와 SQA 그룹은 동일한 사람들로 구성되는가?

22.3 22.1.3절에 설명한 일련의 테스팅 단계들을 사용한 테스팅 전략을 개발하는 것이 항상 가능한가? 임베디드 시스템의 경우 어떤 어려운 점이 발생할 수 있는가?

22.4 강하게 결합된 모듈은 왜 단위 테스트하기 어려운가?

22.5 "버그방지(antibugging)" (22.3.1절)의 개념은 오류가 발견되면 내장된 디버깅 지원을 제공하는 매우 효과적인 방법이다.

a. 안티디버깅의 가이드라인을 개발하라.

b. 이 기법을 사용하는 장점을 논의하라.

c. 단점을 논의하라.

22.6 프로젝트 일정이 통합 테스팅에 어떤 영향을 미칠 수 있는가?

22.7 단위 테스팅이 어떤 환경에도 가능하거나 바람직한가? 여러분의 대답을 정당화할 수 있는 예를 들어라.

22.8 누가 확인 테스트를 수행해야 하는가? 소프트웨어 개발자인가 소프트웨어 사용자인가? 여러분의 답이 정당함을 밝혀라.

22.9 이 책의 앞부분에서 논의된 SafeHome 시스템을 위한 테스트 전략을 개발하라. 이를 테스트 명세서로 문서화하라.

22.10 수업 프로젝트로서, 여러분의 디버깅 안내서를 개발하시오. 그 안내서는 실전을 통해 알게된 언어 및 시스템 관련 힌트를 제공해야 한다! 여러 가지 주제에 대한 개요로부터 시작하고 수업시간에 다른 학생들 및 교수와 함께 검토한다. 해당 지역의 다른 사람을 위해 그 안내서를 출판하라.

추가 읽을거리와 정보 소스

실제로 소프트웨어 테스팅의 모든 책들은 테스트 케이스 설계를 위한 방법과 함께 전략에 대해 설명한다. Whittaker(*How Google Tests Software*, Addison-Wesley, 2012)와 (*How to Break Software*, Addison-Wesley, 2002), Spiller와 동료들(*Software Testing Foundations*, Rocky Nook, 2011), Black(*Managing the Testing*, 3rd ed., Wiley, 2009)과 (*Pragmatic Software Testing*, Wiley, 2007), Page와 동료들(*How We Test Software at Microsoft*, Microsoft Press, 2008), Lewis (*Software Testing and Continuous Quality Improvement*, 3rd ed., Auerbach, 2008), Everett와 Raymond(*Software Testing*, Wiley-IEEE Computer Society Press, 2007), Perry(*Effective Methods for Software Testing*, 3rd ed., Wiley, 2005), Loveland와 동료들(*Software Testing Techniques*, Charles River Media, 2004), Burnstein(*Practical Software Testing*, Springer, 2003), Dustin (*Effective Software Testing*, Addison-Wesley, 2002), Craig와 Kaskiel(*Systematic Software Testing*, Artech House, 2002), 그리고 Tamres(*Introducing Software Testing*, Addison-Wesley, 2002)는 테스팅 원리, 개념, 전략과 방법들을 설명한 많은 저서 중 일부이다.

애자일 소프트웨어 개발 방법에 관심 있는 독자들을 위한, Gartner and Gartner(*ATDD by Example: A Practical Guide to Acceptance Test-Driven Development*, Addison-Wesley, 2012), Crispin과 Gregory(*Agile Testing: A Practical Guide for Testers and Teams*, Addison-Wesley, 2009), Crispin과 House(*Testing Extreme Programming*, Addison-Wesley, 2002) 그리고 Beck (*Test Driven Development: By Example*, Addison-Wesley, 2002)은 익스트림 프로그래밍을 위한 테스팅 전략과 전술을 제시한다. Kamer와 동료들(*Lessons Learned in Software Testing*, Wiley, 2001)은 모든 소프트웨어 테스터들이 배워야 할 300개 이상의 실용적인 "본보기"(가이드라인)의 모음을 제시한다. Watkins(*Testing IT: An Off-the-Shelf Testing Process*, 2nd ed. Cambridge University Press, 2010)는 모든 종류의 개발되고 취득된 소프트웨어를 위한 효과적인 테스팅 프레임워크를 수립한다. Manges와 O' Brien(*Agile Testing with Ruby and Rails*, Apress, 2008)은 Ruby 프로그래밍 언어와 웹 프레임워크를 위한 테스팅 전략 및 기술을 다룬다.

Bashir와 Goel(*Testing Object-Oriented Software*, Springer-Verlag, 2012), Sykes와 McGregor (*Practical Guide to Testing Object-Oriented Software*, Addison-Wesley, 2001), Binder(*Testing Object-Oriented Systems*, Addison-Wesley, 1999), Kung과 동료들(*Testing Object-Oriented Software*, IEEE Computer Society Press, 1998), 그리고 Marick(*The Craft of Software Testing*, Prentice Hall, 1997)은 객체지향 시스템 테스팅의 전략과 방법을 제시한다.

디버깅 가이드라인은 다음 저서에 포함되어 있다. Gröker와 동료들(*The Developer's Guide to Debugging*, 2nd ed., CreateSpace Independent Publishing, 2012), Whittaker(*Exploratory*

Testing, Addison-Wesley, 2009), Zeller(*Why Programs Fail: A Guide to Systematic Debugging*, 2nd ed., Morgan Kaufmann, 2009), Butcher(*Debug I!, Pragmatic Bookshelf,* 2009), Agans (*Debugging*, Amacon, 2006), 그리고 Tells와 Hsieh(*The Science of Debugging*, The Coreolis Group, 2001). Kaspersky(*Hacker Debugging Uncovered*, A-List Publishing, 2005)는 디버깅 도구 기술에 대해 다룬다. Younessi(*Object-Oriented Defect Management of Software*, Prentice Hall, 2002)는 객체지향 시스템에서 발생되는 결함들을 관리하기 위한 기술을 제시한다. Beizer [Bei84]는 테스트 계획을 효과적인 방법으로 할 수 있게 하는 흥미로운 "버그 분류(taxonomy of bugs)"를 제시한다.

Graham과 Fewster(*Experiences of Test Automation*, Addison-Wesley, 2012) 그리고 Dustin과 동료들(*Implementing Automated Software Testing*, Addison-Wesley, 2009)은 자동화 테스팅에 대해 논의한다. Hunt와 John(*Java Performance*, Addison-Wesley, 2011), Hewardt와 동료들(*Advanced .NET Debugging*, Addison-Wesley, 2009), Matloff와 동료들(*The Art of Debugging with GDB*, DDD, and *Eclipse*, No Starch Press, 2008), Madisetti와 Akgul(*Debugging Embedded Systems*, Springer, 2007), Robbins(*Debugging Microsoft .NET 2.0 Applications*, Microsoft Press, 2005), Best(*Linux Debugging and Performance Tuning*, Prentice Hall, 2005), Ford와 Teorey(*Practical Debugging in C++*, Prentice Hall, 2002), Brown(*Debugging Perl*, McGraw-Hill, 2000), 그리고 Mitchell(*Debugging Java*, McGraw-Hill, 2000)은 책 제목에 나타난 환경에서의 디버깅 특성을 다룬다.

소프트웨어 테스팅 전략에 대한 다양한 정보 소스를 인터넷에서 찾을 수 있다. 소프트웨어 테스팅 전략과 관련된 최신 월드 와이드 웹 참고문헌을 SEPA 웹사이트 www.mhhe.com/pressman에서 찾을 수 있다.

23 CHAPTER

전통적인 애플리케이션 테스팅

주요 개념

기본 경로 테스팅
블랙박스 테스팅
경계값 분석
제어 구조 테스팅
순환 복잡도
동등 분할
흐름 그래프
그래프 매트릭스
그래프 기반 테스팅 방법
모델 기반 테스팅
직교 배열 테스팅
패턴
화이트 박스 테스팅

테스팅은, 자신의 본성은 건설적인 사람인, 소프트웨어 엔지니어에 대한 흥미로운 딜레마를 제시한다. 테스팅은 개발자들이 지금 막 개발한 소프트웨어가 "정확하다"라는 선입견을 버리고 소프트웨어를 "부수기" 위한 테스트 케이스를 설계하기 위해 열심히 일할 것을 요구한다. Beizer [Bei90]는 그의 저서에서 이러한 상황을 효과적으로 설명한다.

> 만약 우리가 정말 프로그래밍을 잘한다면, 잡아낼 버그가 하나도 없을 것이라는 통념이 있다. 우리가 정말 집중한다면, 모든 사람들이 구조화된 프로그래밍과, 하향식 설계를 사용한다면… 그러면 버그는 없을 것이다. 통념은 계속된다. 통념에 의하면, 우리는 우리가 하는 일을 잘 못하기 때문에, 버그는 있다. 우리가 일을 잘못 한다면, 그것에 대해 죄책감을 가져야 한다. 따라서 테스팅과 테스트 케이스는 실패로 들어가는 관문 역할을 하며 죄책감이 스며들게 한다. 테스팅의 지겨움은 우리의 오류 때문에 내려지는 벌이다. 무엇에 대한 벌인가? 인간이기 때문에? 무엇에 대한 죄책감인가? 완벽함을 달성하지 못했기 때문에? 다른 프로그래머가 생각한 것과 자신

QUICK LOOK

이것은 무엇인가? 소스 코드가 만들어지고 나면, 소프트웨어는 고객에게 전달되기 전에 가능한 많은 오류를 발견하기 (그리고 수정하기) 위해서 반드시 테스트되어야 한다. 목표는 오류를 찾을 가능성이 높은 일련의 테스트 케이스를 설계하는 것이다 – 하지만 어떻게? 이것이 소프트웨어 테스팅 기법과 관련된 것이다. 이런 기법들은 테스트를 설계하기 위한 체계적인 지침을 제공한다. (1) 모든 소프트웨어 컴포넌트의 내부 로직과 인터페이스 검사, 그리고 (2) 프로그램 기능, 동작, 성능 상의 오류를 찾아내기 위한 프로그램의 입력 및 출력 도메인 검사이다.

누가 수행하는가? 테스팅의 초기에는, 소프트웨어 엔지니어는 모든 테스트를 수행한다. 하지만, 테스팅 프로세스가 진행될수록, 테스팅 전문가가 참여하게 될 수도 있다.

왜 중요한가? 검토와 기타 SQA 활동은 오류를 찾아내지만, 그걸로 충분하지는 않다. 프로그램이 실행될 때마다, 고객은 프로그램을 테스트한다! 따라서, 고객에게 전달되기 전에 모든 오류를 찾아서 제거한다는 특정한 의도를 가지고 프로그램을 실행해야 한다. 가능한 많은 오류를 찾기 위해, 테스트는 체계적으로 수행되어야 하며 테스트 케이스는 훈련된 기법을 사용하여 설계되어야 한다.

어떤 단계가 있는가? 전통적인 애플리케이션에서, 소프트웨어는 두 가지 관점에서 테스트된다. (1) 내부 프로그램 로직은 "화이트 박스" 테스트 케이스 설계 기법을 이용하여 검사된다. (2) 소프트웨어 요구사항은 "블랙박스" 테스트 케이스 설계 기법을 이용하여 검사된다. 유스케이스는 소프트웨어 확인 수준에서 오류를 찾아내기 위해 테스트를 설계하는 데 도움이 된다. 모든 경우에, 의도는 최소한의 노력과 시간으로 최대한의 오류를 찾는 것이다.

작업 산출물은 무엇인가? 일련의 테스트 케이스는 내부 로직, 인터페이스, 컴포넌트 협업을 검사하기 위해 설계되며, 외부 요구사항은 설계되고 문서화 된다. 예상되는 결과가 정의되고 실제 결과가 기록된다.

작업이 옳게 수행되었다는 것을 어떻게 확인하는가? 테스팅을 시작할 때, 시각을 바꿔라. 소프트웨어를 "부수기" 위해 힘써라! 훈련된 방식으로 테스트 케이스를 설계하고 생성한 테스트케이스를 철저히 검토하라. 또한, 테스트 커버리지를 평가하고 오류 검출 활동을 추적하라.

이 얘기한 것을 구별하지 못해서? 이심전심에 실패해서? 4천 년이나 지속되어 온 의사소통의 문제를 해결하지 못해서?

테스팅이 죄책감을 갖게 하는가? 테스팅은 정말 파괴적인가? 이러한 질문에 대한 대답은 "아니오"이다.

이 장에서는, 전통적인 애플리케이션을 위한 소프트웨어 테스트 케이스 설계 기술을 논의한다. 테스트 케이스 설계는 전체적인 테스팅 목적과 제22장에서 논의된 테스팅 전략을 만족하는 테스트 케이스를 생성하기 위한 일련의 기술에 초점을 맞춘다.

23.1 소프트웨어 테스팅 기본 원칙

테스팅의 목표는 오류를 발견하는 것이며, 훌륭한 테스트는 오류를 발견할 확률이 높은 것이다. 따라서 여러분은 "테스트 용이성"을 염두에 두고 컴퓨터 기반 시스템이나 제품을 설계하고 개발하여야 한다. 동시에, 테스트 자체도 최소한의 노력으로 최대의 오류를 찾는 목표를 달성하는 일련의 특성을 보여야 한다.

> **Quote**
> 모든 프로그램은 무언가 올바른 일을 한다, 단지 그것이 우리가 원하는 게 아닐 뿐이다.
>
> Author unknown

테스트 용이성 James Bach[1]는 테스트 용이성을 다음과 같이 정의한다. "소프트웨어 테스트 용이성(Software testability)은 단순히 얼마나 쉽게 컴퓨터 프로그램이 테스트 될 수 있느냐이다." 테스트 가능한 소프트웨어의 특징은 다음과 같다.

운용성(Operability) "잘 동작 할수록 더 효율적으로 테스트할 수 있다." 시스템이 품질을 염두에 두고 설계되고 구현된다면, 상대적으로 버그가 적어 테스트 실행은 방해받지 않으며, 따라서 테스트는 계속해서 진행될 수 있다.

관찰가능성(Observability) "여러분이 보는 것이 바로 테스트 하는 대상이다" 테스팅의 일부분으로서 제공된 입력은 뚜렷하게 구별되는 출력을 생산한다. 시스템 상태와 변수들은 실행 중에 보거나 질의할 수 있다. 부정확한 출력은 쉽게 알 수 있다. 내부 오류는 자동으로 발견되고 보고된다. 소스 코드는 접근 가능하다.

> **?** 테스트 가능성의 특징은 무엇인가?

제어가능성(Controllability) "소프트웨어를 잘 제어할수록 테스팅을 더 자동화하고 최적화할 수 있다." 모든 가능한 출력은 입력의 조합에 따라 만들어질 수 있고, 입출력 형식은 일관적이고 잘 구성되어 있다. 모든 코드는 입력의 조합에 따라 실행 가능하다. 소프트웨어와 하드웨어의 상태 및 변수는 테스트 공학자에 의해 직접 제어될 수 있다. 테스트는 쉽게 명세화되고 자동화되며 재생산 가능해진다.

분해가능성(Decomposability) "테스팅 대상 범위를 관리함으로써, 문제를 신속하게 분리해서 더 원활하게 다시 테스트할 수 있다." 소프트웨어 시스템은 독립적으로 테스트 가능한 독립된 모듈로 구성되어 있다.

단순성(Simplicity) "테스트할 분량이 적을수록, 더 빨리 테스트할 수 있다." 프로그램

1 다음 단락은 James Bach (copyright 1994)의 승인으로 사용되었으며 뉴스 그룹 comp.software-ENG에 게시된 원본 자료를 적용하였다.

은 기능적 단순성(functional simplicity, 예: 요구 사항을 만족시키기 위한 특성들의 집합을 최소한으로 한다), 구조적 단순성(structural simplicity, 예: 결함이 전파되지 않도록 아키텍처를 모듈화 한다), 코드 단순성(code simplicity, 예: 코딩 표준이 채택되어 조사와 유지보수를 쉽게 할 수 있다)을 보여야 한다.

안정성(Stability) "변경이 적을수록, 테스팅 방해 요소가 적어진다." 소프트웨어에 대한 변경은 자주 일어나지 않으며, 변경이 일어나더라도 관리가 잘 되어서 기존의 테스트를 무효로 만들지 않는다. 소프트웨어는 장애로부터 쉽게 복구된다.

> **Quote**
>
> 소프트웨어에서 오류는 다른 기술들보다 더 흔하고 널리 퍼져있고 문제를 많이 일으킨다.
>
> David Parnas

이해가능성(Understandability) "많은 정보를 가질수록, 더 현명하게 테스트할 수 있다." 내부, 외부 및 공유 컴포넌트들의 구조적 설계와 의존 관계가 잘 파악되어 있다. 기술적 문서는 계속 접근가능하고, 잘 구성되어 있으며, 상세하고 정확하다. 설계에 대한 변경은 테스터에게 알려진다.

테스트하기 쉬운 소프트웨어 작업 산출물을 개발하려면 Bach가 제안한 속성을 이용할 수 있다.

테스트 특성 테스트 자체는 어떠한가? Kaner, Falk, and Nguyen[Kan93]은 다음 속성들을 갖춘 테스트를 "좋은" 테스트라고 제안한다:

> ? "좋은" 테스트란 무엇인가?

좋은 테스트는 오류를 발견할 확률이 높다. 이 목표를 달성하기 위해, 테스터는 소프트웨어를 잘 이해해야 하며 소프트웨어가 어떻게 실패하는 지에 대한 그림을 머릿속으로 그리려고 해야 한다.

좋은 테스트는 중복되지 않는 것이다. 테스팅 시간과 자원은 한정되어 있다. 똑같은 목적을 가진 테스트를 다시 실행하는 것은 의미가 없다. 모든 테스트는 (아주 미묘하게 다르다 할지라도) 서로 다른 목적을 가져야 한다.

좋은 테스트는 "좋은 품종(best of breed)"이어야 한다[Kan93]. 비슷한 의도를 가진 테스트 그룹 중에서, 시간과 자원이 제한되면 모든 종류의 오류를 발견할 확률이 높은 일부의 테스트만을 시행해야 한다.

좋은 테스트는 너무 단순하지도 너무 복잡하지도 않아야 한다. 일련의 테스트들을 하나의 테스트 케이스로 합치는 것이 가능하지만, 이 때 부작용이 발생하여 오류가 발견 안 될 수도 있다. 일반적으로 각 테스트들은 독립적으로 실행되어야 한다.

SafeHome

유일한 테스트 설계하기

장면: Vinod의 작업 공간

등장인물: Vinod와 Ed(Safe-Home 소프트웨어공학 팀원들)

대화

Vinod: 이게 바로 passwordValidation 연산을 실행하기 위한 테스트 케이스예요.

Ed: 예, 사용자가 입력 할 수 있는 암호의 종류에 대한 거의 모든 가능성을 커버해야 하죠.

Vinod: 어디 봅시다…. 올바른 패스워드가 8080이라고 적어 놓았네요, 그렇지요?

Ed: 예.

Vinod: 그리고 잘못된 패스워드를 인식하는 과정에서 오류를 테스트하려고 패스워드를 1234와 6789

로 지정했지요?

Ed: 맞아요, 올바른 패스워드에 근접한 패스워드도 테스트 하지요. 8081이나 8180 같은 거죠.

Vinod: 그건 좋아요, 그런데 1234와 6789 둘 다 별로 의미가 없어 보이는데요. 중복되잖아요. 같은 것을 테스트하는 거 아닌가요?

Ed: 글쎄요, 값이 다른데요.

Vinod: 그건 맞지만, passwordValidation 연산이 1234를 잘못된 패스워드라고 한다면, 6789도 새로운 걸 보여주진 못할 겁니다.

Ed: 무슨 말인지 알겠어요.

Vinod: 내가 까다롭게 하려는 게 아니구요…. 단지 우리가 테스트를 할 수 있는 시간이 제한되어 있어서, 새로운 오류를 찾을 가능성이 높은 테스트를 실행하는 것이 좋겠어요.

Ed: 문제없어요…. 좀 더 생각해 볼께요.

23.2 테스팅의 내부 및 외부적 관점

어떠한 공학 산출물(대부분의 다른 것들도)은 다음 두 가지 중 하나의 방식으로 테스트 가능하다. (1) 제품이 수행하도록 설계되어 있는 특정 기능을 알면, 각 기능이 완벽하게 동작하는지 입증하는 동시에 각 기능에 있는 오류를 찾는 테스트가 수행될 수 있다. (2) 제품의 내부 동작 방식을 알면, 테스트는 "모든 것이 맞물려 돌아간다"는 것, 즉, 내부 연산은 명세서에 따라 수행되고 모든 내부 컴포넌트는 적절히 실행된다는 것을 확인하기 위해 수행될 수 있다. 첫 번째 테스트 방식은 외부적 관점으로 블랙박스 테스팅이라고 한다. 두 번째는 내부적 관점이 필요하며 화이트 박스 테스팅이라고 한다.[2]

Quote

테스트 케이스를 설계하는 데 있어 한 가지 규칙만이 존재한다: 모든 특성들을 커버하라, 그러나 너무 많은 테스트 케이스를 만들지는 말아라.

Tsuneo Yamaura

블랙박스 테스팅(Black-box testing)은 소프트웨어 인터페이스에서 수행되는 테스트를 의미한다. 블랙박스 테스트는 소프트웨어의 내부 논리 구조는 거의 고려하지 않고 시스템의 기본적인 부분을 검사한다. 소프트웨어의 화이트 박스 테스팅(White-box testing)은 절차적 세부사항을 면밀히 검사하는 것을 전제로 한다. 소프트웨어 내부의 논리 경로와 컴포넌트들 간의 협동이 일련의 특정 조건문과 반복문을 검사함으로써 테스트된다.

KEY POINT

컴포넌트 수준 설계(또는 소스 코드)를 한 후에만 화이트 박스 테스트를 설계할 수 있다. 프로그램의 논리적인 상세 부분이 마련되어 있어야 한다.

언뜻 매우 철저한 화이트 박스 테스팅이 "100퍼센트 정확한 프로그램"으로 이어질 수 있는 것으로 보인다. 우리가 필요로하는 것은 모든 논리 경로를 정하고, 그것들을 검사할

Info

철저한 테스팅

C언어로 쓰인 100줄의 프로그램을 고려해 보자. 기본적인 데이터를 선언한 후에, 이 프로그램은 입력에 지정된 조건에 따라, 매번 1에서부터 20회로 반복하는 두 개의 중첩된 루프를 가지고 있다. 루프 안에는, 4개의 if-then-else 문장이 필요하다. 이 프로그램의 실행 가능한 경로의 수는 약 10^{14}개다.

이 숫자가 어떤 의미를 가지는지 알아보기 위해, 철저한 테스팅을 위해 개발된 마법의 테스트 프로세서("마법", 이런 프로세서는 존재할 수 없다)가 있다고 가정하자. 이 프로세서는 테스트 케이스를 개발하여, 실행하고, 1밀리초 안에 결과를 평가할 수 있다. 하루 24시간, 1년 365일 일한다고 해도, 이 프로세스는 이 프로그램을 테스트하는데 3,170년이 걸린다. 개발 일정을 엉망으로 만들 것임에 틀림없다.

따라서 철저한 테스팅은 대규모 소프트웨어 시스템에 불가능하다고 주장하는 것이 합리적이다.

2 기능적 테스팅(functional testing)과 구조적 테스팅(structural testing)은 때로는 각각 블랙박스와 화이트 박스 테스트 대신에 사용된다.

테스트 케이스를 개발하고, 결과를 평가하는 것이다. 즉, 프로그램 로직을 철저히 검사하는 테스트 케이스를 생성하는 것이다. 불행하게도, 철저한 테스팅은 너무 많은 수의 경로가 발생하는 문제를 유발한다. 작은 프로그램일지라도, 가능한 논리적 경로의 수가 매우 크다. 그렇다고, 화이트 박스 테스팅을 비현실적이라고 버릴 수는 없다. 제한된 수의 중요 논리적 경로를 선택하여 실행하면 된다. 중요한 데이터 구조도 확인을 위해 시험할 수 있다.

23.3 화이트 박스 테스팅

Quote

버그는 구석에 숨어있고 경계선에서 모인다.

Boris Beizer

글래스 박스 테스팅(glass-box testing) 또는 구조적 테스팅(structural testing)이라고도 불리는 화이트 박스 테스팅(White-box testing)은, 테스트 케이스를 도출하기 위해 컴포넌트 수준 설계로 기술된 제어 구조를 이용하여 테스트 케이스를 설계하는 철학을 가진다. 화이트 박스 테스팅 방법을 사용하면, 다음과 같은 테스트 케이스를 도출할 수 있다. (1) 한 모듈에서 모든 독립적인 경로를 적어도 한번은 실행한다는 것을 보증한다. (2) 참 또는 거짓인지 판단하기 위해 모든 논리적인 결정을 검사한다. (3) 경계 지점과 작동 경계 내에서의 모든 루프를 검사한다. (4) 유효성 확인을 위해 내부 데이터 구조를 검사한다.

23.4 기본 경로 테스팅

기본 경로 테스팅(Basis path testing)은 Tom McCabe[McC76]가 처음으로 제안한 화이트 박스 테스팅 기법이다. 이 방법은 프로시저 설계의 논리적인 복잡도를 측정하여 이 측정치를 가지고 기본적인 실행 경로들을 정의할 수 있게 테스트 케이스 설계자들을 도와준다. 기본 경로들을 검사하기 위해 도출된 테스트 케이스들은 테스트 시행 중 프로그램 내의 모든 문장이 한 번은 실행된다는 것을 보장한다.

23.4.1 흐름 그래프 표기법

기본 경로 방법을 살펴보기 전에, 흐름 그래프(flow graph) (또는 프로그램 그래프(program graph))라고 불리는 간단한 제어 흐름 표현 방법을 살펴보자.[3] 흐름 그래프는 그림 23.1에 있는 표기법을 이용하여 논리적인 제어 흐름을 그림으로 표현한다. 각 구조적 구문(14장)에 해당하는 흐름 그래프 기호가 존재한다.

ADVICE

컴포넌트의 논리적 구조가 복잡한 경우에만 흐름 그래프를 그린다. 흐름 그래프는 프로그램 경로를 보다 쉽게 추적할 수 있게 해준다.

흐름 그래프의 사용법을 설명하기 위해, 그림 23.2a에 표현된 프로시저 설계를 살펴보자. 여기서, 프로그램의 제어 구조를 보여주기 위해 플로우 차트를 사용하였다. 그림 23.2b는 플로우 차트를 해당 흐름 그래프로 옮긴 것이다(플로우 차트의 결정 다이아몬드에는 어떠한 중첩 조건문도 포함되어 있지 않다고 가정함). 흐름 그래프 노드(flow graph node)라 불리는, 그림 23.2b의 각 원은, 하나 또는 그 이상의 프로시저 문장을 나타낸다. 일련의 프로세스 박스들과 결정 다이아몬드들은 하나의 노드로 옮겨진다. 에지(edges) 또는 링크

3 실제로, 기본 경로 방법은 흐름 그래프를 사용하지 않고 수행될 수 있다. 그러나 흐름 그래프는 제어 흐름을 이해하고 접근방법을 설명하기 위한 유용한 표기법을 제공한다.

그림 23.1 흐름 그래프 표기법

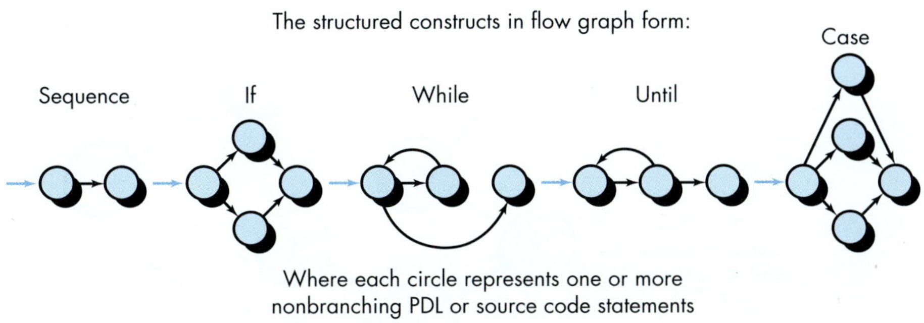

그림 23.2 (a) 플로우 차트, (b) 흐름 그래프

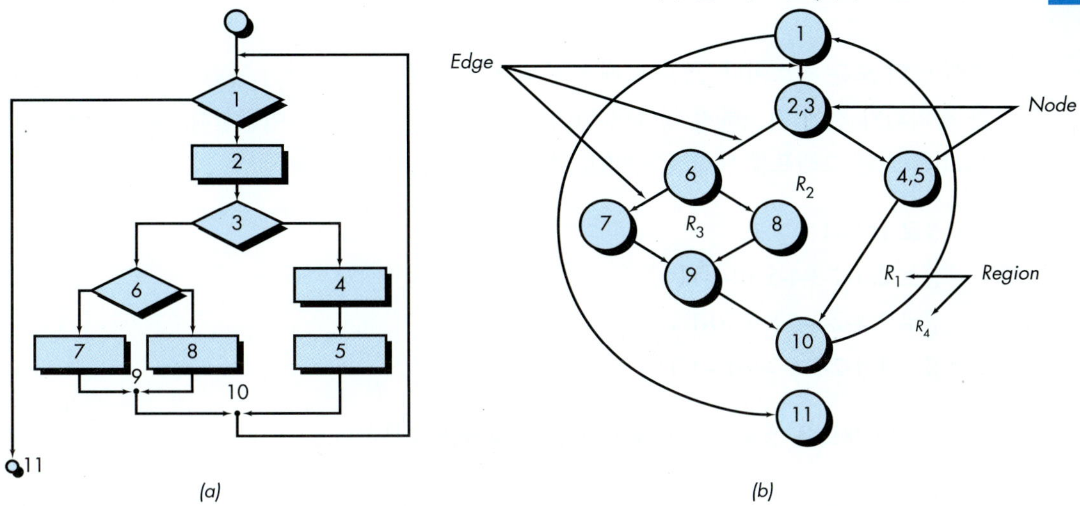

(links)라 불리는, 흐름 그래프의 화살표는, 제어 흐름을 나타내며 플로우 차트의 화살표와 유사하다. 하나의 에지는 그 노드가 프로시저 문장을 나타내지 않더라도 하나의 노드에서 멈춘다(예를 들어, if-then-else 구문을 나타내는 흐름 그래프 기호를 참조하라). 에지와 노드들로 둘러싸인 부분을 영역(regions)이라고 부른다. 영역의 개수를 셀 때, 그래프 바깥에 존재하는 지역도 하나의 영역으로 간주한다.[4]

프로시저 설계에서 복합 조건문을 만나면, 흐름 그래프로 옮기기가 조금 복잡해진다. 복합 조건문은 하나 이상의 부울 연산자(논리적 OR, AND, NAND, NOR)가 조건문에 나오면 발생한다. 그림 23.3을 보면, 프로그램 설계 언어(Program Design Language, PDL)로 쓰인 부분을 흐름 그래프로 옮긴 것을 볼 수 있다. 문장 IF *a* OR *b*의 조건 *a*와 *b* 각각에 대해 별개의 노드가 생성된 것을 볼 수 있다. 조건을 가지고 있는 각 노드를 서술 노드(predicate node)라고 부르며 두 개 이상의 에지가 뻗어 나오는 특징이 있다.

23.4.2 독립 프로그램 경로

독립 경로(independent path)는 적어도 하나의 새로운 처리 문장이나 조건을 추가하는 프로

4 그래프와 그래프의 사용에 대한 좀 더 상세한 논의는 23.6.1절에서 제공된다.

그림 23.3

중첩 논리

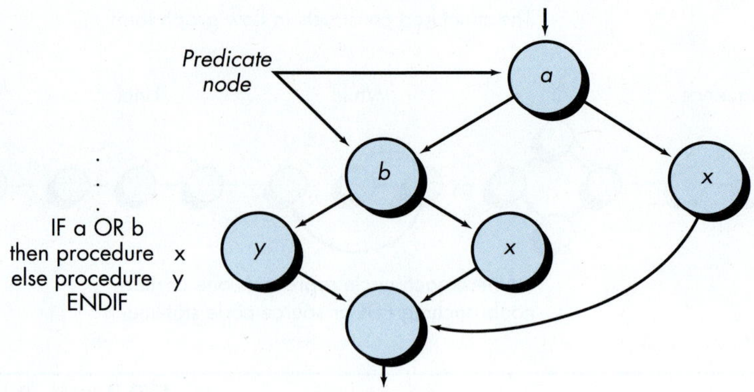

그램 상의 모든 경로이다. 흐름 그래프 관점에서 설명할 때, 하나의 독립된 경로는 그 경로가 정의되기 전에 이동하지 않았던 적어도 하나의 에지를 따라 이동한다. 예를 들어, 그림 23.2b의 흐름 그래프를 위한 독립 경로의 집합은 다음과 같다.

경로 1: 1-11
경로 2: 1-2-3-4-5-10-1-11
경로 3: 1-2-3-6-8-9-10-1-11
경로 4: 1-2-3-6-7-9-10-1-11

각각의 새로운 경로는 새로운 에지로 연결됨을 주목하라.

경로 1-2-3-4-5-10-1-2-3-6-8-9-10-1-11

은 단순히 이미 지정된 경로의 조합이며 전혀 새로운 에지로 이동하지 않으므로 독립 경로라고 하지 않는다.

그림 23.2b에서 경로 1부터 4는 흐름 그래프의 기본 집합(basis set)을 이룬다. 즉, 이런 경로들(기본 집합)을 실행하는 테스트들을 설계할 수 있다면, 프로그램의 모든 문장이 적어도 한번은 실행된다는 것과 모든 조건이 참 또는 거짓인지 적어도 한번은 검사된다는 것을 보장할 수 있다. 기본 집합은 유일하지 않다는 것에 주목해야 한다. 사실, 주어진 하나의 프로시저 설계로부터 여러 개의 다른 기본 집합이 도출될 수 있다.

ADVICE

순환 복잡도는 오류 가능성이 많은 모듈을 예측하는 데 유용한 척도이다. 테스트 케이스 설계 뿐 만 아니라 테스트 계획을 수립할 때에 사용하라.

얼마나 많은 경로를 찾아야 하는지 어떻게 알 수 있을까? 순환 복잡도를 계산하면 답을 알 수 있다. 순환 복잡도(Cyclomatic complexity)는 프로그램의 논리적 복잡도를 양적으로 측정할 수 있는 소프트웨어 척도이다. 기본 경로 테스팅 방법의 맥락에서 사용될 때, 순환 복잡도 측정값은 프로그램의 기본 집합에 존재하는 독립 경로의 수를 정의하며, 모든 문장이 적어도 한번 수행된다는 것을 확인하는데 수행해야 할 테스트 개수의 상한선을 제공한다.

순환 복잡도는 그래프 이론에 기초하며 매우 유용한 소프트웨어 척도를 제공한다. 복잡도는 다음 세 가지 방법 중 하나로 계산할 수 있다.

1. 흐름 그래프의 영역 수가 순환 복잡도에 해당
2. 흐름 그래프 G에 대한 순환 복잡도 $V(G)$는 다음과 같이 정의된다.

$$V(\mathrm{G}) = E - N + 2$$

여기서 E는 흐름 그래프 에지의 수이고 N은 흐름 그래프 노드의 수이다.

3. 흐름 그래프 G에 대한 순환 복잡도 $V(G)$는 또한 다음과 같이 정의된다.

$$V(G) = P + 1$$

여기서 P는 흐름 그래프 G에 포함된 서술 노드의 수이다.

순환 복잡도를 어떻게 계산하는가?

그림 23.2b의 흐름 그래프를 다시 한 번 보면, 순환 복잡도는 위에 기술한 각각의 알고리즘에 따라 다음과 같이 계산될 수 있다:

1. 흐름 그래프는 4개의 영역이 있다.
2. $V(G) = 11$ 에지 $- 9$ 노드 $+ 2 = 4$.
3. $V(G) = 3$ 서술 노드 $+ 1 = 4$.

따라서, 그림 23.2b 흐름 그래프의 순환 복잡도는 4이다.

중요한 점은, $V(G)$의 값이 기본 집합을 형성하는 독립 경로 개수의 상한선을 제공하며, 암시적으로는, 프로그램의 모든 문장의 커버리지를 보장하기 위해 반드시 설계되고 실행되어야하는 테스트 개수의 상한선도 제공한다는 것이다.

KEY POINT

순환 복잡도는 프로그램의 모든 문장이 적어도 한번 수행됨을 보장하는데 필요한 테스트 케이스 개수의 상한선을 제공한다.

SafeHome

순환 복잡도 사용하기

장면: Shakira의 작업 공간

등장인물: Vinod와 Shakira(보안 기능에 대한 테스트 계획을 수립 중인 Safe-Home 소프트웨어공학 팀원들)

대화

Shakira: 보세요. 보안 기능의 모든 컴포넌트를 단위 테스트해야 하는데, 너무 많고 검사해야할 연산의 수를 고려해보면, 모르겠어요. 화이트 박스 테스팅은 잊어버리고, 모든걸 통합해서, 블랙박스 테스팅을 시작하죠.

Vinod: 그 말은 컴포넌트 테스트로 연산을 검사 하기는 시간이 없다는 거네요, 그래서 통합하자구요?

Shakira: 생각보다 첫 증분의 마감일이 다가와서…. 예, 걱정이에요.

Vinod: 가장 오류가 발생하기 쉬운 연산만 화이트 박스 테스트 해보는 건 어때요?

Shakira (격앙되어): 그럼 가장 오류가 발생하기 쉬운 걸 어떻게 정확히 알아내죠?

Vinod: G에 대한 V

Shakira: 예?

Vinod: 순환 복잡도 G에 대한 V. 그냥 각 컴포넌트 내의 각 연산에 대해 $V(G)$를 계산하고 어떤 게 $V(G)$ 값이 가장 큰지 보세요. 그게 오류가 발생할 가능성이 큰 거예요.

Shakira: 그럼 G에 대한 V는 어떻게 계산하죠?

Vinod: 아주 쉬워요. 어떻게 하는지 설명한 책이 여기 있어요.

Shakira (책자을 넘기며): 좋아요, 어려워 보이진 않네요. 해 보죠. 가장 큰 $V(G)$값을 갖는 것이 화이트 박스 테스트 대상이 되는 거죠.

Vinod: 보장할 수는 없어요. $V(G)$값이 적은 컴포넌트도 여전히 오류가 날 수 있어요.

Shakira: 좋아요. 그래도, 적어도 화이트 박스 테스팅을 해야할 컴포넌트의 수를 줄이는 데 도움이 되겠네요.

23.4.3 테스트 케이스 도출하기

> **Quote**
>
> 잘못하는 것은 인간이 하는 것이고, 버그를 찾는 것은 신이 하는 것이다.
>
> Robert Dunn

기본 경로 테스팅 방법은 프로시저 설계나 소스 코드에 적용될 수 있다. 이 절에서, 기본 경로 테스팅을 몇 단계로 나누어 설명한다. 그림 23.4의 PDL에서 제시된, average 프로시저는, 케이스 설계 방법의 각 단계를 설명하기 위한 예로 사용될 것이다. average에 주목하라, 지극히 단순한 알고리즘이지만, 복합 조건과 루프가 들어있다. 다음 단계들이 기본 집합을 도출하기 위해 적용될 수 있다:

1. **설계와 코드에 기초하여, 해당 흐름 그래프를 그려라.** 23.4.1절에 제시한 기호들과 생성 규칙을 이용하여 흐름 그래프를 만든다. 그림 23.4의 average를 위한 PDL을 참조하여, 흐름 그래프는 흐름 그래프 노드에 매핑 될 PDL 문장에 숫자를 붙여 만들어진다. 그림 23.5에 해당 흐름 그래프가 있다.
2. **흐름 그래프의 순환 복잡도를 결정하라.** 23.4.2절에서 설명된 알고리즘을 적용하여 순환 복잡도 $V(G)$를 결정한다. $V(G)$가 흐름도를 개발하지 않고 PDL에서 모든 조건문을 계산하고(프로시저 average에서는 복합 조건이 2개이다) 1을 더하여 결정될 수 있다는 것에 주목하여야 한다. 그림 23.5를 보면,

   $V(G) = 6$ 영역

   $V(G) = 17$ 에지 $- 13$ 노드 $+ 2 = 6$

   $V(G) = 5$ 서술 노드 $+ 1 = 6$

3. **선형 독립 경로 기본 집합을 결정하라.** V(G) 값은 프로그램 제어 구조에서의 전체 선형 독립 경로 개수의 상한선을 제공한다. 프로시저 average에서는 다음 6개의 경로를 정의할 수 있다.

그림 23.4

PDL에서 노드 식별

```
PROCEDURE average;

    *  This procedure computes the average of 100 or fewer
       numbers that lie between bounding values; it also computes the
       sum and the total number valid.

    INTERFACE RETURNS average, total.input, total.valid;
    INTERFACE ACCEPTS value, minimum, maximum;

    TYPE value[1:100] IS SCALAR ARRAY;
    TYPE average, total.input, total.valid;
       minimum, maximum, sum IS SCALAR;
    TYPE i IS INTEGER;
 1  i = 1;
 1  total.input = total.valid = 0;                        2
 1  sum = 0;
 1  DO WHILE value[i] <> -999 AND total.input < 100       3
    4  increment total.input by 1;
       IF value[i] > = minimum AND value[i] < = maximum   6
 5 →
     7     THEN increment total.valid by 1;
     7          sum = s sum + value[i]
     7     ELSE skip
 8     ENDIF
 8     increment i by 1;
 9  ENDDO
    IF total.valid > 0     10
    11 THEN average = sum / total.valid;
 12 →  ELSE average = -999;
 13 ENDIF
END average
```

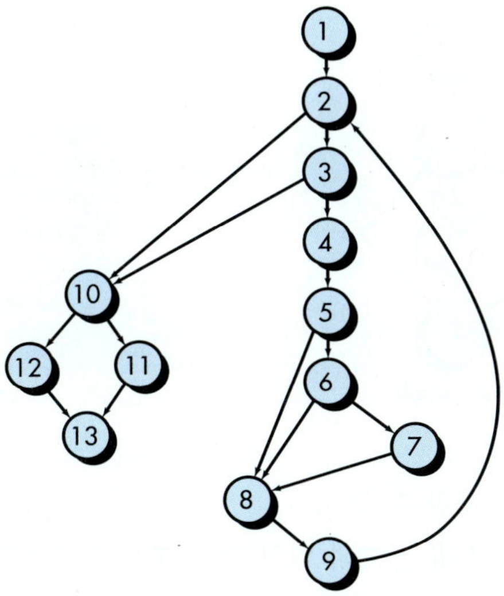

그림 23.5

average 프로시저의 흐름 그래프

경로 1: 1-2-10-11-13

경로 2: 1-2-10-12-13

경로 3: 1-2-3-10-11-13

경로 4: 1-2-3-4-5-8-9-2-···

경로 5: 1-2-3-4-5-6-8-9-2-···

경로 6: 1-2-3-4-5-6-7-8-9-2-···

경로 4, 5와 6 뒤에 생략된 부분(···)은 제어 구조의 나머지 부분을 따라 이동하는 모든 경로를 나타낸다. 테스트 케이스 도출에 도움이 되므로 서술 노드를 식별하는 것은 가치가 있다. 이 경우, 노드 2, 3, 5, 6과 10이 서술 노드이다.

4. **기본 집합의 각 경로들을 실행하는 테스트 케이스를 준비하라.** 각 경로를 테스트할 때 서술 노드에 있는 조건들을 적절히 설정할 수 있는 데이터를 골라야 한다. 각 테스트 케이스를 실행하고 그 결과를 예상 결과와 비교한다. 모든 테스트 케이스를 끝내고 나면, 테스터는 프로그램 내의 모든 문장들을 적어도 한번 실행했다고 확신할 수 있다.

> **Quote**
>
> Ariane 5 로켓은 64비트 실수값을 16비트 정수로 바꿀 때의 결함(버그)로 인해 발사되자마자 폭발하였다. 그 로켓과 4개의 위성은 보험에 들지 않아 5억달러를 날렸다. 숫자 변환 부분을 실행하는 경로 테스트를 했다면 버그를 찾을 수 있었겠지만 예산상의 이유로 거부되었다.
>
> A news Report

어떤 독립 경로(예를 들어, 예제에서 경로 1)들은 독자적으로 테스트할 수 없다는 사실은 중요하다. 즉, 경로를 통과하는데 필요한 데이터의 조합이 프로그램의 정상적인 흐름에서는 달성할 수 없다. 이런 경우에는, 그 경로들은 다른 경로 테스트의 일부분으로서 테스트된다.

23.4.4 그래프 매트릭스

흐름 그래프를 도출하고 일련의 기본 경로들을 결정하는 것은 기계적으로 수행할 수 있다. 그래프 매트릭스(graph matrix)라는 데이터 구조는 기본 경로 테스팅을 도와주는 소프트웨

그림 23.6

그래프 매트릭스

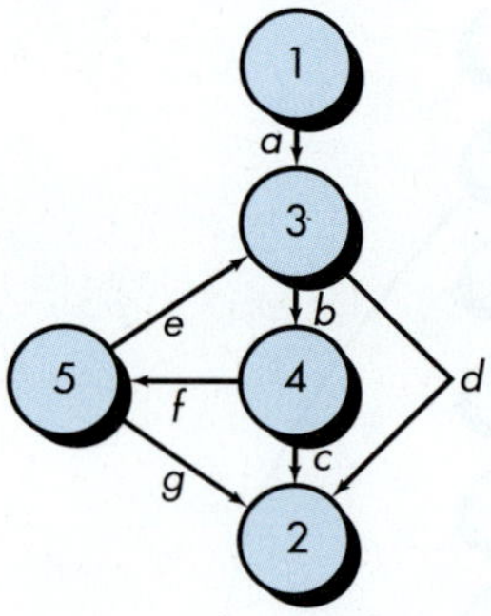

Flow graph

Node \ Connected to node	1	2	3	4	5
1			*a*		
2					
3		*d*		*b*	
4		*c*			*f*
5		*g*	*e*		

Graph matrix

어 도구를 개발에 매우 유용할 수 있다.

래프 매트릭스는 그 크기(즉, 행과 열의 수)가 흐름 그래프의 노드 개수와 같은 정사각형 행렬이다. 각 행과 열은 각 식별된 노드에 해당하며, 행렬의 각 원소는 노드들 사이의 연결(에지)에 해당한다. 그림 23.6은 흐름 그래프 및 해당 그래프 매트릭스[Bei90]의 간단한 예를 보여준다.

?

그래프 매트릭스는 무엇이고 테스팅에 활용하기 위해서 어떻게 확장하는가?

그림을 참조하면, 흐름 그래프의 각 노드는 숫자로 구분되며, 에지는 문자로 구분된다. 두 노드 사이에 연결을 나타내기 위해 매트릭스의 해당 위치에 문자를 입력한다. 예를 들어, 노드 3은 노드 4와 에지 *b*로 연결되어 있다.

지금까지는, 그래프 매트릭스는 흐름 그래프를 표로 나타낸 것에 불과하다. 그러나, 매트릭스 각 원소에 링크 가중치를 추가하면, 그래프 매트릭스는 테스팅 시 프로그램 제어 구조를 평가하기 위한 강력한 도구가 될 수 있다. 링크 가중치는 제어 흐름에 대한 부가적인 정보를 제공한다. 가장 간단한 형태로, 링크 가중치는 1(연결이 존재한다) 또는 0(연결이 존재하지 않는다)이다. 하지만 링크 가중치에 다른 값을 부여하여, 흥미로운 특성을 나타낼 수 있다:

- 링크(에지)가 실행될 확률
- 링크를 따라 이동하는데 걸리는 프로세싱 시간
- 링크를 따라 이동하는데 드는 메모리
- 링크를 따라 이동하는데 드는 자원

Beizer[Bei90]는 그래프 매트릭스에 적용될 수 있는 추가적인 수학적 알고리즘을 연구한 결과를 제시하였다. 이런 기법들을 사용하면, 테스트 케이스를 설계하는 데 필요한 분석 작업이 부분적 또는 전부 자동화될 수 있다.

Quote

테스트 설계보다 테스트 수행에 더 주의를 기울이는 것은 전형적인 실수이다.

Brian Marick

23.5 제어 구조 테스팅

23.4절에 설명한 기본 경로 테스팅 기법은 제어 구조 테스팅을 위한 여러 가지 방법 중 하나이다. 기본 경로 테스팅이 간단하고 매우 효과적이지만, 그 자체로는 충분하지 않다. 이

그림 23.7

루프의 종류

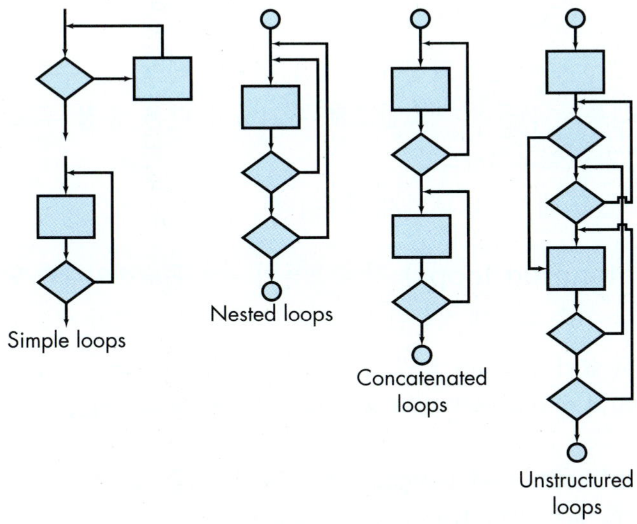

절에서는, 제어 구조 테스팅의 다른 방법들을 논의한다. 이러한 기법들은 테스팅 커버리지를 넓혀주며 화이트 박스 테스팅의 품질을 향상시킨다.

조건 테스팅(Condition testing) [Tai89]은 프로그램 모듈에 포함된 논리적 조건을 실행하는 테스트 케이스 설계 방법이다. 데이터 흐름 테스팅(Data flow testing) [Fra93]은 프로그램 내에서 변수의 정의와 사용 위치에 따라 프로그램의 테스트 경로를 선택한다.

루프 테스팅(Loop testing)은 루프 구조체의 유효성에만 집중하는 화이트 박스 테스팅 기법이다. 4개의 서로 다른 종류의 루프[Bei90]를 정의할 수 있다. 단순 루프, 연속 루프, 중첩 루프, 비구조적 루프 (그림 23.7).

단순 루프(Simple Loops) 다음의 테스트 집합이 단순 루프에 적용될 수 있으며, 여기서 n은 허용되는 최대 반복 횟수를 나타낸다.

1. 루프 전체를 건너뛴다.
2. 루프를 한 번만 반복시킨다.
3. 루프를 두 번 반복시킨다.
4. 루프를 m번 반복시킨다. 여기서 $m < n$.
5. 루프를 $n-1, n, n+1$ 번 반복시킨다.

Quote

좋은 테스터는 '무언가 흥미로운 것'을 알아차리고 그것에 행동을 가하는 대가이다.

Brian Marick

중첩 루프(Nested Loops) 단순 루프 테스트 방법을 중첩 루프로 확장해보면, 중첩 레벨이 증가함에 따라 가능한 테스트의 개수도 기하학적으로 증가한다. 이 숫자는 현실적으로 테스트하기 불가능한 숫자이다. Beizer[Bei90]는 테스트의 수자를 줄이는데 도움이 되는 방법을 다음과 같이 제안한다.

1. 가장 내부의 루프부터 시작하라. 다른 모든 루프들은 최소값으로 설정하라.
2. 외부 루프들은 최소한의 반복 파라미터 값을 유지하면서(예를 들어, 루프 카운터),

가장 내부의 루프에 단순 루프 테스트를 수행하라. 범위 밖이나 배제시켰던 값은 다른 테스트를 추가하라.

3. 바깥쪽으로 나아가면서 작업하라, 다음 루프의 테스트를 수행하라, 하지만 모든 다른 바깥쪽 루프들은 최소값으로 유지하고 다른 중첩 루프들은 "전형적인(typical)" 값으로 유지하라.
4. 모든 루프들을 테스트할 때까지 계속하라.

ADVICE

구조화되지 않은 루프를 효과적으로 테스트할 수는 없다. 리팩토링하라.

연속 루프(Concatenated loops) 각 루프들이 서로 독립적이라면, 단순 루프에 적용했던 테스트 방식을 연속 루프에 적용할 수 있다. 그러나, 두 루프가 서로 연결되어 있어 루프 1의 루프 카운터 값이 루프 2의 초기 값으로 사용되면, 두 루프는 독립적이지 않다. 루프들이 서로 독립적이지 않으면 중첩 루프에 적용했던 방법을 권장한다.

비구조적 루프(Unstructured loops) 가능하다면, 이런 종류의 루프는 구조적 프로그래밍 구축의 사용(14장)을 반영하여 다시 설계해야 한다.

23.6 블랙박스 테스팅

동작 테스팅(behavioral testing) 또는 기능적 테스팅(functional testing)이라고도 불리는 블랙박스 테스팅(black-box testing)은 소프트웨어의 기능적 요구 사항에 초점을 둔다. 즉, 블랙박스 테스팅 기법은 프로그램의 모든 기능을 전부 실행해 보는 입력 조건 집합을 도출할 수 있게 해 준다. 블랙박스 테스팅은 화이트 박스 기법을 대체하는 것이 아니다. 그 대신, 화이트 박스 방법과는 다른 종류의 오류를 발견할 수 있는 보완적 접근방법이다.

블랙박스 테스팅은 다음과 같은 범주의 오류들을 발견하고자 한다. (1) 잘못되거나 누락된 기능, (2) 인터페이스 오류, (3) 데이터 구조나 외부 데이터베이스 액세스 오류, (4) 동작이나 성능 오류, (5) 초기화와 종료 오류.

테스팅 프로세스 초기에 수행하는, 화이트 박스 테스트와 달리, 블랙박스 테스팅은 대체로 테스팅 후반에 수행된다(제22장 참조). 블랙박스 테스팅은 제어 구조체를 의도적으로 무시하고, 정보 도메인에 집중한다. 다음과 같은 질문에 대답하기 위해 테스트가 설계된다.

?

블랙박스 테스트는 어떤 질문들에 답하는가?

- 기능적으로 유효하다는 것을 어떻게 테스트하는가?
- 시스템 동작과 성능은 어떻게 테스트 하는가?
- 어떤 종류의 입력이 좋은 테스트 케이스를 만들 것인가?
- 시스템이 특별히 어떤 입력 값들에 민감하게 반응하는가?
- 데이터의 경계들을 어떻게 구분 짓는가?
- 시스템은 어느 정도의 데이터 전송률과 데이터 양을 견뎌내는가?
- 데이터의 특정 조합은 시스템 운영에 어떤 영향을 주는가?

블랙박스 기법을 적용하여, 다음의 기준을 만족하는 테스트 케이스 집합을 도출한다 [Mye79]. 합리적인 테스팅을 달성하도록 설계되어야 하는 추가적인 테스트 케이스의 수,

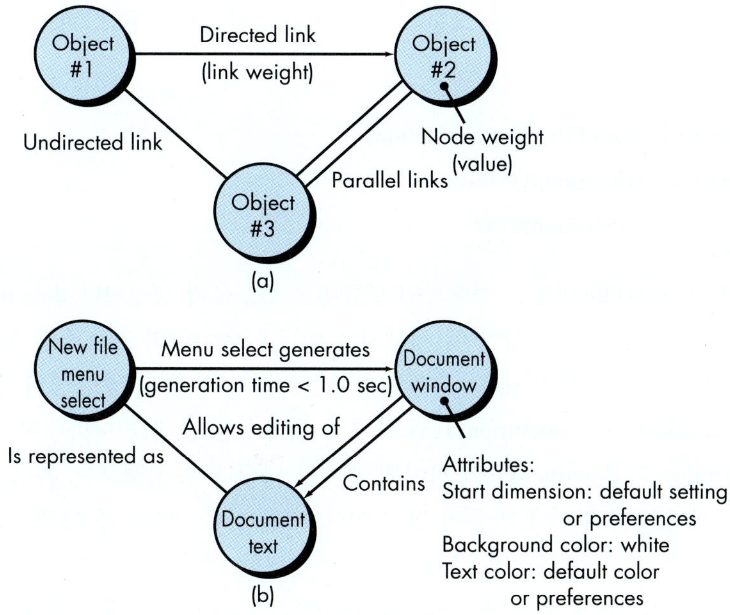

그림 23.8
(a) 그래프 표기법
(b) 간단한 예

한 개 이상을 한 개로, 줄여주는 테스트 케이스, 그리고 오직 주어진 특정 테스트와 관련된 오류보다는, 오류의 존재 여부에 대해 뭔가를 알려주는 테스트 케이스.

23.6.1 그래프 기반 테스팅 방법

블랙박스 테스팅의 첫 단계는 소프트웨어 내에 설계된 객체 및 객체들 사이의 연결 관계를 이해하는 것이다.[5] 이 단계가 끝나면, 다음 단계는 "모든 객체들이 예측대로 서로 관계를 맺고 있다"는 것을 검증하는 일련의 테스트들을 정의하는 것이다[Bei95]. 다른 말로 표현하면, 소프트웨어 테스팅은 중요 객체들과 그들의 관계를 그래프를 만든 후 그 그래프를 포함하는 일련의 테스트를 만들어 각 객체와 관계들을 모두 실행하여 오류를 발견하는 것이다.

KEY POINT
그래프는 데이터 객체와 프로그램 객체들 사이의 관계를 표현하며, 이러한 관계에 존재하는 오류들을 발견할 수 있는 테스트 케이스를 도출할 수 있게 해 준다.

이러한 단계들을 완수하기 위해, 그래프(graph)를 생성하는 작업을 시작한다—객체를 나타내는 노드들(nodes), 객체 사이의 관계를 나타내는 링크들(inks), 노드의 특성(예를 들어, 특정 데이터 값 또는 상태 동작)을 나타내는 노드 가중치(node weights), 링크의 특성을 나타내는 링크 가중치(link weights)

그래프를 구성하는 기호는 그림 23.8a와 같다. 노드는 원으로 표현하며 여러 가지 형태를 가지는 링크로 연결된다. 단방향 링크(directed link, 화살표로 표현됨)는 한 방향으로만 움직이는 관계를 나타낸다. 대칭적 링크(symmetric link)라고도 불리는, 양방향 링크(bidirectional link)는 양쪽 방향으로 모두 적용되는 관계를 나타낸다. 병렬 링크(Parallel

5 여기서, 객체라는 용어를 최대한 넓게 해석해야 한다. 그것은 데이터 객체, 전통적인 컴포넌트(모듈), 컴퓨터 소프트웨어의 객체지향적 요소 모두를 포함한다.

links)는 그래프 노드들 사이에 여러 가지 관계가 성립될 때 사용된다.

간단한 예제로, 문서작성 프로그램을 위한 그래프의 일부분을 살펴보자(그림 23.8b). 여기서

Object #1 = **newFile** (menu selection)
Object #2 = **documentWindow**
Object #3 = **documentText**

그림을 보면, **newFile** 메뉴를 선택하면 도큐먼트 윈도우가 생성된다. **documentWindow**의 노드 가중치는 윈도우가 생성될 때 예상되는 윈도우 속성들의 리스트를 제공한다. 링크 가중치는 윈도우가 1.0초 이내로 생성되어야 함을 나타낸다. 방향성이 없는 링크는 **newFile** menu selection과 **documentText** 사이의 대칭적인 관계를 나타내며, 병렬 링크는 **documentWindow**와 **documentText** 사이의 관계를 나타낸다. 실제로는, 좀더 상세한 그래프가 테스트 케이스 설계 전에 만들어 질 것이다. 그런 다음 그래프를 탐색하고 각각의 관계를 포함하여 테스트 케이스를 도출할 수 있다. 이러한 테스트 케이스는 모든 관계에 존재하는 오류를 발견하도록 설계된다. Beizer [Bei95]는 그래프들을 활용할 수 있는 여러 가지 동작 테스팅 방법들을 기술한다.

트랜잭션 흐름 모델링(Transaction flow modeling) 노드들은 트랜잭션에서의 단계들을 표현한다(즉, 온라인 서비스를 이용한 비행기 예약 시 필요한 단계들). 그리고 링크들은 단계들 사이의 논리적 연결을 표현한다. 예를 들어, 데이터 객체 **flightInformationInput** 다음에 연산 validationAvailabilityProcessing()이 일어난다.

유한 상태 모델링(Finite state modeling) 노드는 소프트웨어에서 사용자가 볼 수 있는 서로 다른 상태를 나타내며(예: 담당자가 전화 주문을 받을 때 주문 입력 시 나타나는 각각의 "화면들"), 링크들은 한 상태에서 다른 상태로 이동할 때 발생하는 전이들을 나타낸다(예를 들어, **orderInformation**은 inventoryAvailabilityLook-up()으로 확인되며 이후 **customerBillingInformation**이 입력이 일어난다. 상태 다이어그램(11장)이 이런 종류의 그래프를 만드는데 사용될 수 있다.

데이터 흐름 모델링(Data flow modeling) 노드들은 데이터 객체들이며, 링크들은 한 데이터 객체를 다른 데이터 객체로 변화시킬 때 일어나는 나타낸다. 예를 들어, 노드 **FICATaxWithheld(FTW)**는 **FTW = 0.62−GW**라는 관계를 이용하여 총임금(**GW**)으로부터 계산된다.

타이밍 모델링(Timing modeling) 노드들은 프로그램 객체들이며, 링크들은 이런 객체들 사이의 순차적 연결들이다. 링크 가중치는 프로그램이 실행될 때 필요한 실행 시간을 지정하는 데 사용된다.

위의 각 그래프 기반 테스팅 방법에 대한 자세한 논의는 이 책의 범위를 벗어난다. 더 관심이 있다면, [Bei95]의 광범위한 내용을 참조하라.

23.6.2 동등 분할

동등 분할(Equivalence partitioning)은 프로그램의 입력 도메인을 여러 데이터 부분들로 나누고 이로부터 테스트 케이스를 도출하는 블랙박스 테스팅 방법이다. 일반적인 경우는 많은 테스트 케이스를 실행해야 오류를 발견할 수 있는 반면, 이상적인 테스트 케이스는 단독으로 특정 계층에 속하는 오류를 발견한다.

동등 분할을 위한 테스트 케이스 설계는 입력 조건에 대한 동등 클래스(equivalence class)들을 구하는 데 기초를 둔다. 이전 절에서 설명한 개념을 적용해서, 일련의 객체가 대칭적(symmetric), 이행적(transitive), 재귀적(reflexive) 관계들로 연결될 수 있고, 동등 클래스가 나타난다[Bei95]. 동등 클래스는 입력 조건에 대한 일련의 유효하거나 유효하지 않는 상태들을 나타낸다. 전형적으로, 하나의 입력 조건은 특정 숫자 값, 특정 범위의 값들, 일련의 관련 있는 값들 또는 부울 조건이다. 동등 클래스들은 다음 가이드라인에 따라 정의할 수 있다.

1. 입력 조건 범위를 지정하는 경우, 한 개의 유효한 동등 클래스와 두 개의 유효하지 않은 동등 클래스들이 정의된다.
2. 입력 조건이 특정 값을 요구하는 경우, 한 개의 유효한 동등 클래스와 두 개의 유효하지 않은 동등 클래스들이 정의된다.
3. 입력 조건이 특정 집합의 한 원소를 요구하는 경우, 한 개의 유효한 동등 클래스와 한 개의 유효하지 않은 동등 클래스가 정의된다.
4. 입력 조건이 부울형인 경우, 한 개의 유효한 클래스와 한 개의 유효하지 않은 클래스가 정의된다.

?

테스팅을 위해 동등 클래스는 어떻게 정의하는가?

동등 클래스 도출을 위해 가이드라인을 적용하면, 각 입력 도메인 데이터 항목에 대한 테스트 케이스들을 개발하여 실행할 수 있다. 하나의 동등 클래스가 가지는 많은 수의 속성들을 한꺼번에 검사할 수 있도록 테스트 케이스들을 선택한다.

23.6.3 경계값 분석

많은 수의 오류들이 입력 도메인의 "중앙" 보다는 경계에서 발생한다. 이러한 이유로 테스팅 기법으로서 경계값 분석(boundary value analysis, BVA)가 개발되었다. 경계값 분석은 경계에 있는 값들을 검사하는 테스트 케이스들을 선택하게 한다.

경계값 분석은 동등 분할을 보완하는 테스트 케이스 설계 기법이다. 동등 클래스에 속하는 원소 중 아무거나 선택하는 대신, BVA는 클래스의 "가장자리"에 있는 테스트 케이스들을 선택한다. 입력 조건에만 초점을 두는 것이 아니라, BVA는 출력 도메인으로부터도 테스트 케이스들을 도출한다[Mye79].

Quote

코드를 테스트하기 위한 가장 효과적인 방법은 경계 지점에서 그것을 실행하는 것이다.

Brian Kernighan

BVA를 위한 가이드라인은 동등 분할을 위한 가이드라인과 많은 부분이 비슷하다:

1. 입력 조건이 값 a와 b로 경계 범위를 지정한 경우, 테스트 케이스는 값 a와 b 그리고 a와 b 바로 위, 아래 값을 갖도록 설계해야 한다.
2. 입력 조건이 많은 개수의 값들을 지정한 경우, 최소값과 최대값을 검사하는 테스트

KEY POINT

BVA는 동등 클래스의 "가장자리" 데이터에 집중함으로서 동등 분할을 확장한다.

케이스들을 개발하여야 한다. 최대값과 최소값 바로 위, 아래 값들도 테스트해야 한다.

3. 가이드라인의 1, 2번 항목을 출력 조건에 적용한다. 예를 들어, 공학 분석 프로그램의 출력으로서 온도와 압력의 관계를 나타내는 표가 필요하다고 가정하자. 표에 들어갈 데이터 개수가 가장 많은 경우(그리고, 가장 적은 경우)의 출력 보고서를 생산하는 테스트 케이스들을 설계해야 한다.
4. 내부 프로그램 데이터 구조의 범위가 미리 정해진 경우(예를 들어 표 하나의 데이터 개수가 최대 100개), 데이터 구조를 경계점에서 검사하는 테스트 케이스를 설계해야 한다.

대부분의 소프트웨어 엔지니어들은 어느 정도 직관적으로 BVA를 수행한다. 위 가이드라인을 적용함으로서, 경계 테스팅을 완벽하게 할 수 있으며, 따라서 오류를 검출할 가능성이 높아진다.

23.6.4 직교 배열 테스팅

KEY POINT

직교 배열 테스팅은 합리적인 개수의 테스트 케이스를 가지고 최대한의 테스트 커버리지를 제공하는 테스트 케이스를 설계할 수 있게 해 준다.

입력 도메인이 비교적 제한적인 애플리케이션들이 많이 있다. 즉, 입력 인자의 개수는 적고 각 인자들이 취할 수 있는 값들은 경계가 명확하다. 이러한 개수가 매우 적으면 (예를 들면, 입력 인자가 3개 있고 각각이 취할 수 있는 값도 3개), 모든 입력 조합을 고려해서 입력 도메인을 빠짐없이 테스트하는 것이 가능하다. 그러나, 입력값의 개수가 많아지고 각 데이터 항목이 취할 수 있는 값의 개수가 증가하면, 빠짐없이 모든 데이터를 테스트하기는 비현실적이고 불가능해진다.

직교 배열 테스팅(Orthogonal Array Testing)은 입력 도메인이 비교적 적지만 철저한 테스팅을 하기에는 입력 도메인이 너무 많은 문제에 적용될 수 있다. 직교 배열 테스팅 방법은 영역 결함(region fault)—소프트웨어 컴포넌트 내부에 존재하는 결점이 있는 로직과 관련된 범주의 오류—을 찾는데 특히 유용하다.

직교 배열 테스팅과 좀 더 전통적인 "한 번에 하나의 입력 항목씩" 방법의 차이점을 설명하기 위해, 세 개의 입력 항목 *X*, *Y*, *Z*를 가지는 시스템을 고려해 보자. 각 입력 항목은 입력 항목과 관련된 3개의 구별된 값을 가지고 있다. $3^3 = 27$개의 가능한 테스트 케이스가 존재한다. Phadke[Pha97]는 그림 23.9에서 보는 바와 같이 *X*, *Y*, *Z*와 관련된 가능한 테스트 케이스들을 기하학적으로 바라보는 관점을 제안하였다. 그림에 따르면, 한 번에 하나씩 입력하는 경우 입력 항목은 각 입력 축에 따라 순차적으로 바뀐다. 이 경우에는 입력 도메인 중 상대적으로 제한된 커버리지만을 포함한다(그림 23.9의 왼쪽 정육면체 참조).

직교 배열 테스팅을 사용하면, L9 직교 배열 테스트 케이스가 만들어진다. L9 직교 배열은 "균형을 맞추는 특징"을 가진다[Pha97]. 즉, 테스트 케이스들(그림에서 검은 점으로 표현됨)은 그림 23.9의 오른쪽 정육면체에 묘사된 것처럼, "테스트 도메인 전체에 걸쳐 균일하게 분포"한다. 입력 도메인에서 테스트 커버리지가 더욱 완벽하다.

L9 직교 배열의 사용 방법을 알기 위해, 팩스 애플리케이션 프로그램의 send 함수를 생

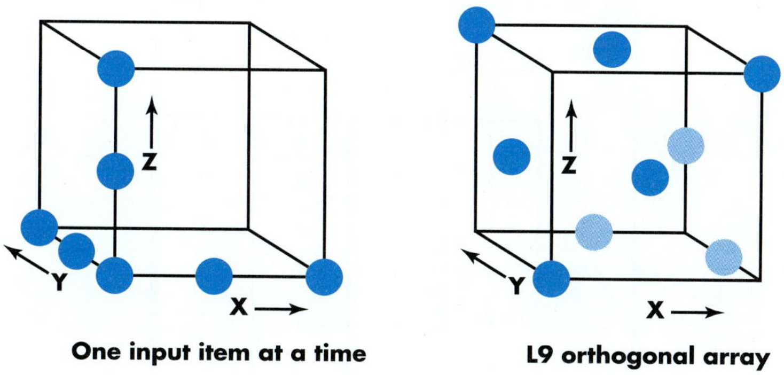

그림 23.9

테스트 케이스의 기하학적 관점

출처: [Pha97]

각해보자. send 함수에는 P1, P2, P3, P4인 4개의 인자가 전달된다. 각각의 인자는 3개의 구별된 값들을 받아들인다. 예를 들어, P1은 다음 값들을 받아들인다:

P1 = 1, send it now

P1 = 2, send it one hour later

P1 = 3, send it after midnight

P2, P3, P4 역시 각각 다른 send 기능을 나타내는 1, 2, 3 중 하나의 값을 받아들인다.

만약, "한 번에 하나의 입력 항목씩" 테스팅 전략을 선택하면, 테스트 (P1, P2, P3, P4)의 순서는 다음과 같이 지정할 수 있다. (1, 1, 1, 1), (2, 1, 1, 1), (3, 1, 1, 1), (1, 2, 1, 1), (1, 3, 1, 1), (1, 1, 2, 1), (1, 1, 3, 1), (1, 1, 1, 2), (1, 1, 1, 3). 하지만 이것들은 단지 싱글 모드 결함 [Pha97]을 발견할 것이다. 즉, 단일 인자에 의해 발생하는 결함이다.

입력 인자와 그 값의 종류가 비교적 적으면, 철저한 테스팅이 가능하다. 필요한 테스트의 수는 $3^4 = 81$이며, 크긴 하지만 받아들일 만하다. 데이터 항목의 조합과 관련된 모든 결함들을 발견할 수 있지만, 이 때 드는 노력은 상대적으로 크다.

직교 배열 방법은 전부 다 테스트하는 전략보다 훨씬 적은 테스트 케이스를 가지고 좋은 테스트 커버리지를 제공할 수 있게 해준다. 팩스 send 함수를 위한 L9 직교 배열은 그림 23.10과 같다.

Phadke[Pha97]은 L9 직교 배열을 적용한 테스트 결과를 다음과 같이 평가한다.

모든 싱글 모드 결함 검출 및 격리 싱글 모드 결함은 모든 수준의 모든 단일 인자에 관한 일관된 문제이다. 예를 들어, 인자 P1 = 1의 모든 테스트 케이스가 오류 조건이 발생한 경우, 싱글 모드 실패이다. 이 예제에서 테스트 1, 2 및 3[그림 23.10]이 오류를 보여준다. 오류를 보이는 테스트에 대한 정보를 분석하면, 어떤 인자 값이 결함을 일으키는지 식별할 수 있다. 이 예제에서, 테스트 1, 2, 3이 오류를 일으키는 것에 주목하면, 오류의 원인으로 "send it now"(P1=1)와 관련된 논리적 프로세싱]을 격리할 수 있다. 이렇게 결함을 격리시키는 것은 결함을 고치는 데 중요하다.

모든 더블 모드 결함 검출 두 인자의 특정 레벨이 서로 함께 일어날 때 일관된 문제 존재한다면, 이를 더블 모드 결함(double mode fault)이라고 한다. 실제로, 더블 모드 결점은 두 인자가 서로 호환이 되지 않거나 해로운 상호 작용을 한다는 표시이다.

그림 23.10

직교 배열

Test case	Test parameters			
	P1	P2	P3	P4
1	1	1	1	1
2	1	2	2	2
3	1	3	3	3
4	2	1	2	3
5	2	2	3	1
6	2	3	1	2
7	3	1	3	2
8	3	2	1	3
9	3	3	2	1

멀티 모드 결점 (예제에서 보여준) 직교 배열은 싱글 모드와 더블 모드 결함들만을 확실하게 검출한다. 그러나, 여러 가지 멀티 모드 결점들도 이러한 테스트에 의해 검출된다.

직교 배열 테스팅에 관한 상세한 논의는 [Pha89]를 참조하라.

소프트웨어 도구들

테스트 케이스 설계

목적: 블랙박스와 화이트 박스 테스팅 모두를 위한 완벽한 테스트 케이스들을 개발하도록 소프트웨어 팀을 도와주기

역할: 이러한 도구들은 크게 두 범주로 나뉜다. 정적 테스팅 도구와 동적 테스팅 도구. 정적 테스팅 도구는 세 종류가 산업체에서 사용된다. 코드 기반 테스팅 도구, 전문적인 테스팅 언어, 요구 사항 기반 테스팅 도구. 코드 기반 테스팅 도구는 소스 코드를 입력으로 받아들여 여러 가지 분석을 통해 테스트 케이스들을 생성한다. 전문적인 테스팅 언어(예를 들어 ATLAS)는 소프트웨어 엔지니어가 테스트 케이스를 기술하고 실행하기 위한 상세 테스트 명세서를 작성할 수 있게 해준다. 요구 사항 기반 테스팅 도구는 특정 사용자 요구 사항을 파악하고 이 요구 사항을 검사할 수 있는 테스트 케이스들을 제안한다. 동적 테스팅 도구는 실행하는 프로그램과 상호작용하며, 경로 커버리지를 체크하고, 특정 변수의 값을 검사하며, 한편으로는 프로그램의 실행 흐름을 조절한다.

대표적인 도구들:[6]

McCabeTest, McCabe & Associates에서 개발(**www.mccabe.com**), 순환 복잡도와 기타 소프트웨어 척도의 평가로부터 도출된 다양한 경로 테스팅 기법을 구현.

TestWorks, Software Research에서 개발(**http://www.testworks.com/stwhome.html**), C/C++과 Java로 개발된 소프트웨어를 위한 테스트 케이스의 설계를 지원하고 회귀 테스팅을 위한 지원을 제공하는 완벽한 자동화 테스팅 도구.

T-VEC Test Generation System, T-VEC Technologies에서 개발(**www.t-vec.com**), 객체지향 요구사항 명세서에 포함된 정보를 이용한 테스트 케이스의 설계를 지원함으로써 단위, 통합, 그리고 확인 테스팅을 지원하는 도구 집합.

e-TEST Suite, Empirix에서 개발(**www.empirix.com**), 테스트 케이스 설계와 테스트 계획 수립을 지원하는 도구를 포함하는 웹 애플리케이션 테스팅을 위한 완벽한 도구 집합을 포함.

6 여기에 언급한 도구들이 대표적인 것은 아니지만, 이 범주에 있는 도구들을 샘플링한 것이라고 할 수 있다. 대부분, 도구 이름은 각 개발자의 상표이다.

23.7 모델 기반 테스팅

모델 기반 테스팅(model-based testing, MBT)은 테스트 케이스 생성을 위해 근거기준으로 요구 사항 모델에 포함된 정보를 이용하는 블랙박스 테스팅 기법이다[DAC03]. 많은 경우에, 모델 기반 테스팅 기법은 테스트 케이스 설계의 근거기준으로 동작 모델(제11장)의 한 요소인, UML 상태 다이어그램을 이용한다.[7] MBT 기법은 다음 5개의 단계를 요구한다:

> **Quote**
>
> 오류를 찾으려는 목적을 가져도 코드 오류를 발견하기는 상당히 어렵다. 여러분의 코드가 오류가 없다고 가정한다면 오류를 발견하기가 훨씬 더 어렵다.
>
> Steve McConnell

1. **소프트웨어를 위한 기존의 동작 모델을 분석하거나 생성.** 동작 모델(behavioral model)은 소프트웨어가 외부 이벤트나 자극에 어떻게 반응하는지를 나타낸다는 것을 상기하라. 이러한 모델을 만들기 위해서, 제11장에서 논의한 단계들을 수행해야한다. (1) 시스템 내의 일련의 상호 작용을 모두 이해하기 위해 모든 유스케이스들을 검토한다. (2) 일련의 상호 작용을 일으키는 이벤트들을 식별하고 이러한 이벤트들이 특정 객체들과 어떻게 관련되어 있는지를 이해한다. (3) 각 유스케이스에 대하여 순서를 작성한다. (4) 시스템을 위한 UML 상태 다이어그램을 작성한다(예: 그림 11.1 참조). (5) 정확성과 일관성을 검증하기 위해 동작 모델을 검토한다.
2. **동작 모델을 탐색하고 소프트웨어 상태에서 상태로 전이를 일으키게 하는 입력값을 지정한다.** 입력은 이벤트를 발생시키고 전이가 일어나는 원인이 된다.
3. **동작 모델을 검토하고 소프트웨어가 상태에서 상태로 전이를 일으킬 때 기대되는 출력을 기록한다.** 각 상태 전이는 이벤트에 의해 일어나고 전이의 결과로, 어떤 기능이 동작하여 출력이 생성된다는 것을 상기하라. 단계 2에서 지정한 각각의 입력값 집합(테스트 케이스들)에 대해, 동작 모델의 특징을 분석하여 예상되는 출력값을 지정한다.
4. **테스트 케이스들을 실행한다.** 수동으로 테스트를 실행하거나 테스트 스크립트를 만들어서 테스팅 도구를 이용해 실행한다.
5. **실제 결과와 예상 결과를 비교하고 필요한 경우 수정 작업을 한다.**

MBT는 소프트웨어 동작에 있어서의 오류들을 발견하는데 도움을 주며, 이것은 이벤트 기반 애플리케이션의 테스팅 시 매우 유용하다.

23.8 문서와 도움말 테스팅

소프트웨어 테스팅이라는 용어는 컴퓨터 프로그램을 검사하기 위해 준비된 수많은 테스트 케이스와 그들이 다루는 데이터를 연상시킨다. 하지만 도움말이나 프로그램 문서에 있는 오류는 데이터나 소스 코드에 있는 오류들만큼 프로그램의 인수에 대해 파괴적일 수 있다. 사용자 가이드나 온라인 도움말을 정확히 따랐는데도 설명서에서 예상할 수 있는 것과 일치하지 않는 결과나 동작을 얻게 되는 것만큼 더 좌절시키는 것은 없다. 이것이 문서 테스

7 모델 기반 테스팅은 소프트웨어 요구사항이 결정 테이블, 문장 또는 마코프 체인(Markov chains)으로 표현될 때도 사용될 수 있다[DAC03].

팅이 모든 소프트웨어 테스트 계획에서 중요한 부분이어야 한다는 이유이다.

문서 테스팅은 두 가지 단계로 접근할 수 있다. 첫 번째 단계는, 기술적 검토(제20장)로, 문서가 제대로 편집됐는지 검사한다. 두 번째 단계는, 활성 테스트로, 실제 프로그램과 함께 제공되는 설명서를 사용한다.

놀랍게도, 문서에 대한 활성 테스트는 앞에서 논의된 블랙박스 테스팅 방법과 많은 부분이 유사한 기법을 사용하여 접근할 수 있다. 그래프 기반 테스팅은 프로그램의 사용법을 설명하는 데 사용될 수 있다. 동등 분할과 경계값 분석은 여러 유형의 입력값 그리고 관련된 상호작용을 정의하는 데 사용될 수 있다. MBT는 문서화된 동작과 실제 동작이 일치하는지 확인하기 위해 사용될 수 있다. 프로그램 사용법은 문서를 통해 추적된다.

Info

문서 테스팅

문서와 도움말을 테스팅할 때 다음 질문에 대답할 수 있어야 한다.

- 각 사용 방식을 어떻게 완수하는지 문서가 정확하게 기술하는가?
- 각 상호 작용 순서에 대한 기술이 정확한가?
- 예제들은 정확한가?
- 용어, 메뉴 설명, 시스템 응답이 실제 프로그램과 일치하는가?
- 문서 안에서 지침의 위치를 찾기가 비교적 쉬운가?
- 문서를 가지고 문제 해결을 쉽게 할 수 있는가?
- 문서의 목차와 인덱스는 정확하고 완벽한가?
- 문서의 디자인(레이아웃, 서체, 들여쓰기, 그래픽)은 이해하기 쉽고 정보를 찾는 데 도움이 되는가?
- 사용자를 위한 모든 소프트웨어 오류 메시지가 문서에 상세히 기술되어 있는가? 오류 메시지에 따라 취해야 할 행동들이 명확히 기술되어 있는가?
- 하이퍼텍스트 링크가 사용되었다면, 그들은 정확하고 완벽한가?
- 하이퍼텍스트가 사용되었다면, 내비게이션 설계는 필요한 정보를 찾는 데 적절한가?

이런 질문에 대답하는 확실하고 유일한 방법은 독립된 제삼의 조직(예: 선택된 사용자들)이 프로그램 사용 관점에서 문서를 테스트하는 것이다. 불일치하는 것은 모두 기록해야 하고 모호하고 부족한 부분은 재작성을 위해 정의되어야 한다.

23.9 실시간 시스템 테스팅

많은 실시간 애플리케이션의 시간 의존적이고 비동기적 특성은 테스팅 하는데 있어서 시간이라는 또 하나의 새롭고 어려울 수도 있는 요소가 추가된다. 테스트 케이스 설계자는 전통적인 테스트 케이스뿐만 아니라 데이터를 처리하는 이벤트 처리(인터럽트 프로세싱), 데이터 타이밍, 태스크(프로세스)의 병렬 처리 등을 고려해야 한다. 실시간 시스템의 경우 동일한 테스트 데이터에 대해 어떤 상태에서는 적절한 처리 결과를 보여주는 반면 다른 상태에서는 오류를 발생시키는 경우가 많다.

예를 들어, 새로운 사진복사기를 제어하는 실시간 소프트웨어는 기계가 복사하는 동안(copying 상태)에 발생한 조작자에 의한 인터럽트(즉, 기계 조작자가 RESET이나 DARKEN과 같은 컨트롤키를 누름)를 오류 없이 받아들인다. 조작자에 의한 동일한 인터럽트는, 기계가 잼(jammed) 상태에 있다면, 잼의 위치를 알려주는 진단 코드를 디스플레이하지 않게 된다(오류).

또한, 실시간 시스템과 하드웨어 환경 사이의 밀접한 관계 역시 테스팅 문제의 원인이 될 수 있다. 소프트웨어 테스트는 소프트웨어 프로세싱에 미치는 하드웨어 결점의 영향을 고려해야 한다. 그러한 결점은 현실적으로 모의실험하기가 매우 어렵다.

실시간 소프트웨어 테스팅의 전반적인 4단계 전략을 제안할 수 있다:

?

무엇이 실시간 시스템을 테스트하기 위한 효과적인 전략인가?

- **태스크 테스팅(Task testing)** 태스크를 독립적으로 테스트한다. 즉, 전통적인 테스트는 각 태스크를 설계하고 이러한 테스트를 독립적으로 실행한다. 태스크 테스팅은 타이밍이나 동작이 아니라 로직과 기능에서 오류를 찾아낸다.
- **동작 테스팅(Behavioral testing)** 자동화 도구로 생성한 시스템 모델을 사용하면, 실시간 시스템의 동작을 모의실험하고 외부 이벤트 발생의 결과로 나타나는 그의 동작을 검사하는 것이 가능하다. 이러한 분석 활동들은 실시간 소프트웨어를 개발할 때 수행할 테스트 케이스를 설계하기 위한 근거기준을 제공할 수 있다. 동등 분할(23.6.2절)과 유사한 기법을 사용하면, 이벤트들(예를 들면, 인터럽트, 제어 시그널)은 테스팅을 위해 여러 유형으로 분류된다. 예를 들어, 사진복사기의 이벤트들은 사용자 인터럽트(예를 들면, 카운터 리셋), 기계적 인터럽트(예를 들면, 종이 걸림), 시스템 인터럽트(예를 들면, 토너 부족), 장애 모드(예를 들면, 롤러 과열) 등이 될 수 있다. 이런 각 이벤트들은 독립적으로 테스트되며, 실행 시스템의 동작은 이러한 이벤트와 관련된 프로세싱의 결과로 발생하는 오류를 검출하기 위해 검사된다.
- **태스크 사이의 테스팅(Intertask testing)** 독립적인 태스크에서의 오류와 시스템 동작에서의 오류가 구분되면, 테스팅은 시간과 관련된 오류로 이동한다. 서로 통신하는 것으로 보이는 비동기 태스크들은 태스크들 사이에 동기화 오류가 발생하는지 판단하기 위해 서로 다른 데이터 전송률과 프로세싱 부하를 가지고 테스트한다. 또한, 메시지 큐나 데이터 저장소를 통해 통신하는 태스크들은 이러한 데이터 저장소 영역의 크기와 관련된 오류를 찾아내기 위해 테스트한다.
- **시스템 테스팅(System testing)** 소프트웨어와 하드웨어가 통합되면, 소프트웨어-하드웨어 인터페이스에서의 오류를 발견하기 위해 모든 범위의 시스템 테스트를 실시한다. 대부분의 실시간 시스템은 인터럽트를 처리한다. 따라서 이러한 부울 이벤트 처리를 테스팅 하는 것이 필수적이다. 상태 다이어그램(제11장)을 이용하여, 테스터는 모든 가능한 인터럽트와 인터럽트의 결과로 발생하는 프로세싱에 대한 리스트를 개발한다. 테스트는 다음의 시스템 특성들을 평가하기 위해 설계된다:
  - 인터럽트 우선순위를 정확히 설정하고 적절히 처리하는가?
  - 각 인터럽트 프로세싱은 정확히 처리되는가?
  - 각 인터럽트 처리 프로시저의 성능(예를 들어, 프로세싱 시간)은 요구사항을 준수하는가?

- 중요한 시간에 도착하는 많은 양의 인터럽트가 기능이나 성능 상의 문제를 발생시키는가?

또한, 인터럽트 프로세싱의 일부로 정보를 전송하는 데 사용되는 전역 데이터 영역은 부작용이 발생할 가능성을 평가하기 위해 테스트하여야 한다.

23.10 소프트웨어 테스팅 패턴

WebRef
소프트웨어 테스팅 패턴 카탈로그는 다음 사이트에서 찾을 수 있다. **http://c2.com/cgi-bin/wiki?TestingPatterns.**

특정 설계 문제에 대한 해결책을 기술하는 메커니즘으로서의 패턴 사용을 제16장에서 논의하였다. 그러나 패턴은 다른 소프트웨어공학 상황에 대한 해결책을 제시하는 데에도 사용할 수 있으며 이 경우, 소프트웨어 테스팅이 해당된다. 테스팅 패턴(testing patterns)은 일반적인 테스팅 문제와 이를 다루는데 도움이 되는 해결책을 기술한다.

과거 십 년 동안도, 소프트웨어 테스팅의 대부분은, 임시방편적인 방법으로 수행되었다. 만약 테스팅 패턴이 소프트웨어 공학팀이 테스팅에 대한 의사소통을 더 효과적으로 할 수 있게 하고, 테스팅의 특정 방법을 사용해야 하는 동기를 이해할 수 있게 하고, 진화적인 방법으로 테스트를 설계하여 더욱 완벽한 테스트 케이스를 개발할 수 있게 해 준다면, 패턴은 많은 것을 달성하는 것이다.

KEY POINT
테스팅 패턴은 소프트웨어 팀이 테스팅에 대한 의사소통을 더 효과적으로 할 수 있도록 도와주며 특정 테스팅 방법을 사용하게 한 영향력에 대해 이해할 수 있도록 해 준다.

테스팅 패턴은 설계 패턴(제16장)과 많은 부분에서 동일한 방법으로 기술한다. 수십 개의 테스팅 패턴들이 학계에 제안되었다(예를 들면 [Mar02]). 다음 세 가지 테스팅 패턴(추상적인 형식만 제공됨)이 대표적인 예이다.

패턴 이름: PairTesting

요약: pair testing은 프로세스 지향 패턴으로, 짝 프로그래밍(5장)과 유사한 기법이며, 단위 테스팅, 통합 테스팅 또는 확인 테스팅 활동에 적용할 수 있는 일련의 테스트의 설계와 실행을 두 사람의 테스터가 함께 작업한다.

패턴 이름: SeparateTestInterface

요약: 객체지향 시스템에서는 "내부 클래스들" (즉, 자신의 컴포넌트 외부로는 어떠한 인터페이스도 드러내지 않는 클래스들)을 포함하여 모든 클래스들을 테스트할 필요가 있다. **SeparateTestInterface** 패턴은 "컴포넌트 내부적으로만 볼 수 있는 클래스들의 특정 테스트를 설명하는데 사용될 수 있는 테스트 인터페이스" [Lan01]를 어떻게 만들 것인가에 대해 기술한다.

패턴 이름: ScenarioTesting

요약: 단위 테스트와 통합 테스트를 한번 수행하고 나면, 소프트웨어가 사용자를 만족시키면서 실행되는지를 판단할 필요가 있다. **ScenarioTesting** 패턴은, 사용자 관점에서 소프트웨어를 실행하는 기법을 기술한다. 이 레벨에서의 실패는 소프트웨어가 사용자가 눈으로 확인 가능한 요구 사항을 만족시키는 데 실패했다는 것을 의미한다[Kan01].

테스팅 패턴에 대한 자세한 논의는 이 책의 범위를 벗어난다. 더 관심이 있다면, [Bin99], [Mar02], 그리고 [Tho04]에서 이 중요한 주제에 대한 추가 정보를 참조하라.

23.11 요약

테스트 케이스 설계의 주요 목적은 소프트웨어 오류를 발견할 확률이 높은 일련의 테스트들을 도출하는 데 있다. 이러한 목적을 달성하기 위해, 두 가지 범주의 테스트 케이스 설계 기법이 사용된다. 화이트 박스 테스팅과 블랙박스 테스팅이다.

화이트 박스 테스팅은 프로그램 제어 구조에 초점을 둔다. 테스트 케이스는 프로그램 내의 모든 문장이 테스팅을 하는 동안 적어도 한 번은 실행되고 모든 논리 조건이 검사된다는 것을 확인하기 위해 도출된다. 화이트 박스 기법인, 기본 경로 테스팅은 커버리지를 보장하는 선형으로 독립된 테스트를 도출하기 위해 프로그램 그래프(또는 그래프 매트릭스)를 사용한다. 조건 테스팅과 데이터 흐름 테스팅은 프로그램 로직을 더 검사하며, 루프 테스팅은 여러 단계의 복잡도를 가지는 루프를 실행하기 위한 프로시저를 제공함으로써 다른 화이트 박스 기법을 보완한다.

Hetzel[Het84]는 화이트 박스 테스팅을 "소규모로 하는 테스팅(testing in the small)"이라고 기술한다. 이 말은 이 장에서 설명한 화이트 박스 테스트들은 주로 프로그램의 소규모 컴포넌트들(예를 들면, 모듈, 작은 모듈 그룹)에 적용된다는 것을 의미한다. 한편, 블랙박스 테스팅은 초점을 넓게 잡으며 "대규모로 하는 테스팅(testing in the large)"이라고 불린다.

블랙박스 테스트는 프로그램의 내부 동작은 고려하지 않고 기능적 요구 사항을 확인하기 위해 설계된다. 블랙박스 테스트 기법은 소프트웨어의 정보 영역에 초점을 맞추며, 철저한 테스트 커버리지를 제공하는 방식으로 프로그램의 입력과 출력 영역을 분할하여 테스트 케이스를 도출한다. 동등 분할은 입력 도메인을 특정 소프트웨어 기능을 실행할 가능성이 높은 데이터들로 분류하여 여러 종류로 나눈다. 경계값 분석은 수용성의 한계에 있는 데이터를 처리하는 프로그램의 능력을 검사한다. 직교 배열 테스팅은 적은 수의 입력 인자를 가지는 시스템을 테스트하기 위한 효율적이고 체계적인 방법을 제공한다. 모델 기반 테스팅은 요구 사항 모델의 구성 요소들을 사용하여 애플리케이션의 동작을 테스트한다.

경험이 많은 소프트웨어 개발자들은 자주 얘기한다, "테스팅은 끝이 없다. 여러분[소프트웨어 엔지니어]에게서 고객으로 옮겨갈 뿐이다. 고객이 프로그램을 사용할 때마다, 테스트는 수행된다."라고 말을 한다. 테스트 케이스 설계를 적용함으로써, 좀더 완벽한 테스팅을 달성할 수 있고 그럼으로써 "고객의 테스트"가 시작되기 전에 가능한 많은 수의 오류를 발견하고 수정할 수 있다.

문제와 생각할 점

23.1 Myers[Mye79]는 적절한 테스트를 지정 할 수 있는 능력에 대한 자기 평가로 다음과 같은 프로그램을 사용한다. 프로그램은 세 개의 정수값을 읽어 들인다. 세 숫자는 삼각형의 각 변의 길이를 나타내는 것으로 해석된다. 프로그램은 이 삼각형이 부등변 삼각형인지, 이등변 삼각형인지, 정삼각형인지를 알려주는 메시지를 출력한다. 이 프로그램을 충분히 테스트한다고 생각되는 일련의 테스트 케이스들을 개발하라.

23.2 문제 23.1에 기술된 프로그램(적절한 오류 처리도 포함하여)을 설계하고 구현하시오. 프로그램의 흐름 그래프를 도출하고 프로그램의 모든 문장이 테스트된다는 것을 보장하는 테스트 케이스를 개발하기 위해 기본 경로 테스팅을 적용하시오. 이 케이스들을 실행하고 그 결과를 보이시오.

23.3 23.1.1절에서 논의되지 않은, 추가적인 테스트 목적을 생각할 수 있는가?

23.4 최근에 여러분이 설계하고 구현한 소프트웨어 컴포넌트를 선택하시오.
기본 경로 테스팅을 이유하여 모든 문장이 실행된다는 것을 확인하는 테스트 케이스의 집합을 설계하시오.

23.5 당신이 선택한 프로그래밍 언어를 위해 순환 복잡도를 계산하려는 소프트웨어 도구를 명세화하고, 설계하고, 구현하시오. 설계할 때 그래프 매트릭스를 내부 데이터 구조로 사용하시오.

23.6 Beizer[Bei95] 또는 관련 웹 기반 소스(예: **www.laynetworks.com/Discrete%20Mathematics_1g.htm**)을 읽고, 문제 23.5에서 여러분이 개발한 프로그램을 여러 가지 링크 가중치를 갖도록 어떻게 확장할 수 있을 지 판단하시오. 실행 가능성이나 링크 프로세싱 시간을 처리하도록 여러분의 도구를 확장하시오.

23.7 루프들을 인식하고 그들을 23.5.3절의 종류에 따라 분류하는 자동화 도구를 설계하시오.

23.8 발견한 루프 종류에 맞는 테스트 케이스들을 생성하도록 문제 23.7에 기술된 도구를 확장시오. 테스터와 상호 작용하면서 이러한 기능을 수행하도록 해야 할 것이다.

23.9 블랙박스 테스팅 수행 후 "모두 OK"라는 느낌을 받았지만, 화이트 박스 실행 후 오류가 발견되는 예를 적어도 세 개 이상 드시오. 반대로, 화이트 박스 테스팅 수행 후 "모두 OK"라는 느낌을 받았지만, 블랙박스 실행 후 오류가 발견되는 예를 적어도 세 개 이상 드시오.

23.10 철저한 테스팅(매우 작은 프로그램에서는 가능하다 하더라도)은 프로그램이 100% 정확하다는 것을 보장할 것인가?

23.11 여러분이 자주 사용하는 애플리케이션의 사용자 매뉴얼(또는 도움말)을 테스트하시오. 문서 상의 오류를 적어도 하나 찾으시오.

추가 읽을거리와 정보 소스

소프트웨어 테스팅 관련 책들은 거의 전략과 전술을 다룬다. 따라서 제22장의 추가 읽을거리는 이 장에도 똑같이 적용될 수 있다. Burnstein(*Practical Software Testing*, Springer, 2010), Crispin과 Gregory(*Agile Testing: A Practical Guide for Testers and Agile Teams*, Addison-Wesley, 2009), Lewis(*Software Testing and Continuous Quality Improvement*, 3rd ed., Auerbach, 2008), Ammann과 Offutt(*Introduction to Software Testing*, Cambridge University Press, 2008), Everett와 McCleod(*Software Testing* , Wiley-IEEE Computer Society Press, 2007), Black (*Pragmatic Software Testing*, Wiley, 2007), Spiller와 동료들(*Software Testing Process: Test Management*, Rocky Nook, 2007), Perry(*Effective Methods for Software Testing*, 3rd ed., Wiley, 2006), Loveland와 동료들(*Software Testing Techniques*, Charles River Media, 2004), Dustin

(*Effective Software Testing*, Addison-Wesley, 2002), Craig와 Kaskiel(*Systematic Software Testing*, Artech House, 2002), Tamres(*Introducing Software Testing*, Addison-Wesley, 2002), 그리고 Whittaker(*Exploratory Software Testing: Tips, Tricks, and Techniques to Guide Test Design*, Addison-Wesley, 2009)과 (*How to Break Software*, Addison-Wesley, 2002)들은 테스팅 원리, 개념, 전략, 그리고 방법을 논의한 많은 책들 중 일부이다.

Myers[Mye79]의 고전적인 책 제3판이 Myers와 동료들에 의해 출판되어 (*The Art of Software Testing*, 3rd ed., Wiley, 2011) 테스트 케이스 설계 기법을 아주 상세히 다룬다. Black (*Managing the Testing Process*, 3rd ed., Wiley, 2009), Jorgensen(*Software Testing: A Craftsman's Approach*, 3rd ed., CRC Press, 2008), Pezze와 Young(*Software Testing and Analysis*, Wiley, 2007), Perry(*Effective Methods for Software Testing*, 3rd ed., Wiley, 2006), Copeland(*A Practitioner's Guide to Software Test Design*, Artech, 2003), 그리고 Hutcheson(*Software Testing Fundamentals*, Wiley, 2003)은 각각 테스트 케이스 설계 방법과 기법을 다룬다. Beizer[Bei90]의 고전적인 책은 화이트 박스 기법의 광범위한 커버리지를 제공하며, 다른 테스팅 기법에는 없는 수학적 엄격함을 소개한다. 그의 이후 책[Bei95]은 중요한 방법들을 간결하게 다룬다.

소프트웨어 테스팅은 자원 집약적인 활동이다. 이러한 이유로 많은 조직체들은 테스팅 과정의 일부분을 자동화한다. Graham과 동료들(*Experiences of Test Automation: Case Studies of Software Test Automation*, Addison-Wesley, 2012)과 (*Software Test Automation*, Addison-Wesley, 1999), Li와 Wu(*Effective Software Test Automation*, Sybex, 2004), Mosely와 Posey (*Just Enough Software Test Automation*, Prentice Hall, 2002), Dustin, Rashka, 그리고 Poston (*Automated Software Testing: Introduction, Management, and Performance*, Addison-Wesley, 1999), 그리고 Poston(*Automating Specification-Based Software Testing*, IEEE Computer Society, 1996)은 자동화 테스팅을 위한 도구, 전략, 방법을 논의한다. Nquyen과 동료들 (*Happy About Global Software Test Automation*, Happy About Press, 2006)은 테스팅 자동화의 실무적인 개요를 제시한다.

Meszaros(*Unit Test Patterns: Refactoring Test Code*, Addison-Wesley, 2007), Thomas와 동료들(*Java Testing Patterns*, Wiley, 2004) 그리고 Binder[Bin99]는 테스팅 메소드, 클래스/클러스터, 서브 시스템, 재사용 가능한 컴포넌트, 프레임워크, 그리고 시스템뿐만 아니라 테스트 자동화와 전문화된 데이터베이스 테스팅을 커버하는 테스팅 패턴을 설명한다.

테스트 케이스 설계 방법에 대한 다양한 정보 자원을 인터넷에서 찾을 수 있다. 테스팅 기법과 관련된 월드 와이드 웹 참고 문헌에 대한 최신 리스트를 SEPA 웹 사이트 www.mhhe.com/pressman에서 찾을 수 있다.

24
CHAPTER

객체지향 응용프로그램 테스팅

주요 개념

클래스 테스팅
클러스터 테스팅
일관성
결함 기반 테스팅
다중 클래스 테스팅
객체지향 모델
분할 테스팅
랜덤 테스팅
시나리오 기반 테스팅

23 장에서, 테스팅의 목적에 대해 알아보았는 데, 간단히 말하면, 현실적인 시간 내에 관리 가능한 정도의 노력으로 최대한 많은 오류를 찾아내는 것이다. 이 근본적인 목적은 객체지향 소프트웨어에서도 변함이 없지만, 객체지향 프로그램의 특성은 테스팅 전략과 테스팅 전술 모두를 변화시킨다.

재사용 가능한 클래스 라이브러리가 많아짐에 따라, 재사용이 증가해서 객체지향 시스템을 과중하게 테스팅할 필요성이 작아진다고 주장할 수 있다. 정확히 말하면 그 반대이다. Binder [Bin94b]는 다음과 같이 논의한다.

> 각각의 재사용은 새로운 상황에서 사용하는 것이므로 다시 테스팅하는 것이 현명하다. 객체지향 시스템의 신뢰성을 높이기 위해서는 적지 않은 테스팅이 필요하다.

QUICK LOOK

이것은 무엇인가? 객체지향 소프트웨어의 아키텍처는 협업하는 클래스들을 담고 있는 서브시스템들이 계층을 이루는 구조로 되어있다. 이 시스템 구성 요소들(서브시스템과 클래스)은 각각 시스템 요구 사항을 달성하는 데 도움을 주는 기능들을 수행한다. 클래스가 서로 협력하고 서브시스템이 아키텍처 레이어를 통해 통신하기 때문에 발생할 수 있는 오류를 발견하기 위한 노력의 일환으로 다양한 수준에서 객체지향 시스템을 테스트 할 필요가 있다.

누가 수행하는가? 객체지향 테스팅은 소프트웨어 엔지니어나 테스팅 전문가들에 의해 수행된다.

왜 중요한가? 고객에게 인도하기 전에 모든 오류를 제거하겠다는 의지로 프로그램을 실행해야 하며, 이렇게 함으로써 고객은 품질이 낮은 제품으로 인한 좌절을 경험하지 않게 된다. 가능한 많은 수의 에러를 발견하기 위해서는, 테스트가 체계적으로 수행되어야 하며 테스트 케이스는 규정된 기술을 이용하여 설계되어야 한다.

어떤 단계가 있는가? 객체지향 테스팅은 전략적으로 전통적인 시스템의 테스팅과 유사하지만, 전술적으로는 다르다. 객체지향 분석과 설계 모델은 구조와 내용 면에서 객체지향 프로그램 결과와 비슷하기 때문에, "테스팅"은 이러한 모델을 검토함으로써 시작한다. 코드가 일단 생성되면, 객체지향 테스팅을 클래스 테스팅과함께 "소규모"로 시작한다. 클래스 연산을 검사하고 한 클래스가 다른 클래스와 협업할 때 오류가 발생하는지 검토하기 위한 일련의 테스트가 설계된다. 클래스가 서브시스템의 형식으로 통합될 때, 스레드 기반 테스팅, 사용 기반 테스팅, 클러스터 테스팅이 결함 기반 방법과 함께 협업하는 클래스들을 완전히 검사하기 위해 적용된다. 마지막으로, 유스케이스(분석 모델의 일부분으로서 개발됨)는 소프트웨어 확인 레벨에서의 오류를 발견하기 위해 사용된다.

작업 산출물은 무엇인가? 클래스와 그들 사이의 협업 및 동작을 검사하기 위해 설계된 일련의 테스트 케이스들이 설계되고 문서화된다. 예상 결과가 정의되고, 실제 결과가 기록된다.

작업이 옳게 수행되었다는 것을 어떻게 확인하는가? 테스팅이 시작되면, 여러분의 관점을 바꾸어라. 소프트웨어를 "분해하기" 위해 열심히 노력하라! 규정된 방법으로 테스트 케이스를 설계하고, 설계된 테스트 케이스가 빈틈이 없는지 검토하라.

객체지향 시스템을 충분히 테스트하기 위해서는, 다음 세 가지가 이루어져야 한다: (1) 테스팅의 정의가 객체지향 분석과 설계 모델에 적용할 오류 발견 기법을 포함하도록 확장되어야 한다. (2) 단위 및 통합 테스팅을 위한 전략이 상당히 수정되어야 한다. (3) 테스트 케이스는 객체지향 소프트웨어의 고유 특성을 고려하여 설계해야 한다.

테스팅 방법
테스팅 전략
스레드 기반 테스팅
사용 기반 테스팅

24.1 테스팅에 대한 견해 넓히기

객체지향 소프트웨어 개발은 요구 사항 (분석) 모델과 설계 모델을 생성하는 것으로 시작한다.[1] 객체지향 소프트웨어공학 패러다임은 진화적 속성을 가지므로, 이러한 모델들은 처음에는 시스템 요구 사항을 비교적 비정형적으로 표현하고, 클래스, 클래스 관계, 시스템 설계 및 할당, 객체 설계(메시징을 통한 객체 연결 모델을 포함함)에 대한 상세한 모델로 진화시킨다. 각 단계에서, 모델들은 다음 반복으로 전파되기 전에 오류를 발견하기 위해 "테스트"될 수 있다.

동일한 의미론적 구조체(예를 들어, 클래스, 속성, 연산, 메시지)들이 분석, 설계, 코드 수준에서 나타나기 때문에 객체지향 분석과 설계 모델의 검토는 특히 유용하다고 할 수 있다. 따라서 클래스 속성 정의에 관한 문제를 분석 단계에서 발견한다면, 설계나 코드 단계(또는 다음 반복에서의 분석 단계)에 이를 때까지 발견하지 못한 문제로 인해 발생할 수 있는 부작용을 피할 수 있다.

ADVICE

객체 지향 분석 및 설계 모델을 검토 하는 것이 객체 지향 애플리케이션을 "테스팅"하는 데 있어 핵심적인 부분이지만, 그것만으로는 충분하지 않다는 것을 인식해야 한다. 실행 가능한 테스트도 수행해야 한다.

예를 들어, 첫 번째 반복 단계의 분석 시 많은 속성을 정의한 클래스를 생각해 보자. (문제 도메인을 잘못 이해하여) 관련이 없는 속성이 클래스에 추가되었다. 그리고 두 개의 연산이 그 속성을 다루기 위해 지정되었다. 검토가 수행되고 도메인 전문가가 이 문제를 지적한다. 이 단계에서 관련 없는 속성을 제거하여, 분석 단계에서 다음과 같은 문제와 불필요한 노력을 회피할 수 있다.

1. 특수한 서브 클래스는 불필요한 속성이나 예외를 다루기 위해 생성되었을 수 있다. 불필요한 서브 클래스의 생성에 관련된 일은 회피할 수 있다.
2. 클래스 정의의 잘못된 해석이 잘못되거나 불필요한 클래스 관계로 이어질 수 있다.
3. 시스템이나 시스템 클래스들의 동작은 관련 없는 속성을 다루기 위해 부적절하게 묘사될 수 있다.

만약 분석 단계에서 문제를 발견하지 못하고 전파된다면, 설계 시 다음 문제들이 발생할 수 있다(초기 검토를 통해 피할 수 있다).

1. 시스템 설계 시 클래스를 서브시스템 및/또는 태스크에 잘못 할당할 수 있다.
2. 관련 없는 속성을 다루는 연산을 위한 절차적 설계를 생성하기 위하여 불필요한 설계 작업이 소비될 수 있다.
3. (관련 없는 연산을 위해 메시지가 설계되어야 하기 때문에) 메시징 모델이 정확하

1 분석 및 설계 모델링 기법은 이 책의 Part 2에서 다룬다. 기본 객체 지향 개념들에 대한 설명이 부록 2에 있다.

지 않을 수 있다.

> **Quote**
>
> 우리가 사용하는 도구들은 우리의 생각하는 습관에 깊은 영향을 미치며, 그 결과, 우리의 생각하는 능력에도 지대한 영향을 미친다.
>
> Edsger Dijkstra

만약 설계 과정에서 문제가 감지되지 않은 채 코딩 과정으로 넘어가면, 불필요한 속성, 두 개의 불필요한 연산, 객체 사이의 통신 메시지 및 다른 관련 이슈들을 구현하는 코드를 생성하기 위해 상당한 노력을 들여야 한다. 또한 클래스 테스팅에도 필요 이상의 시간이 든다. 결국 문제가 발견되면, 시스템의 수정은 그 변화로 인해 야기되는 부작용의 항상-존재 가능성을 가지고 수행되어야 한다.

개발 단계 뒤로 갈수록, 객체지향 분석(object-oriented analysis, OOA) 및 설계(object-oriented design, OOD) 모델은 시스템의 구조와 동작에 관한 많은 정보를 제공한다. 이러한 이유로, 분석 및 설계 모델은 코드 생성 전에 면밀히 검토되어야 한다.

모든 객체지향 모델은 모델의 구문, 의미, 활용 관점 내에서 정확성, 완전성, 일관성을 테스트해야 한다(이 부분에서 테스팅이란 기술적 검토를 포함한다).

24.2 OOA 및 OOD 모델 테스팅

분석 및 설계 모델은 실행될 수 없기 때문에, 전통적인 의미에서의 테스팅을 할 수 없다. 그러나, 기술적 검토(제20장)는 정확성과 일관성을 검사하는 데 사용될 수 있다.

24.2.1 OOA 및 OOD 모델의 정확성

분석 및 설계 모델을 표현하는데 사용되는 표기법과 구문은 프로젝트에서 선택한 특정 분석 및 설계 방법에 따라 다르다. 구문의 정확성은 기호의 적절한 사용으로 판단되며, 각 모델은 적절한 모델링 규칙이 유지되는지 확인하기 위해 검토된다.

분석 및 설계 시, 실세계의 문제 도메인에 대한 모델의 적합성에 기초하여 정확성을 평가할 수 있다. 모델이 실세계를 정확히 (모델이 검토되는 개발 단계에 적합한 상세 수준으로) 반영한다면, 그 모델은 의미적으로 정확하다. 모델이 실제로 실세계 요구 사항을 반영하는지 판단하기 위해서는, 누락되거나 모호한 부분이 없는지 클래스 정의와 계층 구조를 검사할 문제 도메인 전문가에게 모델이 제시되어야 한다. 클래스 관계들(연결 인스턴스)은 실세계 객체 연결을 정확히 반영하는지 판단하기 위해 평가된다.[2]

24.2.2 객체지향 모델의 일관성

객체지향 모델의 일관성은 "모델의 엔티티들 사이의 관계를 고려함으로써" 판단될 수 있다. "일관성이 없는 분석 및 설계 모델은 한 부분에서의 표현이 다른 부분에서 정확히 반영되지 않는 경우를 포함한다." [McG94]

일관성을 평가하기 위해, 각 클래스 및 다른 클래스와의 연결을 검사해야 한다. 클래스-책임-협업(class-responsibility-collaboration, CRC) 모델과 객체 관계 다이어그램이 이 활동을 용이하게 하기 위해 사용될 수 있다. 제10장에서 보았듯이, CRC 모델은 CRC 인덱스

---

2 유스케이스는 객체지향 시스템의 실세계 사용 시나리오에 대한 분석과 설계 모델을 추적하는데 매우 중요하다.

class name: credit sale	
class type: transaction event	
class characteristics: nontangible, atomic, sequential, permanent, guarded	
responsibilities:	collaborators:
read credit card	credit card
get authorization	credit authority
post purchase amount	product ticket
	sales ledger
	audit file
generate bill	bill

그림 24.1

검토에 사용되는 CRC 인덱스 카드의 예

카드들로 구성된다. 각 CRC 카드는 클래스 이름, 책임(연산), 같이 협업하는 클래스들(자신의 책임을 완수하기 위해 메시지를 보내고 종속되는 다른 클래스)을 나열한다. 협업은 객체지향 시스템에서 클래스들 사이의 일련의 관계(즉, 연결)들을 의미한다. 객체 관계 모델은 클래스들 사이의 연결을 그림으로 표현한다. 이 모든 정보는 분석 모델로부터 얻을 수 있다(10장).

클래스 모델을 평가하기 위해 다음 단계들을 밟을 것을 제안한다[McG94].

1. **CRC 모델과 객체 관계 모델을 다시 살펴본다.** 요구 사항 모델에 의해 암시된 모든 협력이 제대로 CRC 모델과 객체 관계 모델 모두에 반영되도록 교차 확인한다.
2. **위임된 책임이 협업에 정의되어 있는지 판단하기 위해 각 CRC 인덱스 카드의 설명을 살펴본다.** 예를 들어, 판매-시점-결제 시스템용으로 정의된 **CreditSale**이라는 클래스를 보자. 이 클래스에 해당하는 CRC 인덱스 카드는 그림 24.1과 같다.

   여기에 있는 많은 클래스들과 협업들에 대해서, 책임(예를 들어, read credit card)이 다른 이름의 협업 클래스(**CreditCard**)에 위임된 경우 완수되는지 질문하라. 즉, **CreditCard** 클래스가 신용 카드를 읽어 들이는 연산을 가지고 있는가? 이 경우 대답은 "예"이다. 객체 관계를 탐색하여 모든 연결이 유효한지 확인해야 한다.
3. **서비스를 요청하는 각 협업 클래스가 적절한 소스로부터 요청을 받고 있음을 확인하기 위해 연결을 바꾼다.** 예를 들어, **CreditCard** 클래스가 **CreditSale** 클래스로부터 **purchase amount** 요청을 받는다면, 문제가 생길 것이다. **CreditCard**는 구매 금액을 모르기 때문이다.
4. **단계 3에서 변경한 연결들을 이용하여, 다른 클래스들이 필요한 지 또는 클래스들 사이에 책임들이 적절히 분류되었는지를 판단한다.**
5. **광범위하게 요구되는 책임들을 하나의 책임으로 결합시킬 것인지를 결정한다.** 예를 들어, read credit card와 get authorization은 모든 상황에서 발생한다. 이 둘을

validate credit request 책임으로 결합하여 신용 카드 번호와 인증을 통합해서 처리하도록 할 수 있다.

단계 1부터 5까지를 요구사항 모델의 각 진화에 따라 각 클래스에 반복적으로 적용해야 한다.

설계 모델(제12장부터 제18장)이 생성되면, 시스템 설계와 객체 설계의 검토를 수행해야 한다. 시스템 설계는 전체 제품 아키텍처, 제품을 구성하는 서브시스템들, 서브시스템이 프로세서에 할당되는 방법, 클래스를 서브시스템에 할당한 방법, 사용자 인터페이스 설계 등을 묘사한다. 객체 모델은 각 클래스의 세부사항과 클래스들 사이의 협업 구현에 필요한 메시징 활동을 표현한다.

시스템 설계는 객체지향 분석 시 개발한 객체 동작 모델을 검사하고 필요한 시스템 동작을 이 동작을 완수하기 위해 설계된 서브시스템과 연결시킴으로써 검토된다. 동시성과 태스크 할당 또한 시스템 동작의 맥락에서 검토된다. 시스템의 동작 상태는 동시에 존재하는지 판단하기 위해 평가된다. 유스케이스는 사용자 인터페이스 설계를 검사하기 위해 사용된다.

객체 모델은 모든 설계 객체들이 CRC 인덱스 카드에 정의된 협업들을 구현하기 위해 필요한 속성과 연산들을 포함하고 있는지 확인하기 위해 객체 관계 네트워크에 대하여 테스트 되어야 한다. 또한, 연산 세부사항의 상세한 명세서(예를 들어, 연산을 구현하는 알고리즘)도 검토한다.

24.3 객체지향 테스팅 전략

제23장에서 언급했듯이, 고전적인 소프트웨어 테스팅 전략은 "소규모 테스팅"부터 시작하여 "대규모 테스팅"을 향해 뻗어나간다. 소프트웨어 테스팅 전문 용어를 사용하면(제23장), 단위 테스팅으로 시작하여, 통합 테스팅으로 진행되고, 확인 및 시스템 테스팅에서 절정을 달한다. 전통적인 응용 프로그램에서, 단위 테스팅은 컴파일 가능한 가장 작은 프로그램인 단위인 서브 프로그램(예를 들면, 컴포넌트, 모듈, 서브루틴, 프로시저)에 초점을 둔다. 이러한 기본 단위들이 각각 개별적으로 테스팅된 후, 프로그램 구조로 통합되면서, 모듈 연결 시 발생하는 오류와 새로운 단위를 추가해서 발생하는 부작용을 찾기 위해 일련의 회귀 테스트가 실행된다. 마지막으로, 시스템 전체를 테스트하여 요구 사항의 오류를 발견한다.

24.3.1 객체지향 맥락에서의 단위 테스팅

KEY POINT

객체지향 시스템에서 테스트 가능한 가장 작은 "단위"는 클래스이다. 클래스 테스팅은 클래스에 캡슐화되어 있는 연산들과 클래스의 상태 동작에 영향을 받는다.

객체지향 소프트웨어를 고려하면, 단위(unit)의 개념이 바뀐다. 캡슐화의 결과로 클래스와 객체가 정의된다. 이것은 각각의 클래스와 클래스의 인스턴스(객체)는 속성(데이터)과 이러한 데이터를 조작하는 연산(메소드 또는 서비스로도 불림)들을 묶는다는 것을 의미한다. 개별 모듈을 테스트하는 대신, 테스트할 수 있는 가장 작은 단위는 캡슐화된 클래스이다. 하나의 클래스는 많은 연산들을 포함하며 하나의 특정 연산은 많은 클래스들에 속할 수 있기 때문에, 단위 테스팅의 의미는 크게 바뀐다.

하나의 연산을 더 이상 별도로 테스트하지 않고(전통적인 관점에서의 단위 테스팅), 대신에 클래스의 일부분으로서 테스트한다. 이를 설명하기 위해, 연산 *X*( )가 슈퍼클래스로 정의되어 있고 다수의 서브클래스에 상속되는 클래스 계층구조를 고려해 보자. 각 서브클래스들은 연산 *X*( )를 사용하지만, 이것은 각 클래스에 정의된 자신의 속성과 연산이 동작하는 환경 내에서만 사용된다. 연산 *X*( )가 사용되는 환경이 조금씩 바뀌므로, 연산 *X*( )는 각 서브클래스 환경 내에서 테스트할 필요가 있다. 이것은 연산 *X*( )를 진공 상태(전통적인 단위 테스트 접근 방식)에서 테스팅하는 것은 객체지향에서는 효과가 없다는 것을 의미한다.

객체지향 소프트웨어의 클래스 테스팅은 전통적인 소프트웨어에서의 단위 테스팅과 동등하다.[3] 전통적인 소프트웨어의 단위 테스팅은 모듈의 상세한 알고리즘과 모듈 인터페이스를 통과하는 데이터 흐름에 초점을 두는 반면, 객체지향 소프트웨어의 클래스 테스팅은 클래스 내에 캡슐화된 연산과 상태 행위를 중요시한다.

24.3.2 객체지향 맥락에서의 통합 테스팅

객체지향 소프트웨어는 계층적인 제어 구조를 갖지 않으므로, 전통적인 하향식 및 상향식 통합 전략의 의미가 크지 않다. 게다가 "클래스를 구성하는 컴포넌트의 직간접적인 상호작용으로 인해" 연산을 한 번에 하나씩 클래스에 통합하는 것(전통적인 점증적 통합 접근 방식)은 불가능한 경우가 많다[Ber93].

객체지향 시스템을 위한 통합 테스팅에는 두 가지 전략이 존재한다[Bin94a]. 첫째로, 스레드 기반 테스팅(thread-based testing)은, 시스템의 입력과 이벤트에 응답해야 하는 일련의 클래스를 통합한다. 각 스레드는 개별적으로 테스트되고 통합된다. 회귀 테스트는 부작용이 일어나지 않는지 확인하기 위하여 적용된다. 두 번째 통합 방법은, 사용 기반 테스팅(use-based testing)으로, (해당되는 경우) 거의 모든 서버 클래스들을 사용하는 클래스들(독립적인 클래스라고 함)을 테스팅하면서 시스템의 구성을 시작한다. 독립적인 클래스들이 테스트된 후, 독립적인 클래스들을 사용하는 다음 계층의 클래스들(종속적인 클래스라고 함)이 테스트된다. 전체 시스템을 구축할 때까지 다음 계층의 종속 클래스들을 차례로 계속해서 테스팅한다. 전통적인 통합과 달리, 연산을 대체하는 드라이버와 스텁(제23장)의 사용은 가능한 자제한다.

KEY POINT

객체지향 소프트웨어 통합 테스팅은 주어진 이벤트에 응답하는 데 필요한 일련의 클래스들을 테스트한다.

클러스터 테스팅(cluster testing)[McG94]은 객체지향 소프트웨어의 통합 테스팅의 한 단계이다. 여기서, 협동하는 클래스들(CRC와 객체 관계 모델을 검토하여 결정되는)의 클러스터는 협동 과정에서 오류를 찾아내기 위한 테스트 케이스를 설계하여 검사된다.

24.3.3 객체지향 맥락에서의 확인 테스팅

확인 또는 시스템 수준에서는, 클래스 연결의 세부 사항은 사라진다. 전통적인 확인처럼, 객체지향 소프트웨어의 확인은 사용자가 인지가능한 행동과 시스템으로부터의 출력에 초점을 둔다. 확인 테스트의 도출을 지원하기 위해, 테스터는 요구사항 모델의 일부분인 유스

3 객체지향 클래스에 대한 테스트 케이스 설계 방법은 24.4절부터 24.6절에서 다룬다.

케이스(제9장과 제10장)에 의존한다. 유스케이스는 사용자 상호작용과 관련된 요구 사항에 존재하는 오류를 발견할 가능성이 높은 시나리오를 제공한다.

전통적인 블랙박스 테스팅 방법(제23장)은 확인 테스트에 사용될 수 있다. 또한, OOA의 일부로 생성되는 객체-동작 모델과 이벤트 흐름 다이어그램으로부터 테스트 케이스를 도출하기 위해 선택할 수 있습니다.

24.4 객체지향 테스팅 방법

> **Quote**
>
> 나는 테스터를 프로젝트의 보디가드라고 생각한다. 개발자들이 성공에 집중하는 동안 우리들은 실패로부터 그들의 측면을 지킨다.
>
> James Bach

객체지향 소프트웨어 아키텍처는 서로 협업하는 클래스들을 캡슐화하는 서브시스템들이 여러 계층을 이루는 구조이다. 이 시스템 구성 요소(서브시스템과 클래스)들은 시스템 요구 사항을 완수하기 위한 기능들을 수행한다. 클래스들이 서로 협업할 때와 서브시스템들이 구조적 계층 사이로 통신할 때 발생할 수도 있는 오류들을 발견하기 위해 여러 수준에서 객체지향 시스템을 테스트하는 것이 필요하다.

객체지향 소프트웨어를 위한 테스트 케이스 설계 방법은 계속해서 발전한다. 그러나, 객체지향 테스트 케이스 설계를 위한 전반적인 접근 방법을 Berard가 제안하였다[Ber93].

1. 각 테스트 케이스를 고유하게 식별하여 테스트할 클래스와 명확하게 연결한다.
2. 테스트의 목적이 명시되어야 한다.
3. 각 테스트를 위한 테스팅 단계 리스트를 개발해야 하며 다음을 포함해야 한다: 테스트할 클래스를 위한 특정 상태 리스트, 테스트 결과로써 검사해야 할 메시지와 연산자 리스트, 클래스를 테스트할 때 발생할 수 있는 예외 리스트, 외부 조건 리스트(즉, 적절한 시험을 수행하기 위해 존재해야하는 소프트웨어에 대한 외부 환경의 변화), 그리고 테스트를 이해하거나 구현하는 데 도움이 되는 부가적인 정보.

소프트웨어의 입력-처리-출력 관점이나 개별 모듈의 상세 알고리즘에 초점을 두는, 전통적인 테스트 케이스 설계와는 달리, 객체지향 테스트는 클래스의 상태를 검사하는 연산의 적절한 순서를 설계에 초점을 둔다.

24.4.1 객체지향 개념에서 테스트 케이스 설계의 의미

> **WebRef**
>
> 객체지향 테스팅에 대한 좋은 논문과 정보를 다음 사이트에서 찾을 수 있다.
> https://www.thecsiac.com/

분석과 설계 모델을 통해 클래스가 진화함에 따라, 클래스가 테스트 케이스 설계의 표적이 된다. 속성과 연산이 캡슐화되기 때문에, 클래스 외부에서 연산을 테스팅하는 것은 일반적으로 비생산적이다. 캡슐화는 객체지향에서 핵심적인 설계 개념이지만, 테스팅 시에는 약간의 방해가 될 수 있다. Binder[Bin94a]가 언급하듯이, "테스팅은 객체의 구체적이면서 추상적인 상태를 보고하는 것이 필요하다." 그러나, 캡슐화는 이러한 정보를 얻기 힘들게 만들 수 있다. 내장된 연산이 클래스 속성에 대한 값을 보고하기 위해 제공되지 않는 한, 객체의 상태에 대한 스냅 샷을 얻기는 어려울 것이다.

상속은 테스트 케이스 설계 시 부가적인 도전 과제를 제시 할 수 있다. 재사용이 된다 하더라도, 각각의 새로운 사용 상황은 재 테스트가 필요하다고 이미 언급 하였다. 또한, 다중 상속[4]은 테스팅이 요구되는 상황의 수를 증가시켜 테스트를 더 복잡하게 한다[Bin94a]. 수퍼 클래스로부터 만들어진 서브 클래스가 동일한 문제 영역 내에서 사용된다면, 슈퍼클래스를 위해 도출된 테스트 케이스들이 서브클래스를 테스팅할 때에도 사용될 수 있는 가능성이 있다. 그러나, 서브클래스가 전혀 다른 상황에서 사용된다면, 슈퍼클래스 테스트 케이스들을 그대로 적용하기 힘들며 새로운 테스트 집합을 설계해야 한다.

24.4.2 전통적인 테스트 케이스 설계 방법의 적용 가능성

23장에서 기술한 화이트 박스 테스팅 방법은 클래스 내부에 정의된 연산들에 적용될 수 있다. 기본 경로, 루프 테스팅, 또는 데이터 흐름 기법들은 연산 내의 모든 문장들이 테스트된다는 것을 보장하는데 도움이 된다. 그러나, 연산들은 대부분 구조가 간단하기 때문에 연산을 화이트 박스 테스팅 하는데 드는 노력을 클래스 수준에서의 테스트로 전환하는 것이 더 좋다고 주장하는 경우도 있다.

블랙박스 테스팅 방법은 전통적인 소프트웨어공학 방법을 사용해 개발한 시스템과 마찬가지로 객체지향 시스템에 적합하다. 제23장에서 언급했듯이, 유스케이스들은 블랙박스 테스트와 상태 기반 테스트 설계 시 유용한 입력을 제공할 수 있다.

24.4.3 결함 기반 테스팅[5]

객체지향 시스템에서 결함 기반 테스팅(fault-based testing)의 목적은 실제 발생할 것 같은 결함을 발견할 확률이 높은 테스트를 설계하는 것이다. 제품이나 시스템은 고객의 요구 사항을 따라야 하므로, 결함 기반 테스팅을 수행하는 데 필요한 사전 계획은 분석 모델로 시작한다. 테스터는 실제 발생할 것 같은 결함(즉, 결함을 초래할 수 있는 시스템 구현 부분)들을 찾는다. 이러한 결함의 존재여부를 판단하기 위해, 테스트 케이스는 설계 또는 코드를 검사하기 위해 설계된다.

KEY POINT

결함 기반 테스팅 전략은 실제로 발생할 것 같은 결점들을 가정하는 것이다. 그러고 나서, 각 가정들을 증명하기 위한 테스트들을 도출한다.

물론 이러한 기법의 효과는 테스터가 실제 발생할 것 같은 결함을 얼마나 잘 감지하는가에 달려있다. 객체지향 시스템에서의 실제 결함을 제대로 인식하지 못한다면, 이 방법은 어떤 랜덤 테스팅 기법보다도 나을 게 없다. 그러나, 분석과 설계 모델이 무엇이 잘못될 수 있는지 잘 알려준다면, 결함 기반 테스팅은 충분히 많은 오류를 상대적으로 적은 비용과 노력으로 찾을 수 있다.

통합 테스팅은 연산의 호출이나 메시지 연결에서 발생 가능한 결함을 찾는다. 이 상황에서 다음 세 가지 유형의 결함을 만난다. 예상치 못한 결과, 잘못 사용된 연산/메시지, 그리고 잘못된 연산 호출. 함수(연산)가 동작을 시작할 때 결함이 발생 가능한지 판단하기 위해, 연산의 동작을 검사해야 한다.

?

연산의 호출과 메시지 연결 시 어떤 유형의 결함들을 만나게 되는가?

통합 테스팅은 연산뿐만 아니라 속성에도 적용된다. 객체의 "동작"은 속성이 가지고

4 매우 신중히 다루어야 하는 객체지향 설계 개념.

5 24.4.3절부터 24.4.4절의 내용은 Brian Marick이 comp.testing 인터넷 뉴스 그룹에 실었던 기사를 변형한 것이다. 이 내용은 저자의 승인 하에 실었다. 이 주제에 대해 더 많은 정보를 원하면, [Mar94]를 참조하라. 24.4.3절부터 24.4.4절의 설명된 기법은 전통적인 소프트웨어에도 적용 가능하다는 것에 주목하여야 한다.

있는 값들에 의해 정의된다. 테스팅은 속성들을 검사하여 여러 유형의 객체 동작에 대해 적절한 값들이 만들어졌는지 판단해야 한다.

통합 테스팅은 서버 객체가 아니라 클라이언트 객체에서 오류를 발견하려고 한다는 것에 주목해야 한다. 전통적인 용어로 설명하면, 통합 테스팅의 초점은 호출되는 코드가 아니라 호출하는 코드에 오류가 존재하는지 판단하는 것이다. 연산 호출은 호출하는 코드를 검사하는 테스트 요구사항을 찾는 방법이 단서로 사용된다.

24.4.4 시나리오 기반 테스트 설계

결합 기반 테스팅은 두 가지 유형의 주요 에러를 종종 놓친다. 즉, (1) 잘못된 명세서 (2) 서브시스템들 사이의 상호 작용이다. 잘못된 명세서와 관련된 오류가 발생하면, 제품은 고객이 원하는 바를 수행하지 못한다. 이것은 잘못된 행동을 하거나 중요한 기능을 빠뜨린다. 두 경우 모두, 품질(요구사항에 대한 준수)에 상처를 준다. 서브시스템 사이의 상호작용과 관련된 오류는 한 서브시스템의 동작이 다른 서브시스템이 실패할 상황(예를 들어, 이벤트, 데이터 흐름)을 만들 때 발생한다.

KEY POINT

시나리오 기반 테스팅은 액터가 소프트웨어와 상호 작용할 때 발생할 수 있는 오류를 발견하는 것이다.

시나리오 기반 테스팅은 제품이 아니라 사용자가 무엇을 하는가에 집중한다. 이 말은, 사용자가 수행해야 하는 태스크(유스케이스를 통해서)를 파악한 후 이런 태스크와 태스크의 변형을 테스트에 적용한다는 의미이다.

시나리오는 상호 작용 에러를 발견한다. 그러나 이를 실현하기 위해서는, 결합 기반 테스트보다 테스트 케이스가 더 복잡하고 현실적이어야 한다. 시나리오 기반 테스팅은 여러 개의 서브시스템을 하나의 테스트에서 실행하는 경향이 있다(사용자는 한 번에 한 서브시스템을 사용하도록 제한받지 않는다).

24.5 클래스 레벨에 적용 가능한 테스팅 방법

"소규모" 테스팅은 하나의 클래스와 그 클래스에 캡슐화되어 있는 메소드들에 초점을 둔다. 랜덤 테스팅 및 분할은 객체지향 테스팅 시 클래스를 검사하는 데 사용할 수 있는 방법이다.

24.5.1 객체지향 클래스의 랜덤 테스팅

ADVICE

랜덤 테스팅 시 가능한 조합은 매우 커진다. 직교 배열 테스팅과 유사한 전략을 사용하면 테스팅 효율을 높일 수 있다.

이러한 방법을 간단히 설명하기 위해, **Account** 클래스가 다음 연산들을 가지는 은행 애플리케이션을 생각해 보자. open( ), setup( ), deposit( ), withdraw( ), balance( ), summarize( ), creditLimit( ), close( ) [Kir94]. 각각의 연산들은 **Account**에 적용될 수 있지만, 문제의 본질로 인해 특정 제약조건(예를 들면, 다른 연산들이 적용되기 전에 계좌는 먼저 열려있어야 하고, 모든 연산들이 완료되면 계좌는 닫혀야 한다)이 암시된다. 이러한 제약조건에도 불구하고, 연산들의 조합의 수는 많다. **Account**의 인스턴스의 최소한의 동작 이력은 다음과 같은 연산들을 포함한다.

open · setup · deposit · withdraw · close

이것은 계좌를 위한 최소한의 테스트 순서를 나타낸다. 그러나 다양한 다른 동작들이 이 순서 안에 발생할 수 있다:

open • setup • deposit • [deposit|withdraw|balance|summarize|creditLimit]^n • withdraw • close

다른 연산 순서들이 무작위로 발생할 수 있다. 예를 들면:

Test case r_1: open • setup • deposit • deposit • balance • summarize • withdraw • close

Test case r_2: open • setup • deposit • withdraw • deposit • balance • creditLimit • withdraw • close

다른 유형의 동작 이력을 검사하기 위해 여러 가지 임의의 순서로 이루어진 테스트가 수행된다.

SafeHome

클래스 테스팅

장면: Shakira의 작업 공간

등장인물: Jamie와 Shakira(보안 기능에 대한 테스트 케이스를 설계하고 있는 SafeHome 소프트웨어 공학 팀 멤버)

대화

Shakira: Detector 클래스[그림 14.4]를 위한 테스트를 좀 개발했어요. 아시겠지만, 보안 기능을 위해 모든 Sensor 객체에 접근을 허용하는 거죠. 당신도 잘 알죠?

Jamie (웃으며): 물론이죠, "개 불안" 센서를 추가하게 해주는 그거죠.

Shakira: 유일무이한 거죠. 어쨌든, 여기엔 네 가지 연산을 가진 인터페이스가 있어요: read( ), enable( ), disable( ), and test( ). 센서로부터 값을 읽기 전에, 먼저 센서는 동작 가능 상태가 되어야 해요. 한번 동작 가능 상태가 되면, 값을 읽을 수 있고 테스트할 수 있어요. 비상 상황을 처리 중인 경우를 제외하면, 언제든지 동작 하지 않는 상태로 만들 수 있어요. 그래서 동작 이력을 검사하는 간단한 테스트 순서를 정의했어요. [Jamie에게 다음과 같은 순서를 보여준다]

#1: enable • test • read • disable

Jamie: 효과가 있겠지만, 그것보다 더 많은 테스팅이 필요해요!

Shakira: 알아요, 알아, 여기 다른 시퀀스들이 더 있어요. [Jamie에게 다음과 같은 시퀀스들을 보여준다.]

#2: enable • test*[read]^n • test • disable

#3: [read]^n

#4: enable*disable • [test | read]

Jamie: 내가 이들의 목적을 이해하는지 한번 살펴보죠. #1은 일상적인 동작 이력을 통해 진행되네요, 전통적인 사용법 같은 거요. #2는 입력 연산을 n번 반복하네요, 발생 가능한 시나리오네요. #3은 센서가 동작 가능 상태가 되기 전에 센서를 읽으려고 하네요…. 이건 어떤 식이든 오류 메시지를 내겠죠? #4는 센서를 동작 가능하게 한 후 다시 동작 하지 않는 상태로 만들고 읽으려고 하네요. 이건 테스트 #2와 동일하지 않나요?

Shakira: 아니에요. #4에서, 센서가 동작 가능 상태가 되죠. #4가 정말 테스트하려고 하는 것은 동작하지 않는 상태로 만드는 연산이 원하는 대로 작동하는지에요. disable( ) 후에 read( )나 test( )가 호출되면 오류 메시지가 생성되어야 해요. 그렇지 않으면, disable( )에서 오류가 발생한 거죠.

Jamie: 좋아요. 센서 종류마다 각 연산이 조금씩 다르니까, 4가지 테스트를 모든 유형의 센서에 다 적용하도록 하세요.

Shakira: 걱정 말아요. 그게 제가 하려던 바예요.

24.5.2 클래스 수준에서의 분할 테스팅

> ?
> 클래스 레벨에서 어떤 테스팅 옵션들이 가능한가?

> Quote
> 단위 테스팅과 통합 테스팅의 범위를 결정짓는 경계가 객체지향 개발에서는 다르다. 개발 과정의 여러 시점에 테스트를 설계하고 검사한다. 따라서, '설계 조금, 코드 조금'이 '설계 조금, 코드 조금, 테스트 조금'으로 바뀌어간다.
>
> Robert Binder

분할 테스팅(partition testing)은 전통적인 소프트웨어를 위한 동등 분할(제23장)과 마찬가지로 클래스를 검사하는 데 필요한 테스트 케이스의 수를 줄여준다. 입력과 출력을 분류하고, 각각의 분류를 실행하는 테스트 케이스를 설계한다. 하지만 분할의 종류를 어떻게 도출하는가?

상태 기반 분할(state-based partition)은 클래스의 상태를 변화시키는 능력에 따라 클래스 연산들을 분류한다. 예로써, **Account** 클래스를 살펴보자. deposit( )과 withdraw( )는 상태 연산이며, balance( ), summarize( ), creditLimit( )은 상태 연산이 아니다. 테스트는 상태가 변화하는 연산들과 상태가 변화하지 않는 연산들을 구분해서 검사하도록 설계된다. 그러므로,

Test case p_1: open • setup • deposit • deposit • withdraw • withdraw • close

Test case p_2: open • setup • deposit • summarize • creditLimit • withdraw • close

테스트 케이스 p_1은 상태를 변화시키는 반면, 테스트 케이스 p_2는 상태를 변화시키지는 않는 연산들을 검사한다(최소 테스트 순서에 있는 연산들은 제외하고).

기타 유형의 분할 테스팅 또한 적용될 수 있다. 속성 기반 분할(Attribute based partitioning)은 그들이 사용하는 속성에 따라 클래스 연산들을 분류한다. 카테고리 기반 분할(category-based partition)은 각각이 수행하는 일반적인 기능에 따라 클래스 연산들을 분류한다.

24.6 클래스 간 테스트 케이스 설계

객체지향 시스템의 통합이 시작되면 테스트 케이스 설계는 점점 복잡해진다. 이 단계에서 클래스들 간의 협업 테스팅을 시작해야 한다. "클래스 간 테스트 케이스 생성"[Kir94]을 설명하기 위해, 24.5절에서 살펴본 은행 예제를 그림 24.2의 클래스와 협업을 포함하도록 확장한다. 그림에서 화살표 방향은 메시지의 방향을 나타내며, 레이블은 메시지에 의해 암시되는 협업 결과로 실행되는 연산들을 나타낸다.

개별 클래스들을 테스팅하는 것과 마찬가지로, 클래스 협업을 테스팅하는 것도 시나리오 기반 테스팅과 동작 테스팅뿐만 아니라, 랜덤과 분할 방법을 적용함으로써 달성될 수 있다.

24.6.1 다중 클래스 테스팅

Kirani와 Tsai[Kir94]는 다중 클래스 랜덤 테스트 케이스들을 생성하기 위한 다음의 단계들을 제안한다.

1. 각 클라이언트 클래스에, 일련의 랜덤 테스트 순서를 생성하기 위한 클래스 연산 리스트를 사용한다. 이 연산들은 다른 서버 클래스들에게 메시지를 보낼 것이다.
2. 생성되는 각 메시지에 대해, 협업 클래스를 정하고 이 메지지를 받는 서버 객체 연산을 결정한다.
3. (클라이언트 객체가 보낸 메시지에 의해 실행되는) 서버 객체의 각 연산에 대해서, 이 연산이 보내는 메시지를 결정한다.
4. 서버 객체가 보내는 메시지에 의해 실행되는 다음 단계의 연산들을 결정한 후 이

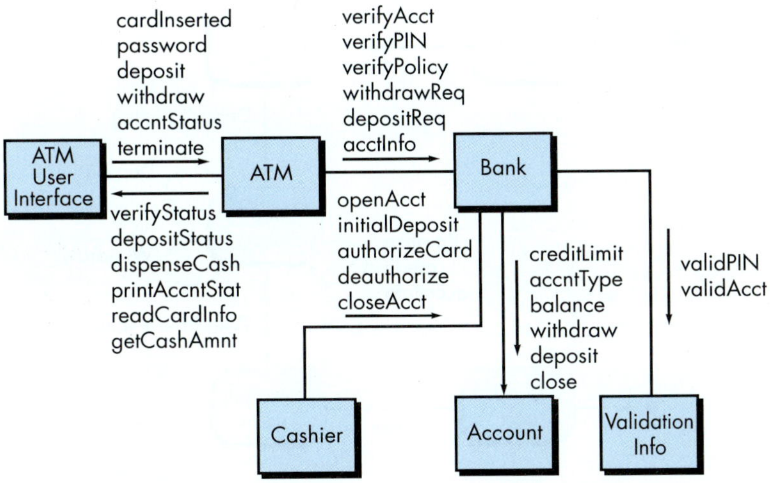

그림 24.2

은행 애플리케이션용 클래스 협업 다이어그램

출처: Adapted from [Kir94].

들을 테스트 순서에 통합한다.

[Kir94]를 설명하기 위해, **ATM** 클래스와 협업하는 **Bank** 클래스의 연산 순서를 살펴보자(그림24.2).

$$\text{verifyAcct} \cdot \text{verifyPIN} \cdot [[\text{verifyPolicy} \cdot \text{withdrawReq}]|\text{depositReq}|\text{acctInfoREQ}]^n$$

Bank 클래스를 위한 랜덤 테스트는 다음과 같을 것이다.

Test case r_3 = verifyAcct • verifyPIN • depositReq

이 테스트에 참여하는 협업자들을 살펴보기 위해, 테스트 케이스 r_3에 표기된 각 연산들과 관계된 메시지들을 고려한다. **Bank**는 verifyAcct( )와 verifyPIN( )을 실행하기 위해 **ValidationInfo**와 협업하여야 한다. **Bank**는 depositReq( )를 실행하기 위해 **Account**와 협업하여야 한다. 따라서 이러한 협업을 실행하는 새로운 테스트 케이스는 다음과 같다.

Test case r_4 = verifyAcct • [Bank:validAcctValidationInfo] • verifyPIN

[Bank: validPinValidationInfo] • depositReq • [Bank: depositaccount]

다중 클래스 분할 테스팅 방법은 개별 클래스들의 분할 테스팅 방법과 유사하다. 하나의 단일 클래스는 24.5.2절에서 논의한 것처럼 분할된다. 그러나, 테스트 순서는 메시지가 협업 클래스로 전달되어 실행되는 연산들을 포함하도록 확장된다. 또 다른 방법은 특정 클래스의 인터페이스에 기초해서 테스트들을 분할한다. 그림 24.2를 보면, **Bank** 클래스는 **ATM** 클래스와 **Cashier** 클래스로부터 메시지를 받는다. 따라서 **Bank** 클래스 안의 메소드들은 **ATM**을 위한 메소드와 **Cashier**를 위한 메소드로 분할하여 테스트될 수 있다. 상태기반 분할(24.5.2절)은 사용하여 이 분할들을 더 세분화할 수 있다.

24.6.2 동작 모델에서 도출된 테스트

클래스의 동적인 동작을 표현하는 모델로 상태 다이어그램의 사용은 제11장에서 논의하였다.

그림 24.3

Account 클래스의 상태 다이어그램

출처: Adapted from [Kir94].

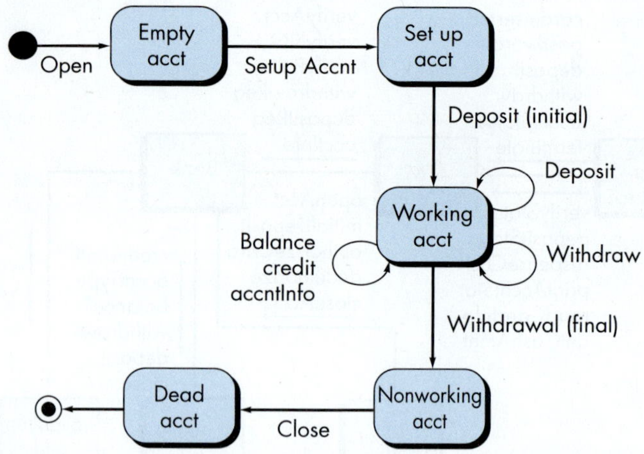

한 클래스의 상태 다이어그램은 클래스(이 클래스와 협업하는 클래스들도 포함)의 동적 동작을 검사하는 테스트 순서를 도출하는 데 도움이 될 수 있다. 그림 24.3[Kir94]은 앞에서 논의된 **Account** 클래스를 위한 상태 다이어그램을 보여준다. 그림에 따르면, 초기 전이는 empty acct 상태와 setup acct 상태를 통해 이동한다. 클래스 인스턴스를 위한 모든 동작의 대부분은 working acct 상태에서 주로 발생한다. 마지막 출금과 계좌 닫기로 인해 **Account** 클래스는 nonworking acct 상태와 dead acct 상태로 각각 전이한다.

모든 상태를 포함하는 테스트를 설계해야 한다. 즉, 연산 순서는 다음과 같이 **Account** 클래스가 모든 가능한 상태들로 전이되도록 해야 한다:

Test case s_1: open • setupAccnt • deposit(initial) • withdraw(final) • close

이 순서는 24.5.2에서 논의된 최소 테스트 순서와 동일하다는 것에 주목해야 한다. 이 최소 순서에 필요한 테스트 순서를 추가하면 다음과 같다.

Test case s_2: open • setupAccnt • deposit(initial) • deposit • balance • credit • withdraw (final) • close

Test case s_3: open • setupAccnt • deposit(initial) • deposit • withdraw • accntInfo • withdraw(final) • close

여전히 더 많은 테스트 케이스가 클래스의 모든 동작을 적절하게 수행되었는지 확인하기 위해 도출될 수 있다. 클래스가 다른 하나 이상의 클래스와 협업한다면, 여러 개의 상태 다이어그램을 사용해서 시스템의 동작 흐름을 추적해야 한다.

상태 모델은 "너비 우선"[McG94] 방식으로 탐색할 수 있다. 여기서, 너비 우선이란 테스트 케이스가 하나의 상태 전이를 검사한 후 새로운 상태 전이를 테스트 할 때에는, 이미 테스트를 마친 상태 전이들만을 이용해서 테스트함을 의미한다.

은행 시스템의 일부인 **CreditCard** 객체를 고려해보자. **CreditCard**의 초기 상태는 undefined(즉, 신용 카드 번호가 없는 상태)이다. 판매가 일어날 때 신용 카드를 읽은 후, 이 객체는 defined 상태가 된다; 즉, 은행 고유 번호와 함께 card number 속성과 expiration date 속성의 값이 정해진다. 인증 서비스를 받을 때 신용 카드는 submitted 상태가 되고, 승인이 나면 approved 상태가 된다. **CreditCard**의 한 상태에서 다른 상태로의 전이는 상태 전이를 일으키는 테스트 케이스를 도출함으로써 테스트될 수 있다. 이러한 테스팅에서 너비 우선 방식은 undefined와 defined 상태를 검사하기 전에는 submitted 상태를 검사하지 않는다. 안 그러면, 먼저 테스트되지 않은 전이를 사용해서 검사하는 것이 되며 따라서 너비 우선 규칙을 위반하게 된다.

24.7 요약

객체지향 테스팅의 전반적인 목적인, 즉 최소한의 노력으로 최대한의 에러 찾기는 전통적인 소프트웨어 테스팅의 목적과 동일하다. 그러나 객체지향 테스팅의 전략과 전술은 많이 다르다. 객체지향 테스팅은 요구 사항 모델과 설계 모델을 검토할 것을 요구한다. 또한, 테스팅의 초점이 절차적 컴포넌트(모듈)에서 클래스 위주로 바뀐다.

객체지향 요구 사항과 설계 모델 그리고 그 결과인 소스 코드는 의미론적으로 서로 연결되어 있기 때문에, 테스팅(기술적 검토 형태)은 모델링 활동 동안에 시작된다. 이러한 이유로, CRC, 객체-관계, 객체-동작 모델을 검토 하는 것을 테스팅의 첫 단계로 간주한다.

코드가 이용가능하게 되면, 각 클래스에 단위 테스팅을 적용할 수 있다. 클래스 테스트의 설계는 다양한 방법을 사용한다. 즉, 결함 기반 테스팅, 랜덤 테스팅, 그리고 분할 테스팅이다. 각 방법은 클래스에 캡슐화되어 있는 연산들을 검사한다. 테스트 순서는 관련된 연산들이 검사되는지 확인하기 위해 설계된다. 클래스의 속성 값들로 표현되는, 클래스 상태는 오류가 존재하는지 판단하기 위해 검사된다.

통합 테스팅은 스레드 기반 또는 사용 기반 전략을 사용하여 달성할 수 있다. 스레드 기반 테스팅은 하나의 입력 또는 이벤트에 반응하기 위해 협업하는 일련의 클래스들을 통합한다. 사용 기반 테스팅은 시스템을 계층 별로 나누고, 서버 클래스를 사용하지 않는 클래스부터 테스트를 시작한다. 통합 테스트 케이스 설계 방법도 랜덤 테스트와 분할 테스트를 이용할 수 있다. 또한, 시나리오 기반 테스팅과 동작 모델에서 도출한 테스트들도 클래스와 그들 사이의 협업을 테스트 하는 데 사용할 수 있다. 테스트 순서는 클래스 협업 시 발생하는 연산들의 흐름을 추적한다.

객체지향 시스템 확인 테스팅은 블랙박스 형태로 진행되며 전통적인 소프트웨어에서 논의된 블랙박스 테스팅 방법과 동일하게 적용될 수 있다. 그러나, 확인 테스트를 위한 기본 드라이버인 유스케이스를 만드는, 시나리오 기반 테스트는 객체지향 시스템의 확인에 중요한 위치를 차지한다.

문제와 생각할 점

24.1 객체지향 시스템의 테스팅에서 클래스가 왜 가장 작은 합리적인 단위인지 나름대로 설명하시오.

24.2 기존의 클래스가 이미 철저히 테스트된 경우, 기존 클래스로부터 만들어진 서브 클래스를 왜 다시 테스트해야 하는가? 기존의 클래스에 대한 테스트 케이스 설계를 사용할 수 있는가?

24.3 왜 객체지향 분석 및 설계로 "테스팅"을 시작해야 하는가?

24.4 SafeHome에 대한 일련의 CRC 인덱스 카드를 도출하고, 모순되는 부분이 존재하는지 판단하기 위해 24.2.2절에서 설명한 단계들을 수행하시오.

24.5 통합 테스트에서 스레드 기반과 사용 기반 전략의 차이점은 무엇인가? 클러스터 테스팅은 어떻게 활용할 수 있는가?

24.6 SafeHome 시스템 설계 시 정의한 세 개의 클래스에 랜덤 테스팅과 분할 기법을 적용하시오. 호출될 연산 순서를 나타내는 테스트 케이스를 만드시오.

24.7 Safe Home 설계에 다중 클래스 테스팅과 동작 모델로부터 도출한 테스트들을 적용하시오.

24.8 다중 클래스 테스팅과 동작 모델에서 도출한 테스트 뿐 만 아니라 랜덤 테스팅 및 분할 기법을 이용하여 24.5절과 24.6절에서 제시된 은행 애플리케이션을 위한 테스트 네 개를 추가로 도출하시오.

추가 읽을거리와 정보 소스

제22장과 제23장의 추가 읽을거리 절에서 언급한 테스팅에 관한 많은 책들은 객체지향 시스템의 테스팅을 어느 정도 설명한다. Bashir와 Goel(*Testing Object-Oriented Software*, Springer, 2012), Schach(*Object-Oriented and Classical Software Engineering*, McGraw-Hill, 8th ed., 2010), Bruege와 Dutoit(*Object-Oriented Software Engineering Using UML, Patterns, and Java*, Prentice Hall, 3rd ed., 2009)는 광범위한 소프트웨어공학 실무 관점에서 객체지향 테스팅을 살펴본다. Jorgensen(*Software Testing: A Craftsman's Approach*, Auerbach, 3rd ed., 2008)은 정형화된 기법과 객체지향 기법을 설명한다. Yurga(*Testing and Testability of Object-Oriented Software Systems via Metrics: A Metrics-Based Approach to the Testing Process and Testability of Object-Oriented Software Systems*, LAP Lambert, 2011), Sykes와 McGregor(*Practical Guide to Testing Object-Oriented Software*, Addison-Wesley, 2001), Binder(*Testing Object-Oriented Systems*, Addison-Wesley, 1999), Kung과 동료들(*Testing Object-Oriented Software*, Wiley-IEEE Computer Society Press, 1998)은 객체지향 테스팅을 상당히 세부적으로 다룬다. Freeman과 Pryce(*Growing Object-Oriented Software, Guided by Tests*, Addison-Wesley, 2009) 객체지향 소프트웨어의 테스트 주도 설계를 설명한다. Denney(*Use Case Levels of Test: A Four-Step Strategy for Building Time and Innovation in Software Test Design*, CreateSpace Independent Publishing, 2012)는 객체지향 시스템에 적용할 수 있는 기법에 대해 설명한다.

객체지향 테스팅 방법에 대한 다양한 정보 자원을 인터넷에서 찾을 수 있다. 테스팅 기법과 관련된 월드 와이드 웹 참고 문헌에 대한 최신 리스트를 SEPA 웹 사이트 www.mhhe.com/pressman에서 찾을 수 있다.

웹앱 테스팅

25
CHAPTER

웹앱 프로젝트에는 항상 긴박감이 존재한다. 이해관계자들은—다른 웹앱과의 경쟁을 고민하고, 고객의 요구 사항에 압박을 받으며, 시장에서의 사업 영역을 놓칠까 걱정하면서—웹앱이 빨리 온라인상에 나타날 것을 강요한다. 그 결과, 웹앱 테스팅과 같이, 개발 과정 후반부에 나타나는 기술적 활동에 부여하는 시간이 짧은 경우가 많다. 이것은 매우 큰 실수이다. 이를 피하기 위해서는, 각 산출물들이 높은 품질을 갖는지 확인해야 한다. Wallace와 그의 동료들은[Wal03]은 다음과 같이 언급한다.

> 테스팅은 프로젝트가 끝날 때까지 기다려서는 안 된다. 코드 한 줄을 작성하기 전에 테스팅을 시작하라. 지속적이고 효율적으로 테스트를 해라. 그러면 좀 더 내구성 있는 웹 사이트를 개발할 수 있다.

요구 사항과 설계 모델이 고전적인 방식으로는 테스트될 수 없기 때문에, 실행 가능한 테스트 뿐만 아니라 기술적 검토를 수행해야 한다. 목적은 웹앱이 최종 사용자에게 사용가능해지기 전에 오류를 발견하여 수정하는 것이다.

주요 개념

- 호환성 테스트
- 컴포넌트 수준 테스팅
- 구성 테스팅
- 컨텐츠 테스팅
- 데이터베이스 테스팅
- 부하 테스팅
- 내비게이션 테스팅
- 성능 테스팅
- 계획 수립
- 품질, 품질 차원
- 보안 테스팅
- 전략
- 스트레스 테스팅
- 사용성 테스트
- 사용자 인터페이스 테스팅

QUICK LOOK

이것은 무엇인가? 웹앱 테스팅은 하나의 목적을 가진 관련 활동들의 모임이다. 웹앱에서 컨텐츠, 기능, 사용성, 항해성, 성능, 용량, 보안의 오류를 발견하는 것. 이를 위해, 검토와 실행 가능한 테스팅을 포함하는 테스팅 전략을 적용한다.

누가 수행하는가? 웹 공학자들과 다른 프로젝트 이해관계자(관리자, 고객, 최종 사용자) 모두 웹앱 테스팅에 참여한다.

왜 중요한가? 최종 사용자가 웹앱의 신뢰를 뒤흔들만한 오류를 만나면, 필요한 컨텐츠와 기능을 얻기 위해 다른 곳으로 가게 되고, 그러면 그 웹앱은 실패한다. 이러한 이유로, 웹앱이 온라인 상태가 되기 전에 가능한 많은 에러들을 제거해야 한다.

어떤 단계가가? 웹앱 테스팅 과정은 먼저 웹앱에서 사용자가 볼 수 있는 부분에 초점을 두고 기술과 하부 구조를 검사하는 테스트로 진행한다. 다음과 같은 일곱 가지 테스팅 단계를 수행한다. 즉, 컨텐츠 테스팅, 인터페이스 테스팅, 내비게이션 테스팅, 컴포넌트 테스팅, 구성 테스팅, 성능 테스팅, 보안 테스팅.

작업 산출물은 무엇인가? 어떤 경우에는 웹앱 테스트 계획을 수립한다. 모든 경우에, 각 테스팅 단계별로 테스트 케이스를 개발하고 테스트 결과를 저장, 관리하여 나중에 사용할 때를 대비한다.

작업이 옳게 수행되었다는 것을 어떻게 확인하는가? 필요한 모든 테스트를 수행했다고 확신할 수는 없지만, 테스팅이 에러들을 발견했다(그리고 수정했다)는 확신을 가질 수 있다. 또한, 테스트 계획을 세운다면, 계획한 테스트들 모두 수행했는지 확인할 수 있다.

25.1 웹앱에서의 테스팅 개념

테스팅은 오류를 발견하기(궁극적으로 수정하기) 위한 의도로 소프트웨어를 검사하는 프로세스이다. 제22장에서 언급한, 기본 철학은 웹앱에서도 변하지 않는다. 사실, 웹 기반 시스템과 응용 프로그램은 네트워크에 존재하며 다양한 운영 체제, 브라우저(또는 기타 개인 통신 장비), 하드웨어 플랫폼, 통신 프로토콜, "backroom" 응용 프로그램들과 상호 작용하기 때문에, 오류를 찾는 작업이 대단히 어렵다.

웹 공학의 맥락에서 테스팅의 목적을 이해하기 위해서는, 웹앱 품질[1]의 여러 가지 차원을 고려해야 한다.[1] 이 논의의 맥락에서, 웹앱 테스팅과 특별히 관련된 품질 차원에 대해 고려하기로 한다. 또한 테스팅 결과로 만날 수 있는 오류들의 속성을 살펴보고, 이러한 오류들을 발견하는 데 적용될 수 있는 테스팅 전략을 살펴본다.

25.1.1 품질 차원

품질은 좋은 설계의 결과로 웹앱에 포함된다. 품질은 설계 모델의 여러 가지 요소를 평가하는 일련의 기술적 검토들과 이 장에서 논의되는 테스팅 프로세스를 적용하여 평가한다. 검토와 테스팅은 둘 다 다음 품질 차원들을 검사한다[Mil00a].

?

웹앱과 그 환경에서의 품질을 어떻게 평가할 수 있는가?

- **컨텐츠(Content)**는 구문적 및 의미적 수준에서 평가된다. 구문적 수준에서는, 텍스트 기반 문서에 대해 스펠링, 구두점 및 문법이 평가된다. 의미적 수준에서는 (제시한 정보의) 정확성, (전체 컨텐츠 객체 및 관련 객체들 사이의) 일관성, 그리고 모호한 표현이 없는지 평가된다.
- **기능(Function)**은 고객 요구 사항에 대해 적합성이 결여된 오류를 발견하기 위해 테스트된다. 각 웹앱 기능은 정확성, 불안정성 그리고 해당 구현 표준(예를 들어, Java 또는 AJAX 언어 표준)에 대한 준수 여부 등을 평가한다.
- **구조(Structure)**는 웹앱 컨텐츠와 기능을 적절히 전달하고, 확장 가능하며, 새로운 컨텐츠나 기능의 추가를 지원하는지 확인하기 위해 평가된다.
- **사용성(Usability)**은 여러 부류의 사용자가 인터페이스에 의해 지원되는지 그리고 필요한 모든 내비게이션 구문과 의미를 배워서 적용할 수 있는지 확인하기 위해 테스트된다.
- **항해성(Navigability)**은 모든 내비게이션 구문과 의미가 내비게이션 오류를 발견하기 위해 검사되는지 확인하기 위해 테스트된다.
- **성능(Performance)**은 시스템이 사용자 상호 작용에 잘 반응하는지 그리고 받아들일 수 없는 운영 상의 성능 저하 없이 극도의 부하를 잘 처리하는지 확인하기 위해 여러 운영 조건, 환경 구성 및 부하 정도에 따라 테스트 된다.
- **호환성(Compatibility)**은 클라이언트와 서버 양쪽 모두 다양하게 호스트를 구성

Quote

혁신은 소프트웨어 테스터에겐 달콤쌉쌀한 거래이다. 우리가 특정 기술을 테스트하는 방법을 알아냈다고 생각하는 그 순간, 새로운 것[웹앱]이 나타나고 모든 것은 원점으로 돌아간다.

James Bach

1 웹앱에도 동일하게 적용가능한, 일반적 소프트웨어 품질 차원은 제19장에서 다루었다.

하여 웹앱을 실행함으로써 테스트된다. 목적은 특정 호스트 구성에 관련된 오류를 찾는 것이다.

- **상호운용성(Interoperability)**은 웹앱이 다른 응용 프로그램이나 데이터베이스와 적절히 인터페이스 되는지 확인하기 위해 테스트 된다.
- **보안성(Security)**은 잠재적인 취약성을 파악하여 악용해보려고 시도해 봄으로써 테스트 된다. 성공적인 침투 시도는 보안 실패로 간주된다.

웹앱 테스팅을 위한 전략과 전술은 이러한 품질 차원을 검사하기 위해 개발되었으며 이 장의 나머지 부분에서 논의한다.

25.1.2 웹앱 환경 내에서의 오류

성공적인 웹앱 테스팅으로 발견할 수 있는 오류들은 몇 가지 고유한 특징을 가진다 [Ngu00].

?

전통적인 소프트웨어에서 발견되는 오류에 비해 웹앱 실행 시 발견되는 오류는 무엇이 다른가?

1. 많은 유형의 웹앱 테스트는 클라이언트 측에서 입증된 문제(즉, 특정 브라우저나 개인 통신 장치에 구현된 인터페이스를 통해)들을 먼저 발견하기 때문에, 오류 자체보다는, 오류로 인한 증상을 먼저 발견하게 된다.
2. 웹앱은 다양한 구성과 환경 하에서 구현되기 때문에, 오류가 원래 발생한 환경 외부에서 동일한 오류를 다시 발생시키기는 어렵거나 불가능하다.
3. 어떤 오류들은 잘못된 설계나 부적절한 HTML 코딩 때문에 발생하지만, 많은 오류들은 웹앱 구성 때문에 발생한다.
4. 웹앱은 클라이언트-서버 아키텍처 상에 존재하기 때문에, 오류를 찾기 위해 클라이언트, 서버 및 네트워크 등 세 계층을 모두 추적해야 하는 어려움이 있다.
5. 어떤 오류들은 정적인 동작 환경(즉, 테스팅 수행을 위한 환경 구성) 때문에 발생하기도 하고, 동적인 동작 환경(즉, 순간적인 자원 할당이나 시간 관련 오류들) 때문에 발생하기도 한다.

이러한 다섯 가지 오류의 특성들은 웹앱 테스팅 시 찾아낸 모든 오류를 진단하는 데 있어 환경이 중요한 역할을 한다는 것을 시사한다. 어떤 경우(예를 들면 컨텐츠 테스팅)에는, 오류의 위치가 확실하지만, 많은 종류의 웹앱 테스팅(내비게이션 테스팅, 성능 테스팅, 보안 테스팅)의 경우, 오류의 근본 원인을 판단하기 어렵다.

25.1.3 테스팅 전략

웹앱 테스팅 전략은 모든 소프트웨어 테스팅의 기본 원리(제22장)를 따르며, 객체지향 시스템에서 요구되는 전략과 전술(제24장)이 적용된다. 다음의 단계는 접근방식을 요약한 것이다.

KEY POINT

웹앱 테스팅을 위한 전체 전략은 여기에서 언급한 바와 같이 10단계로 요약할 수 있다.

1. 오류를 발견하기 위해 웹앱 콘텐츠 모델을 검토한다.
2. 모든 유스케이스들이 수용되었는지 확인하기 위해 인터페이스 모델을 검토한다.
3. 내비게이션 오류를 발견하기 위해 웹앱 설계 모델을 검토한다.

4. 표현 부분과 내비게이션 메카닉스 상의 오류를 발견하기 위해 사용자 인터페이스를 테스트한다.
5. 선택된 기능적 컴포넌트들을 단위 테스트한다.
6. 아키텍처 전반에 걸친 내비게이션을 테스트한다.
7. 다양한 환경 구성에서 웹앱을 구현하고 각 환경 구성에서의 호환성을 테스트한다.
8. 웹앱 또는 동작환경 내에서의 취약점을 악용하려는 시도를 통해 보안 테스트를 수행한다.
9. 성능 테스트를 수행한다.
10. 제한된 최종 사용자 그룹을 이용하여 웹앱을 테스트하고 그 과정을 모니터한다; 시스템과의 상호 작용 결과를 검토하여 콘텐츠 및 내비게이션 오류, 사용상의 문제점, 호환성 문제, 웹앱 보안, 신뢰성, 성능 등을 평가한다.

WebRef
웹앱 테스팅에 대한 좋은 글을 다음 사이트에서 찾을 수 있다.
www.stickyminds.com/testing.asp

많은 웹앱은 지속적으로 진화하기 때문에, 테스팅 프로세스는 계속 진행되는 활동이며, 웹 지원 인력은 웹앱을 처음 개발할 때 만든 테스트로부터 도출한 회귀 테스트를 이용하여 테스팅을 수행한다.

25.1.4 테스트 계획 수립

어떤 웹 개발자들은 (어떤 상황이든) 계획 수립이라는 단어를 아주 싫어한다. 이러한 개발자들은 계획을 세우지 않는다. 멋진 웹앱이 출현하기를 바라면서—이들은 일단 그냥 시작한다. 계획은 모든 작업들이 따라야 할 로드 맵을 세우는 것이다. 이것은 노력을 들일 가치가 있다. Splaine과 Jaskiel[Spl01]은, 웹앱 테스팅에 관한 저서에서 다음과 같이 말한다.

KEY POINT
테스트 계획은 테스팅 작업들, 개발해야 하는 산출물들, 결과를 비교하고 기록하고 재사용하는 방법 등을 식별한다.

> 가장 단순한 웹 사이트를 제외하고는, 일종의 계획을 수립할 필요가 있다는 것이 금방 확실해진다. 임시방편적인 테스팅으로 발견한 버그들은 너무 많아서 처음 발견되었을 때 모두 고쳐지지 않는다. 이러한 경우 웹 사이트와 응용 프로그램을 테스트하는 사람들은 더 많은 부담을 갖게 된다. 새로운 테스트를 생각해내야 할 뿐만 아니라, 이전 테스트가 어떻게 실행되었는지도 기억해야 한다. 그래야 웹 사이트와 응용 프로그램을 신뢰성 있게 다시 테스트할 수 있고, 알려진 버그를 잘 제거했고 새로운 버그는 추가 되지 않았음을 확인할 수 있다.

여러분은 다음과 같은 질문을 던져야 한다. 어떻게 "새로운 테스트를 생각해내고", 그러한 테스트는 무엇에 초점을 두어야 하는가? 이러한 질문에 대한 대답은 테스트 계획에 존재한다.

웹앱 테스트 계획은 다음과 같은 사항들을 파악한다. 즉, (1) 테스팅이 시작되면 적용해야 할 태스크 세트,[2] (2) 각 테스팅 작업을 실행하면서 생산해야 하는 산출물, (3) 회귀 테스팅 수행 시, 테스팅 결과를 평가하고, 기록하고, 재사용하는 방식이다. 어떤 경우에는, 테스트 계획은 프로젝트 계획과 통합된다. 아니면, 테스트 계획은 독립된 문서로 작성된다.

2 태스크 세트는 제3장에서 다루었다. 워크플로우(workflow)라는 관련 용어 역시 소프트웨어공학 활동을 완수하는데 필요한 일련의 업무들을 의미하는데 사용된다.

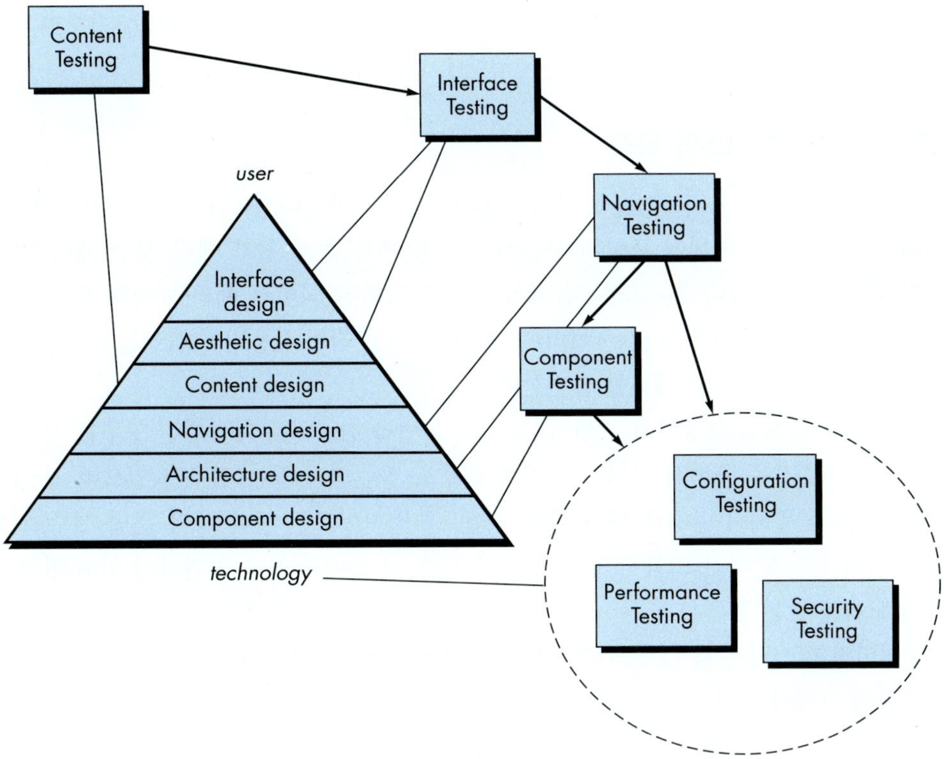

그림 25.1
테스팅 프로세스

25.2 테스팅 프로세스 개요

최종 사용자에게 직접적으로 보이는 컨텐츠와 인터페이스 기능성을 검사하는 테스트를 수행함으로써 웹앱 테스팅 프로세스를 시작한다. 테스팅이 진행되면서, 설계 아키텍처와 내비게이션의 양상이 검사된다. 마지막으로, 최종 사용자에게 항상 드러나지는 않는 기술적 역량, 즉 웹앱 하부 구조와 설치/구현 이슈 등을 검사하는 테스트로 초점을 바꾼다.

그림 25.1은 웹앱 테스팅 프로세스와 웹앱 설계 피라미드(제17장)를 나란히 보여준다. 테스팅이 왼쪽 위에서 오른쪽 아래로 진행되면서, 웹앱 설계에서 사용자가 눈으로 보이는 부분(피라미드의 정상 부분)이 먼저 테스트 되고, 그 이후 하부 구조 요소들이 테스트된다.

Quote

일반적으로, 다른 애플리케이션에 적용되는 소프트웨어 테스팅 기술은 웹 기반 애플리케이션에 적용되는 것과 동일하다. 이 두 유형의 테스팅 간의 차이점은 웹 환경 증식에 따른 기술적 변수이다.

Hung Nguyen

25.3 컨텐츠 테스팅

웹앱 컨텐츠에서의 오류는 간단한 철자 실수처럼 하찮은 것일 수도 있고, 잘못된 정보, 부적절한 구성, 지적재산권 침해 등 중요한 것일 수도 있다. 컨텐츠 테스팅(Content testing)은 사용자에게 전파되기 전에 이러한 오류 및 기타 많은 문제점을 발견하고자 한다.

컨텐츠 테스팅은 검토와 실행 가능한 테스트 케이스들을 생성하는 것 모두를 결합한다.

ADVICE

기술적 검토가 테스팅의 한 부분은 아니지만, 컨텐츠의 품질을 확인하기 위한 컨텐츠 검토는 실시해야 한다.

검토를 함으로써 컨텐츠에서의 의미적 오류들을 발견한다(25.3.1절에서 설명함). 실행 가능한 테스팅은 하나 이상의 데이터베이스에서 가져온 데이터를 이용해서 동적으로 컨텐츠를 만드는 과정에서 발생하는 컨텐츠 오류들을 발견하는데 사용된다.

25.3.1 컨텐츠 테스팅 목적

KEY POINT

컨텐츠 테스팅의 목적은 다음과 같다. 즉, (1) 컨텐츠 내의 구문적 오류를 발견한다. (2) 의미적 오류를 발견한다. (3) 구조적 오류를 발견한다.

컨텐츠 테스팅은 다음과 같은 세 가지 중요한 목적을 가진다. 즉, (1) 텍스트 기반 문서, 그래픽 표현 및 다른 매체에 포함된 구문적 에러들(예를 들어, 철자 에러, 문법 에러)을 발견한다. (2) 탐색 시 나타나는 모든 컨텐츠 객체에 포함된 의미적 에러들(예를 들어, 정보가 정확하지 않거나 완벽하지 않은 에러)을 발견한다. (3) 최종 사용자에게 전달되는 컨텐츠의 구성이나 구조에 포함된 에러를 발견한다.

첫 번째 목적을 달성하기 위해서, 철자 및 문법을 검사하는 자동화된 도구를 사용할 수 있다. 그러나, 많은 구문적 에러들이 이런 도구로 발견되지 않는 경우가 있으며 인간(테스터)이 검토를 통해서 발견해 내야 한다. 사실, 큰 웹사이트는 철자 에러, 문법 실수, 컨텐츠들 사이의 일관성 에러, 그래픽 표현의 에러, 상호 참조 에러 등을 발견하기 위해 편집 전문가의 도움을 받는다.

의미적 테스팅은 각 컨텐츠 객체에 포함된 정보에 초점을 둔다. 검토자(테스터)는 다음 질문들에 답해야 한다.

?

컨텐츠의 의미적 오류를 발견하기 위해서 어떤 질문을 던지고 답해야 하는가?

- 정보가 사실적으로 정확한가?
- 정보가 간결하고 요점을 잘 보여주는가?
- 사용자가 이해하기 쉽게 컨텐츠 객체들이 배치되었는가?
- 컨텐츠 객체에 포함된 정보를 찾기 쉬운가?
- 다른 출처로부터 도출된 모든 정보들은 참고 문헌이 적절히 제공되었는가?
- 제공된 정보는 내부적으로나 다른 컨텐츠 객체에 포함된 정보들과 일관성이 있는가?
- 공격적이거나 다른 사람을 현혹시키는 컨텐츠 또는 소송에 말려들기 쉬운 컨텐츠가 있는가?
- 지적재산권이나 등록 상표를 위반하는 컨텐츠가 있는가?
- 기존 컨텐츠를 보충하는 정보로 연결되는 내부 링크가 있는가? 그 링크는 정확한가?
- 컨텐츠의 미적 스타일이 인터페이스의 미적 스타일과 충돌하지 않는가?

(수백 개의 컨텐츠 객체를 가지는) 대규모 웹앱에서 이러한 질문에 모두 답하기는 매우 힘든 작업일 수 있다. 그러나, 의미적 에러를 발견하지 못하면 웹앱에서 사용자들의 신뢰를 잃어서 그 웹 기반 애플리케이션은 실패할 수 있다.

컨텐츠 객체들은 특정 스타일을 가지는 아키텍처(제17장) 내에 존재한다. 컨텐츠 테스팅 시, 컨텐츠 아키텍처의 구조와 구성을 검사하여 필요한 정보가 적절한 순서와 관계로 사용자에게 제시되는지 확인한다. 예를 들어, **SafeHomeAssured.com** 웹앱은 보안 및 감시 제품에 들어갈 센서들의 다양한 정보를 보여준다. 컨텐츠 객체들은 제품에 대한 설명, 기술적 사양, 제품 사진, 관련 정보들을 제공한다. **SafeHomeAssured.com** 컨텐츠 아키텍처의 테스트는 이러한 정보를 제공하는데 존재하는 에러(예를 들어, 센서 *X*의 설명 부분에 센서 *Y*의 사진이 있는 경우)들을 발견하고자 한다.

Info

웹 컨텐츠 테스팅 도구

목적: 웹 컨텐츠 테스팅 도구의 목적은 가독성이 있고 체계적인 방식으로 웹 컨텐츠를 화면에 보여주는 웹 페이지를 방해하는 오류를 식별하는 것이다.

역할: 이러한 도구들은 일반적으로 테스트하려는 웹 자원의 URL을 입력하게 되어있다. 그런 후 각 도구는 오류 목록을 오류를 수정하는 방법을 제안과 함께 제공한다.

대표적인 도구:[3]

http://validator.w3.org/–WC3 온라인 도구는 웹 페이지의 마크업 언어(HTM, XHTML, SMIL, MathML)의 유효성을 검사.

http://jigsaw.w3.org/css-validator/–WC3 온라인 도구는 CSS style sheets와 CSS stylesheets를 이용하는 문서를 검사.

http://validator.w3.org/feed/–WC3 온라인 도구는 Atom이나 RSS 피드의 구문의 검사.

25.3.2 데이터베이스 테스팅

최근 웹앱은 정적인 컨텐츠 객체를 제공하는 것보다 더 많은 일을 한다. 많은 애플리케이션 도메인에서, 웹앱은 데이터 관리 시스템과 정교하게 연결되어 데이터베이스로부터 실시간으로 데이터를 얻어와 동적인 컨텐츠 객체들을 생성한다.

예를 들어, 재정 서비스 관련 웹앱은 특정 형태의 자산(예를 들어 주식이나 뮤츄얼 펀드)에 대한 정보를 텍스트, 표 또는 그래픽 형태로 다양하게 보여줄 수 있다. 이러한 정보를 표현하는 복합적인 컨텐츠 객체는 사용자가 특정 자산에 대한 정보를 요구한 이후에 동적으로 생성된다. 이를 달성하기 위해, 다음 단계들이 필요하다. 즉, (1) 자산 관련 데이터베이스가 쿼리를 받는다. (2) 데이터베이스에서 관련 데이터가 추출된다. (3) 추출된 데이터를 컨텐츠 객체로 구성된다. (4) 이러한 컨텐츠 객체(최종 사용자가 요구한 맞춤형 정보를 담고 있음)는 클라이언트 환경으로 전송되어 보여진다. 각 단계에서 에러가 발생할 수 있고 발생한다. 데이터베이스 테스팅의 목적은 이런 에러들을 발견하는 것이지만, 데이터베이스 테스팅은 다음과 같은 여러 가지 요인으로 인해 복잡하다.

1. **클라이언트 측에서 요청한 정보의 형태가 데이터베이스 관리 시스템(DBMS)에 입력할 수 있는 형태(예: 구조적 질의 언어, SQL)인 경우가 거의 없다.** 따라서 사용자의 요청을 DBMS가 처리할 수 있는 형태로 바꿀 때 발생하는 에러를 발견하도록 테스트를 설계해야 한다.

?
웹앱의 데이터베이스 테스팅을 어렵게 만드는 이슈는 무엇인가?

3 여기에 언급한 도구들이 대표적인 것은 아니지만, 이 범주에 있는 도구들을 샘플링한 것이라고 할 수 있다. 대부분, 도구 이름은 각 개발자의 상표이다.

2. **데이터베이스가 웹앱이 존재하는 서버와 원격으로 연결될 수 있다.** 따라서 웹앱과 원격 데이터베이스 사이의 통신 시 발생하는 에러를 발견하도록 테스트를 개발해야 한다.[4]
3. **데이터베이스에서 가져온 가공하지 않은 데이터는 웹앱 서버로 전송되어 형식을 바꾸는 작업을 거친 후 클라이언트로 전송된다.** 따라서 웹앱 서버가 받은 원시 데이터가 유효한지 확인하는 테스트를 개발해야 하며, 유효한 컨텐츠 객체를 생성하기 위해 가공하지 않은 데이터에 적용한 변환 작업이 유효한지 확인하는 테스트도 생성해야 한다.
4. **동적 컨텐츠 객체는 최종 사용자에게 보여줄 수 있는 형식으로 클라이언트에게 전송되어야 한다.** 따라서 다음 일을 하는 일련의 테스트를 설계해야 한다. (1) 컨텐츠 객체 형식에서의 오류를 발견한다 (2) 다양한 클라이언트 환경 구성에서의 호환성을 테스트한다.

Quote

자주 다운이 되고, 트랜잭션 중간에 멈추거나, 사용성이 좋지 않는 웹 사이트에는 신뢰가 가지 않는다. 따라서 테스팅은 전체 개발 과정에서 핵심적인 역할을 한다.

Wing Lam

위의 네 가지 요인을 고려하여, 테스트 케이스 설계 방법을 그림 25.2에 표시된 각 "상호작용 계층"[Ngu01]에 적용해야 한다. 테스팅은 다음을 확인해야 한다. 즉, (1) 인터페이스 계층에서 클라이언트와 서버 사이에 유효한 정보가 전달된다. (2) 웹앱이 스크립트를 정확히 처리하여 사용자 데이터를 적절히 추출해 형식을 갖춘다. (3) 적절한 질의어(예를 들어, SQL) 형태를 갖는 사용자 데이터가 서버 측의 데이터 변환 함수에 정확히 전달된다. (4) 질의어가 데이터 관리 계층[5]에 잘 전달되어 데이터베이스 접근 루틴(다른 기계에 위치할 가

그림 25.2

상호작용 계층

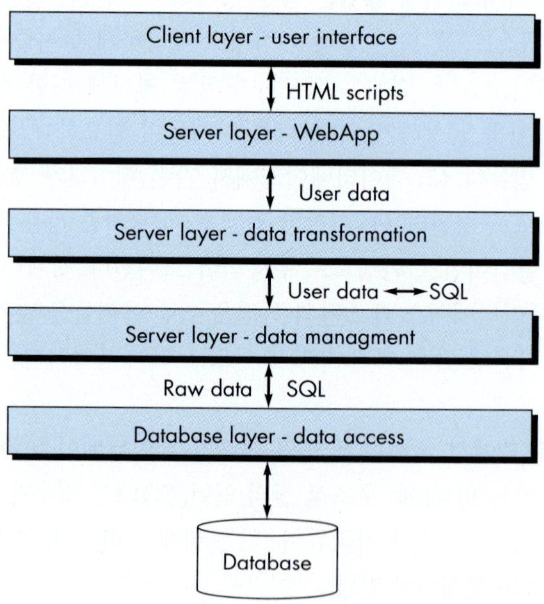

4 분산 데이터베이스가 포함되어 있거나 데이터 웨어하우스(제1장)에 대한 접속이 필요한 경우 이러한 테스트들이 복잡해질 수 있다.

5 데이터 관리 계층에는 마이크로소프트사의 OLE/ADO나 Java Database Connectivity (JDBC)와 같은 SQL 호출 레벨 인터페이스(SQL-CLI)가 포함된다.

능성이 있음)과 통신한다.

그림 25.2의 데이터 변환, 데이터 관리, 데이터 접근 계층은 독립적으로 확인되고 종종 패키지 형태로 제공되는 재사용 가능한 컴포넌트들로 구축된다. 이런 경우라면, 웹앱 테스팅은 그림에서의 클라이언트 계층과 위의 두 서버 계층(웹앱과 데이터 변환) 사이의 상호 작용을 검사하는 테스트 케이스 설계에 초점을 둔다.

사용자 인터페이스 계층을 테스트하여 각 사용자 질의를 위한 스크립트가 적절히 구축되어 서버로 잘 전송되는지를 확인한다. 서버 측의 웹앱 계층을 테스트하여 사용자 데이터가 스크립트로부터 적절히 추출되어 서버 측의 데이터 변환 계층으로 잘 전송되는지 확인한다. 데이터 변환 함수를 테스트하여 정확한 SQL이 생성되어 적절한 데이터 관리 컴포넌트로 잘 전달되는지 확인한다.

이러한 데이터베이스 테스트를 적절히 설계하기 위해서 이해해야 하는 근본적인 기술에 대한 상세한 논의는 이 책의 범위를 벗어난다. 관심 있는 독자는 [Sce02], [Ngu01], [Bro01]을 참조한다.

25.4 사용자 인터페이스 테스팅

웹앱 사용자 인터페이스의 검증 및 확인은 세 개의 다른 시점에서 일어난다. 요구 사항 분석 시에는, 인터페이스 모델이 이해관계자들의 요구와 다른 요구 사항 모델의 요소를 잘 따르는지 검토된다. 설계 시에는 모든 사용자 인터페이스(제15장)을 위해 수립된 일반적인 품질 조건을 달성했는지 그리고 애플리케이션 고유의 인터페이스 설계 이슈들을 적절히 다루었는지 확인하기 위해 인터페이스 설계 모델이 검토된다. 테스팅 시에는, 사용자 상호 작용 중, 인터페이스 구문과 의미에 의해 드러나는 것과 같은, 애플리케이션과 관련된 특정 부분의 실행으로 초점이 옮겨간다. 추가적으로, 테스팅은 사용성에 대한 최종 평가를 제공한다.

ADVICE

웹앱과 관련한 특별한 사항을 제외하고, 여기에 언급한 인터페이스 전략은 모든 유형의 클라이언트-서버 소프트웨어에 적용 가능하다.

25.4.1 인터페이스 테스팅 전략

인터페이스 테스팅(Interface testing)은 상호 작용 메카니즘을 검사하고 사용자 인터페이스의 미적인 부분을 확인한다. 인터페이스 테스팅을 위한 전체 전략은 다음과 같다. 즉, (1) 특정 인터페이스 메카니즘(예를 들어, 메뉴 링크의 적절한 실행이나 양식에 데이터를 입력하는 방식에서의 오류)과 관련된 오류를 발견한다. (2) 인터페이스가 내비게이션의 의미, 웹앱 기능, 컨텐츠 표현 등을 구현하는 방식에서의 에러를 발견한다. 이러한 전략을 달성하기 위해 여러 가지 전술적인 단계를 시작한다.

- **인터페이스 특성들을 테스트하여, 설계 규칙, 미적 요소 및 관련된 눈에 보이는 컨텐츠들이 에러 없이 사용자에게 전달되는지 확인한다.**
- **단위 테스팅과 유사한 방법으로 개별적인 인터페이스 메커니즘을 테스트한다.** 예를 들어, 테스트는 모든 양식, 클라이언트 측 스크립트, 동적 HTML, 스크립트, 스

트리밍 컨텐츠, 애플리케이션 고유의 인터페이스 메커니즘(예를 들어, 전자 상거래 애플리케이션에서의 장바구니)을 검사하기 위해 설계한다.

- **특정 사용자 유형을 위한 유스케이스나 NSU(17장) 맥락 하에서 각 인터페이스 메커니즘을 테스트한다.**
- **인터페이스의 의미에서의 에러를 발견하기 위해 선택한 유스케이스와 NUS를 이용해서 완성된 인터페이스를 테스트한다.** 일련의 사용성 테스트도 이 단계에서 실시한다.
- **호환성이 있는지 확인하기 위해 다양한 환경(예를 들어, 브라우저)에서 인터페이스를 테스트한다.**

25.4.2 인터페이스 메커니즘 테스팅

사용자가 웹앱과 상호작용할 때, 상호작용은 하나 이상의 인터페이스 메커니즘을 통해 일어난다. 각 인터페이스 메커니즘에 대한 개괄적인 테스팅 고려 사항들은 다음과 같다 [Spl01].

ADVICE

외부 링크 테스팅은 웹앱이 존재하는 동안 계속해서 일어난다. 정기적으로 링크를 테스팅하는 지원 전략을 가져야 한다.

링크(Links) 각 내비게이션 링크를 테스트하여, 적절한 컨텐츠 객체나 기능으로 연결되는지 확인한다.[6] 테스팅은 인터페이스 레이아웃(예를 들어, 메뉴 바, 인덱스 항목, 각 컨텐츠 객체 내의 링크, 그리고 외부 웹앱으로의 링크)과 관련된 링크를 포함한다.

양식(Forms) 거시적인 수준에서, 테스트는 다음 사항들을 보증하기 위해 수행된다. 즉, (1) 레이블이 양식 내의 필드를 올바로 구분하고 필수 입력 필드들은 사용자들에게 시각적으로 식별된다. (2) 서버는 양식 안에 포함된 모든 정보를 받고 클라이언트와 서버 사이의 전송 시 데이터 손실이 없다. (3) 사용자가 풀-다운 메뉴나 버튼 중에서 아무 것도 선택하지 않을 때 적절한 디폴트값이 사용된다. (4) 브라우저 기능(예: "뒤로 가기" 버튼)이 양식에 입력된 데이터를 훼손하지 않는다. (5) 입력 데이터의 오류검사를 수행하는 스크립트가 제대로 동작하고 의미 있는 오류 메시지를 제공한다.

ADVICE

클라이언트 측 스크립팅 테스트와 동적 HTML 관련 테스트는 새로운 브라우저가 릴리즈될 때마다 반복해서 수행해야 한다.

좀 더 선택적인 수준에서는, 테스트는 다음 사항들을 보증한다. 즉, (1) 양식의 필드는 적당한 폭과 데이터 형을 가진다. (2) 양식은 정해진 최대 길이 이상의 문자열을 입력하는 사용자가 없도록 하는 적절한 안전장치를 둔다. (3) 풀-다운 메뉴의 모든 적절한 옵션들이 지정되고 최종 사용자에게 의미 있는 순서로 나열되어 있다. (4) 브라우저의 "자동 채움" 기능이 데이터 입력 오류로 이어지지 않는다. (5) 탭 키(또는 다른 키)를 누르면 양식의 필드 사이를 적절하게 이동한다.

클라이언트 측 스크립팅(Client-side scripting) 블랙박스 테스트를 수행하여 스크립트 실행 시 발생하는 처리 상의 에러를 발견한다. 스크립트 입력은 종종 양식 처리의 일부분으로 제공된 데이터로부터 도출되기 때문에, 이러한 테스트는 보통 양식 테스팅과 함께 진행된다.

6 이러한 테스트들은 인터페이스 테스팅이나 내비게이션 테스팅의 일부분으로서 수행된다.

동적 HTML(Dynamic HTML) 동적 HTML을 포함하는 웹 페이지를 실행하여 동적인 화면 표현이 정확한지 확인한다. 또한, 호환성 테스트를 실시하여 웹앱을 지원하는 환경 구성에서 동적 HTML이 잘 작동하는지 확인한다.

팝업 윈도우(Pop-up windows) 일련의 테스트를 실시하여 다음 사항을 보증한다. 즉, (1) 팝업의 크기와 위치가 적절하다. (2) 팝업이 기존 웹앱 윈도우 화면을 가리지 않는다. (3) 팝업의 미적 디자인이 인터페이스 미적 디자인과 일치한다. (4) 팝업에 추가된 스크롤바나 다른 제어 메커니즘의 위치와 기능이 요구 사항과 일치한다.

CGI 스크립트(CGI scripts) (CGI 스크립트에 전달되는 데이터 등) 데이터 무결성과 (유효한 데이터를 받은 경우의) 스크립트 처리에 중점을 두어 블랙박스 테스트를 수행한다. 또한 성능 테스팅을 실시하여 서버 측의 환경 구성이 CGI 스크립트의 다중 호출 요구에 대한 처리를 수용할 수 있는지 확인한다[Spl01].

스트리밍 컨텐츠(Streaming content) 스트리밍 데이터가 최신이고 적절히 화면에 표시되는지, 에러 없이 일시 중지되고 어려움 없이 다시 시작하는지를 확인하기 위한 테스트를 수행한다.

쿠키(Cookies) 서버 측 테스팅과 클라이언트 측 테스팅 모두 필요하다. 서버 측에서는, 테스트는 쿠키가 적절히 만들어지고 (정확한 데이터를 포함하는지) 특정 컨텐츠나 기능이 요구되면 클라이언트 측으로 잘 전송되는지 확인한다. 또한, 쿠키가 적절히 저장되고 만료 기간이 정확한지 테스트한다. 클라이언트 측에서는, 테스트는 웹앱이 (서버로 보내진) 특정 요구에 기존의 쿠키를 적절히 첨부하는지 판단한다.

애플리케이션 고유의 인터페이스 메커니즘(Application-specific interface mechanisms) 인터페이스 메커니즘에 정의된 기능과 특성 체크리스트에 따라 테스트를 수행한다. 예를 들어, Splaine과 Jaskiel[Spl01]은 전자 상거래 애플리케이션에 정의된 장바구니 기능에 대하여 다음과 같은 체크리스트를 제안한다.

- 장바구니에 담길 항목의 최소 개수와 최대 개수를 이용하여 경계 테스트(제23장)를 수행한다.
- 빈 장바구니에 대한 "결재하기" 요구를 테스트한다.
- 장바구니에서 한 항목을 적절히 제거하는지 테스트한다.
- 구매를 하면 장바구니가 비워지는지를 테스트한다.
- 장바구니 내용물의 지속성을 테스트한다(이것은 고객 요구사항의 일부로 지정되어야 함).
- 웹앱이 장바구니의 내용물을 일정 기간 후에 다시 불러올 수 있는지 테스트한다(구매가 이루어지지 않았다고 가정함).

25.4.3 인터페이스 의미 테스팅

각 인터페이스 메커니즘을 "단위" 테스트하고 나면, 인터페이스 테스팅의 초점이 인터페이스 의미(interface semantics)로 옮겨진다. 인터페이스의 의미 테스팅은 "설계가 사용자를 얼마나 잘 고려하고, 명확한 방향을 제시하고, 피드백을 전달하고, 언어와 접근 방식에 있어서 일관성을 유지하는지 평가한다."[Ngu00]

인터페이스 설계 모델을 철저히 검토하면 위 문단에 내포된 질문에 대해 부분적인 답을 얻을 수 있다. 그러나, 웹앱이 한번 구현되고 나면 (사용자 유형에 따라) 각 유스케이스 시나리오를 테스트해야 한다. 본질적으로, 하나의 유스케이스가 테스팅 순서 설계를 위한 입력이 된다. 테스팅 순서의 목적은 그 유스케이스와 관련해서 사용자가 원하는 바를 이루지 못하게 하는 에러들을 발견하는 것이다.

25.4.4 사용성 테스트

사용성 테스팅은 사용자가 웹앱과 효과적으로 상호작용하는 정도와 웹앱이 사용자의 행동을 안내하는 정도를 평가하고, 의미있는 피드백을 제공하며, 일관된 상호작용 방식을 가능하도록 한다는 의미에서 인터페이스 의미 테스팅(25.4.3절)과 유사하다. 일부 상호작용하는 객체의 의미에 관심을 두는 대신, 사용성 검토와 테스팅은 웹앱이 사용자의 삶을 얼마나 편하게 해 주는지를 판단하기 위해 설계된다.[7]

WebRef
사용성 테스팅에 대한 가치 있는 지침을 다음 사이트에서 찾을 수 있다.
http://www.keyrelevance.com/articles/usability-tips.htm

사용성 테스팅의 설계에는 여러분이 항상 참여하지만, 테스트 자체는 최종 사용자가 수행한다. 사용성 테스팅은 여러 추상화 레벨에서 일어날 수 있다. 즉, (1) 특정 인터페이스 메커니즘(예를 들어, 양식)의 사용성을 평가할 수 있다. (2) (인터페이스 메커니즘, 데이터 객체, 그리고 관련 함수를 포함하는) 완성된 웹 페이지의 사용성을 평가될 수 있다. (3) 완성된 웹앱의 사용성을 평가할 수 있다.

사용성 테스팅의 첫 단계는 사용성의 종류를 식별하고 각 종류의 테스팅 목적을 세우는 것이다. 이 접근 방법을 잘 보여주는 테스팅 종류와 목적이 다음과 같다.[8]

?
사용성의 어떤 특성들이 테스팅의 초점이 되어야 하며 어떤 특정 목표를 다루어야 하는가?

상호작용성(Interactivity) 상호작용 메커니즘(예: 풀다운 메뉴, 버튼, 포인터)이 이해하기 쉽고 사용하기 쉬운가?

레이아웃(Layout) 내비게이션 메커니즘, 컨텐츠 및 기능이 사용자가 찾기 쉬운 곳에 위치하는가?

가독성(Readability) 텍스트가 잘 작성되어 이해하기 쉬운가?[9] 그래픽 표현은 이해하기 쉬운가?

---

7 사용자 친화성(user-friendliness)이라는 용어가 이런 맥락에서 사용되어 왔다. 물론 문제는, 한 사용자가 "친화적" 인터페이스라고 인식하는 것을 다른 사용자는 아니라고 인식하는 데 있다.

8 사용성에 대한 추가적인 정보는 제15장에서 볼 수 있다.

9 가독성에 대한 정량적 평가를 하기 위해 FOG 가독성 인덱스 등을 사용할 수 있다. **http://developer.gnome.org/documents/usability/usability-readability.html**에서 더 자세한 정보를 얻을 수 있다.

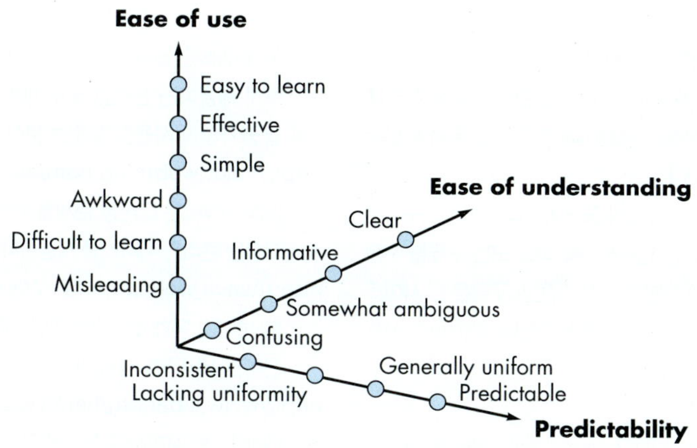

그림 25.3
사용성의 정성 평가

미적 요소(Aesthetics) 레이아웃, 색상, 서체 및 관련 특징이 사용에 편리한가? 웹앱이 직관적이고 사용자가 "편안함"을 느끼는가?

화면 표시 특성(Display characteristics) 웹앱이 화면의 크기와 해상도를 최적으로 사용하는가?

시간 민감도(Time sensitivity) 중요한 특성, 기능, 컨텐츠를 적시에 얻을 수 있는가?

개인화(Personalization) 웹앱이 각 사용자 범주나 개별 사용자의 특정 요구에 자체적으로 맞춰지는가?

접근성(Accessibility) 웹앱이 장애를 가진 사람들이 접근하기 쉽도록 해 주는가?

일련의 테스트가 이러한 각 범주에서 설계된다. 어떤 경우, "테스트"가 웹 페이지의 시각적 검토가 될 수 있다. 어떤 경우에는 인터페이스 의미 테스트가 다시 수행될 수 있지만, 이때는 사용성 문제가 가장 중요하다.

예로서, 상호 작용 및 인터페이스 메커니즘의 사용성 평가를 생각해 보자. Constantine과 Lockwood[Con99]는 사용성을 위해 다음의 인터페이스 특성 목록을 검토하고 테스트해야 한다고 제안한다. 즉, 애니메이션, 버튼, 색상, 제어, 다이얼로그, 필드, 양식, 프레임, 그래픽, 레이블, 링크, 메뉴, 메시지, 내비게이션, 페이지, 선택 장치, 텍스트, 툴 바이다. 각 특성을 평가할 때, 테스팅을 수행하는 사용자들은 품질 등급을 매긴다. 그림 25.3은 사용자가 선택할 수 있는 평가 "등급"을 보여준다. 이러한 등급들은 각 특성에 개별적으로 적용하거나, 완성된 웹 페이지나 웹앱에 전체적으로 적용할 수 있다.

Info

웹 사용자 인터페이스 테스팅 도구

목적: 웹 사용자 인터페이스 테스팅 도구의 목적은 웹 페이지나 웹 사이트에 사용성이나 접근성의 문제가 있는지 결정하는 것이다.

역할: 여기 두 가지 유형의 도구가 있다. 어떤 도구들은 웹 페이지의 URL을 입력하도록 하고 모든 오류를 수정하는 방법에 대해 제안한다. 또 어떤 도구들은 웹 사이트의 페이지에서 작업하는 사용자 액션을 캡처하고 사용자에게 피드백을 유도한다.

대표적인 도구:[10]

http://www.usabilla.com/–Usabilla는 온라인 도구로 개발자가 사용자의 액션을 추적하여 웹 페이지의 사용이 활성화된 동안 의견을 수렴한다.

http://www.google.com/analytics/–Google Analytics은 웹 사이트의 데이터 트랙킹을 광범위하게 제공하는 온라인 도구이며 사이트의 사용성을 평가할 때 사용할 수 있는 분석 도구이다.

http://valet.webthing.com/access/url.html–Web Valet은 접근성 문제를 위해 웹 페이지를 체크하는 온라인 서비스를 제공한다.

http://wave.webaim.org/–Wave는 접근성 문제를 보이기 위해 웹페이지에 문제점을 표시해주는 온라인 서비스를 제공한다.

http://www.sidar.org/hera/index.php.en–Hera는 웹 페이지의 접근성 문제를 체크하기 위해 웹 컨텐츠 접근성 가이드라인 (Web Content Accessibility Guidelines)을 사용하는 온라인 서비스를 제공한다.

25.4.5 호환성 테스트

여러 가지의 컴퓨터, 디스플레이 장치, 운영 장치, 브라우저, 네트워크 연결 속도 등은 웹앱의 운영에 큰 영향을 미친다. 각 컴퓨팅 환경 구성에 따라 클라이언트의 처리 속도, 디스플레이 해상도, 연결 속도 등이 달라질 수 있다. 운영 체제의 다양성이 웹앱 프로세싱 이슈를 만든다. 여러 브라우저들이 웹앱 내에서의 HTML 표준 준수 정도에 상관없이 종종 약간 다른 결과를 만들어낸다. 특정 환경 구성에 필요한 플러그인을 사용하지 못 할 수도 있다. 웹앱이 온라인 상태가 되기 전에 호환성 테스팅(Compatibility testing)은 이러한 문제들을 발견해야 한다.

호환성 테스팅의 첫 단계는 "일반적으로 사용되는" 클라이언트 측 컴퓨팅 환경 구성과 그 변형들을 정의하는 것이다. 기본적으로, 컴퓨팅 플랫폼, 전형적인 디스플레이 장치, 해당 플랫폼에서 지원되는 운영 체제, 사용가능한 브라우저, 가능한 인터넷 연결 속도 등의 정보들을 나타내는 트리 구조를 생성한다. 다음으로, 기존의 인터페이스 테스트, 내비게이션 테스트, 성능 테스트, 보안성 테스트로부터 일련의 호환성 확인 테스트들을 도출한다. 이러한 테스트들의 목적은 환경 구성의 차이로 인해 발생하는 오류나 실행 문제들을 발견하는 것이다.

10 여기에 언급한 도구들이 대표적인 것은 아니지만, 이 범주에 있는 도구들을 샘플링한 것이라고 할 수 있다. 대부분, 도구 이름은 각 개발자의 상표이다.

SafeHome

웹앱 테스팅

장면: Doug Miller의 사무실.

등장인물: Doug Miller(SafeHome 소프트웨어공학 그룹의 관리자, Vinod Raman, 제품 소프트웨어 공학팀 멤버)

대화

Doug: SafeHomeAssured.com 전자상거래 웹앱 V0.0에 대해 어떻게 생각해요?

Vinod: 외주 업체가 작업을 잘 했어요.

Sharon (외주 업체의 개발 관리자)이 우리가 말한 대로 테스트를 진행하고 있다고 합니다.

Doug: 당신과 나머지 팀원이 그 전자 상거래 사이트에 대해 비공식적인 테스팅 좀 해줬으면 해요.

Vinod (찡그리며): 웹앱을 확인하기 위해 제 3의 테스팅 업체를 고용할 줄 알았는데요. 소프트웨어 제품 개발만 해도 여전히 죽을 맛이에요.

Doug: 성능하고 보안 테스팅에는 테스팅 업체를 고용할 것이고, 우리 외주 업체도 이미 테스팅하고 있어요. 다른 관점에서 보는 것도 도움이 될꺼고, 비용도 아낄 수 있지 않을까?

Vinod (한숨을 쉬며): 바라는 게 뭐에요?

Doug: 인터페이스와 모든 내비게이션에 문제가 없다는 것을 확인하고 싶어요.

Vinod: 각각의 주요 인터페이스 기능에 대한 유스케이스로 시작하면 될 것 같아요.

Learn about SafeHome.

Specify the SafeHome system you need.

Purchase a SafeHome system.

Get technical support.

Doug: 좋아요. 그런데 내비게이션 경로를 끝까지 가보세요.

Vinod (노트북으로 유스케이스를 보면서): 음, Specify the SafeHome system you need를 선택하면, 이런 것들이 나오네요:

Select SafeHome components.

Get SafeHome component recommendations.

각 경로의 의미를 검사할 수 있어요.

Doug: 거기 있을 때, 각 내비게이션 노드에 나타나는 컨텐츠를 확인해 보세요.

Vinod: 물론이지요... 기능적 요소도 해야지요. 사용성은 누가 테스트하지요?

Doug: 오··· 테스팅 업체가 사용성 테스트를 조정할 거에요. 우린 사용성 연구를 위해 20명의 전형적인 사용자를 구성하려고 시장조사업체를 고용했어요. 하지만 그들이 사용성 관련 이슈를 하나도 발견하지 못한다면···.

Vinod: 알아요, 같이 넘겨주세요.

Doug: 고마워요, Vinod.

25.5 컴포넌트 수준 테스팅

컴포넌트 수준 테스팅(Component-level testing)은, 기능 테스팅(function testing)이라고도 하며, 웹앱 기능에서 에러를 발견하기 위한 일련의 테스트에 초점을 둔다. 웹앱의 각 기능은 하나의 소프트웨어 모듈(다양한 프로그래밍 언어 또는 스크립트 언어 중 한 가지로 구현됨)이며 제23장에서 논의한 블랙박스 (어떤 경우에는, 화이트 박스) 기법을 이용하여 테스트할 수 있다.

컴포넌트 수준 테스트 케이스는 종종 입력 양식 수준에 의해 결정된다. 한번 양식 데이터가 정해지면, 사용자는 버튼이나 다른 제어 메커니즘을 이용하여 실행을 시작한다. 폼 기반 입력과 이를 적용하는 기능성 테스팅에 동등 분할, 경계값 분석, 그리고 경로 테스팅(제23장)이 적용될 수 있다.

이러한 테스트 케이스 설계 방법 이외에도, 웹앱 컴포넌트를 의도적으로 오류 상태로 빠뜨려 테스트 케이스를 도출하는 강제적 오류 테스팅(forced error testing)이라고 하는 기법이 사용된다. 이 기법은 에러 처리 시 발생하는 에러를 발견하는 데 목적이 있다(예를 들어, 부정확하거나 존재하지 않는 에러 메시지, 에러 때문에 발생하는 웹앱 장애, 잘못된 입력에 의한 잘못된 출력, 컴포넌트 처리와 관련된 부작용).

각 컴포넌트 수준 테스트 케이스는 모든 입력 값들과 컴포넌트가 생성하는 예상 출력 값들을 지정한다. 테스트 결과로 만들어지는 실제 출력은 미래의 지원 및 유지보수 동안의 참조를 위하여 기록된다.

25.6 내비게이션 테스팅

사용자는 고객이 상점이나 박물관을 걸어 다니는 것과 많은 부분 동일한 방식으로 웹앱을 여행한다. 여기에는 취할 수 있는 많은 경로, 뭔가를 위해 머무를 곳, 배우고 보아야 할 것, 활동 참여, 내려야 할 결정 등이 존재한다. 모든 방문객들이 소정의 목적을 가지고 방문하다는 의미에서 내비게이션 프로세스는 예측 가능하다. 동시에, 방문자가 그들이 보고 배운 무언가에 영향을 받아 원래 목적에 맞지 않는 경로를 선택하거나 행동을 취할 수 있기 때문에 내비게이션 프로세스는 예측 불가능하기도 하다. 내비게이션 테스팅 작업은 (1) 웹앱 사용자가 웹앱을 돌아다닐 수 있도록 하는 메커니즘이 모두 기능적인지 (2) 각 내비게이션 의미 단위(NSU)를 해당 범주의 사용자들이 달성할 수 있는지 확인한다.

25.6.1 내비게이션 구문 테스팅

> **Quote**
> 우리는 길을 잃지 않았다. 위치 상 어려움을 겪을 뿐이다.
> John M. Ford

내비게이션 테스팅의 첫 단계는 실제로 인터페이스 테스팅 시 시작된다. 내비게이션 메커니즘을 테스트하여 각각이 의도하는 기능을 수행하는지 확인한다. Splaine과 Jaskiel[Spl01]은 다음의 각 내비게이션 메커니즘을 테스트해야 한다고 제안한다. 즉, 모든 유형의 링크와 앵커, 방향전환(사용자가 존재하지 않는 URL을 요청할 경우), 즐겨 찾기, 프레임과 프레임 세트, 사이트 맵, 내부 검색 기능의 정확성이다.

위의 테스트 중 일부는 자동화된 도구(예: 링크 검사)에 의해 수행되며, 다른 것들은 수동으로 설계, 실행된다. 전반적인 목적은 웹앱이 온라인으로 되기 전에 내비게이션 메커니즘 내의 오류를 발견하는 것이다.

25.6.2 내비게이션 의미 테스팅

> **?**
> 각 NSU를 테스트할 때 어떤 질문들을 던지고 답해야 하는가?

제17장에서 내비게이션 의미 단위(NSU)를 "사용자 요구 사항의 한 부분 집합을 충족하기 위해 협업하는 정보와 관련 내비게이션 구조 집합"[Cac02]으로 정의하였다. 각 NSU는 내비게이션 노드(예를 들면, 웹 페이지, 컨텐츠 객체, 기능)들을 연결하는 일련의 내비게이션 경로("탐색하는 방법")들로 정의된다. 전체적으로 볼 때, 각 NSU는 한 사용자 범주를 위한, 하나 이상의 유스케이스에 정의된 특정 요구 사항을 사용자가 달성하게 해준다. 내비게이션 테스팅은 각 NSU를 검사하여 이러한 요구사항이 달성되는지를 확인한다. 각 NSU를 테스트할 때 다음 질문에 대답해야 한다:

- NSU는 에러 없이 전체를 완수하는가?

- (하나의 NSU에 정의된) 모든 내비게이션 노드들은 NSU에 정의된 내비게이션 경로들에 의해 도달가능한가?
- 하나 이상의 내비게이션 경로를 이용해 NSU가 달성된다면, 모든 관련 경로들을 테스트하였는가?
- 사용자 인터페이스가 제공하는 지침이 내비게이션을 도와준다면, 내비게이션이 진행되는 동안 지시 사항들을 정확하고 이해하기 쉬운가?
- 이전 내비게이션 노드와 내비게이션 경로 맨 처음으로 복귀하는 메커니즘(브라우저의 "뒤로 가기" 화살표가 아니라)이 존재하는가?
- 하나의 큰 내비게이션 노드(예를 들어, 긴 하나의 웹 페이지)안에서의 내비게이션 메커니즘은 잘 작동하는가?
- 한 노드에서 기능이 수행되어야 하는데 사용자가 입력을 하지 않기로 한다면, NSU의 나머지 부분을 완수할 수 있는가?
- 한 노드에서 기능이 수행되고 기능 수행 시 에러가 발생한다면, NSU는 완성될 수 있는가?
- 모든 노드들에 도달하기 전에 내비게이션을 중지하는 방법이 있다면, 나중에 중지된 지점으로 복귀하여 거기서부터 진행할 수 있는가?
- 사이트 맵의 모든 노드는 도달가능한가? 노드 이름들은 사용자에게 의미가 있는가?
- NSU 안의 노드를 외부에서 도달할 수 있다면, 내비게이션 경로에서 다음 노드로 진행할 수 있는가? 내비게이션 경로에서 이전 노드로 복귀할 수 있는가?
- NSU가 실행될 때 사용자는 컨텐츠 아키텍처에서의 자신의 위치를 알 수 있는가?

ADVICE

웹앱 분석 또는 설계 시 아직 NSU를 만들지 않았다면, 내비게이션 테스트 케이스를 위한 유스케이스들을 적용할 수 있다. 동일한 질문들을 던지고 답한다.

인터페이스 테스팅이나 사용성 테스팅과 마찬가지로, 내비게이션 테스팅은 가능한 많은 다른 관계자에 의해 수행되어야 한다. 내비게이션 테스팅 초기 단계에는 여러분들이 책임이 있지만, 나중 단계로 가면 프로젝트의 다른 이해당사자, 독립된 테스팅 팀, 그리고 궁극적으로는 비 기술적인 사용자가 내비게이션 테스팅을 수행한다. 목적은 웹앱 내비게이션을 철저히 검사하는 것이다.

Info

웹 내비게이션 테스팅 도구

목적: 웹 사용자 내비게이션 테스팅 도구의 목적은 웹 사이트에서 연결이 끊긴 모든 웹 링크나 페이지를 식별하는 것이다.

역할: 이 도구들은 웹 소스의 URL을 입력하면 웹 자원의 정확한 유형을 반환하지 않는 링크의 마크업 언어를 스캔한다.

대표적인 도구:[11]

http://validator.w3.org/checklink—온라인 WC3 링크 검사기는 연결이 끊긴 HTML과 XHTML 문서를 분석.

http://www.relsoftware.com/—연결이 끊긴 링크와 미아가 된 파일을 식별할 수 있는 무료 도구인 Rel Link Checker Lite를 다운로드 받을 수 있는 사이트.

11 여기에 언급한 도구들이 대표적인 것은 아니지만, 이 범주에 있는 도구들을 샘플링한 것이라고 할 수 있다. 대부분, 도구 이름은 각 개발자의 상표이다.

25.7 구성 테스팅

구성의 다양성과 불안정성은 웹앱 테스팅을 어렵게 만드는 중요한 요인이다. 하드웨어, 운영 체제, 브라우저, 저장 용량, 네트워크 통신 속도, 그리고 기타 다양한 클라이언트 측 요소들은 각 사용자가 예측하기 어렵다. 또한, 사용자의 구성은 정기적으로 바뀔 수 있다(예를 들어, 운영 체제 업데이트, 새로운 ISP 및 연결 속도). 그 결과는 크고 작은 오류를 내기 쉬운 클라이언트 측 환경이 될 수 있다. 사용자들이 동일한 클라이언트 측 구성을 사용하지 않는 경우, 한 사용자의 웹앱에 대한 인상과 다른 사용자가 그것과 상호작용하는 방식은 서로 다른 사용자 경험으로 인해 상당히 다를 수 있다.

구성 테스팅(configuration testing)은 모든 가능한 클라이언트 측 구성을 검사하는 것이 아니다. 대신, 가능성 있는 클라이언트 측 및 서버 측 구성을 테스트하여 모든 환경 구성에서 사용자 경험이 동일하다는 것을 확인하고 특정 구성에 고유한 오류를 격리한다.

25.7.1 서버 측 이슈

서버 측에서, 구성 테스트 케이스는 서버 구성(즉, 웹앱 서버, 데이터베이스 서버, 운영 체제, 방화벽 소프트웨어, 병렬 애플리케이션)이 오류없이 웹앱을 지원한다는 것을 검증하기 위해 설계된다.

서버 측 구성 테스트를 설계할 때, 서버 구성의 각 구성 요소들을 고려해야 한다. 서버 측 구성 테스팅 시 답을 구해야 하는 질문은 다음과 같다.

?

서버 측 구성 테스팅을 수행 할 때 어떤 질문을 던지고 답해야 하는가?

- 웹앱은 서버 운영 체제와 완전히 호환되는가?
- 웹앱이 동작할 때 시스템 파일, 디렉토리 및 관련 시스템 데이터가 정확하게 생성되는가?
- 시스템 보안 조치(예를 들어 방화벽이나 암호화) 때문에 웹앱이 사용자에게 방해를 주거나 성능 저하가 일어나지 않는가?
- 웹앱이 (하나가 존재하는 경우) 선택된 분산 서버 환경구성[12]에서 테스트되었는가?
- 웹앱이 데이터베이스 소프트웨어와 적절히 통합되었는가? 웹앱이 데이터베이스 소프트웨어의 버전에 민감한가?
- 서버 측 웹앱 스크립트는 적절히 실행되는가?
- 시스템 관리자 에러가 웹앱 동작에 미치는 영향을 검사하였는가?
- 프록시 서버가 사용된다면, 온-사이트 테스팅에서 구성의 차이점들을 다루었는가?

12 예를 들어, 별도의 애플리케이션 서버와 데이터베이스 서버가 사용될 수 있다. 이 두 장비 사이의 통신은 네트워크 연결을 통해 일어난다.

25.7.2 클라이언트 측 이슈

클라이언트 측에서, 구성 테스트는 다음과 같은 구성 요소 중 하나 이상의 조합을 포함하는 구성에 대한 웹앱의 호환성에 더 많이 초점을 둔다. 즉, 하드웨어, 운영 체제, 브라우저 소프트웨어, 사용자 인터페이스 컴포넌트, 플러그-인, 그리고 연결 서비스들(예를 들어, 케이블, DSL, WiFi). 이러한 컴포넌트 이외에, 네트워킹 소프트웨어, 다양한 ISP 및 함께 실행되는 애플리케이션 등의 변수가 있다.

클라이언트 측 구성 테스트를 설계하기 위해서는, 환경구성 변수의 수를 관리할 수 있는 수준으로 줄어야 한다.[13] 이를 위해, 사용자 유형을 평가하여 각 사용자 유형에서 만날 수 있는 구성을 결정한다. 또한, 시장 점유율 데이터를 이용하여 컴포넌트 조합 가능성이 높은 것을 예측할 수 있다. 웹앱을 이러한 환경에서 테스트된다.

Info

웹 구성 테스팅 도구

목적: 웹 구성 테스팅 도구의 목적은 페이지가 화면이 표시될 때 서로 다른 브라우저나 운영 체제의 조합에 의해 일어날 수도 있는 문제를 판단하는 것이다.

역할: 이 도구들은 웹 페이지의 URL을 입력하고 다수의 브라우저와 운영체제의 조합을 선택할 수 있다. 이 도구들은 선택된 버전의 브라우저에 나타나는 것과 같은 웹 페이지의 썸네일을 화면에 표시한다.

대표적인 도구:[14]

http://browsershots.org/—Browsershots은 다양한 브라우저와 운영체제에서 웹사이트를 테스트할 수 있는 온라인 서비스를 제동한다.

http://testingbot.com/—TestingBot은 다양한 브라우저와 운영체제에서 웹사이트를 테스트할 수 있는 제한적인 무료 시험 온라인 서비스를 제공한다.

25.8 보안 테스팅[15]

웹앱 보안성은 효과적인 보안성 테스트를 달성하기 위해서는 전체를 이해해야하는 어려운 주제이다.[16] 웹앱과 클라이언트 측 환경, 서버 측 환경은 외부 해커, 불만을 품은 직원, 정직하지 못한 경쟁자, 중요한 정보를 훔치고, 내용을 악의적으로 수정하고, 성능을 저하시키고, 기능을 수행하지 못하게 하고, 사람, 조직, 사업체를 난처하게 하려는 모든 사람들에게 매력적인 목표가 된다.

보안성 테스트는 클라이언트 측 환경, 데이터가 클라이언트에서 서버로 그리고 그 반대로 전달될 때 발생하는 네트워크 통신, 그리고 서버 측 환경에서의 취약점을 조사하기 위해 설계된다. 각 영역이 공격을 당할 수 있으며, 이런 의도를 가진 사람들에 의해 악용될

Quote

사업을 진행하거나 자산을 저장하는 데 있어서 인터넷은 위험부담이 있다. 해커, 크래커, 스누퍼, 스푸퍼, … 파괴자, 바이러스 유포자, 불량 프로그램 유포자들이 활개 친다.

Dorothy and Peter Denning

13 구성 컴포넌트의 모든 가능한 조합을 테스팅하는 것은 너무 많은 시간 낭비를 초래한다.

14. 여기에 언급한 도구들이 대표적인 것은 아니지만, 이 범주에 있는 도구들을 샘플링한 것이라고 할 수 있다. 대부분, 도구 이름은 각 개발자의 상표이다.

15. 보안테스팅은 제27장의 보안 공학의 일부로도 논의된다.

16. Cross와 Fisher[Cro07], Andrews와 Whittaker[And06], Trivedi[Tri03] 등이 저술한 책에서 이 주제에 대한 유용한 정보를 구할 수 있다.

ADVICE

웹앱이 비즈니스 상 중요하고 민감한 데이터를 관리하거나 해커의 목표물이 될 가능성이 있으면, 전문 회사에게 외주를 주어서 보안성 테스팅을 수행하는 것이 좋다.

KEY POINT

보안성 테스트는 방화벽, 인증, 암호화, 권한 허가 등을 시험하도록 설계해야 한다.

수 있는 약점을 발견하기 위한 보안 테스터의 일이다.

클라이언트 측에서는 브라우저, 이메일 프로그램 또는 통신 소프트웨어에 존재하는 버그로 인해 취약한 부분이 종종 나타난다. 서버 측에서, 취약점은 서비스 거부(denial-of-service) 공격과 클라이언트 측으로 전달되거나 서버의 동작을 불가능하게 하는 악의의 스크립트가 포함된다. 또한, 서버 측 데이터베이스에 인증 없이 접근할 수 있다(데이터 도난).

이러한 (이외에도 많은) 취약점을 방어하기 위해, 방화벽, 인증, 암호화, 그리고 권한 허가 기법이 사용될 수 있다. 보안성 테스트는 보안상의 허점을 발견하기 위한 노력으로 이러한 각각의 보안 기술들을 조사하도록 설계해야 한다.

보안 테스팅의 실질적인 설계는 각 보안 요소의 내부 작용에 대한 심층적인 지식과 광범위한 네트워크 기술에 대한 포괄적인 이해가 필요하다. 많은 경우, 보안 테스팅은 이러한 기술에 전문화된 업체에게 외주를 준다.

Info

웹 보안 테스팅 도구

목적: 웹 보안 테스팅 도구의 목적은 웹 사이트에 존재하는 잠재적인 보안 문제를 식별하는 데 도움이 된다.

역할: 이 도구들은 일반적으로 개발 환경에서 다운로드해서 실행한다. 이 도구들은 웹 사이트의 기능을 변경할 수 있는 유해한 데이터를 삽입할 수 있는 웹앱 스크립트를 검사한다. 일부 도구들을 사용하면 검사 및 모니터링 도구의 사용을 예약할 수 있다.

대표적인 도구:[17]

http://www.mavitunasecurity.com/communityedition/—웹앱의 SQL 주입 취약점을 검사하는 도구(Netsparker)를 다운로드할 수 있는 사이트.

http://enyojs.com/—N-스텔스(N-Stealth) 웹 공격 서명 데이터베이스를 사용하여 웹 사이트에 대한 보안 검사를 수행하는 N-Stalker 도구를 무료로 다운로드할 수 있는 사이트.

http://code.google.com/p/skipfish/—웹 사이트에서 페이지 크롤링으로 발견한 보안 취약점에 대한 보고서를 준비한 skipfish를 다운로드할 수 있는 사이트.

25.9 성능 테스팅

경쟁 사이트가 유사한 컨텐츠를 수 초 안에 다운로드할 때 컨텐츠를 로드하는 데 수 분이 걸리는 웹앱만큼 실망스러운 것도 없다. 웹앱에 로그온하려고 할 때, 나중에 다시 시도하라는 제안과 함께, "서버 사용자 초과"라는 메시지를 보여주는 것만큼 화가 나는 것도 없다. 어떤 상황에서는 즉시 응답하면서, 다른 어떤 상황에서는 무한 대기 상태로 들어갈 것 같은 웹앱만큼 당황스러운 것도 없다. 이러한 일들이 웹에서 매일 발생하며, 모두 성능과 관계있다.

성능 테스팅(Performance testing)은 서버 측의 자원 부족, 부적절한 네트워크 대역폭, 불충분한 데이터베이스 용량, 결함이 있거나 빈약한 운영 체제 성능, 잘못 설계된 웹앱 기

17 여기에 언급한 도구들이 대표적인 것은 아니지만, 이 범주에 있는 도구들을 샘플링한 것이라고 할 수 있다. 대부분, 도구 이름은 각 개발자의 상표이다.

능, 기타 클라이언트-서버 성능을 저하시킬 수 있는 하드웨어와 소프트웨어 이슈 등으로 인한 성능 문제를 발견하는데 사용된다. 목적은 다음 두 가지이다. 즉, (1) 시스템이 부하(즉, 사용자 수, 트랜잭션 수, 또는 전체 데이터 크기)에 어떻게 반응하는지 이해한다. (2) 성능 향상을 위해 설계 변경을 초래하는 척도들을 수집한다.

25.9.1 성능 테스팅 목적

성능 테스트는 실제 부하 상태를 시뮬레이션 하도록 설계한다. 웹앱의 동시 사용자 수가 증가하거나, 온라인 거래의 수가 증가하거나, 데이터의 양 (다운 또는 업로드)이 증가함에 따라, 성능 테스트는 다음과 같은 질문에 대답하는 데 도움이 된다

- 눈에 띄거나 수용할 수 없을 만큼 서버 반응 시간이 느려지는가?
- (사용자, 트랜잭션, 데이터 부하 관점에서) 어느 시점에서 성능이 받아들일 수 없을 만큼 저하되는가?
- 성능 저하에 어떤 시스템 구성 요소가 책임이 있는가?
- 다양한 부하 상태에 따라 사용자에 대한 평균 반응 시간은 어떤가?
- 성능 저하가 시스템 보안에 영향을 미치는가?
- 시스템 부하가 커지면 웹앱의 신뢰성이나 정확성이 영향을 받는가?
- 부하가 서버의 최대 용량을 넘으면 무슨 일이 발생하는가?
- 성능 저하가 회사의 수익에 영향을 미치는가?

ADVICE

최종 사용자가 인식하는 부분인 웹 성능은 테스트하기 어렵다. 네트워크 부하, 네트워크 관련 하드웨어의 다양성과 같은 이슈들을 웹앱 수준에서 테스트하기 어렵다.

이러한 질문에 대답하기 위해, 다음 두 가지 성능 테스트를 실시한다. (1) 부하 테스트(load testing)는 다양한 부하 수준과 다양한 조합의 실제 로딩을 조사한다. (2) 스트레스 테스팅(stress testing)은 어느 용량까지를 웹앱이 처리할 수 있는지를 판단하기 위해 부하를 중단점까지 증가시켜본다. 이 테스팅 전략들은 다음 절에서 살펴본다.

25.9.2 부하 테스팅

부하 테스팅의 목적은 다양한 부하 조건에 대해 웹앱과 서버 측 환경이 어떻게 반응하는지 판단하는 것이다. 테스팅이 진행되면서, 다음 변수들의 조합에 의해 테스트 조건이 설정된다:

ADVICE

웹앱이 충분한 용량을 위해 여러 개의 서버를 사용한다면, 부하 테스팅은 다중 서버 환경에서 수행해야 한다.

> *N*, 동시 사용자 수
> *T*, 단위 시간당 온라인 트랜잭션 수
> *D*, 트랜잭션당 서버에 의해 처리되는 데이터 부하

항상, 이 변수들은 시스템이 정상적으로 동작하는 범위 내에서 정의된다. 각 테스트 조건이 실행될 때, 하나 이상의 다음의 값들을 측정한다. 평균 반응 시간, 표준 크기의 데이터를 내려 받는데 걸리는 평균 시간, 또는 트랜잭션을 처리하는 데 걸리는 평균 시간. 이러한 측정값들을 검사하여 *N*, *T*, *D* 값의 특정 조합에서 큰 성능 저하가 일어나는지 판단한다.

부하 테스팅은 웹앱의 사용자를 위한 권장 연결 속도를 결정하는 데 사용할 수 있다.

전체 처리량 P는 다음의 방식으로 계산한다:

$$P = N \times T \times D$$

예를 들어, 인기 있는 스포츠 뉴스 사이트를 살펴보자. 어떤 순간에, 2만 명의 동시 사용자가 평균 2분에 한 번씩 요청(트랜잭션 T)을 보낸다. 각 트랜잭션 시 웹앱은 평균 3K 바이트 길이의 뉴스 기사를 다운로드하기 위한 요청을 받는다. 따라서 처리량은 다음과 같이 계산된다.

$$P = [20{,}000 \times 0.5 \times 3\text{Kb}]/60 = 500 \text{ Kbytes/sec}$$
$$= 4 \text{ megabits per second}$$

그러므로 서버의 네트워크 연결 속도는 이 데이터 전송률을 지원해야 하며 이 데이터 전송률에서 잘 동작하는지 테스트한다.

25.9.3 스트레스 테스팅

KEY POINT
스트레스 테스팅의 목적은 동작의 한계를 넘어서 압박을 가할 때 시스템이 어떤 고장을 일으키는지 이해하는 데 있다.

스트레스 테스팅(Stress testing)은 부하 테스팅의 연속이지만, 변수 N, T, D의 값이 작동 한계치를 넘도록 한다. 이 테스트의 목적은 다음 질문에 답하는 것이다.

- 용량이 넘어가면 시스템의 성능 저하가 “완만하게“게 일어나는가, 아니면 서버가 동작을 멈추는가?
- 서버 소프트웨어가 “서버 접속불가”라는 메시지를 생성하는가? 더 일반적으로, 사용자가 서버에 접속하지 못하는 것을 알게 되는가?
- 서버는 자원에 대한 요청을 큐에 담아두고 용량에 대한 수요가 감소하면 큐를 비우는가?
- 용량이 넘치면 트랜잭션을 잃어버리는가?
- 용량이 넘치면 데이터 무결성이 영향을 받는가?
- N, T, D의 값이 어떨 때 서버 환경이 장애를 일으키는가? 장애는 어떻게 표출되는가? 통지가 자동으로 서버 사이트의 기술 지원 인력으로 전달되는가?
- 시스템 장애가 발생하면, 온라인 상태로 돌아오는데 얼마나 걸리는가?
- 전체 용량의 80에서 90퍼센트 수준에 도달하면 특정 웹앱 기능(예를 들어 계산 집약적인 기능, 데이터 스트리밍 기능)이 동작을 멈추는가?

스트레스 테스팅의 변형으로 스파이크/바운스 테스팅(spike/bounce testing)[Spl01]이 종종 언급된다. 이 테스팅 방법은, 부하를 크게 올렸다가 빠르게 정상 상태로 낮추고, 다시 빠르게 올린다. 시스템 부하를 크게 올렸다 내렸다 함으로써, 서버가 매우 큰 요청에 대응하기 위해 자원을 얼마나 잘 배분했다가 정상 상태가 나타나면 이 자원들을 얼마나 잘 해제하는지 (그래서 다음 상황에 대비하는지) 판단할 수 있다.

Info

웹 성능 테스팅 도구

목적: 웹 성능 테스팅 도구의 목적은 성능 저하의 원인 또는 웹 사이트가 완전히 실패 할 수 있는 조건을 시뮬레이션 할 수 있는 병목 현상을 찾는 것이다.

역할: 온라인 도구들은 웹 자원의 URL을 입력한다. 일부 도구들은 모의 부하 테스트를 자동으로 수행한다. 일부 도구들은 개발자가 웹 사이트를 탐색 할 때 페이지 로딩 및 서버 응답 시간에 대한 통계를 수집한다.

대표적인 도구:[18]

http://loadimpact.com/—LoadImpact는 웹 서버에서 모의 사용자 부하를 이용하여 부하 영향 테스팅을 수행하는 온라인 도구이다.

http://www.websitepulse.com/help/testtools.website-test.html/—WebSitePulse는 서버 가용성 및 웹 사이트의 응답 시간을 측정하는 온라인 도구이다.

http://www.websiteoptimization.com/services/analyze/—Web Page Analyzer는 웹 사이트의 성능을 측정하고 로드 시간을 개선하기 위해 제안된 변경들의 목록을 제공하는 온라인 도구이다.

http://developer.yahoo.com/yslow/—Yslow는 웹 페이지를 분석하고 고성능 웹사이트 개발에 대한 규칙에 따라 개선점을 제안하는 온라인 도구이다.

http://tools.pingdom.com/fpt/—Pingdom은 컴포넌트 요소들을 개별적으로 분석하여 웹 페이지 로드 시간의 병목현상을 측정하는 온라인 도구이다.

25.10 요약

웹앱 테스팅의 목표는 웹앱의 많은 품질 차원들을 검사하여 품질 실패를 일으킬 수 있는 오류나 이슈들을 찾는 것이다. 테스팅은 컨텐츠, 기능, 구조, 사용성, 항해성, 성능, 호환성, 상호운용성, 용량, 보안성에 초점을 둔다. 테스팅은 웹앱을 설계할 때 실시하는 검토와, 웹이 구현된 후에 수행하는 테스트를 결합한다.

웹앱 테스팅 전략은 컨텐츠, 기능, 내비게이션의 "기본 단위"의 품질 차원을 검사한다. 각각의 기본 단위들을 확인하고 나면, 초점은 웹앱 전체를 검사하는 테스트로 옮겨간다. 이를 위해, 많은 테스트들이 사용자의 관점에서 도출되고 유스케이스에 포함된 정보들을 많이 이용한다. 웹앱 테스트 계획이 개발되고 테스팅 단계, 산출물(예를 들면, 테스트 케이스), 테스트 결과 평가 메커니즘 등을 식별한다. 테스팅 과정은 일곱 개의 테스팅 유형을 포함한다.

컨텐츠 테스팅(과 검토)은 여러 가지 범주의 컨텐츠에 초점을 둔다. 목적은 컨텐츠의 정확성과 최종 사용자에게 보이는 방식에 영향을 주는 의미적 그리고 구문적 오류를 발견하는 것이다. 인터페이스 테스팅은 사용자가 웹앱과 소통하게 하는 상호작용 메커니즘을 검사하고 인터페이스의 미적 요소들을 확인한다. 목적은 부실하게 구현된 상호작용 메커니즘이나 인터페이스 의미적으로 빠진 부분, 일관성이 없는 부분, 모호한 부분으로부터 발생되는 오류를 발견하는 것이다.

내비게이션 테스팅은 내비게이션 설계에 대해 각각의 사용 시나리오를 검사하는 테스트 케이스의 설계에서, 설계 활동의 일부분으로 도출된, 유스케이스를 적용한다. 내비게이션 메

18 여기에 언급한 도구들이 대표적인 것은 아니지만, 이 범주에 있는 도구들을 샘플링한 것이라고 할 수 있다. 대부분, 도구 이름은 각 개발자의 상표이다.

커니즘은 유스케이스의 완수를 방해하는 오류를 식별 및 수정하는지 확인하기 위해 테스트된다. 컴포넌트 테스팅은 웹앱에 포함된 컨텐츠와 기능적 단위들을 검사한다.

구성 테스팅은 특정 클라이언트 서버 환경에서 나타나는 에러나 호환성 문제들을 발견하고자 한다. 그래서 테스트는 각각의 가능한 구성에서 오류를 발견하기 위해 수행된다. 보안 테스팅은 웹앱과 그 환경에 존재하는 취약점을 이용하도록 설계된 일련의 테스트들을 포함한다. 목적은 보안상의 허점을 찾는 것이다. 성능 테스팅은 서버 측 자원 용량에 대한 수요가 증가할 때의 웹앱의 반응 시간과 신뢰성을 평가하기 위해 설계된 일련의 테스트들을 포함한다.

문제와 생각할 점

25.1 웹앱 테스팅이 전적으로 무시되는 어떤 상황이 존재하는가?

25.2 웹앱의 맥락에서 테스팅의 목적에 대해 자신의 의견을 제시하시오.

25.3 호환성은 중요한 품질 차원이다. 웹앱에 호환성이 있다는 것을 확인하기 위해 테스트해야 하는 것들은 무엇인가?

25.4 어떤 오류가 더 심각할 가능성이 있는가? 클라이언트 측 오류 아니면 서버 측 오류? 이유는?

25.5 웹앱의 어떤 구성 요소를 "단위 테스트" 할 수 있는가? 웹앱 구성 요소를 통합한 후에는 어떤 유형의 테스트를 실시해야 하는가?

25.6 형식을 갖춘 테스트 계획을 항상 개발할 필요가 있는가? 설명하시오.

25.7 전반적인 웹앱 테스팅 전략은 사용자가 볼 수 있는 요소들로부터 시작하여 기술적인 요소들로 이동하는 것이라고 말하는 것이 정당한가? 이 전략에 예외가 있는가?

25.8 컨텐츠 테스팅은 정말 전통적인 의미에서의 테스팅인가? 설명하시오.

25.9 웹앱의 데이터베이스 테스팅과 관계된 단계들을 기술하시오. 데이터베이스 테스팅은 주로 클라이언트 측 활동인가 아니면 서버 측인가?

25.10 인터페이스 메커니즘 관련 테스팅과 인터페이스 의미 관련 테스팅의 차이점은 무엇인가?

25.11 나이든 시민들을 위한 온라인 약국(**YourCornerPharmacy.com**)을 개발하고 있다고 가정하자. 약국은 일반적인 기능을 수행할 뿐만 아니라, 고객 데이터베이스를 관리하여 약의 정보를 제공하고 발생할 수 있는 약물 부작용 등을 경고할 수 있다. 이 웹앱을 위한 특별한 사용성 테스트 대해 논의하시오.

25.12 **YourCornerPharmacy.com**(문제 25.11)의 약물 부작용 체크 기능을 구현했다고 가정하자. 이 기능이 적절히 수행되는지를 확인하기 위해 수행해야하는 컴포넌트 수준 테스트의 종류에 대해 논의하시오. (데이터베이스가 이 기능의 구현을 위해 사용되어야 한다.)

25.13 내비게이션 구문과 내비게이션 의미를 위한 테스팅의 차이점은 무엇인가?

25.14 웹앱이 서버 측에서 가질 수 있는 모든 구성을 테스트하는 것이 가능한가? 클라이언트 측에서는 가능한가? 아니라면, 의미 있는 일련의 구성 테스트들을 어떻게 선택할 것인가?

25.15 보안 테스팅의 목적은 무엇인가? 누가 이 테스팅 활동을 수행하는가?

25.16 **YourCornerPharmacy.com**(문제 25.11)이 크게 성공하여, 운영 시작 2개월 만에 사용자 수가 극적으로 증가했다. 고정된 서버 측 자원들에서 사용자 수에 대한 함수로써 예상되는 응답 시간을 나타내는 그래프를 그리시오. "응답 곡선" 위에 관심 지점을 표시하기 위해 그래프에 레이블을 붙이시오.

25.17 이에 대응하여, 성공한 **YourCornerPharmacy.com**(문제 25.11)은 처방전의 재주문을 처리하려고 특별한 서버를 단독으로 구현하였다. 평균적으로, 1,000명의 동시 사용자가 매 2분에 한번 꼴로 재주문 요청을 보낸다. 웹앱은 응답으로 500바이트의 데이터 블록을 다운로드한다. 이 서버 요구되는 처리량은 대략 초당 몇 메가바이트인가?

25.18 부하 테스팅과 스트레스 테스팅의 차이점은 무엇인가?

추가 읽을거리와 정보 소스

웹앱 테스팅 관련 저서들은 점점 많아지고 있다. Andrews와 Whittaker(*How to Break Web Software*, Addison-Wesley, 2006), Ash(*The Web Testing Companion*, Wiley, 2003), Nguyen와 동료들(*Testing Applications for the Web*, 2nd ed., Wiley, 2003), Dustin과 동료들 (*Quality Web Systems*, Addison-Wesley, 2002), 그리고 Splaine과 Jaskiel [Spl01] 의 책들은 지금까지 출간된 책들 중 이 주제에 대해 가장 완벽하게 다룬 책들이다. Whitaker과 그의 동료들은 추가적인 웹 테스팅 실무를 설명한다(*How Google Tests Software*, Addison-Wesley, 2012). Mosley(*Client-Server Software Testing on the Desktop and the Web*, Prentice Hall, 1999)은 클라이언트 측과 서버 측에서의 테스팅 이슈를 다룬다.

다음은 애플리케이션 테스팅 전략과 방법에 대한 유용한 정보뿐만 아니라 자동화된 테스팅 도구에 대한 가치 있는 논의가 제시되었다. David(*Selenium 2 Testing Tools: A Beginner's Guide*, Packit Publishing, 2012)과 Stottlemeyer(*Automated Web Testing Toolkit*, Wiley, 2001). Graham과 동료들(*Experiences of Test Automation*, Addison-Wesley, 2012), (*Software Test Automation*, Addison-Wesley, 1999)은 자동화 도구에 대한 추가적인 자료를 제공한다.

Microsoft(*Performance Testing Guidance for Web Applications*, Microsoft Press, 2008)와 Subraya(*Integrated Approach to Web Performance Testing*, IRM Press, 2006)는 웹앱의 성능 테스팅을 상세하게 다룬다. Hope와 Walther(*Web Security Testing Cookbook*, O'Reilly, 2008), Skoudis(*Counter Hack Reloaded, Prentice Hall*, 2nd ed, 2006), Andreu(*Profession Pen Testing for Wes Applications*, Wrox, 2006), Chirillo(*Hack Attacks Revealed*, 2nd ed., Wiley, 2003), Splaine(*Testing Web Security*, Wiley, 2002), 그리고 Klevinsky와 동료들(*Hack I.T.: Security through Penetration Testing*, Addison-Wesley, 2002)은 보안성 테스트를 설계해야 하는 사람들에게 아주 유용한 정보를 제공한다. 또한, 일반적으로 소프트웨어의 보안 테스팅을 다루는 책들도 웹앱을 테스트해야 하는 사람들에게 중요한 지침을 제공한다. 대표적인 저서는 다음과 같다. Engebretson(*Basics of Hacking and Penetration Testing*, Syngress, 2011), Basta와 Halton(*Computer Security and Penetration Testing*, Thomson Delmar Learning, 2007), Wysopal와 동료들 (*The Art of Software Security Testing*, Addison-Wesley, 2006), 그리고 Gallagher와 동

료들 (*Hunting Security Bugs*, Microsoft Press, 2006).

웹앱 테스팅에 대한 다양한 정보 자원을 인터넷에서 찾을 수 있다. 월드 와이드 웹 참고문헌에 대한 최신 리스트를 SEPA 웹 사이트 www.mhhe.com/pressman의 "software engineering resources"에서 찾을 수 있다.

26 CHAPTER

모바일 앱 테스팅

주요 개념

자동화
체크리스트
가이드라인
국제화
실시간 테스팅
전략
스트레스 테스팅
현실 속에서의 테스팅
테스트 매트릭스
도구와 환경
사용성 테스팅

모바일 앱 프로젝트에도 웹앱과 같은 긴박감이 존재한다. 이해관계자들은 시장에서의 사업 영역을 놓칠까 걱정하면서 모바일 앱이 빨리 온라인 상에 나타날 것을 강요한다. 성능 및 보안 테스팅과 같이, 개발 과정 후반부에 나타나는 기술적 활동에 부여하는 시간이 짧은 경우가 많다. 설계 과정 중에 수행해야하는 사용성 테스팅이 결국은 인도 직전까지 연기되기도 한다. 이러한 것들은 치명적인 실수가 될 수 있다. 이런 상황을 방지하려면, 여러분과 팀원들은 각 작업 산출물이 높은 품질을 가지고 있다는 것을 입증해야 한다. Soasta[Soa11]가 작성한 백서에는 다음과 같이 요약하고 있다.

> 모바일 기술은 과거 어느 기술보다도 그야말로 빠르게 성장하고 있다. 이것은 역사상 가장 빠른 수용 곡선일 것이다. 그리고 이것은 비즈니스 모델에 중요한 의미를 가지고 있다. 여러분은 시장에 빠르게 진출해야할 뿐만 아니라 신속한 채택도 준비해야 한다. 애플리케이션이 형편없이 수행되거나, 부하에 의해 다운되면, 많은 경쟁자들은 당신의 자리를 노릴 준비가 되어있다. 진입 장벽이 낮다.

모바일 앱 요구사항 및 설계 모델은 실행 가능한 테스트 케이스만으로는 테스트될 수 없다. 여러분의 팀은 기술 검토(제20장)를 수행하고 성능뿐만 아니라 유용성(제15장)을

QUICK LOOK

이것은 무엇인가? 모바일 앱 테스팅은 하나의 목적을 가진 관련 활동들의 모임이다. 모바일 앱에서 컨텐츠, 기능, 사용성, 항해성, 성능, 용량, 보안의 오류를 발견하는 것. 이를 위해, 검토와 실행 가능한 테스팅을 포함하는 테스팅 전략을 적용한다.

누가 수행하는가? 소프트웨어 엔지니어들과 다른 프로젝트 이해관계자(관리자, 고객, 최종 사용자) 모두 모바일 앱 테스팅에 참여한다.

왜 중요한가? 최종 사용자가 모바일 앱의 오류나 어려움을 만나면, 필요한 개인화된 컨텐츠와 기능을 얻기 위해 다른 곳으로 가게 된다. 이러한 이유로, 모바일 앱을 앱 스토어나 저장소에 올리기 전에 가능한 많은 에러들을 찾아서 수정해야 한다.

어떤 단계가 있는가? 모바일 앱 테스팅 과정은 먼저 모바일 앱에서 사용자가 볼 수 있는 부분에 초점을 두고 기술과 하부 구조를 검사하는 테스트로 진행한다. 다음과 같은 몇 가지 테스팅 단계를 수행한다. 컨텐츠 테스팅, 인터페이스 테스팅, 내비게이션 테스팅, 컴포넌트 테스팅, 구성 테스팅, 성능 테스팅, 보안 테스팅.

작업 산출물은 무엇인가? 모바일 앱 테스트 계획을 수립한다. 모든 경우에, 각 테스팅 단계별로 테스트 케이스를 개발하고 테스트 결과를 저장, 관리하여 나중에 사용할 때를 대비한다.

작업이 옳게 수행되었다는 것을 어떻게 확인하는가? 필요한 모든 테스트를 수행했다고 확신할 수는 없지만, 테스팅이 에러들을 발견했다(그리고 수정했다)는 확신을 가질 수 있다. 또한, 테스트 계획을 세운다면, 계획한 테스트들 모두 수행했는지 확인할 수 있다.

테스트해야 한다. 구성 테스팅은 정황상 모바일 앱의 능력을 검증하기 위한 메커니즘으로서 특히 중요하다. 의도는 모바일 앱이 최종 사용자 커뮤니티에 배포되기 전에 오류를 찾아서 수정하는 것이다.

모바일 앱 테스팅 전략을 수립할 때 물어야할 몇 가지 중요한 질문이 있다[Sch09].

- 사용자와 함께 테스트하기 전에 완벽하게 작동하는 프로토타입을 만들어야 하는가?
- 사용자의 모바일기기로 테스트해야 하는가, 아니면 테스팅을 위한 모바일기기를 제공해야 하는가?
- 테스팅에 어떤 모바일기기들과 사용자 그룹을 포함해야 하는가?
- 원격 테스팅 대비 실험실 테스트는 어떤 장단점이 있는가?

이 장에서 이러한 각각의 질문을 해결한다.

26.1 테스팅 가이드라인

모바일기기에서 전적으로 실행되는 모바일 앱은 전통적인 소프트웨어 테스팅 방법(제23장)이나 개인용 컴퓨터에서 실행되는 에뮬레이터를 사용하여 테스트될 수 있다. 한편, 서버 기반 자원을 활용하는 씬 클라이언트 모바일 앱은 테스트하는 것이 특히 어렵다. 웹앱에서 제공된 많은 테스팅 문제점에 더하여(제25장), 씬 클라이언트 모바일 앱의 테스팅은 인터넷 게이트웨이와 전화 네트워크를 통한 데이터 전송 또한 고려하여야 한다[Was10]. 사용자는 모바일 앱이 상황 인식적이어서 가능한 네트워크 기능과 관련하여 모바일기기의 물리적 위치에 기반을 둔 개인화된 사용자 경험을 제공할 것을 기대한다. 그러나 모든 가능한 모바일기기와 네트워크 구성을 사용하는 동적 애드-혹 네트워크 환경에서 모바일 앱을 테스트하는 것은 불가능하지는 않더라도 어렵다.

ADVICE

가능한 테스팅 주기의 초기에 사용자를 참여시켜라—초기 피드백은 설계를 수정하는 데 도움이 된다.

모바일 앱 테스팅의 목적을 이해하기 위해서는, 앱 설계자가 직면해있는 많은 고유의 문제점을 고려해야 한다. 모바일 앱은 PC 기반 애플리케이션에서 볼 수 있는 복잡한 기능성과 신뢰성의 대부분을 제공할 것으로 기대되지만, 상대적으로 제한된 자원을 가진 모바일 플랫폼에 들어있다. 다음의 가이드라인은 모바일 앱 테스팅을 위한 기초를 제공한다[Kea07].

- **병목 현상을 식별하기 위해 테스트하기 전에 네트워크와 모바일기기들을 이해하라.** 국경을 넘는 테스팅은 26.4절에서 논의된다.
- **제어받지 않는 실제 테스트 조건(현장 기반 테스팅)에서 테스트를 수행하라.** 특히 다중 계층 모바일 앱. 생산 환경에서의 테스팅은 26.2.5절에서 논의된다.
- **적절한 자동화 테스트 도구를 선택하라.** 이상적으로는, 도구는 모든 원하는 플랫폼을 지원해야하고, 다양한 스크린 유형, 해상도, 터치패드나 키패드 같은 입력 메커니즘을 테스트할 수 있어야 하며, 종단 간의 테스팅을 수행하기 위해 외부 시스템

과의 연결을 구현한다. 모바일 앱 테스팅 도구는 26.6절에서 좀더 상세히 논의된다.

- **테스트하려는 가장 중요한 하드웨어/플랫폼 조합을 식별하기 위해 가중 장치 플랫폼 매트릭스 방법을 사용하라.** 이 방법은 특히 하드웨어/플랫폼 조합이 많고 테스트할 시간이 적을 때 매우 유용하다. 이 방법의 상세한 적용은 26.2.3절에서 설명된다.
- **적어도 한번은 모든 가능한 플랫폼에서 종단간 기능적 흐름을 체크하라.** 웹 서비스가 관여되면, 성능 도구 없이는 모바일 앱 기능을 제공하는 실제 네트워크 경로를 추적하기 힘들다. 도구의 사용은 26.6절에서 논의된다.
- **실제 모바일기기를 사용하여 성능 테스팅, GUI 테스팅, 그리고 호환성 테스팅을 수행하라.** 이런 테스트는 에뮬레이터를 사용할 수도 있지만, 실제 모바일기기로 테스트하는 것을 권장한다. 사용자 상호작용 테스팅은 26.3절에서 그리고 성능 이슈는 26.2절에서 논의된다.
- **무선 트래픽 및 사용자 부하의 현실적인 조건에서 성능을 측정하라.** 모바일 앱의 실시간 테스팅 이슈는 26.5절에서 논의된다.

Info

모바일 앱 테스팅-체크리스트

Nari Kannnan, 모바일 앱 컨설팅 회사인 appsparq, Inc.의 대표는 모바일 앱 테스팅에 대해 다음의 권장사항을 제시했다[Kan11].

- **개념적 테스팅** – 개발을 시작하기 전에 모바일 앱의 장래의 사용자로부터 입력을 얻는 것은 불필요한 기능이 포함되지 않고 필수 기능이 누락되지 않았는지 확인하는 데 도움이 된다. (요구사항 수집과 확인 기법은 제9장에서 논의되었다.)
- **단위 및 시스템 테스팅** – 일반적인 단위 및 시스템 테스팅을 구현하는 것은 다중 컴포넌트를 포함하고 네트워크와 상호작용하는 모든 소프트웨어 애플리케이션을 수용한다(제22, 26장).
- **사용자 경험 테스팅** – 개발 프로세스 초기에 실제 사용자가 참여하는 것은 제공되는 경험이 사용성 및 접근성에 대한 이해관계자의 기대에 부응한다는 것을 보장한다. 모바일 앱 사용성 테스트는 26.3절에서 논의된다.
- **안정성 테스트** – 모바일 앱이 네트워크 또는 웹 서비스와 호환되지 않는 것으로 인해 장애를 일으키지 않는다는 것을 보장한다. 생산 환경에서의 모바일 앱 테스팅은 23.2.5절에서 논의된다.
- **연결 테스팅** – 모든 필수 컴포넌트 및 웹 자원에 대한 접근을 테스트하는 것은 모바일 앱이 상황에 따라 적절히 사용될 수 있다는 것을 보장한다. 국경을 넘는 테스팅은 26.6절에서 논의된다.
- **성능 테스팅** – 비기능적 요구사항을 충족하기 위해 모바일 앱의 능력을 테스팅(다운로드 시간, 프로세서 속도, 저장 용량 등). 성능 테스팅은 26.2.4와 26.5절에서 논의된다.
- **장치 호환성 테스트** – 모든 대상 장치에서 모바일 앱이 올바르게 작동하는 것을 검증. 이 작업은 26.2.3절에서 논의된다.
- **보안 테스팅** – 모바일 앱이 이해관계자에 의한 보안 요구사항을 충족한다는 것을 보장. 보안 보증 테스팅은 27장에서 논의된다.
- **인증 테스팅** – 모바일 앱이 배포될 앱 스토어에 의해 수립된 표준을 충족하는지 확인.

Quote

나는 모바일폰과 함께 묻히고 싶다, 단지 내가 죽지 않은 경우에만

Amanda Holden

26.2 테스팅 전략

기술만으로는 모바일 앱의 상업적 성공을 충분히 보장하지 않는다. 사용자들은 잘 작동하지

않거나 기대에 부응하지 못하는 경우, 모바일 앱을 쉽게 포기한다. 테스팅은 두 가지 중요한 목표가 있다는 것을 상기하는 것이 중요하다. 즉, (1) 개발 주기에서 초기에 결함을 발견하는 테스트 케이스를 작성하고 (2) 중요한 품질 속성의 존재를 검증하는 것이다. 모바일 앱의 품질 속성은 ISO 9126 [Spr04]에 규정된 것을 기반으로 하며 기능성, 신뢰성, 유용성, 효율성, 유지보수성, 그리고 이식성을 포함한다(제19장).

모바일 앱의 테스트 전략을 개발하는 것은 소프트웨어 테스팅 및 모바일기기와 고유의 네트워크 인프라가 만드는 문제 모두를 이해하는 것이 필요하다[Kho12a]. 전통적인 소프트웨어 테스팅 접근법(제22, 23장)에 대한 완전한 지식뿐만 아니라, 모바일 앱 테스터는 전화통신 원칙를 잘 이해하고 모바일 운영 체제 플램폼의 다른 점과 기능에 대해서도 인식하고 있어야 한다. 이 기본적인 지식은 모바일 테스팅의 여러 유형(예를 들어, 모바일 앱 테스팅, 모바일 전화기 테스팅, 모바일 웹사이트 테스팅), 시뮬레이터의 사용, 테스트 자동화 도구, 그리고 Remote Data Access(RDA) 서비스에 대한 완전한 이해와 함께 보완되어야 한다. 각각의 주제에 대해서는 이 장의 뒷부분에서 논의된다.

26.2.1 전통적인 접근법이 적용가능한가?

KEY POINT
모바일 앱을 테스트해야 하는 사람들은 웹앱 테스팅을 위한 전반적인 전략을 변형하여 적용할 수 있다.

전반적인 모바일 앱 테스팅 프로그램은 제22장에서 논의된 일반적인 나선형 접근법을 포함하며, 클라이언트-서버 아키텍처, 실시간 컴퓨팅, 그래픽 사용자 인터페이스, 웹앱, 그리고 객체지향 시스템에 대해 논의된 것(제23~25장)을 변형하여 적용할 수도 있다. 모바일 앱 테스팅은 또한 앱이 기능적 요구사항과 비기능적 요구사항 모두를 충족하는지 확인하기 위해 해결해야하는 고유한 해결과제가 있다.[1]

Vinson[Vin11]은 모바일 앱 테스터는 웹앱 테스팅(제25장)에 사용되는 전략을 채택하는 것이 좋다고 제안한다. 컨텐츠 테스트는 모바일기기와 애드-혹 네트워크의 한계를 염두에 두고 컨텐츠가 선택되었는지 확인하기 위해 테스트해야 한다. 호환성 테스팅과 배치 테스팅은 모바일 세계에서는, 모바일기기 특성과 사용자 환경이 매우 다양하기 때문에 더 많은 해결과제가 있다. 성능 테스팅은 모바일기기에서 사용할 수 있는 한정된 저장용량, 프로세싱, 연결 그리고 전원이 특징이나 기능에 부정적인 영향을 미칠 수 있는지에 대한 판단이 필요하다. 모바일 앱 성능 테스팅은 종종 실시간 시스템의 개발에서나 볼 수 있는 상세 수준에서 수행된다. 보안 테스팅은 모바일기기의 물리적 분실뿐만 아니라 모바일기기 하드웨어 상에서 모바일 앱이 종종 직접 실행되어 개인 정보가 도난에 노출된다는 사실을 고려해야한다. 모바일 앱은 종종 일반적인 웹 사용자보다 기술적인 지식이 적은 사람들에 의해 사용되도록 설계되며 이는 사용자 경험(26.3절)의 좀 더 광범위한 테스팅에 대한 필요성을 갖게 한다. 애자일 개발 프로세스 모델(제5장) 및/또는 테스트 주도 개발 모델(제24장)이 사용될 수 있다.

1 모바일 앱 테스팅에 대한 고유한 이슈의 개요는 다음에서 찾을 수 있다. **http://www.utest.com/ landing-interior/crowdsource-your-mobile-app-testing**

26.2.2 자동화의 필요성

모바일 앱 테스터는 종종 모바일 앱이 기능과 상황 인식이 모두 있는지 확인하기 위해 포함해야할 다양한 구성의 변형(모바일기기, 운영체제, 모바일 네트워크)을 마주한다. 모바일 앱을 효율적이고 완전하게 테스트하는 것이 중요하기 때문에, 자동화된 테스팅은 구성 테스팅(25.7절)이나 회귀 테스팅(22.3절)에 유용할 수 있다. 하지만, 모바일 앱 테스팅 전부를 자동화할 수 없다는 점에 유의해야 한다(예를 들어, 휴대용 비디오 게임에서의 사용자 상호작용).

자동화된 테스팅 도구는 테스터가 기계적으로 테스트 케이스를 수없이 반복 처리해야 하는 경우 팀의 사기를 향상시킬 수 있다. 자동화된 테스트 도구의 가용성은 조기에 좀 더 자주 테스트하는 것을 권장할 수 있으며, 모바일 앱의 결함을 초기에 발견하게 해준다. 애자일 개발 프로세스는 변경에 의해 의도하지 않은 부작용이 발생하지 않는다는 것을 확인하기 위해 회귀 테스팅이 필요한 데일리 빌드 주기를 활용하도록 되어있다.

Mobile Labs, Inc.[Mob11]는 다음의 요소들을 포함하는 모바일 앱 테스팅 자동화 접근법을 제안하였다.

> **Quote**
> 오늘날 모바일 장치는 수도 없이 많지만, 여러분은 각 장치가 무엇을 수행할 수 있는지 개발자로서 조금은 알고 있어야 한다.
>
> John Fowler

타당성 분석(Feasibility analysis) 자동화를 하면 어떤 테스트와 테스트 케이스가 투자 대비 수익(return on investment, ROI)이 가장 큰지 판단한다. 반복적이고 자주 사용되는 테스트 케이스를 자동화하는 데 초점을 두어야 한다. 목표는 수동 테스트 케이스의 50~60%를 자동화하는 것이다.

> **?**
> 자동화된 모바일 테스팅의 가장 중요한 요소는 무엇인가?

개념의 증명(Proof of concept) 테스트 자동화의 가치를 확인한다. 이를 위해, 한정된 수의 수동 테스트 스크립트가 이 노력의 ROI를 판단하기 위해 자동화된다. 테스트 팀은 다른 스크립트에 대한 확장성 및 후속 테스트 주기에서의 재사용 정도를 판단해야 한다.

모범 사례 테스트 프레임워크(Best practice test framework) 테스팅 프로세스의 기초 역할을 하는 모바일 앱에 특화된 방법론을 제시한다. 프레임워크는 구현 및 모바일 앱 테스팅을 위한 규칙을 정의하며 각 모바일 플랫폼에 따라 개발되고 조직의 애플리케이션 제품군에 따라 조정된다.

사용자 정의 테스팅 도구(Customized testing tools) 고급 스크립팅 기술을 활용하여 각 모바일 플랫폼(과 테스트하는 애플리케이션)에 맞도록 커스터마이징 한다.

실제 조건에서의 테스팅(Testing under real-world conditions) 테스팅 실험실 외부의 실제 모바일기기 상에서 애플리케이션이 어떻게 실행되는지 확인한다. 에뮬레이터가 아닌 실제 모바일기기에서의 테스팅은 잘못된 결함 보고의 발생을 줄이고 사용자 수준의 오류가 발견될 가능성이 커진다(26.2.5절).

신속한 결함 해결(Rapid defect resolution). 자동화된 결함 정보의 제출 및 불일치 보고서의 생성을 통한 신속한 구현은 개발자들이 결함을 해결하는 데 필요한 시간을 줄일 수 있게 해준다.

테스트 스크립트의 재사용(Reuse of test scripts) 개선이 이루어질 때 처음부터 테스트 케이스 생성을 시작하는 필요성을 제거함으로써 비용절감을 제공한다. 이것은 테스트 도구 아키텍처가 기능 인터페이스와 테스트 로직을 분리할 수 있도록 하는 것이 중요하다. 이것은 도구가 새로운 플랫폼과 모바일기기에 적용되도록 하여, 인터페이스를 재사용 가능한 함수로 포장되게 한다.

26.2.3 테스트 매트릭스 구축

모바일 앱은 종종 여러 모바일기기용으로 개발되고 많은 다양한 상황과 장소에서 사용될 수 있도록 설계된다. 가중 장치 플랫폼 매트릭스(weighted device platform matrix, WDPM)는 테스트 커버리지가 각 모바일기기와 상황 변수의 조합이 포함되어 있는지 확인하는데 도움이 된다.[2] WDPM은 또한 가장 중요한 것을 먼저 테스트할 수 있도록 모바일기기/상황 조합의 우선순위를 정하는 데에도 사용될 수 있다.

몇 가지 모바일기기와 운영체제를 위한 WDPM을 구축하는 단계(그림 26.1)는 다음과 같다. (1) 행렬의 열 레이블에 주요 운영 체제를 나열하고, (2) 행렬의 행 레이블에는 대상 모바일기기를 나열한다. (3) 각 운영 체제와 모바일기기의 상대적 중요도를 표시하는 순위(예를 들어 0부터 10까지)를 할당한다. 그리고 (4) 각 순위 쌍의 곱을 계산하고 행렬의 셀에 각 곱을 입력한다(불가능한 조합은 NA로 표기).

고려하고 있는 각 상황 변수에 대해 가장 높은 등급의 모바일기기/플랫폼 조합이 가장 주목받을 수 있도록 테스팅 노력이 조정되어야 한다. 그림 26.1에서, Device4와 OS3은 가장 높은 등급을 받았으며 테스팅에서 최우선적인 주목을 받을 것이다.

26.2.4 스트레스 테스팅

KEY POINT
우아한 성능저하는 내결함성 시스템의 중요한 속성이다. 우아하게 저하되는 시스템은 손상을 복구할 수 없을 경우 종료하기 전에 안전 상태로 도달하려고 시도하며 계속 실행을 가능하게 한다.

모바일 앱의 스트레스 테스팅(Stress testing)은 극단적인 운영 조건에서 발생하게 되는 오류를 발견하려는 것이다. 또한, 모바일 앱이 보안을 손상시키지 않고 우아하게 저하되는지 판단하는 메커니즘을 제공한다. 극단적인 조건을 만들 수 있는 여러 가지 활동들은 다음과 같다. (1) 동일 모바일기기에서 여러 모바일 앱을 실행한다. (2) 시스템 소프트웨어를 바이러스나 악성 코드로 감염시킨다. (3) 모바일기기의 제어권을 가지려 시도하고 이를 이용하여 스팸을 퍼뜨린다. (4) 강제적으로 모바일 앱이 비정상적으로 큰 트랙잭션을 처리하게 한다. 그리고 (5) 모바일기기에 지나치게 많은 수의 데이터를 저장한다. 이러한 조건들을 발

그림 26.1
가중 장치 플랫폼 매트릭스

		OS1	OS2	OS3
	Ranking	3	4	7
Device 1	7	NA	28	49
Device 2	3	9	NA	NA
Device 3	4	14	NA	NA
Device 4	9	NA	36	63

2 상황 변수는 모바일 앱이 가시적인 사용자 동작을 나타내기 위하여 사용할 현재 연결이나 현재 트랜잭션과 관련된 변수이다.

생시킴으로써, 모바일 앱이 자원을 많이 사용하는 서비스를 제대로 처리한다는 것을 확인하기 위해 검사된다.

효과적인 스트레스 테스팅[Soa11]은 각각의 모바일기기와 운영 체제는 공통적인 환경에서 "거칠게" 수행해야 한다. 정격 용량의 두 세배 정도를 실행하는 조건을 테스트해야 한다. 테스트는 실제 상황에서 실제 사용자의 행동을 반영해야 하며 지역 내에서 위치를 바꾸는 사용자뿐만 아니라, 다른 네트워크 구성 및 표준을 따르는 다른 나라의 사용자까지도 반영해야 한다.

다음에 나오는 절에서는 이런 가이드라인을 좀더 세부적으로 다룬다.

26.2.5 생산 환경에서의 테스트

많은 모바일 앱 개발자들은 현실 속에서의 테스팅 또는 사용자 그 자체의 환경에서 모바일 앱 자원의 출시 버전으로 테스팅하는 것을 지지한다. 현실 속에서의 테스팅은 민첩하고 모바일 앱이 진화함에 따라 변화에 대응하도록 설계된다[Ute12].

현실 속에서의 테스팅의 특성 중 일부는 부정적이고 예측할 수 없는 환경, 오래된 브라우저와 플러그 인, 고유한 하드웨어, 그리고 불완전한 연결(Wi-Fi 및 이동 통신사)을 포함한다. 실제 상황을 반영하기 위해, 테스터의 인구 통계적 특징은 대상이 되는 사용자들뿐만

Quote

모바일에 대해 중요한 점은 모든 사람이 그들의 주머니에 컴퓨터를 가지고 있다는 것이다.

Ben Horowitz

SafeHome

생산 환경에서 모바일 앱 테스팅

장면: Doug Miller의 사무실

등장인물: Doug Miller(SafeHome 소프트웨어공학 그룹의 관리자), Vinod Raman(제품 소프트웨어 공학 팀 멤버)

대화

Doug: 우리의 SafeHomeAssured 모바일 앱 V0.0의 전자상거래 부분에 대해 어떻게 생각해요?

Vinod: 외주 업체가 웹앱 SafeHome Assured.com을 모바일 환경으로 잘 바꾼거 같던데요. Sharon[외주 업체의 개발 관리자]이 우리가 말한 대로 프로토타입을 테스트한다고 제게 말했어요.

Doug: 그들이 장치 에뮬레이터를 이용해서 전자상거래를 테스트했다고 들었어요. 내 생각에는 실제 모바일기기에서 테스트를 좀 더 해야 할 것 같은데요.

Vinod(찡그리며): 저는 모바일 앱을 확인하기 위해 제 3의 테스팅 업체를 고용하는 줄 알았는데요. 소프트웨어 제품 개발만 해도 여전히 죽을 맛이에요.

Doug: 성능, 보안, 구성 테스팅에는 테스팅 업체를 고용할 거예요. 우리 외주 업체도 이미 테스팅하고 있어요. 다른 관점에서 보는 것도 도움이 될꺼고, 비용도 아낄 수 있지 않을까?

Vinod(한숨을 쉬며): 바라는 게 뭐에요?

Doug: 사용자 경험에 문제가 없다는 것을 확인하고 싶어요.

Vinod: 각각의 주요 인터페이스 기능에 대한 유스케이스로 시작하면 될 것 같아요:

Doug: 좋아요. 그런데 논리 경로를 시작부터 끝까지 따라 가보세요. 가중 장치 플랫폼 매트릭스를 보세요. 당신이 6개의 가장 중요한 모바일기기에서 성능을 체크해 보는 게 좋겠어요. 그리고 각 내비게이션 노드에 나타나는 컨텐츠를 확인해 보세요. 각 스크린 표시가 렌더링될 때 모바일기기의 특성을 반드시 고려하세요.

Vinod: 물론이죠. 기능적 요소도 해야지요. 사용성은 누가 테스트하지요?

Doug: 오…. 테스팅 업체가 사용성 테스트를 조정할거에요. 우린 사용성 연구를 위해 20명의 전형적인 사용자를 구성하려고 시장조사업체를 고용했어요. 하지만 그들이 사용성 관련 이슈를 하나도 발견하지 못한다면….

Vinod: 알아요, 같이 넘겨주세요.

Doug: 고마워요, Vinod.

아니라, 그들의 모바일기기와도 일치해야 한다. 또한, 적은 수의 사용자가 관여하는 사용예, 대중화되지 못한 브라우저뿐만 아니라 모바일기기의 다양한 부분들을 포함해야 한다. 현실 속에서의 테스팅은 항상 어느 정도 예측 가능하며, 테스팅이 진행됨에 따라 테스트 계획이 채택되어야 한다. 자세한 내용은, Rooksby와 그의 동료들은 현실 속에서의 테스팅을 위한 성공적인 전략에서 테마를 식별하였다[Roo09]].

사내 테스트 환경을 만드는 것은 비용이 많이 들고 오류가 발생하기 쉬운 프로세스이다. 클라우드 기반의 테스팅은 표준화된 인프라 및 사전 구성된 소프트웨어 이미지, 서버를 찾거나 소프트웨어와 테스팅 도구의 라이센스를 구매하는 것에 대한 걱정할 필요 없는 모바일 앱 팀을 제공할 수 있다. 클라우드 서비스 공급자는 다양한 운영체제, 테스트 및 실행 관리 도구, 그리고 실세계를 그대로 반영한 테스트 환경을 조성하는 데 필요한 저장 공간 등 테스터들에게 확장성 있는 접근과 가상의 사용자 실험실을 제공한다[Myl11].

클라우드 기반 테스팅은 잠재적인 문제들이 없는 것은 아니다. 표준의 결여, 잠재적인 보안문제, 데이터 위치 및 무결성 이슈, 불완전한 인프라 지원, 부적절한 서비스 이용, 그리고 성능 이슈들은 클라우드 접근법을 활용하는 개발팀이 직면한 일반적인 해결과제 중 일부에 지나지 않는다.

26.3 사용자 상호작용의 스펙트럼에 대한 고려

?

모바일 앱 사용성의 어떤 특성이 테스팅의 초점이 되는가 그리고 어떤 특정 목적이 다뤄지는가?

제품들이 동일한 기능을 제공하는 과열된 시장 상황에서, 사용자들은 가장 사용하기 쉬운 모바일 앱을 선택한다. 사용자 인터페이스와 상호작용 메커니즘은 모바일 앱 사용자가 볼 수 있다. 이것은 사용자의 기대를 충족하기 위해 모바일 앱이 제공하는 사용자 경험에 대한 품질을 테스트하는 것이 중요하다.

제15장에서 논의된 소프트웨어 사용자 인터페이스의 사용성을 평가하는 절차들 중 많은 부분은 모바일 앱을 평가하기 위해서도 사용될 수 있다. 마찬가지로 웹앱(제25장)의 품질을 평가하는 데 사용되는 전략 중 많은 부분도 모바일 앱 사용자 인터페이스 부분을 테스트하는 데 사용될 수 있다. 좋은 모바일 앱 사용자 인터페이스를 만드는 것은 기존의 개인용 컴퓨터 애플리케이션 사용자 인터페이스의 규모를 단순히 축소하는 것 보다 더 많은 것이 있다.

26.3.1 제스처 테스팅

터치 스크린은 모바일기기에서 매우 대중적이며 그 결과, 개발자들은 화면 공간을 놓치지 않고 사용자 상호작용 가능성을 보강하는 수단으로 멀티터치 제스처(예를 들어, 밀기, 확대, 스크롤, 선택)를 추가하였다. 불행하게도, 제스처 중심의 인터페이스는 여러 가지 해결과제를 제시한다.

터치나 제스처 인터페이스 동작을 테스트하기 위해 자동화된 도구를 사용하는 것은 곤란하다. 제스처는 동작 재현을 정확하게 기록하기 어렵다. 스크린 상의 객체 위치는 화면의 크기와 해상도뿐만 아니라, 이전의 사용자 동작에 의해서도 영향을 받는다. 설계의 일부

Info

모바일 앱 사용성 테스팅 컴포넌트

모바일 앱 사용성 테스트의 주요 컴포넌트에 대한 몇가지 권장 사항이 모바일 앱 테스팅 블로그에 제시되었다.[3]

- **기능성** – 핵심 기능성은 사용자 스토리에 의해 지원되며 이해관계자의 목표와 기대를 고려하는지 확인한다.
- **정보 아키텍처** – 컨텐츠와 링크가 구조화 되어 있고 논리적인 방법으로 표현되어 있는지, 청킹[4]과 관점을 고려하는지 확인한다.
- **컨텐츠** – 모바일 상황에서 사용자 작업을 지원하는 경우에만 텍스트, 비디오, 이미지, 멀티미디어를 사용하고, 미디어를 시작할 것인가에 대한 사용자 제어를 제공하며, 모바일 장치 형식으로 컨텐츠가 표시되는지 확인한다.
- **디자인** – 스크린의 빠른 시각적 검색을 위한 디자인을 하고, 세로 및 가로 방향의 디스플레이를 모두 고려하며, 화면의 레이아웃을 재고하고, 화면 비율에 맞지 않게 단순히 축소하지 않는다.
- **사용자 입력** – 사용자가 데이터 입력을 쉽게 할 수 있도록 하고, 자동 완성과 철자법 검사를 제공하며, 기본값을 표시하고 개별 장치의 기능에 따라 대체 입력 메커니즘을 제공한다.
- **모바일 상황** – 상황의 변화 (하루의 시간, 위치, 네트워크)를 설명하고 사용자의 사용 상황을 예측하고 지원하기 위한 장치의 기능과 능력을 사용한다.
- **사용성** – 상호작용 장치(터치 스크린, 키보드, 소리)와 위젯(버튼, 링크, 스크롤바)가 모든 대상 장치에서 서로 잘 작동하고, 전통적인 것을 따르며, 학습 시간을 줄인다는 것을 확인한다.
- **신뢰성** – 개인정보보호 및 보안에 민감하고, 사용자의 명시적 동의 없이 개인정보를 수집하지 않으며, 사용자가 개인정보를 공유하는 방법을 제어할 수 있게 하고 비즈니스 관행을 명시한다.
- **피드백** – 사용자가 중요한 정보를 얻을 수 있게, 알림의 수를 최소화하고, 짧고 명료하게 하며, 사용자의 작업을 방해하지 않으면서 사용자 작업에 대한 확인을 제공한다.
- **도움말** – 사용자가 도움말과 지원 옵션에 쉽게 접근할 수 있게 하고, 상황에 맞는 도움말을 제공한다.

로 종종 개발되는, 종이로 만든 프로토타입은 제스처를 적절하게 테스트하는 데 사용될 수 없다. 대신, 테스터는 제스처 이벤트를 시뮬레이션하는 함수를 호출하는 테스트 프레임워크 프로그램을 만들 필요가 있다. 이런 것들은 모두 비용과 시간이 소모되는 것이다.

제스처 인터페이스가 일반적으로 촉각이나 청각 피드백을 제공하지 않기 때문에 시각 장애가 있는 사용자를 위한 접근성 테스트는 해결과제이다. 제스처에 대한 사용성과 접근성 테스팅은 스마트폰과 같은 유비쿼터스 모바일기기에서 매우 중요해지고 있다. 제스처 조작을 사용할 수 없는 경우에 대해 모바일기기의 조작을 테스트하는 것이 중요할 수 있다.

이상적으로 사용자 스토리나 유스케이스들은 테스트 스크립트에 대한 기준으로 사용할 수 있도록 충분히 상세하게 기록된다. 이것은 대표가 되는 사용자를 모집하고 모바일 앱으로 제스처를 테스팅할 때 화면의 차이를 고려하기 위해 모든 대상 모바일기기를 포함하는 것이 중요하다. 마지막으로, 테스터는 제스처가 모바일기기나 플랫폼에 대해 표준 및 맥락을 준수한다는 것을 확인해야 한다.

3 블로그는 다음에서 찾을 수 있다. **http://www.mobileapptesting.com/10-key-components-of-successfulmobile-app-usability/2012/09/**

4 청킹(chunking)은 독자가 빠르게 동화할 수 있도록 하이퍼미디어 문서를 관련 정보 별로 더 작은 그룹으로 여러 개의 조각으로 나누는 방법이다.

26.3.2 음성 입력 및 인식

스마트 모바일기기는 모바일기기의 조작에 손이 바쁜 동시에 눈이 바쁜 것을 감안해서 이제 음성 입력을 이용한다. 음성 입력은 각각을 처리하는데 필요한 프로그래밍 복잡성의 수준이 다른 여러 가지 형태를 취할 수 있다. 보이스 메일 입력은 메시지가 나중에 재생되기 위해 간단히 녹음될 때 발생한다. 개별 단어 인식은 사용자가 선택 항목이 많지 않은 메뉴에서 아이템을 구두로 선택하도록 할 수 있다. 연속적인 음성 인식은 구술된 음성을 의미 있는 텍스트 문자열로 변역을 시도하는 것을 반영한다. 각 유형의 음성 입력 테스팅은 해결과제들을 안고 있다.

ADVICE

음성입력의 테스팅은 환경 조건과 개인의 음성 변화를 고려해야 한다.

Shneiderman[Shn09]에 따르면 모든 형식의 음성 입력과 프로세싱은 소음이 많은 환경에서 간섭에 의한 방해를 받는다. 모바일기기를 제어하기 위해 음성 명령을 사용하는 것은 스크린을 포인팅하거나 키를 누르는 것에 비해 사용자에게 더 큰 인지 부하를 준다. 사용자는 모바일 앱이 원하는 작업을 수행하게 하려면 올바른 단어나 말을 생각해야 한다. 하지만, 스크린을 포인팅할 경우, 사용자는 단순히 해당 스크린 상의 객체를 인식하고 선택하면 된다. 그럼에도 불구하고, 음성 인식 시스템의 범위와 정확도는 빠르게 발전하고 있으며, 음성 인식은 많은 모바일 앱에서 소통의 지배적 형태가 될 것으로 보인다.

음성 입력과 인식의 품질과 신뢰성을 테스트하는 것은 최고의 테스팅 기관이라 할지라도 기술적인 해결과제들을 가지고 있다. (사용자 오류, 단어나 구절을 잘못 말했거나, 환경적인 간섭으로 인한) 잘못된 음성 입력은 형편없는 입력이 모바일 앱이나 모바일기기 때문이 아니라는 것을 확인하기 위해 테스트해야 한다. 각 사용자/모바일기기의 조합이 다르기 때문에, 수용 가능한 에러율을 보장하기 위해서는 광범위한 사용자 및 환경이 동참하여야 한다. 마지막으로, 개발자는 음성 입력을 처리하는 모바일 앱의 능력을 향상시킬 수 있도록 오류를 기록하는 것이 중요하다.

26.3.3 가상 키보드 입력

가상 키보드가 활성화되었을 때 디스플레이의 일부를 가릴 수 있기 때문에, 사용자가 입력을 하는 동안 스크린 상의 중요 정보들이 가려지지 않도록 모바일 앱을 테스트하는 것이 중요한다. 스크린 상의 정보가 숨겨져야 한다면 모바일 앱이 입력한 정보를 손실하지 않고 사용자가 페이지를 넘길 수 있는지 테스트 하는 것이 중요하다[Sch09].

가상 키보드는 일반적으로 개인용 컴퓨터 키보드보다 작아서, 열 손가락으로 타이핑하는 것은 쉽지 않다. 키 자체가 더 작고 딱딱하며 촉각적인 피드백을 제공하지 않기 때문에, 모바일 앱은 오류 수정이 쉽고 충돌없이 오타들을 관리할 수 있는지 테스트되어야 한다.

예측 기술(predictive technologies, 즉, 부분적으로 입력된 단어의 자동완성)은 가상 키보드에서 사용자 입력을 더 신속하게 처리하기 위해 사용된다. 모바일 앱이 글로벌 시장을 위해 설계되었다면, 사용자가 선택한 자연 언어에 대한 단어 완성의 정확성을 테스트하는 것이 중요하다. 사용자가 제안된 자동완성을 재정의할 수 있게 하는 메커니즘의 사용성을 테스트하는 것 또한 중요하다.

가상 키보드 테스팅은 대부분 사용성 실험실에서 수행되지만, 어떤 것들은 현실 속에서 수행되어야 한다. 가상 키보드 테스트가 중대한 문제를 발견하는 경우, 유일한 대안은 모바일 앱이 가상 키보드 이외의 다른 장치(예를 들어, 물리적 키보드나 음성 입력)로부터 입력을 받아들일 수 있다는 것을 확인하는 것일 것이다.

26.3.4 알림 및 특별한 상황

모바일 앱이 실시간 환경에서 실행됨에 따라, 이런 동작에 영향을 줄 수 있는 요인들이 있다. 예를 들어, Wi-Fi 신호가 끊길 수 있고, 또는 사용자가 모바일 앱을 사용하는 동안 문자 메시지, 전화, 또는 일정 알림 등이 수신될 수도 있다.

이러한 요인들은 모바일 앱 사용자의 작업흐름을 방해할 수 있으나, 그래도 대부분의 사용자들은 알림을 켜 놓거나 그들의 작업을 가로막는 것들을 허용하도록 선택하고 있다. 모바일 앱 테스트 환경은 이러한 알림이나 상황을 시뮬레이션 할 수 있어야 한다. 또한, 실제 모바일기기로 생산 환경(26.5절)에서 알림과 상황을 처리할 수 있는 모바일 앱의 능력을 테스트해야 한다.

모바일 앱 테스팅의 일부는 알림과 팝업 메시지와 관련된 사용성 이슈에 초점을 두어야 한다. 테스팅은 알림의 명확성과 흐름, 모바일기기 디스플레이 스크린에서 알림 위치의 적절성을 확인해야 하고, 외국어로 나올 때, 올바르게 번역 되었는지에 대해 검증해야 한다.

많은 알림과 상황은 다양한 모바일기기 혹은 네트워크나 상황의 변화에 따라 다르게 나타날 수 있다. 예외 처리 프로세스의 대부분이 소프트웨어 테스트 하네스로 시뮬레이션될 수 있지만, 개발 환경에서 테스팅에만 전적으로 의존할 수는 없다. 이것은 실제 모바일기기로 실세계에서 모바일 앱을 테스팅하는 것이 중요하다는 것을 재차 강조한다.

26.4 국경을 넘는 테스트

국제화(internationalization)는 공학적으로 어떠한 변경도 필요 없이 여러 나라에서 다양한 언어를 사용할 수 있도록 소프트웨어 제품을 만드는 과정이다. 현지화(localization)는 로케일 고유의 요구사항을 추가하고 적절한 언어로 텍스트 요소를 번역하여 대상 글로벌 지역에서 사용하기 위해 소프트웨어 애플리케이션을 적용하는 과정이다. 현지화 노력은 언어의 차이점 이외에도 각 나라의 통화, 문화, 세금, 그리고 표준(기술적 및 법적 모두)을 고려하는 것이 포함될 수 있다[Sla12]. 이런 것들을 테스트하지 않고 세계의 많은 지역에서 모바일 앱을 출시하는 것은 매우 어리석은 일이 될 것이다.

현지화가 계획된 각 국가에 사내 테스트 시설을 구축하는 것은 매우 비용이 많이 들 수 있기 때문에, 각 국가에서 현지 공급업체에 테스트를 외주 주는 것이 좀 더 비용 효과적이다[Reu12]. 그러나, 외주 방식을 사용하는 것은 모바일 앱 개발 팀과 현지화 테스트를 수행하는 사람들 간의 소통이 저하될 위험이 있다.

Quote

세계는 소셜, 모바일, 클라우드, 빅데이터, 커뮤니티, 그리고 기타 강력한 세력의 융합에 의해 재편되고 있다. 이러한 기술의 결합은 새로운 방식으로 모든 것을 서로 연결하는 놀라운 기회를 만들어내고 있으며 우리가 살고 일하는 방식을 극적으로 변화시키고 있다.

Marc Benioff

크라우드소싱(crowdsourcing)은 여러 온라인 커뮤니티에서 인기를 끌고 있다.[5] Revenui [Reu12]는 크라우드소싱은 개발 환경의 외부 전 세계에 분산되어 있는 현지 테스터들을 참여시키는 데 사용될 수 있다고 제안한다. 이를 위해, 스스로의 명성에 대한 자부심이 있으면서 성공 실적을 가진 커뮤니티를 찾는 것이 중요하다. 사용하기 쉬운 실시간 플랫폼은 커뮤니티 멤버가 프로젝트의 의사 결정자와 소통할 수 있도록 한다. 지적 재산권의 보호를 위해, 비밀 유지 계약에 서명할 신뢰할 수 있는 커뮤니티 멤버만 참여할 수 있다.

26.5 실시간 테스팅 이슈

실제 모바일기기는 하드웨어와 모바일기기에 들어가는 펌웨어의 조합으로 인해 초래되는 내재적 한계가 있다. 잠재적인 모바일기기 플랫폼의 범위가 큰 경우, 모바일 앱을 테스팅을 수행하는 비용과 시간이 소모된다.

모바일기기들은 테스팅을 염두에 두고 설계되지 않았다. 제한된 처리 능력과 저장 용량은 테스트 케이스 수행을 기록하기 위해 필요한 진단 소프트웨어의 로딩을 허용하지 않을 것이다. 에뮬레이션되는 모바일기기들은 종종 관리하기 쉽고 테스트 데이터를 쉽게 얻어낼 수 있게 해준다.

(전 세계에 수백 개가 넘는) 각 모바일 네트워크는 모바일 웹을 지원하기 위해 자체적인 고유 인프라를 사용한다. 모바일 웹 운영자에 의해 구현된 웹 프록시는 네트워크를 이용하여 특정 웹 리소스에 접속할 수 있는 방법, 시기, 그리고 가능 여부를 좌우한다. 이것은 서버와 테스트 클라이언트 사이에 전송되는 정보의 흐름을 제한할 수 있다. 일부 프록시는 애플리케이션이 기능성이나 장치에 대한 적응을 제공하기 위해 필요한 http 헤더로부터 중요 정보를 벗겨낼 수도 있다. 네트워크 신호 강도가 이슈가 될 수 있다. 에뮬레이터는 네트워크 서비스의 효과와 타이밍을 에뮬레이션 할 수 없으며, 사용자가 모바일 앱을 실제 모바일기기 상에서 실행했을 때 생길 수 있는 문제점을 볼 수 없다.

원격 모바일기기는 에뮬레이터를 사용하는 데 있어서 몇 가지 한계를 극복하기 위해 사용될 수 있는 테스트 장비 중 유용한 것이다. 원격 모바일기기(remote mobile device)는 원격 제어 장치 및 원격 안테나가 박스에 장착된 물리적 모바일 핸드셋이다. 원격 제어 장치는 모바일기기 스크린과 키보드 제어 회로에 접속된다. 인터넷에 연결되면, 이 솔루션은 로컬 PC나 웹 클라이언트의 사용자들이 버튼을 누르면 원격 모바일기기에서 어떤 일이 일어나는지 데이터를 수집할 수 있게 해준다. 일부 원격 모바일기기는 자동화된 회귀 테스팅 프로세스를 지원하기 위해 후속적인 재작동을 위한 테스트 케이스를 기록하는 기능을 가지고 있다.

최근에는, 모바일기기에서 모바일 앱의 사용과 명확하게 관련된 전력 소모를 모니터링하는 것이 중요하다. 모바일기기로부터 정보를 송신하는 것은 네트워크 신호를 모니터링하는 것보다 더 많은 전력을 소비한다. 미디어 스트리밍을 처리하는 것은 웹 페이지를 로딩하

5 크라우드소싱(crowdsourcing)은 커뮤니티 멤버가 그 그룹에 제시된 문제를 해결하려고 하는 분산 문제 해결 모델이다.

거나 문자 메시지를 전송하는 것보다 더 많은 전력을 소비한다. 전력 소비를 정확하게 평가하는 것은 실제 모바일기기와 실제 상황에서 실시간으로 수행되어야 한다.

26.6 테스팅 도구와 환경

26.3.2절에서 테스팅 시간을 감소시키고 테스팅 프로세스의 품질과 커버리지를 향상시키기 위해 모바일 앱 테스팅의 일부분을 자동화하는 이유를 논의했다. 마찬가지로, 26.2.5절

소프트웨어 도구들

모바일 앱 테스팅 도구

모바일 앱 테스팅에 도움이 될 만한 몇 가지 도구의 목록이다. 이 목록은 매우 불안정하다. 이 대표적인 도구의 목록은 최근 Brown[Bro11]과 Vinson[Vin11]에 의해 추천되었다.[6]

모바일 웹 페이지 도구는 웹 페이지가 모바일기기와 어느 정도 친화적인지 판단하려고 한다. 사용자가 웹 URL을 입력하면 도구는 결함의 목록을 제공한다.

대표적인 도구

WC3mobileOKChecker
http://validator.w3.org/mobile/

모바일 브라우저 에뮬레이터는 모바일 브라우저에 웹 페이지가 나타나는 모양을 보여준다. 사용자가 웹 URL을 입력하면 도구는 모바일 브라우저에 어떻게 나타나는지 보여준다.

대표적인 도구

Mobile Phone Emulator
http://www.mobilephoneemulator.com/
iPhoney **http://www.marketcircle.com/iphoney/**

모바일기기 에뮬레이터는 일반적으로 개인용 컴퓨터에서 실행하는 가상 장치이며 물리적인 장치 없이 모바일 앱을 개발하고 테스트할 수 있게 해준다.

대표적인 도구

Android Emulators
http://developer.android.com/sdk/index.html
iPad Peek
http://ipadpeek.com/
Adobe Edge Inspect
http://html.adobe.com/edge/inspect/
Blackberry Simulators
http://us.blackberry.com/sites/developers/resources/simulators.html

자동화 도구는 IOS나 안드로이드와의 상호작용을 기록하고 테스트 스크립트로 이를 재현할 수 있게 해준다. 일반적으로 모바일기기 에뮬레이터로 개인용 컴퓨터에서 실행한다.

대표적인 도구

MonkeyTalk
http://www.gorillalogic.com/testing-tools/ monkeytalk
Eggplant Mobile
http://www.testplant.com/
Device Anywhere
http://www.keynotedeviceanywhere.com/

네트워크 모니터링 도구는 웹 서버에 전송된 HTTP 요청 헤더를 추가, 수정 및 필터링한다. 브라우저에 플러그-인으로 설치한다.

대표적인 도구

Modify headers
https://addons.mozilla.org/enus/firefox/addon/modify-headers/

모바일 분석 테스팅은 사용자가 ROI(투자 수익)를 평가하는 것이 중요한 모바일 앱과 상호작용하는 방법을 분석할 수 있도록 데이터를 수집한다. 일반적으로 데이터 수집과 저장을 지원하기 위해 웹 또는 클라우드 서비스가 필요하다.

대표적인 도구

Flurry
http://www.flurry.com/flurry-analytics.html
Google Mobile Analytics
http://www.google.com/analytics/mobile/
Distimo Monitor
http://monitor.distimo.com/

6 여기에 언급한 도구들이 대표적인 것은 아니지만, 이 범주에 있는 도구들을 샘플링한 것이라고 할 수 있다. 또한, 도구 이름은 각 개발자의 상표이다.

에서는 생산 환경에서의 테스팅의 중요성을 논의했다. 그럼에도 불구하고, 수동 테스트가 필요한 때도 있지만, 이런 경우에도, 도구들은 네트워크에서 모바일기기의 모바일 앱과 사용자의 동작을 모니터링 하는 데 사용될 수 있다.

Khode [Kho12b]는 모바일 테스트 자동화 도구를 선택할 때 사용하는 몇 가지 기준을 제시한다. 이러한 기준은 일반적으로 모바일 테스트 도구에 적용할 수 있다.

? 모바일 테스팅에 사용할 자동화 도구를 선택하는 기준은 무엇인가?

- **객체 식별(Object identification)** 도구는 다양한 방법으로 장치 객체를 인식할 수 있다(예를 들어, 객체ID, 이미지 처리, 문자 인식, HTML5/DOM 객체).
- **보안(Security)** 도구는 공용 인터넷에 연결된 보호되지 않는 모바일기기의 사용을 요구하지 않아야 한다.
- **모바일기기(Devices)** 도구는 특별한 개발자 모드의 사용을 요구하지 않고 실제 사용자 모바일기기를 활용한다.
- **기능(Functionality)** 모든 모바일기기의 기능은 멀티터치 제스처, 가상 키보드 입력, 수신 전화 및 문자 메시지, 알림 처리 등이 지원된다.
- **에뮬레이터 및 플러그 인(Emulators and plug-ins)** 기존 테스팅 환경을 이용하여 여러 가지 모바일기기와 모바일 운영체제에서 동일한 테스트가 실행될 수 있다.
- **연결(Connectivity)** 연결의 안정성 및 복구를 테스트하기 위하여 USB, Wi-Fi, 개인 클라우드, 그리고 이동 통신사를 이용하여 동시에 여러 모바일기기를 접속.

26.7 요약

모바일 앱 테스팅의 목표는 오류를 찾거나 품질의 실패로 이어질 수도 있는 이슈를 발견하려는 의도로 모바일 앱 품질의 여러 차원을 각각 검사하기 위한 것이다. 테스트는 컨텐츠, 기능, 구조, 사용성, 상황 이용, 내비게이션, 성능, 전력 관리, 호환성, 상호 운용성, 용량 및 보안 같은 품질 요소에 초점을 둔다. 이것은 모바일 앱이 설계되면서 일어나는 검토와 사용성 평가, 모바일 앱이 구현되고 실제 모바일기기에 배포되면서 수행되는 테스트를 포함한다.

모바일 앱 테스팅 전략은 컨텐츠, 기능성, 또는 내비게이션의 "단위"를 초기에 조사함으로써 각 품질 차원을 검사한다. 개별 단위가 확인되면, 초점은 모바일 앱을 전체적으로 검사하는 테스트로 옮겨간다. 이를 위해, 많은 테스트들은 사용자 관점에서 도출되고 유스케이스에 포함된 정보에 의해 실행된다. 모바일 앱 테스트 계획이 개발되고 테스팅 단계, 산출물(예를 들어, 테스트 케이스), 그리고 테스트 결과를 평가하기 위한 메커니즘을 식별한다. 테스팅 프로세스는 몇 가지 유형의 테스팅을 포함한다.

컨텐츠 테스팅(및 검토)은 다양한 범주의 컨텐츠에 초점을 둔다. 목적은 최종 사용자에게 보이는 컨텐츠에 영향을 주는 오류를 검사하는 것이다. 컨텐츠는 모바일기기의 제약으로 인한 성능 이슈를 위해 검사할 필요가 있다. 인터페이스 테스팅은 모바일 앱에서 제공되는 사용자 경험을 정의하는 상호작용 메커니즘을 검사한다. 목적은 모바일 앱이 모바일기기, 사용자 또는 위치 상황 등을 고려하지 않을 때 발생하는 오류를 발견하는 것이다.

내비게이션 테스팅은 설계 활동의 일부로 도출되는, 유스케이스에 기반을 둔다. 테스트 케이스는 모바일 앱을 배포하는데 사용된 아키텍처 프레임워크 내에서 내비게이션 설계에 대한 각 사용자 시나리오를 검사하기 위해 설계된다. 컴포넌트 테스팅은 모바일 앱의 컨텐츠 및 기능적 단위를 검사한다.

구성 테스팅은 특정 모바일기기나 네트워크 환경에 한정되는 오류 및/또는 호환성 문제를 발견하려는 것이다. 그래서 테스트는 각각의 가능한 구성과 관련된 오류를 발견하기 위해 수행된다. 이는 다수의 모바일기기 및 네트워크 서비스 공급자로 인해 복잡하게 된다. 보안 테스팅은 모바일 앱이나 그 환경의 취약점을 악용하도록 설계된 일련의 테스트를 포함한다. 목적은 모바일기기의 운영 환경이나 접근되는 웹 서비스에서 보안 허점을 발견하는 것이다. 성능 테스팅은 서버 측의 자원 용량 증가 요구에 대한 모바일 앱의 응답 시간과 신뢰성을 평가하기 위해 설계된 일련의 테스트를 포함한다. 마지막으로, 모바일 앱 테스팅은 전원 사용, 처리 속도, 메모리 제한, 장애에 대한 복구 능력, 그리고 연결 이슈 등과 같은 성능 이슈를 해결해야 한다.

문제와 생각할 점

26.1 실제 모바일기기 상에서의 모바일 앱 테스팅이 무시될 수 있는 상황은 어떤 것이 있는가?

26.2 모바일 앱 테스팅의 목적에 대해 나름대로 설명하시오.

26.3 호환성은 중요한 품질 차원이다. 모바일 앱에서 호환성이 있다는 것을 확인하기 위해 반드시 테스트해야 하는 것은 무엇인가?

26.4 무료 모바일 앱 테스팅 도구를 찾아라. 당신이 익숙한 모바일 앱에 대해 그 도구의 성능을 비평하시오.

26.5 모바일 앱의 어느 요소가 "단위 테스트" 될 수 있는가? 어떤 유형의 테스트가 모바일 앱 요소가 통합된 후에만 수행해야 하는가?

26.6 정형적으로 작성된 테스트 계획을 개발하는 것이 항상 필요한가? 설명하시오.

26.7 전반적인 모바일 앱 테스팅 전략은 사용자가 볼 수 있는 요소로부터 시작해서 기술적인 요소로 이동한다고 하는 것이 정당한가? 이 전략에 예외가 있는가?

26.8 인증 테스팅은 정말 전통적인 의미에서의 테스팅인가? 설명하시오.

26.9 모바일 앱에서 사용자 경험 테스팅과 관련된 단계를 설명하시오.

26.10 나이든 시민을 위한 온라인 약국에 접근하기 위한 모바일 앱을 개발하고 있다고 가정하자. 약국은 일반적인 기능을 수행할 뿐만 아니라, 고객 데이터베이스를 관리하여 약 정보를 제공하고 발생할 수 있는 약물 부작용 등을 경고할 수 있다. 이 모바일 앱을 위한 특별한 사용성 테스트에 대해 논의하시오.

26.11 **YourCornerPharmacy.com**(문제 26.10)의 약물 부작용 체크 기능을 제공하는 웹 서비스를 구현했다고 가정하자. 모바일 앱이 이 기능에 적절히 접근하는지를 확인하기 위해 모바

일기기에서 수행해야 하는 컴포넌트 수준 테스트의 종류에 대해 논의하시오.

26.12 정황을 고려한 모바일 앱의 기능은 어떻게 테스트할 수 있는가?

26.13 모바일 앱이 생산 환경에서 발생할 수 있는 모든 구성을 테스트하는 것이 가능한가? 그렇지 않다면, 어떻게 의미 있는 구성 테스트 세트를 선택할 수 있는가?

26.14 **YourCornerPharmacy.com**(문제 26.10)의 모바일 앱을 위해 수행해야 하는 보안 테스트에 대해 설명하시오. 이 테스트는 누가 수행해야 하는가?

26.15 스트레스 테스팅은 모바일 앱과 웹앱에서 어떤 차이가 있는가?

추가 읽을거리와 정보 소스

모바일 컴퓨팅을 설명한 많은 저서들은 있으며 이들 중 대부분은 모바일 앱 테스팅에 대한 논의를 담고 있다. Kumar와 Xie(*Handbook of Mobile Systems Applications and Services*, Auerbach Publications, 2012)는 모바일 서비스 및 모바일 컴퓨팅에서 서비스 지향 아키텍처의 역할에 대한 저서를 냈다. Chalmers(*Sensing and Systems in Pervasive Computing: Engineering Context Aware Systems* Springer, 2011), Adelstein(*Fundamentals of Mobile and Pervasive Computing*, McGraw-Hill, 2004) 그리고 Hansmann(*Pervasive Computing: The Mobile World*, 2nd ed., Springer, 2003)의 퍼베이시브 컴퓨팅에 관한 저서는 모바일 컴퓨팅에서 상황의 원칙를 정의한다. Nguyen, et al.(*Testing Applications on the Web: Test Planning for Mobile and Internet-Based Systems*, 2nd ed., Wiley, 2003)의 저서는 접근성, 신뢰성, 보안성 테스팅을 포함한 모바일 앱 테스팅에 대해 논의한다.

인터페이스 설계에 대한 저서도 풍부하다. 이들 대부분은 모바일 앱 사용성 테스팅에 대한 정보를 담고 있다. Ben Shneiderman과 동료들의 저서(*Designing the User Experience*, 5th ed., Addison-Wesley, 2009)는 사용성에 대한 고전 작품이다. 기타 훌륭한 일반적인 참고 서적들이다. Quesenberry와 Szuc(*Global UX: Design and Research in a Connected World*, Morgan Kaufmann, 2011) 그리고 Schumacher(*Handbook of Global User Research*, Morgan Kaufmann, 2009). Nielsen(*Mobile Usability*, New Riders, 2012)은 모바일 장치의 스크린 사이즈를 가지고 사용할 수 있는 인터페이스를 설계하는 방법에 대한 조언을 제공한다. Colborne(*Simple and Usable Web, Mobile, and Interaction Design*, New Riders, 2010)은 사용자 상호작용을 단순화하는 프로세스를 설명한다. Ginsburg(*Designing the iPhone User Experience: A User-Centered Approach to Sketching and Prototyping iPhone Apps*, Addison-Wesley, 2010)는 사용자 경험을 평가하여 사용자 중심 접근법의 중요성을 설명한다.

Meier(*The Microsoft Application Architecture Guide*, 2nd ed. Microsoft Press, 2009)는 모바일 앱 테스팅에서 유용한 정보를 담고 있는 저서를 펴냈다. Graham의 저서(*Experiences of Test Automation: Case Studies of Software Test Automation*, Addison-Wesley, 2012)는 테스트 자동화에 대한 좋은 배경을 제공한다. Lee(*Test-Driven iOS Development*, Addison-Wesley, 2012)는 테스트 주도 설계의 맥락에서 모바일 앱 테스팅 프로세스에 대해 논의한다.

웹앱 테스팅에 대한 다양한 정보 자원을 인터넷에서 찾을 수 있다. 월드 와이드 웹 참고 문헌에 대한 최신 리스트를 SEPA 웹 사이트 www.mhhe.com/pressman의 "software engineering resources"에서 찾을 수 있다.

제27장~제28장은 CD에 수록

29 CHAPTER

소프트웨어 형상관리

변경은 컴퓨터 소프트웨어가 개발될 때 불가피하게 일어난다. 그리고 변경은 프로젝트를 수행하는 소프트웨어 팀의 구성원들 모두에게 혼란을 야기한다. 혼란은 변경이 이루어지기 이전에 분석되지 않을 경우, 변경이 구현되기 이전에 기록되지 않은 경우, 변경 사항을 알아야 할 사람들에게 보고되지 않은 경우, 또 질적 향상을 꾀함과 동시에 에러를 줄이기 위해 제어되지 않은 경우에 발생한다. Babich[Bab86]는 이에 관해 다음과 같이 서술한다.

> 소프트웨어를 개발할 때 … 혼란을 최소화하기 위한 조정 작업을 형상관리라 한다. 형상관리는 프로그래밍 팀에 의해 개발되고 있는 소프트웨어의 수정사항을 찾아내어 조직화하고 제어하는 기술이다. 그 목표는 실수를 최소화하여 생산성을 최대화하는 것이다.

소프트웨어 형상관리는 소프트웨어 프로세스 전반에 걸쳐 적용되는 보호 행위이다. 변경은 아무 때고 일어날 수 있으므로 소프트웨어 형상관리 행위는 (1) 변경을 찾아내고,

주요 개념

- 기준선
- 변경통제
- 형상 감사
- 형상관리 요소
- 형상객체
- 컨텐츠 관리
- 식별
- 정보 저장소
- 소프트웨어 형상관리 프로세스
- 소프트웨어 형상 항목
- 상태 보고
- 버전 제어
- 웹 및 모바일 앱

QUICK LOOK

이것은 무엇인가? 소프트웨어를 개발할 때 변경이 요구된다. 그 변화는 효과적으로 관리되어야 한다. 소프트웨어 형상관리(software configuration management, SCM), 또는 변경관리는 제품에서 변화 가능성이 있는 부분을 찾고, 그들 간의 관계를 정립하며, 제품의 다른 버전들을 관리하기 위한 기법을 정의하고, 변경이 가해지는 부분을 제어하고 감사하며, 변경에 대한 보고서를 작성하는 작업을 통해 변경을 관리하기 위해 설계된 일련의 활동이다.

누가 수행하는가? 어느 정도는 소프트웨어 프로세스에 관계된 모든 사람들이 변경관리에 관계되지만 때로는 형상관리 프로세스를 관리하기 위해 만들어진 특정 지원부서가 담당한다.

왜 중요한가? 만일 우리가 변경을 제어하지 않는다면 변경이 우리를 제어하게 된다. 이는 절대 바람직하지 않다. 변경 요소들이 잘 진행되고 있는 소프트웨어 프로젝트를 혼돈 상태로 빠지게 하는 것은 흔한 일이다. 그 결과, 소프트웨어의 질이 떨어지고 제품의 납기가 늦어진다. 이러한 이유로 변경관리는 질적 관리에 필수적인 요소이다.

어떤 단계가 있는가? 소프트웨어가 개발될 때 여러 가지 작업 산출물이 생산되므로 그 각각은 유일하게 정의되어야 한다. 일단 이 일이 수행되면 버전 및 변경관리 기법이 확립된다. 변경이 가해질 때 질적 수준이 유지되는지를 보증하기 위해 프로세스를 감사하며, 또 변경과 관계하여 알아야 할 사항들이 보고된다.

작업 산출물은 무엇인가? 소프트웨어 형상관리 계획은 변경관리에 대한 프로젝트의 전략을 정의한다. 또한, 정형적 형상관리가 시행되면 변경관리 프로세스는 소프트웨어 변경 요구, 보고서 및 공학적 변경 규범을 창출한다.

작업이 옳게 수행되었다는 것을 어떻게 확인하는가? 모든 작업 산출물이 설명되고 추적되며 제어되었을 때, 모든 변경 사항이 탐지되고 분석되었을 때, 변경 사항을 알아야 할 사람들 모두에게 알려졌을 때, 형상관리가 제대로 수행되었다고 할 수 있다.

(2) 변경을 제어하며, (3) 변경이 적합하게 구현되는 것을 확인하고, (4) 변경을 이해 관계자들에게 보고하기 위해 개발된 것이다.

소프트웨어 지원과 소프트웨어 형상관리는 분명히 구분하는 것이 중요하다. 지원은 소프트웨어가 고객에게 인도된 후 작동할 때 일어나는 일련의 소프트웨어공학적 행위이다. 소프트웨어 형상관리는 소프트웨어공학 프로세스가 시작하여 끝났을 때 소프트웨어의 문제를 해결하기 위해 시작되는 일련의 추적 및 제어 행위이다.

소프트웨어공학의 근본적인 목표는, 변경을 도모할 경우에 용이성을 높이고, 꼭 필요한 변경을 위해 들여야 하는 노력을 줄이는 것이다.

29.1 소프트웨어 형상관리

소프트웨어 프로세스의 결과물은 광범위하게 세 가지 카테고리로 나눌 수 있다. 즉, (1) 컴퓨터 프로그램(소스 레벨과 실행 가능한 형태 모두를 포함), (2) 컴퓨터 프로그램을 설명하는 작업 산출물(여러 이해 관계자들을 대상으로 함), (3) 데이터, 또는 컨텐츠(프로그램 내에 포함된 경우, 또는 부수적인 것이다). 소프트웨어 프로세스의 일부로써 생산된 정보 모두를 포함하는 항목들을 소프트웨어의 형상이라 한다.

Quote

변화 이외에는 영원한 것은 아무것도 없다.

Heraclitus, 500 B.C.

소프트웨어 형상 항목(software configuration item, SCI)의 체계는 소프트웨어공학 프로세스로써 하나의 UML 도형으로 표현될 수 있는 소규모 항목부터 완전한 설계문서와 같은 대규모 항목까지 이름이 부여된 정보의 요소들로 생산된다. 각각의 SCI가 단순하게 다른 SCI들로 유도된다면 혼란은 거의 없다. 불행하게도 변경이라는 엉뚱한 변수가 프로세스에 등장한다. 무슨 이유에서건 변경은 언제라도 일어날 수 있다. 사실 시스템 공학의 제1법칙[Ber80]에 의하면 "시스템 생명주기의 어디에서라도 시스템은 변경된다. 그리고 변경에 대한 욕구는 생명주기의 끝까지 존속한다."

이 변경의 발단은 무엇일까? 이 질문에 대한 답은 변경 그 자체만큼이나 다양하다. 그러나 변경에는 다음과 같은 네 가지 요인이 있다.

?

소프트웨어에 요구된 변경의 원천은 무엇인가?

- 새로운 비즈니스나 시장의 여건이 제품의 요구사항이나 비즈니스 규칙을 변경한다.
- 새로운 이해관계자의 주장이 정보 시스템이 제공한 정보, 제품에 의해 제공되는 기능, 또는 컴퓨터 기반 시스템이 제공하는 서비스의 수정을 요구한다.
- 회사의 조직 개편, 성장, 축소 등이 프로젝트의 우선순위나 소프트웨어 팀의 구조를 변경시킨다.
- 예산, 또는 일정상의 제한으로 인해 시스템 및 제품이 재정의 된다.

소프트웨어 형상관리는 컴퓨터 소프트웨어의 생명주기 전 과정을 통해 이루어지는 변경을 관리하기 위해 개발된 일련의 행위이다. 소프트웨어 형상관리는 소프트웨어 프로세스 전반에 걸쳐 적용되는 품질보증으로 볼 수 있다. 이 절에서는 독자들의 변경에 대한 이해를 돕기 위해 중요한 소프트웨어 형상관리 작업들과 중요한 개념들을 소개한다.

29.1.1 소프트웨어 형상관리 시나리오[1]

전형적인 형상관리 작업에는 소프트웨어 그룹을 책임지는 프로젝트 관리자, 형상관리의 절차 및 정책을 책임지는 형상 관리자, 소프트웨어 제품의 개발 및 유지보수를 책임지는 소프트웨어 엔지니어, 그리고 제품을 사용하는 고객 모두가 관련된다. 시나리오에서 프로젝트는 작은 규모로 약 15,000줄의 코드가 4명의 팀원에 의해 개발된다고 가정하자. (더 작은 규모나 더 큰 규모의 팀을 대상으로 하는 다른 시나리오도 가능하나, 여기에도 본질적으로 그 각각의 프로젝트의 형상관리와 관련된 포괄적인 논제가 포함되어 있다.)

시나리오는 동작 수준에서 여러 가지 역할 및 작업과 관련되어 있다. 프로젝트 관리자의 목표는 제품이 정해진 기일 내에 개발이 완료될 것을 보장하는 것이다. 그러므로 관리자는 개발의 프로세스를 주시하여 문제를 인식하고 그에 대응한다. 이러한 일은 소프트웨어 시스템의 상태 보고서의 분석과 시스템에 대한 검토를 통해 이루어진다.

? 변경관리의 목표는 무엇이며 그와 관련된 구성원들 각자에 의해 수행된 행위들은 어떤 것들이 있는가?

형상 관리자의 목표는 프로젝트에 관한 정보에 접근할 수 있게 하는 것뿐 만 아니라 코드의 생성, 변경 및 테스트에 관한 절차와 정책을 확인하는 것이다. 코드의 변경에 대한 제어를 유지하기 위해 형상 관리자는 변경을 공식적으로 요구하고, 변경사항을 평가하며 (소프트웨어 시스템의 변경을 허가하는 책임을 가진 변경통제 위원회를 통하여), 변경 권한을 부여하는 기법을 채용한다. 관리자는 엔지니어들에게 업무 목록을 작성하여 배포하고 근본적인 프로젝트의 상태를 작성한다. 또한, 관리자는 시스템의 어떤 컴포넌트가 문제를 야기하는지를 결정하는 정보 등의 소프트웨어 시스템의 컴포넌트에 관한 통계자료를 수집한다.

소프트웨어 엔지니어들의 목표는 효과적으로 업무를 수행하는 것이다. 이는 코드를 작성하거나 테스트하는데, 또 제품의 생산을 지원하는데 다른 팀원들을 불필요하게 방해하지 말아야 할 것을 의미한다. 그러나 동시에, 그들은 효율적으로 의사소통을 하고 협조를 하여야 한다. 특히, 엔지니어들은 안정된 소프트웨어 제품을 생산하는 데 도움이 되는 툴들을 사용한다. 그들은 수행될 업무와 완료된 업무에 대해 의사소통을 하고 협조한다. 변경은 파일들이 융합되면서 타인의 작업에까지 전파된다. 동시에 변경될 컴포넌트들에 대해 모순을 조정하고 변경사항들이 융합되는 방법이 있다는 것을 확인하는 기법이 있다. 변경 및 그 이유에 대한 기록과 실제로 변경된 내용에 대한 보고서와 함께 시스템 내의 모든 컴포넌트의 변화에 대한 이력이 보관된다. 엔지니어들에게는 코드를 작성, 변경, 테스트하고 통합하기 위한 작업공간이 있다. 어느 시점에서 코드는, 그것을 기준으로 그 후의 개발이 계속될, 그리고 그것으로부터 다른 대상 기계에 대한 변형이 이루어질 기준선으로 만들어진다.

KEY POINT 동일한 컴포넌트에 대해 동시에 행해진 변경들은 적절하게 추적되어야 하고, 관리되어야 하며, 실행되어야 한다.

고객은 제품을 사용한다. 제품이 형상관리 통제를 받고 있으므로 고객은 변경을 요구하는 공식적 절차를 따르고 제품의 결함을 지적한다.

이상적으로, 이 시나리오에서 사용된 형상관리 시스템은 위의 모든 역할과 작업을

1 이 절은 [Dar01]에서 발췌함. Software Engineering Institute가 지원한 Carnegie Mellon University의 "Spectrum of Functionality in CM System" by Susan Dart[Dar01], ⓒ 2001의 허가를 얻어 재게재함.

지원한다. 즉, 역할이 형상관리 시스템이 요구하는 기능을 결정한다. 프로젝트 관리자는 형상관리를 감사의 수단으로 보고, 형상 관리자는 이를 제어, 추적 및 정책 결정의 수단으로 보며, 소프트웨어 엔지니어는 변경, 작성 및 접근 제어의 수단으로 보고, 고객은 품질보증의 수단으로 본다.

29.1.2 형상관리 시스템의 요소

소프트웨어 형상관리에 대한 포괄적인 백서에서 Susan Dart[Dar01]는 형상관리 시스템을 개발할 때 반드시 포함되어야 할 네 가지 요소를 확인하였다:

- **컴포넌트 요소** 각 소프트웨어의 형상 항목을 접근하고 관리할 수 있게 하는 파일 관리 시스템 (예를 들어, 데이터베이스)과 결부된 일련의 툴
- **프로세스 요소** 컴퓨터 소프트웨어를 관리하고 생성하며 사용하는 모든 이해 관계자들을 위한 변경관리(및 관계된 행위들)의 효과적인 방법을 정의하는 일련의 절차 및 작업
- **구성 요소** 확인된 일련의 컴포넌트들만으로(즉, 올바른 버전으로) 조립되었음을 확인함으로써 소프트웨어의 구축을 자동화하는 일련의 툴
- **인적 요소** 효과적인 소프트웨어 형상관리의 구현을 위한 소프트웨어 팀에 의해 사용되는 (타 형상관리 요소를 포함하는) 일련의 툴 및 프로세스의 특징

이 요소들은 (뒤의 절에서 더 상세히 논의될 것임) 서로 상반된 것이 아니다. 예를 들어, 소프트웨어 프로세스가 진화해 가면서 컴포넌트 요소들은 구성 요소와 함께 적용될 수 있다. 프로세스 요소는 소프트웨어 형상관리와 관계된 많은 인간의 활동에 지침이 되며, 따라서 인적 요소로도 간주될 수 있다.

29.1.3 기준선

ADVICE

대부분의 소프트웨어에 대한 변경은 정당화되므로 변경에 대한 불평은 의미가 없다. 차라리, 변경을 처리할 수 있는 장치가 마련되어 있는가를 확인하라.

변경은 소프트웨어 개발에 있어 현실적인 일이다. 고객은 요구사항을 변경하고 싶어 하고, 개발자들은 기술적 접근방법을 변경하고 싶어 하며, 관리자는 프로젝트의 기본 방침을 변경하고 싶어 한다. 왜 이 모든 변경이 있어야 하는가? 답은 정말로 매우 간단하다. 시간이 흐를수록 모든 이해 관계자들은 (그들이 무엇을 원하는지, 어떤 접근 방법이 가장 좋은지, 그리고 이익을 창출해 가면서 어떻게 일을 완수하는지에 대해) 더 많이 알게 된다. 이 추가적 지식이 대부분의 변경을 도모하는 힘이며 많은 소프트웨어공학 실무자들이 수긍하기 어려운 주장으로 이끈다. 즉, 모든 변경은 정당화될 수 있다.

기준선은 우리가 정당화할 수 있는 변경을 심각하게 방해받지 않고 변경을 행하는 데 도움이 되는 소프트웨어 형상관리의 개념이다. IEEE(IEEE Std. No. 610.12-1990)는 기준선을 다음과 같이 정의한다.

> 장래의 개발 기준으로서 그리고 변경통제 절차에 의해서만 변경될 수 있는 공식적으로 검토되고 합의된 명세 또는 제품.

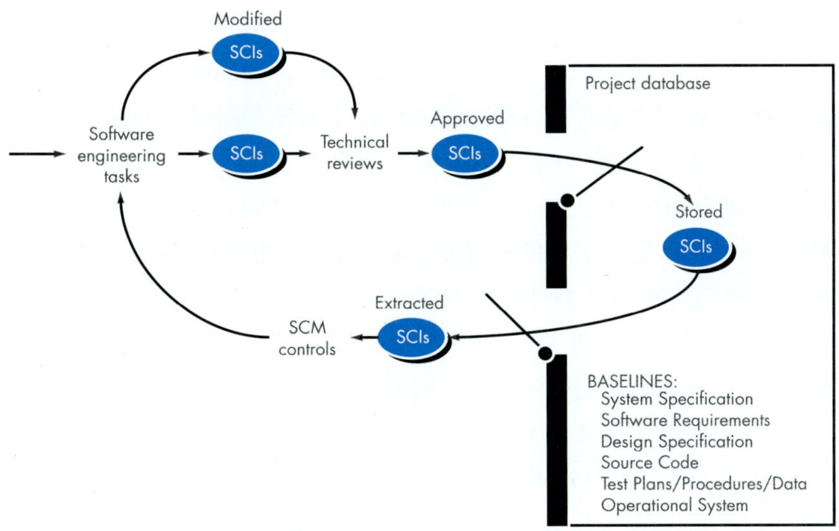

그림 29.1

기준선이 적용된 소프트웨어 형상 항목들(SCIs)과 프로젝트 데이터베이스

소프트웨어의 형상 항목이 기준선이 되지 않으면 변경은 빠르고 비공식적으로 수행된다. 그러나 일단 기준선이 확립되고 나면 각각의 변경에 대해 특정한 공식적인 절차가 적용되어 평가되고 검증된다.

소프트웨어공학적 맥락에서 기준선은 소프트웨어 개발의 이정표이다. 기술 검토(제20장)를 거쳐 승인된 하나 이상의 소프트웨어 형상 항목들이 인도될 때 기준선이 작용한다. 예를 들어, 설계 모델의 요소들이 문서화되고 검토된다. 에러가 발견되고 수정된다. 일단 모델의 모든 컴포넌트들이 검토되고 수정되고 승인되면 그 설계모델은 기준선이 된다. (설계 모델 안에 문서화된) 프로그램 구조에 대한 더 이상의 변경은 각각의 변경이 평가되고 승인된 이후에나 가능하다. 기준선은 어떤 수준으로도 상세히 정의될 수 있으나 그림 29.1에 가장 보편적인 기준선을 도식화하였다.

기준선으로 이끄는 이벤트의 진행 또한 그림 29.1에 설명되었다. 소프트웨어공학 작업은 하나 이상의 소프트웨어 형상 항목을 만든다. 소프트웨어 형상 항목이 검토되고 승인된 후, 소프트웨어 형상 항목들은 프로젝트 데이터베이스(또는 프로젝트 라이브러리, 소프트웨어 저장소라고도 불린다. 이에 대해서는 29.3절에서 설명한다)에 포함된다. 소프트웨어공학팀의 한 구성원이 기준선이 적용된 소프트웨어 형상 항목을 고치고자 하면 그 소프트웨어 형상 항목은 프로젝트 데이터베이스에서 엔지니어 개인의 작업공간으로 복사된다. 그러나 이렇게 추출된 소프트웨어 형상 항목은 소프트웨어 형상관리 제어에 따라 수행될 때에만 수정된다. (이에 대해서는 이 장의 뒷부분에서 설명한다) 그림 29.1의 화살표들은 기준선이 적용된 소프트웨어 형상 항목의 경로를 표시한다.

ADVICE

프로젝트 데이터베이스가 중앙 집중적으로, 통제된 위치에 보존되고 있는가를 확인하라.

29.1.4 소프트웨어 형상 항목(SCI)

소프트웨어 형상 항목이 소프트웨어공학 프로세스의 일부로 생산된다는 것은 이미 정의하였다. 극단적으로 말하면, 소프트웨어 형상 항목은 대규모 명세의 한 부분이라고 간주될 수도 있으며, 또는 대규모 테스트 사례 중 하나라고도 할 수 있다. 좀 더 현실적으로 말하면, 소프트웨어 형상 항목은 작업 산출물 전체, 또는 일부분이라고도 말할 수 있다. (예로써, 하나의 문서, 테스트 사례 전체, 또는 이름이 붙은 프로그램의 컴포넌트)

소프트웨어 작업 산출물에서 유래된 소프트웨어 형상 항목에 더하여 많은 공학 기관들이 소프트웨어 툴을 형상제어 하에 둔다. 다시 말하면, 편집기, 컴파일러, 브라우저 및 기타 자동화 툴들의 특정한 버전은 소프트웨어 형상의 일부로 고정되어 있다. 왜냐하면 이 툴들은 문서, 소스 코드 및 데이터를 작성하는데 사용되며 반드시 소프트웨어 형상의 변경이 가해질 때 사용되어야 하기 때문이다. 문제는 거의 없으나 새로운 버전의 툴이 (예를 들어, 컴파일러) 원래 버전의 툴과 다른 결과를 생성할 수 있다. 이러한 이유로 생산을 돕는 소프트웨어와 같은 툴들은 종합적인 형상관리 프로세스의 일부로 기준선이 되어야 한다.

실제로는, 소프트웨어 형상 항목은 하나의 이름으로 프로젝트 데이터베이스에 등록될 수 있도록 형상 객체를 형성하여 체계화된다. 형상 객체는 이름, 속성을 가지며 다른 객체와 관계를 가지고 "연결"된다. 그림 29.2에서 **DesignSpecificaiton**, **DataModel**, **ComponentN**, **SourceCode**, **TestSpecification** 등의 형상 객체들은 개별적으로 정의되어 있다. 그러나 각 객체들은 화살표가 나타내는 것처럼 다른 객체들과 연관성을 가지고 있다. 곡선 화살표는 복합적 관계를 나타낸다. 다시 말해서, **DataModel**과 **ComponentN**은 **DesignSpecificaiton** 객체의 일부이다. 양쪽에 화살표의 끝을 가진 직선 화살표는 상호 관계를 표시한다. 만일 **SourceCode** 객체가 변경될 경우, 상호 관계는 다른 어떤 객체(소프트웨어 형상 항목을 포함하여)가 영향을 받는다는 것을 알 수 있게 한다.[2]

29.1.5 의존성과 변경의 관리

제 8.2.6절에서 추적성의 개념과 추적성 행렬의 사용에 대해 소개하였다. 추적성 행렬은 요구사항들, 아키텍처에 관한 결정 사항들(13.5절), 그리고 결함의 원인들(21.6절) 간의 의존성을 문서화하는 방법의 하나이다. 제안된 변경의 영향을 결정하기 위해, 또 회귀 테스팅(22.3.2절)에 사용될 테스트 유형들을 선정하기 위해 이 의존성을 참조할 필요가 있다. 의존성의 관리는 영향 관리로 간주할 수 있다.[3] 이는 개발자들이 그들의 작업에 영향을 미치는 변경에 초점을 맞출 수 있게 도움을 준다[Sou08].

영향 분석은 개인적인 활동뿐만 아니라 조직의 행위에도 초점을 맞춘다. 영향 관리는 두 가지 보완적 관점과 관계한다. (1) 소프트웨어 개발자들이 그들의 작업에 대해 동료들의 활동이 미치는 영향을 최소화하는 방안을 택하는 것을 확신하게 하고, (2) 소프트웨어 개발자들이 자기의 활동이 동료들에게 미치는 영향을 최소화하도록 실무에 임하도록 권장하는 것이다. 여기서 주목할 것은, 어느 한 개발자가 자기의 작업이 다른 사람들에게 미치는 영향을 최소화하려 노력한다면, 그가 다른 사람들의 일에 미치는 영향을 최소화하기 위해 들이는 동료들의 노력을 이미 줄여 준 것이라 할 수 있다[Sou08].

소프트웨어 산출물은 개발자들이 소프트웨어 형상 항목들 간의 의존성을 알 수 있도

2 이들 관계는 데이터베이스 내에서 정의된다. 데이터베이스(저장소)의 구조는 29.3절에서 상세히 설명한다.

3 영향 관리는 29.3.4절에서 추가로 논의한다.

그림 29.2

형상 객체

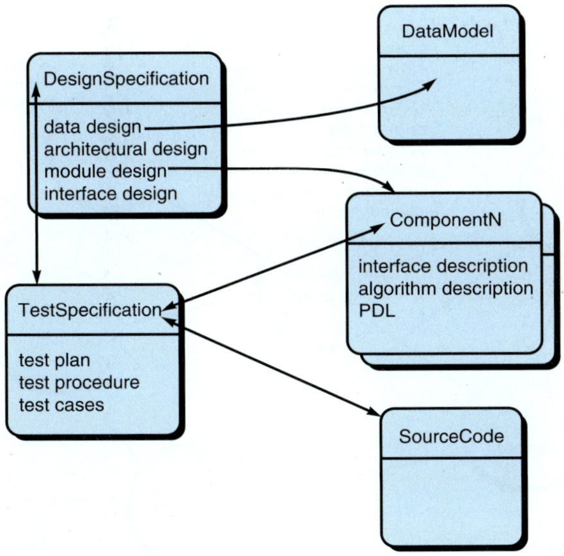

록 유지되는 것이 중요하다. 29.2절에서 논의한 바와 같이, 개발자들은 점검하는 항목들이 소프트웨어 형상관리 저장소에 들어가고 나오는 것, 또 승인된 변경을 수행하는 것에 대한 원칙을 확립하여야 한다. 버그 추적 소프트웨어 또한 소프트웨어 형상 항목들 간의 의존성을 밝히는데 도움이 된다. 전자 소통 수단(이메일, 위키, 소셜 네트워크)은 개발자들이 문서화되지 않은 의존성이나 새로 발견되는 문제들을 공유할 수 있는 편의를 제공한다.

29.2 소프트웨어 형상관리 저장소

소프트웨어 형상관리 저장소는 소프트웨어 팀이 변경을 효과적인 방법으로 관리할 수 있게 하는 일련의 기술과 자료구조이다. 그것은 데이터의 무결성, 공유, 통합을 보장하는 현대적 데이터베이스 관리 시스템의 확실한 기능을 제공한다. 더욱이, 소프트웨어 형상관리 저장소는 소프트웨어 툴들이 통합되는 중심축이며, 소프트웨어 프로세스 흐름의 중심이고, 소프트웨어공학 작업 산출물의 구조와 형식이 균일하게 되도록 한다.

이러한 성능을 성취하기 위해 저장소는 메타모델의 관점에서 정의된다. 메타모델은 정보가 저장소에 저장되는 방법, 데이터가 툴에 의해 접근되고 소프트웨어 엔지니어에게 보여지는 방법, 데이터의 보안과 무결성이 유지되는 방법, 그리고 새로운 필요에 의해 기존의 모델이 확장되는 방법 등을 결정한다.

29.2.1 일반적인 특성과 내용

저장소의 특성과 내용은 두 가지 관점에서 가장 잘 이해될 수 있다. 즉, 무엇을 저장소에 저장할 것인가, 또 저장소에 의해 어떤 특정한 서비스가 제공될 것인가 하는 것이다. 표현의 형태, 문서, 및 저장소에 저장될 타 제품들의 상세한 분류는 그림 29.3에 설명되어 있다.

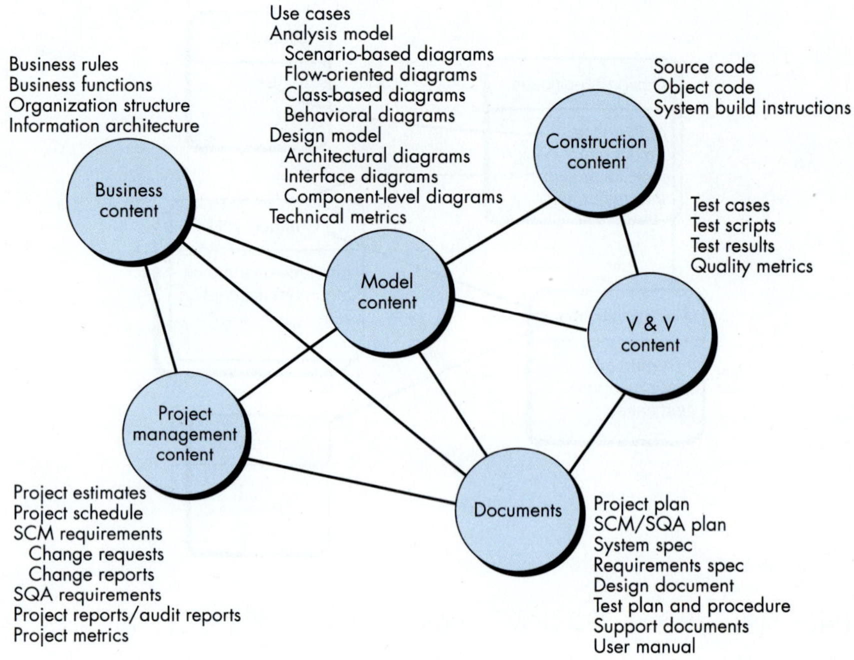

그림 29.3
저장소의 내용

WebRef
상용으로 구입이 가능한 저장소의 예는 **www.oracle.com/technology/products/repository/index.html**에서 얻을 수 있다.

확고한 저장소는 다음과 같은 두 종류의 서비스를 제공한다. (1) 정교한 데이터베이스 관리 시스템으로부터 기대할 수 있는 같은 종류의 서비스, (2) 소프트웨어공학 환경에 특정한 서비스 등이 그것들이다.

소프트웨어 공학팀에 서비스를 제공하는 저장소는 다음과 같은 일도 해야 한다. (1) 프로세스 관리 기능을 통합하고 직접적으로 지원하는 일, (2) 소프트웨어 형상관리 기능과 저장소에 있는 데이터를 운용하는 특정한 규칙을 지원하는 일, (3) 타 소프트웨어공학 툴과의 인터페이스를 제공하는 일, (4) 정교한 데이터 객체(예를 들어, 텍스트, 그래픽스, 비디오, 오디오)의 저장소를 제공하는 일 등이 그것이다.

29.2.2 소프트웨어 형상관리의 특성

소프트웨어 형상관리를 지원하기 위하여 저장소는 다음과 같은 특성을 지원해야 한다.

KEY POINT
저장소는 많은 버전의 소프트웨어와 관계있는 소프트웨어 형상 항목들을 유지할 수 있어야 한다. 더욱 중요한 것은, 저장소는 그러한 소프트웨어 형상 항목들을 특정한 버전의 형상에 짜맞출 수 있는 방안을 제공해야만 한다.

버전관리 프로젝트가 진행되면서 여러 가지 버전의(29.3.2절) 작업 산출물이 작성된다. 저장소는 이미 제공된 제품을 효과적으로 관리할 수 있게 하고, 테스팅과 디버깅을 수행하는 동안 개발자들이 이전의 버전으로 돌아 갈 수 있도록 모든 버전을 저장할 수 있어야 한다.

저장소는 텍스트, 그래픽스, 비트 맵, 복잡한 문서, 스크린이나 보고서의 형식, 객체 파일, 테스트 데이터와 결과 등 매우 다양한 형태의 객체를 제어할 수 있어야 한다. 발전된 형태의 저장소는 어느 단위로 결합되어 있건 모든 버전의 객체를 추적할 수 있게 한다, 예를 들어, 하나의 데이터에 대한 정의 또는 모듈의 결합체까지도 추적된다.

의존성 추적 및 변경관리 저장소는 저장되어 있는 데이터 간의 매우 다양한 관계를 관리한다. 다양한 관계란 기업 전체의 실체와 프로세스들 간의 관계, 응용 소프트웨어의 설계 각 부분들 간의 관계, 설계 컴포넌트와 기업 전체의 정보 구조, 설계 요소와 납품물 간의 관계 등을 말한다. 이 관계들 중 어떤 것은 단순한 결합이고 어떤 것들은 의존적 또는 필수적 관계이다.

이 모든 관계들을 추적할 수 있는 기능은 저장소에 저장된 정보의 무결성 및 그에 의거하는 납품물의 산출 등에 결정적인 역할을 하며, 저장소와 관련된 소프트웨어 개발 프로세스의 개선을 위해 가장 중요한 역할을 한다. 예를 들어, UML 도표를 수정할 때 저장소는 관계된 클래스들, 인터페이스에 대한 정의, 코드 컴포넌트들도 함께 수정되어야 하는지 탐지할 수 있으며, 영향을 받는 소프트웨어 형상 항목들을 제시하여 개발자들의 주의를 환기시킨다.

요구사항 추적 이 특수한 기능은 연결 관리에 의존하고 있으며, 요구분석 명세서에 명시된 내용에 대한 작업의 결과인 설계와 구현, 납품물 모두를 추적할 수 있는 기능(전방추적)을 제공한다. 이에 더하여, 어떤 요구사항이 제품의 어느 부분을 만들게 했는지도 추적할 (후방추적) 수 있게 한다.

형상관리 형상관리는 특정한 프로젝트의 이정표나 납품물을 표현하는 일련의 형상을 추적한다.

감사행적 감사행적은 언제, 누가, 무슨 이유로 변경을 가했는지에 대한 추가적인 정보를 확립한다. 변경의 출처에 대한 정보는 저장소에 특정한 객체의 속성으로 저장된다. 저장소의 동작 개시 장치는 개발자와 설계 요소가 변경될 때마다 감사 정보를(변경 사유 등) 추가하는 데 사용되는 툴을 지원한다.

29.3 소프트웨어 형상관리 프로세스

소프트웨어 형상관리 프로세스는 다음과 같은 네 가지 중요한 목적을 가진 일련의 작업을 정의한다. (1) 소프트웨어의 형상을 집합적으로 정의하는 항목을 모두 확인하는 일, (2) 이 항목들에 대한 변경을 관리하는 일, (3) 응용 소프트웨어의 다른 버전 개발을 촉진하는 일, (4) 시간이 흐름에 따라 형상이 진화할 때 소프트웨어의 품질을 유지하는 일.

> **Quote**
> 어떤 변경이든, 설혹 개선을 위한 변경이라 해도, 단점과 불편함을 수반한다.
>
> Arnold Bennett

이 목적들을 성취하는 프로세스는 관료적이거나 힘든 것이 아니고 소프트웨어 팀이 다음의 질문들에 대해 답할 수 있는 형태로 특성 지어야 한다.

- 어떻게 소프트웨어 팀이 각각 분산된 소프트웨어 형상을 찾아 낼 수 있는가?
- 어떻게 한 조직이 기존의 많은 버전의 프로그램에(문서를 포함하여) 대해 효율적으로 변경이 가해질 수 있도록 하는가?
- 소프트웨어가 사용자들에게 제공되기 이전과 이후의 변경 사항을 하나의 조직이 어떻게 제어하는가?

?

소프트웨어 형상관리 프로세스는 어떤 질문에 답하기 위해 설계되었는가?

- 어떻게 한 조직이 변경이 미치는 영향을 평가할 것이며 그 영향을 효과적으로 관리할 것인가?
- 요구된 변경 사항을 승인하고 서열화하는 것은 누구의 임무인가?
- 어떻게 변경이 적절하게 이루어졌는지 알 수 있는가?
- 변경 이외의 사항을 평가하는 데 어떤 기법이 사용되는가?

이 질문들은 다섯 가지의 소프트웨어 형상관리 작업을 유도한다.—식별, 버전제어, 변경통제, 형상 감사, 보고—이는 그림 29.4를 통해 설명한다.

그림에서 보는 것과 같이, 소프트웨어 형상관리 작업은 동심원의 층으로 볼 수 있다. 소프트웨어 형상 항목은 이 층들을 거치면서 궁극적으로 하나 이상의 버전의 응용 소프트웨어나 시스템의 소프트웨어 형상의 일부가 될 때까지 바깥쪽으로 흐른다. 하나의 소프트웨어 형상 항목이 층을 거치면서 각각의 소프트웨어 형상관리 작업이 함축하는 활동들은 적용되기도 하고 적용되지 않기도 한다. 예를 들어, 하나의 새로운 소프트웨어 형상 항목이 생성되면 그것은 반드시 파악되어야 한다. 그러나 그 소프트웨어 형상 항목에 대해 아무런 변경이 요구되지 않을 경우에는 변경통제 층은 적용되지 않는다. 소프트웨어 형상 항목은 그 소프트웨어의 특정한 버전으로 할당된다. (버전제어 기법이 사용된다.) 소프트웨어 형상 항목의 기록은 (이름, 생성 일자, 버전 지정, 등) 형상 감사를 목적으로 유지되며 알아야 할 사람들에게 보고된다. 이 절에서는 소프트웨어 형상관리 프로세스층 각각에 대해 상세히 설명한다.

29.3.1 소프트웨어 형상에서의 객체 파악

소프트웨어 형상 항목들을 제어하고 관리하기 위해서는 각 항목들은 객체지향 방법으로 각기 이름이 붙여지고 조직되어야 한다. 두 가지의 객체가 파악될 수 있다[Cho89]. 즉, 기본객체와 집합객체이다.[4] 기본객체는 분석, 설계, 코드 및 테스트를 수행하는 동안 작성되는

그림 29.4

소프트웨어 형상관리 프로세스의 층

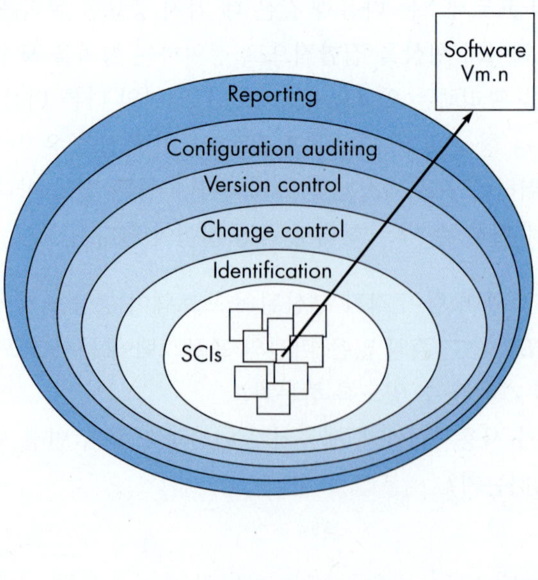

정보의 한 단위이다. 예를 들어, 기본객체는 요구분석 명세서의 한 절, 설계 모델의 일부, 소스 코드 컴포넌트, 또는 코드를 테스트하기 위한 한조의 테스트 사례일 수도 있다. 집합객체는 기본객체의 모임과 다른 집합객체들의 모임이다. 예를 들어, **DesignSpecification**이 집합객체이다. 개념적으로 객체란 **ArchitecturalModel**과 **Data Model**과 같은 집합객체와 **ComponentN**이나 **UMLClassDiagramN**과 같은 기본객체 들을 지정하는 포인터들의 이름 붙여진 (파악된) 목록이라 볼 수 있다.

각 객체는 다음과 같이 그것을 유일하게 지정하는 명확한 특징들을 갖는다. 즉, 이름, 설명, 자원의 목록, 그리고 "실현"이다. 객체의 이름은 각 객체를 유일하게 지정하는 문자열이다. 객체 설명은 객체, 프로젝트의 이름, 그리고 변경 및 버전 정보 등에 의해 기술되는 소프트웨어 형상 항목의 형태(즉, 모델 요소, 프로그램, 데이터)를 지정하는 데이터 항목들의 목록이다. 자원은 "제공되거나 처리되거나 참조되는, 또는 객체가 요구하는 다른 실체들"[Cho89]이다. 예를 들어, 데이터 형, 특정한 기능, 또는 변수명 등이 객체의 자원이라 할 수 있다. 실현은 기본객체에 대해서는 "한 단위의 텍스트"이며 집합객체에 대해서는 널(null)에 대한 포인터이다.

KEY POINT

형상객체들에 대해 확립된 상호관계는 우리가 변경의 영향력을 평가할 수 있게 한다.

형상객체의 파악은 이름 붙여진 객체들 간의 관계를 고려할 수도 있다. 예를 들어, 다음과 같은 간단한 표기법으로 소프트웨어 형상 항목들의 체계를 작성할 수 있다.

Class diagram 〈part-of〉 requirements model;

Requirements model 〈part-of〉 requirements specification;

많은 경우에, 객체들은 객체 체계 분파(branch) 간에 상호관계를 형성한다. 이 분파 간의 구조 관계는 다음과 같이 표현될 수 있다.

DataModel 〈interrelated〉 DataFlowModel;

DataModel 〈interrelated〉 TestCaseClassM;

ADVICE

비록 프로젝트 데이터베이스가 이 관계들을 수립할 수 있는 역량을 제공해준다 해도 그 관계들을 제확립하는 데에는 시간이 걸리고 최신으로 유지하는 것은 어렵다. 영향력 분석에 큰 도움이 되긴 하지만 전체적인 변경관리에 필수적인 것은 아니다.

첫 번째 표현은 혼합객체 간의 상호관계이며, 두 번째 표현은 결합객체(**DataModel**)와 기본객체(**TestCaseClassM**) 간의 관계이다.

소프트웨어 객체에 대한 파악 시책은 객체들이 소프트웨어 프로세스를 통해 진화한다는 것을 반드시 인식하고 있어야 한다. 왜냐하면, 객체들에는 기준선이 적용되어 있고 여러 번 변경될 수 있으며, 기준선이 확립된 후에도 변경은 매우 자주 요구되기 때문이다.

29.3.2 버전제어

버전제어는 소프트웨어 프로세스가 진행되는 동안 생성되는 형상객체들의 다른 버전들을 관리하기 위해 절차와 툴들을 결합한다. 버전제어 시스템은 다음과 같은 네 가지 일들을 구현하거나 직접 그에 통합된다. (1) 적절한 형상객체들을 저장하는 프로젝트 데이터베이스(저장소), (2) 모든 버전의 형상객체를 저장하는(또는 어떤 버전이건 과거의 버전과 다르게

4 집합객체의 개념[Gus89]는 소프트웨어 형상의 완벽한 버전을 표현하기 위한 기술로 제안되었다.

작성될 수 있게 하는) 버전관리, (3) 적절한 형상객체들을 수집하여 특정한 버전의 소프트웨어를 개발할 수 있게 하는 작성기능, 이에 더하여, (4) 버전제어와 변경통제 시스템은 소프트웨어 팀이 각각의 형상객체와 관계된 진행 중인 문제들의 상태를 기록하고 추적할 수 있게 하는 문제추적(issues tracking, 또는 버그추적) 기능을 종종 구현한다.

많은 버전제어 시스템들은 특정한 버전의 소프트웨어를 생성하도록 요구하는 모든 변경의 모임인 변경집합을 확립한다. Dart[Dar91]는 변경집합은 "변경의 이유, 누가 언제 변경을 가했는지에 대한 상세한 정보와 함께 형상을 이루는 모든 파일들에 대한 변경을 수집한다."라고 했다.

많은 명명된 변경집합은 응용 소프트웨어, 또는 시스템으로 간주할 수 있다. 그렇다면 우리는 기준선 형상에 (이름을 통해) 적용해야 하는 변경집합을 지정함으로써 한 버전의 소프트웨어를 개발할 수 있다. 이를 위해 시스템 모델링 방법이 적용된다. 시스템 모델은 (1) 컴포넌트 체계와 어떻게 시스템이 만들어져야 하는지를 설명한 "작성 주문서"를 포함하는 템플릿, (2) 작성 규칙, (3) 검증 규칙 등을 포함한다.[5]

지난 몇 년간 버전제어에 대해 여러 가지 자동화 접근법이 제안되었다. 접근법들의 중요한 차이점은 특정한 버전들을 작성하기 위해 사용되는 속성과, 시스템 및 작성을 위한 프로세스 기술의 변화요소이다.

소프트웨어 도구들

병행 버전 시스템(Concurrent Version System, CVS)

버전제어를 위한 툴의 사용은 효과적인 변경관리에 필수적이다. CVS는 버전제어를 위해 널리 쓰이고 있다. 원래는 소스코드를 위해 계획 되었으나 텍스트를 기반으로 하는 파일이면 어느 것에 건 유용하게 사용할 수 있다. CVS 시스템은 (1) 단순한 저장소를 확립하고, (2) 수정 중인 파일과 원래 파일과의 차이나는 부분만을 저장하여 모든 버전의 파일을 하나의 이름으로 유지하고, (3) 각 개발자마다의 디렉토리를 만들어 모두를 격리시켜 하나의 파일을 동시에 여러 명이 변경하는 것을 막아준다. 각 개발자가 일을 마치면 CVS는 변경사항을 합병한다.

CVS 시스템은 무엇을 만드는 시스템이 아니다. 즉, CVS는 특정한 버전의 소프트웨어를 생산하지 않는다. 생산을 위해서는 다른 툴(예를 들어, Makefile)과 통합되어야 한다. CVS는 변경통제 프로세스(즉, 변경요구, 변경보고서, 버그추적)를 행하지 않는다.

이러한 한계에도 불구하고, CVS는 "개별적 개발자에서 대규모의 분산된 팀에 까지 유용한, 소스를 공개하고 있으며 네트워크를 통해 공유할 수 있는 우수한 버전제어 시스템이다." [CVS07] CVS의 클라이언트-서버 구조는 사용자들이 인터넷을 통해 파일들을 접근할 수 있게 하고 있으며, 소스를 공개한다는 철학으로 인해 흔히 사용되고 있는 대개의 플랫폼에 채용되고 있다.

CVS는 Windows, Mac OS, LINUX, 및 UNIX 환경에 무상으로 제공되며, 이 응용 소프트웨어의 공개 버전도 구할 수 있다.[6][CVS12]

5 한 컴포넌트의 변경이 다른 컴포넌트들에 어떤 영향을 주는지 시스템 모델에 평가를 조회할 수도 있다.

6 [CVS12]의 링크는 **http://olex.openlogic.com/packages/cvs**에서 내려 받을 것.

29.3.3 변경통제

소프트웨어공학의 맥락에서 변경통제의 현실은 James Bach[Bac98]에 의해 다음과 같이 잘 정리되었다.

> 변경통제는 지극히 중요하다. 그러나 그것을 필요하도록 하는 힘이 그것을 성가시게 한다. 우리는 코드의 아주 작은 부분이 불안정하여 전체 시스템이 크게 실패를 할 수도 있으므로 변경을 우려한다. 그러나 그것은 또한, 크게 실패하지 않도록 고칠 수도 있고, 훌륭하고 새로운 능력을 부여할 수도 있다. 우리는 한 사람의 능력이 부족한 개발자가 프로젝트를 망칠 수도 있으므로 변경을 두려워하지만, 그 능력이 부족한 사람들에게서 기발한 생각이 비롯되었으며, 변경관리 프로세스의 부담은 그들이 창의적으로 일을 하는 데 방해가 될 수도 있다.

Quote

진보의 기술은 변화 속에서 질서를 유지하고, 질서 속에서 변화를 유지하는 것이다.

Alfred North Whitehead

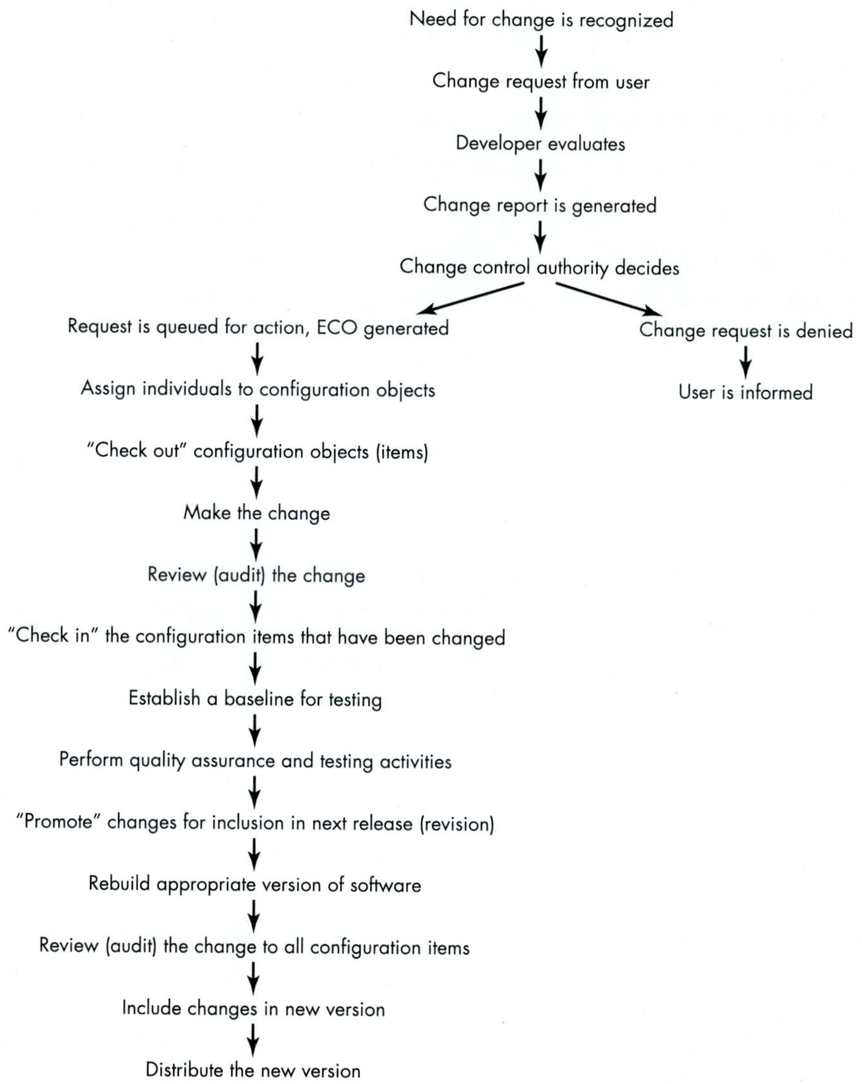

그림 29.5
변경통제 프로세스

KEY POINT

변경의 요구는 여러 개가 결합되어 하나의 공학변경지시서로 귀착되고 공학변경지시서들은 여러 개의 형상객체들의 변경을 초래한다는 것을 주목해야 한다.

Bach는 우리가 균형을 잡아야 할 것을 인식하고 있다. 지나친 변경통제는 문제를 야기한다. 너무 적게 하면 다른 문제들이 야기된다.

대규모의 소프트웨어 프로젝트는 변경이 제어되지 않으면 빠르게 혼란에 빠진다. 그런 프로젝트들의 변경통제는 인간의 절차와, 변경을 제어하기 위한 기법을 제공하기 위한 자동화 툴을 함께 사용한다. 변경통제의 프로세스는 그림 29.5에 체계적으로 설명하였다. 변경요구가 제출되면 기술적 장점, 잠재적 부작용, 다른 형상객체들과 시스템의 기능에 대한 전체적인 영향, 예측된 변경 비용 등이 평가된다. 그 평가 결과가 변경보고서로 제출되며 그것은 변경통제의 근거(CCA)로—변경의 상태 및 우선순위를 최종적으로 결정하는 사람, 또는 그룹—사용된다. 공학변경지시서(ECO)가 각 승인된 변경에 대해 작성된다. 공학변경지시서는 변경 사항, 반드시 고려되어야 할 제한조건, 및 검토와 감사의 기준을 설명한다.

변경되어야 할 객체들은 하나의 디렉토리에 옮겨지고, 그것은 변경을 행하는 소프트웨어 엔지니어들에 의해서만 제어된다. 버전제어 시스템(병행 버전 시스템, CVS 글상자 참조)은 일단 변경이 가해지면 원래의 파일을 수정한다. 대안으로써, 프로젝트 데이터베이스(저장소)에 있는 변경될 객체들을 "표시한 후 삭제하고", 변경을 가한 후에 적절한 소프트웨어 품질 보증 행위들을 적용한다. 객체들은 그 후 다시 데이터베이스에 "표시하여 삽입하고" 다음 버전의 소프트웨어를 생성하기 위해 적절한 버전제어(29.3.2절) 기술이 사용된다.

이와 같은 버전제어 기술은 변경통제 프로세스 내에 통합되어, 변경관리를 위한 두 가지 요소를—접근제어와 동기화제어—수행한다. 접근제어는 소프트웨어 엔지니어들이 특정한 형상객체에 접근하고 수정할 수 있는 권한을 갖는 것을 결정한다. 동기화제어는 두 사람이 동시에 변경작업을 하면서 서로의 작업을 덮어쓰기 하는 일이 없도록 한다.

그림 29.5의 변경통제 프로세스의 설명이 함축하는 관료주의적인 수준에 불편함을 느낄 수 있다. 이 느낌은 흔한 일이다. 적합한 보호조항이 없이는 변경통제는 진척을 방해하고 불필요한 절차만을 만든다. 불행히도 많지는 않으나, 변경통제 기술을 가진 대개의 소프트웨어 개발자들은 위에서 언급한 문제를 피하기 위해 몇 개의 제어 층을 가지고 있다.

ADVICE

당신이 필요할 것이라고 생각하는 것보다 조금 더 많은 변경통제를 택하라. 너무 많을 것 같은 것이 알맞은 양이 될 것이다.

소프트웨어 형상 항목이 기준선이 되기 전에는 비공식적 변경통제만이 수행되었다. 관계된 형상객체 (소프트웨어 형상 항목)의 개발자들은 어떤 변경이 이루어지건 그 변경은 프로젝트와 기술적 요구사항 (변경이 개발자의 권한 밖에 있는 광범위한 시스템에 영향을 주지 않는 한)에 의해 정당화되게 한다. 일단 객체가 기술적 검토를 거쳐 승인이 되고 나면 기준선이 마련된다.[7] 일단 하나의 소프트웨어 형상 항목이 기준선이 되면 프로젝트 수준의 변경통제가 행해진다. 이제, 변경을 하려면 (그 변경이 국부적일 경우) 개발자는 반드시 프로젝트 관리자에게 허락을 얻어야 하며, 만일 변경이 다른 소프트웨어 형상 항목들에 영향을 준다면 변경통제 책임자의 허락을 얻어야 한다. 때로는, 개발자들은 변경 요구서, 변경보고서 및 공학변경지시서를 공식적으로 작성하지 않기도 한다. 그러나 각 변경에 대한 평가는 수행되어야 하고 모든 변경사항은 추적되고 검토되어야 한다.

7 기준선은 다른 이유에서도 생성될 수 있다. 예를 들어, "오늘의 작업"이 만들어 지면, 주어진 시간까지 표시된 모든 컴포넌트가 다음 날 작업의 기준선이 된다.

소프트웨어 제품이 출시되고 나면 공식적 변경통제 부서가 설치된다. 공식적 변경통제의 절차는 그림 29.5에 개괄적으로 설명하였다.

변경통제의 책임자는 통제의 두 번째와 세 번째 층에서 활발한 역할을 수행한다. 소프트웨어의 규모와 소프트웨어 프로젝트의 성격에 따라 변경통제의 책임자는 한 사람일 수도 있고 (프로젝트 관리자) 또는 여러 명(예를 들어, 소프트웨어, 하드웨어, 데이터베이스, 지원부서, 및 마케팅 부서의 대표들)일 수도 있다. 변경통제의 책임자의 역할은 변경하려는 소프트웨어 형상 항목들 이외의 것들에 미치는 영향을 평가하는 총체적 안목을 갖는 것이다. 변경이 어떻게 하드웨어에 영향을 줄 것인가? 변경이 성능에 어떤 영향을 미칠 것인가? 변경이 고객의 제품에 대한 인식을 어떻게 변화시킬 것인가? 변경이 제품의 품질과 신뢰도에 어떤 영향을 줄 것인가? 이 외에도 많은 질문들이 변경통제의 책임자에게서 제기되어야 한다.

Quote

자판기를 제외하고는 변경은 불가피하다.

Bumper Sticker

SafeHome[9]

소프트웨어 형상관리에 있어서의 관심사들

장면: SafeHome 프로젝트가 시작될 때 Doug Miller의 사무실

등장인물: Doug Miller(SafeHome 소프트웨어 공학 팀의 관리자), Vinod Raman, Jamie Lazar(소프트웨어공학 제품 팀의 팀원들)

대화

Doug: 이른 것은 알지만 변경관리에 대해 얘기를 해야겠어.

Vinod(웃으며): 그렇지 않아요. 마케팅에서 아침에 전화가 왔는데 몇 가지 "다른 대안"이 있대요. 큰 문제는 아니지만, 이제 시작일 뿐이죠.

Jamie: 전에 했던 프로젝트들에서는 변경관리를 별로 공식적으로 다루지 않았어요.

Doug: 맞아, 그런데 이건 더 크고 더 잘 보여, 그리고 내 기억으로는….

Vinod(고개를 끄덕이며): 가정 조명 제어 프로젝트 때 변경을 제어하지 않아서 죽을 뻔 했잖아요. 납품이 늦어진 걸 생각해봐요, 그게….

Doug(얼굴을 찡그리며): 다시 생각하기도 싫어. 악몽이었지.

Jamie: 그래서 어떻게 할 거예요?

Doug: 내가 보기엔 세 가지야. 우선 변경통제 프로세스를 개발하든지, 아니면 어디서 보고하든지.

Jamie: 어떻게 사람들이 변경을 요구하느냐 그거예요?

Vinod: 맞아, 그리고 어떻게 우리가 변경을 평가하느냐, 한다면 언제 할 거냐, 변경이 영향을 준 부분들을 어떻게 기록해서 보존하느냐, 그런 거야.

Doug: 두 번째 것은, 변경과 버전을 제어하는 확실하게 좋은 소프트웨어 형상관리 툴을 사야 돼.

Jamie: 우리 작업 산출물들을 데이터베이스로 만들 수 있잖아요.

Vinod: 그런 맥락에서 그것들을 소프트웨어 형상 항목이라고 그래. 그리고 대개 좋은 툴들이 그걸 지원해.

Doug: 시작이 좋은데, 자, 이제 우리가….

Jamie: 아, Doug, 세 가지라고 하지 않았어요?

Doug(미소 지으며): 셋째, 이제부터 열심히 변경관리 프로세스를 따를 거야. 그리고 어떤 일이 있어도 툴을 쓸 거야. 됐어?

29.3.4 영향 관리

소프트웨어 산출물의 상호의존성의 연결망은 변경이 가해질 때마다 검토되어야 한다. 영향 관리는 이들 상호의존성을 올바로 이해하고 다른 소프트웨어 형상 항목들에 미치는 영향(그리고 그 영향에 대한 책임자들)을 제어하는데 요구되는 작업을 포함한다.

영향 관리는 세 가지 활동들을 통해 달성된다[Sou08]. 첫째, 영향 네트워크는 소프트웨어에 가해지는 변경들에 의해 영향을 주거나 받는 소프트웨어 팀원들 (그리고 다른 이해관계자들)이 누군지 파악한다. 소프트웨어 아키텍처에 대한 명료한 정의(제13장)는 영향 네트워크를 생성하는데 크게 도움이 된다. 다음으로, 순방향 영향 관리를 통해 한 사람의 변경이 영향 네트워크상의 다른 구성원들에게 영향을 미치는 정도를 평가하고, 이 변경들이 미치는 영향을 구성원들에게 알린다. 마지막으로, 역방향 영향 관리를 통해 다른 팀원들이 변경해야 할 일들과 당신의 작업에 미치는 영향을 검사하여 그 영향을 완화하는 방법들을 반영한다.

29.3.5 형상 감사

파악하는 일, 버전제어, 그리고 변경통제는 이들이 수행되지 않으면 어떤 혼란과 불안정한 상태가 일어 날 것인가를 알게 한다. 그러나 가장 성공적인 제어 기술도 공학변경지시서가 작성되어야만 변경을 추적할 수 있다. 어떻게 소프트웨어 팀은 그 변경이 적절하게 이루어진 것인가를 알 수 있을까? 답은 (1) 기술 검토와 (2) 소프트웨어 형상 감사 두 가지이다.

기술 검토(제20장)는 수정된 형상객체가 기술적으로 정확한가에 초점을 맞춘다. 검토자들은 소프트웨어 형상 항목이 다른 소프트웨어 형상 항목들과 일관성이 있는지, 즉 누락된 내용이 있는지, 잠재적인 부작용이 있는지 등을 평가한다. 아주 하찮은 변경을 제외하고는 기술 검토는 항상 수행되어야 한다.

소프트웨어 형상 감사는 검토 시에 일반적으로 고려되지 않았던 형상객체의 성격을 평가하는 것으로 기술적 검토를 보완한다. 감사 시에는 다음과 같은 질문을 제기하고 답해야 한다.

?
우리가 형상 감사를 하는 동안에 제일 먼저 물어야 할 질문은 무엇인가?

1. 공학변경지시서에 명시된 변경은 이루어졌는가? 추가적인 수정이 가해졌는가?
2. 기술적 검토는 기술적 정확성을 평가하였는가?
3. 소프트웨어 프로세스가 준수되고 소프트웨어공학의 표준이 적절히 적용되었는가?
4. 변경이 소프트웨어 형상 항목 내에서 강조되었는가? 변경 일자 및 변경자가 명시되었는가? 형상객체의 속성이 변경을 반영하고 있는가?
5. 변경되거나, 기록되거나, 보고하는데 소프트웨어 형상관리 절차들을 따르고 있는가?
6. 관계된 소프트웨어 형상 항목이 모두 적절하게 수정되었는가?

어떤 경우에는, 감사 시의 질문이 기술적 검토의 일부로 제기되는 경우도 있다. 그러나 소프트웨어 형상관리가 공식적인 행위일 경우, 형상 감사는 품질보증 그룹과는 별도로 수행된다. 이러한 공식적인 형상 감사는 정확한 소프트웨어 형상 항목들이 (버전에 따라) 특정한 부분에 통합되어 있는지, 또 문서가 모두 최신의 것인지, 그리고 이미 작성된 버전과 일치하는지 등도 확인한다.

29.3.6 상태보고

형상 상태보고(때로는 상태결산이라 함)는 (1) 무슨 일이 있었는지, (2) 누가 수행했는지, (3) 언제 일어났는지, (4) 다른 어떤 것이 영향을 받았는지에 대한 답을 제시하는 소프트웨어 형상관리 작업이다.

형상 상태보고(CSR)의 정보의 흐름은 그림 29.5에 설명되어 있다. 소프트웨어 형상 항목이 새로운, 또는 수정된 것에 할당되면 상태보고 항목이 설정된다. 변경이 변경통제의 근거에 의해 승인될 때 마다 (즉, 공학변경지시서가 발행될 때 마다) 상태보고 항목이 만들어진다. 형상 감사가 행해질 때 마다 그 결과는 상태보고 작업의 일부로 보고된다. 상태보고의 결과물은 온라인 데이터베이스나 웹사이트에 올려져 소프트웨어 개발자, 또는 지원부서가 변경정보를 키워드 카테고리로 접근할 수 있게 한다. 상태보고 보고서는 관리자나 실무자들이 중요한 변경을 인식할 수 있도록 정기적으로 작성된다.

ADVICE

모든 형상객체에 대해 "알아야 할 필요가 있는" 사람들의 목록을 만들고 그것을 항상 최신의 것으로 유지하라. 변경이 가해졌을 때, 그 목록에 있는 모든 사람들에게 알리고 확인하라.

소프트웨어 도구들

소프트웨어 형상관리 지원 툴

목적: 소프트웨어 형상관리 툴들은 제 29.3절에서 논의된 하나 이상의 프로세스 활동을 지원한다.

역할: 대개의 현대적 소프트웨어 형상관리 툴들은 저장소 (데이터베이스 시스템)와 협력하여 수행되며 파악, 버전 및 변경통제, 감사, 및 보고의 기능을 제공한다.

대표적인 툴들:[8]

Software Change Manager, Computer Associates가 배포하며(**http://www.ca.com/us/products/detail/ca-change-manager-enterprise-workbench.aspx**), 다중 플랫폼 SCM 시스템이다.

ClearCase, Rational에 의해 개발되었고 소프트웨어 형상관리 기능 일습을 제공한다.(**http://www-03.ibm.com/software/products/us/en/clearcase**)

Serena Dimensions CMF, Serena가 배포하며 (**http://www.serena.com/index.php/en/products/dimensions-cm/**), 완전한 SCM 툴을 제공하며 기존의 소프트웨어 및 웹앱 모두에 적용가능 함.

Allura, SourceForge Inc.가 배포하며(**http://sourceforge.net/p/allura/wiki/Allura%20Wiki/**), 버전 관리, 빌드 기능, 이슈/버그 추적 및 많은 관리 기능을 제공한다.

SurroundSCM, Seapine Software가 개발하였고 완전한 변경관리 기능을 제공함. (**www.seapine.com**)

Vesta, Compaq이 배포하며 소형(10 KLOC 미만) 및 대형(10,000 KLOC) 프로젝트를 지원하는 공유 소프트웨어 형상관리 시스템(**www.vestasys.org**)이다.

종합적인 상업용 소프트웨어 형상관리 툴들과 환경에 대해서는 **www.cmtoday.com**을 참조할 것

29.4 웹앱을 위한 형상관리

이 책의 앞부분에서 웹과 모바일 앱 및 그것들을 개발하는 데 필요한 특성화된 방법들[9]에 대해 논의하였다. 전통적인 소프트웨어와 다른 많은 웹앱의 특성들 중에는 변경에 대해 유비쿼터스한 본성이 있다.

8 여기에 나열한 툴들은 저자가 보증하는 것이 아니라 이 범주의 툴들의 샘플이다. 대개 툴의 이름들은 각 개발기관에 의해 상표로 등록되어 있다.

9 웹 공학 방법의 종합적인 내용은 [Pre08]을 참조할 것.

웹과 모바일 앱의 개발자들은 흔히 애자일 소프트웨어 개발 방법(제5장)에서 유래된 반복적, 점증적 프로세스 모델을 사용한다. 이 방법을 이용하여 공학 팀은 고객중심의 방법을 사용하여 매우 짧은 기간에 웹앱의 증가분을 만들어 낸다. 나머지 증가분은 추가적인 컨텐츠와 기능을 더하며, 그 각각은 컨텐츠를 향상시키고, 사용성을 높이며, 미관을 개선하고, 더 나은 내비게이션 기능을 제공하며, 성능을 제고시키고, 강력한 보안을 제공하도록 변경을 가한다. 그러므로 웹과 모바일 앱의 애자일 요소는 상당 부분이 상이하다.

웹앱 팀의 구성원은 변경을 포용해야 한다. 그러나 전형적인 애자일 팀은 프로세스의 비중이 크거나, 관료적이거나, 공식적인 일들은 모두 회피한다. 소프트웨어 형상관리가 때로는, 비록 잘못된 생각이지만, 그런 것으로 취급되곤 한다. 이 외관 상의 모순은 소프트웨어 형상관리의 원칙이나 실무적인 일, 또는 툴들을 거부할 것이 아니라 오히려 웹앱 프로젝트에 특별히 필요한 요구를 충족시키는 모델로 만듦으로써 해소된다.

29.4.1 지배적인 이슈들

? 웹앱에 대해 제어되지 않은 변경이 어떤 영향을 주었는가?

웹과 모바일 앱이 기업의 생존과 성장을 위해 중요한 요소가 되면서, 형상관리의 필요성도 높아가고 있다. 그 이유는, 효과적인 제어 없이 웹앱에 부적절한 변경이 이루어진다면 (직접성과 계속되는 진화가 여러 웹앱의 중요한 속성이라는 것을 생각할 때) 다음과 같은 일들이 발생한다. 새로운 제품에 대한 불법 게시, 웹사이트를 방문하는 방문자들을 당혹스럽게 만드는 에러투성이의 또는, 테스트가 제대로 되지 않은 기능들, 회사 내부의 시스템들을 위태롭게 하는 허술한 보안, 그리고 경제적으로 만족스럽지 못하거나 큰 손해를 낳는 결과들이 발생된다.

이 장에서 서술한 소프트웨어 현상 관리를 위한 일반적인 전략들은 적용 가능하나 웹과 모바일 앱의 독특한 성격에 부합시키기 위해서는 기본적인 방법과 툴들을 그 성격에 맞춰 수정해야 한다.

이 장에서 설명하는 소프트웨어 형상관리에 대한 일반적인 전략을 적용할 수도 있으나 웹앱에 유일한 성격에 부합하기 위해서는 방책과 툴들이 적용되어야 한다. 웹앱 형상관리의 기본적인 방법을 개발하는 경우, 네 가지 이슈[Dar99]들이 고려되어야 한다.

컨텐츠 전형적인 웹앱은 텍스트, 그래픽스, 애플릿, 스크립트, 오디오/비디오 파일, 서식, 활성화 페이지 요소, 표, 연속적으로 전송되는 데이터 등 많은 컨텐츠들을 포함한다. 이 많은 컨텐츠들을 합리적인 형상객체의(29.1.4절) 집합으로 조직화하고 이 객체들에 대한 적합한 형상제어 기법을 확립하는 일은 힘든 일이다. 그 한 방법은 기존의 데이터 모델링 방법을 이용하여 각 객체에 특정한 특성을 붙여 웹앱의 컨텐츠들을 모델로 만드는 것이다. 각 객체의 정적/동적 본성과 계획된 수명(즉, 임시적이거나, 한시적으로 존재하거나, 또는 영구히 존재하는 객체)들이 효과적인 소프트웨어 형상관리 방법을 확립하는데 요구되는 특성들의 예이다. 예를 들어, 만일 컨텐츠가 매 시간 바뀐다면 그것의 수명은 임시적이다. 이 항목에 대한 제어 방법은 영구적인 객체에 적용되는 방법과는 (덜 형식적임) 다르다.

사람 대부분의 웹앱의 개발이 특별한 목적을 위해 개발되고 있으므로 웹앱에 관련된 사람은 누구나 컨텐츠를 생성할 수 있으며, 실제로 생성하고 있다. 소프트웨어공학에 관한 기본 지식이 없는 컨텐츠 제작자들은 대개 형상관리의 필요성을 알지 못한다. 그 결과로, 응용 소프트웨어는 제어되지 않은 방법으로 변경되고 커간다.

규모 확장성 작은 웹앱에 적용된 기술이나 제어방법들은 큰 규모에 잘 적용되지 못한다. 단순한 웹앱이 기존의 정보 시스템이나 데이터베이스, 대규모 데이터 저장소, 그리고 포털사이트의 게이트웨이 등과 상호 결합되어 규모가 매우 커지는 일은 흔한 일이다. 규모와 복잡도가 증가 할수록, 작은 변경이 광범위하고 의도되지 않은 문제를 일으킬 수 있다. 그러므로 형상제어 기술은 응용 소프트웨어의 규모에 직접적으로 비례하여 엄격히 적용되어야 한다.

정책 웹앱의 "소유주"는 누구인가? 이 질문은 크고 작은 회사에서 논쟁거리가 되고 있으며, 그 답은 관리 및 제어 행위에 매우 중대한 영향을 미친다. 다음과 같은 질문들은[Dar99] 소프트웨어 팀이 웹 공학과 관련된 정책을 이해하는데 도움이 된다. 웹사이트에 올려 진 정보의 정확성은 누구에게 책임이 있는가? 정보가 사이트에 게재되기 전에 질적 제어 프로세스가 수행되었는지 누가 확인하는가? 변경을 수행하는 것은 누구의 책임인가? 비용은 누가 부담하는가? 이 의문들에 대한 답은 웹 어플리케이션의 형상관리 프로세스를 한 기관 내에서 누가 담당하는가를 결정하는 데 도움이 된다.

> **?** 웹앱 형상관리는 누구의 일인가를 어떻게 결정하는가?

모바일 앱을 위한 소프트웨어 형상관리 기술에는 애자일 소프트웨어 개발에 적용되는 많은 원칙이 동일하게 채용된다. 이 책 앞의 장에서 논의한 기존의 소프트웨어 형상관리 업무에 더하여, 모바일 앱을 위한 변경 관리를 위해서는 모든 변경에 대해 보안 관계를 고려하여야 하고 다양한 플랫폼 환경에서의 광범위한 사용자 기반의 운영에 변경이 미치는 영향도 고려되어야 한다.

앱 스토어의 급격한 성장으로 모바일 소프트웨어가 배치되는 양상이 달라졌다. 특정한 응용 소프트웨어에 가해진 변경은 며칠 안에 널리 퍼질 수 있기 때문에 새로운 버전의 모바일 앱이 앱 스토어에 배치를 목적으로 실리기 전에 다양한 플랫폼에서의 영향을 주의 깊게 분석하여야 한다.

많은 경우에, 종래의 소프트웨어 형상관리 프로세스는 웹앱이나 모바일 앱을 위해서는 부담이 될 수 있다. 그러나 지난 10년 간 이들 애플리케이션 분야를 위해 특별히 설계된 새로운 세대의 컨텐츠 관리 툴들이 출현했다. 이 툴들은 기존의 정보 (컨텐츠 객체들)를 획득하고 그 객체들에 대한 변경을 관리하며, 그 객체들을 최종 사용자들에게 보여 줄 수 있게 조직화하며 클라이언트의 환경에서 디스플레이할 수 있게 하는 프로세스를 확립하였다.

29.4.2 웹앱 형상객체

웹과 모바일 앱은 광범위한 형상객체를—컨텐츠 객체(즉, 텍스트, 그래픽스, 이미지, 비디오, 오디오), 기능적 컴포넌트들(즉, 스크립트, 애플릿), 인터페이스 객체(즉, COM, 또는 CORBA)—포함한다. 웹앱 객체들은 조직에 적합하도록 (파일 이름을 부여하여) 파악된다.

모든 애플리케이션은 모두 형식과 구조를 가진다. 내부 파일의 형식은 컨텐츠가 저장될 시스템 환경에 따른다. 그러나 렌더링 형식(때론 디스플레이 형식이라 한다)은 미적 양식과 그 웹앱의 설계 규칙에 의해 정의된다. 컨텐츠 구조는 컨텐츠의 아키텍처를 정의한다, 즉 컨텐츠 객체가 최종 사용자에게 의미 있는 정보를 제공할 수 있도록 컨텐츠 객체들이 조립되는 방법을 정의한다. Boiko[Boi04]는 구조를 "컨텐츠의 부스러기들(객체들)을 조직적으로 짜 맞추게 하는 도표이며, 그것들을 필요로 하는 사람들이 접근할 수 있게 하는 것"이라고 정의한다.

29.4.3 컨텐츠 관리

Quote

컨텐츠 관리는 격앙된 오늘날의 정보에 대한 해독제이다.

Bob Boiko

컨텐츠 관리는 컨텐츠 관리시스템이 기존의 컨텐츠를 (여러 형태의 웹앱 객체들로부터) 획득하고, 최종 사용자들에게 제공될 수 있게 구조화하며, 클라이언트 쪽 환경에서 디스플레이 될 수 있도록 방법을 제공하는 프로세스를 (적합한 툴을 사용하여) 확립한다는 점에서 형상관리와 관련이 있다.

컨텐츠 관리시스템은 동적 애플리케이션이 작성될 때 가장 흔히 사용된다. 동적 웹 또는 모바일 앱은 페이지들을 무척 빠르게 작성한다. 즉, 사용자는 특정한 정보를 흔히 애플리케이션에 조회하여 요구한다. 애플리케이션은 서버 측의 데이터베이스를 조회하고, 정보를 알맞게 포맷하고, 사용자에게 정보를 제공한다. 예를 들어, 음악 스토어(예를 들어, Apple iTunes)는 수십만 트랙을 판매한다. 사용자가 CD나 그에 해당하는 전자음악을 요구하면 데이터베이스를 조회하여 음악가, CD(표지의 그림이나 그래픽), 음악, 그리고 샘플 오디오 등의 다양한 정보를 내려 받아 표준화된 컨텐츠 템플릿에 배열한다. 이렇게 합성된 페이지는 서버 측에 생성되고 클라이언트 측 브라우저에 보내져 사용자가 검토하게 한다. 웹앱에 대한 총체적인 내용은 그림 29.6에서 설명하고 있다.

가장 일반적인 관념으로, 컨텐츠 관리 시스템은 사용자를 위한 컨텐츠를 세 가지 통합된 서브시스템을 통해 구성한다. 즉, 수집 서브시스템, 관리 서브시스템, 출판 서브시스템이 그것이다[Boi04].

KEY POINT

수집 서브시스템은 컨텐츠를 고객에게 제공할 수 있는 형태로 생성하고, 구입하고, 변환하는데 필요한 모든 활동들을 포함한다.

수집 서브시스템 컨텐츠는 컨텐츠 개발자들이 획득하거나 생성한 데이터와 정보에서 얻어진다. 수집 서브시스템은 컨텐츠를 생성 및 수집하는 데 필요한 모든 활동과 (1) 컨텐츠들을 HTML이나 XML과 같은 마크업 언어로 변환하고, (2) 컨텐츠들을 클라이언트 측에 효과적으로 디스플레이 될 수 있도록 패킷으로 조직화하는 데 필요한 기술적인 기능들과 같은 모든 행위를 포괄한다.

컨텐츠의 생성 및 획득은(때로 저작이라 불린다) 통상적으로 다른 웹앱의 개발 행위와 동시에 이루어지며 때로는 비전문가들에 의해 수행된다. 이는 창의성과 연구 능력을 겸한 행위이며, 컨텐츠들이 웹이나 모바일 앱 내에서 표준화되어 사용될 수 있도록 컨텐츠 저작자들을 지원하는 툴들을 사용하게 된다.

모든 실재하는 컨텐츠들은 컨텐츠 관리 시스템의 요구에 부응하기 위해 변환되어야 한다. 이는 처리되지 않은 컨텐츠들로 부터 불필요한 정보들 (즉, 과다한 그래픽 표현들)을 제거하고, 컨텐츠 관리 시스템의 요구에 부응하도록 틀을 잡으며, 그 결과를 관리하고 출판

그림 29.6

컨텐츠 관리 시스템

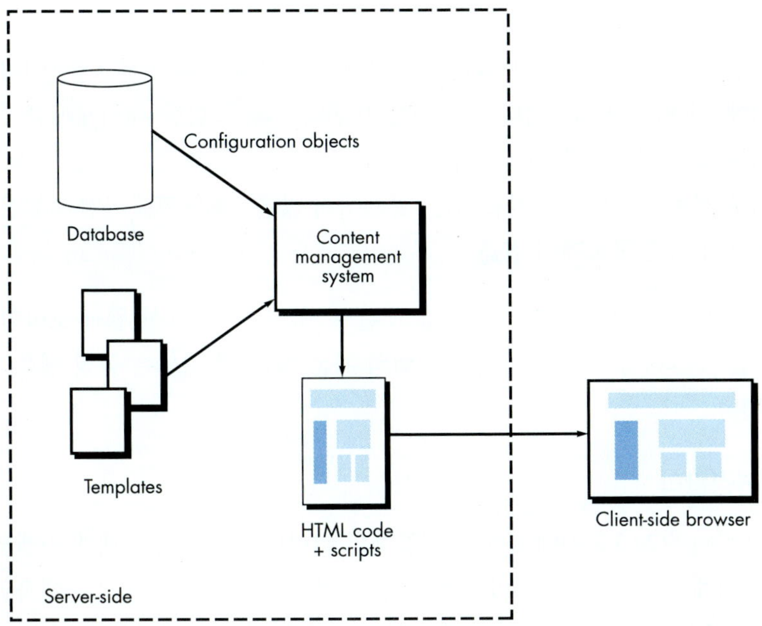

될 수 있는 정보로 대응하는 것을 말한다.

관리 서브시스템 컨텐츠들은 모두 저장소에 보관되어야 하며, 차후에 컨텐츠를 획득하거나 사용하기 위한 카탈로그가 작성되어야 하며, 라벨을 붙여 (1) 현 상태(즉, 컨텐츠가 완성되었는지 제작 중인지), (2) 컨텐츠 객체에 알맞은 버전, (3) 관계있는 컨텐츠 객체 등을 정의해야 한다. 그러므로 관리 서브시스템은 다음과 같은 요소들을 포괄하는 저장소를 구현해야 한다.

KEY POINT
관리 서브시스템은 모든 컨텐츠에 대한 저장소를 시행한다. 형상관리는 그 서브시스템 내에서 수행된다.

- **컨텐츠 데이터베이스** 컨텐츠 객체를 모두 저장할 수 있도록 확립된 정보의 구조
- **데이터베이스의 능력** 컨텐츠 관리 시스템이 특정한 컨텐츠 객체 (또는, 객체의 범주)의 탐색, 객체들의 저장 및 검색, 컨텐츠를 위해 확립된 파일 구조의 관리 등을 가능케 하는 기능
- **형상관리 기능** 컨텐츠 객체의 파악, 버전통제, 변경통제, 변경관리, 변경 감사 및 보고를 지원하는 기능적 요소들과 그에 관계된 업무절차

위의 요소들에 더하여, 관리 서브시스템은 데이터에 관한 데이터(metadata)와 컨텐츠의 전반적인 구조를 제어하는 규칙 및 그를 지원하는 방법들을 포함하는 관리 기능을 갖는다.

출판 서브시스템 컨텐츠는 반드시 저장소에서 발췌하여, 출판에 적합한 형식으로 변환된 후, 클라이언트 측의 브라우저에 보내질 수 있도록 서식을 갖추어야 한다. 출판 서브시스템은 이 작업을 일련의 템플릿을 이용하여 수행한다. 각 템플릿은 다음의 세 가지 상이한 컴포넌트들을 이용하여 출판을 하는 기능이다.

KEY POINT
출판 서브시스템은 저장소에서 컨텐츠들을 발췌하여 클라이언트 쪽 브라우저로 보낸다.

- **정적 요소** 더 이상 처리할 필요 없이 클라이언트 측에 직접 보내지는 텍스트, 그래픽스, 매체, 및 스크립트 등
- **출판 서비스** 특정한 검색과 미리 정해진 규칙에 의해 컨텐츠를 (미리 정의된 규칙에 의해) 개별화하거나, 데이터를 변환하거나, 적합한 내비게이션 연결을 작성하는 형식 서비스를 위한 함수 호출
- **외부 서비스** 기업 데이터, 또는 "공개되지 않은" 응용 프로그램과 같은 외부 기업 정보의 기본 구조에의 접근

위의 각각의 서브시스템을 포함하는 컨텐츠 관리 시스템은 중요한 웹과 모바일 앱 제품에 적용될 수 있다. 그러나 컨텐츠 관리 시스템의 기본 철학 및 기능은 동적 애플리케이션 모두에 적용된다.

29.4.4 변경관리

기존의 소프트웨어(29.3.3절)에 대한 변경통제와 관련된 업무절차는 대개 웹앱의 개발에는 부담이 지나치게 크다. 대개의 웹과 모바일 앱 개발 프로세스에 응용되는 애자일 방법에서는 변경요구, 변경보고, 공학변경지시 순서의 순서를 따르기는 어렵다. 그러면 어떻게 웹앱 순서와 기능에 요구되는 계속된 변경 사항을 관리할 것인가?

소프트웨어 도구들

컨텐츠 관리

목적: 소프트웨어 엔지니어와 컨텐츠 개발자들이 웹앱에 통합된 컨텐츠를 관리하는 일을 돕는 것.

역학: 이 범주의 툴들은 웹 개발자들이나 컨텐츠 제공자들이 웹앱 컨텐츠를 제어된 방법으로 수정할 수 있도록 한다. 대부분은 각 페이지의 수정을 지정하고, 여러 형태의 웹앱 컨텐츠의 편집을 허가하는 단순한 파일 시스템을 제정한다. 몇몇 기술은 지난 버전의 컨텐츠들을 집적하여 이력을 보존하는 버전을 관리하는(versioning) 시스템을 포함한다.

대표적인 툴들:[10]

Open Text Web Experience Management, Vignette이 개발하였고(**http://www.opentext.com/global/products/web-content-management/web-experience-management/opentext-web-experience-management.htm**), 전사적 컨텐츠 관리 툴 세트이다.

ektron-CMS300, ektron(**www.ektron.com**)이 개발하였고 웹 개발 툴뿐만 아니라 컨텐츠 관리 기능도 제공한다.

OmniUpdate, WebsiteASP, Ins.(**www.omniupdate. com**)가 개발하였고, 공인된 컨텐츠 제공자들이 특정한 웹앱 컨텐츠를 제어된 방식으로 수정할 수 있게 한다.

이 외에도 웹 공학을 위한 소프트웨어 형상관리와 컨텐츠 관리 툴들에 대한 정보는 다음의 웹사이트에서 찾아볼 수 있다: WebDeveloper(**www.webdeveloper.com**), Developer Shed(**www.devshed.com**), wevknowhow.net(**www.webknowhow.net**), WebReference(**www.webreference.com**).

10 여기에 나열한 툴들은 저자가 보증하는 것이 아니라 이 범주의 툴들의 샘플이다. 대개 툴의 이름들은 각 개발기관에 의해 상표로 등록되어 있다.

대부분의 웹과 모바일 앱 개발에 적용되는 "코딩이 끝이다"라는 분위기에서 효과적인 변경관리를 수행하기 위해서는 종래의 변경관리 프로세스가 수정되어야 한다. 각 변경은 다음의 네 클래스 중 하나에 속한다.

클래스 1–국부적인 에러를 고치거나, 국부적인 컨텐츠나 기능을 개선하는 컨텐츠나 기능의 변경

클래스 2–다른 컨텐츠 객체나 기능 컴포넌트에 영향을 미치는 컨텐츠나 기능의 변경

클래스 3–웹앱 전반에 영향을 미치는 컨텐츠나 기능의 변경(예를 들어, 대폭적인 기능 확장, 컨텐츠의 중요한 질적 향상이나 축소, 내비게이션이 요구하는 변경사항, 등)

클래스 4–여러 분야의 사용자들이 즉각적으로 알 수 있는 전반적인 설계변경(예를 들어, 인터페이스 설계나 내비게이션 방법의 변경)

일단 요구된 변경의 범주가 결정되면 웹앱과 모바일 앱이 그림 29.7에 제시한 알고리즘에 따라 동일하게 변경이 처리된다.

그림을 참조하면, 클래스 1과 클래스 2는 비공식적으로 취급되고 애자일 방식대로 처리된다. 클래스 1의 변경에 의한 영향은 평가되지만 외부와의 검토나 문서화는 필요 없다. 변경이 가해질 때 형상 저장소를 위한 툴이 요구하는 대로 변경될 것과 변경된 것을 표시하면 일반적으로 무난하다. 클래스 2에 대한 변경이 있을 때에는, 관계된 객체들에 변경이 미치는 영향을 검토해야 하거나, 그 객체들의 책임자인 다른 개발자들에게 검토를 요청해야 한다. 만일 다른 객체들의 심각한 변경을 수반하지 않는 정도의 변경이 있을 때에는 추가적인 검토나 문서화 작업이 없이 수정이 진행된다. 만일 근본적인 변경이 요구될 때에는, 더 이상의 평가와 계획이 필요하다.

클래스 3과 4의 변경 역시 애자일 방식으로 처리되나 자세한 설명을 곁들여 문서화하며, 더욱 공식적인 검토 절차가 필요하다. 변경기술서는—변경을 설명하고 그 변경에 의한 영향을 간단히 평가하는 것—클래스 3을 위해 고안된 것이다. 변경기술서는 클래스 4를 위한 것이기도 하나 이 경우에는 모든 이해 관계자들에 의해 검토가 이루어진다.

29.4.5 버전제어

웹앱에 컴포넌트들이 계속하여 추가되며 진화함에 따라, 동시에 여러 개의 다른 버전이 만들어질 수 있다. 현재 작동 중인 웹앱 버전은 인터넷을 통해 사용자들에게 제공되고, 웹앱에 증가분들이 추가된 다음 버전은 배포 직전에 테스트가 진행되고 있으며, 세 번째 버전은 컨텐츠, 인터페이스의 미적인 면, 및 기능들에 대대적인 수정을 가하여 개발이 진행되고 있을 수 있다. 형상객체는 각각 그것에 알맞은 버전에 맞게 명료하게 정의되어야 한다. 게다가, 제어 기법도 반드시 확립되어야 한다. Dreilinger[Dre99]는 버전 및 변경통제의 중요성을 다음과 같이 설명한다.

> 여러 저작자가 편집하고 기고할 수 있는 사이트가 제어되지 않는다면 잠재적인 충돌과 문제를 야기한다.—더욱이, 이 저작자들이 다른 사무실에서 밤과 낮의 다른 시간에 일을 한다면 더 심

그림 29.7

웹앱을 위한 변경관리

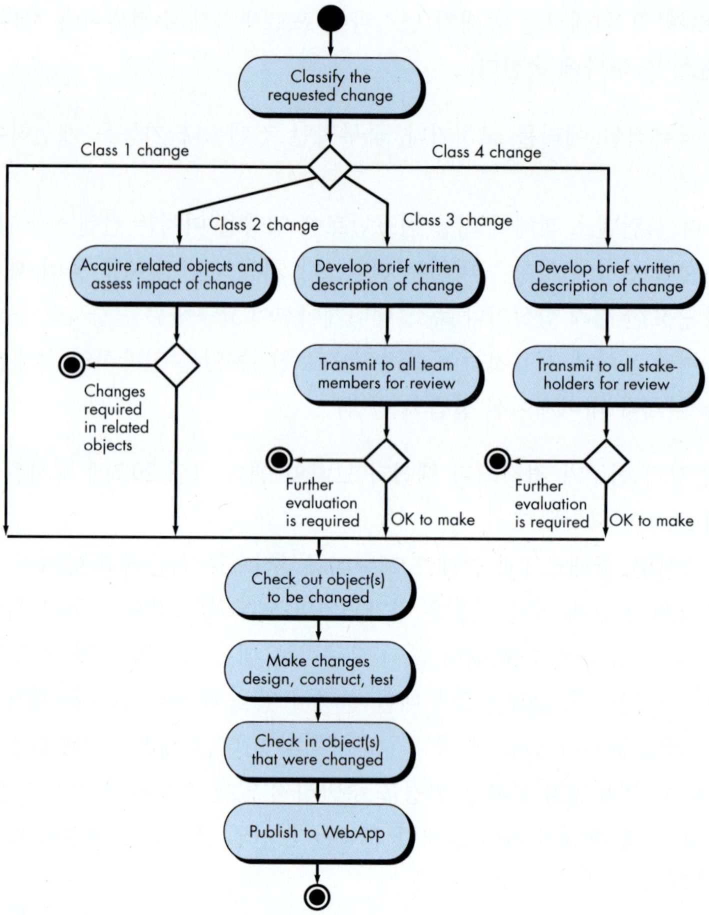

소프트웨어 도구들

변경관리

목적: 웹 엔지니어나 컨텐츠 개발자가 웹앱 형상객체의 변경을 돕기 위함.

역할: 이 범주의 툴들은 원래 기존의 소프트웨어를 위해 개발되었으나 웹 엔지니어나 컨텐츠 개발자 들이 웹앱에 대한 변경을 제어할 수 있도록 변경되었다. 각 툴들은 변경할 항목과 변경된 항목을 자동적으로 표시하고, 버전을 제어하거나 되돌리기도 하고, 보고서를 작성하는 기능들을 지원한다.

대표적인 툴들:[11]

Dimension CM, Serena(**http://www.serena.com/ index.php/en/products/dimensions-cm/**)가 개발하였고, 완전한 형상관리 기능을 제공하는 한 벌의 변경 관리 툴이다.

ClearCase, Rational(**www-306.ibm.com/software/rational/sw-atos/indexC.html**)에 의해 개발되었고 웹앱의 형상관리 기능을 모두 제공하는 일습의 툴이다.

PTC Integrity, PTC(**http://www.mks.com/platform/our-product**)가 개발하였으며, 선택된 개발 환경과 통합될 수 있는 형상관리 툴이다.

11 여기에 나열한 툴들은 저자가 보증하는 것이 아니라 이 범주의 툴들의 샘플이다. 대개 툴의 이름들은 각 개발기관에 의해 상표로 등록되어 있다.

각해진다. 한사람이 낮에 고객들을 위해 index.html 파일을 수정할 수 있다. 그 사람이 수정을 한 후, 늦은 시간에 집에서, 또는 다른 사무실에서 일을 하는 다른 개발자가 그들이 새로 수정한 버전의 index.html 파일을 올린다면 낮에 일한 사람의 작업은 완전히 덮어 씌어져 되돌릴 길이 없게 된다!

이러한 경험은 누구에게나 있을 수 있다. 이를 피하기 위해서는 버전제어 프로세스가 필수적이다.

1. **웹앱 프로젝트의 중앙 저장소가 반드시 확립되어야 한다.** 그 저장소는 현재 버전의 형상객체들을(컨텐츠, 기능 컴포넌트 및 기타) 모두 보관한다.
2. **각 웹 엔지니어는 각자의 업무 폴더를 만든다.** 그 폴더에는 아무 때나 생성하고 변경할 수 있는 객체들이 포함된다.
3. **모든 개발자들의 워크스테이션의 시계는 반드시 동기화되어야 한다.** 이렇게 하여 두 명의 개발자가 거의 같은 시간에 덮어쓰기를 하는 일을 막을 수 있다.
4. **새로운 형상객체가 개발되거나 기존의 객체가 변경되었을 때, 그 객체들은 중앙 저장소에 저장된다.** 버전제어 툴은(설명 상자의 CVS를 참고할 것) 각 개발자의 작업 폴더에 있는 변경될 기능과 변경된 기능을 관리한다. 그 툴은 또한 그 저장소가 변경되었을 때 이해 관계자 모두에게 자동으로 전자우편을 보내 갱신을 알리는 기능도 제공한다.
5. **객체들을 저장소에 쓰거나 읽을 때, 시간이 자동적으로 기록되는 일지가 작성되게 한다.** 이 기능은 감사 시에 유용한 전보를 제공하며 효과적인 보고시책의 일부가 된다.

버전 제어 툴은 다양한 버전의 애플리케이션을 유지하며 요구가 있을 경우에는 구버전으로 되돌릴 수 있다.

29.4.6 감사와 보고

애자일 방법을 따르는 경우, 웹이나 모바일 앱을 개발하는 작업 중에는 감사와 보고 기능은 덜 강조된다.[12] 그러나 그 기능들이 모두 배제된 것은 아니다. 저장소에 드나드는 모든 객체는 언제라도 참조할 수 있도록 일지에 기록된다. 정해진 기간 동안 이루어진 변경에 대한 이력을 웹앱 팀 전원이 가질 수 있게 완전한 일지가 보고서로 작성될 수 있다. 덧붙여, 어떤 객체든 저장소에 들어가고 나올 때, 자동화된 전자우편으로 이해 관계자 모두에게 통지된다.

12 이는 바뀌고 있다. 웹앱의 보안의 요소로서 소프트웨어 형상관리가 강조되고 있다[Sar06]. 변경되는 모든 웹앱 객체가 추적되고 보고되는 기법을 제공하여 변경관리 툴들은 악의적인 변경에 대한 가치 있는 방지책을 제공한다.

Info

소프트웨어 형상관리 표준

다음의 소프트웨어 형상관리 표준의 목록은 (부분적으로 www.12207.com에서 발췌됨) 대체로 종합적이다.

IEEE Standards
standards.ieee.org/catalog/olis/

IEEE 828
Software Configuration Management Plans

IEEE 1042
Software Configuration Management

ISO Standards
http://www.iso.org/iso/home

ISO 10007-1995
Quality Management, Guidance for CM

ISO/IEC 12207
Information Technology-Software Life Cycle Processes

ISO/IEC TR 15271
Guide for ISO/IEC 12207

ISO/IEC TR 15846
Software Engineering-Software Life Cycle Process-Configuration Management for Software Order

EIA Standards www.eia.org/

EIA 649 Nationa
Consensus Standard for Configuration Management

EIA CMB4-1A
Configuration Management Definitions for Digital Computer Programs

EIA CMB4-2
Configuration Identification for Digital Computer Programs

EIA CMB4-3
Computer Software Libraries

EIA CMB4-4
Configuration Change Control for Digital Computer Programs

EIA CMB6-1C
Configuration and Data Management References Order

EIA CMB6-3
Configuration Identification

EIA CMB6-4
Configuration Control

EIA CMB6-5
Textbook for Configuration Status Accounting

EIA CMB7-1
Electronic Interchange of Configuration Management Data

U.S. Military Standards

DoD MIL STD-973
Configuration Management

MIL-HDBK-61
Configuration Management Guidance

Other Standards

DO-178B
Guidelines for the Development of Aviation Software

ESA PSS-05-09
Guide to Software Configuration Management

AECL CE-1001-STDrev. 1
Standard for Software Engineering of Safety Critical Software

DOE SCM checklist:
http://energy.gov/cio/downloads/software-quality-systems-engineering-program-software-configuration-management

BS-6488
British Std., Configuration Management of Computer-Based Systems

Best Practice-UK
Office of Government Commerce: **http://www.cabinetoffice.gov.uk/content/office-govern ment-commerce-ogc**

CMII
Institute of CM Best Practices: **www.icmhq.com**

Configuration Management Resource Guide는 변경 관리 프로세스와 실무에 관심이 있는 사람들을 위한 보충 정보를 제공한다. **http://cmpic.com/cmresourceguide.htm**에서 구할 수 있다.

29.5 요약

소프트웨어 형상관리는 소프트웨어 프로세스 전반에 걸친 보호행위이다. 소프트웨어 형상관리는 소프트웨어가 개발될 때, 또 고객에게 제공된 후에도 항상 일어나는 변경을 파악하고, 제어하며, 감사하고, 보고한다. 소프트웨어공학의 일부로 생성된 작업 산출물들은 소프트웨어 형상의 일부가 된다. 형상은 변경을 질서 있게 제어할 수 있게 조직되어야 한다.

소프트웨어의 형상은 소프트웨어공학 행위의 결과로써 생산되는 상호 관련 있는 객체들로 (때로 소프트웨어 형상 항목이라고도 불린다) 구성된다. 소프트웨어공학의 산출물뿐만 아니라, 소프트웨어를 생산하는데 사용된 환경도 역시 형상 제어 대상에 속한다. 데이터의 무결성을 보장하는 일련의 기술과 자료구조를 이행하는 저장소에 보관된 모든 소프트웨어 형상 항목들은 다른 소프트웨어 툴들과의 통합을 지원하며, 소프트웨어 팀 모든 구성원이 공유하는 정보를 지원하며, 버전 및 변경통제를 지원하는 기능들을 실현한다.

일단 형상객체가 개발되고 검토되면, 그것은 기준선이 된다. 기준이 적용된 객체의 변경은 그 객체의 새로운 버전을 생성한다. 프로그램의 진화는 모든 형상객체의 개정 이력을 조사해 보면 추적될 수 있다. 버전제어는 이러한 객체들을 관리하기 위한 일련의 절차와 툴들이다.

변경통제는 형상객체에 질적 수준을 유지하면서 일관성 있게 변경이 행해질 수 있도록 하는 순서가 주어진 행위이다. 변경통제 프로세스는 변경요구로 시작하여, 변경 여부를 결정하고, 변경되어야 할 소프트웨어 형상 항목을 제어된 방식으로 수정하여 완결된다.

형상 감사는 변경이 행해질 때 질적 수준이 유지되는지 확인할 수 있게 하는 소프트웨어 품질 보증 행위이다. 상태보고는 알아야 할 사람들에게 각 변경에 대한 정보를 제공한다.

웹과 모바일 앱을 위한 형상관리는 종래의 소프트웨어를 위한 소프트웨어 형상관리와 여러모로 유사하다. 그러나 각 소프트웨어 형상관리 작업의 핵심은 가능한 한 단순하게 능률화되며 컨텐츠 관리를 위해 특별히 준비되어야 한다.

문제와 생각할 점

29.1 왜 시스템 공학의 제1법칙이 정당한가? 변경에 관한 네 가지 근본적 이유 각각에 특정한 예를 들라.

29.2 효과적인 소프트웨어 형상관리 시스템이 구현될 때 존재하는 네 가지 요소는 무엇인가? 각각을 간단히 설명하라.

29.3 기준선이 필요한 이유를 설명하라.

29.4 작은 프로젝트의 관리자라면 프로젝트를 위해 어떤 기준선을 마련할 것이며, 어떻게 제어할 것인가?

29.5 소프트웨어 엔지니어가 모든 중요한 소프트웨어 형상 항목들을 저장하고, 전후를 참조하고, 추적하며, 수정하고, 변경할 수 있게 하는 프로젝트 데이터베이스(저장소) 시스템을 설

계하라. 그 데이터베이스는 같은 프로그램의 다른 버전들을 어떻게 취급하는가? 소스코드는 문서들과 다르게 취급되는가? 어떻게 두 개발자가 동시에 같은 소프트웨어 형상 항목을 다르게 변경하는 것을 방지할 수 있는가?

29.6 기존의 소프트웨어 형상관리 툴을 연구하여 대체로 그것이 어떻게 버전, 변종, 그리고 형상객체들을 제어하는지 설명하라.

29.7 <part-of>와 <interrelated> 관계는 형상객체들 간의 단순한 관계를 나타낸다. 소프트웨어 형상관리 저장소의 맥락에서 유용한 다섯 가지 추가적인 관계를 설명하라.

29.8 기존의 소프트웨어 형상관리 툴을 연구하여 버전 제어를 수행하는 기술을 설명하라. 또는, 소프트웨어 형상관리에 관해 기술한 두 편 내지 세 편의 논문을 읽고 버전 제어를 위한 다양한 데이터 구조와 참조 방법을 설명하라.

29.9 형상 감사 시의 점검표를 작성하라.

29.10 소프트웨어 형상관리 감사와 기술적 검토의 차이점은 무엇인가? 그 두 가지 기능이 하나로 합쳐질 수 있는가? 찬반 의견을 논하라.

29.11 종래의 소프트웨어 형상관리와 웹앱의 소프트웨어 형상관리의 차이를 설명하라.

29.12 컨텐츠 관리란 무엇인가? 웹을 사용하여 컨텐츠 관리 툴의 특성에 대해 연구하고, 그 내용을 간단히 요약하라.

추가 읽을거리와 정보 소스

최근에 발간된 책들 중에는 Leon의 (*Software Configuration Management Handbook*, 2d ed., Artech House Publishers, 2005), Maraia의 (*The Build Master: Microsoft's Software Configuration Management Best Practices*, Addison-Wesley, 2005), Keyes의 (*Software Configuration Management*, Auerbach, 2004), Hass의 (*Configuration Management Principles and Practice*, Addison-Wesley, 2002)가 있다. 이 각각의 책들은 소프트웨어 형상관리 프로세스 전반을 상당히 자세히 서술하고 있다. Maraia의 (*Software Configuration Management Implementation Roadmap*, Wiley, 2004)은 한 조직에서 소프트웨어 형상관리를 수행해야 하는 사람책들을 위한 실용적인 방법을 저술한 유일한 책이다. Lyon의 (*Practical CM, Raven Publishing, 2003*, www.configuration.org에서 구할 수 있다)은 actic시스템의 모든 관점을 수행하는 실용적인 지침을 포함하고 있는 형상관리 전문가를 위한 종합적인 안내서이다. (매년 갱신됨) White하는 Clemm의 (*Software Configuration Management Strgies and Rational Clearcase*, Addison-Wesley, 2000)는 널리 쓰이는 소프트웨어 형상관리 툴들 중 하나의 관점에서 소프트웨어 형상관리를 설명한다.

Berczuk와 Appleton의 (*Software Configuration Management Patterns*, Addison-Wesley, 2002)는 소프트웨어 형상관리를 이해하고 효과적인 소프트웨어 형상관리 시스템을 구현하는데 도움이 되는 다양한 패턴들을 제시하고 있다. Brown et al.의 (*Anti-Patterns and Patterns in Software Configuration Management*, Wiley, 1999)는 소프트웨어 형상관리 프로세스를 수행할 때 피해야 할 일들과 (anti-patterns) 개선하는 방법을 제시한다. Bays의 (*Software Release

Methodology, Prentice Hal1, 1999)는 "성공적인 제품을 제공"하는 기술에 초점을 맞추고 있으며 그것은 효과적인 소프트웨어 형상관리를 위한 중요한 보충설명을 제공한다. 웹앱이 점점 동적으로 될수록 컨텐츠 관리는 웹 엔지니어들에게 더욱 필수적인 논제가 된다. White의 (*The Content Management Handbook*, Curtin University Books, 2005), Jenkins와 동료들이 쓴 (*Enterprise Content Management Methods*, Open Text Corporation, 2005), Boiko[Boi04], Mauthe와 Thomas의 (*Professional Content Management Systems*, Wiley, 2004), Addey와 동료들의 (*Content Management Systems*, Glasshaus, 2003), Rockley의 (*Managing Enterprise Content*, New Riders Press, 2002), Hackos의 (*Content Management for Dynamic Web Delivery*, Wiley, 2002), Nakano의 (*Web Content Management*, Addison-Wesley, 2001)는이 주제에 대해 유용한 정보를 제공한다.

주제에 관한 일반적인 논의에 덧붙여, Lim과 동료들 (*Enhancing Microsoft Content Management Server with ASPNET 2.0*, Packt Publishing, 2006), Ferguson (*Creating Content Management Systems in Java*, Charles River Media, 2006), IBM Redbboks (*IBM Workplace Web Content Management for Portal 5.1 and IBM Workplace Web Content Management 2.5*, Vivante, 2006), Fritz와 동료들 (*Typo3: Enterprise Content Management*, Packt Publishing, 2005), 그리고 Forta (*Reality ColdFusion: Intranets and Content Management*, Pearson Education, 2002)는 특정한 툴들과 언어들의 관점에서 컨텐츠 관리에 대해 서술하고 있다.

소프트웨어 형상관리 및 컨텐츠 관리에 관한 다방면의 정보는 인터넷을 통해서 구할 수 있다. 소프트웨어 형상관리에 관한 World Wide Web의 참고문헌은 SEPA 웹 사이트 www.mhhe.com/pressman에서 최신 목록을 구할 수 있다.

제30장은 CD에 수록

PART

4

소프트웨어 프로젝트 관리

제 4부 소프트웨어공학: 실무적 접근에서 소프트웨어 프로젝트의 계획, 조직, 감독, 및 제어를 위한 관리 기술에 대해 논한다. 이 장에서 다루려는 논제는 다음과 같다.

- 소프트웨어 프로젝트가 진행되는 동안 어떻게 사람, 프로세스, 및 문제가 관리되어야 하는가?
- 소프트웨어 프로젝트와 소프트웨어의 프로세스를 관리하는데 어떻게 척도를 사용할 것인가?
- 소프트웨어 팀은 어떻게 노력, 비용, 및 프로젝트 기간을 신뢰할 수 있게 추정할 수 있는가?
- 프로젝트의 성공에 영향을 미칠 수 있는 위험요소들을 평가하기 위해 어떤 기술을 이용할 것인가?
- 소프트웨어 프로젝트 관리자는 어떻게 소프트웨어공학 작업들을 추려 낼 것인가?
- 프로젝트 스케줄을 어떻게 생성할 것인가?
- 유지보수와 재공학은 왜 소프트웨어공학 관리자와 실무자 모두에게 그리 중요한가?

이 문제들에 대해 답을 가지고 있다면, 우리는 고품질의 제품을 시간에 맞춰 제공할 수 있는 소프트웨어 프로젝트 관리 능력을 갖추었다고 할 수 있다.

31 CHAPTER

프로젝트 관리의 개념

주요 개념

애자일 팀
협동과 의사소통
중요한 실무
사람
문제의 분해
제품
프로젝트
소프트웨어 범위
소프트웨어 팀
이해관계자들
팀 리더
W⁵HH 원칙

소프트웨어 프로젝트 관리에 대한 그의 책 서문에서 Meiler Page-Jones는[Pag85] 많은 소프트웨어공학 컨설턴트들에게 영향을 미칠 수 있는 주장을 한다.

> 나는 좋은 곳과 나쁜 곳 수십 군데의 소프트웨어 전문점들을 방문하여, 역시 약 20명 정도의 능력이 있거나 그렇지 못한 데이터 [IT] 관리자들 모두를 관찰했었다. 너무 많은 관리자들이 악몽과도 같은 프로젝트에 쓸데없이 힘을 쏟고 있었으며, 불가능한 납기일 때문에 쩔쩔매고 있거나, 또는 납품된 시스템에 대해 사용자들이 화가 나 있었으며, 엄청난 시간을 유지보수에 쏟아 붓고 있었다.

Page-Jones가 묘사한 것은 많은 관리적, 기술적 문제들의 결과에 대한 증상이다. 그러나 만일 모든 프로젝트에 대해 사후평가가 이루어진다면, 프로젝트 관리가 허술했다는 일관된 주제에 봉착할 것이다.

QUICK LOOK

프로젝트 관리란 무엇인가? 우리가 (암울한 순간에) Dilbert의 "관리"에 대한 의견을 받아들인다 해도, 컴퓨터 기반의 시스템과 제품들이 만들어질 때 관리란 필수적인 행위라는 생각은 변하지 않는다. 프로젝트 관리는 계획, 작업 관찰(monitoring), 사람들에 대한 제어, 프로세스, 그리고 소프트웨어가 초기의 개념으로부터 완전히 작동하여 배포되는 기간 중에 일어날 수 있는 사건들까지를 포함한다.

누가 수행하는가? 어느 정도까지는 모든 사람들이 "관리"한다. 그러나 관리 행위의 범위는 소프트웨어 프로젝트에 관련된 사람들 각각에 따라 다르다. 소프트웨어 엔지니어는 일상의 일들, 계획, 작업 관찰 및 기술적 작업의 제어 등을 관리한다. 프로젝트 관리자는 소프트웨어 엔지니어들의 팀을 계획하고, 작업을 관찰하며, 업무를 제어한다. 선임 관리자들은 비즈니스와 소프트웨어 전문가들의 상호작용(interface)을 조정한다.

왜 중요한가? 컴퓨터 소프트웨어를 구축하는 일은 매우 복잡한 일이다. 많은 사람들이 비교적 긴 기간 동안 작업을 할 때는 특히 복잡하다. 그래서 소프트웨어 프로젝트들은 관리가 필요하다.

어떤 단계가 있는가? 4P-사람(People), 제품(Product), 프로세스(Process) 및 프로젝트(Project)-를 이해할 것. 사람은 소프트웨어의 업무가 효과적으로 진행될 수 있도록 편성되어야 한다. 고객 및 이해 관계자들과 제품의 범위 및 요구사항에 대해 의사소통이 이루어져야 한다. 사람들과 제품에 적절한 프로세스가 선택되어야 한다. 프로젝트는 노력과 작업을 완수할 때까지의 달력상의 시간을 추정하여 계획되어야 한다. 산출물에 대한 정의, 품질 검사 시점의 수립 및 계획에 의해 정의된 업무를 관찰하고 제어하는 기법을 파악하는 등의 일들이 그에 속한다.

작업 산출물은 무엇인가? 관리 행위들이 시작되면 바로 프로젝트의 계획이 작성된다. 계획은 프로세스와 수행될 작업의 정의, 작업의 담당자, 위험요소의 평가, 변경 제어 및 품질 평가 등의 기법에 대한 정의를 포함한다.

작업이 옳게 수행되었다는 것을 어떻게 확인하는가? 우리는 고품질의 제품을 시간과 예산에 맞춰 제공하기 전까지는 프로젝트의 계획이 올바른지 확신할 수 없다. 그러나 프로젝트 관리자가 소프트웨어 개발에 참여한 사람들을 사용자의 필요와 제품의 품질에 초점을 맞추어 효과적인 팀으로써 함께 작업할 수 있도록 격려한다면 제대로 수행할 수 있다.

이 장과 제32장부터 제37장에서는, 효과적인 소프트웨어 프로젝트 관리를 위한 중요한 개념들을 소개한다. 이 장에서는 기본적인 소프트웨어 프로젝트 관리 개념과 원칙을 논의한다. 제32장에서는 프로세스, 프로젝트 척도, 효과적인 관리 의사결정을 위한 기반(basis)에 대해 설명한다. 비용의 추정에 사용되는 기술은 제33장에서 다룬다. 제34장에서는 실제적인 프로젝트 스케줄을 수립하는 데 도움이 되는 내용을 다룬다. 효과적인 위험요소 감시, 완화, 및 관리에 대해서는 제35장에서 다룬다. 제36장에서는 유지보수 및 재공학(reengineering)에 대해 고려하며, 레거시(legacy) 시스템을 다루게 될 때 당면하게 될 관리 문제들에 대해 논의한다. 마지막으로 제37장에서는 우리 팀의 소프트웨어공학 프로세스들을 학습하고 향상시킬 수 있는 기술들에 대해 논의한다.

31.1 관리의 범위

효과적인 소프트웨어 프로젝트 관리는 사람(people), 제품(product), 프로세스(process), 그리고 프로젝트(project) 등의 4P에 초점을 맞춘다. 이들의 순서는 무작위로 정한 것이 아니다. 소프트웨어공학의 업무는 인간의 노력이 집중된 것이라는 것을 잊어버리는 관리자는 프로세스 관리에 결코 성공할 수 없다. 관리자들이 제품 개발의 이른 시기에 이해 관계자들과 포괄적인 의사소통을 하지 않는다면, 해결책 자체는 좋으나 엉뚱한 문제에 대한 해결책을 제시할 수 있는 위험이 있다. 관리자들이 프로세스에 크게 관심을 갖지 않는다면 우수한 기술적 방법들과 툴들을 사용해도 아무 성과를 거둘 수 없는 위험이 있다. 관리자가 견실한 계획 없이 프로젝트를 착수한다면 프로세스가 위태롭게 된다.

31.1.1 사람

1960년대 이래로 열의가 있고 고급기술을 가진 소프트웨어 개발자들을 양성하는 문제를 논의해 왔다. 실제로 "인적 요인(people factor)"이 매우 중요하기 때문에 "모든 기관들은 그들의 비즈니스 전략 목표를 달성하기 위해 작업인력에게 매력을 느끼게 하고, 그들을 계발하며, 동기를 부여하고, 조직화하며, 작업 능력을 보유하는 능력을 지속적으로 향상시켜야 한다"는 것을 인정하여 Software Engineering Institute는 인적역량 성숙 모델(People Capability Maturity Model, People-CMM)을 개발했다[Cur01].

인적역량 성숙 모델은 다음과 같은 소프트웨어 인력을 위한 중요한 실무 분야를 정의했다—사람의 배정, 의사 소통 및 협동, 작업 환경, 성능 관리, 훈련, 보상, 수행 능력 분석 및 개발, 경력 개발, 작업집단 개발, 팀/문화 개발 및 기타—높은 수준의 인적역량 성숙도를 성취한 조직은 소프트웨어 프로젝트 관리 업무를 효과적으로 수행할 수 있는 가능성이 높다.

인적역량 성숙 모델은 조직이 성숙한 소프트웨어 프로세스를 생성하는 지침으로써의 소프트웨어 역량 성숙 모델-통합(Software Capability Maturity Model-Integration, 제37장)과 동반자이다. 인적 관리 및 소프트웨어 프로젝트의 구조와 관련된 내용들은 이 장의 뒷부분에서 다룬다.

31.1.2 제품

ADVICE

애자일 프로세스 철학의(제5장) 지지자들은 그들의 프로세스가 다른 프로세스들보다 간결하다고 주장한다. 그 주장은 사실일 수 있지만 거기에도 역시 프로세스가 있고 애자일 소프트웨어공학에도 역시 규율이 있다.

하나의 프로젝트가 계획되기 전에 제품의 목적과 범위가 수립되어야 하며 해결책의 대안이 고려되어야 하고, 기술적, 관리적 제한조건이 파악되어야 한다. 이들 정보가 없이는 합리적인 (그리고 정확한) 비용 추정, 위험요소의 효과적인 평가, 현실적인 프로젝트 작업의 분화 또는 진행 상황을 나타내는 의미 있는 징후를 제공하는 관리 가능한 프로젝트의 일정이 정의될 수 없다.

소프트웨어 개발자의 한 사람으로서 우리, 또는 이해 관계자들은 제품의 목적과 범위를 정의하기 위해 회의를 가져야 한다. 많은 경우에, 이 행위는 시스템 공학 또는 비즈니스 프로세스 공학의 한 부분으로 시작하며 소프트웨어 요구 공학(software requirements engineering, 제8장)의 첫 단계로 계속되어야 한다. 제품 전체의 목표가(goals, 이해 관계자들의 관점에서) 성취될 수 있는 방법과는 별개로 목적(objectives)을 찾을 수 있다. 범위(scope)는 기본적인 데이터, 기능 그리고 제품을 특징짓는 행위, 그리고 더욱 중요하게는 이 특성들을 정량적인 방법으로 범위를 설정하는 시도들을 확인한다.

일단 제품의 목적과 범위가 확실해지면 해결책에 대한 대안이 고려된다. 상세하게는 거의 논의하지 않았지만, 대안들은 관리자와 실무자들이 납품 시한, 예산 상의 제약, 개인적 능력, 기술적 상호작용 그리고 그 외에도 무수히 많은 요인들에 의해 부과된 제한 조건 하에서 "최선의" 해결방안을 선택할 수 있게 한다.

31.1.3 프로세스

Quote

프로젝트는 마치 여행을 떠나는 것과 같다. 어떤 프로젝트는 상점에 운전해서 가는 것처럼 단순하고 판에 박힌 것이다. 그러나 대개의 수행할 만한 프로젝트들은 한밤중에 산에서 포장도로를 벗어나 트럭을 운전하는 것과 같다.

Cem Kaner, James Bach, and Bret Pettichord

소프트웨어 프로세스는(제3~5장) 소프트웨어의 개발을 위한 종합적인 계획을 수립할 수 있는 프레임워크를 제공한다. 소프트웨어 프로젝트의 규모나 복잡도와 무관하게 모든 소프트웨어 프로젝트에 적용될 수 있는 프레임워크 작업은 소수이다. 몇 개의 상이한 작업 세트(task set)는—작업, 이정표(milestones), 산출물들 및 품질 보증 요건들—소프트웨어 프로젝트의 특성들과 프로젝트 팀의 요구사항들을 프레임워크 작업들에 적응시킬 수 있게 한다. 끝으로, 소프트웨어 품질 보증, 소프트웨어 형상관리 및 측정 등의 보호 행위들은 프로세스 모델에 덧씌워진다. 보호행위들은 어떤 하나의 프레임워크 작업으로부터 독립적이며 프로세스 전반에 걸쳐 일어난다.

31.1.4 프로젝트

우리는 계획되고 제어된 소프트웨어 프로젝트를 가장 근본적인 이유에서 수행한다. 즉, 복잡도를 관리할 수 있는 유일하게 알려진 방법이라는 것이다. 그럼에도 불구하고 소프트웨어 팀은 역시 고전한다는 것이다. 1998년부터 2004년까지의 250개 대형 소프트웨어 프로젝트를 연구한 결과, Capers Jones[Jon04]에 의하면 "대략 25개의 프로젝트가 일정, 비용 그리고 품질 목표를 달성했다고 여겨진다. 50개 정도는 35% 미만으로 일정이 지연되었거나 비용을 초과했고, 175개의 프로젝트는 크게 지연되었거나 초과했고, 또는 완성되지 않은 채 종결된" 것으로 파악되었다. 오늘날, 소프트웨어 프로젝트의 성공률은 어느 정도 향

상되었지만 프로젝트 실패율은 기대 이상으로 높다.[1]

프로젝트의 실패를 피하기 위해서는, 제품을 만드는 소프트웨어 프로젝트 관리자와 소프트웨어 엔지니어들은 반드시 흔히 있는 경고의 신호를 피해야 하고, 프로젝트를 잘 관리할 수 있는 중요한 성공 요인들을 이해해야 하며, 프로젝트를 계획, 관찰, 제어할 수 있는 상식적인 방법을 개발해야 한다. 이 논제들에 대해서는 다음의 31.5절에서 논한다.

31.2 사람

사람들이 컴퓨터 소프트웨어를 구축하며, 잘 훈련되고 동기가 부여된 사람들이 일을 하기 때문에 프로젝트들은 성공한다. 흔히 최상급 엔지니어 부회장에서 가장 아래의 실무자에 이르기 까지 모두 사람을 당연한 것으로 생각한다. 관리자들은 사람이 가장 중요하다고 주장하지만 그들이 취하는 행동은 그들이 한 말을 어기고 있다. 이 절에서는 소프트웨어의 프로세스에 참여하는 이해 관계자들과 그들이 효과적인 소프트웨어공학을 수행하기 위해 조직되는 방식을 고찰한다.

31.2.1 이해 관계자

소프트웨어 프로세스(그리고 소프트웨어 프로젝트 모두)는 다음의 다섯 범주 중 하나에 속하는 이해 관계자들로 구성된다.

1. **선임 관리자**는 주로 프로젝트에 막대한 영향을 미치는 비즈니스 문제들을 정의한다.
2. **프로젝트 (기술) 관리자**는 소프트웨어 작업을 담당한 실무자들을 계획하고, 동기를 부여하며, 조직하고 제어한다.
3. **실무자**는 제품이나 응용 프로그램을 제작하는 데 필요한 전문적인 기술을 제공한다.
4. **고객**은 제작될 소프트웨어의 요구사항 및 다른 이해 관계자들의 결과물에 대한 기타 관심사를 상술한다.
5. **최종 사용자**는 제품이 실제적 사용을 위해 배포되면 소프트웨어와 상호관계를 갖는다.

소프트웨어 프로젝트는 모두 위의 분류[2] 내에 속한 사람들에 의해 이루어진다. 프로젝트 팀이 효과적이 되기 위해서는 각자의 기술과 능력을 최대한 발휘할 수 있도록 조직되어야 한다. 그것이 바로 팀 책임자의 역할이다.

---

1 이 통계에 의하면, 컴퓨터의 지속적인 기하급수적 발전의 영향은 어느 정도인지 의문을 가질 수 있다. 내 생각엔, 답의 일부는, 무엇보다 이 엄청난 수의 "실패한" 프로젝트들이 잘못 이해되고 있다는 것이다. 고객들은 (그들이 요구한 것들이 처음 생각했던 것보다 실제로 덜 중요하기 때문에) 빠른 시간 안에 흥미를 잃고, 프로젝트들을 취소했다.

2 웹 또는 모바일 어플리케이션이 개발될 때에는 내용물을 생성하는 데 다른 비기술적인 사람들이 포함된다.

31.2.2 팀 리더

프로젝트 관리는 사람에 집중된 활동이며, 이러한 이유로 유능한 실무자가 때로는 팀 책임자로서 부적격일 수도 있다. 실무자들은 단순히 사람이 가질 수 있는 능력 모두를 가질 수 없기 때문이다. 그러나 Edgemon의 말대로 "불행히도, 그리고 너무 자주, 사람들은 그냥 프로젝트 관리자의 역할을 맡게 되고 우연히 프로젝트 관리자가 되는 것 같다."[Edg95]

기술 리더십에 관한 탁월한 저서인 Jerry Weinberg[Wei86]는 리더의 역할로서 MOI 모델을 제안한다.

?

소프트웨어 프로젝트를 지휘할 사람을 고를 때 우리는 무엇을 기대하는가?

동기 부여 기술자들이 최대한의 능력을 발휘하도록 ("밀어주고 끌어주며") 격려하는 능력

조직화 초기의 개념이 최종 제품이 될 수 있도록 기존의 프로세스들을 모델화하는 (또는 새로운 프로세스를 고안하는) 능력

아이디어 또는 혁신 특정한 소프트웨어 제품이나 응용프로그램에 국한된 일을 하더라도 사람들이 창의적일 수 있도록, 또는 창의적이라 느낄 수 있도록 격려하는 능력

Weinberg는 성공적인 프로젝트 리더는 문제-해결(problem-solving) 관리 방법을 적용한다고 한다. 그것은 소프트웨어 프로젝트 관리자는 해결해야 할 문제를 이해하고, 아이디어의 흐름을 관리하고, 동시에, 품질은 중요하며 그 점은 양보할 수 없다는 것을 팀원 모두에게 (말로, 그리고 더 중요한 것은 행동으로) 알리는 데 전력을 기울여야 한다.

유능한 관리자를 정의하는 특성에 대한 다른 의견은 [Edg95] 네 가지 특색을 강조한다.

Quote

가장 간단하게 말해서 지도자는 어디로 가고 싶은지를 알고, 일어나서 가는 사람이다.

John Erskine

문제 해결 유능한 소프트웨어 프로젝트 관리자는 가장 관련성이 깊은 기술적, 조직적 문제들을 진단할 수 있어야 하며, 체계적인 해결책을 조직화하고, 또는 실무자들이 해결책을 개발할 수 있도록 알맞게 동기부여를 해야 하며, 새로운 상황에 대해 과거의 프로젝트에서 얻은 교훈을 적용해야 하고, 문제 해결의 초기 시도가 효과가 없을 때에는 방향을 바꿀 수 있도록 유연성을 지녀야 한다.

관리자로서의 주체성 훌륭한 프로젝트 관리자는 프로젝트를 책임져야 한다. 관리자는 필요한 경우 감독권을 행사할 자신이 있어야 하며, 훌륭한 기술자들이 자신의 직감을 따를 수 있도록 보장해야 한다.

성취감 유능한 관리자는 프로젝트 팀의 생산성을 최적화하기 위해 솔선하는 사람과 공적이 있는 사람에 대해 보상을 해야 한다. 관리자는 계획된 위험 부담에 대해서는 벌하지 않는다는 것을 자신의 행동으로 보여야 한다.

영향력과 팀 구성 유능한 프로젝트 관리자는 사람들의 마음을 "읽을" 수 있어야 한다. 사람들의 말과 비언어적 신호를 이해할 수 있어야 하고, 이 신호를 보내는 사람들의 요구에 대해 반응을 보여야 한다. 관리자는 스트레스를 많이 받더라도 자신을 제어할 수 있어야 한다.

31.2.3 소프트웨어 팀

소프트웨어를 개발하기 위한 인간 조직구조는 소프트웨어를 개발하는 기관만큼이나 많다. 좋건 나쁘건 조직 구조는 쉽게 변경할 수 없다. 조직 변화의 실무적, 정치적 영향은 소프트웨어 프로젝트 관리자의 책임 범위를 벗어난다. 그러나 새로운 소프트웨어 프로젝트와 직접적으로 관련된 사람들을 조직하는 일은 프로젝트 관리자의 권한이다.

"최선의" 팀 구조는 조직의 관리 방식, 팀에 속한 사람의 수와 그들의 기술 수준, 그리고 문제의 전반적인 난이성에 의해 좌우된다. Mantei[Man81]는 소프트웨어 공학팀의 구조를 계획할 때 고려해야 할 일곱 가지의 프로젝트 요소를 제시한다. (1) 해결해야 할 문제의 난이도, (2) 프로그램 결과의 코드 라인의 수나 기능점수의 "크기", (3) 팀이 함께 일하는 기간 (팀 수명), (4) 문제가 모듈화되는 정도, (5) 개발할 시스템에 요구되는 품질 및 신뢰도, (6) 납품 기일에 대한 엄정성, (7) 프로젝트를 위해 요구되는 의사소통의 수준이 그것들이다.

> **Quote**
> 그룹이라고 해서 다 팀은 아니다. 그리고 모든 팀이 다 효과적인 것은 아니다.
> Glenn Parker

> **?** 소프트웨어 팀의 구성을 선택할 때 어떤 요인들을 고려하는가?

Constantine[Con93]은 소프트웨어 공학팀을 위한 네 가지 "조직의 방법론"을 제안했다.

> **?** 소프트웨어 팀의 구성을 정의할 때 우리는 어떤 사항들을 선택할 수 있는가?

1. **폐쇄적인 방법론**은 전통적인 직무의 체계에 따른 구조를 갖는다. 이런 구조를 가진 팀들은 과거의 작업과 매우 유사한 소프트웨어를 개발할 경우에는 효과가 있으나 폐쇄적인 방법론 안에서 일을 하는 것은 별로 혁신적일 것 같지 않다.
2. **무작위적인 방법론**은 느슨한 구조를 가지며 팀원들의 개인적인 창의성에 의존한다. 혁신이나 기술적 돌파구가 필요할 경우에는 무작위적인 방법론의 팀이 탁월하다. 그러나 이러한 팀들은 "규율이 중요한 작업"을 수행할 경우에는 어려워 질 수 있다.
3. **개방적인 방법론**은 폐쇄적인 방법론에 있어서의 감독권을 약간 행사하면서 혁신을 일으키는 무작위적인 방법론을 많이 적용한다. 작업은 개방적인 방법론의 특성인 의사소통 및 공감대 기반의 의사 결정에 비중을 두어 협동하여 수행된다. 개방적인 방법론의 팀 구조는 복잡한 문제들을 해결하는 데는 도움이 되나 다른 구조의 팀들처럼 효율적이지는 않을 수 있다.
4. **동시적인 방법론**은 문제가 자연히 구획화되는 것이라 기대하여 팀원들이 서로 의사소통을 거의 하지 않은 채, 문제의 부분들에 대해 작업을 수행할 수 있도록 조직한다.

역사적인 관점에서 각주를 달면, 가장 오래된 소프트웨어 팀 조직 중의 하나는 원래 팀 리더 중심 프로그래머 팀이라 불리던 폐쇄적인 방법론이었다. 이 구조는 Harlan Mills가 처음 제안하였고 Baker[Bak72]가 기술하였다. 팀 리더 중심 팀 구조의 대조적 구조로써 Constantine의 무작위적인 방법론은[Con93] 혁신적 무질서라는 표현에 가장 잘 어울리는 창의적 독립 소프트웨어 팀을 말한다. 비록 소프트웨어의 작업에 대한 자유로운 해결방식이 좋아 보이긴 해도, 창의적 원동력을 성능이 탁월한 팀에 교류시키는 것은 소프트웨어공

> **Quote**
> 만일 차츰차츰 나아지고 싶으면 경쟁하라. 만일 급격히 나아지길 원한다면 협력하라.
> Author unknown

학 기관의 중점 목표이다. 성능이 탁월한 팀을 만들기 위해서는 팀원들은 서로를 신뢰해야 하며, 기술 배분이 문제에 적절해야 하고, 팀의 단결을 이루기 위해서는 독단적인 사람은 팀에서 제외해야 한다.

팀 조직에 상관없이 모든 프로젝트 관리자의 목적은 단결된 팀을 만드는 데 도움이 되어야 한다. DeMarco와 Lister[DeM98]는 저서 *Peopleware*에서 이 문제에 대해 다음과 같이 서술했다.

? "융합된" 팀이란 어떤 팀인가?

> 우리는 비즈니스 세계에서, 함께 일을 하도록 배정된 무리의 사람들을 "팀"이라고, 팀이라는 말을 상당히 막연하게 사용한다. 그러나 이 무리들 중 많은 경우, 팀처럼 보이지 않는다. 그들은 성공에 대한 공동의 정의를 지니지 않았고 팀 정신을 찾아볼 수도 없다. 여기에 없는 것은 우리가 융합이라고 부르는 현상이다.
>
> 융합된 팀은 각자를 더한 것보다 전체가 더 커질 수 있게 한 무리의 사람들이 강하게 결합되어 있다.…
>
> 단 한 팀이 융합되기 시작하면 성공의 확률은 많이 높아진다. 그 팀은 막을 수 없고, 성공을 위한 막대한 힘을 가지며, … 그들은 기존의 방식으로 관리할 필요가 없다. 그리고 그들은 확실히 동기부여를 따로 할 필요도 없다. 그들에게는 힘이 있다.

DeMarco와 Lister는 융합된 팀의 팀원들은 보통 팀의 팀원들보다 훨씬 더 생산성이 높고 동기부여가 더 잘 되어있다고 강력히 주장한다. 그들은 하나의 목표, 공동의 문화, 그리고 많은 경우에 그들을 유일하게 만드는 "정예 의식(sense of eliteness)"을 공유한다.

? 팀이 융합하지 못하는 이유는 무엇인가?

그러나 모든 팀이 융합되지는 않는다. 사실 많은 팀들이 Jackman[Jac98]이 "팀의 독소(team toxicity)"라고 부르는 어려움을 겪고 있다. Jackman은 "독소가 있는 팀 환경을 조장하는" 다섯 가지 요인을 정의했다. (1) 격앙된 작업 분위기, (2) 팀원 간에 알력의 원인이 되는 높은 욕구불만, (3) "단편적이거나 졸렬하게 조정된" 소프트웨어 프로세스, (4) 불분명하게 정의된 소프트웨어 팀 내에서의 역할, (5) "지속적이고 반복적인 실패의 조짐"

> **Quote**
>
> 하거나 아예 하지 말자. 해본다는 것은 없다
>
> Yoda, Star Wars에서

격앙된 작업 환경을 피하기 위해서, 프로세스 관리자는 업무를 수행하기 위해 필요한 모든 정보에 대해 팀이 접근할 수 있는지 확인해야 하며, 일단 정의가 되면, 절대적으로 필요한 경우를 제외하고는 가장 중요한 목표와 목적들을 수정하지 말아야 한다. 가능한 한 많은 의사결정권을 팀에 부여함으로써 소프트웨어 팀의 욕구불만을 피할 수 있다. 구축될 제품과 그 업무를 수행하는 사람을 이해하고, 팀이 프로세스 모델을 선택하게 함으로써 부적절한 프로세스를 (예를 들어, 불필요한 또는 번거로운 업무나 졸렬하게 선정된 산출물) 피할 수 있다. 팀이 직접 책무에 대한 기법을 (기술적 검토[3]는 이를 이루는데 매우 좋은 방법이다.) 수립해야 하며, 팀원이 수행한 업무가 실패했을 때에는 일련의 정정안이 정의되어야 한다. 마지막으로, 실패 분위기를 피하기 위한 중요한 일은 팀 기반의 피드백 및 문제해결 기술이 확립되어야 한다.

Jackman이 서술한 다섯 가지 독소에 덧붙여, 소프트웨어 팀은 종종 팀원들의 성격이

3 기술적 검토는 제20장에서 상세히 다루었다.

달라 어려움을 겪는다. 어떤 팀원은 외향적이고, 다른 사람은 내성적이다. 어떤 사람은 정보를 직관적으로 수집하고, 서로 다른 사실로부터 광범위한 개념을 추출한다. 다른 사람들은 주어진 데이터에서 미세한 세부 항목을 수집하고 정리하여 순서대로 정보를 처리한다. 어떤 팀원은 논리적이고 요지가 정리되었을 때에 의사결정을 해야만 편하게 느낀다. 다른 사람들은 "느낌"을 기반으로 기꺼이 직관적인 의사결정을 한다. 몇몇 실무자들은 프로젝트의 어떤 부분을 일정에 맞춰 마감할 수 있도록 조직화된 업무에 대한 상세 일정을 알고 싶어 한다. 다른 사람들은 산출물이 아무 때나 나와도 좋은 더욱 자발적인 환경을 원한다. 어떤 사람들은 정해진 시한이 다가 오면서 스트레스 받을 것을 피하기 위해 일정을 훨씬 앞당겨 끝내려고 열심히 일을 하는가 하면, 어떤 사람들은 마감시간 직전에 서둘러 일하면서 활기를 얻는 사람들도 있다. 이러한 개인적 특성과 상반되는 성격의 사람들이 함께 일할 수 있게 도와주는 방법에 대해 노련한 팀 리더가 지녀야 할 심리학적 논의는 이 책의 범위를 벗어난다.[4] 그러나 인간의 차이를 인식하는 일은 융합된 팀을 만드는 첫 걸음이라는 것은 중요한 사실이다.

31.2.4 애자일 팀

많은 소프트웨어 기관이 그 동안 소프트웨어 프로젝트 작업을 성가시게 했던 많은 문제점들에 대한 대책으로 애자일 소프트웨어 개발이 그 해결책이라 옹호하고 있다(제5장). 다시 말해서, 애자일의 원칙은 고객 만족, 소프트웨어를 점증적으로 빠른 시간 내에 인도하는 일, 작지만 매우 열성적인 프로젝트 팀, 방법론을 약식으로 적용하는 일, 산출물을 최소한으로 줄이는 것, 전반적인 개발의 단순화 등을 고무하는 것이다.

애자일 팀이라고도 부르는 작지만 매우 열성적인 프로젝트 팀은 이전의 절들에서 논의된 성공적인 소프트웨어 프로젝트 팀의 특성을 많이 채용하며, 문제를 야기하는 많은 독소를 피한다. 그러나 애자일 원칙은 그룹에의 협동과 결부하여 개인적인(팀원) 수행능력을 팀의 가장 중요한 성공요인이라 강조한다. Cockburn과 Highsmith[Coc01a]는 이를 다음과 같이 서술했다.

> 만일 프로젝트의 구성원이 모두 유능하다면 어떤 프로세스를 도입하든 그들의 임무를 달성할 수 있다. 그러나 그렇지 않다면, 어떤 프로세스도 그들의 부족함을 벌충해주지 못하며, "인간이 프로세스에 우선한다."라는 말이 이를 말해준다. 그러나 사용자와 경영진의 지원이 없다면 프로젝트는 성공할 수 없다. "행정이 인간을 우선하는" 경우이다. 불충분한 지원은 유능한 사람마저 임무를 달성할 수 없게 할 수 있으며…

각 팀원의 수행능력을 효과적으로 이용하기 위해서, 그리고 소프트웨어 프로젝트를 통해 효과적인 협동을 촉진하기 위해, 애자일 팀들은 자발적으로 구성되어야 한다. 자발적으로 구성된 팀은 반드시 하나의 팀 구조를 유지해야 하는 것은 아니며, 대신 31.2.3절에서 기술한 Constantine의 무작위적, 개방적, 그리고 동시적인 방법론의 요소들을 이용한다.

많은 애자일 프로세스 모델들은 (예를 들어, Scrum) 임무를 달성하게 하기 위해 프로젝트

4 소프트웨어 프로젝트 팀과 관련된 이러한 문제들에 대해서는 [Fer98]에 잘 소개되어 있다.

관리, 기술적 결정 등 많은 자율권을 애자일 팀에 부여한다. 계획은 항상 최소한으로 유지하며 팀이 해결 방법(프로세스, 방법론, 툴 등)을 선택하며, 비즈니스 요구사항과 조직의 표준에만 제한적이다. 프로젝트가 진행되면서 팀은 자율적으로 한 시점에서 프로젝트에 가장 유리하게 될 수 있도록 개인의 수행능력에 초점을 맞춘다. 이를 이루기 위해서는 애자일 팀은 매일 회의를 하여 그 날 달성해야 할 업무를 조정하고, 동시에 수행할 일들을 결정한다.

KEY POINT

애자일 팀은 자율적으로 계획하고 기술적인 결정을 내리는 자발적으로 구성되는 팀이다.

이 회의에서 얻어진 정보를 기반으로 팀은 작업의 증가분을 완수하기 위한 방법을 조정한다. 날이 갈수록 자율적 조직과 협동을 통해 소프트웨어의 증가분이 모여 완성되어 간다.

31.2.5 공동작업과 의사소통의 문제들

소프트웨어 프로젝트가 어려움을 겪는 이유는 여러 가지이다. 많은 개발 노력은 규모가 커서 복잡해지고, 혼돈이 일어나고, 팀원들이 공동으로 작업하는 데 큰 어려움이 생긴다. 불확실성이 만연하여 계속되는 변경으로 프로젝트 팀이 방해를 받는다. 상호운용성은 많은 시스템에 있어 매우 중심적 특질이다. 새로운 소프트웨어는 기존의 소프트웨어와 소통되어야 하며 시스템이나 제품이 부과하는 미리 결정된 제한조건에 부합되어야 한다.

Quote

공동 소유권이란 제품들을 팀을 구성하는 개개인에게가 아니라 [애자일] 팀의 것으로 돌린다는 생각을 구체화한 것에 지나지 않는다.

Jim Highsmith

최신 소프트웨어의 이러한 특성들은—규모, 불확실성, 상호운용성—현실이다. 이를 효과적으로 다루기 위해서, 우리는 작업을 하는 사람들이 공동으로 작업을 할 수 있는 효과적인 방법을 확립해야 한다. 이를 달성하기 위해서, 팀원들 간의, 그리고 여러 팀 간의 공식적, 비공식적 의사소통이 이루어 질 수 있는 기법이 수립되어야 한다. 공식적인 의사소통은 "문서화, 조직화된 회의, 그리고 비교적 서로 영향을 주지 않으면서 개인적이지 않은 의사소통의 경로"[Kra95]를 통해 이루어진다. 비공식적 의사소통은 보다 개인적이다. 소프트웨어 팀원들은 특별한 주제에 관해 의견을 나누며, 문제가 야기될 경우에 도움을 요청하고, 매일 서로 의견을 나누어야 한다.

SafeHome

팀 구성

장면: SafeHome 프로젝트를 시작하기 전의 Doug Miller의 사무실

등장 인물: Doug Miller(SafeHome 소프트웨어 공학 팀의 관리자), Vinod Raman, Jamie Lazar(소프트웨어공학 제품 팀의 팀원들)

대화

Doug: 마케팅부가 준비한 SafeHome에 대한 예비 정보를 읽어 봤어?

Vinod(고개를 끄덕이며 팀원들을 쳐다본다): 네. 그런데 질문할 것이 많아요.

Doug: 그건 잠시 기다려 봐. 우선 어떻게 팀을 구성하고, 누가 무슨 일을 할 건지…. 그런 걸 얘기하고 싶어.

Jamie: Doug, 난 애자일 원칙을 이용해야 한다고 생각하는데요. 자발적으로 팀을 구성해야 헐 것 같아요.

Vinod: 그래요. 시간은 빠듯하고, 아직 불분명한 것들도 있고, 그리고, 우리는 사실 상당히 경쟁력이 있잖아요[웃으며]. 그렇게 가는 게 맞는 것 같아요.

Doug: 나도 좋아. 그런데 당신들 얼마나 힘든 건지 알지.

Jamie(미소 지으며 뭔가를 인용하는 듯이 말한다): "우리는 누가 무엇을 언제 할지, 방법론적인(tactical)

결정을 하는 거예요. 그런데 우리가 할 일은 제 시간에 제품을 출시하는 거죠."

Vinod: 그리고 품질이 좋아야 되고.

Doug: 바로 그거야. 그런데 몇 가지 제한 조건이 있어. 마케팅에서는 소프트웨어의 증가분을 물론 우리와 의논해서 결정해야해.

Jamie: 그리고요?

Doug: 그리고 우리는 UML을 모델링 방법으로 사용할 거야.

Vinod: 그래도 관계없는 문서는 절대로 최소화해야 해요.

Doug: 누가 나와 접촉할 거야?

Jamie: 경험이 제일 많아서 Vinod를 기술적 리더로 하기로 결정했어요. Vinod가 창구역할을 할 거지만 우리 중 아무하고나 편히 얘기하세요.

Doug (웃으며): 걱정 마. 그렇게 하지.

31.3 제품

소프트웨어 프로젝트 관리자는 소프트웨어 프로젝트의 초기에 궁지에 직면한다. 정량적 추정과 조직화된 계획이 요구되나 확실한 정보가 없다. 소프트웨어 요구사항에 대한 상세 분석은 추정에 필요한 정보를 제공하나 분석을 끝내려면 여러 주에서 심지어 여러 달 걸릴 수도 있다. 더욱 어려운 것은 요구사항이 프로젝트가 진행되는 동안 유동적일 수 있고 정기적으로 변경될 수도 있다는 것이다. 어쨌든, 계획은 "당장" 필요하다!

좋건 싫건, 우리는 프로젝트의 초기에 제품과 해결해야 할 문제를 조사해야 한다. 최소한, 제품의 범위를 확립해야 하고 한계를 분명히 해야 한다.

31.3.1 소프트웨어의 범위

소프트웨어 프로젝트 관리 첫 번째 행위는 소프트웨어의 범위를 결정하는 일이다. 범위는 다음의 질문들에 대한 답으로 정의할 수 있다.

> ADVICE
>
> 만일 우리가 구축하려는 소프트웨어의 경계를 정하지 못하게 하는 특성이 있다면, 그 특성은 프로젝트의 위험 목록에 추가해야 한다(제35장).

맥락 어떻게 제작 중인 소프트웨어가 보다 큰 시스템, 제품, 또는 비즈니스 환경과 접합될 수 있는가, 그리고 그러한 맥락에서 어떤 제한조건이 부과되는가?

정보 목적 고객이 보는 어떤 데이터 객체가 소프트웨어로부터 출력으로서 만들어지는가? 어떤 데이터 객체가 입력으로서 요구되는가?

기능과 성능 소프트웨어의 어떤 기능이 입력 데이터를 출력으로 변환시키는가? 특별히 설명되어야 할 성능의 특성이 있는가?

소프트웨어 프로젝트의 범위는 관리자 및 기술자의 수준에서 명백해야 하고 이해될 수 있어야 한다. 소프트웨어 범위에 대한 기술은 경계가 분명해야 한다. 즉, 정량적인 데이터는 (예를 들어, 동시에 사용할 수 있는 사용자의 수, 메일 주소 목록, 허용하는 최장 응답시간) 명시적으로 기술되어야 하며, 제한조건 및 한계를 (예를 들어, 제품의 비용이 메모리의 크기를 제한한다.) 주지시켜야 하며, 완화요인들이 (예를 들어, 요망되는 알고리즘이 충분히 이해되었으며 Java로 작성 가능함) 설명되어야 한다.

31.3.2 문제의 분해

ADVICE

합리적인 프로젝트의 계획을 수립하기 위해서는 문제를 분해해야 한다. 이는 기능의 목록, 또는 유스케이스를 사용하여 달성할 수 있다.

때로는 분할, 또는 문제의 세분화라고도 부르는 문제의 분해는 소프트웨어 요구사항 분석(제8~11장)의 핵심적 행위이다. 범위를 정하는 일이 진행되는 동안에는 문제를 완전히 분해하지 않는다. 대신, 분해는 두 중요한 영역에서 적용된다. 즉, (1) 반드시 제공되어야 할 기능성 및 내용(정보), (2) 그들을 제공하기 위해 사용될 프로세스.

인간은 복잡한 문제를 접했을 때 분할정복(divide-and-conquer) 전략을 사용하는 경향이 있다. 간단히 말해서, 복잡한 문제를 관리 가능한 작은 문제들로 분할하는 것이다. 이는 프로젝트를 계획하기 시작할 때 적용되는 전략이다. 범위에 대한 서술에 설명되는 소프트웨어의 기능들은 평가되고(evaluated), 추정(estimation, 제33장)을 시작하기 전에 더 상세한 정보를 제공할 수 있게 다듬어 진다. 비용과 일정에 대한 추정 모두가 기능에서 유래되기 때문에, 어느 정도의 분해는 종종 유용하다. 이와 유사하게, 주요 내용 및 데이터 객체들은 소프트웨어가 생성할 정보를 무리 없이 이해할 수 있도록 컴포넌트로써 분해된다.

31.4 프로세스

소프트웨어 프로세스를 특정 짓는 프레임워크 작업들은(제2장) 모든 소프트웨어에 적용할 수 있다. 문제는 프로젝트 팀에 의해 제작될 소프트웨어에 적합한 프로세스 모델을 선정하는 것이다.

팀은 어떤 프로세스 모델이 (1) 제품을 요구한 고객과 그 일을 할 사람들, (2) 제품의 특성 그 자체, (3) 소프트웨어 팀의 작업 환경에 가장 적합한 모델인가를 결정해야 한다. 하나의 프로세스 모델이 선정되었으면, 팀은 프로세스의 프레임워크 작업들을 기반으로 예비 프로젝트 계획을 정의한다. 예비 계획이 수립되면, 프로세스의 분해가 시작된다. 즉, 프레임워크 작업을 수행하는 데 수반되는 작업을 반영하는 완성된 계획이 수립되어야 한다. 이후의 절에서 이 행위들을 간단히 조사하고, 자세한 내용은 제33장에서 설명한다.

31.4.1 제품과 프로세스의 병합

프로젝트의 계획은 제품과 프로세스를 병합하는 것으로 시작된다. 우리 팀에 의해 제작될 각 기능은 우리의 소프트웨어 조직이 정의한 일련의 프레임워크 작업을 통과해야 한다. 우리의 소프트웨어 조직이 제2장에서 설명한 포괄적인 프레임워크 작업을—**의사소통, 계획, 모델화, 구축 및 배포**—채용했다고 가정하자. 제품의 기능을 담당한 팀원들은 그것에 각 프레임워크 작업을 적용한다. 본질적으로 그림 31.1에서 보인 것과 유사한 행렬이 작성된다. 제품의 중요한 기능 각각은 (위에서 논의한 문서편집기의 기능을 가리킨다.) 왼쪽 열에 나열되어 있다. 프레임워크 작업은 위쪽 행에 나열되었다. (각 프레임워크 작업을 위한) 소프트웨어공학 업무는 다음 행에 기입한다.[5] 프로젝트 관리자의 (그리고 다른 팀원들의)

5 작업은 몇 가지 변경 기준을 기반으로 하는 프로젝트의 특정한 필요성에 맞추어 조정되어야 한다는 것을 주의할 것.

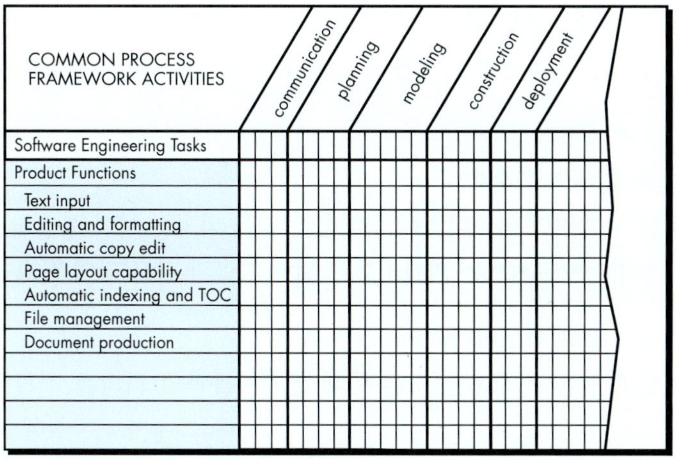

그림 31.1
문제와 프로세스의 병합

일은 행렬의 각 칸에 요구되는 자원, 즉 각 칸에 해당되는 작업의 시작과 종료 날짜, 각 작업의 결과로 생산되는 산출물 등을 추정하는 것이다. 이 작업들에 대해서는 제26장에서 고찰한다.

KEY POINT
프로세스의 프레임워크는 프로젝트 계획의 윤곽을 확립한다. 이는 프로젝트에 적절한 일련의 작업을 할당함으로써 조정할 수 있다.

31.4.2 프로세스 분해

소프트웨어 팀은 프로젝트를 위해, 그리고 프로세스 모델과 밀접한 소프트웨어공학 작업에 대해 최선의 소프트웨어 프로세스 모델을 선택하는 데 있어 상당 수준의 융통성을 지녀야 한다. 과거의 작업과 유사하고, 상대적으로 작은 규모의 프로젝트는 선형적 순차 방법을 이용하면 가장 잘 달성할 수 있을 것이다. 만일 마감 시한이 가까워서 기능들을 모두 무리 없이 제공할 수 없다면 점증적 방법이 가장 적합하다. 이와 유사하게, 다른 성격의 (불확실한 요구사항, 문제해결의 돌파구적인 기술, 상대하기 어려운 고객, 상당한 수준의 재사용 잠재력) 프로젝트들은 다른 프로세스 모델을 선택하게 할 것이다.[6]

일단 프로세스 모델이 정해지면, 프로세스 프레임워크는 그에 맞게 조정된다. 모든 경우에 앞에서 설명한 포괄적인 프로세스 프레임워크가 사용된다. 그것은 선형적 모델, 반복적 모델, 점증적 모델, 진화적 모델, 그리고 동시 모델이나 컴포넌트 조립 모델에도 효과가 있다. 프로세스 프레임워크는 불변적이며 소프트웨어 조직이 수행하는 모든 일의 기초로 작용한다.

그러나 실제로 작업들은 매우 다르다. 프로세스의 분해는 프로젝트의 관리자가 "이 프레임워크 작업을 어떻게 완수할 것인가?"라고 묻는 순간 시작된다. 예를 들어, 소규모이며 상대적으로 단순한 프로젝트는 의사소통 행위를 위한 다음과 같은 작업들을 요구한다.

1. 명확히 해야 할 문제들의 목록을 작성한다.
2. 명확히 해야 할 문제들을 이해 관계자들에게 설명하기 위해 회합을 가진다.

6 프로젝트의 성격은 소프트웨어 팀의 구성과 깊은 관련이 있다는 것을 상기할 것(31.2.3절).

3. 범위를 정하는 문서를 함께 작성한다.
4. 모든 이해 관계자들과 범위를 정한 문서를 검토한다.
5. 필요하다면 범위를 정한 문서를 수정한다.

이 일들은 48시간 이내에 이루어진다. 이들은 소규모이며 상대적으로 단순한 프로젝트에 적합한 프로세스의 분해의 표본이다.

자, 이제 더 넓은 범위의 비즈니스에 심대한 영향을 미치는 보다 복잡한 프로세스에 대해 고려해보자. 그러한 프로젝트는 **의사소통**을 위해 다음과 같은 작업을 요구할 수 있다.

1. 고객의 요구를 재검토한다.
2. 공식적이고 일을 촉진하는 모든 이해 관계자들과의 회의를 계획하고 일정을 정한다.
3. 제안된 해결책과 기존의 방법을 명세하기 위한 연구를 수행한다.
4. 공식 회의를 위해 작업 문서와 안건을 준비한다.
5. 회의를 개최한다.
6. 소프트웨어의 데이터, 기능 및 행위의 특징을 반영하는 소규모 명세서를 함께 작성한다. 대안으로, 사용자의 관점에서 본 소프트웨어를 기술하는 유스케이스를 작성한다.
7. 각 소규모 명세서나 유스케이스의 정확성, 일관성이 있으며, 그리고 애매모호성이 없는지 검토한다.
8. 소규모 명세서를 모아 정리하여 범위를 정하는 문서를 작성한다.
9. 범위를 정하는 문서, 또는 유스케이스의 집합을 관심있는 사람 모두와 함께 검토한다.
10. 필요하다면 범위를 정하는 문서, 또는 유스케이스들을 수정한다.

양쪽 프로젝트 모두 우리가 **의사소통**이라고 부르는 프레임워크 작업을 수행하지만, 첫 번째 프로젝트 팀은 두 번째 팀에 대해 약 반 정도의 소프트웨어공학적 작업을 수행한다.

31.5 프로젝트

? 소프트웨어 프로젝트가 위태로운 신호는 무엇인가?

성공적인 소프트웨어 프로젝트를 관리하려면, 문제점들을 피하기 위해 무엇이 잘못될 수 있는지 알아야 한다. 소프트웨어 프로젝트에 관한 탁월한 논문에서 John Reel[Ree99]은 정보 시스템 프로젝트를 위험에 처하게 할 신호들을 정의했다. 때로 소프트웨어 개발자들은 고객이 필요로 하는 것들을 이해하지 못한다. 이는 제품의 범위를 불충분하게 정의하게 한다. 어떤 프로젝트들에서는 변경을 서투르게 관리한다. 어떤 경우에는 채택한 기술이 변화되거나 비즈니스가 필요로 하는 사항들이 변경되기도 하며 후원해주던 경영자들을 잃기도 한다. 경영자들이 마감기일이 비현실적으로 정하기도 하며, 최종 사용자들이 새로운 시스템에 대해 반감을 갖기도 한다. 때로는 프로젝트 팀이 꼭 필요한 기술을 가지지 못한 경우도 있다. 그리고 개발자들이 스스로 저질렀던 실수에서 교훈을 얻지 못하기도 한다.

몹시 지친 산업 기술 전문가들은 특히 힘든 소프트웨어 프로젝트에 대해 토의할 때 "90—90 법칙"을 흔히 인용한다. 즉, 시스템의 처음 90퍼센트에 상당하는 부분이 전체에 할당된 시간과 노력의 90퍼센트를 차지한다. 마지막 10퍼센트 역시 전체에 할당된 시간과 노력의 90퍼센트를 또 차지한다[Zah94]. 90—90 법칙으로 이끄는 원인은 위의 목록에서 언급한 징후에 포함되어 있다.

그러나 부정적인 면만을 보지는 말자. 위에서 주지시킨 문제들을 피하기 위해 관리자들은 어떤 일을 해야 할까? Reel[Ree99]은 소프트웨어 프로젝트의 다섯 가지 상식적 접근법을 제시한다.

1. **시작을 잘하라.** 이는 해결해야 할 문제를 이해하기 위해 열심히(무척 열심히) 일을 하고난 후, 프로젝트에 관련될 사람들 모두를 위해 현실적인 목표와 기대를 확립함으로써 달성할 수 있다. 이는 팀을 제대로 구성하고(31.2.3절), 팀에게 자율성, 권한, 그리고 업무에 필요한 기술을 부여함으로써 보강된다.
2. **여세를 유지하라.** 많은 프로젝트들이 잘 시작하지만 서서히 허물어진다. 여세를 유지하기 위해서는 프로젝트 관리자는 팀원들의 의욕저하를 최소화하기 위해 장려책을 마련해야 하고, 팀은 수행하는 모든 업무의 품질을 강조해야 하며, 선임 관리자들은 팀에 방해가 되지 않도록 전력을 다해야 한다.[7]
3. **진행 상황을 추적하라.** 소프트웨어 프로젝트를 위해, 품질보증의 일환으로 산출물들(즉, 모델, 소스코드, 테스트 사례)이 생산되고, (기술적 검토를 이용하여) 승인되면서 진행 상황이 추적되어야 한다. 게다가 소프트웨어 프로세스와 프로젝트 측정(제32장)이 수집되어 진행상황이 그 소프트웨어 개발 조직의 개발 작업 평균과 비교될 수 있어야 한다.
4. **현명한 결정을 하라.** 본질적으로, 프로젝트 관리자와 소프트웨어 팀의 결정은 "항상 단순해야" 한다. 가능한 한, 상업용으로 판매되고 있는 소프트웨어나 기존의 소프트웨어의 컴포넌트, 또는 패턴을 사용하도록 결정하며, 표준화된 접근이 가능할 경우에는 인터페이스를 그 소프트웨어 팀에 맞추어 새로 작성하려 하지 말고 표준화된 인터페이스를 사용하는 것이 좋고, 명백한 위험요소를 파악하여 피하도록 결정하며, 복잡하거나 위험성이 높은 업무에 대해서는 생각했던 것 보다 많은 시간을 할애할 수 있도록 결정해야 한다(우리는 한 순간이라도 필요로 한다).
5. **사후분석을 시행하라.** 각 프로젝트에서 얻을 수 있는 교훈을 도출할 수 있는 일관된 기법을 수립하여야 한다. 계획된 일정과 실제 일정을 평가하고, 소프트웨어 프로젝트 척도를 수집하고, 팀원들과 고객들의 반응을 구하고, 얻은 지식을 문서화하여야 한다.

7 이 말이 내포하고 있는 것은 관료주의는 최소한으로 줄어야 하고, 외부로부터 요구된 회의는 없애야 하며, 프로세스나 프로젝트에 대한 고압적인 집착은 중요시되지 말아야 한다는 것이다. 팀은 자발적으로 구성되어야 하며 자율적이어야 한다.

31.6 W⁵HH 원칙

소프트웨어 프로세스와 프로젝트에 관한 탁월한 논문에서, Barry Boehm[Boe96]은 다음과 같이 서술했다. "우리는 단순한 프로젝트에 대해 단순한 [프로젝트] 계획을 세울 수 있도록, 비율에 따라 줄어드는 조직적 원칙이 필요하다." Boehm은 프로젝트의 목적, 이정표 및 일정, 책임, 관리 및 기술적 방법, 그리고 필요한 자원들에 역점을 둔 방법을 제안했다. 그는 이를 W^5HH 원칙이라 부르며, 중요한 프로젝트의 특성들과, 결과로서의 프로젝트 계획을 정의할 수 있도록 유도하는 일련의 질문들이다.

?

프로젝트의 중요한 특성들을 어떻게 정의할 것인가?

왜(Why) 시스템은 개발되고 있는가? 모든 이해 관계자들은 소프트웨어 작업을 위한 비즈니스 이유의 타당성을 평가해야 한다. 비즈니스의 목적이 사람, 시간, 그리고 돈의 사용을 정당화하는가?

무엇을(What) 할 것인가? 프로젝트가 정의되기 위해 요구되는 일련의 작업들.

언제(When) 할 것인가? 팀은 언제 프로젝트의 작업들이 수행될 것인가, 또 언제 중요한 중간 시점들에(milestones) 도달할 것인가를 파악하여 프로젝트의 일정을 수립해야 한다.

누가(Who) 어떤 기능에 대해 책임이 있는가? 소프트웨어 팀원 각자의 역할과 책임이 정의되어야 한다.

조직 내에서 그들은 어디에(Where) 위치하는가? 모든 역할과 책임이 실무자들에게만 있는 것은 아니다. 고객, 사용자, 또 다른 이해 관계자들 또한 책임이 있다.

어떻게 (How) 기술적으로 관리적으로 임무를 달성할 수 있는가? 일단 제품의 범위가 수립되면, 프로젝트를 위한 관리 및 기술적 전략이 정의되어야 한다.

각 자원들은 얼마만큼(How much) 필요한가? 이 질문에 대한 답은 앞의 질문들에 대한 답을 기반으로 한 추정을(제33장) 수립함으로써 도출된다.

Boehm의 W^5HH 원칙은 소프트웨어 프로젝트의 규모나 복잡도에 관계없이 적용할 수 있다. 언급된 질문들은 팀에게 계획 개요를 위한 탁월한 지침이 된다.

31.7 매우 중요한 실무

Airlie Council은[8] "성과 기반의 관리를 위한 매우 중요한 소프트웨어 실무"의 목록을 개발했다. 이 실무들은 "'최소한의' 성과를 지속적으로 산업계의 평균보다 훨씬 상회하도록 높이려는 고도로 성공적인 소프트웨어 프로젝트와 조직에 의해 일관성 있게 사용되고, 매우 중요하다고 생각되는"[Air99] 것들이다.

8 Airlie Council은 소프트웨어 프로젝트 관리 및 소프트웨어공학의 최선의 실무를 위한 지침을 개발하기 위해 미국방성이(U.S. Department of Defense) 공인한 전문 소프트웨어 엔지니어들로 구성된 팀이다. 최선의 실무에 대해서 더 필요한 자료는 **www.swqual.com/e-newsletter.html**을 참조할 것

매우 중요한 실무[9]는 척도 기반의 프로젝트 관리(제32장), 경험적 비용 및 일정 추정(제33장, 제34장), 획득 가치(earned value)의 추적(제34장), 품질 목표에 대한 결함 추적(제19장부터 제21장까지), 그리고 인간을 의식한(people aware) 관리(제31.2절)를 포함한다. 이들 각각의 중요한 실무에 대해서는 이 책의 제4부에서 논한다.

소프트웨어 도구들

프로젝트 관리자들을 위한 소프트웨어 툴들

여기에 나열된 "툴들"은 포괄적이며 프로젝트 관리자들이 수행하는 일들에 널리 적용된다. 특정한 프로젝트 관리 툴들은(즉, 일정관리 툴들, 추정 툴들, 위험분석 툴들) 뒷장들에서 고찰한다.

대표적인 툴들:[10]

Projectmanagement.com(**http://www.projectmanagement.com**)은 프로젝트 관리자들에게 유용한 점검표를 개발하였다.

Ittoolkit.com(**www.ittoolkit.com**)은 "계획 지침, 프로세스 템플릿, 및 고성능의 작업표 모음"을 제공하고 있으며 CD-ROM을 구할 수 있다.

31.8 요약

소프트웨어 프로젝트 관리는 소프트웨어공학에 있어서의 보호 행위(umbrella activity)이다. 그것은 어떤 기술적 행위의 시작보다 앞서 시작하며 컴퓨터 소프트웨어의 모델링, 구축 그리고 배포 전반에 걸쳐서 계속된다.

4P는 소프트웨어 프로젝트 관리에 많은 영향을 미친다. 그것들은 사람(people), 제품(product), 프로세스(process)와 프로젝트(project)이다. 사람들은 효과적인 팀으로 조직되어야 하고, 고품질의 소프트웨어 업무를 수행할 수 있도록 동기부여가 되어야 하며, 효과적인 의사소통을 할 수 있도록 조화되어야 한다. 제품에 대한 요구사항들은 고객으로부터 개발자에게 전달되어야하며, 구성 부분들로 분할(분해)되어야 하고 소프트웨어 팀이 일을 할 수 있도록 배분되어야 한다. 프로세스는 사람과 문제에 적절하게 만들어져야 한다. 공통의 프로세스의 프레임워크가 선택되어야하고, 적합한 소프트웨어공학적 원칙이 적용되어야 하며, 업무가 완수될 수 있도록 일련의 작업이 선정되어야 한다. 끝으로, 프로젝트는 소프트웨어 팀이 성공적으로 임무를 수행할 수 있도록 조직되어야 한다.

모든 소프트웨어 프로젝트에서 중추적 역할을 하는 것은 사람이다. 소프트웨어 엔지니어들은 전통적인 제어 체계로부터 "개방적 방법론"의 팀까지 모든 범위의 상이한 구조 중 몇 가지로 조직될 수 있다. 다양한 조정 및 의사소통 기술들이 팀의 업무를 지원하기 위해 적용될 수 있다. 일반적으로, 실무자들에게 가장 요긴한 것은 기술적 검토와 격의 없는 개인 간의 소통이다.

9 여기에서는 "프로젝트의 무결성"과 연관된 중차대한 실무만을 논의한다.

10 여기에 나열한 툴들은 저자가 보증하는 것이 아니라 이 범주의 툴들의 샘플이다. 대개의 경우, 툴의 이름은 각 개발 기관의 상표로 등록되어 있다.

프로젝트 관리 행위는 측정, 척도, 추정 및 일정관리, 위험분석, 추적, 그리고 제어를 포함한다. 이 각각에 대해서는 뒷장들에서 논의한다.

문제와 생각할 점

31.1 이 장에 서술된 정보를 기반으로 하되 당신의 경험을 바탕으로 소프트웨어 엔지니어들의 역량을 높이는 열 가지 중요한 원칙을 개발하라. 즉, 소프트웨어 개발자들이 최대한 잠재력을 발휘하여 일하게 할 수 있는 10가지 지침을 작성하는 것이다.

31.2 The Software Engineering Institute의 인적 역량 성숙 모델(People Capability Maturity Model, People-CMM)은 훌륭한 소프트웨어 종사자들을 양성하는 "중요한 실무 분야(key practice areas, KPA)"에 대해 조직적으로 조사한다. 강좌 담당자는 수강생들에게 하나의 KPA를 부여할 것이다. 이를 분석하고 요약하라.

31.3 고객과 사용자가 동일한 세 가지 실제의 경우를 예로써 설명하라. 다른 세 가지 경우를 들고 설명하라.

31.4 상급 관리자이 내린 결정들은 소프트웨어 공학팀의 효과성에 큰 영향을 미칠 수 있다. 이 말이 참이라는 것을 보여주는 다섯 가지 예를 들라.

31.5 Weinberg의 책[Wei86]을 읽고 MOI 모델을 적용하는데 고려해야 할 사항을 2~3쪽 분량으로 요약하라.

31.6 당신이 정보 시스템 회사의 프로젝트 관리자가 되었다고 하자. 당신의 일은 당신의 팀이 과거에 개발했던 소프트웨어와 매우 유사하지만 그들보다 규모가 더 크고 더 복잡한 응용 프로그램을 개발하는 것이다. 요구사항은 고객에 의해 완전하게 작성되었다. 어떤 팀의 구조를 선택하겠으며 그 이유는 무엇인가? 어떤 소프트웨어 프로세스 모델을 택할 것이며 그 이유는 무엇인가?

31.7 당신이 규모가 작은 소프트웨어 제품을 개발하는 회사의 프로젝트 관리자가 되었다고 하자. 당신의 일은 가상현실용 하드웨어와 소프트웨어의 최신 기술을 접목하는 획기적인 제품을 구축하는 것이다. 가정용 엔터테인먼트 시장에서의 경쟁이 치열하므로 이 임무를 완수하는 데에는 압박감이 클 것이다. 어떤 팀의 구조를 택하겠으며 그 이유는 무엇인가?

31.8 당신이 소프트웨어 제품을 개발하는 대기업의 프로젝트 관리자가 되었다고 하자. 당신의 일은 널리 사용되고 있는 문서편집기의 다음 버전의 개발을 관리하는 것이다. 경쟁이 치열하여 납품 일정이 빡빡하게 잡혀져서 발표되었다. 어떤 팀의 구조를 택하겠으며 그 이유는 무엇인가? 어떤 소프트웨어의 프로세스 모델을 선택하겠으며 그 이유는 무엇인가?

31.9 당신이 유전공학 분야에 서비스를 제공하는 기업의 소프트웨어 프로젝트 관리자가 되었다고 하자. 당신의 일은 유전자의 타이핑(typing)의 속도를 촉진시키는 새로운 소프트웨어 제품의 개발을 관리하는 것이다. 이 작업은 R&D를 추구하는 것이나 목표는 내년 이전에 제품을 개발하는 것이다. 어떤 팀의 구조를 택하겠으며 그 이유는 무엇인가? 어떤 소프트웨어의 프로세스 모델을 선택하겠으며 그 이유는 무엇인가?

31.10 대학교가 개설한 각 교과목을 분석하고 (주어진 학기에 대해) 과목의 평균 성적에 대한

보고서를 작성하는 작은 규모의 응용프로그램을 개발해 달라는 부탁을 받았다고 하자. 이 문제에 대한 범위(scope)를 기술하라.

31.11 31.3.2절에서 간단히 논의한 페이지 배치 기능에 대해 제1수준의 기능 분해를 수행하라.

추가 읽을거리와 정보 소스

The Project Management Institute(*Guide to the Project Management Body of Knowledge*, PMI, 2009)는 프로젝트 관리에 관한 중요한 관점들을 모두 다루고 있다. Wysocki(*Effective Software Project Management: Traditional, Agile, Extreme*, 6th ed., Wiley, 2011), Slinger와 Broderick(*The Software Project Manager's Bridge to Agility*, Addison-Wesley, 2008), Bechtold (*Essentials of Software Project Management*, 2nd ed., Management Concepts, 2007), Stellman과 Greene(*Applied Software Project Management*, O' Reilly, 2005), 그리고 Berkun(*Making Things Happen: Mastering Project Management-Theory in Practice*, O' Reilly, 2008)은 기초 기술을 가르치고, 소프트웨어 프로젝트 관리 업무 전반에 대한 상세한 지침을 제공한다. McConnell (*Professional Software Development*, Addison-Wesley, 2004)은 "더 짧은 일정, 고품질의 제품, 그리고 더욱 성공적인 프로젝트"를 달성하기 위한 실용적인 조언을 제공한다. Henry (*Software Project Management*, Addison-Wesley, 2003)는 프로젝트 관리자들에게 유용한 현실적인 조언을 제공한다.

Tom DeMarco와 그의 동료들(*Adrenaline Junkies and Template Zombies*, Dorset House, 2008)은 소프트웨어 프로젝트 모두에서 직면하는 인간 패턴에 대해 통찰력을 가지고 대하는 방법을 서술했다. Weinberg(*Quality Software Management*, Dorset House, 1992, 1993, 1994, 1996)가 저술한 탁월한 네 권의 총서는 기본적인 시스템에 대한 사고와 관리의 개념을 소개하며, 측정들을 어떻게 효과적으로 사용할까를 설명하는 한편 "적합한 조치", 관리자들의 필요 사항들 간의 "맞춤"을 확립할 수 있는 능력, 기술자들의 필요사항 및 비즈니스의 필요사항에 대해 역설한다. 이 총서는 초보 및 경험이 많은 관리자들 모두에게 유용한 정보를 제공한다. Futrell과 동료들은 (*Quality Software Project Management*, Prentice-Hall, 2002) 여러 권의 저서를 통해 프로젝트 관리에 대한 처방을 제시했다. Neill과 그의 동료들 (*Antipatterns: Managing Software Organizations*, 2nd ed., Auerbach Publications, 2011), Brown과 동료들은 (*Antipatterns in Project Management*, Wiley, 2000) 소프트웨어 프로젝트를 관리하는 동안 하지 말아야 할 일들을 논의한다.

Brooks(*The Mythical Man-Month, Anniversary Edition*, Addison-Wesley, 1995)는 그의 정평이 나있는 책의 개정판에서 소프트웨어 프로젝트와 관리 문제에 대한 새로운 통찰력을 제공한다. McConnell(*Software Project Survival Guide*, Microsoft Press, 1997)은 소프트웨어 프로젝트를 관리해야 할 사람들에게 우수한 실용적 지침을 제시한다. Purba와 Shah(*How to Manage a successful Software Project*, 2nd ed., Wiley, 2000)는 어떤 프로젝트는 성공적이었고 어떤 프로젝트는 실패하였는지에 대한 이유를 암시하는 많은 사례를 제시한다. Kerzner

(*Project Management: A Systems Approach to Planning Scheduling and Controlling*, 10th ed., Wiley, 2009)와 Bennatan(*On Time Within Budget*, 3rd ed., Wiley, 2000)의 저서들은 소프트웨어 프로젝트 관리자들에게 유용한 비결과 지침을 제시한다. Weigers(*Practical Project Initiation*, Microsoft Press, 2007)는 소프트웨어 프로젝트를 성공적으로 시작할 수 있는 실무적 지침을 제공한다.

소프트웨어 프로젝트 관리에서 가장 중요한 것은 사람의 관리라는 것에 대해서는 논쟁의 여지가 있다. Cockburn(*Agile Software Development*, Addison-Wesley, 2002)은 소프트웨어 종사자들에 대한 현재까지의 토론 중 가장 훌륭한 토론의 하나를 제시한다. DeMarco와 Lister[DeM98]는 소프트웨어 종사자들과 소프트웨어 프로젝트들에 대한 매우 유용한 책을 저술했다. 덧붙여, 다음의 목록에 나열되어 있는 주제에 관해 발간된 이 후의 책들은 최근 몇 년 사이에 발간되었으며 검토할 만한 가치가 있다.

Cantor, M., *Software Leadership: A Guide to Succesiful Software Development*, Addison Wesley, 2001.

Carmel, E., *Global Software Teams: Collaborating Across Borders and Time Zones*, Prentice Hall, 1999.

Chandler, H. M., *Game Production Handbook*, 2nd ed., Charles River Media, 2008.

Constantine, L., *Peopleware Papers: Notes on the Human Side of Software*, Prentice Hall, 2001.

Ebert, C., *Global Software and IT: A Guide to Distributed Development, Projects, and Outsourcing*, Wiley-IEEE Computer Society, 2011.

Fairley, R. E., *Managing and Leading Software Projects*, Wiley-IEEE Computer Society, 2009.

Garton, C., and K. Wegryn, *Managing Without Walls*, McPress, 2006.

Humphrey, W. S., and Over, J. W., *Leadership, Teamwork, and Trust: Building a Competitive Software Capability*, Addison-Wesley, 2011.

Humphrey, W. S., *Managing Technical People: Innovation, Teamwork, and the Software Process*, Addison-Wesley, 1997.

Humphrey, W. S., *TSP-Coaching Development Teams*, Addison-Wesley, 2006.

Jones, P. H., *Handbook of Team Design: A Practitioner's Guide to Team Systems Development*, McGraw-Hill, 1997.

Karolak, D. S., *Global Software Development: Managing Virtual Teams and Environments*, IEEE Computer Society, 1998.

Misrik, I., et al., *Collaborative Software Engineering*, Springer, 2010 .

Peters, L., *Getting Results from Software Development Teams*, Microsoft Press, 2008.

Whitehead, R., *Leading a Software Development Team*, Addison-Wesley, 2001.

비록 이 저서들이 소프트웨어 세계에 대해 특정하게 관계하지 않고, 또 때로는 필요 이상으로 단순화했거나 광범위하게 일반화되었다는 지적은 있으나, 가장 잘 팔리고 있는 다음과 같은 "관리" 서적들은 Kanter(*Confidence*, Three Rivers Press, 2006), Covy(*The 8th Habit*, Free Press, 2004), Bossidy(*Execution: The Discipline of Getting Things Done*, Crown Publishing, 2002), Drucker(*Management Challenges for the 21st Century*, Harper Business, 1999), Buckingham과 Coffman(*First, Break All the Rules: What the World's Greatest Managers Do Differently*, Simon and Schuster, 1999), 그리고 Christensen(*The Innovator's Dilemma*, Harvard Business School Press, 1997) 등은 빠르게 변화하는 경제 상황에 의해 결정되는 "새로운 규칙"을 강조하고 있다. *Who Moved My Cheese?, The One-Minute Manager, and In Search of Excellence*와 같이 오래된 책들도 사람과 프로세스를 더 효과적으로 관리하는데 도움이 될 수 있는 통찰력을 계속 제공한다.

소프트웨어 프로젝트 관리에 관한 다양한 정보는 인터넷을 통해 얻을 수 있다. 소프트웨어 프로젝트 관리에 관한 월드 와이드 웹의 최신 참고 목록은 SEPA website: www.mhhe.com/pressman의 "software engineering resources"에서 구할 수 있다.

제32장~제37장은 CD에 수록

소프트웨어공학의 최신 경향

38 CHAPTER

주요 개념

빌딩 블록
협업적 개발
복잡성
새로운 요구사항
과대선전 주기
기술혁신생명주기
모델 기반 개발
오픈월드 소프트웨어
오픈소스
포스트모던 설계
요구 공학
소프트 경향
기술의 방향
기술의 진화
테스트 주도 개발
도구들

비교적 짧은 소프트웨어공학의 역사를 통하여, 실무자와 연구원들은 컴퓨터 소프트웨어를 개발하는 방법에 있어 근본적인 변화를 촉진하기 위한 노력으로 일련의 프로세스 모델, 기술적 방법 및 자동화 도구들을 개발하였다. 비록 과거 경험에서 지적되었지만 혼란과 실수와 지연 및 소프트웨어 작업을 괴롭히는 많은 문제점이 없이 거대하고 복잡한 소프트웨어 기반 시스템을 쉽게 개발할 수 있도록 하는 마술적인 프로세스 또는 뛰어난 기술인 "만능의 해결책"을 찾기 위한 암묵적인 욕구가 있다.

그러나 역사를 통해 만능의 해결책에 대한 요청이 실패할 운명이라는 것을 알 수 있다. 소프트웨어 공학도들이 직면하는 많은 문제에 대한 "해결책"이라고 과대 선전되는 새로운 기술들이 정규적으로 소개된다. 그리고 그것들을 산업체 전문가가 이 "새로운" 소프트웨어 기술의 중요성을 강조하고, 소프트웨어 커뮤니티의 감정가들은 열정을 가지고 이것들을 채택하며 궁극적으로 그러한 새로운 기술들은 소프트웨어공학 세계에서 그 역할을 수행한다. 그러나 그것들은 전망을 충족시키지 못하는 경향이 있으며 결과적으로 그러한 요청은 계속된다.

QUICK LOOK

이것은 무엇인가? 누구도 절대적인 확신을 가지고 미래를 예측할 수 없다. 그러나 소프트웨어공학 분야에서 경향을 평가하고 그러한 경향으로부터 기술에 대한 가능한 방향을 제안하는 것이 가능하다.

누가 수행하는가? 소프트웨어공학 이슈에서 뒤떨어지지 않기 위해 기꺼이 시간을 소비할 누군가가 기술의 미래 방향을 예측할 수 있다.

왜 중요한가? 왜 고대의 왕들은 예언자를 고용했는가? 왜 주요한 다국적 기업들은 미래를 준비하기 위해 컨설팅 회사와 씽크 탱크를 고용하는가? 왜 많은 사람들이 운세를 읽는가? 우리는 우리 자신을 준비하기 위해 향후 다가올 것을 알고 싶어 한다.

어떤 단계가 있는가? 미래의 길을 예측하는 공식은 없다. 우리는 데이터를 수집하고 유용한 정보를 제공하기 위해 그것을 조직하며 지식을 추출하기 위해 미묘한 관계를 검사함으로서 예측을 시도한다. 그리고 이러한 지식으로부터 미래 시점에 일이 어떻게 될 것이라는 것을 예측하는 가능한 경향을 제시한다.

작업 산출물은 무엇인가? 정확하거나 또는 그렇지 못한 가까운 미래의 시각

작업이 옳게 수행되었다는 것을 어떻게 확인하는가? 앞으로의 길을 예측하는 것은 예술이며 과학이 아니다. 사실상 미래에 대한 진지한 예측이 절대적으로 옳거나 의심할 여지없이 잘못되는 경우(감사하게도 세상의 종말에 대해 예외적으로)는 드물다. 우리는 경향을 찾고 예측하려고 노력한다. 시간이 지나야지만 예측의 정확성을 평가할 수 있다.

이 책의 예전 버전(지난 35년 이상)에서 본 저자는 출현하는 기술들과 소프트웨어공학에 대한 예상되는 영향에 대해 논의하였다. 몇몇은 광범위하게 채택되었으나 다른 것들은 가능성에 도달하지 못했다. 결론은 다음과 같다. 즉, 기술들은 변한다. 당신과 내가 겪는 실제 경향은 더 유연하다. 소프트웨어공학에 있어서 진보는 비즈니스, 조직 시장 및 문화적인 경향에 의해 유도될 것이라는 것을 의미한다. 그러한 경향은 기술 혁신을 이끌어낸다.

이 장에서 몇몇 소프트웨어공학의 기술적 경향들을 볼 것이지만, 주로 강조할 점은 향후 10년 또는 20년에 걸쳐서 소프트웨어공학 기술에 대한 중요한 영향을 가질 수 있는 비즈니스, 조직, 시장 및 문화적인 경향들이다.

38.1 기술의 진화

컴퓨팅(및 다른 관련) 기술이 어떻게 진화할 것인지에 대한 흡인력이 있는 시각을 제공하는 매혹적인 책에서 Ray Kurzweil[Kur05]은 기술의 진화는 생물학적 진화와 유사하지만 더욱 빠른 속도로 발생할 것이라고 주장했다. 진화(생물학적 또는 기술적이든지)는 긍정적인 피드백의 결과로 발생한다. 즉, "진화적인 진전의 한 단계로부터 나타난 더 능력 있는 방법들이 다음 단계를 만들기 위해 사용된다[Kur05]"이다.

?

우리가 기술의 진화를 고려해볼 때 "커다란 문제"는 무엇인가?

21세기에서 커다란 의문은 (1) 얼마나 빠르게 기술이 진화하는가? (2) 긍정적인 피드백의 효과는 얼마나 중대한가? (3) 결과로서의 변화가 얼마나 심오할 것인가?이다.

성공적인 새로운 기술이 도입될 때 초기 개념은 그림 38.1에서 제시된 것처럼 합리적으로 예측 가능한 기술혁신 생명주기를 통하여 이동한다[Gai95]. 침투단계(breakthrough phase)에서 문제는 인식되고, 인식 가능한 솔루션에서 시도되는 시도가 반복된다. 어떤 점에서 한 해결책은 약속을 보여준다. 초기의 혁신 작업을 복제 단계에서 재생산 되고 광범위하게 사용된다. 경험은 기술의 사용을 통치하는 경험 법칙의 생성을 유도하고 반복적인 성공은 폭넓은 사용이론을 유도하며 그 다음에 자동화 단계동안 자동화된 도구들의 생성이 따른다. 마지막으로, 기술은 성숙하고 널리 사용된다.

KEY POINT

컴퓨팅 기술은 지수승의 비율로 진화하고, 곧 폭발적으로 성장할 수 있다.

많은 연구 및 기술적 경향이 성숙한 단계에 도달하지 못했음을 주목해야한다. 사실, 소프트웨어공학 영역에서 "유망" 기술의 대다수가 수년 동안 폭넓은 관심을 받고, 헌신적인 지

그림 38.1

기술혁신 생명주기

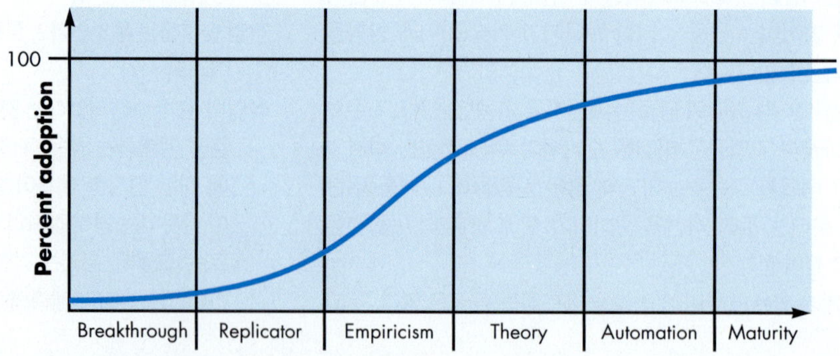

지자들에 의해 틈새 사용하게 된다. 이러한 기술들이 장점이 부족하다고 말하려고 하는 것이 아니라 기술혁신 생명주기를 통한 여행이 길고 어렵다는 것을 강조하고자 하는 것이다.

Kurzweil[Kur05]는 컴퓨팅 기술이 기술 형성기간 동안은 비교적 느린 성장을 보이고 성장 기간 동안 빠르게 성장하고 그리고 기술이 한계에 도달할 때 안정된 기간을 가지는 "S-커브"를 통해 진화한다고 동의한다. 오늘날, 조기 성장과 그 다음의 폭발적인 성장의 과도기인 현대의 컴퓨팅 기술의 경우 S-커브의 무릎 정도에 위치해 있다. 다음 20년에서 40년 동안 우리는 컴퓨팅 능력에서 극적인(심지어 믿기 어려운) 변화를 보게 될 것이다. 향후 수십 년 동안 컴퓨팅 속도, 크기, 용량 그리고 에너지 소비량(몇 가지 특성만을 거명하자면)에서 커다란 변화가 나타날 것이다. 그는 20년 이내에 기술의 진화는 전반적으로 빠른 속도로 가속화될 것이며, 생각해보면 매혹적인 방법으로 인간의 지능을 확장하고 인간의 지능과 결합할 비 생물 지능의 시대로 이끌 것이라고 제시하고 있다.

그리고 어떻게 진화하는지 관계없이, 이 모든 것이 비교에 의하여 우리의 현재 노력이 유치하게 보이도록 하는 소프트웨어 및 시스템을 요구할 것이다. 2040년에는 극단적인 계산, 나노 기술, 대량의 높은 대역폭을 가진 유비쿼터스 네트워크의 결합과 로봇공학은 우리를 다른 세계[1]로 이끌 것이다. 아마도 우리가 아직은 이해할 수 없는 형태인 소프트웨어는 이러한 새로운 세상의 중심에 있을 것이며 소프트웨어공학은 없어지지 않을 것이다.

38.2 진정한 공학 분야를 위한 기대

거의 50년 동안 많은 학문적 연구와 산업전문가들은 소프트웨어를 위한 진짜 공학 분야에 대해 떠들어댔다. Mary Shaw[Sha09]는 클래식 1990 논문 주제에서 다음과 같이 언급했다.

> 공학 분야는 일반적으로 일부, 혹은 임시적인 사용만으로 충분한 기술의 작업실행으로부터 발전한다. 기술이 경제적 영향력이 있게 되었을 때 이 기술은 안정된 제품 기술과 제어 관리가 필요하다. 상용 시장의 결과는 기술에 대한 깊은 이해보다는 경험에 근거한다. … 하나의 공학 직업은 과학이 결과를 예측할 수 있는 목적이 있는 실천과 디자인의 발전을 지원하기에 충분해졌을 때 심사숙고되어 생겨난다.

우리는 산업에서 성취한 "목적이 있는 실천"에 대해서는 입증할 수 있지만, "예측할 수 있는 결과"는 오해를 남긴다.

따라서 모바일 앱과 웹앱은 소프트웨어 분야를 지배하기 시작한다. Shaw는 "매우 복잡한 시스템과 사용자간의 상호 의존으로부터 드러나는 문제"를 발견했다.[Sha09] 그녀는 현재 새롭게 떠오르는 전문화된 소셜 네트워크에 의해 대중화 된 "목적이 있는 실천"을 따르는 지식 기반 주장한다. 예를 들면 중앙 제어 소프트웨어공학 핸드북의 참조보다는 한

---

1 Kurzweil[Kur05]은 2029년 경에 강 인공지능(튜링 테스트를 통과할)을 예측하는 기술적인 주장을 제시하였고 인간과 기술의 진화가 2045년 경에 결합되기 시작할 것이라고 제시하였다. 이 책의 많은 독자는 이러한 일이 발생하는지 볼 수 있을 만큼 살 것이다.

소프트웨어 엔지니어는 적절한 포럼에 문제를 제기하고 군중 소싱(Crowd-sourced) 솔루션을 얻을 수 있다. 제안된 해결책은 종종 대안과 옵션에 따라 제안된 각색물로 실시간으로 비평된다.

하지만 이는 많은 수요의 수준을 가지는 분야는 아니다. Shaw는 "소프트웨어 엔지니어가 직면한 문제들은 점점 더 복잡한 사회적 맥락에 위치하고 문제의 경계에 서술하는 것은 점점 더 어렵다."라고 말한다.[Sha09] 결과적으로 한 분야를 과학적 토대로 분류하는 것은 아직도 도전과제로 남아 있다. 우리의 분야의 역사에서 현 시점은 "새로운 소프트웨어 공학 아이디어의 발견은 이제 자연스럽게 증가하고 진화하는 것"이 합리적이다.

38.3 소프트웨어공학 경향의 관찰

Barry Bohea[Boe08]은 "소프트웨어 엔지니어들은 빠른 변화 불확실성 및 출현 확실성 다양성 및 상호 의존을 다루기 위한 거대한 도전에 직면하지만 또한 그들은 좀 더 좋게 하기 위한 차별화를 만드는 데 중대한 기여를 할 기회를 갖는다"라고 제시했다. 하지만 앞으로 당신이 이러한 도전들에 직면하게 될 수 있는 경향들은 무엇인가?

> **Quote**
> 아마도 다섯 대의 컴퓨터를 위한 세계 시장이 있을 것이라고 생각한다.
> Thomas Watson, chairman of IBM, 1943

이 장의 도입 부분에서 "소프트 트렌드"가 소프트웨어공학의 전반적인 방향에 상당한 영향을 가질 것이라고 지적했다. 그러나 다른 "더 어려운" 연구와 기술 중심의 경향들은 중요한 채로 남아 있다. 연구 경향은 현재 상태 및 관례의 현황에 대한 일반적인 인식, 실무자들의 요구에 대한 연구자의 인식, 특정한 전략적 목적 및 순수한 기술적 관심에 의해 유도된다[Mil00a]. 기술적 경향은 연구 경향이 산업계의 요구를 충족시키기 위해 예측되고 시장 중심의 수요에 의해 구체적이 될 때 발생된다.

> **KEY POINT**
> "과대 선전주기"는 단기간의 기술 통합에 대한 실질적인 관점을 나타낸다. 그러나 장기간의 경향은 지수승이다.

38.1절에서 기술의 진화에 대한 S-커브 모델이 논의되었다. S-커브는 진화할 때 핵심 기술의 장기적인 효과를 고려하기 위해 적절하다. 그러나 최신의 단기간의 혁신 도구 및 방법은 무엇인가? 많은 산업 분야에 걸쳐 기술 동향을 연구하는 컨설팅회사인 가트너 그룹은[GarO8] 그림 38.2에 제시된 것처럼 신흥 기술에 대한 과대선전 주기를 개발했다. 모든 소프트웨어공학 기술이 과대 선전 주기를 통해 그 길을 만드는 것은 아니다. 어떤 경우에는 환멸이 정당화되고 기술은 이름이 알려지지 않은 상태로 전락된다.

38.4 소프트웨어 경향의 정의

> **Quote**
> 누구에게든 640K면 충분할 것이다.
> Bill Gates, Chairman of Microsoft, 1981

거대한 IT 산업을 가진 각 나라들은 비즈니스가 수행되는 방법, 회사 내에 발생하는 조직의 역동성, 국내 고객에게 적용하는 특별한 마케팅 문제 및 모든 인간의 상호작용을 지시하는 지배적인 문화를 정의하는 유일한 특성들의 집합을 가지고 있다. 그러나 이들 영역에서 어떤 경향은 보편적이며 학술적 또는 산업적 연구를 통해 수행될 때 사회학, 인류학 및 군중심리학("소프트 사이언스"로 종종 인용되는)과 많은 관계가 있다.

연결 및 협력(높은 대역폭의 통신에 의해 가능해진)은 이미 동일한 물리적 공간을 가지고 있지 않는(내부 환경에서 컴퓨터에 의한 재택근무 및 파트타임 고용) 소프트웨어 팀

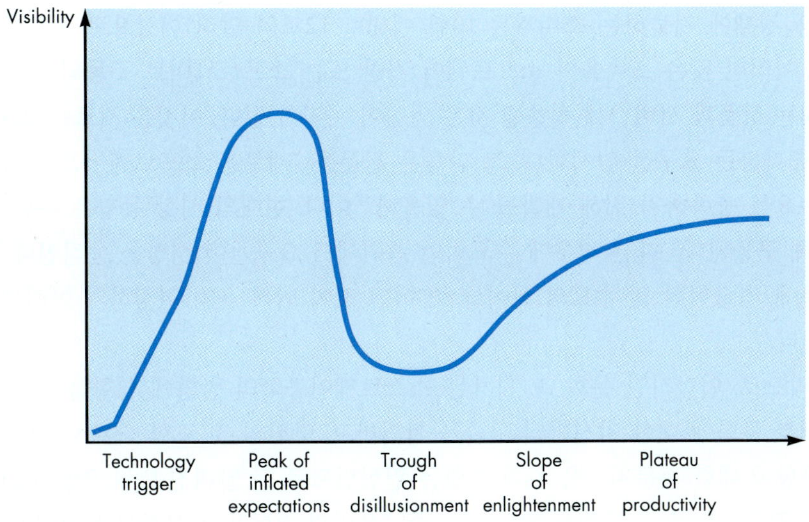

그림 38.2

가트너 그룹의 신흥 기술에 대한 과대선전 주기[Gar08]

을 유도한다. 한 팀은 시간대, 주된 언어 및 문화에 의해 구별되는 다른 팀과 협력한다. 소프트웨어공학은 즉각적인 수요를 충족시키기 위해 충분히 민첩하지만 별개의 그룹을 조정하기 충분한 훈련된 "분산된 팀"을 위한 모든 것에 우선하는 프로세스 모델을 가지고 응답해야 한다.

세계화는 다양한 형태의 노동(언어 문화, 문제 해결, 경영 철학, 대화의 우선순위, 사람 대 사람의 상호 작용 측면에서)을 이끌어 낸다. 이것은 차례로 유연한 조직 구조를 요구한다. 다른 팀들(다른 나라에서)은 그들의 유일한 요구에 가장 잘 부합하는 방법으로 기술적인 문제에 대해 응답하는 한편 글로벌 프로젝트가 동시에 진행될 수 있도록 균일성의 수준을 육성해야한다. 이러한 유형의 조직은 더 적은 수준의 관리 층과 팀 수준의 의사 결정을 강조한다. 이것은 통신 메커니즘이 잘 수립되어 모든 팀이 프로젝트 및 기술적인 상황(네트워크로 연결된 그룹웨어를 통해)을 어느 때나 이해할 수 있을 때만 더 큰 민첩성을 유도할 수 있다. 소프트웨어를 통해)을 어느 때나 이해할 수 있을 때만 더 큰 민첩성을 유도할 수 있다. 소프트웨어공학 방법과 도구들은 어떤 수준의 균일성(팀은 특정한 방법과 도구를 통해 구현된 같은 "언어"로 말한다)을 달성하는 데 도움을 줄 수 있다. 소프트웨어 프로세스는 이들 방법과 도구들의 개시를 위한 프레임워크를 제공할 수 있다.

일부 세계 지역(미국과 유럽이 사례)에서 인구의 노령화가 진행 중이다. 위와 같은 명백한 인구학(그리고 문화적 경향)은 많은 소프트웨어 엔지니어와 관리자들이 향후 10년 이내에 현장을 떠날 것임을 암시한다. 소프트웨어공학 커뮤니티는 이러한 숙련된 관리자와 기술자들의 지식을 획득하기 위한(예: 패턴의 사용(제16장)이 올바른 방향에서 한 단계이다) 메커니즘을 가지고 응답해야 하고, 그래서 이것이 향후 다음 세대의 소프트웨어 인력에게 유용하게 될 것이다. 세계의 다른 지역의 소프트웨어 산업에 종사하는 젊은 사람들의 수는 가히 폭발적이다. 이것은 50년 된 "구식 학교"의 편견이라는 짐이 없이 소프트웨어공학 문화를 만들기 위한의 기회를 제공한다.

10억 이상의 새로운 소비자들이 향 후 10년 후 세계 시장에 진입하게 될 것으로 추정된다. 신흥 경제에 지출하는 소비자는 10년 이내로 12조억 달러 이상으로 성장할 것이다 [ATK12]. 이러한 많은 소비율이 소프트웨어 기반 또는 소프트웨어로 구동되는 디지털 부품을 가지는 상품과 서비스에 적용될 것은 의심이 여지가 없다. 이것은 새로운 소프트웨어에 대한 증가하는 요구를 암시한다. 그 다음은 질문은 "새로운 소프트웨어공학 기술이 세계적인 수요를 충족하기 위해 개발될 수 있을까?"이다. 현대의 시장 동향은 종종 공급 측면[2]에 의해 구동된다.[2] 다른 경우에 수요적인 측면에서 요구들이 시장을 움직인다. 어느 한 쪽의 경우에, 기술혁신 및 수요의 사이클 중 어떤 것이 먼저 올지 결정하기 어려운 방법으로 진전한다.

마지막으로, 인간적인 문화 그 자체는 소프트웨어공학의 방향에 영향을 끼친다. 모든 세대는 내부 문화에 대한 자신만의 모습을 확립하고, 당신의 것 또한 다르지 않을 것이다. 문화적 동향에 대한 전문지식을 가지고 있는 컨설턴트로 잘 알려진 Faith Popcorn [PopO8]은 다음과 같은 방법으로 특징을 말하였다. 즉, "우리의 경향은 일시적인 유행이 아니며 우리의 경향은 오래도록 지속되고 진화할 것이다. 그것들은 우리가 세상을 탐색하고 무엇이 발생하는지를 이해하고 왜, 그리고 아직 오지 않은 것을 준비하는 데 도움을 준다. 어떻게 현대의 문화적 경향이 소프트웨어공학에 영향을 끼치는지에 대한 세부적인 논의는 "소프트 과학"을 전공한 사람들에게 남겨진다.

38.4.1 복잡성의 관리

이 책의 초판이 작성되었을 때(1982), 오늘날 우리가 지금 알고 있는 디지털 소비자 제품은 존재하지 않았었고, 백만 라인의 소스코드(LOC)로 구성된 메인프레임 기반 시스템은 매우 큰 것으로 고려되었다. 오늘날, 운영체제의 기능을 위해 수백만의 소스 코드를 가진 작은 디지털 기기에 맞춤형 소프트웨어가 6만에서 20만 줄의 소스코드를 포함하고 있다는 사실은 드문 일이 아니다. 1천만에서 5천만 라인의 코드를 가진 현대의 컴퓨터 기반 시스템은 드문 일이 아니다.[3] 비교적 가까운 미래에, 10억 이상의 소스 코드를 가진 시스템[4]이 등장할 것이다.[5]

그 순간을 생각해 보라!

10억의 소스 코드를 가진 시스템과 외부 세계 및 다른 상호작용이 가능한 시스템, 인터넷(또는 그 후계자) 그리고 이러한 컴퓨팅 괴물이 성공적으로 작동하기 위해 함께 동작해야 하는 수백만 개의 내부의 부품에 대한 인터페이스를 고려해보자. 이러한 모든 연결이

---

2 공급자측은 시장에 대해 "만들면 그들이 올 것이다"라는 접근 방법을 채택한다. 유일한 기술이 생성되면 소비자는 때때로 그것을 채택하기 위해 모여든다.

3 예를 들면, 현대의 PC 운영체제(예: Linux, MacOS 및 windows)는 3천만과 6천만 LOC를 갖는다. 모바일 장치를 위해 운영체제 소프트웨어는 2백만 LOC를 초과할 수 없다.

4 실제로 "시스템"은 어떤 전체적인 목적을 달성하기 위해 함께 동작하는 수백 개의 상호운영 가능한 애플리케이션으로 구성된 시스템의 시스템이다.

5 모든 복잡한 시스템이 대규모는 아니다. 비교적 소규모 애플리케이션(10만 이하의 LOC)도 꽤 복잡할 수 있다.

정보를 적절하게 흐를 수 있도록 보장할 수 있는 믿을만한 방법이 있는가?

프로젝트 자체를 고려해보자. 우리가 어떻게 워크플로우와 진전을 추적하는가? 기존의 접근 방법이 크기에 따라 규모를 조정할 수 있는가?

그런 일을 하는 사람들(및 그들의 위치)의 수, 사람과 기술의 조화, 끊임없는 변화의 흐름, 멀티 플랫폼의 가능성, 멀티오퍼레이팅 시스템의 환경을 고려해보자. 몬스터 프로젝트에서 일하고 있는 사람들의 관리하고 조정하기 위한 방법이 있는가?

기술적인 도전을 고려해보자. 우리가 어떻게 그 모순과 모호성, 누락, 그리고 눈에 확 띄는 오류들이 발견되고 수정되는 것을 보장하는 방법으로 수천 개의 요구 사항, 제약 조건을 분석할 수 있는가? 우리가 어떻게 이런 크기의 시스템을 다룰 수 있기 충분한 설계 아키텍처를 생성할 수 있는가? 소프트 엔지니어가 수십만 가지의 변화를 다루어야하는 변경 관리 시스템을 어떻게 수립할 수 있는가?

품질 보장에 대한 도전을 고려해보자. 우리가 어떻게 의미 있는 방법으로 확인 및 유효성 검사를 수행할 수 있는가? 어떻게 10억 라인의 소스 코드를 가진 시스템을 테스트하는가?

초기에 소프트웨어 엔지니어는 오직 임시적인 방편으로 복잡성을 관리하려고 시도하였다. 오늘날 우리는 복잡성을 통제하기 위해 프로세스 방법 및 도구를 사용한다. 그러나 미래는? 현재의 접근방법이 업무에 최신인가?

Quote

누군가 그들의 집에 컴퓨터를 갖기 원하는 이유는 없다.

Ken Olson, President, Chairman and Founder of Digital Equipment Corp., 1977

38.4.2 오픈 월드 소프트웨어

환경 지능,[6] 상황을 인지하는 애플리케이션 및 유비쿼터스 컴퓨팅과 같은 개념은 모두가 소프트웨어 기반 시스템을 더 넓은 PC, 모바일 컴퓨팅 장치, 그리고 다른 디지털 장치로 통합하는 데 초점이 맞춰져 있다. 컴퓨팅에 대한 단기간의 별도 비전은 집합적으로 자신의 구조를 스스로 구성하고 행위를 스스로 맞게 변경함으로서 지속적으로 변화하는 환경에 적응하도록 설계된 소프트웨어인 “오픈 월드 소프트웨어”를 제시한다[BarO6].

KEY POINT

오픈 월드 소프트웨어는 환경 지능, 상황인지 애플리케이션 및 퍼베이시브(pervasive)컴퓨팅을 포함한다.

소프트웨어 엔지니어가 예측 가능한 미래에 직면하는 도전을 밝히기 위해 상황 지능(amI, ambient intelligence)에 대한 개념을 고려해 보자. Ducatel [Duc01]는 다음과 같은 방법으로 amI을 정의한다. 즉, “사람들은 모든 종류의 객체에 내재된 지능적이고 직관적인 인터페이스에 의해 둘러 싸여있다. 주변에 대한 지능 환경은 단절 없이 평범한 방법으로 작업하면서 다른 개인들의 존재를 인식하고 응답할 능력이 있다.”

저비용의 광범위한 사용과 함께, 스마트폰은 이제 점점 더 강력해지고, 우리는 유비쿼터스 상황지능 시스템의 길을 이뤄가고 있다. 소프트웨어공학의 도전은 개인정보를 보호하고 보안을 동시에 제공하는 동안 사용자의 필요사항을 맞추는 응용프로그램을 개발하는 것이다.

6 환경지능에 대한 가치 있고 상세한 소개는 **www.emergingcommunication.com/volume6.html**에서 발견될 수 있다. 더 많은 정보는 **www.ambientintelligence.org/**에서 얻을 수 있다.

38.4.3 새로운 요구사항

소프트웨어 프로젝트 초기에 참여하고 있는 모든 이해당사자에 동등하게 적용되는 다음과 같은 진부한 문구가 있다: "당신이 무엇을 모르고 있는지 당신은 모르고 있다". 이것은 고객이 "안정적인 요구사항을 정의할 수 없다"는 것을 의미한다. 또한 소프트웨어 엔지니어는 어디에 애매 모호성과 모순이 있는지 예측할 수 없다. 요구사항은 변하지만 이것은 전혀 새로운 것이 아니다.

ADVICE

새로운 요구사항이 이미 실제이기 때문에 당신의 조직도 점증적인 프로세스 모델의 채택을 고려해야 한다.

시스템이 점차로 복잡해짐에 따라 포괄적인 요구사항을 서술하기 위한 기본적인 시도조차도 실패할 운명을 가진다. 전반적인 목적에 대한 서술이 가능하고 중간 목적에 대한 서술도 가능하지만 안정적인 요구사항은 그럴 가능성이 전혀 없다. 요구사항은 복잡한 시스템의 엔지니어링과 구축에 참여한 모든 사람이 환경 및 그것과 상호작용하는 사용자에 대해 더 많이 배울 때 출현한다.

이러한 현실은 수많은 소프트웨어공학의 경향을 암시한다. 첫째로, 프로세스 모델은 변경을 포함하고 민첩성의 철학(제5장)의 기본 신조를 채택하도록 설계되어야 한다. 다음에, 공학 모델(예: 요구 및 설계 모델)을 생산하는 방법은 시스템에 대한 더 많은 지식이 얻어질 때 이 모델이 반복적으로 변경되기 때문에 사려 깊게 사용되어야 한다. 최종적으로 프로세스와 방법을 지원하는 도구들은 적응과 변경이 용이해야 한다.

그러나 새로운 요구사항에 대해 다른 측면이 있다. 현재까지 개발된 대다수의 소프트웨어는 소프트웨어 기반 시스템과 외부 환경 사이의 경계가 안정적이란 것을 가정한다. 경계가 변경될 수 있지만 소프트웨어가 정규적인 소프트웨어 유지 보수 사이클의 일부로서 적응되도록 허용하면서 통제된 방법으로 수행하게 된다. 이러한 가정은 변하기 시작하고 있다. 오픈 월드(open world) 소프트웨어(38.4.2절)는 변화가 예기치 않다하더라도 컴퓨터 기반 시스템은 "동적으로 변화에 적응하고 반응"할 것을 요구한다[Bar06].

본질적으로 새로운 요구사항은 변화를 이끌어 낸다. 일생동안 광범위하게 사용된 애플리케이션 또는 시스템의 진화를 어떻게 통제하는가? 그리고 이것이 우리가 소프트웨어를 설계하는 방법에 어떤 영향을 주는가?

수많은 변경이 증가함에 따라 의도하지 않은 부작용의 발생 가능성 또한 증가한다. 새로운 요구사항을 가진 복잡한 시스템이 보통이 됨에 따라 이것은 관심 사유가 되어야 한다. 소프트웨어공학 커뮤니티는 소프트웨어 팀이 전체 시스템이 걸친 변경의 영향을 예측하는 데 도움을 주고 따라서 의도하지 않은 부작용을 줄이는 방법을 개발해야 한다. 오늘날 이것을 달성하기 위한 우리의 능력은 대단히 제한되어 있다.

38.4.4 다양한 재능의 결합

소프트웨어 기반 시스템이 더 복잡해지고 글로벌 팀 사이에 통신 및 협력이 보편적이고 새로운 요구사항(변화의 결과적 흐름)이 보편적이 됨에 따라 소프트웨어공학 팀의 본질이 변할 수 있다. 각 소프트웨어 팀은 복잡한 시스템의 일부에 다양한 창의적인 재능과 기술적인 솜씨를 발휘해야 하고 전체 프로세스는 각 재능에 의한 이러한 결과들이 효과적으로 결합될 수 있도록 하여야 한다.

Alexandra Weber Morales[Mor05]는 "소프트웨어 드림팀"에 의한 다양한 재능의 결합을 제시하고 있다. *Brain*은 이해 당사자의 요구를 탐색해서 그것을 확장성이 있고 구현 가능한 기술적 프레임워크로 대응시킬 수 있는 주요 아키텍트이다. *Data Grrl*은 "관계형 모델과 연관될 때 서술논리의 집합이론에 대해 심오한 이해를 가지고 행과 열을 처리하는 데이터베이스 및 데이터 구조의 권위자(Guru)이다. Blocker는 한 팀이 다른 팀의 방해 없이 자유롭게 작업하는 동시에 협력이 가능하도록 보장하는 기술 리더(관리자)이다. *Hacker*는 패턴과 언어 둘 다를 효과적으로 사용할 수 있는 완전한 프로그래머이다. *Gatherer*는 "인류학적인 통찰력을 가지고 시스템 요구사항을 능숙하게 발견하고" 정확하고 명확하게 표현한다.

38.4.5 소프트웨어 빌딩 블록

소프트웨어공학의 철학을 조장하는 우리 모두는 소스코드 객체지향 클래스, 컴포넌트 패턴 및 COTS 소프트웨어에 대한 재사용의 필요성을 강조한다. 소프트웨어공학 커뮤니티가 과거의 지식을 획득하고 검증된 해결책을 재사용하려는 시도를 통해 진전을 이루고 있지만 오늘날 작성된 많은 비율의 소프트웨어가 "처음부터 새로" 작성되고 있다. 이것에 대한 일부 이유는 "유일한 해결책"에 대한 계속적인 욕구(이해 당사자 및 소프트웨어공학 실무자에 의한)이다.

하드웨어세계에서 디지털 장치의 주문자 상표에 의한 제품 생산자(original equipment manufactureres, OEMs)는 배타적으로 실리콘 벤더에 의해 생산된 특정 용도용 표준 제품(application-specific standard products, ASSPs)을 사용한다. 이러한 "상업용 하드웨어"는 모바일 전화에서 HD-DVD 플레이어까지 모든 것을 구현하는 데 필요한 빌딩 블록을 제공한다. 점차적으로 같은 OEM은 "상업용 소프트웨어"를 사용하고 그것은 유일한 애플리케이션 도메인(예: VoIP 장치)을 위해 특별히 설계된 소프트웨어 빌딩 블록이다. Michael Ward[War07]는 다음과 같이 설명했다:

> 소프트웨어 컴포넌트를 사용하는 이점의 하나는 특정 기능에 대한 내부의 전문 지식을 개발하거나 또는 컴포넌트를 구현하고 검증하기 위한 노력에 개발자의 시간을 투자할 필요없이 소프트웨어에 의해 제공되는 기능을 OEM이 활용할 수 있다는 점이다. 다른 장점은 시스템을 위해 필요한 특정한 기능의 집합만을 획득하고 배치하기 위한 능력뿐만 아니라 그러한 컴포넌트를 기존에 존재하는 아키텍처로 통합하는 능력을 포함한다.
>
> 그러나 소프트웨어 컴포넌트 접근 방법은 개별 컴포넌트를 전체 제품에 통합하기 위한 일정 수준의 노력이 있어야 한다는 점에서 단점을 가진다. 이러한 통합에 대한 도전은 컴포넌트가 다양한 벤더로부터 오고 각 벤더가 자신의 인터페이스 방법론을 가진다면 부가적인 출처에서 나오는 컴포넌트가 사용될 때 다양한 벤더를 관리하기 위한 노력이 증가하고 다른 출처로부터 오는 컴포넌트 사이의 상호작용과 관련된 문제를 만날 위험성이 크다.

상용 소프트웨어에 팩키징된 컴포넌트에 덧붙여, 보통 통합된 소프트웨어 프레임워크 내에서 제공되는 관련된 기능들의 집합을 통합하는 **소프트웨어 플랫폼 솔루션**을 채택하려는 경향이 많이 있다[War07]. 소프트웨어 플랫폼은 OEM이 기본기능의 개발과 관련된 작업을 하지 않도록 하고 대신에 자신의 제품을 차별화 시키는 그런 기능에 대한 소프트웨어 노력에 전념하도록 한다.

38.4.6 "가치"에 대한 변화하는 인식

20세기 마지막 4분기 동안 소프트웨어를 논할 때 사업가들이 물어보는 질문은 다음과 같았다. "이것은 왜 비용이 많이 드는가?" 오늘날 그런 질문은 하지 않고 "왜 이것(소프트웨어 및 소프트웨어 기반 제품)은 더 빨리 얻지 못하는가?"라는 질문으로 대체된다.

컴퓨터 소프트웨어가 고려될 때 가치에 대한 현재의 인식은 사업적 가치에서 (비용 및 이익)에서 인도의 속도, 기능의 풍부성 및 전체적인 제품 품질을 포함하는 고객의 가치로 변화하고 있다.

38.4.7 오픈소스

> **Quote**
>
> 그렇지만 그것이 무엇을 위해 좋은 것인가?
>
> Engineer at the Advanced Computing System Division of IBM, 1968, commenting on the microchip

당신 또는 당신의 조직이 사용하는 소프트웨어는 누가 소유하는가? 점점 더 답은 "모두"가 된다. "오픈소스" 운동은 다음과 같이 서술된다[OSO12]. "오픈소스는 분산된 동료 검토 및 프로세스 투명성의 힘을 구비한 소프트웨어 개발 방법이다. 오픈소스의 전망은 더 나은 품질, 높은 신뢰성, 높은 융통성, 저비용 및 약탈적인 벤더들의 구속이다." 컴퓨터 소프트웨어에 적용될 때 오픈소스라는 용어는 소프트웨어공학 산출물(모델, 소스코드, 테스트 집합)이 대중에 개방되어 있고 관심과 승인을 얻은 누군가에 의해 검토되고 확장될 수 있다는 것을 암시한다.

관심이 더 있다면 Weber[Web05]는 가치 있는 소개를 제공하고 Feller와 그의 동료들[Fel07]은 오픈소스와 연관된 이점과 문제점을 고려하는 포괄적이고 객관적인 작품집을 저술했으며 Brown[Bro12]는 더 기술적인 논의를 제공한다.

38.5 기술 방향

> **Quote**
>
> 디지털 기술에 대한 적합한 예술적 반응은 영원히 인간에 대한 모든 것을 새로운 창으로 받아들이는 것이며, 열정과 지혜, 대담함과 기쁨으로 그것을 사용하는 것이다.
>
> Ralph Lombreglia

우리는 항상 소프트웨어공학이 더욱 빠르게 변화할 것이라고 생각하는 것 같다. 새로운 "과대 선전" 기술(새로운 프로세스, 유일한 방법, 또는 흥미로운 도구일 수 있다)이 도입되고 전문가들은 "모든 것"이 변할 것이라고 한다. 그러나 소프트웨어공학은 기술 이상의 것이다. 즉, 이것은 사람과 요구에 대해서 의사소통하고 그러한 요구를 실제로 만들기 위해 혁신하는 능력에 관한 것이다. 사람들이 참여될 때마다 변화는 천천히 발생하고 시작된다. 전환점"[Gla02]에 도달할 때만 그러한 기술이 소프트웨어공학 커뮤니티를 넘어서 퍼지고 폭넓은 변화가 실제로 발생한다.

이 절에서는 다음 10년 동안 소프트웨어공학에 영향을 줄 것 같은 프로세스 방법 및 도구를 조사했다. 그것들이 전환점을 이끌어 낼 것인지는 기다려서 봐야만 한다.

38.5.1 프로세스 경향

38.4절에 논의된 모든 비즈니스, 조직 및 문화적 경향은 프로세스에 대한 필요성을 강화한다는 것으로 주장될 수 있다. 그러나 제37장에서 논의된 프레임워크가 미래에 대한 로드맵을 제공하는가? 프로세스 프레임워크가 원칙과 창의성 사이의 더 나은 균형을 찾기 위해 진화할 것인가? 소프트웨어 프로세스가 소프트웨어를 구매하는 당사자, 그것을 작성하는 사람과 그것을 사용하는 사람 사이의 다른 요구에 적응할 것인가? 동시에 세 구성원 모두에 대한 리스크를 줄일 수 있는 수단을 제공할 것인가?

이것과 많은 다른 의문이 미결인 상태로 남아 있다. 그러나 어떤 경향이 나타나기 시작했다. Conradi와 Fuqqetla[Con02]는 "여섯 가지의 SPI 프레임워크를 개선하고 더 잘 적용시킬 수 있는 방법에 대해 제시했다.

?

앞으로 약 10년 후의 프로세스 경향은 무엇일까?

1. **SPI 프레임워크가 진화함에 따라 "목표 지향적이고 제품 혁신에 초점을 두는 전략"을 강조할 것이다**[Con02]. 빠르게 움직이는 소프트웨어 개발 세계에서 장기간의 SPI 전략은 동적인 비즈니스 환경에서 살아남지 못한다. 너무 많은 변화가 너무 빨리 일어난다. 이것은 SPI에 대한 안정적이고 단계적인 로드맵이 제품 지향적인 단기간의 목표를 강조하는 프레임워크로 대체되어야 할지 모른다는 것을 의미한다. 새로운 소프트웨어 기반 프로덕트 라인에 대한 요구사항이 일련의 점진적인 제품 릴리즈(웹을 통해 최종 사용자에게 인도될)에 대해 나타난다면, 소프트웨어 조직은 변경을 관리하기 위한 능력을 개선할 필요성을 인식할 것이다. 변경관리의 연관된 프로세스개선은 변경관리를 개선하는 동시에 방해 없이 제품의 릴리즈 사이클과 함께 조정되어야 한다.
2. **소프트웨어 엔지니어는 프로세스의 어디가 취약한지 잘 알기 때문에 프로세스 변경은 일반적으로 그들의 요구에 의해 유도되고 상향식으로 시작해야 한다.** Conradi와 Fuqqetla[Con02]는 미래의 SPI 활동이 "대규모 평가가 아닌 단순하고 집중된 스코어 카드"를 사용해야 한다고 제시하고 있다. SPI 노력을 면밀히 주목하고 상향식으로 작업함으로서 실무자는 초기에 많은 변화, 즉 소프트웨어공학 작업이 수행되는 방법에서 실질적인 차이를 만드는 변화를 보기 시작할 것이다.
3. **자동화된 소프트웨어 프로세스 기술(SPT)은 글로벌 프로세스 관리(전체 소프트웨어 프로세스의 폭넓은 지원)에서 자동화로부터 가장 이점을 취할 수 있는 소프트웨어 프로세스 측면으로 주안점이 이동될 것이다.** 누구도 도구와 자동화에 반대하지 않지만 많은 경우에는 SPT는 전망을 충족시키지 못했다(38.3절 참조). 가장 효과적이기 위해 이것은 소프트웨어 프로세스의 가장 안정적인 요소인 보호 활동에 중점을 두어야 한다.
4. **SPI 활동의 투자 대비 수익에 더 많은 강조가 있어야 한다.** 제37장에서 투자 대비 수익(ROI)은 다음과 같이 정의 될 수 있다고 배웠다.

$$\text{ROI} = \left[\frac{[\Sigma(benefits) - \Sigma(costs)]}{\Sigma(costs)} \right] \times 100\%$$

현재 소프트웨어 조직들은 정량적인 형태로 "이익"을 서술하기 위해 노력하고 있다. Con02는 "우리는 소프트웨어 개선 주도권을 설명하기 위해 표준화된 시장 가치 모델을 필요로 한다."라고 주장한다[Con02].

5. **시간이 지남에 따라 소프트웨어 커뮤니티는 사회학 및 인류학에 대한 전문지식이 다른 기술적인 원칙보다 성공적인 SPI와 많은 관계가 있다는 것을 이해하게 된다.** 이 밖에도 SPI는 조직 문화를 바꾸고 문화적 변화는 개인 및 사람들의 그룹을 포함한다. Conradi와 Fuqqetta[Con02]는 "소프트웨어 개발자는 지식 노동자이다. 그들은 일하는 방법 또는 변경 프로세스를 지시하는 최상위층에 부정적으로 응답하는 경향이 있다."라고 서술했다. 변화를 도입하기 위한 효과적인 방법을 더 잘 이해하기 위해서는 그들의 사회학을 조사함으로서 많은 것들이 습득될 수 있다.
6. **새로운 학습모드를 통해 더 효과적인 소프트웨어 프로세스로의 이전이 촉진될 수 있다.** 이런 배경에서 "학습"은 성공과 잘못으로 부터의 학습을 암시한다. 척도(제30과 제32장)를 수집하는 소프트웨어 조직은 프로세스의 요소가 최종 제품의 품질에 어떻게 영향을 주는지를 이해한다.

38.5.2 위대한 도전

소프트웨어 기반 시스템은 시간이 지남에 따라 더 커지고 복잡해 질 것이라는 사실은 부정할 수 없는 하나의 경향이다. 인도 플랫폼 또는 애플리케이션 도메인과 관계없이 이렇게 크고 복잡한 시스템의 공학은 소프트웨어 엔지니어에게 "위대한 도전"[Bro06]을 제시한다. Manfred Broy[Bro06]는 소프트웨어 엔지니어는 시스템 모델을 이해하기 위한 새로운 방법을 만들고 그런 모델을 다음 세대의 고품질 소프트웨어 구축을 위한 토대로 사용함으로서 "복잡한 소프트웨어 시스템의 개발에 대한 수월치 않은 도전"을 충족할 수 있다고 제안하고 있다.

소프트웨어공학 커뮤니티가 시스템 요구사항 및 설계의 표현에 대한 새로운 모델 기반 접근 방법(이 절의 나중에 논의되는)을 개발함에 따라 다음과 같은 특징[Bro06]이 밝혀져야 한다.

> ? 미래의 애플리케이션을 위해 분석가 및 설계자가 고려해야 하는 시스템 특징은 무엇인가?

- **다기능성**–디지털 장치가 2세대 및 3세대로 진화함에 따라 때때로 관련되지 않은 기능들의 집합이 인도되기 시작했다. 한때 통신장치로 고려되었던 모바일 전화는 지금은 사진을 찍고 일정을 관리하며 여행지를 탐색하고 음악 플레이어로 사용된다. 만일 오픈 월드의 인터페이스가 생긴다면 이들 모바일 장치는 향후 수년 동안 더 많이 사용될 것이다. Broy[Bro06]는 "엔지니어는 기능이 인도될 상세한 맥락을 서술해야 하며 더욱 중요하게 시스템의 다른 특성 사이에 해로운 상호작용을 식별해야한다"라고 서술했다.
- **반응 및 적시성**–디지털 장치는 점차로 실세계와 상호작용하고 있고 적시에 외부 자극에 반응해야 한다. 이것들은 많은 센서들과 인터페이스 해야 하고 업무에 적절한 시간 내에 반응해야 한다. 새로운 방법은 (1) 소프트웨어 엔지니어가 다양한

반응 특성의 타이밍을 예측하고, (2) 특성들이 기계에 덜 종속적이고 더욱 이식 가능한 방법으로 구현하는데 도움을 주도록 개발되어야 한다.

- **사용자 상호작용의 새로운 모드**–키보드와 마우스는 PC환경에 잘 작동하지만 소프트웨어에 대한 오픈 월드 경향은 새로운 모드의 상효작용이 모델링되고 구현되어야 한다는 것을 의미한다. 이들 새로운 접근 방법이 다중 터치 인터페이스 음성 인식 또는 직접적인 정신 인터페이스를[7] 사용하든지간에 디지털 장치를 위한 새로운 세대의 소프트웨어는 이러한 새로운 인간—컴퓨터 인터페이스를 반영해야 한다.
- **복잡한 아키텍처**–고급 자동차는 다수의 CPU, 복잡한 버스구조 센서 점차로 복잡해지는 휴먼 인터페이스 및 많은 안전 관련 구동기 컴포넌트를 포함하는 복잡한 하드웨어 아키텍처에 존재하고 소프트웨어가 통제하는 2,000개 이상의 기능을 가진다. 더 복잡한 시스템이 출현하고 있고 소프트웨어 설계자에게 많은 도전을 제시한다.
- **이질적이고 분산된 시스템**–현재의 임베디드 시스템의 실시간 컴포넌트는 내부버스, 무선 네트워크 또는 인터넷(또는 세 가지 전부)을 통해 연결될 수 있다.
- **중요성**–가상적으로 소프트웨어는 모든 비즈니스 핵심적 시스템 및 안전 중심 시스템의 중요 요소가 되고 있다. 그러나 소프트웨어공학 커뮤니티는 소프트웨어 안정성의 가장 기본적인 원칙조차도 최근에 적용하기 시작했다.
- **유지보수의 가변성**–디지털 장치내의 소프트웨어 수명은 3년에서 5년 이상을 지속하지 않지만 항공기 내의 복잡한 항공 공학 시스템은 적어도 보통 20년의 수명을 가진다. 자동차의 소프트웨어는 이 사이의 어딘가에 속한다. 이러한 것이 설계에 영향을 주는가?

Broy[Bro06]는 이것들과 다른 소프트웨어 특성은 소프트웨어공학 커뮤니티가 더 교화적이고 분산적이며 협업적인 소프트웨어공학 철학, 더 나은 요구 공학 접근 방법, 모델기반 접근 방법에 대한 더 견고한 방법 및 더 나은 소프트웨어 도구들을 개발할 때만 관리될 수 있다고 주장한다. 다음 절에서 이들 각 분야를 간략하게 설명한다.

38.5.3 협업적 개발

> **KEY POINT**
> 협업은 시의적절한 정보의 배포와 의사전달과 의사결정을 위한 효과적인 프로세스이다.

너무 명백해서 서술하고 있지 않아 보이지만 어쨌든 다음과 같이 본 저자는 서술하고자한다. 소프트웨어공학은 정보기술이다. 소프트웨어 프로젝트의 착수 때부터 기본적인 비즈니스 목적과 목표, 특정한 시스템 요구사항, 아키텍처 설계 이슈, 작성될 소프트웨어의 거의 모든 측면에 대한 정보를 공유해야 한다. 오늘날 소프트웨어 엔지니어는 시간대 및 국제적인 경계를 넘어서 협력하고 있고 모든 사람은 정보를 공유해야 한다.

오늘날 똑같은 상황이 수십만의 소프트웨어 개발자가 오픈소스 애플리케이션을 작성

7 직접적인 정신 인터페이스 **http://en.wikipedia.org/wiki/Brain-computer_interface**에서 찾을 수 있고 상용 사례는 **http://au.gamespot.com/news/6166959.html**에 서술되어 있다.

하기 위해 작업하는 오픈소스 프로젝트에 적용된다. 다시 말해 정보는 개방적 협력이 발생할 수 있도록 배포되어야 한다.

38.5.4 요구 공학

기본적인 요구 공학 활동—요구 사항의 도출, 구체화, 현상, 명세 및 검증—은 제8장에서 제11장에 걸쳐 제시되었다. 이들 활동의 성공 또는 실패는 전체 소프트웨어공학 프로세스의 성공 또는 실패에 강력한 영향을 끼친다. 그러나 요구공학(RE)은 "젤리과자 둘레에 호스 클램프(Hose clamp)를 두려고 시도하는 것"과 비교될 수 있다[Gon04]. 이 책의 많은 곳에서 서술된 것처럼 소프트웨어 요구사항은 지속적으로 변화하며 오픈 월드 시스템의 발전으로 새로운 요구사항(및 거의 계속적인 변화)이 보통이 될 수 있다.

오늘날 대부분의 "비정형" 요구 공학 접근 방법은 사용자 시나리오(예: 유스케이스)의 생성으로 시작된다. 더 형식적인 접근 방법은 하나 이상의 요구 모델을 생성하고 이것들을 설계를 위한 토대로 사용한다. 형식적 방법은 소프트웨어 엔지니어가 검증 가능한 수학적 기초를 사용하여 요구사항을 표현하도록 한다.

요구사항이 안정적일 때 모든 것이 합리적으로 작동할 수 있지만 동적이거나 새로운 요구사항의 문제를 쉽게 해결하지 못한다. 번역된 텍스트 서술로부터 더 구조적인 표현(예: 분석 클래스)을 만드는 자연언어 프로세싱, 소프트웨어 요구사항을 구조화하고 이해하기 위한 데이터베이스에 대한 많은 의존, 요구 공학 업무가 수행될 때 전형적인 문제와 해결책을 서술하기 위한 요구 공학 패턴의 사용 목표지향 요구 공학과 같은 수 많은 다른 요구 공학 에 대한 연구 방향이 있다. 그러나 산업 수준에서 요구공학 활동은 비교적 비정형으로 남아있고 놀랍게도 기본적인 형태이다. 요구사항이 정의되는 상황을 개선하기 위해 소프트웨어공학 커뮤니티는 요구공학이 수행될 때 다음과 같이 세 가지 다른 서브프로세스를 구현할 것이다[Gli07].

(1) 애플리케이션 도메인의 제약 조건과 이해 당사자의 요구를 더 완전하게 이해하기 위한 개선된 지식의 획득과 지식의 공유
(2) 요구사항이 정의될 때 반복에 대한 많은 강조
(3) 모든 이해 당사자가 효과적으로 협력하도록 하는 더 효과적인 의사소통 및 조정 도구들

이전 단락에서 서술된 요구공학 서브프로세스는 소프트웨어공학에 대해 진화하는 접근 방식으로 적절히 통합될 때 성공할 것이다. 패턴 기반 문제 해결 및 컴포넌트 기반 해결책이 많은 애플리케이션 도메인에서 우의를 차지하기 시작함에 따라 요구공학은 민첩성(신속하고 점증적인 인도)에 대한 욕구와 본질적인 새로운 요구 사항에 부합해야 한다. 많은 소프트웨어공학 프로세스 모델의 현 상태는 요구 공학이 설계 및 구축활동과 통합될 것이라는 것을 의미한다. 결론적으로 정적인 "소프트웨어 명세"의 개념은 사라지고 이해당사자가 초기 소프트웨어 인크리먼트(increments)에서 인도되는 특성과 니응에 응답함에 따라 유도되는 "가치 기반 요구사항"[Som05]으로 대체될 것이다.

38.5.5 모델 기반 소프트웨어 개발

소프트웨어 엔지니어는 가상적으로 소프트웨어공학 프로세스의 모든 단계에서 추상화의 씨름한다. 설계가 시작되면 아키텍처 및 컴포넌트 수준의 추상화가 표현되고 평가된다. 그것들은 설계(비교적 상위 수준의 추상화)를 특정한 컴퓨팅 환경(하위수준의 추상화)을 가진 동작 가능한 시스템으로 변환하는 프로그래밍 언어 표현으로 번역되어야 한다. 모델 기반 소프트웨어 개발[8]은 상위 수준의 추상화 표현과 그것을 하위 수준으로 변환하는 방법으로 도메인 종속 모델링 언어와 변환 엔진 및 생성기를 결합시킨다[Sch06].

KEY POINT

모델기반 방법은 모든 소프트웨어 개발자에게—코드보다 상위추상화수준에서 소프트웨어를 표현하는 방법인—지속적인 도전을 제시한다.

도메인 종속 모델링 언어(DSMLs, Domain-specific modeling languages)은 "특정한 애플리케이션 도메인 내의 애플리케이션 구조, 행위 및 요구사항"을 나타내고 "도메인의 개념들 사이의 관계를 정의하고 이러한 도메인 개념과 연관된 핵심 의미의 제약 조건을 정확히 명시하는 메타 모델로 서술된다"[Sch06]. DSML과 UML(부록 1)과 같은 범용 모델링 언어 사이의 핵심적인 차이는 DSML은 애플리케이션 도메인에 본질적인 설계 개념으로 바뀌고 따라서 효과적인 방법으로 설계 요소들 사이의 관계와 제한 조건을 표현할 수 있다.

38.5.6 포스트모던 설계

"포스트모던 시대"에서 소프트웨어 설계에 대한 흥미로운 기사에서 Philippe Kruchten [Kru05]는 다음과 같이 관찰했다:

> 컴퓨터 과학은 모든 것을 설명하는 대단한 이야기인 커다란 그림(big pictyre)을 성취하지 못했다. 우리는 물리학의 기본 법칙이 다른 공학 분야에서 역할을 수행하는 것과 같은 소프트웨어의 기본 법칙을 발견하지 못했다. 우리는 여전히 인터넷 거품과 Y2K 마지막 날과 같은 씁쓸한 뒷맛을 가지고 살고 있다. 그래서 모든 것이 조금 문제가 되지만 실제로는 많이 문제가 되는 것 같지 않은 이러한 포스트모던 시대에서 소프트웨어 설계의 다음 방향은 무엇인가.

소프트웨어 설계에서 경향을 이해하기 위한 일부 시도는 설계를 위한 경계를 설정하는 것이다. 어디에서 요구 공학이 멈추고 설계가 시작되는가? 어디에서 설계가 멈추고 코드 생성이 시작되는가? 이런 질문에 대한 답은 처음 보이는 것처럼 쉽지 않다. 요구 모델이 '어떻게'가 아닌 '무엇'에 초점을 맞추지만 모든 분석자는 약간의 설계를 하고 거의 모든 설계자는 분석을 조금한다. 유사하게 소프트웨어 컴포넌트의 설계가 알고리즘적인 상세사항에 더 가깝게 이동하지만 설계자는 코드와 가까운 추상화 수준에서 컴포넌트를 나타내기 시작한다.

38.5.7 테스트 주도 개발

요구사항은 설계를 유도하고 설계는 구축을 위한 기초를 수립한다. 이런 단순한 소프트웨어공학 실체는 합리적으로 잘 작동하고 소프트웨어 아키텍처가 생성될 때 필수적이다. 그러나 컴포넌트 수준의 설계와 구축이 고려될 때 미묘한 변화가 중대한 이익을 제공할 수 있다.

8 모델기반 공학(MDE)이라는 용어도 사용한다.

그림 38.3

테스트 주도 개발 프로세스 흐름

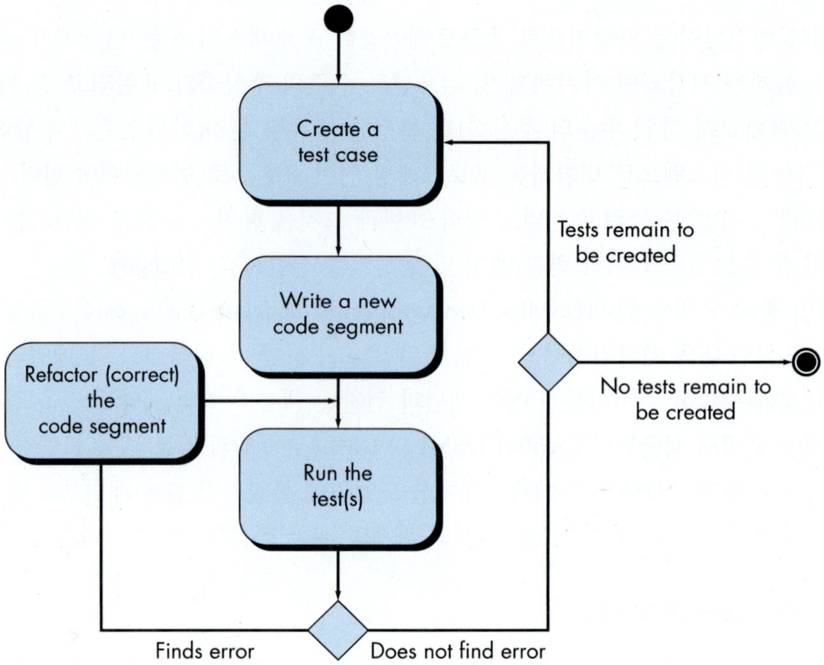

테스트 주도 개발(Test-driven development, TDD)에서 소프트웨어 컴포넌트에 대한 요구사항은 인터페이스를 시험하기 위한 일련의 테스트 케이스를 생성하는 토대 및 컴포넌트에 의해 인도되는 자료 구조와 기능성에서 오류를 발견하기 위한 시도로서 이용된다. TDD는 실제로 새로운 기술이라기보다는 소스 코드의 생성 이전에 테스트 케이스 설계를 강조하는 경향이다.[9]

TDD 프로세스는 그림 38.3에서 제시된 단순한 절차적 흐름을 따른다.

첫 번째 코드의 작은 부분이 생성되기 전에 소프트웨어 엔지니어는 코드를 시험하는 (코드를 실패하도록 만들기 위해) 테스트를 생성한다. 그 다음에 코드는 테스트를 만족하기 위해 작성된다. 통과되면 개발될 코드의 다음 부분에 대해 새로운 테스트가 생성된다. 프로세스는 컴포넌트가 완전히 코딩되고 모든 테스트가 오류 없이 실행될 때까지 계속된다. 그러나 어떤 테스트가 오류를 찾는데 성공한다면 기존 코드는 리팩토링되고(수정되고) 그 점까지 생성된 모든 테스트는 재실행된다. 이런 반복적인 흐름은 컴포넌트가 그것에 대해 정의된 모든 요구 사항을 충족시킨다는 것을 암시하는 더 이상 생성될 테스트가 없을 때 까지 계속된다.

테스트 주도 개발 과정에서 코드는 매우 작은 인크리먼트(한 번에 하나의 부분 기능)로 개발되고 그것을 시험하기 위한 테스트가 작성된 후에 코드가 작성된다. 매 반복마다 모든 변경에 대해 수행되는 회귀 테스트 집합에 추가되는 하나 이상의 새로운 테스트가 만들어 진다. 이것은 새로운 코드가 옛날 코드에 오류를 일으키는 부작용을 생성하지 않았다

9 익스트림 프로그래밍(제5장)은 애자일(agile) 프로세스 모델의 일부로서 이 접근방법을 강조한다는 점을 상기해보라.

는 것을 보증하기 위해 수행된다. 테스트 주도 개발에서 테스트는 상세한 컴포넌트 설계의 결과 소스코드를 유도한다. 이들 테스트의 결과는 컴포넌트 설계에 즉각적인 변경을 일으키고 (코드를 통해) 더욱 중요한 것은 결과 컴포넌트는(완성될 때) 독립적인 형태로 검증된다. TDD에 더 관심이 있다면 [Bec04b], [Ste10], 또는 [Whi12]를 참조하시오.

38.6 도구들과 연관된 경향

수백 개의 등급이 매겨진 소프트웨어공학 도구들은 매년 소개된다. 대다수의 도구들이 프로젝트관리 또는 요구분석, 또는 설계 모델링, 코드 생성, 테스팅, 변경관리, 또는 이 책을 통해 논의된 많은 소프트웨어공학 활동 및 업무를 개선한다고 주장하는 도구 헤더에 의해 제공된다. 다른 도구들은 오픈소스 형태로 개발된다. 대다수의 오픈소스 도구는 구축 활동(특히 코드 생성)에 대한 특별한 강조와 함께 "프로그래밍" 활동에 중점을 둔다. 다른 도구들은 아직도 대학과 정부 실험실에서 연구 노력으로 생겨난다. 그것들은 매우 제한된 애플리케이션에서 매력적이긴 하지만 대다수는 폭 넓은 산업체에 적용을 위해서 준비가 되지 않았다.

산업 수준에서 가장 포괄적인 도구 패키지는 중앙 데이터베이스(저장소)를 중심으로 개별 도구들의 집합을 통합하는 소프트웨어공학 환경(SEE)[10]이다. 총체적으로 볼 때 SEE는 소프트웨어 프로세스 사이의 정보를 통합하고 대규모이며 복잡한 많은 소프트웨어 기반 시스템을 위해 필요한 협력을 지원한다. 그러나 현재의 환경은 쉽게 확장 가능하지 않고 (패키지의 일부가 아닌 COTS 도구를 통합하기 어렵다) 범용의 경향을 가진다(즉, 애플리케이션 도메인에 특정하지 않다). 또한 새로운 기술 해결책(예: 모델 기반 소프트웨어 개발)의 도입과 새로운 기술을 지원하는 소프트웨어공학 환경의 가용성 사이에 충분한 시차가 있다. 소프트웨어 도구에서 미래 경향은 다음과 같은 두 가지 다른 별개의 경로를 따르게 될 것이다.

즉, 38.4절에 논의된 "소프트 경향"에 응답하는 인간 중심 경로와 새로운 기술(38.5절)의 주소에 대한 기술 중심 경로의 두 가지 경로를 따를 것이다.

소프트 경향은 38.4절에서 논의되었다. 그것은 여러 가지 중에서 복잡성을 관리하고, 새로운 요구사항에 부합하여 변경을 포함하는 프로세스 모델을 수립하며, 변화하는 혼합 재능을 가진 글로벌 팀을 조정하기 위한 필요성을 언급하고, 이해 당사자의 협력을 위한 도구가 지원이 기술을 위한 도구 지원만큼 중요하게 될 것이라는 것을 제시한다.

소프트웨어공학에서 민첩성(제5장)은 이해당사자들이 팀으로서 작업할 때 달성된다. 따라서 공동 소프트웨어공학 작업을 향한 경향은 소프트웨어가 내부적으로 개발될 때조차도 이익을 제공한다. 그러나 더 나은 협력을 부여하는 시스템과 컴포넌트를 보완하는 기술 도구는 무엇인가?

기술 도구에서 우위를 정하는 경향 중의 하나는 아키텍처 중심의 설계를 강조하는 모델

10 통합 개발 환경(IDE)이라는 용어 또한 사용한다.

기반 개발(38.5.5절)을 지원하는 도구 집합의 생성이다. Oren Novotny[Nov04]는 소스 코드보다 모델이 중심적인 초점이 되는 소프트웨어공학이 된다고 다음과 같이 서술하고 있다.

> 플랫폼 독립적인 모델은 UML로 생성되고 특정 플랫폼에서 결국 소스 코드로서 나타나는 다양한 수준의 변환을 겪는다. 파일이 아닌 모델이 결과물의 새로운 단위가 되어야 한다는 것은 당연하다. 모델은 다른 추상화 수준에서 많은 다른 시각을 가진다. 가장 높은 수준에서 플랫폼 독립적인 컴포넌트는 분석에서 명시될 수 있고 가장 낮은 수준에서 코드로 클래스 집합이 나타나는 플랫폼 종속적 구현이 있다.

Novotny는 새로운 세대의 도구는 필요한 모든 추상화 수준에서 모델을 생성하기 위해 저장소와 연계하여 작업하고 다양한 모델 사이의 관계를 설정하며 추상화의 한 수준의 모델을 다른 수준(예: 설계모델을 소스 코드로 번역)으로 번역하고 변경과 버전을 관리하며 소프트웨어 모델에 대한 품질 제어와 보증활동을 조정할 것이라고 제시했다.

완전한 소프트웨어공학 환경에 덧붙여서 요구사항 수집에서 설계(코드 리팩토링과 테스팅에 이르는 모든 것을 밝히는 포인트-솔루션(point-solution) 도구)는 계속해서 진화하고 더 기능적인 능력을 가지게 될 것이다. 어떤 경우에 특정 애플리케이션 도메인을 목표로 하는 모델링 및 테스팅 도구는 일반적인 도메인에 적용되는 도구와 비교될 때 향상된 이익을 제공한다.

38.7 요약

소프트웨어공학 기술에 영향을 미치는 경향은 비즈니스, 조직, 시장 및 문화적 영역에서 온다. 이러한 '소프트 경향'은 연구 방향과 연구의 결과로 유도되는 기술을 안내할 수 있다.

새로운 기술이 도입될 때 원래 기대가 높지만 이 기술은 항상 폭넓게 채택되지 못하는 생명주기를 따라간다. 어떤 소프트웨어공학 기술이 광범위하게 채택되는 정도는 소프트 및 하드 경향에 의해 제시된 문제를 밝히기 위한 능력과 연관된다.

소프트 경향—연결 및 협력에 의해 증가하는 요구, 글로벌 프로젝트, 지식 전달, 태동하는 것의 영향, 인간 문화 자체의 영향은 지역적으로 분산된 소프트웨어 팀 사이에 지속적으로 변화하는 다양한 재능의 결합을 다루는 것에서 복잡성과 새로운 요구사항을 관리하는 것에서 이르는 일련의 도전을 유도한다.

하드 경향—기술변화의 지속적으로 증가하는 속도—소프트 경향으로부터 나와서 소프트웨어의 구조와 프로세스 범위 및 프로세스 프레임워크의 특징이 서술되는 방법에 영향을 미친다. 협업적 개발, 요구 공학의 새로운 형태, 모델 기반 및 테스트 주도 개발, 포스트 모던 설계는 방법들의 전망을 변화시킬 것이다. 도구의 환경은 통신과 협력에 대한 증가하는 요구에 응답함과 동시에 도메인에 특정한 현 소프트웨어공학 업무의 본질을 변화시키는 포인트 솔루션을 통합할 것이다.

문제와 생각할 점

38.1 Malcolm Gladwell(Google 도서검색을 통해)이 저술한 베스트셀러 도서인 The Tipping Point를 구입해서 어떻게 그의 이론이 새로운 소프트웨어공학 기술의 채택에 적용되는지 논의하라.

38.2 왜 오픈 월드 소프트웨어가 기존 소프트웨어공학 접근 방법에 도전을 나타내는가?

38.3 가트너 그룹의 hype cycle for emerging technologies를 검토하라. 잘 알려진 제품을 선택해서 어떻게 그것이 커브를 따라 이동하는지를 나타내는 간략한 이력을 제시하라.

38.4 소프트 경향은 무엇인가?

38.5 당신이 장황한 해결책을 필요로 하는 극도로 복잡한 문제에 직면해 있다. 이때, 어떻게 복잡도를 지정하고 해결책을 만들어 진행할 것인가?

38.6 "새로운 요구사항"은 무엇이고 왜 그것들이 소프트웨어 엔지니어에게 도전을 부여하는가?

38.7 오픈소스 개발노력(Linux 이외의)을 선정해서 그것의 진화와 상대적인 성공에 대한 간략한 이력을 제시하라.

38.8 소프트웨어 프로세스가 다음 10년동안 어떻게 변화할 것이라고 생각하는지 서술하라.

38.9 당신이 Los Angeles에 근거지를 두고 있는 글로벌 소프트웨어 엔지니어링 팀에서 일하고 있다. London, Mumbai, Hong Kong 및 Sydney에 있는 동료들은 대규모 시스템을 위한 245 페이지의 요구사항을 편집해야 한다. 첫 번째 편집 단계는 3일 안에 완료되어야 한다. 효과적으로 당신이 협력할수 있는 이상적인 온라인 도구 집합을 서술하라.

38.10 모델 주도 소프트웨어 개발과 테스트 주도 개발에 대한 설명을 당신의 생각대로 쓰라.

추가 읽을거리와 정보 소스

소프트웨어와 컴퓨팅의 향후 길을 논의하는 책은 광범위한 부류의 기술적, 과학적, 경제적, 정치적 및 사회적 이슈를 포함한다. Kurweil(*The Singularity is Near*, Penguin Books, 2005)와 (*How to Create a Mind*, Viking, 2012)는 금세기 중반까지 진실로 근본적인 형태로 변화할 세계를 바라보는 위압적인 시각을 나타낸다. Sterling(*Tomorrow Now*, Random House, 2002)은 실제 진전이 정돈되지 않고 효율적이지 못하다는 것을 상기시켜준다. Nanz에 의해 쓰여진 책(*The Future of Software Engineering*, Springer, 2010)과 Draheim과 그의 동료들(*Software Engineering Tools: Trends of Software Engineering Tools and Platforms*, 2010)은 소프트웨어 개발의 경향을 논의한다. Meisel(*The Software Society: Cultural and Economic Impact*, Trafford, 2013)와 Saylor(*The Mobile Wave: How Mobile Intelligence Will Change Everything*, Vanguard Press, 2012), Dourish 및 Bell(*Divining a Digital Future: Mess and Mythology in Ubiquitous Computing*, MIT Press, 2011) 그리고 Teich(*Technology and the Future*, 12th ed., Wadworth, 2012)는 기술이 사회에 미치는 영향과 어떻게 변화하는 문화가 기술을 구체화 시키는지에 대

한 사려 깊은 에세이를 발표했다. Philips 및 Naisbitt(*High Tech/High Touch*, Nicolas Brealey, 2001)은 우리 중에 많은 사람이 첨단 기술에 "중독이 되었고", "첨단 기술 시대의 커다란 아이러니는 우리에게 자유를 주는 장치에 노예가 되고 있다"고 서술하고 있다. Zey(*The Future Factor*, McGraw-Hill, 2000)는 금세기에 인간의 운명을 결정할 다섯 가지의 힘을 논의했다. Negroponte's(*Being Digital*, Alfred A. Knopf, 1995)는 1990년대 중반에 베스트셀러였고 컴퓨팅과 그것의 전체적인 영향에 대한 통찰력을 제공해주고 있다.

소프트웨어가 가상적으로 우리의 삶의 모든 측면에서 일부가 되어감에 따라 "사이버네틱스"는 중요한 주제로 전개되고 있다. Quninn에 의해 쓰여진 책(*Ethics for the Information Age*, 5th ed., Addison-Wesley, 2012)와 Spinello(*Cyberethics: Morality and Law in Cyberspace*, 4th ed., Jones & Bartlett Publishers, 2010), Tavini (*Ethics and Technology*, 3rd ed., Wiley, 2010), 그리고 Halbert와 Inguli(*Cybernetics*, 2nd ed., South-Western College Publishers, 2004) 및 Baird와 그의 동료들(*Cybernetics: Social and Moral Issues in the Computer Age*, Prometheus Books, 2000)에 의한 책이 이런 주제를 상세히 다룬다. 미국 정부는 컴퓨터 범죄, 지적 재산권 문제에 대한 모든 측면과 국가 인프라 보호센터(NIPC)를 고려한 커다란 보고서를 CD-ROM(*21st Century Guide to Cybercrime*, Progressive management, 2003)으로 발행하였다.

소프트웨어 관련 기술 및 소프트웨어공학의 향후 방향에 대한 다양하고 폭넓은 정보 출처는 인터넷에서 찾아볼 수 있다. 소프트웨어공학에서 미래의 경향과 관련된 월드 와이드 웹의 최신목록은 SEPA 웹사이트인 www.mhhe.com/pressman에서 찾아볼 수 있다.

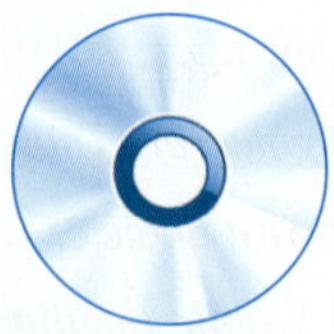

제39장은 CD에 수록

UML[1]의 소개

APPENDIX 1

주요 개념

액티비티 다이어그램
클래스 다이어그램
커뮤니케이션 다이어그램
종속성
배치 다이어그램
일반화
상호작용 프레임
다중성
객체 제약 언어
순차 다이어그램
상태 다이어그램
스테레오 타입
스윔레인
유스케이스 다이어그램

통합 모델링 언어(Unified Modeling Language, UML)는 소프트웨어 청사진을 기술하는 표준 언어이다. UML은 소프트웨어 집중 시스템의 산출물을 시각화, 명세, 구축 및 문서화하기 위해 사용될 수 있다[Boo05]. 바꾸어 말하면, 건축 아키텍트가 건설회사에 의해 사용될 청사진들을 만드는 것처럼, 소프트웨어 아키텍트는 소프트웨어 개발자들이 소프트웨어를 개발하는 것을 돕기 위해 UML 다이어그램을 만들었다. 만약 당신이 UML이란 어휘(다이어그램의 그림적 요소와 그의 의미)를 이해하고 있다면, 당신은 더욱더 쉽게 이해하고 시스템을 명세화할 수 있고 다른 사람에게 시스템 설계를 설명할 수 있다.

Grady Booch, Jim Rumbaugh, 그리고 Ivar Jacobson은 1990년대 중반 소프트웨어 개발자 커뮤니티로부터 많은 피드백을 받아 UML을 개발하였다. UML은 그 당시 소프트웨어 업계에서 사용 중이었던 다수의 경쟁 모델링 표현 기호들을 통합하였다. 1997년에 UML 1.0은 Object Management Group(컴퓨터 업계에서 사용할 명세를 관리하는 데 참여하는 비영리기관)에 제출되었다. UML1.0은 UML1.1로 수정되고 그해 나중에 채택되었다. 현재 기준은 UML 2.3[2]이고 ISO 표준이다. 왜냐하면 이 기준이 새롭기 때문에, [Gam95]와 같은 오래된 참고문헌은 UML 표기를 사용하지 않는다.

UML 2.3은 소프트웨어 모델링에서 사용하기 위해 13개의 다른 다이어그램을 제공한다. 이 부록 안에서 저자는 클래스, 배치, 유스케이스, 순차, 커뮤니케이션, 액티비티, 그리고 상태 다이어그램을 논의 할 것이다. 이들 다이어그램은 소프트웨어공학—실무적 접근—의 이번 판에서 사용된다.

여러분은 UML 다이어그램에 많은 부가적인 특징이 있다는 점을 주의해야 할 것이다. UML 언어는 이런 부가 기능(때로는 불가사의한)을 제공하기 때문에 시스템의 중요한 모든 면을 표현할 수 있다. 동시에 관련되지 않는 다이어그램의 그런 부분들을 억제할 수 있는 융통성을 가진다. 그렇기 때문에 특정한 기능의 누락은 그런 기능이 없다는 것을 의미하는 것이 아니라 기능이 제한되었다는 것을 의미한다. 이 부록에서 UML 다이어그램의

1 이 부록은 Dale Skrien이 기여했고 그의 저서인 *An Introduction to Object-Oriented Design and Design Patterns in Java*(McGraw-Hill,2008)에서 채택되었다. 모든 내용은 승인 하에 사용되고 있다.

2 **http://www.omg.org/spec/UML/2.3/Infrastructure/PDF/**와 **http://www.omg.org/spec/UML/2.3/Superstructure/PDF/**. 이 두 가지 상호 보완적인 사양은 UML2 모델링 언어를 위한 완전한 사양으로 구성함.

모든 특징이 제시되지 않는다. 대신에 이 책에서 사용되는 부가 기능인 표준 부가 기능에 중점을 둘 것이다.

클래스 다이어그램

속성, 오퍼레이션 및 그들 사이의 관계 및 다른 클래스[3]와의 연관관계를 포함하는 클래스를 모델링하기 위해서 UML은 클래스 다이어그램을 제공한다. 클래스 다이어그램은 시스템의 정적 또는 구조적 관점을 제공한다. 클래스 다이어그램은 시스템의 정적 또는 구조적 관점을 제공한다. 그것은 다이어그램에 있는 클래스들의 객체 사이에 통신의 동적 특성을 보여주는 것은 아니다.

클래스 다이어그램의 주요 요소들은 박스이며, 이것들은 클래스와 인터페이스를 나타내기 위한 아이콘이다. 각 박스는 수평 부분으로 나누어진다. 최상위 부분은 클래스 이름을 포함한다. 중간 부분은 클래스의 속성을 나열한다. 속성은 클래스가 알거나 또는 항상 제공할 수 있는 객체의 무언가를 언급한다. 속성들은 일반적으로 클래스의 필드로 구현되지만 꼭 그럴 필요는 없다. 그것들은 포함된 다른 객체들로부터 클래스가 얻을 수 있는 값 또는 인스턴스 변수로부터 계산할 수 있는 값일 수 있다. 예를 들어, 객체는 항상 현재 시간을 알 수 있고 당신이 요청할 때 언제든지 그것을 반환할 수 있다. 그러므로 객체 클래스의 속성으로써 현재 시간을 나열하는 것은 적절할 수 있다. 그러나 객체는 그것의 인스턴스 변수 중의 하나로 저장된 그 시간을 갖지 않을지 모른다. 왜냐하면 지속적으로 그 필드를 업데이트할 필요가 있기 때문이다. 대신에 객체는 시간이 요청되는 순간에 그 순간 현재 시간을 계산할 것이다(예를 들어, 다른 클래스 객체와의 협의를 통해). 클래스 다이어그램의 세 번째 부분은 클래스의 오퍼레이션 또는 행위를 포함한다. 오퍼레이션은 클래스의 객체가 할 수 있는 것을 언급한다. 그것은 보통 클래스의 메소드로 구현된다.

그림 A1.1은 Throughbred horse를 모델링하는 **Thoroughbred** 클래스의 간단한 예를 보여준다. 이것은 mother, father 및 birthyear인 세 가지 속성을 가진다. 또한 다이어그램은 getCurrcntAge( ), getFather( ), 그리고 getMother( )와 같은 세 가지 오퍼레이션을 보여준다. 다이어그램에서 나타나지 않는 다른 억제된 속성 및 오퍼레이션이 있을 수 있다.

각 속성은 이름과 타입 그리고 어떤 수준의 가시성을 가지고 있다. 타입과 가시성은 선택사항이다. 타입은 이름 다음에 나오고 콜론으로 이름과 분리된다. 가시성은 각각 private, protected, package, 또는 public 가시성을 나타내는 −, #, ~, 또는 +로 표시된다. 그림 A1.1에서는 마이너스 부호(−)로 표현이 되어 있어 모든 속성이 private으로 되어있다. 속성에 밑줄을 침으로써 정적, 혹은 클래스 속성으로 명세할 수 있다. 각각의 오퍼레이션은 가시성의 수준, 이름과 타입을 가진 파라미터 및 반환 타입을 가지고 나타낼 수 있다.

추상클래스 혹은 추상 메소드는 클래스 다이어그램 이름에 이태리체로 표시할 수 있다. 그림 A1.2의 **Horse** 클래스가 그 예다. 인터페이스는 이름 위에 "<<interface>>"(**스테레오**

3 만약 객체지향(object-oriented)에 대한 개념이 친숙하지 않다면, 부록 2의 간략한 소개 부분에 나와 있다.

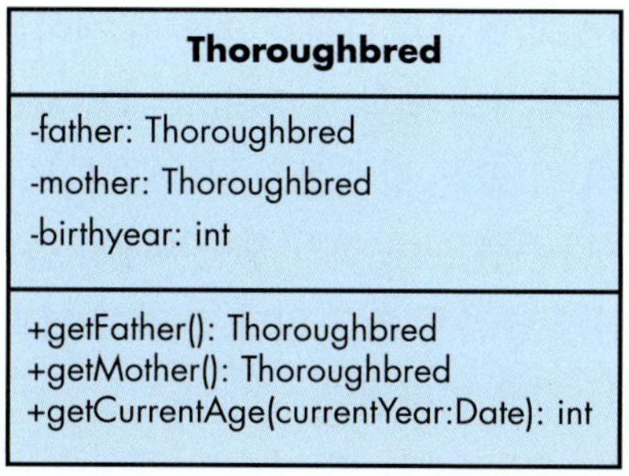

그림 A1.1

Thoroughbred 클래스 다이어그램

타입이라 불린다)라는 구문을 추가함으로써 표시된다. 그림 A1.2에 있는 **OwnedObject** 인터페이스를 보자. 인터페이스는 속이 빈 원처럼 표시되기도 한다.

클래스를 나타내는 아이콘이 다른 선택 부분을 가질 수 있다는 것을 언급하는 것은 가치 있는 일이다. 예를 들면, 클래스 박스 하단에 네 번째 부분은 그 클래스의 책임을 나열하기 위해 사용될 수 있다. 이 부분은 특히 CRC 카드(제10장)에서 CRC카드에 나열된 책임이 이런 책임을 수행하는 속성과 오퍼레이션이 생성되기 이전에 UML 다이어그램의 클래스 박스의 네 번째 부분으로 추가될 수 있다는 점에서 클래스 다이어그램으로 전이할 때 유용하다. 이 네 번째 부분은 이 부록의 어떤 그림에서도 나타나지 않는다.

클래스 다이어그램은 클래스 간의 관계를 보여줄 수 있다. 다른 클래스의 하위클래스인 클래스는 손잡이는 실선으로 화살촉은 비어있는 삼각형으로 표시된 형태로 연결된다. 그 화살표는 하위 클래스에서 상위 클래스로 연결된다. UML에서 그러한 관계를 일반화라 부른다. 예를 들면, 그림 A1.2에서 **Throughbred**와 **QuarterHorse** 클래스들은 **Horse** 추상 클래스의 하위 클래스로 표현된다. 화살의 손잡이가 점선으로 된 화살표는 인터페이스의 구현을 나타낸다. UML에서는 이러한 관계를 **실체화**라 부른다. 예를 들면, 그림 A1.2에서 Horse 클래스는 **OwnedObject** 인터페이스를 구현하거나 실체화 한다.

두 클래스 간의 연관관계는 클래스 사이에 구조적 관계가 있다는 것을 의미 한다. 연관

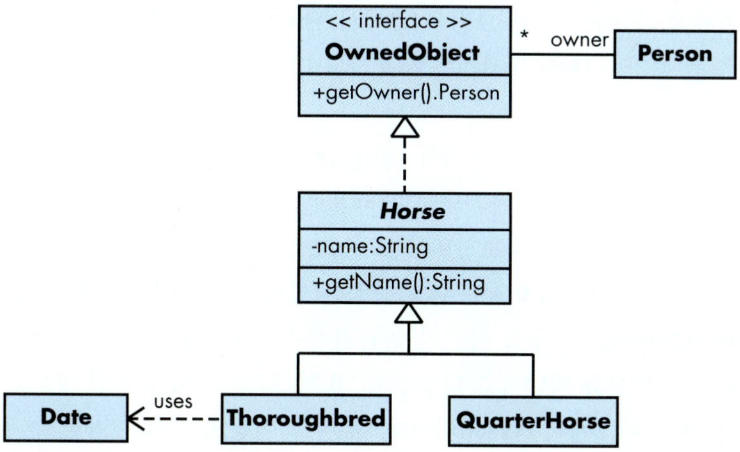

그림 A1.2

horse와 관련한 클래스 다이어그램

관계들은 실선으로 표현된다. 연관 관계는 많은 선택적인 부분을 가진다. 연관관계의 각각의 끝이 이 관계에서 각 클래스의 역할을 나타내기 위해 레이블이 붙여질 수 있다. 예를 들어, 그림 A1.2에서 **Person**이 소유자의 역할을 수행하는 **OwnedObject**와 **Person** 사이에 연관관계가 있다. 연관관계 선의 각 끝은 항해성을 나타낸다. 또한 연관관계의 각 끝은 다중값을 가질 수 있다. 항해성과 다중성은 이 절의 후반부에서 좀더 자세히 설명될 것이다. 연관관계는 루프를 사용해 자신과 연결될 수도 있다. 그러한 연관관계는 같은 클래스의 어떤 객체와 다른 객체를 연결 하는 것을 나타낸다.

한쪽 끝에 화살표를 가진 연관관계는 단 방향 항해성을 나타낸다. 화살표가 의미하는 것은 한 클래스로부터 쉽게 연관관계가 가리키는 두 번째 클래스를 액세스할 수 있지만 두 번째 클래스로부터 첫 번째 클래스를 쉽게 액세스할 수가 없다는 것을 의미한다. 이것을 생각하는 다른 방법은 첫 번째 클래스가 두 번째 클래스를 알고 있지만 두 번째 클래스 객체는 첫 번째 클래스를 직접적으로 알고 있을 필요는 없다는 것이다. 화살표 없는 연관관계는 그림 A1.2에 나타난 것과 같이 양방향 연관관계를 나타내지만 이것은 항해성이 중요하지 않고 그래서 삭제되었다는 것을 의미한다.

클래스의 속성은 그 클래스 타입의 속성을 가진 클래스의 연관관계와 동일하다는 것을 상기해야 한다. 즉, 클래스가 String 타입의 "name"이라 불리는 특성을 가지고 있다는 것을 가리키기 위해 그림 A1.2의 **Horse** 클래스에서처럼 속성으로 그 특성을 표시할 수 있다. 대안으로, **Horse** 클래스로부터 "name"인 **String** 클래스의 역할을 가진 **String** 클래스로 가는 단방향의 연관관계를 만들 수 있다. 속성 접근방법은 기본 데이터 타입에 좋은 반면에 연관관계 접근방법은 만약 그 특성을 가진 클래스가 설계에서 중요한 역할을 하는 경우에는 그 타입에 대해 클래스 박스를 가지는 것이 가치가 있다.

종속성 관계는 클래스들 사이에 다른 연결을 표현하며 점선으로 나타내진다(끝에 선택적 화살표와 선택적 레이블을 가진). 만약 두 번째 클래스에 대한 변경이 첫 번째 클래스의 변경을 요구하면 한 클래스가 다른 클래스에 의존한다. 한 클래스에서 다른 클래스로 연관관계는 자동적으로 종속성을 나타낸다. 이미 클래스 사이에 연과관계가 있다면 클래스들 사이에 점선이 필요 없다. 그러나 일시적인 관계(다른 클래스와 장기적인 연결을 유지하지 않지만 가끔씩 그 클래스를 사용하는)에 대해서, 첫 번째 클래스에서 두 번째 클래스로 점선을 그려줘야 한다. 예를 들면 그림 A1.2에서 **Throughbred** 클래스는 getCurrentAge( ) 메소드가 호출 될 때마다 **Date** 클래스를 사용하고 따라서 종속성은 "uses"라고 라벨이 붙여진다.

연관관계의 **다중성**은 다른 클래스와 연관되는 그 클래스의 객체의 수를 의미한다. "0..1"로 표현되는 다중성은 연관관계의 끝에 0 또는 1개의 객체가 있다는 것을 의미한다. 예를 들면, 세계의 각 사람은 사회보장번호 또는 그런 번호(특히 그들이 미국 시민이 아니라면)를 가지지 않는다. 그래서 0..1로 된 다중성은 클래스 다이어그램에서 **Person** 클래스와 **SocialSecurityNumber** 클래스 사이의 연관관계에서 사용될 수 있다. "1..*"로 표현된 다중성은 1 또는 그 이상을 의미하고 다중성이 "0..*"또는 "*"로 표현된 것은 0 또는 그 이상을 의미한다. 그림 A1.2에서 **Person**이 0개, 혹은 그 이상의 객체를 가질 수 있기 때문에

Person 클래스의 연관관계 끝에 있는 **OwnedObject**에 다중성으로서 "*"가 사용되었다.

연관관계의 끝이 1보다 더 큰 다중성을 가진다면, 연관관계의 그 끝에 있는 클래스의 객체는 집합 또는 정렬 리스트와 같은 컬렉션으로 저장된다. 또한 UML 다이어그램에서 컬렉션 클래스 자체를 포함할 수 있지만 그런 클래스는 보통 제외 되고 암시성은 연관관계의 다중성 때문에 있다고 가정하게 된다.

아이콘의 한쪽 끝에 속이 빈 다이아몬드 모양으로 표시되는 **결합**은 연관관계의 특별한 종류이다. 화살표가 가리키는 곳의 클래스가 연관관계의 다이아몬드 클래스의 '부분' 인 점에서 그것은 "전체/일부" 관계를 가리킨다. 합성은 부분의 강한 소유권을 의미하는 결합이다. 합성에서 부분이 소유자와 독립적으로 소프트웨어 시스템에서 역할을 하지 못하기 때문에 소유주와 함께 생성되고 죽는다. 결합과 합성의 예는 그림 A1.3에 제시되어 있다.

College는 **Building**객체의 결합으로 캠퍼스를 구성하는 빌딩을 나타낸다. College는 물론 강좌의 집합을 가진다. 만약 College가 접혀있다면 빌딩은 여전히 존재하고(College가 물리적으로 파괴되지 않았다는 것을 가정) 다른 것을 위해 사용될 수 있다. 그러나 **Course** 객체는 그것이 제공되는 College 외부에서 사용되지 않는다. 만약 College가 비즈니스 엔티티로서 존재하지 않는다면 **Course** 객체는 더 이상 사용되지 않을 것이고 존재하지 않을 것이다.

클래스 다이어그램의 다른 공통적인 요소는 노트이다. 이것은 귀퉁이가 접힌 박스로 표현되고 점선으로 다른 아이콘과 연결된다. 이것은 임의의 컨텐츠(글이나 그림)를 가질 수 있고 프로그래밍 언어의 주석과 유사하다. 노트는 클래스의 역할이나 그 클래스의 모든 객체들이 충족해야하는 제한조건에 대한 주석을 포함할 수 있다. 만약 컨텐츠가 제한조건이라면 컨텐츠는 중괄호가 그 컨텐츠를 감싼다. 그림 A1.3에 **Course** 클래스에 부착된 제한조건을 주목해서 보라.

배치 다이어그램

소프트웨어 시스템의 구조에 중점을 두고 있는 UML 배치 다이어그램은 하드웨어 플랫폼과 실행환경 사이에 소프트웨어 시스템의 물리적 분산을 보여주기 위해 유용하다. 예를 들어, 당신이 웹 기반의 그래픽 렌더링 패키지를 개발하는 중이라고 생각을 해 보자. 그 패키지 사용자들은 웹브라우저를 사용해서 당신의 웹 사이트를 방문하고 렌더링 정보를 입력한다. 당신의 웹 사이트는 사용자 명세에 따라 그래픽 이미지를 렌더링 하고, 사용자에게 보낼 것이다. 그래픽 렌더링은 비싼 비용이 수반되기 때문에, 렌더링 자체를 웹 서버 자체

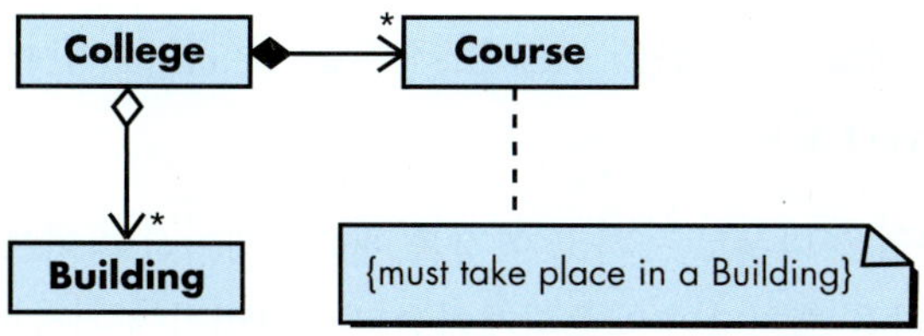

그림 A1.3
Colleges, Courses 및 Building 사이의 관계

그림 A1.4

배치 다이어그램

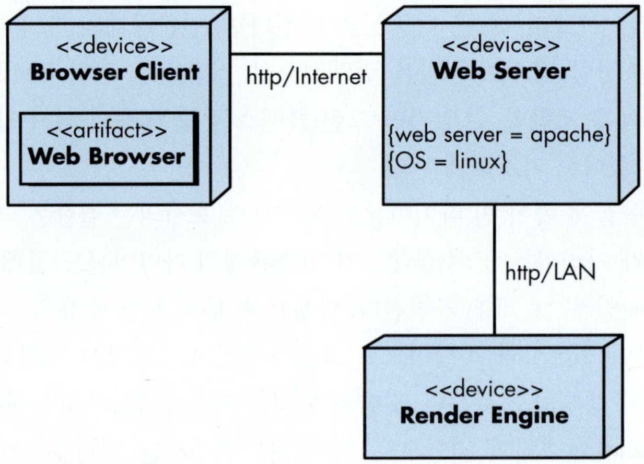

에서 꺼내어 별도의 플랫폼으로 이동시키려고 한다. 그래서 당신의 시스템에는 웹 클라이언트(브라우저를 구동하는 사용자 컴퓨터), 웹 서버를 호스팅하는 컴퓨터 및 렌더링 엔진을 호스팅하는 컴퓨터인 세 가지의 하드웨어 장치가 있게 된다.

그림 A1.4는 패키지에 대한 배치 다이어그램을 보여준다. 이러한 다이어그램에서 하드웨어 컴포넌트들은 "<<device>>"라는 라벨이 붙은 상자에 그려진다. 하드웨어 컴포넌트들 사이의 통신 경로는 선택적인 레이블을 가진 선으로 그려진다. 그림 A1.4에서 경로들은 통신 프로토콜과 장치를 연결하는 데 사용되는 네트워크 유형으로 레이블이 붙여진다.

배치 다이어그램에서 각 노드에는 장치에 대한 자세한 주석을 달 수도 있다. 예를 들어, 그림 A1.4에서 브라우저 클라이언트는 이것이 웹브라우저 소프트웨어 이루어진 산출물을 포함하고 있다는 것을 나타내기 위해 묘사된다. 산출물은 보통 장치에서 동작중인 소프트웨어를 포함하는 파일이다. 또한 그림 A1.4에서와 같이 웹 서버 노드에 태그를 명세할 수 있다. 이러한 태그 값은 웹 서버의 공급자와 서버에 의해 사용되는 운영체제를 정의한다.

배치 다이어그램은 "<<execution environment>>" 레이블을 포함하는 박스로 그려진 수행 환경 노드를 표시할 수 있다. 이러한 노드들은 다른 소프트웨어를 호스팅할 수 있는 운영체제와 같은 시스템을 나타낸다.

유스케이스 다이어그램

유스케이스(제8장 및 제9장)와 UML 유스케이스 다이어그램은 당신이 사용자 관점에서 소프트웨어의 기능과 특징을 결정하게 도와준다. 유스케이스와 유스케이스 다이어그램이 어떻게 작용하는지 알려주기 위해 Apple의 iTunes 소프트웨어와 유사한 디지털 음악 파일을 관리하는 소프트웨어 애플리케이션을 위해 몇 가지를 생성할 것이다. 소프트웨어가 할 수 있는 몇 가지 일은 다음과 같다:

- MP3 음악 파일을 다운로드 하고 이것을 애플리케이션 라이브러리에 저장한다.
- 스트리밍 음악을 캡쳐하여 애플리케이션 라이브러리에 저장한다.

- 애플리케이션 라이브러리를 관리한다(예: 음악을 삭제하거나 플레이 목록으로 조직한다).
- 라이브러리에 있는 음악 리스트를 CD에 굽는다.
- 라이브러리 리스트에 있는 음악을 iPod나 MP3플레이어에 적재한다.
- 음악 형식을 MP3에서 ACC 로 변환하고, 그 반대로도 변환한다.

이것은 완벽한 리스트가 아니지만, 유스케이스와 유스케이스 다이어그램의 역할을 이해하기에는 충분하다.

유스케이스는 특정 목표를 이루기 위해 요구되는 단계를 정의함으로써 사용자와 시스템이 어떻게 상호작용 하는지 설명한다(예: 노래 목록을 CD에 굽기). 단계의 순서에서 변화는 다양한 시나리오를 설명한다(예: 목록의 모든 노래가 하나의 CD에 들어가지 않는다면 어떻게 할 것인가?).

UML 유스케이스 다이어그램은 모든 유스케이스의 개관과 그들의 어떻게 관련되어있는지를 나타낸다. 이것은 시스템의 가능성에 대한 큰 그림을 제공한다. 디지털 음악 애플리케이션의 유스케이스 다이어그램은 그림 A1.5에 제시되었다.

이 다이어그램에서 사람 모양의 그림은 사용자의 카테고리(혹은 다른 상호작용 요소)와 관련된 액터를 나타낸다(제8장). 복잡한 시스템은 전형적으로 하나 이상의 액터를 가진

그림 A1.5

음악 시스템을 위한 유스케이스 다이어그램

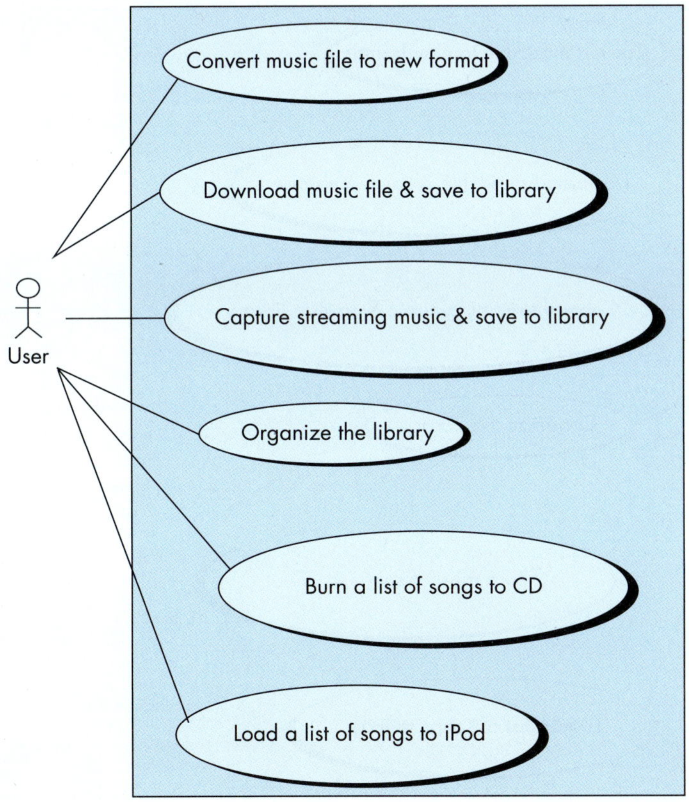

다. 예를 들면, 자판기 애플리케이션은 고객, 보수 요원, 물건을 채우는 사람의 3개의 액터를 가진다.

유스케이스 다이어그램에서 유스케이스는 타원으로 표시된다. 액터는 그것들이 실행하는 유스케이스와 선으로 연결된다. 유스케이스의 세부사항을 다이어그램에 표시하지 않고 따로 저장해야 한다는 것에 유의하라. 유스케이스는 직사각형 안에 위치하지만 액터는 그렇지 않다는 것도 유의하라. 이런 사각형은 시스템 경계에 대한 시각적인 주의이고 액터가 시스템 외부에 있다는 것을 나타낸다.

시스템 내의 어떤 유스케이스끼리는 서로 관계가 있다. 예를 들어, CD에 노래를 굽는 것과 iPod에 노래 목록을 로딩하는 것은 유사한 단계가 있다. 양쪽의 경우에, 사용자는 처음 빈 리스트를 생성하고 라이브러리로부터 받아온 노래를 목록에 추가한다. 유스케이스의 중복을 피하기 위해서, 보통 새로운 중복된 활동을 표현하는 유스케이스를 생성하여 다른 유스케이스가 이 유스케이스를 단계중의 하나로써 포함하도록 하는 것이 더 낫다. 이러한 포함관계는 그림 A1.6의 유스케이스 다이어그램 안에서 유스케이스와 포함된 유스케이스를 연결하는 <<include>>라는 레이블이 붙은 점선 화살표를 통해 나타난다.

모든 유스케이스를 보여주기 때문에, 유스케이스 다이어그램은 시스템의 모든 기능을 포함했다는 것을 보증하기 위해 도움이 되는 보조 수단이다. 디지털 음악 구성기에서, 당신은 라이브러리 음악 재생 유스케이스와 같은 더 많은 유스케이스를 원할 것이다. 그러나

그림 A1.6

포함 유스케이스를 가진 유스케이스 다이어그램

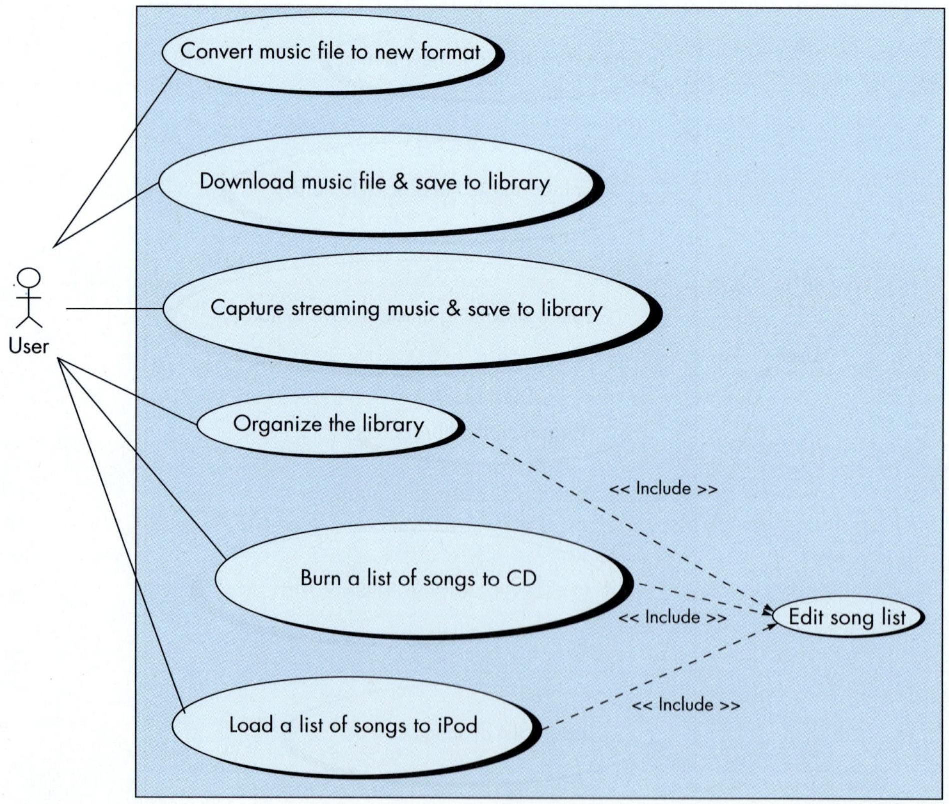

소프트웨어 개발 과정에서 유스케이스가 가장 가치 있게 기여한 것은 전반적인 유스케이스 다이어그램 작성이 아니라 각 유스케이스의 서술이라는 것을 명심해라[Fow04]. 당신이 개발하고자 하는 시스템의 목표를 정확하게 이해할 수 있는 것은 서술을 통해 이루어진다.

순차 다이어그램

순차 다이어그램은 소프트웨어 컴포넌트의 정적인 구조를 나타내는 클래스 다이어그램, 배치 다이어그램과 다르게 업무 실행 중에 객체들 사이의 동적인 커뮤니케이션을 보여주는데 이용된다. 이것은 업무를 달성하기 위해서 객체들 사이에 메시지가 전달되는 일시적은 순서를 보여준다. 하나의 유스케이스나 소프트웨어 시스템의 시나리오 안의 상호작용을 보여주기 위해 순차 다이어그램을 사용할 수도 있다.

그림 A 1.7에서, 그리기 프로그램에 대한 순차 다이어그램을 볼 수 있다. 다이어그램은 그것이 클릭됐을 때, 그리기에서 그림을 강조하는 데 포함된 단계를 보여준다. 클래스와 같은 다른 것을 모델링 하는 박스를 가지는 것이 가능하더라도, 다이어그램의 가장 위에 있는 각 상자는 보통 객체와 대응한다. 박스가 객체를 나타낸다면(우리의 모든 다른 사례와 같이), 상자 안쪽에서 콜론 뒤에 객체 타입을 서술할 수 있다. 그림 A1.7의 세 번째 상자에서 보이는 것처럼 각 상자 아래에 객체의 생명선이라 불리는 점선이 있다. 순차 다이어그램에서 수직 축은 시간에 해당하고, 아래쪽으로 갈수록 시간은 증가한다.

순차 다이어그램은 호출하는 쪽에서 호출 받는 쪽까지 수평적인 화살표를 사용하여 메소드 이름이 레이블 되어 있고, 선택적으로 그것의 파라미터, 타입, 반환 타입을 포함하는 메소드 호출을 보여준다. 예를 들면 그림 A1.7에서, **MouseListener**는 **Drawing**의 getFigureAt( ) 메소드를 호출한다. 객체가 메소드를 실행할 때(다시 말하면 스택 안에 활성화 프레임을 가질 때) 선택적으로 객체의 생명선 아래에 활성 바라 불리는 하얀 바를

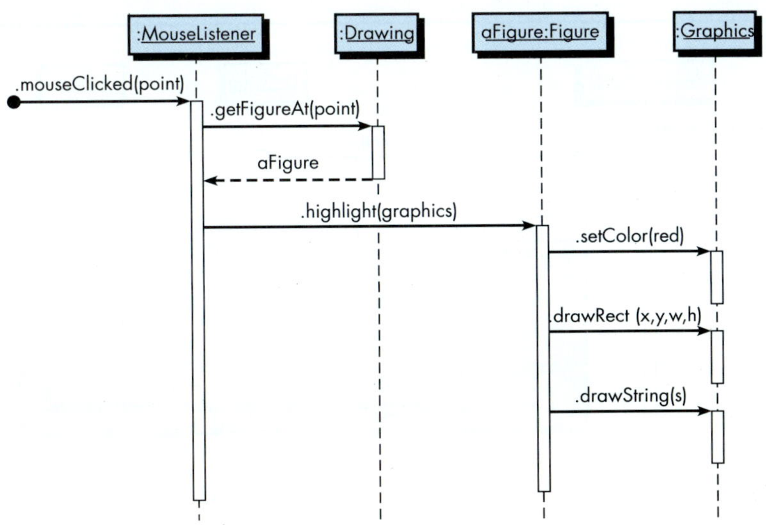

그림 A1.7
순차 다이어그램의 샘플

표시할 수 있다. 그림 A1.7에서, 활성 바는 모든 메소드 호출에 대해 그려진다. 다이어그램은 또한 점선과 선택적 레이블을 가지고 메소드 호출로 부터의 반환을 보여줄 수 있다. 그림 A1.7에서 getFigureAt( ) 메소드 호출의 반환은 반환된 객체의 이름이 레이블되어 보여 진다. 그림 A1.7에서 했던 것처럼 공통 관례는 빈(void) 메소드가 호출될 때 반환 화살표를 삭제하는 것이다. 이것은 중요한 정보를 제공하지 않는 반면 다이어그램을 흩뜨리기 때문이다. 검은 원과 그것으로부터 나오는 화살표는 출처가 알려지지 않았거나 무관한 발견된 메시지를 보여준다.

그림 A1.7이 나타내는 업무를 이해할 수 있어야 한다. 알려지지 않은 출처는 클릭이 발생한 포인트가 인자로서 전달되는 **MouseListener**의 mouserClicked( )메소드를 호출한다. 차례로 **MouseListener**는 Figure를 반환하는 **Drawing**의 getFigureAt( ) 메소드를 호출한다. **MouseListener**는 인자로서 **Graphics** 객체를 전달하는 **Figure**의 highlight 메소드를 호출한다. 응답하여 **Figure**는 적색으로 그림을 그리기 위하여 **Graphics** 객체의 세 가지 메소드를 호출한다.

그림 A1.7의 다이어그램은 매우 직선적이고 어떤 조건이나 루프를 포함하지 않는다. 만일 논리적인 제어 구조가 요구되는 경우 각 경우에 대해 별도의 순차 다이어그램을 그리는 것이 아마도 가장 좋을 것이다. 즉, 메시지 흐름이 조건에 따라 두 개의 다른 경로를 취한다면 각 가능성에 대해 하나씩 두 개의 별도 순차 다이어그램을 작성한다.

만일 순차 다이어그램에 순환, 조건문, 기타 제어 구조를 포함한다고 하면, 다이어그램의 일부를 둘러싸고 있고 나타내고자 하는 제어구조의 타입으로 라벨이 붙은 사각형인 **상호작용 프레임**을 사용할 수 있다. 그림 A1.8이 주어진 직사각형에게 안의 모든 그림을 강조하는데 포함된 모든 프로세스를 보여주고 있다. **MouseListener**에게 rectDragged 메시지가 보내진다. 그다음 **MouseListener**는 인자로서 사각형이 전달되는 highlightFigures( ) 메소드를 호출함으로써 사각형 안의 모든 그림들을 강조하도록 **Drawing**에게 말한다. 메소드는 **Drawing** 객체의 모든 **Figure** 객체에 대해 반복되고 만일 **Figure** 객체가 사각형과

그림 A1.8

두 개의 상호작용 프레임을 가진 순차 다이어그램

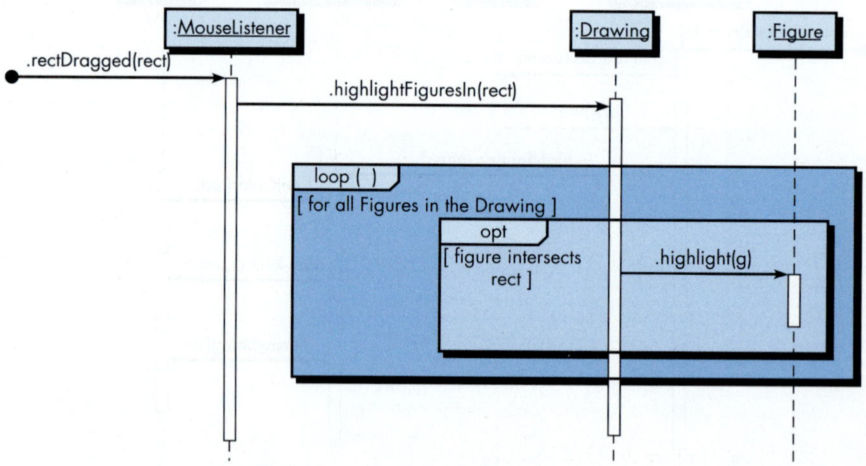

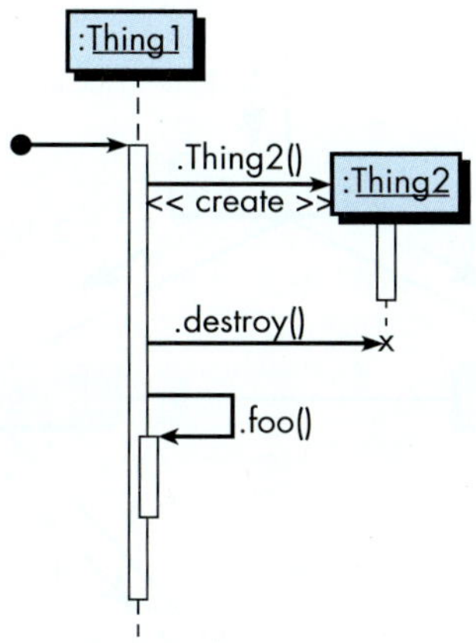

그림 A1.9
순차 다이어그램에서 생성, 소멸 및 루프

교차한다면 **Figure**는 자신을 하이라이트 하도록 요청한다. 사각 괄호 안의 문구들은 상호 작용 프레임 내의 활동이 계속되려면 참이어야 하는 부울 조건인 가드라 불린다.

다음과 같이 순차 다이어그램에 포함될 수 있는 많은 다른 특별한 기능들이 있다. 예를 들면 다음과 같다.

1. 동기와 비동기 메시지를 구별할 수 있다. 비동기 메시지가 두꺼운 화살촉으로 나타나는 반면 동기 메시지는 실선의 화살촉으로 나타난다.
2. 객체로부터 발생된 화살표가 아래쪽을 향하고 있는 객체를 다시 가리키는 자신에게 메시지를 보내는 객체를 볼 수 있다.
3. 객체의 상자에 적절히 라벨이 붙여진(예를 들어, <<create>> 라벨) 화살표를 그림으로써 객체 생성을 보여줄 수 있다. 이 경우에 상자는 다이어그램에서 액션이 시작될 때, 이미 존재하는 객체에 해당하는 상자들보다 다이어그램에서 더 낮게 나타난다.
4. 객체의 생명선의 마지막에 큰 X에 의해 객체의 삭제를 나타낼 수 있다. 다른 객체가 어떤 객체를 삭제할 수 있고 이 경우에 다른 객체에서 X로 화살표가 나온다. X는 또한 객체가 더 이상 사용가능하지 않고, 가비지 컬렉션을 할 준비가 되었다는 것을 나타낼 때 유용하다.

마지막 세 가지 기능들이 그림 A1.9의 순차 다이어그램에서 모두 보여진다.

커뮤니케이션 다이어그램

UML 커뮤니케이션 다이어그램(UML 1.X에서 "협력 다이어그램"이라 부른다)은 커뮤니케이션의 시간적 순서를 다르게 표현하지만 객체와 클래스 사이에 시간적 순서 대신 관계를 강조한다. 커뮤니케이션 다이어그램은 그림 A1.10에서 제시되었듯이 그림 A1.7에 있는 순차 다이어그램에서 제시된 것과 같은 행동을 보여준다.

그림 A1.10

UML 커뮤니케이션 다이어그램

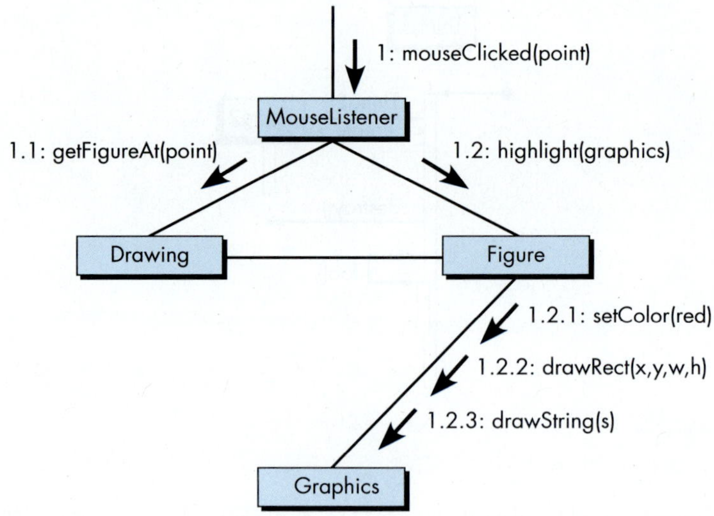

커뮤니케이션 다이어그램에서, 상호 작용하고 있는 객체들은 직사각형으로 표현된다. 객체 사이의 연관관계는 직사각형들을 연결하고 있는 선들에 의해 표현된다. 보통 다이어그램에서 메시지 전달의 순서를 시작하는 하나의 객체로 들어오는 화살이 있다. 들어오는 메시지는 숫자 1로 라벨이 붙여지고 만약 그것이 수신 객체가 다른 객체에 있는 다른 메시지를 호출하도록 한다면 그 메시지들은 연관관계 선을 따라 송신자에서 수신자로 가는 화살표로 표현되고 호출되는 순서에 따라 1.1, 1.2 등과 같이 번호가 부여된다. 만약 그 메시지들이 차례로 다른 메시지를 호출한다면 다른 소수점과 번호가 메시지 전달의 중첩을 나타내기 위해 이들 메시지를 레이블링하고 있는 번호에 추가된다.

그림 A1.10에서 **mouseClicked** 메시지가 getFigureAt( ) 메소드를 호출하고 그 후 highlight( )가 호출된다. highlight( ) 메시지는 세 개의 다른 메시지인 setColor( ), drawRect( ) 그리고 drawstring( )을 호출한다.

각 레이블에 번호를 매기는 것은 각 메시지의 순차적 성질뿐만 아니라 중첩을 나타낸다. 화살표 레이블에 추가될 수 있는 많은 선택적인 특징들이 있다. 예를 들면, 숫자 앞에 문자를 쓸 수 있다. 들어오는 화살은 실행 스레드를 A를 가리키는 것으로 A1:mouseClicked (point)로 레이블을 붙일 수 있다. 만약 다른 메시지들이 다른 스레드에서 실행된다면 그 레이블은 다른 문자가 붙을 것이다. 예를 들면, 만약 mouseClicked( ) 메소드가 스레드 A에서 실행되지만 새로운 스레드 B를 생성하고 그 스레드에서 highlight( ) 함수를 호출한다면 **MouseListener**에서 **Figure**로 가는 화살표는 1.B2:highlight(graphics)로 레이블이 붙게 될 것이다.

만약 객체들 사이에 보내지는 메시지에 덧붙여서 객체들 사이의 관계를 나타내는 데 관심이 있다면, 커뮤니케이션 다이어그램은 아마도 순차 다이어그램보다 더 나은 선택일 것이다. 만약 메시지 전달의 시간적 순서에 관심이 많다면 순차 다이어그램이 좋을 것이다.

액티비티 다이어그램

UML 액티비티 다이어그램은 시스템의 역동적인 행위 또는 시스템이 수행하는 활동사이의 제어 흐름을 통한 시스템의 일부를 묘사한다. 액티비티 다이어그램은 동시 흐름을 표현할 수 있다는 것을 제외하고는 플로우차트와 유사하다.

액티비티 다이어그램의 주요 컴포넌트는 둥근 사각형으로 표시되고, 소프트웨어 시스템에 의해 수행되는 어떤 작업에 해당하는 액션 노드이다. 한 액션 노드에서 다른 액션노드로의 화살표는 제어의 흐름을 나타낸다. 즉, 두 액션 노드 사이의 화살표는 첫 번째 액션이 완료된 후 두 번째 액션의 시작을 의미한다. 검은색 점은 액티비티의 시작점을 나타내는 초기 노드(initial node)이다. 검은 원으로 둘러싸인 검은 점은 액티비티의 끝을 나타내는 최종 노드(final node)이다.

포크(fork)는 두 개 이상의 동시 액티비티로 분리를 나타낸다. 이것은 그것을 가리키는 하나의 화살표를 가지고 거기서부터 나가는 두 개 이상의 화살표를 가진 검정색 수평 막대로 그려진다. 각각 밖으로 나가는 화살표는 밖으로 향하는 다른 화살표에 해당하는 흐름과 동시에 수행될 수 있는 제어의 흐름을 나타낸다. 이러한 동시 액티비티는 다른 스레드를 사용하여 한 컴퓨터 상에서 또는 다른 컴퓨터를 사용하여 수행될 수 있다.

그림 A1.11은 케이크를 굽는 것과 관련된 예제 액티비티 다이어그램을 보여준다. 첫 번째 단계는 요리법을 찾는 것이다. 일단 요리법이 발견되면, 마른 재료와 젖은 재료가 계량되고 혼합될 수 있으며 오븐이 예열될 수 있다. 마른 재료들의 혼합은 젖은 재료의 혼합 및 오븐의 예열과 동시에 수행될 수 있다.

조인(join)은 제어의 동시 흐름을 동기화 하는 방법이다. 두 개 이상의 들어오는 화살표와 밖으로 나가는 하나의 화살표를 가진 수평 검은색 가로 막대에 의해 표현된다. 밖으로 나가는 화살표에 의해 표현되는 제어의 흐름은 들어오는 화살표에 의해 표현되는 모든 흐름이 완료되기 전까지는 수행을 시작할 수 없다. 그림 A1.11에서 우리는 젖은 재료와 마른 재료를 함께 혼합하는 행동 이전에 조인을 갖는다. 이러한 조인은 두 혼합물이 합쳐지기 이전에 모든 마른 재료가 혼합되고 모든 젖은 재료가 혼합되어야 한다는 것을 나타낸다. 그림에서 두 번째 조인은 케이크를 굽기 시작하기 전에 모든 재료는 함께 혼합되어야 하고 그리고 오븐은 적절한 온도 상태에 있어야 된다는 것을 나타낸다.

결정(decision) 노드는 조건을 토대로 한 제어 흐름의 한 분기에 해당한다. 이러한 노드는 들어오는 화살표와 두 개 이상의 밖으로 나가는 화살표를 가진 흰 삼각형으로 표시된다. 각각 밖으로 나가는 화살표는 가드(대괄호 내의 조건)를 가지고 레이블이 붙여진다. 조건이 모든 가능성을 다루어서 그들 중 정확히 하나가 결정 노드에 도달할 때마다 참이 되도록 보장하는 것이다 좋다. 그림 A1.11은 케이크를 굽는 것 다음의 결정 노드를 보여주고 있다. 만약 케이크가 완료되면 그 다음 오븐으로부터 제거된다. 그렇지 않으면 잠시 더 구워진다.

그림 A1.11

빵을 어떻게 굽는지 나타내는 UML 액티비티 다이어그램

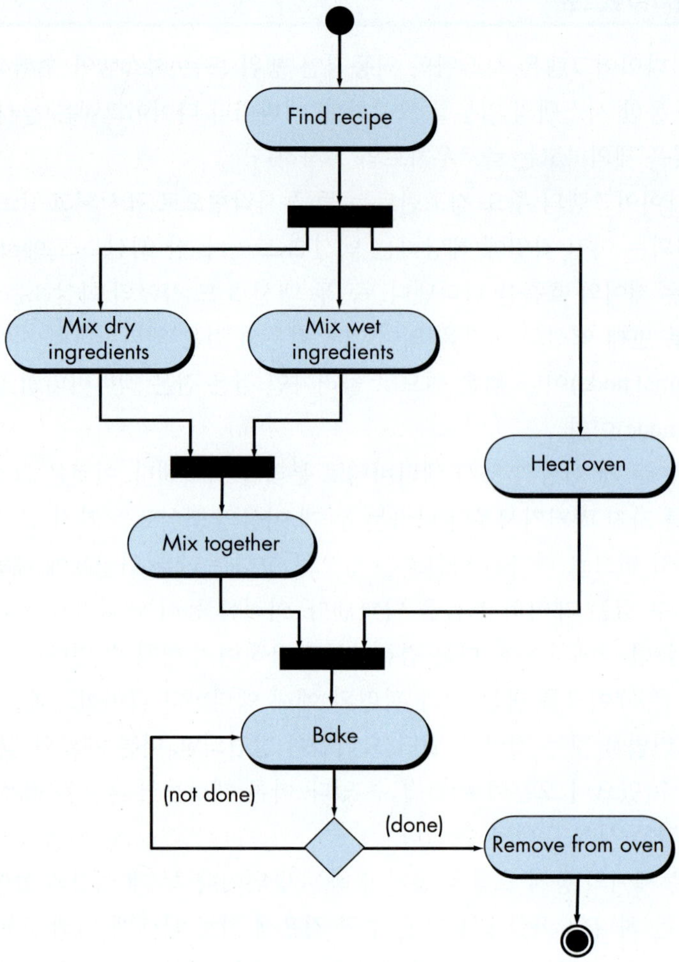

그림 A1.11의 액티비티 다이어그램이 말하지 않는 것 중의 하나는 누군가 또는 무엇이 각각 액션을 수행하는가이다. 종종 업무의 정확한 분배는 문제가 되지 않는다. 하지만 어떻게 액션이 참가자들 사이에 나누어지는지 나타내고 싶다면, 그림 A1.12에서 제시된 것과 같이 액티비티 다이어그램에 스윔레인(Swimlanes)을 추가할 수 있다. 이름이 암시하는 것처럼 스윔레인은 줄 또는 "레인(lane)"으로 다이어그램을 나눔으로써 구성된다. 한 레인의 모든 액션은 해당 참가자에 의해 수행된다. 그림 A1.12에서 Jennie는 건조한 재료들을 혼합하고 그런 다음 건조하고 젖은 재료를 함께 혼합할 책임이 있고 Helen은 오븐을 덥히고 케이크를 꺼내는 책임이 있고 Mary는 그 밖의 모든 것에 책임이 있다.

상태 다이어그램

시간의 어떤 특정한 시점에 객체의 행위는 객체의 상태, 즉 그 시점에 객체의 변수의 값에 종종 의존한다. 작은 예로서, 부울 인스턴스 변수를 가진 객체를 고려해 보자. 오퍼레이션을 수행하도록 요청 받았을 때 만약 그 변수가 참이라면 객체는 뭔가를 할 것이고 거짓이

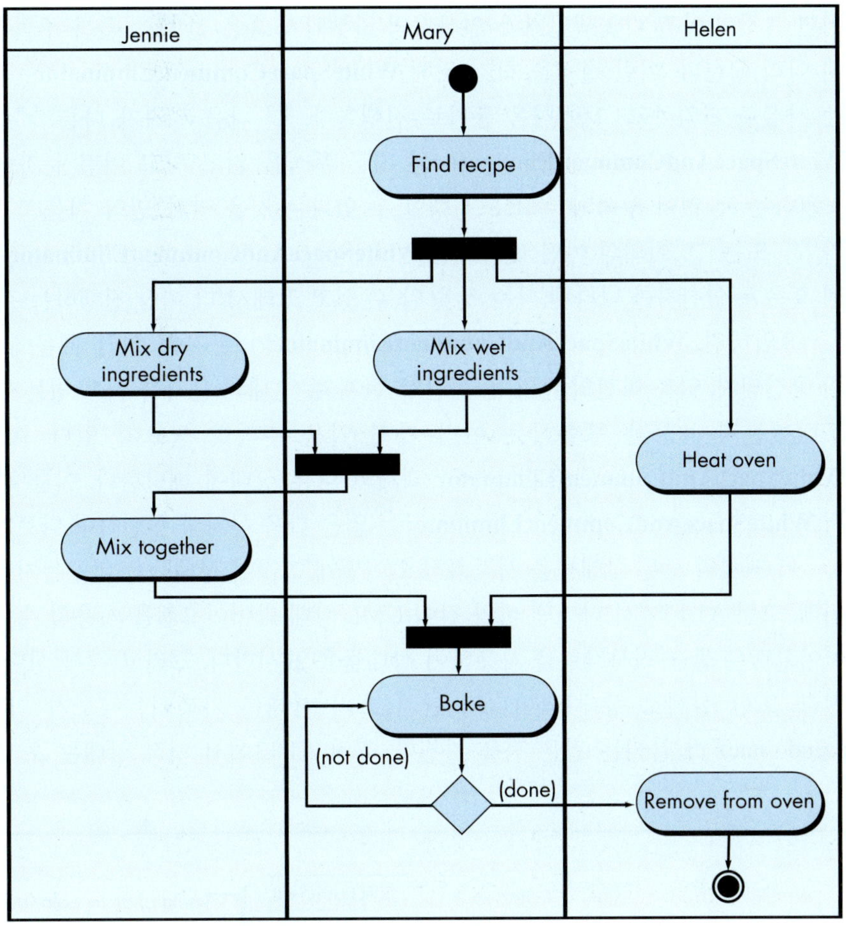

그림 A1.12
스윔레인이 추가된 빵굽기 액티비티 다이어그램

라면 다른 무언가를 할 것이다.

UML **상태** 다이어그램은 객체의 상태, 그러한 상태에 따라 수행되는 액션과 객체 상태들 사이의 전이를 모델링한다.

예를 들어, 자바 컴파일러의 한 부분에 대한 상태 다이어그램을 고려해보자. 컴파일러의 입력은 텍스트 파일이고 그것은 문자들의 긴 스트링으로 간주될 수 있다. 컴파일러는 한 번에 하나씩 문자를 읽고 그것들로부터 프로그램의 구조를 결정한다. 문자를 읽는 이러한 프로세스의 하나의 작은 부분은 "흰 여백(white-space)" 문자들(예를 들면, **스페이스**, **탭**, **뉴라인** 및 **리턴 문자**)과 주석내의 문자들을 무시하는 것이다.

컴파일러가 **WhiteSpaceAndCommentEliminator**에게 흰 여백 문자와 주석 내의 문자를 무시하라고 위임한 경우를 고려해보자. 이 객체의 일은 모든 공백과 코멘트 문자열을 읽을 때까지 입력되는 문자열을 읽고 공백이 아닌 문자와 코멘트가 아닌 문자를 읽고 처리하기 위하여 컴파일러로 제어권을 반환하는 것이다. **WhiteSpaceAndCommentEliminator** 객체가 어떻게 문자를 읽고 다음 문자가 공백 또는 주석의 일부인지 결정하는지에 관해 생각해보자. 객체는 다음 문자를 " ", "\t", "\n", "\r"과 테스트해봄으로써 공백을 체크할 수 있다. 그러나 어떻게 다음 문자가 주석의 일부인지 결정하는가? 예를 들면 처음에 "/"이 보이면 그것이 아직 나눗셈인지 /= 연산자의 일부인지 혹은 선 또는 블록 주석문을 나타내는지 아직 모른다. 이런 결정을 하기 위해 **WhiteSpaceCommentEliminator**는 "/"를 보았다는 사실을 기억하고 그런 다음 문자로 진행한다. "/" 다음 문자가 다른 "/" 또는 "*"라면 **WhiteSpaceAndCommentEliminator**는 지금 주석을 읽고 있고 어떤 문자를 처리하거나 보관하는 것 없이 주석의 끝으로 진행할 수 있다는 것을 안다. 만약 처음 "/" 다음의 문자가 "/" 또는 "*"이외의 어떤 것이라면 **WhiteSpaceAndCommentEliminator**는 "/"가 나눗셈 혹은 /= 연산자를 나타낸 다는 것을 알 수 있고 그래서 더 이상 진행하는 것을 멈춘다.

요약하면, **WhiteSpaceAndCommentEliminator**가 문자를 읽기 때문에 현재 문자가 흰 공간인지, 읽은 이전의 문자가 "/"인지, 현재 주석 내의 문자를 읽고 있는지 주석의 끝에 도달했는지 등등을 포함하는 여러 가지 일을 추적할 필요가 있다. 이것들은 모두 **WhiteSpaceAndCommentEliminator** 객체의 다른 상태에 해당한다. 이들 각각의 상태에서 **WhiteSpaceAndCommentEliminator**는 읽을 다음 문자와 관련하여 다르게 행동한다.

이 객체의 모든 상태들을 시각화하고 어떻게 그것이 상태들을 바꾸는지를 시각화하기 위해, 그림 A1.13에서 나타낸 바와 같이 UML 상태 다이어그램을 사용할 수 있다. 상태 다이어그램은 둥근 직사각형을 사용하여 상태들을 표시한다. 그리고 각각 상단에 이름을 가진다. 또한 실제로 상태는 아니고 단지 초기 상태를 가리키는 "초기 의사상태(initial pseudostate)"라 불리는 검은 점을 가진다. 그림 A1.13에서 시작 상태는 초기상태이다. 한

그림 A1.13

Java에서 과거의 흰 공간과 주석을 지나가는 상태 다이어그램

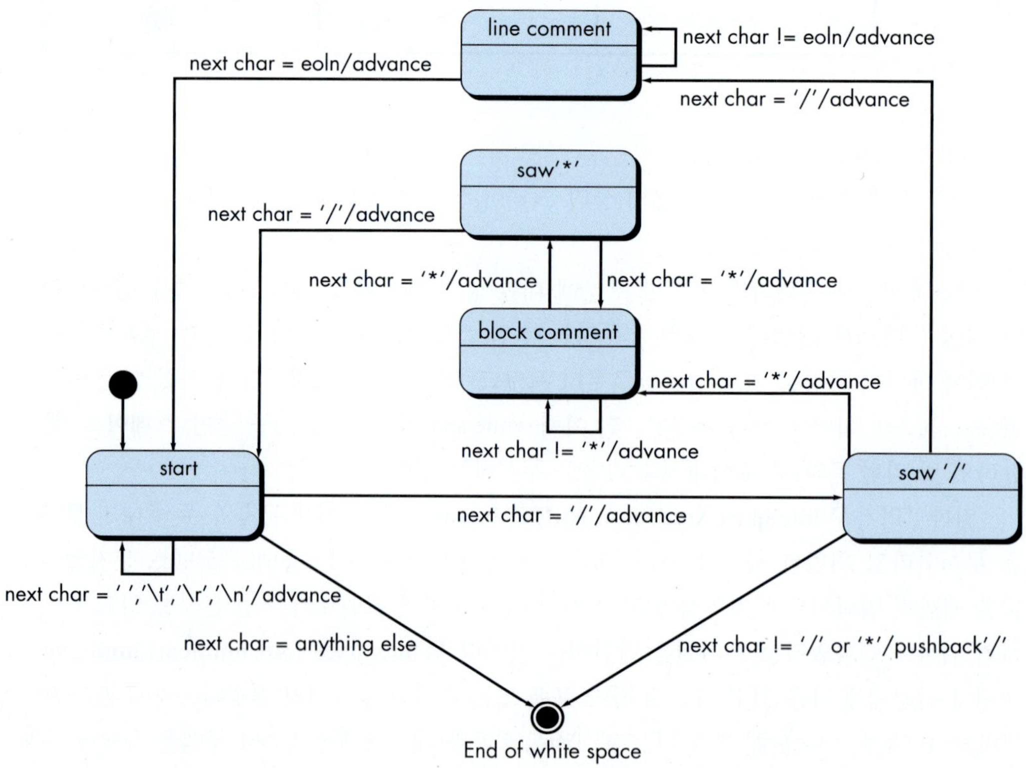

상태에서 다른 상태로의 화살표는 전이 혹은 객체의 상태 변화를 나타낸다. 각 전이는 트리거 이벤트, 슬래시(/) 그리고 활동으로 레이블이 매겨진다. 전이 레이블의 모든 부분은 상태 다이어그램에서 선택적이다. 만일 객체가 한 상태에 있고 그것이 전이 중의 하나에 대한 트리거 이벤트가 발생하면 그 전이의 활동이 수행되고 객체는 전이에 의해 표현되는 새로운 상태가 된다. 예를 들면, 그림 A1.13에서 **WhiteSpaceAndCommentEliminator** 객체가 시작 상태에 있고 다음 문자가 "/"이면, **WhiteSpaceAndCommentEliminator**는 그 문자를 지나치고 **saw '/'** 상태로 변화한다. "/" 다음의 문자가 다른 "/"이라면, 객체는 **line comment** 상태로 가고 라인 끝 문자를 읽을 때까지 그 상태에 머물게 된다. 대신에 "/" 다음이 "*"라면, 객체는 **block comment** 상태로 가고 다른 "*" 다음에 블록 코멘트의 끝을 나타내는 "/"가 오는지 알 때까지 그 상태에 있게 된다. 그것을 이해한다고 확신할 때까지 다이어그램을 공부해라. 지난 흰 공간이나 주석을 지나간 후 **WhiteSpaceAndComment-Eliminator**는 시작 상태로 되돌아가고 다시 시작한다. 이런 행위는 자바 소스 코드에서 어떤 다른 문자 이전에 여러 개의 연속적인 주석 또는 흰 공간 문자들이 있을 수 있기 때문에 필요하다.

객체는 검은 원은 하얀 원이 감싸고 있고 더 이상 진행할 상태가 없음을 나타내는 최종 상태로 전이할 수 있다. 그림 A1.13에서 **WhiteSpaceAndCommentEliminator** 객체는 다음 문자가 흰 공간 또는 주석의 일부분이 아닐 때 종료하게 된다. 종료 상태를 이끌어내는 두 개의 전이를 제외한 모든 전이는 다음 문자로 진행하는 것으로 이루어진 활동을 가진다는 점을 주목해라. 최종 상태로 가는 두 개의 전이는 다음 문자가 컴파일러에 관심 있는 단어 또는 심볼의 일부분이기 때문에 다음 문장으로 진행하지 않는다. 유의해라. 객체가 saw '/' 상태에 있지만 다음 문자가 "/" 또는 "*"아니면 "/"는 나누기 연산자이거나 /= 연산자의 일부분이므로 진행하기 원하지 않는다. 사실상 "/"를 다음 문자로 만들기 위해 어떤 문자를 후진시키기 원한다면 "/"가 컴파일러에 의해 사용될 수 있다. 그림 A1.13에서 이런 후진 활동은 pushback '/'으로 레이블이 붙여진다.

상태 다이어그램은 당신이 놓치게 되거나 예상치 못한 상황들을 밝히는 데 도움을 준다. 상태 다이어그램을 가지고 모든 가능한 상태에 대한 모든 가능한 트리거 이벤트가 고려되었다는 것을 보증하기가 상대적으로 쉽다. 그림 A1.13에서, 예를 들면 모든 상태가 모든 가능한 문자에 대한 전이를 포함한다는 것을 쉽게 증명할 수 있다.

UML 상태 다이어그램은 그림 A1.13에서 포함되지 않은 많은 다른 특징을 포함한다. 예를 들어, 객체가 어떤 상태에 있을 때 그것은 앉아서 트리거 이벤트가 발생하기를 기다리는 것 외에 아무것도 하지 않는다.

그러나 액티비티 상태라 불리는 특별한 종류의 상태가 있고 그 상태에 있는 동안 객체가 do-activity라고 하는 어떤 활동을 수행한다. 어떤 상태가 상태 다이어그램에서 액티비티 상태인 것을 가리키기 위해 그 상태 동안 수행될 활동이 둥근 사각형 하단의 "do/"구문 다음에 나타난다. do-activity는 어떤 상태 전이가 발생하기 이전에, 액티비티 상태가 보통의 대기 상태처럼 행동한 후에 종료될 수 있다. 만약 액티비티 상태로 나온 전이가 do-activity가 종료하자마자 일어난다.

그림 A1.14

액티비티 상태와 트리거 없는 전이를 가진 상태 다이어그램

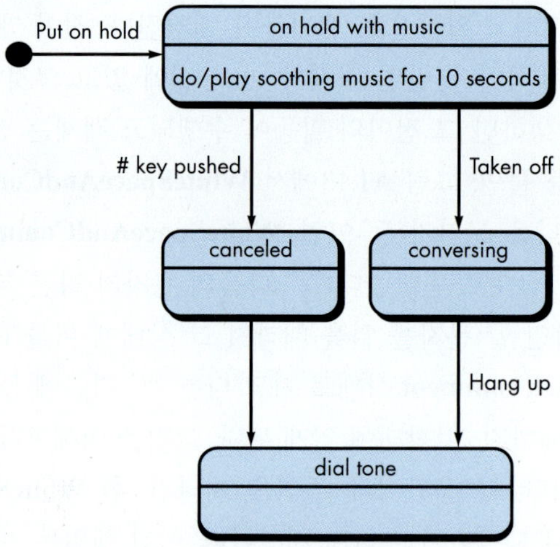

트리거 이벤트는 전이가 발생할 때 선택적이므로, 트리거 이벤트가 없다면 전이의 라벨의 일부로서 리스트화 되어질 수 있다. 그러한 일반 대기 상태를 위한 케이스로 객체는 그 상태에서 새로운 상태로 즉시 전이될 것이다. 액티비티 상태에서 그러한 전이는 do-activity가 끝나자마자 취해질 것이다.

그림 A1.14는 비즈니스 전화에 대한 상태를 이용하여 이러한 상황을 표현한다. 통화자가 통화 대기 상태에 놓였을 때 전화는 **on hold with music** 상태로 간다(진정시키는 음악은 약 10초 정도 나온다). 10초 후에 do-activity 상태는 완료되고 상태는 정상적인 비활동 상태처럼 행동한다. 만약 통화가 on hold with music 상태에 있을 때 통화자가 # 버튼을 누르면 통화는 **Canceled** 상태로 전이하고 그다음 **Dial tone** 상태로 즉시 변한다. 만약 # 키가 음악이 흘러 나온지 10초가 되기 전에 눌려지면 do-activity는 중단되고 음악은 즉시 종료된다.

객체 제약 언어의 개요

UML의 일부로 가용한 광범위한 다이어그램은 설계 모델에 대한 풍부한 표현 양식을 제공한다. 그러나 그래픽 표현은 충분하지 않다. 당신은 명백하고 정식으로 설계 모델의 몇몇 요소를 제한하는 정보를 표현하기 위한 메카니즘을 요구할 수도 있다. 물론 가능하다면 영어 같은 자연언어로 제약들을 기술하는 것이 가능하지만 이 방법은 변함없이 불일치와 모호함을 가져온다. 이런 이유 때문에 집합 이론과 형식 명세언어(제28장과 부록 3 참조)로부터 유도되었지만 다소간 프로그래밍 언어의 수학적 구문을 가지는 더 형식적인 언어가 적절해 보인다.

객체 제약 언어(Object Constraint Language, OCL)는 다양한 설계 요소들(예: 클래스, 객체, 이벤트, 메시지, 인터페이스)에 대한 애매모호하지 않은 문장을 작성하기 위해 형식적인 문법과 구문을 사용하도록 함으로써 UML을 보완한다. 간단한 OCL 문장은 다음과 같

이 네 개의 부분으로 구성된다.

(1) 문장이 유효한 제한된 상황을 정의하는 문맥
(2) 문맥의 어떤 특성을 나타내는 프로퍼티(예: 만약 문맥 클래스라면 프로퍼티는 속성일 수 있다)
(3) 프로퍼티를 조작하거나 제한을 가하는 연산(예: 산술, 집합)
(4) 조건적 표현들을 명세하기위해 사용되는 키워드(예: **if**, **then**, **else**, **and**, **or**, **not**, **implies**)

OCL 표현의 간단한 예로써 제14장에서 논의된 프린팅 시스템을 고려해보자. PrintJob 객체(그림 14.9)에 대한 상태 다이어그램에서 computingJobCost과 formingJob 상태 사이의 전이를 일으키는 jobCostAccepted 사건에 놓여진 가드조건은 자연어로 표현되고 고객이 업무 비용에 대해 허가 받을 때만 승인이 일어난다는 것을 암시한다. OCL에서 표현은 다음과 같다.

```
customer
     self.authorizationAuthority = 'yes'
```

여기서 **Customer**라고 명명된 클래스(실제로 클래스의 인스턴스)의 부울 속성인 **authorizationAuthority**는 가드 조건이 충족되도록 "yes"로 설정되어야 한다.

설계 모델이 생성될 때 설계에 의해 명세된 어떤 액션의 완료 이전에 사전 또는 사후 조건이 만족되어야 하는 인스턴스들이 종종 있다. OCL은 형식적인 방법으로 사전 및 사후 조건을 명세하기 위한 강력한 도구를 제공한다. 예로서, 고객이 프린트 작업 비용의 상한값과 "마감(drop-dead)" 인도일을 제공하는 동시에 다른 프린트 작업 특성이 명시되는 프린트 숍 시스템(제14장에서 예제로 논의된)에 대한 확장을 고려해보자. 비용과 예상 인도일이 이들 경계치를 넘어서면 작업은 제출되지 않고 고객에게 통지되어야 한다. OCL에서 사전 및 사후 조건의 집합은 다음과 같은 방법으로 명시될 수 있다.

```
context PrintJob::validate(upperCostBound:Integer, custDeliveryReq:
     Integer)
 pre: upperCostBound > 0
     and custDeliveryReq > 07
     and self.jobAuthorizatiobn = 'no'
 post: if self.totalJobCost <= upperCostBound
      and self.deliveryDate <= custDeliveryReq
     then
      self.jobAuthorization = 'yes'
     endif
```

이 OCL 문장은 (사전(pre)) 이전에 그리고 (사후(post)) 어떤 행위 후에 존재해야 하는 조건을 나타내는 불변조건(invariant, **inv**)를 정의한다. 초기에, 사전조건은 한계 비용과 인도일자가 고객에 의해 명시되어야 하고 승인이 'no'로 설정되도록 정해진다. 비용과 인도일자가 결정된 후에, 사후조건이 적용된다. 다음과 같은 표현 식은 값 "yes"를 할당하는 것이 아니라 오퍼레이션이 끝날 때 jobAuthorization이 "yes"로 설정되어야 했다는 것을 선언한다.

```
self.jobAuthorization = 'yes'
```

OCL의 완전한 서술은 이 부록의 범위를 벗어나며 완전한 OCL 명세는 **www.omg.org/technology/ documents/formal/ocl.htm**[4]에서 얻을 수 있다.

추가 읽을거리와 정보 소스

UML을 다루는 수많은 책이 있다. 가장 최신 버전을 포함하는 책은 다음과 같다. Hay에 의해 쓰여진 책(*UML and Data Modeling: A Reconciliation*, Technics Publications, 2011)과 (*Enterprise Model Patterns: Describing the World*, Technics Publications, 2011), Gomaa (*Software Modeling and Design: UML, Use Cases, Patterns, and Software Architecture*, Cambridge University Press, 2011), (*Requirements Engineering: From System Goals to UML Models to Software Specifi cations*, Wiley, 2009), 그리고 Podesa(*UML for the IT Business Analyst*, Course Technology, 2009)는 소프트웨어 개발에서 UML의 사용을 논의했다. 유용한 정보를 제공해주는 다른 책들은 다음과 같다. Miles and Hamilton(*Learning UML 2.0*, O' Reilly Media, Inc, 2006), Booch, Rumbaugh, and Jacobson(*Unified Modeling Language User Guide*, 2d ed., Addison-Wesley, 2005), Ambler(*The Elements of UML 2.0 Style*, Cambridge University Press, 2005), Pilone and Pitman(*UML 2.0, in a Nutshell*, O' Reilly Media, Inc, 2005).

소프트웨어공학 모델링에서 UML의 사용과 관련한 다양한 정보 출처는 인터넷을 통해 찾아볼 수 있다. 최신 목록의 인터넷 참고문헌은 SEPA website: **www.mhhe.com/pressman**의 "분석"과 "설계"에서 찾아볼 수 있다.

4 OCL의 최신버전에 대한 설명은 **http://omg.org/spec/OCL/2.3.1/** 에서 찾을 수 있다.

객체지향 개념

APPENDIX 2

주요 개념

- 속성
- 클래스
  - 경계
  - 특징
  - 제어
  - 정의
  - 엔티티
- 캡슐화
- 상속
- 메시지
- 방법론
- 오퍼레이션
- 다형성
- 서비스
- 서브클래스
- 슈퍼클래스

객체지향(Object Oriented, OO) 관점이란 무엇인가? 어떤 방법이 왜 객체지향으로 고려되는가? 객체란 무엇인가? 객체지향 개념이 1980년대 및 1990년대에 광범위한 지지를 받았기 때문에 이들 질문에 관한 정확한 해답에 대해 여러 의견들이 있었다. 이 부록은 이런 중요한 주제에 대한 간략한 개요를 제공하고 기본 개념과 용어를 도입하기 위해 서술되었다.

객체지향 관점을 이해하기 위해서, 여러분이 지금 앉아 있는 실세계 객체인 의자를 예로 고려해보자. **Chair**는 **PieceOfFurniture**라고 부르는 훨씬 큰 클래스의 서브클래스이다. 개별 의자는 클래스 **Chair**의 멤버(보통 인스턴스(instances)라고 불리는)이다. 일반적인 속성들의 집합이 클래스 **PieceOfFurniture**에 속해 있는 모든 객체에 연관될 수 있다. 예를 들어, 모든 가구는 가격, 크기, 무게, 위치, 색상들을 갖고 있다. 이들 속성은 책상, 의자 소파 또는 옷장에 대해서도 적용된다. **Chair**는 **PieceOfFurniture**의 멤버이기 때문에, **Chair**는 이 클래스에서 정의된 모든 속성을 상속받는다.

클래스의 속성들을 설명하는 것에 의해 클래스의 정의를 대략적으로 기술했지만, 어떤 것들은 누락되었다. 클래스 PieceOfFurniture에 있는 모든 객체는 다양한 방법으로 처리될 수 있다. 이것들은 팔리거나 구매될 수 있으며, 물리적으로 변경될 수도 있고(예: 가구의 다리를 자르거나 자주색으로 칠할 수 있다), 또는 이곳에서 저곳으로 이동될 수도 있다. 이런 각각의 오퍼레이션(다른 용어로는 "서비스" 혹은 "방법론")은 객체의 하나 이상의 속성을 변경시킨다. 예를 들어, 속성 location이

location = building + floor + room

과 같이 정의된 복합 데이터 항목이라면, move( )라고 명명된 오퍼레이션은 속성 location을 구성하는 하나 이상의 데이터 항목(**building**, **floor** 또는 **room**)을 변경시킬 것이다. 이렇게 하기 위해서는 move( )는 이들 데이터 항목들에 대한 "지식"을 갖고 있어야 한다. 오퍼레이션 move( )는 의자나 책상이 클래스 **PieceOfFurniture**의 인스턴스일 경우에만 사용될 수 있다. 클래스 **PieceOfFurniture**에 대한 모든 유효한 오퍼레이션인 buy( ), sell( ), weigh( )는 클래스 정의의 일부로 명세되고 그 클래스의 모든 인스턴스에게 상속된다.

클래스 **Chair**(및 일반적으로 모든 객체들)는 데이터(의자를 정의하는 속성값들), 오퍼레이션(의자의 속성을 변경하기 위해 적용도는 동작), 다른 객체, 상수(집합값), 그리고 다른 관련된 정보들을 캡슐화한다. 캡슐화는 이러한 모든 정보들이 하나의 이름으로 묶여 하나의 명세 혹은 프로그램 컴포넌트로 재사용될 수 있다는 것을 의미한다.

지금까지는 몇 가지 기본적인 개념을 소개했지만, 객체지향에 대한 보다 정형화된 정의를 통해 보다 더 의미 있는 것으로 증명될 것이다. Coad와 Yourdon[Coa91]은 이 용어를 다음과 같이 정의하였다.

객체지향 = 객체 + 분류 + 상속 + 통신

이들 개념 중 세 개는 이미 소개했다. 통신에 대한 설명은 뒤로 미룬다.

클래스와 객체

클래스는 실세계 엔티티의 내용과 행위를 설명하는 데 필요한 데이터와 절차 추상화들을 캡슐화하는 객체지향 개념이다. 클래스를 설명하는 데이터 추상화는 이런 데이터를 어떤 방식으로 조작할 수 있는 절차 추상화(그림 A2.1에 제시된)[Tay90]의 "벽"으로 둘러싸여 있다. 잘 설계된 클래스에서 속성들에 도달하고(그리고 속성들에 대해 동작을 수행하는) 그림에서 제시된 "벽"을 구성하는 방법론들 중의 하나를 통하는 것이다. 그러므로 클래스는 데이터(벽의 내부)와 데이터를 조작하는 처리작업(벽을 구성하는 방법론들)을 캡슐화한다. 이것은 정보 은닉(제12장)을 달성하며, 변경에 연관된 부작용의 영향을 감소시켜 준다. 방법론들은 제한된 개수의 속성만 처리하는 경향이 있어 그들의 응집도는 높다. 그리고 커뮤니케이션은 "벽"을 구성하는 방법론들을 통해서만 이루어지기 때문에, 클래스는 시스템[1]의 다른 요소들과 결합도를 낮게 유지하는 경향이 있다.

다른 방식으로 언급하면, 클래스는 유사한 객체들의 모음을 기술하는 일반화된 서술(예: 템플릿 또는 청사진)이다. 정의에 의하면, 객체는 특정한 클래스의 인스턴스이고 그 클래스의 속성들과 속성들을 조작하는 오퍼레이션들을 상속받는다. **슈퍼클래스**(종종 기본 클래스라 불리우는)는 그것과 관련된 클래스 집합의 일반화이고, **서브클래스**는 슈퍼클래스의 상세화이다. 예를 들면, 슈퍼클래스 **MotorVehicle**은 클래스 **Truck**, **SUV**, **Automobile** 및 **Van**의 일반화이다. 서브클래스 **Automobile**은 **MotorVehicle**의 모든 속성을 상속받고 추가로 자동차에만 특징적인 추가 속성을 통합한다.

이러한 정의들은 슈퍼클래스의 속성과 오퍼레이션이 부가적인 "private" 속성과 방법론을 추가한 각 서브클래스로 상속되는 클래스 계층의 존재를 나타낸다. 예를 들면, 오퍼레이션 sitOn( ), turn( )은 **Chair** 서브클래스에 "private"일 수 있다.

1 그러나 결합도는 객체지향 시스템에서 심각한 문제가 될 수 있다는 것을 알아야 한다. 시스템의 다양한 부분에서 오는 클래스가 속성의 데이터 타입과 방법론의 인자로 사용될 때 발생한다. 객체들에 대한 액세스가 프로시저 호출을 통해서 이루어지지만 이것은 결합도가 꼭 낮고 객체들의 내부사항에 대한 직접적인 액세스가 허용된 경우보다 더 낮다는 것을 의미하는 것은 아니다.

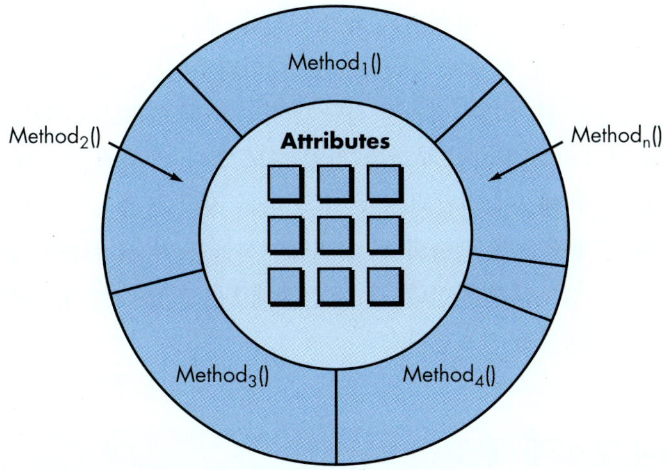

그림 A2.1
클래스의 도식적 표현

속성

앞에서 속성들이 클래스에 포함되어 있고, 그것들이 어떤 방식으로 클래스를 서술하는 것을 배웠다. 속성은 열거된 **도메인**에 의해 정의된 값을 취할 수 있다. 대부분의 경우에, 도메인은 단순히 특정한 값의 집합이다. 예를 들면, 클래스 **Automobile**은 속성 color를 갖는다고 가정하자. 속성 color에 대한 값의 도메인은 {**white**, **black**, **silver**, **gray**, **blue**, **red**, **yellow**, **green**}이다. 보다 복잡한 상황에서 도메인은 클래스가 될 수 있다. 계속해서 예를 들면, 클래스 **Automobile**은 그 자체가 클래스인 속성 powerTrain을 가진다. 클래스 **PowerTrain**은 자동차에 대한 특정한 엔진과 변속기를 서술하는 속성을 포함할 수 있다.

피처들(features)(도메인의 값)은 디폴트 값(피처)을 속성에 배정함으로서 확대될 수 있다. 예를 들어, color 속성을 디폴트로 **white**로 설정한다. {value, probability} 쌍을 할당함으로서 확률과 특정한 피처를 연관시키는 것이 유용할 수 있다. 자동차의 color 속성을 고려해 보자. 일부 응용분야(예: 제조 계획)에서는 색상의 모든 값에 확률을 할당시키는 것이 필요할지 모른다(자동차의 색상으로 가장 확률이 높은 색상은 흰색과 검은색이다).

오퍼레이션, 방법론 그리고 서비스

객체는 데이터(속성들의 집합으로 표현된)와 이 데이터를 처리하는 알고리즘들을 캡슐화한다. 이들 알고리즘은 오퍼레이션, 방법론 또는 **서비스**[2]라고 불리며, 처리 컴포넌트로 볼 수 있다.

객체에 의한 캡슐화된 각각의 오퍼레이션들은 객체의 행위중 하나의 표현을 제공해준다. 예를 들어, 객체 **Automobile**에 대한 *GetColor*( ) 오퍼레이션은 color 속성에 저장된 색

2 이런 논의의 문맥에서, "오퍼레이션"이라는 용어가 사용되지만 "방법론"과 "서비스"라는 용어도 동일하게 사용된다.

상을 추출해 낸다. 이 오퍼레이션의 존재에 대한 암시는 클래스 **Automobile**이 클래스의 특별한 인스턴스에 대한 색상을 요청하는 자극(자극을 메시지라고 부름)을 받아들일 수 있게 설계되어 있다는 것이다. 객체가 자극을 받을 때마다 그것은 몇 가지 행위를 시작한다. 이것은 자동차의 색상을 검색하는 것처럼 간단한 것일 수도 있고 또는 다양한 객체들 사이에 전달되는 연쇄 자극의 시작처럼 복잡한 것일 수도 있다. 후자의 경우에, **객체 1**이 받은 초기 자극이 **객체 2**와 **객체 3**에 전달되는 두 개의 다른 자극을 생성하는 예를 고려해 보자. 두 번째와 세 번째 객체에 의해 캡슐화 된 오퍼레이션들은 이 자극들에 의해 작동하며 첫 번째 객체에게 필요한 정보를 반환한다. 그 다음 **객체 1**은 초기 자극이 요구한 행위를 충족시키기 위하여 반환된 정보를 사용한다.

객체지향 분석 및 설계 개념

요구사항 모델링(또는 분석 모델링이라 불리우는)은 주로 문제 서술서로부터 직접 추출된 클래스에 초점을 둔다. 이들 엔티티 클래스는 보통 데이터 베이스에 저장되어야 하는 어떤 것을 나타내며 애플리케이션(특별히 삭제되지 않는다면) 생존기간 동안 지속된다.

설계는 엔티티 클래스의 집합을 정제하고 확장한다. 경계 및 제어기 클래스가 개발되고 설계하는 동안 정제된다. 경계 클래스는 사용자가 보는 인터페이스(스크린과 인쇄되는 보고서)와 소프트웨어가 사용될 때 상호작용하는 인터페이스를 생성한다. 경계 클래스는 엔티티 객체가 사용자에게 표현되는 방법을 관리할 책임을 가지고 설계된다.

제어기 클래스는 (1) 엔티티 객체의 생성과 갱신, (2) 엔티티 객체로부터 정보를 얻어올 때 경계 객체의 생성, (3) 객체들의 집합사이에 복잡한 통신 및 (4) 객체들 사이 또는 사용자와 애플리케이션 사이의 데이터 통신의 검증을 관리하기 위해 설계된다.

이 단락에서 논의되는 다음과 같은 개념은 분석과 설계 작업에 유용하다.

상속 상속은 기존 시스템과 객체지향 시스템을 구별하는 주요한 구별자 중의 하나이다. 서브클래스 **Y**는 그의 슈퍼클래스 **X**에 연관된 모든 속성과 오퍼레이션들을 상속받는다. 이것은 원래 **X**를 위해 설계되고 구현된 모든 데이터 구조들과 알고리즘들이 부가적인 작업을 수행하지 않고서도 **Y**에서도 즉시 이용할 수 있다는 것을 의미한다. 재사용이 직접적으로 달성되었다.

슈퍼클래스에 포함된 속성 또는 오퍼레이션들에 대한 변경은 이 슈퍼클래스에서 상속받은 모든 서브클래스에도 즉시 상속된다. 그러므로 클래스 계층의 변경(상위 수준의)은 시스템을 통해 즉시 전파되게 된다.

클래스 계층의 각 수준에서, 새로운 속성과 오퍼레이션들은 계층의 상위 수준에서 상속받은 것에 추가될 수 있다. 사실 새로운 클래스가 생길 때마다, 소프트웨어 엔지니어는 다음과 같은 많은 옵션을 갖는다.

- 클래스를 처음부터 설계하고 구축할 수 있다. 즉 상속은 사용되지 않는다.
- 계층의 상위에 있는 클래스들이 필요한 대부분의 속성과 오퍼레이션들을 포함하

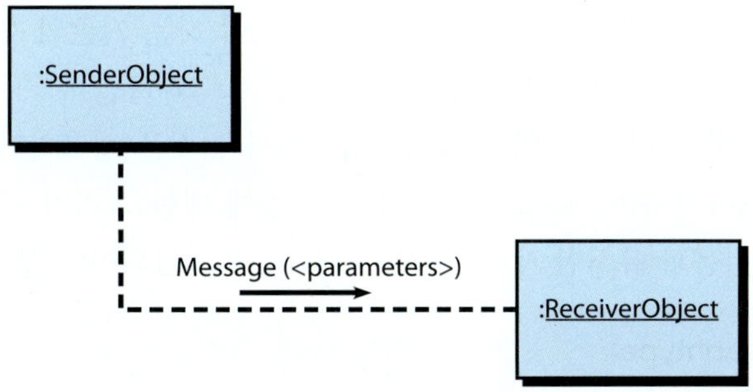

그림 A2.1
객체들 사이의 메시지 전달

고 있는지를 판단하기 위해서 클래스 계층이 검색될 수 있다. 새로운 클래스는 상위에 있는 클래스로부터 상속을 받고, 필요할 때 기타 사항들이 추가될 수 있다.

- 필요한 속성들과 오퍼레이션들이 새로운 클래스에 의해 상속받을 수 있도록 클래스 계층을 재구성될 수 있다.
- 기존 클래스의 특징들이 오버라이드될 수 있고(overridden), 다른 버전의 속성 또는 오퍼레이션이 새로운 클래스를 위해 구현된다.

모든 기본적인 설계 개념과 마찬가지로 상속은 설계에 커다란 이점을 제공하지만 부적절하게 사용된다면[3] 설계를 불필요하게 복잡하게 만들고 유지보수하기 어려운 오류가 발생할 가능성이 많은 소프트웨어를 만들어 낼 수 있다.

메시지 클래스는 설계 목적을 달성하기 위해 서로 상호작용해야 한다. 메시지는 수신 객체에서 어떤 행위가 발생하도록 자극한다. 행위는 오퍼레이션이 수행될 때 달성된다.

객체들 사이의 상호작용은 그림 A2.2에 도식적으로 표현되었다. **SenderObject** 내의 오퍼레이션은 메시지(<parameters>)의 형식을 가지는 메시지를 생성한다. 파라메타는 메시지의 의해 자극을 받게 되는 객체로서 **ReceiverObject**를 명시하고, 메시지를 수신해야 하는 **ReceiverObject** 내의 오퍼레이션과 오퍼레이션이 성공하기 위해 필요한 정보를 제공하는 데이터 항목이 포함된다.

요구사항 모델의 일부로서 클래스 사이에 정의된 협력은 메시지 설계에 유용한 지침을 제공한다. Cox[Cox86]는 다음과 같은 방법으로 객체들 사이의 상호 교환을 설명했다.

> 객체에게 무엇을 수행해야 하는지 알려주는 메시지를 송신함으로써 객체[클래스]는 자신의 오퍼레이션들 중 하나의 오퍼레이션들 중 하나의 오퍼레이션을 수행하도록 요청된다. 수신자[객체]는 먼저 메시지 이름을 구현하는 오퍼레이션을 선택하고, 그 오퍼레이션을 수행한 후에 호출자에게 제어를 반환함으로써 메시지에 응답한다. 메시지는 개별 객체의 행위와 전체 객체지향 시스템에 관한 통찰력을 제공해 준다.

다형성 다형성은 기존 객체지향 시스템을 확장하는 데 필요한 노력을 크게 줄여 주는 특징

3 예를 들면, 하나 이상의 슈퍼클래스("다중 상속"이라고 부르는)로부터 속성과 오퍼레이션을 상속받는 서브클래스를 설계하는 것은 대부분의 설계자가 눈살을 찌푸린다.

이다. 다형성을 이해하기 위하여 라인 그래프, 파이 차트, 히스토그램, 키비아트 다이어그램(Kiviat diagram)의 네 가지 다른 종류의 그래프를 그려야 하는 기존의 응용 프로그램을 고려해 보자. 이상적으로는, 일단 데이터가 특별한 유형의 그래프를 위해 수집되었을 때, 그래프는 자신을 그려야 한다. 기존의 애플리케이션에서 이것을 성취하기 위해서는(그리고 모듈 응집도를 유지하기 위해서는), 그래프의 각 유형에 대한 그리기 모듈들을 개발할 필요가 있다. 그러면, 다음과 유사한 제어 논리가 설계 내에 포함되어야 할 것이다:

```
case of graphtype:
    if graphtype = linegraph then DrawLineGraph (data);
    if graphtype = piechart then DrawPieChart (data);
    if graphtype = histogram then DrawHisto (dat)l
    if graphtype = kiviat then DrawKiviat (data);
end case
```

비록 이런 설계는 나름대로 직관적이기는 하지만, 새로운 그래프 유형을 추가하는 것이 어려울 수 있다. 새로운 모듈이 각각의 그래프 유형에 대해 생성되어야 하고, 제어 논리도 새로운 그래프 유형을 반영하기 위해 갱신되어야 한다.

객체지향 시스템에서 이런 문제를 해결하기 위해, 모든 그래프들은 Graph라고 하는 일반적인 클래스의 서브클래스가 된다. 그리고 오버로딩[Tay90]이라는 개념을 사용하여, 각각의 서브클래스는 draw라는 오퍼레이션을 정의한다. 그러면, 객체는 어떤 서브클래스들로부터 생성된 어떤 객체들에게라도 draw 메시지를 보낼 수 있다. 메시지를 받은 객체는 적절한 그래프를 생성하기 위해 자기 자신의 draw 오퍼레이션을 호출한다. 그러므로 설계는 다음과 같이 줄여질 것이다.

```
draw 〈graphtype〉
```

새로운 그래프 유형이 시스템에 추가될 때, 서브클래스는 자기 자신의 *draw* 오퍼레이션으로 생성된다. 그러나 메시지 draw 〈graphtype〉가 변경되지 않은 채 남아있기 때문에 그래프 그리기를 원하는 객체는 변경할 필요가 없다. 요약하면, 다형성은 많은 다른 오퍼레이션들이 같은 이름을 갖게 해준다. 이것은 객체들을 서로 분리시켜주며, 각각을 보다 독립적으로 만든다.

설계 클래스 요구사항 모델은 완전한 분석 클래스의 집합을 정의한다. 각각은 문제 영역의 어떤 요소들을 서술하고 사용자 또는 고객이 볼 수 있는 문제에 초점을 맞춘다. 분석 클래스의 추상화 수준은 비교적 높다.

설계 모델이 진화됨에 따라, 소프트웨어 팀은 (1) 디자인 클래스가 구현될 수 있도록 설계 상세 사항을 제공함으로써 분석 클래스를 정제하고, (2) 비즈니스 해결책을 지원하는 소프트웨어 하부구조를 구현하는 새로운 설계 클래스 집합을 생성하는 설계 클래스의 집합을 정의해야 한다. 다섯 개의 다른 유형의 설계 클래스와 설계 아키텍처의 다른 계층을 나타내는 각 클래스는 다음과 같이 제시된다[Amb01].

- **사용자 인터페이스 클래스**는 인간 컴퓨터 상호작용(HCI)를 위해 필요한 모든 추상화를 정의한다.
- **비즈니스 도메인 클래스**는 이전에 정의된 분석 클래스의 정제이다. 클래스는 비즈니스 도메인의 어떤 요소를 구현하기 위해 필요한 속성과 서비스(방법론)를 명시한다.
- **프로세스 클래스**는 비즈니스 도메인 클래스를 완전히 관리하기 위해 필요한 하위 수준의 비즈니스 추상화를 구현한다.
- **지속성 클래스**는 소프트웨어의 수행을 넘어서 지속될 데이터 저장소(예: 데이터베이스)를 나타낸다.
- **시스템 클래스**는 시스템이 컴퓨팅 환경 내 · 외부에서 통신하고 동작하도록 해주는 소프트웨어 관리및 제어 기능을 구현한다.

아키텍처 설계가 진화함에 따라, 소프트웨어 팀은 각 설계 클래스에 대해 속성과 오퍼레이션의 완전한 집합을 개발해야 한다. 추상화의 수준은 각 분석 클래스가 설계 표현으로 변환될 때 낮아진다. 즉, 분석 클래스가 비즈니스 도메인의 용어를 사용하여 객체(그리고 그것들에게 적용되는 관련 방법론)를 나타낸다. 설계 클래스는 구현을 위한 지침으로서 더욱 기술적으로 상세한 사항을 나타낸다.

Arlow와 Neustadt[Arl02]는 클래스가 "잘 작성되었는지"를 보증하기 위해 검토되어야 한다고 제안했다. 그들은 잘 작성된 설계의 네 가지 특징을 다음과 같이 정의했다.

완전 및 충분성 설계 클래스는 그 클래스에 대해 존재하기를 기대하는(클래스 이름에 대한 박식한 번역을 토대로) 모든 속성과 방법론의 완전한 캡슐화이어야 한다. 예를 들면, 비디오 편집 소프트웨어에서 정의된 **Scene** 클래스는 이 클래스가 비디오 장면의 생성과 연관될 수 있는 모든 속성과 방법론을 포함할 때만 완전하다. 충분성은 설계 클래스가 더도 덜도 말고 클래스의 의도를 달성하기 충분한 방법론만을 포함하고 있다는 것을 보증한다.

원시성 설계 클래스와 연관된 방법론은 그 클래스에 대한 하나의 특정한 기능을 달성하는데 초점을 두어야 한다. 기능이 방법론으로 구현되었을 때, 클래스는 같은 일을 달성하기 위해 다른 방법을 제공하지 않아야 한다. 예를 들면, 비디오 편집 소프트웨어의 **VideoClip** 클래스는 클립(시스템으로 로드 되는 원래의 비디오는 사용되는 클립보다 더 길 수 있다)의 시작과 끝점을 나타내기 위해 속성 start-point와 end-point를 가질 수 있다. 방법론 setStartPoint( )와 setEndPoint( )는 클립의 시작 및 끝점을 설정하기 위한 수단을 제공한다.

높은 응집도 응집력 있는 설계 클래스는 한 가지 목적만을 추구한다. 즉, 이것은 작고 명백한 책임을 가지며 한 가지 목적 추구라는 개념이 그러한 책임을 구현하기 위한 속성과 방법론에 적용된다. 예를 들면, 비디오 편집 소프트웨어의 **VideoClip** 클래스는 비디오 클립을 편집하는 방법론의 집합을 포함한다. 각 방법론이 비디오 클립과 연관된 속성에만 초점을 두면 응집력은 유지된다.

낮은 결합도 설계 모델 내에서 설계 클래스가 서로 협력하는 것이 필요하다. 그러나 협력은 최소한 허용되는 수준으로 유지되어야 한다. 설계 모델이 많이 결합된다면(모든 설계 클래스가 모든 다른 설계 클래스와 협력한다) 시스템은 구현, 테스트 및 시간이 지남에 따라 유지보수하기 어렵다. 일반적으로 서브시스템 내의 설계 클래스는 다른 클래스에 대해 제한된 지식만을 가져야 한다. Law of Demeter[Lie03]의 법칙이라고 하는 이러한 제한은 방법론은 이웃하는 클래스[4]의 방법론에게만 메시지를 보내야 한다는 것을 제안한다.

추가 읽을거리와 정보 소스

지난 30년 동안 수백 권의 책이 객체지향 프로그래밍, 분석 및 설계에 대해 저술되었다. Weisfeld(*The Object-Oriented Thought Process*, 4th ed, Addison-Wesley, 2013)은 일반적인 객체지향 개념과 원칙에 대한 가치 있는 방법을 나타낸다. Wong과 Nguyen(*Principles of Object-Oriented Programming*, Amazon Digital Services, 2011)은 객체지향 개념의 많은 중요한 실습 사용지침서를 제공한다. McLaughlin과 그의 동료들(*Head First Object-Oriented Analysis and Design: A Brain Friendly Guide to OOA&D*, Oreilly Media, Inc, 2006)은 객체지향 분석과 설계 방법에 대해 접근가능하고 유쾌한 방법을 제공한다. Keogh와 Gianni(*OOP Demystifi ed* , McGraw-Hill, 2004)주제에 유용한 가이드 북을 제공한다.

객체지향 분석 및 설계의 더 깊이 있는 방법은 Booch와 그의 동료(*Object-oriented Analysis and Design with Applications*, 3rd ed,, Addison-Wesley, 2007)에 의해 제시된다. Clark (*Beginning C# Object-Oriented Programming*, Apress, 2013), Kochen(*Programming in Objective-C*, 5th ed., Developer's Library, 2012), Phillips(*Python 3 Object Oriented Programming*, Packt Publishing, 2011), Khurana(*Object-Oriented Programming with C++*, Vikas Publishing, 2010)와 Wu(*An Introduction to Object-Oriented Programming with Java*, 2d ed., McGraw-Hill, 2009)는 수많은 다른 언어에 대해 저술된 것과 같은 객체지향 프로그래밍에 대한 포괄적인 책을 저술하였다.

객체지향 기술에 대한 광범위하고 다양한 정보 출처는 인터넷에서 찾아볼 수 있다. 최신 목록의 인터넷 참고문헌은 SEPA website: www.mhhe.com/pressman의 "분석"과 "설계"에서 찾아볼 수 있다.

4 Law of Demeter를 서술하는 덜 형식적인 방법은 "각 유닛은 그의 친구에게만 말하고 이방인에게는 말하지 마라"이다.

정형 기법

3
APPENDIX

주요 개념

정형 명세 언어
객체 제약 언어
표기법
예
Z-명세 언어
표기법
예

정형 명세를 위해 사용되는 수식 표기법[1]

소프트웨어 구성에서 정형 명세(Formal Specification)의 수식 표기법(Mathematical Notation)의 사용을 설명하기 위해서, 우리는 제28장에 나왔던 블록 핸들러의 예에 대해 다시 논의한다. 매니징 블록(Managing Blocks)을 위한 시스템은 그림 28.8과 같은 구조로 묘사된다.

BLOCKS라 불리는 세트는 매 블록의 수로 구성된다. AllBlocks은 1과 MaxBlocks 사이에 있는 블록들의 한 세트이다. 상태는 두 세트나 하나의 시퀀스로 모델화 될 것이다. 이 두 세트는 used와 free이다. 둘 다 포함된 블록들–used 세트는 최근 사용된 파일들의 블록들을 포함하고, free 세트는 새로운 파일을 이용할 수 있도록 하는 블록을 포함한다. 시퀀스는 삭제된 파일로부터 해체될 준비가 된 블록 세트를 포함할 것이다. 상태(state)는 다음과 같이 표현될 수 있다.

$$used, free: \mathbb{P}\ BLOCKS$$
$$BlockQueue: seq\ \mathbb{P}\ BLOCKS$$

이것은 프로그램의 변수 선언과 매우 유사하다. 이 used와 free 상태는 블록의 세트가 되고 BlockQueue는 시퀀스가 된다. 이들의 각 요소는 블록의 한 세트가 될 것이다. 불변 데이터는 다음과 같이 쓰일 수 있다.

$$used \cap free = \varnothing \land$$
$$used \cup free = AllBlocks \land$$
$$\forall\ i: \mathrm{dom}\ BlockQueue \bullet BlockQueue\ i \subseteq used \land$$
$$\forall\ i, j: \mathrm{dom}\ BlockQueue \bullet i \neq j \Rightarrow BlockQueue\ i \cap BlockQueue\ j = \varnothing$$

불변 데이터의 첫 번째 줄은 used 컬렉션과 free 컬렉션 블록 안에서 일반 블록이 아닐 것

1 우리는 당신이 세트와 시퀀스와 관련된 수식 표기법과 술어 계산을 이용하는 논리적 표기법에 친숙하다는 추정을 내리고 부록 3에 이 장을 썼다. 만약 당신이 리뷰가 필요하다면 간략한 개요는 8판의 웹사이트의 보충 자료에 나와 있다. 더 자세한 정보는 [Jec06] 또는 [Pot04]를 보면 된다.

이라는 것을 명시한다. 두 번째 줄은 시스템 안에서 블록의 전체 컬렉션들이 항상 동등해질 수 있도록 하는 used 블록과 free 블록의 컬렉션을 명시한다. 세 번째 줄은 블록 큐 안에 있는 i 번째 요소가 항상 used 블록의 부분집합이 될 수 있도록 가리킨다. 마지막 줄은 같지 않은 블록 큐 안의 어떤 두 개의 요소가 이 두 요소 안의 일반적이지 않은 블록이 될 것이라는 것을 명시한다. 처음 정의된 명령어는 블록 큐의 헤드로부터 나온 요소를 제거하는 하나이다. 이 전제조건은 적어도 하나의 아이템이 큐 안에 있어야만 한다.

$$\#BlockQueue > 0,$$

후행 조건은 큐의 헤드가 반드시 제거되거나 free 블록 컬렉션으로 대체되어야 하며, 큐는 제거되는 것을 보여주기 위해 조정된다.

$$used' = used \setminus head\ BlockQueue \land$$
$$free' = free \cup head\ BlockQueue \land$$
$$BlockQueue' = tail\ BlockQueue$$

많은 형식적인 방법에 사용되는 한 규칙은 한 명령어 다음에 하나의 변수 값이 준비된다는 것이다. 이런 이유로 새로운 used 블록(*used'*)의 상태가 표현되기 이전의 처음 성분은 제거되었던 블록을 제외하고 나중의 used 블록과 동등할 것이기 때문에다.

새로운 free 블록(*free'*)인 두 번째 성분의 상태는 나중의 free 블록과 그것이 포함된 큐 블록의 head가 될 것이다.

세 번째 성분인 새로운 블록 큐는 블록 큐의 나중 값의 꼬리(tail)와 같아질 것이다. 즉, 큐 안의 모든 성분은 처음 하나를 떼어 놓는다. 두 번째 명령어은 블록 큐로서 블록의 컬렉션인 Ablocks를 추가한다. Ablocks라는 전제 조건은 현재 used 블록의 한 세트이다.

?
어떻게 전제조건과 후행조건을 표현해야 될까 ?

$$Ablocks \subseteq used$$

블록 세트의 후행조건은 블록 큐의 끝과 used의 세트에 추가된다. 그리고 free 블록은 불변인 채로 있게 된다.

$$BlockQueue' = BlockQueue \frown \langle \text{Ablocks} \rangle \land$$
$$used' = used \land$$
$$free' = free$$

블록 큐의 수학적인 설명은 의문을 가질 필요가 없다. 이것은 자연어의 서술이나 그래픽적인 모델보다 상당히 더 정밀하다. 부가적인 정밀함은 노력이 필요하지만 일관성과 완성도가 어떤 애플리케이션 도메인을 위한 타당함을 보여줄 수 있음으로서 이득을 얻을 수 있다.

정형 명세 언어

정형 명세 언어는 주로 3개의 주요 구성 요소로 구성된다. (1) 특정 표기법과 그에 해당하는 명세 사항으로 정의된 문법, (2) 시스템을 만드는 데 사용될 "대상의 영역"에 대한 정의를 도와주는 의미 정의역과 (3) 명세에서 대상이 얼마나 적절하고 안전하게 다룰 수 있는

지 가리켜주는 의미 규칙을 정의해주는 릴레이션의 한 세트

정형명세언어의 문법 정의역은 문법에 근간한다. 그것은 이론 표기법의 표준 세트와 술어 계산으로부터 나온다. 명세 언어의 의미 정의역은 언어가 어떻게 시스템의 필요조건을 나타내는지 알려준다.

오늘날 다양한 정형명세언어들은 사용하고 있다. OCL[OMG03b], Z[ISO02], LARCH[Gut93]과 VDM [Jon91]은 앞서 언급한 특징을 보여주는 대표적인 정형명세 언어이다. 이 부록에서는 우리는 OCL과 Z에 대해서만 간단히 설명한다.

객체 계약 언어(OCL)[2]

객체 제약 언어(Object Constraint Language, OCL)는 하나의 정형 표기법이다. 논리(logic)와 이산수학의 강점을 모두 이 언어에서 사용 가능하다. 하지만 OCL 디자이너는 OCL 명령문을 사용할 때 오직 ASCII 문자(전통적인 수학 표기법보다)를 사용해야 한다.

OCL을 사용함으로써 당신은 한 개 또는 그 이상의 UML 다이어그램을 시작하게 된다—거의 일반적인 클래스와 상태 다이어그램, 또는 액티비티 다이어그램(부록 1)—. OCL 수식은 다이어그램의 요소에 더해지고 그에 대한 사실을 말한다. 이러한 수식들은 constraints(제약)이라고 불린다. 모델로부터 나온 어떠한 실행이든 반드시 항상 참인 상태(true)를 지속해야한다는 각 제약을 보장하여야 한다.

객체지향언어와 같이 OCL의 수식은 객체에 대한 연산자의 연산과 관련이 있다. 하지만 완전한 수식의 결과는 반드시 항상 Boolean이 되어야 한다. 즉, 참 또는 거짓이다. 객체는 OCL **Collection** 클래스의 객체와 그것의 **Set** , 그리고 두 서브클래스의 **Sequence**가 될 수 있다.

객체 **self**는 수치를 구하고 있는 OCL 수식의 맥락에서 UML 다이어그램의 요소이다. 다른 객체는 **self** 객체로부터 .(dot) 기호를 사용하는 navigating에 의해 얻을 수 있다.

- 만약 **self**가 클래스 **C**, 속성인 a라면, self.a는 a 안에 저장된 객체를 평가한다.
- 만약 **C**가 *assoc*이라 불리는 다른 클래스 **D**를 1 : 다(one-to-many)의 연관성으로 가지고 있다면, self.assoc는 유형 **D**의 요소를 가진 하나의 **Set**를 검토한다.
- 마지막으로, 만약 **D**가 속성 b를 가지고 있다면, 표현식 self.assoc.b는 모든 **D**에 속해있는 모든 b들의 set를 검토한다.

OCL은 내장된 연산 수행 세트와 논리연산자, 구조적인 설명서, 그리고 관련된 계산을 제공한다. 이러한 간단한 예로 Table A3.1에 나타냈다.

OCL의 설명서의 사용에 대해 보여줌으로써 우리는 제28장에 소개되었던 블록 핸들러의 예시를 재검토한다. 처음 단계는 하나의 UML 모델(그림 A3.1)을 만드는 것이다. 이 클래스 다이어그램은 연관된 객체들 간의 많은 관계들을 명시한다. 하지만 OCL 수식들은 시스템 동작을 위해 무엇이 반드시 참인 상태로 유지해야 하는지 더 정확히 알고 있는 시스

2 이 장은 Ottawa 대학교의 Timothy Lethbridge 교수님이 기여하셨고 이곳에 사용하는 것을 허락해 주셨다.

표 A3.1 OCL 키 표기법의 개요

x.y	Obtain the property y of object x. A property can be an attribute, the set of objects at the end of an association, the result of evaluating an operation, or other things depending on the type of UML diagram. If x is a Set, then y is applied to every element of x; the results are collected into a new Set.
c->f()	Apply the built-in OCL operation f to Collection c itself (as opposed to each of the objects in c). Examples of built-in operations are listed below.
and, or, =, <>	Logical and, logical or, equals, not-equals.
p implies q	True if either q is true or p is false.
Sample of Operations on Collections (including Sets and Sequences)	
C->size()	The number of elements in Collection c.
C->isEmpty()	True if c has no elements, false otherwise.
c1->includesAll(c2)	True if every element of c2 is found in c1.
c1->excludesAll(c2)	True if no element of c2 is found in c1.
C->forAll(elem | boolexpr)	True if boolexpr is true when applied to every element of c. As an element is being evaluated, it is bound to the variable elem, which can be used in boolexpr. This implements universal quantification, discussed earlier.
C->forAll(elem1, elem2 | boolexpr)	Same as above, except that boolexpr is evaluated for every possible *pair* of elements taken from c, including cases where the pair consists of the same element.
C->isUnique(elem |expr)	True if expr evaluates to a different value when applied to every element of c.
Sample of Operations Specific to Sets	
s1->intersection(s2)	The set of those elements found s1 and also in s2.
s1->union(s2)	The set of those elements found in either s1 or s2.
s1->excluding(x)	The set s1 with object x omitted.
Sample Operation Specific to Sequences	
Seq->first()	The object that is the first element in the sequence seq.

템 시행자가 허용하기 위해 추가된다.

클래스 다이어그램을 보충하는 OCL 수식은 28.6절에서 논의된 불변하는 6개 부분으로 표시한다. 다음의 예를 보면 불변 식은 영어로 반복되고, 그러고 난 후 표시하고 있는 OCL 수식이 작성된다. 이는 정형 논리에서 자연어 텍스트를 제공하기 위한 좋은 습관으로 여겨진다. 예를 들면 이는 영어와 논리가 일치하지 않는 상황에서, 당신이 논리를 이해하는데 도움이 될 뿐만 아니라 검토자가 실수를 발견하는데 도움이 된다.

1. block이 없는 것은 unused와 used로 표시한다.

```
context BlockHandler inv:
  (self.used->intersection(self.free))->isEmpty()
```

키워드 ***context***의 각 수식의 시작에 주목해라. 이것은 수식을 만드는 UML 다이어그램의 요소를 가리킨다. 키워드 self는 여기에 BlockHandler의 객체를 지시한다. OCL안에서 허용되는 것과 같이 우리는 self를 생략한다.

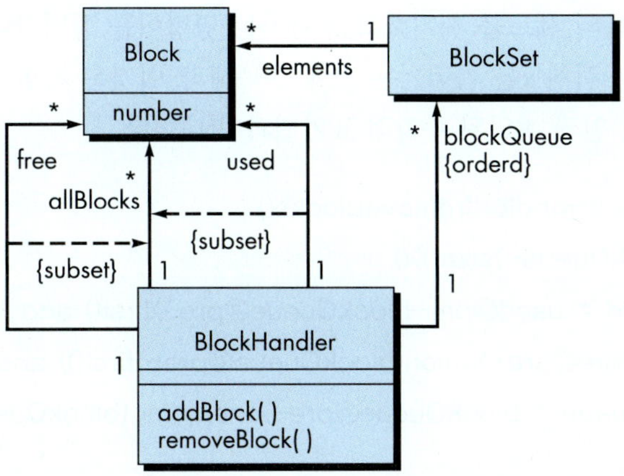

그림 A3.1

하나의 블록 핸들러를 위한 클래스 다이어그램

2. 큐 안에 있는 모든 블록들의 세트는 현재 사용된 블록 모음(collection)들의 부분집합이 될 것이다.

```
context BlockHandler inv:
  blockQueue->forAll(aBlockSet | used->includesAll(aBlockSet))
```

3. 큐에 요소가 없는 것은 같은 블록 숫자를 포함할 것이다.

```
context BlockHandler inv:
  blockQueue->forAll(blockSet1, blockSet2 |
    blockSet1 <> blockSet2 implies
    blockSet1.elements.number ->excludesAll(blockSet2.elements.number})
```

implies 이전의 수식은 우리가 양 요소들이 같은 블록에서 한 쌍을 이루는 것을 무시하는 것을 보장하기 위해 필요로 한다.

4. used 블록과 unused 블록의 모음은 파일을 이루는 블록에서 총 모음이 될 것이다.

```
context BlockHandler inv:
  allBlocks = used->union(free)
```

5. unused 블록의 컬렉션은 블록 숫자 복사본을 가지고 있지 않을 것이다.

```
contex BlockHandler inv:
  free->isUnique(aBlock | aBlock.number)
```

6. used 블록의 컬렉션은 블록 숫자 복사본을 가지고 있지 않을 것이다.

```
context BlockHandler inv:
  used->isUnique(aBlock | aBlock.number)
```

OCL은 또한 명령어의 전제조건과 후행조건을 명시하는 것에 익숙해 질 수 있다. 예를 들어 다음은 큐에게 블록의 세트를 제거하고 추가하는 명령어를 설명한다. 표기법 x@pre는 연산에 앞서 존재하는 객체 x를 가리키는 것에 주목해라. 이것은 특별하게 지정된(x')처럼 연산 다음의 x에서 더 일찍 논의된 수학적 표기법과 반대이다.

```
context BlockHandler::removeBlocks()
  pre: blockQueue->size()>0
  post: used = used@pre-blockQueue@pre->first() and
    free = free@pre->union(blockQueue@pre->first()) and
    blockQueue = blockQueue@pre->excluding(blockQueue@pre->first)

context BlckHandler::addBlocks(aBlockSet :BlockSet)
  pre: used->includesAll(aBlockSet.elements)
  post: (blockQueue.elements = blockQueue.elements@pre
    ->append (aBlockSet.elements) and
  used = used@pre and
  free = free@pre
```

OCL은 모델링 언어이지만 이것은 모든 정형 언어의 속성을 갖는다. OCL은 다양한 UML 모델에서 표현되는 객체에 연관된 전제조건, 후행조건, 위험방지, 다른 특징과 같은 수식에 많은 제약을 따른다.

Z 명세 언어

Z(올바른 발음은 "제드(Zed)")는 정형 방법론에서 널리 사용되는 명세 언어이다. Z 언어는 **스키마**를 설계하기 위해 일차 선언된 논리의 문맥 안에서 분류된 세트, 릴레이션, 그리고 함수에 해당한다—정형 명세의 구조화를 위한 한 방법—.

Z 명세는 스키마들의 하나의 세트로 구성된다. 스키마들은 하나의 시스템에서 구조체로 사용되는 성분과 같은 방법으로 하나의 정형명세 구조체로 사용된다.

하나의 스키마는 하나의 시스템 접근과 변경과 같은 저장된 데이터를 설명한다. Z의 문맥 안에서는 이것을 "state"라고 부른다. Z에서 *state* 용어의 쓰임은 이 책의 나머지 부분에서 사용되었던 state의 의미와 약간 차이가 있다.[3] 한 스키마의 일반적인 구조는 다음과 같은 방식이다.

```
———schemaName——————————————————
      declarations
———————————————————————————————
      invariant
———————————————————————————————
```

3 다른 장의 state는 시스템을 위한 행동의 외부 관찰 가능한 방식으로 확인하는 데 사용되었다는 것을 기억해라.

선언부에서는 시스템 상태와 state에서 발생할 수 있는 방식에서 변하지 않는 제약을 두는 것으로 구성되는 변수를 확인한다. Z 언어 표기법의 개요는 표 A3.2에 나타냈다.

표 A3.2 Z 표기법의 개요

Z 표기법은 분류된 세트와 일차 논리를 기반으로 한다. Z는 명세의 상태 공간과 연산을 설명하기 위한 스키마라고 하는 하나의 구조물을 제공한다. 하나의 스키마는 한 변수에서 가능한 값을 제한하는 하나의 리스트로 변수 선언을 그룹화 한다. Z에서 스키마 X는 다음과 같이 정의된다.

——X——————————

declarations

——————————————

predicates

——————————————

전역 함수(Global function)와 상수(Constant)는 다음과 같은 형식으로 정의된다.

declarations

——————————————

predicates

선언(Declaration)은 함수나 상수의 형태를 부여하는 반면에, 술어(Predicate)는 그 값을 부여한다. Z 기호의 오직 하나의 간략한 세트는 아래 표와 같다.

Sets:

$S : \mathbb{P}X$	S is declared as a set of Xs.
$X \in S$	x is a member of S.
$x \notin S$	x is not a member of S.
$S \subseteq T$	S is a subset of T: Every member of S is also in T.
$S \cup T$	The union of S and T: It contains every member of S or T or both.
$S \cap T$	The intersection of S and T: It contains every member of both S and T.
$S \setminus T$	The difference of S and T: It contains every member of S except those also in T.
$\varnothing$	Empty set: It contains no members.
$\{x\}$	Singleton set: It contains just x.
$\mathbb{N}$	The set of natural numbers 0, 1, 2, ...
$S : \mathbb{F}\,X$	S is declared as a finite set of Xs.
max (S)	The maximum of the nonempty set of numbers S.

Functions:

$f : X \rightarrowtail\!\!\!\!\mapsto Y$	f is declared as a partial injection from X to Y.
dom f	The domain of f: the set of values x for which $f(x)$ is defined.
ran f	The range of f: the set of values taken by $f(x)$ as x varies over the domain of f.
$f \oplus \{x \mapsto y\}$	A function that agrees with f except that x is mapped to y.
$\{x\} \trianglelefteq f$	A function like f, except that x is removed from its domain.

Logic:

$P \wedge Q$	P and Q: It is true if both P and Q are true.
$P \Rightarrow Q$	P implies Q: It is true if either Q is true or P is false.
$\theta S' = \theta S$	No components of schema S change in an operation.

다음 스키마의 예시는 블록 핸들러와 불변 데이터의 상태를 표현한다.

———**BlockHandler**———————————————
used, free : ℙ *BLOCKS*
BlockQueue : *seq* ℙ *BLOCKS*
used ∩ *free* = ∅∧
used ∪ *free* = *AllBlocks* ∧
∀*i*: **dom** *BlockQueue* • *BlockQueue i* ⊆ *used* ∧
∀*i, j*: dom *BlockQueue* • *i* ≠ *j* => *BlockQueue i* ∩ *BlockQueue j* = ∅
———————————————————————

주목해야 할 것은 스키마가 두 개의 부분으로 구성된다는 것이다. 중간 줄의 윗부분의 상태의 변수는 상태의 변수로 표현되지만 아랫부분은 불변 데이터에 대해서 표현된다. 스키마가 상태의 변화 동작을 명시할 때마다 이것은 Δ 기호를 앞에 둔다. 다음 스키마의 예는 블록 큐로부터의 한 요소를 제거하는 동작을 나타낸다.

———RemoveBlocks———————————
Δ *BlockHandler*
——————————————————

#BlockQueue > 0,
used' = *used* \ *head BlockQueue* ∧
free' = *free* ∪ *head BlockQueue* ∧
BlockQueue' = *tail BlockQueue*
——————————————————

Δ *Block Handler* 결과의 포함은 *RemoveBlocks* 스키마와, 실행된 동작의 전과 후 유지할 불변데이터 보증을 위한 상태를 사용 가능하게 만든 모든 변수가 된다.

다음 두 동작은 큐를 끝내기 위해 블록의 한 모음을 추가한다.

———AddBlocks———————————
Δ BlockHandler
Ablocks? : BLOCKS
——————————————————

Ablocks? ⊆ *used*
BlockQueue' = *BlockQueue* ⁀ ⟨Ablocks?⟩ ∧
used' = *used* ∧
free' = *free*
——————————————————

Z의 규정을 통해 입력 변수는 읽어지지만, 상태의 일부로 구성되지 않는다. 이는 물음표를 통해 종료가 된다. 따라서 'Ablock?'이라는 입력 파라미터로서의 이 행동은 하나의 물음표에 의해 종료가 된다.

추가 읽을거리와 정보 소스

정형 기법 영역은 Gabbar(*Modern Formal Methods and Applications*, Springer, 2010), Casey(*A Programming Approach to Formal Methods*, McGraw-Hill, 2000), Hinchey and Bowan(*Industrial Strength Formal Methods*, Springer-Verlag, 1999), Hussmann(*Formal Foundations for Software Engineering Methods*, Springer-Verlag, 1997), 그리고 Sheppard(*An Introduction to Formal Specifi cation with Z and VDM*, McGraw-Hill, 1995)에 의해 쓴 책들로 유용한 길잡이가 되어 주었다. 부가적으로 Liu(*Formal Engineering for Industrial Software Development: Using SOFL Method*, 2010), Warmer 와 Kleppe(*The Object Constraint Language: Precise Modeling with UML*, Addison-Wesley, 2005)와 (*Object Constraint Language*, Addison-Wesley, 1998), Jacky (*The Way of Z: Practical Programming with Formal Methods*, Cambridge University Press, 1997), Harry(*Formal Methods Fact File: VDM and Z*, Wiley, 1997), 그리고 Cooper 와 Barden (*Z in Practice*, Prentice Hall, 1995)와 같은 특수 언어 책은 다양한 모델링 언어뿐만 아니라 정형 기법의 훌륭한 소개를 제공해주었다.

정형 기법의 정보 소스의 넓고 다양함은 인터넷을 이용하면 된다. 월드 와이드 웹 최신 리스트는 SEPA 웹사이트인 http://www.mhhe.com/pressman에서 "소프트웨어공학 자원(Software engineering resources)"를 찾을 수 있다.

참고문헌

[Abb83] Abbott, R., "Program Design by Informal English Descriptions, "*CACM*, vol. 26, no. 11, November 1983, pp. 892–894.

[Abr09] Abrial, J., "Faultless Systems: Yes We Can!" *IEEE Computer*, vol. 42, no. 9, September 2009, pp. 30–36.

[ACM12] ACM/IEEE-CS Joint Task Force, *Software Engineering Code of Ethics and Professional Practice*, 2012, available at www.acm.org/serving/se/code.htm.

[Ada93] Adams, D., *Mostly Harmless*, Macmillan, 1993.

[AFC88] *Software Risk Abatement*, AFCS/AFLC Pamphlet 800-45, U.S. Air Force, September 30, 1988.

[Agi03] The Agile Alliance Home Page, available at www.agilealliance.org/home.

[Air99] Airlie Council, "Performance Based Management: The Program Manager's Guide Based on the 16-Point Plan and Related Metrics," Draft Report, March 8, 1999.

[Aka04] Akao, Y., *Quality Function Deployment*, Productivity Press, 2004.

[Ale11] Alexander, I. "Gore, Sore, or What?" *IEEE Software*, vol. 28, no. 1, January–February 2011, pp. 8–10.

[Ale77] Alexander, C., *A Pattern Language*, Oxford University Press, 1977.

[Ale79] Alexander, C., *The Timeless Way of Building*, Oxford University Press, 1979.

[All08] Allen, J. H., et al., *Software Security Engineering: A Guide for Project Managers*, Addison-Wesley, 2008.

[Amb01] Ambler, S., *The Object Primer*, 2nd ed., Cambridge University Press, 2001.

[Amb02a] Ambler, S., "What Is Agile Modeling (AM)?" 2002, available at www.agilemodeling.com/index.htm.

[Amb02b] Ambler, S., and R. Jeffries, *Agile Modeling*, Wiley, 2002.

[Amb02c] Ambler, S., "UML Component Diagramming Guidelines," 2002, available at www.modelingstyle.info/.

[Amb04] Ambler, S., "*Examining the Cost of Change Curve*," in *The Object Primer*, 3rd ed., Cambridge University Press, 2004.

[Amb06] Ambler, S., "The Agile Unified Process (AUP), 2006, available at www.ambysoft.com/unifiedprocess/agileUP.html.

[Amb95] Ambler, S., "Using Use-Cases," *Software Development*, July 1995, pp. 53–61.

[Amb98] Ambler, S., *Process Patterns: Building Large-Scale Systems Using Object Technology*, Cambridge University Press/SIGS Books, 1998.

[And05] Andreou, A., et al., "Key Issues for the Design and Development of Mobile Commerce Services and Applications," *International Journal of Mobile Communications*, vol. 3, no. 3, March 2005, pp. 303–323.

And06] Andrews, M., and J. Whittaker, *How to Break Web Software: Functional and Security Testing of Web Applications and Web Services*, Addison-Wesley, 2006.

[ANS87] ANSI/ASQC A3-1987, *Quality Systems Terminology*, 1987.

[Ant06] Anton, D., and C. Anton, *ISO 9001 Survival Guide*, 3rd ed., AEM Consulting Group, 2006.

[AOS07] AOSD.net (Aspect-Oriented Software Development), glossary, available at http://aosd.net/wiki/index.php?title=Glossary.

[App00] Appleton, B., "Patterns and Software: Essential Concepts and Terminology," February 2000, available at www.cmcrossroads.com/bradapp/docs/patterns-intro.html.

[App13] Apple Computer, *Accessibility*, 2013, available at www.apple.com/accessibility/.

[Arl02] Arlow, J., and I. Neustadt, *UML and the Unified Process*, Addison-Wesley, 2002.

[Arn89] Arnold, R. S., "Software Restructuring," *Proceedings of the IEEE*, vol. 77, no. 4, April 1989, pp. 607–617.

[Art97] Arthur, L. J., "Quantum Improvements in Software System Quality," *CACM*, vol. 40, no. 6, June 1997, pp. 47–52.

[Ast04] Astels, D., *Test Driven Development: A Practical Guide*, Prentice Hall, 2004.

[ATK12] ATKearney, "A.T. Kearney Study of Global Wealth and Spending," 2012, available at http://www.atkearney.com/news-media/news-releases/news-release/-/asset_publisher/00OIL7Jc67KL/content/id/387464.

[Baa07] de Baar, B., "Project Risk Checklist," 2007, available at www.softwareprojects.org/project_riskmanagement_starting62.htm.

[Baa10] Baaz, A., et al., "Appreciating Lessons Learned," *IEEE Software*, vol. 27, no. 4, July–August, 2010, pp. 72–79.

[Bab09] Babar, M., and I. Groton, "Software Architecture Review: The State of Practice," *IEEE Computer*, vol. 42, no. 6, June 2009, pp. 1–8.

[Bab86] Babich, W. A., *Software Configuration Management*, Addison-Wesley, 1986.

[Bac97] Bach, J., "'Good Enough Quality: Beyond the Buzzword," *IEEE Computer*, vol. 30, no. 8, August 1997, pp. 96–98.

[Bac98] Bach, J., "The Highs and Lows of Change Control," *Computer*, vol. 31, no. 8, August 1998, pp. 113–115.

[Bae98] Baetjer, Jr., H., *Software as Capital*, IEEE Computer Society Press, 1998, p. 85.

[Bak72] Baker, F. T., "Chief Programmer Team Management of Production Programming," *IBM Systems Journal*., vol. 11, no. 1, 1972, pp. 56–73.

[Ban06a] Baniassad, E., et al., "Discovering Early Aspects," *IEEE Software*, vol. 23, no. 1, January–February, 2006, pp. 61–69.

[Bar06b] Baresi, L., E. DiNitto, and C. Ghezzi, "Toward Open-World Software: Issues and Challenges," *IEEE Computer*, vol. 39, no. 10, October 2006, pp. 36–43.

[Bas03] Bass, L., P. Clements, and R. Kazman, *Software Architecture in Practice*, 2nd ed., Addison-Wesley, 2003

[Bas84] Basili, V. R., and D. M. Weiss, "A Methodology for Collecting Valid Software Engineering Data," *IEEE Trans. Software Engineering*, vol. SE-10, 1984, pp. 728–738.

[Bea11] Beaird, J., The Principles of Beautiful Web Design, 2nd ed., Sitepoint, 2011.

[Bec00] Beck, K., *Extreme Programming Explained: Embrace Change*, Addison-Wesley, 1999.

[Bec01] Beck, K., et al., "Manifesto for Agile Software Development," www.agilemanifesto.org/.

[Bec04a] Beck, K., *Extreme Programming Explained: Embrace Change*, 2nd ed., Addison-Wesley, 2004.

[Bec04b] Beck, K., *Test-Driven Development: By Example*, 2nd ed., Addison-Wesley, 2004.

[Bee99] Beedle, M., et al., "SCRUM: An Extension Pattern Language for Hyperproductive Software Development," included in: *Pattern Languages of Program Design 4*, Addison-Wesley Longman, Reading MA, 1999, downloadable from http://jeffsutherland.com/scrum/scrum_plop.pdf.

[Beg10] Begel, A., R. DeLine, and T. Zimmermann, "Social Media for Software Engineering," *Proc. FoSER 2010*, ACM, November, 2010.

[Bei84] Beizer, B., *Software System Testing and Quality Assurance*, Van Nostrand-Reinhold, 1984.

[Bei90] Beizer, B., *Software Testing Techniques*, 2nd ed., Van Nostrand-Reinhold, 1990.

[Bei95] Beizer, B., *Black-Box Testing*, Wiley, 1995.

[Bel81] Belady, L., Foreword to *Software Design: Methods and Techniques* (L. J. Peters, author), Yourdon Press, 1981.

[Bel95] Bellinzona R., M. G. Gugini, and B. Pernici, "Reusing Specifications in OO Applications," *IEEE Software*, March 1995, pp. 65–75.

[Ben00] Bennatan, E., *Software Project Management: A Practitioner's Approach*, 3rd ed., McGraw-Hill, 2000.

[Ben99] Bentley, J., *Programming Pearls*, 2nd ed., Addison-Wesley, 1999.

[Ben02] Bennett, S., S. McRobb, and R. Farmer, *Object-Oriented Analysis and Design*, 2nd ed., McGraw-Hill, 2002.

[Ben10] Benaroch, M., and A. Appari, "Financial Pricing of Software Development Risk Facotrs," *IEEE Software*, vol. 27, no. 3, September–October, 2010, pp. 65–73.

[Ber80] Bersoff, E., V. Henderson, and S. Siegel, *Software Configuration Management*, Prentice Hall, 1980.

[Ber93] Berard, E., *Essays on Object-Oriented Software Engineering*, vol. 1, Addison-Wesley, 1993.

[Bes04] Bessin, J., "The Business Value of Quality," IBM developerWorks, June 15, 2004, downloadable from http://cm.techwell.com/articles/original/business-value-quality-and-testing.

[Bie94] Bieman, J. M., and L. M. Ott, "Measuring Functional Cohesion," *IEEE Trans. Software Engineering*, vol. SE-20, no. 8, August 1994, pp. 308–320.

[Bin93] Binder, R., "Design for Reuse Is for Real," *American Programmer*, vol. 6, no. 8, August 1993, pp. 30–37.

[Bin94a] Binder, R., "Testing Object-Oriented Systems: A Status Report," *American Programmer*, vol. 7, no. 4, April 1994, pp. 23–28.

[Bin94b] Binder, R. V., "Object-Oriented Software Testing," *Communications of the ACM*, vol. 37, no. 9, September 1994, p. 29.

[Bin99] Binder, R., *Testing Object-Oriented Systems: Models, Patterns, and Tools*, Addison-Wesley, 1999.

[Bir98] Biró, M., and T. Remzsö, "Business Motivations for Software Process Improvement," ERCIM News No. 32, January 1998, available at www.ercim.org/publication/Ercim_News/enw32/biro.html.

[Bla09] Black, S., et al. "Formal Versus Agile: Survival of the Fittest?" *IEEE Computer*, vol. 42, no. 9, September 2009, pp. 37–45.

[Bla10] Blair, S., et al., "Responsibility-Driven Architecture," *IEEE Software*, vol. 27, no. 3, March–April 2010, pp. 26–32.

[Bod09] Bode, S., et al., "Software Architectural Design Meets Security Engineering," *Proceedings of 16th Annual IEEE International Conference and Workshop on the Engineering of Computer Based Systems*, 2009.

[Boe00] Boehm, B., et al., *Software Cost Estimation in COCOMO II*, Prentice Hall, 2000.

[Boe01a] Boehm, B., "The Spiral Model as a Tool for Evolutionary Software Acquisition," *CrossTalk*, May 2001, available at www.stsc.hill.af.mil/crosstalk/2001/05/boehm.html.

[Boe01b] Boehm, B., and V. Basili, "Software Defect Reduction Top 10 List," *IEEE Computer*, vol. 34, no. 1, January 2001, pp. 135–137.

[Boe08] Boehm, B., "Making a Difference in the Software Century," *IEEE Computer*, vol. 41, no. 3, March 2008, pp. 32–38.

[Boe81] Boehm, B., *Software Engineering Economics*, Prentice Hall, 1981.

[Boe88] Boehm, B., "A Spiral Model for Software Development and Enhancement," *Computer*, vol. 21, no. 5, May 1988, pp. 61–72.

[Boe89] Boehm, B. W., *Software Risk Management*, IEEE Computer Society Press, 1989.

[Boe96] Boehm, B., "Anchoring the Software Process," *IEEE Software*, vol. 13, no. 4, July 1996, pp. 73–82.

[Boe98] Boehm, B., "Using the WINWIN Spiral Model: A Case Study," *Computer*, vol. 31, no. 7, July 1998, pp. 33–44.

[Boh00] Bohl, M., and M. Rynn, *Tools for Structured Design: An Introduction to Programming Logic*, 5th ed., Prentice Hall, 2000.

[Boh66] Bohm, C., and G. Jacopini, "Flow Diagrams, Turing Machines and Languages with Only Two Formation Rules," *CACM*, vol. 9, no. 5, May 1966, pp. 366–371.

[Boi04] Boiko, B., *Content Management Bible*, 2nd ed., Wiley, 2004.

[Boo02] Booch, G., and A. Brown, "Collaborative Development Environments," Rational Software Corp., October 28, 2002.

[Boo05] Booch, G., J. Rumbaugh, and I. Jacobsen, *The Unified Modeling Language User Guide*. 2nd ed., Addison-Wesley, 2005.

[Boo06] Bootstrap-institute.com, 2006, www.cse.dcu.ie/espinode/directory/directory.html.

[Boo08] Booch, G., *Handbook of Software Architecture*, 2008, available at www.booch.com/architecture/systems.jsp.

[Boo11a] Booch, G., "Dominant Design," *IEEE Software*, vol. 28, no. 2, January–February 2011, pp. 8–9.

[Boo11b] Booch, G., "Draw Me a Picture," *IEEE Software*, vol. 28, no. 1, January–February 2011, pp. 6–7.

[Boo94] Booch, G., *Object-Oriented Analysis and Design*, 2nd ed., Benjamin Cummings, 1994.

[Bor01] Borchers, J., *A Pattern Approach to Interaction Design*, Wiley, 2001.

[Bos00] Bosch, J., *Design & Use of Software Architectures*, Addison-Wesley, 2000.

[Bos11] Bose, B., et al., "Morphing Smartphones into Automotive Application Platforms," *IEEE Computer*, vol. 44, no. 5, May 2011, pp. 28–29.

[Bra94] Bradac, M., D. Perry, and L. Votta, "Prototyping a Process Monitoring Experiment," *IEEE Trans. Software Engineering*, vol. 20, no. 10, October 1994, pp. 774–784.

[Bre02] Breen, P., "Exposing the Fallacy of 'Good Enough' Software," informit.com, February 1, 2002, available at www.informit.com/articles/article.asp?p=25141&rl=1.

[Bre03] Breu, R., et al., *Key Issues of a Formally Based Process Model for Security Engineering*, Proceedings of the 16th International Conference on Software & Systems Engineering and their Applications, *2003*.

[Bre10] Breu, R., *Ten Principles for Living Models—A Manifesto of Change-Driven Software Engineering*, International Conference on Complex, Intelligent and Software Intensive Systems (CISIS), Krakow, Poland, February 2010, pp. 1–8.

[Bro01] Brown, B., *Oracle9i Web Development*, 2nd ed., McGraw-Hill, 2001.

[Bro03] Brooks, F., "Three Great Challenges for Half-Century-Old Computer Science," *JACM*, vol. 50, no. 1, January 2003, pp. 25–26.

[Bro06] Broy, M., "The 'Grand Challenge' in Informatics: Engineering Software Intensive Systems," *IEEE Computer*, vol. 39, no. 10, October 2006, pp. 72–80.

[Bro10a] Brown, N., R. Nord, and I. Ozkaya, "Enabling Agility through Architecture," *Crosstalk*, November–December 2010, available at www.crosstalkonline.org/storage/issue-archives/.../201011-Brown.pdf.

[Bro10b] Broy, M., and R. Reussner, "Software Architecture Review: The State of Practice," *IEEE Computer*, vol. 43, no. 10, June 2010, pp. 88–91.

[Bro11] Brown, M., "The Best Tools for Mobile App Testing," available at http://www.mobileapptesting.com/the-best-tools-for-mobile-app-testing/2011/08/.

[Bro12] Brown, A., *The Architecture of Open Source Applications*, lulu.com, 2012.

[Bro95] Brooks, F., *The Mythical Man-Month*, Silver Anniversary edition, Addison-Wesley, 1995.

[Bro96] Brown, A., and K. Wallnau, "Engineering of Component Based Systems," *Component-Based Software Engineering*, IEEE Computer Society Press, 1996, pp. 7–15.

[Buc99] Bucanac, C., "The V-Model," University of Karlskrona/Ronneby, January 1999, downloadable from www.bucanac.com/documents/The_V-Model.pdf.

[Bud96] Budd, T., *An Introduction to Object-Oriented Programming*, 2nd ed., Addison-Wesley, 1996.

[Bus07] Buschmann, F., et al., *Pattern-Oriented Software Architecture, A System of Pattern*, Wiley, 2007.

[Bus10] Buschmann, F., "Learning from Failure, Part 2: Featuritis, Performitis, and Other Diseases," *IEEE Software*, vol. 27, no. 1, January–February 2010, pp. 10–11.

[Bus10a] Buschmann, F., "On Architecture Styles and Paradigms," *IEEE Software*, vol. 27, no. 5, September–October 2010, pp. 92–94.

[Bus10b] Buschmann, F., and K. Henley, "Five Considerations for Software Architecture, Part 1," *IEEE Software*, vol. 27, no. 3, May–June 2010, pp. 63–65.

[Bus10c] Buschmann, F., and K. Henley, "Five Considerations for Software Architecture, Part 2," *IEEE Software*, vol. 27, no. 4, July–August 2010, pp. 12–14.

[Bus96] Buschmann, F., et al., *Pattern-Oriented Software Architecture*, Wiley, 1996.

[Cac02] Cachero, C., et al., "Conceptual Navigation Analysis: a Device and Platform Independent Navigation Specification," *Proceedings of the Second International Workshop on Web-Oriented Technology*, June 2002, available at www.dsic.upv.es/~west/iwwost02/papers/cachero.pdf.

[Car08] Carrasco, M., "7 Key Attributes of High Performance Software Development Teams," June 30, 2008, available at http://www.realsoftwaredevelopment.com/7-key-attributes-of-high-performance-software-development-teams/.

[Car90] Card, D., and R. Glass, *Measuring Software Design Quality*, Prentice Hall, 1990.

[Cas06] Casey, V., and I. Richardson, "Uncovering the Reality within Virtual Software Teams," *Proc. GSD'06*, ACM, May 23, 2006.

[Cas89] Cashman, M., "Object Oriented Domain Analysis," *ACM Software Engineering Notes*, vol. 14, no. 6, October 1989, p. 67.

[Cav78] Cavano, J., and J. McCall, "A Framework for the Measurement of Software Quality," *Proc. ACM Software Quality Assurance Workshop*, November 1978, pp. 133–139.

[CCS02] CS3 Consulting Services, 2002, available at www.cs3inc.com/DSDM.htm.

[Cec06] Cechich, A., et al., "Trends on COTS Component Identification," *Proc. Fifth Intl. Conf. on COTS-Based Software Systems*, IEEE, 2006.

[Cha89] Charette, R., *Engineering Risk Analysis and Management*, McGraw-Hill/Intertext, 1989.

[Cha92] Charette, R., "Building Bridges over Intelligent Rivers," *American Programmer*, vol. 5, no. 7, September 1992, pp. 2–9.

[Cha93] de Champeaux, D., D. Lea, and P. Faure, *Object-Oriented System Development*, Addison-Wesley, 1993.

[Chi94] Chidamber, S., and C. Kemerer, "A Metrics Suite for Object-Oriented Design," *IEEE Trans. Software Engineering*, vol. SE-20, no. 6, June 1994, pp. 476–493.

[Cho89] Choi, S., and W. Scacchi, "Assuring the Correctness of a Configured Software Description," *Proceedings of the Second International Workshop on Software Configuration Management*, ACM, Princeton, NJ, October 1989, pp. 66–75.

[Chu09] Chung, L., and J. Leite, "On Non-Functional Requirements in Software Engineering," published in *Conceptual Modeling: Foundations and Applications*, Springer-Verlag, 2009.

[Chu95] Churcher, N., and M. Shepperd, "Towards a Conceptual Framework for Object-Oriented Metrics," *ACM Software Engineering Notes*, vol. 20, no. 2, April 1995, pp. 69–76.

[Cia09] Ciafrani, C., et al., *ISO 9000:2008 Explained*, 3rd ed., ASQ Quality Press, 2009.

[Cig07] Cigital, Inc., "Case Study: Finding Defects Earlier Yields Enormous Savings," 2007, available at www.cigital.com/solutions/roi-cs2.php.

[Cla05] Clark, S., and E. Baniasaad, *Aspect-Oriented Analysis and Design*, Addison-Wesley, 2005.

[Cle03] Clements, P., R. Kazman, and M. Klein, *Evaluating Software Architectures: Methods and Case Studies*, Addison-Wesley, 2003.

[Cle06] Clemmons, R., "Project Estimation with Use Case Points," *CrossTalk*, February 2006, pp. 18–222, available at www.stsc.hill.af.mil/crosstalk/2006/02/0602Clemmons.pdf.

[Cle10] Clements, P., and L. Bass, "The Business Goals Viewpoint," *IEEE Software*, vol. 27, no. 6, November–December 2010, pp. 38–45.

[CMM07] *Capability Maturity Model Integration (CMMI)*, Software Engineering Institute, 2007, available at www.sei.cmu.edu/cmmi/.

[CMM08] *People Capability Maturity Model Integration (People CMM)*, Software Engineering Institute, 2008, available at www.sei.cmu.edu/cmm-p/.

[Coa91] Coad, P., and E. Yourdon, *Object-Oriented Analysis*, 2nd ed., Prentice Hall, 1991.

[Coa99] Coad, P., E. Lefebvre, and J. DeLuca, *Java Modeling in Color with UML*, Prentice Hall, 1999.

[Coc01a] Cockburn, A., and J. Highsmith, "Agile Software Development: The People Factor," *IEEE Computer*, vol. 34, no. 11, November 2001, pp. 131–133.

[Coc01b] Cockburn, A., *Writing Effective Use-Cases*, Addison-Wesley, 2001.

[Coc02] Cockburn, A., *Agile Software Development*, Addison-Wesley, 2002.

[Coc04] Cockburn, A., "What the Agile Toolbox Contains," *CrossTalk*, November 2004, available at www.stsc.hill.af.mil/crosstalk/2004/11/0411Cockburn.html.

[Coc05] Cockburn, A., *Crystal Clear*, Addison-Wesley, 2005.

[Coc11] Cochran, C., *ISO 9001 in Plain English*, Paton Professional, 2011.

[Coh05] Cohn, M., "Estimating with Use Case Points," *Methods & Tools*, Fall, 2005, available at http://www.mountaingoatsoftware.com/articles/estimating-with-use-case-points.

[Col09] Collaris, R-A., and E. Dekker, "Software Cost Estimation Using Use Case Points, " IBM Developer Works, March 15, 2009, available at http://www.ibm.com/developerworks/rational/library/edge/09/mar09/collaris_dekker/.

[Con93] Constantine, L., "Work Organization: Paradigms for Project Management and Organization, *CACM*, vol. 36, no. 10, October 1993, pp. 34–43.

[Con95] Constantine, L., "What DO Users Want? Engineering Usability in Software," *Windows Tech Journal*, December 1995, available from www.forUse.com.

[Con96] Conradi, R., "Software Process Improvement: Why We Need SPIQ," NTNU, October 1996, downloadable from www.idi.ntnu.no/grupper/su/publ/pdf/nik96-spiq.pdf.

[Con99] Constantine, L., and L. Lockwood, "Learning the Laws of Usability," *Software Development*, vol. 7, no. 10, October, 1999.

[Con02] Conradi, R., and A. Fuggetta, "Improving Software Process Improvement," *IEEE Software*, July–August 2002, pp. 2–9, available at http://citeseer.ist.psu.edu/conradi02improving.html.

[Cop05] Coplien, J., "Software Patterns," 2005, available at http://hillside.net/patterns/definition.html.

[Cou00] Coulouris, G., J. Dollimore, and T. Kindberg, *Distributed Systems: Concepts and Design*, 3rd ed., Addison-Wesley, 2000.

[Cri92] Christel, M., and K. Kang, "Issues in Requirements Elicitation," Software Engineering Institute, CMU/SEI-92-TR-12 7, September 1992.

[Crn11] Crnkovic, I., et al., "A Classification Framework for Software Component Models," *IEEE Transactions on Software Engineering*, vol. 37, no. 5, September–October 2011, pp. 593–615.

[Cro79] Crosby, P., *Quality Is Free*, McGraw-Hill, 1979.

[Cur01] Curtis, B., W. Hefley, and S. Miller, *People Capability Maturity Model*, Addison-Wesley, 2001.

[Cur86] Curritt, P., M. Dyer, and H. Mills, "Certifying the Reliability of Software," *IEEE Trans, Software Engineering*, vol. SE-12, no. 1, January 1994.

[Cur90] Curtis, B., and D. Walz, "The Psychology of Programming in the Large: Team and Organizational Behavior," *Psychology of Programming*, Academic Press, 1990.

[CVS07] Concurrent Versions System, Ximbiot, 2007, available at http://ximbiot.com/cvs/wiki/index.php?title=Main_Page.

[CVS12] *Open CVS*, 2012, available at http://web.archive.org/web/20041220041434/http://www.opencvs.org/.

[DAC03] "An Overview of Model-Based Testing for Software," Data and Analysis Center for Software, CR/TA 12, June 2003, available from www.goldpractices.com/dwnload/practice/pdf/Model_Based_Testing.pdf.

[Dah72] Dahl, O., E. Dijkstra, and C. Hoare, *Structured Programming*, Academic Press, 1972.

[Dan09] Dang, A., "How Correct is Security by Correctness?" Tom's Hardware, July 16, 2009, available at http://www.tomshardware.com/reviews/joanna-rutkowska-rootkit,2356-7.html.

[Dar01] Dart, S., *Spectrum of Functionality in Configuration Management Systems*, Software Engineering Institute, 2001, available at www.sei.cmu.edu/legacy/scm/tech_rep/TR11_90/TOC_TR11_90.html.

[Dar91] Dart, S., "Concepts in Configuration Management Systems," *Proc. Third International Workshop on Software Configuration Management*, ACM SIGSOFT, 1991, available at www.sei.cmu.edu/legacy/scm/abstracts/abscm_concepts.html.

[Dar99] Dart, S., "Change Management: Containing the Web Crisis," *Proc. Software Configuration Management Symposium*, Toulouse, France, 1999, available at www.perforce.com/perforce/conf99/dart.html.

[Dav90] Davenport, T. H., and J. E. Young, "The New Industrial Engineering: Information Technology and Business Process Redesign," *Sloan Management Review*, Summer 1990, pp. 11–27.

[Dav93] Davis, A., et al., "Identifying and Measuring Quality in a Software Requirements Specification," *Proceedings of the First International Software Metrics Symposium*, IEEE, Baltimore, MD, May 1993, pp. 141–152.

[Dav95a] Davis, M., "Process and Product: Dichotomy or Duality," *Software Engineering Notes*, ACM Press, vol. 20, no. 2, April 1995, pp. 17–18.

[Dav95b] Davis, A., *201 Principles of Software Development*, McGraw-Hill, 1995.

[Day99] Dayani-Fard, H., et al., "Legacy Software Systems: Issues, Progress, and Challenges," IBM Technical Report: TR-74.165-k, April 1999, available at www.cas.ibm.com/toronto/publications/TR-74.165/k/legacy.html.

[DeM02] DeMarco, T., and B. Boehm, "The Agile Methods, Fray," *IEEE Computer*, vol. 35, no. 6, June 2002, pp. 90–92.
[DeM79] DeMarco, T., *Structured Analysis and System Specification*, Prentice Hall, 1979.
[DeM95] DeMarco, T., *Why Does Software Cost So Much?* Dorset House, 1995.
[DeM98] DeMarco, T., and T. Lister, *Peopleware*, 2nd ed., Dorset House, 1998.
[Dem86] Deming, W., *Out of the Crisis*, MIT Press, 1986.
[Den73] Dennis, J., "Modularity," in *Advanced Course on Software Engineering* (F. L. Bauer, ed.), Springer-Verlag, 1973, pp. 128–182.
[Des08] de Sá, M., and L. Carriço, "Lessons from Early Stages Design of Mobile Applications," *Proceedings of 10th International Conference on Human Computer Human with Mobile Services and Devices*, September 2008, pp. 127–136.
[deS09] de Sousa, C., et al, "Cooperative and Human Aspects of Software Engineering," *IEEE Software*, vol. 26, no. 6, pp. 17–19.
[Dev00] Devanbu, P., and S. Stubblebine, "Software Engineering for Security: A Roadmap," *Proc. ICSE*, IEEE, 2000, available at http://www0.cs.ucl.ac.uk/staff/A.Finkelstein/fose/finaldevanbu.pdf.
[Dev01] Devedzik, V., "Software Patterns," in *Handbook of Software Engineering and Knowledge Engineering*, World Scientific Publishing Co., 2001.
[Dha95] Dhama, H., "Quantitative Metrics for Cohesion and Coupling in Software," *Journal of Systems and Software*, vol. 29, no. 4, April 1995.
[Dij65] Dijkstra, E., "Programming Considered as a Human Activity," in *Proc. 1965 IFIP Congress*, North-Holland Publishing Co., 1965.
[Dij72] Dijkstra, E., "The Humble Programmer," 1972 ACM Turing Award Lecture, *CACM*, vol. 15, no. 10, October 1972, pp. 859–866.
[Dij76a] Dijkstra, E., "Structured Programming," in *Software Engineering, Concepts and Techniques* (J. Buxton et al., ed.), Van Nostrand-Reinhold, 1976.
[Dij76b] Dijkstra, E., *A Discipline of Programming*, Prentice Hall, 1976.
[Dij82] Dijksta, E., "On the Role of Scientific Thought," *Selected Writings on Computing: A Personal Perspective*, Springer-Verlag, 1982.
[Dix99] Dix, A., "Design of User Interfaces for the Web," *Proc. User Interfaces to Data Systems Conference*, September 1999, available at www.comp.lancs.ac.uk/computing/users/dixa/topics/webarch/.
[Don99] Donahue, G., S. Weinschenck, and J. Nowicki, "Usability Is Good Business," Compuware Corp., July 1999, available at www.compuware.com.
[Dre99] Dreilinger, S., "CVS Version Control for Web Site Projects," 1999, available at www.durak.org/cvswebsites/howto-cvs/howto-cvs.html.
[Dru75] Drucker, P., *Management*, W. H. Heinemann, 1975.
[DSi08] D'Silva, V., et al., "Interview: Software Security in the Real World," *IEEE Transactions on Computer-Aided Design of Integrated Circuits and Systems*, vol. 27, no. 7, July 2008, pp. 1165–1178.
[Duc01] Ducatel, K., et al., *Scenarios for Ambient Intelligence in 2010*, ISTAG-European Commission, 2001, downloadable from ftp://ftp.cordis.europa.eu/pub/ist/docs/istagscenarios2010.pdf.
[Dun01] Dunaway, D., and S. Masters, *CMM-Based Appraisal for Internal Process Improvement (CBA IPI Version 1,2 Method Description)*, Software Engineering Institute, 2001, available at www.sei.cmu.edu/publications/documents/01.reports/01tr033.html.
[Dun02] Dunn, W., *Practical Design of Safety-Critical Computer Systems*, William Dunn, 2002.
[Dun82] Dunn, R., and R. Ullman, *Quality Assurance for Computer Software*, McGraw-Hill, 1982.
[Duy02] VanDuyne, D., J. Landay, and J. Hong, *The Design of Sites*, Addison-Wesley, 2002.
[Dye92] Dyer, M., *The Cleanroom Approach to Quality Software Development*, Wiley, 1992.
[Edg95] Edgemon, J., "Right Stuff: How to Recognize It When Selecting a Project Manager," *Application Development Trends*, vol. 2, no. 5, May 1995, pp. 37–42.
[Eis01] Eisenstein, J., et al., "Applying Model-Based Techniques to the Development of UIs for Mobile Computers," *Proceedings of Intelligent User Interfaces*, January 2001.
[Eji91] Ejiogu, L., *Software Engineering with Formal Metrics*, QED Publishing, 1991.

[Elr01] Elrad, T., R. Filman, and A. Bader (ed.), "Aspect Oriented Programming," *Comm. ACM*, vol. 44, no. 10, October 2001, special issue.

[Erd09] Ergomus, H., "The Seven Traits of Superprofessionals," *IEEE Software*, vol. 26, no. 4, July–August, 2009, pp. 4–6.

[Erd10] Ergogmus, H., "Déjà vu: The Life of Software Engineering Ideas," *IEEE Software*, vol. 27, no. 1, January–February 2010, pp. 2–3.

[Eri05] Ericson, C., *Hazard Analysis Techniques for System Safety*, Wiley-Interscience, 2005.

[Eri08] Erickson, T., *The Interaction Design Patterns Page*, May 2008, available at www.visi.com/~snowfall/InteractionPatterns.html.

[Eva04] Evans, E., *Domain Driven Design*, Addison-Wesley, 2004.

[Eve09] Everett, G., and B. Meyer, "Point/Counterpoint," *IEEE Software*, vol. 26, no. 4, July–August 2009, pp. 62–65.

[Fag86] Fagan, M., "Advances in Software Inspections," *IEEE Trans. Software Engineering*, vol. 12, no. 6, July 1986.

[Fal10] Falessi, D., et al., "Peaceful Coexistence: Agile Developer Perspectives on Software Architecture," *IEEE Software*, vol. 27, no. 3, March–April 2010, pp. 23–25.

[Fel07] Feller, J., et al. (eds.), *Perspectives on Free and Open Source Software*, The MIT Press, 2007.

[Fel89] Felican, L., and G. Zalateu, "Validating Halstead's Theory for Pascal Programs," *IEEE Trans. Software Engineering*, vol. SE-15, no. 2, December 1989, pp. 1630–1632.

[Fen91] Fenton, N., *Software Metrics*, Chapman and Hall, 1991.

[Fen94] Fenton, N., "Software Measurement: A Necessary Scientific Basis," *IEEE Trans. Software Engineering*, vol. SE-20, no. 3, March 1994, pp. 199–206.

[Fer00] Fernandez, E. B., and X. Yuan, "Semantic Analysis Patterns," *Proceedings of the 19th International Conerence on Conceptual Modeling, ER2000*, Lecture Notes in Computer Science 1920, Springer, 2000, pp. 183–195. Also available from www.cse.fau.edu/~ed/SAPpaper2.pdf.

[Fer97] Ferguson, P., et al., "Results of Applying the Personal Software Process," *IEEE Computer*, vol. 30, no. 5, May 1997, pp. 24–31.

[Fer98] Ferdinandi, P. L., "Facilitating Communication," *IEEE Software*, September 1998, pp. 92–96.

[Fil05] Filman, R., et al., *Aspect-oriented Software Development*, Addison-Wesley, 2005.

[Fir12] Firesmith, D., *Security and Safety Requirements for Software-Intensive Systems*, Auerbach, 2012.

[Fir93] Firesmith, D. G., *Object-Oriented Requirements Analysis and Logical Design*, Wiley, 1993.

[Fis11] Fisher, R., et al., *Getting to Yes: Negotiating without Giving In*, Penguin Books, 2011.

[Fle98] Fleming, Q., and J. Koppelman, "Earned Value Project Management," *CrossTalk*, vol. 11, no. 7, July 1998, p. 19.

[Fok10] Fokaefs, M., et al., WikiDev 2.0: Facilitating Software Development Teams, *Proceedings of the 14th European Conference on Software Maintenance and Reengineering*, March 15–18, 2010, pp. 276–277.

[Fos06] Foster, E., "Quality Culprits," InfoWorld Grip Line Weblog, May 2, 2006, available at http://weblog.infoworld.com/gripeline/2006/05/02_a395.html.

[Fow00] Fowler, M., et al., *Refactoring: Improving the Design of Existing Code*, Addison-Wesley, 2000.

[Fow01] Fowler, M., and J. Highsmith, "The Agile Manifesto," *Software Development Magazine*, August 2001, available at www.sdmagazine.com/documents/s=844/sdm0108a/0108a.htm.

[Fow02] Fowler, M., "The New Methodology," June 2002, available at www.martinfowler.com/articles/newMethodology.html#N8B.

[Fow03] Fowler, M., et al., *Patterns of Enterprise Application Architecture*, Addison-Wesley, 2003.

[Fow04] Fowler, M., *UML Distilled*, 3rd ed., Addison-Wesley, 2004.

[Fow97] Fowler, M., *Analysis Patterns: Reusable Object Models*, Addison-Wesley, 1997.

[Fra93] Frankl, P., and S. Weiss, "An Experimental Comparison of the Effectiveness of Branch Testing and Data Flow," *IEEE Trans. Software Engineering*, vol. SE-19, no. 8, August 1993, pp. 770–787.

[Fre80] Freeman, P., "The Context of Design," in *Software Design Techniques*, 3rd ed. (P. Freeman and A. Wasserman, eds.), IEEE Computer Society Press, 1980, pp. 2–4.

[Fre90] Freedman, D., and G. Weinberg, *Handbook of Walkthroughs, Inspections and Technical Reviews*, 3rd ed., Dorset House, 1990.

[Fri10] Fricker, S., "Handshaking with Implementation Proposals: Negotiating Requirements Understanding," *IEEE Software*, vol. 27, no. 2, March–April 2010, pp. 72–80.

[Gag04] Gage, D., and J. McCormick, "We Did Nothing Wrong," *Baseline Magazine*, March 4, 2004, available at www.baselinemag.com/article2/0,1397,1544403,00.asp.

[Gai95] Gaines, B., "Modeling and Forecasting the Information Sciences," Technical Report, University of Calgary, Calgary, Alberta, September 1995.

[Gam95] Gamma, E., et al., *Design Patterns: Elements of Reusable Object-Oriented Software*, Addison-Wesley, 1995.

[Gar08] GartnerGroup, "Understanding Hype Cycles," 2008, available at www.gartner.com/pages/story.php.id.8795.s.8.jsp.

[Gar09] Gardner, D., "Can Software Development Aspire to the Cloud?" *ZDNet.com*, April 28, 2009, available at http://www.zdnet.com/blog/gardner/can-software-development-aspire-to-the-cloud/2915.

[Gar09a] Garlan, D., et al., "Architectural Mismatch: Way Reuse is Still So Hard," *IEEE Software*, vol. 26, no. 4, July–August 2009, pp. 66–69.

[Gar10] Garcia-Crespo, A. et al., "A Qualitative Study of Hard Decision Making in Managing Global Software Development Teams," *Journal of Management Information Systems*, vol. 27, no. 3, June 2010, pp. 247–252.

[Gar12] GartnerGroup, "Gartner Says Worldwide Media Tablets Sales to Reach 119 Million Units in 2012," April 2012, available at http://www.gartner.com/it/page.jsp?id=1980115.

[Gar84] Garvin, D., "What Does 'Product Quality' Really Mean?" *Sloan Management Review*, Fall 1984, pp. 25–45.

[Gar87] Garvin D., "Competing on the Eight Dimensions of Quality," *Harvard Business Review*, November 1987, pp. 101–109. A summary is available at www.acm.org/crossroads/xrds6-4/software.html.

[Gar95] Garlan, D., and M. Shaw, "An Introduction to Software Architecture," *Advances in Software Engineering and Knowledge Engineering*, vol. I (V. Ambriola and G. Tortora, eds.), World Scientific Publishing Company, 1995.

[Gau89] Gause, D., and G. Weinberg, *Exploring Requirements: Quality Before Design*, Dorset House, 1989.

[Gav11] Gavalas, D., and D. Economou, "Development Platforms for Mobile Applications," *IEEE Software*, vol. 28, no. 1, January–February, 2011, pp. 77–86.

[Gey01] Geyer-Schulz, A., and M. Hahsler, "Software Engineering with Analysis Patterns," Technical Report 01/2001, Institut für Informationsverarbeitung und -wirtschaft, Wirschaftsuniversität Wien, November 2001, downloadable from http://citeseerx.ist.psu.edu/viewdoc/download?doi=10.1.1.70.8415&rep=rep1&type=pdf.

[Gho01] Ghoshm, A., and Swaminatha, T. "Software Security and Privacy Risks in Mobile E-Commerce," *Communication of the ACM*, vol. 44, no. 2, February 2001, pp. 51–57.

[Gil06] Gillis, D., "Pattern-Based Design," tehan + lax blog, September 14, 2006, available at www.teehanlax.com/blog/?p=96.

[Gil88] Gilb, T., *Principles of Software Project Management*, Addison-Wesley, 1988.

[Gil95] Gilb, T., "What We Fail to Do in Our Current Testing Culture," *Testing Techniques Newsletter* (online edition, ttn@soft.com), Software Research, January 1995.

[Gla02] Gladwell, M., *The Tipping Point*, Back Bay Books, 2002.

[Gla98] Glass, R., "Defining Quality Intuitively," *IEEE Software*, May 1998, pp. 103–104, 107.

[Gli07] Glinz, M., and R. Wieringa, "Stakeholders in Requirements Engineering," *IEEE Software*, vol. 24, no. 2, March–April 2007, pp. 18–20.

[Gli09] Glinz, M., "A Risk-Base, Value-Oriented Approach to Quality Requirements," *IEEE Software*, vol. 26, no. 5, March–April 2009, pp. 34–41.

[Glu94] Gluch, D., "A Construct for Describing Software Development Risks," CMU/SEI-94-TR-14, Software Engineering Institute, 1994.

[Gna99] Gnaho, C., and F. Larcher, "A User-Centered Methodology for Complex and Customizable Web Engineering," *Proceedings of the First ICSE Workshop on Web Engineering*, ACM, Los Angeles, May 1999.

[Gon04] Gonzales, R., "Requirements Engineering," Sandia National Laboratories, a slide presentation, available at www.incose.org/enchantment/docs/04AprRequirementsEngineering.pdf.

[Gor06] Gorton, I., *Essential Software Architecture*, Springer, 2006.

[Got11] Gotel, O., and S. Morris, "Requirements Tracery," *IEEE Software*, vol. 28, no. 5, September–October 2011, pp. 92–94.

[Gra03] Gradecki, J., and N. Lesiecki, *Mastering AspectJ: Aspect-Oriented Programming in Java*, Wiley, 2003.

[Gra87] Grady, R. B., and D. L. Caswell, *Software Metrics: Establishing a Company-Wide Program*, Prentice Hall, 1987.

[Gra92] Grady, R. G., *Practical Software Metrics for Project Management and Process Improvement*, Prentice Hall, 1992.

[Gru00] Gruia-Catalin, R., et al., "Software Engineering for Mobility: A Roadmap," *Proceedings of the 22nd International Conference on the Future of Software Engineering*, 2000.

[Gru02] Grundy, J., "Aspect-Oriented Component Engineering," 2002, www.cs.auckland.ac.nz/~john-g/aspects.html.

[Gub09] Gube, J., "40+ Helpful Resources on User Interface Design Patterns," June 15, 2009, http://www.smashingmagazine.com/2009/06/15/40-helpful-resources-on-user-interface-design-patterns/.

[Gus89] Gustavsson, A., "Maintaining the Evolution of Software Objects in an Integrated Environment," *Proceedings of the Second International Workshop on Software Configuration Management*, ACM, Princeton, NJ, October 1989, pp. 114–117.

[Gut93] Guttag, J., and J. Horning, *Larch: Languages and Tools for Formal Specification*, Springer-Verlag, 1993.

[Hac98] Hackos, J., and J. Redish, *User and Task Analysis for Interface Design*, Wiley, 1998.

[Hai02] Hailpern, B., and P. Santhanam, "Software Debugging, Testing and Verification," *IBM Systems Journal*, vol. 41, no. 1, 2002, available at www.research.ibm.com/journal/sj/411/hailpern.html.

[Hal77] Halstead, M., *Elements of Software Science*, North-Holland, 1977.

[Hal90] Hall, A., "Seven Myths of Formal Methods," *IEEE Software*, September 1990, pp. 11–20.

[Hal98] Hall, E. M., *Managing Risk: Methods for Software Systems Development*, Addison-Wesley, 1998.

[Ham90] Hammer, M., "Reengineer Work: Don't Automate, Obliterate," *Harvard Business Review*, July–August 1990, pp. 104–112.

[Han95] Hanna, M., "Farewell to Waterfalls," *Software Magazine*, May 1995, pp. 38–46.

[Har11] Harris, N., and P. Avgeriou, "Pattern-Based Architecture Reviews," *IEEE Software*, vol. 28, no. 6, November–December 2011, pp. 66–71.

[Har12] Hardy, T., *Software and System Safety*, Authorhouse, 2012.

[Har98b] Harrison, R., S. Counsell, and R. Nithi, "An Evaluation of the MOOD Set of Object-Oriented Software Metrics," *IEEE Trans. Software Engineering*, vol. SE-24, no. 6, June 1998, pp. 491–496.

[Hen10] Hendler, J., "Web 3.0: The Dawn of Semantic Search," *IEEE Computer*, January, 2010, p. 77.

[Her00] Herrmann, D., *Software Safety and Reliability*, Wiley-IEEE Computer Society Press, 2000.

[Het84] Hetzel, W., *The Complete Guide to Software Testing*, QED Information Sciences, 1984.

[Het93] Hetzel, W., *Making Software Measurement Work*, QED Publishing, 1993.

[Hev93] Hevner, A., and H. Mills, "Box Structure Methods for System Development with Objects," *IBM Systems Journal*, vol. 31, no. 2, February 1993, pp. 232–251.

[Hig01] Highsmith, J. (ed.), "The Great Methodologies Debate: Part 1," *Cutter IT Journal.*, vol. 14, no. 12, December 2001.

[Hig02a] Highsmith, J. (ed.), "The Great Methodologies Debate: Part 2," *Cutter IT Journal*, vol. 15, no. 1, January 2002.

[Hig95] Higuera, R., "Team Risk Management," *CrossTalk*, U.S. Dept. of Defense, January 1995, pp. 2–4.

[Hil05] Hildreth, S., "Buggy Software: Up from a Low Quality Quagmire," *Computerworld*, July 25, 2005, available at www.computerworld.com/developmenttopics/development/story/0,10801,103378,00.html.

[Hil13] Hillside.net, *Patterns Catalog*, 2013, available at http://hillside.net/patterns/patterns-catalog.

[Hne11] Hneif, M., and S. Lee, "Using Guidelines to Improve Quality in Software Nonfunctional Attributes," *IEEE Software*, vol. 28, no. 5, November–December 2011, pp. 72–73.

[Hof00] Hofmeister, C., R. Nord, and D. Soni, *Applied Software Architecture*, Addison-Wesley, 2000.

[Hof01] Hofmann, C., et al., "Approaches to Software Architecture," 2001, downloadable from http://citeseer.nj.nec.com/84015.html.

[Hol06] Holzner, S., *Design Patterns for Dummies*, For Dummies Publishers, 2006.

[Hoo96] Hooker, D., "Seven Principles of Software Development," September 1996, available at http://c2.com/cgi/wikiSevenPrinciplesOfSoftwareDevelopment.

[Hoo12] Hoober, S., and E. Berkman, *Designing Mobile Interfaces*, O'Reilly Media, 2012.

[Hop90] Hopper, M., "Rattling SABRE, New Ways to Compete on Information," *Harvard Business Review*, May–June 1990.

[Hor03] Horch, J., *Practical Guide to Software Quality Management*, 2nd ed., Artech House, 2003.

[Hoy09] Hoyle, D., *ISO 9000 Quality Systems Handbook*, 6th ed., Taylor & Francis, 2009.

[Hum00] Humphrey, W., *Introduction to the Team Software Process*, Addison-Wesley, 2000.

[Hum05] Humphrey, W., *A Self-Improvement Process for Software Engineers*, Addison-Wesley, 2005.

[Hum95] Humphrey, W., *A Discipline for Software Engineering*, Addison-Wesley, 1995.

[Hum96] Humphrey, W., "Using a Defined and Measured Personal Software Process," *IEEE Software*, vol. 13, no. 3, May–June 1996, pp. 77–88.

[Hum97] Humphrey, W., *Introduction to the Personal Software Process*, Addison-Wesley, 1997.

[Hum98] Humphrey, W., "The Three Dimensions of Process Improvement, Part III: The Team Process," *CrossTalk*, April 1998, available at www.stsc.hill.af.mil/crosstalk/1998/apr/dimensions.asp.

[Hun99] Hunt, A., D. Thomas, and W. Cunningham, *The Pragmatic Programmer*, Addison-Wesley, 1999.

[Hya96] Hyatt, L., and L. Rosenberg, "A Software Quality Model and Metrics for Identifying Project Risks and Assessing Software Quality," NASA SATC, 1996, available at http://satc.gsfc.nasa.gov/support/STC_APR96/qualtiy/stc_qual.html.

[IBM13] IBM, *Web Services Globalization Model*, 2013, available at http://www.ibm.com/developerworks/webservices/library/ws-global/.

[IBM81] "Implementing Software Inspections," course notes, IBM Systems Sciences Institute, IBM Corporation, 1981.

[IEE93a] *IEEE Standards Collection: Software Engineering*, IEEE Standard 610.12-1990, IEEE, 1993.

[IEE93b] *IEEE Standard Glossary of Software Engineering Terminology*, IEEE, 1993.

[IEE00] IEEE Standard Association, IEEE-Std-1471-2000, *Recommended Practice for Architectural Description of Software-Intensive Systems*, 2000, available at http://standards.ieee.org/reading/ieee/std_public/description/se/1471-2000_desc.html.

[IEE05] IEEE Std. 982.1-2005, *IEEE Standard Dictionary of Measures of the Software Aspects of Dependability*, 2005, available at http://standards.ieee.org/findstds/standard/982.1-2005.html.

[IEE09] *IEEE Software* (special issue), "Human Aspects of Software Engineering," vol. 28, no 6, November–December, 2009.

[IFP01] *Function Point Counting Practices Manual*, 2001, downloadable from: perun.pmf.uns.ac.rs/old/repository/.../se/functionpoints.pdf.

[IFP12] *Function Point Bibliography/Reference Library*, International Function Point Users Group, 2012, available from http://www.ifpug.org/?page_id=237.

[Isk08] Iskold, A., "Top Ten Concepts that Every Software Engineer Should Know," ReadWrite, July 2008, available from http://readwrite.com/2008/07/22/top_10_concepts_that_every_software_engineer_should_know.

[ISO00] *ISO 9001: 2000 Document Set*, International Organization for Standards, 2000, available at www.iso.ch/iso/en/iso9000-14000/iso9000/iso9000index.html.

[ISO02] Z *Formal Specification Notation—Syntax, Type System and Semantics*, ISO/IEC 13568:2002, Intl. Standards Organization, 2002.

[ISO08] ISO SPICE, 2008, available at www.isospice.com/categories/SPICE-Project/.

[Ivo01] Ivory, M., R. Sinha, and M. Hearst, " Empirically Validated Web Page Design Metrics," ACM *SIGCHI'01*, March 31–April 4, 2001, available at http://webtango.berkeley.edu/papers/chi2001/.

[Jac02a] Jacobson, I., "A Resounding 'Yes' to Agile Processes—But Also More," *Cutter IT Journal*, vol. 15, no. 1, January 2002, pp. 18–24.

[Jac02b] Jacyntho, D., D. Schwabe, and G. Rossi, "An Architecture for Structuring Complex Web Applications," 2002, available at www2002.org/CDROM/alternate/478/.

[Jac04] Jacobson, I., and P. Ng, *Aspect-Oriented Software Development*, Addison-Wesley, 2004.

[Jac75] Jackson, M. A., *Principles of Program Design*, Academic Press, 1975.

[Jac92] Jacobson, I., *Object-Oriented Software Engineering*, Addison-Wesley, 1992.

[Jac98] Jackman, M., "Homeopathic Remedies for Team Toxicity," *IEEE Software*, July 1998, pp. 43–45.

[Jac99] Jacobson, I., G. Booch, and J. Rumbaugh, *The Unified Software Development Process*, Addison-Wesley, 1999.

[Jal04] Jalote, P., et al., "Timeboxing: A Process Model for Iterative Software Development," *Journal of Systems and Software*, vol. 70, issue 2, 2004, pp. 117–127. Available at www.cse.iitk.ac.in/users/jalote/papers/Timeboxing.pdf.

[Jec06] Jech, T., *Set Theory*, 3rd ed., Springer, 2006.

[Jon04] Jones, C., "Software Project Management Practices: Failure Versus Success," *CrossTalk*, October 2004. Available at www.stsc.hill.af.mil/crossTalk/2004/10/0410Jones.html.

[Jon86] Jones, C., *Programming Productivity*, McGraw-Hill, 1986.

[Jon91] Jones, C., *Systematic Software Development Using VDM*, 2nd ed., Prentice Hall, 1991.

[Jon96] Jones, C., "How Software Estimation Tools Work," *American Programmer*, vol. 9, no. 7, July 1996, pp. 19–27.

[Jon98] Jones, C., *Estimating Software Costs*, McGraw-Hill, 1998.

[Joy00] Joy, B., "The Future Doesn't Need Us," *Wired*, vol. 8, no. 4, April 2000.

[Kai02] Kaiser, J., "Elements of Effective Web Design," *About, Inc.*, 2002, available at http://webdesign.about.com/library/weekly/aa091998.htm.

[Kan01] Kaner, C., "Pattern: Scenario Testing" (draft), 2001, available at www.testing.com/test-patterns/patterns/pattern-scenario-testing-kaner.html.

[Kan93] Kaner, C., J. Falk, and H. Q. Nguyen, *Testing Computer Software*, 2nd ed., Van Nostrand-Reinhold, 1993.

[Kan95] Kaner, C., "Lawyers, Lawsuits, and Quality Related Costs," 1995, available at www.badsoftware.com/plaintif.htm.

[Kanll] Kannan, N., "Mobile Testing: Nine Strategy Tests You'll Want to Perform," 2011, available at http://searchsoftwarequality.techtarget.com/tip/Mobile-testing-Nine-strategy-tests-youll-want-to-perform.

[Kar94] Karten, N., *Managing Expectations*, Dorset House, 1994.

[Kau95] Kauffman, S., *At Home in the Universe*, Oxford, 1995.

[Kaz03] Kazman, R., and A. Eden, "Defining the Terms Architecture, Design, and Implementation," *news@sei interactive*, Software Engineering Institute, vol. 6, no. 1, 2003, available at www.sei.cmu.edu/news-at-sei/columns/the_architect/2003/1q03/architect-1q03.htm.

[Kaz98] Kazman, R., et al., *The Architectural Tradeoff Analysis Method*, Software Engineering Institute, CMU/SEI-98-TR-008, July 1998, summarized at http://www.sei.cmu.edu/architecture/tools/evaluate/atam.cfm.

[Kea07] Keane, "Testing Mobile Business Applications," a white paper, 2007, available at www.keane.com.

[Kei98] Keil, M., et al., "A Framework for Identifying Software Project Risks," *CACM*, vol. 41, no. 11, November 1998, pp. 76–83.

[Kel00] Kelly, D., and R. Oshana, "Improving Software Quality Using Statistical Techniques, Information and Software Technology," *Elsevier*, vol. 42, August 2000, pp. 801–807, available at www.eng.auburn.edu/~kchang/comp6710/readings/Improving_Quality_with_Statistical_Testing_InfoSoftTech_August2000.pdf.

[Ker05] Kerievsky, J., *Industrial XP: Making XP Work in Large Organizations*, Cutter Consortium, Executive Report, vol. 6., no. 2, 2005, available at www.cutter.com/content-and-analysis/resource-centers/agile-project-management/sample-our-research/apmr0502.html.

[Ker11] Kershbaum, F., et al., "Secure Collaborative Supply-Chain Management," *IEEE Computer*, vol. 44, no. 9, September 2011, pp. 38–43.

[Ker78] Kernighan, B., and P. Plauger, *The Elements of Programming Style*, 2nd ed., McGraw-Hill, 1978.

[Kho12a] Khode, A., "Getting Started with Mobile Apps Testing," 2012, available at http://www.mobileappstesting.com/getting-started-with-mobile-apps-testing/.

[Kho12b] Khode, A., "Checklist for Mobile Test Automation Tools," 2012, available at http://www.mobileappstesting.com/getting-started-with-mobile-apps-testing/

[Kir94] Kirani, S., and W. Tsai, "Specification and Verification of Object-Oriented Programs," Technical Report TR 94-64, Computer Science Department, University of Minnesota, December 1994.

[Kiz05] Kizza, J., *Computer Network Security*, Springer, 2005.

[Knu98] Knuth, D., *The Art of Computer Programming*, three volumes, Addison-Wesley, 1998.

[Koe12] Koester, J., "The Seven Deadly Sins of MobileApp Design," *Venture Beat/Mobile*, May31,2012,availableathttp://venturebeat.com/2012/05/31/the-7-deadly-sins-of-mobile-app-design/

[Kon02] Konrad, S., and B. Cheng, "Requirements Patterns for Embedded Systems," *Proceedings of the 10th Anniversary IEEE Joint International Conference on Requirements Engineering*, IEEE, September 2002, pp. 127–136, available at http://citeseer.ist.psu.edu/669258.html.

[Kor03] Korpipaa, P., et al., "Managing Context Information in Mobile Devices," *IEEE Pervasive Computing*, vol. 2, no. 3, July–September 2003, pp. 42–51.

[Kra88] Krasner, G., and S. Pope, "A Cookbook for Using the Model-View Controller User Interface Paradigm in Smalltalk-80," *Journal of Object-Oriented Programming*, vol. 1, no. 3, August–September 1988, pp. 26–49.

[Kra95] Kraul, R., and L. Streeter, "Coordination in Software Development," *CACM*, vol. 38, no. 3, March 1995, pp. 69–81.

[Kru05] Krutchen, P., "Software Design in a Postmodern Era," *IEEE Software*, vol. 22, no. 2, March–April 2005, pp. 16–18.

[Kru06] Kruchten, P., H. Obbink, and J. Stafford (eds.), "Software Architectural" (special issue), *IEEE Software*, vol. 23, no. 2, March–April 2006.

[Kru09] Kruchten, P., et al. "The Decision View's Role in Software Architecture Practice," *IEEE Software*, vol. 26, no. 2, March–April 2009, pp. 70–72.

[Kur05] Kurzweil, R., *The Singularity Is Near*, Penguin Books, 2005.

[Kur13] Kurzweil, R., *How to Create a Mind*, Viking, 2013.

[Kyb84] Kyburg, H., *Theory and Measurement*, Cambridge University Press, 1984.

[Laa00] Laakso, S., et al., "Improved Scroll Bars," *CHI 2000 Conf. Proc.*, ACM, 2000, pp. 97–98, available at www.cs.helsinki.fi/u/salaakso/patterns/.

[Lag10] Lago, P., et al., "Software Architecture: Framing Stakeholders' Concerns," *IEEE Software*, vol. 27, no. 6, November–December 2010, pp. 20–24.

[Lai02] Laitenberger, A., "A Survey of Software Inspection Technologies," in *Handbook on Software Engineering and Knowledge Engineering*, World Scientific Publishing Company, 2002.

[Lam01a] Lam, W., "Testing E-Commerce Systems: A Practical Guide," *IEEE IT Pro*, March–April 2001, pp. 19–28.

[Lam01b] Lamsweerde, A. "Goal-Oriented Requirements Engineering: A Guided Tour," *Proceedings of 5th IEEE International Symposium on Requirements Engineering*, Toronto, August 2009, pp. 249–263.

[Lan01] Lange, M., "It's Testing Time! Patterns for Testing Software," June 2001, available at www.testing.com/test-patterns/patterns/index.html.

[Lan02] Land, R., "A Brief Survey of Software Architecture," technical report, Dept. of Computer Engineering, Mälardalen University, Sweden, February 2002.

[Lan10] Lanubile, F., C. Ebert, R. Prikladnicki, and A. Vizcaino, "Collaboration Tools for Global Software Engineering," *IEEE Software*, vol. 27, 2010, pp. 52–55.

[Laz11] Lazzaroni, M., et al., *Reliability Engineering*, Springer, 2011.

[Leh97a] Lehman, M., and L. Belady, *Program Evolution: Processes of Software Change*, Academic Press, 1997.

[Leh97b] Lehman, M., et al., "Metrics and Laws of Software Evolution—The Nineties View," *Proceedings of the 4th International Software Metrics Symposium (METRICS '97)*, IEEE, 1997, available at www.ece.utexas.edu/~perry/work/papers/feast1.pdf.

[Let01] Lethbridge, T., and R. Laganiere, *Object-Oriented Software Engineering: Practical Software Development Using UML and Java*, McGraw-Hill, 2001.

[Let03a] Lethbridge, T., Personal communication on domain analysis, May 2003.

[Let03b] Lethbridge, T., Personal communication on software metrics, June 2003.

[Lev01] Levinson, M., "Let's Stop Wasting $78 billion a Year," *CIO Magazine*, October 15, 2001, available at www.cio.com/archive/101501/wasting.html.

[Lev95] Leveson, N., *Safeware: System Safety and Computers*, Addison-Wesley, 1995.

[Lew09] Lewicki, R., B. Barry, and D. Saunders, *Negotiation*, McGraw-Hill, 2009.

[Lie03] Lieberherr, K., "Demeter: Aspect-Oriented Programming," May 2003, available at www.ccs.neu.edu/home/lieber/LoD.html.

[Lin79] Linger, R., H. Mills, and B. Witt, *Structured Programming*, Addison-Wesley, 1979.

[Lin88] Linger, R., and H. Mills, "A Case Study in Cleanroom Software Engineering: The IBM COBOL Structuring Facility," *Proc. COMPSAC '88*, Chicago, October 1988.

[Lin94] Linger, R., "Cleanroom Process Model," *IEEE Software*, vol. 11, no. 2, March 1994, pp. 50–58.

[Lip10] Lipner, S., "The Security Development Life Cycle," June 24, 2010, available at https://www.owasp.org/images/7/78/OWASP_AppSec_Research_2010_Keynote_2_by_Lipner.pdf.

[Lis88] Liskov, B., "Data Abstraction and Hierarchy," *SIGPLAN Notices*, vol. 23, no. 5, May 1988.

[Liu98] Liu, K., et al., "Report on the First SEBPC Workshop on Legacy Systems," Durham University, February 1998, available at www.dur.ac.uk/CSM/SABA/legacy-wksp1/report.html.

[Lon02] Longstreet, D., "Fundamental of Function Point Analysis," Longstreet Consulting, Inc., 2002, available at www.ifpug.com/fpafund.htm.

[Lor94] Lorenz, M., and J. Kidd, *Object-Oriented Software Metrics*, Prentice Hall, 1994.

[Lup08] Lupton, E., and J. Cole, *Graphic Design: The New Basics*, Princeton Architectural Press, 2008.

[Maa07] Maassen, O., and S. Stelting, "Creational Patterns: Creating Objects in an OO System," 2007, available at www.informit.com/articles/article.asp?p=26452&rl=1.

[Mad10] Madison, J., "Agile-Architecture Interactions," *IEEE Software*, vol. 27, no. 3, March–April 2010, pp. 41–48.

[Mai10a] Maiden, N., and S. Jones, "Agile Requirements—Can We Have Our Cake and Eat It Too?" *IEEE Software*, vol. 27, no. 3, May–June 2010, pp. 20–24.

[Mai10b] Maiden, N., "Service Design: It's All in the Brand," *IEEE Software*, vol. 27, no. 5, September–October 2010, pp. 18–19.

[Man81] Mantai, M., "The Effect of Programming Team Structures on Programming Tasks," *CACM*, vol. 24, no. 3, March 1981, pp. 106–113.

[Man97] Mandel, T., *The Elements of User Interface Design*, Wiley, 1997.

[Mar00] Martin, R., "Design Principles and Design Patterns," 2000, available at www.objectmentor.com.

[Mar01] Marciniak, J. (ed.), *Encyclopedia of Software Engineering*, 2nd ed., Wiley, 2001.

[Mar02a] Marick, B., "Software Testing Patterns," 2002, available at www.testing.com/test-patterns/index.html.

[Mar94] Marick, B., *The Craft of Software Testing*, Prentice Hall, 1994.

[Mas02] Mascolo, C., et al., "Mobile Computing Middleware," appears in *Advanced Lectures on Networking* (E. Georgi, ed.), Springer-Verlag, 2002.

[Mat94] Matson, J., et al, "Software Cost Estimation Using Function Points," IEEE Trans. Software Engineering, vol. SE-20, no. 4, April 1994, pp. 275–287.

[McC04] McConnell, S., *Code Complete*, 2nd. ed., Microsoft Press, 2004.

[McC09] McCaffrey, J., "Analyzing Risk Exposure and Risk using PERIL," *MSDN Magazine*, January 2009, available at http://msdn.microsoft.com/en-us/magazine/dd315417.aspx

[McC76] McCabe, T., "A Software Complexity Measure," *IEEE Trans. Software Engineering*, vol. SE-2, December 1976, pp. 308–320.

[McC77] McCall, J., P. Richards, and G. Walters, "Factors in Software Quality," three volumes, NTIS AD-A049-014, 015, 055, November 1977.

[McC94] McCabe, T. J., and A. H. Watson, "Software Complexity," *CrossTalk*, vol. 7, no. 12, December 1994, pp. 5–9.

[McC96] McConnell, S., "Best Practices: Daily Build and Smoke Test," *IEEE Software*, vol. 13, no. 4, July 1996, pp. 143–144.

[McC98] McConnell, S., *Software Project Survival Guide*, Microsoft Press, 1998.

[McC99] McConnell, S., "Software Engineering Principles," *IEEE Software*, vol. 16, no. 2, March–April 1999, available at www.stevemcconnell.com/ieeesoftware/eic04.htm.

[McD93] McDermid, J., and P. Rook, "Software Development Process Models," in *Software Engineer's Reference Book*, CRC Press, 1993, pp. 15/26–15/28.

[McG91] McGlaughlin, R., "Some Notes on Program Design," *Software Engineering Notes*, vol. 16, no. 4, October 1991, pp. 53–54.

[McG94] McGregor, J., and T. Korson, "Integrated Object-Oriented Testing and Development Processes," *Communications of the ACM*, vol. 37, no. 9, September, 1994, pp. 59–77.

[McN10] McNeil, P., *The Web Designer's Idea Book*, vol. 2, How Publishers, 2010.

[Mea10] Mead, N., and Jarzombek, J., "Advancing Software Assurance with Public-Private Collaboration," *IEEE Computer*, vol. 43, no. 9, September 2010, pp. 21–30.

[Mei06] Meier, J., "Web Application Security Engineering," *IEEE Security and Privacy*, July–August 2006, pp. 16–24.

[Mei09] Meier, J., et al., *Microsoft Application Architecture Guide*, 2nd ed., Microsoft Press, 2009, available at http://msdn.microsoft.com/en-us/library/ff650706.

[Mei12] Meier, J., et al., "Chapter 19: Mobile Applications," *Application Architecture Guide, 2.0*, 2012, available at http://apparchguide.codeplex.com/wikipage?title=Chapter%2019%20-%20Mobile%20Applications

[Men01] Mendes, E., N. Mosley, and S. Counsell, "Estimating Design and Authoring Effort," *IEEE Multimedia*, vol. 8, no. 1, January–March 2001, pp. 50–57.

[Mer93] Merlo, E., et al., "Reengineering User Interfaces," *IEEE Software*, January 1993, pp. 64–73.

[Mes08] Messeguer, R., et al. "Communication and Coordination Patterns to Support Mobile Collaboration," *Proceedings of 12th International Conference on Collaborative and Cooperative Work*, April 2008, pp. 565–570.

[Mey09] Meyer, B., et al., "Programs that Test Themselves," *IEEE Computer*, vol. 42, no. 9, September 2009, pp. 46–55.

[Mic04] Microsoft, "Prescriptive Architecture: Integration and Patterns," *MSDN*, May 2004, available at http://msdn2.microsoft.com/en-us/library/ms978700.aspx.

[Mic12] "Principles of Service-Oriented Design," Microsoft, 2012, available at http://msdn.microsoft.com/en-us/library/bb972954.aspx

[Mic13a] Microsoft, "Patterns and Practices," *MSDN*, available at http://msdn.microsoft.com/en-us/library/ff647589.aspx.

[Mic13b] *Microsoft Accessibility Technology for Everyone*, 2013, available at www.microsoft.com/enable/.

[Mil00a] Miller, E., "WebSite Testing," 2000, available at www.soft.com/eValid/Technology/White.Papers/website.testing.html.

[Mil04] Miler, J., and J. Gorski, "Risk Identification Patterns for Software Projects," *Foundations of Computing and Decision Sciences*, vol. 29, no. 1, 2004, pp. 115–131, available at http://iag.pg.gda.pl/iag/download/Miler-Gorski_Risk_Identification_Patterns.pdf.

[Mil72] Mills, H., "Mathematical Foundations for Structured Programming," Technical Report FSC 71-6012, IBM Corp., Federal Systems Division, Gaithersburg, MD, 1972.

[Mil77] Miller, E., "The Philosophy of Testing," in *Program Testing Techniques*, IEEE Computer Society Press, 1977, pp. 1–3.

[Mil87] Mills, H., M. Dyer, and R. Linger, "Cleanroom Software Engineering," *IEEE Software*, September 1987, pp. 19–25.

[Mil88] Mills, H., "Stepwise Refinement and Verification in Box Structured Systems," *Computer*, vol. 21, no. 6, June 1988, pp. 23–35.

[Min95] Minoli, D., *Analyzing Outsourcing*, McGraw-Hill, 1995.

[Mob11] Mobile Labs, "Mobile Application Test Automation: Best Practices for Best Results," a white paper, 2011, available at http://mobilelabsinc.com/wp-content/uploads/2012/01/Mobile-Application-Test-Automation-Best-Practices-White-Paper.pdf.

[Mob12] "Mobile UI Patterns," 2012, available at http://mobile-patterns.com/.

[Mor05] Morales, A., "The Dream Team," *Dr. Dobbs Portal*, March 3, 2005, available at www.ddj.com/dept/global/184415303.

[Mor81] Moran, T., "The Command Language Grammar: A Representation for the User Interface of Interactive Computer Systems," *Intl. Journal of Man-Machine Studies*, vol. 15, pp. 3–50.

[Mus87] Musa, J., A. Iannino, and K. Okumoto, *Engineering and Managing Software with Reliability Measures*, McGraw-Hill, 1987.

[Mye78] Myers, G., *Composite Structured Design*, Van Nostrand, 1978.

[Mye79] Myers, G., *The Art of Software Testing*, Wiley, 1979.

[Myl11] Malavarapu, V., and M. Inanamdar, "Taking Testing to the Cloud," 2012, available at http://www.cognizant.com/InsightsWhitepapers/Taking-Testing-to-the-Cloud.pdf.

[NAS07] NASA, *Software Risk Checklist*, Form LeR-F0510.051, March 2007, available at http://osat-ext.grc.nasa.gov/rmo/spa/SoftwareRiskChecklist.doc.

[Nei11] Neil, T., "A Look Inside Mobile Design Patterns," UXBooth.com, November 12, 2011, available at http://www.uxbooth.com/blog/mobile-design-patters/.

[Nei12] Neil, T., *Mobile Design Pattern Gallery*, O'Reilly Media, 2012.

[Ngu00] Nguyen, H., "Testing Web-Based Applications," *Software Testing and Quality Engineering*, May–June 2000, available at www.stqemagazine.com.

[Ngu01] Nguyen, H., *Testing Applications on the Web*, Wiley, 2001.

[Nie00] Nielsen, J., *Designing Web Usability*, New Riders Publishing, 2000.

[Nie92] Nierstrasz, O., S. Gibbs, and D. Tsichritzis, "Component-Oriented Software Development," *CACM*, vol. 35, no. 9, September 1992, pp. 160–165.

[Nie94] Nielsen, J., and J. Levy, "Measuring Usability: Preference vs. Performance," *CACM*, vol. 37, no. 4, April 1994, pp. 65–75.

[Nie96] Nielsen, J., and A. Wagner, "User Interface Design for the WWW," *Proc. CHI '96 Conf. on Human Factors in Computing Systems*, ACM Press, 1996, pp. 330–331.

[Nir10] Niranjan, P., and C. V. Guru Rao, "A Mockup Tool for Software Component Reuse Library," *Intl. J. Software Engineering & Applications*, vol. 1, no. 2, April 2010, available at http://airccse.org/journal/ijsea/papers/0410ijsea1.pdf.

[Nok13] "Category: Mobile Design," Nokia Developer, 2013, available at http://www.developer.nokia.com/Community/Wiki/Category:Mobile_Design_Patterns.

[Nog00] Nogueira, J., C. Jones, and Luqi, "Surfing the Edge of Chaos: Applications to Software Engineering," Command and Control Research and Technology Symposium, Naval Post Graduate School, Monterey, CA, June 2000, available at www.dodccrp.org/2000CCRTS/cd/html/pdf_papers/Track_4/075.pdf.

[Nor70] Norden, P., "Useful Tools for Project Management" in *Management of Production*, M. K. Starr (ed.), Penguin Books, 1970.

[Nor86] Norman, D. A., "Cognitive Engineering," in *User Centered Systems Design*, Lawrence Earlbaum Associates, 1986.

[Nor88] Norman, D., *The Design of Everyday Things*, Doubleday, 1988.

[Nov04] Novotny, O., "Next Generation Tools for Object-Oriented Development," *The Architecture Journal*, January 2005, available at http://msdn2.microsoft.com/en-us/library/aa480062.aspx.

[Noy02] Noyes, B., "Rugby, Anyone?" *Managing Development* (an online publication of Fawcette Technical Publications), June 2002, available at www.fawcette.com/resources/managingdev/methodologies/scrum/.

[Nun11] Nunes, N., L. Constantine, and R. Kazman, "iUCP: Estimating Interactive Software Project Size with Enhanced Use Case Points," *IEEE Software*, vol. 28, no. 4, July–August 2011, pp. 64–73.

[Obj10] "The Dependency Inversion Principle," *Objectmentor.com*, 2010, available at www.objectmentor.com/resources/articles/dip.pdf>.

[Off02] Offutt, J., "Quality Attributes of Web Software Applications," *IEEE Software*, March–April 2002, pp. 25–32.

[Ols06] Olsen, G., "From COM to Common," *Component Technologies*, ACM, vol. 4, no. 5, June 2006, available at http://acmqueue.com/modules.php?name=Content&pa=showpage&pid=394.

[Ols99] Olsina, L., et al., "Specifying Quality Characteristics and Attributes for Web Sites," *Proc. 1st ICSE Workshop on Web Engineering*, ACM, Los Angeles, May 1999.

[OMG03a] Object Management Group, *OMG Unified Modeling Language Specification*, version 1.5, March 2003, available at www.rational.com/uml/resources/documentation/.

[OMG03b] "Object Constraint Language Specification," in *Unified Modeling Language*, v2.0, Object Management Group, September 2003, available at www.omg.org.

[Orf99] Orfali, R., D. Harkey, and J. Edwards, *Client/Server Survival Guide*, 3rd ed., Wiley, 1999.

[Osb90] Osborne, W. M., and E. J. Chikofsky, "Fitting Pieces to the Maintenance Puzzle," *IEEE Software*, January 1990, pp. 10–11.

[OSO12] *OpenSource.org*, 2012, available at www.opensource.org/.

[Pag85] Page-Jones, M., *Practical Project Management*, Dorset House, 1985, p. vii.

[Par72] Parnas, D., "On Criteria to Be Used in Decomposing Systems into Modules," *CACM*, vol. 14, no. 1, April 1972, pp. 221–227.

[Par96a] Pardee, W., *To Satisfy and Delight Your Customer*, Dorset House, 1996.

[Par96b] Park, R. E., W. B. Goethert, and W. A. Florac, *Goal Driven Software Measurement—A Guidebook*, CMU/SEI-96-BH-002, Software Engineering Institute, Carnegie Mellon University, August 1996.

[Par10] Parnas, D., "Interview: Software Security in the Real World," *IEEE Computer*, vol. 43, no. 1, January 2010, pp. 28–34.

[Par11] Pardo, C., et al., "Harmonizing Quality Assurance Processes and Product Characteristics," *IEEE Computer*, June 2011, pp. 94–96.

[Pas10] Passos, L., et al., "Static Architecture-Conformance Checking: An Illustrative Overview," *IEEE Software*, vol. 27, no. 5, September–October 2010, pp. 82–89,

[Pat07] Patton, J., "Understanding User Centricity," *IEEE Software*, vol. 24, no. 6, November–December 2007, pp. 9–11.

[Pau94] Paulish, D., and A. Carleton, "Case Studies of Software Process Improvement Measurement," *Computer*, vol. 27, no. 9, September 1994, pp. 50–57.

[Pea11] Pearson, S., and M. Mont, "Sticky Policies: An Approach for Managing Privacy across Multiple Parties," *IEEE Computer*, vol. 44, no. 9, September 2011, pp. 60–68.

[Pee11] Peeters, J., "Agile Security Requirements Engineering," *Proceedings of First International Workshop on Empirical Requirements Engineering*, 2011.

[Per74] Persig, R., *Zen and the Art of Motorcycle Maintenance*, Bantam Books, 1974.

[Pha89] Phadke, M., *Quality Engineering Using Robust Design*, Prentice Hall, 1989.

[Pha97] Phadke, M., "Planning Efficient Software Tests," *CrossTalk*, vol. 10, no. 10, October 1997, pp. 11–15.

[Phi02] Phillips, M., "CMMI V1.1 Tutorial," April 2002, available at www.sei.cmu.edu/cmmi/.

[Phi98] Phillips, D., *The Software Project Manager's Handbook*, IEEE Computer Society Press, 1998.

[Pol45] Polya, G., *How to Solve It*, Princeton University Press, 1945.

[Poo88] Poore, J., and H. Mills, "Bringing Software Under Statistical Quality Control," *Quality Progress*, November 1988, pp. 52–55.

[Poo93] Poore, J., H. Mills, and D. Mutchler, "Planning and Certifying Software System Reliability," *IEEE Software*, vol. 10, no. 1, January 1993, pp. 88–99.

[Pop08] Popcorn, F., *Faith Popcorn's Brain Reserve*, 2008, available at www.faithpopcorn.com/.

[Pot04] Potter, M., *Set Theory and Its Philosophy: A Critical Introduction*, Oxford University Press, 2004.

[Pow02] Powell, T., *Web Design*, 2nd ed., McGraw-Hill/Osborne, 2002.

[Pow98] Powell, T., *Web Site Engineering*, Prentice Hall, 1998.

[Pra07] Pratt, M., "Five Tips for Building an Incident Response Plan," *Computerworld*, May 16, 2007, available at http://www.computerworld.com/s/article/9019558/Five_tips_for_building_an_incident_response_pla.

[Pre05] Pressman, R., *Adaptable Process Model*, Version 2.0, R. S. Pressman & Associates, 2005, available at www.rspa.com/apm/index.html.

[Pre08] Pressman, R., and D. Lowe, *Web Engineering: A Practitioner's Approach*, McGraw-Hill, 2008.

[Pre88] Pressman, R., *Making Software Engineering Happen*, Prentice Hall, 1988.

[Pre94] Premerlani, W., and M. Blaha, "An Approach for Reverse Engineering of Relational Databases," *CACM*, vol. 37, no. 5, May 1994, pp. 42–49.

[Pri10] Prince, B., "10 Most Dangerous Web App Security Flaws," *eWeek.com*, April, 19, 2010, available at http://www.eweek.com/c/a/Security/10-Most-Dangerous-Web-App-Security-Risks-730757/.

[Put78] Putnam, L., "A General Empirical Solution to the Macro Software Sizing and Estimation Problem," *IEEE Trans. Software Engineering*, vol. SE-4, no. 4, July 1978, pp. 345–361.

[Put92] Putnam, L., and W. Myers, *Measures for Excellence*, Yourdon Press, 1992.

[Put97a] Putnam, L., and W. Myers, "How Solved Is the Cost Estimation Problem?" *IEEE Software*, November 1997, pp. 105–107.

[Put97b] Putnam, L., and W. Myers, *Industrial Strength Software: Effective Management Using Measurement*, IEEE Computer Society Press, 1997.

[Pyz03] Pyzdek, T., *The Six Sigma Handbook*, McGraw-Hill, 2003.

[QAI08] *A Software Engineering Curriculum*, QAI, 2008, information available at www.qaieschool.com/innerpages/offer.asp.

[QSM02] "QSM Function Point Language Gearing Factors," Version 2.0, *Quantitative Software Management*, 2002, available at www.qsm.com/FPGearing.html.

[Qur09] Qureshi N., and A. Perini, "Engineering Adaptive Requirements," *Proceedings of Workshop on Software Engineering for Adaptive and Self-Managing Systems*, Vancouver, May 2009, pp. 126–131.

[Rad02] Radice, R., *High-Quality Low Cost Software Inspections*, Paradoxicon Publishing, 2002.

[Rai06] Raiffa, H., *The Art and Science of Negotiation*, Belknap Press, 2005.

[Rat12] Raatikainen, M., et al., "Mobile Content as a Service: A Blueprint for a Vendor-Neutral Cloud of Mobile Devices," *IEEE Software*, vol. 29, no. 4, July–August, 2012, pp. 28–32.

[Red10] Redwine, S., "Fitting Software Assurance into Higher Education," *IEEE Computer*, vol. 43, no. 9, September 2010, pp. 41–66.

[Ree99] Reel, J., "Critical Success Factors in Software Projects," *IEEE Software*, May 1999, pp. 18–23.

[Reu12] Reuveni, D. "Crowdsourcing Provides Answer to App Testing Dilemma," 2012, available at http://www.wirelessweek.com/Articles/2010/02/Mobile-Content-Crowdsourcing-Answer-App-Testing-Dilemma-Mobile-Applications/.

[Ric01] Ricadel, A., "The State of Software Quality," *InformationWeek*, May 21, 2001, available at www.informationweek.com/838/quality.htm.

[Ric04] Rico, D., *ROI of Software Process Improvement*, J. Ross Publishing, 2004. A summary article can be found at http://davidfrico.com/rico03a.pdf.

[Rob10] Robinson, W., "A Roadmap for Comprehensive Requirements Monitoring," *IEEE Computer*, vol. 43, no. 5, May 2010, pp. 64–72.

[Roc06] *Graphic Design That Works*, Rockport Publishers, 2006.

[Roc11] Rocha, F., S, Abreus, and M. Correia, "The Final Frontier: Confidentiality and Privacy in the Cloud," *IEEE Computer*, vol. 44, no. 9, September 2011, pp. 44–50.

[Roc94] Roche, J. M., "Software Metrics and Measurement Principles," *Software Engineering Notes*, ACM, vol. 19, no. 1, January 1994, pp. 76–85.

[Rod12] Rodriguez, S., "Half of Americans Now Have Smartphones," *The Los Angeles Times*, August 14, 2012, available at http://www.latimes.com/business/technology/la-fi-tn-americans-smartphones-20120814,0,6077673.story.

[Rod98] Rodden, T., et al., "Exploiting Context in HCI Design for Mobile Systems," *Proceedings of Workshop on Human Computer Interaction with Mobile Devices*, 1998.

[Roe00] Roetzheim, W., "Estimating Internet Development," *Software Development*, August 2000, available at www.sdmagazine.com/documents/s=741/sdm0008d/0008d.htm.

[Rog12] Rogers, A., "Software Quality Assurance Engineers Are the Happiest Workers in America," *Business Insider*, April 16, 2012, available at http://www.businessinsider.com/happiest-jobs-in-america-2012-4.

[Rom11] Roman, R., et al., "Securing the Internet of Things," *IEEE Computer*, vol. 44, no. 9, September 2011, pp. 51–58.

[Roo09] Rooksby, J., et al., "Testing in the Wild: The Social and Organizational Dimensions of Real World Practice," *Journal of Computer Supported Work*, vol. 18, no. 5–6, December 2009, pp. 559–580.

[Roo96] Roos, J., "The Poised Organization: Navigating Effectively on Knowledge Landscapes," 1996, available at www.imd.ch/fac/roos/paper_po.html.

[Ros04] Rosenhainer, L., "Identifying Crosscutting Concerns in Requirements Specifications," 2004, available at http://trese.cs.utwente.nl/workshops/oopsla-early-aspects-2004/Papers/Rosenhainer.pdf.

[Ros75] Ross, D., J. Goodenough, and C. Irvine, "Software Engineering: Process, Principles and Goals," *IEEE Computer*, vol. 8, no. 5, May 1975.

[Rot02] Roth, J., "Seven Challenges for Developers of Mobile Groupware," in *Proceedings of Computer Human Interaction Workshop on Mobile Ad Hoc Collaboration*, 2002.

[Rou02] Rout, T. (project manager), *SPICE: Software Process Assessment—Part 1: Concepts and Introductory Guide*, 2002, available at www.sqi.gu.edu.au/spice/suite/download.html.

[Roy70] Royce, W., "Managing the Development of Large Software Systems: Concepts and Techniques," *Proc. WESCON*, August 1970.

[Roz11] Rozanski, N., and E. Woods, *Software Systems Architecture*, second edition, Addison-Wesley, 2011.

[Rum91] Rumbaugh, J., et al., *Object-Oriented Modeling and Design*, Prentice Hall, 1991.

[Rya11a] Ryan, M., "Cloud Computing Privacy Concerns on Our Doorstep," *Communication of the ACM*, vol. 44, no. 2, January 2011, pp. 36–38.

[Sae11] Saeed, A., T. Chen, and O. Alzubi, "Malicious and Spam Posts in Online Social Networks," *IEEE Computer*, vol. 44, no. 9, September 2011, pp. 23–28.

[Saf08] Safanov, V., *Using Aspect-Oriented Programming for Trustworthy Software Development*, Wiley-Interscience, 2008.

[Sai11] Saieddian, H., and D. Broyles, "Security Vulnerabilities in the Same Origin Policy Implications and Alternatives," *IEEE Computer*, vol. 44, no. 9, September 2011, pp. 29–36.

[Sal09] Saleh, K., and G. Elshahry, "Modeling Security Requirements for Trustworthy Systems," *Encyclopedia of Information Science and Technology*, 2nd ed., 2009.

[Sar06] Sarwate, A., "Hot or Not: Web Application Vulnerabilities," *SC Magazine*, December 27, 2006, available at http://www.scmagazine.com/hot-or-not-web-application-vulnerabilities/article/34315/.

[Saw08] Sawyer, S., et al., "Social Interactions of Information Systems Development Teams: A Performance Perspective," *Information Systems Journal*, vol. 20, 2008, pp. 81–107.

[Sca00] Scacchi, W., "Understanding Software Process Redesign Using Modeling, Analysis, and Simulation," *Software Process Improvement and Practice*, Wiley, 2000, pp. 185–195, available at www.ics.uci.edu/~wscacchi/Papers/Software_Process_Redesign/SPIP-ProSim99.pdf.

[Sce02] Sceppa, D., *Microsoft ADO.NET*, Microsoft Press, 2002.

[Sch01b] Schwaber, K., and M. Beedle, *Agile Software Development with SCRUM*, Prentice Hall, 2001.

[Sch03] Schlickman, J., *ISO 9001: 2000 Quality Management System Design*, Artech House Publishers, 2003.

[Sch06] Schmidt, D., "Model-Driven Engineering," *IEEE Computer*, vol. 39, no. 2, February 2006, pp. 25–31.

[Sch09] Schumacher, R. (ed.), *Handbook of Global User Research*, Morgan-Kaufmann, 2009.

[Sch11] Schilit, B. "Mobile Computing: Looking to the Future," *IEEE Computer*, vol. 44, no. 5, May 2011. pp. 28–29.

[Sch98a] Schneider, G., and J. Winters, *Applying Use Cases*, Addison-Wesley, 1998.

[Sch98c] Schulmeyer, G., and J. McManus (eds.), *Handbook of Software Quality Assurance*, 3rd ed., Prentice Hall, 1998.

[Sch99] Schneidewind, N., "Measuring and Evaluating Maintenance Process Using Reliability, Risk, and Test Metrics," *IEEE Trans. SE*, vol. 25, no. 6, November–December 1999, pp. 768–781, available at www.dacs.dtic.mil/topics/reliability/IEEETrans.pdf.

[SDS08] Spice Document Suite, "The SPICE and ISO Document Suite," *ISO-Spice*, 2008, available at www.isospice.com/articles/9/1/SPICE-Project/Page1.html.

[SEE03] The Software Engineering Ethics Research Institute, "UCITA Updates," 2003, available at http://seeri.etsu.edu/default.htm.

[SEI00] *SCAMPI, V1.0 Standard CMMI®Assessment Method for Process Improvement: Method Description*, Software Engineering Institute, Technical Report CMU/SEI-2000-TR-009, available at www.sei.cmu.edu/publications/documents/00.reports/00tr009.html.

[SEI02] "Maintainability Index Technique for Measuring Program Maintainability," SEI, 2002, available at www.sei.cmu.edu/str/descriptions/mitmpm_body.html.

[SEI08] "The Ideal Model," Software Engineering Institute, 2008, available at www.sei.cmu.edu/ideal/.

[SEI13] "Software Product Lines—Overview," Software Engineering Institute, 2013, available at www.sei.cmu.edu/productlines/.

[Sha05] Shalloway, A., and J. Trott, *Design Patterns Explained*, 2nd ed., Addison-Wesley, 2005.

[Sha09] Shaw, M., "Continuing Prospects for an Engineering Discipline of Software," *IEEE Software*, vol. 26, no. 8, November–December 2009, pp. 64–67.

[Sha95a] Shaw, M., and D. Garlan, "Formulations and Formalisms in Software Architecture," *Volume 1000—Lecture Notes in Computer Science*, Springer-Verlag, 1995.

[Sha95b] Shaw, M., et al., "Abstractions for Software Architecture and Tools to Support Them," *IEEE Trans. Software Engineering*, vol. SE-21, no. 4, April 1995, pp. 314–335.

[Sha96] Shaw, M., and D. Garlan, *Software Architecture*, Prentice Hall, 1996.

[She10] Sheldon, F., and Vishik, C. "Moving Toward Trustworthy Systems: R&D Essentials," *IEEE Computer*, vol. 43, no. 9, September 2010, pp. 31–40.

[Shn04] Shneiderman, B., and C. Plaisant, *Designing the User Interface*, 4th ed., Addison-Wesley, 2004.

[Shn09] Shneiderman, B., et al., *Designing the User Interface*, 5th ed., Addison-Wesley, 2009.

[Shn80] Shneiderman, B., *Software Psychology*, Winthrop Publishers, 1980, p. 28.

[Sho83] Shooman, M., *Software Engineering*, McGraw-Hill, 1983.

[Shu12] Shull, F., "Designing a World at Your Fingertips: A Look at Mobile User Interfaces," *IEEE Software*, vol. 29, no. 4, July–August, 2012, pp. 4–7.

[Sin08] Sinn, R. H., *Software Security Technologies: A Programmatic Approach*, Addison-Wesley, 2008.

[Sne03] Snee, R., and R. Hoerl, *Leading Six Sigma*, Prentice Hall, 2003.

[Sne95] Sneed, H., "Planning the Reengineering of Legacy Systems," *IEEE Software*, January 1995, pp. 24–25.

[Soa10] Soares, G., et al., "Making Program Refactoring Safer," *IEEE Software*, vol. 37, no. 4, July–August 2010, pp. 52–57.

[Soa11] Soasta, "Five Strategies for Performance Testing Mobile Applications," a white paper, 2011, available at http://info.soasta.com/performance-testing-mobile-apps-sem2.html.

[Sob10] Sobel, A., and G. McGraw, "Interview: Software Security in the Real World," *IEEE Computer*, vol. 43, no. 9, September 2010, pp. 47–53.

[Sol99] van Solingen, R., and E. Berghout, *The Goal/Question/Metric Method*, McGraw-Hill, 1999.

[Som05] Somerville, I., "Integrating Requirements Engineering: A Tutorial," *IEEE Software*, vol. 22, no. 1, January–February 2005, pp. 16–23.

[Som97] Somerville, I., and P. Sawyer, *Requirements Engineering*, Wiley, 1997.

[Sou08] de Sousa, C., and D. Redmiles, "An Empirical Study of Software Developer's Management of Dependencies and Changes," *ICSE Proceedings*, May 2008, available at http://citeseerx.ist.psu.edu/viewdoc/download?doi=10.1.1.158.427&rep=rep1&type=pdf.

[Spa11] Spagnolli, B., et al., "Eco-Feedback on the Go: Motivating Energy Awareness," *IEEE Computer*, vol. 44, no. 5, May 2011, pp. 38–45.

[SPI99] "SPICE: Software Process Assessment, Part 1: Concepts and Introduction," Version 1.0, ISO/IEC JTC1, 1999.

[Spl01] Splaine, S., and S. Jaskiel, *The Web Testing Handbook*, STQE Publishing, 2001.

[Spo02] Spolsky, J., "The Law of Leaky Abstractions," November 2002, available at www.joelonsoftware.com/articles/LeakyAbstractions.html.

[Spr04] Spriestersbach, A., and T. Springer, "Quality Attributes in Mobile Web Application Development," 2004, available at http://atlas.tk.informatik.tu-darmstadt.de/Publications/2004/profes.pdf.

[Sri01] Sridhar, M., and N. Mandyam, "Effective Use of Data Models in Building Web Applications," 2001, available at www2002.org/CDROM/alternate/698/.

[SSO08] Software-Supportability.org, 2008, available at www.software-supportability.org/.

[Sta10] Stafford, T., and R. Poston, "Online Security Threats and Computer User Intentions," *IEEE Computer*, vol. 43, no. 1, January 2010, pp. 58–64.

[Sta97] Stapleton, J., *DSDM—Dynamic System Development Method: The Method in Practice*, Addison-Wesley, 1997.

[Sta97b] Statz, J., D. Oxley, and P. O'Toole, "Identifying and Managing Risks for Software Process Improvement," *CrossTalk*, April 1997, available at www.stsc.hill.af.mil/crosstalk/1997/04/identifying.asp.

[Ste93] Stewart, T., "Reengineering: The Hot New Managing Tool," *Fortune*, August 23, 1993, pp. 41–48.

[Sto05] Stone, D., et al., *User Interface Design and Evaluation*, Morgan Kaufman, 2005.

[Str08] Stickland, J., "How Cloud Computing Works," http://computer.howstuffworks.com/cloud-computing/cloud-computing.htm, April, 2008.

[Ste10] Stephens, M., and D. Rosenberg, *Design Driven Testing*, Apress, 2010.

[Tai89] Tai, K., "What to Do Beyond Branch Testing," *ACM Software Engineering Notes*, vol. 14, no. 2, April 1989, pp. 58–61.

[Tai12] Taivalsaari, A., and K. Systa, "Mobile Content as a Service: A Blueprint for a Vendor-Neutral Cloud of Mobile Devices," *IEEE Software*, vol. 29, no. 4, July–August 2012, pp. 28–33.

[Tan01] Tandler, P., "Aspect-Oriented Model-Driven Development for Mobile Context-Aware Computing," *Proceedings of UbiComp 2001: Ubiquitous Computing*, 2001.

[Tay09] Taylor, R., N. Medvidovic, and E. Dashofy, *Software Architecture*, Wiley, 2009.

[Tay90] Taylor, D., *Object-Oriented Technology: A Manager's Guide*, Addison-Wesley, 1990.

[The01] Thelin, T., H. Petersson, and C. Wohlin, "Sample Driven Inspections," *Proc. of Workshop on Inspection in Software Engineering (WISE'01)*, Paris, France, July 2001, pp. 81–91. Available at http://www.cas.mcmaster.ca/wise/wise01/ThelinPeterssonWohlin.pdf.

[The13] "The Emergence of Cloud Computing," 2013, available at http://www.opensourcery.com/clouddev.htm.

[Tho04] Thomas, J., et al., *Java Testing Patterns*, Wiley, 2004.

[Tho92] Thomsett, R., "The Indiana Jones School of Risk Management," *American Programmer*, vol. 5, no. 7, September 1992, pp. 10–18.

[Tic05] *TickIT*, 2005, available at www.tickit.org/.

[Tid02] Tidwell, J., "IU Patterns and Techniques," May, 2002, available at http://designinginterfaces.com/.

[Til00] Tillman, H., "Evaluating Quality on the Net," Babson College, May 30, 2000, available at www.hopetillman.com/findqual.html#2.

[Tog01] Tognozzi, B., "First Principles," *askTOG*, 2001, available at www.asktog.com/basics/firstPrinciples.html.

[Tra95] Tracz, W., "Third International Conference on Software Reuse—Summary," *ACM Software Engineering Notes*, vol. 20, no. 2, April 1995, pp. 21–22.

[Tyr05] Tyree, J., and A. Akerman, "Architectural Decisions: Demystifying Architecture," *IEEE Software*, vol. 22, no. 2, March–April, 2005.

[Uem99] Uemura, T., S. Kusumoto, and K. Inoue, "A Function Point Measurement Tool for UML Design Specifications," *Proc. of Sixth International Symposium on Software Metrics*, IEEE, November 1999, pp. 62–69.

[Ull97] Ullman, E., *Close to the Machine: Technophilia and its Discontents*, City Lights Books, 2002.

[Uni03] Unicode, Inc., *The Unicode Home Page*, 2003, available at www.unicode.org/.

[USA87] *Management Quality Insight*, AFCSP 800-14 (U.S. Air Force), January 20, 1987.

[Ute12] UTest, E-book: *Essential Guide to Mobile App Testing, 2012*, available at http://www.utest.com/landing-blog/essential-guide-mobile-app-testing.

[UXM10] "Four Best User Interface Pattern Libraries," *UX Movement.com*, available at http://uxmovement.com/resources/4-best-design-pattern-libraries/.

[Vac06] Vacca, J., *Practical Internet Security*, Springer, 2006.

[Van02] Van Steen, M., and A. Tanenbaum, *Distributed Systems: Principles and Paradigms*, Prentice Hall, 2002.

[Van89] Van Vleck, T., "Three Questions About Each Bug You Find," *ACM Software Engineering Notes*, vol. 14, no. 5, July 1989, pp. 62–63.

[Ven03] Venners, B., "Design by Contract: A Conversation with Bertrand Meyer," *Artima Developer*, December 8, 2003, available at www.artima.com/intv/contracts.html.

[Vin11] Vinson, L., "Mobile Application Testing: Process, Tools, and Techniques," 2011, available at http://threeminds.organic.com/2011/05/mobile-application-testing-process-tools-techniques.html.

[Voa12] Voas, J., et al., "Mobile Software App Takeover," *IEEE Software*, vol. 29, no. 4, July–August 2012, pp. 25–27.

[Wal03] Wallace, D., I. Raggett, and J. Aufgang, *Extreme Programming for Web Projects*, Addison-Wesley, 2003.

[Wal12] Walker, J., "Computer Programmers Learn Tough Lesson in Sharing," *The Wall Street Journal*, vol. 260, no. 48, August 27, 2012, p. 1.

[War07] Ward, M., "Using VoIP Software Building zBlocks—A Look at the Choices," TMNNet, 2007, available at www.tmcnet.com/voip/0605/featurearticle-using-voip-software-building-blocks.htm.

[War74] Warnier, J. D., *Logical Construction of Programs*, Van Nostrand-Reinhold, 1974.

[Was10] Wasserman, A., "Software Engineering Issues for Mobile Application Development," *Proceedings of the FSE/SDP Workshop on Future of Software Engineering Research*, 2010.

[Web05] Weber, S., *The Success of Open Source*, Harvard University Press, 2005.

[Web13] Web Application Security Consortium, 2013, available at http://www.webappsec.org/.

[Wee11] Weevers, I., "Seven Guidelines for Designing High Performance Mobile User Experiences," *Smashing Magazine*, July 18, 2011, available at http://uxdesign.smashingmagazine.com/2011/07/18/seven-guidelines-for-designing-high-performance-mobile-user-experiences/

[Wei86] Weinberg, G., *On Becoming a Technical Leader*, Dorset House, 1986.

[Wel01] vanWelie, M., "Interaction Design Patterns," 2001, available at www.welie.com/patterns/.

[Wel99] Wells, D., "XP—Unit Tests," 1999, available at www.extremeprogramming.org/rules/unittests.html.

[Wev11] Wever, A., and N. Maiden, "Requirements Analysis: The Next Generation," *IEEE Software*, vol. 28, no. 2, March–April 2011, pp. 22–23.

[Whi07] Whitehead, J., "Collaboration in Software Engineering: A Roadmap," in *Future of Software Engineering 2007*, L. Briand and A. Wolf (eds.), IEEE-CS Press, 2007.

[Whi08] White, J., "Start Your Engines: Mobile Application Development," April 22, 2008, available at http://www.devx.com/SpecialReports/Article/37693.

[Whi12] Whittaker, J., et al., *How Google Tests Software*, Addison-Wesley, 2012.

[Whi97] Whitmire, S., *Object-Oriented Design Measurement*, Wiley, 1997.

[Wie02] Wiegers, K., *Peer Reviews in Software*, Addison-Wesley, 2002.

[Wie03] Wiegers, K., *Software Requirements*, 2nd ed., Microsoft Press, 2003.

[Wik12] Wikipedia, "Data Modeling," 2012, available at http://en.wikipedia.org/wiki/Data_modeling.

[Wik13] "Cloud Computing," January 2013, available at http://en.wikipedia.org/wiki/Cloud_computing.

[Wil00] Williams, L., and R. Kessler, "All I Really Need to Know about Pair Programming I Learned in Kindergarten," *CACM*, vol. 43, no. 5, May 2000, available at http://collaboration.csc.ncsu.edu/laurie/Papers/Kindergarten.PDF.

[Wil05] Willoughby, M., "Q&A: Quality Software Means More Secure Software," *Computerworld*, March 21, 2005, available at www.computerworld.com/securitytopics/security/story/0,10801,91316,00.html.

[Wil97] Williams, R., J. Walker, and A. Dorofee, "Putting Risk Management into Practice," *IEEE Software*, May 1997, pp. 75–81.

[Wil99] Wilkens, T., "Earned Value, Clear and Simple," *Primavera Systems*, April 1, 1999, p. 2.

[Win90] Wing, J., "A Specifier's Introduction to Formal Methods," *IEEE Computer*, vol. 23, no. 9, September 1990, pp. 8–24.

[Wir71] Wirth, N., "Program Development by Stepwise Refinement," *CACM*, vol. 14, no. 4, 1971, pp. 221–227.

[Wir90] Wirfs-Brock, R., B. Wilkerson, and L. Weiner, *Designing Object-Oriented Software*, Prentice Hall, 1990.

[WMT02] *Web Mapping Testbed Tutorial*, 2002, available at www.webmapping.org/vcgdocuments/vcgTutorial/.

[Woh94] Wohlin, C., and P. Runeson, "Certification of Software Components," *IEEE Trans. Software Engineering*, vol. SE-20, no. 6, June 1994, pp. 494–499.

[Wor04] World Bank, *Digital Technology Risk Checklist*, 2004, available at www.moonv6.org/lists/att-0223/WWBANK_Technology_Risk_Checklist_Ver_6point1.pdf.

[Wri11] Wright, A., "Lessons Learned: Architects Are Facilitators, Too!" *IEEE Software*, vol. 28, no. 2, January–February 2011, pp. 70–72.

[W3C03] World Wide Web Consortium, *Web Content Accessibility Guidelines*, 2003, available at www.w3.org/TR/2003/WD-WCAG20-20030624/.

[Yac03] Yacoub, S., et al., *Pattern-Oriented Analysis and Design*, Addison-Wesley, 2003.

[Yah13] Yahoo Developer Network, Yahoo! Design Pattern Library, 2013, available at http://developer.yahoo.com/ypatterns/.

[Yau11] Yau, S., and H. An, "Software Engineering Meets Services and Cloud Computing," *IEEE Computer*, vol. 44, no. 10, October 2011, pp. 47–53.

[You01] Young, R., *Effective Requirements Practices*, Addison-Wesley, 2001.

[You75] Yourdon, E., *Techniques of Program Structure and Design*, Prentice Hall, 1975.

[You95] Yourdon, E., "When Good Enough Is Best," *IEEE Software*, vol. 12, no. 3, May 1995, pp. 79–81.

[Yau02] Yaun, M. "Best Tools for Mobile Application Development," *Java World*, available at www.javaworld.com/javaworld/jw-10-2002/jw-1018-wireless.html.

[Zah90] Zahniser, R., "Building Software in Groups," *American Programmer*, vol. 3, no. 7–8, July–August 1990.

[Zah94] Zahniser, R., "Timeboxing for Top Team Performance," *Software Development*, March 1994, pp. 35–38.

[Zha05] Zhang, W., and S. Jarzabek, "Reuse without Compromising Performance: Industrial Experience from RPG Software Product Line for Mobile Devices," *Proceedings of 9th Software Product Line Conference*, September 2005, pp. 57–69.
[Zim11] Zimmermann, O., "Architectural Decisions as Reusable Design Assets," *IEEE Software*, vol. 28, no. 1, January–February 2011, pp. 64–69.
[Zul92] Zultner, R., "Quality Function Deployment for Software: Satisfying Customers," *American Programmer*, February 1992, pp. 28–41.
[Zus90] Zuse, H., *Software Complexity: Measures and Methods*, DeGruyter, 1990.
[Zus97] Zuse, H., *A Framework of Software Measurement*, DeGruyter, 1997.

찾아보기

ㄱ

ㄴ

ㄷ

ㄹ

ㅁ

ㅅ

ㅇ

ㅈ

ㅊ

ㅋ

ㅌ

ㅍ

ㅎ

기타